中国民俗学

2015

ANNUAL REVIEW OF CHINA FOLKLORISTICS

中国社会科学院民族文学研究所　中国民俗学会

中国社会科学出版社

图书在版编目（CIP）数据

中国民俗学年鉴.2015／朝戈金等编.—北京：中国社会科学
出版社，2016.3
　ISBN 978 - 7 - 5161 - 8160 - 7

　Ⅰ.①中…　Ⅱ.①朝…　Ⅲ.①民俗学—中国—2015—年鉴
Ⅳ.①K892 - 54

　中国版本图书馆 CIP 数据核字（2016）第 102071 号

出 版 人	赵剑英
责任编辑	马志鹏
责任校对	林福国
责任印制	张雪娇

出　　版	中国社会科学出版社
社　　址	北京鼓楼西大街甲 158 号
邮　　编	100720
网　　址	http://www.csspw.cn
发 行 部	010 - 84083685
门 市 部	010 - 84029450
经　　销	新华书店及其他书店

印刷装订	三河市东方印刷有限公司
版　　次	2016 年 3 月第 1 版
印　　次	2016 年 3 月第 1 次印刷

开　　本	787 × 1092　1/16
印　　张	56
插　　页	2
字　　数	1430 千字
定　　价	286.00 元

凡购买中国社会科学出版社图书，如有质量问题请与本社营销中心联系调换
电话：010 - 84083683

《中国民俗学年鉴》编辑委员会

编辑说明

早在 2014 年，中国民俗学会会长朝戈金先生即与中国社会科学出版社联系，计划由中国社会科学院民族文学研究所和中国民俗学会共同承接《中国民俗学年鉴》2015 卷的编纂工作。双方商定合作事宜之后，朝戈金即召集在京民俗学者在民族文学研究所召开了一次年鉴工作论证会，确定了承接意向，并初步议定了编辑框架、编委名单，以及各编委负责的分片领域，建立了编辑工作团队。

由于《中国民俗学年鉴》2015 卷是民俗学的第一本年鉴，筚路蓝缕，无迹可循，具体编辑过程中，我们又根据实际的学科发展现状，对栏目设置作了相应调整。最终成型的 2015 卷全书共分九篇。

第一篇"特辑"。主要选编那些可能影响中国民俗文化及民俗研究方向的重要文件、重要事件，以及对于这些文件、事件的权威解读。对于 2014 年的中国民俗学来说，最重要的学习文献，一是习近平《在联合国教科文组织总部的演讲》，二是习近平《在文艺工作座谈会上的讲话》；而最重要的事件，一是中国民俗学会进入联合国教科文组织非遗申报"审查机构"，二是中国民俗学会会长朝戈金当选"联合国教科文组织国际哲学与人文科学理事会"主席。所以，该篇主要辑录了与此相关的部分评述。

第二篇"热点话题"。主要选编了 2014 年度以及此前几年已经逐渐在民俗学界产生一定影响，积聚了相当成果的学术话题，如中国社会科学院民族文学研究所引领的口头传统文化研究，杨利慧提出的"神话主义"观点。还有就是 2014 年展现出来的学术旗帜，如张江领衔倡导的"重建文学的民族性"，田兆元倡导的"经济民俗学"等。

第三篇"研究综述"。该篇是全书最重要的一个部分，我们约请了各专业领域的知名学者，分头对民俗学各研究领域的学术成果进行了综合介绍与评述。由于《中国民俗学年鉴》2015 卷是民俗学科的第一部学术年鉴，为了起到承上启下的作用，我们特别要求综述写作者尽量往前追溯几年，把自 2010 年以来的学术发展状况做一个简单梳理，同时，要把重点和落脚点放在 2014 年。

第四篇"论著评介"。该篇以书评的形式，重点介绍了 2011 至 2014 年，主要是 2014 年出版的重要的学术专著。当然，未能入选的著作并非不重要，有些很重要的著作，因为没有找到合适的书评作者，或者因为书评作者未能及时交稿，而我们的《年鉴》书稿时间紧迫，因而未能收录本篇，这是我们工作的不足。也在此希望更多的读者向我们推荐本年度的优秀论著，呼吁更多专业人士为我们撰写高水平的学术书评。

第五篇"年度优秀论文"。这是我们学术评议方式的一种尝试。我们希望借助《年鉴》一隅，斑见中国民俗学的年度优秀成果。2015 卷优秀论文的推举程序是：先由分片的各研究领域的《年鉴》编委及综述作者、热点话题作者推荐优秀论文，再由主编、副主编，以及部分编委从中遴选出一批有学科代表性的优秀论文，其中，相近题材、相近主题的同类论文一般只选一篇。但是前期工作中由于我们经验欠缺，没有限制具体的推荐篇数，第一轮由分片编委及综述作者推荐来的优秀论文总篇目大大超过了《年鉴》所能容纳的选载量，有的编委一口气推荐了二十多篇论文，这是《年鉴》完全无法承受的，我们只好重新要求各编委及综述作者，限定每个研究领域或每个热点话题推荐二至四篇论文，结果，多数推荐者都用尽了四个名额，这样一来，总篇幅依然大大超过《年鉴》可以接受的容量，最后只能召集部分编委再从中割爱近半。纵是如此，依然无法达到朝戈金主编"选文不应超过全书总篇幅30%"的要求，最后，编辑部工作人员只好忍痛将其中超过2.5万字的优秀论文全部取下，其中包括吕微长达6万字的鸿篇长文，遂成目前读者所见到的格局。所以，本篇所收录的论文，只是部分编委推举的部分优秀学术论文，挂一漏万是难免的。由于我们工作的不周，以及篇幅的限制，更多甚至更优秀的论文未能收录于《年鉴》，我们觉得非常遗憾。以后我们将不断改进工作方法，尽最大的可能收录最有代表性的优秀学术论文。

第六篇"重要论文摘编及摘要"。我们选录了2011年以来，以2014年为主的重要论文进行摘要存目。本篇基本遵照了分片的各研究领域的《年鉴》编委及综述作者、热点话题作者的推荐，割爱了2011年以前的论文篇目，还有一部分就是将"第五篇"删减下来的优秀论文压缩成了本篇的摘编及摘要。

第七篇"优秀学术随笔"。这是部分编委推荐，以及我们编辑部成员从2014年刊行的各大报刊及学术刊物上搜集而来的有关民俗文化的学术随笔，我们从中遴选了部分最能反映当代民俗文化现状、当前民俗学学术动态，以及学人学术思考的优秀作品，这一部分是经由编辑部搜集、部分编委推选，经过主编审定的。当然，由于编辑部人手有限，难免错失许多优秀作品，今后的编辑工作中，也诚望学界同人随时为我们举荐。

第八篇"学人评介"。该篇集中了一批以著名民俗学者为中心的学术史作品，作品来源主要是2014年刊行的各大报刊及学术刊物，评议对象均是在学科发展中具有突出贡献的历史人物，或者当代著名民俗学者。由于本篇不是约稿作品，而是对既有学人评介作品的搜集、选编，因而没有厚此薄彼，写谁不写谁的主观倾向性，编排顺序也是按照历史人物出生时间的先后，不以贡献大小排座次。

第九篇"学术活动纪要"。搜集、整理了2014年发生的，与民俗学、民间文化相关的重要学术活动和学术会议的报道、纪要、综述等，目的是为了尽可能忠实、全面地记录2014年度民俗学领域的重要学术事件、重要学人活动，向读者展示一个学科的年度面貌。

为便于读者查阅，了解学科关键信息，本书卷尾编有"索引"。

《中国民俗学年鉴》2015卷编委共22人，不同专业领域的责任编委分工如下（以姓氏拼音为序）：民俗学理论（吕微）、神话（陈连山、杨利慧、赵宗福）、史诗与叙事诗（巴莫曲布嫫、陈岗龙、尹虎彬）、传说（陈泳超）、故事（林继富、漆凌云、万建中）、民间戏曲与曲艺（安德明）、歌谣（陈连山）、民间艺术（郑土有）、物质民俗（王霄冰）、民间信仰（叶涛）、人生礼仪（萧放）、社会组织民俗（王霄冰）、节日民俗（刘晓峰、萧放、张勃）、民间游戏（林继富）、旅游民俗（田兆元）、少数民族民俗（敖其），施爱东负责组稿、统编和编辑部日常工作，巴莫曲布嫫负责审校、英文翻译，全书由朝戈金统筹、审定。

此外还需要特别提到的是，王尧博士为本卷的资料搜集和编辑工作花费了海量的时间。由于《年鉴》的日常编辑事务只有我和王尧二人，人手严重不足，王尧总是主动地提出由她来承担那些繁杂、琐碎的具体工作，这一点让我非常感动。在我的邮箱中，目前可检索的我们俩就《年鉴》工作的往来通信尚余106封，如果算上已经被我删除的部分，至少也在130封以上，其中半数是我对她的工作交代，由此可知其工作之繁重。此外，除去联络平台和关键性决策事项由朝戈金主编完成之外，其余所有与中国社会科学出版社年鉴分社主任张昊鹏，以及责任编辑马志鹏的联络、交接、商榷等具体事宜均是由王尧一人完成。

《中国民俗学年鉴》的策划引起了全国民俗学者的强烈反响，编辑工作得到了大家的热情支持，邀请参与的民俗学者无一人推托。广大民俗学同人的支持和鼓励、中国社会科学出版社的宽容与合作，为我们注入了强大的精神动力。我们在这里一并向给予我们工作支持，无偿提供优秀作品，大力协助资料工作的学界同人表示诚挚的感谢！

《中国民俗学年鉴》编辑部　施爱东

2015年12月2日

Editor's Notes

Early in the year 2014, Mr. Chao Gejin, the Chairman of the China Folklore Society (CFS) contacted China Social Sciences Press and proposed the joint compilation of *Annual Review of China Folkloristics 2015* by the Institute of Ethnic Literature (IEL) of Chinese Academy of Social Sciences (CASS) and CFS. After the settling of the cooperation matters, Mr. Chao organized a feasibility study meeting in IEL, attended by many folklorists in Beijing. In the meeting, the editing framework, the editors as well as their respective responsibilities were decided and an editorial committee was also founded.

The Annual Review of China Folkloristics 2015 is the first annual review on folklore. A pioneering job requires great efforts. During the editing, adjustment has also been made on chapter division according to the current development of China's Folklore Studies. The final version of the *Annual Review 2015* includes 9 Chapters.

Chapter One "Special Collections" includes important documents, covers important events, and also selects related authoritative explanations that may affect Chinese folk culture and folklore research orientation. The most important documents for China folklore in 2014 are the two speeches: Speech by President Xi Jinping at UNESCO Headquarters and Speech by President Xi Jinping at the *Forum on Literature and Arts*. The most important events include: CFS entered the "Evaluation Body" of UNESCO Intangible Cultural Heritage; Mr. Chao Gejin, the Chairman of CFS, was elected the President of The International Council for Philosophy and Human Sciences (CIPSH/ICPHS). Relevant commentaries and reviews are also collected in this chapter.

Chapter Two "Hot Topics" presents influential and fruitful academic topics concerning folklore in 2014 and early years. For example, the study on oral tradition led by IEL, and the idea of "Mythologism" raised by professor Yang Lihui. Furthermore, new academic theories and ideas also appeared in 2014, such as the "Reconstruction of Ethnicityof Literature" proposed mainly by Mr. Zhang Jiang and "Economics in Folklore" put forward by professor Tian Zhaoyuan.

Chapter Three "Research Reviews" is the most important part of the book. We invited famous scholars from various fields to make comprehensive reviews and summaries on all the academic achievements in different folklore research fields. Since the Annual Review is the debut annual review on folklore, we specially asked the review writers to give retrospection on the academic development of folklore studies since 2010 with an emphasis in 2014.

Chapter Four "Book Reviews" takes the form of book review and introduces some important academic works published from 2011 to 2014, especially those in 2014. It doesn't necessarily mean that those excluded are of little account. The reason for their absence is either the difficulty to find suitable reviewer or the failure for reviewers to submit reviews before the deadline. We feel quite regretful and wish that in the future more readers could recommend important books and articles and more scholars could provide high-quality academic reviews to us.

Chapter Five "Selected Outstanding Articles" shows our effort for a tentative academic appraisal. We hope to present the excellent achievements of China folklore studies of the year. The recommendation procedure of Volume 2015 Excellent Papers goes like this: first, the editorial members and other book reviewers and hot-topic writers recommend papers from which some representative ones were selected by the chief editor, deputy chief editors and other editorial members. Usually, only one paper would be selected from those with similar topics and themes. However, because of our lack of experience, the number of the recommended papers was not restricted, and as a result, the total number of the articles from the first round recommendation had far exceeded the capacity of the *Annual Reviews*, and some editors even recommended more than 20 pieces. We had to ask them to limit the number to 2 – 4 in each field or hot topic, but most of them still reach the maximum of 4 and outnumbered the book length. Reluctantly, we asked some editorial members to cut off another half of the papers. Even so, it still could not meet ourchief editor Chao's requirement that "excellent papers of the year should not exceed 30% of the total length of the Annual Review". Finally and desperately, we removed all the papers which exceed 25, 000 words in length, including the excellent paper by Mr. Lv Wei which has 60, 000 words. Though the format was set up as what it is now, the list is far from complete, as the papers here are only a small portion of the recommended ones. We are regretful that many excellent papers cannot be included in this *Annual Review* because of our negligence and the limitation of the length. In the future, we will improve our work and try to collect as many excellent papers as possible.

Chapter Six "Important Extracts and Abstracts" collects extracts and abstracts of important articles published from 2011 to 2014 with an emphasis on those in 2014, and articled published before 2011 are not included. Our selection of important articles followed the recommendation from the editors of different research discipline and the writers of reviews and hot topics. For those excellent papers that were cut off from Chapter Five, their abstracts are included here.

Chapter Seven "Excellent Comments and Discussions" selects good essays on the current situation of modern folklore culture, academic development in folklore studies, and folklorists and their ideas. These essays are either from the recommendation of the editorial members or from the collection by our editorial staff from periodicals and academic journals in 2014. The final selection was approved by the chief editor. Because of our limited manpower, we cannot cover all the good articles in this *Annual Review* and we do hope that our fellow scholars could recommend more excellent works to us in the future.

Chapter Eight "Famous Scholars" collects historical and biographicalarticles about famous folklorists. Most of these articles were published in periodicals and academic journals in 2014, and the discussed folklorists are either famous historical figure who has made great contribution to the development of Folklore Study or distinguished scholars of the present time. This chapter is not written by invited writers, but a collection of published articles on celebrated folklorists, so there is no subjective preference and the order is arranged according to the birth time of the scholars rather than their contributions.

Chapter Nine "Minutes of Academic Activities" includes reports, summaries and comments on important academic activities and meetings about folklore and folk culture in 2014. It aims to make a faithful and comprehensive record of important academic events and activities and also to provide an overall picture of 2014 China's Folklore Studies to the readers.

For the reader's convenience to check and learn about the important information of folklore, an "Index" is enclosed at the end of the book.

There are altogether 22 editorial members for *Annual Review of China Folkloristics 2015*, and their work are assigned according to different professional fields as follows (in the order of surname Pinyin alphabet): Folklore Theories (Lv Wei), Mythology (Chen Lianshan, Yang Lihui, Zhao Zongfu), Epics and Narrative Poems (Bamo Qubumo, Chen Ganglong, Yin Hubin), Legends (Chen Yongchao), Stories (Lin Jifu, Qi Lingyun, Wan Jianzhong), Folk Opera and Quyi (An Deming), Ballads (Chen Lianshan), Folk Arts (Zheng Tuyou), Material Folk-Customs (Wang Xiaobing), Folk Religions (Ye Tao), Etiquette in Human life (Xiao Fang), Folklores in Social Organization (Wang Xiaobing), Festival Customs (Liu Xiaofeng, Xiao Fang, Zhang Bo), Folk Games (Lin Jifu), Travel Customs (Tian Zhaoyuan), Folk-Customs of Minorities (Ao Qi). Shi Aidong is in charge of solicit contribution, compilation and other daily work of the editorial committee; Bamo Qubumo is in charge of the revision and the English translation; Chao Gejin has been responsible for the overall planning and final approval of the book.

I would like to make a special acknowledgement to Dr. Wang Yao, who has devoted a lot of time to the data collection and editing work of this book. Dr. Wang and I are the only two editors in charge of the daily work and we are seriously understaffed. I am very grateful that she is always ready to help with trivial but complicated matters and my 106 e-mails recorded our communication on the *Annual Review*. If I include those deleted e-mails, the number would exceed 130. More than half of these e-mails are my instructions for her about the editorial work, so it's not difficult to imagine how heavy the workload has been. Besides the contacts and critical decisions made by our Chief Editor Chao Gejin, Dr. Wang alone has been responsible for all the contacts, discussions and handing over with Mr. Zhang Haopeng, the director of yearbook and Digest branch of China Social Sciences Press, and Mr. Ma Zhipeng, the executive editor of the *Annual Review*.

The plan of *Annual Review of China Folkloristics 2015* has aroused great attentionfrom the folklorists in the country and the editorial work has received passionate support. All the experts accepted our invitations with no hesitation. We are infused with strong spiritual impetus by the support and encouragement from our fellow folklorists, and the generosity and cooperation from China Social Sciences Press. We hereby would like to extend our heartfelt gratitude to all the folklore scholars who have helped us with unconditional support, with free excellent articles and precious data!

Shi Aidong

from the editorial committee *of Annual Review of China Folkloreristics*

Dec. 2, 2016

目　　录

第四篇　论著评介

第五篇　年度优秀论文

第六篇　重要论文摘编及摘要

第七篇　优秀学术随笔

第八篇　学人评介

第九篇　学术活动纪要

Contents

Chapter One: Special Collections

Chapter Two: Hot Topics

Chapter Three: Research Reviews

Chapter Four : Book Reviews

Chapter Five:Selected Outstanding Articles

Self-Consistent Transformation and the Inevitability of the Rational

Chapter Six: Important Extracts and Abstracts

Chapter Seven: Excellent Comments and Discussions

第一篇

特　　辑

在联合国教科文组织总部的演讲

（2014 年 3 月 27 日，巴黎）

中华人民共和国主席　习近平

尊敬的博科娃总干事，

女士们，先生们，朋友们：

大家好！有机会来到联合国教科文组织总部，感到十分高兴。首先，我谨对博科娃女士再次当选教科文组织总干事，表示衷心的祝贺！对教科文组织为推动人类文明交流互鉴作出的卓越贡献，表示诚挚的敬意！

教科文组织诞生于 69 年前，那时世界反法西斯战争硝烟刚刚散去。面对战争给人类带来的惨烈后果，人类又一次反思战争与和平的真谛。千百年来，人类都梦想着持久和平，但战争始终像一个幽灵一样伴随着人类发展历程。此时此刻，世界上很多孩子正生活在战乱的惊恐之中。我们必须作出努力，让战争远离人类，让全世界的孩子们都在和平的阳光下幸福成长。

在教科文组织总部大楼前的石碑上，用多种语言镌刻着这样一句话："战争起源于人之思想，故务需于人之思想中筑起保卫和平之屏障。"

只要世界人民在心灵中坚定了和平理念、扬起了和平风帆，就能形成防止和反对战争的强大力量。人们希望通过文明交流、平等教育、普及科学，消除隔阂、偏见、仇视，播撒和平理念的种子。这就是教科文组织成立的初衷。

这样一种期待，这样一种憧憬，是我们今天依然要坚守的。不仅要坚守，而且要通过跨国界、跨时空、跨文明的教育、科技、文化活动，让和平理念的种子在世界人民心中生根发芽，让我们共同生活的这个星球生长出一片又一片和平的森林。

自 1945 年成立以来，教科文组织忠实履行使命，在增进世界人民相互了解和信任、推动不同文明交流互鉴方面进行了不懈努力。中国高度重视同教科文组织的合作，愿意加大参与教科文组织的各项活动。为体现对非洲的支持和帮助，我们决定把通过教科文组织向包括非洲国家在内的发展中国家提供的长城奖学金名额由每年 25 人扩大为 75 人，我们还将同教科文组织一道把援助非洲信托基金的活动继续开展下去。

女士们、先生们、朋友们！

文明因交流而多彩，文明因互鉴而丰富。文明交流互鉴，是推动人类文明进步和世界和平发展的重要动力。

推动文明交流互鉴，需要秉持正确的态度和原则。我认为，最重要的是坚持以下几点。

第一，文明是多彩的，人类文明因多样才有交流互鉴的价值。阳光有七种颜色，世界也是多彩的。一个国家和民族的文明是一个国家和民族的集体记忆。人类在漫长的历史长河中，创造和发展了多姿多彩的文明。从茹毛饮血到田园农耕，从工业革命到信息社会，构成了波澜壮阔的文明图谱，书写了激荡人心的文明华章。

"一花独放不是春，百花齐放春满园。"如果世界上只有一种花朵，就算这种花朵再美，那也是单调的。不论是中华文明，还是世界上存在的其他文明，都是人类文明创造的成果。

我参观过法国卢浮宫，也参观过中国故宫博物院，它们珍藏着千万件艺术珍品，吸引人们眼球的正是其展现的多样文明成果。文明交流互鉴不应该以独尊某一种文明或者贬损某一种文明为前提。中国人在 2000 多年前就认识到了"物之不齐，物之情也"的道理。推动文明交流互鉴，可以丰富人类文明的色彩，让各国人民享受更富内涵的精神生活、开创更有选择的未来。

第二，文明是平等的，人类文明因平等才有交流互鉴的前提。各种人类文明在价值上是平等的，都各有千秋，也各有不足。世界上不存在十全十美的文明，也不存在一无是处的文明，文明没有高低、优劣之分。

我访问过世界上许多地方，最喜欢做的一件事情就是了解五大洲的不同文明，了解这些文明与其他文明的不同之处、独到之处，了解在这些文明中生活的人们的世界观、人生观、价值观。我到过代表古玛雅文明的奇琴伊察，也到过带有浓厚伊斯兰文明色彩的中亚古城撒马尔罕。我深深感到，要了解各种文明的真谛，必须秉持平等、谦虚的态度。如果居高临下对待一种文明，不仅不能参透这种文明的奥妙，而且会与之格格不入。历史和现实都表明，傲慢和偏见是文明交流互鉴的最大障碍。

第三，文明是包容的，人类文明因包容才有交流互鉴的动力。海纳百川，有容乃大。人类创造的各种文明都是劳动和智慧的结晶。每一种文明都是独特的。在文明问题上，生搬硬套、削足适履不仅是不可能的，而且是十分有害的。一切文明成果都值得尊重，一切文明成果都要珍惜。

历史告诉我们，只有交流互鉴，一种文明才能充满生命力。只要秉持包容精神，就不存在什么"文明冲突"，就可以实现文明和谐。这就是中国人常说的："萝卜青菜，各有所爱。"

中华文明经历了 5000 多年的历史变迁，但始终一脉相承，积淀着中华民族最深层的精神追求，代表着中华民族独特的精神标识，为中华民族生生不息、发展壮大提供了丰厚滋养。中华文明是在中国大地上产生的文明，也是同其他文明不断交流互鉴而形成的文明。

公元前 100 多年，中国就开始开辟通往西域的丝绸之路。汉代张骞于公元前 138 年和 119 年两次出使西域，向西域传播了中华文化，也引进了葡萄、苜蓿、石榴、胡麻、芝麻等西域文化成果。西汉时期，中国的船队就到达了印度和斯里兰卡，用中国的丝绸换取了琉璃、珍珠等物品。中国唐代是中国历史上对外交流的活跃期。据史料记载，唐代中国通使交好的国家多达 70 多个，那时候的首都长安里来自各国的使臣、商人、留学生云集成群。这个大交流促进了中华文化远播世界，也促进了各国文化和物产传入中国。15 世纪初，中国明代著名航海家郑和七次远洋航海，到了东南亚很多国家，一直抵达非洲东海岸的肯尼亚，留下了中国同沿途各国人民友好交往的佳话。明末清初，中国人积极学习现代科技知识，欧洲的天文学、医学、数学、几何学、地理学知识纷纷传入中国，开阔中国人的知识视野。之后，中外文明交流互鉴更是频繁展开，这其中有冲突、矛盾、疑惑、拒绝，但更多是学习、消化、融合、创新。

佛教产生于古代印度，但传入中国后，经过长期演化，佛教同中国儒家文化和道家文化融合发展，最终形成了具有中国特色的佛教文化，给中国人的宗教信仰、哲学观念、文学艺术、礼仪习俗等留下了深刻影响。中国唐代玄奘西行取经，历尽磨难，体现的是中国人学习域外文化的坚韧精神。根据他的故事演绎的神话小说《西游记》，我想大家都知道。中国人根据中华文化发展了佛教思想，形成了独特的佛教理论，而且使佛教从中国传播到了日本、韩国、东南亚等地。

2000多年来，佛教、伊斯兰教、基督教等先后传入中国，中国音乐、绘画、文学等也不断吸纳外来文明的优长。中国传统画法同西方油画融合创新，形成了独具魅力的中国写意油画，徐悲鸿等大师的作品受到广泛赞赏。中国的造纸术、火药、印刷术、指南针四大发明带动了世界变革，推动了欧洲文艺复兴。中国哲学、文学、医药、丝绸、瓷器、茶叶等传入西方，渗入西方民众日常生活之中。《马可·波罗游记》令无数人对中国心向往之。

大家都知道，中国有秦俑，人们称之为"地下的军团"。法国总统希拉克参观之后说："不看金字塔，不算真正到过埃及。不看秦俑，不算真正到过中国。"1987年，这一尘封了2000多年的中华文化珍品被列入世界文化遗产。中国还有大量文明成果被教科文组织列入世界文化遗产、世界非物质文化遗产、世界记忆遗产名录。这里，我要对教科文组织为保存和传播中华文明作出的贡献，表示衷心的感谢！

女士们、先生们、朋友们！

当今世界，人类生活在不同文化、种族、肤色、宗教和不同社会制度所组成的世界里，各国人民形成了你中有我、我中有你的命运共同体。

中国人早就懂得了"和而不同"的道理。生活在2500年前的中国史学家左丘明在《左传》中记录了齐国上大夫晏子关于"和"的一段话："和如羹焉，水、火、醯、醢、盐、梅，以烹鱼肉。""声亦如味，一气，二体，三类，四物，五声，六律，七音，八风，九歌，以相成也。""若以水济水，谁能食之？若琴瑟之专壹，谁能听之？"

世界上有200多个国家和地区，2500多个民族和多种宗教。如果只有一种生活方式，只有一种语言，只有一种音乐，只有一种服饰，那是不可想象的。

雨果说，世界上最宽阔的是海洋，比海洋更宽阔的是天空，比天空更宽阔的是人的胸怀。对待不同文明，我们需要比天空更宽阔的胸怀。文明如水，润物无声。我们应该推动不同文明相互尊重、和谐共处，让文明交流互鉴成为增进各国人民友谊的桥梁、推动人类社会进步的动力、维护世界和平的纽带。我们应该从不同文明中寻求智慧、汲取营养，为人们提供精神支撑和心灵慰藉，携手解决人类共同面临的各种挑战。

1987年，在中国陕西的法门寺，地宫中出土了20件美轮美奂的琉璃器，这是唐代传入中国的东罗马和伊斯兰的琉璃器。我在欣赏这些域外文物时，一直在思考一个问题，就是对待不同文明，不能只满足于欣赏它们产生的精美物件，更应该去领略其中包含的人文精神；不能只满足于领略它们对以往人们生活的艺术表现，更应该让其中蕴藏的精神鲜活起来。

女士们、先生们、朋友们！

拿破仑曾经说过，世上有两种力量：利剑和思想；从长而论，利剑总是败在思想手下。我们要积极发展教育事业，通过普及教育，启迪心智，传承知识，陶冶情操，使人们在持续的格物致知中更好认识各种文明的价值，让教育为文明传承和创造服务。我们要大力发展科技事业，通过科技进步和创新，认识自我，认识世界，改造社会，使人们在持续的天工开物中更好掌握科技知识和技能，让科技为人类造福。我们要大力推动文化事业发展，通过文化交流，沟通心灵，开阔眼界，增进共识，让人们在持续的以文化人中提升素养，让文化为人类进步助力。

女士们、先生们、朋友们！

中国人民正在为实现中华民族伟大复兴的中国梦而奋斗。实现中华民族伟大复兴的中国梦，就是要实现国家富强、民族振兴、人民幸福，既深深体现了今天中国人的理想，也深深反映了中国人自古以来不懈追求进步的光荣传统。

实现中国梦，是物质文明和精神文明均衡发展、相互促进的结果。没有文明的继承和发展，没有文化的弘扬和繁荣，就没有中国梦的实现。中华民族的先人们早就向往人们的物质生活充实无忧、道德境界充分升华的大同世界。中华文明历来把人的精神生活纳入人生和社会理想之中。所以，实现中国梦，是物质文明和精神文明比翼双飞的发展过程。随着中国经济社会不断发展，中华文明也必将顺应时代发展焕发出更加蓬勃的生命力。

每一种文明都延续着一个国家和民族的精神血脉，既需要薪火相传、代代守护，更需要与时俱进、勇于创新。中国人民在实现中国梦的进程中，将按照时代的新进步，推动中华文明创造性转化和创新性发展，激活其生命力，把跨越时空、超越国度、富有永恒魅力、具有当代价值的文化精神弘扬起来，让收藏在博物馆里的文物、陈列在广阔大地上的遗产、书写在古籍里的文字都活起来，让中华文明同世界各国人民创造的丰富多彩的文明一道，为人类提供正确的精神指引和强大的精神动力。

女士们、先生们、朋友们！

"等闲识得东风面，万紫千红总是春。"明年是教科文组织成立70周年，我相信，在博科娃总干事领导下，教科文组织一定能为推动人类文明交流互鉴、促进世界和平谱写新的篇章。

谢谢大家。

（新华社巴黎3月27日电，
《人民日报》2014年3月28日）

推动人类文明交流互鉴，促世界和平谱写新篇章

国际社会高度评价习近平主席在联合国教科文组织的演讲

记者：尚 栩 应 强 郑一晗

陈莹莹 常天童 赵 焱

中国国家主席习近平3月27日在巴黎联合国教科文组织总部发表重要演讲，全面深刻阐述对文明交流互鉴的看法和主张。国际社会认为习主席的讲话意义重大，传递出中国对文明多样性的理解和尊重，并一致赞同推动不同文明的交流和互鉴是维护世界和平与发展的重要动力。

联合国教科文组织文化助理总干事弗朗切斯科·班达林认为，习近平主席的演讲掷地有声，具有重要意义。习主席切实强调了对中国和联合国教科文组织都具有重要意义的价值观，即以人为本、和平以及人民之间相互对话。通过习主席的到访，中国在释放清晰的信号：中国愿成为联合国教科文组织强有力的合作伙伴，双方将加强合作，在全世界范围内推进和平、遗产保护及教育事业。

联合国教科文组织大会前主席、匈牙利常驻联合国教科文组织代表卡塔琳·博焦伊说，习主席强调了保护和尊重文明多样性的重要，这一点在我心中引起了共鸣，不同文明和文化间的对话是帮助彼此消除误解的有力工具。在教科文组织中，中国是一个具有影响力的成员，始终代表着世界文明的多样性，习主席到访具有非常重要的意义。

联合国教科文组织教育可持续发展项目专家斋藤说，习主席的演讲很精彩，内容非常丰富且富有哲理。我非常赞同习主席所说文明是多彩的、平等的和包容的。习主席谈到文化融合，中华文明以及亚洲文明与西方文明并不排斥。斋藤认为，习近平主席关于发展教育、科技和文化事业的主张，与联合国教科文组织的理念相契合。

埃及赫勒万大学研究员、阿拉伯国家联盟前驻中国办事处主任萨基特说，习主席的演讲表明，中国愿在维护文明多样性方面加强与世界各国的合作，在尊重其他文明并与之和平共处的同时，通过互相交流彼此获益。这些观点是中国政府一贯坚持的，也与阿拉伯国家的立场相一致。谈到习近平呼吁推动教育、科技和文化发展，萨基特对此十分认同，他认为社会发展离不开教育，教育是帮助国家实现进步的基础。各国政府都应高度重视教育投入，让教育成果惠及各个领域，最终推进文明进步。

非洲民主和领导研究院执行主管坦戈·阿鲁阿表示，目前，中国已经在非洲推行了多个项目以促进教育发展和文化交流。中国对非洲教育的支持，特别是对教师队伍能力建设的支持，不仅能让非洲人获取知识，也能让非洲人学到技术，最终促进非洲的可持续

发展。

　　肯尼亚内罗毕大学外交学学者帕特里克·马卢基说，中国对非洲教育发展作出了巨大贡献。中国给非洲国家提供有关技术、创新和创业的受教育机会，无偿提供奖学金，帮助了很多非洲学生到中国学习。中国提供更多像长城奖学金这样的机会，就能够让更多非洲年轻人学到技能后回故乡参与建设，真正带动非洲的可持续发展。

　　泰国《亚洲日报》副社长钱丰认为，习主席在演讲中提出文明是多彩的、平等的和包容的，对世界文明从物质到精神层面进行了界定。文明的不同也包括意识形态的不同，正是意识形态、社会制度、生活方式的多样化造就了世界文明丰富多彩。每个国家的文明都是可贵而平等的。正如习主席在讲话中所说，只有互相包容、互相学习才能共同推动人类文明的进步。

　　巴西中国和亚太研究所所长塞维利诺·卡布拉尔教授说，习主席的演讲阐明了世界发展过程中不同文明之间对话、合作和交流的重要性。我们要建立一个所有国家、社会和民族间能够和谐共处的模式，就要承认所有文明同样重要，而这些文明需要增加交流才有利于相互认可。中国作为具有源远文明交流传统的国家，是当今和未来世界的一个典范，向世人展示不同文明间可以通过交流和谐相处。

（《新华每日电讯》2014 年 3 月 29 日）

中国民俗学会进入联合国教科文组织
非遗申报"审查机构"

玟　憟

2014 年 11 月 28 日，北京时间 2:18 分，在法国巴黎举办的联合国教科文组织保护非物质文化遗产政府间委员会第九届常会上，中国民俗学会竞选成功，进入保护非物质遗产政府间委员会新成立的"审查机构"，将在 2015 年至 2017 年间全面参与人类非物质文化遗产代表作名录、急需保护的非物质文化遗产名录、优秀实践名册及国际援助四类申报项目的评审工作。

在以往的评审工作中，政府间委员会设有两个专门机构，一为附属机构，负责评审申报人类非物质文化遗产代表作名录项目；二为咨询机构，负责评审申报急需保护的非物质文化遗产名录、优秀实践名册项目及 2.5 万美元以上的国际援助申请。本届常会上，政府间委员会根据《保护非物质文化遗产公约》（下称《公约》）第八条第 3 款正式设立的"审查机构"，将全面取代附属机构和咨询机构的作用，由 6 位独立专家和 6 家经教科文组织认证的 NGO（非政府组织）构成，每年更新四分之一成员。该机构的产生方式是：会前由缔约国 6 个地区选举组自行协商，各选举组推举的专家不超过 3 位，NGO 不超过 3 家；会上则通过差额竞选，经 24 个委员国匿名投票，从各选举组中产生 1 位专家和 1 家 NGO。2014 年当选的 6 位独立专家和 6 家 NGO 分别来自 6 个选举组，但任期各异，长则 4 年，短则 1 年，由抽签决定。本届常会上，委员会还审议了 2015 年各类申报项目的审查数量，以及 2016 年和 2017 年可能受理的项目数量。

2014 年 9 月，根据《公约》秘书处向缔约国发出的通知精神，经文化部推荐，中国民俗学会通过中国常驻联合国教科文组织代表团向所在选举组第 4 组（亚太地区）正式递交参选材料。会上，中国民俗学会作为本选举组产生的三家 NGO 之一成功胜出，任期为 3 年，将参加 2015、2016 和 2017 三个年度评审周期的工作。

中国民俗学会副会长巴莫曲布嫫（中国社会科学院民族文学研究所研究员）作为专家随中国政府代表团与会；常务理事敖其（内蒙古师范大学教授）、杨利慧（北京师范大学教授）和副秘书长朱刚博士（中国社会科学院民族文学研究所助理研究员）代表中国民俗学会参与了于 23 日举办的"非物质文化遗产 NGO 论坛大会"，并在大会发言，围绕会议主题"非物质文化遗产保护领域中的公共政策制定、立法和可持续发展"，重点介绍了中国民俗学会近年来开展的保护工作、学术咨询作用和社会影响，引起与会者的普遍反响，并受到高度评价。此后，以杨利慧教授为团长的中国民俗学会代表团作为观察员全程参与了于 11 月 24—28 日举办的政府间委员会第九届常会，并出席了在会议期间穿插举行的"非物质文化遗产 NGO 论坛"专题讨论会和工作会议。

中国民俗学会成立于 1983 年 5 月，现有注册会员 2041 人（截止 2014 年 8 月 31 日），下设 6 个专业委员会、7 个研究基地、6 个研究中心；绝大多数会员接受过系统的民俗学专业训练，或来自文化人类学、社会学、民族学、文艺学、艺术学等相邻学科，在民俗学的理论和实践方面积累了长期的经验。自 2003 年《公约》通过以来，中国民俗学会广泛参与了地方、国家和国际层面的非物质文化遗产保护工作，并于 2012 年 6 月在《公约》缔约国大会第 4 届会议上获得正式认证，可向保护非物质文化遗产政府间委员会提供非遗领域的咨询服务。2014 年 11 月底，中国民俗学会首次派出代表团参与《公约》框架下的政府间委员会会议，并在会前被 ICH NGO Forum（非物质文化遗产非政府组织论坛）组委会推选为 6 个大会发言的 NGO 组织之一。学会代表团以团队协作方式集体亮相，会上会下与各国学术组织和专家学者积极对话，获得广泛好评。

此外，中国民俗学会常务理事群通过代表团的微信直播，全程跟踪了本次会议的各项进程，对政府间委员会的工作方式和各国的履约情况及能力建设都有了更为直观的了解。对于学会参选和当选"审查机构"成员，各位在群的会长、副会长和常务理事给予了极大的鼓励和支持，并纷纷通过微信及时发表了各自的意见和建议。

据悉，目前获得《公约》缔约国大会认证的 NGO 共有 178 家，来自全球各地，并不局限于缔约国。此次成功当选"审查机构"成员，说明中国民俗学会作为国家一级学会将在国际层面的非物质文化遗产保护工作中发挥更加重要的作用。中国民俗学会会长朝戈金（中国社会科学院学部委员、民族文学研究所所长）表示，自 2012 年通过缔约国大会认证以来，中国民俗学会着力于加强在非遗领域中的能力建设和人才培养，进一步完善制度设计和人才资源配置。2014 年学会当选"审查机构"成员，意味着今后中国民俗学共同体参与国际事务的责任和义务愈加凸显，有挑战也有发展空间。学会将全面参与和配合教科文组织非遗申报"审查机构"的工作，这同样也是提升履约能力、加强团队建设和促进人才培养的一种难得机会。学会将用好教科文组织和政府间委员会提供的这一平台，一如既往地加强自身的能力建设，适时启动相关准备工作。与此同时，学会将紧密联系民俗学科研和教学单位，带动本会各专业委员会和广大会员更广泛地参与国内外学术对话和保护实践，为《公约》的实施，为保护人类共同的文化遗产和精神家园，贡献中国民俗学界的专业知识、集体智慧和团队力量。

【延伸阅读】

实施《保护非物质文化遗产公约》的操作指南（选摘）

《公约》缔约国大会第二届会议（2008 年 6 月 16—19 日，法国巴黎）通过，第三届会议（2010 年 6 月 22—24 日，法国巴黎）、第四届会议（2012 年 6 月 4—8 日，法国巴黎）和第五届会议（2014 年 6 月 2—4 日，法国巴黎）修正。

第 I 章　国际层面非物质文化遗产的保护、合作与国际援助

I.8　材料的审查

26. 审查包括评估申报、推荐和国际援助申请是否符合所要求的标准。

27. 作为试行措施，委员会根据《公约》第八条第 3 款设立名为"审查机构"的咨询机构，负责审查列入急需保护的非物质文化遗产名录和人类非物质文化遗产代表作名录

的申报、最能体现《公约》原则和目标的计划、项目和活动的推荐，以及 2.5 万美元以上的国际援助申请。审查机构将向委员会提出建议，以便其作出决定。委员会在考虑公平地域代表性和非物质文化遗产各个领域的情况下指定十二名成员组成审查机构，即：代表非委员会委员缔约国的六名非物质文化遗产各领域的合格专家和六个经认证的非政府组织。

28. 审查机构成员任期不得超过四年。每年，委员会应更换四分之一的审查机构成员。秘书处应至迟于委员会届会开幕三个月之前，将待补空缺职位通知各选举组的缔约国。相关选举组主席应至迟于届会开幕六周之前，将至多三名候选人的材料送达秘书处。一经委员会任命，审查机构成员应为所有缔约国和《公约》的利益秉公行事。

29. 关于急需保护的非物质文化遗产名录，每次审查均应评估遗产项目的生存能力以及保护计划的可行性和充分度。同时，还应评估该遗产项目消失的风险，特别是由于缺乏保护和保障措施，或因全球化进程和社会或环境变迁所导致的遗产项目消失的风险。

30. 审查机构向委员会提交的审查报告应包括以下建议内容：

——将所申报遗产项目列入或不列入急需保护的非物质文化遗产名录；

——将所申报遗产项目列入或不列入代表作名录，抑或将其退回申报国，请其补充资料；

——遴选或不遴选提议的计划、项目或活动；或者

——批准或不批准国际援助申请。

（原载"中国社会科学网"：
http：//news.cssn.cn/wx/wx_ xszx/
201412/t20141208_ 1434013.shtml）

朝戈金当选国际哲学与人文科学理事会主席

旻　文

2014 年 10 月 14—15 日，国际哲学与人文科学理事会（CIPSH/ICPHS）第 31 届代表大会在法国巴黎联合国教科文组织（UNESCO）总部召开，中国社会科学院学部委员、民族文学研究所所长、中国民俗学会会长朝戈金研究员以全票当选主席。这是中国学者第一次担任此类国际学术组织的首席领导职务。

国际哲学与人文科学理事会执行局新一届执委会由 11 人组成，包括理事会主席朝戈金（中国）、副主席兼秘书长 Luiz Oosterbeek（葡萄牙）、副主席 Rosalind Hacket（美国）、副主席 François Djindjian（法国）、司库 Franco Montanari（意大利）以及 6 位执委。据悉，中国科学院自然科学史研究所副所长、中国科学技术史学会常务理事孙小淳研究员同时当选并连任该理事会新一届执委。中国社会科学院国际合作局国际处处长吴波龙出席了本届大会。

国际哲学与人文科学理事会由联合国教科文组织筹建于 1948 年 10 月，并于 1949 年 1月召开第一次全体会议予以正式确认，与国际科学理事会（ICSU）、国际社会科学理事会（ICSS）同为隶属 UNESCO 的三大国际学术机构。目前，CIPSH 有近 20 个成员组织，包括国际学术院联盟、国际哲学学会联合会、国际历史科学委员会、国际语言学常设委员会、国际古典研究学会联盟、国际人类学与文化人类学研究联盟、国际艺术史委员会、国际宗教史协会、国际现代语言与文学联盟、国际东方与亚洲研究联盟、国际史前史及古代史科学联盟、国际音乐理论研究学会、国际非洲学研究学会和国际科学史与科学哲学联盟—科学技术史分会等，联合了世界各地数百个哲学、人文科学等学科的学术组织，其宗旨是"打破学术封闭，消除相互隔膜"。

本届国际哲学与人文科学理事会代表大会旨在推进该理事会的改革，使之能够更好地面对全球化时代社会和文化的新问题和新挑战。经过两天的紧张日程，本届代表大会在充分发挥成员组织积极性的基础上形成如下决议：在一年的时间内再次召开代表大会以修改章程，落实和推进一系列的改革措施；国际哲学与人文科学理事会和联合国教科文组织将联合举办"世界人文大会"（World Conference on Humanities），第一届会议将于 2017 年在比利时列日召开。

此前，2008 年 11 月 24—28 日在南非开普敦召开的第 29 届国际哲学与人文科学理事会大会上，中国社会科学院民族文学研究所所长、时任中国民俗学会副理事长的朝戈金研究员作为国际现代语言与文学协会候选人，以全票当选为该组织副主席。2010 年 12 月9—14 日，在日本名古屋召开的第 30 届国际哲学与人文科学理事会大会上，中国社会科学院民族文学研究所所长、时任中国民俗学会会长的朝戈金研究员再次当选，连任该组织副主席。

【延伸阅读】

"国际哲学与人文科学理事会" 简介

"国际哲学与人文科学理事会"，法文名称为：Conseil international de la philosophie et des sciences humaines，简称 CIPSH；英文名称为 International Council for Philosophy and Humanistic Studies，简称 ICPHS。

二战以后，各国人文科学家迫切希望改变封闭状况，大力加强国际合作和跨学科的研究。CIPSH 的建立，正是顺应了这一历史潮流。自 CIPSH 建立以来，它在参与教科文组织的事务，推动各国哲学人文科学研究机构间及有关国际学术团体间的合作与交流，在组织国际跨学科研究，以及通过出版、组织学术会议活动以促进哲学人文科学和文化研究等方面，均作出了重要贡献。目前 CIPSH 有近 20 个成员组织，联合了世界上几百个哲学、人文科学等学科的学会。根据章程，CIPSH 每两年召开一次大会和学术讨论会。CIPSH 的各次大会，教科文组织总干事或总干事的代表均赴会并致辞。

CIPSH 下设执行局，是其最高领导机构，由 11 名成员组成，分布结构为：1 名主席，2 名副主席，1 名秘书长，1 名司库，6 名执委；副主席的人选通常会考虑各大洲的代表性。

CIPSH 现有的近 20 个成员组织，包括国际学术院联盟、国际哲学学会联合会、国际历史科学委员会、国际语言学常设委员会、国际古典研究学会联盟、国际人类学与文化人类学研究联盟、国际艺术史委员会、国际宗教史协会、国际现代语言与文学联盟、国际东方与亚洲研究联盟、国际史前史及古代史科学联盟、国际音乐理论研究学会、国际非洲学研究学会和国际历史学与哲学联盟—历史学分会等国际学术组织。

中国社会科学院多年来一直与 CIPSH 保持着较为密切的关系，原副院长、学部委员汝信，学部委员黄长著，学部委员卓新平，考古所研究员安家瑶先后担任过该理事会副主席。朝戈金研究员于 2008 年 10 月和 2010 年 12 月两度当选并连任该理事会副主席，2014 年 10 月当选该理事会主席。中国社会科学院的一些研究所或学会是其下属组织的成员，如国际历史科学委员会（中国史学会）、国际哲学团体联合会（哲学所）等。2004 年 11 月 15—20 日，中国社会科学院承办了"国际社科理事会第 25 届大会"和"国际哲学与人文科学理事会第 27 届大会"以及两会的联合大会，并共同举办了"文化与互联网"国际研讨会。

（原载"中国民族文学网"：
http：//iel. cass. cn/news_ show.
asp? newsid = 11588）

我们站在文艺发展的历史新起点上

中国社会科学院举行"学习习近平总书记文艺工作座谈会重要讲话精神"会议

钟 哲

文艺是时代前进的号角与旗帜。

让号角更为嘹亮、旗帜更加鲜明，离不开文艺批评、文学研究等的开展与深化。

2014 年 10 月 20 日，在中国社会科学院召开的"学习习近平总书记文艺工作座谈会重要讲话精神"会议上，来自中国社会科学院文学研究所、外国文学研究所、民族文学研究所等单位的学者，就学习贯彻习近平总书记讲话精神各抒己见，直指文艺和文学研究中的时弊。与会学者表示，习近平总书记文艺工作座谈会讲话精神，是新形势下社会主义文艺事业繁荣发展的指针和动力，对于文学研究、文艺研究同样具有重要指导意义，指引我们开创文艺事业和研究事业的新局面。中国社会科学院副院长、党组成员张江在主持会议时指出：习近平总书记的讲话，标志了中国文艺研究、文学创作、文学艺术发展的历史新起点。

擦亮文艺批评这面镜子

文艺事业的繁荣发展，需要文艺批评的参与和匡正。真理总是越辩越明，没有批评而只有表扬和自我表扬、吹捧和自我吹捧、造势和自我造势，不是文艺批评。有真正的批评，我们的文艺作品才会越来越好。

在 2014 年 10 月 15 日召开的文艺工作座谈会上，习近平总书记指出，要高度重视和切实加强文艺评论工作，运用历史的、人民的、艺术的、美学的观点评判和鉴赏作品，倡导说真话、讲道理，营造开展文艺批评的良好氛围。

张江表示，文艺批评是文艺创作的镜子，是疗治不良创作症候的良药，是引导文艺创作多出精品、提高审美、引领风尚的重要力量。繁荣文艺创作，离不开文艺批评的健康发展。纵观近年来的文艺批评，成就当然不容否定，但问题同样不容轻视。重塑科学、健康、锋利的批评精神，是文艺批评建设的当务之急。

张江指出，近年来，文艺批评领域流行一种风尚，那就是以西方文艺理论为标准，度量中国文艺作品，阐释中国文艺实践，裁剪中国文艺审美。而西方当代文艺理论，以西方的文艺实践为基础提炼而成，并非放之四海而皆准。对此，西方理论家早有清醒的认识。中国的文艺作品，是在中华民族的审美体系中建构起来的，对它的评价和阐释必须以民族的审美习惯和审美规律为标准。削足适履，套用西方理论，作家、艺术家不买账，人民大众也不接受，这样的批评一定是无效批评。

张江强调，人民大众需要具有批评精神的文艺批评。搞理论装点、简单套用，用商业标准取代艺术标准，甚至良莠不分、颠倒是非，这样的批评丧失了批评的精神和品格，令人失望。批评的精神是为文艺负责、为大众负责的精神，是批评家淬炼自我、与人民共进的精神。重塑批评精神，正确的文艺思想和方针才能真正成为主导，文艺批评才能重新找回失却的地位，文艺的成长才能蓬勃向上。

当前，文艺创作"有数量缺质量"、"有'高原'缺'高峰'"的现象，以及"抄袭模仿、千篇一律"的问题，与文学批评标准的缺失有关。中国社会科学院文学研究所研究员丁国旗认为，习近平总书记在有关重视和加强文艺评论工作的论述中所提出的，评判和鉴赏作品的"历史的、人民的、艺术的、美学的观点"，是对文艺批评标准的新的定位，是对恩格斯提出的"美学的、历史的"标准的继承和发展，是推动文艺批评科学有序开展的行动指南，是马克思主义文艺批评标准的时代化、中国化，为今后我国文艺批评工作指明了方向。这四个标准的提出，使批评者有了批评的依据，创作者有了创作的理想，而最终所成全的必然是"思想性、艺术性、观赏性有机统一的优秀作品"。

文学与文学研究不能愧对人民与时代

在文艺工作座谈会上，习近平总书记指出，推动文艺繁荣发展，最根本的是要创作生产出无愧于我们这个伟大民族、伟大时代的优秀作品。

顾炎武在《日知录·文须有益于天下》中表达了他对文章的殷切期望——"有益于天下，有益于将来"。中国社会科学院文学研究所党委书记、副所长刘跃进认为，在文学与文学研究中，存在着一个最根本的问题，就是文章要有益于天下、有益于将来。学术研究根本的问题就是"为了谁"的问题。为社会和人民服务的传统，在今后应当认真反思，而不能只停留在口头上。

中国社会科学院文学研究所所长陆建德表示，习近平总书记在文艺工作座谈会上的讲话与毛泽东同志在延安文艺座谈会上的讲话整整隔了72年。72年来，中国社会发生了翻天覆地的变化，但是文艺为人民服务的基本方针从未改变。习近平总书记在讲话中强调坚持以人民为中心的创作导向，对毛泽东同志在延安文艺座谈会上的讲话既有继承也有发展，许多观点都是根据当下的新形势而提出，比如人民的范围比"工农兵"更宽。

习近平总书记一直强调，我们要甘心做人民的小学生。在陆建德看来，这意味着尊重和学习广大人民在现实生活各个领域中奋斗拼搏、积极向上的心态。当前，颓废、萎靡之风存在于文艺界，但在真正的人民大众中非常少见。因此，文艺工作者一定要面向生活，给自己制定高标准并以此严格要求自己，创作出让人民满意的作品来。

习近平总书记强调，一部好的作品，应该是把社会效益放在首位，同时也应该是社会效益和经济效益相统一的作品。文艺不能当市场的奴隶，不要沾满了铜臭气。中国社会科学院外国文学研究所党委书记、副所长党圣元称，这一论断同样适用于文艺传播领域，无论是文艺创作、文艺生产还是文艺传播，无论是文艺工作者还是传播机构，都不应回避社会责任和担当。必须对拜金主义、享乐主义这个当前文艺创作与传播的最大敌人保持高度警惕。

"现在一些人的作品很少弘扬我们的民族精神，塑造民族形象好像已跟他们毫无关系。一些作家已经羞于正面歌颂中国了，似乎觉得这很廉价。"中国社会科学院外国文学研究所研究员刘文飞尖锐批评了忘记民族精神的倾向。他表示，文艺要为人民服务，并不是一句空话。文艺在塑造民族形象、增强民族自豪感等方面非常重要。文艺怎样为中国人民服务？就是要将一个民族的精华表达出来，这一点非常重要。

从战略高度把握文学的价值

2014 年初至今，由中国社会科学院副院长、党组成员张江主持，中国社会科学院和《人民日报》合作开设的"文学观象"栏目，受到了文学界、理论界和广大读者等的普遍关注与热烈反响。学者认为，该栏目鲜明表达了社会主义文学应有的品格和要求，清晰回答了文学与历史、文学与道德、文学与正能量等重大文学关系问题。

张江追问道：一个国家、一个民族如果没有自己的史诗，一个民族的文学不能让其成员有自己民族的自豪感和作为该民族的一分子的自豪感，那文学又在做什么呢？

"文学不能当饭吃，没有实用价值；但是如果没有文学，这个社会就很危险。"刘跃进提出，经过 30 多年的改革开放，我们将文学的价值提到了"以文化天下"的高度，其中涉及以文学为代表的文化，决定着一个国家的前途和命运。人文与科学，两套马车缺一不可。特别在当前，我们面临国内外的诸多竞争，如何解决好人与人之间、人与自然之间、人与社会之间的问题，处理好人类永恒的矛盾，文学应该发挥重要作用，人文研究也应当扮演重要角色。

中国社会科学院学部委员、民族文学研究所所长朝戈金认为，历史上很多伟大作品并非出自技巧娴熟的所谓"文学大师"之手，而是那些关注一个民族的重大话题和历史命运并饱含真情的作品。

以剪纸为例，朝戈金称，老百姓的东西很质朴但并不简单，其意蕴和艺术抽象能力，令人惊叹。我们对民间文学的认识也很不够，如何回到民众立场，感受民间的呼吸和脉搏，从中发掘出更深的富有民族特色和优良文化基因的内容，使其成为我们文学消费市场的一部分，是我们需要关注的课题。可惜，今天在文学界弥漫着对来自民间的养育着我们民族文化底色的质朴作品的忽视。这种看不起民间文化的倾向需要大力纠正。中国文化想要自立于世界民族之林，没有几千年传承下来的民族文化的根脉，是立不住的。

（原载《中国社会科学报》2014 年 10 月 22 日第 A01 版）

民间文艺永恒价值的诘问

——学习习近平总书记在文艺工作座谈会上重要讲话的体会

罗 杨[*]

习近平总书记在文艺工作座谈会上的重要讲话，是马克思主义文艺观对中国特色社会主义重大文艺问题的全面阐释，充分表明了我们党既是中华优秀传统文化的继承者和弘扬者，又是中国先进文化的倡导者和发展者的鲜明立场。同时也彰显了一个拥有五千年文明并正在走向世界舞台中央的大国领导人的文化情怀和豪迈气概，读起来既熟悉又新鲜，既亲切又震撼。总书记的讲话既与"双百方针""二为方向"一脉相承、内涵深邃、融会贯通，又紧密结合当代中国特色社会主义文艺实际，与时俱进、指向精准、立意高远。

人民是艺术的主体，生活是创作的源泉。这些马克思主义最根本的文艺观点，这些艺术领域中最基本的特殊规律，这些文艺工作者最熟悉的语汇，今天再次由总书记说出来，为什么会让我们在倍感亲切的同时犹如醍醐灌顶，茅塞顿开？我想，也许是源于相当一段时间以来我们忽略和淡忘了文艺与人民的血肉联系，在市场经济大潮中一味追求经济效益，忽视社会效益，成了市场的奴隶，使本应高雅的文艺沾上了铜臭气，将纯真的文化GDP化、指标化、奢侈化、去智化、虚无化、娱乐化，大搞文化大跃进、运动式、工程主义、政绩工程和文化产业遍地开花，使价值观堕落为"价格观"，文化的精神指向变得模糊不清，文化的价值追求被物欲消解，迷失了社会主义文艺的根本方向。

反思我们在工作中所倡导的许多做法，与一贯提倡的价值观导向实际是相悖的。毛泽东同志七十二年前就明确的"二为方向"被"让市场检验文艺"所取代，文艺过度的产业化严重扭曲了价值观，导致商品利益替代了文艺规律；过分的市场运作，导致金钱成了衡量艺术的标准；过量的经济效益指标以及把文艺生产作为GDP新的增长点的期待，造成机械化生产，快餐式消费，"只有高原没有高峰"，精神上的沙漠化和品位上的零度化；对经济效益的贪婪追求造成文艺创作上真假难辨，高下不分，让观众只认识速成的明星，不知道伟大的经典。马克思曾说，工业化生产同某些精神生产、文学艺术生产相敌对。离开了人的情感和精神，所有的形式和技巧都与艺术无关。文艺的产业化运作和商业性经营，可以产生大量的畅销书籍和明星偶像，但却无法制造出划时代的文艺经典和巨匠。产业所追求的是收入、利润、市场和产品的价格，而社会主义文艺追求的必须是审美、精神、情感和作品的价值。艺术的本质应该是人的观念、情愫、魂魄的文化表达。文艺的目的本来就不应寄希望于带来经济效益，文艺的收益在于人的精神境界的提升和品德的涵

* 作者系中国民间文艺家协会分党组书记、驻会副主席。

养，在于使人心向善、风俗纯美、社会和谐。文艺是关乎民族未来的千秋大业。对于一个具有五千年文明底蕴的伟大民族来说，物质和金钱只能是一种需求，而不能成为一种追求。而我们追求的一定是人类精神上最珍贵的真善美。民间文艺"成孝敬、厚人伦、美教化、移风俗"的社会功能是物质不可取代的，也是金钱不能置换的。

谁也不会怀疑，当代中国文艺不断呈现出百花齐放的蓬勃生机，但同时我们也必须清醒地看到，与大发展大繁荣应有的标志相比，今天我们缺少力透纸背的精品力作，缺少振聋发聩的精彩华章，缺少思想高度的学术引领，缺少众望所归的艺术大师，看似繁荣的景象往往是良莠不分的乱象。国家大量资金投入不仅没有建成高雅文艺的殿堂，反而修了一些没有高僧的大庙。金钱不能堆出文艺作品的思想高度，数量也不能堆积出文艺作品的艺术质量，产业的发达和市场的喧嚣只能烘托出热气腾腾、热热闹闹的表象。历史的经验告诉我们，数量在文化经典的产生上毫无作用，文化经典的产生经常有赖于那些潜心创作的个别优秀文艺人才。文艺创作是一种精神、一种情怀、一种境界、一种态度、一种人格，而这些绝不能与金钱牵上关系。经典闪烁的是永恒的人文精神光芒，而不是金钱的炫人亮光。大跃进式的文化开发，后果就是把美妙的传统节日变成了"吃"节和"黄金周"；蜂拥而起的文化产业园成了房地产开发圈地；文化遗产的挖掘成了"先造谣再造庙"的附会；民俗的传承成了迷信巫术的借尸还魂；旅游开发成了争抢名人和大造假文物假古董，等等，不一而足，造成了文艺生产的庸俗化和思想品位的零度化，这不仅不是弘扬优秀传统文化，还亵渎了大好的文化资源，导致源自人民群众大美和大智慧的民间文艺越来越被边缘化。

当代中国的文艺不缺少创新的激情，而是缺少对优秀传统的继承，往往是民族文化的基因还没保护好却生出一些不伦不类的"转基因"；不缺少改革开放向西方学习的勇气，而是缺少自信的骨气和底气，往往是西方的先进文化没学到反而引进了一些垃圾；不缺少对产业和制作的投资，而是缺少对经典和民间文艺的支持。这就是政府对一些文艺种类支持的力度越来越大而精品力作却越来越少的原因。民间文化上的危机虽不像亡国之险那样触目惊心，但却在不知不觉中潜伏着亡种之危。可以预见，如果没有民间文化的传承与弘扬，百年后我们失去的不仅仅是灿烂迷人的文化遗产，还有民族文化的认同，以及"两个一百年"的美好梦想。

总书记的讲话不仅指出了当代文艺现状存在的问题，同时也开出了治病的良方。民间文艺工作者应按总书记要求，置身改革开放的伟大时代，走出书斋，走向田野，融入火热的时代生活，扎根民间文艺的沃土，向人民学习，向祖先留下的灿烂文化遗产学习，永远不忘人民是民间文艺工作者的母亲，不断增强文化自觉，涵养民族文化元气，重铸时代文化信心，在风云激荡的时代潮流中始终保有自己的判断与主见，有自己的志向与抱负，有自己的品位与追求，有自己的境界与底线，做到"富贵不能淫，贫贱不能移，威武不能屈"。每一个民间文艺工作者都要成为优秀民间文化的阐释者、宣传者和传播者，立志以中华民族的优秀传统文化"光复旧物，独立于世界民族之林"，立足扬起民间文艺的风帆，驶向"两个一百年"。

（原载《中国艺术报》2014 年 10 月 24 日第 S01 版）

民间文艺事业就是"人民"的事业

——学习习近平总书记在文艺工作座谈会上的讲话

万建中[*]

习近平总书记在文艺工作座谈会的讲话中,"人民"是出现频率最多的词汇之一,他说,社会主义文艺,从本质上讲,就是人民的文艺。文艺要反映好人民心声,就要坚持为人民服务、为社会主义服务这个根本方向。总书记强调,人民是文艺创作的源头活水,一旦离开人民,文艺就会变成无根的浮萍、无病的呻吟、无魂的躯壳。能不能搞出优秀作品,最根本的决定于是否能为人民抒写、为人民抒情、为人民抒怀。习总书记的讲话发展了毛泽东同志在延安文艺座谈会上的讲话精神,是我们这个时代文艺工作的最强音,为我国民间文艺的发展指明了方向,也坚定了我们做好民间文艺工作的信心。

民间文艺调查和研究的对象是一个区域内广大人民的口头文艺活动,它是以口头表演的方式存在的,为一个表演的过程和形式。口头文艺属于人民自己的知识和意识形态,是人民对于自己的思想、观念和感情的展演。在现代文艺类的体系中,民间文艺与作家文艺、外国文艺并列,这三种文艺形态在精神特质上也各有特点和功用,互有不可替代的价值。就民间文艺而言,具有鲜明的人民特性。民间文艺在人民生活中,属于人民群众带有审美色彩的生活方式,并非仅仅作为一种文艺样式存在,其还作为一种意识形态的综合体存在并发生影响,是以文艺的形式展现民间社会的各种思想沉淀和生活现象。

民间文艺研究的实践价值,主要体现为在当前中华民族伟大复兴的实践过程中,不断增强中华民族对于自己历史文化传统的记忆,同时,为培育和践行社会主义核心价值观,建设和谐社会,提供必要的历史文化依据和广大人民情感、立场的支撑。

民间文艺活动本身就是人民的生活,是人民不可缺少的生活样式。民间文艺具有浓厚的生活属性,民众在表演和传播民间文艺时,是在经历一种独特的生活方式。既然民间文艺具有鲜明的人民属性,是我国各民族宝贵的传统文化遗产,弘扬和发展民间文艺就成为民间文艺工作者神圣职责。这样一种神圣而又纯粹的工作性质,决定了民间文艺界的市场在民间、在田野,田野永远是民众生产和传承民间文艺的土壤,日新月异,只有在田野中不断感受民间文艺的实际,才能不断为发掘、整理、利用和发展民间文艺做出自己应有的贡献。

从实际生活中考察民间文艺的生存空间和环境,才能真正理解什么是民间文艺。同时,对民间文艺现实意义的把握,也只能在现实生活的宽广维度中进行,否则,这种把握

---

* 作者系中国民间文艺家协会理事、北京师范大学民俗学与文化人类学研究所所长。

就是不充分的不全面的。民间文艺工作者的目的是努力理解当地人的文艺生活，发现他们文艺生活的真谛，对他们的文艺生活进行感受、了解和解释；并在国家体制的层面，将民间文艺视为非物质文化遗产，进行有规划的记录、整理、归纳和研究，尤其要对濒临灭绝的民间文艺加以合理保护。

民间文艺事业是人民的事业，也是伟大的事业。习总书记的讲话吹响了民间文艺复兴的号角，召唤我们民间文艺工作者深入民间，深入田野，向人民学习，体验民间文艺生活，感受民间文艺的美好，促进民间文艺的传播，为繁荣我国各民族优秀的民间文艺传统奉献自己的力量。

（原载《中国艺术报》2014 年 10 月 17 日第 4 版）

多民族中国的"中国梦"

——在"中国梦的世界对话"国际研讨会上的发言

朝戈金[*]

党的十八大以来，习近平同志提出并深刻阐述了实现中华民族伟大复兴的"中国梦"，明确指出"中国梦"国家富强、民族振兴、人民幸福的具体内涵，号召全国各族人民为实现这一伟大梦想而不懈奋斗。我认为，在当今文化多样性背景下提出的"中国梦"，既应是中华民族和中国人民整体利益的体现，同时也应是中国多民族多元文化共同繁荣的愿景。

多民族中国："中国梦"的历史和现实语境

中国是一个多民族的国家，这是长期历史发展形成的。谈论"中国梦"，应当考虑到多民族国家的复杂性问题，也应当认识到中国各民族的历史差异和现实差异。

众所周知，中国有 55 个官方认可的少数民族，但情况非常复杂。第一，是少数民族语言文字的复杂性。据联合国教科文组织的统计，在中国境内正在使用的语言超过 130 种，即使是按照国内一些语言学家比较严格的统计办法，也超过了 80 种。其中，有的民族使用的语言不止一种，如裕固族。而且，这些语言分属于阿尔泰、汉藏、印欧、南岛、南亚等语系。更严重的问题是，在所有这些语言中，真正通行本民族文字的不超过 10 种。第二，是少数民族人口分布的广泛性。根据第六次全国人口普查数据第 1 号公报，少数民族的总人口为 1.14 亿人，占全国总人口的 8.49%。但是，少数民族人口分布地区的面积却超过全国总面积的一半。

从各少数民族的历史发展情况看，彼此又极为不同。在经济生活方面，从东北的渔猎到蒙古高原的游牧，到新疆沙漠的绿洲农业和商业，再到西南的高原农业等，一直到相当晚近，他们的经济社会发展还处于不同的阶段。例如，我们的一些历史学家认为，有些满—通古斯语族，直到 20 世纪，仍处于毗邻公社阶段。毗邻公社，广义指农业公社、游牧公社、游猎公社等不同类型公社的总称，狭义指农业公社。一般认为，它们是在原始社会解体时期形成的、以地域和生产资料所有制的二重性为特征的社会组织。在海南，有大家所熟知的合亩制。中国学术界对合亩制有很多讨论，彼此也有分歧。但总的来讲，比较公认的说法是，它处于原始社会末期父系家庭公社阶段，或半奴隶半封建社会阶段。在四

* 作者系中国社会科学院学部委员，民族文学研究所所长、研究员。

川，彝族是凉山地区很大的民族，他们在 1956 年进行了民主改革，后来还建成了唯一一个凉山彝族奴隶社会博物馆，保存了大量特定生产生活形态下的实物、文字和其他资料，大家在网上或到实地去都能看到。西藏的农奴制，至今仍被广为谈论。

我想指出的是，这些民族在历史发展进程中，与中原、江浙、湖广、东三省等其他地区，都有巨大的不同。这些不同，是历史形成的。我们今天不能简单地以社会发展阶段论，来评价各民族文化的高级与低级、文明与落后。更应看到的是，改革开放 30 多年来，普遍而论，汉族与少数民族地区的差距并未缩小，反而有所扩大。联合国开发计划署《2013 年人类发展报告》就曾指出，虽然中国在经济发展和减贫方面成就斐然，但仍存在收入差距扩大和地区发展不平衡的问题。在宗教信仰方面，少数民族地区不少族群基本上是全民信教的，如维吾尔族、藏族等，他们分别信仰伊斯兰教或藏传佛教，还有信仰基督教等其他宗教的。所以，这些民族地区的宗教生活，也存在着非常多样化的情况。加之超过五分之四的少数民族没有文字书写系统，他们的文化传承又是极度脆弱的。

保护各民族文化的多样性："中国梦"的实现路径

我国是多民族组成的统一国家，"中国梦"的实现，需要各族人民的共同努力，只有各民族共同发展，才能实现整个中华民族的伟大复兴。因此，我们需要把握各民族经济社会发展和宗教信仰的具体情况及其历史现实差异，关注各民族在发展中遇到的问题。但以往的评价指标中往往忽视"民族"的因素，也太偏重经济指数等指标。当今在"中国梦"的实践过程中，我们应当转变思路，引入关注各民族文化多样性的文化视角。毕竟，关于未来发展的愿景，不能只有一个图式。

实现"中国梦"这一伟大梦想，要在各民族和谐共同发展的国家政策大框架中，充分认识文化在民族地区现代化转型中的重要意义，尊重少数民族文化的独特性和多样性，特别是要充分挖掘、肯定和保护中国各民族人民的多元文化需求。从专业角度来看，民族民俗文化属于民俗学和民族文学的研究对象。在研究多民族民俗的学理依据上，"中国民俗学之父"钟敬文曾指出，中国民俗学是"一国多民族的民俗学"。他强调，少数民族文化是中国整体文化不可或缺的一部分，国家文化的建设需要梳理少数民族民俗。这不仅有利于促进把握各民族文化的差异点，进行不同地区、不同民族民俗的比较研究，也有利于在差异点的基础上寻找共同点，增进各民族间的相互理解，实现中国整体文化的共同发展与繁荣。在多民族民俗的调查研究上，近年来我所在的中国社会科学院民族文学研究所，一直在进行少数民族文化的国情调研和建设中国少数民族文学档案库的工作，调查和搜集少数民族地区的口头传统，将他们的历史、文化、关于宇宙和自然的知识、信仰体系、伦理观念等加以整理和数字化保存。这些口头传统，今天正在迅速地消亡。所以，我们要先放下手边的工作，尽可能地对它们进行抢救。因为，许多民族，如果没有了叙事诗，特别是创世史诗这类大型叙事，其民族变迁的历史记忆就无从追溯，一旦遗失，万难弥补。

以往谈论"中国梦"，人们大多会从国家整体意志和追求的角度考虑——政治清明、经济发展、文化繁荣、社会稳定、人民安居乐业等。但是，在中国的特定语境下谈论"中国梦"时，我更愿意使用复数的多层面的"中国梦"，它应该是复数的、多彩的梦，就如同一颗玲珑的宝石拥有众多的切割面，反射着不同的光芒一样。一个大的、关于未来美好生活期望的愿景，也应有多个散发出不同光芒的侧面。在"中国梦"的大框架下，各个民族拥有着他们彼此有差异的诉求和期望，他们的多样化主张，必须得到尊重。比如宗教信仰上的愿景，经济社会发展的愿景，族群间关系的愿景，语言和民俗文化传承和发扬光大的愿景，等等。可以想象，一个佛教徒、一个基督教徒和一个伊斯兰信仰者，他们关于此生和来生、关于幸福、关于精神的自由、关于追求、关于美好的理解和愿望，怎么可能会是一模一样的呢？

　　一个包容的、有胸怀和气度的文化，应当允许不同色彩的人做不同色彩的梦。我相信，各个民族的梦，汇聚起来，将描绘出一幅多彩斑斓的美景，而不会是主要关注 GDP 指数和社会财富总量的梦。对于许多有虔诚信仰的民众来说，他们的幸福指数，包括了心灵的安宁。由此看来，我们不应将民族宗教和民俗文化看作社会发展的消极因素；相反，倒是应充分尊重、理解和研究少数民族的语言文化、民俗传承、宗教信仰等，并尽力保护少数民族的物质文化和非物质文化遗产。在进一步提升各民族人民生活幸福感的层面上，这些环节的工作至关重要。推进我国文化软实力建设，提高跨文化交流的能力和水平，也高度依赖这些环节的建设。

　　总之，当我们谈论"中国梦"的时候，应该有一个关于未来美好生活的热切期待，不只是物质层面的进步，而且是精神道德层面的大幅提升，才是一个社会整体性的、健康的进步。中国是一个拥有一个多亿少数民族人口的国家，少数民族的幸福感、团结和谐、认同祖国的热情，以及对美好生活的向往追求，是这个国家长治久安、长期稳定的基础。

（原载《社会观察》2014 年第 1 期）

一个有传统、有理想、有方向、有追求的学术共同体

——在中国民俗学会第八届代表大会暨 2014 年年会开幕式上的书面致辞

朝戈金

各位亲爱的中国民俗学会的会员朋友们：

我因病不能前往昆明参加中国民俗学会第八届代表大会和 2014 年年会，深感遗憾。我只能翘首南望，遥祝大会圆满成功！预祝来自全国各地的会员朋友们，在深秋的春城度过一段愉快的时光。

中国民俗学作为一门学科，从诞生至今，已经接近一百年了。社会生活在飞速发展，民俗学共同体自身也在发生着深刻的变化，民俗学学科以及民俗学者的自我意识都在不断加强，对学科存在价值的认识也在日渐深化，特别是与其他学科的对话也在更广阔的幅度上展开。当下，民俗学学科既面临挑战，也面临新的发展机遇。不久前，我在伊斯坦布尔参加了联合国教科文组织的专家会议，商议修订《保护非物质文化遗产公约》的《操作指南》。在这个会议上，来自世界各地的专家反复强调，非物质文化遗产，对人类社会意义巨大，除了已形成共识的保护人权、维护人类文化多样性之外，它对维护环境和人类可持续发展方面的意义，也得到广泛认识和肯定。大家都知道，非物质文化遗产是民俗学的主要研究对象，民俗学者在非物质文化遗产保护工作中做出了突出的贡献，民俗学在国家建设和发展中发挥着重要的作用。中国民俗学在参与和介入保护非物质文化遗产的事业中，找到了新的发展契机。

中国民俗学会作为全国性的民俗学者的学术组织，是一个有传统、有理想、有方向、有追求的学术共同体。今天，我们回顾民俗学会 30 多年来走过的历程，看到她在跌宕起伏中，增强了活力、扩大了影响。近些年来，学会的规模明显扩大，学会与地方文化建设的关系越来越密切，学会在推动学术理论探索和人才培养方面，在扩大国际对话方面，都有不少建树。学会对外的学术影响力和自身的能力建设，都取得了可喜的进展。

广大会员对学会是关心和爱护的。他们以卓越的工作成绩提升着学科和学会的影响。他们还以各自的聪明才智，一道推动着学会自身的建设。我们注意到，学会的一些会员为学会制度建设出谋划策，提了不少建议和意见，有些意见很有见地。一些具有可操作性的意见，经过大家协商和认可，会转化为学术制度规范，以促进学会今后更健康、更平顺地发展。

　　我相信，绝大多数人都赞同，更透明的运作机制，更民主的运行体制，更广泛的会员参与，是学会改革的大方向。在本次学会的换届工作中，我们在不违反国家社团管理的有关规定的条件下，尽可能广泛听取大家的意见，让理事、常务理事和领导层的遴选，在更加民主的轨道上进行。

　　我不能亲临现场，与大家一道经过充分协商推选新一届的学会领导，这是十分遗憾的。作为学会的本届会长，我有责任和义务与大家分享我的一些想法。这些想法和意见，我已经委托工作人员带到本次大会的主席团会议上。这些想法是来自大家的智慧。可以说，学会的每一步成长，都凝聚着广大会员的心血。

　　我们理应对学会的未来充满信心，我们也有理由相信学会的明天会更好。因为我们的学会有一大批真正关心、热爱和支持学会的会员，他们的强烈意愿和集体的意志凝铸成学会的进取精神。众志成城，在充分协商并形成广泛共识的基础上，学会的航船将再次起锚，开始新的航程。

　　再次祝贺大会的胜利召开！祝大家在昆明愉快！

（原载"中国民俗学网"：
www. chinesefolklore. org. cn/web/
index. php？NewsID = 13188）

第二篇

热点话题

重建文学的民族性

对话人：张　江（中国社会科学院副院长、教授）
　　　　朝戈金（中国社会科学院民族文学研究所所长、研究员）
　　　　阿　来（四川省作家协会主席、作家）
　　　　张清华（北京师范大学文学院副院长、教授）
　　　　阎晶明（中国作家协会书记处书记、评论家）

　　张江：民族性是文学固有的属性，是一个民族文学的身份标识。但在今天，民族性在文学中日渐稀薄。个中缘由非常复杂。全球化浪潮的蔓延席卷，以及由此形成的对民族性根基的深刻冲抵，是一个重要原因。但更值得注意的是，当下的文学创作和文学批评中，一些作家和批评家将民族性视为本土文学生长的障碍，"祛除民族性""追求普适性"成为一种潮流。我们的忧虑是，文学的民族性被削弱，文化的民族性也被削弱，民族之间的文化差异丧失，那么，民族是不是也会失去其存在的理由？

民族性是文学的身份标识

　　朝戈金：在全球化浪潮日益高涨的今天，文学的民族属性呈现减弱的趋势。这个趋势的出现，与人类活动半径大幅度增加、全球经济一体化导致的交流更加频繁、移民浪潮空前高涨、占据支配地位的强势文化整合（包括语言同化）效应增强等都有关系。所有这些因素，大多朝向削弱个体或群体民族属性的方向发展，从而使得民族身份越来越难以从众多其他身份认同的多维尺度中凸显出来。但是，主要以民族语言为标志的文学的民族属性，仍然是今天文学创造活动最为基本的属性之一，这也是为什么文学的民族性问题需要认真讨论的缘故。

　　自从人类形成不同的民族集团之后，人类创造的所有文学作品——作家的个人创作或民众的集体创作，都无一例外地首先是属于特定民族的：荷马史诗属于希腊，莎士比亚剧作属于英吉利，李白诗作属于中国的汉族诗歌传统。

　　这种民族性，首先体现在内容方面。有些文学内容是特定民族所钟爱的，也是其民族属性的重要标志。中国南方少数民族中大量存在的"创世史诗"和"迁徙史诗"为世界史诗宝库增添了新的内容。从《贝奥武甫》到《亚瑟王与圆桌骑士》，浸透着古英语文学传统中常见的英雄主义气概。

　　其次，也体现在文学形式方面。例如巴勒斯坦的"西卡耶说书"（内容有特定规范，听众仅限女性），日本的俳句，印度的吠陀圣歌传统，中国的词，等等，都是这些民族在长久的文学发展中，适合特定的语言和文化传承创造出来的形式。在中国的少数民族中，也能看到大量的自有的文类，譬如蒙古族的"好来宝"（民间韵文体说唱）、彝族的克智论辩（双人盘歌式诘答）等，这些文艺样式，总是很充分地体现出文学作为精神产品与特定民族的文化特性、文学传统、集体审美心理之间的关联。

民族性是文学的身份标识。凭借这种标识，不同民族间的文学彼此区别，呈现出各自的鲜明特征。一个民族的文学，丧失了民族独特性，就意味着沉没和消亡。也许，在现实层面，它依然存在，依然有作品不断问世。但在真正意义上，民族的文学已经被湮没，民族的差异也会不可遏制地趋向消散。

鲜活的民族性在历史和民间

张江：文学的民族性在哪里？很长一个时期，我们一些作家热衷于面向西方，甚至习惯于以西方的表达来摹写我们的民族生活。这种借鉴和探求是有意义的。但是，民族文学的根基不在西方，它在我们的民间生活，在我们的民族传统中。只有面向生活，浸入生活，在民间生活的细微处，才能找到纯粹和鲜活的民族性。

阿来：作家都有一定的族群属性，所以文学具有民族性是不言而喻的。

文学意义上的民族性，在我看来，不只是由语言文字、叙述方式所体现出来的形式方面的民族特色，而主要还是由行为方式、生活习性所体现的一定民族所特有的精神气质与思想意识。这种内在的东西，才应该是民族性的魂魄。文学意义上的民族性，也体现在民族历史的传统中。我特别欣赏别林斯基的一段话，他在《"文学"一词的概括的意义》中说道："要使文学表现自己民族的意识，表现它的精神生活，必须使文学和民族的历史有着紧密的联系，并且能有助于说明那个历史。"

最近，我自己写作了一部非虚构文学作品《瞻对》，主要是对发生于川属藏区这个小地方数百年的战争历史，进行纪实性还原。作品所写的瞻对这个地名，今天已经消失了。但不能消失的是，它已深潜于那块土地记忆深处的历史伤痛。有关瞻对的争取与争夺，事关不同地区藏族之间的内部关系，更事关汉藏之间的关系演变，通过对瞻对的过往历史的打捞，在透视其命运转承中，触摸一个民族特有的精神气节，瞭望一个时代的族际交往，揭示不同民族的文化汇流。有人认为我的这部作品写出了"民族的精神秘史"，我自己觉得是在挖掘隐藏在现实深处的历史情结，表达藏汉人民追求和谐、文明的民族品格。

跟文学的民族性相关的，是文学的民间性。我以为，现在需要特别强调文学民族性的民间资源。现在的文学教育教授的文学知识，基本上是以书面形式的文学影响与传统为主，这很重要。但更重要的是，进入到具体的文学创作，还有一个民间的文学资源与养料。其实，民间文学在中国古典文学中，从来就是重要的元素。比如古典文学名著《西游记》《水浒传》《三国演义》等，即便今天来读，仍会发现它跟电视里偶尔会看到的评书很相像，这种文学形式早在唐代就有，那个时候叫作"话本"。所以《三国演义》《水浒传》《西游记》在没有变成一个固定的小说之前，其实在民间已经被一些民间艺人在不同的场合里反反复复地讲，讲过无数次后，成为我们今天看到的这个样子。这种经过不断地虚构、不断地变化，比历史事实更好听、更好看的东西，是经过很多人口头的传说，再根据自己的兴趣不断地丰富，再由某人把最好的本子集中起来进行加工，最后变成了一本经典。古典小说的这种形成过程，证明民间化的重要作用。

鲜活的民族性在民间生活当中。我们做文学的人，做文学研究的人，做文学批评的人，不能总是深陷在文本当中，忘记丰富的民间生活，忘记丰富的民间传统。作家在创作实践当中，已经非常习惯于只把民间生活看成一种写作的题材来源，而不是从民间资源中汲取丰富的营养，包括看待生活的眼光，讲述故事的方式，等等。这样的结果，可能会使文学日渐淡化大众性与民间性，最后把它变成了一个纯粹的知识分子的智力活动，文化人的智力活动，把它跟民间生活完全割裂开了，似乎纯粹了，但又失却鲜活了，这是不应该的。重建文学的民族性，民间资源是需要我们发现和重新审视的重要领域。

民族性对文学接受的重要性

张江：受众的文学阅读，具有定向性期待。这种期待可以是隐藏的。期待的构成，主要是他们的生活经验和审美经验。而这两种经验都建立于民族性之上。民族的生活经验结构并定型了民族的审美经验。对大多数受众而言，离开了这个经验，作品很难被接受和传播。文学作为一种精神产品，以接受和传播为指向，只有凭借民族性的元素，巩固并扩大民族的生活和审美经验，才能为本民族的大众接纳和认可，作品才能存活和流传。

张清华：在我的理解中，文学不是名词，而是动词。它代表的不是一排排僵硬的文本，而是作家和读者之间的灵魂对话。如果这样把握文学，那么，什么样的文学才能够让对话成为可能，进而使作品被读者接受？我认为，应该是作家和读者之间有一种相近的气息，或者叫气味。这种气味是一种神奇的黏合剂，一经相遇，便将两者紧紧地吸附在一起。民族性就是作家和读者之间相近气息和气味的构成要素之一。

举个简单的例子。朱自清的散文《背影》在中国妇孺皆知，备受推崇。为什么？很重要的一个原因就是，它把中国式的父子情真切、生动、传神地呈现出来了。与西方那种热烈、奔放、外露的情感表达方式非常不同，中国人的情感表达方式是含蓄内敛的，父子之间尤其如此。这是中国事、中国情，是一种独特的民族性表征。朱自清准确地把握住了这一点。也正因为如此，作品才会让中国读者在阅读过程中感同身受，产生强烈的审美认同乃至民族认同。同样是这篇散文，如果拿给西方读者阅读，因为不同的情感表达方式，其精妙未必能够被理解，作品也将失去魅力。我们时刻生活在民族传统的光辉之下，形成了稳定的民族化审美趣味。作为接受者，对富含民族文化元素的作品表现出强烈的亲近感，并产生情感共鸣，符合接受规律。由此可以判断，民族化的文学更易于被大众所接纳认可。

我们不否认，不同民族之间的文学是可以相互接受的，而且可以产生很大影响。但是，从审美和语言的意义上讲，不同民族文学文本之间的相互转换是有巨大间隔的，既难以将原著本土的精髓准确传达，也难以用本土民众接受的方式准确表达。这种转换中的损耗无可弥补。纵观历史，任何一个民族，长久流传下来，并内化为这个民族精神底蕴的文学经典，从来都是本民族的文学精品。这一点，即便在文化交流无所不在的今天也依然如此。这同样佐证了民族性对文学接受的重要意义。

靠鲜明的民族性融入世界

张江：中国经济的强势崛起和中华文化的影响扩大，让中国文学生出了走向世界、融入世界的巨大冲动。在汇入世界文学版图的过程中，中国文学拿什么来走向世界？唯一可以秉持的是民族性的文学和文学的民族性。丧失了民族性，迎合想象中的他者趣味，不仅会在文学中丧失自我，也不可能真正地走进世界。民族性才是中国文学登上国际舞台的独特资本，是中国文学在世界文坛畅行无阻的通行证。

阎晶明：当代中国文学面临一个重要的主题，是如何更好更快地融入世界文学。这是一个崭新的课题。几千年的中国古典文学，在世界文学史上留下独特风景，但中国古典文学并没有"走向世界"的任务。五四新文学是中国现代文学的开端，但那时的中国文学也没有"走向世界"的自觉要求。直到新时期以来，在对外开放的宏大背景下，中国文学才有了开阔视野，走向世界、融入世界才真正成为中国作家迫切而强烈的愿望。

现在摆在面前的问题是，中国文学凭借哪些因素参与世界文学主流的建构？在通向世界的途中，中国文学是否还有必要保持自己的民族性？

相当长一段时间内，一些作家认为，"走向世界"就是跟随和追赶国外潮流，西方流行什么，我们就摹仿什么，西方作家怎么写，我们就跟着怎么写。以为这样就与世界接轨了，就融入了世界文学格局。事实证明，拾人牙慧解决不了中国文学走向世界的问题。追随和摹仿，即便达到了同步和逼真的效果，充其量也只能是再造一部中国版的西方文学。提供不了新的经验和启示，这样的文学对世界没有意义。在此过程中，本土文学的鲜明特征反而日渐淡漠。其结果，不但未能实现"从边缘到中心的位移"，反而是更加严重地被边缘化。

所谓"世界文学"，从来不是一种抽象的、绝对的公共性概念，世界性就存在于具体的民族性中间。文学自古就是一种"地方性知识"，今天也仍然如此。世界文学在现代社会的确立，说到底，就是对各民族文学多样性的呈现。这意味着，一个民族的文学要想走向世界、融入世界，必须具备与众不同的唯一性，为世界贡献独特的价值。民族性就是这种独特价值的根本。

中华民族拥有五千年的文明史，积累了光辉灿烂的民族文化。这种文化具有鲜明的民族特色，与其他民族的文化，尤其是欧美文化存在本质不同。这种不同，既体现在思维方式、行为方式和价值认同等宏观层面，也体现在表达方式、语言习惯甚至一颦一笑的每一个细节。凡此种种，构成了中国文学深厚而丰实的独特资源。依托于此，中国文学完全可以形成自己的鲜明特色，为世界文学贡献另外一道与众不同的风景，展现中国文学的独特魅力，赢得世界文坛的尊崇和礼赞。这既是中国文学走向世界的唯一选择，也是世界文学在向中国敞开怀抱时寄予的最大期待。

民族性是中国文学登上世界舞台的通行证。外面的世界绚烂多彩。中国作家在这多彩的诱惑面前，与其再左顾右盼、徘徊逡巡，不如真正踏踏实实地面向自我，塑造自我，凭借民族化的鲜明形象跻身其中。

张江：全球化时代，我们需要国际视野。不同文化之间互相凝望、欣赏、借鉴，是十分必要的。但是，拥抱世界不能丧失自我。有的人写作，一心想着外国人怎么看，译成外文是什么样子，国际影响会如何，这很幼稚。中国作家的作品，首先是"中国的""民族的"，得到中国读者的认可，然后才可能有国际影响。以为外国人说好就是好，通过讨好国外舆论来炒作自己，这种想法已为今天的广大受众所不屑。全球视野下的文学，有民族性，才可能有审美价值，因此民族性至高无上。也因此，必须努力重建中国文学的民族性。

（原载《人民日报》2014 年 4 月 29 日第 14 版）

非遗保护视野下的口头传统文化

朝戈金

口头传统的"另一只轮子"作用

口头传统是非物质文化遗产的重要部分，什么是非物质文化遗产呢？联合国教科文组织在《非物质文化遗产保护公约》中讲得很清楚，非物质文化遗产就是指特定的社区民众世代传承的知识、技能、艺术创造等。非遗在联合国工作框架下主要分为五大类，第一类就是口头传统和作为它的载体的语言。为什么要研究口头传统？这需要回到一个很根本的话题——人类物种是何时经过进化开始学会说话的？

"口头传统"是一个外来词语，在我国学术文化传承中，也有其他一些叫法，比如口头传承，都是用来概括这样一件事情——人通过说话的方式传递信息——传递信息的技能和传递信息的内容合起来就是口头传统。口头传统也有广义和狭义之分。广义的口头传统是指口语交流的一切形式，讲了什么都算口头传统；狭义的口头传统或者学术界研究较多的口头传统主要是指口头艺术，如神话、歌谣、故事、史诗演述等语词的艺术形式。英国某研究小组发现哺乳动物身上有5%的基因是稳定的、几乎不发生变异的，过去100万年中，这些基因的氨基酸在人类身上发生过两次突变，才让人具有了会说话的能力，而其他动物都没有进化出这种能力。当然，人会说话也是一个综合演化过程。

古希腊时期盛行演说术，那时一些政治家很擅长在公众面前演讲，纵观西方政治学术史，可以看到很多这方面的例子。无论是中国，还是外国，书面文学在发展进程中都大量吸收了民间的东西，有时还让这些民间语词精致化了。世界各地不同的人们都有会说话的能力，并借此将知识、信息、思想和艺术等一代代传承下来，让不同的文明更加灿烂。西方研究人类文明的专家认为，最早的书写符号距今有8000年历史，是巴尔干半岛一些记数符号，之后有两河流域的古代文字、中国的甲骨文、美洲的印第安文字等。文字的发明和使用也经历了一个复杂的演化过程，中间有些是彼此影响的，有些是独自发明的。文字的形态也很不一样，比如中国的方块字，西方的拼音文字，世界各地的人们通过自己的聪明才智，用不同的技术，记录和处理着他们的语音符号。由此可见，人类是先有语言后有文字，语言的历史长，文字的历史短。

文字被发明之后，是不是到处都通用呢？并不是。在中世纪的欧洲，读书、写字的能力多掌握在寺院僧侣及少数贵族庄园主的手中。中国也一样，1949年新中国成立时不识字的人还是相当多。到20世纪初，爱尔兰仍有三分之一的人是功能性文盲，识字有障碍，也就是说不能真正流畅地阅读和掌握书写。如果再往前推，最初这些文字是干什么的呢？各地看到的情况是，早期文字主要不是为了撰写和记录文学作品，而是用来做实用性记录，比如占卜、商业契约等。

最近美国的基因学家写了一部书叫《出非洲记：人类祖先迁徙的史诗》，用基因方式来研究人类物种怎样走出非洲，他们先来到今天的以色列地区，随后，一部分逐渐走到亚洲，一部分走到欧洲，等等。通过阅览这样的迁徙历程和进化历程，我们可以得出这样一个简单的结论：物种在文明进步和发展中，大脑的发育为语言交流提供了生物学基础（有基因突变的很大功劳），通过合作、劳动，让人的综合能力逐步复杂起来，发展出会说话的技能，这一技能在人类漫长发展过程中一直占据了日常信息交流的最主要方面，也占据了知识传递相当主要的方面。一直到工业化时代后，西方发达国家很多人都会读书识字，即便这样，大量信息也是通过口耳之间交流的。我们有教科书，但教科书不见得能让我们成为有学问的人，所以才有学校教育，如果书面传递信息就能完成一切，那么把教科书印好后发给大家，大家在家阅读就都成了很有学问的人，这可能吗？可见，在信息传递中，面对面交流是不可替代的。

在东西方民族发展进程中，我们都能看到知识存储和传递的主要方式。在西方文明中，比如最古老的图书馆之一亚历山大图书馆，比如欧洲活字印刷术的发明和使用，还有欧洲一些古老的大学等，用书面方式保留经典、传承文明。但还有另一个方面，就像推动人类文明进步是两只车轮一样，书面文字、图书馆和大学教育是一只轮子，民间文化是另一只轮子，千百年来民众通过口耳相传，传递了大量知识和信息。很多东西并没有进入书面文学传统中，而是在老百姓当中代代口耳相传，中华民族有大量东西就是通过这个渠道传承下来的。中国农村人口居多，中华文明的底色就是农村的爷爷奶奶、叔叔伯伯、姑姑舅舅等通过口耳相传讲给我们的，我们知道了传统节日该怎么过，我们知道了孟姜女哭长城的故事，《三国演义》《水浒传》中的很多故事也是这样流传下来的。中华文化中有相当一部分文化底色是没有经过学校教育的。

有些民族是没有书面文化的，基本是一只轮子——只有口头文化在发生作用。以中国为例，中国有 55 个少数民族，那么有多少种语言呢？目前有很多不同的说法，联合国教科文组织统计的语言地图，说中国有 300 种语言，国内有专家认为比较准确的数字是 130 多种语言，有些民族不只讲一种语言，还有一些语言迄今没有被识别。语言现象是比较复杂的。真正使用本民族文字的民族有多少呢？不到 10 个。很多民族没有文字，那么这些民族的文明是怎么传承到今天的呢？全是靠口耳相传。如果想追溯各民族的文明进程，很多情况下光靠文字是不可行的，有些民族没有书面文字，他们的文明进步史、当地生产知识和技能的信息都在口头传统中，在长篇的叙事诗、歌谣、谚语中。像苗族、瑶族、白族等南方少数民族都经历过复杂迁徙，关于祖先的记录，全在口头传统中，口头传统对这些民族来讲非常重要。

追寻口头传统的"足迹"

人们对口头传统的研究开始得比较晚。虽然人类会说话的历史很久，但我们更倾向于崇拜文字。在西方文明传统中，如果说某人是绅士，他需要社会地位比较高、会读书识字、彬彬有礼；在中国也一样，做先生的人要读圣贤之书、熟悉孔孟之道等。西方开始关注口头传统、民间诗歌可能是从 18、19 世纪，为什么到这一时期才开始关心？因为在这时，欧洲开始了资本主义革命，从英国的圈地运动到蒸汽机的发明和使用，欧洲社会生活发生了很大变化。以德国为例，越来越多的人离开农村，进入城市，德国开始有了大机器、大工业。格林兄弟这些文化人就开始担心了，觉得新兴资产阶级背叛了日耳曼的民族精神，那么，日耳曼的民族精神藏在哪儿呢？他们说藏在农民的诗歌中，结果农民都离开土地进城当工人了，怎么办？于是他们开始大量搜集民间诗歌。民间诗歌开始消失时，恰恰是少数有觉悟和内心充满担忧的、害怕自己民族文化传统断掉的人奋起工作之时，格林兄弟的《格林童话》就给我们留下了很有文化价值的东西。

真正开始关注口头传统是到 20 世纪中叶，古典学学者、传播学学者、结构人类学学者、文化学者们开始讨论这样的问题：人类会写字，也会说话，两者之间是什么关系？书写文化对人类大脑、心智和文明的进步到底发挥了什么作用？针对后者，学术界形成两派观点，史称"大分野理论"。一派观点认为，人类发明和使用了文字，这是巨大的进步和飞跃，数学的高次方运算、逻辑学的法则等人类比较复杂的高级活动，也因此得到了极大的支撑和发展。另外一些人不这么看，像斯特劳斯，他写过《野性的思维》这样的书，来研究原始人或者当代无文字社会，认为文字的使用对于人类头脑的复杂化固然会产生作用，但作用没有那么巨大。即便不识字的野蛮人，也懂得因果关系，也知道用力推动一个物体，该物体就会移动，而且很多民族在没有文字的情况下发展出了自然科学的很多知识，也学会了利用自然资源，还具有天文历法计算的能力、工艺加工的能力等。

这些研究逐步揭示出一个规律：语言和文字是人类发明的两个伟大的东西，文字是依附于语言的，语言是更为广阔、更为基础性的。发展至今天，据统计，全世界大概有6000 种语言，保守来说有 5000 多种语言，而真正流行使用文字的，大约不到 100 种。这说明什么？说明在地球上每个角落的各种各样信息交流中，主要途径还是口耳相传，而不是书写。当然，在后工业化时代，全球文化的整合、经济的发展以及市场的一体化，在极大地挤压着这些传统文化，许多濒危小语种迅速消亡。据统计，大概平均每两天就有一种语言消亡，南美亚马孙河流域、南太平洋岛的很多土著语言等都在我们眼前消亡了。最近有人统计说，我国的一些少数民族语言也面临消亡危机，比如赫哲语，只有一些抢救和保护非遗的专家和地方民间传承人在试图挽救它。其实，人口较少民族的语言多面临这一情况。语言是交流的工具，如果使用范围过窄，它的存在基础就变得岌岌可危了，因为你跟本民族成员彼此交流的机会变得很少了。

目前，联合国教科文组织有专门的濒危语言项目。语言是一个民族属性最直接的载体，随着语言的消失，这个民族的精神世界，它所掌握的特定的关于宇宙和自然的知识和技能，比如医药学知识、矿物学知识、植物学知识等就会随之消失。在联合国教科文组织划分出的非遗的五个大类中，口语是特别重要的。民间的知识很多都是通过口头传统完成的，而不是通过书面文化。可能你在河南种地，或者你在内蒙古自治区牧马，你的知识从哪儿来的？不是你父亲给了你一本关于耕作基本知识的书，而是在实践中言传身教完成的，这些东西很不简单。我在内蒙古锡林郭勒盟正镶白旗下过乡，知道养一匹马是极其复杂的事情：从小要观察马的特点，从它的骨骼、身架到毛色再到家族遗传，这样才能选定种公马；等马长到三四岁时要驯马；夏天马出大汗，要用刮汗板刮汗；马长时间奔跑后，不能立即卸下马鞍等，这些内容很少在书上看到，都是口耳相传的。

口头传统同时又统辖着其余门类，比如社会实践、仪式、节庆活动。我们在我国南北方见到的大量活动，很多都是口耳相传的。其他生活知识也一样。你被蜜蜂蜇了，将榆树叶或杨树叶拍上去就能消肿。但你很难找到一个"民间知识大全"，上面讲述被蜂蜇了怎么办？中暑了该怎么放血？遇到蝗虫后该怎么处置？久旱不下雨该怎么求雨？这些知识怎么来的？很多东西都是口耳相传，这是非遗的特点，而且要通过口传心授代代相传，不断生长、积累和发展，像知识树一样，互相之间有着非常复杂的关系。这些知识的增长，反过来给我们今天的生活带来大量知识和技能。文明和进步是知识积累的过程，我们的祖先通过对自然的长期观察，对物候气象的观察，使庄稼逐步变得高产和稳定，小麦、水稻等大量植物的栽培技术就是这么来的。

不是所有的生活知识都有教科书。人类的知识是汪洋大海，进入教科书、成为书写文化、变成经典的只是少部分。民间知识范围很庞大，我们不能斩断了文化传承，不能让大量宝贵的知识消失在工业化钢筋水泥的丛林中、消失在如今的课堂上、消失在人类的记忆里。

口语艺术与文化认同

语言如果只是用来传授知识，那么它还没得到充分发展。语言在人类长期的使用过程中，发展出了一种高层次的技巧，叫口语艺术，我们有了诗歌，有了长篇的韵文叙事和故事讲述等。这里举个例子，2014 年 6 月 1 日，新疆维吾尔自治区一位以演唱柯尔克孜族的史诗著称的民间老人去世，大家能想到他去世后是什么情况吗？他老家的小城只有 3 万人，他去世的第二天这个小城就增加了 5000 人，这 5000 人是来自国内外的官员、学者和民众，邻国吉尔吉斯斯坦总统专门派了一个代表团到新疆给他送别，新疆维吾尔自治区党委书记张春贤专门发了唁电，还派政府高级官员去他家吊唁和看望。他去世后不到两个星期，吉尔吉斯斯坦为了纪念这位老人的功勋，授予他英雄称号。这位老人的记忆力很好，能唱八部《玛纳斯》，其中第一部就有四大卷之多，他的故事可以滔滔不绝地唱很久，他得在脑海中记住多少东西才能流畅地唱出来！这是人类大脑的奇迹，也是人类语言能力的奇迹。

在 20 世纪中国的民间艺人中，这还不是特殊例子。我曾采访过一位演唱藏族史诗《格萨尔》的西藏老人，他目不识丁，西藏和平解放前家境贫寒，四处游荡，靠演述史诗为生；西藏和平解放以后，党和政府觉得《格萨尔》史诗是瑰宝，就把他请到拉萨唱，两个年轻人录，一录就是一两年。我们研究所跟西藏有关方面合作，想出版一部他讲的史诗《格萨尔》，结果只出版他演唱曲目的大约三分之二，就有 46 卷之多！这个篇幅差不多是《红楼梦》的 10 倍。精通藏文的专家和学者看完以后感到很惊讶，《格萨尔》的故事情节很曲折，人物形象生动，情节冲突复杂，语言很丰富，音调很优美。如果说语言艺术经过长久的进化和发展，可以达到较高层次的话，这就是语言艺术的高峰之一。通过这些现象我们可以看出，民间知识发展成高度发达的艺术之后会达到怎样惊人的高度。

如果再深讲一步，说这些民间艺术的生命力，比如藏族史诗《格萨尔》，大家可能会说，那不就是讲英雄从天界下凡除暴安良、保护百姓、抵御外侮的英雄故事吗？文化价值有那么大吗？经过深入研究发现，《格萨尔》不光是讲了一个故事，还是一部百科全书，从天文到地理，从动物到植物，从历史到文化，从社会到精神世界、信仰体系都蕴含其中，要想理解藏族，必须得先弄明白这些问题。这还不是一个特有的例子。比如印度的史诗，包罗万象，族谱、神话、传说、故事、历史事件、哲学思想、宗教精神、人伦情怀都在里面，是那个时代印度文明集大成的东西，而且传承很久，有西方学者说仅形成过程就有 800 年。一个大作品的形成经历了 800 年，又传承了将近 2000 年，当代的印度学者前赴后继，研究了几十年，许多事情还没有搞清楚，可见工作的浩繁。我们如果想了解印度古代社会文化，就要看这些东西，不光我们，印度人自己也要看这些东西，不然怎么知道一两千年前的印度是什么样的呢？

口头传统，经过漫长的发展，会发展出复杂的艺术，我们刚才讲到有些杰出的艺人能唱那么多东西，那就需要回答一个新问题：不靠书写，他是怎么记住的呢？要研究口头交流的方式和表达的形式，这里边有技巧。有学者经过深入研究，认为这些民间艺人不是靠逐字背诵的，而是掌握了规则，这就发展出口头程式理论。在学习民间文化时，要先学一些固定表达，学一些描写、形容技巧，学一些推动故事的技巧，这些东西掌握多了就能现场创编了。民间艺人不是每次都严丝合缝、一字不差地复述古书，而是每次都讲一个内容大体一样的新故事。这就给口头文学研究带来了新问题：如果把一个故事讲三遍，讲的都不一样，以哪一遍为准呢？

通过更深入的研究，发觉民间知识里面存在大量规则，故事大约分出3个层次：第一个层次是故事范型，要么是娶亲故事，要么是征战过程，要么是复仇故事，要么是回家故事，类型不是很多。第二个层次是主题，或者叫故事的题旨，这就进入一些比较小的单元，比如"英雄待客"就是一个小的主题，讲英雄怎么接待客人，还有如要出征应该怎样准备，包括给马备鞍子，配备武器铠甲的主题等。第三个层次是语词句法的层次，就是大量出现"套语"，或者叫"程式"。"预知后事如何，请听下回分解"，就是一个程式。不光有程式，还有变化，看过电影《刘三姐》的人都知道，刘三姐跟秀才对歌，你一句我一句，你来我往，唇枪舌剑，有时候还配着旋律舞蹈，有时候还有其他方式。

口头传统还是文化认同，用特定的方言、乡音来讲特定的歌谣、故事，自己人听到特别亲切，别人大概就听不懂，这时候就建构了一种文化认同感，觉得我们更亲近。口头传统还是民族叙事，还是地方知识，在大量口头传统中都可以见到地方知识的沉淀，比如驯马知识、农学知识、植物学知识等都在这里。知识不是外在于我们的，是跟我们在一起的。低温超导、基因技术离我们比较远，但是我们生活在这些传统的民众知识之中。民俗知识就是我们生存的土壤，相当于空气和水，比如我们在端午节吃粽子，大年初一包饺子、放鞭炮，在重阳节登高、赏菊，都是跟着民间知识走。再一个特点，民众的知识是跟人结合在一起的。不是所有知识都这样，但是民俗知识是口头传统，须跟人结合在一起，有人就有非遗，没有人就没有非遗。假如有一天人类物种消失了，可能埃及的金字塔还耸立在那儿，中国的万里长城还在经历着风吹雨打，这些是文化遗存；自然遗产更是这样，很多东西是以自然的力量打造出自然美呈现在我们面前的。但是民俗知识不是这样，民俗知识是有人才有知识，不能脱离开人。

对于知识的保存、研究、传承和复兴就带来了新的问题，不同学科开展的研究工作可能不同，民俗研究主要有这样一些办法，比如问卷、观察、实验等。生物学研究需要一个组织、一个切片、一个样板，但是民俗知识是关乎人的情感、信仰和精神的。同时还要注重观察，比如想要了解河北的大年都怎么过，那好，我到河北正定找个村子蹲几天，把这个村子怎么过年记得清清楚楚：祭灶怎么祭，给祖宗怎么磕头，给老人怎么请安，给下一代怎么送红包或赏钱，年夜饭如何准备，这些我都要做细致的记录。记录下来以后才可以说河北正定某个地方春节是这么过的，对于华北平原过春节有典型意义。所以，要通过个案观察最细致的民众生活的细节。

（原载《人民政协报》2014年7月14日第11版）

"神话主义"的再阐释：前因与后果[*]

杨利慧

　　2014 年，笔者曾接连发表两篇论文——《遗产旅游语境中的神话主义——以导游词底本与导游的叙事表演为中心》①《当代中国电子媒介中的神话主义》，② 重新赋予 "神话主义"（mythologism）这个以往含义模糊、使用纷繁的概念以新的意涵和使命。这是我近年来不断学习和思索的结果，它显然受到了学术界、特别是世界民俗学（international folkloristics）领域自 20 世纪 60 年代以来发生的一些新转折和新的研究取向的深刻影响。这一概念提出后，引起了一些同行的关注和讨论，也有些热心向学、积极关注当代现实世界发展趋向的青年学者和学生开始尝试使用这个概念来探讨相关的神话重构现象。本文将对笔者重新阐释 "神话主义" 这一概念的前因和后果进行一些梳理，希冀对读者更好地了解这一概念的理论脉络及其背后的学术追求有所助益。

一　以往的 "神话主义" 和 "新神话主义"

　　在英语世界中，"神话主义"（mythologism）一词最早何时出现，似乎已无法确知，但是，无疑在相当长的时间里，它的用法多样、随意，缺乏明确、统一的限定。有时候它与 myth 一词混用；也有学者说它是 "神话的汇集" 或者 "神话研究"（collection of myth or the study of myth）；还有人说它指的是 "神话作为一种自觉的现象"（myth as a phenomenon of consciousness）。③ 对 "神话主义" 一词较早予以认真学术研究和限定的，是苏联神话学家叶·莫·梅列金斯基（Yeleazar Meletinsky）。在《神话的诗学》一书中，他集中分析了 "20 世纪文学中的 '神话主义'"，将作家汲取神话传统而创作文学作品的现象，称之为 "神话主义"，认为 "它既是一种艺术手法，又是为这一手法所系的世界感知"。④ 他认为：文学和文艺学中的神话主义，为现代主义所特有，其首要观念是确信原初的神话原型以种种 "面貌" 周而复始、循环不已；作为现代主义的一种现象，神话主义在很大

　　* 本文为国家社科基金一般项目 "当代中国的神话主义：以遗产旅游和电子传媒的考察为中心" 的阶段性成果（项目编号为 11BZW131）。张霞博士从美国为本文查找了大量有关神话主义和新神话主义的外文资料，特致谢忱！作者系北京师范大学文学院教授。

　　① 杨利慧：《遗产旅游语境中的神话主义——以导游词底本与导游的叙事表演为中心》，《民俗研究》2014 年第 1 期。
　　② 杨利慧：《当代中国电子媒介中的神话主义》，《云南师范大学学报》2014 年第 4 期。
　　③ IM Lotman, BA Uspenskii-*Russian Studies in Literature*, 1975.
　　④ ［苏联］叶·莫·梅列金斯基：《神话的诗学》，魏庆征译，商务印书馆 1990 年版，第 334 页。

程度上产生于对资本主义文化危机的觉察以及对社会震荡的反应。① 比如，在他看来，丹尼尔·笛福的《鲁滨孙漂流记》，即是"非神话化道路的重要里程碑"（比如注重生活"现实主义"），但是其中也有显著的对神话模式的袭用——故事的本质描述了人类对自然的搏击；鲁滨孙以自己的双手创造了周围世界，类似神话中的"文化英雄"；他在荒岛上的所作所为，则成为相应神话的结构。因此，这部小说具有神话性。② 通过这样的阐释方法，梅氏将包括瓦格纳的音乐剧、詹姆斯·乔伊斯的《尤利西斯》、托马斯·曼的《魔山》以及弗兰茨·卡夫卡的《审判》和《城堡》等在内的作家作品对神话元素的创造性袭用，均称之为"神话主义"。③ 除梅氏之外，神话主义概念在学术界的影响似乎有限，并未得到进一步的深入阐发和广泛运用，因而较少见诸学者的著述。后来者运用这一概念的案例，可以举到中国学者张碧所写的《现代神话：从神话主义到新神话主义》一文，其中直接借鉴了梅氏的观点，将"神话主义"界定为"借助古典神话因素进行创作的现代文艺手法"。④

　　几乎与"神话主义"概念的提出同时，"新神话主义"（Neo-mythologism）一词也被提出，并日益引起人们的关注。关于新神话主义概念的由来，一个说法是依然与梅列金斯基有关。比如俄国音乐学者维多利亚·艾达门科（Victoria Adamenko）在梳理 20 世纪新神话主义创作手法时，认为这一概念是由梅列金斯基在其 1976 年出版的《神话的诗学》（俄文版）一书中所创造的，随后在塔图—莫斯科学派（the Tartu-Moscow school）的许多学者的符号学、语言学和文化批评研究中都有运用。⑤ 查阅根据这一俄文版翻译而成的同名中文译本，会发现梅氏在该书中主要论述的是文学创作和文艺批评中的神话主义，只在个别地方使用了"新神话主义"一词，而且，梅氏似乎并没有对"神话主义"和"新神话主义"做严格的区分。比如，他在分析"二十世纪的'神话'小说"时，谈到神话主义为叙事创作提供了前所未有的辅助手段，同一段中很小的篇幅里同时谈及"二十世纪小说中新神话主义的最重要特征"，"这一特征，表现于新神话主义与新心理说之异常密切的关联"。⑥ 但是在梅氏之后，西方文学艺术创作和批评领域运用"新神话主义"概念的，与其提出的"神话主义"相比较而言，似乎更为多见。比如，前面提到的俄国音乐学者维多利亚·艾达门科著有《音乐中的新神话主义》（*Neo-Mythologism in Music*，2007）一书，力图从民俗学、人类学和历史学等视角理解 20 世纪的现代音乐家的作品，试图打破所谓现代西方高雅音乐和原住民的音乐、神话和仪式的界限，分析原住民音乐、宗教仪式和神话元素在西方现代"高雅"音乐中的再现和再创造。关于新神话主义的起源，还有一些其他的说法，比如马丁·威科勒（Martin Winkler）认为：电影导演维托利奥·科特法威（Vittorio Cottafavi）创造了"neo-mythologism"一词，用来描述当代艺术作品，特

---

① ［苏联］叶·莫·梅列金斯基：《神话的诗学》，魏庆征译，商务印书馆1990年版，第2—3页。

② 同上书，第316—317页。

③ 同上书，第312—427页。

④ 张碧：《现代神话：从神话主义到新神话主义》，《求索》2010年第5期。

⑤ Victoria Adamenko, "George Crumb's Channels of Mythification", *American Music*, Vol. 23, No. 3, Autumn, 2005, pp. 324–354.

⑥ ［苏联］叶·莫·梅列金斯基：《神话的诗学》，魏庆征译，商务印书馆1990年版，第335页。

别是电影，如何广泛灵活地运用古希腊和罗马文学，特别是史诗和悲剧的这一现象。[①] 这一说法为电影研究者广泛地接受。[②]

中国著名神话学者叶舒宪自 2005 年以来，也对新神话主义现象发生浓厚兴趣，撰写了系列文章，例如《人类学想象与新神话主义》[③]《再论新神话主义——兼评中国重述神话的学术缺失倾向》[④] 《新神话主义与文化寻根》[⑤]，等等，对新神话主义兴起的社会背景、心理动因、表现形式、其中体现的西方价值观以及对中国重述神话文艺的启示等，进行了比较详尽的介绍和阐发。在叶文的介绍中，"新神话主义"是指 20 世纪末以来，借助于电子技术和虚拟现实的推波助澜，而在世界文坛和艺坛出现的、大规模的神话—魔幻复兴潮流，其标志性作品包括畅销小说《魔戒》《塞莱斯廷预言》《第十种洞察力》以及电影《与狼共舞》《指环王》《哈利·波特》《达·芬奇密码》《蜘蛛侠》《纳尼亚传奇》《黑客帝国》《怪物史莱克》等一系列文学和艺术创作、影视动漫产品及其他各种视觉文化产品，这一概念主要强调作品中体现出的对前现代社会神话想象（"神话"往往被赋予了非常宽泛的含义）和民间信仰传统的回归与文化寻根，在价值观上反思文明社会，批判资本主义和现代性。

从上述梳理可以看出，在根本上，神话主义与新神话主义有诸多共同之处，并未有实质性的差异。有不少读者只看字面，简单地以为"新神话主义"是比"神话主义"更新潮、更前沿的理论概念，这完全是一种误解。

我刚开始研究遗产旅游以及电子媒介中对中国神话的挪用和重建时，曾考虑直接借鉴并采用"新神话主义"一词，用来指代我所关注的现象，但是，后来我放弃了这一想法。最主要的原因，一是在这些所谓"新神话主义的标志性作品"中，传统的神话叙事往往被稀释得只剩下一丝淡薄的气息和影子，甚至完全无影无踪；二是阐释者对其中所谓"神话"元素的发现和建构，往往带有过于强烈的主观色彩。对我而言，《塞莱斯廷预言》《与狼共舞》《黑客帝国》《纳尼亚传奇》等作品中的神话叙事太过虚无缥缈，好像古诗里说的瀛洲，"烟涛微茫信难求"。我重新阐释的"神话主义"概念与"新神话主义"既有联系也有一定的区别：神话主义与新神话主义在反思神话传统在当代社会中的建构和生命力上有着共同的追求，但是就与神话本体的距离而言，新神话主义显然走得更远。在对这两个概念的辨析、选择和再阐释上，读者诸君也许可以鲜明地看到我本人的专业知识背景：说到底，我是一个民俗学者，而不是文艺批评者。

二 重新阐释"神话主义"概念的基础和动因

如前所述，我对于"神话主义"一词的重新阐释，与学术界近半个多世纪以来的传

---

① Martin M. Winkler, "Neo-mythologism: Apollo and the Muses on the Screen", *International Journal of the Classical Tradition*, 11：3, Winter, 2005, pp. 383 – 423.

② Per Fikse, "Lost in limbo: On multiple levels of reality in cinema", *Short Film Studies*, Volume 2 Number 2, Intellect Limited 2012, pp. 253 – 256.

③ 叶舒宪：《人类学想象与新神话主义》，《文学理论前沿》第 2 辑，北京大学出版社 2005 年。

④ 叶舒宪：《再论新神话主义——兼评中国重述神话的学术缺失倾向》，《中国比较文学》2007 年第 4 期。

⑤ 叶舒宪：《新神话主义与文化寻根》，《人民政协报》2010 年 7 月 12 日。

统观的转向一脉相承，更直接受到世界民俗学界有关"民俗主义"与"民俗化"等概念的讨论的深刻影响，同时也是我多年来的研究不断深化的结果。

20 世纪后半期以来学界对"传统"的反思。"传统"是人文社会科学研究领域的关键词之一。长期以来，一个最为流行的传统观是将"传统"视为客观而凝固不变的物质实体，它是本真（authentic）和纯粹的（genuine，pure），与久远的过去相连，是现代人怀旧与回望的精神家园。[①] 但是在 20 世纪后半期，学术界对传统的看法逐渐发生改变。随着对传统的客观性和本真性的反思，[②] 学者们开始逐渐放弃对过去传统的溯源性追寻，转而探求传统在现代社会中的存续、利用和重建状况，对传统的变迁和重建过程的考察由此成为世界范围内诸多学科研究的重要内容，迄今涌现出了不少有影响的学术概念和理论视角，比如，美国民俗学家戴尔·海默斯（Dell Hymes）在 1975 年发表的"Folklore's Nature and the Sun's Myth"中较早谈及"传统化"（traditionalization）概念，指出："我们可以在职业、制度、信仰、个人和家庭等任何一个生活范畴内发现传统化的各种表达。……而我们的任务是在这一过程中去揭示这些表达的形式，去探究民众为保持一种被传统化了的活态认同而做的一切行为，去普适我们的学科规则并深化其成果。"[③] 表演理论的代表人物理查德·鲍曼（Richard Bauman）对此做了进一步明确阐释："如果我们将传统理解为一个可阐释的话语创造，那么'传统化'就是在当前话语与过去话语之间创建的有效链接。"他主张民俗学者关注的视点应当更多地转向"实现传统化、赋予话语全新意义的手段与过程"。[④] 美国旅游人类学家纳尔逊·格雷本（Nelson Graburn）在《当今日本的过去——当代日本国内旅游的怀旧与新传统主义》一文中，将日本旅游业利用传统以塑造充满怀旧因素的旅游景点的方法和过程称之为"新传统主义"，并指出对这类旅游景点的大规模建造和参与热情，是日本要表达和确立自己的独特性的现代斗争中的重要部分。[⑤] 日本社会学家吉野耕作将现代社会中对文化遗产的创造手法称为"新历史主义"，并指出它实际上是"通过全球化消费社会中文化遗产的创造，维持、促进了民族自我认同意识

---

① 可参见 Hermann Bausinger, *Folk Culture in a World of Technology*, trans. Elke Dettmer, Bloomington and Indianapolis: Indiana University Press, 1990, "Author's Preface," xi; Regina Bendix, *In Search of Authenticity: The Formation of Folklore Studies*, Madison and London: the University of Wisconsin Press, 1997; 理查德·鲍曼：《民俗界定与研究中的"传统"观》，见理查德·鲍曼《作为表演的口头艺术》，杨利慧、安德明译，广西师范大学出版社 2008 年版，第 208—221 页。

② 参见前引 Hermann Bausinger, *Folk Culture in a World of Technology*, "Author's Preface," xi; Regina Bendix, *In Search of Authenticity: The Formation of Folklore Studies*; 霍布斯鲍姆、兰格编：《传统的发明》，顾杭、庞冠群译，译林出版社 2004 年版。

③ Dell Hymes, "Folklore's Nature and the Sun's Myth", in *Journal of American Folklore*, Vol. 88, No. 350, Oct. -Dec., 1975.

④ Richard Bauman, *A World of Other's Words: Cross-Cultural Perspectives on Intertextuality*, Blackwell Publishing Ltd, 2004, p. 147. 关于"传统化"概念的更多梳理，可参见康丽《从传统到传统化实践——对北京现代化村落中民俗文化存续现状的思考》，《民俗研究》2009 年第 2 期；《传统化与传统化实践——对中国当代民间文学研究的思考》，《民族文学研究》2010 年第 4 期。

⑤ ［美］纳尔逊·格雷本（Nelson Graburn）：《人类学与旅游时代》，赵红梅译，广西师范大学出版社 2009 年版，第 145—158 页。

中的与过去的连续感",① 等等。

"民俗主义"（folklorismus/folklorism）概念的启迪。"民俗主义"一词在 20 世纪初既已出现，而且在 20 世纪 30—40 年代，法国民族学者已开始使用"新民俗主义"（neo-folklorisme）作为对表达文化的一种新观点，但是 1962 年德国民俗学家汉斯·莫泽（Hans Moser）将"民俗主义"重新作为学术概念提出后，才引起了民俗学者的注意。② 此后，德国民俗学家海曼·鲍辛格（Hermann Bausinger）对之做了进一步的阐发，在其所著的《技术世界中的民间文化》（*Folk Culture in a World of Technology*）一书的第五章第二节"Tourism and Folklorism"中专门论及民俗主义。③ 在鲍辛格看来，民俗主义指的是"对过去的民俗的运用"，民俗被从其原生的语境中分裂出来，植入新的语境当中；民俗主义是现代文化工业的副产品，它表示了民俗的商品化以及民俗文化被第二手地体验的过程。④ 对于"民俗主义"一词的所指，民俗学家本笛克丝（Regina Bendix）曾有非常简明扼要的概括：民俗主义即"脱离了其原来语境的民俗，或者说是伪造的民俗。这一术语被用来指涉那些在视觉和听觉上引人注意的或在审美经验上令人愉悦的民间素材，例如节日服装、节日表演、音乐和艺术（也包括食物），它们被从其原初的语境中抽取出来，并被赋予了新的用途，为了不同的、通常是更多的观众而展现。"⑤ 笔者认为：虽然如今民俗主义的讨论在世界民俗学史上已成为过去的一页，但是对于中国民俗学而言，该概念依然具有很大的启示意义：有关民俗主义的讨论，某种程度上正可以充任当代中国民俗学转型的媒介——它能够拓宽民俗学者的视野，使大家从"真"与"假"的僵化教条中、从对遗留物的溯源研究中解放出来，摆脱"向后看"、从过去的传统中寻求本真性的局限，睁开眼睛认真看待身边的现实世界，从而将民俗学的研究领域大大拓宽，也可以促使民俗学直接加入文化的重建、全球化、文化认同、大众文化、公民社会等的讨论中去，从而加强民俗学与当代社会之间的联系，并对当代社会的研究有所贡献，对当前重大而剧烈的社会历史变迁过程有所担当。⑥

"民俗化"（folklorization）视角的影响。比"民俗主义"概念稍后，民俗学者还发明了另一个类似的概念——"民俗化"，用来指称当代社会中为了外部的消费目的而将地方文化予以加工处理的过程。在英语世界里，较早提出"民俗化"概念的是美国民俗学家

---

① 吉野耕作：《文化民族主义的社会学——现代日本自我认同意识的走向》，刘克申译，商务印书馆 2004 年版，第 62—66 页。

② 关于"民俗主义"概念的来龙去脉及其对于民俗学学科的革命性意义，可参见拙文《"民俗主义"概念的含义、应用及其对当代中国民俗学建设的意义》，《民间文化论坛》2007 年第 1 期。

③ Hermann Bausinger, *Folk Culture in a World of Technology*, Trans. Elke Dettmer, Bloomington and Indianapolis：Indiana University Press，1990. 其中第五章 "Relics—and What Can Become of Them" 未收入后来的中译本中。中译本可参见鲍辛格《技术世界中的民间文化》，户晓辉译，广西师范大学出版社 2014 年版。

④ Hermann Bausinger, *Folk Culture in a World of Technology*, pp. 127 – 140.

⑤ Regina Bendix, "Folklorismus/Folklorism," In *Folklore：An Encyclopedia of Beliefs*，*Customs*，*Tales*，*Music*，*and Art*. Edited by Thomas A. Green. Santa Barbara，California；Denver，Colorado；and Oxford：ABC-CLIO，1997，p. 337.

⑥ 杨利慧：《"民俗主义"概念的涵义、应用及其对当代中国民俗学建设的意义》，《民间文化论坛》2007 年第 1 期。

阿麦瑞科·派瑞迪斯 (Américo Paredes)，他在 1973 年发表的《José Mosqueda 与真实事件的民俗化》一文中，将民俗化定义为是指"将所有民俗素材改编为某一传统中主导性的一般模式的方式"，比如把火车抢劫故事改编为反映族群之间冲突的主导性主题。① 以后很长一段时期内，在有关民俗化的学术话语中，占据主导地位的是负面性的观点，认为民俗化对外部事物的强调是以牺牲地方创造性为代价的，是一个腐化和抑制的过程。对此，美国民俗学家约翰·麦克道尔 (John McDowell) 在 2010 年发表了《于厄瓜多尔反思民俗化：表达性接触带中的多声性》一文，认为这种说法显然过于片面。他指出：当今社会中的民俗正日益被中介化 (mediated) 而进入更广大的领域中，"民俗化"概念强调了从地方性的艺术生产到被中介化的文化展示的加工转换过程。在此过程中，有机的文化表达被出于艺术的、旅游的、商业的、政治的以及学术的目的而被加工处理。作者通过对厄瓜多尔盖丘亚人 (Quichua) 的故事讲述以及北部土著人的 CD 音乐制作的田野研究，发现在全球性与地方性相遭遇的表达文化接触带，即使在高度中介化的表演场景中，也存在着多声性，其民俗化能同时对各种观众、为不同目的服务，存在着复兴本土文化编码的潜力。② 尽管已经取得了上述成果，总体来看，世界民俗学界对民俗化的探讨还有待进一步深化，在中国，仅有少数敏锐的民俗学者开始关注"民俗化"现象，③ 相关的研究十分薄弱。显然，这是一个亟待深化和拓展的领域。

除上述原因外，我对神话主义的自觉思索也与自己此前主持的一项科研课题有着直接的承继关系。2000—2010 年，我与所指导的四位研究生一道，完成了一项教育部课题"现代口承神话的传承与变异"。在该课题的田野调查中，我们发现——这是以往的神话研究很少关注的——在当代中国的一些社区中，导游正在成为新时代的职业神话讲述人，并且成为当地神话知识的新权威。④ 此外，神话的传播方式正日益多样化，一种新的趋势正在出现——书面传承和电子传媒传承正日益成为年轻人知晓神话传统的主要方式。⑤ 不过，尽管我们发现了上述趋势，但由于当时的研究对象主要限于农村和乡镇的老年故事家、歌手和巫师等，所以未能对此展开深入考察。针对这一不足，2011 年，我申请了国家社科基金课题《当代中国的神话传承——以遗产旅游和电子传媒的考察为中心》，力图从民俗学和神话学的视角，对中国神话传统在当代社会——尤其是在遗产旅游和电子传媒领域——的利用与重建状况展开更细致的民族志考察。与前一个课题不同的是，该课题更加关注年轻人，关注现代和后现代社会中的大众消费文化、都市文化和青年亚文化。

总之，我所以重新界定"神话主义"一词，既与上文所述近半个多世纪以来的传统观的转向一脉相承，更直接受到世界民俗学界"民俗主义"与"民俗化"等概念的深刻影响，同时也是自己多年研究不断深化的结果。我把在遗产旅游以及电子传媒（包括互

---

① Américo Paredes, "José Mosqueda and the Folklorization of Actual Events. Aztlán: *International Journal of Chicago Studies Research*, 1973 (4), pp. 1 – 30.

② John H. McDowell, "Rethinking Folklorization in Ecuador: Multivocality in the Expressive Contact Zone." In *Western Folklore*, Vol. 69, No. 2, Spring 2010, pp. 181 – 209.

③ 董晓萍：《全球化与民俗保护》，高等教育出版社 2007 年版。

④ 杨利慧、张霞、徐芳、李红武、仝云丽：《现代口承神话的民族志研究——以四个汉族社区为个案》，陕西师范大学出版社 2011 年版。第一章"总论"部分，第 24 页。

⑤ 同上书，第 29—31 页。

联网、电影、电视以及电子游戏）等新语境中对神话的挪用和重建，称之为"神话主义"（Mythologism）。与梅列金斯基提出的神话主义概念的含义和学术渊源不同，我的"神话主义"更多地参考了民俗学界有关"民俗主义"以及"民俗化"等概念的界定，强调的是神话被从其原本生存的社区日常生活的语境中抽取出来，在新的语境中为不同的观众而展现，并被赋予了新的功能和意义。我认为：这样的界定比梅氏的概念更有包容性和理论概括力：神话主义显然并不限于文学和艺术创作范畴，而是广泛存在于现当代社会的诸多领域。

具体地说，我重新界定的"神话主义"概念，是指现当代社会中对神话的挪用和重新建构，神话被从其原本生存的社区日常生活的语境移入新的语境中，为不同的观众而展现，并被赋予了新的功能和意义。将神话作为地区、族群或者国家的文化象征而对之进行商业性、政治性或文化性的整合运用，是神话主义的常见形态。

在许多人看来，神话学也许是最保守的一门学问——神话是人类"最古老"的文化形式之一，在世界神话学史上，学者们对神话的研究也大多依赖古文献记录或者结合了考古学资料来进行，因此，古代典籍神话一直是神话学的核心。我提出的"神话主义"概念，力图探究的则是神话传统在当代社会中被挪用（appropriation）和重述（retelling）的情况。这一概念的提出，意在使学者探究的目光从社区日常生活的语境扩展到在各种新的语境中被展示（display）和重述的神话——它们正在我们身边越来越频繁地出现，并把该现象自觉地纳入学术研究的范畴并从理论上加以具体、深入的研究，从而为神话学这门学问注入新的活力。

最"保守"的学问也可以最时尚。

三 "神话主义"概念的运用

迄今为止，笔者已连续发表两篇论文，结合中国遗产旅游以及电子媒介的个案，对神话主义的意涵、表现以及特点等，进行了具体分析。

前引《遗产旅游语境中的神话主义——以导游词底本与导游的叙事表演为中心》一文，力图展示神话主义在遗产旅游语境中的表现。该文以河北涉县娲皇宫景区对女娲神话的整合运用与重述为个案，以导游词底本以及导游个体的叙事表演为中心，分析了神话主义在该语境中的四个特点：口头传统与书面传统有机融合；叙事表演以情境和游客为中心；神话更为系统化；神话的地方化更加凸显。论文认为导游的叙事表演依然富有光晕；神话主义属于神话的"第二次生命"，研究者应将神话的整个生命过程（life process）综合起来进行整体研究。该文后来被"人大报刊复印资料"《文化研究》2014年第4期全文转载。

2014年8月，我在《云南师范大学学报》上组织了一个"电子媒介中的神话主义"专栏。主持这组专栏的初衷，主要即是有感于在世界神话学领域里，长期盛行着这样一些观念和方法：第一，认为神话的产生和生存状态与科学技术的发展背道而驰，随着科技的日新月异，神话必将成为明日黄花；第二，神话研究主要依赖古代文献记录进行，虽然间或也有学者关注到在原住民或者乡野间流传的口承神话；第三，神话研究的总体取向是"向后看"，探讨古代神话的流传演变规律与神祇原初形貌是神话学的主要成果。但是，一个毋庸置疑的社会事实却是：新兴电子技术的发展不但没有促成神话的消亡，反而造成了神话的复兴和神话主义的广泛流行，尤其是青年人越来越依赖电子媒介来了解神话传统。面对这些新涌现的社会现象，神话学显然应该加强建设，直面身边生动鲜活的社会事实，促使神话学在"向后看"的同时也能"朝当下看"。正因如此，我组织了这组专栏，力图对当代中国电子媒介中呈现的各种神话主义现象进行考察和分析。其中拙文《当代中国电子媒介中的神话主义》，对中国神话在电子媒介中呈现的主要形式、文本类型、生产特点以及艺术魅力等，进行了总体上的梳理和归纳。该文以中国神话为考察对象，分析了神话主义在当代电子媒介中的三种主要承载形式——动画片、真人版影视剧和电子游戏，并将神话主义的文本类型划分为三类：援引传统的文本、融会传统的文本与重铸传统的文本。论文指出：神话主义不仅是技术发展、媒介变迁的产物，作为当代大众媒介制造和传播的对象，它的生产与中国当下的政治、经济和社会文化语境密切相关；神话主义富有特殊的艺术光晕，是神话传统整体的一部分，应在神话完整的生命史过程中，对之加以考察和研究。① 同一专栏中祝鹏程的论文《"神话段子"：互联网中的传统重构》，讨论了因特网中"神话段子"的生产基础，分析了网民改编神话的策略，总结了互联网对神话传统的影响；包媛媛的文章《中国神话在电子游戏中的运用与表现——以国产单机游戏〈古剑奇谭：琴心剑魄今何在〉为例》，梳理了电子游戏对中国神话故事及元素的呈现和利用特征，探讨了神话在电子游戏这一新兴电子媒介中的功能转换和意义再生。我们希望这组专栏能促进神话学界对于"神话主义"的更多讨论，而且也能从一个特定视角有益于民俗学、媒介学和青年亚文化的研究。专栏文章发表后，也引起了学界的一定关注：2014 年第 5 期《高等学校文科学术文摘》对拙文和祝鹏程的论文进行了大篇幅选摘。

　　除这些成果外，青年民俗学者王志清曾撰文呼应我提出的神话主义概念，他以蒲剧《农祖后稷》为研究对象，探讨戏剧表演情境中的"神话主义"，发现表演情境中的神话主义呈现出"移位的神话母题"与"凸显的地域名称"两个特质；前者在当代电子媒介中比较突出，后者在遗产旅游情境中得到强调，二者在蒲剧的表演情境中形成有机整体，建构了神话主义在戏剧领域的艺术光晕。② 我所指导的研究生陈汝静曾运用这个概念，探讨了中国当代影视媒介中的神话主义，比较详细梳理了电影和电视媒介中神话主义的各种表现形式，并分析了当下神话主义生产的四种动机：民族主义、在地化、艺术性与商业化，论文还对年轻人接纳影视媒介中神话主义的程度进行了调查和分析。另一位研究生杨泽经正运用这一概念，研究湖南泸溪地区的旅游景点苗族导游所讲述的盘瓠神话。

　　当然，神话主义概念无疑还处在探索和发展阶段，有待未来研究的大力深化和拓展，许多相关问题尚有待进一步探究，比如，神话主义形态中口头传统和书面传统的相互关系到底怎样？口语、文字、电子媒介以及互联网技术等不同的媒介形式生产神话主义文本的过程怎样？其结果又有何联系与区别？从神话主义不断再生产的复杂图景中可以洞察出哪些神话生命力传承的规律？……这是一块新的、富于蓬勃生机和时代气息的学术领地，期待有更多的人来此耕耘、播种和收获。

（原载《长江大学学报》2015 年第 5 期）

---

① 杨利慧：《当代中国电子媒介中的神话主义》，《云南师范大学学报》2014 年第 4 期。
② 王志清：《戏剧展演情境中的"神话主义"——以稷山县的蒲剧〈农祖后稷〉为研究对象》，未刊稿。

论经济民俗学的研究范畴

——兼论非遗生产性保护的本质属性

田兆元[*]

【摘要】中国经济民俗学从 20 世纪后期开始在中国兴起已经初具形态。制度经济学等学科对于习俗与市场的研究，可借以丰富经济民俗学的内涵。经济民俗与民俗经济是既有区别又互相联系的两个重要范畴，是经济民俗学研究的基本对象。民俗经济内容广泛，经济体量巨大。经济民俗学重视民俗资源挖掘整理，重视政治文化与制度文化对于民俗消费习俗的影响，关注民俗经济对于文化传承与文化认同的意义，强调消费习俗对于经济的驱动力，以及民俗生态对于经济的综合关联，是一个庞大的知识体系。非物质文化遗产生产性保护中存在的诸多认识上的问题，可以在经济民俗学的视野中得到有效解读和评判。

一

当代民俗在当代社会建构、心灵塑造与经济发展过程中的功能已经被社会各界广泛认同，因此，民俗学科也有了长足的发展。但由于中国现代民俗学发展的初期是以民间文学研究为其主导，对于政治民俗学和经济民俗学有所忽视。相对同一学科门类中的社会学和人类学，民俗学对于经济的研究是滞后的。以人类学为例，我们看到人类学在研究原始社会经济的时候就举出了经济人类学的旗帜，以开展对于交易行为、消费行为的研究。像马林诺夫斯基对于库拉圈、夸富宴的研究，都是直指人类的经济行为。经济人类学因此成为人类学研究的主要话题之一。就相关的知识生产状况看，我们在知网上找到 189 篇以经济人类学为主题的论文，而以经济人类学为关键词的论文有 140 多篇。对于社会学来说，经典的社会学家如马克思、马克斯·韦伯都是经济学家，他们的社会主张很大程度上是根据一定的经济理论展开的。西方的经济社会学，从马克思、马克斯·韦伯的古典经济社会学开始，经帕森斯等开拓，已经走向了第三个阶段，即新经济社会学阶段，其理论方法不断创新。当代中国经济社会学的研究也十分活跃，已经发表以"经济社会学"为标题的论文 200 多篇。[①] 可见，社会学学科对于经济的研究十分关注。

我们所说的民俗行为很大程度上是一种营生，是生产、经营与消费结合在一起的经济

---

　* 作者系华东师范大学民俗学研究所教授。

　① 以上数据来自中国知网论文搜索系统。

行为。无论是我们此前的民俗学所说的物质生产民俗、生活民俗，无一不是经济行为，或者与经济行为密切相关，就是将民间文学、民间艺术作为职业的民间艺人，作为一种生计，一般都是作为糊口挣钱的营生，那也是一种经济。就是信仰民俗学，其收益都是以不同的形式展开的，是一种隐藏的与经济相关的行为。而民俗节日，是一个重要的消费时间，古今的商家，没有不重视的。民俗学研究的对象民俗本身，本质上就是一个一般经济的生产与消费和文化经济的生产与消费的行为。民俗学更有理由研究经济民俗学，开辟经济民俗学的空间。

民俗学对于民俗经济的研究，却有很大的差距。我们在知网上搜索，发现除了一个书评，没有一篇论文以经济民俗学为题，更没有一篇论文以经济民俗学为关键词。这不能不令人惊讶。民俗学事实上就与这个时代的中心工作产生了距离，这是很遗憾的事情。

但是我们还是很高兴地看到，民俗学几代学人都在辛勤建构经济民俗的学科类属，并打下了一定的基础。他们从最早提出"经济的民俗"的概念，到提出"经济民俗"的概念，逐渐形成了经济民俗学的初步系统，为新时期经济民俗学的发展奠定了基础。

在 20 世纪 80 年代，乌丙安先生的《中国民俗学》就列出了一个"经济的民俗"的大类。针对民俗学忽视经济研究的弊端，乌丙安先生在导言中指出："经济方面的民俗传承在近现代民俗学理论中是被忽视的重要方面……当代中国民俗学如果不立足这一点，那么要想研究民俗的规律，几乎是不可能的。这就是为什么当代我国民俗学突出经济的民俗研究的关键。"[①] 这种见解，体现出老一代民俗学家的远见卓识与强烈的现实关怀。乌先生对于英国民俗学家班尼女士的那种不管农夫的耕田技术，只关心农夫的下田仪式，只关注建筑的信仰，不关心营造技术的狭隘的民俗研究观念进行了批判。乌先生的《中国民俗学》经济的民俗部分列有"物质生产的民俗""交易与运输的民俗""消费生活民俗传承之一——服饰民俗""消费生活民俗传承之二——饮食民俗""消费生活民俗传承之三——居住民俗"一共五章，88 个页面，占据全书四分之一的篇幅，这在当时是非常了不起的，为中国经济民俗学的发展开了一个很好的头。

钟敬文先生在《民俗文化学发凡》一文中也提出了"经济民俗文化学"概念，并对内容予以阐述，他认为经济民俗文化学包含生产、经营、消费和分配的习俗四个部分的内容，值得注意的是，钟先生强调的不是研究生产、经营、消费和分配本身，而是研究在四个部分中的习俗。钟先生接着又讲了消费民俗学，谈论了风物传说的宣传和旅游业的兴起的内容。虽然这都是简单提及，但也体现出新时期中国民俗学开创者的眼光。[②] 很可惜，这些想法并没有很好地在他主编的教材《民俗学概论》中体现出来。同样，在其他学者编纂的民俗学教材中，也很少提到经济民俗。我们可以看出乌丙安先生在经济民俗研究视野的开拓贡献。乌先生初步建立起经济民俗学研究应该关注的问题体系，这对于民俗学学科的发展是一项重要贡献。

还是在辽宁大学，杨太教授出版了《中国消费民俗学》（沈阳出版社 1998 年版）一书，进一步丰富了经济民俗学的内容，把乌丙安先生本来就十分重视的消费民俗学推向了一个新的高度。迄今为止，辽宁大学的民俗学学科是推进经济民俗学研究最有成效的单位。

---

① 乌丙安：《中国民俗学》"经济的民俗"导言，辽宁大学出版社 1985 年版，第 41—42 页。
② 钟敬文：《民俗文化学发凡》，《北京师范大学学报》1992 年第 5 期。

乌丙安先生弟子辽宁大学江帆教授则直接称"经济民俗",或者某某经济民俗,这是辽宁大学民俗学学术传承发展的鲜明体现。经济民俗在江帆教授那里成了生态民俗的重要支撑,经济民俗的自然生态内容得到强化,这是中国经济民俗研究的重要推进。①"经济的民俗"变成"经济民俗",可见经济民俗学正在越来越接近本质。刘锡诚先生在被江帆教授《生态民俗学》所列入的"中国民俗学前沿理论丛书"序言中这样写道:"旅游民俗学和经济民俗学兴起于90年代之初,而且一发不可收拾,这是势所必然的事,而并非民俗学家们的自主创新所致。"② 当时很多的民俗学家参与了民俗经济产业发展的策划,但是没有对经济民俗,或者民俗经济进行深入的理论方面的阐述。

虽然刘锡诚先生认为20世纪90年代经济民俗学很火热,但是那时根本就没有经济民俗学的概念。到了21世纪初,在"经济的民俗""经济民俗"的基础上,"经济民俗学"的概念才正式提出来。一位叫何学威的先生出版了《经济民俗学》一书,并发表了建立"经济民俗文化学"的构想。③ 这时,社会学界已经在做经济社会学百年的回顾与反思的文章了,经济民俗学与经济社会学相差竟然有一百年的时间!

中国的经济民俗学,是在没有发表较多论文的情况下,首先出版了概论性的书。因此,这部很重要的书,其基础研究也是很薄弱的。《经济民俗学》一书主要是进一步丰富了经济民俗的对象世界,将生产民俗与消费民俗做了拓展,生产民俗方面,农、林、牧、渔、工以外,科技做了专章。消费民俗方面,商业、衣、食、住、行以外,加了节日消费、旅游消费。同时,全书还增加了家族企业、乡镇企业和都市民俗的内容。该书扩大了经济民俗学的认识对象,拓展了经济民俗的空间。

何学威先生以民俗文化学的思路,讲的是民俗学与文化学结合的问题,以至于对经济民俗学的问题,还不时说出"经济民俗文化学"的概念来。何先生认为经济民俗学是一门应用学科,它是朝着实际应用的研究。它是特殊的民俗文化学,是"以民俗文化和市场经济的关系为研究对象","研究人民经济生活中的民俗文化因素,研究这些因素对于经济的影响"。④ 但是,在该书实际的叙述中,作者主要罗列了各种经济民俗文化现象,其对于经济的实际影响论述较少。这是中国第一部经济民俗学的著作,也是迄今为止唯一的一部经济民俗学的书。

陶立璠教授、董晓萍教授都对该书的出版予以喝彩,并写了书评。学界也有一些回应,如一些研究生开始写相关的论文,但是并没有导致高校民俗学学科中经济民俗学的建立,这是很可惜的。虽然现在很多人研究民俗类的经济活动,如旅游民俗、非遗生产性保护、民俗类文化创意产业,但是缺少了经济民俗学的框架,这些研究总是存在叙事分析零散的感觉。

我国的经济民俗学研究,还仅仅是开了一个头。原有辽宁大学的相关研究经济民俗学的团队都已经退休了,何学威先生也已退休,新的研究者尚未出现。同时,我们的经济民俗学基本上还处在罗列经济民俗现象的层面,基本的理论模式尚未建立起来,也没有建立

① 参见江帆《生态民俗学》,黑龙江人民出版社2003年版。
② 刘锡诚:中国民俗学理论前沿丛书总序,见江帆《生态民俗学》,黑龙江人民出版社2003年版,第19页。
③ 何学威:《经济民俗学》,中国建材工业出版社2000年版。
④ 同上书,第13页。

经济民俗学研究的方法论。

面对着蓬勃发展的民俗经济，经济民俗学必须增强自己解释民俗经济的能力，同时在宏观的视野和微观的角度，增强解读相关经济问题的能力。这就首先需要对于经济民俗学的性质和研究范畴进行讨论，同时也要对于学科的职能进行规范。这样，民俗学就会在中国社会以经济建设为中心的工作中，开发智力资源，服务社会。

对于民俗经济学的研究，我们需要借鉴一些中外经济学家和哲学家的思路。民俗研究并不是有了现代的民俗学家才开始的新事物。中国的孔子和老子，他们早早就提出了入乡随俗、因风顺俗、移风易俗和安居乐俗的主张，明确提出了社会改造与社会建设的观念。诸子百家对于消费习俗也多有自己的主张。在先秦、秦汉之际就有《礼记》的辉煌民俗资料集成和民俗观念集成的著作。司马迁写出了《史记·货殖列传》，对于地域风俗和生产消费进行了深度的剖析，是经济民俗研究的杰出成果。宗懔撰写节日习俗与消费的《荆楚岁时记》，其中既有与生产相关的习俗描述，也有节日相关物品的生产与消费描述，两种形态并存于该书中，经济民俗与民俗经济水乳交融在一起。中国文献偏重现象的记述，其中有情感和价值的肯定，而丰富的资料是中国传统经济民俗文献的显著特点。

经济学家、哲学家、人类学家也对于习俗与消费，习俗与市场进行了非常有益的研究，成为经济民俗学的理论资源。其中制度经济学尤其对于习俗与市场感兴趣。美国制度经济学家康芒斯在其巨著《制度经济学》中，对于洛克和休谟的习俗理论进行了深入探讨和批判。他认为，"习俗只是行为和交易关系的反复、重复和变化"。习俗不是个人习惯，"是造成个人习惯的社会习惯"。[1] 由于我们都是在一定的习俗中生活，"我们是由重复、照例行事、千篇一律开始和继续活动——总而言之，按照习俗。理智本身是行为、记忆和预期的反复重现；也是我们赖以获得生命、自由和财产的那些人的行为、思想和预期的模仿——或者不如说是，重复"。[2] 这样，理性和习俗就获得同一。在洛克那里，这种反复出现的行为和预期，即习俗，被认为是上帝的设定，因此，这些习俗是神授的，天生的。这样的契约行为或者说习惯法的遵行也就为交易和经济行为定下了规范，包括继承法，财产私有制度，等等。洛克的习俗理论带有理想色彩，有过度美化习俗之嫌。我们看到，习俗在经济学家和哲学家的眼里，是社会规范的最高形式。习俗是上帝的体现，是理性的，更是自然的。

休谟将理性与习俗作了区别，但是他对于习俗的评价也很高。他认为习惯或者习俗是人类思想形成的原则，"习惯是人生的最大指导"，只有通过习俗，人们可以通过过去理解可能发生的未来。[3] 他认为感觉在支配我们，没有必要把习俗这个东西理性化，神圣化，看成上帝的存在。这些关于人类的思维问题，行为的准则问题，都在为制度经济学积累思想资源。

一般说来，市场经济与习俗交易是有很大区别的。但是，康芒斯高度重视习俗在市场中的作用。他对"习俗的假设"予以讨论，他认为道德的、经济的和暴力的制裁行为都有习俗在发生作用。在调解经济中，习俗发挥很大的作用。社会生活中，影响较低的习惯，影响较大的惯例，影响更大的前例，这三者加上根据这三者推论出来的假设，叫作习

---

[1] 康芒斯：《制度经济学》上册，商务印书馆1997年版，第58页。

[2] 同上书，第59页。

[3] 休谟：《人类理解研究》，商务印书馆1981年版，第43页。

俗，构成了习惯法，用以"判决利益冲突"。① 现代的法律也是在这个基础上建立的。制度经济关注的法律规范，应该建立在对于习俗的理解之上。市场与习俗是密切相关的，康芒斯认为，习俗是竞争的安定剂，习俗建立标准，对于经济纠纷予以仲裁是市场发展的重要因素。

张雄先生在对于康芒斯的学说进行了深入讨论后指出，关于习俗与市场的内生关系，至少有三个方面的问题需要讨论：一是经济行为的本质是否非理性的或者惯例的？显然，市场不是一个纯理性的东西，而是与习俗高度结合的存在；二是市场为什么摆脱不了习俗的影响？习俗成为社会传统，市场当然是没有办法摆脱习俗的；三是要重视非理性因素在市场经济中的作用。② 可见，对于民俗传统习惯在经济方面的影响，经济学界与哲学界已经有很深入的研究，有很丰富的成果。

民俗学界可能过去拘泥于什么叫民，什么叫俗的争论，把民俗叫作 Folklore，忽视了民俗最简单的定义，就是风俗习惯，即 habit 或者 custom。经济学家的民俗解释，似乎更加直观。

中国描述性的经济民俗学研究，西方思辨式的习俗与市场研究，为未来的经济民俗学的深入研究打下了很好的基础。

二

经济民俗学有两个明确的研究对象，一是揭示经济活动中的民俗行为及其规律，即研究经济民俗；二是研究民俗经济的发展及其规律，即研究民俗经济。一般说来，民俗学似乎是主要研究前者的，因为民俗学必须研究某某民俗，如信仰民俗、文艺民俗等，把民俗视为一个中心对象。但是，如果经济民俗学不能够研究民俗经济，经济民俗就是空中楼阁。作为民俗的后缀，同样也是民俗学研究的对象，比如，民间文学，民俗信仰，并不是研究关于文学的民俗，而是研究民间文学本身；并不是我们只关心信仰带来的民俗，我们还必须研究那种信仰本身。所以，必须研究民俗经济本身，然后才能去研究经济民俗。

经济民俗，即人类经济活动过程中的民俗，民俗学界现有的研究中有物质生产民俗、商业民俗、交通运输民俗和消费民俗等概念。这种研究偏向于经济活动中的仪式、禁忌、传统技术、交易方式和组织形式等。一般说，这是偏向于文化方面的探究。经济民俗虽然与经济活动相关，但不是研究经济活动本身的问题。民俗学界在这方面有很多的积累，本文不多延伸。

民俗经济，则是研究与民俗活动相关的经济行为。学界对于民俗经济的研究一般偏重民俗经济本身的资源分析，或者民俗对于经济发展的意义探寻，其中对于民俗旅游的讨论尤多。最近有一篇讨论民俗经济的文章《民俗经济学视野下民俗之于经济的影响》，竟然使用了"民俗经济学"的概念，该文从物质生产民俗、民俗饮食、民俗节日、婚丧民俗和民俗艺术五个方面讨论民俗对于经济的影响。③ 文章没有区分民俗及其相关经济类别的偏正关系，如既说生产民俗，又说民俗饮食，没有通过概念分析区分经济民俗与民俗经济

---

① 康芒斯：《制度经济学》下册，商务印书馆 1997 年版，第 376 页。

② 张雄：《习俗与市场》，《中国社会科学》1996 年第 5 期，第 33—43 页。

③ 董丽娟：《经济民俗学视野下民俗之于经济的影响》，《文化研究》2013 年第 3 期。

的不同。事实证明，人们正把经济民俗和民俗经济视为一体，将民俗本身视为经济的资源。至于民俗经济学为何物，该论文根本就不解释。另外一篇论文在讨论县域民俗经济，也根本不解释什么是民俗经济，直接就说："民俗经济作为拉动县域经济的一个增长点，在提高县域经济竞争力上具有不可低估的重要作用。"[①] 就现有的以民俗经济为题的论文看，大都是指出某某民俗与经济的关系，以及对于经济发展的作用，是一种感性的对于民俗经济的认知，或者说对于相关民俗资源经济属性的一种相对简单的分析。

我们可以将经济民俗与民俗经济适度加以区分，因为有的经济民俗并不带来直接的经济效益，如渔业生产过程中的语言禁忌，这是经济民俗，与经济有一些关系，但是对于经济发展没有太大的影响，研究民俗经济基本上可以忽略这种经济民俗。有的经济民俗本身可能没有经济价值，但对于经济有一定的影响。在对于节日的民俗研究中，我们会把月饼、粽子这些民俗色彩浓厚的物品视为民俗产品，我们会把送给老人一个寿桃视为民俗，但节日期间送给老人一双棉鞋，或者一部手机就不大会视为典型的民俗行为，因此一般也不称其为经济民俗。但是，节日的所有消费，包括自驾出行，购买野外帐篷，淘宝网打折销售，则是不折不扣的民俗经济。节日期间对于老人的祝福，一个拜年的动作和仪式，是民俗，但不能算作民俗经济。所以民俗经济的概念与经济民俗的概念是有很大不同的。我们也不能够把经济民俗和民俗经济截然分开，这是民俗行为本身的多重属性决定的。

我们可以从以下三个方面界定民俗经济：

第一是与民俗直接关联的生产物，我们可以称之为民俗物品或者民俗商品，包括生活类之相关衣食住行的物品，如民俗食品（元宵、饺子、拉面、月饼、粽子以及各类地方风味食品等），传统中国酒饮（白酒业、黄酒业，以及酒酿、凉茶及其各类茶饮料等），传统建筑及其构件（四合院、石库门、吊脚楼与马头墙等）；艺术类相关作品，织绣类（蜀绣、苏绣、湘绣、堆绣、壮锦等），纸艺类（剪纸、年画、各类绘画等），陶艺类，瓷艺类，竹木艺类，金属艺术类，以及其他各种民俗物品。作为生活相关的民俗产品，在经济生活中占据很大的比重。仅以酒类为例，十余家酒类上市公司，曾经市值达5000亿元以上，仅贵州茅台酒一家，市值曾高达2000亿元。中国酒业有一批销售百亿元以上的企业，产值在10亿元以上的酒类企业，可谓比比皆是。据中国酒业协会秘书长王琦透露，2012年中国白酒累计产量1153.16万千升，同比增长12.4%，白酒制造业工业销售产值达4265.42亿元，同比增长27.59%。而在过去将近十年，全国白酒年度产量和销售额增幅基本都保持在30%以上的高位。[②] 带有民俗色彩的食品则其产值更大。据估计，中国食品业到2015年将达到12万亿元的产值，民俗食品保守估计在百分之十左右，将具有万亿元的产值规模。因此，整个中国的民俗类产品市场，具备巨量经济规模。

第二是民俗的演艺，及由民间文艺转化而来的文化产品。如各地的地方剧团、民间剧团的演出剧目。这些表演有些失去了市场，但是有些仍十分活跃，是民众精神生活的重要组成部分。最有市场的还是根据民间神话传说和戏曲改编创新的表演，以及影视作品。如白蛇传故事传说的文化产品，电视剧《新白娘子传奇》在中国不断播映，几乎没有间断，其巨大的经济效益很难估量。后来各种白蛇传的影视改编，层出不穷。中国的文化产品，

---

① 王丽坤：《县域民俗经济探析》，《文化研究》2012年第5期。

② 中国酒水招商网。（http：//www.js118.com.cn/news_ show_ 87354.html）

作家的创作是很难与民间传说相提并论的。中国民间四部主要经典传奇：牛郎织女、孟姜女、白蛇传和梁山伯与祝英台，其原创的情节结构与精神价值，不仅是不朽的精神产品，也是经济价值突出的文化产品。中国民间故事集成搜集的数十万民间故事，是取之不尽的文化资源。

第三是民俗活动带来的消费，这也是民俗经济的重头戏。在有些地区，试图将民俗消费作为地方的核心竞争力。这些民俗类的消费产业包括民俗旅游，节日消费，人生礼俗的消费等。民俗消费总量之大应该是十分惊人的。在过去，人们的主要消费就在这些民俗活动之中。现在因为住房消费、医疗消费等数额扩大，民俗消费在人们的消费活动中所占比例有所降低，但是绝对数量也是很大的。我们以 2013 年春节黄金周为例，就会发现民俗消费的惊人之处。据商务部监测，蛇年春节黄金周期间（大年除夕至正月初六），全国重点监测零售和餐饮企业销售额 5390 亿元，比 2012 年春节期间增长 14.7%。① 这还仅仅是重点零售业与餐饮企业的数据。我们再以婚礼消费为例，上海每年有十万多对新婚夫妇，仅仅以每场婚礼 10 万元计算，婚俗的消费就达百亿元。民俗消费带来的巨额经济效益，是超过人们的一般想象的。

我们暂时将民俗经济的范围划定在以上三个大类之中，一是民俗类的物质生产；二是民俗的非物质文化生产，是民俗的文化生产；三是民俗消费带来的经济市场。前二者是生产形式，后者是消费形式。尽管第二类民俗经济是文化经济，但我们不能把民俗经济完全定位为文化经济，民俗经济更多的是提供人们衣食住行婚丧嫁娶方面的带有民俗文化精神的物质产品，所以，民俗经济是带有文化传统的物质产品和精神产品。民俗消费不仅消费自身的生产，更重要的是推动了对于一般商品的消费。

我们要适度区分经济民俗与民俗经济，但是并不能割裂二者的密切关系。以经济民俗学的视角来看，没有民俗，就没有民俗经济。有一些民俗，本身就是经济形态，而有一些民俗，本身与经济无关，却因为其消费大大地促进了经济的发展。我们研究的民俗经济，是指民俗的经济功能及其推进下的民俗产业。因此，对于经济民俗和民俗经济的研究，具有同等的价值。

如何研究经济民俗和民俗经济，我们可以从以下方面入手：

首先，民俗学作为一门长于对文化形态进行描述的学科，应该继续发挥优势，具体地、详尽地描述作为经济资源的民俗形态。中国有多少民俗经济资源，这需要一场大的调查。有关部门应该启动对于全国民俗经济资源的普查，就像进行"三套集成"调查一样，建立详细的档案，包括文字、图片、影像与实物档案，这样，我们开发民俗经济就有了可以凭借的基础。在国家相关调查启动之前，民俗学家应该因地制宜开展调查工作，建立自己的研究资源库；或者与相关企业结合，建立起民俗经济的专题资源库，为研究与开发进行资料储备。

经济民俗学应该挖掘经济民俗或者民俗经济更大的社会功能。在中国经济缺乏原创动力，民众文化自信心不足的背景下，应该就民俗经济提升国民文化自信，建立起对于传统文化的敬畏心态进行深入讨论。民俗消费是一种特殊的消费形式，它不是据于本能和物质需求的消费，应该是为了文化的物质消费。既然如此，民俗消费对于民族文化传承的意义，就应该在研究中占有清晰的重要的地位。而当一种民俗物质与精神的享用获得广泛认

① 资料来源天拓咨询网。（http://www.tianinfo.com/news/news4586.html）

同，则会反过来促进该民族的经济发展，从而恢复原创的能力。

经济民俗学的研究不能拘泥于经济本身，反倒应该对民俗的基本属性——政治文化加以关注。比如国家文化政策对于民俗的态度，如丧葬文化和节日文化，管理层对于这些风俗传统的态度及其制度管理，会极大制约民俗经济的发展。制度经济学家关注的习俗与市场，在中国现实背景下，实际上更要关注习俗与政治权力之间的博弈。这种博弈，关系到民俗行为的合法性问题，也关系到管理行为的合法性问题。如果说，像洛克那样把习俗视为上帝、理性与自然的存在，像休谟那样把习俗视为人生的伟大指南，那么习俗是合法的，而政府对于习俗的干预就失去了合法性。在中国，存在着因风顺俗强调百姓安居乐俗的民俗管理观念，也存在强调移风易俗政府主导社会的民俗管理观念，两种观念存在差异，均在一定程度上具有合法性。民俗经济可能会因为某些不良习气影响，扭曲其本来服务民生的特点。如高档白酒的消费，本来白酒是一项中国人喜爱的民俗饮品，民众应该在其经济能力范围内，享受健康优质的民俗产品。但是，由于各种腐败现象的发生，高企的价格剥夺了广大民众享受优质白酒的机会，高档白酒企业也趋附这种腐败风习，这样看起来白酒业获得了超额利润，但是如此持续发展也将葬送这一行业。这时，政府干预就十分重要。这种政治的干预是正面的，有利于民俗经济的健康发展。再以节日文化为例，自民国以来至 21 世纪初，中国传统节日的消费也是被抑制的。但是 21 世纪以来，国家节假日的法令颁布，则对于节日经济带来十分积极正面的效应。政府对于风俗是要进行管理的，"合度"是一个审时度势的智慧的管理策略。总之，中国的经济民俗学研究，必须与"政治民俗学"并行，才有可能推进民俗经济的健康发展，否则就是一句空话。

民俗的消费是一种特殊的心理驱动下的消费，因此，民俗心理与消费行为的关系，应该得到格外的关注。这种消费一般是非理性的、直觉式的。但洛克将其理解为自然的、理性的，因为这种心理习惯是程式化的，因此也就被说成是理性的、上帝派生的。当一种民俗物品被民众持之以恒地喜爱，这其间肯定有一种我们所说的品牌建设的意义，所以经济民俗学的研究，将对品牌培育有借鉴作用。民俗消费心理的研究，具有广泛的心理学与经济学上的意义。

总之，挖掘民俗的经济资源，调查集成中国民俗经济的资源，是民俗经济学的基本任务。拓展民俗与社会政治制度的研究，探讨民俗消费中的文化认同与建构，社会秩序的认同与建构，则是认识民俗经济的社会功能，并促进发挥民俗经济的更为广泛的作用。民俗的消费心理，是民俗经济发展的基本前提，研究消费心理，对于品牌构建，市场培育都是富有启发作用的。将民俗经济的研究引向生态研究，不仅合乎民俗消费的基本属性，也符合当今世界的经济与文化潮流，更是对世界可持续发展的智慧资源的探寻。

三

经济民俗学对于时下的很多经济现象可以予以解读，具有广泛的适应性。对于我国已经展开的非物质文化遗产生产性保护问题，如果以经济民俗学的视角来看，会有很多的启示，可以弥补很多的不足。非物质文化遗产是民俗资源中遴选出来的一部分最有价值的东西,① 因此,非遗研究可以在民俗学的理论指导下展开。

中国非物质文化遗产生产性保护工作是从 2010 年开始的,历史还很短。2010 年底,文化部发出《关于开展国家级非物质文化遗产生产性保护示范基地建设的通知》,通知指出建立国家级非物质文化遗产生产性保护基地的目的是:"加强非物质文化遗产的保护和传承,引导和探索非物质文化遗产生产性保护的方式方法,激发非物质文化遗产的内在活力,促进经济社会全面协调可持续发展。"② 2011 年 8 月,文化部公示了 36 个保护单位,35 项生产性非遗项目作为第一批生产性保护基地,同年 11 月,最后确定了 41 个保护基地的方案通告发布,我国生产性非遗保护工作正式启动。

鉴于非遗生产性保护是中国文化遗产保护的一项创举,各方面经验不足,文化部在 2012 年初出台了《关于加强非物质文化遗产生产性保护工作的指导性意见》,《意见》要求各级文化部门深刻理解非物质文化遗产生产性保护的意义,并做出了原则性的指导意见。该指导意见对于非物质文化遗产生产性保护做出如下界定:

> 非物质文化遗产生产性保护是指在具有生产性质的实践过程中,以保持非物质文化遗产的真实性、整体性和传承性为核心,以有效传承非物质文化遗产技艺为前提,借助生产、流通、销售等手段,将非物质文化遗产及其资源转化为文化产品的保护方式。目前,这一保护方式主要是在传统技艺、传统美术和传统医药药物炮制类非物质文化遗产领域实施。③

这里的解释成为非物质文化遗产生产性保护的纲领性文件的核心,时下,各地的非物质文化遗产生产性保护如火如荼展开,同时困惑也越来越多,这种生产性保护是一个什么性质的行为?该如何进行非物质文化遗产生产性保护?在哪些领域保护?非遗生产性保护是一项宏大的文化保护与经济发展的工程,本文不可能全面解读非遗生产性保护问题,拟就指导意见中对于非遗生产性保护的概念从经济民俗学的视角讨论之。

第一,关于非遗生产性保护的性质。指导意见认为是"将非物质文化遗产及其资源转化为文化产品的保护方式"。首先将非遗的生产产品定位为文化产品了,这算不算合理呢?就目前展开的传统技艺,传统美术和传统医药药物炮制三个类型的生产性保护看,至少不是严格意义上的文化产品,比如,六神丸是文化产品吗?当然广义上说,是中医文化产品,那是不是说西医药也是文化产品呢?比如说抗菌素药品,那是文化产品吗?肯定不是。那是药品,甚至是医药商品。中国的六神丸也是药品,是拿到店里面销售、满足人们健康需求的医药商品,而不是满足人们精神需求的文化产品。所以这个指导意见的定位就有不妥。非物质文化遗产资源转化出来的有文化产品,但是很多仍是带有某些文化色彩的一般物品或者商品。传统美术产品是文化产品,这没有问题。这样,非物质文化遗产生产

---

① 参见田兆元《关注非物质文化遗产保护背景下的民俗文化与民俗学学科的命运》,《河南社会科学》2009 年第 3 期。

② 百度文库:《文化部办公厅关于开展国家级非物质文化遗产生产性保护示范基地建设的通知》。(http://wenku. baidu. com/view/b8f68f482b160b4e767fcfab. html)

③ 百度文库:《文化部关于加强非物质文化遗产生产性保护的指导意见》。(http://baike. baidu. com/view/7950256. htm)

性保护生产出来的产品，有文化产品，更多的是满足人们特定生活需要的产品或者商品。这样，对于文化遗产的生产性保护就要进行分类指导，以遵循不同的原则。

第二，关于非遗生产性保护的程序。指导意见提出了生产性保护要借助生产、流通、销售三个环节和手段。这三个手段实际上只有两个手段，流通包含了销售。既然有了销售，这就是一种商品生产，必须是商品才能够进入流通领域。指导意见由于担忧文化遗产保护有商业化之嫌，刻意避免商业二字。非物质文化遗产生产性保护，离开了商业化的全过程，就会是一句空话。在这个程序中，民俗消费或者一般消费被忽视了，没有消费怎么会有生产呢？消费是经济发展的核心问题，生产必须是面向市场的生产，这样就要对于民俗消费予以格外关注，这是经济民俗学强调的中心问题。如果说非物质文化遗产产品的生产不是为了消费，那就只是生产一些样品，陈列到博物馆去，那就只是生产性保存，不是生产性保护了。非物质文化遗产的生产性保护，必须构建一种保护的生态，必须是生产、流通和消费的全程管理与保护。如果这些生产不能作为商品为民众所用，这种生产就没有实际的保护意义了，这种非物质文化遗产的价值仅仅为历史价值而已。生态民俗学与消费民俗学这些经济民俗学的知识缺乏，指导非物质文化遗产生产性保护便无从谈起。

第三，这次生产性保护所涉及的不是非物质文化遗产最核心的内容，其实是非物质文化遗产中的物质生产部分。真正的非物质文化遗产的生产性，如歌谣、舞蹈、戏曲、传统体育、传统节庆等，才是纯粹的非物质的东西。这些生产才是真正的民俗文化产品的生产。非遗的生产性保护即使不能全面铺开，也应该选择部分尝试之，这是非常必要的。毕竟非物质文化遗产保护重点是传统的民间文学、戏曲、音乐、舞蹈与习俗节庆等，只有这样的生产才是非遗生产性保护的独特的地方。当然指导意见为此留出了空间，现在的三个类型是"目前"的实施，未来将面对完全不同的非遗资源的转化与生产，届时需要新的指导意见来规范。

非物质文化遗产生产性保护是一项刚刚开展的"促进经济社会全面协调可持续发展"的重要工作，只有在特定的理论视野中，这种保护才有意义。期待未来的非遗生产性保护，经济民俗学能够起到重要的支撑作用。

经济民俗学研究民俗经济的生产、经营、消费和分配的全过程，强化民俗资源的调查整理与研究，强调经济民俗的品牌研究。民俗类型的经济活动对于当下的产业转型，对于民众文化自信心的树立，以及对于社会文化的可持续发展，均具有重要意义。民俗经济规模庞大，对于社会经济发展十分重要。民俗经济是一项独特的经济活动，更是一种文化活动。它所涉及的人与自然的关系、人类体能与生产活动的关系、经济活动中的智力增长与技术进步、人类经济活动与文化传统的继承、民俗经济活动与文化交流、习俗与市场相互促进等问题，将形成庞大的经济民俗学的学科系统，其理论性与应用性均十分突出，对于民俗学学科的成长，对于民俗学学科服务社会能力的增进，对于文化遗产的保护，都将起到积极的推动作用。

（原载《华东师范大学学报》2014 年第 2 期）

都市传说视野下的谣言研究

张　静[*]

随着自媒体的兴起、网络谣言的泛滥，中国学界对谣言传播和谣言治理展开了多学科的学术探究，其中既有社会学、传播学的视角，也有民俗学的视角。民俗学视角的最大特色，是将谣言的传播和变异视作一种人类固有的文化现象，西方民俗学界早在 20 世纪 70 年代就开始关注谣言，将之视作一种特别的都市传说，在搜集、整理和研究上取得众多成果。西方民俗学运用都市传说的理论和方法对谣言的类型、语境、传播和变异展开研究，不仅推动了谣言的研究，也促进了学科内传说学的发展。对于中国民俗学来说，谣言研究不仅仅是一块试验田，更是学科介入当代社会生活的切入口。这些成果对处于转型时期的中国民俗学和传说学有一定的借鉴作用。

一　谣言研究在民俗学领域的兴起

进入 21 世纪以来，中国的谣言、流言和当代传说研究逐渐兴起，既有基本理论的译介和讨论，认识到这三种体裁的紧密联系和共性，将其视为人类信息的重要类型[①]，同时也涌现了大量个案研究。一些谣言在近现代史上产生了重要影响，如割蛋、毛人水怪、鼠疫、凶案，某些甚至作为大众普遍接受的史实，如拿破仑的睡狮论[②]、周总理的"鲍鱼外交"，还有近年来较为流行的割肾、抢孩子[③]等，学界着重探讨其生成、发展、爆发和消失的流变过程[④]。这类个案研究往往联系社会环境，对谣言、流言和当代传说流变的外部因素，探讨其内容、功能和影响，关注它们与人、社会三者之间的互动以及与事实和历史之间的复杂关系[⑤]。学者们主要从社会学和心理学角度出发[⑥]，也采用了传播学、伦理学、历史学和民俗学的方法。

中国学界的谣言研究主要将谣言、流言和当代传说视为社会现象甚至社会事件，其最

---

[*]　作者系华中师范大学文学院讲师。

[①]　李智：《谣言、流言和传说——人类意义生产的三种非常信息传播形态》，《北京行政学院学报》2011 年第 2 期。刘文江：《作为实践性体裁的传说、都市传说与谣言研究》，《民俗研究》2012 年第 2 期。

[②]　施爱东：《"睡狮论"来龙去脉》，《人民论坛》2014 年第 27 期。

[③]　施爱东：《"太平家乐福谣言"的历史根源与文本分析》，《民族艺术》2014 年第 1 期。

[④]　施爱东：《末日谣言的蝴蝶效应及其传播动力》，《民族艺术》2014 年第 3 期。

[⑤]　施爱东：《"呼兰大侠"：被谣言神化的变态杀手》，《民族艺术》2014 年第 3 期。

[⑥]　王琼、刘建明：《谣言研究的方法论述评》，《新闻与传播研究》2011 年第 4 期。

终目的是为了谣言控制和社会治理，因而多以个案研究为主，往往对谣言、流言和当代传说缺乏系统的搜集、整理和研究，忽视文本本身的研究，忽视其作为人类生活本身，作为思想和情感表达的根本属性。如何去面对层出不穷的谣言、流言和当代传说，为什么它们总是伴随着当前最为关注的事件而产生和迅速发展，为什么有人爱听爱看，为什么总有人信，为什么在媒体上广泛流传，为什么有些愈演愈烈甚至产生众多异文，情节越来越新奇曲折，甚至吸引了文学和影视创作者的目光？这些问题不仅仅是社会学家、传播学者等能够解答的，必须引入新的思路和角度，换一种眼光去看待和分析。

西方民俗学者自 20 世纪 70 年代起，就已经将谣言纳入研究视野，但如果从学术史角度溯源，我们还可以追溯到 20 世纪 50 年代开始的西方民俗学转型。民俗学家们将目光由乡村转向城镇、由农业生活转向都市的工业化生活、由口头传统转向大众传媒，开始关注当代都市民俗。他们彻底抛弃民俗是文化遗留物的观点，将研究的视角投向当代，对"民"和"俗"，以及"民俗"重新进行定义，学术取向上由文学向人类学转向，在民间文学领域内主要表现在研究重心由文本转向过程（process）和语境（context），将更多的人群和体裁纳入研究领域，其中较为引人注目的是对当代传说的关注。

具体到传说学领域，乔治斯①、本内特②、德格③对统治民俗学界达一个世纪之久的格林兄弟的传说定义提出疑问。疑问主要集中在三个问题上：传说是不是故事或叙事，是不是被设定在一定的历史时代，是不是讲述者和听众都认为是真实的。在持续的讨论中，传说的定义也在不断发展，大体来说不再将是不是叙事或故事作为区分传说的根据，同时将定义的核心由"事实（truth）"转向"信仰（belief）"，因此原本因为没有完整叙事情节而不被纳入传说范畴，但是与信仰密切相关的体裁纳入了研究的视野，如 memorate，fabulate，流言、谣言、personal experience 等，这些体裁关注个体和当代，往往涉及严重的社会问题，也是其他学科关注的对象。当时在英国谢菲尔德大学工作的吉莲·本内特和保罗·史密斯自 1982 年开始举办当代传说研讨会，并于 1988 年成立了世界当代传说研究会（ISCLR，International Society for Contemporary Legend Research），协会杂志《当代传说》（*Contemporary Legend*）成为当代传说及相关体裁研究的平台④，聚集了来自众多学科的学者。

民俗学家原本往往从哲学和美学的角度对叙事文本的内容、形式和结构进行研究，受到其他学科特别是社会学的影响之后引入了语境化（contextualize）的方法，将文本与情境和意识形态联系起来进行考察。欧美民俗学家将当代传说、谣言、流言等视为民间文学，并运用学科独有的方法进行研究，取得了以下的研究成果：（一）从体裁学的角度进行界定，探讨谣言的特征和其他相关体裁的关系；（二）运用田野调查的方法，搜集了大

① Robert A. Georges，"The General Concept of Legend：Some Assumptions to be reexamined and Reassessed"，*American Folk Legend*：*A Symposium*，ed. Wayland D. Hand，Berkeley：University of California Press，1971：1 - 20.

② Gillian Bennett，"Are Legends Narratives?"，*Talking Folklore.* 1989，No. 6：1 - 13.

③ Linda Dégh，*Legend and Belief*：*Dialectics of a Folklore Genre*，Bloomington：Indiana University Press，2001：83 - 85.

④ Carl Lindahl，"Series Editor's Preface"，*Contemporary Legend*：*A Reader*，ed. Jillian Bennett and Paul Smith，New York：Garland Publishing，INC，1996 ：xi - xviii.

量原始资料，包括文本、文学影视作品、相关民俗志资料；（三）运用一系列民俗学成熟的方法和理论进行多角度的研究。

二　谣言作为民俗事象的文类属性

如果我们抛开对于谣言这一文类的价值评判，单从文本形态的角度来考虑，那么，谣言、流言和都市传说都是当代的民间叙事，更准确地说，属于"传说"这一体裁。曾经担任美国民俗学会主席的布鲁范德在《北美民俗研究》中，将谣言（rumor）、流言（gossip）、当代传说（contemporary legend）、轶闻、个人叙事等都归入传说一类。由于谣言和传说在生产、传播的过程中有许多相似之处，一些社会谣言理论可以被运用于传说研究，反之，民间传说的研究方法也可应用于社会谣言的研究。这些体裁具有传说的共有规律：至少包含一个事件（event），内容上被认为是真实可信的，形式上较为自由，有地方化和合理化的特征。[①]

谣言与传说有极其相似的地方。布鲁范德在对谣言和传说进行比较之后，得出结论说："传说、谣言、轶闻都与人们日常生活中据说发生了的、不寻常的，甚至奇异的事件有关。人们谈论叙述这些事件，解释这些莫辨真伪的奇闻轶事，以通知和警示他人。其结构是松散的，每个版本的复述，都是讲述者利用传统因素再创造的故事。对于讲述者和听众而言，传说似乎是可信的，因为它们包含了两个'现实的因素'：某一可证的事实与'通常信以为真的错觉'。"[②] 谣言和传说，往往都有"确认的惯用语"，如"这是我邻居的故事"，"这是我从一个朋友那里听来的，他认识当事人"，"我在报纸上读到过这件事"，诸如此类。谣言和传说一样，都与即时新闻同属一类，因此在当代民俗中，大众传媒通常也会起到谣言（传说）媒介的作用。

盖尔·德·沃斯进一步梳理了当代传说、谣言和流言的定义、特征、分类以及它们之间的区别和联系，从语言文学的角度出发进行界定：当代传说"是在当代社会口耳相传，被当作事实讲述和展现的传统变异的故事。它们在社会经济的各个阶层和群体内广泛流传"。流言"是无意义的闲谈、没有根据的谣言、闲聊、有关个人或社会事件的难以控制的谈话或书写。被认为是没有价值的、琐碎的。流言传达与人有关的信息，可以反映正反两方面的意图"。谣言"有疑问的一般的谈话，传闻或道听途说。一般来说是的简短、揣摩的信息，缺乏明确的叙事元素。主要是涉及个人的事件，也可以涉及很有声望或很重要的地区或事件"。[③]

谣言、流言与传说这三种体裁之间有相似性甚至重叠之处，都是人们用于正式和非正式场合信息交换的工具。讲述者和读者可以借此搜集信息、表达观点、增加或者替换某些信息。沃斯归纳出三种体裁的相似性：运用明确的细节和对话加强可信性；包含非正常的经验或实践的内容；根据当代的情况发生变化，但是会从传统和流行的民间信仰中汲取素

---

①　Jan Harold Brunvand, *The Study of American Folklore* (4th Edition), New York & London: W. W. Norton & Company, 1998: 197.

②　［美］布鲁范德：《美国民俗学概论》，李扬译，上海文艺出版社 2011 年版，第 116 页。

③　Gail de Vos, *Tales, Rumors and Gossip: Exploring Contemporary Folk Literature in Grades 7 – 12*, Englewood, Colo.: Libraries Unlimited, 2006: 21.

材；具有传递信息和探究缘由的功能。

不过，三者也能够从内容、形式和传播方式等方面加以区分。从文学的角度看，流言、谣言和当代传说最大的区别在于后者是完整的故事，有细节和戏剧化的行为。流言一般通过既有的交流渠道在一个固定的群体内传播，谣言则创建自己的流通渠道和群体；流言反映了一个群体的道德规范，而谣言则表达了一个公共的道德规范，流言比谣言更为无意识或自发；流言是未经证实的有关个人的讯息，谣言是未经证实的有关某事的讯息。举个例子："哦，另一个晚上，我老板从内曼·马库斯买了一个配方，他差点气爆了。"是流言；"内曼·马库斯一个烘烤配方要 250 刀！"则是谣言。在实际操作过程中有时很难将三者严格区分开来，而且讲述者本人并不会加以区分。[①]

不仅如此，民俗学家用动态的眼光看待这些活跃在人们口头和日常生活中的文学，关注它们自身的产生和消亡、发展和演变，关注它们随着时代、地点、语境等的不同而发生变化，考察它们在民间文学传统中的生命史以及与传统之间的关系。在口头传统中，三种体裁共存，而且可相互转化。如果某一谣言或传言只是即时性的，或者出现了极端的地方化，有可能很快就会从口头传统中消失，不过这种情况有可能是暂时的，当外在条件具备的时候，它们会再次活跃起来，从而在传统中获得持久的生命力。[②]

谣言、流言和当代传说之间可以相互转化，谣言虽然在特定的时间段和地域内流传，一旦具备了生长机制，如反映了某一公共的观念和兴趣，就会进入口头传统，彼此融合，成为传说。民俗学家对谣言和流言的研究的关注更多是为了考察传说这一体裁的起源和发展。但也有学者认为，真正能转化为传说的谣言和流言是非常有限的，只有那些带有某些能够固化为传说情节的主题才具备这种可能性，[③]而且关于同一内容的谣言、流言和当代传说往往是共存的，大众传媒则是谣言和流言转变为传说和其他文学体裁的温床。

谣言、流言、当代传说和其他民间文学体裁以及通俗文学之间也存在密切的联系，沃斯讨论它们与歌谣、寓言、笑话、恐怖小说、神秘故事、闲谈、UFO 传说以及和作家文学的关系，甚至认为某种程度上这些都是谣言、流言和当代传说存在的形式和方式。[④]

三　传统叙事母题在谣言研究中的运用

一旦落实到现实生活当中，传说就和谣言一样，反映的是以人为中心的各种关系：人与自然的关系（如动物伤人的传闻）、人与人的关系（如盗窃传说、社会治安事件）、人与物的关系（如关于新科技的谣言）、食品安全传说（如各种化学添加剂危害的谣言），

---

①　Gail de Vos, *Tales*, *Rumors and Gossip*: *Exploring Contemporary Folk Literature in Grades 7 - 12*, Englewood, Colo.: Libraries Unlimited, 2006: 21 - 25.

②　Timothy R. Tangherlini, *Interpreting Legend*: *Danish Storytellers and their Repertoires*, New York & London: Garland Publishing, 1994: 17.

③　Linda Dégh, *Legend and Belief*: *Dialectics of a Folklore Genre*, Bloomington: Indiana University Press, 2001: 84.

④　Gail de Vos, *Tales*, *Rumors and Gossip*: *Exploring Contemporary Folk Literature in Grades 7 - 12*, Englewood, Colo.: Libraries Unlimited, 2006: 84 - 96.

以及人与鬼神、信仰的关系（如邪灵传说、恐怖传说），涉及人们在当代生活的方方面面，反映了民众当代生活中普遍关切的问题，伴随着对未知事物的焦虑和恐惧。比如汽车传说的流行始于 20 世纪 30 年代的欧洲，以汽车的广泛使用为背景；现代科技谣言的产生和流行也是基于微波炉、洗衣机等家用电器的广泛使用；食品安全传说的产生是以食品工业的发展为背景的；邪灵传说随着西方社会信仰的削弱而兴起；谣言和传说中的受害者往往是女性，危险往往来自异文化，这反映了北美社会的性别和种族歧视。

布鲁范德认为，不管一个传言或故事听起来是多么的活灵活现、奇异怪诞，但一经寻根究底，其真正的民间特质就会显露出来，与失踪的宝藏、地下的财富、预言、幽灵、罗宾汉式的江湖英雄等古老传说相似："即使是'消失的搭车客'这样的鬼故事，其发生背景也由 19 世纪的马车上转到了当今的汽车里，从而继续散发着故事的引人魅力。"① 但也有学者认为："虽然布鲁范德认为现代都市传闻具有与古老传说相似的传播形式，其叙事结构、内在逻辑，以及我们称之为'母题'的这类传统核心因素仍然保持不变。但在这些现代都市传闻中，都市人的情绪已经逐渐丧失了那些积极向上的力量，剩下的只是焦灼与不安。都市传闻事实上已经成了人们排泄都市情绪的下水道。"②

部分欧美民俗学者借助在高校教学的机会，引导学生积极参与，对当代流行的谣言、流言和当代传说进行了广泛的搜集和整理，搜集的范围涉及家人、邻里、朋友的口头讲述，以及报纸、杂志等书面材料，还有广播、新闻、电视等影视媒介。搜集往往是以个案研究的形式展开的，在材料整理和研究工作开展到一定程度之后，民俗学家会对较为流行的谣言、流言和传说进行分类。布鲁范德将都市传说分为六个类别：经典的汽车传说、"钩子"和其他少年恐怖传说、可怕的污染、尸盗、令人难堪的裸体、购物的噩梦。③ 沃斯借用了布鲁范德的分类并根据研究对象做了相应调整，分为七大类：科技产品传说、食品安全传说、盗窃传说、动物传说、对青少年的威胁的传说、邪灵传说、恐怖传说。④ 这些谣言看起来虽然简短，却拥有丰富的种类和多样的组合。"传统的谣言形态结合当代社会生活，不断生产出各种各样的新谣言。虽然谣言内容各不相同，但是，无论新谣言还是旧谣言，同类谣言的形态和结构却表现出了惊人的相似，甚至还可能拥有相同的表述方式。"⑤

"人们花时间讲述和聆听传说，不仅仅是因为其奇异有趣的情节，更深层的原因是它传达了真实的、有价值的、与自己息息相关的信息"，"都市传说与电视台等媒体有异曲同工之处：它们都关注死亡、伤害、绑架、悲剧、丑闻等"。⑥ 相比较而言，民俗学家关注的谣言和当代传说的范围更为广泛，涉及人类当代生活的方方面面，其中有的社会影响

---

① ［美］布鲁范德：《消失的搭车客——美国都市传说及其意义》，李杨、王珏纯译，广西师范大学出版社 2006 年版，第 195 页。

② 施爱东：《都市情绪的下水道》，《新世纪周刊》2007 年第 5 期。

③ ［美］布鲁范德：《消失的搭车客——美国都市传说及其意义》，李杨、王珏纯译，广西师范大学出版社 2006 年版。

④ Gail de Vos, *Tales, Rumors and Gossip: Exploring Contemporary Folk Literature in Grades 7 - 12*, Englewood, Colo.: Libraries Unlimited, 2006.

⑤ 施爱东：《〈谣言研究专栏〉主持人语》，《民俗研究》2012 年第 2 期。

⑥ Gail de Vos, *Tales, Rumors and Gossip: Exploring Contemporary Folk Literature in Grades 7 - 12*, Englewood, Colo.: Libraries Unlimited, 2006: 12 - 14.

面大，有的只在部分群体内流传，有的恐怖，有的幽默，有的训诫，有的只是娱乐，比如兑奖谣言（集齐某种物品可以参与兑换，如瓶盖、烟盒等，最后发现是假的）。民俗学家将谣言和当代传说作为人类生活的一部分，作为认识人和社会的镜子与窗口，这种视角本身就是独特的。

四　谣言传播的渠道及语境研究

谣言、流言或者都市传说，其传播和存在的方式是多种多样的，不仅以传统的口耳相传的形式在人群中流传，在当代社会更是借助大众传媒、通俗文化和科学技术大范围传播，有了新的表现方式并产生与之相关的文本形式。举个例子，随着复印机的发明和不断改进，复制大量的文字和图画信息变得非常简单、便捷和高效，由此产生了大量相关的民俗，较为流行的传说有：贴出爱犬走失的信息，并附上属于一个无辜者的手机号码，接着，这个无辜者的电话就被打爆了。

科技产品作为传播媒介影响了谣言、流言和传说的流传以及相应的叙事风格。通过科技产品讲述和传播不同于面对面的讲述，比如通过电话讲述无法交流非语言的信息，复印机和电脑只能通过文字和图画的形式进行讲述。电话和传真的讲述形式中，讲述者和听者之间的渠道是明确的，但是电脑和网络则不同，讲述者要面对一批庞大、模糊、未知的接受者，这些都与传统的讲述形式具有很大差别。以报纸、杂志、广播、电视和网络为主的大众传媒甚至成为谣言传播的重要渠道。互联网自媒体提供了大量可阅读的文本，大大扩充了讲述者和阅读者的搜寻范围，提供了新的双向交流渠道，此外，新的传播方式对传说的叙事结构和特征产生着重要影响，如以新闻为形式的谣言和传说是书面报道式的风格，以事件为中心而不是依照时间发展顺序组织讲述，因此依照事件的重要程度降序排列来进行报道或讲述；电视和广播通过图像或声音传播，也具有自己独特的叙事风格和特定的受众群体。[①]

对讲述者、听众和语境及其表演的研究是民俗学研究的重要视角。听众参与到讲述过程当中，与讲述者互为补充，形成对话，由此可能会形成新的文本。讲述者的目的和看法会影响到文本的内容、形式和风格。作为职业的故事讲述家，沃斯专门探讨了谣言、流言和当代传说的讲述艺术，除了文本上的技巧，如简明、停顿、作者特地的说明之外，面部表情和肢体语言可以加深听众的印象，语言的组织、声音和腔调的变化、讲述场景的选择和氛围的营造也是非常有效的手段和技巧。在讲恐怖故事的时候为了达到最佳的讲述效果，讲述者往往会选择合适的时间和地点，一般是漆黑的夜晚，在荒无人烟的室外或野外；讲述的过程一般以气氛的烘托开始，然后讲述者和听众共同参与故事的创作，故事和对话交织，一个一个的故事接连讲述，最后由一个明确的结尾来结束[②]。

谣言、流言和当代传说本身就是当代人生活的一部分，不仅仅作为文学的形式存在，也产生了与之相关的民俗活动，欧美民俗学者研究较多的是传说的"操演（ostension）"、

---

① Gail de Vos, *Tales, Rumors and Gossip: Exploring Contemporary Folk Literature in Grades 7 – 12*, Englewood, Colo.: Libraries Unlimited, 2006: 120 – 122.

② Ibid., p. 15, p. 294, pp. 308 – 310.

"伪操演（pseudo-ostension）"和"传说之旅（legend trip）"。"操演"是"人们按照民间叙事中的主题和时间行事"[①]，传说通过操演变为事实，并通过操演不断强化其可信性；"伪操演"则是"模仿已知叙事的基本情节使恶作剧延续"[②]，如年轻人假装杀人狂魔吓唬朋友，人们模仿动物献祭仪式等；"传说之旅"指的是有组织（有时是自发的）前往一个偏僻地区的旅行，用于测试面对超自然现象的勇气，主要是去墓地、地道、废弃的或传说中闹鬼的屋子、偏僻的小道和桥梁，最理想的环境是漆黑、多雾的夜晚，如月圆之夜的午夜，夏季和初秋，特别是万圣节前后[③]。

年轻人中较为普遍的传说操演和伪操演有：学习巫术而杀死或虐待动物；放学后贪玩失踪，为了逃避家长的惩罚而谎称被绑架；万圣节施虐，将大头针、刀片等危险物品或毒药等放入送给孩子的苹果或糖果中；针头事件，用针头扎人，往往造谣声称针头携带艾滋病毒。以上这些行为总是伴随着谣言和恐怖色彩，但是，有些伪操演行为则无伤大雅，如兑奖谣言，谣传收集一定数量的易拉罐盖就可以兑换医疗服务，或者兑换一部自行车之类，信谣者即使上当，也不会造成什么实质性的伤害。传说之旅可以划分为三个阶段，第一阶段在到达目的地之前，参与的人员讲述相关的传说，或者预先散布一种谣言，往往声称是个人的真实经历，预先烘托恐怖气氛；第二阶段发生在目的地，看看到底会发生什么，最后的结果是参与者落荒而逃；第三阶段是回顾，参与者匆忙逃离，逐渐恢复平静后回顾发生的事情，完成一个叙事。这个叙事又称为这个传说之旅的一部分，它将会在下次行为中再次被讲述。传说之旅依据谣传中的恐惧对象，可以分为三个大的类型：冤死或惨死的灵魂，他们无法安息，常常到他们死去的地方游荡，如鬼屋、废弃的居所、偏僻的桥头等；一般死者的灵魂，他们回来惩罚那些破坏他们的墓地的人；可怕的人或生物，如巫婆、狼人、僵尸、盗尸者等，或者是疯子，潜逃的精神病人。[④]

传说的操演、伪操演和传说之旅都可视为谣言、流言和当代传说这些文学的转化形式，同时也是这些文学讲述、表演的重要语境，在实际的民俗生活中它们是不可分割的。对于年轻人来说，这些行为具备特殊的功能，是了解超自然世界的重要渠道，通过超自然的惊吓来缓解压力，作为一种反抗成年人权威的仪式而操演，当然，也具有相当的娱乐功能。

五 谣言的类型与异文研究

虽然对谣言、流言和传说是否为叙事尚未取得一致意见，但这并不妨碍西方民俗学者

---

① Gary Fine, "Redemption rumors and the power of ostension", *Journal of American Folklore*, 1991, No. 412. Linda Degh, "Does the Word 'Dog' Bite? Ostensive Action: A Means of Legend Telling", *Journal of Folklore Research*, 1983, No. 2.

② Bill Ellis, "Death by folklore: Ostension, contemporary legend and murder", *Western Folklore*, 1989, No. 3.

③ Patricia M. Meley, "Adolescent legend trips as teenage cultural response: A study of the lore in context", *Children's Folklore Review*, 1991, Vol. 14.

④ Gail de Vos, *Tales, Rumors and Gossip: Exploring Contemporary Folk Literature in Grades 7 – 12*, Englewood, Colo.: Libraries Unlimited, 2006: pp. 56 – 63.

使用民间文学的研究方法对谣言展开研究。民俗学家在广泛搜集文本、科学整理的基础上，从主题、类型等角度对它们进行分类，并且运用诸如母题和情节的考察，文本生命史的追溯，类型和亚型的分类与解析等方法对其展开研究。

布鲁范德介绍的谣言或者说都市传说类型计有 31 个，沃斯提到的则有大约有 80 个，法国民俗学者维若妮卡·坎皮侬·文森在她的《都市传奇》中则详细地分析了 37 个广泛流传在欧洲的奇闻轶事，其中为我们中国读者所熟悉的有《都市下水道里的鳄鱼》《拦路搭便车的鬼魂》《病危孩童的感人故事》《被偷走的祖母》《电焊工人的隐形眼镜》《被微波炉烤熟的小猫》《消失在试衣间的年轻女子》等。① 其中，最著名的还数《被偷走的肾脏》，这则风传于欧美大陆的恐怖传闻，从 2000 年左右传入中国之后，已经在中国掀起了几次盗肾恐慌。②

这些谣言或传说多以当代都市生活为背景，经过数十年甚至更长时间的流传，具有了较为稳定的故事情节和思想内涵。其中，《消失的搭车客》是欧美最为流行的都市传说。现有资料显示：在北美，有夏威夷、墨西哥裔美国人和纳瓦霍印第安人的异文；在欧洲，有法国、德国和荷兰的异文；在亚洲，有以色列、日本和蒙古异文；在非洲，有南非的异文。这些被传得有鼻子有眼的都市谣传，全面展现了这一全世界最为流行的当代传说的基本面貌。通过比较文本，这些异文可以划分为几个有限的亚型，如《男友之死》有美洲和欧洲两大亚型，故事基干类似：一对男女的车子没油或出故障停在一个荒凉或僻静地方，男子下车寻找帮助，一去不返，女子留在车内，被奇怪的声响惊吓，第二天早上车子被警察包围，才发现男子被人杀死，吊在车子的上方。两个亚型存在一些明显的差异：美洲亚型中男女是夫妻或情侣，欧洲亚型中两者则没有明确关系；离开车子的原因一个是停在偏僻地方，一个则是没油了；美洲亚型中男子被吊死在树上，欧洲亚型中男子则被砍头。这些差异性源于文化的差异，如在美洲对人处以私刑非常普遍，但是在欧洲用刀杀人则比较常见。③

无论谣言、流言还是当代传说，它们都拥有一些固定的情节和母题，很多来自传统的民间文学和书面文学，比如有关蜘蛛、蛇和短吻鳄相关的谣言和当代传说。在基督教文化中，蜘蛛吸食人血，蛇往往被视为恶魔撒旦的化身，短吻鳄则被视为龙的替身，它们都是邪恶的表现。因此，在当代美国社会的民间文学中，这三种动物仍然是恶的代表，代表那些未知的邪恶力量，给人们带来致命的伤害。当代流传的这些谣言、流言和传说不完全是当代的，它们与既有文学传统之间存在明显的继承关系。下水道中的短吻鳄与欧洲民间文学题材"洞中的龙"非常类似，这类谣言和传说与民间故事中的"屠龙故事"存在联系。还有"窒息的杜宾犬"，故事大意是主人回家发现自己的杜宾犬被噎住了，赶紧送往诊

---

① ［法］维若妮卡·坎皮侬·文森、尚布鲁诺·荷纳:《都市传奇》，杨子葆译，（台北）麦田出版社 2003 年版。

② 施爱东:《盗肾传说、割肾谣言与守阈叙事》，《华南师范大学学报》（社会科学版）2012 年第 6 期。

③ Gail de Vos, *Tales*, *Rumors and Gossip*: *Exploring Contemporary Folk Literature in Grades 7 - 12*, Englewood, Colo.: Libraries Unlimited, 2006: pp. 332 - 357. Mark Glaze, "The cultural adaption of a rumor legend" The boyfriend's death' in South Texas, *Perspectives on contemporary legends*, vol. II, ed. Gillian Bennett, Paul Smith, and J. D. A. Widdowson. Sheffield, England: Sheffield Academic Press, 1987: pp. 93 - 108.

所，后来发现家里原来有贼，杜宾犬咬掉了贼的手指所以被噎住了。这类传说明显与传统民间文学中的忠犬护主故事存在渊源关系①。

六 小结：谣言研究是民俗学介入当代社会的一个入口

西方民俗学家的谣言研究不仅仅是多学科参与的谣言研究的一部分，也是民俗研究的一部分。从民俗学的学科发展来说，一是拓宽了研究的对象和范围，二是借鉴学习了其他学科的方法，三是推动了与其密切相关的传说学研究。

民俗学者为谣言研究提供了独特的视角，中国学者也逐渐参与其中，他们将谣言视为民间文学的一个类别或者承认是口头叙事的实践②，和民间文学其他体裁一样存在变异性，并可能成长发展为故事传说等其他体裁甚至成为历史。施爱东明确提出"谣言常常是民间故事（或传说）的初级形态或者省略式"③。在研究中，民俗学家往往并不承担辨别真伪和价值判断的任务，注意文本的搜集、整理和分类，在掌握大量文本的基础上进行文学的分析，不仅仅满足于探索谣言的生命史和发展史、变异史，在研究方法上也有意识地运用民俗学的研究方法，如施爱东对灾难谣言的形态学分析、对周总理"鲍鱼外交"谣言中的故事角色分析，又如，在盗肾传说和割肾谣言研究中，对来自澳洲、美洲和中国的文本进行比较研究，使用的正是类型学的研究方法。此外，施爱东对谣言生产者和传播者进行研究，划分出多个群体，并区分了积极传播者和消极传播者，这与叙事文学研究中的积极讲述者和消极讲述者的研究类似。

当代中国民俗学，包括传说研究正经历着类似西方50—60年代的转型，表现为研究对象和范围的调整与扩大、资料搜集方法方式的多元、方法和理论的新尝试与新探索。中国传说研究深受传统的德国学派的影响，至今我们对传说的定义都脱不了"传说是故事"的基本模式，文学分析法和历史研究方法长期占据主导地位。近年来，传说研究越来越关注田野，存在着视角和范式的探索与试验，如纳钦、陈泳超等立足于社区研究，将传说置于特定的语境中进行搜集和考察，取得了一定的学术影响；张敦福多年来一直致力于都市传说的研究，其研究对象既可视做都市传说，也可视做谣言，如关于日本核辐射与中国盐恐慌事件的研究。④

西方的相关研究是我们可以借鉴和学习的对象之一，近年来推动西方传说研究的谣言、流言和当代传说研究的相关成果值得我们关注。有以下几点值得思考和借鉴：一是将传说作为动态（dynamics）和过程（process），关注传说与社会和生活的紧密联系；二是关注语境，除了关注传说本身的含义，更要借此认识个人、社区和社会；三是表演的研究，包括讲述者、讲述方式、风格、心理研究等；四是传说的类型研究；五是

---

① Gail de Vos, *Tales, Rumors and Gossip: Exploring Contemporary Folk Literature in Grades 7 - 12*, Englewood, Colo.: Libraries Unlimited, 2006: pp. 208 - 211.

② 刘文江:《作为实践性体裁的传说、都市传说与谣言研究》,《民俗研究》2012年第2期。

③ 施爱东:《灾难谣言的形态学分析——以5·12汶川地震的灾后谣言为例》,《民族艺术》2008年第4期。

④ 张敦福、范国周:《日本核辐射与中国盐恐慌：又一个都市传说》,《中国社会科学报》2011年4月12日；张敦福、魏泉:《解析都市传说的理论视角》,《民间文化论坛》2006年第6期。

传说的体裁研究，特别是有关文本的内部研究，如形式和结构的探讨。当然也需要注意一些问题，如研究范围的界限不能无限扩大，在研究中不能忽视传说的叙事特征。对于中国民俗学来说，谣言研究不仅仅是一块试验田，更是学科介入当代社会生活的切入口。

第三篇

研究综述

2014 年民俗学理论研究综述

惠　嘉*

2014 年的民间文学—民俗学理论研究总体上延续了近年学界从"文本"研究、"文化"研究向"语境"研究、"生活"研究的范式转换趋势，许多取径于后者的传统论题成果颇丰。与此同时，作为研究范式转型内驱力的"实践"维度逐渐由幕后走向台前，开辟了新的研究路径，生发出若干新的学术生长点，也涌现出不少高水平的成果。限于篇幅，本文仅就"基础理论与方法、学术史研究、关于非遗保护的理论思考"几个方面，对本年度的相关研究进行概述。由于笔者的阅读视野有限，仍有一些有价值的研究未能收入其中，尚乞作者与读者谅解。

基础理论与方法

近年来，随着对物化、对象化的"文本"观念的反思，重新审视被单纯时空化的研究对象、从实践的视角看待民间文学，在民间文学—民俗学研究中开始兴起。户晓辉的《民间文学的自由叙事》[1] 即是立足于先验—实践研究范式的一部理论专著。该书以"德国浪漫派为民间文学或民俗学学科设定的自由意志来看民间文学"[2]，把民间文学的历史发展和现实运动有机地结合起来，描述了"民间文学自在、自发的自我意识到自觉、自为的自我认识再到自由、自律的自由互识的自我运动的逻辑历史"[3]，开显出"民间文学自身的自由设定和自由运动"[4]。作者指出："本书改用民间文学自身的主位视角来看民间文学，而且要采取主客统一的实践立场把民间文学直接看作实践主体，也就是从民间文学的主位上来看作为实践主体的民间文学自身的形成、演变和发展过程。这就意味着，本书不仅要站在民间文学的主位上，更要将民间文学看作具有主动性和能动性的实践主体，从历史辩证法的视野看作为实践主体的民间文学自身如何能动地从潜在的实践主体变成现实的实践主体，看自在的民间文学如何主动地变成自在自为的民间文学概念"[5]。故此，"本书试图重构和复原的又是以往很大程度上被忽视了的另一种历史，即作为实践主体的民间

---

* 作者系中国社会科学院民族文学研究所博士后。

① 户晓辉：《民间文学的自由叙事》，社会科学文献出版社 2014 年版。

② 户晓辉：《返回民间文学的实践理性起点》，社会科学文献出版社 2014 年版，第 21 页。

③ 吕微：《接续民间文学的伟大传统——从实践民俗学的内容目的论到形式目的论》，社会科学文献出版社 2014 年版，第 43 页。

④ 户晓辉：《返回民间文学的实践理性起点》，社会科学文献出版社 2014 年版，第 21 页。

⑤ 户晓辉：《民间文学的自由叙事》，社会科学文献出版社 2014 年版，第 14 页。

文学如何从表象主动进展到概念的历史"①。其间，作者将网络民间文学作为民间文学的高级阶段和最新阶段，通过对民间文学最充分发展的实践形式之先验条件的先验演绎和还原，反向推论出和直观到作为实践主体的民间文学在超越时空的层面上必然要求的绝对条件，即作者所言"公共伦理条件"②，也就是公民道德准则。与此同时，作者从实践民俗学的现象学存在论立场，对民间文学及其口头性、集体性、传承性、变异性诸特征和民间文学的文本、语境、民间文学体裁叙事行为的时间等问题做出了全新的界定和阐释，提出："民间文学的本质在于体裁叙事行为的伦理条件"③，民间文学的"口头性就是对话性，是我对你的请求和要求"④，"民间文学体裁叙事行为的集体性就是'我们性'或者我与你的关系"⑤，本真意义上的传承是"主动地在传统的你中发现我"⑥，变异性中存在朝向绝对他者的向度⑦；"民间文学的文本就是一种用体裁来叙事和对话的言语表演行为本身"⑧，"语境就是民间文学体裁叙事表演行为或文本形式的当下使用和具体实现"⑨，"民间文学体裁叙事行为的本真时间应该是未来、过去、现在同时到时"⑩。全书经由民间文学的基本问题介入对当代社会的现实关切，不但证成了民间文学—民俗学由以跻身现代学科行列的理论命题——民是自由的主体，给学界提供了全新的实践民俗学的方法论，同时对于人们重新审视民间文学—民俗学在当代中国现代化和民主进程中的作用亦具有重要的启示意义。

吕微为该书撰写了题为《接续民间文学的伟大传统——从实践民俗学的内容目的论到形式目的论》的长序。序言基于"目的构成了主体（包括实践主体和认识主体）之为主体的发生条件与存在理由"⑪的认识，通过阐释外在的经验性目的（自然动机）之于主体发生条件的偶然性，推出主体自身内在的先验目的（自由动因）"是主体作为真正的主体而发生与存在的客观必然性条件和理由"⑫，进而经由"现象学的双重悬搁与还原"⑬，对户著的逻辑起点"作为实践主体的民间文学及其纯粹的实践形式和内在的自由目的"⑭以及设定民间文学实践主体的必要性和可能性进行了论证。在此基础上，作者对户著"描述民间文学自我认识的逻辑—历史"和"对民间文学纯粹形式的先验还原"的合法性和理论方法进行了全面、系统的理论还原和逻辑论证，并在检讨先贤解决此问题得失的前

---

① 户晓辉：《民间文学的自由叙事》，社会科学文献出版社 2014 年版，第 17 页。

② 同上书，第 111 页。

③ 同上书，第 134 页。

④ 同上书，第 115 页。

⑤ 同上书，第 160 页。

⑥ 同上书，第 156 页。

⑦ 同上书，第 170 页。

⑧ 同上书，第 94—96 页。

⑨ 同上书，第 101 页。

⑩ 同上书，第 194 页。

⑪ 吕微：《接续民间文学的伟大传统——从实践民俗学的内容目的论到形式目的论》，载户晓辉《民间文学的自由叙事》，社会科学文献出版社 2014 年版，第 6 页。

⑫ 同上书，第 6 页。

⑬ 同上书，第 8 页。

⑭ 同上书，第 24 页。

提下对户著进行了评价，作者认为：“在胡适的白话文学形式研究（1922 年）之后 90 多年，郑振铎的俗文学形式研究（1938 年）之后近 80 年，户著终于接过了先驱者们手中的民间文学实践的纯粹形式和内在目的（学科基本问题）研究的接力棒，贡献了一部出人意表地‘反本开新’的民间文学实践研究（范式）的倾心杰作，竟然实现了先驱者们未竟的遗愿，进而超越了前人，贡献了一部自从民间文学（学科）诞生以来难能可贵的哲学民俗学（或民俗学的形而上学）的理论著作，完成了从民间文学—民俗学实践的内容—目的论到形式目的论的哥白尼革命。这就是，通过对作为实践主体的民间文学的纯粹实践形式和内在实践目的的先验演绎、还原和现象学观念直观，证成民间文学先验的纯粹发生条件和绝对存在理由，并通过完满地回答了民间文学—民俗学学科的基本问题，为民间文学—民俗学以道德实践、信仰实践、爱的实践的独特方式，承担起参与建设中国现代—未来社会的‘表演的责任’①。”②

除此之外，在 2014 年第 3 期的《民间文化论坛》中，吕微、尹虎彬、安德明、施爱东、陈泳超、陈连山、王杰文、祝鹏程等学者分别就实践—先验研究范式的意义和价值、理论与具体研究的对接、主体间性、价值研究与事实研究的关系、民间文学中的人格关系、理论与经验研究的疆域、语言人类学的理论资源、基础理论的本土化追求等问题对户著的初稿进行了评价和批评③。

《民间文学的自由叙事》出版同年，书中一些章节的研究成果陆续在报刊上发表，《民间文学：转向文本实践的研究》④ 即为其中之一。文章在检讨中国学者长期持有的物化文本观所致问题和探讨其成因的基础上，以实践研究的角度重新审视了 21 世纪引进的表演理论，指出“民间文学的文本就是动态的以言行事，就是民间文学体裁叙事表演行为本身⑤……体裁形式的边界决定并构成了这种体裁叙事表演行为或文本的边界”，表演就是体裁叙事传统的互文性通过表演行为具体化为动态文本的实践过程。作者认为，表演理论“蕴含着民间文学研究向实践科学转向的可能性”，而只有把民间文学文本还原为体裁叙事的表演行为，体裁和人共有的形式意志、表演者和观众的责任伦理以及民间文学的实践特性才能得以彰显，民间文学表演的“这一个”文本和采录的“这一个”文本之间的关系才能得到实践上的澄清。

---

① 从民间文学的纯粹实践形式和内在自由目的的角度看，“民间游戏也体现着人类社会的一种基本理想：自由、平等、公正”。引自陈连山《游戏》，中央民族大学出版社 2000 年版，第 33 页。

② 吕微：《接续民间文学的伟大传统——从实践民俗学的内容目的论到形式目的论》，载户晓辉《民间文学的自由叙事》，社会科学文献出版社 2014 年版，第 49 页。

③ 吕微：《走向实践民俗学的纯正形式研究》；尹虎彬：《“民间文学”新思维》；安德明：《“表演”、“主体间性”及民俗学的研究取向》；施爱东：《已破为立，欲速难达》；陈泳超：《对象化与人格关系》；陈连山：《民俗学理论应该为具体研究预留空间》；王杰文：《语言人类学与民间文学的“存在论”》；祝鹏程：《基础理论及其本土化追求》。《民间文化论坛》2014 年第 3 期。

④ 户晓辉：《民间文学：转向文本实践的研究》，《中国社会科学》2014 年第 8 期。

⑤ 正如鲍曼所指出的，“表演”这个概念本身就意味着“没有必要再从艺术性文本（artful text）出发，即在独立的形式基础上确认文本，然后将之重新置于使用的情境中，以便用交流性的语词把口头艺术概念化。相反，按照文本所建立的方法，表演便成了作为口头交流的语言艺术范畴的根本”。引自[美]理查德·鲍曼《作为表演的口头艺术》，第 13 页。

王杰文的《"民俗文本"的意义与边界——作为"文化实践"的口头艺术》① 同样着眼于学界对"文本"概念的阐释与反思,并对静态的文本观抱有与户晓辉相似的理论警觉。作者发现,国际民俗学界曾想当然地把"民俗文本"定义为某种口头艺术表演的记录,并试图基于这一被对象化的"文本"以获得相关民俗事象的"意义"。然而,自 20世纪 70 年代以来,语言学、语文学、语言人类学、文化研究以及民俗学都相继对"文本"的边界、"文本"被生产与接受的过程、"文本"中包含的不同声音、文本与社会语境中权力的关系等问题进行了反思,其间口头艺术的文化实践功能被给予了密切的关注。文章"基于语言学、符号学以及语言人类学对于'文本'的思考,追问'民俗文本'的界限",认为对于口头艺术的研究,"民俗学家应该关注具体的表演过程中,某一特定'文本'的呈现方式",同时,作者借鉴"新历史主义"对奥古斯汀、西塞罗和萨福等人的"文本"研究,对获得"民俗文本"之"意义"的可能性进行了考察,并反思了民俗学(考察)"意义"问题的局限性。

除"文本"外,"民俗主义""民族主义"也是一些文章讨论的关键词。在《"民俗主义"及其差异化的实践》② 一文中,王杰文描述了国际民间文化研究领域的关键词"民俗主义"在国际学界的差异化实践。作者指出,"'民俗主义(Folklorismus)'③ 曾经是国际民间文化研究领域讨论的焦点问题,许多著名的民俗学家都参与了相关讨论,留下了宝贵的学术思想,并直接引发了 20 世纪 60 年代以来国际民间文化研究范式的转型"④,但不同学者定义中所谓的"民俗主义"所指并不相同,甚至存在不同国家的民俗学者在围绕"民俗主义"的相互对话中结合自身的材料产生的"主动误解";而呈现"民俗主义"在不同国家、不同学者中间的差异化实践,有助于我们反思当前"民俗主义"话语的霸权性。

刘晓春的《民俗与民族主义——基于民俗学的考察》⑤ 以德国、芬兰、日本三个国家民俗学的兴起和发展为对象,探讨了民间文化与民族主义的关系。作者通过考察三国民俗学史指出:第一,"当一个民族/国家感受到外来压力时,本民族/国家的知识精英便由外而内,由今及古,从民族自身的文化传统中发现维系民族认同的民间文化资源,寻求民族振兴的力量源泉,因而作为传统文化的民间文化成为民族主义兴起的重要条件。"第二,"民族主义将民族、文化、国家、国民等现代性理念赋予民间文化,使之成为具有现代性

① 王杰文:《"民俗文本"的意义与边界——作为"文化实践"的口头艺术》,《民间文化论坛》2014 年第 2 期。

② 王杰文:《"民俗主义"及其差异化的实践》,《民俗研究》2014 年第 2 期。

③ 从词源学的角度讲,这是一个相当累赘的德文词汇,即使在德语学界,学者们也只是偶尔用之,因为它们实在无法找到更恰当的术语来思考相关问题。该术语的英文为"Folklorism",俄文为"fol'klorizm",法文为"folklorisme",日文译为"フォクーロリズム"。在中国民俗学界,源自日文的译为"民俗学主义"(西村真志叶);源自英文、德文的译为"民俗主义"(杨利慧、王霄冰等)。两者都属于直译,但是,两种翻译既无法传达该术语的本意,也不符合汉语的语法习惯。然而在未能找到更恰当的译法之前,本文姑且取用后一种译法。它指的是相对于所谓"纯正民俗(genuine folklore)"的"小纯正的民俗(spurious folklore)"[这并不完全等同于理查德·道森所谓"伪民俗(fakelore)"],它似乎与"复古"或者"山寨"等汉语词汇的含义更接近一些。

④ 王杰文:《"民俗主义"及其差异化的实践》,《民俗研究》2014 年第 2 期。

⑤ 刘晓春:《民俗与民族主义——基于民俗学的考察》,《学术研究》2014 年第 8 期。

固有本质的公共文化，而这些超越地方的公共文化，由于其生成过程的建构性特征，促使人们反思其本真性。"第三，"民族主义催生了民俗学的产生与发展，现代民俗学的生成对现代民族主义的发展和壮大起了推波助澜的作用"。第四，虽然民俗学在民族主义建构民族/国家认同的过程中具有重要的作用，但也曾成为民粹主义的思想武器，这一点引起了战后诸多学者的反思。

思考民间文学研究的普遍性与特殊性，或基于这一前提对中西方研究范式、概念范畴的兼容性进行反思，是学界时有关注的理论话题。尹虎彬的《尊重普遍原则与坚持文化多样性的统一》① 从比较口头传统研究的历史经验出发，探讨了普遍性原则与文化多样性之间的一般关系。作者认为："世界上的任何一种文学都具有历史的、民族的和文化的专属性，同时也具有人类共同性。当人们过于强调民族性的时候就要防止陷入封闭的特殊主义，当人们脱离具体的民族文学来谈世界文学的时候，则要防止陷入抽象的普世主义。"② 文章进一步指出："跨文化比较是中国多民族文学研究的历史和现实选择，而多学科研究正是对于普遍原则的探寻路径。"

彭牧的《同异之间：礼与仪式》③ 侧重考察西方的信仰研究概念和范畴面对中国本土文化时的适用度。作者将本土范畴"礼"置于仪式（ritual）和西方宗教学研究的范式中，通过二者的比较指出："礼不能完全纳入现代西方宗教研究或仪式（ritual）概念既有的研究框架之中，它们之间相同之处很多，但分歧也很明显。对研究者而言，文本与实践、礼与俗构成两个相辅相成、互动融合的传统，只有对两者都有充分的把握，才能使中国民间宗教的研究走向全面深入。"文章通过本土范畴和西方概念的对接，对西方宗教研究范式处理中国宗教实践的效度和限度进行了极具参考价值的反思，进而探索了研究本土宗教实践的路径。

2014 年度，部分学者延续了既往对于民间文学—民俗学学科建设的反思。

田兆元的《民俗学的学科属性与当代转型》④ 主张重新审视学科属性，将民俗定位为提升日常生活境界的文化资源和为精英创造民众认同的文化精华，以发挥学科在国家与地域认同、经济发展与文化产业促进以及地方风俗建设中的作用；同时建议发掘诗、书、礼、易等传统理论资源，开辟政治民俗学和经济民俗学的研究领域，提升学科服务社会的能力，应对民俗学在世界范围内遭遇的困境。

陈勤建的《民俗学研究的对象和边界——民俗学在当下的问题与思考之一》⑤ 通过比较各国民俗学界关于民俗学研究的对象和边界这两个问题的认知历史提出，"民众日常生活中反复出现的传承性的生活文化"是民俗学研究对象和边界的核心内容。作者认为民俗学应当在秉持自身立场、观点和方法的前提下，对学科的边界抱有开放性的立场和现代的眼光。

---

① 尹虎彬：《尊重普遍原则与坚持文化多样性的统一》，《民族文学研究》2014 年第 4 期。

② 乐黛云：《文化自觉与文明共存》，《开放时代》2003 年第 4 期。

③ 彭牧：《同异之间：礼与仪式》，《民俗研究》2014 年第 3 期。

④ 田兆元：《民俗学的学科属性与当代转型》，《文化遗产》2014 年第 6 期。

⑤ 陈勤建：《民俗学研究的对象和边界——民俗学在当下的问题与思考之一》，《西北民族研究》2014 年第 3 期。

刘波的《中国当代民间文学本土话语建构的几个维度》① 认为，百年以来，中国现代民间文学的研究本体一直不够明确，而缺乏严密独特的话语体系是造成这一问题的重要原因。基于这一认识，作者提出："在新的世纪，回归民间文学的文学性研究意义重大。在文学性的指引下，民间文学形式上的'口头性'和内容上的'日常生活属性'不失为中国现代民间文学经验下本土话语建构的有效维度。民间文学是'口头文学'，其'异文性''表演性'以及通过'习得'的文化传统，以'闲暇思维'的方式彰显出'自然人性'，体现了人由异化向自身复归的途径。"文章通过"口头性"与"日常生活属性"两个维度，对民间文学异于其他文学形式的根本特性进行了有益的探讨。

万建中的《给予民间文学应有的发展空间》② 从学科建制的角度分析了现有学科分类对民间文学发展的制约，建议通过回归中国语言文学门类和建立发展民间艺术学来帮助民间文学摆脱困境。董晓萍的《民俗学人文学科的建设模式》③ 则在检讨中国民俗学人文学科建设的两大模式——五四文化模式（从文学三层观到文化三层观）和经济文化模式（社会角色与社会分层）——不足的基础上，提出学科应当转向国家文化模式，通过经济全球化背景下的社会文化建设促进我国优秀民间民俗文化的保护与传承，使其成为保持国家文化主体性的特色要素；相同的观点在《民俗学建设凸显国家文化模式》④ 一文中亦有概述。同时，董晓萍通过梳理明清民间文学的体裁史，在《民间文学体裁研究的明清遗产——民俗学人文学科建设模式讨论之一》一文中对学科的建设模式进行了讨论。

一些成果在研究个案的同时兼及民间文学的方法论或某一方面的具体理论话题。

施爱东的专著《中国龙的发明：16—19 世纪的龙政治与中国形象》⑤ 综合运用民间文学、比较文学和文化研究的基本方法，通过翔实的考据对中国龙文化的建构史进行了细致的、令人信服的梳理。"结语：对话'龙文化'研究的语境与边界"对归纳法效度与限度的阐释和反思尤为精彩——作者首先明确学术写作从叙事到取材都必须有明确的边界，并对 20 世纪以前的西方人类学和民俗学滥用"普遍联系"的研究方法进行了检讨。随后文章指出，理论或问题的有效性仅限于特定的语境，所以语境先于材料，进而对"文献的语境"概念及其功能（监督、制约材料）进行了界说。在此基础上，作者进一步解释了科学处理文献语境问题的方法（同类事件、随机抽样），并对"类"的划分和选择标准予以说明。与此同时，作者基于不完全归纳推理结论的或然性，将这一方法的诉求表述为"更可信"⑥，明确阐释了归纳法的局限性。

安德明的《文体的协作与互动——以甘肃天水地区伏羲女娲信仰中的神话和灵验传说为例》⑦ 立足于甘肃天水地区与伏羲女娲信仰，从功能的角度探讨了神话、灵验传说等

① 刘波：《中国当代民间文学本土话语建构的几个维度》，《成都大学学报》（社会科学版）2014年第 4 期。

② 万建中：《给予民间文学应有的发展空间》，《光明日报》2014 年 12 月 9 日。

③ 董晓萍：《民俗学人文学科的建设模式》，《民俗研究》2014 年第 4 期。

④ 董晓萍：《民俗学建设凸显国家文化模式》，《中国社会科学报》2014 年 5 月 23 日。

⑤ 施爱东：《中国龙的发明：16—19 世纪的龙政治与中国形象》，生活·读书·新知三联书店 2014年版。

⑥ 同上书，第 272 页。

⑦ 安德明：《文体的协作与互动——以甘肃天水地区伏羲女娲信仰中的神话和灵验传说为例》，《西北民族研究》2014 年第 1 期。

不同的口头艺术文体在具体语境中的协作互动关系。文章认为："作为表达、强化和维系民间信仰的重要手段，神话为信仰合法性的存在提供了持续的基础，灵验传说则为其在现实生活中始终保持强大的影响提供着源源不断的动力。二者分工协作，构成了一个有规律的互动之网，并从不同向度共同保证了信仰的传承和延续。"该文为我们不局限于叙事内容，从功能介入理解诸种文体的本质提供了极富教益的启示。

杨利慧的《一个西方学者眼中的中国神话——倭纳及其〈中国的神话与传说〉》① 指出，倭纳的《中国的神话与传说》一书所持的强烈而鲜明的"中国神话贫瘠论"在西方世界"成为烙刻在'中国神话'上的标签，深刻地影响了中国神话学者对中国神话的认识以及对中国神话学的建设"。作者认为，倭纳强烈的西方中心主义立场"警示中国乃至东方的神话学者建立起一门'有差异的神话学'"，不过，"其广义神话观对我们今天探究'神话'这一文类的边界依然不无启发"。文章考察了倭纳著述背后隐含的对"何为神话"这一理论问题的关注与思考。

惠嘉的《马林诺夫斯基信仰功能理论的内在矛盾——以〈信仰和道德的基础〉为例》② 以马林诺夫斯基后期的一篇长文《信仰和道德的基础》为研究对象，分析了其信仰功能理论内部存在的悖论。文章指出：马林诺夫斯基认为神话—宗教有特许状的社会功能，该功能是社会生活存在的本质条件，且具有超越时空的有效性，它可以指引人类走出战后危机。但与此同时，他又强调特许状功能仅在特定语境之下方可直观，其动因也源自经验性的心理情绪。这看似自洽的理论背后隐藏着普适诉求和经验主义之间的内在矛盾，并最终导致了马林诺夫斯基关于自由和道德的悖论。

2014年度，对国外理论和思想进行译介、研究的成果亦为数不少。译文有艾伯华（Wolfram Eberhard）的《中国对民俗的使用》③。文章考察了民俗的定义、中国民俗研究的起源以及民俗学在台湾和大陆的发展，并据此指出，"民俗研究在中国，哪怕是其初创时期，都仅仅是其他运动的工具，而非一个独立的学术领域"，这一状况已经阻碍了学术的发展。译著有赫尔曼·鲍辛格的《日常生活的启蒙者》④ 和《技术世界中的民间文化》⑤。《日常生活的启蒙者》是赫尔曼·鲍辛格同几位民俗学家、历史学家的对话体学术传记，全书在回忆的基础上对图宾根经验文化学（民俗学）的学术思想与学术实践进行了反思，既是民俗学界的中坚学者对半个世纪学术史的回顾，也是鲍辛格半个世纪学术人生的写照。《技术世界中的民间文化》是赫尔曼·鲍辛格的教授资格论文，该书以共时性的方法研究民间文化与技术发展之间的辩证关系和根本规律，分别从空间、时间和社会的层面分析了民间文化与技术世界相互制约和彼此影响的本质联系。其书不仅是对日常生活的发现和启蒙，更是对普通民众主体性和创造性的凸显和解放，并促使民俗学从古代文化

① 杨利慧：《一个西方学者眼中的中国神话——倭纳及其〈中国的神话与传说〉》，《湖南社会科学》2014年第1期。

② 惠嘉：《马林诺夫斯基信仰功能理论的内在矛盾——以〈信仰和道德的基础〉为例》，《民俗研究》2014年第5期。

③ ［德］艾伯华（Wolfram Eberhard）：《中国对民俗的使用》，岳永逸译，《民俗研究》2014年第2期。

④ ［德］赫尔曼·鲍辛格：《日常生活的启蒙者》，吴秀杰译，广西师范大学出版社2014年版。

⑤ ［德］赫尔曼·鲍辛格：《技术世界中的民间文化》，户晓辉译，广西师范大学出版社2014年版。

的理论研究转向当代日常生活的实践研究。

对国外理论进行研究性介绍的文章有乌日古木勒的《柳田国男故事学理论述评》[①]、户晓辉的《麦克斯·吕蒂的童话现象学》[②]、王杰文的《超越"日常生活的启蒙"——关于"经验文化研究"的理解与批评》[③]、何振科的《"阿尔及利亚影像"中的民俗与政治——布迪厄民俗知识体系资本化与其学术创业的内在关联》[④] 和雷俊霞的《马雷特民俗学研究评论——读马雷特的〈心理学与民俗学〉》[⑤]。

乌日古木勒介绍了柳田国男所论民间故事的基本特征——固定的程式化的开头、故事结尾附加程式化的语句、故意省略一些固定名词、保留民间故事结尾语"恭喜恭喜了""一辈子繁荣兴盛了"和民间故事之于童话、说话、世间话、传说的区别与联系,在此基础上,作者对柳田国男的故事学理论进行了总结并给予了恰当的评价。文章认为:"柳田故事学理论统一和规范了日本民间故事概念术语,并对日本民间故事的科学搜集、整理、分类和研究提供了理论基础和方法论指导";这"不仅奠定了日本民间故事研究的基础,并对中国民间文学研究也产生了重大影响"。

户晓辉就研究对象、研究目的、研究方法和童话观几个方面对瑞士学者吕蒂的童话现象学进行了系统的介绍,并从学术史的角度探讨了汉语和德语区对童话概念的不同理解及成因。作者指出:"吕蒂所指的'童话'是对人(而不是限于儿童)具有根本意义的一种叙事体裁",强调吕蒂的研究旨在把握童话变化中不变的东西,亦即通过与欧洲传说的比较复原童话的本质形式或曰目的形式,这种"纯粹的形式研究最终导向了道德哲学和伦理学,这是吕蒂的童话现象学研究非常深刻的一点"。

王杰文对德国民俗学家赫尔曼·鲍辛格的学术思想进行了细致的梳理。20 世纪 60—70 年代,鲍辛格领导的图宾根大学"路德维希·乌兰德研究所"将民俗学转变为"经验文化研究",将民俗学家定位为"日常生活的启蒙者"。作者认为,这一研究思路的转型与学科角色的重新定位,是德国民俗学对自身学术遗产进行批判与反思的前提下,直接面对"社会现实","保持开放的学术视野",不间断地进行自我发明与自我革新的结果。文章不但有助于我们理解半个世纪以来德语区民俗学的发展,亦可帮助中国学者从历时和旁观的角度更为深刻地理解"经验文化研究"的思想。

何振科认为"阿尔及利亚民俗影像的调查和研究,孕育了布迪厄后来学术发展的全部要素和整体构架",内含他对民俗知识体系化、资本化的基本方法。文章通过考察布迪厄在阿尔及利亚民俗影像中的调查过程与方式,研究其民俗知识生产的操作与策略,对于我们经由布迪厄的学术创业理解"民俗的本质及其与权力的关系"具有较为重要的意义。

雷俊霞简要介绍了《心理学与民俗学》一书中马雷特对民俗学研究对象和研究方法

---

① 乌日古木勒:《柳田国男故事学理论述评》,《民族文学研究》2014 年第 4 期。

② 户晓辉:《麦克斯·吕蒂的童话现象学》,《民族艺术》2014 年第 4 期。

③ 王杰文:《超越"日常生活的启蒙"——关于"经验文化研究"的理解与批评》,《文化遗产》2014 年第 6 期。

④ 何振科:《"阿尔及利亚影像"中的民俗与政治——布迪厄民俗知识体系资本化与其学术创业的内在关联》,《民俗研究》2014 年第 5 期。

⑤ 雷俊霞:《马雷特民俗学研究评论——读马雷特的〈心理学与民俗学〉》,《大众文艺》2014 年第 10 期。

所持的观点——"民俗学的文献是活生生的人而不是书本，并且他不是从做学问的角度来阅读这些文献的，而是带着人类的理解心和共有的常识来阅读他们"；"民俗学家们应尽可能地通晓某些习俗的实际实施过程，应给这些民俗富有同感的理解"；民俗学是"说明和解释人类心灵的活动"；并指出这些看法对于今天的民俗学仍然具有理论和实践的意义。

此外，程鹏与松尾恒一教授关于日本民俗学田野调查方法的访谈也在一定意义上触及民俗学的理论问题。松尾恒一教授在《日本民俗学田野调查方法及伦理思考——松尾恒一教授访谈录》①中提到：研究民俗"更需要立足于这个民俗背后的人，可能需要关注这个民俗所产生的环境、整个社会共同体，才有可能更全面的去理解它们"；同时调查者"需要与当地的一些居民进行对话，要注意与当地的人建立信赖关系，要让他们明白我们是希望和他们一起创造更加美好的未来的"。这种以人为本的整体性眼光和调查过程中的"对话"意识某种程度上与中国民俗学界兴起的实践研究视角暗合。

学术史研究

于中国民间文学学术史而言，对学术和政治关系的清理和反思始终是一个重要的内容。

既往研究多认为，新中国成立初期（1949—1966）的民间文学话语与学术位置的巨大变化应当追溯至延安时期民间文学对于革命的特殊功勋，毛巧晖的《"民族形式"论争与新中国民间文学话语的源起》②在考辨相关史料的基础上令人信服地提出："不像大部分学人所认为的民间文学学术研究在新中国成立后，由于意识形态的变化，而突然发生改变。新中国民间文学话语及其内涵的改辙或源起可以说是'民族形式'的论争。"

在澄清新中国民间文学话语的源起之后，毛巧晖于《现代民族国家话语与民间文学的理论自觉（1949—1966）》③中进一步梳理了这一时期表层接驳国家政治话语的民间文学深层所孕育的理论自觉。她指出："民间文学领域根据苏联的口头文艺创作理论引入关键词与核心理念——'人民口头创作'④，民间文学逐步脱离人民文学宏观的'人民性'话语，伴随着自身的理论自觉，逐步将研究中心置于'口头性'话语之中。"

同样着力于文学和政治关系研究的还有白晓霞的《简论"十七年"时期少数民族作家的民俗描写》⑤。作者发现："'十七年'时期少数民族作家笔下的民俗文化描写颇有意味，从作家的主体性去看，由于建构社会主义新文化成为其主要的书写目标，因此，本来充满了乡野自由意味与自然品质的民俗生活被作家做了精心和苦心的改写，经过政治重构

①　程鹏、松尾恒一：《日本民俗学田野调查方法及伦理思考——松尾恒一教授访谈录》，《民俗研究》2014年第1期。

②　毛巧晖：《"民族形式"论争与新中国民间文学话语的源起》，《沈阳师范大学学报》（社会科学版）2014年第4期。

③　毛巧晖：《现代民族国家话语与民间文学的理论自觉（1949—1966）》，《江汉论坛》2014年第9期。

④　克冰（连树声）：《关于人民口头创作》，《民间文学》1957年第5期。

⑤　白晓霞：《简论"十七年"时期少数民族作家的民俗描写》，《民族文学研究》2014年第4期。

之后的民俗生活充盈着具有明显时代性特征的社会主义文化气息。"文章以少数民族文学作品为例,从婚恋民俗、服饰民俗、节日民俗三个方面考察了文本对民俗的重构,进而探讨了文学、政治、民俗之间的多重关系。

对于理论自身的总结和学术史回顾亦是这一领域的经典论题。

"口头诗学"(oral poetics)作为一个出现未久的批评方向,其专属的术语体系和理论方法,尚需做出系统的梳理。朝戈金的《"回到声音"的口头诗学:以口传史诗的文本研究为起点》[①]即致力于此。文章以口传史诗的研究为主线,以"文本"和"声音"为关键词,从学术史的角度讨论了"口头诗学"的形成、发展及其理论模型。作者对"口头诗学与书面诗学的文本差异"、"口头文本的特有属性"及其"生成理论机制"等问题的详尽阐释,既是对口头传统研究的纵深推进,也是对口头诗学所做的学理性总结和界定,为"口头诗学"跻身经典诗学殿堂做了必要的理论准备工作。

杨利慧的《21世纪以来代表性神话学家研究评述》[②]选取21世纪以来国内外具有代表性的九位神话学家——迈克尔·威策尔、威廉·汉森、格雷戈里·施润普、山田仁史、金绳初美、郑在书、叶舒宪、吕微和杨利慧,通过对这些学者所持神话观和研究方法的述评勾勒出了21世纪神话学的总体研究取向。作者认为,在本世纪的神话学领域,"一些传统的研究视角和方法依然保持着旺盛的生命力","涌现出不少反思之作以及新的理论视角和方法","'神话'一词的边界依然是流动不羁","神话与科学为和谐互容的观点得到进一步深化"。

朱刚的《以语言为中心的民俗学范式——戴尔·海默斯的交流民族志概说》[③]旨在通过介绍海默斯的交流民族志思想对民俗学范式的学术史脉络进行追溯。作者认为,20世纪六七十年代普遍发生于人文社会科学领域的"语言转向"对民俗学有着深刻的影响,作为重要的民俗学家和语言人类学家,戴尔·海默斯(Dell Hymes)所创立的"交流民族志"不但引领了民俗学"民族志诗学"、"演述理论"两大理论流派的提出与发展,更是"我们理解民俗学研究如何实现语言转向的上佳中介"。文章详细介绍了交流民族志的理论基础(言说民族志)、以20世纪70年代为中心的理论脉络和交流民族志的理论工具(言说模型),通过对海默斯交流民族志思想的梳理,将"演述"置于"语言转向"的理论谱系中进行考察,更为深刻地呈现了"以演述为中心"的民俗学方法的内在意涵。

2014年度,有不少文章对中国民俗学的学科起源或前辈知名学者的学术思想进行了清理、总结或反思。卢文婷的《周作人与顾颉刚:"五四"民俗学的双重变奏——〈歌谣周刊〉中的德国浪漫主义影响》[④]回顾了赫尔德及德国浪漫主义民俗学对《歌谣周刊》的影响,认为"启蒙"与"寻根"正是周作人和顾颉刚在这一影响下发展出的两个不同的文化向度。文章写道:"贵族与平民语言的区分,既是《新青年》论战的焦点,同时也

① 朝戈金:《"回到声音"的口头诗学:以口传史诗的文本研究为起点》,《西北民族研究》2014年第2期。

② 杨利慧:《21世纪以来代表性神话学家研究评述》,《长江大学学报》2014年第6期。

③ 朱刚:《以语言为中心的民俗学范式——戴尔·海默斯的交流民族志概说》,《民族文学研究》2014年第6期。

④ 卢文婷:《周作人与顾颉刚:"五四"民俗学的双重变奏——〈歌谣周刊〉中的德国浪漫主义影响》,《江苏社会科学》2014年第3期。

激发了周作人与顾颉刚的民俗学兴趣，而这一兴趣又主要在赫尔德的影响下发生、发展。启蒙与寻根，这对萦绕中国知识界百年之久的命题，就这样错综复杂地缠绕在《歌谣周刊》的民俗学探索中，通过周作人与顾颉刚不同方向的学术努力，而继续影响、启发着我们有关世界与民族、西方与东方、他者与自我的种种争论。"

倪玲颖的《"语丝派"与中国民俗学的兴起》① 考察了语丝派在中国民俗学诞生之初对学科的推动与促进作用。作者通过钩沉相关史料发现："'语丝派'核心作家或为民俗学运动的首倡者，或是其不遗余力的推动者和拓荒者，他们的身份天然地决定了'语丝派'及《语丝》周刊与民俗学运动的密切关系，他们在民俗学运动中扮演的角色也必然会影响到《语丝》社的办刊方针和编辑活动……客观上促进了民俗学运动的发展，扩大了中国民俗学的影响。"

张旭的《民俗学和文化人类学在中国》② 介绍了民俗学和文化人类学在中国的起源与发展历程，并对这两个学科的相互关系进行了探讨。

邢莉的《对钟敬文"多民族的一国民俗学"理论的学术反思》③ 基于钟敬文提出的"多民族的一国民俗学"理论探讨了中国民俗文化的多元性特征、一体性特征及其形成原因，在此基础上文章指出：该命题"认定了中国民俗文化的总体格局，确认了中国 56 个民族民俗文化的平等地位和价值"，"利于当前非物质文化遗产的保护"，"有利于提升中华民族的凝聚力和全民族的文化自尊和自信"，能"指导中国民俗学科的发展"，对命题的理论意义和实践价值进行了再认识。

陈金文的《中国民俗学多元一体的特征与中国民俗学学科建设》④ 则在承袭钟敬文"多民族的一国民俗学"理论的基础上，将"中国民俗学的独特性格"进一步表述为"多元一体"。"多元"强调"不同区域、不同民族间民俗文化的差异"，"一体"强调"中国民俗学作为一国民俗学不同区域、不同民族间民俗文化的相互联系"。文章据此指出："中国民俗学研究的旨趣和目的大致包括两个方面：一是清理中国各民族、各区域的民俗文化财富；二是对各民族、各区域的民俗文化作深入调查研究，通过国内不同民族、不同区域民俗文化间的比较，发现中华民族民俗文化的多样性，理清不同民族、区域所拥有的特色民俗文化资源。"

除学科的研究目的外，陈金文亦撰文《论中国民俗学研究本体的构成》⑤，对钟敬文论及的学科研究对象进行了系统的讨论。文章从时间和空间两个维度将中国民俗学研究本体界定为"古代民俗文化和当前传承的民俗文化""多民族民俗文化和多区域民俗文化"，这可视为对钟敬文相关思想的具体化解读。

程万里的《实证的艺术——陶思炎先生学术思想研究》⑥ 从学术视角和田野方法两个

---

① 倪玲颖：《"语丝派"与中国民俗学的兴起》，《文艺报》2014 年 1 月 20 日。

② 张旭：《民俗学和文化人类学在中国》，《美与时代》2014 年第 1 期。

③ 邢莉：《对钟敬文"多民族的一国民俗学"理论的学术反思》，《民间文化论坛》2014 年第 1 期。

④ 陈金文：《中国民俗学多元一体的特征与中国民俗学学科建设》，《百色学院学报》2014 年第 4 期。

⑤ 陈金文：《论中国民俗学研究本体的构成》，《华中师范大学学报》2014 年第 6 期。

⑥ 程万里：《实证的艺术——陶思炎先生学术思想研究》，《民族艺术》2014 年第 3 期。

层面对陶思炎的学术思想进行了较为全面的介绍。

梳理国内外民俗学的发展进程、理论贡献或研究趋势也是学术史研究的常见内容。董晓萍的《当代民俗学国际化的语境与经验——解读重走印欧文化圈的欧洲民俗学者》① 回顾了始于 20 世纪 80 年代后期，由芬兰民俗学巨匠劳里·航柯开拓、北欧诸国民俗学者追随的现代民俗学国际化进程。作者详细介绍了欧洲民俗学者赴印度田野作业的语境和经验，认为合作研究的方式拓宽了各国民俗学者的眼界，促进了民俗学本土化与国际化的交汇。

由唐超翻译，佩卡·哈卡梅耶斯和安涅丽·航柯撰写的《芬兰民俗学 50 年——以芬兰民俗学代表人物劳里·航柯的理论贡献为主》② 梳理了劳里·航柯的学术履历，并从"民俗学理论，意义研究，信仰、经验和叙事，功能主义和传统生态学，比较史诗研究，芬兰—乌戈尔人神话和丧歌研究，文化认同"几个方面对以其为代表的芬兰民俗学的理论贡献进行了全面的总结。

沈梅丽、陈勤建的《文艺民俗学：近三十年交叉研究走向》③ 认为："文艺民俗学作为 20 世纪以来的文学研究、批评的理论，目前主要存在两种立场，一种以陈勤建教授建构的文艺民俗学理论为代表，其理论特点主要是从内部挖掘文艺生成、发展中的民俗机制问题，注重文艺、民俗两者间的关系研究；一种是以文学作品为考察文本，对文本中的民俗事象进行归纳、分析或文献勾稽，侧重于文艺中的民俗现象梳理分析。"文章据此详细阐释了第一种文艺民俗学理论生成的动因，并对其交叉研究的路径、成果以及不足进行了系统的述评。

王小明的《民俗学传统研究范式反思与转换——90 年代初到 21 世纪的民俗学理论》④ 勾勒了民俗学由文本研究向语境研究过渡的脉络。丁晓辉的《"语境"和"非遗"主导下的民间文学研究——以 2009 年民间文学理论研究为例》⑤ 也做了类似的梳理，同时探讨了"非遗"中学术与政治的关系，以及"语境"对"非遗"的理论支持。梁宏信的《语境的邀请——关于民俗学田野研究关键词的考察》⑥ 则在描述宏观研究趋势的基础上对"语境"的构成要素和分类做了具体的考察。

此外，本年度有不少学者对早期传教士、教会学校和外交官之于中国民俗学的意义和影响给予了关注。卢梦雅的《早期法国来华耶稣会士对中国民俗的辑录和研究》⑦ 阐述了明清之际入华的法国耶稣会士对中国现代民俗学的奠基性作用。邓庆平的《贺登崧神父

① 董晓萍：《当代民俗学国际化的语境与经验——解读重走印欧文化圈的欧洲民俗学者》，《西北民族研究》2014 年第 1 期。

② ［芬兰］佩卡·哈卡梅耶斯、安涅丽·航柯：《芬兰民俗学 50 年——以芬兰民俗学代表人物劳里·航柯的理论贡献为主》，唐超译，董晓萍校，《民族文学研究》2014 年第 4 期。

③ 沈梅丽、陈勤建：《文艺民俗学：近三十年交叉研究走向》，《文艺理论研究》2014 年第 4 期。

④ 王小明：《民俗学传统研究范式反思与转换——90 年代初到 21 世纪的民俗学理论》，《山东艺术学院学报》2014 年第 1 期。

⑤ 丁晓辉：《"语境"和"非遗"主导下的民间文学研究——以 2009 年民间文学理论研究为例》，《广西师范学院学报》2014 年第 1 期。

⑥ 梁宏信：《语境的邀请——关于民俗学田野研究关键词的考察》，《临沧师范高等专科学校学报》2014 年第 3 期。

⑦ 卢梦雅：《早期法国来华耶稣会士对中国民俗的辑录和研究》，《民俗研究》2014 年第 3 期。

与中国民间文化研究》① 介绍了贺登崧神父引进的"方言地理学"对我国民俗地理学的开创之功。刘捷的《明末通俗类书与西方早期中国志的书写》② 认为由传教士携入西方的明末通俗类书构成了西方早期中国志书写的资料来源。张志娟的《北京辅仁大学的民俗学教学与研究以〈民俗学志〉（1942—1948）为中心》③ 通过回顾 20 世纪 40 年代北京辅仁大学的民俗学教学与研究状况论及教会特色的民俗研究对本土学者的影响。李海英的《晚清来华外交官威达雷与〈中国民俗〉》④ 则考察了威达雷整理的《中国民俗》对中国民俗研究的现代化影响。

关于非遗保护的理论思考

非物质文化遗产保护运动在中国开展已有十年，期间，学界对民间文学类非遗保护的研究成果大量涌现。但是，既往相关研究多以"保护""对策"为关键词，着力于如何保护、怎样开发等技术层面和应用层面的问题，对非遗的意义、价值标准、研究范式、理论建设等方面则鲜有关注。本年度，上述研究状况有所改观，一些学者立足于反思性的视角，对"非物质文化遗产保护"在中国的实践进行了理论层面的审视与思考。

2014 年开年之初，林继富在《民间文化论坛》组织了"民间文学类非遗保护"专栏，发表了高丙中的《民间文学的当代传承与非物质文化遗产保护》、户晓辉的《民间文学：最值得保护的是权力还是权利？》、杨利慧的《遗产旅游与民间文学类非物质文化遗产保护的"一二三模式"——从中德美三国的个案谈起》、林继富的《现代媒介记忆语境下的民间文学保护》等文章⑤，对民间文学类非遗保护的核心理念、实践模式和实践途径进行了系统的总结。

高丙中认为，虽然非遗保护能够对民间文学类非物质文化遗产的传承发挥作用，但民间文学的传承在当代具有自己的生活路径。我们思考非遗对民间文学的作用，要注意民间文学被命名为国家遗产之后可能遗留的影响；要把握民间文学的日常语言交流属性，避免以现代/历史的时间维度和城/乡的空间维度来对其进行简单化的理解；要关注民间文学由以伴生的人与人之间的关系；要充分认识到民间文学是生生不息的。

户晓辉从民间文学的发生形式和存在条件入手，指出民间文学表演的本质要求在于人与人之间的人格关系，而非角色关系，即在于马丁·布伯所言的"我与你"的关系。"我与你"的关系无关自然因果性，而是取决于基于信仰情感的伦理关系，亦即取决于实践主体之间的自由关系。故此，"保护作为非物质文化遗产的民间文学，就是要保护每一个

①　邓庆平：《贺登崧神父与中国民间文化研究》，《民俗研究》2014 年第 3 期。
②　刘捷：《明末通俗类书与西方早期中国志的书写》，《民俗研究》2014 年第 3 期。
③　张志娟：《北京辅仁大学的民俗学教学与研究以〈民俗学志〉（1942—1948）为中心》，《民俗研究》2014 年第 5 期。
④　李海英：《晚清来华外交官威达雷与〈中国民俗〉》，《民俗研究》2014 年第 3 期。
⑤　高丙中：《民间文学的当代传承与非物质文化遗产保护》；户晓辉：《民间文学：最值得保护的是权力还是权利？》；杨利慧：《遗产旅游与民间文学类非物质文化遗产保护的"一二三模式"——从中德美三国的个案谈起》；林继富：《现代媒介记忆语境下的民间文学保护》。《民间文化论坛》2014 年第 1 期。

人演述民间文学的平等权利（我与你），而不仅仅是保护个别表演人的表演权力（我与它）。民间文学保护的要旨是保护它所蕴含的本源的伦理关系和为民主、争自由的潜在渴望，因为这些关系和渴望是民间文学存在的本质依据。舍此，民间文学也就不再是民间文学，保护也就失去了根本的目标、意义和价值。"

杨利慧从公共民俗学的立场出发，选择了中国河北涉县娲皇宫景区的遗产旅游与女娲神话的传播、德国的"童话大道"与《格林童话》的保护和开发、美国华盛顿州文化遗产的 CD 之旅三个个案，从中抽绎出遗产旅游在保护民间文学类非遗时的六大要素，并按照重要性递减的原则，将其概括为"一二三模式"——"一"代表一个核心原则，即民间文学的基本情节类型或文类特征应保持不变；"二"表示一篇导游词底本、若干主题性的旅游吸引物；"三"代表一场紧扣该民间文学类非遗的主题演出、社区和专家共同认可的传承人、公共民俗学家的指导。文章考察了遗产旅游之于保护民间文学类非遗的意义，亦为民间文学类非遗的保护和开发实践提供了可资参考的模式。

林继富在现代媒介记忆语境下，具体分析了现代媒介记忆的基本类型及其对民间文学传承、传播的影响，考察了现代传播媒介记忆中的民间文学基本形态，提出在当代民间文学类非物质文化遗产保护中，既要坚守民间文学作为传统的特性，又要注意民间文学是生活化和时代性的文学，"要适应媒介记忆的多样性、多元化，充分尊重当代民间文学类非物质文化遗产的现代表述行为"，"在尊重传统的基础上，尊重当代民间文学类非物质文化遗产的现代转换"。

继此次专栏之后，菅丰和陈志勤也在《民间文化论坛》上开设了"为了从中国的非物质文化遗产保护中学习"的专题，刊载了陈志勤的《地方的非物质文化遗产保护及其多样性主体的作用——以"绍兴舜王庙会"为例》、陈勤建的《民俗学者与当今的中国非物质文化遗产保护》、施爱东的《民俗学在非物质文化遗产保护运动中的尴尬处境》、菅丰的《跨越"错误的二元论（mistaken dichotomy）"》等文章[1]，就非遗保护的参与模式、学者在非遗中的作用和处境、学科在社会实践与学术本位之间的平衡等问题进行了总结与检讨。

陈志勤以浙江省的省级非遗项目"绍兴舜王庙会"为例，通过介绍新的舜王庙会与政府部门、地方文化人、外来研究者和当地村落民众的关联探讨了多样性主体在地方文化重构中产生的作用，进而勾勒出地方非遗保护的现状。作者由此质疑："在有关新的舜王庙会的一系列建构过程中，可见村落民众因此丧失文化主体性的倾向，其社会的、经济的地位并没有由此提升。所以，到底为了谁、为了什么而保护非物质文化遗产这个问题，终将浮出水面。"

陈勤建肯定了民俗学者十年来于非遗保护成就的巨大作用，同时也表达了对专家学者"逐渐退缩"的隐忧。他认为，对非遗的保护始于对"民俗"的理解，民俗是民众的知识，"具体表现为日常生活中以口头、行为、心意的形态的不经意的展演"，但学界往往有意无意地忽视"民俗中大量的实践知识 lore——传承性生活技术——生存方式、生产技

---

① 陈志勤：《地方的非物质文化遗产保护及其多样性主体的作用——以"绍兴舜王庙会"为例》；陈勤建：《民俗学者与当今的中国非物质文化遗产保护》；施爱东：《民俗学在非物质文化遗产保护运动中的尴尬处境》；菅丰：《跨越"错误的二元论（mistaken dichotomy）"》。《民间文化论坛》2014 年第 2 期。

艺"，"中国民俗学者学科边界的自我缩小和学科知识的偏窄"构成学者队伍在非遗活动中萎缩的主因。文章同时对非遗的意义进行了思考，指出其根本目的在于保护国家的文化属性，并将之融入当代生活。

施爱东认为非遗保护运动是民俗学与政治百年博弈史中的又一次合作，并就此讨论了非遗保护运动给学科自身带来的隐患——学术与政治的联姻伤害了学术的纯粹性；非物质文化遗产保护运动打乱了循序渐进的学术进程；学者的积极参与消耗了学者的时间和精力；新概念、新学科助长了浮躁的学术风气；民俗学者越界干预民众生活；运动中的学术成果以垃圾成果为多。

菅丰简述了文化与政治共谋之下的民俗学诞生史，以美国20世纪80年代后半期的公共民俗学者与学院派民俗学者类比陈勤建与施爱东，认为双方并非"截然分裂的二元论"，"其实是存在于表里一致关系中的问题"，任何一方被极端推进都可能滑向对方指出的困境。他援引美国民俗学者芭芭拉的观点，认为公共民俗学者推进了学科的制度性建设，却可能丧失对政府意见的批判能力，而学院派民俗学者则可以"监督人的身份"保有这种批判性。文章同时强调，民俗学如何在学术本位和社会实践之间取得平衡，无论在当下还是在非遗热度退去的将来，都值得学界深思。

在专栏的集中讨论之外，本年度亦有一些文章就非遗实践在中国语境中的意义进行了深入的理论思考。

户晓辉的《〈保护非物质文化遗产公约〉能给中国带来什么新东西——兼谈非物质文化遗产区域性整体保护的理念》[1] 通过对联合国教科文组织（UNESCO）《保护非物质文化遗产公约》中新术语的阐释，分析了《公约》所承载的现代价值观（普遍的道德标准和人权观念），认为"非遗保护的中国实践"亦是向《公约》精神和价值观看齐的过程。作者指出："《公约》的保护模式与中国现行的政治建制有不小的距离，这一方面加大了按照《公约》精神保护非遗的难度，另一方面也表明《公约》精神及其保护方式对中国而言具有非同寻常的必要性和紧迫性。""如果忽视《公约》的这些新术语，我们不仅可能误解甚至根本不能领会UNESCO的良苦用心和基本用意，而且会使保护工作迷失方向或者失去本应具有的价值和意义。""若能真正贯彻《公约》的新精神和新理念，中国社会就有可能向现代公民社会迈出切实的一步，中国民俗学也可能促成自身向一门现代学科转换并进一步开启本土公共民俗学的空间。"

高丙中、赵萱的《文化自觉的技术路径：非物质文化遗产保护的中国意义》[2] 通过分析"文化自觉"概念与非物质文化遗产保护的关联，从文化层面对非物质文化遗产保护之于中国的意义进行了更为深刻的阐释。作者认为，中国自现代以来对文化与（民族）自我的关系有两个认识取向，即自我否定的"文化自省"和自我肯定的"文化自觉"；以此为基础，文章梳理和辨析了"文化自觉"概念的提出、概念主体、"文化自觉"与"文化自省"的世纪差异、"文化自觉"的真正意涵（重新发现中国文化的来源）；进而指出，非遗保护一方面在国家层次承认原先被否认的文化是"我们"全共同体的文化；另一方

---

[1]　户晓辉：《〈保护非物质文化遗产公约〉能给中国带来什么新东西——兼谈非物质文化遗产区域性整体保护的理念》，《文化遗产》2014年第1期。

[2]　高丙中、赵萱：《文化自觉的技术路径：非物质文化遗产保护的中国意义》，《中南民族大学学报》2014年第3期。

面在世界范围承认我们自己的日常社会是我们文化的来源，而这两个承认加之非遗造就的广泛社会参与，正是"中华民族的文化自觉的技术路径"。

有的论文以非遗保护中的具体问题为研究对象的同时兼论非物质文化遗产保护的一些理论问题。

高艳芳、孙正国的《日常需求与文化创意："生产性保护"的观念与路径》[①] 认为当前对"生产性保护"的界定存在对非遗的本质属性与当代价值的误导，指出这一概念是以精神维度为前提，以物质维度为路径，经由"文化创意"最终指向"日常生活"的一种保护方式。文章强调："我们讨论生产性保护的概念，主要是强调生产性保护的精神维度。这一维度，本质上就是对乐观生活的人生哲学理念、生活的审美化理想、社会整合目标的保护……生产性保护应使非遗成为日常生活形态……也许物化的形式正在老去，甚至过时而消亡，但其中所植根的源泉是一致的，向往美好、追求理想的观念是一致的，生活的基本形态也大致相近。这种来自人类的同质特征，让我们看到了人类生活的底色，那就是对美的创造，对真的探寻，对善的守护。"

刘锡诚的《反思与进言：聚焦非遗名录之民间文学》[②] 对十年来的非遗保护进行了冷静地反思，并提出建设性的意见。作者认为，前三批国家非遗项目的申报缺乏全国普查的基础，存在盲目性，第四批申报应以扎实的田野调查采录为前提；同时指出，国家非遗名录显示了某种不平衡性，今后应对此着力化解，以尊重人民固有的文化权利。文章建议将"分类管理"原则下的"记录"保存和保护并举作为民间文学类非遗保护的首选模式；主张申报"有代表性的意义重大的项目"，并防止"常见民间故事类型"的缺席，强调《申报书》之外的"辅助材料"编选也应坚持唯物史观，"真实地显示民间文学项目的活态流传状况"。

刘晓春的《日本、台湾的"社区营造"对新型城镇化建设过程中非遗保护的启示》[③] 考察了日本和中国台湾的"社区营造"经验给予中国大陆新型城镇化过程中非遗保护的启示。作者提出，非遗保护应当"充分了解社区居民的需求，充分尊重社区居民的意愿，充分调动社区居民的积极参与热情，充分激发社区居民的创造性……其次，充分发掘社区的历史文化资源，建设能够维系居民认同、具有历史感的社区……再次，充分尊重社区现有的自然环境，在尊重自然肌理与历史文脉的基础上，建设保有历史文化记忆的社区。"文章不但给中国大陆的非遗保护提供了建设性意见，其所强调的植根于地方自身、充分尊重居民需求和意愿等原则，亦可视为对《公约》精神的具体化诠释。

江帆的《谁在叙事 为何叙事 如何叙事："非遗"保护的田野立论与概念拓展》[④] 基于近年民间文学类非物质文化遗产保护的田野实践，对"传承人""语境""文本生产"等概念进行了拓展，进而呈现了非遗事象的多层次、多元化、非中心化、差异性和不确定

① 高艳芳、孙正国：《日常需求与文化创意："生产性保护"的观念与路径》，《民俗研究》2014年第3期。

② 刘锡诚：《反思与进言：聚焦非遗名录之民间文学》，《西北民族研究》2014年第1期。

③ 刘晓春：《日本、台湾的"社区营造"对新型城镇化建设过程中非遗保护的启示》，《民俗研究》2014年第5期。

④ 江帆：《谁在叙事 为何叙事 如何叙事："非遗"保护的田野立论与概念拓展》，《文化遗产》2014年第3期。

性等特点。杨杰宏的《"非遗"语境下口头传统文献整理的问题检析》① 检视了"非遗"语境下民族口头传统整理工作中存在的"全集不全""音系失真""去语境化""原真性失范"等问题，以期向整理工作的科学化迈进。王建民的《非物质文化遗产传承人的生活史研究》从发展史和方法论两个方面考察了非遗传承人的个人生活史研究，强调在日常生活中发现和提升文化传承人对当地文化的实践主体地位。李海云的《当代非物质文化遗产保护中口述史研究的适用与拓展》② 认为应当从"倾听民众心声，理解民众心态；赋予非遗口述史以多层级的文化意义；搭建政府和民间之间的公共对话平台"三个方面深化非遗口述史的研究，从"完整意义"上表达民间文化生态。陶立璠的《少数民族"非遗"的传承与保护——以少数民族民间文学为例》③ 认为少数民族民间文学中非遗蕴藏十分丰富，对它的保护不应止于传承人，更应涵盖传承空间和生态环境，并指出"生产生活的需求，是最好的传承诉求"。张兰芳的《关于非物质文化遗产活化保护的思考》④ 主张秉持"以人为本"的核心理念，依据"动态本真"性保护原则，采取多向度措施推动非物质文化遗产在活化中保护与传承，认为非遗"应当是与民众日常生活相生相伴的民族文化的延续"。刘爱华的《工具理性视角下的非物质文化遗产保护困境探析》⑤ 阐述了我国工具理性主义泛滥的具体表现，认为其导致了非遗保护中文化生态变迁迅速、碎片化现象突出、保护机制不完善、社会参与不足等困境，主张以价值理性引导工具理性，推动非遗的良性发展。侯姝慧的《地方民间文艺采录工作者的定位研究——以山西民间文艺采录工作者为例》⑥ 通过考察地方民间文艺采录工作者的身份类型和变迁史，对非遗语境下介于传承人和学者之间的民间文艺采录工作者的身份定位、制度保障等问题进行了理论思考。

本年度发表的非遗类综述有祝慧敏的《本土实践与学理建构——近三年中国非物质文化遗产研究综述》⑦ 和邱硕的《文化遗产与文化认同的新关联——"文化遗产与文化认同"国际研讨会综述》⑧。

综观民间文学—民俗学理论在 2014 年的整体研究状况，有一个现象值得我们关注："日常生活""主体""尊重""活态""当下/当代/现代""实践"等词在众多研究成果中频繁出现，成为关键词。如果我们联系晚近的学术思潮来审视这一现象，或许能够更为清晰地把握隐含其间的问题意识和学术价值。诚如彭牧所言："强调实践、强调作为主体

---

① 杨杰宏：《"非遗"语境下口头传统文献整理的问题检析》，《民族文学研究》2014 年第 3 期。

② 李海云：《当代非物质文化遗产保护中口述史研究的适用与拓展》，《民俗研究》2014 年第 4 期。

③ 陶立璠：《少数民族"非遗"的传承与保护——以少数民族民间文学为例》，《文化月刊》2014 年第 1 期。

④ 张兰芳：《关于非物质文化遗产活化保护的思考》，《非物质文化遗产研究集刊》第 7 辑，2014 年。

⑤ 刘爱华：《工具理性视角下的非物质文化遗产保护困境探析》，《民族艺术》2014 年第 5 期。

⑥ 侯姝慧：《地方民间文艺采录工作者的定位研究——以山西民间文艺采录工作者为例》，《文化遗产》2014 年第 3 期

⑦ 祝慧敏：《本土实践与学理建构——近三年中国非物质文化遗产研究综述》，载徐新建编著《文化遗产研究》第 3 辑，巴蜀书社 2014 年版，第 279—289 页。

⑧ 邱硕：《文化遗产与文化认同的新关联——"文化遗产与文化认同"国际研讨会综述》，载徐新建编著《文化遗产研究》第 3 辑，第 257—267 页。

的人，实际上是整个人文、社会科学界，如人类学、语言学、社会学、历史学、文学等等从 80 年代以来逐渐清晰的理论趋势"[1]。与之相伴生，民间文学—民俗学的研究向度从历史转至当下，将民众的日常生活实践纳入自身的理论视野，并通过日常生活实践中民对民俗的主动运用，凸显出一个个曾被传统湮没的个体传承人，[2] 进而将个人作为主体应当受到尊重的权利和尊严呈现于我们的视域。"日常生活""主体""尊重""活态""当下/当代/现代""实践"等关键词正是在这一意义上暗合了学术思潮的转向，尽管对许多使用它们的学者而言，或许尚缺乏自觉的意识。回到本文开篇所述，在民间文学—民俗学理论研究中，作为研究范式转型内驱力的"实践"维度逐渐由幕后走向台前，呼应了大范围的理论变迁，而这一维度可以开显的是人类关乎主体自由与尊严的永恒理想。

---

① 　彭牧：《实践、文化政治与美国的表演理论》，《民间文化论坛》2005 年第 5 期。
② 　同上。

2014 年神话研究综述[*]

杨利慧　张　多

一　导言

在开始梳理 2014 年度的神话研究状况之前，有两个重要问题不能不事先予以说明：

第一，关于"神话"的概念。在日常生活中，"神话"一词可以用于任何领域，以描述那些"不可思议的"、"虚幻不真实的"或者"令人迷惑不解的"事件和事象，比如"UFO 的神话"、"房价不落的神话"或者"运动员们在赛场上创造了一个又一个的神话"，等等。但是，神话学（Mythology）界所讲的"神话"，其含义与日常生活中所使用的"神话"的含义并不完全相同，有时甚至截然相反。在神话学的领域中，学者们使用的"神话"的概念有时十分宽泛，它包括任何关于神祇的叙事乃至于所有的神奇故事；[①]有时比较狭窄，比如美国民俗学家阿兰·邓迪斯（Alan Dundes）在他选编的《西方神话学读本》（*Sacred Narrative*：*A Reader*）一书"导言"中对"神话"的限定："神话是关于世界和人怎样产生并成为今天这个样子的神圣的叙事性解释。"[②] 不过，尽管存在诸多分歧，大部分神话研究者所探究的对象均符合美国民俗学家史蒂斯·汤普森（Stith Thompson）提出的神话"最低限度的定义"："神话所涉及的是神祇及其活动，是创世以及宇宙和世界的普遍属性。"[③] 这一界定的核心将神话限定为关涉"神祇及其活动"、"创世以及宇宙和世界的普遍属性"，从而将神话与民间传说（folk legend）和一般性的民间故事（folktale）相对区别开来，也为本章的梳理奠定了概念基础。因此之故，本年度发表的一些标题中有"神话"之名、但事实上其研究与本章所述神话概念无关的成果，例如《知识考古学视域下的"海子神话"》《虚拟化妆术：展示焦虑与数字神话》《消

---

[*] 本文的第一节和第二节由杨利慧撰写；第三节和第四节由张多撰写。杨利慧：北京师范大学文学院教授；张多：北京师范大学博士研究生。

[①] 比如中国神话学者袁珂曾提出"广义神话"的概念，认为神话的范围包括活物论时期（原始社会前期）的神话、历史人物的神话、仙话、佛经人物的神话、民间流传的神话以及神话小说等，按照他的看法，哪吒闹海、沉香劈山救母、八仙过海、白蛇传等，都属于神话的范畴。参见袁珂《中国神话研究的范围》，《中国神话与传说学术研讨会论文集》上册，汉学研究中心，1996 年。

[②] ［美］阿兰·邓迪斯编：《西方神话学读本》，朝戈金等译，广西师范大学出版社 2006 年版，第 1 页。

[③] Stith Thompson，"Myths and Folktales"，in *Myth*：*A Symposium*（Bibliographical and Special Series of the American Folklore Society），vol. 5，1955：104 – 110. 对这一定义的简单辨析可参考拙文《神话一定是"神圣的叙事"吗？——有关神话界定的反思（之一）》，载《民族文学研究》2006 年第 3 期。

费社会的建筑神话》以及小说家创作的"架空神话",比如《克苏鲁神话》,等等,并不在我们梳理的范围之内。

第二,神话研究并非民俗学和民间文学学科的专利。事实上,作为人类表达文化(expressive culture)中的一种重要文类(genre),从古希腊时代起,神话在人类2000多年来的学术探索活动中一直占有显著的位置,是诸多学科努力探索的对象之一,神话学因此成为人文科学领域里的一个重要分支。英国著名社会人类学家马林诺夫斯基(Bronislaw k. Malinovski)曾经评论说:"神话学一直是各门学科的交汇点:古典人文学者必须确定宙斯是月亮或太阳⋯⋯然后,考古学家还要通过考察迦勒底人、埃及人⋯⋯等各个不同部落的神话阶段来重新探讨这些问题。历史学家、社会学家、文学研究者、语法学家、日尔曼文化专家和古罗马文化专家、凯尔特语学者及斯拉夫语学者,也都在各自的圈子内进行探讨。逻辑学家、心理学家、形而上学论者和认识论者同样要涉足神话,更不用说像通神论者、现代占星术者和基督教科学派教徒这些人了。最后,还有精神分析学家⋯⋯人类学家和民俗学家⋯⋯"①本章关注的是2014年度多元化视角下的神话研究成果,偏重但并不局限于民俗学和民间文学角度的神话研究。

二　年度研究概述

在表达艺术的诸文类中,神话一向更受研究者青睐。在2014年度,神话研究依然成绩突出:根据我们用知网和万方网等多种数据库对照检索的结果,截止2014年12月31日,本年度大约一共发表与神话直接相关的学术论文400余篇、专著10部、② 编著1部、③ 译著9部、④

---

① [英]马林诺夫斯基:《神话在生活中的作用》,见[美]阿兰·邓迪斯编《西方神话学读本》,朝戈金等译,广西师范大学出版社2006年版,第242页。

② 姚宝瑄:《华夏神话简谭》,书海出版社2014年版;金立江:《苏美尔神话历史》,南方日报出版社2014年版;王琼:《中国古代神话发展研究》,中国书籍出版社2014年版;康琼:《中国神话的生态伦理审视》,北京师范大学出版社2014年版;周清泉:《文字考古——对中国古代神话巫术文化与原始意识的解读》,四川人民出版社2014年版;刘信芳:《出土简帛宗教神话文献研究》,安徽大学出版社2014年版;龙红:《古老心灵的发掘——中国古代造物设计与神话传说研究》,重庆大学出版社2014年版;王希悦:《阿·费·谢洛夫的神话学研究》,商务印书馆2014年版;叶永胜:《中国现代神话诗学研究》,合肥工业大学出版2014年版;董志文:《话说中国海洋神话与传说》,广东经济出版社2014年版。

③ 吴诗玉、涂鸣华编著:《古希腊神话的现代解读——理性与神性》,上海交通大学出版社2014年版。

④ [英]杰克·古迪:《神话、仪式与口述》,李源译,中国人民大学出版社2014年版;[英]富兰克林·罗宾逊:《中国神话传说》,朱天曙译,中国画报出版公司2014年版;[英]理查德·巴克斯顿:《想象中的希腊:神话的多重语境》,欧阳旭东译,华东师范大学出版社2014年版;[德]汉斯·布鲁门博格:《神话研究》(下),胡继华译,上海人民出版社2014年版;[德]洛·泼莱勒:《希腊神话全集》,曹乃云译,二十一世纪出版社2014年版;[法]保罗·韦纳:《希腊人是否相信他们的神话——论构建的想象》,张㳀译,华东师范大学出版社2014年版;[日]宫本一夫:《从神话到历史:神话时代夏王朝》,广西师范大学出版社2014年版;[美]依迪丝·汉密尔顿:《神话:希腊、罗马及北欧的神话故事和英雄传说》,华夏出版社2014年版;[意]曲杰·南喀诺布:《苯教与西藏神话的起源——"仲"、"德乌"和"苯"》,向红茄、才让太译,中国藏学出版社2014年版。

资料集 1 部、① 博士学位论文 5 篇、② 硕士学位论文 37 篇。③ 这些数据难免有所遗漏，但依然蔚然可观，大体上体现了本年度神话学的主要成就。其中，民间文学、民俗学和文学批评角度的研究构成了成果的主体，但也有不少从艺术学、考古学、教学法和农学、中医药学等学科视角切入的成果。总体来看，本年度的神话研究在理论和方法上既与以往的研究保持着显著的延续性，同时也呈现出了一些新的特点。

在神话的本体研究方面。有关神话的"神圣性叙事"（sacred narrative）性质的讨论一直是世界神话学领域的核心话题之一，④ 21 世纪以来尤其成为中国神话学关注的一个热点，争论颇多。⑤ 2014 年度，这一话题再次受到集中关注。例如，陈连山在《论神圣叙事的概念》中，进一步深化了其以往关于神话和古史均在中国上古史中占据神圣位置的论述，认为西方社会选择了神话、而中国古代选择了古史作为其主要的神圣叙事形式；中国神话与古史尽管在叙事内容上存在差异，但是其社会功能是一致的，且都被信为"远古时代的事实"。因此，超越神话和历史之间叙事内容的差异，用"神圣叙事"来囊括神话与古史不仅符合中国的历史实际，而且有助于正确理解不同文化体系的叙事基础。⑥ 陈氏的主张正确地指出中国神话学以及其他学术研究不应囿于西方学术的藩篱，而应致力于发现中国文化自身的特点，对于建构"差异的神话学"⑦ 具有建设性的意义。此外，张文奕

① 姚宝瑄编："中国各民族神话丛书"，共计 16 种，其中神话资料集 15 种，书海出版社 2014 年版。

② 蔡艳菊：《神话学界的普罗米修斯——列维—斯特劳斯神话学思想研究》，华中师范大学 2014 年博士学位论文；李莉：《神话谱系演化与古代社会变迁——中国北方满—通古斯语族神话研究》，吉林大学 2014 年博士学位论文；张艳：《中国三大神话母题研究》，山东大学 2014 年博士学位论文；霍丽丽：《中西医药神话比较研究》，黑龙江中医药大学 2014 年博士学位论文；金河守：《阿尔泰语系诸民族的原始意象"太阳"比较研究——朝鲜、女真、日本的"太阳"关联语言和神话为中心》，延边大学 2014 年博士学位论文。

③ 由于数量太多，此处无法一一列举，仅举几个例子，或可从中洞察年轻学子对于神话研究的兴趣。陈汝静：《影视媒介中的神话主义——以〈传说〉、〈天地传奇〉、〈哪吒传奇〉等为个案》，北京师范大学 2014 年硕士学位论文；陈洪涓：《黄帝神话和檀君神话的神话观比较研究》，吉林大学 2014 年硕士学位论文；张多：《神话意象的遮蔽与显现——以哈尼族鱼创世神话为中心》，云南大学 2014 年硕士学位论文；查苏娜：《神话对族群跨文化传播的影响研究——以蒙古族与汉族神话的差异和传播为例》，内蒙古大学 2014 年硕士学位论文；肖凌龙：《神话传说元素在中国动画中的应用研究》，沈阳师范大学 2014 年硕士学位论文；姚苑：《试论神话穿越题材动画片中的应用价值》，西安美术学院 2014 年硕士学位论文；杜觐位：《上古太阳神话研究》，重庆大学 2014 年硕士学位论文，等等。

④ 相关讨论甚多，例如，［英］马林诺夫斯基：《原始心理与神话》，见其《巫术科学宗教与神话》，李安宅译，上海文艺出版社 1987 年影印版，第 131 页；［英］G. S. 柯克：《论神话的界说》，见［美］阿兰·邓迪斯编《西方神话学读本》，朝戈金等译，广西师范大学出版社 2006 年版，第 70—71 页；［美］Hansen, William, "Meanings and Boundaries: Reflections on Thompson's 'Myth and Folktales.'" In *Myth: A New Symposium*, ed. Gregory Schrempp, William Hansen, Bloomington and Indianapolis: Indiana University Press, 2002, pp. 19–28.

⑤ 例如，杨利慧：《神话一定是"神圣的叙事"吗？——有关神话界定的反思（之一）》，《民族文学研究》2006 年第 3 期；吕微：《神话信仰——叙事是人的本原的存在》，《青海社会科学》2011 年第 1 期。

⑥ 陈连山：《论神圣叙事的概念》，《华中学术》第 9 辑，2014 年。

⑦ ［韩］郑在书：《对建立"差异的神话学"的一些意见》，《长江大学学报》2011 年第 3 期。

等青年学子在杨利慧讲座《现代口承神话的民族志研究：个案调查与理论反思》之后，集中围绕"神话的神圣性"等问题，展开了一系列的问答与讨论，体现了当下年轻一代学人对该问题的思索。① 从他们讨论的结果来看，该问题的探索无疑将继续延续——也许将永远陪伴着神话研究的历程：因为说到底，对这个问题的回答见仁见智，研究者可以凭个人的取舍来开展其神话研究。除了有关"神圣性"的讨论之外，神话本体的其他一些问题也受到关注。比如，刘毓庆在《中国神话的三次大变迁》② 一文中，以中国神话为例，集中讨论了神话的历史分期，他认为中国神话是一种依附于历史文化思潮而存在的叙事形态和思维形态，是以神秘性思维方式为内核、叙事性表述为手段的表现艺术。人类征服自然力的提升，并不能使神话消失；相反，科学的发展，会给神话以新的神秘性内容。③ 这一主张在一定程度上是对袁珂"广义神话观"的延续与拓展。

在神话学史研究方面。2014 年度是法国著名人类学家、神话学家列维—斯特劳斯（Claude Lévi-Strauss，1908—2009）逝世五周年，故而本年度有多篇相关论文发表，显示了中国学人对这位学术巨匠的敬意和纪念，其中均不同程度地涉及列氏的神话研究。比如，蔡艳菊在《列维—斯特劳斯的神话观》一文中，梳理了列维—斯特劳斯关注神话这一文类的原因，以及他对于神话的性质及其产生、传播与消亡规律的理解。列氏有关"神话是有严密结构的故事"、"神话是理性、科学、秩序的产物"、"神话并不神圣，而是世俗的"等论断，④ 对今天的中国神话学依然有极大的启示意义。此外，《西北民族研究》第 4 期上还辟有"纪念列维—斯特劳斯逝世五周年书评专辑"，发表了 6 篇北京大学研究生们撰写的书评，主要评述了列氏的神话学成就。⑤ 这些研究还从另一个方面向我们提出警示：曾经引发列氏探索神话背后的深层结构的问题——"如果说，神话的内容完全是随机的，那么五湖四海的神话为什么如此相似呢？"⑥ ——正被我们当下的学术潮流冲得越来越远，而民俗学和民间文学研究也因此正渐渐失去对宏大问题的阐释能力。⑦ 除了对列氏的评述之外，王希悦《阿·费·谢洛夫的神话学研究》，⑧ 杨利慧《一个西方学者眼中的中国神话——倭纳及其〈中国的神话与传说〉》，⑨ 杨旭东、吴效群、梅东伟《张振

---

① 张文奕、杨利慧等：《〈现代口承神话的民族志研究：个案调查与理论反思〉问答、评议与讨论》，《民族艺术》2014 年第 2 期。

② 刘毓庆：《中国神话的三次大变迁》，《文艺研究》2014 年第 10 期。

③ 同上。

④ 蔡艳菊：《列维—斯特劳斯的神话观》，《民族文学研究》2014 年第 4 期。

⑤ 包括王超文：《结构与神话思维——读〈神话的结构〉》；孙静：《仰望的姿态——读〈阿斯迪瓦尔的武功歌〉》；柏宇洲：《列维—施特劳斯阐释交换问题的一个重要文本——对〈神话学：裸人〉第四章第二节"市场"的解读》；蔡逸枫：《蜂鸟的使命——关于〈神话学：从蜂蜜到烟灰〉》；许嘉静：《感觉与理智的协奏曲——读列维—斯特劳斯〈神话学：生食和熟食〉》；林叶：《消化的结构世界》。

⑥ 克洛德·列维—斯特劳斯：《结构人类学》（1），张祖建译，中国人民大学出版社 2006 年版，第 222 页。

⑦ ［美］阿兰·邓迪斯（Alan Dundes）：《21 世纪的民俗学》，王曼利译、张举文校，《民间文化论坛》2007 年第 3 期。

⑧ 王希悦：《阿·费·谢洛夫的神话学研究》，商务印书馆 2014 年版。

⑨ 杨利慧：《一个西方学者眼中的中国神话——倭纳及其〈中国的神话与传说〉》，《湖南社会科学》2014 年第 1 期。

犁：中原神话研究的拓荒人》，① 骆耀娥《论苏雪林对中国神话学的学术贡献与反思》，②孙立涛《解剖〈伏羲考〉：论闻一多对中国神话学的研究》，③ 等等，也都从不同侧面梳理了中外神话学史上一些重要人物的学术贡献。

在神话主义研究方面。神话在影视剧以及网络游戏等电子媒介形式中的表现，一直是近年来吸引不少学人（特别是青年学者）探索兴趣的一个新颖话题，本年度的研究成果也不少，例如，卞梦薇《论神话思维与科幻品格之融合》，④ 张洪友《杰克·苏力的英雄旅程——〈阿凡达〉叙述结构的神话学根源》，⑤ 马明策《论中国神话对中国动漫的影响》，⑥ 等等。值得注意的是，本年度杨利慧创造性地重新阐释了"神话主义"（mythologism）这一概念，并用这一具有更大理论概括性的术语，来指涉这些现当代社会对神话的挪用和重新建构现象：神话被从其原本生存的社区日常生活的语境移入新的语境中，为不同的观众而展现，并被赋予了新的功能和意义。⑦ 对于"神话主义"概念提出的前因后果的分析，可参见本书"热点话题"中杨利慧的文章《"神话主义"的再阐释：前因与后果》。

个案性的古典神话研究、少数民族神话研究以及神话的比较研究。这部分内容一向是各年度神话研究的主体，本年度依然数量众多，例如刘宗迪《〈尚书·尧典〉：儒家历史编纂学的"神话创世纪"》，⑧ 陈连山《月亮的圆缺变化与不死观念——论中国古代神话中月亮的能指与所指》，⑨ 张开焱《盘古创世神话起源本土说证据再检讨》，⑩ 吴晓东《中原日月神话的语言基因变异》，⑪ 鹿忆鹿《偷盗谷物型神话——台湾原住民族的粟种起源神话》，⑫ 高有鹏《关于中国神话的炎帝神农时代问题》，⑬ 沈德康《论藏缅语民族洪水后人类再生神话中的生殖观念》，⑭ 屈永仙《傣—泰民族的泼水节起源神话及其祈雨本

① 杨旭东、吴效群、梅东伟：《张振犁：中原神话研究的拓荒人》，《中国社会科学报》2014 年 8 月 20 日第 B05 版。

② 骆耀娥：《论苏雪林对中国神话学的学术贡献与反思》，《黑龙江史志》2014 年第 1 期。

③ 孙立涛：《解剖〈伏羲考〉：论闻一多对中国神话学的研究》，《青海社会科学》2014 年第 2 期。

④ 卞梦薇：《论神话思维与科幻品格之融合》，《浙江师范大学学报》（社会科学版）2014 年第 5 期。

⑤ 张洪友：《杰克·苏力的英雄旅程——〈阿凡达〉叙述结构的神话学根源》，《长江大学学报》（社会科学版）2014 年第 9 期。

⑥ 马明策：《论中国神话对中国动漫的影响》，《大众文艺》2014 年第 18 期。

⑦ 杨利慧：《遗产旅游语境中的神话主义——以导游词底本与导游的叙事表演为中心》，《民俗研究》2014 年第 1 期；《当代中国电子媒介中的神话主义》，《云南师范大学学报》2014 年第 4 期。

⑧ 刘宗迪：《〈尚书·尧典〉：儒家历史编纂学的"神话创世纪"》，《民俗研究》2014 年第 6 期。

⑨ 陈连山：《月亮的圆缺变化与不死观念——论中国古代神话中月亮的能指与所指》，《广西师范学院学报》2014 年第 3 期。

⑩ 张开焱：《盘古创世神话起源本土说证据再检讨》，《宗教学研究》2014 年第 3 期。

⑪ 吴晓东：《中原日月神话的语言基因变异》，《民族文学研究》2014 年第 3 期。

⑫ 鹿忆鹿：《偷盗谷物型神话——台湾原住民族的粟种起源神话》，《西北民族研究》2014 年第 1 期。

⑬ 高有鹏：《关于中国神话的炎帝神农时代问题》，《西北民族研究》2014 年第 4 期。

⑭ 沈德康：《论藏缅语民族洪水后人类再生神话中的生殖观念》，《四川师范大学学报》（社会科学版）2014 年第 4 期。

源》，① 李斯颖《从现代人类走出东非到〈世界神话起源〉——兼论壮族布洛陀、姆洛甲神话》，② 等等。就个案研究部分来看，神话的起源问题依然备受中国研究者的关注；在研究视角上，历时性的溯源研究，相比共时性研究而言，更常为学者们所使用。

神话资料的汇编。资料是研究的基础。本年度值得瞩目的一大成果，是姚宝瑄主编的皇皇巨著"中国各民族神话丛书"。该丛书共计16种，其中总序1部，资料集15部，③ 内容广泛涉及52个民族的神话。编者怀着为中华民族编纂"一部完整系统的神话全集"的宏伟抱负，历经20多年的岁月方始编纂完成这套丛书。书中的资料或者选自以往出版的刊物和资料集，或者来自其他学者或搜集者的记录、转写和改写，也有不少来自主编个人的实地采集和整理。全书按照民族排序，每一民族之下大体按照"创世神话"、"洪水神话"、"天体神话"、"大地神话"、"英雄神话"等排序。每篇作品前以脚注形式注明作品的来源或者流传区域等，篇末注明讲述人和记录整理者的姓名以及采集时间和地点等。整部丛书在资料的采集和呈现方式上体现了20世纪80年代初中期中国民间文学领域的文本观，注重作品的内容和情节结构，语境因素尚未受到关注。该书大约是迄今出版的规模最大的一套纸质版的中国神话资料专辑，值得每位神话研究者拥有。

三 从"四重证据法"到"N级编码理论"

2014年度中国神话学研究的一个重要成果，是基于四重证据法的"N级编码理论"和"神话历史"研究。"N级编码理论"和"神话历史"是建立在"文化大传统"和"文字小传统"划分基础上的观点，主要由以叶舒宪为代表的"文学人类学派"提出并系统阐释。文学人类学派是21世纪初，由一些有志于将文学研究跳脱出"文学"框套的学者形成的学术共同体，该学派一直以来都将"神话"和"神话学"作为核心研究对象，反过来成了神话学研究中一支重要的研究力量。

（一）四重证据法研究的新进展

四重证据法是由叶舒宪提出的文明研究方法，该理论在前人二重证据法、三重证据法基础上发展而来，主要着眼于研究神话与人类文明之间的关系。叶舒宪所谓的"四重证据"主要指：第一重证据是传世文献；第二重证据是地下出土的文字材料，现已拓展为

① 屈永仙：《傣—泰民族的泼水节起源神话及其祈雨本源》，《民间文化论坛》2014年第4期。

② 李斯颖：《从现代人类走出东非到〈世界神话起源〉——兼论壮族布洛陀、姆洛甲神话》，《民族文学研究》2014年第3期。

③ 除总序《华夏神话简谭》之外，15部资料集分别为：《中国各民族神话·汉族》、《中国各民族神话·满族·赫哲族·朝鲜族》、《中国各民族神话·高山族·黎族·畲族》、《中国各民族神话·白族·拉祜族·景颇族》、《中国各民族神话·水族·布朗族·独龙族·基诺族·傈僳族》、《中国各民族神话·布依族·仡佬族·苗族》、《中国各民族神话·仫佬族·壮族·京族》、《中国各民族神话·羌族·彝族》、《中国各民族神话·门巴族·珞巴族·怒族·藏族》、《中国各民族神话·土族·东乡族·回族·保安族·裕固族·撒拉族》、《中国各民族神话·达斡尔族·鄂伦春族·鄂温克族·蒙古族》、《中国各民族神话·土家族·毛南族·侗族·瑶族》、《中国各民族神话·佤族·阿昌族·纳西族·普米族·德昂族》、《中国各民族神话·哈萨克族·柯尔克孜族·维吾尔族·塔吉克族》、《中国各民族神话·哈尼族·傣族》。山西出版集团·书海出版社2014年版。

包括甲骨文、金文、石鼓文、石刻、碑文、简帛、玉书、玉版书、玺印、封泥等的庞大新资料群；第三重证据是指民俗学、民族学、人类学所提供的相关参照资料，包括口传材料、活态的民俗礼仪、祭祀象征等，现亦包括跨文化比较的材料；第四重证据则专指物证，如考古出土或传世的文物和图像。杨利慧认为："四重证据法"是中国神话学在 21世纪之初取得的显著成绩之一，也将是今后一段时期神话研究的重要内容。①

　　杨骊的《反思二重证据法的局限——兼论多重证据法的演变之必然》一文，从方法论的范式转换角度入手，检视了"多重证据法"的演变轨迹。杨骊认为："王国维的二重证据法与叶舒宪的四重证据法最大的差异，在于他们对证据的不同界定。王国维用文献类型来界定二重证据，叶舒宪的四重证据则是用文化文本的概念来指称的。""从二重证据法到四重证据法的学术演变，在证据方面呈现出从文字文本→口传文本→文化文本的突破，在证明方法上体现了考据学阐释→金石学实证→人类学阐释→考古学、图像学实证与阐释渐次融合的超越路径。"② 杨骊的反思有助于进一步厘清从"二重证据"到"四重证据"的范式更替过程，为四重证据法的学术史定位做出了判断。

　　叶舒宪提出"四重证据"的初衷是期望将这四重证据结合起来进行研究，从而使神话研究、文明历史研究走出语言文字研究的老路。他借助人类学、民俗学、古典学等的宏阔视野，在跨学科知识系谱交叉透视中重新审视传世文献中的误解和无解难题。在 2014年，叶舒宪进一步提出了"证据间性"的命题。叶舒宪在《论四重证据法的证据间性——以西汉窦氏墓玉组佩神话图像解读为例》一文中指出："作为图像叙事的第四重证据内部的不同材料间的互补互证效应，理论上总结为'证据间性'问题。"③

　　证据间性主要包含两层含义，第一层是指多重证据间相互发明、相互印证的细节。他以汉代石棺、铜牌饰图像榜题文字"天门"为例，阐释了"一件文物上同时出现二重证据与四重证据之间的相互证明、相互阐释作用"。他认为："这对于重建神话思维支配下汉代人死后世界观，具有前无古人的证明优势和阐释优势。"第二层是指同一重证据内部不同类型资料间的互动。他以西汉窦氏墓玉组佩神话图像为例，认为："从证据间性上看，铜器、玉器、石器等虽然属于不同物质，却同样可以充当神话的图像叙事载体。据此可以得出玉器与砖或石器、玉器与铜器的互证原则：从相互参照中大体上复原出上古神话信仰世界的真实景观，并力求沿波讨源，得出能够贯通于大、小传统之间的文化文本整体解释。"④

　　叶舒宪"四重证据"的学术追求遵循着这样一个逻辑线条："依据比较神话学得出的普遍原理，摸索初民神话思维的规则，对出土文物与图像的神话意蕴做出阐释，重建史前信仰和观念，由此找出古人特殊行为的内在动机，对考古学给出的文化过程和行为模式做

　　① 杨利慧：《21 世纪以来代表性神话学家研究评述》，《长江大学学报》（社会科学版）2014 年第6 期。

　　② 杨骊：《反思二重证据法的局限——兼论多重证据法的演变之必然》，《西南民族大学学报》（人文社会科学版）2014 年第 4 期。

　　③ 叶舒宪：《论四重证据法的证据间性——以西汉窦氏墓玉组佩神话图像解读为例》，《陕西师范大学学报》（哲学社会科学版）2014 年第 5 期。

　　④ 同上。

出动力学的解说,追求知其然和所以然的整体认识效果。"① 他撰写《〈天问〉"虬龙负熊"神话解——四重证据法应用示例》② 来做示范。叶舒宪非常重视对"第四重证据"的田野调查。他在对河西走廊和华北多年调查的基础上,2014 年发表了《玉石之路黄河道再探——山西兴县碧村小玉梁史前玉器调查》③ 一文。该文详细记述了其对上古玉文化的实地调查过程,将考古图像实物与历史地理阐释相结合。

在对"图像证据"的深入研讨方面,王倩和刘惠萍的论文较有代表性。王倩的《论国外神话图像阐释的意识形态转向》一文,概括了国外神话图像阐释转型的三个层面:"一是探讨神话图像与历史隐喻之间的关系,二是阐释神话图像在建构核心价值观中发挥的作用,三是论述神话图像如何创造国家意识形态。"④ 王倩《左东右西:论汉画像石中的西王母方位模式》一文则具体研究汉画像石的西王母与东王公图像的对偶结构和方位。⑤

刘惠萍的《玉兔因何捣药月宫中?利用图像材料对神话传说所做的一种考察》一文考察了东汉中期以前的"月中奔兔"图像和东汉以后"捣药玉兔"的图像材料。刘惠萍认为:月中出现"捣药玉兔"是因为"月中兔"与西王母图像志中的"捣药兔"发生了混同与借用,遂改变了原有的月神话传说内容并形成一种定式,影响着后世中国人对于月宫的想象。⑥ 刘惠萍也认同要跳出文献典籍中的文字史料,将图像的文本视为一种"历史"。

在"第四重证据"的图像、实物研究方面,还有金立江《女神文明与城邦——苏美尔女神南娜的图像神话与叙事》、⑦ 张丽红《变形的艺术符号与永恒的神话意志——红山文化玉器造型形式的文化解读》、⑧ 曹定安《红石岩彝族人类起源神话崖画初探》、⑨ 安琪《神话的图像叙事:明代丽江壁画研究》⑩ 等最新成果。

在学位论文方面,张多的《神话意象的遮蔽与显现——以哈尼族鱼创世神话为中心》⑪ 也在借鉴四重证据法的基础上,融合民族史文献、考古图像、民俗学调查方法,对

---

① 叶舒宪:《论四重证据法的证据间性——以西汉窦氏墓玉组佩神话图像解读为例》,《陕西师范大学学报》(哲学社会科学版)2014 年第 5 期。

② 叶舒宪:《〈天问〉"虬龙负熊"神话解——四重证据法应用示例》,《北方论丛》2014 年第 6 期。

③ 叶舒宪:《玉石之路黄河道再探——山西兴县碧村小玉梁史前玉器调查》,《民族艺术》2014 年第 5 期。

④ 王倩:《论国外神话图像阐释的意识形态转向》,《贵州大学学报》(艺术版)2014 年第 3 期。

⑤ 王倩:《左东右西:论汉画像石中的西王母方位模式》,《文化遗产》2014 年第 2 期。

⑥ 刘惠萍:《玉兔因何捣药月宫中?利用图像材料对神话传说所做的一种考察》,《长江大学学报》(社会科学版)2014 年第 11 期。

⑦ 金立江:《女神文明与城邦——苏美尔女神南娜的图像神话与叙事》,《贵州大学学报》(艺术版)2014 年第 3 期。

⑧ 张丽红:《变形的艺术符号与永恒的神话意志——红山文化玉器造型形式的文化解读》,《文化遗产》2014 年第 1 期。

⑨ 曹定安:《红石岩彝族人类起源神话崖画初探》,《毕节学院学报》2014 年第 5 期。

⑩ 安琪:《神话的图像叙事:明代丽江壁画研究》,《百色学院学报》2014 年第 2 期。

⑪ 张多:《神话意象的遮蔽与显现——以哈尼族鱼创世神话为中心》,云南大学 2014 年硕士学位论文。

哈尼族创世神话做了探索性的研究。另外，杜觐位的《上古太阳神话研究》、① 王皓熙的《先秦两汉黄帝形象演变研究》② 也运用文献、文物互证的方法完成了各自的硕士论文。

刘信芳的专著《出土简帛宗教神话文献研究》③ 从文献学专业角度出发，为"第二重证据"贡献了扎实的神话文献研究。周清泉的专著《文字考古——对中国古代神话巫术文化与原始意识的解读》也是在文字学领域进行神话历史的阐释。④

（二）大小传统新论、"N 级编码论"和"神话历史"的观点

在 2014 年初面世的《文化符号学——大小传统新视野》中，叶舒宪等详细论述了文学人类学的"大小传统"理论体系。⑤ 这里的"大小传统"概念主要是针对东亚地区尤其是中国而言的。"小传统"是指文字发明并运用之后的文明，比如甲骨文、金文出现以后的汉字文明和文字叙事。"大传统"是指文字出现之前的文明传统，研究"大传统"没有文字材料可依，需借助实物和图像来进行研究。叶舒宪、陈器文等认为，过去对中国前文字时代的研究，由于长期依赖"文字文献"方法，忽视了物证蕴含的丰富信息。"大传统"并不因为文字"小传统"的出现而消失，反而会潜移默化地影响、塑造着文字文明的发展。叶舒宪的《为什么说"玉文化先统一中国"——从大传统看华夏文明发生》⑥便是一个案例示范。

为了适应对"文化大传统"的研究需要，叶舒宪及其同人提出了"N 级编码"的方法论，其对应关系如下：

大传统：一级编码（物与图像）

小传统：二级编码（文字）→三级编码（古代经典）→N 级编码（后代创作）

N 级编码理论是一套历时时序的分析模型，其中一级编码又称"原型编码"，二级编码又称"文字编码"。N 级编码论的提出是为了弥补"四重证据法"蕴含的"多重证据"无限多可能性的缺点，同时补充了"四重证据法"不曾关注的材料逻辑的问题。⑦

2014 年，叶舒宪发表的一组论文，对 N 级编码理论的实际应用做了示范。《玉兔神话的原型解读——文化符号学的 N 级编码视角》一文详细梳理了"玉兔"神话意象在多级编码中的存在形态，认为："玉石神话信仰作为华夏文明发生期的原型编码，实际上主宰或支配着后世的再编码。"⑧《"玉帛为二精"神话考论》一文从红山文化出土玉蚕出发，

　　① 杜觐位：《上古太阳神话研究》，重庆大学 2014 年硕士学位论文。

　　② 王皓熙：《先秦两汉黄帝形象演变研究》，天津师范大学 2014 年硕士学位论文。

　　③ 刘信芳：《出土简帛宗教神话文献研究》，安徽大学出版社 2014 年版。

　　④ 周清泉：《文字考古——对中国古代神话巫术文化与原始意识的解读》，四川人民出版社 2014 年版。

　　⑤ 叶舒宪、章米力、柳倩月编：《文化符号学——大小传统新视野》，陕西师范大学出版社 2013 年版。这里的"大小传统"理论最早于 2010 年提出，与 Robert Redfield 的"大传统""小传统"不同。参见叶舒宪《金枝玉叶——比较神话学的中国视野》，复旦大学出版社 2012 年版，第 34—38 页。

　　⑥ 叶舒宪：《为什么说"玉文化先统一中国"——从大传统看华夏文明发生》，《百色学院学报》2014 年第 1 期。

　　⑦ 叶舒宪、章米力、柳倩月编：《文化符号学——大小传统新视野》，陕西师范大学出版社 2013 年版，第 36 页。

　　⑧ 叶舒宪：《玉兔神话的原型解读——文化符号学的 N 级编码视角》，《民族艺术》2014 年第 2 期。

钩沉了玉、丝两种物质的神话编码和再编码过程。① 《竹节与花瓣形玉柄形器的神话学研究——祖灵与玉石的植物化表现》一文考证了史前玉器、玉崇拜、祖先崇拜、植物象征、彝族竹崇拜之间的神话学关联。叶舒宪认为："民族考古学的基本解释原理在于史前文化大传统的信息，如果在后世古文明的中心地区失传，可以大体上完整不变地保存在边缘地区少数民族社会的口传文化里。这就使得文学人类学派所倡导的四重证据法得以应用：利用第三重证据的活态文化信息，解读出土文物即第四重证据的宗教与神话意蕴成为可能。"②

叶舒宪的《八面雅典娜：希腊神话的多元文化编码》一文将古希腊神话雅典娜女神的八种面孔置于多级编码中，确定了八种面向的年代顺序。③ 《从汉字"國"的原型看华夏国家起源——兼评夏代中国文明展玉器玉文化》一文将四重证据法、N 级编码论、大小传统论熔于一炉。该文围绕着夏代历史问题和"國"字的早期形态，以商、周礼器为第四重证据反推其原型，回答了夏代历史表述和夏都时空错位的问题。④

在划分"大小传统"和"N 级编码"的同时，文学人类学研究也自然而然延伸到了"神话历史"研究。于玉蓉的《从"神话与历史"到"神话历史"：以 20 世纪神话与历史的关系演变为考察中心》一文指出："随着'神话历史'理论的提出，'神话'与'历史'经历了对立、交集、融合的百年发展，最终走向同一。倡导不能仅仅从'文学'的角度来解读神话，也不能将'历史'与'神话'想当然地进行对立，而应该用神话的宏大角度来审视中国传统历史文化。"⑤ 需要指出的是，文学人类学派的"神话历史"不等于"神话历史化"或"历史神话化"。这一概念借鉴了 Joseph Mali 的"mythhistory"概念，指属于一级编码的神话原型编码所体现的文化特质，即中国文化大传统的神话特质。

在叶舒宪这里，"神话历史"概念强调运用四重证据法，通过研究大传统的图像和实物，以神话思维为线索钩沉远古记忆和文化原码。神话作为文化基因，必然对特定文化的宇宙观、价值观和行为礼仪等发挥基本的建构和编码作用。叶舒宪认为人类神话观念是从虔诚的大传统神话观念信仰者，走向大传统神话的祛魅，以及小传统新神话观念的再造和编码。在《神话观念决定论刍议》一文中，他通过解析《史记·秦始皇本纪》的历史叙事，再现支配华夏国家统治者行为的观念要素，提出神话观念决定论命题。他借鉴恩格斯的"意识形态反作用力"与韦伯的"宗教观念决定论"，说明神话观念对意识形态有原型编码之作用。⑥ 叶舒宪的《特洛伊的黄金与石峁的玉器——〈伊利亚特〉和〈穆天子传〉

---

① 叶舒宪：《"玉帛为二精"神话考论》，《民族艺术》2014 年第 3 期。

② 叶舒宪：《竹节与花瓣形玉柄形器的神话学研究——祖灵与玉石的植物化表现》，《民族艺术》2014 年第 1 期。

③ 叶舒宪：《八面雅典娜：希腊神话的多元文化编码》，《兰州大学学报》（社会科学版）2014 年第 1 期。

④ 叶舒宪：《从汉字"國"的原型看华夏国家起源——兼评夏代中国文明展玉器玉文化》，《百色学院学报》2014 年第 3 期。

⑤ 于玉蓉：《从"神话与历史"到"神话历史"：以 20 世纪神话与历史的关系演变为考察中心》，《民俗研究》2014 年第 2 期。

⑥ 叶舒宪：《神话观念决定论刍议》，《百色学院学报》2014 年第 5 期。

的历史信息》① 和《从玉教神话到金属神话——华夏核心价值的大小传统源流》② 也是在古玉文化领域钩沉，力图还原华夏文明大传统的神话历史。

唐卉《"神圣的"伊利昂"坚固的"特洛伊——神话历史视阈下伊利昂和特洛伊名源考》一文，梳理了"伊利昂"和"特洛伊"在"荷马史诗"中的语境原意，结合考古发现探讨神话历史视阈下城邦的兴建与衰亡。唐卉认为："考古发掘在一定程度上使得神话不再是神话，它与真实发生的历史紧密地结合在了一起。然而，逻各斯中心主义带来的学术方法试图将所有的神话全部还原成历史，……从而削减了历史的神话想象。"③ 蔡雨钱的 *Myth，History，and the Ancient Novel：Sarah Allan，Literary Anthropology，and Sino-Hellenic Comparison* 一文，运用全球史方法，在艾兰（Sarah Allan）、叶舒宪、鲁威仪（Mark Lewi）、劳埃德（Geoffrey Lloyd）、狄庭（Marcel Detienne）的神话研究之间比较，梳理了"神话历史"视阈下的中国、希腊古代的史家和史书。该文持历史与神话紧密相连的观点，认为古小说与神话、历史同为颇具流变性的叙事文体。④ 另外，金立江的专著《苏美尔神话历史》⑤ 则在叶舒宪神话历史的理论框架下，对苏美尔神话做了深入研究。

中国文学人类学派在神话学研究方面的理论探索，有着较为自觉的学术追求，其立足本土的理论特质为中国神话研究和世界神话学贡献了新的知识。正如杨骊所言："多重证据法是中国文学人类学学人努力超越学科本位主义，试图打通文史哲的一种方法论探索。对中国而言，被文字小传统所遮蔽的另一个文化大传统的'历史'也等待着人们去发现。我们或许可以期待：以四重证据法作为突破文字小传统研究的工具，利用证据间性立体释古，上溯到文化大传统的场域，正是换一重视界看待中国历史，重新进入中国文化的一个契机。"⑥ 对神话学研究而言，叶舒宪等人在 2014 年集中阐发了 N 级编码论、神话历史、大小传统的理论观点，对四重证据法做了有力补充和拓展，逐步形成了一套较完善的理论体系。

四　现代口承神话的民族志研究

神话研究向来是一个综合性的学术领域。近年来，一批从语言文学学科出身，又有良好民俗学、人类学学术训练的学者，在神话学研究中显示出跨学科的优势。前文所述文学人类学派的交叉研究，将大跨度的文明史和文明对话作为基础视野，显示出不同寻常的阐释力。而与此相对，以杨利慧为代表的一批学者，则倡导基于当下日常生活的神话研究，

① 叶舒宪：《特洛伊的黄金与石峁的玉器——〈伊利亚特〉和〈穆天子传〉的历史信息》，《中国比较文学》2014 年第 3 期。
② 叶舒宪：《从玉教神话到金属神话——华夏核心价值的大小传统源流》，《民族艺术》2014 年第 4 期。
③ 唐卉：《"神圣的"伊利昂"坚固的"特洛伊——神话历史视阈下伊利昂和特洛伊名源考》，《中国比较文学》2014 年第 3 期。
④ 蔡雨钱，*Myth，History，and the Ancient Novel：Sarah Allan，Literary Anthropology，and Sino-Hellenic Comparison*，《中国比较文学》2014 年第 3 期。
⑤ 金立江：《苏美尔神话历史》，南方日报出版社 2014 年版。
⑥ 杨骊：《反思二重证据法的局限——兼论多重证据法的演变之必然》，《西南民族大学学报》（人文社会科学版）2014 年第 4 期。

在"朝向当下"的神话讲述现场，细致观察当下神话的存在形态，理解民众的生活文化和神话思维。这一类学者将民族志方法擅长"深描""呈现社会事实"的长处用于作为"文类"的神话研究中，积极融会表演理论、民族志诗学以及口述史等研究视角，也取得了令人瞩目的成就。

（一）作为文类的"神话"与作为方法的"民族志"

民俗学派是神话学研究的一支重要力量。近年来以吕微、杨利慧、刘宗迪、王宪昭等为代表的中国民俗学派神话研究，一直致力于从民俗学的理论视野出发进行研究。其中，杨利慧等积极主张进行现代口承神话的民族志研究。

杨利慧的《现代口承神话的民族志研究——个案调查与理论反思》一文，主要是对其团队著作《现代口承神话的民族志研究——以四个汉族社区为个案》①的总结。杨利慧对"神话"的研究主要是从口头艺术和文类的角度出发。她认为："在人类创作的诸多艺术文类中，有一种特殊的文体形式，我们把它叫作神话（myth）。……神话通常被用来指称这样一种口头艺术表达形式：它讲述的是关于神祇、始祖、文化英雄，包括神圣动物等的故事；它是叙事性的，一般包含着事件，要讲故事；这个故事是发生在一个'创造的时刻（creation moment）'，或者在这个时刻之前；神话还是起源性的故事，它解释今天的世界是怎么来的、人类是怎么来的、文化是怎么样在最初被创造并且成为今天这个样子的。"② 口头表述是人类最主要的表达手段之一，贯穿文明始终。神话也不例外，不论神话在宗教信仰、意识形态、社会政治、历史表达领域如何发展，通过口头表述一直是其主要的呈现、传承方式。由此而形成的口头艺术、口头文类、口头传统已经成为人类文化的有机部分。

对于此，杨利慧发现，目前"绝大多数国外学者依然在使用比较神话学的方法，也就是在大范围的神话资料搜集的基础上进行神话的比较研究。尽管一些新的研究方法和理念在不断涌现，但这依然是当前神话学最主要的研究方法之一。对古代典籍神话的研究，毫无疑问地、压倒一切地占据着世界神话学的核心"。③ 因此，目前对现代口承神话的田野研究尚十分薄弱。而在有限的民间"活态"神话研究中，也一直存在一个偏见："认为越是在那些原始的、落后的、偏远的、人迹罕至的、离现代文明非常遥远的地方，越能够保存有最本真、最纯粹、最活态的神话。"④

对中国而言，学者们较少关注汉族神话、城镇神话，即使关注也是将口承神话作为古代文献的印证。从方法上看："以往很多成果都是在大范围的历史—地理比较研究的视角下取得的，学者们往往通过大规模地搜集书面文献，然后把它们排列起来，考察其流传、演变的规律。然而这种做法，往往使我们'只见森林，不见树木'。"⑤ 基于此，杨利慧等近年积极倡导朝向当下的现代口承神话的民族志研究。

---

① 杨利慧、张霞、徐芳、李红武、仝云丽：《现代口承神话的民族志研究——以四个汉族社区为个案》，陕西师范大学出版社 2011 年版。

② 杨利慧：《现代口承神话的民族志研究——个案调查与理论反思》，《民族艺术》2014 年第 2 期。

③ 同上。

④ 同上。

⑤ 同上。

杨利慧及其率领的"杨家将"团队（由其先后指导的研究生组成）在重庆、河南淮阳、河北涉县、陕西平利、山西洪洞等地区进行了多年田野作业，通过民族志①呈现这些社区中"神话"的存在样态。他们的民族志研究不仅在描述当下"神话"面貌方面取得成绩，更通过第一手资料与过去的理论观点进行对话。杨利慧对神话"神圣叙事"特征的质疑、对语境限度与效度的反思、对现代口承神话功能与意义的界说等，有力地推进了对一些文献研究难以解决的问题的探讨。

本年度王志清的《从后稷感生神话到后稷感生传说的"民俗过程"——以旅游情境中的两起故事讲述事件为研究对象》一文，则针对岐山周公庙、稷山稷王庙进行田野作业，观察地方文化学者如何将历史文献中的感生神话建构为神话主义文本，并在旅游情境中讲述。王志清认为："从后稷感生神话到后稷感生传说的'民俗过程'反映了神话恒久的生命力和当地文化持有者的文化创造力。"② 该文用基于民族志描述，运用"民俗过程"理论来观察神话与传说的跨文类互动，颇具新意。

在民族志方法的深描之下，"文类"和"观念"被证明依旧是"神话"在日常生活中的主要存在方式。通过综合运用民俗学、人类学、历史学、文献学的方法，口头、书面、电子媒介的多样化和互文性也得以贯穿现代口承神话的研究。总的来说，把"神话"作为文学文类，依旧是神话学行之有效的研究方法。而从方法上来说，文学人类学派和民俗学派都将人类学理论方法引入神话研究，不同的是二者分别从宏观、微观的层面入手。

（二）田野作业方法、民族志书写的具体实践

从2014年的论著来看，中国民俗学和民间文学神话研究者对田野作业方法的运用，有三类各具特点的实践：第一类是以文本研究、文献研究为主，将田野作业获取的资料作为补充；第二类是以实地调查为书写对象，但其核心问题意识仍然是从历史—地理、文献、考古的视角出发的；第三类就是以田野调查为书写主体，在当下语境中描述、分析、理解、感悟神话的"民俗学法"。

运用田野作业方法来研究神话，早在20世纪60年代的日本和20世纪80年代的中国就已经取得诸多成果。大林太良、伊藤清司、吉田敦彦、御手洗胜、王孝廉、李子贤、张振犁、鹿忆鹿、邓启耀、孟慧英等学者就是这一阶段的代表。民间文学搜集整理研究也受到田野作业方法影响，比如浩大的"三套集成"工作。

2014年度，第一类将田野调查作为文本研究之补充的论著有不少优秀成果。鹿忆鹿的《偷盗谷物型神话——台湾原住民的粟种起源神话》③ 将田野调查的材料作为文学文

---

① 一般而言，民族志（Ethnography）是在经过田野作业（fieldwork）之后呈现调查结果的一种方式，为民族学、人类学、民俗学、社会学等学科所广泛运用。但在有的研究中，田野作业所获取的信息未必以民族志方式呈现，比如将调查信息作为对文献的补充。因此，本文着力强调的是"民族志"方法，即以文本或影像方式呈现研究者经过田野作业后，对特定文化群体的理解、阐释与深描，并且强调在"语境"中呈现文化，"实地调查"本身是其呈现的主体部分。但是同时本文对不同程度运用田野作业方法的其他书写成果，也予以关照。力图较为全面地呈现"朝向当下"的神话学研究。

② 王志清：《从后稷感生神话到后稷感生传说的"民俗过程"——以旅游情境中的两起故事讲述事件为研究对象》，《青海社会科学》2014年第6期。

③ 鹿忆鹿：《偷盗谷物型神话——台湾原住民的粟种起源神话》，《西北民族研究》2014年第1期。

类研究的佐证。向柏松《自然生人神话演化传承研究》① 一文在口承神话与民俗仪式间寻找关联。杨朴、杨旸的《神话意象的变形与回归——"二神转"到二人转演化轨迹述略》② 追溯了中国东北地区二人转艺术的宗教与神话渊源。

第二类研究虽然是从"语境"出发描写神话，但对神话的历史比较仍是其核心的问题。台湾地区布农人学者余明德（海树儿·犮刺拉菲，Haisul Palalavi）的新著《布农族神话传说及其汇编》，③ 采用文化主体叙述的书写方式，在历史—地理背景下讨论布农人心目中"历史是什么"。该书将作者的调查和神话文本分析相结合，关注如何透过神话来理解布农社会的过去与现在。王海鹏的《"关公战蚩尤"神话形成的文化考察》④ 更多的依据在晋南、关中的实地调查来阐释神话叙事的源流。其在传统文本、文献研究基础上融入调查资料来阐释当下的神话现象，在历时层面呈现了现代神话叙事的面目。这类研究依靠短期专题调查搜集口承神话的文本，观察宗教仪式和民俗事象，进行溯源研究和比较研究，也不失为一种运用田野作业方法的实践。

而与上述这种部分运用田野材料的研究范式不同，一些学者展开了更深入的田野作业，在民族志写作方面做出了新的成绩。

安德明《文体的协作与互动——以甘肃天水地区伏羲女娲信仰中的神话和灵验传说为例》一文，基于多年田野作业，在"家乡民俗学"的理论框架下，对天水伏羲女娲神话进行民族志研究。更重要的是，安德明的研究有明确的理论立场（家乡民俗学），运用民族志进行理论对话。他认为："就天水地区的伏羲女娲信仰来说，相关神话内容往往通过神像、匾额、楹联、祭文等获得展示，而较少一般场合的口头讲述，这实际上是神话这一特定文体神圣性、严肃性的体现；灵验传说则以讲述场合的随机性，随时随地以口头交流的形式巩固和强化着对于神灵的信仰。两者在应用语境方面存在着一种有机的互补关系。"⑤ 进而安德明发现了维系信仰的往往是日常生活中大量的灵验传说。他提出："作为表达、强化和维系民间信仰的重要手段，神话为信仰合法性的存在提供了持续的基础，灵验传说则为其在现实生活中始终保持强大的影响提供着源源不断的动力。"⑥ 这篇论文将民族志方法与神话文类、传说文类研究相结合，通过对家乡文化的调查和感受，在"神话与传说的文类边界"以及"文类在民间信仰中的运作机制"等问题上贡献了新的知识。

在神话与其他文类"互文"的研究方面，刘文江的《西北民间祭祀歌中的神话范型、典型场景与主题》也是一篇重要成果。刘文江通过对甘肃祭祀歌的田野调查，将口头诗学理论运用到民族志资料的分析。他认为："神圣性的建构——也就是民间信仰仪式的基本功能，是渗透于祭祀歌从文本到表演的各个环节中的。这种非叙事性的体裁依靠功能的

---

① 向柏松：《自然生人神话演化传承研究》，《长江大学学报》（社会科学版）2014 年第 7 期。

② 杨朴、杨旸：《神话意象的变形与回归——"二神转"到二人转演化轨迹述略》，《吉林师范大学学报》（人文社会科学版）2014 年第 1 期。

③ 海树儿·犮刺拉菲（Haisul Palalavi）：《布农族神话传说及其汇编》，原住民族委员会（新北）、国史馆台湾文献馆（南投）2014 年版。

④ 王海鹏：《"关公战蚩尤"神话形成的文化考察》，《运城学院学报》2014 年第 3 期。

⑤ 安德明：《文体的协作与互动——以甘肃天水地区伏羲女娲信仰中的神话和灵验传说为例》，《西北民族研究》2014 年第 1 期。

⑥ 同上。

需求稳定了自己的传统，这个传统通过祭祀歌传承了仪式中圆形形式的神话范型。"① 文中提出的"神话范型"是值得注意的，他的调查提示学界应当注意对民间文学文类的互文性研究。

屈永仙《傣—泰民族的泼水节起源神话及其祈雨本源》一文，显示了作者傣族母语文化的研究优势。屈永仙所做的是"跨境族群"的长时间调查，既涉及中国德宏、西双版纳两个地区，又涉及泰北、缅甸掸邦、老挝、越北的傣—泰族群，甚至使用了"金傣"② 的神话材料。她的调查服务于明确的问题意识，即泼水节的本源问题。她认为："由于农业活动的需求，出于祈雨的目的，所以在适当的时间里就产生了泼水祈雨习俗，实质上反映出人们征服干旱、火灾等自然力的朴素愿望。"③ 她对越南、老挝黑傣祈雨仪式的民族志研究为泼水节（宋干节）、傣历新年问题贡献了新的观点。类似的研究还有李斯颖的《侗台语民族的蛙类崇拜及其"神话—仪式"现象解析》。④ 李斯颖通过对广西壮族、仫佬族、侗族和云南傣族、东南亚泰人节日仪式和蛙神话的调查，归纳了侗台语族群蛙神话和蛙信仰的关系。钟俊昆、田有煌的《盘古信仰从上古神话到客家文化空间——以江西于都县盘古信仰为考察重点》⑤ 则是对于都地区盘古神话与信仰的田野研究。

其他民族志研究成果还有冯智明《瑶族盘瓠神话及其崇拜流变——基于对广西红瑶的考察》⑥ 一文基于民族学立场，吸收民间文学神话研究理念，完成了红瑶社区口承神话的民族志书写。毛巧晖《山西吉县伏羲女娲研究》⑦ 一文，对吉县社区时空、信仰观念、民俗事象做了细致的调查。她站在民俗学立场上，运用田野调查方法写成了一篇伏羲、女娲神话的民族志。类似的优秀成果还有李素娟、贾雯鹤的《壮族花婆神话与求花仪式的文学人类学解读》，⑧ 马得汶、李金轲、姚万禄的《珞巴族阿迪人的传统社会生活》⑨ 等。

另外，语言学家的田野调查也是2014年中国神话学值得关注的方面。赵秀兰的《神话语境中的"司岗里"语义探索》就是语言学视角神话研究的代表。对于无文字族群而言，口语研究至关重要，而这必须借助田野调查方法。过去语言学田野调查多关注语料搜集，而赵秀兰则关注到神话学的语言问题。"司岗里"是云南和缅甸佤语族群起源的神圣叙事和信仰。赵秀兰深入、细致地研究了佤语相邻语言和内部方言的"司岗里"语义演变，认为其本义是"祖先的居所"。后来"司岗里"被神圣化，"逐渐变成了人类的发祥地或母体，并在多民族文化的辗转对流中与葫芦再生人类或万物的主流文化相遇，进而与

① 刘文江：《西北民间祭祀歌中的神话范型、典型场景与主题》，《民族文学研究》2014年第3期。
② 金傣，指金沙江流域河谷地区的傣语族群。
③ 屈永仙：《傣—泰民族的泼水节起源神话及其祈雨本源》，《民间文化论坛》2014年第4期。
④ 李斯颖：《侗台语民族的蛙类崇拜及其"神话—仪式"现象解析》，《创新》2014年第6期。
⑤ 钟俊昆、田有煌：《盘古信仰从上古神话到客家文化空间——以江西于都县盘古信仰为考察重点》，《江西广播电视大学学报》2014年第4期。
⑥ 冯智明：《瑶族盘瓠神话及其崇拜流变——基于对广西红瑶的考察》，《文化遗产》2014年第1期。
⑦ 毛巧晖：《山西吉县伏羲女娲研究》，《长江大学学报》（社会科学版）2014年第10期。
⑧ 李素娟、贾雯鹤：《壮族花婆神话与求花仪式的文学人类学解读》，《云南社会科学》2013年第5期。
⑨ 马得汶、李金轲、姚万禄：《珞巴族阿迪人的传统社会生活》，《西藏研究》2014年第4期。

后者部分地融合。"①

　　本年度一些硕士、博士学位论文也体现了运用田野调查方法对神话的研究。乐燕的《神话与家的延续——一个布朗族祭司家族的生活史研究》② 是一篇对神话知识持有者的个人生活史研究，该研究较好地呈现了对一位神话讲述者的民族志书写。其他一些成果则是在历史比较、文本文献研究的同时，兼顾运用田野调查方法，虽然呈现结果不是民族志，但也不同程度地反映了当下语境中神话的存在状况。这类研究比如李莉《神话谱系演化与古代社会变迁——中国北方满—通古斯语族神话研究》、③ 张丽红《满族说部之女神研究》、④ 金河守《阿尔泰语系诸民族的原始意象"太阳"比较研究——朝鲜、女真、日本的"太阳"关联语言和神话为中心》、⑤ 张多《神话意象的遮蔽与显现——以哈尼族鱼创世神话为中心》、⑥ 查苏娜《神话对族群跨文化传播的影响研究——以蒙古族与汉族神话的差异和传播为例》⑦ 等。

　　总的来说，2014 年度的神话研究成绩尚令人满意：诸多经典问题和个案的探讨均有不同程度的进展；"四重证据法""N 级编码理论"以及现代口承神话的民族志研究，取得了更进一步的拓展和深化；"神话主义"概念的重新阐释和相关个案的实践，也有助于解放思想，推动神话学者将探究的目光从社区日常生活的语境扩展到在各种新的语境中被展示和重述的神话，从而为神话学注入新的活力。遗憾的是本年度有深度和新意的神话学专著较少，另外，相对于异常丰富的民俗生活而言，立足于民族志式田野作业的现代口承神话研究，也非常缺乏深入、细致的专门成果，这些都有待未来的补充和推进。

---

　　① 赵秀兰：《神话语境中的"司岗里"语义探索》，《中央民族大学学报》（哲学社会科学版）2014 年第 6 期。

　　② 乐燕：《神话与家的延续——一个布朗族祭司家族的生活史研究》，中央民族大学 2014 年硕士学位论文。

　　③ 李莉：《神话谱系演化与古代社会变迁——中国北方满—通古斯语族神话研究》，吉林大学 2014 年博士学位论文。

　　④ 张丽红：《满族说部之女神研究》，吉林大学 2014 年博士学位论文。

　　⑤ 金河守：《阿尔泰语系诸民族的原始意象"太阳"比较研究——朝鲜、女真、日本的"太阳"关联语言和神话为中心》，延边大学 2014 年博士学位论文。

　　⑥ 张多：《神话意象的遮蔽与显现——以哈尼族鱼创世神话为中心》，云南大学 2014 年硕士学位论文。

　　⑦ 查苏娜：《神话对族群跨文化传播的影响研究——以蒙古族与汉族神话的差异和传播为例》，内蒙古大学 2014 年硕士学位论文。

2014 年史诗研究综述[*]

巴莫曲布嫫　诺布旺丹　斯钦巴图　阿地里·居玛吐尔地

吴晓东　杨杰宏　李斯颖　高荷红　黄　群　姚　慧

在中国少数民族文学研究中，史诗研究业已成为一个重要学术方向。这是因为相对于汉族来说，我国少数民族的口头文学蕴藏丰富，尤其以口传的长篇叙事诗歌和史诗最具民族特色，传承时代久远，流传地域广阔，与少数民族的历史生活和文化认同联系紧密，比较充分地反映了各个民族的文化创造力，最能代表各个民族的文学成就。2014 年，中国少数民族史诗传统研究主要包括《格萨（斯）尔》《江格尔》和《玛纳斯》三大史诗、南方史诗、北方史诗及外国史诗研究几个板块；专题研究则涉及史诗文本的搜集、整理、翻译和出版，特定史诗传统的传承和流布，史诗的社会功能和文化意义，史诗的演述、创编和流布，代际传承和代表性传承人，史诗演述传统的数字化建档，当下史诗传统的存续力与非物质文化遗产保护，以及史诗学理论和学科建设等诸多问题。以中国社会科学院民族文学研究所（以下或简称"民文所"）为中心的中国少数民族史诗研究，在整个少数民族文学研究中一直是一个比较有成绩的部门，不仅在相邻学科间产生了影响，也获得了一定的国际声望。

一　学术动向与学科建设

（一）多向度的资料学建设

截至 2013 年 12 月，史诗《格萨尔王》的藏文精选本编撰出版工作顺利完成。经过几代学者 30 年的不懈努力，已搜集整理出来的文本超过 1500 万字，为格萨尔研究和藏学研究提供了大量的史料依据。从 1983 年开始，国家将《格萨尔王》的搜集整理和学术研究工作列为重点科研项目。精选本以已故的中国当代最杰出的民间格萨尔王说唱艺人扎巴和桑珠的说唱本为基本框架，同时参考其他优秀艺人的说唱本，尽可能吸收各种唱本、刻本和抄本的优点，进行整理精编。精选本共计 40 卷、51 册，配以 306 幅唐卡插图，近 60

　　*　本文作者单位：中国社会科学院民族文学研究所。分工如下：第一章：巴莫曲布嫫。第二章第一节：诺布旺丹；第二节：斯钦巴图；第三节：阿地里·居玛吐尔地。第三章：吴晓东、杨杰宏、李斯颖。第四章：高荷红。第五章：黄群。第六章：姚慧、巴莫曲布嫫、杨杰宏、李斯颖。全篇由巴莫曲布嫫统稿。

万诗行。①

2013 年 12 月 2 日，西藏自治区重大文化工程"《格萨尔》藏译汉项目"工作启动会在西藏社会科学院召开，来自北京、青海、甘肃和西藏自治区内的《格萨尔》专家 20 余人参加了会议。会上，藏族学者诺布旺丹代表全国《格萨（斯）尔》工作领导小组办公室充分肯定了西藏社会科学院自 20 世纪 80 年代以来在《格萨尔》搜救、整理、出版和研究方面取得的成绩。会议期间，先后宣读了《〈格萨尔〉藏译汉项目实施方案》和《〈格萨尔〉藏译汉项目翻译要则》，并向 20 余名区内外翻译专家发放了聘书，签订了首批翻译协议。② 桑珠艺人说唱的《格萨尔》一共有 45 部 48 本，经过十多年的不懈努力，截至 2013 年，西藏自治区社会科学院已录制 45 部（2114 盘磁带），并正式出版《格萨尔艺人桑珠说唱本》43 卷，此次译制工作将从该说唱本中挑选其中的 20 部 22 本进行译制，计划于 2018 年完成。③《格萨尔艺人桑珠说唱本》的面世，成为国内外史诗领域个体艺人说唱史诗最长的记录。④

2014 年 1 月，《伊玛堪集成》由黑龙江人民出版社出版。该书由黑龙江省文化厅组织编纂，前后历时 3 年，共收录伊玛堪说唱 48 部，图片 300 余幅，分上中下三卷，总计 230 多万字，比较完整、客观、系统地反映了赫哲族伊玛堪说唱的全貌，收录了诠释伊玛堪说唱传承区域、代表性传承人、历史渊源、表现形态、文化价值、濒危状况及保护的重要理论学术文章。⑤ 2011 年 11 月，赫哲族"伊玛堪说唱"被联合国教科文组织正式列入"急需保护的非物质文化遗产名录"。《伊玛堪集成》则是一部抢救和保护伊玛堪的巨秩宝典，其问世正是黑龙江伊玛堪保护的综合成果。⑥

2 月 28 日，中国民间文艺家协会（中国民协）在北京举办"中国口头文学遗产数字化工程（一期）演示会"，展示了该工程的建设成果。在中国文联、文化部的支持下，中国民协于 2010 年 12 月启动中国口头文学遗产数字化工程，历经 3 年艰辛，圆满完成预定目标，为中国非物质文化遗产保护工作增添了新亮点。该工程（一期）录入口头文学资料 4905 本、8.878 亿字，形成 TIF、PDF、TXT 三种数据格式；对神话、传说、民间故事、民间歌谣、史诗、民间长诗、谚语、谜语、歇后语、民间说唱、民间小戏 11 类口头文学作品进行了一级分类，总计 116.5 万篇（条），并完成了检索发布系统软件和数据库文档多种形式的备份。⑦ 此后，中国民协课题组还梳理了"三大史诗《格萨尔》《玛纳斯》《江格尔》发掘整理出版"的学术历程。⑧

3 月 6 日，内蒙古文化音像出版社发布消息称，由蒙古族著名说书艺人扎拉森"录

---

① 黎华玲："世界最长史诗《格萨尔王》编撰完成"，《人民日报》（海外版）2013 年 12 月 16 日第 4 版。另见降边嘉措"《格萨尔》藏文精选本的编纂历程"，《文艺报》2014 年 5 月 12 日第 5 版。

② 《格萨尔》藏译汉项目工作领导小组办公室："自治区重大文化工程《格萨尔》藏译汉项目正式启动"。（http://www.xzass.org/html/news2377.html）

③ 赵延："《格萨尔》史诗藏译汉项目 2018 年完成"，中国新闻网 2013 年 12 月 5 日。

④ "说唱格萨尔王 传承民族文化"，《西藏日报》2014 年 8 月 19 日。

⑤ 杨宁舒："《伊玛堪集成》出版发行"，《黑龙江日报》2014 年 8 月 20 日。

⑥ 张敏杰："民族绝唱的复活——《伊玛堪集成》巨著问世与联合国名录'伊玛堪'的多维立体保护"，《中国艺术报》2014 年 11 月 24 日。

⑦ 张志勇："我们拥有了一座文化大山"，《中国艺术报》2014 年 3 月 3 日第 2 版。

⑧ 见《中国口头文学遗产数字化工程全记录》2014 年第 2 期。

制"的 221 集乌力格尔专辑《成吉思汗的故事》正式出版。① 该专辑在蒙古族著名文学家尹湛纳希之著《大元盛世青史演义》的基础上，充分利用《蒙古秘史》《元史》《史集》等蒙古族相关史料及民间传说，成功"讲述"了成吉思汗统一连年混战、四分五裂的蒙古各部落，建立统一的君主国、推动历史前进丰功伟绩的故事。其最大亮点是"说唱艺人充分运用民间故事、歌谣、好来宝、祝赞词、格言等蒙古族民间说唱文学艺术的各种形式，使故事的语言、风格达到了新颖、生动、简练，富有节奏感和音乐美，进而向受众展现一个完整的成吉思汗形象"。担任该专辑的说书艺人扎拉森，1950 年生于内蒙古通辽市奈曼旗，8 岁时便能演唱较长的叙事民歌，16 岁系统学习乌力格尔。2000 年在全国"首届蒙古语乌力格尔比赛"中荣获创作一等奖，目前在内蒙古多家高校任特聘教师、客座教授。②

2014 年 4 月 9 日，中国首个格萨尔文化数据库网站——玛域格萨尔网正式开通，③ 成为展示、推介藏民族英雄史诗《格萨尔》文化研究的第一平台。该网由青海省果洛藏族自治州文化体育局创办，作为果洛格萨尔文化数据库的在线展示平台，旨在成为对外展示格萨尔文化研究最新动态，整合格萨尔文化资源、全面推介《格萨尔》学常识的重要窗口。网站设动态、人物、遗址、成果、音频、视频、图库、专题等 8 个大栏目，还包括专家学者、说唱艺人、史诗人物、遗迹、遗物、文章、专著、部本等 15 个子栏目。"玛域格萨尔网"的开通，为《格萨尔》学事业的发展注入来自互联网的新鲜血液，有利于《格萨尔》史诗文化的抢救、保护、继承和发扬，也将成为蒸蒸日上的《格萨尔》学研究事业的一把助推器。④

西藏首个格萨尔王多媒体资源库 4 月底前后在西藏自治区图书馆建成并投入使用，来自西藏北部地区的 5 名说唱艺人的作品、唱腔等资料已完成入库工作。据介绍，资源库包括精品说唱、艺人口述史、音乐唱腔、格萨尔赞歌、格萨尔王舞蹈、格萨尔王历史遗迹 6 个部分，今后还将陆续录入那曲地区 80 余名传唱人及西藏其他地区传唱人的说唱资料。⑤

截至 2014 年 6 月底，作为少数民族文献数字化工程的"海南少数民族研究全文数字资源库"建设项目取得阶段性成果。该库始建于 2002 年，共有图书库、论文库、图片库、多媒体库及资讯库共 5 个子库。目前数据库中已收录图书 671 种、图片 2892 幅、资讯1596 条、论文 3806 篇、多媒体 189 条，共计发布数据 9154 条，从黎族史诗、黎族远古传说，到苗族民间歌谣、苗族民间故事，海南少数民族口头传统由此实现了计算机检索、浏览阅读和全文下载。该数据库虽以书面文献资源为主，同时也收录了碑刻、雕像、题记、乡规乡约、画卷、照片等非正式出版物，以及至今尚流传在该民族中的各种经卷、史诗的

① 乌力格尔，蒙语意为"说书"，俗称"蒙古书""蒙古说书""蒙古琴书"，集蒙古说唱艺术发展之大成的一种叙事传统文类，主要流传于内蒙古自治区及相邻黑龙江、吉林和辽宁等蒙古族聚集区。
② 李爱平："蒙古族说唱艺术乌力格尔专辑《成吉思汗的故事》出版"，中国新闻网 2014 年 3 月 6日。（http://www.chinanews.com/cul/2014/03 – 06/5920112.shtml）
③ 玛域格萨尔网。（http://www.epicgesar.com）
④ 恰嘎·觉如："果洛州格萨尔文化数据库网站开通"，玛域格萨尔网 2014 年 10 月 19 日。
⑤ 许万虎、刘洪明："西藏首个格萨尔电子库建成"，《人民日报》（海外版）2014 年 4 月 24 日。

抄本、稿本以及相关注释、记录等。①

8 月 13 日，中国国家民委文化宣传司巡视员李建辉在 "2014·中国西藏发展论坛" 全面回顾了少数民族非物质文化遗产保护工作的成就，他指出，少数民族三大英雄史诗《格萨尔》《江格尔》《玛纳斯》的搜集、整理、翻译、出版和研究工作取得了很大的成绩。目前，《格萨尔》已正式出版了 100 多部藏文本，总印数达 400 万册，按藏族总人口计算平均每个成年人就有一本《格萨尔》。②

9 月 24 日，北京东巴文化艺术发展促进会透露，"世界记忆遗产——东巴经典传承体系数字化国际共享平台建设研究" 项目已有新进展，部分散布国外的典籍已得到东巴祭司的诠释和解读。在漫长的历史中，纳西人用形同宇宙间自然符号的东巴象形文字，记述并流传下了多达三万卷的东巴经典，被联合国教科文组织列为 "世界记忆遗产"。由于大量东巴经典原始手稿分散在十多个国家，学术研究分散，彼此沟通不便；而且现在只有几位年逾古稀的纳西族东巴祭司才能释读这些典籍，东巴文化包括东巴史诗亟须抢救与传承。目前该课题已被列入国家社科基金重大项目，由北京信息科技大学、北京东巴文化艺术发展促进会等单位联合开展，计划于 2017 年 12 月完成。③

11 月 3 日，《中国史诗百部工程》编委会在北京正式成立，编委会成员均是来自高等院校、科研院所、传媒领域的学者和专家。《中国史诗百部工程》于 2009 年立项，2012 年 4 月正式启动，为国家社科基金特别委托项目，由文化部民族民间文艺发展中心规划执行；项目内容分 "中国史诗影像志（百部）""中国史诗资料集（百部）""中国史诗数据库" 三部分。计划通过摄制影像、整理文本、建立数据库三种方式，记录 100 组艺人说唱的史诗，形成影像、资料集、数据库三类成果。《中国史诗百部工程》侧重于濒危的第一手史诗资源的抢救与挖掘，以仍在民间活态传承的史诗为主要项目对象，以高质量影音摄制为主要记录手段，全面记录史诗传承的仪式、民俗、文化生态，以保留直观的、真实的、有价值的文化资源为最终目标。项目内容为史诗本体及其演述传统，包含创世史诗、迁徙史诗、英雄史诗及复合型史诗等。该项目业已完成 19 个试点项目的委托立项，第一批 10 个项目预计在年底完成结项评审；在已立项的项目中，有达斡尔族、柯尔克孜族、汉族、苗族、纳西族等 11 个民族史诗完成了基础调查、拍摄、采集工作，收集到了超过 300 小时的素材资源。④

本年度中国社会科学院民族文学研究所（以下或简称 "民文所"）的 "蒙古英雄史诗大系数字化建档项目" 得以顺利推进。该项目基于《蒙古英雄史诗大系》，⑤ 收入蒙古中短篇史诗文本 196 种，约 25 万诗行。原资料集成的工作量巨大，汇编工作遵循严谨、科学、专业的原则，在著名前辈学者仁钦道尔吉先生的直接领导下历时多年完成。作为蒙古族英雄史诗集成工程的成果汇编，该 "大系" 被誉为 20—21 世纪蒙古英雄史诗资料学建

---

① 林容宇："拾起散落的民族文化珍珠——海南少数民族研究全文数字资源库建成"，《海南日报》2014 年 6 月 30 日。

② 边巴次仁、刘洪明："中国少数民族非物质文化遗产得到及时抢救和保护"，新华社 2014 年 8 月 14 日。（http://tibet.news.cn/gdbb/2014 - 08/14/c_ 133554664.htm）

③ "东巴象形文字将实现数字传承"，《北京日报》2014 年 9 月 25 日。

④ 李珊珊："《中国史诗百部工程》编委会成立"，《中国文化报》2014 年 11 月 6 日。

⑤ 《蒙古英雄史诗大系》四卷本，2007 年 10 月由民族出版社出版首卷，2010 年出齐。

设的"里程碑"，其中许多文本在我国属首次刊布，含一批学术大师如兰司铁（芬兰）、弗拉基米尔佐夫（俄罗斯）、海希西（德国）等亲自记录的文本，弥足珍贵。此外，该资料系列的编排体现了中国蒙古史诗研究理念，按照史诗的地域和方言分布、结构和故事范型类群、异文和互文关系几个原则分类编排。此外，收录其间的文本还反映了 20 世纪蒙古史诗记录的三个历史阶段，也有重要的学术史研究价值。为进一步推进民俗学、民间文学、少数民族文学及相关平行学科和专业的学术讨论、对话交流和成果传播，中国社会科学院民族文学研究所"中国史诗学"课题组在中研网的技术支持下，从 2010 年开始着手"蒙古族英雄史诗大系数字化建档项目"，一则以电子书（eEdition）的方式呈现该大系所汇集的 196 种史诗文本；二则在"中国社会科学院中国少数民族文化与语言文字研究中心"的资料学建设框架中集成史诗文本数据集，读者可按传承圈、演述人、专题（主题、人物、情节、结构）和采集地、采集时间以及参与其间的中外史诗学者等维度进行浏览或检索。①

（二）史诗文本新发现

2014 年 7 月 6 日，新疆有关方面发布消息称，一本尘封了 56 年的《玛纳斯》手抄本在新疆克孜勒苏柯尔克孜自治州乌恰县被发现，为《玛纳斯》相关研究带来了突破。收藏这本《玛纳斯》手抄本的人叫吾米尔·毛力多，是乌恰县农机局一位退休干部，今年 76 岁。他自年轻时就利用业余时间研究《玛纳斯》："1958 年我在乌鲁木齐市上学时，去柯尔克孜族历史学家艾尼瓦尔·白吐尔家拜访，他拿出一本《玛纳斯》手抄本。在翻看过程中，我惊奇地发现，这本手抄本竟然是著名'玛纳斯大师'艾什玛特·玛木别朱素普演唱的版本。我看后深感应该做点什么，于是决定将原文手抄下来。"历时两年时间，吾米尔·毛力多终于将此版本的 57 万多行《玛纳斯》史诗全部抄录下来。这个版本原是 20 世纪 50 年代初艾什玛特·玛木别朱素普演唱时，艾尼瓦尔·白吐尔和玛纳斯研究专家、中央民族大学胡振华记录下来的。"文化大革命"期间，艾尼瓦尔·白吐尔和胡振华手中的原本全部被烧毁。随着艾什玛特·玛木别朱素普的去世，人们都认为这个版本的《玛纳斯》已经失传。吾米尔·毛力多说："那时，我把这本手抄本用牛皮纸包成里三层外三层后埋藏在家里的庭院中，现在我觉得是该让这本手抄本重见光明的时候了。"吾米尔·毛力多把这本尘封半个世纪的手抄本交给乌恰县文联时，引起一片沸腾。克孜勒苏柯尔克孜自治州玛纳斯研究员朱玛克·卡德尔表示，艾什玛特·玛木别朱素普被誉为"玛纳斯大师"，他演唱的《玛纳斯》史诗有其独特的传统风格，非常吸引人。目前，乌恰县文联正组织专家组对手抄本进行整理，以便尽早出版发行。②

7 月初，青海省都兰县沟里乡发现了两部民间流传的《格萨尔》口述手抄本。据长期生活在都兰地区的青海民族大学在读硕士研究生却杨让智介绍，两部《格萨尔》史诗手抄本是都兰县沟里乡智玉村的当增多杰在 20 世纪 70 年代根据当地民间口述记录撰写的手抄本。两部手抄本的内容分别为《英雄诞生》和《降魔》。这两部手抄本是《格萨尔》史诗中较为早期的故事文本，对于进一步了解《格萨尔》史诗在不同地区，尤其是蒙藏杂居地区的《格萨尔》的流传具有重要的意义。《格萨尔》史诗记载了藏族远古游牧部落

① 蒙古英雄史诗大系。（http://mongolianepics.ddp.zhongyan.org.cn/index.php）
② 王瑟："57 万行《玛纳斯》手抄本被发现原本已被烧毁"，《光明日报》2014 年 7 月 7 日。

社会中的赛马、摔跤、射箭、马球、棋弈、角力、投石、游泳、抛套索、剑术、武术、举重等传统体育活动。值得一提的是有些体育活动只是在《格萨尔》故事中有所提及，在民间已濒临消失。这两部口述文本中记载了许多民间流传的体育活动，对国家社科基金项目"史诗《格萨尔》中的体育文化普查与研究"撰写提供了第一手资料，与其他文本相比，内容更为新颖、语言流畅，保留了原汁原味，具有极高的学术价值。①

（三）传承人研究成为年度热点

2013 年 12 月 3—6 日，由中国民间文艺家协会、贵州省文化厅主办，贵州省非物质文化遗产保护中心等承办的苗族史诗《亚鲁王》学术研讨会在贵州省贵阳市举办。来自全国各地的 30 余位专家学者围绕《亚鲁王》史诗的研究整理与保护传承等问题进行了探讨。专家们提出，对《亚鲁王》进行文本记录应尽可能地跟踪研究史诗的演述传统，并尽快建立起省级的"亚鲁王研究中心"，对史诗进行深入系统的研究。与此同时，还应注重演述人"东郎"的传承机制及其文化生态保护，这是维系史诗传承的前提与根本。学者们对目前紫云自治县的观音山成立的《亚鲁王》工作站和 14 个传习点表示了肯定；另一方面，专家们也直言，目前对史诗的推广脱离了对麻山苗人文化的理解，存在盲人摸象的误读危险。②

7 月 4 日，以"传承非遗文化，弘扬民族艺术"为主题的"2014 青海省《格萨尔》优秀民间艺人演唱会暨学术讨论会"分别在西宁及湟中县群加乡隆重举行。青海省委常委、省委宣传部部长、青海省《格萨尔》工作领导小组组长吉狄马加，文化部非遗司副巡视员张兵，全国《格萨尔》工作领导小组办公室主任、研究员诺布旺丹等参加会议。研讨会荟萃了来自北京、甘肃、海西、果洛、玉树、海南、黄南等省、市、州的 50 多位民间艺人和专家学者，来自民间的优秀艺人们现场展演不同地区、不同民族、不同风格、不同类型的《格萨尔》说唱艺术，专家学者们共商《格萨尔》的抢救、保护和传承等重大问题。这是青海省规模最大、优秀民间艺人最集中的一次《格萨尔》演唱盛会，也是一次关于记录、展示该省抢救、整理、出版、研讨《格萨尔》史诗的重要学术会议。会上给优秀民间艺人颁发了"2014 青海省《格萨尔》优秀民间说唱艺人"证书。③

11 月 27 日，来自中国和吉尔吉斯斯坦的近百位《玛纳斯》传唱者会聚新疆乌鲁木齐市，参加由新疆维吾尔自治区文联主办、新疆民间文艺家协会承办的"首届《玛纳斯》国际演唱会暨保护论坛"。2009 年，《玛纳斯》被联合国教科文组织列入"人类非物质文化遗产代表作名录"。本次系列活动以首届《玛纳斯》国际演唱会、玛纳斯保护与传承学术研讨和第二届中国柯尔克孜民间长诗传承人培训为主要内容，对于进一步交流和分享各国保护《玛纳斯》的信息和成果，凝聚当代保护《玛纳斯》的共识，促进保护、研究工作的国际合作，具有重要意义。新疆文联主席阿扎提·苏里坦表示，这次国际演唱会和保

---

① 都兰县委宣传部："都兰发现两部《格萨尔》手抄本"，新华网青海频道 2014 年 7 月 7 日。(http://www.qh.xinhuanet.com/doulan/2014 - 07/07/c_ 1111487812.htm)

② 程竹："活态传承是保护的根本——苗族史诗《亚鲁王》学术研讨会综述"，《中国文化报》2013 年 12 月 30 日。

③ "2014 青海省《格萨尔》优秀民间艺人演唱会暨学术研讨会举行"，青海新闻网 2014 年 7 月 31 日。

护论坛的召开，将进一步促进和推动《玛纳斯》的活形态流传、保护与传承工作，为保证《玛纳斯》的保护计划顺利进行、加强国际交流奠定坚实的基础。为使传承工作得到延伸，新疆民间文艺家协会研究人员对所有认定的传承人——"玛纳斯奇"们生活的文化背景、地域特征、民俗习惯及其传承史、口述史、技艺过程、艺术特点和代表作，按照统一格式进行了进一步的调查与整理，计划建立完备的档案和数据库，并以图书方式出版发行。①

10月26—27日，国家社科基金重大招标项目"柯尔克孜族百科全书《玛纳斯》综合研究（13&ZD144）"在北京召开"史诗歌手研讨会"。来自中国社会科学院、中央民族大学、黑龙江民委民族研究所、陕西外国语大学、山东大学、新疆师范大学、塔里木农垦大学、喀什师范学院等研究机构和大专院校的相关学者，新疆维吾尔自治区各级政府《玛纳斯》保护中心及学术部门的各民族学者、研究生等30余人参会，包括柯尔克孜族、回族、汉族等多个民族的老中青学者。会议共收到论文30篇。会议由中国社会科学院民族文学研究所"柯尔克孜族百科全书《玛纳斯》综合研究"课题组承办。《玛纳斯》史诗歌手研究是《玛纳斯》综合研究重大项目的子课题之一，是这个项目非常重要的组成部分，也是挑战性和突破性很强的研究方向。尤其是随着居素普·玛玛依等三位国家级《玛纳斯》传承人在一年内相继去世，更是凸显了这一研究领域的紧迫性和重要性。②

多年来，我国学者在这一领域虽然有不同程度的研究，但是这种集中讨论和研究还是第一次。在这次会上，各位学者在玛纳斯奇（玛纳斯歌手）的史诗演唱技艺、演唱中对于传统的继承与创新、玛纳斯奇的身份认同、玛纳斯奇的史诗梦授说、玛纳斯奇的史诗学习经历、重要玛纳斯奇的身份资料新发现等方面都有很多具有突破性的研究成果出现，从多方面推进了我国《玛纳斯》史诗歌手研究。中国社会科学院荣誉学部委员、民族文学研究所研究员郎樱的《歌手的追踪调查与歌手文档建立——田野工作思考》从若干个方面对歌手档案的建立进行了总结。中央民族大学教授胡振华以《学习〈玛纳斯〉的经过及体会》为题，通过回顾自己参与《玛纳斯》史诗搜集、翻译的亲身经历和体验，展示了《玛纳斯》史诗的研究史。参会论文除了从不同的侧面集中讨论我国国宝级《玛纳斯》演唱大师居素普·玛玛依及其演唱《玛纳斯》史诗的多重内涵和丰富的传统性特征外，其他论文均围绕新疆各地的《玛纳斯》传统歌手进行研究，有很多新视角、新资料和新发现，分别涉及艾什玛特·满别特居素普、萨尔特阿洪·卡德尔、铁米尔·图尔都满别特、萨特瓦勒德·阿玛特、满别特阿散·卡帕尔、阿克坎别克·努热昆，以及居素普·坎杰等多位杰出的玛纳斯奇，有的传承人则是第一次进入学者的视野。学者们呼吁，随着时间的推移，许多优秀的玛纳斯奇逐渐年迈、相继离世，加强"玛纳斯奇"研究的重要性与紧迫性日益凸显，应尽快建立系统而完整的玛纳斯奇档案库。③

① 王瑟："首届《玛纳斯》国际演唱会暨保护论坛在新疆举行"，《光明日报》2014年11月28日。

② 阿地里·居玛吐尔地："加强'玛纳斯奇'研究的紧迫性日益凸显——国家社科基金重大招标项目'柯尔克孜族百科全书《玛纳斯》综合研究史诗歌手研讨会'综述。"（http://lit.cssn.cn/wx/wx_yczs/201411/t20141128_1421199_2.shtml）

③ 阿地里·居玛吐尔地："加强'玛纳斯奇'研究的紧迫性日益凸显——国家社科基金重大招标项目'柯尔克孜族百科全书《玛纳斯》综合研究史诗歌手研讨会'综述"。（http://lit.cssn.cn/wx/wx_yczs/201411/t20141128_1421199_2.shtml）

（四）会议/项目之于事件/人物

2014 年 1 月 4 日上午，由中国社会科学院民族文学研究所阿地里·居玛吐尔地研究员和新疆师范大学曼拜特·吐尔地教授共同承担的 2013 年度社科基金重大项目《柯尔克孜百科全书〈玛纳斯〉综合研究》开题论证会在新疆师范大学举行。首席专家之一阿地里·居玛吐尔地研究员代表课题组从学术背景、项目意义、研究思路和技术路径、总体框架、项目组研究团队以及项目难点和创新之处等七个方面介绍了项目的总体设计情况。专家们经过认真评议，认为《玛纳斯》学是具国际影响的学科，有很好的铺垫，而且晚近的学科理论发展为此项研究提供了很好的理论基础；而本项目组主要由柯尔克孜学者组成，通过集体攻关带动青年研究人才的培养。各位专家还从不同的角度对项目的实施提出了一系列具体建议。[①]

1 月 15 日，"第八届（2013 年）中国社会科学院优秀科研成果奖"正式揭晓，民族文学研究所共有 3 项成果获奖，均来自史诗研究领域。朝戈金研究员的论文《从荷马到冉皮勒：反思国际史诗学术的范式转换》[②] 获优秀科研成果二等奖；尹虎彬研究员的论文《史诗观念与史诗研究范式转换》[③] 和巴莫曲布嫫研究员的译著《荷马诸问题》（格雷戈里·纳吉著）[④] 获第八届中国社会科学院优秀科研成果三等奖。[⑤]

6 月 1 日 10 时，《玛纳斯》演唱大师居素普·玛玛依因病在故乡阿合奇逝世，享年 97 岁。居素普·玛玛依，柯尔克孜族，1918 年出生，新疆克孜勒苏柯尔克孜自治州阿合奇县哈拉布拉克乡麦尔开其村人。新疆维吾尔自治区文联名誉主席、研究员、自治区政协常委、中国文联第四届委员、中国民间文艺研究会第三届理事。他是国内外公认的目前世界上唯一能演唱八部二十三万五千多行柯尔克孜英雄史诗《玛纳斯》的大师级传承人，生前曾三次应邀出访吉尔吉斯斯坦，并被授予金质奖章和"吉尔吉斯斯坦人民演员"称号。1998 年新疆维吾尔自治区党委和政府授予他"首届天山文艺奖·贡献奖"；同年获得我国民间文艺成果最高奖"山花奖·艺术成就终身奖"殊荣。2007 年中国文联、中国民协授予他"中国民间文化杰出传承人"荣誉称号；2009 年《玛纳斯》被列入联合国教科文组织的"人类非物质文化遗产代表作名录"，居素普·玛玛依也被命名为"国家级非物质文化遗产代表性项目传承人"。我国目前出版的柯尔克孜文史诗《玛纳斯》是根据我国著名《玛纳斯》演唱大师居素普·玛玛依的唱本整理出版的。整部史诗由《玛纳斯》《赛麦台依》《赛依铁克》《凯耐尼木》《赛依特》《阿斯勒巴恰与别克巴恰》《索木碧莱克》《奇格泰》八部组成。[⑥] 6 月 2 日，悼念活动在克孜勒苏柯尔克孜自治州阿合奇县人民广场举

---

①　"2013 年度社科基金重大项目《柯尔克孜百科全书〈玛纳斯〉综合研究》举行开题论证会"，中国民族文学网。（http://iel.cass.cn/news_ show.asp? newsid = 10940）

②　朝戈金：《从荷马到冉皮勒：反思国际史诗学术的范式转换》，《中国社会科学院文学研究所学刊（2008）》，中国社会科学出版社 2008 年版。

③　尹虎彬：《史诗观念与史诗研究范式转换》，《中央民族大学学报》（哲学社会科学版）2008 年第 1 期。

④　巴莫曲布嫫：《荷马诸问题》，广西师范大学出版社 2008 年版。

⑤　"我所 3 项成果获第八届（2013 年）中国社会科学院优秀科研成果奖"，中国民族文学网。（http://iel.cass.cn/news_ show.asp? newsid = 11666）

⑥　"《玛纳斯》演唱大师居素普·玛玛依 6 月 1 日 10 时逝世"，亚心网 2014 年 6 月 3 日。

行。中共中央政治局委员、自治区党委书记张春贤对居素普·玛玛依逝世表示哀悼并向其亲属表示慰问。悼念活动后，按照穆斯林传统习俗将居素普·玛玛依安葬。新疆维吾尔自治区党委、人大、政府、政协及相关部门负责同志、克孜勒苏柯尔克孜自治州主要领导和援疆干部及自治州社会各界代表 5000 余人前往送别。①

7 月 16—17 日，由中国社会科学院民族文学研究所和新疆和布克赛尔蒙古自治县人民政府联合主办、国际史诗学会和中国《江格尔》研究会一同协办的"《江格尔》与世界史诗国际研讨会"在新疆和布克赛尔蒙古自治县召开。来自中国、蒙古国、俄罗斯、美国以及韩国等国家的 30 多位学者出席了本次会议，90 岁高龄的著名江格尔奇加·朱乃列席了会议。会议收到学术论文 30 余篇，内容涉及《江格尔》口头传统的保护、《江格尔》史诗历史文化内涵、国际《江格尔》研究发展趋势、艺人研究、对于《江格尔》研究的反思、《江格尔》的诗歌艺术、《江格尔》的地方传统以及《江格尔》资料信息等诸多问题，基本上反映了当下国际《江格尔》研究所关注的主要问题。目前，《江格尔》口头传统的研究与保护工作已进入一个新的历史时期，既需要提升包括中、蒙、俄三国在内的国际社会的通力合作，也需要加强地方政府、非物质文化遗产保护中心和国内专业学术机构之间的协作。②

7 月 29 日，文化部办公厅正式复函，同意设立"格萨尔文化（果洛）生态保护实验区"；8 月 18 日，国家级格萨尔文化生态保护实验区在青海省果洛藏族自治州挂牌成立。此举将从整体上对《格萨尔》这部代表了古代藏族文化最高成就的英雄史诗及其周边文化进行系统保护和传承，这也是青海继热贡文化生态保护实验区后设立的第二个国家级文化生态保护实验区。"国家级文化生态保护区是指以保护非物质文化遗产为核心，对历史文化积淀丰厚、存续状态良好，具有重要价值和鲜明特色的文化形态进行整体性保护，并经文化部批准设立的特定区域。"格萨尔文化生态保护实验区的设立，体现了国家对果洛藏区文化建设的高度关注与支持，标志着国家层面对格萨尔文化挖掘、整理、保护、传承工作的高度认可。③

10 月 14—15 日，国际哲学与人文科学理事会（CIPSH/ICPHS）第 31 届代表大会在法国巴黎联合国教科文组织总部召开，中国社会科学院学部委员、民族文学研究所所长、中国民俗学会会长、国际史诗研究学会创会会长朝戈金研究员以全票当选主席。这是中国学者第一次担任此类国际学术组织的首席领导职务。国际哲学与人文科学理事会由联合国教科文组织筹建于 1948 年 10 月，并于 1949 年 1 月召开第一次全体会议予以正式确认，与国际科学理事会（ICSU）、国际社会科学理事会（ICSS）同为隶属 UNESCO 的三大国际学术机构。④

12 月 2 日，由中国蒙古学学会主办的"中国蒙古学学会 2014 年年会暨'中国蒙古学

---

① 姚彤："张春贤对居素普·玛玛依逝世表示哀悼"，《新疆日报》2014 年 6 月 3 日。

② "'《江格尔》与世界史诗'国际研讨会在新疆和布克赛尔召开"，中国民族文学网。（http：//iel. cass. cn/news_ show. asp？newsid＝11203）

③ 吕霞、邓福林："以设立国家级文化生态保护实验区为契机开启格萨尔文化保护发展的新局面"，《青海日报》2014 年 10 月 15 日第 11 版。

④ "朝戈金研究员以全票当选国际哲学与人文科学理事会主席"，中国民族文学网。（http：//iel. cass. cn/news_ show. asp？newsid＝11588）

奖'颁奖大会"在呼和浩特举行,来自中国社会科学院和国内其他高等院校、科研院所的 80 余名专家学者参加了学术讨论。中国社会科学院荣誉学部委员、民族文学研究所史诗学者仁钦道尔吉研究员获得第三届中国蒙古学学会"中国蒙古学奖"。仁钦道尔吉在长达五十多年的学术生涯中,为蒙古学研究事业做出杰出贡献,他先后在国内外出版了《英雄史诗〈江格尔〉》《〈江格尔〉论》《蒙古口头文学论集》《萨满诗歌与艺人传》《蒙古民歌一千首》(五卷)《蒙古英雄史诗大系》(四卷)等 30 多部学术著作和资料集,在国内外发表学术论文一百多篇,赢得了各国蒙古学界的广泛赞誉。[①]

12 月 5 日,著名藏学家次旺俊美因病在北京逝世,享年 69 岁。次旺俊美,藏族,1945 年 9 月出生于西藏拉萨;1970 年毕业于北京师范大学教育系,先后在西藏自治区师范学校、西藏师范学院任教;1985 年西藏大学成立,次旺俊美成为全国最年轻的大学校长。次旺俊美从事教育、科研及管理工作 30 多年,对教育学、文艺理论、中国少数民族文学及藏学有较深研究。他主持启动了著名老艺人桑珠《格萨尔》说唱本的抢救、整理工作,通过合作及对 60 余部桑珠说唱本进行筛选并择要出版了部分藏文版本,弥补了《格萨尔》抢救保护的缺憾,为后续翻译、出版和研究奠定了基础。[②]

(五)国际化和在地化格局中的"中国史诗学"

"中国史诗学"作为中国社会科学院民族文学研究所的重点学科,已经走过了十多年的道路。其总体目标是通过长期建设,构筑可持续性发展的"中国史诗学"体系,强化本学科在中国史诗学术发展进程中的引领、规划、示范和推动作用,从而保持并巩固民文所在中国史诗研究领域的学术传统和发展势头。2014 年,除了前面述及的史诗传统数据库建设外,"中国史诗学"还同时作为该所"创新工程"纳入管理和支持的范围,史诗学者在个人研究取得相应进展的基础上,大都积极关注并参与到学科建设中来。因此,民文所取得的实绩也可以通过一系列学术活动来检视。

11 月 12—13 日,由中国社会科学院文哲学部主办、中国社会科学院民族文学研究所及口头传统研究中心承办的第六期"IEL 国际史诗学与口头传统讲习班"在北京开讲。此次讲习班聚焦于"史诗传承的多样性与跨学科研究",在跨文化的视野下探讨史诗传承的多面相和文化间性,进而反思国内外学界的跨学科研究策略。芬兰土尔库大学教授帕卡·哈卡米斯和中国社会科学院民族文学研究所所长朝戈金分别作了题为"劳里·航柯在史诗研究中的创新"和"诗学谱系中的口头诗学"的主旨讲座。劳里·航柯为中国学界熟知的民俗学者,著述极丰,其理论影响甚广,但介绍多为碎片化,帕卡·哈卡米斯将航柯史诗研究中的创新之处系统地总结出来,其中"文本化过程""大脑文本""传统"等关键词启发很大。朝戈金系统梳理了"口头诗学"专属的术语体系和理论方法论,以口传史诗的文本研究为主线,从学术史的角度讨论口头诗学的演成、发展及其理论模型。

此次讲习班中有五位中国学者,其中的三位"70 后"可谓各有专长。中国社会科学院民族文学研究所的黄群博士后所作讲座为"'古今之争'中的荷马问题——以维柯为中心",通过考察维柯如何借荷马问题为论争提供解决之道,如何调和古今双方的分歧,乃至如何开启荷马问题的现代性等,对于我们重新思考当代中国自身文化传统中的"古今

---

① "仁钦道尔吉获第三届中国蒙古学奖",《内蒙古日报》2014 年 12 月 3 日第 2 版。

② 尕玛多吉:"著名藏学家次旺俊美辞世",《光明日报》2014 年 12 月 7 日第 4 版。

之争"和"中西之争"、民族史诗传统的现代处境问题皆有着紧迫而重要的启示意义。

姚慧博士后所作讲座为"《格萨（斯）尔》史诗的音乐范式分析：以扎巴老人、琶杰和王永福的说唱样本为个案"，她以中国社会科学院民族文学研究所档案库音频资料为分析样本，基于曲式结构和类型化的曲调特征，提出由"史诗音乐范式""传统曲库""范型部件"和"具体曲调"组成的概念体系。北京大学教授陈岗龙主要运用普罗普的魔法故事形态学理论探讨蒙古史诗《锡林嘎拉珠巴图尔》，结合 17 世纪喀尔喀蒙古接受藏传佛教初期的萨满教与佛教的斗争来阐释被誉为"狂怒英雄"的史诗主人公锡林嘎拉珠巴图尔所具有的萨满英雄性格。

另一名中国学者阿地里·居玛吐尔地通过回顾和审视我国半个多世纪以来的《玛纳斯》研究，梳理其史诗文本、歌手研究、《玛纳斯》学与相关理论探讨、国内外学者的代表性论著等学术史内容。在过去五年间，"IEL 讲习班"课程主题涵盖"理论、方法论和学术史""文化多样性及研究范式的转换""口头文类与跨文类""创编、记忆和传播""文本与语境""传承人与社区""田野研究和数字化建档"，以及"口头传统与 IT 技术和互联网"等诸多研究领域，且涉及中外古今数十种语言传统的个案研究。此次讲座来自四个国家多个学术传统中的主讲人，带来的是史诗学、口头诗学、民俗学、叙述学、宗教文献学、民族音乐学、古典诗学及文化遗产研究等多重维度的思考和见解。其中，既有学术史的钩沉，也有方法论的创新；既有文本考释的理趣，也有田野个案的音声。例如，荷兰莱顿大学教授奥奈·恩格尔霍芬的"阐释旗鱼足迹：叙事拓扑和叙事物"，围绕马鲁古群岛西南部和图图阿拉两地流传的旗鱼故事，从不同的传播途径、传播群体和语言载体，探究基本一致的故事传统，并提出"叙事知识管理"这一概念。

"IEL 国际史诗学与口头传统讲习班"意在深入探究不同文化语境中的口头传统，进一步推进多学科之间高水平的学术对话，在国际合作中搭建保护人类非物质文化遗产的对话平台。自开办以来，参与人数逐年增加，2009 年第一期讲习班学员有 40 余名，今年则增至近百名学员。此次讲习班来自国内外的学员中，还有很多年轻学人。为了让学员能够透彻领悟主讲内容，组委会专门于 12 日晚安排了近 2 小时的工作坊，20 多名学员和主讲人展开了面对面的交流。①

11 月 14—15 日，"中国社会科学论坛（2014·文学）：现代社会中的史诗传统"在京举行，会议由中国社会科学院主办，中国社会科学院民族文学研究所、国际史诗研究学会承办，论坛网站同步开通。② 德国波恩大学教授卡尔·赖希尔，芬兰文学学会民俗档案馆馆长、赫尔辛基大学民俗学教授劳里·哈维拉赫提，中国社会科学院民族文学研究所所长朝戈金分别作了题为"人亡歌息之后：口头史诗的未来""现代欧洲社会的史诗传统""佛教对口头叙事的影响：以蒙藏史诗《格萨（斯）尔王传》为例"等三篇主旨报告。

赖希尔认为，要想使传统得以延续，最重要的是要有保护传统文化的决心，不是像以前那样将其束之高阁、放在博物馆里，而是要让它融入人们的生活当中，只靠民俗学家研究口头传统是不够的。口头传统的传承人必须对他们的文化遗产抱有兴趣，意识到自身不

---

① 高荷红："史诗传承呼吁跨文化跨学科研究——第六期'IEL 国际史诗学与口头传统讲习班'开讲"，《中国社会科学报》2014 年 11 月 13 日。

② "中国社会科学论坛（2014·文学）——现代社会中的史诗传统"。（http：//meeting. ethnicliterature. org/meeting. php？c = m&channelId = 111&mid = 5&lang = zh – CN）

仅有责任保护它，还有责任积极发扬它。劳里·哈维拉赫提指出，任何民族或族群的文化都是众多元素构成的实体，受到不同时代的历史、理想、政治、经济条件的制约。建立于口头传统之上的文化，其类目和特质异常丰富，易使其成员产生认同感和依附性。在欧洲，利用史诗的政治和民族性来强化文化和民族认同的情况在很大程度上因主流"社会—文化"环境之差异而呈现出不同的特点。现代欧洲的民族意识被唤醒时，文化热潮渐次波及艺术、知识以及社会事务领域。很多时候，文化潮流的涌动常常会导致政治的觉醒或者意识形态之间的冲突，而史诗往往会沦为神话般的意识形态工具。朝戈金说，藏族和蒙古族人民都有英雄史诗《格萨（斯）尔王传》，同时又都信奉佛教，在这两个民族中，佛教的传入和传播在多方面对史诗《格萨（斯）尔王传》产生了深远的影响。我们可以通过以下三方面考察佛教对藏族和蒙古族史诗叙事的影响：一是在史诗故事结构、时空观和世界图景上反映的宗教观；二是直接同佛教相关的史诗人物形象；三是史诗的功能与佛教教化功能的重叠等。

本次论坛邀请了来自 8 个国家的 18 位学者，探讨欧亚史诗的多样性，包括中国"三大史诗"、苗族和维吾尔族的史诗传统在当下的存续状态，以及中外学界的应对策略。这次论坛必将进一步促进世界范围内的史诗研究工作，从而在国际层面加强史诗研究领域的学术对话和通力协作，并为保护人类非物质文化遗产，增进不同文化间的对话和相互理解，作出史诗学术共同体的贡献。[1] 一些京内外学者旁听了会议，并积极参与了讨论。[2]中国社会科学院民族文学研究所所长、国际史诗研究学会会长朝戈金指出，史诗是人类古老的口头叙事艺术。在当代社会中，有些史诗传统已临近濒危，另一些则仍具有活力，仍被社区和民众看作是其传统文化中最具内涵和特征的部分，是其文化创造力的杰出表征。传统史诗在现代社会的式微、存续或发展，值得深入探究。

近年来，中国史诗研究学术成果得到国际同行的关注和认可，为一些周边国家史诗学科建设和史诗遗产保护提供了重要的参考，为积极致力于促进国际史诗学领域的多边合作和学术交流创造了空间。为此，民文所计划定期举办国际史诗研究系列论坛，以召集全球范围内不同学科及研究领域的学者共同研讨当前史诗研究中的前沿问题。这一计划于2011 年启动，次年召开了"2012 史诗研究国际峰会：朝向多样性、创造性及可持续性"，邀请了近 30 个国家和地区的 70 多位代表参加，讨论范围涉及亚太、西欧、中东欧、中亚、非洲和拉丁美洲以及中国多民族的数十种从古至今的史诗传统，并共同倡议成立了"国际史诗研究学会"（http：//web. worldepics. org）。该学会在中国的成立，代表着国际同行对中国史诗学术的期许，促使我们在国际合作中搭建一个定期开展学术交流的对话平台。

12 月 10—11 日，中国社会科学院民族文学研究所"中国史诗学"重点学科项目组在北京会议中心召开"学人对话：史诗与我们"学术圆桌会议，来自北京大学、中央民族大学、新疆文联和本所的 18 位史诗学者围绕"回顾'中国史诗学'学科建设历程""学科建设中的重要问题和理论前瞻""资料搜集、田野研究与数字化建档"三个议题进行了

---

① 朝戈金："为国际史诗研究的学术对话做出贡献"，中国民族文学网。（http：//iel. cass. cn/news_ show. asp？ newsid = 11899）

② 王春燕："中外学者研讨现代社会中的史诗传统——'中国社会科学论坛（2014 年·文学）：现代社会中的史诗传统'在京举行"，《中国社会科学报》2014 年 11 月 27 日。

深入的讨论。"中国史诗学"重点学科负责人、中国社会科学院民族文学研究所所长朝戈金研究员首先说明了召开此次会议的宗旨，进而对比了中国史诗学的发展现状与国际史诗学的新进展，强调年轻学者将新元素纳入传统史诗学研究中的重要意义，鼓励中青年史诗学者在立足探寻本土史诗传统的同时要主动打开视野，积极参与国际史诗学术界的理论对话。

中国社会科学院民族文学研究所郎樱和杨恩洪两位研究员多年来分别从事《玛纳斯》和《格萨尔》的研究，她们立足于各自几十年来的田野跟踪调查结果对当下的史诗传承现状作出了分析，两位老专家一致认为，近年来国家级传承人的相继去世给史诗的代际传承带来不可估量的影响；与此同时，年轻一代歌手的涌现则带来了新的契机；史诗学者应更多地着力于对年轻一代传承人的调研。巴莫曲布嫫研究员从联合国教科文组织的《保护非物质文化遗产公约》出发，结合我国非物质文化遗产保护实践，讨论了"传承人和实践者"的概念及其界定，为探讨史诗传统与传承人研究现状提供了新的理论支持。

此次圆桌会议在主题发言中始终穿插着即时讨论，形式活泼。几代史诗学者结合个人研究方向畅所欲言，集思广益，不但归总了《格萨（斯）尔》《玛纳斯》《江格尔》三大史诗研究的前沿性成果，还从史诗与音乐、史诗与建筑、史诗与政治等角度，为史诗学研究增添了若干新的维度。话题的多样性和对话的开放性，则将这次会议逐步引向深入。从史诗叙事结构与命名方式到史诗与神话的跨文类问题，从南方史诗的类型学研究，到满—通古斯语族的史诗群集现象，学者们的讨论不乏争鸣和思辨，尤其是在史诗学的文类、术语及知识体系的建构上，既有学术史的反思，也有新观点的提出。此外，年轻学者们还就东西方史诗研究与中国史诗研究格局的比较、西方古典学界的史诗研究新成果和新方法、人类语言学家戴尔·海默斯的"言说模型"与史诗田野研究的工作模型，以及民族音乐学方法论与史诗演述传统的切适性等问题展开了讨论。田野研究一直是新世纪以来中国史诗学建设的重中之重，而关注传承人群体、重视本土受众和不同的实践者对维系史诗演述传统及其存续力的作用，也是学者们日渐深化的共识。

讨论结束后，巴莫曲布嫫研究员和中研网总工程师李刚为与会学者演示了一年多来集全所史诗学者之力而得以推进的"中国史诗学百年回顾展"及其他几个数字化建档项目的进展情况，并就史诗资源的数字化归集、数据化集成和网络化发布等问题征询了参会学者的意见与建议。此外，每位参会学者在会前或会后都提交了"中国史诗学专家调查问卷"，积极为中国史诗学的学科建设建言献策。

这次圆桌会议是中国史诗学界的几代学者的真诚对话。对于学科建设来说，学术传统的代际传承同样有着不可或缺的作用。学者们纷纷表示，希望"学人对话：史诗与我们"成为"中国史诗学"重点学科定期召开的学术活动，适时集合中国史诗研究界的中坚学术力量，探讨史诗研究的现状、存在的问题及解决方案，在深层次的对话中进一步提升"中国史诗学"的学科能力建设，切实推进中国民间文学和民俗学的学理研究，巩固口头传统领域的专门人才培养和梯队建设。① 与会者认为，当前《格萨（斯）尔》《玛纳斯》《江格尔》三大史诗研究较以往增添了许多新的元素，如音乐、建筑等；南方史诗、满—通古斯语族史诗等其他民族史诗的知识体系建构还需进一步拓展。同时，还要注重中国史

---

① 项江涛、高荷红："开拓中国史诗学研究的新视野"，中国社会科学网 2014 年 12 月 15 日。(http: //www. cssn. cn/zx/bwyc/201412/t20141215_ 1443287. shtml)

诗学研究与国外史诗学研究的比较，开阔中国史诗学研究的新视野，将新元素纳入传统史诗学研究中，积极参与国际史诗学研究对话。①

二 "三大史诗"研究

9月28—29日，中央民族工作会议暨国务院第六次全国民族团结进步表彰大会在北京举行。中共中央总书记、国家主席、中央军委主席习近平在会上发表重要讲话。9月29日晚，人民日报评论微信公众号"党报评论君"发表题为《习近平的民族工作"新思维"》的文章。文中称，会上让人感慨的一个细节是，习近平对于民族事务、民族文化，真的是非常熟悉。各民族的典故，信手拈来，举重若轻。谈历史，讲起了汉代大鸿胪、清代理藩院；讲文化，引用了《格萨尔王》《江格尔》《玛纳斯》，还有《五朵金花》《冰山上的来客》……②这当是中央领导人首次在文艺讲话中专门谈及"三大史诗"。这是特别需要述及的。

（一）前行中的《格萨尔》学术研究与保护实践

今天的学术局面必定是以往学术过程的延续。在我国《格萨尔》研究自被纳入现代学术的视线范围之后，形成了学术研究和保护实践两个并行的层面。不仅关涉其学理性问题，而且涉及一系列学术的实践问题，也就是事关由民间、学界和政府三方合力协作来实现文化的抢救和保护问题。这种具有中国特色的学术实践方式先后经历了学术资料的积累期或学术方略的探索期、《格萨尔》学术的主体意识和研究方向的建立期、与国际学术界的对话期，以及学术实践的反思和本土意识的回归期四个阶段。当下正处在后一个阶段。这个阶段最主要的特点即是随着与国际学术界的不断交流和对话，新的学科理论方法的引入，站在格萨尔研究最前沿的部分学者开始对学科建设的重要性问题引起了重视；同时学界的目光日益集中在不断衰竭的活态史诗的语境和演述人以及其演述场域等方面。值得注意的是自从2009年"格萨（斯）尔史诗传统"进入联合国教科文组织《人类非物质文化遗产代表作名录》之后，更加引起地方政府和民众的重视，并由此形成了"以民间为基础、学界为智库、政府为后盾"的格萨尔文化的研究、保护和传承的"中国模式"。因此，这里从学术研究和保护实践两个层面分别阐述本年度的《格萨尔》研究的现状和发展。

1. 学术研究层面

《社会科学报》曾以头版头条发表文章，回顾了《格萨尔》近两百年的学术史，在学科建设方面，分别从学术范式转换问题、跨学科综合研究视野的问题、对已经形成的学术概念的检讨问题、重视研究《格萨尔》文化的多样性和多重性问题、在保护方面要坚持因地制宜和尊重规律问题等几个方面阐述了学科建设和文化保护中的几个重要的理论问题和实践问题，足见当下学界对学科建设问题的关注之切。③ 从学术研究层面讲，《格萨尔》

---

① "中国社会科学院民族文学研究所举办'学人对话：史诗与我们'学术圆桌会议"，《中国社会科学报》2014年12月15日。

② "人民日报解读中央民族工作会议：那些习近平引述过的民族文化典故"，观察者2014年9月30日。（http://www.guancha.cn/politics/2014_09_30_272287.shtml？BJJX）

③ 程洁："千年格萨尔：东方的'荷马史诗'"，《社会科学报》2013年10月24日。但文中将《格萨尔》列为"世界多民族史诗中唯一的活形态"确属错讹之说。

在经过近几年的学术阵痛期和低谷期之后，进入了一个缓速前行的阶段，主要表现在格萨尔研究的方法论和理论探索方面。

我们知道以往的研究多以本质主义的研究方法为主，注意力主要集中在对资料的搜集、整理，对《格萨尔》发展的历史脉络、文类性质、基本要素和内涵、叙事特点等的探究以及主要史诗文本和代表作品的出版、翻译等。史诗研究大部分都是描述性的、文艺学的和外部特征的研究，即比较关注史诗起源、形成、发展和衰亡的规律，试图以历史建构的方法揭示史诗所反映的社会历史内容，把史诗作为文学史的经典来看待。这相对忽略了对史诗内部机制的探讨。这种局面一直在主导着本学科的研究。造成这种状况的最主要的原因，还是与我国的整个藏学研究的学术格局有直接的关联。长期以来，藏学研究一直处于本质主义的研究方法论的指导之下，固有的传统学术思维和学术模式成为一种僵化而封闭的话语系统，很少与藏学以外的学科进行沟通交流，即使是在国际藏学界和国际性学术会议上，仍然应用这样的话语系统进行交流。因此学科范式的转换和学术话语系统的再造，成为当下格萨尔乃至整个藏学研究迫在眉睫的任务。

随着对于学科建设问题讨论的深入，学界逐步将新的理论范式引进到学术研究中，成为推进格萨尔学术研究的重要动力。尤其是随着帕里—洛德理论、演述理论和民族志诗学等理论和方法的引进，国内学界开始在全新的国际学术视野下进行学科反思，形成了新的学术范式，《格萨尔》史诗研究也在这一学术思潮中得到了新的发展。值得一提的是，学界把《格萨尔》置于整个藏族口头传统的整体系统中加以考虑，把史诗看作整个口头传统的一个子要素，从而将史诗与整个口头传统的诸要素产生了广泛的联系，不仅如此它还与相关族群的文化也产生了横向联系，衍生出诸多的支脉。其中，《格萨尔》史诗作为一种文类，如何用新的学术视野重新界定和建构其文类性质成为重要的命题，这是学科转型的前提和基础。

2014年具有代表性的著作是诺布旺丹的专著《艺人文本与语境：文化批评视野下的格萨尔史诗传统》。① 该书的写作在掌握了大量的田野资料基础上，借鉴和应用口头诗学、宗教学、符号学、象征学和文学的理论和方法，试图从建构主义研究范式，通过对格萨尔文本、艺人和语境三者结构性关联和互动的阐释，揭示了活态史诗格萨尔的演进历程。就史诗文本而言，格萨尔史诗经历了从历史到民间故事、从民间故事到神话、从神话再到史诗的发展过程。从艺人身份的演变角度讲，经过了从集体记忆到个体记忆，再到职业化或半职业化三个阶段。从史诗语境的变迁来说，经历了诗性思维、泛佛教化和后现代三个阶段。本书不仅从宏观上把握格萨尔史诗的发展脉络，而且对格萨尔艺人的称谓、类型与源流批评，格萨尔文本化的发展历程，格萨尔的当代语境及其影响等问题进行了全新的阐释。最终得出结论认为，格萨尔史诗的逻辑发展脉络便是，发端于"史"，演进于"喻"，完成于"境"。阿来认为：本专著从诸多艺人的生存状态入手、也就是以"叙述加以呈现"，详细地呈现了这种特殊的"社会事实"，结果自然就构成了一部奇特的"民族志"。

丹曲的专著《〈格萨尔〉中的山水寄魂观念与古代藏族的自然观》② 以史诗《格萨尔》所折射的"灵魂寄存观"与"圣山圣湖"之间的内在联系为研究对象，将文本分析、

① 诺布旺丹：《艺人文本与语境：文化批评视野下的格萨尔史诗传统》，青海人民出版社2014年版。
② 丹曲：《〈格萨尔〉中的山水寄魂观念与古代藏族的自然观》，中国社会科学出版社2014年版。

理论思考和文化解读贯通于"人与自然"的文化生态研究中，反映了当代本民族学人应有的学术自觉，对《格萨尔》史诗的研究具有相当的推进作用。

对于格萨尔的艺术表现研究在本年度取得了丰硕的成果。先后有系列论文和专著问世，其中格萨尔戏剧、乐舞、音乐唱腔方面的研究是学者们所关注的主要内容。曹雅丽把格萨尔藏戏视为一种独特的戏剧演述形态加以描述，曾在她的《格萨尔遗产的戏剧人类学研究》一书中做了透彻的阐述。① 作为2013年度国家社科基金西部项目"《格萨尔》口头叙事表演的民族志研究"（批准号：13XMZ054）阶段性成果，曹娅丽在2014年发表了两篇论文，一则以格萨尔戏剧《赛马称王》为例，观察格萨尔史诗转换为音画诗剧表演的审美特性，认为格萨尔戏剧表演呈现出来的羌姆乐舞、史诗音乐与诗剧表演，不仅延续了说唱艺术传统，而且延续了诗、乐、舞三位一体原始艺术。另一则提出格萨尔戏剧演述一般依据史诗口头叙事的诗歌节奏、韵律演唱等叙事特征，通过极其谨慎的转写，现出一种戏剧演述的诗学特质；而这种口头叙事表演有着其独特的结构和审美特征。②

郭晓红的系列论文关涉史诗音乐问题（详后），其研究旨趣同样在其新近出版的《玉树格萨尔的音乐人类学研究》③ 一书中得到进一步阐扬。这部著作与曹雅丽2013年的著作堪作姊妹篇。该书应用音乐人类学和音乐民族志学的研究方法，对玉树地区的《格萨尔》说唱音乐做了较为系统而全面的梳理。在文本的阐释方面应用建构主义的方法，一方面对田野资料进行了多维学科和宏观的学理性建构。另一方面并没有就音乐而谈音乐，将音乐和语境割裂开来，而是应用历史和逻辑相统一的原则，把研究的命题置于整个藏族文化的历史时空中，追根溯源，爬梳脉络。更为重要的是，作者既强调了传承《格萨尔》音乐艺术的学术理念，也强调了基于"文化自觉"的保护实践。这就提出了一个非常紧迫的问题，也就是说在《格萨尔》文化的保护方面如何实现"重返本土"？

王景迁在最近完成的《传播学视角中的格萨尔史诗》一文（教育部人文社会科学研究项目阶段性成果）中，采用布雷多克的"7W模式"深入分析了《格萨尔》说唱艺人的当代传播现状。论文首先将我国的改革开放作为一个起点，从社会、思想意识等方面分析了格萨尔之所以能够重新传播的成因及其诸特点。继而从史诗演述者的变化、文本内变化、受众主体的变化、说唱渠道的改变、说唱场域的改变、说唱动机的改变等方面对格萨尔史诗在新的社会语境下的传播做了定量和定性的分析。将新的学术理论和方法引用到格萨尔学术研究中。另外，它从格萨尔史诗的文本固化（书面化）、藏戏、电影、网络传播等方面对格萨尔文化传播的新视点进行了梳理和盘点。他在治多会议上又从传播学的传播效果研究角度对格萨尔史诗进行了分析，从史诗传播行为对受传者的效果；传者与内容的传播效果；传播技巧与传播效果；传播对象与传播效果；受众个性对传播的影响等五个方面进行了分析，同样是对一个新学科领域的探索和启发。

李连荣在《神山信仰与神话创造——试论〈格萨尔〉史诗与昆仑山的关系》一文提出，中原汉族创造的昆仑神话具有深厚的内涵与功能。现今比定为昆仑神话发祥地的昆仑

---

① 曹雅丽：《格萨尔遗产的戏剧人类学研究》，民族出版社2013年版。

② 曹娅丽："从格萨尔史诗到音画诗剧——以《赛马称王》戏剧表演为例"，《民族艺术研究》2014年第6期，第5—9页。曹娅丽："'格萨尔'戏剧演述的诗学特质研究"，《青海民族大学学报》（社会科学版）2014年第3期，第115—121页。

③ 郭晓红：《玉树格萨尔的音乐人类学研究》，青海人民出版社2014年版。

山（阿钦岗加）的"龙头山"正是位于青海果洛境内的阿尼玛卿雪山，而其恰好是藏族早期族源之一的董氏族的祖先山，也是《格萨尔》史诗中格萨尔王（安多型）的寄魂山；同一座神山在两个民族文化中的不同寓意，带给我们关于文化传播与传承方面的许多思考。①

李黛岚、白林的《生态美学下的藏族史诗〈格萨尔王传〉研究》认为，《格萨尔王传》采用诸多篇幅全面展示了藏族群众对自然界、生活环境方面的认识，形成了生态美学的思想理念，对实现生态环境的最优化发挥着重要的作用。而将藏族史诗《格萨尔王传》放在生态美学视野下开展研究具有重要的现实意义。② 王军涛的两篇论文也从叙事美学的角度分别探讨了藏族格萨尔史诗和裕固族格萨尔故事的研究路径。③ 本年度有多篇论文探讨了《格萨尔》史诗传统的多相性遗存。④

2014年10月25—27日在巴黎召开的"格萨尔的多面孔"国际学术会议上，我国的格萨尔学者以文本、艺人和国际学术交流史等为主题，再一次展示了最新研究成果，与国际学者进行了交流。这与以往的格萨尔专题学术研讨不同，它是与国际上其他史诗传统的学者一起切磋学术，在视野上有了更广阔的参照，极大地激励和推动了格萨尔在国际视野下的研究进程。

2. 学术实践层面

格萨尔的学术实践关乎史诗的保护与传承实践问题。它首先基于学界对田野工作重要性的认识。当下部分学者开始从本质主义研究范式逐渐转向建构主义的研究范式，应用结构主义思潮下的叙事学、认知学、符号学、分析心理学、口头诗学、女性主义和传播学等理论和方法，批判分析格萨尔文化的趋势。其中以口头诗学理论为背景在口头传统的视野下建立关于口传史诗的新方法和新观念已经成为关照当下格萨尔田野研究的重要途径。为此，学界在重视理论研究和国际交流的同时，进一步关注田野、关注本土，进而使这一工作形成机制。

2004年，中国社会科学院民族文学研究所和全国《格萨（斯）尔》工作领导小组办公室（以下或简称全国格办）在果洛州建立了全国第一个"《格萨尔》口头传承研究基地"，而后在玛曲、德格等地也相继建立了研究基地。经过近十年的田野研究，对《格萨尔》的学科内涵有了新的认识，着重梳理了如何在口头传统视野中看待《格萨尔》史诗问题、关于《格萨尔》学科范式的转型问题，对以往学术基本概念的检讨和反思问题，在以往的基础上有了新的发展。近年来《格萨尔》的研究显然具有部分走出理论思辨的藩篱，注重学术实践活动的迹象。这种现象不仅出现在学界和政府，更重要的还出现在民

① 李连荣：《神山信仰与神话创造——试论〈格萨尔〉史诗与昆仑山的关系》，《中国藏学》2014年第3期，第190—194页。

② 李黛岚、白林：《生态美学下的藏族史诗〈格萨尔王传〉研究》，《贵州民族研究》2014年第11期，第149—152页。

③ 王军涛：《裕固族〈格萨尔〉故事的叙事美学特色》，《西藏大学学报》（社会科学版）2014年第2期，第134—140页。王军涛：《史诗研究中的美学问题——以〈格萨尔〉史诗为例》，《牡丹江教育学院学报》2014年第7期，第3—4、108页。

④ 陈世和：《德格印经院与英雄史诗〈格萨尔王〉》，《贵阳文史》2014年第1期，第90—91页。谢祝清：《四川甘孜遗存格萨尔石刻现状考》，《四川民族学院学报》2014年第5期，第13—17页。杨环：《试论莫斯卡格萨尔石刻文化特性》，《西藏研究》2014年第3期，第66—72页。

间和地方，基于对自己所拥有的本土文化价值的认识，因而以地方和社区主导和冠名的各种文化活动、学术活动、产业性活动在各地纷纷出现，部分还形成了特定的文化和学术品牌。这是《格萨尔》的学术研究开始走向田野，学术实践开始重返本土的重要标志。重返本土的意识无疑是族群内部的文化自觉、文化认同，确保文化的主体意识等内在诉求的一种表达。这种意识是在人类不同文化之间的"去分化"思潮的语境下产生的，旨在追求区域文化在全球文化中的自主性地位。自《格萨尔》列入联合国教科文组织人类非物质文化遗产代表作名录之后，作为缔约国，我国政府在《格萨尔》文化的保护和传承方面向国际社会做出了一系列的承诺。这是《格萨尔》文化研究从象牙塔重返本土的重要时刻。

2011年在玉树州治多县政府的倡议下举办了"全国嘎嘉洛文化学术研讨会"，这应该是第一次在长江源头举办如此大型学术活动。与学术活动一同开展了格萨尔"艺人之家"和"珠姆故里"的揭牌仪式，以诸多本地民俗文化为主题的展示活动也在其间拉开序幕。更为重要的是，在治多县政府的要求下与全国格办签下每隔两年举办一次"全国嘎嘉洛文化学术研讨会"的协议，因此2014年7月举办了"第二届全国嘎嘉洛文化学术研讨会"。

2014年在青海玛多县举办了"格萨尔露天文化博物园开园仪式及学术会议"。西藏那曲将以往的"羌塘恰青赛马节"改名为"羌塘恰青格萨尔赛马节暨旅游商贸文化节"，在此期间，举行了"那曲格萨尔艺人之家"揭牌仪式。艺人问题已然是当下政府和学界关注的主要问题之一。但种种原因，对新一代艺人的现状、分布、数量、类型，甚至他们的生存状况均没有最新的资料。针对这一情况，近年来，全国格办组织相关专家对格萨尔流传区域的艺人进行了全面的盘点。

2014年全国格办与青海省格萨尔研究所联合举行了果洛格萨尔艺人的学术鉴定，对34位艺人颁发了鉴定证书。此前在2012年曾对玉树州艺人进行过学术鉴定，在那次鉴定中被认定且获得鉴定证书的7位杂多县艺人现已得到当地政府每月1500元的补贴，治多县的6位艺人得到每月1000元的补贴。从种种文化学术活动表明，当下，地方政府及民间在格萨尔文化保护和建设方面求真务实、参与热情极为高涨，这是由文化自觉意识所导致的，是文化的回归和重返本土现象的集中体现。这种现象着重体现在三个方面：保护《格萨尔》赖以存续的本土语境和生态系统问题；在本土语境中实施《格萨尔》文化的保护问题；尊重本土民众的意愿、习俗传统与方言土语问题。

首先，在保护《格萨尔》赖以存续的本土语境方面，语境作为《格萨尔》文化三要素的组成部分，是三者中起决定作用的因素。历史上《格萨尔》文化的几度变迁均与史诗语境的变化有着直接的联系。因此，史诗的保护传承首先有赖于对史诗文化语境的保护。只要有了完整的史诗原生态文化语境，史诗艺人则会源源不断，史诗传统则会源远流长，然而在实施语境和文化生态保护的过程中谨防"水至清而无鱼"局面的发生。其次，在本土语境中实施《格萨尔》文化的保护方面，主要涉及艺人的保护问题。关于艺人的保护，要奉行所谓的"活鱼是要在水里看的"的理念，必须要在本土语境中推进保护的步伐，万万不可使艺人离开本土语境进行他们的演述和传承活动。以往我们在这方面的失误导致了诸如玉梅的"失忆"现象、才让旺堆的"叛逆"现象等问题。再者，在尊重本土民众的意愿、习俗传统与方言土语方面，本土民众（包括艺人）意愿及其习俗传统是《格萨尔》文化的主体，我们的一切研究和保护行为均必须围绕本土意愿和习俗进行展开，关注和保护史诗的重要载体和媒介，即方言土语，防范当下过度追求书面化文本趋势以及"去语境化"和"去演述场域化"的现象。

2014 年，全国《格萨（斯）尔》工作领导小组办公室和玉树州治多县联合推出的"国家社科基金重大委托项目《格萨尔的抢救、保护与研究》成果"及"全国《格萨（斯）尔》工作领导小组办公室首推重大工程"一套八部"嘎嘉洛文化系列丛书"，即《格萨尔·嘎嘉洛形成史传》《格萨尔·嘉洛婚礼》《格萨尔·嘉洛金宗》《格萨尔·嘎嘉洛珠姆传》《格萨尔·嘎嘉洛敦巴坚赞传》《格萨尔·嘎嘉洛地理总说》《格萨尔·米琼拉伊宗》《格萨尔·中原拉伊宗》，彰显了长江源地区《格萨尔》史诗的深厚文化底蕴。首先，这套丛书全是由"神授"艺人口述整理而成，保持了史诗原始的特色。其次，向世人说明，世界最长的英雄史诗《格萨尔》，并不仅仅是刀光剑影、血雨腥风的战争场面。本套丛书中七部内容与战争无关，七部史诗中充满了诗情画意和浪漫情调。这就为人们展示了史诗的另一幅图景。然后，本丛书刻画和描述了作为格萨尔王妃珠姆的生活史，这与史诗的主流情节产生了张力，表现了史诗中女性的美与崇高。这部丛书是由治多县的艺人和文人们通力合作的结晶。2014 年 8 月由甘肃民族出版社推出的《董·诺尔德文集》（藏文）是果洛州格萨尔研究中心主任诺尔德的学术文集，共五卷，分别从地方史、宗教、研讨、传统诗歌和创作五个方面展示了果洛格萨尔史诗的不同侧面。以上两种著述是在格萨尔文化研究走向田野，重返本土的语境下涌现的本土学者和艺人的思维成果，充分体现了格萨尔文化保护传承方面的"重返本土意识"。

总之，在对《格萨尔》史诗实施保护时要采取适当的步骤和措施，理顺关系，分清主次，为史诗的三种要素间的内在结构性互动提供外部支持和条件，在本土语境中推进《格萨尔》文化的保护工作。这是我们在近三十年来的研究和保护工作中所总结出的经验。当下，从研究者到政府，将在文化保护上重返本土问题，包括在本土语境中的传承和保护问题，在本土语境中实施《格萨尔》文化的保护问题；尊重本土民众的意愿、习俗传统与方言土语问题，同时还有文化的产业化问题等，并在如何传承和保护《格萨尔》文化方面形成了一系列共识。

（二）《江格尔》及蒙古史诗研究

蒙古史诗主要流传于中国、蒙古国、俄罗斯联邦三国境内的蒙古族民间。直到 20 世纪八九十年代，国际蒙古史诗研究的中心主要在蒙古国和俄罗斯以及其他西方国家，但是随着我国改革开放的深入、经济社会的发展和我国蒙古史诗研究蓬勃发展，这一状态逐渐发生变化，到了 21 世纪，我国取而代之成为国际蒙古史诗研究最重要的中心。

2014 年的中国蒙古史诗研究把这种势头更加清晰地表现了出来。主要表现在围绕蒙古史诗学术活动的密集程度、多样性以及发表成果的数量质量在不断提高。2014 年，国际上围绕蒙古史诗开展学术活动最活跃的国家是中国。7 月 15—17 日，中国社会科学院民族文学研究所、新疆和布克赛尔蒙古自治县人民政府联合主办，由国际史诗学会、中国"江格尔"研究会协办的"《江格尔》与世界史诗"国际学术讨论会在新疆和布克赛尔举行。来自蒙古国、俄罗斯联邦、美国、韩国及中国等 5 个国家的 30 多名学者出席会议，宣读论文 26 篇。会议期间，还隆重举行了和布克赛尔蒙古自治县"《江格尔》文化艺术宫"开馆仪式。一个月之后的 8 月 16 日，在新疆乌苏市举行的内蒙古大学第二届全国《江格尔》学术讨论会上，来自全国各地的 30 多名学者提交 20 余篇论文，探讨了有关

《江格尔》研究的诸多问题。

除了蒙古史诗专题会议之外，全国各地举办的有关史诗传统的会议或蒙古族文学、民俗学的很多会议上，也都有探讨有关蒙古史诗各类问题的学术报告发表。例如，2014 年 11 月 12—15 日在北京举行的 "第六期 IEL 国际史诗学与口头传统研究讲习班" 及 "中国社会科学论坛（2014·文学）：现代社会中的史诗传统" 论坛上，就有《英雄与萨满——蒙古英雄史诗〈锡林嘎啦珠巴图尔〉研究》《佛教对口头叙事的影响：以蒙藏〈格萨（斯）尔〉为例》《蒙古英雄史诗的政治学》《北京木刻版〈格斯尔〉与佛经》等 4 篇报告。2014 年 10 月 25—26 日在中央民族大学召开的全国蒙古语言文学学术讨论会上，有 3 篇论文探讨了有关蒙古英雄史诗的学术问题。此外，2014 年 7 月 23—24 日在新疆巴音郭楞蒙古自治州召开了第 8 届卫拉特历史文化全国研讨会。

除了在各种学术会议上发表的论文外，2014 年度国内刊物上发表的关于蒙古史诗的论文，不完全统计共有 30 余篇，主要刊载在《中国蒙古学》（13 篇）、《内蒙古大学学报》（2 篇）、《内蒙古社会科学》（5 篇）、《民族艺术》（1 篇）、《内蒙古师范大学学报》（1 篇）、《语言与翻译》（1 篇）、《西部蒙古论坛》（3 篇）等刊物上。学术刊物上发表的论文主要集中在《江格尔》、《格斯尔》两大史诗上。其中，有关《江格尔》的论文有 10 篇以上，约占 40%。其次，有关《格斯尔》的论文近 10 篇，约占 30%。其他论文也有近 10 篇，约占 30%。此外，还有数篇硕士学位论文。[①]

在有关《江格尔》的研究论文中，从历史文化和民俗角度进行研究的论文居多，例如仁钦道尔吉的《关于江格尔宫殿描述》、[②] 包萨如拉的《浅谈〈江格尔〉中出现的入赘婚俗》、[③] 阿拉坦格日勒的《江格尔宫殿选址实况与蒙古人的风水习俗》、[④] 芙蓉的《论〈江格尔〉坐骑毛色的象征意义》、[⑤] 包萨如拉的《〈江格尔〉中搭建新婚房屋的习俗》、[⑥] 陶·乌力吉仓的《冉皮勒演唱 23 章本〈江格尔〉中的 "七项戒律" 探究》、[⑦] 苏日娜的《史诗〈江格尔〉中一种叫 "aram" 的兵器研究》，[⑧] 等等。近年的《江格尔》历史文化研究，与以往宏观上探讨《江格尔》社会历史文化内涵的研究相比，以更加细化为特点。学者们往往抓住《江格尔》中一些细小的问题，围绕这个问题进行较有广度和深度的分析研究。此外，有的论文探讨《江格尔》的程式化特征，例如达·塔亚的《口传〈江格尔〉的词法特征》，[⑨] 也有《江格尔》与其他民族史诗传统比较研究的，例如哈斯其木格

---

① 文慧：《巴·布林贝赫蒙古史诗人物形象论解析》（导师：额尔很巴雅尔），内蒙古大学，2014 年；德玛：《〈江格尔〉与乌珠穆沁史诗关系之研究》（导师：塔亚），内蒙古大学，2014 年；赵娜：《"江格尔" 汉语传播研究》（导师：塔亚），内蒙古大学，2014 年；烛兰其其格：《巴尔虎史诗发展阶段问题研究》（导师：塔亚），内蒙古大学，2014 年。

② 仁钦道尔吉：《关于江格尔宫殿描述》，《西部蒙古论坛》2014 年第 3 期。

③ 包萨如拉：《浅谈〈江格尔〉中出现的入赘婚俗》，《西部蒙古论坛》2014 年第 1 期。

④ 阿拉坦格日勒：《江格尔宫殿选址实况与蒙古人的风水习俗》，《中国蒙古学》2014 年第 5 期。

⑤ 芙蓉：《论〈江格尔〉坐骑毛色的象征意义》，《中国蒙古学》2014 年第 5 期。

⑥ 包萨如拉：《〈江格尔〉中搭建新婚房屋的习俗》，《中国蒙古学》2014 年第 4 期。

⑦ 陶·乌力吉仓：《冉皮勒演唱 23 章本〈江格尔〉中的 "七项戒律" 探究》，《中国蒙古学》2014 年第 3 期。

⑧ 苏日娜：《史诗〈江格尔〉中一种叫 "aram" 的兵器研究》，《中国蒙古学》2014 年第 3 期。

⑨ 达·塔亚：《口传〈江格尔〉的词法特征》，《内蒙古大学学报》2014 年第 4 期。

《〈江格尔〉与〈荷马史诗〉中的力量崇拜观》,① 还有论文涉及《江格尔》文化资源的开发利用问题,例如达·塔亚的《国内〈江格尔〉口传文化资源开发利用问题现状探讨》,② 等等。本年度《江格尔》研究论文数量如此之多,反映了蒙古史诗研究中《江格尔》研究的重要性。但是,数量多并不代表研究质量的高低深浅。纵观本年度《江格尔》研究,其实仍然缺乏达到理论高度的、有深度的研究成果。

在本年度有关《格斯尔》的研究论文中,有研究年轻艺人的演唱实践,探讨他们对程式化创作的实践的论文,例如朝克图、赵玉华的《试论青年格斯尔奇敖特根巴雅尔及其演唱的〈格斯尔〉》、③ 乌·纳钦《口传史诗程式分解与意象转化机制》;④ 有探讨蒙藏《格斯(萨)尔》关系的,例如斯钦孟和的《瞻部州大雄狮格斯尔可汗传及其蒙古格萨之间的关联》;⑤ 有回顾《格斯尔》研究学术史的,例如叶莲娜·达姆迪诺娃的《探析娜·澳·莎日克西诺娃为保护布里亚特〈格斯尔〉的民主性而做出的贡献》;⑥ 有探讨《格斯尔》史诗地方传统的,例如古·才仁巴力的《青海蒙古族〈格斯尔〉口传特点》;⑦ 有研究《格斯尔》人物形象的,例如斯琴的《简论〈格斯尔〉中的反面人物形象美》;⑧ 还有研究《格斯尔》与各类佛教经文的关系的,例如斯钦巴图的《北京木刻本〈格斯尔〉与佛传关系论》⑨ 和陶·乌力吉仓的《〈格斯尔煨桑经〉与史诗〈格斯尔〉的关系》⑩ 等。除了论文外,还出版了纳钦的《"格斯尔之乡"新格斯尔奇艺人:敖干巴特尔演唱的〈阿齐图·莫日根·格斯尔可汗〉史诗文本及研究》专著。⑪

除了关于《江格尔》和《格斯尔》的论文外,尚有周双喜的《浅谈科尔沁史诗特征》、⑫ 额尔登别力格的《卫拉特史诗对英雄人物居所的描述》、⑬ 额尔敦高娃的《蒙古史诗中腾格里崇拜意识的文化学解析》、⑭ 关金花的《探析蒙古史诗围地而坐母题的多层文

---

① 哈斯其木格:《〈江格尔〉与〈荷马史诗〉中的力量崇拜观》,《内蒙古社会科学》2014 年第 1 期。

② 达·塔亚:《国内〈江格尔〉口传文化资源开发利用问题现状探讨》,《中国蒙古学》2014 年第 5 期。

③ 朝克图、赵玉华:《试论青年格斯尔奇敖特根巴雅尔及其演唱的〈格斯尔〉》,《中国蒙古学》2014 年第 3 期。

④ 乌·纳钦:《口传史诗程式分解与意象转化机制》,《中国蒙古学》2014 年第 5 期。

⑤ 斯钦孟和:《瞻部州大雄狮格斯尔可汗传及其蒙古格萨之间的关联》,《中国蒙古学》2014 年第 5 期。

⑥ 叶莲娜·达姆迪诺娃:《探析娜·澳·莎日克西诺娃为保护布里亚特〈格斯尔〉的民主性而做出的贡献》,《内蒙古大学学报》2014 年第 3 期。

⑦ 古·才仁巴力:《青海蒙古族〈格斯尔〉口传特点》,《内蒙古社会科学》2014 年第 4 期。

⑧ 斯琴:《简论〈格斯尔〉中的反面人物形象美》,《西部蒙古论坛》2014 年第 3 期。

⑨ 斯钦巴图:《北京木刻本〈格斯尔〉与佛传关系论》,《民族艺术》2014 年第 5 期。

⑩ 陶·乌力吉仓:《〈格斯尔煨桑经〉与史诗〈格斯尔〉的关系》,《内蒙古社会科学》2014 年第 1 期。

⑪ 纳钦:《"格斯尔之乡"新格斯尔奇艺人:敖干巴特尔演唱的〈阿齐图·莫日根·格斯尔可汗〉史诗文本及研究》,民族出版社 2014 年版。

⑫ 周双喜:《浅谈科尔沁史诗特征》,《中国蒙古学》2014 年第 2 期。

⑬ 额尔登别力格:《卫拉特史诗对英雄人物居所的描述》,《中国蒙古学》2014 年第 4 期。

⑭ 额尔敦高娃:《蒙古史诗中腾格里崇拜意识的文化学解析》,《中国蒙古学》2014 年第 4 期。

化函意》、① 道·巴雅斯古楞的《史诗〈库鲁克额尔德尼〉变体研究》、② 额尔很白乙拉的《蒙古族演唱英雄史诗的禁忌民俗对胡仁乌力格尔的影响》、③ 额尔敦高娃、葛根曹布道的《论蒙古史诗多元艺术审美性》、④ 旦布尔加甫的《蒙古族尚右习俗在卫拉特英雄故事史诗中的体现》⑤ 等论文。

本年度中国《江格尔》研究中较重要的成果是达·塔亚的《国内〈江格尔〉口传文化资源开发利用问题现状探讨》。作者认为，《江格尔》的传承发展并不是单一文本传播传承过程，而是迎合新时代社会文化需求的多方面创造性传承过程。尤其是全球化、城镇化趋势加剧的今天，在其他民族文化影响和市场文化介入的背景下，保护《江格尔》口传传统的同时合理开发利用《江格尔》文化资源显得尤为重要。

在 2014 年的《格斯尔》史诗研究中，纳钦的专著《"格斯尔之乡"新格斯尔奇艺人：敖干巴特尔演唱的〈阿齐图·莫日根·格斯尔可汗〉史诗文本及研究》和斯钦巴图的论文《北京木刻本〈格斯尔〉与佛传关系论》具有较高的理论价值和学术价值。前者由上编"敖干巴特尔演唱的《阿齐图·莫日根·格斯尔可汗》史诗研究"和下编"敖干巴特尔演唱的《阿齐图·莫日根·格斯尔可汗》史诗文本"构成。学术导论以年轻新艺人是在怎样的环境中产生，他们演唱的史诗是否符合传统规律，他们演唱的史诗文本有无价值等话题为问题意识，以新格斯尔奇敖干巴特尔演唱的《阿齐图·莫日根·格斯尔可汗》史诗为个案，进行了较为深入的剖析和研究，从艺人家乡、艺人经历、文本来源、序诗与母题、地方民俗元素、程式等诸多层面上，以点概面地回答了上述几个问题。本书对当下《格斯尔》活态传统和新生艺人进行直观描述与分析，讨论了传统的现实话题，有一定的学术价值和参考意义。

佛教对《格斯尔》究竟产生了什么样的影响？这是一直困扰学术界的重要学术课题，至今没有得到令人信服的解答。斯钦巴图的论文《北京木刻本〈格斯尔〉与佛传关系论》对北京木刻本《格斯尔》及其续集与蒙古文《甘珠尔》等佛经中的佛传故事、佛本生故事进行了比较，在《格斯尔》史诗与佛经关系方面做出了实证性研究，不仅发现格斯尔与释迦牟尼佛的众多相似或相同点，还发现了史诗中的格斯尔和楚通，与佛传中的释迦牟尼和提婆达多这两组人物及其故事的对应性甚至同一性；进而结合史诗的开篇暗示和结尾的明示，论述佛教高僧是如何根据并利用佛传、佛本生故事对《格斯尔》进行改编，把《格斯尔》史诗改编成叙述佛陀降伏妖魔、平人世乱局的英雄传记问题。作者最后提出了三点结论：一、北京木刻本《格斯尔》经历过后人改编，其改编者是精通佛经的，尤其是精通佛传故事和佛本生故事的佛教人士；二、改编的目的是把格斯尔重塑为佛陀转世；三、其改编模式为，改编者利用佛陀名字、降生故事、降妖故事、娶亲故事，等等，往格

① 关金花：《探析蒙古史诗围地而坐母题的多层文化函意》，《中国蒙古学》2014 年第 4 期。

② 道·巴雅斯古楞：《史诗〈库鲁克额尔德尼〉变体研究》，《内蒙古社会科学》2014 年第 3 期。

③ 额尔很白乙拉：《蒙古族演唱英雄史诗的禁忌民俗对胡仁乌力格尔的影响》，《内蒙古社会科学》2014 年第 3 期。

④ 额尔敦高娃、葛根曹布道：《论蒙古史诗多元艺术审美性》，《内蒙古师范大学学报》2014 年第 1 期。

⑤ 旦布尔加甫：《蒙古族尚右习俗在卫拉特英雄故事史诗中的体现》，《语言与翻译》2014 年第 3 期。

斯尔身上贴佛陀的标签，而且抓住和借鉴佛传中的释迦牟尼与提婆达多的矛盾统一关系来组织和安排格斯尔与楚通的故事，其间不时利用标志性的佛传故事，将史诗的故事情节和篇章连贯起来，最后让开篇的暗示和结尾的明示相互呼应，从而将一部民间口传史诗改编成叙述佛陀转世降伏妖魔、成为威震十方的圣主的英雄传记式史诗。

值得一提的是，在已经列入联合国教科文组织《人类非物质文化遗产代表作名录》的 38 个中国项目中，少数民族的占到三分之一，其中包括英雄史诗《格萨（斯）尔》和《玛纳斯》。然而，《江格尔》的申遗工作至今尚未纳入工作日程，应当引起"非遗"主管部门和史诗研究界的重视。

（三）《玛纳斯》及突厥语民族史诗研究

2014 年，对于"《玛纳斯》学"来说可以说是非常特殊的一年。6 月 1 日具有世界影响的玛纳斯奇居素普·玛玛依大师与世长辞；6 月 5 日，另一位玛纳斯奇萨尔塔洪·卡德尔也接踵而去。这样，加上 2013 年去世的玛纳斯奇曼别特勒·阿拉曼，《玛纳斯》史诗的三位国家级传承人均已离开人世，给中国的《玛纳斯》研究乃至世界的史诗研究都造成了无法弥补的损失。

纵观年内的《玛纳斯》史诗研究，悲痛之余我们也不得不承认：在经过多年的徘徊之后，《玛纳斯》史诗从今年开始已经走上了一条稳定发展的轨道，且其发展非常迅速，前景非常广阔；学术活动非常活跃，学术平台不断拓展，许多专家、学者都取得了丰硕的研究成果，相关研究的论文也不断见诸读者。

1. 学术活动

本年度先后召开过若干次国内、国际学术研讨会，史诗演唱比赛等学术活动，这不仅大大提升了《玛纳斯》学的学术含量，提高了《玛纳斯》在国内外的影响力，与此同时还加快了史诗在民众中的影响力和普及率。这些活动主要包括：

1 月 4 日由中国社会科学院民族文学研究所阿地里·居玛吐尔地研究员和新疆师范大学教授联袂承担首席专家的国家社科基金重大招标项目"柯尔克孜族百科全书《玛纳斯》综合研究（13&ZD144）"在新疆师范大学召开了开题报告会，确定了课题的研究思路、研究框架、主攻方向和研究策略，分配了工作任务，与会专家对开题报告给予肯定的同时也提出了很多建设性意见，为课题顺利展开打下了坚实的基础。

5 月 23 日在吉尔吉斯斯坦国家图书馆举办了以居素普·玛玛依史诗演唱为主题的图书展览会、图书发行会和《玛纳斯大师居素普·玛玛依》[①] 一书吉尔吉斯文版首发仪式等活动。5 月 24 日，以"当代《玛纳斯》大师居素普·玛玛依"为题的国际学术研讨会在吉国塔拉斯大学举行。会议由吉尔吉斯斯坦遗产基金会主办，共发表论文 62 篇，大都以研究和讨论居素普·玛玛依的史诗演唱生涯、文化地位及其唱本的历史价值、语言特征、内容结构特征等为主。其中，中国学者的论文共计 16 篇，占会议论文的四分之一。阿地里·居玛吐尔地，阿曼吐尔·阿不都拉苏尔，玛克拉克·奥穆尔拜，曼拜特·吐尔地分别以《居素普·玛玛依年谱》、《居素普·玛玛依唱本中〈玛纳斯〉的民族性特征》、《居素普·玛玛依 1961—1964 年间〈玛纳斯〉演唱艺术》为题做了大会主题发言。会议后不久，居素普·玛玛依被吉国总统授予"吉尔吉斯人民英雄"称号，并颁发一级"白鹰"

---

① 托克托布比·依萨克（托汗·依萨克）和阿地里·居玛吐尔地合著。

勋章。这是吉国历史上将这一称号第一次授予外国人，足见我国的《玛纳斯》演唱大师在吉国的地位和影响。

9月26—29日由新疆维吾尔自治区文联和新疆民间文艺家协会《玛纳斯》研究室在新疆乌鲁木齐市举办以纪念居素普·玛玛依为主题的首届国际《玛纳斯》演唱比赛。来自吉尔吉斯斯坦的4个玛纳斯奇和我国的近40位玛纳斯奇同台较量，参加了演唱比赛。最后，来自吉尔吉斯斯坦的玛纳斯奇依热斯巴依·依沙阔夫（Irisbay Isakov）和我国的玛纳斯奇阿布德别克·约斯坎（Abdibek Oskon）获得第一名，来自吉尔吉斯斯坦的多来提别克·斯地阔夫（Dolotbek Sidikov）和我国的比尔那扎尔·吐尔逊（Birnazar Tursun）获得了第二名，来自吉尔吉斯斯坦的吾兰·依斯玛依勒沃（Ulan Ismayilov）和我国的苏云都克·卡热（Suyunduk Kari）获得了第三名。来自吉尔吉斯斯坦的玛纳斯奇提来克·阿山诺夫（Tilek Asanov）和我国的玛纳斯奇阿曼吐尔·卡比力（Amantur Kabil）等获得鼓励奖。20世纪初的1917年，在新疆阿合奇县哈拉奇乡曾由地方富翁主办过两个国家的两位大师级玛纳斯奇居素普阿昆·阿帕依和萨恩拜·奥诺孜巴考夫之间的史诗演唱活动。在近一个世纪后的今天，两国玛纳斯奇之间的一次史诗演唱对决，也引起了两国民众和学者们的高度重视和热烈反响，不仅大大加强了两国之间"《玛纳斯》学"的对话，也为两国玛纳斯奇的互相交流提供了重要平台。

10月26—27日，国家社科基金重大招标项目"柯尔克孜族百科全书《玛纳斯》综合研究（13&ZD144）史诗歌手研讨会"在北京召开，来自柯尔克孜族、回族、汉族等多个民族的老中青三代学者和研究生以文参会，共收到论文30篇。《玛纳斯》史诗歌手研究是《玛纳斯》综合研究重大项目的子课题之一，构成这个项目至关重要的组成部分，也是挑战性和突破性很强的研究方向，尤其是随着居素普·玛玛依等三位国家级《玛纳斯》传承人在一年内相继去世，这一领域的研究及其急迫性和重要性也越发凸显出来。多年来，这是第一次集中讨论歌手问题。会上，各位学者在玛纳斯奇的史诗演唱技艺、演唱中对于传统的继承与创新、玛纳斯奇的身份认同、玛纳斯奇的史诗梦授说、玛纳斯奇的习艺经历、重要玛纳斯奇的身份资料新发现等方面都有很多具有突破性的研究成果出现，大大推进了我国《玛纳斯》史诗歌手研究。郎樱以《歌手的追踪调查与歌手文档建立——田野工作思考》为题，从若干个方面对口头史诗，尤其是史诗歌手的田野建档工作及其基本准则进行了总结。胡振华则以《学习〈玛纳斯〉的经过及体会》为题，回顾自己参与《玛纳斯》史诗搜集、翻译的亲身经历和学术实践，展示了《玛纳斯》学术研究历程中的一段个人生活史。其他论文均围绕新疆各地的《玛纳斯》传统歌手进行广泛讨论，有很多新视角、新资料和新发现，其中尤以对国宝级《玛纳斯》演唱大师居素普·玛玛依的研究论文居多，同时对20世纪上半叶的玛纳斯奇艾什玛特·满别特居素普、国家级传承人萨尔特阿洪·卡德尔的研究也有所拓展。此外，多位以前并没有引起学者们关注的歌手也进入了学者们的视野。比如，铁米尔·图尔都满别特、萨特瓦勒德·阿玛特、满别特阿散·卡帕尔、阿克坎别克·努热昆、居素扑·坎杰等玛纳斯奇，都成为会议新一轮的讨论热点。值得述及的是，中国《玛纳斯》研究队伍正不断壮大，年轻学人开始走向前台，视野开阔，水平也在不断提高，尤其是研究主题逐步走向多元化。学者们呼吁，在当前形势下，保护玛纳斯奇应当首先加快对玛纳斯奇的研究和建档工作，这是一项迫在眉睫的重要工作。胡振华在评议中认为，这次会议对于《玛纳斯》史诗研究具有里程碑的意义，必将对今后的研究起到巨大的促进作用。

2. 研究成果

本年度一批新成果得以出版或发表,凸显了我国"《玛纳斯》学"人才队伍不断壮大、研究水平不断提升的良好态势。首先值得述及的是托汗·依萨克和阿地里·居玛吐尔地联袂撰写的《〈玛纳斯〉演唱大师居素普玛玛依》[①] 一书以吉尔吉斯文在吉尔吉斯斯坦出版,并在吉国国家图书馆举办了首发仪式。本书是作者多次深入民间进行调查,在大量第一手资料基础上撰写而成,乃是有关居素普·玛玛依生平最完整的评传性著作,2003年获"山花奖"学术著作一等奖,广获国内外《玛纳斯》专家的高度评价。2014 年 5 月出版的吉尔吉斯文版为修订本,经过近十年的修订后,增加了很多新内容和新材料。全书共计 40 万字,由前言、正文、后记三个部分组成;正文部分共分五章。在吉尔吉斯斯坦出版后引起巨大反响,多家媒体进行了报道。该书不仅成为居素普·玛玛依研究的权威性著作,也进一步提升了中国学者在这个领域的学术影响力。

2014 年突厥语民族史诗与《玛纳斯》研究方面的成果多为论文。肖俊一的《柯尔克孜〈玛纳斯〉的文化透视》,[②] 对史诗所反映的柯尔克孜族文化进行了分析和提纲挈领的总结。马惠敏、徐梅《古老史诗〈玛纳斯〉现代条件下传播特征研究》,[③] 文中按传播学的线性传播模式考察了史诗《玛纳斯》在柯尔克孜社会的传播主体、传播内容、传播方式、传播区域、受众、传播效果等几个方面的特征。陈卫国、杨玲的《英译萨帕尔别克·卡斯马姆别托夫〈玛纳斯〉唱本评介——兼与居素普·玛玛依唱本比较》,[④] 对吉尔吉斯斯坦萨帕尔别克唱本进行探讨并选择有关英雄主人公玛纳斯的诞生、成婚与远征等章节内容与我国著名玛纳斯奇居素普·玛玛依唱本相关故事情节进行比较,揭示了两个唱本之间的差异。

在《突厥语民族口头史诗类型的本土命名和界定——语义学视角》[⑤] 一文中,阿地里·居玛吐尔地对突厥语诸民族口头史诗类型和从语义学角度探索突厥语民族史诗其深厚的内涵,并提出按照文化人类学功能学派奠基者的观点,可能对突厥语族民族的数以百计的史诗做出很多不同的解读和分类,在类型的划分方面,在定义和界定方面都会遇到非常大的挑战。从语义学视角而言,突厥语民族英雄史诗的分类和界定可以从两个方面进行探讨,即外来的定义和命名与本土的定义和界定两种类型。比如说"达斯坦""黑萨""埃波斯"等文类概念毫无疑问是突厥语族民族从外引入之舶来品,而非本土的史诗文本界定和命名;而另外一些名称,如"交莫克""吉尔""奥隆霍""乔尔乔克""图勒"等才是突厥语族民族自己的传统分类和界定等。作者在文中还分析了突厥语族民族以口头英雄史诗的主要类型。

---

① 在汉文版(内蒙古大学出版社 2002 年)和柯尔克孜文版(民族出版社 2007 年)的基础上经进一步修改、补充和完善。

② 肖俊一:《柯尔克孜〈玛纳斯〉的文化透视》,《新疆艺术学院学报》2014 年第 3 期。

③ 马惠敏、徐梅:《古老史诗〈玛纳斯〉现代条件下传播特征研究》,《伊犁师范学院学报》(社会科学版)2014 年第 3 期。

④ 陈卫国、杨玲:《英译萨帕尔别克·卡斯马姆别托夫〈玛纳斯〉唱本评介——兼与居素普·玛玛依唱本比较》,《民族翻译》2014 年第 1 期。

⑤ 阿地里·居玛吐尔地:《突厥语民族口头史诗类型的本土命名和界定——语义学视角》,《内蒙古社会科学》2014 年第 3 期。

阿地里·居玛吐尔地的另一篇论文《突厥语民族英雄史诗结构模式分析》,[①] 通过对突厥语民族史诗十多个典型情节母题的细致分析,为总结突厥语民族英雄史诗的结构模式和母题特征提供了新视野。他认为,对于《玛纳斯》那样大型或超大型史诗的结构特征而言,属于"多重复合型史诗"这一类型;而根据突厥语族中的那些主要民族英雄史诗作品本身的情节母题特点,对其进行适当的扩展和改造,可以使其更加符合突厥语民族英雄史诗的传统特征。按照这个思路,把突厥语族民族传统的英雄史诗情节大致分成30个结构单元或母题,对突厥语族民族传统史诗英雄的身世都明显模式化的趋势进行分析,而在各个具体的文本中,每一母题或母题的排列顺序都有所不同,从而呈现出各自的独特性和多样性。

冶斐虹、吴晓棠的论文《英雄主义在哈萨克族文学中的形成与体现》[②] 论述了英雄主义在哈萨克族文学不同于其他民族的几个特点,从多方面分析英雄主义在哈萨克族文学中的形成和体现,有一些新的观点。黄中祥的《哈萨克族叙事诗〈阔孜库尔佩西与芭艳苏露的贾纳克版本结构特征〉》一文中运用语言学、文学与韵律学相结合的研究方法,对哈萨克族叙事诗《阔孜库尔佩西与芭艳苏露》的贾纳克版本的音节、诗句、音步、诗联和诗段进行了系统的分析归纳。[③]

范学新与努尔江·达吾列提凯勒地的《英雄史诗中的神异女性形象对比》[④] 一文,对英雄史诗中的女性形象进行研究。刘振伟和彭无情的《西域狼祖叙事在史诗中的多种演变》[⑤] 一文,对西域多民族中的狼祖叙事在史诗中的多种演变问题进行了研究。库尔班·买吐迪在论文《维吾尔族说唱艺人与达斯坦齐的自我认同》中对维吾尔族的说唱艺人以不同的社会身份传承的说唱艺术,说唱艺术的表演实践及其在不同的阶段,会在观众的眼中创立不同的身份地位进行分析,概述维吾尔族民间说唱艺人、表演中的地位、自我认同的解释等,在研究维吾尔族民间文学研究方面有一定的意义。

范子烨的《神的存在与神的远去》[⑥] 对卡尔·赖希尔所著的《突厥语民族口头史诗:传统、形式和诗歌结构》[⑦] 一书的汉译本进行了评述,并对一些问题提出探讨性意见,指出这本书在整个突厥语民族史诗研究中的重要地位,同时考察了突厥语民族的口头史诗对我国中原文化的影响。

《新疆柯尔克孜族文学》第5期为纪念居素普·玛玛依大师的专刊,集中刊发了国内外学者的研究论文、回忆录和诗作等25篇,其中论文有20篇,阿扎提·苏力坦、郎樱、曼拜特·吐尔地、曼别特吐尔干·库尔曼、吐尔地拜·阿布都热合曼、阿布都克热木·阿

---

① 阿地里·居玛吐尔地:《突厥语民族英雄史诗结构模式分析》,《民族文学研究》2014年第4期。

② 冶斐虹、吴晓棠:《英雄主义在哈萨克族文学中的形成与体现》,《伊犁师范学院学报》2014年第3期。

③ 黄中祥:《哈萨克族叙事诗〈阔孜库尔佩西与芭艳苏露的贾纳克版本结构特征〉》,《中国社会科学院研究生院学报》2014年第3期。

④ 范学新、努尔江·达吾列提凯勒地:《英雄史诗中的神异女性形象对比》,《伊犁师范学院学报》2014年第3期。

⑤ 刘振伟、彭无情:《西域狼祖叙事在史诗中的多种演变》,《中央民族大学报》2014年第1期。

⑥ 范子烨:《神的存在与神的远去》,《民族文学研究》2014年第1期。

⑦ 卡尔·赖希尔:《突厥语民族口头史诗:传统、形式和诗歌结构》,阿地里·居玛吐尔地译,中国社会科学出版社2011年版。

布德力达等国内学者和苏力坦·热依夫（吉尔吉斯斯坦）、奥斯玛纳昆·依布热依莫夫（吉尔吉斯斯坦）、沙亚合买提·卡里依（哈萨克斯坦）等国外学者，皆撰文表达对居素普·玛玛依大师的怀念之情，对其毕生致力于史诗传承也给予了高度的评价。托汗·依萨克的《居素普·玛玛依及他演唱的〈玛纳斯〉唱本在吉尔吉斯斯坦的研究》、马克来克·吾麦尔巴依在《大玛纳斯奇居素普·玛玛依对自己演唱的〈玛纳斯〉的出版的态度》、阿曼吐尔·阿布都热苏力《居素普·玛玛依〈玛纳斯〉唱本中的柯尔克孜族形象》、阿力·苏云巴依《跟居素普·玛玛依访谈话的片段》等论文，提供了很多最新资料，并有观点上的创新。而阿地里·居玛吐尔地的《居素普·玛玛依年鉴》则梳理了大师的生平和具有历史意义的事件。

总之，2014 年在突厥语民族史诗研究取得了一定的成绩，出现了一些高水平的论文。研究内容、范围上都有一定的新意。年轻的学者不断出现，不断地加入到突厥语民族史诗研究队伍中来，影响不断扩大，不断地引起国内外学者的瞩目。这些研究成果不断弥补我国突厥语民族史诗研究中的一些空缺，无疑将在今后的研究中起很大的作用。从今年的总体情况来看，研究大多集中在史诗《玛纳斯》，尤其是《玛纳斯》歌手上；其他突厥语民族比如维吾尔族、乌孜别克族等民族的史诗研究成果阙如，哈萨克族等民族的史诗研究上虽然有一些成就，但篇目少、研究内容和范围有一定局限，我们在今后的研究工作当中要加强这些方面的研究。

当然，上述的论文当中也有一些不足，有的研究不够深入、全面，理论性比较薄弱，有些年轻学者由于语言的限制，在理解我国以前的研究资料方面较为欠缺，研究内容上有重复，也有论文语言不精练、格式乱，对歌手的研究没有进行规范的调研，只是简单论证，不够全面，散文式的论文也比较多。但总体上说，有些论文质量较高，有很多创新性的，具有很高的理论价值。研究队伍走向年轻化，研究人员不限于本专业领域，跨专业、异民族的研究也比较突出。不同学科的人都积极参与《玛纳斯》研究，这是今年突厥语民族史诗研究中出现的一个新的特点。我们相信，在这些成果的基础上，今后无疑会出现更多、更高质量的研究成果，不断填补我国突厥语民族史诗研究中的空白。

三 南方族群史诗研究

综观 2014 年南方史诗研究总况，可以说既有对以往研究传统的继承，也不乏创新。南方民族主要包括汉藏语系的三大语族，即苗瑶语族、藏缅语族与壮侗语族，以及属于南亚语系的佤族、布朗族、德昂族，这些民族具有丰富的史诗群。以下从总体研究与具体民族史诗研究加以概括。

在总体研究方面，集中探讨了南方史诗的特点与类型问题。吴晓东的《史诗范畴与南方史诗的非典型性》认为，中国学者从字面意义出发，淡化了"史诗"故事性而强调了它的历史性。中国南方各少数民族以创世史诗见长，"创世史诗"及其近似词"神话史诗""原始性史诗"，当是针对英雄史诗而出现的术语，这源于学者认为英雄史诗是非神话的（或者神话内容相对较少的），是非原始性的。这些术语反映了南方史诗的非典型性。"史诗"成员的典型性与非典型性会发生变化，其变化与影响力的大小有关。[1] 杨杰

---

[1] 吴晓东：《史诗范畴与南方史诗的非典型性》，《民间文化论坛》2014 年第 6 期。

宏的《南方民族史诗的类型问题探析》一文对先后出现的"神话史诗""原始性史诗""创世史诗""迁徙史诗""英雄史诗""复合型史诗"等不同概念类别进行了检析，认为在民俗学研究范式转换的背景下，南方史诗不再仅仅视为与作家文学相对的"民间文学"，而是重新定位为与民众生活世界密切相关的口头传统，成为族群历史"范例的宏大叙事"，从而极大开拓了南方史诗类别研究领域，但作者并未提出对南方史诗内涵、类型、特征更准确、完整的界定。[①]

2014 年苗瑶语族的史诗研究主要集中在苗族的史诗上，而苗族的史诗研究又主要集中在近年来新发掘的史诗《亚鲁王》，大有超过早年出版的《苗族古歌》之势。在史诗类型与叙事研究中，朝戈金在《〈亚鲁王〉："复合型史诗"的鲜活案例》一文中将《亚鲁王》定性为复合型史诗而非英雄史诗，这更准确地切中了南方史诗的类型特征。[②] 郑迦文《民间故事与史诗建构——从叙事模式看〈亚鲁王〉的民族、民间构成》将《亚鲁王·史诗颂译》部分看作一个"事件"，将亚鲁王的民间传说形式看作一个"过程"，进而在史诗与民间故事两个维度上考察《亚鲁王》的叙事模式，发现《亚鲁王》的叙事程式杂糅了创世、征战以及迁徙的叙事程式；其着力呈现的是"人的英雄"；叙事的回环往复，强调挫折与苦难的主题，构建起以"苦难"为核心的民族想象，而民间叙事，则从地方性知识的角度出发构建了属于本土的民间。[③] 朱伟华的论文《苗族史诗〈亚鲁王〉叙事特征及文化内涵初探》用广义的叙事学方法分析《亚鲁王》的文本，发现《亚鲁王》的叙述特征是以复沓方式讲述单纯的内容，其类型为"苦艰史诗"，同时叙事中表现出极其珍贵的契约观念和平等意识。[④]

考据依然在《亚鲁王》史诗的研究中占有一定比例，比如王炳忠《亚鲁王城——"格桑"初探》认为，亚鲁的王城苗族称为"格桑"，贵阳与"格桑"有牵连之缘，同时"格桑"伴随亚鲁王的神明切入了苗语世界多层面记忆。[⑤] 吴晓东的《〈亚鲁王〉名称与形成时间考》认为，"亚鲁"一词是"爷爷"的意思，其经历了一个由称呼演变为人名的过程，形成时间上限为唐宋时期。[⑥] 麻勇斌的《〈亚鲁王〉唱颂仪式蕴含的苗族古代部族国家礼制信息解析》认为，《亚鲁王》是在演绎古代王者拜将和遣将出征的礼数，葬礼透出了苗族整体性。[⑦] 龙仙艳《江山是主人是客——以〈亚鲁王〉为例探讨苗族丧葬古歌的生命观》指出，《亚鲁王》是麻山苗族的丧葬古歌，亚鲁题材形成的文化丛，三个方言区

---

①　杨杰宏：《南方民族史诗的类型问题探讨》，《民间文化论坛》2014 年第 6 期。

②　朝戈金：《〈亚鲁王〉："复合型史诗"的鲜活案例》，载《〈亚鲁王〉文论集 2》，中国文史出版社 2014 年版。

③　郑迦文：《民间故事与史诗建构——从叙事模式看〈亚鲁王〉的民族、民间构成》，《贵州社会科学》2014 年第 6 期。

④　朱伟华：《苗族史诗〈亚鲁王〉叙事特征及文化内涵初探》，《贵州社会科学》2014 年第 9 期。

⑤　王炳忠：《亚鲁王城——"格桑"初探》，《贵州文史丛刊》2014 年第 1 期。

⑥　吴晓东：《〈亚鲁王〉名称与形成时间考》，载《〈亚鲁王〉文论集 2》，中国文史出版社 2014 年版。

⑦　麻勇斌：《〈亚鲁王〉唱颂仪式蕴含的苗族古代部族国家礼制信息解析》，《贵州社会科学》2014 年第 2 期。

苗族丧葬古歌形成的文化带都传达出尚东理念背后苗族客居的生命观。[①]

除了文本上的研究，学者还研究了《亚鲁王》的叙事形式问题。陈红梅《歌剧〈亚鲁王〉的音乐特色》从音乐角度探究《亚鲁王》的艺术特色，在器乐使用上有木鼓和铜鼓。唱诵声音上有吟唱和哭声。[②] 梁勇、袁伊玲《〈亚鲁王〉演唱传统探微》聚焦于解答《亚鲁王》的何处唱、唱什么、如何唱、为何唱的四个问题。"何处唱"：演唱于苗族三大方言区、演唱仪式分为仪式内和仪式外；"唱什么"：创世纪、亚鲁王祖源及身世和征战迁徙；"如何唱"：歌调和吟诵调和哭唱调；"为何唱"：纪念先祖"亚鲁王"、为亡灵"指路"和知识系统的传承。[③]

在非物质文化的背景下，探讨史诗《亚鲁王》的搜集整理、传承保护问题也十分突出。郑向春《奖励制度与非遗传承研究——以苗族〈亚鲁王〉传承为例》，探讨联合国教科文组织推行的奖励制度与本土文化的联系与设置问题。进而提出针对不同地方，国家所选择的奖励方式与对象与之适应，从而将奖励落"实"。[④] 张忠兰、曹维琼《论民族史诗整理研究的视角转换——以"亚鲁王书系"为典型案例》通过分析《亚鲁王》整理、保护与研究存在的问题和原因，提出《亚鲁王》整理研究的视角转换与领域拓展的三种思路：一为转化史诗文本本体的研究视角，向民族语言学、民族历史学、民族社会学、历史人物学等方面拓展。二为转换史诗传承方式的研究视角，以采取歌师专题口述史的形式进行。三为转换史诗与相关表意文化事相的研究视角。以史诗为经，以各种表意文化事相为纬，以文化生态学为统领，进行多维度探究。[⑤] 王小梅《地方叙事、文化变迁和文本研究——人类学视野下的〈亚鲁王〉搜集整理和保护传承》将《亚鲁王》纳入人类学视野下，对史诗进行文本探究。分别陈列了《亚鲁王》的苗族历史文本、地方叙事文本、田野调查文本，进而提出跨学科文本研究会对《亚鲁王》的保护传承工作有重要意义。[⑥] 杨杰宏《〈亚鲁王〉译注中若干问题的评述》指出，新出版的《亚鲁王》文本存在文本选择完整性、演述场域的真实性、译注的准确性等方面的问题比较突出。建议在以后的工作中尽可能地完整保留不同异文的版本，还原演述语境，采用四对照译注与影像、录音、图片、民族志相结合的文本整理方法，以使整理文本误差降低到较小程度。[⑦]

与史诗《亚鲁王》的研究相比，其他苗族古歌的研究无论是数量还是质量都要薄弱很多。值得一提的是，吴一文、金旦的《苗族史诗通解》于今年由贵州人民出版社出版。此著以马学良、金旦译注的《苗族史诗》为蓝本，补充了原文，并对原文做了十分详细

①　龙仙艳：《江山是主人是客——以〈亚鲁王〉为例探讨苗族丧葬古歌的生命观》，载《〈亚鲁王〉文论集2》，中国文史出版社2014年版。

②　陈红梅：《歌剧〈亚鲁王〉的音乐特色》，《大众文艺》2014年第5期。

③　梁勇、袁伊玲：《〈亚鲁王〉演唱传统探微》，《广西民族师范学院学报》2014年第2期。

④　郑向春：《奖励制度与非遗传承研究——以苗族〈亚鲁王〉传承为例》，《文化遗产》2014年第3期。

⑤　张忠兰、曹维琼：《论民族史诗整理研究的视角转换——以"亚鲁王书系"为典型案例》，《贵州民族研究》2014年第6期。

⑥　王小梅：《地方叙事、文化变迁和文本研究——人类学视野下的〈亚鲁王〉搜集整理和保护传承》，《原生态民族文化学刊》2014年第6卷第2期。

⑦　杨杰宏：《〈亚鲁王〉译注中若干问题的评述》，《〈亚鲁王〉文论集2》，中国文史出版社2014年版，第217—235页。

的注释。

瑶族史诗的研究数量十分有限。黄海云《广西都安布努瑶挽歌〈萨当琅〉的文化学解析》分析了挽歌《萨当琅》的来源、主要内容及艺术特色，从文化学角度解读了挽歌中反映的布努瑶的动物崇拜、祖灵崇拜以及道教文化因素。认为《萨当琅》是母系氏族文化遗存的反映，强调敬祖遵制来维系民族传统，是布努瑶人立身处世的教科书。[①]

藏缅语族民族繁多，史诗也很丰富。以文学为研究范式的史诗研究传统呈现式微的趋势，且基本上沿袭旧有研究套路——往往把史诗或民歌视为文学文本。而从文化学视野研究史诗的趋势呈现出上升势头，这与人类学、民族学、社会学、历史学、宗教学等多元学科的交叉研究趋势有着内在的顺应关系。这方面的主要成果有：沈德康的《论藏缅语民族洪水后人类再生神话中的生殖观念》，[②] 叶德跃的《试述彝族〈查姆〉中的阴阳五行观》，[③] 王茨、陈丹、秦莹的《试论景颇族创世史诗中的朴素自然观及其现实意义》，[④] 徐学书的《〈羌戈大战〉为羌族本土先民部落战争"迟戈大战"考》，[⑤] 欧阳秋蓉、俞理明的《羌族民间文学作品〈羌戈大战〉中的权力话语分析》[⑥] 等。

藏缅语族史诗一个重要特点是口头与书面文本、仪式文本密切结合，史诗研究往往与口头、经书、仪式等研究相结合也一直是研究重点。巴莫曲布嫫在《英雄观、英雄叙事及其故事范型的传统指涉性的阐释向度》[⑦] 一文中认为，既是神性英雄、又是神人祖先的文化英雄的叙事模式构成了南方民族英雄史诗的故事范型，同时强调"如果回到彝族自己的口头文类和经书分类系统中去，再跟学界现有的文类去做比较研究，一方面需要释读古籍，另一方面需要根据仪式去进行阐释"。最后，从彝族生活世界中的"火塘叙事"来探寻文化表达中"叙事模式"，进而从发生的维度、时间的维度、空间的维度，以及天地人辩证和谐的传统美学观念和对正诗艺技巧来阐释彝族的叙事传统及其口头实践。张德华的《四川彝族毕摩经书的特点与价值》[⑧] 对四川彝族毕摩经书的传承、保存、抄写及其价值和特征等方面作了全面调查和深入分析，并按经书在仪式中的实际运用，对经书的整体分类进行了新的尝试。此外，这类成果还有贾力娜、蒲亨强的《毕节三官寨彝族丧葬仪

---

① 黄海云：《广西都安布努瑶挽歌〈萨当琅〉的文化学解析》，《广西民族研究》2014 年第 3 期。

② 沈德康：《论藏缅语民族洪水后人类再生神话中的生殖观念》，《四川师范大学学报》（社会科学版）2014 年第 4 期。

③ 叶德跃：《试述彝族〈查姆〉中的阴阳五行观》，《贵州民族研究》2014 年第 10 期。

④ 王茨、陈丹、秦莹的：《试论景颇族创世史诗中的朴素自然观及其现实意义》，《云南农业大学学报》（社会科学版）2014 年第 3 期。

⑤ 徐学书：《〈羌戈大战〉为羌族本土先民部落战争"迟戈大战"考》，《西南民族大学学报》（人文社科版）2014 年第 11 期。

⑥ 欧阳秋蓉、俞理明：《羌族民间文学作品〈羌戈大战〉中的权力话语分析》，《贵州民族研究》2014 年第 10 期，但此文观点与苏宁和徐国彪的《羌族民间文学中的宗教权力话语分析——以〈羌戈大战〉为例》[《西南民族大学学报》（人文社会科学版）2010 年第 10 期] 大体雷同。

⑦ 巴莫曲布嫫：《英雄观、英雄叙事及其故事范型的传统指涉性的阐释向度》，《民族艺术》2014 年第 3 期。

⑧ 张德华：《四川彝族毕摩经书的特点与价值》，《宗教学研究》2014 年第 3 期。

式撬布摩歌调查研究》，① 申晓虎的《经文、仪轨、祭司：民间苯教与普米族韩规教的比较研究》，② 郑艳姬的《作为宗教、医疗及艺术的表述载体彝族诺苏人尼裹此治疗仪式的文化解读》，③ 杨甫旺的《巫道交融：仪式角色的转换以云南五街彝族喽底为个案》，④ 和虎的硕士论文《传承与变迁的乐竹村纳西族祭天仪式研究》，⑤ 木春燕的《东巴教大祭风仪式诗、乐、舞的解读》，⑥ 和肖毅的《东巴神话与东巴祭祀仪式的关系》⑦ 等。

对史诗及神话为代表的民族经典文献的保护研究越来越引起重视，这方面的成果明显增多。张旭的《数字化东巴经典，打造国际共享平台》⑧ 一文提出，从国际东巴古籍数字化的研究，到形成世界范围的国际东巴经典的共享联合体，力图使今后出现在国际共享平台上的东巴经典数字信息具有真实性与可信性，成为留给当今世界及后世的数字化形式的人类记忆遗产。其他论文有田收的硕士论文《民族文化生态变迁下东巴档案的保护研究》、⑨ 刘娟的《图书馆典藏纳西族非物质文化遗产文献的对策》⑩ 等。

口头程式理论作为20世纪美国民俗学影响国内外史诗探索的重要方法，在壮侗语民族的史诗研究中日益显示其在研究史诗中独特视角所做出的独特贡献。戈梅娜《〈布洛陀经诗〉的口头程式解读》充分运用口头程式理论对《布洛陀经诗》进行了解读。⑪ 对壮侗语族史诗进行综合性研究与分析的成果亦不少，涉及研究历史、传承和艺人等内容。程萍《布洛陀文化传承研究综述》将布洛陀文化传承研究分为三个时期，并认为不同时期都有不同的研究特点和内容。国内学界对布洛陀文化传承研究正走向拓展和深入，但也存在诸多不足。借鉴西方口头传承理论和其他民族史诗传承研究的成功案例，探讨布洛陀文化的现代传承方式，将有助于弥补布洛陀文化传承研究的不足。⑫ 王开级在《浅谈布依〈摩经〉文化及传承》一文中指出，布依族《摩经》是布依族传统文化的经典，是记述布依人类的起源、布依神话故事情节、历史传说及生产生活的经验总结，是布依族语言的保鲜库。《摩经》在布依人类历史发展的岁月中经过不断创造、发展、完善。布依族又在祭祀求神、祈福保安、丧葬习俗、驱魔逐邪等的仪式上都离不开《摩经》而得以传承，是

① 贾力娜、蒲亨强：《毕节三官寨彝族丧葬仪式撬布摩歌调查研究》，《中央音乐学院学报》2014年第3期。
② 申晓虎：《经文、仪轨、祭司：民间苯教与普米族韩规教的比较研究》，《曲靖师范学院学报》2014年第2期。
③ 郑艳姬：《作为宗教、医疗及艺术的表述载体彝族诺苏人尼裹此治疗仪式的文化解读》，《楚雄师范学院学报》2014年第1期。
④ 杨甫旺：《巫道交融：仪式角色的转换以云南五街彝族喽底为个案》，《宗教学研究》2014年第3期。
⑤ 和虎：《传承与变迁的乐竹村纳西族祭天仪式研究》，西南大学2014年硕士论文。
⑥ 木春燕：《东巴教大祭风仪式诗、乐、舞的解读》，《北京舞蹈学院学报》2014年第4期。
⑦ 和肖毅：《东巴神话与东巴祭祀仪式的关系》，《长春师范大学学报》2014年第7期。
⑧ 张旭：《数字化东巴经典，打造国际共享平台》，《中国社会科学报》2014年7月11日。
⑨ 田收：《民族文化生态变迁下东巴档案的保护研究》，云南大学2014年硕士论文。
⑩ 刘娟：《图书馆典藏纳西族非物质文化遗产文献的对策》，《科技情报开发与经济》2014年第12期。
⑪ 戈梅娜：《〈布洛陀经诗〉的口头程式解读》，《钦州学院学报》2014年第4期。
⑫ 程萍：《布洛陀文化传承研究综述》，《广西民族研究》2014年第3期。

我们了解布依族整体文化的重要途径。① 李纬霖的《傣族赞哈调及相关乐种研究方法举要》通过对 1980 年至 2014 年傣族史诗艺人赞哈调研究文献进行收集、分类、整理及研读，从"研究视角"和"方法论"两个不同的角度加以透视。在研究方法上，中国学者以赞哈调研究微观个案为主，而国外学者以跨不同方言区不同 Khap 类型的宏观研究为主。论文认为，在继承前者的学术成果基础上，后继学者可从赞哈调的音乐形态、腔词关系、不同方言区跨界赞哈调研究等几个方面进行拓展研究。②

与傣族史诗相关的比较研究有西藏大学尼片的硕士论文《〈诺桑王子〉与〈召树屯〉关系之研究》，此文通过对《诺桑王子》与《召树屯》两部作品的阅读分析，参考有关资料精细考察，认为两部作品有不解之缘。它们的发源地并不是傣族与藏族，它本是印度民间故事，是被佛教徒因宣传佛教教义的需要而加工成为佛本生故事，经过南传佛教与北传佛教的途径分别传播到傣族和藏族民间。因此它们属于同源异流故事。两部作品在传播过程中逐渐被民族化、地域化，而最终成为优秀的两部少数民族文学作品。③

四　北方族群史诗研究

中国东北少数民族族群中，史诗一般指满族说部"窝车库乌勒本"中的《乌布西奔妈妈》《西林安班玛发》《恩切布库》，达斡尔族"乌钦"，赫哲族"伊玛堪"，鄂伦春族"摩苏昆"。

2014 年度，关于这些史诗研究著作阙如，论文若干，博士和硕士学位论文仅有张丽红的《满族说部之女神研究》④ 略有涉及。史诗文本有宋宏伟主编的《伊玛堪集成》（上、中、下），⑤ 几乎涵纳了从 20 世纪凌纯声记录的 19 则伊玛堪故事开始的所有伊玛堪文本；吴刚主编《达斡尔族锡伯族满族卷——汉族题材少数民族叙事诗译注》。⑥ 值得关注的是王维波等人翻译的《中国赫哲族史诗伊玛堪》，⑦ 翻译了其中的名篇《香叟莫日根》《满都莫日根》《满格木莫日根》《木都力莫日根》。《中国社会科学报》发表专文全面介绍了黑龙江省社会科学院研究员黄任远的伊玛堪研究工作。黄任远早年与赫哲族著名伊玛堪歌手吴连贵、吴进才、尤树林、尤金良、葛德胜等成了忘年交，并从此和赫哲文化一辈子结缘，抢救、保护和研究非物质文化遗产"伊玛堪"成为他一生的学术事业。他先后采录了吴进才唱的《尤虎莫日根》《阿格弟莫日根》，吴连贵唱的《木竹林莫日根》《木都力莫日根》等，尤树林唱的《马尔托莫日根》《射日莫日根》等，尤金良唱的《希特莫日根》《坎特莫日根》等，葛德胜唱的《香叟莫日根》《吴胡萨莫日根》等。这些珍

---

① 王开级：《浅谈布依〈摩经〉文化及传承》，《2014 年贵州社科学术年会学术专场研讨会暨"以区域特色文化推动地方经济发展"研讨会论文集》，贵州社科联 2014 年。

② 李纬霖：《傣族赞哈调及相关乐种研究方法举要》，《歌海》2014 年第 4 期。

③ 尼片：《〈诺桑王子〉与〈召树屯〉关系之研究》，西藏大学 2014 年硕士论文。

④ 张丽红：《满族说部之女神研究》，吉林大学 2014 年博士论文。

⑤ 宋宏伟主编：《伊玛堪集成》（上、中、下），黑龙江人民出版社 2014 年版。

⑥ 吴刚主编：《达斡尔族锡伯族满族卷——汉族题材少数民族叙事诗译注》，民族出版社 2014 年版。

⑦ 王维波：《中国赫哲族史诗伊玛堪》，辽宁人民出版社 2013 年版。

贵的一手资料，后来陆续整理发表在《伊玛堪》《黑龙江伊玛堪》《赫哲绝唱：中国伊玛堪》《伊玛堪集成》等著作中。黄任远发表的专著、合著、编著达 30 余部，发表学术论文 150 余篇，主要代表作有《赫哲族文学》《通古斯—满语族神话研究》《赫哲那乃阿伊努原始宗教研究》等。其著作曾荣获"中华优秀出版物奖"、"中国民间文艺山花奖银奖"等，多部作品被译成英语、韩语、日语等。他也应邀赴俄罗斯、日本、韩国进行学术访问，向国外学界介绍中国学界对于伊玛堪的采集和研究成果。45 年、20 多个采录笔记本、200 多万字原始资料、150 多篇论文、30 多部著作……这些数字记录的是黄任远一步步走过的学术足迹，反映了他在民间文学采录上取得的突出成绩。黄任远 2007 年 3 月退休后，在伊玛堪研究之路上"退而不休"，老骥伏枥。他将有三部学术著作《伊玛堪研究史》《伊玛堪歌手吴连贵研究报告》和《伊玛堪与赫哲人田野调查》陆续出版。①

与三大史诗或南方史诗相比，东北少数民族族群史诗研究不够深入，如对其术语的解读和界定在学术界尚未达成共识，而传承人歌手的研究、文本的细致解读分析仍需一定时日和学者的努力。但我们也应该看到近年来对东北少数民族族群史诗引起了学界的极大关注，尤其是赫哲族伊玛堪在 2011 年进入联合国"急需保护的非物质文化遗产"名录后，连续 4 年其论文数量都在 40 篇以上，并且成为多位博士、硕士论文的主题。今年论文有 40 篇，主要从歌手、文本、翻译问题（主要指由汉语译为英文）、传承保护、与其他民族史诗的比较（如与满族说部的比较）等，其中传承保护是讨论的重点。

郭淑云的论文《从〈乌布西奔妈妈〉看东海女真人的部落战争》② 将其部落战争分为两个阶段，前段以掠夺性或争夺资源的战争为主，乌布西奔执政后战争则被赋予统一东海诸部、促进区域和平的性质；高荷红的论文《满族萨满史诗〈窝车库乌勒本〉研究》③ 继"满—通古斯语族英雄史诗概念"提出后对满族史诗性质做出重新界定；谷颖的论文《西林安班玛发形象解析》④ 通过对西林色夫的身份、行为、语言、心理等描写，塑造了西林安班玛发独特的神性、人性及非凡的萨满神能。

达斡尔族口头叙事文类"乌钦"的研究主要有两篇论文。李飞的《达斡尔族民间叙事诗"乌钦"研究综述》⑤ 一文，通过分析认为，"乌钦"研究多集中于评介及叙事文本的解析方面，应将视角转向口头传统领域，注重口头传承性研究，以期从中发现新的文化内涵；王治国的论文《论少数民族文化"走出去"的汉译中介模式——从〈达斡尔族乌钦体民间叙事诗《少郎和岱夫》〉英译谈起》，⑥ 以《少郎和岱夫》英译本的出版发行为例，提出将各少数民族文学翻译为其他文字最终推向世界的可行途径。

鄂伦春口头文类"摩苏昆"的研究论文仅有 3 篇，值得关注的仅有一篇《浅析鄂伦

---

① 曾江、郝欣：《与赫哲文化一辈子结缘——记黑龙江省社会科学院研究员黄任远》，《中国社会科学报》2014 年 9 月 4 日。

② 郭淑云：《从〈乌布西奔妈妈〉看东海女真人的部落战争》，《西北民族研究》2014 年第 2 期。

③ 高荷红：《满族萨满史诗〈窝车库乌勒本〉研究》，《民族艺术》2014 年第 3 期。

④ 谷颖：《西林安班玛发形象解析》，《满族研究》2014 年第 2 期。

⑤ 李飞：《达斡尔族民间叙事诗"乌钦"研究综述》，《齐齐哈尔大学学报》（哲学社会科学版）2014 年第 2 期。

⑥ 王治国：《论少数民族文化"走出去"的汉译中介模式——从〈达斡尔族乌钦体民间叙事诗《少郎和岱夫》〉英译谈起》，《中华文化论坛》2014 年第 2 期。

春民族传统说唱艺术"摩苏昆"起源与传承》,[①] 由李秀珍和温庆民合写,但无甚新意。

总体而言,"伊玛堪"的研究因获得了多方关注,目前正处于研究的繁盛期;"窝车库乌勒本"的渐次深入也将使满族史诗成为中国史诗中重要的组成部分;"摩苏昆"和"乌钦"期待学人从民族语言、活态传承角度关注其独特的叙事传统。

五 国内西方史诗研究

2014 年度,国内期刊共发表 43 篇与西方史诗研究相关的论文,其中学位论文(含博士、硕士)论文 3 篇,研究专著 1 部。国内的西方史诗研究对于西方史诗的兴趣仍然集中在荷马史诗上,以研究荷马史诗的论文数量最多,占西方史诗研究的半壁江山。尤值一提的是,2014 年 7 月国内首次出版汉—希对照的《奥德赛》,翻译底本采用洛布古典丛书中《奥德赛》版本,由古典翻译家王焕生先生全新修订而成,译文的准确、精良对于支撑西方史诗研究而言至关重要。

目前荷马史诗的研究方向主要有三类:学术史、文本分析、文化研究。2014 年度仍以对史诗的社会—文化研究为主流,有 11 篇相关的研究文章发表,其中引人注目的是首都师范大学商笑野的硕士论文《迪恩·海默的〈伊利亚特〉政治思想研究》,该硕士论文述评了美国当代古典学家迪恩·海默(Dean C. Hammer)的著作《〈伊利亚特〉之为政治:政治思想的表演》(*The Iliad as Politics:The Performance of Political Thought*),作者指出,海默与以往的史诗研究者不同在于,他的"兴趣不在于论证并给出《伊利亚特》中存在城邦组织的例子,而是去探讨一个更具开放性的问题:史诗作品,作为一个整体,如何致力于对政治生活的反思。这个问题所引出的,也为了进一步论说而不得不做的工作是,重新思考'政治'所意指的是什么,或说,重新审视我们对'政治'的理解。"[②] 因此,海默认为"凭借史诗这种政治表演的叙事形态对政治生活沉思与批评,而不需要抽象的政治理论"。这种史诗研究政治性的方向,也同样出现在哈佛大学古典系青年学者埃默尔教授《同意的诗学——集体决策制定与〈伊利亚特〉》一书中,他将海默的史诗研究的政治化推进到民主政制的具体细节。商笑野的论文颇有见识地揭示了海默史诗研究的思想资源来自美国 20 世纪最著名的女性政治哲人汉娜·阿伦特。

此外,北京语言大学的陈戎女教授于 2014 年 10 月出版的《女性与爱欲:古希腊与世界》一书也值得关注,作者从古今比较的视野进入荷马史诗的研究,专章讨论"荷马史诗与女性主义",[③] 分析《伊利亚特》中的女性群像,最后落笔于《奥德赛》中的杰出女性代表——佩涅洛佩,在史诗宏大的战争背景中,在生死离别、育子化民、处理政务等具体处境中,凸显古希腊女性的智慧与德行。进而,从古今女德的差异中,反思现代女性主义理论的思考基点,作者颇为大胆地提出荷马是一位"古代女性主义者",以此宣告"现代女性主义的失败",就此而言,作者站在古典立场挑战现代女性主义,不失为一次对当代女权主义理论的有力反击。

---

① 李秀珍、温庆民:《浅析鄂伦春民族传统说唱艺术"摩苏昆"起源与传承》,《剧作家》2014 年第 2 期。

② 商笑野:《迪恩·海默的〈伊利亚特〉政治思想研究》,首都师范大学 2014 年硕士学位论文。

③ 陈戎女:《女性与爱欲:古希腊与世界》,复旦大学出版社 2014 年版。

　　对荷马史诗的文本细读式研究是近年来由古典诗学研究一派极力倡导的阅读中西方古代经典的方式，且在西方古典研究领域形成风气。值得关注的是贺方婴发表的"柏拉图引荷马史诗考"系列论文，① 是国内学界首次从柏拉图引诗的角度来研究荷马史诗。作者采用文本细读的方式析读古希腊哲学对话中援引的荷马诗行，通过还原诗句的原文语境，比较差异，借以反思史诗对于哲学的影响，推进思想史上诗与哲之争重大命题的深入理解。同属文本细读式的研究文章还有：吴雅凌的《传统与创新——〈劳作与时日〉中的英雄叙事》，② 刘未沫的《〈伊利亚特〉的世界——有关生命、死亡、葬礼及其竞技》，③ 前者通过文本细读《劳作与时日》的诗行来论证古希腊诗人赫西俄德对于荷马史诗的继承与创新，显示古代诗人在城邦教育权的掌控。后者则通过分析《伊利亚特》中与生命和死亡最相关的重要概念来还原古希腊人的生死观，并在此基础上，借助史诗文本中的竞技与葬礼来分析古希腊社会如何化解个体死亡的威胁以及共同体自我净化的有效机制。我们看到在这类研究中，作者的研究视域已经不限于一般性的文学解读，而是将史诗文本视为一个上古社会的缩影，采取跨学科的多重研究维度来解读史诗文本，使之焕发新的社会亲和力。

　　关于荷马史诗的学术史研究，今年值得关注的论文是：吕健的《"原始文本"抑或"多元文本"——〈伊利亚特〉新校本争论回溯》，④ 该文主要梳理了围绕 1998 年至 2000 年出版的托埃布纳新版《伊利亚特》校勘本的学术论争过程，通过整理相关文献，作者在文中清晰地呈现了不同学派在探究"荷马问题"这一始自近代史诗研究的基本命题下的不同阐释框架和解释进路，重新开启古风诗歌的"作者身份"与诗歌"权威性"等问题的思考。作者尤其关注帕里—洛德一派的口头诗学理论，重点关注口头诗学理论的领军人物，哈佛大学的纳吉教授对托埃布纳新版的主编韦斯特的批评，此文认为，口头诗学派与传统古典语文学的根本分歧在荷马史诗是否存在"原始文本"，而前者坚信并主张追求一种"最终的'多重文本'"。正如作者所言，口头理论派与新分析派的分歧始终无缓和迹象，而这一论争中心始自 18 世纪开启的"荷马问题"，这仍然是当今古典学界的重要思考点。

　　此外，我国当代荷马研究专家陈中梅研究员的《模塑西方：荷马史诗的观念史意义》，⑤ 也是今年重要的文章。陈文是 2015 年出版的新著《模塑西方：荷马史诗与希腊奇迹的观念基础》的序言，该文提出荷马史诗对于西方观念史形成具有开创性的基础意义，荷马史诗"一方面从范式的角度强势阻碍了科学的诞生，另一方面却又从观念的角度颇有成效地推动了理性精神的发展"，此文延续了陈中梅在荷马史诗研究方面一贯的哲学

---

①　贺方婴：《荷马的女神与柏拉图的女先知——从〈奥德赛〉中的基尔克看〈会饮〉中的第俄提玛》，《江汉论坛》2014 年第 3 期；贺方婴：《哲学的冥府——〈普罗塔戈拉〉中的冥府喻发微》，《学术月刊》2013 年 11 月；贺方婴：《苏格拉底与摩吕草——柏拉图〈普罗塔戈拉〉引荷马史诗考》，《哲学与文化》（台湾）A&HCI 期刊，2013 年 12 月。

②　吴雅凌：《传统与创新——〈劳作与时日〉中的英雄叙事》，《社会科学》2014 年第 7 期。

③　刘未沫：《〈伊利亚特〉的世界——有关生命、死亡、葬礼及其竞技》，《国外文学》2014 第 2 期。

④　吕健：《"原始文本"抑或"多元文本"——〈伊利亚特〉新校本争论回溯》，载刘耘华编《文贝：比较文学与比较文化》2014 年第 1 期，复旦大学出版社 2014 年版。

⑤　陈中梅：《模塑西方：荷马史诗的观念史意义》，《河北学刊》2014 年第 5 期。

思考。

印度两大史诗《罗摩衍那》和《摩诃婆罗多》的研究仍以注重分析史诗文学性与宗教功能为主，今年发表的相关论文中，比较引人注目的文章：王艳凤和杨荣联名撰写的《试论〈罗摩衍那〉的文学治疗功能和禳灾功能》、① 多布旦的《印度史诗〈罗摩衍那〉的藏文文献价值与研究综述》，② 分别从宗教功能与文献价值方面研究《罗摩衍那》。然而，客观地说，印度史诗的研究仍显薄弱与单一化。

欧洲中古史诗方面今年比较突出的是，东北师范大学的王春雨博士撰写的博士论文《英雄史诗〈贝奥武甫〉与英国文化传统研究》，③ 论文以英雄史诗《贝奥武甫》为研究对象，通过考察其创作过程、作者的倾向及史诗中反映的社会历史文化现象，研究早期英国文化传统的形成与发展，探讨英国特有的文化范型与模式，以及这种文化传统的意义和影响等问题。作者从关注日耳曼英雄诗歌传统与诗人的基督教信仰之间的关系入手，提出文学实际上积极参与了诗歌传统与基督信仰的冲突与融合的进程，并对两大传统的融合做出了重大贡献。此外，还有探讨《罗兰之歌》的写作风格的研究文章。另外，中国社会科学院外国文学研究所北欧文学专家、翻译家石琴娥主编，石琴娥、林桦、陈文荣、金冰、周景兴翻译的《萨迦选集》（全三册）于 2014 年 7 月由商务印书馆推出。全书选取了六部著名的冰岛萨迦：《文兰萨迦》《瓦特恩峡谷萨迦》《尼雅尔萨迦》《拉克斯峡谷萨迦》《埃吉尔萨迦》《贡恩劳格萨迦》，共计 120 万字，分成上、中、下三册。书后还附有主要人名译文的中英对照表。总体而言，欧洲中古史诗的研究力量仍需要加强，整体而言缺乏更厚重、扎实的研究文章，没有形成体系。

今年，也有学者关注到两河流域史诗《吉尔伽美什》和非洲史诗，说明学界对于史诗范围在拓展，随着 2013 年国际史诗研究学会的成立，我们期待未来会有更多更好，更高质量的研究文章出现在世界史诗研究的领域。

六　史诗研究新路径

（一）史诗与音乐

中国史诗音乐研究在史诗学和音乐学两个领域长期遭受冷遇，呈现出老一辈研究者逐渐淡出，④ 而新一代研究者尚未出现的青黄不接之势，但此势在 2014 年略有改观。北方史诗传统中共有来自史诗学与音乐学两个领域的 4 位学者关注了史诗音乐，其中包括藏族

---

① 王艳凤、杨荣：《试论〈罗摩衍那〉的文学治疗功能和禳灾功能》，《内蒙古师范大学学报》（哲学社会科学版）2014 年第 3 期。

② 多布旦：《印度史诗〈罗摩衍那〉的藏文文献价值与研究综述》，《西藏大学学报》（社会科学版）2014 年第 1 期。

③ 王春雨：《英雄史诗〈贝奥武甫〉与英国文化传统研究》，东北师范大学 2014 年博士学位论文。

④ 例如，毕业于中央民族大学和上海音乐学院的作曲、指挥专业的作曲家、指挥家扎西达杰，在 20 世纪 90 年代在藏学音乐研究领域成绩斐然，发表了诸多学术论文，内容涉及《格萨尔》音乐、佛教音乐、民族民间音乐等；其后，关注史诗音乐研究的学者并不多见。2013 年中央民族大学音乐学专业特日格乐的硕士论文（包爱军指导）《巴林格斯尔史诗〈十方圣主格斯尔镇压十三头蟒古思〉音乐初探》以金巴扎木苏演唱的单篇巴林格斯尔史诗《十方圣主格斯尔镇压十三头蟒古思》为个案，对其唱词、曲调、表演程式进行了分析和探讨。

英雄史诗《格萨尔》音乐的论文 3 篇、突厥语民族口头史诗音乐的论文 1 篇，以及在口头传统的视阈下讨论史诗的音乐与演述关系的论文 1 篇。

曹娅丽的《"格萨尔"戏剧演述的诗学特质研究》由格萨尔史诗口头叙事表演的文化语境、格萨尔史诗说唱的诗学特征和格萨尔戏剧演述的诗学特质三部分组成。作者认为，格萨尔口头演述的诗学特征不仅体现在音乐审美特征上，而且也完整地呈现在戏剧演述的情境之中，由说唱音声的语调构成的演唱是戏剧演述继承格萨尔史诗诗学的特征之一，同时提出格萨尔说唱曲调具有宣叙调的色彩，且此色彩使格萨尔戏剧音乐更加呈现出藏民族戏剧演述的诗学韵味。

青海民族大学郭晓虹有一组系列论文与史诗音乐相关。[1]《藏传佛教音乐与〈格萨尔〉史诗唱腔之渊源考析》依据《桑耶寺大事记》和《乐论》的历史文献与资料，梳理了藏传佛教与《格萨尔》唱腔之间的历史渊源关系，确认史诗唱腔受到佛教音乐理论及其曲调的影响，二者在传承和发展过程中相互借鉴、融合，以致形成独特的史诗唱腔。在此基础上，作者提出藏传佛教道歌"俱声乐"中的装饰音润腔方式在《格萨尔》艺人的唱腔中比比皆是，特别是变化音的运用，唱功好的艺人可以将"鼻转音、喉转音、舌转音"在唱腔中灵活运用。

郭晓虹的另一篇论文《藏族史诗"格萨尔"说唱音乐源流初考》则对苯教的"苯"字与《格萨尔》音乐、《格萨尔》中的赞词与"德乌"（猜谜卜筮的游戏问答）、藏传佛教的"十明"与《格萨尔》音乐唱腔的渊源关系进行了考证，提出《格萨尔》说唱音乐与藏族宗教以及传统音乐之间存在一脉相承的亲缘关系。此文的主要贡献在于将《甘露藏之释》中藏传佛教小五明中的七音品及其表现意义与《格萨尔》的唱腔一一对应，但由于论据单一、论证不够充分，其对应关系能否成立还需进一步举证。

阿地里·居玛吐尔地的《突厥语民族口头史诗演唱与呼麦艺术》[2] 注意到了流布在雅库特、阿尔泰、哈卡斯和图瓦等地区应用喉部发音的、多声音乐形式的突厥语民族的口头史诗。与中国境内大量存在的单声史诗音乐相比，这样的讨论颇具新意且值得进一步关注。作者在对突厥语民族史诗的类型以及对口头史诗抑扬顿挫、富于变化的音乐特征的总结中，在对史诗演唱形式和史诗歌手的词源考证中，说明萨满与史诗歌手之间存在某种神秘的联系，并辅以著名德国史诗学者卡尔·赖希尔（Karl Reichl）和著名芬兰史诗专家劳里·哈维拉赫提（Lauri Harvilahti）的研究例证加以说明，认为通过喉部发音的演唱形式（呼麦艺术），可以说是萨满文化传统和口头史诗传统两者彼此交融的媒介和桥梁。无论是运用这种特殊方式演唱史诗的歌手，还是萨满巫师，都是古代民族文化的代表。

著名德国史诗学者卡尔·赖歇尔（Karl Reichl）撰写、姚慧翻译、李修建校译的《口

---

① 郭晓虹：《藏传佛教音乐与〈格萨尔〉史诗唱腔之渊源考析》，《青海民族研究》2014 年第 3 期，第 133—135 页。郭晓虹：《苯教音乐与〈格萨尔〉史诗唱腔之渊源考析》，《青海社会科学》2014 年第 3 期，第 168—170，190 页。郭晓虹：《藏族史诗〈格萨尔〉说唱音乐源流初考》，《西藏研究》2014 年第 2 期，第 66—71 页。郭晓虹：《格萨尔说唱音乐个案解读——以玉树格萨尔说唱艺人演唱形态为例》，《内蒙古大学艺术学院学报》2014 年第 2 期，第 113—118 页。

② 阿地里·居玛吐尔地：《突厥语民族口头史诗演唱与呼麦艺术》，《中国社会科学报》2014 年 2 月 21 日。

头史诗的音乐与演述》则从口头传统的研究视角和切实可行、来自世界各地实际样例的分析出发，对口头史诗的音乐与演述之间的关系进行了条分缕析的详细研究，认为史诗旋律被学界视作两极，即"单诗行同曲体"（stichic）与"多诗行异曲体"（strophic）的两种旋律类型。当"多诗行异曲体"旋律富有音乐性、复杂性和多变性时，"单诗行同曲体"旋律却呈现出重复和单声性的趋向。同时，作者指出了史诗学界对史诗音乐的忽视以及只将史诗视作文本来进行研究的现状，由此引发对一个美学上的基本问题的思考：当音乐被忽视时，我们正在丢失口头史诗属性中的一个重要组成部分。史诗是唱出来的，是在音乐的演唱中完成故事的演述的，因此拓展史诗演述欣赏的音乐维度是必要和重要的，此论对中国当下史诗音乐的研究具有重要的参考和现实意义。

在今年的藏缅语族史诗研究中也有多篇论文涉及音乐。主要成果有：熊晓辉的《民族音乐在"口述史"中的实存分析——基于土家族土司音乐研究》《"口述史"在民族音乐发展中的历史与逻辑——基于土家族土司音乐研究》，陈咏艳的硕士论文《沧源永和佤族社区与澜沧班利拉祜族村基督教音乐文化的比较研究》，吴绍良的硕士论文《民间乐舞在文化认同中的作用研究——以景颇族目瑙纵歌为例》及和桂莲的《纳西族东巴音乐概论》等。

（二）史诗与传统体育

自 19 世纪开始，法国藏学专家石泰安、达维尼，德国藏学专家弗兰克，苏联藏学专家波塔宁等一大批人搜集、整理、翻译、研究和出版《格萨尔》史诗，20 世纪 80 年代起，中国陆续召开了六次国际《格萨尔》学术研讨会，先后出版了约 40 部藏汉《格萨尔》研究专著，发表了 800 多篇论文，而史诗中涉及藏族传统体育文化，但相关研究甚少。青海省格萨尔研究所助理研究员巷欠才让承担的国家社科基金项目《史诗〈格萨尔〉"口述"中的体育文化普查与研究》于 2012 年 6 月立项，历时两年完成，已于 10 月结项，并已付梓，出版后将丰富《格萨尔》史诗领域的专题研究。巷欠才让认为，"《格萨尔》史诗中的体育有着独特的文化个性，这种个性源于藏民族生活习俗、宗教信仰、思维方式、民族心理等多个方面，在特定的生态环境下产生的体育项目也蕴藏着多重文化现象"，"随着社会现代文明化进程的加快，藏民族特有的传统体育文化正日益受到冲击，甚至有些已濒临灭绝"。这部《格萨尔》传统体育文化专著涵盖射箭、剑术、抛石器、马球、摔跤、赛马、棋艺、抱石头、套马绳等体育项目。此外，专著中还搜集、整理了箭赞、抛石器赞、剑赞、矛赞、套索赞、马赞、棋艺赞、马鞭赞等具有民族特色和地方特色的颂词。作者认为，"《格萨尔》史诗中原生态体育活动不仅是藏族传统体育文化的重要组成部分，也是中华民族体育文化的组成部分，因此，挖掘和整理、研究《格萨尔》'口述'中具有民族特色的藏族传统体育很有必要，对非物质文化遗产的抢救与保护有着举足轻重的意义"。①

据青海省格萨尔研究所调查，目前有着 3000 多年历史的藏棋正面临失传的危险，在中国藏区，40 岁以上的人群中对弈棋手呈逐年减少之势，30 岁以下知之者甚少，另外，每年青海农区群众自发性的射箭比赛活动中，不仅很少看见藏族传统的弓箭类型，而且其中的文化内涵也在逐渐消亡。为了使《格萨尔》传统体育项目得到有效保护，青海省格

---

① 罗云鹏："首部《格萨尔》传统体育专著付梓"，中国新闻网 2014 年 10 月 8 日。

萨尔研究所通过走访多位格萨尔艺人，对"口述"文本进行整理出书，使其得到有效保护，各藏区也是通过举办丰富多彩的格萨尔传统体育活动使其得到活态传承。① 2014 年还有几篇论文关注这方面的研究。②

（三）史诗翻译研究

2014 年出现了多篇从翻译角度研究史诗的跨语际传播和接受问题的论文。臧学运在《〈格萨尔〉中宗教文化负载词的英译研究》一文中提出，在藏族英雄史诗《格萨尔》为世界人民熟知的过程中，如何保留史诗中关于藏民族深厚的文化底蕴，以及如何忠实于博大精深的佛教思想，是在英译研究中着力研究的重点。从翻译中的文化解读和史诗翻译的历史回顾出发，作者讨论了《格萨尔》英译中的宗教文化负载词的差异现象，以期对《格萨尔》的翻译传播工作提供借鉴和思考。③ 杨艳华、樊莉囡、程绍华、张树凡的《英译本〈格萨尔王〉的语言正负偏离现象》则依据零度偏离理论探讨了英译本《格萨尔王》的语言零度偏离现象，发现存在语言正偏离及负偏离，旨在为从事中国少数民族典籍作品汉译英工作者提供一定的语言借鉴，尤其是在语言零度正偏离的运用方面，启发译者在翻译过程中积极运用语言正偏离消灭语言负偏离现象，促进中国少数民族典籍作品在海外的顺利传播；文中同时也指出部分中国少数民族文学作品如《伊玛堪》的汉译英质量有进一步的提高。④

藏缅语族史诗的翻译、整理问题研究也成为新焦点。杨杰宏的《"非遗"语境下口头传统文献整理的问题检析》检讨了 20 世纪 50 年代、80 年代的两次民间文学"生产运动"中出现的"格式化"弊病，指出当下"非遗"语境下的民族口头传统的整理工作仍存在"全集不全""音系失真""去语境化""失范"诸问题，如何真正达成"全面搜集、忠实记录、准确翻译、慎重整理"仍是一个尚未完成的时代课题。⑤ 他的另一篇论文《口头传统理论方法开辟东巴文献整理新路径》则明确指出，当下从"民间文学"到"口头传统"的概念转换意味着范式的转换，口头传统理论方法论为我国民族口头传统文献的整理提供了理论支撑。影像、录音、图片、民族志文本与口头传统文献整理相结合的操作方法，强调演述语境、文本的真实性与完整性，从而为民族口头传统文献的整理开辟新路径。⑥ 其他成果还有陈玉堂和曾路的《少数民族文库翻译的赫尔墨斯困境——以羌族民间口传文

---

① 李琳海："'格萨尔传统体育文化及项目'在保护中传承发展"，新华社 2013 年 10 月 24 日。

② 战文腾、张颖：《从〈格萨尔〉史诗看藏族传统体育》，《贵州民族研究》2014 年第 3 期，第 117—120 页。曾伟：《格萨尔体育文化与区域经济的互动分析》，《体育科学研究》2014 年第 4 期，第 18—20 页。

③ 臧学运：《〈格萨尔〉中宗教文化负载词的英译研究》，《贵州民族研究》2014 年第 6 期，第 166—169 页。

④ 杨艳华、樊莉囡、程绍华、张树凡：《英译本〈格萨尔王〉的语言正负偏离现象》，《大连民族学院学报》2014 年第 2 期，第 155—158 页。

⑤ 杨杰宏：《"非遗"语境下口头传统文献整理的问题检析》，《民族文学研究》2014 年第 3 期。

⑥ 杨杰宏：《口头传统理论方法开辟东巴文献整理新路径》，《中国社会科学报》2014 年 7 月 11 日 A05 版。

学英译为例》、① 段峰的《民族志翻译与少数民族文学对外译介——以羌族文学为例》② 等。

就壮侗语族各民族的史诗研究而言,可以说是稳步推进,愈加具备国际视野。随着2012 年《布洛陀史诗》（壮汉英对照）一书的出版,壮族学者的研究角度日益国际化,在史诗翻译策略、国际文化交流、文化展示等方面都引起了重视。韩家权、黄国芳在《"总体审度"与"微观分析":论壮族典籍〈布洛陀史诗〉翻译策略》一文通过对壮族典籍《布洛陀史诗》（壮汉英对照）文本翻译的简要回顾,结合对其中某些译文的剖析和探讨,阐明了"总体审度"和"微观分析"在翻译中的至关重要性,并揭示出它们两者与"传神达意"之间内在的密切关系,为文化典籍文本翻译指明了一条成功的路径。③

（四）语词汇释与量化分析

2014 年 10 月,国家"十二五"少数民族语言文字出版规划项目《苗族史诗通解》由贵州人民出版社出版。"苗族史诗"又称"苗族古歌",是第一批国家级非物质文化遗产保护项目,有苗族文化的"元典","苗族历史文化的百科全书"之称。《苗族史诗通解》是黔南民族师范学院教授吴一文主持的 2007 年度国家社科基金课题《苗族古歌通解》的最终成果。该书原文是从 20 世纪 50 年代初开始至 21 世纪初,贵州省著名苗族学者今旦历时近 60 年搜集的资料全本。全书注释 3000 多条,并以苗语词汇为线索,涵盖古语词解释、人物注解、古今地名考注、动植物注解、重要风俗解释、句子解意、段意解读、异文对比、关系词考证等方面,是已出版的苗族古歌版本中,注释数量最多、最全、最详的版本,对于深入研究苗族古歌文化具有重要价值。④

在本年度的史诗研究中值得一提的是多拉、扎西加的《词汇计量与史诗诸要素的解析——以语料库方法解构格萨尔史诗之〈霍岭〉》,论文利用语料库对格萨尔史诗中的人物、地点、宫殿城堡、武器铠甲、生活用具、氏族部落、诸神祇,以及各种动物进行了统计分析,剥离出史诗的构成要素,勾勒了一个较为清晰的故事结构和生活场景。该文通过分析发现,《霍岭》分部的史诗人物超过了 1000 人,场景或故事地点达 800 多个,生活用具 1000 多种,武器铠甲等 400 多种,甚至战马名称也多达 140 多个,战神等神祇更是多达 400 多个。这样庞杂的故事,却在史诗里显得那么自然流畅,也从侧面体现了史诗的非同凡响之处。⑤

---

① 陈玉堂、曾路:《少数民族文库翻译的赫尔墨斯困境——以羌族民间口传文学英译为例》,《当代文坛》2014 年第 4 期。

② 段峰:《民族志翻译与少数民族文学对外译介——以羌族文学为例》,《西华大学学报》（哲学社会科学版）2014 年第 2 期。

③ 韩家权、黄国芳:《"总体审度"与"微观分析":论壮族典籍〈布洛陀史诗〉翻译策略》,《百色学院学报》2014 年第 1 期。

④ 沈仕卫:"《苗族史诗通解》出版",《贵州日报》2014 年 10 月 10 日。

⑤ 多拉、扎西加:《词汇计量与史诗诸要素的解析——以语料库方法解构格萨尔史诗之〈霍岭〉》,《西藏大学学报》（社会科学版）2014 年第 3 期,第 103—110 页。

结 语

在中国少数民族文学研究中，史诗研究一直是一个重要的学术方向。党和国家一直很重视少数民族史诗的抢救和研究，先后将之列入国家社会科学"六五""七五""八五"重点规划项目；此后，中国社会科学院又将中国少数民族史诗研究列为"九五""十五"和"十一五"重点目标管理项目。

中国史诗学是中国社会科学院民族文学研究所的重点学科之一，在国内长期处于领先地位。一直以来，本学科坚持以民族文学研究所各研究室的史诗研究力量为依托，推进学科建设。最早成立的"中国少数民族史诗研究"课题组便是跨室而建，承担了"九五"国家级重点项目"中国史诗研究"，先后完成并出版了中国三大史诗和南方史诗研究专著4部，《中国史诗研究》丛书7部；同时建立在长期田野调查基础上的《民间诗神——格萨尔艺人研究》（1995）等著作和调研报告也相继出版。这些成果主要是对中国少数民族史诗进行综合研究和比较研究，注重史诗形成和发展规律的探讨。截至2000年，《江格尔论》《格萨尔论》《玛纳斯论》和《南方史诗论》等代表国家级重点项目最终成果的专著陆续问世。这些著述是本学科仁钦道尔吉、郎樱、降边嘉措、杨恩洪、刘亚虎等老一辈的史诗学者的心血，全面描述了中国史诗的总体概貌、重点史诗文本、重要演唱艺人以及史诗的主要问题，可以说是在我国三大史诗和其他数百部中小型史诗的资料基础上的系统研究，为以后的研究奠定了基础。

进入新世纪以来，本学科的"口头史诗文本研究"等十多项课题列为国家社会科学基金项目、院级重大项目和所级重点课题，以朝戈金为代表的中青年史诗学者成长起来，已经出版的代表性研究成果主要有：《蒙古英雄史诗源流》《鹰灵与诗魂——彝族古代经籍诗学研究》《口传史诗诗学——冉皮勒〈江格尔〉程式句法研究》《古代经典与口头传统》《卡尔梅克〈江格尔〉校注》《汗哈冉贵——卫拉特英雄史诗文本及校注》《蒙古史诗：从程式到隐喻》《卫拉特英雄故事研究》《格萨尔学刍论》《哈萨克英雄史诗与草原文化》《口头传统与英雄史诗》等。在有关传承人及其群体的田野研究方面也出版了一批重要著述：《人在旅途——藏族〈格萨尔王传〉说唱艺人寻访散记》《当代荷马〈玛纳斯〉演唱大师居素普·玛玛依评传》《〈玛纳斯〉史诗歌手研究》《千年绝唱英雄歌——卫拉特蒙古族史诗传统田野散记》，黄中祥的《传承方式与演唱传统：哈萨克族民间演唱艺人调查研究》。此外，还有巴莫曲布嫫近年关于"民间叙事传统'格式化'批评"和彝族史诗演述人和口头论辩家的系列长篇论文。

这些本土化的学术实践在很大程度上深化了中国的史诗研究，为中国史诗学的学科建设奠定了坚实的基础：朝戈金借鉴民俗学"三大学派"共享的概念框架，结合蒙古族史诗传统表述归纳的《史诗术语简释》和史诗文本类型；尹虎彬对西方史诗学术的深度审视和中国口头传统实践的多向度思考；巴莫曲布嫫提炼的"格式化"，演述人和演述场域，文本性属与文本界限，叙事型构和叙事界域，特别是"五个在场"等，大都来自本土知识体系与学术表述在语义学和语用学意义上的接轨，以及在史诗学理论建构上东西方融通的视阈，为本学科的可持续发展提供了重要的学术支撑。

近五年来，更多的青年学者加盟少数民族史诗研究队伍，为本学科的发展增加了活力，中国史诗的类型学研究、传播学研究、传承人研究及文本研究和田野研究都取得了相应的进展。尽管如此，我们还是要承认本学科存在着诸多不尽如人意的地方。当前《格萨（斯）尔》《玛纳斯》《江格尔》三大史诗的研究，较以往增添了许多新的元素，如音乐、建筑、体育、翻译、词频等，一方面值得我们追踪研究，另一方也需要集纳更多跨学科的人才；南方史诗和满—通古斯语族诸民族史诗的知识体系建构还需进一步拓展；中外史诗理论的比较观照也尚嫌薄弱，许多经典性著述的译介工作滞缓，难以积极参与国际史诗学界的对话。

　　中国社会科学院学部委员、民族文学研究所所长、"中国史诗学"重点学科负责人朝戈金研究员指出，历史上很多伟大作品并非出自所谓的技巧娴熟的"文学大师"之手，而是那些关注一个民族的重大话题和历史命运并饱含真情的作品。……我们对民间文学的认识也很不够，如何回到民众立场，感受民间的呼吸和脉搏，从中发掘出更深的富有民族特色和优良文化基因的内容，使其成为我们文学消费市场的一部分，是我们需要关注的课题。①

---

　　① 钟哲：《我们站在文艺发展的历史新起点上——中国社会科学院举行"学习习近平总书记文艺工作座谈会重要讲话精神"会议》，《中国社会科学报》2014 年 10 月 22 日。

2014 年传说研究综述

王　尧*

一　基础理论、方法与学术史

近年来，无论文学、考古学还是语言学，海外学界越来越多的人文学者转向数字人文学，一些相关成果得到译介。本年度，美国的约翰·劳顿①以路易斯安那州的宝藏传说为例，尝试结合计算机技术，对民间叙事中的语词进行计算和统计，探讨文本与文本性，进而重新定义并拓展人们运用语词来获取知识、创造世界的途径。

国内方面，乌日古木勒对柳田国男的故事学理论进行了述评②，着重介绍了他对故事特征的概括，对故事、童话、传说等文类的界定问题。杨利慧对英国汉学家倭纳著《中国的神话与传说》的书评③在介绍该书"广义神话观"的同时，还就其所持有的西方世界对中国神话传说的相关偏见向读者提出警示。张兰芝、陈金文《钟敬文的民间传说研究》④ 系统梳理了钟敬文对传说学的研究思路。他较早把分类研究和比较研究运用到这一领域，它们至今仍是传说学的重要研究方法。

二　传说本体研究

1. 动力机制与演述群体

随着越来越多的民俗学者转向在"语境"中观察民俗，传说研究者也开始注重对当代活态传说的考察，他们走入田野，关注演述传说的人群，聚焦于传说的生成、变异和传播机制，以及在当代社区文化传统传承中的作用。

其中，传说演变的动力学与传统的形态学构成了一组相对概念，二者的关系恰如陈泳超

* 作者系中国社会科学院民族文学研究所博士后。

① ［美］约翰·劳顿（John Laudun）：《故事计数：论计算方法在民间叙事研究中的应用》，宋颖译，《民间文化论坛》2014 年第 5 期，第 20—35 页。

② 乌日古木勒：《柳田国男故事学理论述评》，《民族文学研究》2014 年第 4 期，第 110—119 页。

③ 杨利慧：《一个西方学者眼中的中国神话——倭纳及其〈中国的神话与传说〉》，《湖南社会科学》2014 年第 1 期，第 155—160 页。

④ 张兰芝、陈金文：《钟敬文的民间传说研究》，《广西民族师范学院学报》2014 年第 5 期，第 34—36 页。

在《民间传说演变的动力学机制——以洪洞县"接姑姑迎娘娘"文化圈内传说为中心》①一文中所譬喻的:"形态学好比是动物生理学,它在提取了足够多的标本之后,可以在实验室里作精细的研究;而动力学是动物行为学,它必须到该动物具体存活的生态环境中去研究。"

陈泳超自其博士论文《尧舜传说研究》②之后,多年来仍持续关注全国各地的尧、舜、娥皇女英主题传说。以下三篇论文就是他在"动力"视角下,持续思考传说生息机制的成果。他自 2007 年开始在山西洪洞"接姑姑迎娘娘"传说圈调查,观察到在语境中引发传说生长、湮灭和变异的多项动力因素,其核心就是地方人群中的"民俗精英"群体。"民俗精英"专指那些在特定民俗事象中具有明显话语权和支配力,并且实际引领着该项民俗的整合与变异走向的个人及其组合。第一篇《对一个民间神明兴废史的田野知识考古——论民俗精英的动态联合》③认为传说话语将地方人群切分成不同的集团,民俗精英就是这些集团中起主导作用的个人或联合体,是松散的、非实体的。他们会在某个时期由于某一共同目标而联合起来;如果时期、目标变了或有其他因素作用,原来的联合体也会随之星散或重新组合。第二篇《规范传说——民俗精英的文艺理论与实践》④,"规范传说"是山西洪洞的民俗精英们自己喊出的口号,他们感应着非遗大潮,希望对当地的原有传说进行全方位整治,以提升神明的道德形象。他们具有非常自信的文艺理论,编创的传说总是倾向于往地方外主流文化的正面价值上靠拢;他们还充满道德责任感和地方使命感,经常理直气壮地打压与之不协调的异说。第三篇《写传说——以"接姑姑迎娘娘"传说为例》⑤的对象是传说的一种书面载体——内部写本,其性质正介于口头与书面之间,且具有较为明显的向外扩张的倾向。它们能被广泛传播的原因,根本在于较为尊重民间原有传说的情节结构和叙述风格。从地方性知识的传播链来说,正规的乡邦文献常常成为内部写本的终端和外部写本的开端。该文呈现了一条"口头文本——内部写本——外部写本"清晰的形态序列。2014 年 5 月在京召开了陈泳超新著《背过身去的大娘娘:传说生息的动力机制》研讨会,参加者有吕微、尹虎彬、户晓辉、巴莫曲布嫫、安德明、陈连山、王杰文等,可谓本年度传说领域的一次盛会,会议发言整理为《"传说动力学"批评》⑥。

陈泳超的这一传说动力学理论已在王志清、陈曲《湖北蒙古族族源传说的记录史与生命史——以三家台村的陈美所传说为研究对象》⑦中得到创造性应用。作者勾勒了当地的陈美所传说在不同历史时期的变迁轨迹,分析其所对应的当地族群之不同的利益诉求;

---

① 陈泳超:《民间传说演变的动力学机制——以洪洞县"接姑姑迎娘娘"文化圈内传说为中心》,《文史哲》2010 年第 2 期,第 60—73 页。

② 陈泳超:《尧舜传说研究》,南京师范大学出版社 2000 年版。

③ 陈泳超:《对一个民间神明兴废史的田野知识考古——论民俗精英的动态联合》,《民俗研究》2014 年第 6 期,第 92—99 页。

④ 陈泳超:《规范传说——民俗精英的文艺理论与实践》,《文化遗产》2014 年第 6 期,第 87—96 页。

⑤ 陈泳超:《写传说——以"接姑姑迎娘娘"传说为例》,《民族文学研究》2014 年第 6 期,第 78—92 页。

⑥ 陈泳超等:《"传说动力学"批评》,《民间文化论坛》2014 年第 4 期,第 5—21 页。

⑦ 王志清、陈曲:《湖北蒙古族族源传说的记录史与生命史——以三家台村的陈美所传说为研究对象》,《中央民族大学学报》2014 年第 5 期,第 114—118 页。

以传说记录的"内部写本"与"外部写本"为线索，讨论在一个相对孤立的社区语境中，蒙古族部氏族人如何凭借惯习、利用传说作为策略来进行知识生产并与外界互动。

张静的《人、神和偶像——不同讲述群体中的木兰及其传说》① 也聚焦于传说演述的人群与文本分层。湖北黄陂的木兰传说圈内部可以划分出三种讲述群体：民间的、道教的和官方的，这三者的文本之间存在明显差别，并各自具备一些独有情节；木兰也被相应塑造为普通人、神灵和完美的女性偶像三种不同形象，说明一个传说圈内部存在着人群、文本和演述目标的差异。

董秀团《村落民间叙事的焦点及意义表达——以大理剑川石龙村为例》② 发现，村落叙事对题材的选择并非随机、漫无目的，而是有内在理路的。作者将村落叙事的焦点归纳为：村寨的起源和历史、村落中各姓氏的关系、本村与外部村寨之间的关系、本民族共同的历史题材，认为这样选择和建构叙事系统是基于村落共同体表达地方性知识、建构认同感、进行资源分配和群体力量博弈等多方面的需要。

梁家胜《民间叙事的智慧与策略》③ 在表演理论观照下，分析叙事者在演述过程中的特定动机，从中提炼出"求助于传统""表演的否认""中介叙事"和"转述"等策略。叙事者借助这些策略，在演述中实现自己的话语权力，彰显了民间的叙事霸权。

2. 传说叙事的历史流变与形态研究

历史流变研究方面，刘惠萍《玉兔因何捣药月宫中？——利用图像材料对神话传说所做的一种考察》④ 认为汉代画像中的月中兔与捣药玉兔原本属于不同的系统，在流传过程中，可能因神话传说的混同与借用，逐渐形成了月中捣药玉兔的说法并形成定式。作者以此探讨神话传说借用与复合其他人物、情节以符合社会期待的现象，并分析了图像对传说的表达、载体的变化导致母题重组等问题。另有刘亚虎《盘瓠神话的历史价值及其在武陵的源起与流传》⑤，徐永安《"老人自死习俗"口传文本的历史嬗变》⑥ 等文章多篇⑦。

民间叙事的形态学研究向来以故事为对象，而陈泳超《地方传说的生命树：以洪洞县"接姑姑迎娘娘"身世传说为例》⑧ 则指出，在此种观念下，传说只是被当作添加了某

---

① 张静：《人、神和偶像——不同讲述群体中的木兰及其传说》，《民族文学研究》2014 年第 2 期，第 141—150 页。

② 董秀团：《村落民间叙事的焦点及意义表达——以大理剑川石龙村为例》，《思想战线》2014 年第 1 期，第 47—50 页。

③ 梁家胜：《民间叙事的智慧与策略》，《青海社会科学》2014 年第 3 期，第 178—183 页。

④ 刘惠萍：《玉兔因何捣药月宫中？——利用图像材料对神话传说所做的一种考察》，《长江大学学报》2014 年第 11 期，第 1—10 页。

⑤ 刘亚虎：《盘瓠神话的历史价值及其在武陵的源起与流传》，《三峡论坛》2014 年第 6 期，第 105—110 页。

⑥ 徐永安：《"老人自死习俗"口传文本的历史嬗变》，《长江大学学报》2014 年第 11 期，第 14—24 页。

⑦ 相关研究还有：蒙家原《成都青羊肆传说浅考》，《文史杂志》2014 年第 3 期，第 35—38 页；王齐虎《论烧纸钱由来传说与民间文学的变异》，《西北成人教育学院学报》，2014 年第 4 期，第 86—88 页；黄锂《木兰传说的历史渊源及人文价值（下）》，《学习月刊》2014 年第 1 期下半月，第 22—24 页；徐大兴、徐剑锋编著《神垕朱徐一家的传说与考证：潜隐在云水间的贵族血脉》，中州古籍出版社 2014 年版。

⑧ 陈泳超：《地方传说的生命树：以洪洞县"接姑姑迎娘娘"身世传说为例》，《民族艺术》2014 年第 6 期，第 101—110 页。

些比附性关联的故事文本，这就抹杀了传说本身独立的形态价值。他进而提出关于传说形态学与故事形态学范式之间质性差异的理论命题，认为传说的真实生命主要并不依附于文本，而是地方民众话语交流的实践形式之一，因而在故事形态学中经常被忽略的名词性元素，在传说形态学中却具有非凡的意义。与作为文本的故事学形态分析不同，作者绘制的传说"生命树"开辟了一条作为话语的地方传说形态分析路径。

黄小玲《雷州异类婚配传说的情节单元研究》[①] 用形态学方法对雷州异类婚的传说与故事进行比较研究和母题、情节的分析。此外还有单晓云《新疆地理山川民间故事的形态学分析》[②] 等[③]。

使用类型学方法的有：张晨霞《帝尧传说的地方叙事类型》[④] 对"三套集成"和口头采录的帝尧传说资料进行归类和解读；李琳《故事视角下的古代英雄传奇》[⑤] 用故事类型方法分析古代小说、传奇、英雄演义，等等[⑥]。

3. 作为叙事文类的传说

安德明《文体的协作与互动——以甘肃天水地区伏羲女娲信仰中的神话和灵验传说为例》[⑦] 通过对甘肃天水地区伏羲女娲信仰中神话和传说的叙事语境和功能的观察，讨论了二者之间的文类区隔；并认为在一个特定的信仰范畴内，存在着多种口头艺术文体，其表述或呈现方式直接取决于问题本身的属性、功能和应用语境，其间存在着严格的内在规律。

王志清《从后稷感生神话到后稷感生传说的"民俗过程"——以旅游情境中的两起故事讲述事件为研究对象》[⑧] 注意到，随着旅游经济对遗产景观的开发，历史文献中零散的感生神话在旅游情境中被建构为系统化的感生传说。作者借用杨利慧的"神话主义"和劳里·航柯的"民俗过程"概念，分析神话从神圣叙事到景观传说的"第二次生命"。景观与传说的双向互动构成了当下旅游情境中的讲述行为模式。

对古典小说、说唱艺术中的传说内容进行研究者有：日本学者大西和彦《越南传说、

① 黄小玲：《雷州异类婚配传说的情节单元研究》，《广东海洋大学学报》2014年第2期，第44—48页。

② 单晓云：《新疆地理山川民间故事的形态学分析》，《石河子大学学报》2014年第2期，第102—106页。

③ 樊高峰：《"变形"及"变相"的叙事结构研究——以东南亚古代神话传说为例》，《大众文艺》2014年第3期，第23—24页；董江洪：《日本传说中的狐妻形象》，《文学教育》2014年第10期，第36—37页。

④ 张晨霞：《帝尧传说的地方叙事类型》，《郑州师范教育》2014年第2期，第84—88页。

⑤ 李琳：《故事视角下的古代英雄传奇》，《学术研究》2014年第2期，第145—158页。

⑥ 赵珊珊：《〈本草纲目〉中的民俗事象研究》，淮北师范大学2014年硕士学位论文，其中第二章介绍了本草传说的六种类型；王守亮：《汉代谶纬故事述论》，《浙江海洋学院学报》2014年第2期，第34—38页；李胜林：《河东盐池神话传说特点探析》，《文化学刊》2014年第1期，第112—116页；李雄飞、李院芬：《客家山歌传说研究》，《广东省民俗文化研究会成立25周年、〈神舟民俗〉杂志创刊25周年暨民俗文化发展研讨会论文集》，第42—54页；刘淑珍：《中国满通古斯语族诸民族民间宝物故事类型研究》，《湖北民族学院学报》2014年第6期，第116—120页。

⑦ 安德明：《文体的协作与互动——以甘肃天水地区伏羲女娲信仰中的神话和灵验传说为例》，《西北民族研究》2014年第1期，第34—42页。

⑧ 王志清：《从后稷感生神话到后稷感生传说的"民俗过程"——以旅游情境中的两起故事讲述事件为研究对象》，《青海社会科学》2014年第6期，第183—189页。

故事对中国古典小说的改编与假托》搜集了大量越南民间流传的孙悟空故事和传说，指出越南文化对中国古典小说的接受特征①；另有温庆新《中国小说起源于"神话与传说"辨正——以鲁迅〈中国小说史略〉为中心》② 等多篇③。

4. 文化阐释

对传说进行文化阐释的成果蔚为大观，学者们结合传说的社会、文化、历史背景，对传说与文化的关系、传说中蕴藏的文化价值等命题展开讨论。

张焕军《尧舜传说与中国礼乐文明的人文精神》④ 视传说为一种文化符号，可用以表达立场。孔子生于礼崩乐坏的时代，他在试图建立自己的思想学术体系前，发掘出尧舜传说，对其重作解释后纳入儒家礼乐思想体系之中，成为儒家中庸、德政、尊贤、仁政等系列概念的重要证明。尧舜从此成为儒家思想的符号，对传统中国的人文精神产生了深远的影响。

荆学义《经典的传播：关羽形象传播研究》⑤ 是一部传播学新著，上篇以小说、戏剧、传说、史传中的材料考察关羽形象的传播与接受，涉及传播者的阶层结构、地域分布、话语特点及解读语境等方面；下篇偏重理论阐发，在总结关羽形象传播与接受特点的基础上，提出古代文化传播的若干模式。

艺术史学者龙红的专著《古老心灵的发掘——中国古代造物设计与神话传说研究》⑥讨论传统艺术发展过程中造型观念的变化，作者围绕"造物设计"主题发掘了古代神话传说中的相关文本，并探讨其中的观念、行为和影响，以及所设计的符号形象中包含的神话传说内蕴和阐释空间。

尚永琪的著作《莲花上的狮子——内陆欧亚的物种、图像与传说》⑦ 研究的是狮子文化中的欧亚文化因素，如欧亚大陆流传的狮子传说、作为物种的来源、造型的流变、被赋予的神圣含义、作为宗教符号的功能等，从而探讨古代中外文化交流的多个方面。

董志文的《话说中国海洋神话与传说》⑧ 一书呈现了海洋神话传说的源起、海神信仰传说、涉及海洋的人物传说、与海洋相关的节日仪式活动、海岛海洋生物和天文现象传说、与西方海洋神话传说的比较以及对后世的影响等方面。

王海燕《从神话传说看古代日本人的灾害认知》⑨ 一文视传说为文化表达之一种，从

---

① ［日］大西和彦：《越南传说、故事对中国古典小说的改编与假托》，《民间文化论坛》2014 年第 3 期，第 25—32 页。

② 温庆新：《中国小说起源于"神话与传说"辨正——以鲁迅〈中国小说史略〉为中心》，《南京大学学报》2014 年第 5 期，第 134—141 页。

③ 李玉婉：《〈洛阳伽蓝记〉叙事内容分类研究》，《邵阳学院学报》2014 年第 6 期，第 75—83 页；张海峰：《试析〈水经注〉中神话传说的特色》，《三门峡职业技术学院学报》2014 年第 3 期，第 63—65 页；孙艳枝：《〈舜子变〉的口头叙事研究》，《名作欣赏》2014 年第 33 期，第 137—138 页。

④ 张焕军：《尧舜传说与中国礼乐文明的人文精神》，《山西大学学报》2014 年第 5 期，第 46—53 页。

⑤ 荆学义：《经典的传播：关羽形象传播研究》，中央编译出版社 2014 年版。

⑥ 龙红：《古老心灵的发掘——中国古代造物设计与神话传说研究》，重庆大学出版社 2014 年版。

⑦ 尚永琪：《莲花上的狮子——内陆欧亚的物种、图像与传说》，商务印书馆 2014 年版。

⑧ 董志文编著：《话说中国海洋神话与传说》，广东经济出版社 2014 年版。

⑨ 王海燕：《从神话传说看古代日本人的灾害认知》，《浙江大学学报》2014 年第 4 期，第 191—200 页。

中探析日本人的灾害认知。相关研究还有：胡建升《孔子"多闻阙疑"与口传文化》[1]，梅莉《军事哨楼 游宴场所 城市地标——黄鹤楼历史文化意蕴探寻》[2]，王威《从"无情"到"有情"——简析吸血鬼形象的发展历程》[3] 以及从传说的文化价值与特性[4]、比较文化[5]、性别[6]、非遗与旅游开发[7]、动画产业[8]等角度[9]进行讨论的多篇论文。

---

[1]　胡建升：《孔子"多闻阙疑"与口传文化》，《民族艺术》2014 年第 2 期，第 107—128 页。

[2]　梅莉：《军事哨楼 游宴场所 城市地标——黄鹤楼历史文化意蕴探寻》，《华中师范大学学报》2014 年第 6 期，第 127—139 页。

[3]　王威：《从"无情"到"有情"——简析吸血鬼形象的发展历程》，《山西师大学报》研究生论文专刊 2014 年第 S1 期，第 57—59 页。

[4]　文化价值与特性：邹明华《孝道传说与中华民族核心价值观的传承》，《民间文化论坛》2014 年第 6 期，第 46—51 页；王芳、李强华《伯夷叔齐传说的文化价值阐释》，《人民论坛》2014 年第 32 期，第 164—166 页；王小荣《"衡水湖"的民间故事及其文化价值》，《衡水学院学报》2014 年第 2 期，第 40—46 页；黄小玲《论雷州涉海传说的海洋文化价值》，《哈尔滨学院学报》2014 年第 5 期，第 81—84 页；高颖《从偏头关本土传说故事透视民间文学的原生性》，《毕节学院学报》2014 年第 1 期，第 81—87 页；照日格图《额儿古涅—昆传说与蒙古人的原始精神》，《黑龙江民族丛刊》2014 年第 1 期，第 114—119 页；胡月馨《浅析当阳〈关公显圣〉传说中的民众文化心理》，《大众文艺》2014 年第 11 期，第 66 页；谢苗苗《螺女型传说文化心理的内涵解读》，《湖南科技学院学报》2014 年第 8 期，第 45—47 页；宋坚《南珠传说及其文化内涵》，《南宁职业技术学院学报》2014 年第 4 期，第 70—73 页。

[5]　比较文化：张达《"弃老传说"在中国和日本的流传及演变》，《日语学习与研究》2014 年第 5 期，第 108—113 页；魏秀丽《从中西方神话中的大洪水传说看中西文化异同》，《文史博览》2014 年第 8 期，第 20—21 页。

[6]　性别视角：赖翅萍《岭南女性生命活动的一个象征文本——广东悦城龙母传说的性别文化内涵解读》，《唐都学刊》2014 年第 4 期，第 86—89 页。

[7]　非遗与旅游开发：魏锦《民间文学类非物质文化遗产项目的传承与演绎——以石刻之乡大足的传统孝道叙事为例》，《重庆广播电视大学学报》2014 年第 1 期，第 76—80 页；韦家瑜《神话传说在广西民俗旅游开发中的作用及应用》，《旅游论坛》2014 年第 3 期，第 32—35 页；薛蕾《作为非物质文化遗产刘伯温传说的传承与保护》，《学理论》2014 年第 5 期，第 144—145 页；黄依《木兰山在木兰文化发展中的作用与地位——兼谈武汉木兰文化生态旅游区的木兰文化建设》，《江汉大学学报》2014 年第 2 期，第 80—88 页；王芳、秦学武、赵丽娜《伯夷叔齐传说非物质文化遗产的保护和传承》，《河北科技师范学院学报》2014 年第 4 期，第 34—38 页。

[8]　动画产业：肖凌龙《神话传说元素在中国动画中的应用研究》，沈阳师范大学美术与设计学院 2014 年硕士学位论文。

[9]　其他：郑小莲《生态主义视野下的陈婧姑传说进化史》，《山东农业工程学院学报》2014 年第 6 期，第 104—106 页；李鹏燕、遵世凯《论都市传说的特征》，《铜仁职业技术学院学报》（社会科学版）2014 年第 1 期，第 47—51 页；朱练平、欧飞兵《"柳树图案"装饰中的中国民间传说与跨文化叙事》，《绍兴文理学院学报》2014 年第 3 期，第 100—102 页；王晓晨、杨东《创作土壤与文化表征——论桂西北当代文学与民间传说之关系》，《文艺研究》2014 年第 1 期，第 105—108 页；刘长华《从民族神话、传说意象看中国新诗生命诗学的本土性》，《艺术广角》2014 年第 4 期，第 82—88 页；秦素粉、蒋涛《论巫山神女传说中的水文化》，《长江大学学报》2014 年第 11 期，第 11—13 页；孙春艳《"以霸州为中心的杨家将传说研究"调查报告》，《职业时空》2014 年第 1 期，第 120—124 页。

三　传说与历史

1. 传说作为历史记忆

传说与历史的关系是学者们研究最为深入的领域之一。从历史记忆角度切入传说的有：

日本民俗学者菅丰所从事的领域是地域社会中自然资源、文化资源的管理研究，而口头叙事对地域资源的管理有很重要的意义。他在《地域资源与历史的正统性——从传说到历史》①（附相关讨论文章一篇）中提出"转历史"的概念，用以剖析传说和历史的关系；并指出二者有相对性：传说表面上讲过去的古老事情，实际上是为了对现代社会、当下问题进行说明而存在的言说；"传说"中存在的内容先被当作"历史（的言说）"来建构，然后又作为"历史（的事实）"加以利用。

持类似观点的还有龙圣《地方历史脉络中的屯堡叙事及其演变——以四川冕宁菩萨渡为例》②。此文揭示了在缺乏足够文字记载的情况下，一个家族是如何利用传闻来建构历史叙事的。故老传闻、集体记忆成为地方家族追述祖先来历的文化资源，最终形成完整的家族历史叙事。该叙事逐渐成为屯堡人在叙述祖籍时的话语模式、族群象征和身份标识，而它实际上是建立在阐释当下屯堡内部各家族关系的基础上不断整合而来的。

毕旭玲的《"石佛浮海"神话与上海地域形象建构》③也揭示了一段文化建构和争取认同的地方历史。此文尽管使用"神话"概念，实则讨论的是传说作为资源对地方社会的独特价值。该神话在中国佛教发展史上非常著名，讲述一尊石佛浮于沪渎海滨，由当地的佛教徒将其迎上岸后安置寺中。作为一种民俗话语资源，这一神话被苏州和上海竞相争夺，用以建构各自地方的神圣文化史，并最终由上海掌控了话语权，"沪渎"逐渐成为它的地标和代名词。

相关研究还有王利兵《人类学视域下的文化遗产分析——以"孔雀东南飞"为例》④等⑤。

2. 历史人物传说

尚永亮《历史与传说间的文学变奏——伯奇本事及其历史演变考论》⑥发现，伯奇作

① ［日］菅丰：《地域资源与历史的正统性——从传说到历史》，《民族艺术》2014年第5期，第22—25页；张晓鸥、［日］菅丰等：《〈地域资源与历史的正统性——从传说到历史〉问答、评议与讨论》，《民族艺术》2014年第5期，第26—29页。

② 龙圣：《地方历史脉络中的屯堡叙事及其演变——以四川冕宁菩萨渡为例》，《民俗研究》2014年第5期，第81—91页。

③ 毕旭玲：《"石佛浮海"神话与上海地域形象建构》，《华东师范大学学报》2014年第2期，第103—154页。

④ 王利兵：《人类学视域下的文化遗产分析——以"孔雀东南飞"为例》，《燕山大学学报》2014年第2期，第127—131页。

⑤ 陈红：《历史记忆与现实适应——对神农尝百草传说的解读》，《农业考古》2014年第2期，第28—32页。

⑥ 尚永亮：《历史与传说间的文学变奏——伯奇本事及其历史演变考论》，《文史哲》2014年第4期，第83—96页。

为后世广为传诵的孝而见弃的典范，其传说颇具独特性：一方面缺乏早期史料支撑，另一方面在汉及以后文献中，伯奇事迹又被作为典故屡予引用，达到了很高的历史化程度。总而观之，汉代以来伯奇传说的诸种记载始终在历史与传说之间不断变动，既受制于二者之间的张力，不至于过度远离历史，也追求着叙述的自由，情节不断完善。此外，尚永亮还以《英雄·孝子·准弃子——虞舜被害故事的文化解读》①勾勒了虞舜传说中主人公的三重身份面相。

同样辨析传说与史实者还有余新忠《个人·地方·总体史——以晚清法云和尚为个案的思考》②。本文分析了相关人物传说和传记的形成过程，进而概括一个时代和地区中人们生活的"常识"，并从"常识"来透视和捕捉一个区域乃至国家的时代风貌和特性，尝试从微观的个人史研究透视出地方史、社会史乃至总体史或全面史的实现路径。

聂济东《文人·名士·神仙——汉晋东方朔形象演变与定型》③留意到，在东方朔传说的传播过程中，东方朔已非历史本体，而是一种符号象征，被各色人等出于不同动机进行改造。通过梳理东方朔在不同时期的形象演变，作者探讨了历史人物作为传说符号被社会风气改造、塑形的过程和规律。

考察历史人物传说的论文还有刘守华《屈原传说与端午习俗》等多篇④。

---

① 尚永亮：《英雄·孝子·准弃子——虞舜被害故事的文化解读》，《文学遗产》2014 年第 3 期，第 4—12 页。

② 余新忠：《个人·地方·总体史——以晚清法云和尚为个案的思考》，《清史研究》2014 年第 3 期，第 92—106 页。

③ 聂济东：《文人·名士·神仙——汉晋东方朔形象演变与定型》，《民俗研究》2014 年第 3 期，第 78—84 页。

④ 刘守华：《屈原传说与端午习俗》，《长江大学学报》2014 年第 7 期，第 16—17 页；李广志：《徐福传说与中日文化交流》，《民族论坛》2014 年第 2 期，第 85—89 页；杨喜凤：《"赵氏孤儿"传说研究》，山西师范大学 2014 年硕士学位论文；张卓卿：《盂县"赵氏孤儿"传说考》，《沧桑》2014 年第 2 期，第 157—159 页；姜维公、陈健：《清太祖传说研究》，《满族研究》2014 年第 1 期，第 58—76 页；吴承祖：《郑成功"使唤黑鬼放烦"传说考》，《闽台文化研究》2014 年第 1 期，第 108—115 页；陈志强：《拜占庭帝国末代皇帝的最后传说》，《史学集刊》2014 年第 2 期，第 86—91 页；曾仁俊：《民间传说与历史信息——夜郎竹王传说的历史视野分析》，《黑龙江史志》2014 年第 10 期，第 47—48 页；罗勇：《明以前云南永昌地区武侯传说、遗迹与庙宇》，《保山学院学报》2014 年第 3 期，第 54—59、85 页；黄强：《李渔与蒲松龄交往传说的澄清》，《明清小说研究》2014 年第 1 期，第 209—216 页；闫孟祥、李清章：《宋太宗"受佛记"传说考》，《河北大学学报》2014 年第 1 期，第 16—17 页。另有《宋玉遗迹传说田野调查报告》系列：此系列报告作者为刘刚、关杰、王梦，报告共 7 篇：《宋玉遗迹传说田野调查报告（一）——湖北宜城调查报告》，《湖北文理学院学报》2013 年第 10 期，第 5—16 页；《宋玉遗迹传说田野调查报告（二上）——湖北钟祥调查报告》，《湖北文理学院学报》2014 年第 3 期，第 18—25 页；《宋玉遗迹传说田野调查报告（二下）——湖北钟祥调查报告》，《湖北文理学院学报》2014 年第 4 期，第 34—39 页；《宋玉遗迹传说田野调查报告（三上）——湖南临澧调查报告》，《湖北文理学院学报》2014 年第 6 期，第 15—22 页；《宋玉遗迹传说田野调查报告（三下）——湖南临澧调查报告》，《湖北文理学院学报》2014 年第 7 期，第 18—24 页；《宋玉遗迹传说田野调查报告（四）——湖北应城蒲骚遗址与宋玉行迹调查报告》，《湖北文理学院学报》2014 年第 9 期，第 24—28 页；《宋玉遗迹传说田野调查报告（五）——湖北云梦县楚王城调查报告》，《湖北文理学院学报》2014 年第 10 期，第 22—26 页。

3. 古史传说

柯昊《两汉巫风与关陇古史传说的神化》① 讨论了巫风对古史传说的影响。关陇古史传说在两汉时期发生了从巫化到神化的转变，这一转变通过三种途径实现：一是多层次、多维度的民间信仰对古史传说的巫化解读，二是政治巫术理论体系影响下的政权合法性理论对古史传说的神圣化和神仙化诠释，三是集权政治倡导下的文化巫术化与文人谶纬化对早期古史的神秘化改写。

甘岚、闫志《傅说传说与战国"选贤"思想》② 发现在傅说传说中存在诸多矛盾，通过梳理该传说的演变过程，作者认为这一传说来自战国时代士人阶层的建构，目的是为士人阶层进入官僚体制创造舆论。

古史传说研究还有苏永前《文化人类学与"古史辨派"——以郑振铎〈汤祷篇〉为中心》③、张开焱《"屠母分尸"隐含的夏人历史传说与神话底本》④、黄怀信《〈尧典〉之观象及其传说产生时代》⑤ 等多篇⑥。

除上述三类之外，"传说与历史"主题下还有张亚辉《铸造、献祭与山川：承德须弥福寿之庙金龙传说的人类学分析》等多篇成果⑦。

---

①　柯昊：《两汉巫风与关陇古史传说的神化》，《社会科学家》2014 年第 4 期，第 136—140 页。

②　甘岚、闫志：《傅说传说与战国"选贤"思想》，《中州学刊》2014 年第 11 期，第 131—134 页。

③　苏永前：《文化人类学与"古史辨派"——以郑振铎〈汤祷篇〉为中心》，《西北民族大学学报》2014 年第 5 期，第 94—99 页。

④　张开焱：《"屠母分尸"隐含的夏人历史传说与神话底本》，《中国文学研究》2014 年第 3 期，第 24—29 页。

⑤　黄怀信：《〈尧典〉之观象及其传说产生时代》，《中原文化研究》2014 年第 4 期，第 98—103 页。

⑥　彭邦本：《"昌意降居若水"与川西地区的颛顼传说》，《地方文化研究辑刊》（第七辑），第 8—14 页；鲍远航：《三国蜀来敏〈本蜀论〉考述——兼说古蜀传说的记述变化》，《西华大学学报》2014 年第 5 期，第 18—21 页；王志鹏：《神话·传说·历史——从轩辕黄帝的史迹看古代宗祖信仰》，《西夏研究》2014 年第 2 期，第 46—51 页；张永圣：《〈山海经〉中的东夷古史与传说》，山东师范大学 2014 年硕士学位论文；罗明：《徐炳昶古史研究初探》，华东师范大学 2014 年硕士学位论文；罗琨：《"生二牡豕"传说中的上古史影》，《中国社会科学报》2014 年 3 月 12 日第 A05 版；侯丕勋、刘再聪：《华夏上古传说史源头诸问题试探》，《丝绸之路》2014 年第 14 期，第 17—19 页；董婕、朱成杰：《牛河梁遗址的易学架构与黄帝〈归藏〉易传说》，《重庆文理学院学报》2014 年第 3 期，第 25—33 页；蔡靖泉：《炎帝·颛顼·祝融——楚人始祖论》，《江汉论坛》2014 年第 12 期，第 77—81 页。

⑦　张亚辉：《铸造、献祭与山川：承德须弥福寿之庙金龙传说的人类学分析》，《青海民族研究》2014 年第 3 期，第 8—11 页；吕慧敏：《二人转起源传说研究》，《戏剧文学》2014 年第 8 期，第 132—146 页；李玲玲：《从早期族群交流看大禹传说多地发生的史实依据》，《中州学刊》2014 年第 10 期，第 116—121 页；林有能：《文献与传说：六祖慧能遗址考释二则》，《学术研究》2014 年第 8 期，第 109—115 页；张金梅：《陈学霖北京建城传说研究述略》，《边疆经济与文化》2014 年第 9 期，第 65—66 页；徐肖楠：《从传说到沉思：重述传说的叙事期望与历史意味》，《南方文坛》2014 年第 4 期，第 104—109 页；刘溢海：《山西境内昭君出塞传说地名考释》，《三峡论坛》2014 年第 3 期，第 16—22 页。

四 传说与信仰

传说与信仰的复杂纠缠关系一直为学者们所共同关心和倾力阐述。段友文等人的两篇论文《狐突传说信仰与山西区域社会文化变迁考论》和《晋东南二仙传说信仰内涵的三次转变及其社会文化图景》① 藉由山西狐突与二仙信仰的个案考察传说与信仰的关系。在不同历史时期，二仙信仰内涵发生转变，从孝女到神女、从民间俗神到正祀之神、从雨神到全能神，传说文本亦随之不断变异。类似地，狐突信仰与传说内容也经历了从贤臣到雨神、进而全能的地方保护神的衍化过程。

鉴于研究者经常忽视传说与历史的差异、用历史眼光审视传说的现象，赵倩、岳永逸《华北三皇姑的传说体系与层累生成》② 借用顾颉刚层累的观念对三皇姑传说作系统解读，将其分为三个不同的子系统，展现出三皇姑不同形象和身份异说的流变过程。这一过程既是其适应时代变迁和话语体系转换的结果，也反映了文人士绅和百姓对乡土宗教的不同态度与诉求。

翟存明、白晓霞《关于九天圣母的民间叙事与传承心理——对甘肃永登连城镇牛站村九天圣母传说的研究》③ 从"起源传说的历史意味与民众的乡土情感显现、功能传说的实用价值与民众的国家话语选择、禁忌传说的虚拟建构与民众的价值追求"三方面呈现了口头叙事与村落信仰民俗的双向建构过程，而这同时也是民众借助传说对地方文化传统进行再造的过程。

关于道教传说有如下两文：吴真《正一教权象征"天师剑"的兴起与传说》④ 追溯了宋以前天师剑叙事的兴起及流传于各地的传说异文，从故事学、信仰史、符号学三个维度诠释了宗教与传说的复杂扭结关系。"天师剑"被成功建构为宗教符号，主要依靠的是对传统故事类型进行整合与改编，并借助宗教势力的扩张对其加以传播。这种传说与符号相结合的政治传统是如此强大，以至于朝代有更替，天师剑印却能代代传承，生命力远超出王朝政权。

张静《道教与黄陂木兰传说》⑤ 则从宗教信仰、道教典籍、口头传统三种途径探讨了道教与黄陂木兰传说之间的关系。木兰传说融为当地道教的有机部分，道教徒及其经书成为保存、传播和引发传说变异的重要群体和媒介。

此外，毛巧晖《山西吉县伏羲、女娲研究》⑥ 在田野调查基础上探究了信仰空间与传

---

① 段友文、杨洁：《狐突传说信仰与山西区域社会文化变迁考论》，《晋阳学刊》2014 年第 6 期，第 16—26 页；段友文、刘金蕾：《晋东南二仙传说信仰内涵的三次转变及其社会文化图景》，《中国文化研究》2014 年夏之卷，第 196—212 页。

② 赵倩、岳永逸：《华北三皇姑的传说体系与层累生成》，《民俗研究》2014 年第 6 期，第 108—114 页。

③ 翟存明、白晓霞：《关于九天圣母的民间叙事与传承心理——对甘肃永登连城镇牛站村九天圣母传说的研究》，《西北民族研究》2014 年第 4 期，第 203—207 页。

④ 吴真：《正一教权象征"天师剑"的兴起与传说》，《华南师范大学学报》2014 年第 3 期，第 28—36 页。

⑤ 张静：《道教与黄陂木兰传说》，《文化遗产》2014 年第 5 期，第 104—110 页。

⑥ 毛巧晖：《山西吉县伏羲、女娲研究》，《长江大学学报》2014 年第 10 期，第 1—5 页。

说、习俗及信仰心理的转化关系。刘艳、向建华《陕北"五龙传说"的当代文化建构》[1]呈现了信仰传说作为集体记忆和地方文化而得到建构、传承与发展的态势。相关研究还有日本学者须永敬《关于日韩边境圣母神的考察》[2]，卡尔梅·桑丹坚参《藏族历史、传说、宗教仪轨和信仰》（上）[3]，张艳丽《论淄博地区的炉姑神信仰》[4]，闫德亮《妈祖传说的古代神话模式解析》[5]，汪静《闽台民间大道公传说中的文化建构》[6] 等多篇[7]。

五　地方风物传说

地方风物传说一直是民间传说的大宗。林恩·斯克印克、玻利欧·乔克著，康丽译《景观、性别与社区：安第斯山脉的故事》[8] 将传说视为区域景观与地方人群之间建立关联的工具。传说定义了物理空间与人群关系，书写了区域内的历史与性别；相应地，在该地区的每一位个体也都能借助解说山脉景观传说来申明自身处境。

可与上文构成对话的是张劲夫《山神空间的性别化建构——以西藏东南部察瓦龙河谷为例》[9]。山神传说传递了关于中心与边缘的秩序观念，地方人群借助这一传说体系，将山神的等级观念嵌入两性关系之中，由此形塑了男性含括女性的空间阶序关系。这同时

① 刘艳、向建华：《陕北"五龙传说"的当代文化建构》，《民族论坛》2014 年第 11 期，第 99—104 页。

② ［日］须永敬：《关于日韩边境圣母神的考察》，李杰玲译，《民间文化论坛》2014 年第 3 期，第 33—45 页。

③ 卡尔梅·桑丹坚参：《藏族历史、传说、宗教仪轨和信仰》（上），看召本译，《西北民族大学学报》2014 年第 2 期，第 55—63 页。

④ 张艳丽：《论淄博地区的炉姑神信仰》，《宗教学研究》2014 年第 1 期，第 253—258 页。

⑤ 闫德亮：《妈祖传说的古代神话模式解析》，《中原文化研究》2014 年第 1 期，第 86—91 页。

⑥ 汪静：《闽台民间大道公传说中的文化建构》，《闽台文化研究》2014 年第 3 期，第 69—76 页。

⑦ 程实：《日本中世时期弁庆传说与熊野信仰关系考》，《山东理工大学学报》2014 年第 1 期，第 66—70 页；梁丹：《开漳圣王传说：开漳圣王信仰的叙事话语》，《闽南师范大学学报》2014 年第 3 期，第 35—39 页；申小红：《佛山北帝显圣传说及其文本形象》，《佛山科学技术学院学报》2014 年第 4 期，第 72—77 页；邓启刚：《哪吒信仰的域外传入与其在中国的本土化》，《绵阳师范学院学报》2014 年第 12 期，第 150—154 页；张婕：《山西"西河"地区卜子夏信仰调查研究——以河津东辛封村和孝义元沟村为例》，山西师范大学文学院 2014 年硕士学位论文；王英暎：《福建民间圣迹图中妈祖形象的多重角色》，《美术观察》2014 年第 8 期，第 114—117 页；王宁：《汉画像石与汉人的神仙信仰》，《文艺评论》2014 年第 8 期，第 146—148 页；耿英春：《河湟口传文学中的始祖崇拜》，《青海师范大学民族师范学院学报》2014 年第 1 期，第 45—48 页；彭佳：《晋宁县宝峰镇"正月接佛"习俗调查》，云南大学人文学院 2014 年硕士学位论文；马继云：《盐宗的传说及其崇拜》，《盐业史研究》2014 年第 2 期，第 17—23 页；牛白琳：《盂县烈女祠神庙及其戏曲演出活动考述》，《内蒙古大学艺术学院学报》2014 年第 2 期，第 20—31 页；庄恒恺：《从福建科举灵验传说看民间信仰的道德取向——以〈夷坚志〉为中心》，《教育与考试》2014 年第 2 期，第 51—53 页。

⑧ ［美］林恩·斯克印克、［玻利维亚］玻利欧·乔克：《景观、性别与社区：安第斯山脉的故事》，康丽译，《民俗研究》2014 年第 4 期，第 65—80 页。

⑨ 张劲夫：《山神空间的性别化建构——以西藏东南部察瓦龙河谷为例》，《北方民族大学学报》2014 年第 6 期，第 92—96 页。

也反映出当地社会两性关系的疏离与统一的动态实践过程，为建构和再生产新的性别关系提供了可能的契机。

李劼《风物传说：神话时代的地理志及其思维方式》① 从理论层面思考传说叙事的基点，认为传统地理志中的风物传说是神话时代以来"物我一体"的浑融性思维方式的体现；传说具备的浪漫想象、地方性等特征，都是神话时代思维方式的遗存。而现代的地方志则在"物我两隔"的思维中将生活环境外化，使传说叙事的基本心态发生了变化。因此，要保护"传说"、保护"非遗"，应在"物我有别"的前提下模拟思考"万物混同"。

传说的"地方性"使其成为一种可资开发利用的文化资源。许多地方风物主题研究都是基于非遗保护、文化产业发展和旅游经济开发的需要，思考传说资源的当代运用以及传说学自身的实践问题，作者的专业背景也有较大差异。相关研究有余红艳《走向景观叙事：传说形态与功能的当代演变研究——以法海洞与雷峰塔为中心的考察》②、蒋海军《崀山传说的非物质文化遗产保护与文化旅游开发》③ 等多篇④。此外，段晴《新疆洛浦县地名"山普鲁"的传说》⑤ 以语言学方法考释了这一地名来历。

六 少数民族传说

少数民族传说持续受到民族学、民俗学、史学、社会学、人类学等领域的共同关注，本年度的论文数量也颇为可观。除了传统的类型研究、比较研究、文化解析外，许多学者立足于传说作为民族记忆以建构族群认同的思路，可以见出社会记忆理论和王明珂著作的影响。

钟进文《藏边社会"英雄祖先"的民间叙事及其价值》⑥ 一文以青海、甘肃的边缘地带生存的裕固族、撒拉族、土族、东乡族和保安族为例，他们处于以儒家文化为主的中原社会和以藏文化为代表的边疆社会之间的过渡地带，即所谓"藏边社会"。作者着重分析"英雄祖先"的传说特色和叙事策略，将其视为在两种社会和政治制度之间、两种知识体系碰撞下衍生的追忆民族起源的"心性史"。

① 李劼：《风物传说：神话时代的地理志及其思维方式》，《中央民族大学学报》2014 年第 1 期，第 105—112 页。

② 余红艳：《走向景观叙事：传说形态与功能的当代演变研究——以法海洞与雷峰塔为中心的考察》，《华东师范大学学报》2014 年第 2 期，第 110—155 页。

③ 蒋海军：《崀山传说的非物质文化遗产保护与文化旅游开发》，《长江大学学报》（自然科学版）2014 年第 35 期，第 31—35 页。

④ 朱晓敏：《传统民间故事传说在城市景观设计中的应用》，《四川旅游学院学报》2014 年第 5 期，第 57—59 页；韦姣：《黄鹤楼传说研究》，华中师范大学文学院 2014 年硕士学位论文；白洁：《宁夏方志中的风物与传说——以宁夏"两山一河"风物传说为例》，《宁夏社会科学》2014 年第 5 期，第 113—116 页；黄桂秋：《山水传说的文化功能及社会价值》，《广西师范学院学报》2014 年第 4 期，第 1—5 页；黄桂秋：《山水传说的形成和艺术特征》，《广西师范学院学报》2014 年第 5 期，第 1—3 页；李祥林：《川西北岷江上游的禹迹羌风》，《内蒙古大学艺术学院学报》2014 年第 11 卷第 2 期，第 5—10 页；王慧：《大同地区风物传说概说》，《山西师大学报》研究生论文专刊 2014 年 3 月第 S1 期，第 74—76 页。

⑤ 段晴：《新疆洛浦县地名"山普鲁"的传说》，《西域研究》2014 年第 4 期，第 1—8 页。

⑥ 钟进文：《藏边社会"英雄祖先"的民间叙事及其价值》，《民间文化论坛》2014 年第 1 期，第 42—47 页。

舒瑜《藏族与大理鸡足山：以传说和仪式为视角》① 将传说阐释为一种想象异族的途径。作者在云南大理鸡足山搜集了一系列表述藏文化的口头文本，它们从大理本土的宇宙观视角表达了对西藏及藏人的定位和想象——藏代表一种来自大理外部的强大力量，这一想象成为大理与西藏文化交往的底色。事实上，每个族群各有自己的宇宙观，因而也有不同的想象外部他者的方式；各族群之间的互动交往与这种想象方式是分不开的。

温春香《地方叙事与族群想象：陈元光"征蛮"传说研究》② 解析了当地传说一方面将陈元光由普通将领打造为可资信仰的神灵，另一方面又将被陈所平之土著蛮荒化的过程。陈的身份转变既是当地人对祖先重构的实践，同时也是他们将之前的历史蛮荒化、借一位圣人来代言自己文化的过程。作者分析这一传说的建构动机，意在把握华南土著与王朝一体化的文化实践进程。

王晴锋《历史英雄、记忆争夺与族群认同——基于湖南省绥宁县上堡侗寨的调查》③ 围绕历史想象与族群认同问题，不仅探讨为学者们所共同关注的集体记忆的建构性，而且论证了民间记忆的抗争性。作为上堡侗族的历史英雄与民族符号，"武烈王"李天保的传说与逻辑连贯、系统性的官方话语形成鲜明对比。宏大叙事代表着政治精英对历史的建构，普通民众的记忆则通过代表着边缘化个体或群体的纪念性叙事来挑战压制性的霸权，构成一种相对于支配性话语的"反记忆"，提供了一种呈现失声的历史与经验的底层视角。

节日起源问题：朱志刚《传统节日中的传说、历史记忆和文化认同——基于三都水族的研究》④ 用传说材料分析了关于节日起源的历史记忆。何马玉涓《节日仪式与民间文学的互文性研究——以傈僳族刀杆节为例》⑤ 讨论了传说与节日起源的关系。

族群起源问题：杨军《契丹始祖传说与契丹族源》⑥ 以传说考察族群起源和部族制度。另有卢伟、张克《也说满族起源问题》⑦，李学成、王雁《满族三仙女传说与殷商、蒙古族起源传说考》⑧。

此外，关于少数民族传说、记忆与历史关系的文章还有王剑《双面枭雄：乌江流域土司传说与民族记忆研究》⑨，欧阳岚《传说在历史现场中的记忆与失忆——以桑植白族

① 舒瑜：《藏族与大理鸡足山：以传说和仪式为视角》，《青海民族研究》2014 年第 3 期，第 12—16 页。

② 温春香：《地方叙事与族群想象：陈元光"征蛮"传说研究》，《民俗研究》2014 年第 6 期，第 100—107 页。

③ 王晴锋：《历史英雄、记忆争夺与族群认同——基于湖南省绥宁县上堡侗寨的调查》，《广西师范大学学报》2014 年第 5 期，第 88—93 页。

④ 朱志刚：《传统节日中的传说、历史记忆和文化认同——基于三都水族的研究》，《韶关学院学报》2014 年第 7 期，第 59—65 页。

⑤ 何马玉涓：《节日仪式与民间文学的互文性研究——以傈僳族刀杆节为例》，《学术探索》2014 年第 8 期，第 99—103 页。

⑥ 杨军：《契丹始祖传说与契丹族源》，《首都师范大学学报》2014 年第 6 期，第 1—7 页。

⑦ 卢伟、张克：《也说满族起源问题》，《黑龙江民族丛刊》2014 年第 5 期，第 118—124 页。

⑧ 李学成、王雁：《满族三仙女传说与殷商、蒙古族起源传说考》，《兰台世界》2014 年第 16 期，第 106—107 页。

⑨ 王剑：《双面枭雄：乌江流域土司传说与民族记忆研究》，《贵州民族研究》2014 年第 10 期，第 176—179 页。

仗鼓舞起源传说为例》① 等多篇②。

以上研究都是基于传说文本的外部视角展开的，而对文本内部的叙事研究则相对寥寥。陈健、姜维东《濊貊族建国传说共用模式研究》③ 发现夫余、高句丽、百济、孺流等古代东北亚濊貊系诸小国的建国传说具有共同的叙事模式，反映出古代东北亚民族迁徙与融合的特点。还有少数文章采用比较方法开展研究④。

从其他角度进入此命题的有：范宇鹏、李诠林《走向世界之路——20 年来当代台湾原住民族文学进入西方世界的考察》⑤，黄玲《从文学叙事到文化记忆：中越跨境族群宋珍故事的互文性阐释》⑥，茶志高《巍山彝族民间故事〈丁郎刻木〉的文化内涵及其佛教渊源》⑦，沈德康《死亡的起源——试析藏缅语民族的分寿岁神话与不死药神话》⑧，沈德康《羌族"毒药猫"故事的文本与情境》⑨ 等多篇⑩。另有《藏族神话传说故事研究

① 欧阳岚：《传说在历史现场中的记忆与失忆——以桑植白族仗鼓舞起源传说为例》，《贵州民族研究》2014 年第 12 期，第 83—86 页。

② 古涛等：《尔苏藏族民间传说与历史源流初探》，《西昌学院学报》2014 年第 4 期，第 26—29 页；蒲向明：《族群历史、底层意识与地域叙事——论陇南白马藏族民间故事题材的主要类型》，《河南工业大学学报》2014 年第 4 期，第 99—104 页；陈金文：《壮族民间侬智高传说的口述史意义》，《广西民族研究》2014 年第 5 期，第 83—90 页；齐海英：《民间情结中的帝王记忆——辽西蒙古贞民间传说与康熙》，《沈阳大学学报》2014 年第 5 期，第 699—703 页；叶远飘：《山巅剖尸藏（葬）："天赤七王"传说反映的西藏史前的丧葬习俗》，《民族文化研究》2014 年第 2 期，第 130—135 页；罗曲：《彝族先民与三国蜀汉关系传说中的祈神咒敌》，《宗教学研究》2014 年第 1 期，第 145—148 页；张芳：《高句丽建国传说的神话学内涵》，《哈尔滨学院学报》2014 年第 1 期，第 11—15 页；甘代军、吴会娟：《神话和传说的记忆与失忆》，《铜仁学院学报》2014 年第 3 期，第 47—51 页。

③ 陈健、姜维东：《濊貊族建国传说共用模式研究》，《东北史地》2014 年第 4 期，第 75—79 页。

④ 刘晓华：《从叙事要素看蒙古族洪古尔传说与侗族吴勉传说的审美异同》，《贵州民族研究》2014 年第 2 期，第 74—77 页；周伟伟：《蒙古族族源传说与满族族源传说的生态意识探究》，《民族艺林》2014 年第 1 期，第 18—22 页。

⑤ 范宇鹏、李诠林：《走向世界之路——20 年来当代台湾原住民族文学进入西方世界的考察》，《长春师范大学学报》2014 年第 4 期，第 67—70 页。

⑥ 黄玲：《从文学叙事到文化记忆：中越跨境族群宋珍故事的互文性阐释》，《民族文学研究》2014 年第 6 期，第 93—101 页。

⑦ 茶志高：《巍山彝族民间故事〈丁郎刻木〉的文化内涵及其佛教渊源》，《民族文学研究》2014 年第 5 期，第 108—116 页。

⑧ 沈德康：《死亡的起源——试析藏缅语民族的分寿岁神话与不死药神话》，《贵州民族研究》2014 年第 9 期，第 60—64 页。

⑨ 沈德康：《羌族"毒药猫"故事的文本与情境》，《民族文学研究》2014 年第 5 期，第 99—107 页。

⑩ 韩云洁：《羌族神话故事的传承模式与教育选择》，《成都师范学院学报》2014 年第 3 期，第 63—66 页；戈梅娜：《从传说看壮族民间的风水观念》，《韶关学院学报》2014 年第 7 期，第 33—35 页；何克俭：《回族神话的概念与真主造人的传说》，《民族艺林》2014 年第 3 期，第 22—27 页；和必昌、和爱东：《浅谈纳西族的浪漫主义——以丽江民间故事为例》，《戏剧之家》2014 年第 5 期，第 301—303 页；吉太加：《藏族古代文学中故事的分类及其特征研究》、达桑：《略谈藏族古代民间传说》，西藏大学文学院 2014 年硕士学位论文。

述评》①《羌族文学研究综述》② 各一篇，对陈金文所著《壮族风物传说的文化研究》之书评一篇③。

七　四大传说

与往年一样，仍有大量论文对"四大传说"进行持续讨论。总论性的有傅修延《互文的魅力：四大民间传说新释》④，该文发现了四大传说之间的互文性，具体表现在：情节动力来自女主人公；伦理取位均与正统观念相悖；以及人物身份和故事时间等方面。作者认为四大传说是一个互为依存的有机序列。

个案方面，学者们的关注点主要集中于：传说的流变、性别意义、文化阐释和不同媒介的改编。

1. 传说叙事的历史流变

漆凌云《性别冲突与话语权力：论建国前后牛郎织女传说的嬗变》⑤ 观察到牛郎织女传说在建国前后矛盾焦点的转移，进而发现国家政权在文本背后灌输意识形态的隐形操作：新中国成立前的文本中，以牛郎强迫织女成婚、织女婚后设法逃离人间的文本占多数；新中国成立后，该传说被改造为二人情感相谐、婚姻却遭王母或天帝破坏，成为反封建礼教的文本，作为宣传新意识形态的工具被民众普遍接受。作者认为就此而言，20世纪50年代政权借助改编这一传说来传递新意识形态的做法是成功的。

相关研究还有许兰玉、黄景春《孟姜女传说的历史生成——关于唐前及唐孟姜女故事的历史性考察》⑥ 等⑦。对起源地进行考证的有路晓农的专著《"梁祝"的起源与流变》

---

①　杨娅、叶志强、张继文：《藏族神话传说故事研究述评》，《黑龙江史志》2014年第17期，第158页。

②　熊刚、邹莹：《羌族文学研究综述》，《大连民族学院学报》2014年第3期，第225—226页。

③　甘露：《开创风物传说研究的新格局——评陈金文先生新著〈壮族风物传说的文化研究〉》，《广西师范学院学报》2014年第5期，第10—12页。

④　傅修延：《互文的魅力：四大民间传说新释》，《江西社会科学》2014年第4期，第205—214页。

⑤　漆凌云：《性别冲突与话语权力：论建国前后牛郎织女传说的嬗变》，《民俗研究》2014年第5期，第109—115页。

⑥　许兰玉、黄景春：《孟姜女传说的历史生成——关于唐前及唐孟姜女故事的历史性考察》，《鲁东大学学报》2014年第6期，第60—63页。

⑦　皮维臣、皮学齐：《孟姜女哭长城之历史演变》，《时代文学》2014年第8期，第49—52页；柳青：《大传统与小传统视野下梁祝故事的发展轨迹》，《沧州师范学院学报》2014年第3期，第33—36页；匡秋爽：《梁祝文艺母题的传说形态考论》，《东北师大学报》2014年第1期，第223—225页；林琳：《梁祝故事演变考》，《神州》2014年第9期，第3页；杨德春：《对赵逵夫〈再论"牛郎织女"传说的孕育、形成与早期分化〉的商榷》，《三峡大学学报》2014年第2期，第55—60页；杨德春：《赵逵夫〈再论"牛郎织女"传说的孕育、形成与早期分化〉中几个问题探讨》，《西部学刊》2014年第5期，第64—68页；杨德春：《牛郎织女起源新考》，《江西科技师范大学学报》2014年第3期，第22—26页；杨德春：《牛郎织女起源追寻》，《长江师范学院学报》2014年第2期，第93—97页。杨德春的四篇论文内容高度重复，不足为训。

及多篇论文①。

2. 性别视角的解读

程安霞《传说、结构、话语：民间四大传说中的女性叙事研究》② 对"女性叙事"内涵进行剖析，从女性形象、立场、修辞等角度探究了四大传说在有意或集体无意识心态下表露了自然与人类文明的扭结关系，阐明了女性叙事对父系政权与意识形态的文化调节机制。相关者还有娄莎莎《牛郎织女中的崇拜隐喻——牛郎织女模式的艺术民俗研究》③，张衡《经典传说解构中重塑女性形象——以李碧华〈青蛇〉为例》④。

3. 文化阐释

高艳芳的博士论文《中国白蛇传经典的建构与阐释》⑤ 搜集了相关小说、笔记、戏曲、影视剧、网络文学等大量文本，全面分析了"白蛇传"传说的形态、叙事、角色、文化内涵，呈现其作为"经典"的建构过程并作出相应的文化阐释。她的另一篇《论"白蛇传"的传承动力》⑥ 提出：人生困境的隐喻是传说传承的内在根本，平民化的狂欢是传承的基础，在地化与普适化的结合是传承不息的依托。"白蛇传"的传承动力就在于这三者有机整合形成的稳定叙事规律。

王源、孙正国的《白蛇传的城市想象与文化记忆》⑦ 揭示了传说与城市文化的联系，认为"白蛇传"是一部关于城市的民间叙事作品，它在不断演绎发展的过程中始终承载着民众对于杭州城的想象；而这些想象和表达又进一步建构着人们的城市文化记忆，二者构成互动。

余红艳《明清时期江南生育文化与"白蛇传"传说的演变和传播》⑧ 认为，人物身份转变是明清"白蛇传"传说的重要特征，它折射了婚姻论财、底层男性失婚、官民对寡妇再嫁的不同态度等明清江南生育文化的特质，体现了生育文化对传说变迁、传播的重要影响，同时也是传说对民众婚育观的真实反映。

另有王晓如《诗歌与牛郎织女传说及其影响》⑨、贺义廉《"梁祝"故事传播的审美

① 路晓农：《"梁祝"的起源与流变》，东南大学出版社2014年版；邹晓华、张俊美：《〈白蛇传〉传说地探踪》，《镇江高专学报》2014年第4期，第7—9页；鲍君：《梁祝故里的宜兴说宁波说济宁说汝南说之争何时能画上完美休止符》，《中国地名》2014年第4期，第30—32页。

② 程安霞：《传说、结构、话语：民间四大传说中的女性叙事研究》，《文教资料》2014年第7期，第5—6页。

③ 娄莎莎：《牛郎织女中的崇拜隐喻——牛郎织女模式的艺术民俗研究》，《焦作大学学报》2014年第4期，第36—39页。

④ 张衡：《经典传说解构中重塑女性形象——以李碧华〈青蛇〉为例》，《沈阳工程学院学报》2014年第4期，第440—442页。

⑤ 高艳芳：《中国白蛇传经典的建构与阐释》，华中师范大学2014年博士学位论文。

⑥ 高艳芳：《论"白蛇传"的传承动力》，《民族文学研究》2014年第2期，第133—140页。

⑦ 王源、孙正国：《白蛇传的城市想象与文化记忆》，《广西师范学院学报》2014年第5期，第6—18页。

⑧ 余红艳：《明清时期江南生育文化与"白蛇传"传说的演变和传播》，《民族文学研究》2014年第2期，第123—132页。

⑨ 王晓如：《诗歌与牛郎织女传说及其影响》，《唐都学刊》2014年第4期，第96—99页。

价值》① 及一些比较研究②。

4. 戏曲和影视改编

伏涤修《古代戏曲对"牛郎织女"与"董永遇仙"传说的不同接受》③ 发现，"牛郎织女"戏曲数量虽然不少，但基本都沦为案头剧，对该传说的传播并未起到明显的促进作用；而"董永遇仙"戏则于戏曲舞台上绵延不绝。这其中既有政治教化的原因，又涉及两种传说的不同发展轨迹，同时还与"董永遇仙"对"牛郎织女"传说的融会、取代有密切关系。

伏涤修还撰有《民间传说剧对传说故事内容的吸收与改造》④ 一文，列举了大量戏曲文本实例（以四大传说题材的戏曲居多），论证了传说题材的戏曲对传说故事内容的吸收与改编特点，认为民间传说剧保留了故事的基本内核，核心情节承续业已形成的传说故事系统；同时为了追求戏剧效果，多以大众审美为导向，在枝节剧情上进行杂糅化、传奇化改造。

白海英、丁春华《论戏曲江湖本的传承特点——以孟姜女戏为例》⑤ 考察了戏曲江湖本对传说的改编，情节的流变，以及版本、曲种、传承等；认为江湖本有封闭性、依赖性、主导性、包容性等特点，表现出与其他民间艺术不同的传播态势。

四大传说被大量改编为影视作品，这种载体形式转换也吸引了学者们的注意，本年度的相关研究有甘绪艳《角色易位：民间经典的影视逻辑与文化取向——西方白雪公主童话与东方白蛇传说的传播学比较》⑥ 等⑦。

5. 其他

无法归入上述序列的有赵逵夫主编的《西和乞巧节》⑧ 一书和撰写的论文《牛女传说与七夕风俗研究的重大突破——论八十六年前出石成彦〈牵牛织女传说的考察〉》⑨。前者先梳理了牛郎织女传说在文献历史中的迁延变化，然后聚焦于西和地区的牛女传说和乞巧节，展现了相关的习俗、歌谣、乐舞、词语等地域文化图景。后者介绍了日本汉学家出石

---

① 贺义廉：《"梁祝"故事传播的审美价值》，《湖北社会科学》2014 年第 5 期，第 124—127 页。

② 汪保忠：《人神之恋：牛郎织女传说与希腊神话的文化阐释》，《文教资料》2014 年第 16 期，第 6—8 页；朴贵花、曲杰：《和而不同：中国〈孟姜女〉与韩国〈无影塔〉的比较》，《黑龙江史志》2014 年第 1 期，第 165—167 页。

③ 伏涤修：《古代戏曲对"牛郎织女"与"董永遇仙"传说的不同接受》，《戏剧》（中央戏剧学院学报）2014 年第 5 期，第 115—127 页。

④ 伏涤修：《民间传说剧对传说故事内容的吸收与改造》，《艺术百家》2014 年第 5 期，第 160—165 页。

⑤ 白海英、丁春华：《论戏曲江湖本的传承特点——以孟姜女戏为例》，《文化遗产》2014 年第 2 期，第 75—83 页。

⑥ 甘绪艳：《角色易位：民间经典的影视逻辑与文化取向——西方白雪公主童话与东方白蛇传说的传播学比较》，《武汉理工大学学报》2014 年第 4 期，第 722—726 页。

⑦ 王蕾：《"白蛇传说"在影视作品中的改编》，湖南师范大学 2014 年硕士学位论文；杨蕙泽：《论〈新白娘子传奇〉的叙事策略与手段研究》，西南交通大学 2014 年硕士学位论文。

⑧ 赵逵夫主编：《西和乞巧节》，上海远东出版社 2014 年版。

⑨ 赵逵夫：《牛女传说与七夕风俗研究的重大突破——论八十六年前出石成彦〈牵牛织女传说的考察〉》，《西北民族研究》2014 年第 4 期，第 96—177 页。

诚彦于 1928 年发布的《牵牛织女传说的考察》一文，认为此文是 20 世纪研究中国牛郎织女传说和七夕风俗的成果中最为系统、深入和具有创造性的论文之一，然而却未受到中国学者的注意。此外还有赵羽《二十世纪以来董永遇仙传说研究简述》①《武梁祠董永事父画像考释》② 等。

八　谣言

本年度的都市传说研究较少，谣言研究成绩突出。黄景春《都市传说中的文化记忆及其意义建构——以上海龙柱传说为例》③ 从角色、母题、主题、情节等方面进行分析，揭示了当代传说在城市文化传承中的作用。市民们将传统的神人救世型口头叙事改造为都市传说，直接呈现了他们的文化记忆，并以这种形象化的方式建构着都市的意义空间。在当下社会巨变的过程中，都市传说保持了民族记忆的某些连续性，从而延续了城市文化的原有色调。卡尔·林达尔著、游自荧译《卡特里娜飓风传说：有权犯错、幸存者对幸存者的故事讲述和疗伤》④ 先描述了一场飓风灾难之后的情形：媒体传播报道的传说将受灾的新奥尔良人描述为有攻击行为的罪犯，被观众们信以为真，而灾难幸存者叙述的经历却遭到媒体排斥。林达尔尝试开展了一个"SKRH"项目，为幸存者提供资金支持和方法指导，由幸存者自己记录他们的受灾经历。她认为，这一项目记录的传说成果在叙事上显示出深度推理、同情和反省，是对灾难创伤最人性化和最有效的回应。

施爱东近年来助力研究谣言，本年度在《民族艺术》连续刊发了三篇论文，探讨谣言的类型、特征、生产传播途径等方面，以此考察当代社会的言论生态。《太平家乐福谣言的历史根源与文本分析》⑤ 对象是一则关于"失踪孩子在某超市被剃光头"的人贩子谣言，作者发现该谣言中的每一个母题都是从传统谣言中精心挑选出来的，包含着沉重的文化隐喻和深刻的历史根源；谣言的结构、内容、目标传播群体以及推出的时间点也都经过周密策划，特别能激发人群的恐慌感，最终形成了口头和网络的互动传播。这充分显示出谣言推手制作和传播的专业水准，说明当下的网络谣言生产和传播机制已经相当成熟了。施爱东的另一篇《末日谣言的蝴蝶效应及其传播动力》⑥ 发现，末日谣言影响虽大，但绝大多数传谣者都不是真正的信谣者。作者提炼出七种推动谣言传播的动力因素：借题发挥的宗教领袖及其信众、渴望奇迹的普通网民、求关注的营销微博、末日促销的商家、寻求心理抚慰的大爷大妈、趁火打劫的邪教组织以及为数众多的戏谑性传播者。七种动力因素

① 赵羽：《二十世纪以来董永遇仙传说研究简述》，《湖北广播电视大学学报》2014 年第 9 期，第 74—75 页。

② 赵羽：《武梁祠董永事父画像考释》，《赤峰学院学报》2014 年第 5 期，第 191—193 页。

③ 黄景春：《都市传说中的文化记忆及其意义建构——以上海龙柱传说为例》，《民族艺术》2014 年第 6 期，第 111—117 页。

④ ［美］卡尔·林达尔：《卡特里娜飓风传说：有权犯错、幸存者对幸存者的故事讲述和疗伤》，游自荧译，《民间文化论坛》2014 年第 2 期，第 24—50 页。

⑤ 施爱东：《太平家乐福谣言的历史根源与文本分析》，《民族艺术》2014 年第 1 期，第 52—64 页。

⑥ 施爱东：《末日谣言的蝴蝶效应及其传播动力》，《民族艺术》2014 年第 2 期，第 45—58、93 页。

又分为三个群体：积极传播者、消极传播者和戏谑性传播者。后者构成了该谣言最庞大的传谣队伍，他们的戏谑调侃行为是谣言传播的永恒动力之一。《呼兰大侠：被谣言神化的变态杀手》① 则藉由呼兰县杀警凶手的谣言，讨论了谣言的叙事特征、结构和规律。这些谣言既体现了无序和多样性，又凸显出主流叙事及其规律：以夸张数据来形容凶案的惨烈，以矛盾的作案风格来塑造凶手的神秘，以社会风气的好转来佐证杀警的合法性，以提高受害者官阶的方式来满足谣言家的仇官心理，以警察的谨慎和胆怯来反衬其平日里的威风八面。而谣言进入公共领域后，若要将凶手奉为大侠，就必须对受害者进行污名化处理，如此才能弥补谣言的伦理缺陷。

游红明《中国语境下网络谣言传播的社会学思考》② 从社会学、传播学角度考察新媒体环境下网络谣言盛行的缘由及凸显的社会管理问题，进而提出应对和治理的方案。

九　资料集

2014 年的传说出版物有《中国的民间传说》③《播州土司民间传说》④《冯梦龙寿宁民间传说》⑤，修功军《陈抟传说故事》⑥《善卷传说故事》⑦，连环画《陕西孟姜女传说》⑧ 等。其中不少都在呈现传说文本及相关历史资料的基础上对起源、分布、流传、习俗、文化、保护与传承等专题进行了初步分析，如"浙江省非物质文化遗产代表作丛书"之《徐福东渡传说》《观音传说》《黄大仙传说》⑨；"武汉非物质文化遗产丛书"之《木兰传说》⑩ 等。译介的国外传说出版物有《西方人笔下的中国鬼故事二种》⑪《日出之国：日本童话与传说》⑫ 等。

小　结

本年度的传说研究著作和论文总计 200 余种，可谓成绩斐然。新的学术生长点和研究

---

① 施爱东：《呼兰大侠：被谣言神化的变态杀手》，《民族艺术》2014 年第 3 期，第 61—75 页。

② 游红明：《中国语境下网络谣言传播的社会学思考》，《湖北民族学院学报》2014 年第 5 期，第 135—138 页。

③ 张泰城主编：《中国的民间传说（一）》，江西人民出版社 2014 年版。

④ 王兴骥、谢爱临、李飞等编著：《播州土司民间传说》，社会科学文献出版社 2014 年版。

⑤ 刘春民主编：《冯梦龙寿宁民间传说》，海峡文艺出版社 2014 年版。

⑥ 修功军编著：《陈抟传说故事》，人民出版社 2014 年版。

⑦ 贵体健、邓声斌：《善卷传说故事》，中国文联出版社 2014 年版。

⑧ 秦凤岗编：《陕西孟姜女传说》，陕西出版传媒集团·陕西人民美术出版社 2014 年版。

⑨ 盛鑫夫等编著：《徐福东渡传说》，张坚编著：《观音传说》，邱瑜等编著：《黄大仙传说》，以上均由浙江摄影出版社 2014 年出版。

⑩ 陈元生主编：《木兰传说》，武汉出版社 2014 年版。

⑪ ［英］拉夫卡迪奥·赫恩、［美］诺曼·欣斯代尔·彼特曼著译：《西方人笔下的中国鬼神故事二种》，毕旭玲译，上海社会科学院出版社 2014 年版。

⑫ ［日］N. 加藤编：《日出之国：日本童话与传说》，周海林译，上海科学技术文献出版社 2014 年版。

路向在不断涌现，一些前沿理论得到了应用和再阐释，方法论上也有建树。这些实绩让我们有充足的理由相信，传说研究一定能持续推进思考深度，并对当下社会产生影响。

然而，庞大的数字背后也存在一些有待思索的问题。少数民族传说研究集中于族群的历史记忆话题，其他方面则相对薄弱，实有进一步拓展的宏阔空间，像各口头文类之间的文本转换，图像、音乐与传说的密合，等等。而从总体看来，外部研究明显多于内部研究。传说史、学术史和总论性研究也颇显冷清。

传说与历史的关系是学者们热衷于讨论的话题之一，然而许多研究者却并未充分领会传说作为族群记忆和"心史"的特性，导致一些问题重复出现。关注该命题的学者不少都来自史学、古典文献学和古代文学领域，专业背景在很大程度上决定了思考问题的方式。此类研究中经常出现两种相反的观念：一是放大了传说的"真实性"，对传说与文献史料的性质差异认识不足，倾向于将传说视为确凿的史料，然后在事实层面用史学方法考证辩驳。传说的"真实性"特征被默认等同于"历史真实"了。第二类学者则走向另一极端，仍持有历史与传说二元对立的观念，即：历史是真实的，传说是虚构的。即便偶或采录了几则传说，也立足于史学价值进行讨论，或认为不足为凭，或只是在信史无征的前提下作为退而求其次的佐证。尽管有些人进行了田野调查，却是有访谈而无口头视角，缺少传说演述"人"的在场，调查多为考古式的遗迹勘测和地方文献搜集，方法和标准也有待规范。

不清理学术史导致重复讹误的现象也频频可见。有些学者获取一批材料后，自己命名一下就开始研究，却不去查考已有的分类设置和同类研究的界定方式。另一个典型例子是：早在 2008 年，施爱东就曾撰文《顾颉刚故事学范式回顾与检讨》[1]，全面清理了以顾颉刚《孟姜女传说研究》为代表的学术范式中存在的"一源单线的理论预设与故事生长的多向性特点之间的不相符、故事讲述的复杂多样与文献记载的偶然片面之间的矛盾，以及在材料解读过程中基于进化论假设的片面性导向"等问题。然而这些问题至今仍时常可见，诸如将最早的文献记录时间等同于传说产生的时间，以文献记录的情节代表当时的口头演述，以传世文献系统混淆口头叙事的生长脉络等，导致了无效论证。

最令人担忧的是大量学术泡沫的生产。关于传说与非遗、与地方旅游经济开发的文章特别多，不惟是社会热点，恐怕还有容易操作的缘故：搜集几则传说，总结一些放之四海而皆准的特征，再提点保护或开发建议，就能凑成一篇看起来像样的文章，实则空洞浮泛、言之无物。另一种能够快速生产的是比较研究，把两则相似的文本拿来进行表象对比，归纳几处异同就作为结论。评介了本年度的成果之后，我们为传说学取得的突破性进展和整体水平提升感到欣慰，同时也迫切需要对这些将会长期影响学科发展的问题进行反思。

（原载《长江大学学报》2015 年第 4 期）

---

① 施爱东：《顾颉刚故事学范式回顾与检讨——以"孟姜女故事研究"为中心》，《清华大学学报》2008 年第 2 期，第 26—39、159 页。

2014 年故事研究综述

漆凌云[*]

对中国故事学人而言,从事民间故事研究具有很多优势:一是随着"三套集成"工作的完成及非物质文化遗产保护工作的深入,大量在民众口头流传的民间故事文本被记录下来;二是在一些农村地区,传统的讲故事活动依然存在,为故事讲述活动研究提供了良好的条件;三是中国典籍丰富,笔记小说、佛教、道教等典籍中保存了大量的民间故事文本资料。研究对象的丰富、多样及鲜活为从事中国民间故事研究提供了广阔空间。进入21 世纪以来,中国民间故事研究在民间故事史、讲述研究等领域取得了令人瞩目的成绩。

1. 民间故事史的梳理

自刘守华 1999 年出版《中国民间故事史》引来学界广泛好评后,祁连休、顾希佳两位学者潜心研究古代民间故事数十年,厚积薄发贡献了《中国古代民间故事类型研究》[①]《中国古代民间故事长编》[②] 两部对中国故事学具有重要价值的著作。

2. 故事讲述研究日渐深入

近年来故事学人对讲述人、讲述空间、叙事传统、表演、村落等语境因素日渐关注,涌现出不少优秀成果,如江帆的《口承故事的表演空间分析——以辽宁讲述者为对象》[③]《民间叙事的即时性与创造性——以故事家谭振山的叙事活动为对象》[④],林继富的《民间叙事传统与故事传承——以湖北长阳都镇湾土家族故事传承人为例》[⑤]《孙家香故事讲述研究》[⑥],祝秀丽的《村落故事讲述活动研究——以辽宁省辽中县徐家屯村为个案》[⑦] 等。

本年度发表的民间故事论文 150 余篇,其中博士论文 4 篇、硕士论文 10 余篇,另有专著 2 部,研究范围涉及故事学理论、比较研究、文化研究、故事讲述研究等多个领域,成绩可观,以下分别叙述相关成果。

---

[*] 作者系湘潭大学文学与新闻学院副教授。

① 祁连休:《中国古代民间故事类型研究》(三卷本),河北教育出版社 2007 年版。

② 顾希佳:《中国古代民间故事长编》(六卷本),浙江大学出版社 2012 年版。

③ 江帆:《口承故事的表演空间分析——以辽宁讲述者为对象》,《民俗研究》2001 年第 2 期。

④ 江帆:《民间叙事的即时性与创造性——以故事家谭振山的叙事活动为对象》,《民间文化论坛》2004 年第 4 期。

⑤ 林继富:《民间叙事传统与故事传承——以湖北长阳都镇湾土家族故事传承人为例》,中国社会科学出版社 2007 年版。

⑥ 林继富:《孙家香故事讲述研究》,中国社会科学出版社 2013 年版。

⑦ 祝秀丽:《村落故事讲述活动研究——以辽宁省辽中县徐家屯村为个案》,中国社会科学出版社 2013 年版。

一 故事学理论研究

顾希佳的《中国古代民间故事类型》是本年度故事学研究的重要著作，该书兼有工具书和专著特点，上编是"中国古代民间故事类型表"和"中国古代民间故事类型索引"，下编是作者撰写的关于中国古代民间故事类型研究的系列论文。该书首次把散见于浩瀚典籍中的故事文本搜检出来，加以认定，并进行系统分类、编码，为故事学人查找古代民间故事文本提供了极大便利。此外该书在故事类型的增设及对丁乃通《中国民间故事类型索引》中类型命名的改进等方面成绩显著。

1. 增设新的故事类型

《中国古代民间故事类型》中的类型表及编码基本采用 AT 分类法体系，这样方便国内外学者查阅。凡是在丁乃通《中国民间故事类型索引》和金荣华《民间故事类型索引》中有明确故事编码的，一般沿袭采用，有的故事类型名称则有所调整。凡是新增订的故事类型，一律暂时不设编码，在该类型前面加"○"。作者增设的类型有近 380 则，呈现了中国古代民间故事类型的丰富性。在"中国古代民间故事类型索引"中先列出每个故事类型的情节概要，然后以时间为序列出不同时期见诸典籍的相关故事文本，对当代还有传承的故事文本予以说明。对所列的故事类型名称，与丁乃通《中国民间故事类型索引》、金荣华《民间故事类型索引》和祁连休《中国古代民间故事类型研究》中所列不一致的予以说明，供学者对照使用。

2. 对丁乃通《中国民间故事类型索引》命名的改进

顾希佳对丁乃通《中国民间故事类型索引》中类型的分类做了些变动，使之更符合逻辑。如 AT1－299 型，在丁乃通的故事类型索引中是命名为动物故事，实际上所列的故事中有植物故事、身体两个部分不和等类型故事。顾希佳将 AT1－299 型统一命名为动植物及物品故事，这样的命名更加准确。此外，他把丁乃通的 AT850－999 传奇故事（爱情故事）命名为生活故事，在生活故事大类下设选女婿和嫁女儿的故事（AT850－869）、娶亲和巧媳妇的故事（AT870－879）、恋人忠贞和友人之真诚的故事（AT880－899）、有用的话（AT910－919）、聪明的言行（AT920－929）、命运的故事（AT930－949）、盗贼和谋杀的故事（AT950－969）、其他生活故事（AT970－999），把愚蠢妖魔故事（AT1000－1199）更名为恶地主和笨魔的故事。通过对丁乃通民间故事类型索引表的重新命名和增设新的故事类型，凸显了该书的工具书价值和科学性。类型索引是从事民间故事研究非常重要的工具书，顾希佳几十年潜心于中国古代故事文本的钩沉爬梳，为故事学的基础建设添砖加瓦，令人钦佩。随着三套集成工作的完成，《中国古代民间故事类型研究》《中国古代民间故事长编》和《中国古代民间故事类型》的出版为编撰一部全面的中国民间故事类型索引工作奠定了良好基础。

户晓辉的《麦克斯·吕蒂的童话现象学》介绍了瑞士学者麦克斯·吕蒂的童话理论。吕蒂通过将童话与欧洲民间传说比较分析童话的特征，发现童话具有一维性的特点，在一个平面上朝单线发展，童话抽掉深度，把母题空洞化，使母题和现实脱离关联，进入童话自身的世界，童话是抽象的艺术，进入童话的人、物和母题都被抽象化，变成平面的图形。一维性、平面性和抽象化也就导致了孤立化。孤立化表示人和物只具有情节意义。童话中的人物可以随时发生新的联系，带来了童话的含世界性。吕蒂的目的在于寻找是什么东西使童话成为童话并且观察童话如何获得本质。吕蒂认为童话是一种纯正的文学艺术作品，童话不可能是老百姓最初自己创造的，老百姓是童话的传承人和守护者。童话的本质是通往人的形象和存在①。美国学者林恩·斯克印克和玻利维亚学者波利欧·乔克合写的论文《景观、性别与社区：安第斯山脉的故事》运用人类学"景观研究"方法讨论在玻利维亚的阿尔蒂普拉诺高原上的两座山峰及其中一座山峰之旅程的故事，分析地形地貌是如何在时间和空间中被当地民众建构，它又如何被镌刻上诸如社会性别这样的特性？作者试图将遍布于故事之中且被故事讲述者群体所强调的景观主题、社会性别主题和身体主题联系在一起，在过程中注意到景观被赋予生命的程度以及人类是如何与有生命的景观相互作用的②。这篇论文对国内故事学人运用"景观研究"来处理民间故事文本有一定启示意义。

曹成竹的《叙事辅助和语言游戏：歌谣在民间故事中的两种功能》认为歌谣在民间故事中有两种比较突出的功能：一是作为叙事的必要辅助，二是作为纯粹的语言游戏。前者以故事为核心，歌谣所起的作用是修辞性的，有推进情节发展、作为文化中介、促进故事生成等作用，是使得民间故事更加精彩和引人入胜的必要手段；后者以歌谣本身为核心，歌谣所起的作用是文化意义上的，通过语言的自我凸显来促人发笑，营构出民间文化特有的诙谐和狂欢化语境③。王远明的《刍议母题研究的反思与重建》认为汤普森关于母题查找的指标性分类是以文学性为指标的，缺乏社会性和实践性的支撑，应建立一个关于母题的层级分类体系，第一层级指标体系是社会性、实践性指标体系，第二层级指标体系是文学性的指标体系④。

类型研究是民间故事研究的传统研究方法，这种研究方法对其他文类的研究能否打开新的空间？李琳的《故事视角下的古代英雄传奇》尝试解决这一问题。作者借用故事类型研究法以《说岳全传》为个案从故事角度看古代的英雄传奇，发现两者都有模式化的叙述方式、叙事观念民间化。作者运用故事类型研究法将英雄故事分成"出生""征战""婚恋""死亡"等几个大的核心故事系，在每个核心情节单元之下又有若干更小的情节单元。以岳飞故事为例，如出生故事包含"大鹏鸟转世""出生异兆""弃子不死"等。认为每个故事有不同版本和演变历程，其情节演变在不同时代、不同作品中皆有或多或少的变异，从中可以探讨异文变化及其意义，这是纵向角度的研究。而将众多英雄传奇故事如杨家将、薛家将、岳家将等故事视作一个整体，寻绎出其相同的故事类型，以同一故事类型为中心，将不同异文汇集起来进行比较研究，探讨其内在意义，这是横向角度的研究。若从两种角度对古代英雄传奇进行故事类型的系统整理和研究，则能够开辟出英雄传奇新的研究空间⑤。

笑话研究故事学人较少关注。崔若男的《另一种幽默：作为口头文类的冷笑话》认为冷笑话作为新兴的口头文类通过口头、书写和媒介实现了三维传播，作者结合日常生活

---

① 户晓辉：《麦克斯·吕蒂的童话现象学》，《民族艺术》2014 年第 4 期。

② ［美］林恩·斯克印克、［玻利维亚］波利欧·乔克：《景观、性别与社区：安第斯山脉的故事》，康丽译，《民俗研究》2014 年第 4 期。

③ 曹成竹：《叙事辅助和语言游戏：歌谣在民间故事中的两种功能》，《民族艺术》2014 年第 4 期。

④ 王远明：《刍议母题研究的反思与重建》，《文艺评论》2014 年第 3 期。

⑤ 李琳：《故事视角下的古代英雄传奇》，《学术研究》2014 年第 2 期。

中讲述冷笑话的经验，尝试把冷笑话作为一种"表演"置于语境中研究①。郭建萍的硕士论文《〈古今谭概〉笑话研究》对明代笑话集《古今谭概》的成书背景、版本流传、人物塑造艺术、结构情节艺术、讽刺艺术及在笑话文学史上的地位进行了较全面系统的研究②。

二 民间故事的比较研究

本年度，民间故事的比较研究成为热点，相关论文数量最多，论文大多通过文献考证对中外民间故事进行跨国、跨民族比较。

1. 《鹦鹉的故事》研究

陈岗龙的《论印度〈鹦鹉的故事〉在中国各民族中的传播》对古代印度梵语故事集《鹦鹉的故事》在中国的传播情况进行分析后认为《鹦鹉的故事》很早就传播到中国，不过传播的途径和来源不尽相同。唐代诗人元稹的《有鸟二十章》叙述的故事和梵语故事集中的"鹦鹉和商人妻子的故事"是相似的，表明"鹦鹉和商人妻子的故事"作为独立的故事类型可能随着佛经翻译流传到中国来了。而《鹦鹉的故事》中包含的几十个故事中的不少故事则是随着汉译佛典广泛流传在中国汉族中。作者考察了印度《鹦鹉的故事》在中国汉族、藏族、蒙古族和维吾尔族、哈萨克族中翻译和传播的情况后得出结论：（1）古代印度的梵语故事集《鹦鹉故事七十则》没有完整地被翻译成汉语，这主要和汉文佛典翻译传统有关系，但是其中的一些故事很早就随着佛经翻译被译成汉语了。（2）印度的《鹦鹉的故事》在藏族和蒙古族等信仰藏传佛教的民族中流传的过程中与《王子变鹦鹉讲佛经》的故事类型黏合在一起，形成了新的复合故事类型。（3）维吾尔族和哈萨克族等信仰伊斯兰教和深受波斯文化影响的新疆兄弟民族是通过波斯语的《鹦鹉的传奇》接受印度《鹦鹉的故事》的，并且在翻译和传播中也根据伊斯兰教思想对原来的故事进行了过滤③。

阿布都外力·克热木《论维吾尔文版〈鹦鹉故事五十二则〉的主题思想和结构特点》，认为《鹦鹉故事五十二则》源于印度的《鹦鹉故事七十二则》，是由波斯文译成维吾尔文的故事汇编，沿袭了女性不忠的主题思想，以散文叙事为主，韵文抒情为辅，采用连贯穿插式结构④。毕桪的《〈鹦鹉故事七十则〉与〈鹦鹉传奇〉》认为哈萨克文《鹦鹉传奇》渊源于印度《鹦鹉故事七十则》，从印度《鹦鹉故事七十则》到哈萨克文《鹦鹉传奇》，其间经过多次翻译、转译和编译，甚至经过多次改动和替换，哈萨克文《鹦鹉传奇》已经同原作有了很大的区别，但依然在不同程度上保持了同《鹦鹉故事七十则》的联系⑤。潘珊的《"以弱胜强型"故事之比较研究》对印度的梵语故事集《鹦鹉故事七十则》中的"兔杀狮"型故事和阿拉伯及珞巴族、锡伯族、蒙古族、维吾尔族等少数民族

---

① 崔若男：《另一种幽默：作为口头文类的冷笑话》，《中山大学研究生学刊》2014年第3期。

② 郭建萍：《〈古今谭概〉笑话研究》，山东师范大学2014年硕士学位论文。

③ 陈岗龙：《论印度〈鹦鹉的故事〉在中国各民族中的传播》，《民间文化论坛》2014年第3期。

④ 阿布都外力·克热木：《论维吾尔文版〈鹦鹉故事五十二则〉的主题思想和结构特点》，《内蒙古师范大学学报》2014年第4期。

⑤ 毕桪：《〈鹦鹉故事七十则〉与〈鹦鹉传奇〉》，《伊犁师范学院学报》2014年第2期。

的同类故事进行比较，从故事发生的地点、出现的动物、故事情节设置等方面进行分析，发现该故事的深层心理结构是狮子或老虎处于在镜中无法分清自我和他者，对自我的认知处于较低阶段，所以在较量中输给了运用他者视角来认知事物的兔子等小动物①。

2.《五卷书》的研究

满达的《论〈五卷书〉在蒙古地区的传播——以〈如意钥匙〉为例》选取《苏布喜地》的注疏《如意钥匙》为例，发现《如意钥匙》中共有 11 篇故事与《五卷书》中的相同，作者对梵文原本、藏文、蒙译本三个版本的《婆罗门与三个恶汉》故事进行比较分析，发现有结构简略化、内容变异、教育目的不同，《如意钥匙》将《五卷书》故事的主旨简化，改成适合蒙古文化②。金勇的《论五卷书在泰国的传播及特点》运用扎实的文献资料指出泰国传播的《五卷书》不是直接来自梵文原版而是异文版本《娘丹德莱》的故事，这个版本保留了原故事中连环穿插的框架形式，但在主干故事、穿插故事的内容和数量上均有较大的改动，增删了不少内容，新插入的故事都是在泰国流传的佛本生故事和本土的民间故事，有浓厚的佛教训谕色彩，有强烈的泰国民间文学特征③。桑吉东知的《印度〈五卷书〉与藏族寓言故事》分析了印度的《五卷书》在藏族地区流传的三种途径，再将《五卷书》中的与《萨迦格言注释》《甘丹格言注释》《修生论众生养育滴注释》等文献中的动物寓言故事依次比较，发现有的保持了原作的风貌，有的发生了蜕变，有的在原素材基础上进行了再创作④。

3. 其他类型故事研究

金毅的博士论文《中日韩继母型故事比较研究》介绍了中日韩学者的相关研究成果，对中日韩继母型故事的形成与传承状况进行分析，推测中日韩继母型故事的传承路径，认为日本和韩国的继母型故事是以中国故事为基础形成的，以口传或文献故事传承后，再现为创造作品，然后把中国的 21 个类型与韩、日对应的 10 个类型进行比较，讨论了中日韩继母型故事圈的共性和民族性特点⑤。类似论文还有《东方〈无手少女〉故事比较研究》⑥《"猴子的心挂在树上"——东方各国 AT91 型故事比较》⑦《比较视野下的维吾尔族"灰姑娘"》⑧《印尼与中国民间故事比较研究》⑨《〈贤愚因缘经〉与蒙古族民间故事》⑩《〈诺桑王子〉与〈召树屯〉关系之研究》⑪《藏族阿古顿巴故事与维吾尔族阿凡提

①　潘珊：《"以弱胜强型"故事之比较研究》，《内蒙古师范大学学报》2014 年第 4 期。

②　满达：《论〈五卷书〉在蒙古地区的传播》，《内蒙古师范大学学报》2014 年第 2 期。

③　金勇：《论〈五卷书〉在泰国的传播及特点》，《内蒙古师范大学学报》2014 年第 4 期。

④　桑吉东知：《印度〈五卷书〉与藏族寓言故事》，《四川民族学院学报》2014 年第 2 期。

⑤　金毅：《中日韩继母型故事比较研究》，延边大学 2014 年博士学位论文。

⑥　卢晓：《东方〈无手少女〉故事比较研究》，北京大学 2014 年硕士学位论文。

⑦　张晓鸥：《"猴子的心挂在树上"——东方各国 AT91 型故事比较》，北京大学 2014 年硕士学位论文。

⑧　刘建华：《比较视野下的维吾尔族"灰姑娘"》，《喀什师范学院学报》2014 年第 4 期。

⑨　古大勇、李聪泳：《印尼与中国民间故事比较研究》，《怀化学院学报》2014 年第 4 期。

⑩　萨日朗：《〈贤愚因缘经〉与蒙古族民间故事》，上海外国语大学 2014 年硕士学位论文。

⑪　尼片：《〈诺桑王子〉与〈召树屯〉关系之研究》，西藏大学 2014 年硕士学位论文。

故事的比较研究》①。

三 民间故事的文化研究

民间故事的比较研究、类型研究及文化研究历来是中国民间故事研究的常用研究范式。本年度，综合运用各种研究方法对民间故事文本中的各种母题及深层文化心理进行解读的论文较多，一些论文的解读视角颇有新意。

沈德康的《羌族"毒药猫"故事的文本与情境》在文化解读视角上让人耳目一新。作者认为羌族的"毒药猫"故事是羌族口传文学中最有特色的一类，"毒药猫"不仅出现在故事中，在几乎每个村寨中也都存在被看作是"毒药猫"的社会成员。羌族人眼中的"毒药猫"一般是指害人的女性妖精或邪灵。作者认为"毒药猫"一方面反映了传统村寨的社会本相，另一方面包含各种观念的故事反过来影响了村寨成员的情感、认知及实践。作者把"毒药猫"故事的文本结构分为内外两种，故事本事发生的社会背景为故事的"内情境"，故事讲述者所处的社会背景为"外情境"，在"讲故事"的特殊"场域中"，"内外情境"发生关联。根据故事内外的情境关系把"毒药猫"故事分为去情境化、再情境化和情境重合三种，从模式化的情节来看，故事中"毒药猫"与人的关系经历了"对立""反转"到"统一"的过程。从社会情境来看，体现了羌族历史文化进程中的母系到父系的性别冲突、村寨间的对立与合作。"毒药猫"身上的二重性身份既为当地人提供了一个宣泄负面情绪的渠道，也让村寨间由于资源竞争导致的紧张关系得到缓解②。这篇论文将故事文本置于社会情境中来考察故事的观念结构，勾连故事文本与文化意蕴的关系给人启迪。

王青《从病态幻觉到文学经典——离魂型故事的心理基础与文学创造》把古代笔记小说和戏曲中叙事身体离开魂魄的主题故事分为离魂出奔型、离魂入梦型、冥府游历型和借体还魂型，认为这类故事的产生有其真实的病理基础，是古代离魂病的再现，文化背景源于中国传统社会压抑个人欲望的自抑训练和离魂幻觉在中国古代宗教文化中备受推崇，在此基础上借助客观化和审美化转化为经典文学作品③。王立的《〈镜花缘〉佛经母题溯源三题》运用母题研究法指出《镜花缘》中的"茶虫"毒橄榄来自佛经的人体中生虫母题，小说中对寄生虫的处理方式体现了佛教不杀生精神。旅行者误入洞穴误食鲜果来自佛经与僧传"误食仙果遭祸"叙事，蕴含着对外来入侵者的歧视观念及根深蒂固的"本土"文化中心论。"养鸡致富"描写来自印度民间"一个鸡蛋家当"母题，作者改写了梦想者的结局，鼓励因勤劳而美梦成真，体现了勤劳致富的社会伦理教化④。

任志强的博士论文《中国古代狐精故事研究》从历时角度对自古至清的狐精故事进行文献梳理，然后根据故事主题及狐精与人的关系划分为狐博学、狐作祟、狐报恩、狐抱怨、狐狸媚人、人狐恋、狐仗义等十种类型，然后从民间文学、古代文学、民俗学、文化

① 甫琼：《藏族阿古顿巴故事与维吾尔族阿凡提故事的比较研究》，西藏大学 2014 年硕士学位论文。

② 沈德康：《羌族"毒药猫"故事的文本与情境》，《民族文学研究》2014 年第 5 期。

③ 王青：《从病态幻觉到文学经典——离魂型故事的心理基础与文学创造》，《明清小说研究》2014 年第 2 期。

④ 王立、王莉莉：《〈镜花缘〉佛经母题溯源三题》，《东南大学学报》2014 年第 5 期。

人类学等多学科视角进行文化解析，发现狐精形象与胡人、妓女、鬼、流民及官员有着紧密关联，唐代狐精是对入居中土的西域胡人的隐喻，到宋狐精娼妓化现象更为明显，清代狐即妓的观念尤为突出。晚期的狐精故事中，狐有时被赋予流民的角色，狐与官员的故事呈现出官员与地方社会之间的合作、冲突和妥协，狐精从官府衙门的不速之客逐渐演变为"守印大仙"，象征着官员屈服的不只是一个被视为淫祀的妖媚崇拜，而是屈服其背后所折射的地方势力。狐精介于仙妖之间的"边缘状态"往往被视为危险的、令人难以控制的。透视狐精故事所呈现的狐精形象，狐精所象征的胡人、妓女、乞丐、杂技班子等流民群体，通常被认为是危险的、边缘的，官方难以控制的。狐精象征的群体，代表了中国社会中受到社会规范抑制的声音，受到文化制约的欲望及官方政治力量压制的力量①。

茶志高的《巍山彝族民间故事〈丁郎刻木〉的文化内涵及其佛教渊源》认为滇西一带彝族中流传广泛的《丁郎刻木》故事情节上糅合了佛经故事和祖先崇拜，明显保留了佛教影响的痕迹，借用了目连故事中的转世为狗的情节，巍山彝族民间故事《丁郎刻木》的"刻木接祖"习俗可以看到"盂兰盆会"活动形式的影响②。李芳的《蒙古族民间童话中蟒古斯现象与少年的弑父情节》认为蒙古族平魔故事中的蟒古斯是父权的象征，平魔故事是蒙古族少年成年仪式的隐喻，只有通过了"斩杀蟒古斯"的考验，蒙古族少年才能顺利地为成人社会所接纳，进而取代"父亲"在家庭与社会中的位置③。她的另外一篇论文《蒙古族民间童话的女性理想及叙事危机》认为就蒙古族民间童话而言，女性叙事在构建梦想的进程中陷入悖论：一面是激情地吟咏女性的反抗与辉煌，另一面却又不得不面对男性叙事圈套的蛊惑。蒙古族民间童话中的女性形象依顺着男性对女性想象的二重性——神或妖展开，而非有着生命欲求和生命张力的真实的人④。

张艳的《"复生"母题的文化探析》认为死而复生故事与古人对生死的认识及原始宗教、鬼神观念等因素相关，作者分析了自先秦至明清文学作品中的复生母题演变情况，复生母题的反复出现表面看是灵魂不灭的古代信仰，实质是民族文化心理的综合传达⑤。王涵的论文《侗人阴阳世界的建构与想象——贵州黎平县述洞村"再生人"故事调查》则通过田野作业方法分析述洞村"再生人"故事，认为"再生人"是侗族宇宙观和灵魂信仰的产物，"再生人"故事的传播有其特定的民俗环境⑥。对民间故事中体现的文化观念进行分析的相关论文还有《〈夷坚志〉道教故事文化内涵研究》⑦《佛教因果观念对越南民间故事的影响研究》⑧《〈日本灵异记〉佛教故事女性形象研究》⑨。

---

① 任志强：《中国古代狐精故事研究》，山东大学 2014 年博士学位论文。
② 茶志高：《巍山彝族民间故事〈丁郎刻木〉的文化内涵及其佛教渊源》，《民族文学研究》2014 年第 5 期。
③ 李芳：《蒙古族民间童话中蟒古斯现象与少年的弑父情节》，《沈阳师范大学学报》（社会科学版）2014 年第 4 期。
④ 李芳：《蒙古族民间童话的女性理想及叙事危机》，《广西社会科学》2014 年第 10 期。
⑤ 张艳：《"复生"母题的文化探析》，《江西社会科学》2014 年第 3 期。
⑥ 王涵：《侗人阴阳世界的建构与想象——贵州黎平县述洞村"再生人"故事调查》，广西师范大学 2014 年硕士学位论文。
⑦ 王雯：《〈夷坚志〉道教故事文化内涵研究》，北京外国语大学 2014 年硕士学位论文。
⑧ 范氏明庄：《佛教因果观念对越南民间故事的影响研究》，华中师范大学 2014 年硕士学位论文。
⑨ 赵莉：《〈日本灵异记〉佛教故事女性形象研究》，对外经济贸易大学 2014 年硕士学位论文。

有不少论文是论述民间故事的地域性特点。刘春燕、胥惠民的《多元文化视域下民俗文化的互文性及其表现——以新疆民间故事为例》认为互文性是新疆民间故事的重要特性。新疆地处亚欧腹地，自古以来就是东西文化融会的枢纽，从而形成了独具一格的多元文化局面。从新疆民间故事中可以看到对印度文化因子的吸收、对阿拉伯文化因子的接受、对欧洲文化因子的择取、与中原文化及其他少数民族文化的融合，进而形成了精彩纷呈的多元文化形态①。刘淑珍《浅谈宝物折射出的地域文明——以中国满通古斯语族诸民族民间宝物故事为例》把中国满—通古斯语族诸民族的民间宝物分为植物、自然山水、动物的部分肢体、工具武器等几类，认为这些宝物形象反映了满—通古斯语族民众的自然环境特点、渔猎为主的生活方式及原始萨满教信仰习俗②。

四　新故事与故事家研究

中国故事学人自20世纪90年代以来对新故事关注不多，本年度该领域成果较丰。侯姝慧的专著《20世纪新故事的文体衍变及其特征研究》是国内第一本专门论述新故事文体衍变及特征的著作。该书从文体学的角度将新故事界定为"与我国社会变革紧密联系的文学大众化、民族化进程中，逐渐形成的以'口头性'为基本特征的'口头—书面'结合型故事文体样式"。③ 作者把新故事的文体衍变分为三个时期：第一个时期是萌芽时期，从20世纪二三十年代至解放战争结束；第二个时期是文体的确立时期，从新中国成立至"文化大革命"结束；第三个时期是从改革开放至21世纪初，是新故事文体对民间叙事传统的回归与发展时期。创作主体也由萌芽阶段的知识分子为群众代言转变到群众成为创作主体。新故事在语言方面以群众口语为蓝本，吸取方言土语、民谣俗谚，同时引入与群众生活密切相关的部分外来语、科学用语等，形成了精练通俗、明白如话、形象生动、具有时代感和一定思想性的"口头—书面"结合型语体，结构上呈现出以"易讲、易记、易传"为目标的"一过性"结构特征。主题方面始终贴近群众的社会生活。新故事以书面的形式发行，成为处在群众日常生活文化建构与国家文化主导权实现之间的重要桥梁④。侯姝慧的另一篇新故事研究论文《新型社会意识形态的构建与中国新故事家研究——以1950—1980年代中期产生的第一批新故事家为例》认为新故事家的出现与新型社会国家的意识形态构建有着密切的关系。1958年，为配合社会主义教育运动，各级党委在基层群众中选拔和培养出了新中国第一批故事员。部分故事员借此走上了讲、写结合创作故事的新路子。他们从60年代开始与故事刊物的长期合作，孕育培养出了兼有卓越的讲、写能力的第一批新故事家，如张功升、吴永昶等。他们的讲演创作活动不仅对新型社会主义国家意识形态在基层群众中的传播起到了枢纽作用，而且通过刊物向社会表达了

---

① 刘春燕、胥惠民：《多元文化视域下民俗文化的互文性及其表现——以新疆民间故事为例》，《江西社会科学》2014年第2期。

② 刘淑珍：《浅谈宝物折射出的地域文明——以中国满通古斯语族诸民族民间宝物故事为例》，《延边大学学报》2014年第3期。

③ 侯姝慧：《20世纪新故事的文体衍变及其特征研究》，中国社会科学出版社2014年版，第23页。

④ 同上书，第269页。

基层群众的所急所想，促进了新中国社会意识的生成与建构。同时，"口头—书面"结合型文体的建设，在沟通传统口承叙事文学、说唱文学和中西叙事文学的基础上促进了民族性语体文学的形成①。

王曼利的博士论文《从传统故事讲述人到现代故事家——丰国需故事讲述研究》关注传统民间故事与新故事的关系。作者以杭州余杭的故事家丰国需为个案，通过对其生活史及其擅长的新故事和传统故事讲述的特点分析，探究传统民间故事与新故事的联系，如何看待民间叙事传统在当下的传承和发展，并对当前新故事家和传统故事讲述人割裂对待的做法进行反思，作者认为丰国需在传统民间故事和新故事之间搭建了一座桥梁，是传统和现代的结合体，无论是新故事家还是传统故事家，从形象、讲述、技巧及功能而言，两者是一种延续，一种传承发展②。李扬的《性别语境下的民间叙事与记忆——基于土家族女性故事讲述家孙家香的研究》从性别视角出发对孙家香的故事讲述情况进行分析，探讨孙家香的民族历史记忆和伦理道德记忆③。

五　民间故事与数字化

在互联网时代，对民间故事文本的海量信息进行数字化处理，建立强大的民间故事数据库，能否打开新的研究空间是故事学人关注的话题。德国学者利洛·贝格的《小红帽2.0版——数字人文学的新发展》认为无论研究对象是童话研究、语言学还是考古学，越来越多的人文学者开始转向数字人文学的方法。他从小红帽故事相关研究的新进展切入，系统梳理了数字人文学在德国乃至世界的发展状况，并分析了其所取得的成就和存在的问题。人类学家贾姆希德·德黑兰尼在他的研究中用基于网络的种系发生学的方法研究童话，分析了来自欧洲、非洲和亚洲的58个小红帽故事异文。研究的结论是大部分欧洲异文属于一个类型，而非洲异文属于另一个类型，而东亚异文则是这两个类型的结合。这样就不是一个源头，而是多个典型的种系。那么如果还坚持起源的老观点是否还有意义？事实上，对童话故事源头系统的发现与现代进化生物学的认识有很多共同之处。直接的家庭谱系树的观点早已被抛弃。古人类学家提出种系发生丛这个概念。文化发展似乎也沿着同样复杂的路径④。

斯琴孟和以丁乃通的《中国民间故事类型索引》和金荣华的《中国民间故事集成类型索引》为参考，根据蒙古民间故事特点，把故事分成AT分类体系中的故事类型和无法纳入AT分类体系中的故事类型两大部分，无法纳入的另行制定编码体系，设计完成了蒙

---

① 侯姝慧、侯丽媛：《新型社会意识形态的构建与中国新故事家研究——以1950—1980年代中期产生的第一批新故事家为例》，《民族文学研究》2014年第3期。

② 王曼利：《从传统故事讲述人到现代故事家——丰国需故事讲述研究》，中央民族大学2014年博士学位论文。

③ 李扬：《性别语境下的民间叙事与记忆——基于土家族女性故事讲述家孙家香的研究》，中央民族大学2014年硕士学位论文。

④ ［德］利洛·贝格（Lilo Berg）：《小红帽2.0版——数字人文学的新发展》，彭牧译，《民间文化论坛》2014年第5期。

古民间故事类型分析数据库①。如果我们能够将中国已出版的民间故事文本进行数字化处理，建立起强大的数据库，将促进中国民间故事类型研究的深化。类似论文有《新媒体环境下利用数字化形式对下堡坪民间故事进行抢救与保护》②。

六 民间故事的再创作及产业化研究

民间故事在当代以多种媒介形态存在，民间故事与作家文学的关系，民间故事作为文化资源如何产业化也是故事学人关注的话题。

刘家民的《论哈萨克民间动物故事在本族当代作家叙事文学中的影响》把哈萨克民间故事在书面叙事文学中的存在形式分为显性存在和隐性存在，民间动物故事以主题层面和艺术层面的路径进入哈萨克当代书面叙事文学，其影响因素可归结为族群性因素和个人性因素③。他的另一篇论文《口承—书面视域下的〈聊斋〉的故事书写——以〈阿绣〉为例》从口承—书面视域分析《聊斋》的故事书写，认为在故事层是基于对口承故事自身艺术基质的继承；意义层则受口承意义、道教文化及儒家传统等多重影响④。冯丽军的《"骗子"的功用——也谈〈皇帝的新装〉对民间故事的继承和创新》通过对"骗子"的性格特征分析，认为安徒生对骗子形象的刻画让安徒生的作品具有了比一般民间故事更深的哲理性和深刻性⑤。徐一超的《"田螺姑娘"：民间故事与当代文人改写》认为阮章竞的叙事诗《金色的海螺》是对田螺姑娘故事中"外力干涉"与斗争元素进一步演绎，与时代背景契合。汪曾祺的小说《螺蛳姑娘》则通过故事文本中的"内生嫌隙"与螺女离去情节寄托了讽喻主题。民间文学为文人创作提供了丰富素材与进一步演绎的"生长点"⑥。类似论文还有《卡尔维诺小说创作的民间故事渊源——从〈意大利童话〉谈起》⑦。

严卿方、杨经华的《贵州民间故事的动漫改编研究》认为与美国、日本及欧洲动漫相比，我国动漫欠缺的是民族精神和神韵，而贵州动漫的发展更要从本土文艺资源中获取养分，创造贵州文化特色。对于贵州民间故事的动漫改编，可将民间文化植入动漫文化深处，形成文化基因。民间故事的动漫改编不会改变它的本来面貌，在改编创作中必定有一部分原内容保留下来，保留的是原生态的文化特质；让另一部分内容进行发展，并按动漫改编的想象空间发展。贵州民间故事的动漫改编要让故事内容视觉化，通过贵州文化艺术

① 斯琴孟和：《蒙古民间故事类型研究与数据库建设》，《中国社会科学报》2014年12月5日。

② 曾燕婷、全泉：《新媒体环境下利用数字化形式对下堡坪民间故事进行抢救与保护》，《参花》2014年第8期。

③ 刘家民：《论哈萨克民间动物故事在本族当代作家叙事文学中的影响》，《民间文化论坛》2014年第4期。

④ 刘家民：《口承—书面视域下的〈聊斋〉的故事书写——以〈阿绣〉为例》，《温州大学学报》2014年第4期。

⑤ 冯丽军：《"骗子"的功用——也谈〈皇帝的新装〉对民间故事的继承和创新》，《名作欣赏》2014年33期。

⑥ 徐一超：《"田螺姑娘"：民间故事与当代文人改写》，《郑州师范教育》2014年第1期。

⑦ 罗锡英：《卡尔维诺小说创作的民间故事渊源——从〈意大利童话〉谈起》，《广西社会科学》2014年第6期。

资源的融合创作，呈现出具有贵州民间文化独特魅力的动漫作品，由此推动动漫产品包括动漫衍生产品的生产、传播、消费，带动动漫产业发展①。常亚恒、李小斌的《动画艺术对贵州苗族民间传说故事的传播优势及价值》认为用动画来传播苗族传说故事能推动其文化的发展，达到传承与弘扬民族文化的目的②。类似论文还有《灰姑娘故事的现代演化研究——以当代影视剧为例》分析了传统灰姑娘故事和当代灰姑娘故事的文化内涵、灰姑娘现象在当代影视剧中的演化情况③。

七　学术史与书评

本年度恰逢著名民间故事研究专家刘守华从事民间故事研究60年。肖远平、孙正国的《60载倾情于中国故事学研究——刘守华先生的治学方法》认为刘守华在学术研究中有两大突出特点：一是历史追踪的"执着式"治学方法，他善于以历史追踪的大视野和敏锐的学术眼光关注学术研究的新进展，同时以论证的深刻与新材料的发掘为亮点，长期跟踪研究；二是以本土材料为核心的"原创式"治学方法。坚持以本土材料为核心，运用比较文学的方法，发现新材料，进而作出具有原创性的学术成果④。周超的《刘守华民间故事研究述评》对刘守华在建构中国民间故事学理论体系、创建中国比较故事学体系、梳理中国民间故事史、探讨以佛教、道教为主的宗教文化与中国民间故事的关系等领域的成绩进行评述，认为刘守华民间故事研究的主要特色：不断开拓新的研究领域、取材范围的广泛而周全、综合运用多种研究方法、始终立足于中国民间文化进行故事学研究⑤。

乌日古木勒的《柳田国男故事学理论述评》认为柳田国男概括和提炼出日本民间故事具有固定的、程式化的开头语言，结尾有附加程式化的固定语句等形式特征，他针对学界对说话、民间说话、民谭、民话等口承文艺术语界限不清的状况，建议用传统日语中的"昔话"术语来替代，阐明了难以划清界限的传说、民间故事和说话、世间话等文类的异同。他对民间传说和故事区分的标准，对中国民间文学界产生影响。柳田的故事学理论为日本民间故事研究提供了理论基础和方法论指导⑥。高海燕的《中国汉传佛教艺术中的舍身饲虎本生研究述评》回顾了舍身饲虎本生故事的研究状况，认为这一领域的研究极不平衡，重点多集中于敦煌地区，对个案的关注仍比较孤立，层次基本停留在表面，没有交叉运用各门学科、多种方法，深层次、多角度地探讨。作者认为要充分利用包括实物、图片、文字记录、历史文献、佛教经典和地方志等一切材料，综合各个相关学科的研究成果，不断总结新的研究方法，拓宽学术视野⑦。王蕾的《安徒生童话与周作人童话研究》

---

① 严卿方、杨经华：《贵州民间故事的动漫改编研究》，《贵州民族研究》2014年第3期。
② 常亚恒、李小斌：《动画艺术对贵州苗族民间传说故事的传播优势及价值》，《美与时代》2014年第1期。
③ 陈韵：《灰姑娘故事的现代演化研究——以当代影视剧为例》，华中师范大学2014年硕士学位论文。
④ 肖远平、孙正国：《60载倾情于中国故事学研究——刘守华先生的治学方法》，《中国社会科学报》2014年6月16日。
⑤ 周超：《刘守华民间故事研究述评》，湘潭大学2014年硕士学位论文。
⑥ 乌日古木勒：《柳田国男故事学理论述评》，《民族文学研究》2014年第4期。
⑦ 高海燕：《中国汉传佛教艺术中的舍身饲虎本生研究述评》，《敦煌学辑刊》2014年第1期。

认为安徒生童话是周作人最重要的研究资源，对周作人童话理论在童话起源、童话分类和童话创作论起到重要的文本言说作用①。

穆昭阳的博士论文《中国民间故事搜集整理史研究——以 1949—2010 为例》对新中国成立后的民间故事搜集整理工作进行学术史的梳理，认为"搜集整理"源于一种"记录的传统"，并在技术、观念及学理层面得以延续。新中国成立初的 17 年，民间故事搜集成为国家文化建设的内容，并受到相关政策的指导和思潮影响，调查内容显现出多元化的特点，促成了多民族文学观的形成以及国家文化传统的创立。改革开放后启动的"三套集成"工作，成果丰厚，为进一步的科学研究提供了资料基础和实践经验。普查运动采用了田野作业的方式，发现了故事家和故事村，开始注意到故事生成的语境和背后的传统，因普查范围广，有特定的局限性。21 世纪的民间故事搜集整理工作在非遗影响下，更加注重了社会应用，突出了个人文化身份。在故事文本的规范化书写中，体现出在文本自身、采录者、文本的追求等特点。民间故事的搜集整理成为一种可供书写的文化史记忆，为我们积累了记录传统的中国经验②。

本年度发表的书评有张青仁《故事学：范式转换与学科独立——评〈20 世纪中国民间故事研究史〉》认为《20 世纪中国民间故事研究史》一书以研究主题的方式梳理 20 世纪中国民间故事研究史，文本范式主导下的故事研究在成就了 20 世纪中国故事学辉煌的同时也在某种程度上束缚了故事学乃至整个民间文学的学科发展，应该把民间故事视为交流活动的本质，建立"行为视角故事学"③。李丽丹的《宗教文学与民间文学的比较研究——从刘守华先生〈佛经故事与中国民间故事演变〉谈起》认为刘守华在从事宗教文学与民间文学研究时，在研究方法上以类型研究为主，同时吸纳其他学者较为可靠的研究成果，融会贯通多种研究方法，在材料的使用上重视汉族民间故事，也重视多民族的民间文化。他的两部宗教与民间故事关系研究著作先后获奖表明其成果得到民间文学界及人文社会科学领域的认可④。桑俊的《佛经故事传中国 比较故事园地结硕果——评刘守华教授新著〈佛经故事与中国民间故事演变〉》认为刘守华的《佛经故事与中国民间故事演变》主要运用比较故事研究法，兼用叙事学、民间文化史学、民族学、宗教学、民间文学等理论将著名故事的来龙去脉梳理清楚，全面揭示佛经故事、佛教文化对中国民间文化的深远影响及中印文化交融的积极意义⑤。刘守华的《中印故事比较的奇趣——〈鹦鹉故事在东西方的流传〉序》评价该书对印度鹦鹉故事从多角度做了全面而周详的评述，既有编撰成册之历史渊源的梳理，也有文本的细读与诠释；虽题为"流传研究"，却并不满足于陈述这部故事书的转译与传播过程，而重在借鉴历史地理学派方法进行影响研究，将

① 王蕾：《安徒生童话与周作人童话研究》，《社会科学研究》2014 年第 4 期。

② 穆昭阳：《中国民间故事搜集整理史研究——以 1949—2010 为例》，中央民族大学 2014 年博士学位论文。

③ 张青仁：《故事学：范式转换与学科独立——评〈20 世纪中国民间故事研究史〉》，《民族文学研究》2014 年第 4 期。

④ 李丽丹：《宗教文学与民间文学的比较研究——从刘守华先生〈佛经故事与中国民间故事演变〉谈起》，《西北民族研究》2014 年第 4 期。

⑤ 桑俊：《佛经故事传中国 比较故事园地结硕果——评刘守华教授新著〈佛经故事与中国民间故事演变〉》，《广西师范大学学报》2014 年第 5 期。

流传于不同历史地理背景之上，以不同语言文字转述的同类型故事的情节细节异同之处作精细比较，以探求这部故事书的世界影响与艺术特色①。

总体而言，本年度民间故事研究在古代民间故事类型索引的编撰、研究方法、研究领域的拓展等方面取得了不俗的成绩，但民间故事论文数量虽多，高质量论文并不多见，中国民间故事研究面临的"研究范式表现为顽固性，在故事形态学、文化人类学以及类型学、主题学等范式构成的学术围墙内打转""本体意识薄弱""中国民间故事学一直是技术之学和分析之学，而不是感受之学和生活之学"② 等困境没有得到根本改善。

（原载《原生态民族文化学刊》2015 年第 2 期）

---

① 刘守华：《中印故事比较的奇趣——〈鹦鹉故事在东西方的流传〉序》，《中国比较文学》2014 年第 1 期。

② 万建中：《20 世纪中国民间故事研究史》，北京师范大学出版社 2011 年版，第 314—317 页。

2014 年民间戏曲与曲艺研究综述

祝鹏程[*]

一　概述

民间戏曲与曲艺[①]既是一种艺术化的表现方式，也是和民众日常生活紧密相关的生活方式，因此，它们不仅是戏曲学与曲艺学的研究领域，也是民俗学关注的对象。在长期的发展中，相关领域已经形成了独特的研究取向。我们在梳理 2014 年度的研究成果前，有必要对既定的学术传统做一个简要的描述。

20 世纪 80 年代前，民间戏曲[②]与曲艺的领域已取得可观的成果。"五四"一代的学者如郑振铎、黄芝冈、赵景深、阿英等经历了"眼光向下的革命"洗礼，发现了民间演剧与说唱的魅力。这些学者多为学贯中西的通人，具有深厚的国学功底，又受到西式学术的训练，从而形成了两种研究路数：一种以文史考证与文本分析为主，致力于挖掘文本中的历史因素与文化价值，以《大鼓研究》（赵景深）、《中国俗文学研究》（阿英）为代表；另一种则以田野调查为基础，注重在社会文化的整体生态中考察民间艺术，如《定县秧歌选》（李景汉、张世文）、《天桥一览》（张次溪）等。学者们把民间戏曲与说唱纳入现代学科的体制中，在艺术源流的考辨、艺术价值的阐释等方面做出了奠基性的贡献。新中国成立后，民间戏曲与曲艺的研究走上了正规化与制度化的道路。在政府的支持下，大量学术机构得以成立，系统的学术研究得以推进。学者们以小戏与说唱的艺术本体为研究重点，对作品的思想内涵、文学价值、历史流变、表演风格进行了深入的考释，出现了《从秧歌戏到地方戏》（黄芝冈）、《曲艺论集》（关德栋）、《论新秧歌剧》（张庚）等颇具影响力的作品。同时，学术资料的积累上也产生了丰硕的成果，出版了《北京传统曲艺总录》（傅惜华）、《孟姜女万里寻夫集》（路工）等资料集，大量传统戏本、曲本和新戏曲、曲艺的整理文本得以出版发行。总体而言，这一时期的研究继承了"五四"的研究传统，并向"人民性"的方向推进，注重对作品思想与美学的阐释与分析，尤其注重对作品反帝、反封建内涵的发扬。这一时期的成就是显著的，但也正如有学者指出，这样

---

[*]　作者系中国社会科学院文学研究所博士后。

①　民间戏曲和曲艺是两种不同范畴的艺术形式，但本文不打算对它们分而论之，而是将两者并置在一起梳理。这一做法是出于以下考虑：一方面，本文是民俗学视角下的研究综述，而非戏曲或曲艺学的综述；另一方面，民间戏曲与曲艺同为表演艺术，如分而论之，对两者的梳理角度会出现雷同与重复。

②　传统民俗学主要关注的是民间小戏，本文关注的"民间戏曲"范围有所扩大，既指传统民俗学所关注的小戏，也包括了一部分草根性较强的地方戏曲。

的研究过分关注于民间艺术的社会功能，在很大程度上忽视了戏曲与曲艺的其他属性[①]。

20 世纪 80 年代后，随着社会的多元化，学术研究也呈现出更加丰富的面相。随着《中国戏曲志》《中国曲艺志》《中国戏曲音乐集成》《中国曲艺音乐集成》编纂工作的启动，对民间戏曲与曲艺的大规模的田野调查陆续展开。研究者的队伍也不断扩大，除了北京大学、北京师范大学、中山大学等设有民俗学专业的院校外，中国戏曲学院、中国艺术研究院的戏曲研究所和曲艺研究所等学术机构也加强了对民间戏曲与说唱的研究。在鲜活的民俗事象面前，学者们不再孤立、静止地看待研究对象，转而将其放回到其生存环境中，全面考察艺术与民俗、音乐、仪式、传承人的关系。老学者们持续发力，推出了《中国民间小戏》（张紫晨）、《中国宝卷研究》（车锡伦）、《曲艺民俗与民俗曲艺》（倪钟之）等扛鼎之作。年轻学者们则采取了跨学科的视角，综合了民俗学、戏曲学、曲艺学、音乐学、宗教学等学科方法，出版了《中国目连文化》（刘祯）、《草根的力量：台州戏班的田野调查与研究》（傅谨）、《乡村戏曲表演与中国现代民众》（董晓萍、欧达伟）、《老北京的杂吧地：天桥的记忆与诠释》（岳永逸）、《空间、自我与社会：天桥街头艺人的生成与系谱》（岳永逸）、《媒介景观与社会戏剧》（王杰文）、《仪式、歌舞与文化展演：陕北·晋西的"伞头秧歌"研究》（王杰文）、《民间小戏表演传统的田野考察：以祁秧歌为个案》（黄旭涛）、《在个体与集体之间：二十世纪五六十年代的评书事业》（何其亮）、《历炼精魂：新中国戏曲改造考论》（张炼红）等著作。随着各学科的加入，对民间戏曲与曲艺的研究已不再是民俗学的专利，不同学科的学者们尝试着以多元的视角来阐释民间；他们的阐释方法也更加客观，力图"走出政治话语的影响而转向文学艺术以及文化角度的研究"[②]。

以上是对百年来民间戏曲与曲艺研究的一个简要的回顾。学术研究总是沿着既定的传统发展着，本文将在上述的学术脉络中，展开对 2014 年度研究的综述，并在此基础上总结研究的特点与得失。需要指出，本文涉及的相关成果，不仅包括民俗学的研究，还兼顾戏曲学、曲艺学、人类学、宗教学、民族学、历史学和民族音乐学（ethnomusicology）的成果，不仅包括研究专著和学术论文，还包括当年完成的博士、硕士论文，以期能全面反映本年度的学术走向。

二　学术史研究

近年来，突破概论式的学术思维，在具体的社会语境中以动态的视角看待民俗事象成为民俗学者共同的追求。这一追求也影响到了民间戏曲与曲艺的研究领域。本年度，学界既出版了可观的学术资料[③]，还展开了对学术史的细致梳理，并在此基础上展开了对现有学术概念与研究范式的反思与检讨，在具体的历史与文化语境中重新认识学科知识的建构与生成。

---

① 黄旭涛：《近 20 年中国民间小戏研究取向的评价与启示》，《江西社会科学》2008 年第 3 期。

② 同上。

③ 如车锡伦、钱铁民主编的《中国民间宝卷文献集成·江苏无锡卷》，姜昆、董耀鹏主编的《中国历代曲艺作品选》等。

岳永逸的学术文集《忧郁的民俗学》① 是一本具有批判性锋芒的著作。在《草根·小剧场·空壳艺术：当代艺术神话的生成与光晕》一文中，作者对当代曲艺的热门概念"小剧场"与"原生态"进行了深入的辨析与反思。文章认为，当下流行的"小剧场"是"民俗主义"的产物，是中产阶级消费传统的结果。"小剧场"中的"传统"早已脱离了艺术的原生语境，但仍制造了一种"原生态"的幻象。而在使用"小剧场"这一概念时，人们往往将其视为现代西方的前卫概念，忘却了其"勾栏瓦舍""迎神赛社"的本土性起源。

祝鹏程则借用福柯知识考古学的方法，探讨了作为"民族艺术"的相声与现代民族国家的共生互构关系。在《"民族艺术"的历史建构——以三篇现代相声文献为个案》②中，作者选取了中国现代性进程中的三篇相声史文献展开考察，认为不同时代的作者们通过相声史的重构，以此来书写中华民族的历史与特性，为民族国家的建设确立合法性。而这种历史的书写又掩盖了民族国家的现代性起源，将其建构成为了一个本质性与延续性的存在。因此，在使用"讽刺""主题思想"等当代相声的核心概念时，我们有必要认识到它们是一种晚近的建构，不应进行"以今度古"的盲目使用。

桑吉东智在《乡民与戏剧：再论阿吉拉姆的研究》③ 对民族民间戏曲研究的范式问题进行了检讨。作者梳理学界对藏戏"阿吉拉姆"的研究后发现，学者们对"阿吉拉姆"的研究从一开始就没有把乡民的话语体系放到首要的位置，而是把其置于经典的艺术分类模式内进行分析，且往往将其视为原始的遗留物。在使用这一套话语时，研究界对"阿吉拉姆"自身的术语、概念、表述方式缺乏足够的重视。因此，对民族民间戏曲的研究有必要打破书面意义上的学术概念，从戏曲与民众的生活世界出发。

李飞的《达斡尔族民间叙事诗"乌钦"研究综述》④ 则对曲艺研究的另一种取向：重书面阐释而轻口头表演进行了反思。作者认为，学界多年来对达斡尔族曲艺"乌钦"的研究成果侧重于文本的搜集整理及本体研究两个方面，多集中于文艺性的评介及叙事文本的解析，忽视了对艺术表演领域的关注。作者号召同仁们应将视角转向口头传统领域，注重对口头传承的研究，这样才能发现新的文化内涵。

此外，还有不少研究对不同时代学术研究的特色、趋势、代表性学者的成果进行了述评。陈建华的《现代相声艺术研究现状评述》⑤ 指出目前相声研究多外缘性研究而少核心研究、理论研究尚处自发而非自觉阶段、研究不具备可持续发展的体系等问题，并探究了这些问题的现实原因。王立、铁志怡的《满族说唱文学子弟书研究综述》⑥ 梳理了新世纪以来子弟书学者在文本搜集整理、源流考证、作家作品阐释、文艺形式比较、审美特征研

① 岳永逸：《忧郁的民俗学》，浙江大学出版社 2014 年版。

② 祝鹏程：《"民族艺术"的历史建构——以三篇现代相声文献为个案》，《民族艺术》2014 年第 6 期。

③ 桑吉东智：《乡民与戏剧：再论阿吉拉姆的研究》，《文化遗产》2014 年第 3 期。

④ 李飞：《达斡尔族民间叙事诗"乌钦"研究综述》，《齐齐哈尔大学学报》（哲学社会科学版）2014 年第 2 期。

⑤ 陈建华：《现代相声艺术研究现状评述》，《华南理工大学学报》（社会科学版）2014 年第 5 期。

⑥ 王立、铁志怡：《满族说唱文学子弟书研究综述》，《商丘师范学院学报》2014 年第 5 期。

究、民俗内涵研究等领域的成果。包婷的《河洛大鼓研究综述（2004—2013）》① 总结了
学界对河洛大鼓研究的得失，认为已有研究主要集中在源流考证、唱腔分析和与其他剧种
的关联方面，较少开展对具体艺人与书目的考察，也缺乏对当代传承现状的关注。倪钟之
的《论李家瑞先生的俗曲研究》② 则对俗文学家李家瑞在俗曲研究上的方法与得失进行了
系统的总结。

三　文史考证与文化阐释

对文本历史内涵的考证与文化内涵的阐释是戏曲、曲艺研究的传统强项。本年度，围
绕着相关的话题，学者们从不同的角度展开了研究。

不少文章集中于对艺术沿革与流变的探讨，并致力于考察影响艺术变迁的种种因素。
陈建华的《秦汉俳优戏与传统相声艺术萌芽》③ 梳理了相声与先秦俳优的关系。认为俳优
戏语言滑稽，机智敏捷，长于讽刺，孕育了相声艺术的精髓，催生了相声基本技法和表演
结构。但秦汉俳优戏缺少专业的演出场所、艺术内涵不清、缺少成熟的作品、表演缺少稳
定性，也缺少完整而职业化的体系，距离真正成熟的相声尚远而只能算作萌芽。

白海英、丁春华的《论戏曲江湖本的传承特点——以孟姜女戏为例》④ 考察了"孟姜
女戏"江湖本（民间传承本）的流变，作者以民间传说的传播为参照与比较的对象，通
过对历代戏本的梳理，发现充满流变的民间戏曲实则有牢固的稳定性，"孟姜女戏"江湖
本的主干结构并未变化，存在着封闭性、依赖性、主导性、包容性等特点，表现出与其他
民间艺术、民间传说不同的传播态势。

此外，欧阳光、何艳君的《以讹传讹，以俗化雅——从梁灏故事的衍变看古代戏剧
题材的世俗化》⑤、王晓勇的《敦煌变文的叙事形式和互动机制对我国说唱艺术的影
响》⑥、周兴婧的《永昌"宝卷"的三重历史与文化抉择》⑦、杨晓的《清代俗曲集〈万花
小曲〉研究》⑧、李凯旋的《〈再生缘〉系列闺阁弹词研究》⑨、李志云的《"抬故事"考
察及其戏剧史意义探讨》⑩ 等研究也从不同的角度，对民间戏曲与曲艺的沿革与流变进行
了探讨。

另一些研究则深入探讨了艺术文本、组织形式与表演中的文化内涵与民俗内涵。如吕

① 包婷：《河洛大鼓研究综述（2004—2013）》，《交响（西安音乐学院学报）》2014 年第 2 期。
② 倪钟之：《论李家瑞先生的俗曲研究》，《民间文化论坛》2014 年第 1 期。
③ 陈建华：《秦汉俳优戏与传统相声艺术萌芽》，《浙江艺术职业学院学报》2014 年第 2 期。
④ 白海英、丁春华：《论戏曲江湖本的传承特点——以孟姜女戏为例》，《文化遗产》2014 年第 2
期。
⑤ 欧阳光、何艳君：《以讹传讹，以俗化雅——从梁灏故事的衍变看古代戏剧题材的世俗化》，
《文化遗产》2014 年第 1 期。
⑥ 王晓勇：《敦煌变文的叙事形式和互动机制对我国说唱艺术的影响》，《哈尔滨师范大学社会科
学学报》2014 年第 5 期。
⑦ 周兴婧：《永昌"宝卷"的三重历史与文化抉择》，厦门大学 2014 年硕士学位论文。
⑧ 杨晓：《清代俗曲集〈万花小曲〉研究》，南京师范大学 2014 年硕士学位论文。
⑨ 李凯旋：《〈再生缘〉系列闺阁弹词研究》，广西师范大学 2014 年博士学位论文。
⑩ 李志云：《"抬故事"考察及其戏剧史意义探讨》，《文化遗产》2014 年第 4 期。

慧敏的《传统二人转文本类型述评》① 根据文本资料的来源，考察了二人转文本的种类及其特点。作者将传统二人转文本分为三类：口述记录整理本、艺人彩字本、现场演唱本。口述记录整理本由已不从艺的老艺人凭记忆口述，由学者或地方文人记录整理。艺人彩字本指二人转艺人记录唱词及说口的手抄本或复印、打印本。这两种文本类型是对一个文本多次演唱的综合整理，是"一般意义的歌"，它们可以比较全面地记录下文本，但是往往忽略了对口头艺术表演特性的记录。现场演唱本是对某一次演唱的记录，是"具体的歌"，可以更鲜明地表现出口头艺术表演中创作的特点。

王博颖的《环县道情皮影的民俗文化与造型观念》② 则从物质民俗文化的角度，考察了环县皮影戏中的造型艺术。作者考察了皮影的制作工艺，通过田野调查的方式，在此基础上总结了皮影艺术的造型渊源及环县皮影造型特色，分析了民间的价值观念与造型观念对环县皮影造型设计的影响，着重探讨了皮影戏的一种——地狱影戏与民间信仰之间的关系，并从非物质文化遗产保护的角度总结了环县皮影戏保护的成果和面临的问题。

另一些学者则把考察重点放在对剧场文化的阐释上。骆凡的《从官方禁令与道德批判看说书场域的狂欢体验》③ 通过对历代流传官方禁令的分析，探讨了说书场的狂欢属性。作者认为，说书场域的反规范性体现在全民聚集对等级制度的消解、情色内容对性道德的冲击与对本能的释放、盗杀等具有叛离意识的内容对官方统治的颠覆、议政干政等四个方面，古代剧场文化充分体现了广大民众利用民间口头文学批判官方真理，表现自我意愿的狂欢意识。

还有的学者则聚焦于对艺术组织与习俗的文化阐释。吕慧敏的《二人转行话研究》④ 研究了二人转带有保密性质的行话。认为这类行话具有对外保密、同行认同、扩大社会关系网和替代忌讳语等功用；并梳理了它的变迁，认为行话在清朝和民国时期使用较多，20世纪80年代以后，使用总体上呈下降趋势，但其功用与清朝和民国时期基本一致，只是内容大大减少。

民间戏曲、曲艺是岁时节庆、婚丧嫁娶中不可或缺的娱乐，与流传于民间的各种宗教与信仰有着紧密的关系。2014年，学者们也对艺术与仪式的关系、象征意义、现实功能等展开了全面的考察，如彭恒礼的《蝗灾与戏剧》⑤、陈建华的《啰哩嗹：作为戏神咒的渊源及其意义扩散》⑥、吴电雷的《阳戏仪式文本叙录》⑦、杨惠玲的《明清江南宗族祭祀演剧及其文化功能》⑧、黄建兴的《民间宗教仪式戏剧的发展演变探讨》⑨ 等。

宋俊华的《神性、俗性及其互动共生——关于传统戏剧生存机制的几点思考》⑩ 探索

① 吕慧敏：《传统二人转文本类型述评》，《戏剧文学》2014年第7期。
② 王博颖：《环县道情皮影的民俗文化与造型观念》，中国艺术研究院2014年硕士学位论文。
③ 骆凡：《从官方禁令与道德批判看说书场域的狂欢体验》，《韵文学刊》2014年第3期。
④ 吕慧敏：《二人转行话研究》，《晋中学院学报》2014年第2期。
⑤ 彭恒礼：《蝗灾与戏剧》，《文化遗产》2014年第4期。
⑥ 陈建华：《啰哩嗹：作为戏神咒的渊源及其意义扩散》，《文化遗产》2014年第4期。
⑦ 吴电雷：《阳戏仪式文本叙录》，《文化遗产》2014年第1期。
⑧ 杨惠玲：《明清江南宗族祭祀演剧及其文化功能》，《戏曲研究》2014年第2期。
⑨ 黄建兴：《民间宗教仪式戏剧的发展演变探讨》，《戏曲研究》2014年第2期。
⑩ 宋俊华：《神性、俗性及其互动共生——关于传统戏剧生存机制的几点思考》，《文化遗产》2014年第4期。

了传统戏曲中宗教与世俗的关系。作者认为，神性与俗性是传统戏剧的两面性，两者既相对又统一。从起源的因俗入神，到形态的俗神兼备，到功能的亦神亦俗，传统戏剧始终徘徊于神、俗之间。作为实现人神沟通、人神合一的神性装扮与作为娱乐、政治、经济手段的俗性表演有着紧密的联系。

田仲一成的《戏剧文学产生于孤魂祭祀说》① 则考证了中国戏剧故事的起源。研究认为所有的文学都产生于原始宗教祭祀之中，而组成戏剧最为紧要的故事则萌芽于在晚唐以后发展起来的孤魂祭祀之中。相关的例证可以在当时水陆画里所描画的孤魂故事之中得到印证，作者还比照了水陆画的分布与元杂剧作家籍贯的分布地区，认为两者的分布是重合的，从而来论证自己的论断。

龚德全的《何谓"端公戏"：称谓辩证与形态结构解析》② 则强调要用仪式而非戏曲的视角看待端公戏。端公的演剧是一种作为仪式的戏剧，服务于"驱鬼敬神、禳灾祈福"的祭祀活动。端公戏形态结构则由"鬼神观念——巫术祭仪——个体祭祀效应"三者的双向互动所型塑，这一结构在西南乃至全国都有一定的普适性。

四　艺人研究

在艺术的产生和演变的过程中，民间艺人起着重要的作用，他们承载了大量的历史信息和文化传统，既是乡土社会中鲜活的个体，也是艺术最直接的传承者和创新者。随着表演理论在国内的兴起，同时也受非遗保护的推动，学界加强了对传承人群体的研究。学者们将艺术视为活态的存在，加强了对艺术传承中个体的能动性与创造力的考察。本年度，学者们围绕着民间艺人在乡土社会的生存状况、身份认同等问题展开了研究。

在以往的研究中，学者们习惯于将艺人限定为某种文类的传承人进行讨论。钱永平的《非物质文化遗产视野下的民间艺人——以祁县农村"跑事筵"艺人为例》③ 突破了从某种既定文类来考察艺人的范式，把艺人放回到日常生活中进行探究。作者发现，在晋中祁县、清徐、太谷县一带，有一批"跑事筵"的艺人群体，他们长年在婚丧嫁娶仪式场合进行吹打和戏剧表演，为祁县农民提供了日常生活中最重要的一项文化消费。这一群体的日常职能是为宗教仪式提供服务，但他们也在无形之中担当起推广和传播晋剧、祁太秧歌等传统戏曲的角色，培育了民间戏曲的受众。

孔军的《民间艺人的角色研究 ——以章丘市青野村五音戏为例》④ 则对艺人在乡土社会中的角色与社会关系进行了深度思考。作者选取了山东章丘文祖镇青野村五音戏——一种具有流动性的乡土戏曲作为田野调查对象，以角色理论为理论基础，认为艺人的角色是其社会关系的表现，在经济、文艺以及政治的多重演变中考察艺人角色的建构与变迁。作者认为，艺人在艺术传承的过程中，不仅带动了五音戏艺术形式的变化，也推动了社会文化的变迁；而五音戏的变迁也深受乡土社会文化变迁的影响，二者在不断流变的历史进

---

① 田仲一成：《戏剧文学产生于孤魂祭祀说》，《文化遗产》2014 年第 4 期。
② 龚德全：《何谓"端公戏"：称谓辩证与形态结构解析》，《文化遗产》2014 年第 3 期。
③ 钱永平：《非物质文化遗产视野下的民间艺人——以祁县农村"跑事筵"艺人为例》，《文化遗产》2014 年第 5 期。
④ 孔军：《民间艺人的角色研究 ——以章丘市青野村五音戏为例》，山东大学 2014 年硕士学位论文。

程中能动性地互为建构、相互作用。

尚丽新、周帆的《北方宝卷宣卷人探析》① 则结合乡土社会的文化语境，从类型学的角度展开了对北方宣卷艺人的考察。文章将宣卷艺人分为四类：佛教的僧尼、属于民间宗教的"道人"、念卷先生、民间艺人。作者认为北方宣卷活动主要置身于乡村社会，且宣卷人多为爱好宝卷的文化人，他们出于兴趣来传承宝卷，在技术上、艺术水平上呈现出非职业化的特色。这种情况在很大程度上决定了北方宝卷很难发展成一门成熟的曲艺，走上商业化道路。

艺人的生活史不仅蕴含了重要的历史信息，也体现了艺人群体的生存状况及个体的性格与情感。近年来，学者们也加强了对艺人生活史的研究，以期能达到两方面的目的：既见微知著，深入艺人的精神世界；又以小见大，由一孔而窥得社会之全豹。在新史学的影响下，生活史的材料也得到了扩大，不仅包括传记与自传、报刊资料、年鉴、剧场史、志书等传统材料，也包括艺人的口述、文学文本、戏曲曲艺类广告等新材料。受此影响，学者们强化了对传承人个体创造力的考察。谢秀敏的《社会变迁与文化自觉——以襄河道坠子艺人郝桂萍为例》② 展开了对襄河道坠子艺人郝桂萍艺术生活的田野调查。通过对一系列文化现象的描写与分析，揭示艺人在民间戏曲传承时以自身的文化自觉应对社会时代变迁的方式，探讨了艺人以个人力量传播与传承民间戏曲的策略。

一些学者致力于对艺人群体身份认同的研究。曾澜的《跨层级认同：汉族族群身份的情境性研究——以江西傩艺人族群身份问题的艺术人类学解析为例》③ 借助情景理论考察艺人身份的建构。文章认为，江西汉族傩戏艺人族群身份的建构是在和其他民族的比较中完成的，并以民族文化认同的整合为深层动力。而通常江西傩戏的表演是以地方性家族宗族文化为核心的，"民族"与"家族"之间的张力导致了傩戏艺人的族群认同体验出现了跨层级认同的情境性特征，傩戏艺人更认同的是民族性的身份而非地方性的宗族身份。

库尔班·买吐迪的《维吾尔族说唱艺人与达斯坦齐的自我认同》④ 也以动态的视角来看待维吾尔族说唱艺人的社会身份。作者认为，在不同的历史时段中，说唱艺术的表演实践具有不同的意义，艺人也会随之调整，塑造不同的身份地位，从而在民众的社会生活中保持一定的尊重和威望。

另一些学者则重视对社会变迁中艺人生存状态的考察。王兴昀的《接纳与排斥——浅析近代社会对戏曲女艺人的矛盾态度》⑤ 以性别研究的视角，分析了近代新兴的社会群体——戏曲女艺人的尴尬处境。研究发现女艺人是城市娱乐文化的重要组成，其人格乃至演出水平又饱受质疑。这种对女艺人既接纳又排斥的矛盾态度，正是中国传统性别观在近

① 尚丽新、周帆：《北方宝卷宣卷人探析》，《文化遗产》2014 年第 2 期。

② 谢秀敏：《社会变迁与文化自觉——以襄河道坠子艺人郝桂萍为例》，《四川戏剧》2014 年第 11 期。

③ 曾澜：《跨层级认同：汉族族群身份的情境性研究——以江西傩艺人族群身份问题的艺术人类学解析为例》，《中央民族大学学报》（哲学社会科学版）2014 年第 2 期。

④ 库尔班·买吐迪：《维吾尔族说唱艺人与达斯坦齐的自我认同》，《新疆艺术学院学报》2014 年第 3 期。

⑤ 王兴昀：《接纳与排斥——浅析近代社会对戏曲女艺人的矛盾态度》，《戏剧文学》2014 年第 7 期。

代的反映。

此外，张盛满的《光普之争——20 世纪三四十年代评弹艺人生存状态的社会考察》[1]、汪立珍的《赫哲族"伊玛堪"歌手的时代特征》[2]、李佳与石凤珍的《赛戏艺人及传承人生存现状调查研究》[3]、尚婷婷的《河洛大鼓及其传承艺人的考察研究》[4] 等文章也从不同的角度展开对艺人的研究。

五 戏改与曲改研究

任何一种文类都是在具体的社会历史文化中产生的。近年来，学者们加强了对文类的动态变迁过程的考察，尤其加强了对艺术与政治关系的考察。关于社会激烈变迁中的文化现象——新中国的戏曲、曲艺改革的研究也蔚为大观。本年度，学者们也撰写了大量相关的研究论文，考察了新中国的民族国家建构、革命意识形态、现代教育机制等因素对民间文化的影响，从中探讨了体制与民间、国家与社会、政治与文艺、意识形态与生活世界等的关系。

有相当数量的研究聚焦于民间戏曲与曲艺在建国初的体制化过程，探讨了社会政治运作对艺人的身份转变、组织形式与艺术生产、传播方式的形塑。王亚平的《传统曲艺的"组织化"与现代化——简论建国初期的曲艺改进活动》[5] 从宏观的角度考察了建国初曲艺的改进活动，认为这一活动具体包含四个方面的内容：基于政治意识形态的"组织化"发展战略；艺人从"旧艺人"到"曲艺工作者"的身份转变；曲艺行业的自救与"新曲艺"的建构；曲艺制度从封建行会到现代组织的变化。这些总体上又体现的是意识形态、知识分子与民间社会三者融合的形式。

祝鹏程的《建国初的相声艺人改造运动》[6] 梳理了新中国对相声艺人的改造过程和艺人的应对策略。研究认为，为了塑造符合新社会需要的文艺工作者，国家借助"恩威并施"的方式，既展示了党和国家的绝对权力，也改造了艺人的思想，并通过举办艺人讲习班等方式展开了对旧艺人的改造。经历了改造的艺人内化了国家的戒律，以主动的姿态参与到了改造中，组织了相声改进小组，开展政治学习与业务提高的改进运动，并获得了初步的成功。

徐志伟的《锻造社会主义文艺工作者——建国初期民间艺人思想改造运动述评》[7] 则

---

① 张盛满：《光普之争——20 世纪三四十年代评弹艺人生存状态的社会考察》，《苏州教育学院学报》2014 年第 3 期。

② 汪立珍：《赫哲族"伊玛堪"歌手的时代特征》，《中央民族大学学报》（哲学社会科学版）2014 年第 4 期。

③ 李佳、石凤珍：《赛戏艺人及传承人生存现状调查研究》，《洛阳师范学院学报》2014 年第 7 期。

④ 尚婷婷：《河洛大鼓及其传承艺人的考察研究》，西安音乐学院 2014 年硕士学位论文。

⑤ 王亚平：《传统曲艺的"组织化"与现代化——简论建国初期的曲艺改进活动》，《湖北科技学院学报》2014 年第 2 期。

⑥ 祝鹏程：《建国初的相声艺人改造运动》，《内蒙古师范大学学报》（哲学社会科学版）2014 年第 3 期。

⑦ 徐志伟：《锻造社会主义文艺工作者——建国初期民间艺人思想改造运动述评》，《民族文学研究》2014 年第 4 期。

讨论了思想改造在艺人身份的形塑与转变中所起到的作用。作者发现，这场思想改造运动一方面推动了民间艺人对自我身份的重新想象，使其在观点、情感、立场等方面认同无产阶级；另一方面也提高了民间艺人的政治修养，使其能理解、接受社会主义的话语体系并最终承担起为工农兵服务的政治使命及宣传任务。

另一些研究则以具体的个案，探讨了社会变迁过程中民间剧团的生存状况。这些研究把剧团置于具体的地域社会中，充分顾及民间社会的复杂性，分析政治文化影响地域社会的过程，也探讨剧团立足乡土所采取的应对措施，进而考察剧团在国家建构、政权建设、社会动员中所起到的作用。

江旷的《文化运动与国家建设：湖北农村剧团的发展与整顿》① 通过审视中南区湖北农村剧团的发展，探讨新中国如何借助群众运动发展文化馆（站）网络，组织建立起了全省的农村业余剧团，并以此作为改造地方文化的手段，推进国家政权建设。

李乐的《建国初期浙东社会变革中的农村剧团》② 探讨了浙东地区建国之后兴起的农村剧团的构成与功能。研究揭示，当时的农村剧团是建立在阶级和政治身份上的农民业余文化组织，以农民为主体、以乡村教师为骨干，他们通过演剧活动推动当地的社会建设，参与改造乡村社会，并对乡村新意义世界的形成做出贡献。研究又指出，基于乡村旧的演剧传统，农村剧团又表现出爱演古装大戏和职业化两种偏向，但这两种偏向都得到了有效的纠正或限制。

李冰冰的《"新生"与困境：温州乱弹剧团的改造（1949—1966）》③ 则是一项综合性的研究，作者梳理了建国初温州乱弹剧的体制化过程；通过爬梳艺人陈茶花的个人生命故事及乱弹剧目《高机与吴三春》被改编的过程，探究新社会是如何将温州乱弹改造成社会主义的新戏曲，又如何利用改造后的戏曲为自己的宣传服务。

另一些研究则把重点放到对戏改过程中个人因素，尤其是杰出艺人和文化干部的考察上。张颖的《论袁阔成的"新评书"编演》④ 展开了对新评书代表人物袁阔成的综合研究，金坡的《出人、出书、走正路：陈云与评弹艺术关系探微》⑤、周巍的《略论周良对苏州评弹史料的整理与研究》⑥、张均的《王亚平与〈说说唱唱〉杂志的改版及停刊》⑦ 等研究也集中探讨了文化干部的性格、政治立场、知识背景等因素对艺术传承的影响。

此外，王亚平的《新中国成立初期曲艺改进活动评析》⑧、张炼红的《历炼精魂：新中国戏曲改造研究札记》⑨、张艳梅的《新中国"戏改"中"大团圆"与"反大团圆"的

① 江旷：《文化运动与国家建设：湖北农村剧团的发展与整顿》，《安徽史学》2014年第4期。
② 李乐：《建国初期浙东社会变革中的农村剧团》，《戏剧》（中央戏剧学院学报）2014年第4期。
③ 李冰冰：《"新生"与困境：温州乱弹剧团的改造（1949—1966）》，华东师范大学2014年硕士学位论文。
④ 张颖：《论袁阔成的"新评书"编演》，中国艺术研究院2014年硕士学位论文。
⑤ 金坡：《出人、出书、走正路：陈云与评弹艺术关系探微》，《江西师范大学学报》（哲学社会科学版）2014年第2期。
⑥ 周巍：《略论周良对苏州评弹史料的整理与研究》，《苏州教育学院学报》2014年第3期。
⑦ 张均：《王亚平与〈说说唱唱〉杂志的改版及停刊》，《汉语言文学研究》2014年第3期。
⑧ 王亚平：《传统曲艺的"组织化"与现代化——简论建国初期的曲艺改进活动》，《湖北科技学院学报》2014年第3期。
⑨ 张炼红：《历炼精魂：新中国戏曲改造研究札记》，《天涯》2014年第1期。

纠结——以越剧为个案》①、岳红的《建国初期"戏改"与国家主流意识形态建设》② 等也从各自的角度展开了对戏改与曲改的研究。

六 关于艺术生产与传承的研究

民间戏曲、曲艺存在于广袤的民间社会中。在现代化的过程中，民间社会经历着激变，民间演剧与说唱的表演传统也经历着剧烈的变化。一方面，传统艺术的生存土壤流失，传承空间被压缩；另一方面，在市场化与商品化的大潮下，人们对传统的消费需求加剧，而借助印刷、影视、网络等现代技术，民间艺术也获得了更加多元的表现形式。有鉴于此，学者将表演传统置于生活世界中，注重对艺术在具体社区中的创编、表演和传承过程的考察，同时把现代传媒对艺术传承的影响放到了一个重要的位置。

一些学者从历时的角度梳理了戏曲与曲艺的传承。孙大志的博士论文《当代二人转史论》③ 梳理出二人转的发展谱系，作者把二人转的当代史划分为解放战争时期、戏改时期、现代戏时期、"文化大革命"时期和"文化大革命"后五个历史阶段。作者用文学人类学的大小传统比较的方式，探讨了二人转的民间精神与主流文艺思想的关系，在此基础上论述了每个时代的特点。此外，陈建华、张岩的《中国现代民间说唱艺术的生存与经营——兼与戏班经营比较》④，刘衍青的《论城市演出场所与曲艺发展的关系——兼及宁夏坐唱》⑤，周巍的《弦边婴宛：晚清以来江南女弹词研究》⑥ 等研究也细致考察了历史变迁中的戏曲或曲艺传承。

一部分研究者执着地关注着戏曲与曲艺在乡土社会中的传承状况。吕慧敏的专著《生生不息的车轱辘菜：东北二人转在乡土社会中的传承》⑦ 通过民俗学田野调查及文献研究方法，对东北二人转在乡土社会中的历史传承情况及现状进行"深描"，全面分析了二人转发生的社会文化背景、传承路线与传承方式，传承人社会关系网络的建构、传统二人转文本传承等因素，也对二人转在当代社会的传承形态展开了考察。

李扬、乔英斐的《山东莱阳地区唱书传播初探——以西马家泊村为例》⑧ 重点探析莱阳唱书在当地的多种传播方式及其各自的特征，分析了历史和环境变迁等因素对这些具有地域特征传播方式的兴起和衰微的影响。此外，白玉荣的《蒙古族地域文化传承研

---

① 张艳梅：《新中国"戏改"中"大团圆"与"反大团圆"的纠结——以越剧为个案》，《戏曲研究》2014 年第 1 期。

② 岳红：《建国初期"戏改"与国家主流意识形态建设》，上海师范大学 2014 年硕士学位论文。

③ 孙大志：《当代二人转史论》，吉林大学 2014 年博士学位论文。

④ 陈建华、张岩：《中国现代民间说唱艺术的生存与经营——兼与戏班经营比较》，《戏曲艺术》2014 年第 1 期。

⑤ 刘衍青：《论城市演出场所与曲艺发展的关系——兼及宁夏坐唱》，《宁夏师范学院学报》2014 年第 4 期。

⑥ 周巍：《弦边婴宛：晚清以来江南女弹词研究》，商务印书馆 2014 年版。

⑦ 吕慧敏：《生生不息的车轱辘菜：东北二人转在乡土社会中的传承》，社会科学文献出版社 2014 年版。

⑧ 李扬、乔英斐：《山东莱阳地区唱书传播初探——以西马家泊村为例》，《文化遗产》2014 年第 3 期。

究——以东蒙古地区曲艺为例》①、刘霄的《吉家营地台戏调查与研究》②、李晓敏的《"宝丰文化现象"研究》③、李珍的《武安落子调查与研究》④ 等研究也关注于此。

更多的学者把视角转移到了当下都市的语境中，考察在高度异质化与匿名化的现代社区中民间艺术的多元传承状况。包媛媛的《温州鼓词的现代传承》⑤ 关注于都市曲艺的多种传承形态，作者把温州鼓词分成词场鼓词、庙宇鼓词、音像鼓词三种传承形式：词场鼓词在非遗保护的推动下转化为政府文化公益建设的组成部分；庙宇鼓词伴随着民间信仰活动的复兴成为鼓词主要的传承形式；音像鼓词则成为温州鼓词新的传承形式。三种形态的并存显示出作为地方文化组成的口头传统具有传承的自足性。

王红箫的博士论文《中国社会转型期二人转的变异与传承》⑥ 对 20 世纪 90 年代以来二人转的变迁展开了分析。文章认为当代二人转存在五种传承方式：国营剧团传承、非物质文化遗产传承、市场传承、民间自发传承与电视栏目传承。这些传承有的继承了传统，有的则造成了传统的变异。总体而言，二人转的演出功能从教育转变为搞笑，内容从以唱为主转变为以搞笑的说为主，形式则从二人表演放大到包含二人转的综艺式演出，演出场所则更趋豪华。

周胜南的博士论文《书场·社会·人 ——关于传统曲艺在当代保护和传承的一种视角》⑦ 从上海地区评弹书场生存状况的田野调查入手，在书场、社会、人的互动中，剖析书场空间中交织的演出关系、利益关系和社交关系，考察这些因素对剧场功能、演出形态、评弹文本的形塑与影响。

除了上述研究外，张子程的《二人台的传承、传播及其文化人类学意义》⑧、张朗的《安庆市黄梅戏的传承与保护研究》⑨、王娟娟的《上党八音会的现状与变迁研究——以晋城市村落调查为个案》⑩、贵楠楠的《奉贤山歌剧传承现状考察研究》⑪、李艳的《翼城秧歌戏调查与研究》⑫、谢中元的《佛山"龙舟说唱"的活态传承与保护研究》⑬、刘瑞霞的《山西省长治市上党梆子的生存状态——以长治市城区上党梆子剧团为例》⑭ 等成果也从

① 白玉荣：《蒙古族地域文化传承研究——以东蒙古地区曲艺为例》，《民族论坛》2014 年第 4 期。
② 刘霄：《吉家营地台戏调查与研究》，山西师范大学 2014 年博士学位论文。
③ 李晓敏：《"宝丰文化现象"研究》，华中师范大学 2014 年硕士学位论文。
④ 李珍：《武安落子调查与研究》，山西师范大学 2014 年硕士学位论文。
⑤ 包媛媛：《温州鼓词的现代传承》，《民间文化论坛》2014 年第 6 期。
⑥ 王红箫：《中国社会转型期二人转的变异与传承》，东北师范大学 2014 年博士学位论文。
⑦ 周胜南：《书场·社会·人 ——关于传统曲艺在当代保护和传承的一种视角》，上海戏剧学院 2014 年博士论文。
⑧ 张子程：《二人台的传承、传播及其文化人类学意义》，《戏曲艺术》2014 年第 2 期。
⑨ 张朗：《安庆市黄梅戏的传承与保护研究》，华中师范大学 2014 年硕士学位论文。
⑩ 王娟娟：《上党八音会的现状与变迁研究——以晋城市村落调查为个案》，山西师范大学 2014 年硕士学位论文。
⑪ 贵楠楠：《奉贤山歌剧传承现状考察研究》，上海音乐学院 2014 年硕士学位论文。
⑫ 李艳：《翼城秧歌戏调查与研究》，山西师范大学 2014 年硕士学位论文。
⑬ 谢中元：《佛山"龙舟说唱"的活态传承与保护研究》，《文化遗产》2014 年第 2 期。
⑭ 刘瑞霞：《山西省长治市上党梆子的生存状态——以长治市城区上党梆子剧团为例》，内蒙古师范大学 2014 年硕士学位论文。

不同的侧面探讨了当代戏曲与曲艺的生产与传承。

七　总结

我们看到，2014年的民间戏曲与曲艺研究沿着学术的既定轨道稳步前进，无论从质量还是数量上都获得了较为可观的成就。总体而言，呈现出了以下特色：

首先是对传承主体的重视。任何艺术都是由活生生的人创造、传承与共享的，学者们不再满足于对民俗事象的单纯描绘，转而把研究的重点放在了传承主体身上，注重对艺术生产与传承过程中人的能动性的考察。一些研究充分揭示了传承人的精神世界、集体性格与生存状态，另一些则详细描述了传承人的社会身份、人际交往与公共形象。这样的研究符合目前学界尊重民间文化传承主体的学术追求。

其次是采取了区域性的研究视角。在田野作业的影响下，大多数的学者舍弃了宏大的、普遍性的视角，采取了区域性视角。他们的研究多聚焦于一个在具体社区中的具体文类，并从这一文类入手，深入挖掘艺术背后的历史/社会语境。借助这一视角，学者看到的不是一个单纯的民俗现象，而是艺术与社区的有机关系。

最后是研究方法的多样化。在多学科的渗透下，学界对戏曲、曲艺的研究正逐渐从纯文学、史学的研究走向跨学科、综合性的研究。随着研究视角与方法的更趋多元化，学者们的问题意识也有所加强。

但本年度对民间戏曲与曲艺的研究仍有不容忽视的缺陷：

首先是缺乏厚重的研究著作。无论是戏曲还是曲艺研究领域，2014年出现的学术论文的质量与数量均较为可观，但系统性的著作出现得较少，尤其是民俗学学者的研究较少。我们看到，大多数成果都是由戏曲学、曲艺学、历史学等学科贡献的，这固然折射了跨学科的发展趋势，但也体现了民俗学者对戏曲、曲艺研究的忽略。

其次是缺乏独特的方法论。学者们广泛吸取多学科的经验，但并未形成独特的理论与研究方法。不少学者或是借鉴其他学科的理论，或是堆砌大量繁杂的材料，把描述而非阐释作为主要目标，忽视了对理论的整体提炼。也正是如此，目前的研究仍然缺乏共同的话语平台，缺少深入的学术对话。

最后是学术研究并未完全摆脱既定的话语方式。在使用某些概念时，一些学者缺乏必要的反思。比如有的研究在使用"民间小戏""傩戏"等概念时，往往有单线进化论的预设，不是视它们为具有独立价值的文类，而是将它们看成是"原始""未发育完全"的戏曲。当学者不假思索地接受、使用这些既定话语模式时，也在无形中完成了对学术偏见的再生产。

2014 年歌谣研究综述

王 娟[*]

2014 年民间文学中的歌谣研究相较于民间文学的其他领域，仍然处于边缘地位，不仅专著寥寥，而且论文数量也非常有限。与百年前民间文学、民俗学发端时期，歌谣运动产生的深远影响，歌谣搜集、整理和研究的诸多成果相比，当代歌谣研究依然需要更多学者关注，因为作为文化传承的不可或缺的重要载体，民间歌谣在民众生活中依然占有不可替代的重要地位。无论是在远古时期，还是在当下，民间歌谣都异常活跃，是民众表达情感，相互交流和沟通的重要工具。

在过去的一年里，尽管成果不多，只有一百多篇相关论文和少量几部专著，但是在一些方面，歌谣研究还是取得了一定的成绩，研究方法和理念上也有一定的突破。回顾 2014 年的歌谣研究，在总结成就的同时，更重要的是围绕歌谣研究中存在的误区和问题，我们也可以反思当代民间文学、民俗学研究中普遍存在的问题。2014 年歌谣研究主要集中在如下一些方面：歌谣总体研究，歌谣学术史研究，歌谣理论研究，歌谣的田野调查，古代歌谣整理与研究等。

歌谣总体研究

首先，在歌谣总体研究方面，陆晓芹发表于《民族艺术》2014 年第 2 期中的《壮族歌圩研究的回顾与反思》对流传于广西各地的"歌圩"研究状况进行了梳理和反思。作者认为，广西各民族历来就有好歌善唱的传统，春秋时期的《越人歌》便是古人留下的西南少数民族善歌的最早材料。此后，历朝历代的许多典籍中也都不断出现关于西南善歌传统和习俗的描述。作者称"歌圩"一词较早出现于清代文人笔记之中，是"对流传于广西各地，尤其是壮族民间定期聚会对歌习俗的汉语表述"。[①] 而现代学术意义上的"歌圩"研究则始于 20 世纪 20 年代的歌谣运动，作者认为，"歌圩"的研究以 20 世纪中后期为界，之前的学者们立足于传统壮族农业社会，偏重于探讨"歌圩"的称谓，起源和发展，意义和功能，内容和形式，"歌圩"的时空分布等几个方面。[②] 例如，关于"歌圩"起源和发展的研究，学术界有"歌圩"源于乐神，源于对偶婚生活的说法。关于"歌圩"意义与功能研究，学者们认为"歌圩"与当地群众生活、文化及集体思想有着极其密切

---

* 作者系北京大学中国语言文学系副教授。

① 陆晓芹：《壮族歌圩研究的回顾与反思》，《民族艺术》2014 年第 2 期，第 154 页。

② 同上书，第 156 页。

的关系，并不断起着各种现实作用（实际的或心理的），如普遍认为"歌圩"有祷祝丰年、求子和依歌择配等意义。认为"歌圩"在发展的过程中经历了由娱神到娱人的变化。此外，还有许多关于"歌圩"的内容和形式的研究以及对地方性"歌圩"习俗的研究。总的说来，早期"歌圩"研究的一个突出的特点是，学者们主要着眼于"歌圩"这一民俗事项并将其从具体语境中抽取出来，作一般的描述和分析。但是，之后的学者，尤其是在2000年前后，不少年轻学者开始着眼于地方性的"歌圩"习俗的调查与研究，许多研究都是基于较深入的田野调查完成的。

尽管取得了一些研究成果，但是还是存在着很多问题，有些则是根本性的，观念性的问题，会直接影响和干扰人们的研究及其结论。例如，在"歌圩"的称谓上，作者认为，"歌圩"的称谓实际上有汉称（或曰旧称）和壮称（或曰自称）两种称谓体系，任何关于"歌圩"的研究，如果认识不到"歌圩"称谓的重要性，且不加分辨，不做解释，则任何结论都是有偏颇的，而且"无疑会影响这种研究的透辟和结论的精确"。①

作者于2000年前后开始关注"歌圩"的称谓问题的，其在德靖壮族民间进行田野调查时发现，当地人极少使用"歌圩"的概念，不少民众甚至不知其为何物。与此同时，民间将传统节日的"歌圩"表述为"航单"，而将聚会对歌活动称为"吟诗"。② 称谓的不同有时候决定了对歌活动的性质，例如在龙州县有"陇峒"习俗，但多在田间地头举行，且伴有隆重的宗教祭祀活动；靖西县的"航单"和德保县的"窝端"多与圩期重合，却不必伴随对歌和宗教活动；在田东县、田阳县等地，人们在特定的日子里到岩洞里去祭祀，然后聚在一起对歌，谓之"很敢""靠敢"或"贝敢"；在南宁市良庆区、邕宁区等地，传统上有以"还球"为表征的对歌赛歌活动，如今各村还有定期聚亲会友的习俗。③

由此可见"歌圩"地方称谓的重要性，研究者必须有效加以区分，而不是一味用"歌圩"来概括自己的研究对象。作者最后认为，"歌圩"作为一种民族文化的符号，对地方文化的发扬和保持起了非常重要的作用，但是由于方法和观念上的错误，使得研究存在很多误区。总之，"歌圩"研究还有待于进一步深入。

这篇论文提醒我们必须注意的是，在进行任何形式的田野调查活动中，必须关注细节，包括关注研究对象的地方称谓与学术称谓之间的关系。民间文学、民俗学历来有"学术分类"（analytic category）和"本土分类"（native category）之说，这要求我们在进行田野调查的过程中必须首先明确两者之间的关系，忽略了本土分类，就很有可能误入歧途。

歌谣学术史研究

关于歌谣运动及其在中国民间文学、民俗学史，以及新文化运动中的地位和作用的讨论已经有了大量的研究成果，但是收入《中国古代歌谣：整理与研究》一书的范雯的《北京大学歌谣运动与歌谣搜集、整理与出版》一文还是给人留下了非常深刻的印象。④

①　陆晓芹：《壮族歌圩研究的回顾与反思》，《民族艺术》2014年第2期，第160页。
②　同上书，第161页。
③　同上书，第154—161页。
④　范雯：《北京大学歌谣运动与歌谣搜集、整理与出版》，《中国古代歌谣：整理与研究》，高等教育出版社2014年版，第669—690页。

段宝林认为此文具体而详细地把北京大学征集歌谣的前前后后整个的情况，都做了很科学的立体记述与分析，条分缕析，非常清楚明确，比一些简单化的民间文学学术史的著作要有用得多。例如，论文对中国近代第一部北京歌谣集的出版情况，包括出版社及出版过程，北大《歌谣》周刊征集歌谣的前后细节都做了详细介绍，如当时学者们"从民俗的、学术的角度出发，就搜集和整理歌谣的标准进行过许多讨论，并达成了某些共识性准则"，即：1. 周遍，2. 求真，3. 分类。并且大多进行"家乡的歌谣搜集"。关于歌谣研究的目的，除了文艺的和学术的目的之外，还有一个"教育的"目的，这是作者更加全面的概括。这些论述绝不抽象空泛，都有大量的事实根据来支撑。文章最后一部分是对当时出版的三部重要的歌谣研究集——台静农的《淮南民歌集》、顾颉刚的《吴歌甲集》、刘经庵的《歌谣与妇女》，一本本地进行详细论述，对每一本书的来龙去脉、有关的讨论、内容的分析，都具体而微。文后还附录了《1949年以前歌谣搜集和出版情况》，包括"刊登歌谣及歌谣研究的报刊""外国人所搜集的中国歌谣""歌谣专集或选集"和"人类学调查报告"，等等。因此，段宝林认为，这是一篇超过前人的很好的民间文学学术史的新的研究成果，对五四时期，中国歌谣学运动做了全面而具体的总结，很有新意。[①]

杜国景发表于《中国现代文学研究丛刊》2014年第7期的《贵州歌谣与新文学的相遇》则为我们详细梳理了诸多民间文学、民俗学学者对贵州少数民族歌谣的发现和研究情况。作者认为，五四时期，在歌谣与主流话语相遇时，贵州还并未为太多的现代作家所了解。后来一直到抗战全面爆发后，贵州歌谣才有了不一样的价值和意义。主要是因为抗战爆发后，国内部分高校及大批文人被迫南迁、西迁和北迁。贵州成为逃难的必经之地或栖身之所。

作者研究称，外省人到贵州，最难抹去的是历史造成的民族隔阂，且一般都是野蛮、凶悍、茹毛饮血的印象。但是，这次不经意的经过，使得人们开始重新审视这个地区，当时最深刻的发现莫过于贵州民族的歌谣。西南联大队伍中的刘兆吉，在每天的行程中，不辞辛苦地记录下两千余首这类歌谣。他的采风得到了朱自清、黄钰生、闻一多等老师的支持和指导。到达昆明后，刘兆吉选出771首，辑为《西南采风录》出版。秉性刚直狷介的闻一多从这些歌谣中读出来的，是一种生命蛮性的释放，一种久被"文明"压抑的快意宣泄。[②]

作者认为，除了刘兆吉，对贵州少数民族民间文学搜集整理贡献最大的，则是迁到贵阳的上海大夏大学的一批学者，如吴泽霖、陈国钧、张少微、陈志良、杨汉先、李植人等。他们曾深入贵州东南和北盘江流域的少数民族地区，历时一年多，足迹踏遍了少数民族集中的十多个县，最远还去了桂北侗族地区。[③] 在这些学者当中，作者认为杨汉先、陈国钧、吴泽霖对歌谣、神话的研究最值得注意。杨汉先是贵州威宁人，苗族，成都华西协和大学社会学毕业。作为本土的苗族学者，著有《大花苗歌谣种类》《威宁花苗歌乐杂谈》。他认为，史歌及故事歌皆于集团性质隆重之聚会上用之，故必在特种时间或晚间，

① 段宝林：《中国古代歌谣：整理与研究·序》，王娟编著，高等教育出版社2014年版。
② 杜国景：《贵州歌谣与新文学的相遇》，《中国现代文学研究丛刊》2014年第7期，第85—86页。
③ 同上书，第87页。

情歌则不然，随时随地均可。① 陈国钧早年就读于上海大学，后留学荷兰社会研究院。抗战时期随大夏大学内迁贵州。他调查过一百多个苗寨，包括当时所谓的"生苗"地区。搜集"苗夷"歌谣一千多首，从中选出 965 首，编为《贵州苗夷歌谣》。陈国钧将"苗夷"歌谣分作叙事歌、酒歌、婚歌、丧歌、劳作歌、儿歌、情歌七类。

关于贵州少数民族歌谣尤其发达的原因，作者认为，这一方面跟他们的历史文化传承有关，需要用歌谣来弥补没有文字的缺憾。另一方面，则是个人表达情意的需要。② 对此，我们认为，贵州少数民族歌谣发达的原因远非这两点所能概括，贵州少数民族的歌谣有更多需要我们研究的地方，我们也希望能有更多的学者继续关注贵州少数民族歌谣。

施爱东发表于《读书》杂志 2014 年第七期的《顾颉刚、钟敬文与"猥亵歌谣"》一文对发生于 1928 年的中山大学"猥亵歌谣"学案进行了完整的介绍。该文不仅清晰地梳理了学案的来龙去脉，而且其中涉及的跟民间文学关系密切的"猥亵"话题，不仅关乎民间文学学术史，而且，即使是在今天，依然是我们无法跨越的一个障碍。

作者介绍说，1925 年 10 月周作人主持歌谣研究会期间，曾联合钱玄同、常惠，发出一篇《征求猥亵歌谣启》："大家知道民间有许多猥亵的歌，谜语，成语等，但是编辑歌谣的人向来不大看重，采集的更是不愿记录，以为这是不道德的东西，不能写在书本上。我们觉得这是很可惜的，现在便由我们来做这个工作。"③ 作者谈到说周作人为了推广"猥亵歌谣"这个新概念，以及提倡"猥亵歌谣"的搜集整理，前后写过不下十篇文章。光是以此为题的"猥亵系列"就有《猥亵的歌谣》《征求猥亵的歌谣启》《关于"猥亵歌谣"》《从猥亵的歌谣谈起》等，甚至还打算编辑《猥亵歌谣集》和《猥亵语汇》，"建设起这种猥亵的学术研究"。

作者认为，周作人的倡议在当时也的确得到了一些学者的回应，《吴歌乙集》的编纂出版或多或少算是响应了周作人的号召，但是，接下来的发展并不顺利。根据作者的考证，1928 年之前，中山大学的出版业务极少，出版部一般只是承印一些讲义通知之类，从学校领导到具体的报纸编辑，大都没有用稿审查的意识。这一宽松的环境为民俗丛书的印行带来了不少方便。后来随着印务量加大，出版部主任曾致函要求"设立出版物审查委员会"，该委员会成立之后，民俗丛书的印制和发行就必须交由教授会审批。1928 年 6 月 21 日，《国立中山大学日报》就刊载了一则题为《大学院训令禁止生徒购阅淫猥书报》的通告。出版物管制造成民俗出版物，尤其是涉及猥亵成分的歌谣，被全面封杀。④ 尽管顾颉刚为此进行了多方斡旋，但似乎都无济于事。事件的最后结果是作为《吴歌乙集》责编的钟敬文被校方辞退，顾颉刚也因此离开中山大学。此事不仅使得民俗学会受到沉重打击，《民俗周刊》也面临夭折的危险。

民间文学和民俗学以民众生活为研究对象，不可能不涉及"性"话题，因此，如何处理研究"猥亵"和传播"猥亵"之间的关系，是民间文学、民俗学家必须要考虑的问题。即使是在当代，民间文学、民俗学的研究也非常容易被冠以"猥亵"之名，因而受到各种限制。设想一下，如果"猥亵学案"发生在当代，顾颉刚和钟敬文是否就能免于

---

① 杜国景：《贵州歌谣与新文学的相遇》，《中国现代文学研究丛刊》2014 年第 7 期，第 87 页。

② 同上书，第 91 页。

③ 施爱东：《顾颉刚、钟敬文与"猥亵歌谣"》，《读书》2014 年第 7 期，第 4 页。

④ 同上书，第 3—11 页。

当时所遭受的困境呢？

歌谣理论研究

在运用各种相关理论进行歌谣研究方面，我们一直没有太大的突破。早期学者曾运用一些理论，如比较研究法、人种志理论、功能主义理论、人类学理论等进行过歌谣研究，取得过一些成就，但是，近年来，歌谣的理论性研究还存在着诸多不尽如人意的地方。回顾 2014 年两篇歌谣的理论性研究论文，有新的尝试，也有问题。

宋红娟的《歌谣与情感：从情感人类学看西和的乞巧歌》发表于《民俗研究》2014年第 1 期，其中作者使用了"情感人类学"的概念，认为"情感人类学往往是通过一个社会的语言来考察其情感文化，歌谣是重要的语言形式之一"。[①] 在论文中，作者根据自己长达一年的田野调查，运用情感人类学的"非定向性情感"的概念来理解西和的乞巧歌，同时，又试图回应涂尔干学派的"集体情感"概念。情感人类学是近些年来出现的一种新的研究视角和话题，被广泛应用于人类学的相关领域如社会人类学、心理人类学、语言人类学等。西方的情感人类学研究已经取得了一定的成果，近年来，包括作者在内，许多学者尝试全面介绍这一理论方法，同时也试图从情感人类学的角度进行传统文化的研究，这些学者及其论文在介绍情感人类学理论方法及其理论实践方面堪称是先锋，值得肯定。

在论文中，作者运用情感人类学的理论进行了西和乞巧歌的研究，论文格外关注歌唱者的个人情感，将视角放在了仪式参与者如何借助于仪式，或者通过仪式演唱宣泄个人情感。这一研究视角的转换，非常有助于拓宽我们的研究视野。但是，作者文中与葛兰言，乃至涂尔干的对话，尤其是质疑二者有关集体情感的观点，则稍显勉强。作者引用了葛兰言的下述观点：

> 在这些上古歌谣中，一个显著的事实是，诗歌中不含任何的个人情感。这当然不是说《诗经》中没有表达个性的诗歌，我的意思是说，这项研究中的诗歌并非是由个人的因素激发出来的。所有的恋人都是一副面孔，都以同样的方式表达她们的情感。没有哪怕一副画面是展示一个独特的个人的。[②]

作者认为，葛兰言这里所界定的情感就是涂尔干所说的"集体情感"，集体情感是指所有人都拥有的，超越个人范畴而指向社会的共同情感；涂尔干指出，集体情感往往集中体现于仪式当中，人们在仪式活动中进入了一个与日常生活完全不同的世界；一种来自于社会的奇异力量将人从凡俗世界带入神圣的世界，从而在人们的心中激起一种超越个人的集体情感。[③] 据此，作者评价说，涂尔干和葛兰言的相关观点不再具有阐释力，认为葛兰

---

① 宋红娟：《歌谣与情感：从情感人类学看西和的乞巧歌》，《民俗研究》2014 年第 1 期，第 98页。

② ［法］葛兰言：《古代中国的节庆与歌谣》，广西师范大学出版社 2005 年版，第 74 页。

③ 宋红娟：《歌谣与情感：从情感人类学看西和的乞巧歌》，《民俗研究》2014 年第 1 期，第 99页。

言对于集体情感的强调是存在问题的。①　我们以为，涂尔干和葛兰言所谓的集体情感，与作者调查中的个人情感不存在矛盾关系。涂尔干和葛兰言强调的是个人中的集体，而作者看到的是集体中的个人。前者讨论的是总体的法则、规律、模式等问题，后者则偏于具体行为。双方的对话不在一个层面，构不成对话关系。

另一篇有关歌谣的研究性论文为赵跃的《隐喻叙事与恐怖艺术：文化人类学视角下的鹅妈妈童谣》，发表于《民俗研究》2014 年第 3 期。论文认为，鹅妈妈童谣具有深远的历史背景和丰富的文化内涵，因为其以隐喻的叙事内容反映了当时的社会历史文化环境，以恐怖的叙事艺术体现着特定的人生哲学与心理结构，因此，作者认为对鹅妈妈童谣的解读可以进一步分析隐藏在其中的文化人类学价值。②　从作者的上述表述我们便可以看出，这实际上并非是一篇文化人类学视角下的童谣研究，因为论文忽视了童谣的各种文化人类学特征，如口传性、集体性、普遍性、模式化、程式化、游戏化等，反而将童谣看成是一种文学创作。例如，作者认为"鹅妈妈童谣远不像看上去那么简单，在我们熟悉的童谣中隐藏着大量意义。一些童谣显然是成人的歌谣唱给了孩子听，因为只有成人懂得其内在的含义。尽管童谣的受众主要是儿童，但写作者一般是成年人，它们反映了成人作家的思想，有着对现实的关切和敏锐的视角，这就决定了童谣最初的意图并不是那么单纯和幼稚。"③

此外，作者还试图使用西方诗学的理论研究童谣，如作者谈到西方诗学认为，隐喻是诗歌的生命，是诗歌最本质的表达方式。童谣作为民间诗歌，具有隐喻叙事的功能，通过对事件片段的表面叙述，反映当时的社会历史，隐约地表达人生情感和价值观念。④　西方诗学理论主要是针对作家创作的诗歌而言的，由于童谣和作家创作的诗歌有着根本性的区别，因此，如果选择用西方诗学理论来解读童谣，必须论证其合理性和必要性。

歌谣的理论性研究要求作者首先必须要对研究对象有明确的定位；其次还要熟悉并能熟练运用自己选择使用的理论方法；第三是研究者必须具有严谨、科学的态度，才能保证自己研究的合理性。

歌谣田野调查

在歌谣的田野调查方面，发表于《原生态民族文化学刊》2014 年第 3 期的黄龙光、杨晖的《滇中南彝族土掌房建盖仪式与歌谣》较全面地展示了滇中南传统土掌房建盖中的仪式歌谣。作者认为，滇中南传统土掌房是彝族民居典型代表之一，浓缩和凝聚了丰厚的彝族传统文化精髓。但是在当代，随着彝区社会经济的进一步发展，传统土掌房已逐渐式微。目前，在整个峨山彝族自治县境内，只有亚尼火琵琶村保有大部分土掌房。在作者看来，传统土掌房的建盖仪式，虽然掺杂着诸如鲁班崇拜等汉式习俗，但在许多方面依然

---

①　宋红娟：《歌谣与情感：从情感人类学看西和的乞巧歌》，《民俗研究》2014 年第 1 期，第 101 页。

②　赵跃：《隐喻叙事与恐怖艺术：文化人类学视角下的鹅妈妈童谣》，《民俗研究》2014 年第 3 期，第 123 页。

③　同上。

④　同上书，第 124 页。

带有鲜明的彝族文化特色。① 依据田野调查的资料，作者较为详细描述了滇中南彝族传统建盖仪式中的诸多程序及其相关歌谣，如择地基、开山伐木、破土动工、送木马、立架上梁、踩新房、贺新居、祭屋神、地神等。

例如，祭祀屋神、地神仪式，当地人一般在立好房架后择鼠日或马日进行。祭祀仪式要请苏尼来主持。苏尼、主人家砍来小沙栳和松树各一棵，公鸡一只，蒸糕一笼，滚地基的鸭蛋数枚，红黄绿三角小旗若干。主要祭祀的地点及空间在中柱处。仪式主持者要唱如下歌谣：

> 阿波阿惹，大梁是房屋的脊梁，家支离不开头人；中柱是房屋的中心，阿妈管理着家务。这座房屋真好，实在好！是我们祭祖的地方，是我们养儿女的地方。②

论文具有一定的资料性，但是，在调查的具体性、连贯性和完整性上，还有待加强。田野调查的进行和田野调查报告的书写一直是国内民间文学、民俗学领域的薄弱环节，希望在不远的将来，能有好的、具有指导性的田野调查方法和田野报告书写的专著出现。

杨晓勤发表于《民族艺术研究》2014 年第 5 期的《石宝山歌会的田野思考》则主要针对当前在国家和地方政府文化保护政策背景下，文化持有者与地方政府、旅游行业在民族文化保护与开发过程中存在的立场分歧和潜在矛盾。作者认为，石宝山歌会本为白族传统的，带有宗教性质的朝山活动的一个重要组成部分，但自 20 世纪 80 年代以来，地方政府将这个原本属于当地敬香拜佛活动的一部分的"山歌会"打造成了地方的"文化名片"。当地政府的策略之一是弱化山歌会原本的宗教娱神色彩，将山歌会一变而为"赛歌会"。由于定期举办的这种"赛歌会"带有一定的奖励措施，因此，从某种意义上说，歌会起到了扶持新兴歌手，延缓歌会衰亡的积极作用。作者认为，目前的山歌会为歌手们演唱白曲提供了一个展演的文化空间，而且石宝山与那些充满歌声的田间、地头、磨坊、柴林并无二致，只是歌手演唱的自然舞台之一，而山歌会使得发生于这个自然舞台上的表演得以定时、定期地进行下去。

与此同时，旅游从业者也为了迎合部分人群猎艳逐奇的心理，策略地将具有地域性的歌会包装为白族的带有"远古群婚遗风"的"情人节"，大肆渲染对歌期间当地有情人可以相互私定终身，野合媾欢的风俗。作者认为，这显然是一种带有媚俗色彩的刻意曲解。作者认为，山歌会期间，当地人具有明确的道德防线，对伤风败俗之事高度设防，一些老人甚至会全程跟从，防止越轨之事发生。因此，作者认为，山歌会期间的石宝山绝非"求偶逐艳"之地，而"朝山会"的本名也不该经由"石宝山歌会"而滑入"白族情人节"的恶俗称法。③

杨晓勤论文中讨论的问题带有一定的普遍性，我们提出非物质文化遗产保护，但是需要防止为了达到某种目的，恶意曲解和篡改民意的行为。

---

① 黄龙光、杨晖：《滇中南彝族土掌房建盖仪式与歌谣》，《原生态民族文化学刊》2014 年第 3 期，第 143 页。

② 同上书，第 148 页。

③ 杨晓勤：《石宝山歌会的田野思考》，《民族艺术研究》2014 年第 5 期，第 90 页。

古代歌谣研究

长期以来，民间文学领域中的中国古代歌谣的整理和研究一直相对比较薄弱，一些学者的古代歌谣研究大多立足于古代文学的范畴，缺乏民间文学的视野和方法。2014 年，《中国古代歌谣：整理与研究》出版，该书可以说是歌谣研究在资料搜集整理上的一个突破。①

该书对中国古代歌谣进行了全面的梳理和整理，编者不仅查阅了较为常见的史书、笔记、杂记、方志、地理志等古籍中保存和记录的歌谣，而且还发掘、整理出了一些长期被学者们所忽视的古籍如古代类书、古代歌谣专书、乐书中的一些珍贵歌谣资料，如唐虞世南的《北堂书钞》、唐欧阳询的《艺文类聚》、唐徐坚的《初学记》、唐白居易等的《白孔六帖》，宋李昉的《太平广记》《太平御览》《文苑英华》、宋王应麟的《玉海》、宋佚名的《翰苑新书》、宋陈旸的《乐书》，明朱载堉的《乐律全书》，清御制《渊鉴类函》等。该书还对古代的一些歌谣专书进行了梳理，其中包括汉蔡邕《琴操》，唐段安节《乐府杂录》，宋郭茂倩《乐府诗集》，元左克明《古乐府》，明杨慎《古今风谣》、明郭子章《六语》、明吕坤《演小儿语》、明梅鼎祚《古乐苑》、明冯惟讷《古诗纪》、明冯梦龙《挂枝儿》《山歌》，清李调元《粤风》、清郑旭旦《天籁集》等。这些资料的发掘对后人全面了解中国古代歌谣状况具有重要的意义。上述古籍中不仅保存有大量的古代歌谣资料，而且还收录了许多当代学者较少关注的古代神话、传说、故事、仪式等类型的歌谣。该书对我们研究古代歌谣的内容、形式、发展历史、传承方式和途径，以及歌谣的功能、价值和意义具有非常重要的意义。

该书在浩如烟海的古代歌谣文本中选取了五百余首歌谣，分为"神话传说歌谣""故事歌谣""时政歌谣""谶言歌谣""仪式歌谣""游仙歌谣""风俗歌谣""抒情歌谣"和"童谣"九类，按照年代顺序排列。该书在选取古代歌谣文本时有如下特点：

1. 在收录歌谣文本的同时，力求完整地保留歌谣在原书中的上下文语境，力争使读者能够准确地了解歌谣在原书中的使用情况，以及与上下文之间的关系。

2. 在收录古代歌谣文本的同时，考虑到民间歌谣的口传性特征，也出于尽量保证古代歌谣资料的完整性和丰富性的目的，该书还一并收录了歌谣的异文，以供相关学者进行进一步的研究。例如《龙蛇歌》，该书收录了其在《吕氏春秋》《史记》《说苑》《琴操》《乐府诗集》《广谐史》等书中的七篇不同异文。

3. 一些古代歌谣如《玄鸟》篇等曾被历代学者不断关注，基于学术研究史的考虑，该书将各家对于《玄鸟》篇的解读，如宋陆佃《埤雅》、宋罗愿《尔雅翼》，明杨慎《丹铅余录》、明王夫之《诗经稗疏》，清顾炎武《日知录》、清徐文靖《管城硕记》等著作中的相关研究、观点和论述也一并收入，希望古人的研究视角和观点能对当代学者的歌谣研究有所启发。

4. 在古代典籍中整理和发掘出了一些没有，或较少为学者们关注过的神话、传说、故事和仪式等方面的歌谣文本。长期以来，对中国古代是否存在丰富的神话、故事、传说和仪式等方面的歌谣，学术界一直没有定论，也缺乏相关的文本材料。该书此次整理出了

---

①　王娟：《中国古代歌谣：整理与研究》，高等教育出版社 2014 年版。

一大批这方面的歌谣资料，并选取了一些有代表性的歌谣文本，供大家参考，相信会极大地推动今后的中国歌谣研究。

在为该书所做的序言中，段宝林评价说，首先，在编选的科学性上，这本书是前无古人的。本书从民间文学的立体性特点出发，对歌谣作品进行了科学的立体描写：不仅尽可能把歌谣的创作目的、社会功能、生态环境、有关民俗活动等情况的资料作了记述；而且还尽可能多地把所有的不同异文都罗列出来。许多重要的歌谣作品，书中都尽可能搜集了几乎是全部的异文，对于全面了解歌谣的内容、形式和创作流传情况等都非常有用。所以此书在这一方面，是一个很大的突破。过去由于对民间文学的立体性特点缺少认识，一般的编选者往往只选其中的一首他们认为是最好的，而略去了其余的所有异文。这是用对待作家文学的办法来对待民间文学了，是非常不科学的。因为民间文学在民间流传时，因时间、地点、民族、国家的不同，其内容和形式都会发生或大或小的变化，在各个时代或各个地方形成了许许多多的不同异文。每一种异文，只是此作品的一个侧面，所有异文的总和才是此作品的整体。因此，只有把所有的异文全部搜集起来，我们才能够厘清此歌谣的来龙去脉、创作和演变的过程、全部内容和艺术形式、社会功能、作用以及对文人的影响等情况。

其次，在广泛搜集材料的基础上，本书根据中国古代歌谣现存资料的实际情况，进行了新的分类，把古代歌谣分为九类。这种分类就是按照文学的和民俗的两个方面进行的。从文学、艺术学、民俗学乃至人类学、文化学、非遗学、历史学、政治学、经济学、地理学、生态学等学科各种角度的研究者，都可以从中比较容易地找到自己需要的材料。

最后，民间文学的作品是人民集体口头创作的，例如歌谣，对其作者、时代、历史等情况的判断，是非常困难的。一些作品是无名氏创作的，一般可以算是民间创作；不过它也可能是文人创作的。而不少作品往往就是伪托某某文人创作的，但是事实上有时并非如此。所以我们难以确定。现在书中把它都收集齐全，我以为这种做法是比较恰当的。因为对研究和欣赏都有利，可以免除遗珠之憾。

在研究方面，这本书对古代歌谣资料进行了如下两个方面的研究，一是概念和分类方面的研究；二是个案研究，包括作品、学者、歌谣运动、歌谣研究理论和流派等，收入了一些歌谣研究的重要论文，代表着当代歌谣研究的重要成果。例如，冯晋的《庭院深深——从中国诗歌中探寻建筑空间的诗意》一文，从《诗经·国风》中的一首民歌《著》中的三段描写来研究建筑民俗文化，由这首民歌中描写的大门、屏风、庭院和堂屋的设置，用许许多多的有关历史材料，仔细研究中国四合院的建筑空间两千年来的发展过程，是一篇文艺民俗学的力作。

李昕桐的《儿童的想象——中国古代童谣的意义赋予》一文，对古代童谣的意义进行了一个比较系统的研究，首先把古代的童谣观作了梳理，一是"预言及政治预兆"，通过对《二十五史谣谚通检》中的童谣作品统计，发现"政治预言性的在史书中占了绝大部分"；二是"风俗仪式与游戏"，宋代以后的笔记《东京梦华录》《梦粱录》《武林旧事》等书中记录较多；三是"教育蒙养之实用"，如明代《小儿语》《续小儿语》等是为儿童教育而收集的；四是"童心天籁的想象"，清代《天籁集》《广天籁集》明确是为儿童本身的童趣、童心而收集的。在"对童谣的解释"一节中，对谶纬童谣与五行灾异说的关系做了论证，特别是对诗妖和荧惑星的说法做了历史的梳理；五是"从童谣到儿歌"，认为古代的童谣观重在政治预言，而近代以来提出儿歌一词，则重在教育，这是重视通过游戏进行儿童教育的历史进步。此文的写作是有不少新的发现和论证的，值得我们重视。

任斌雁的《歌谣的研究》从北大的歌谣运动与西方民俗学的关系入手，谈到研究方法问题，几十年的歌谣研究历史全部囊括其中，尽管很难深入。但文章搜集了大量材料，论述还是有价值的。任斌雁的《〈古谣谚〉初探》对《古谣谚》的作者、编辑特点和内容分类等，做了详细的介绍，资料比较丰富。特别是对历代谣谚的搜集与辑录的历史，从先秦到清代，做了很好的梳理。

朱倩的《冯梦龙〈挂枝儿〉与〈山歌〉》，是一篇全面论述介绍冯梦龙的两本民歌编著的论文。时代背景和冯梦龙的生平两节，分析介绍比较全面具体。"书籍概要"分别详细地介绍了两书的名称、出版情况和编辑体例；"俗曲民歌的来源"一节则根据冯梦龙的评注把书中的歌谣俗曲的来源分为田野采风、市井艺妓和文人拟作三个方面。"批注特色"是很有特色的。作者以专业眼光指出，冯梦龙注意民歌异文的搜集和记录，有的还标明出处、评点内容，有时也"借题发挥"。[①]

总之，2014年民间歌谣研究所取得的成果是非常有限的，成绩较为突出的是民间歌谣的基础性研究，如歌谣的学术史梳理和古代歌谣资料的整理方面，我们有大量的民间歌谣资源，搜集整理工作也不乏参与者，因此，相对来说比较容易出成果。但在歌谣的田野调查和歌谣的理论性研究方面，我们还缺乏有力度的研究成果。尽管学者们进行了各种各样的歌谣理论分析和研究，但是在理论素养和理论实际应用上，我们还缺乏必要的训练。这就要求我们必须强化民间文学、民俗学的理论学习和实践活动，争取早日在理论研究上有所突破。

---

① 段宝林：《中国古代歌谣：整理与研究·序》，载王娟编著《中国古代歌谣：整理与研究》，高等教育出版社2014年版。

2014 年民间艺术研究综述

尹笑非[*]

中国民间艺术历史悠久，种类繁多，分类庞杂。因此对民间艺术的研究一直处于数量众多，自说自话，不温不火的境况。在中国知网[①]搜索 2014 年发表的以"民间艺术"为主题的论文，共有 1475 篇，比上年略有下降，但总体数字依然庞大。[②] 民间艺术的跨界性是导致民间艺术的研究一直处于比较复杂和尴尬境地的原因之一。对民间艺术的研究主要来源于四个学科角度：1. 民俗学，2. 艺术学，3. 人类学，4. 文艺美学。虽然无论在哪一相关学科中，其研究都是显著边缘化的，但相关学者们仍在孜孜不倦地努力着。

多视角阐释：基本理论与研究方法的探索

近年对于民间艺术基本理论的研究比较冷僻，但在 2014 年有所推进。研究数目虽少，但研究水准总体较高，主要体现在美学、艺术学和人类学三个研究视角。

在以美学理论对于民间艺术基本问题的重新阐释方面，本年度有季中扬的三篇论文。一是《论民间艺术美学的三个核心范畴》，他认为民间性、生活性、艺术性是民间艺术美学的三个核心范畴。"文化小传统是民间艺术赖以生存的文化生态系统，它造就了民间艺术的民间性。民间艺术是日常生活的艺术，只有在具体的时空中，其意义的接受与诠释才最为完满。以生命美学来考量，民间艺术的炫技性彰显着比精英艺术更为旺盛的生命力。民间艺术的民间性、生活性规定制约了它的艺术性，造就了民间艺术迥然不同于精英艺术的美学体系。"[③] 在《民间艺术的审美经验与价值重估》一文中他又提出："民间艺术是融入于日常生活的艺术，理解民间艺术需要另一种美学原则与审美模式，即审美主体完全投入于对象的介入性审美。只有把民间艺术还原为人类活动，才能在具体的活动场域中体验其丰满的意义。""依据一般艺术原理对其盲目美化、提升，其实是一种破坏，以介入性审美经验重新认识民间艺术的审美价值是对其实施保护的理论基础。"[④] 还有一篇是《论民间表演艺术的喜剧性审美经验及其文化功能》："就民间表演艺术的喜剧性审美经验

* 作者系华东师范大学对外汉语学院讲师。

① 中国知网（http：//www.cnki.net/）。本篇综述中的统计数字都源于知网，下不赘述。

② 2014 年 1475 篇，2013 年 1553 篇，2012 年 1443 篇，2011 年 1192 篇。

③ 季中扬：《论民间艺术美学的三个核心范畴》，《东南大学学报》（哲学社会科学版）2014 年第 1 期。

④ 季中扬：《民间艺术的审美经验与价值重估》，《民族艺术》2014 年第 3 期。

而言，民间诙谐所引发的欢笑不同于有着深度思想内涵的讽刺性的笑，也不同于意识已经达到了自我反讽高度的幽默的笑，它是一种缺乏任何指向与内涵的单纯的节庆的欢乐；这种喜剧性的审美经验不是来自分离式的审美鉴赏，而是融入式的瞬间体验，是一种共享性的审美经验，不管是表演者还是观众都体验到了同一种欢乐；其文化精神不是一种具有反思性、批判性的否定性精神，而是一种自得、自满的肯定性精神，是一种充满善意的乐天精神；其文化功能不在于文化政治抵抗，而是有着类似宗教的功能，它祝福生命，团结族群。"① 两篇文章都在用美学的理论和表达方式来重新阐述民间艺术的基本问题。美学角度对民间艺术的研究几近空白，本年度的研究提供了有益的补充。

从艺术学角度的研究，《论民间艺术听觉形象及其形式节律》一文独辟蹊径，显示出作者良好的艺术理论功底和音乐专业素养。徐磊认为："在民间艺术听觉形象中，充盈着丰富的形式节律。其审美形式感中的映象、心象、虚象节律，共同建构着形象性。对于民间艺术视觉形象形式节律的分析，可以包含民间音乐形象中的基础要素、基本形态及其形式节律、口传艺术及其形式节律，以及民间艺术听觉的实象与视觉的虚像的关联分析，它们与民间艺术创作心理、接受心理紧密联结，创作者把内在的生命节律转化为外在的形象节律的同时，受众也在把其生命节律溶解在形象节律中。"②

徐习文、谢建明的《民间艺术的文化审美意蕴及其保护》则运用和围绕人类学"文化丛"概念展开对民间艺术审美和保护的论述。文章认为："民间艺术是乡民在日常生活中表达其生命意识和地缘环境的文化丛，反映了他们的情感和审美需求，也凸显了整个社会心态和民间文化的迁变，具有程式化中见个性化、即时性和现场感、鲜活悦目、朴素大方、多元混杂等审美特点。通过挖掘民间艺术的文化和审美意蕴，进而探讨在当代文化语境下民间艺术活态保护的可行性策略，旨在使丰富多样的民间艺术为人类的创造力提供源泉和不竭动力。"③

多学科交叉：聚焦非物质文化遗产保护

2014 年国务院批准文化部确定的第四批国家级非物质文化遗产代表性项目名录有 153 项、扩展项目名录 153 项。与前三批加在一起，已逾 1500 项，其中近半数与民间艺术相关。在知网搜索主题兼具"民间艺术"与"非物质文化遗产"的论文，2014 年共有 211 篇，由此可见非遗对民间艺术的辐射作用还是在逐年稳步增强的。④ 毕竟非物质文化遗产在持续评定之中，越来越多的传统艺术被纳入研究者的视野之内，非物质文化遗产的研究与保护方式探讨也需要多学科多角度的融合通约研究。非物质文化遗产本身就带有多学科的融合性，民间艺术又同样是多门类的杂糅，二者的结合并没有缩小这一选题，而是生发出诸多的可能性。

兼论民间艺术与非物质文化遗产的研究有以下几种类型：一是以民间艺术为例，着重探寻非遗的保护方法与措施。本年度有从口述史、数字化、生产性保护等角度进行研究的

① 季中扬：《论民间表演艺术的喜剧性审美经验及其文化功能》，《求索》2014 年第 7 期。
② 徐磊：《论民间艺术听觉形象及其形式节律》，《民族艺术研究》2014 年第 2 期。
③ 徐习文、谢建明：《民间艺术的文化审美意蕴及其保护》，《江苏行政学院学报》2014 年第 4 期。
④ 2013 年 193 篇，2012 年 177 篇，2011 年 158 篇，2010 年 151 篇，2009 年 97 篇。

文章。如王拓的《技艺与记忆："非遗"传承人口述史方法论的建构维度——以中国木版年画传承人口述史档案的建立为例》提出"非遗传承人口述史作为一种文化遗产的田野实践方法，所采录的内容即民间艺人身体'技艺'的经验知识及相关的全部民俗历史文化'记忆'"，二者"是构建'非遗'传承人口述史方法论的两个重要维度：即主体论维度的'技艺经验'和本体论维度的'文化记忆'。"① 近年来非遗保护数字化研究拓展速度极快，如李仁杰等的《非物质文化空间数据库与地图表达方法——基于蔚县剪纸的实证研究》从文化地理角度对蔚县剪纸进行实证研究，"通过解析蔚县剪纸文化景观，建立了包括艺人、生产作坊、文化受众、网络店铺等 10 种文化载体的空间数据库；通过不同的文化载体整合实现艺人分布空间、艺人行为空间、艺术风格空间、艺术传承空间和产销空间地图。"② 张礼敏在《自洽衍变："非遗"理性商业化的必然性分析——以传统手工艺为例》中提到"部分非物质文化遗产的起源即带有商品属性……尊重和正视这类非物质文化遗产的商业属性与现代文化创意潜力，打破'断面式'保护的思维模式，允许并助推其适应现代审美需求和生活需要的自洽性转变，通过非物质文化遗产的理性商业化，方可实现生产性保护与'非遗'的传承和振兴。"③ 对诸多民艺类"非遗"进行产业化探讨的文章亦有多篇。

第二种类型是借助非遗春风，着重探索民间艺术发展方向。耿涵、马知遥在《"非遗"语境中民间美术与艺术设计的共向发展刍议》中，直接提出了非遗与艺术学和艺术设计的联姻。文章对当代民间美术与艺术设计发展的各自困境进行了概括和推究，继而推论"注重设计的本土化与民间美术的相互影响，既是助力非遗保护工程的新角度，也是一条经济与文化并行发展的有利尝试，更是通向全民'文化自觉'的有效路径"。"艺术设计得以不断在'非遗'保护的成果中摄取和提炼视觉化的元素，不断通过从民间美术中寻找本民族最本质的文化精神来重建审美认同。这种利用本土美术元素来构筑视觉文化与商业文化的设计实践，无疑是非遗语境下本土艺术设计发展的正确方向。"④ 李鸿明在《非物质文化遗产视域下民间美术的活态传承研究》⑤ 中全方位梳理了民间美术活态传承面临的各种问题并从政府措施、市场化转变、民众传播传承体系、专家研究多方面提出了可行性解决方案。

第三种类型是将优秀民间艺术类的非遗视为中国传统文化的优秀组成部分进行传播（非自然传承）的研究。虽然某种程度上可视为第二种类型的衍生，但近年研究比重和质量渐趋增强。这种传播一方面是文化圈内部的传承，通过大众传媒和教育实现。如刘菲的《文化符号与非物质文化遗产传播研究》，⑥ 蒋宇琪的《浅析新媒介环境下非物质文化遗产

---

① 王拓：《技艺与记忆："非遗"传承人口述史方法论的建构维度——以中国木版年画传承人口述史档案的建立为例》，《内蒙古大学艺术学院学报》2014 年第 1 期。

② 李仁杰、傅学庆、张军海：《非物质文化空间数据库与地图表达方法——基于蔚县剪纸的实证研究》，《人文地理》2014 年第 3 期。

③ 张礼敏：《自洽衍变："非遗"理性商业化的必然性分析——以传统手工艺为例》，《民俗研究》2014 年第 2 期。

④ 耿涵、马知遥：《"非遗"语境中民间美术与艺术设计的共向发展刍议》，《民俗研究》2014 年第 3 期。

⑤ 李鸿明：《非物质文化遗产视域下民间美术的活态传承研究》，《文艺争鸣》2014 年第 4 期。

⑥ 刘菲：《文化符号与非物质文化遗产传播研究》，《东岳论丛》2014 年第 7 期。

的传播——以南阳鼓词为例》，[1] 田中娟的《高校公共艺术教育与区域非物质文化遗产传承研究》，[2] 于瑷、陆秀春的《民族地区学校非物质文化遗产教育实践的人类学透视——以桂西 D 与 X 小学为例》，[3] 郭凯、石慧的《高校对"非遗"项目的推广与传承——以井陉拉花为例》，[4] 等等。另一部分是文化的对外传播。如张莉的《民间文化的对外传播与文化调试——以中国民间剪纸艺术为例》论述道："民间文化是最具民族特性也是最具文化差异性的文化品类，正是这种民族性和差异性最容易引起关注。但是一味主张文化'绝对性''原汁原味'地对外传播，对'国家公关时代'的国家形象建构而言是不现实的。传播者在选择传播内容和方式时要有所取舍、提升和创新，注重对世界文化共性的展示和文化差异性的改造，注重用现代元素展示传统文化主题。这种文化调试应该成为中国民间文化对外传播树立中国良好形象的可行性办法。"[5]

总之，2014 年从非遗角度对民间艺术进行的研究充分呈现了更明显的多学科交叉的研究态势，仅上面列举的论文便包含了历史学、地理学、经济学、艺术学、人类学、教育学、传播学等诸多学科。

多门类争鸣——各民间艺术类型的创新研究

民间艺术各门类中，民间美术是种类最为繁多，研究也相对深厚的一支。2014 年，民间美术研究领域的几位大家都从宏观上着眼于城镇化进程和现代社会对民间传统的影响而发声。潘鲁生认为："在新型城镇化进程中，传统民间文化的生存空间、传承主体、发展机制、创作观念以及社会评价在发生不同程度的变化……特别是在传统文化传承、创意资源驱动以及'图像时代'美术传播具有重要影响力的当下，客观认识传统民间美术的本体样态及发展规律，全面把握城镇化进程中传统民间美术的生存状态，分析梳理传统民间美术转型变革的内在肌理和典型模式，自觉建构传统民间美术的发展策略，对于在文化生态涵养建构的基础上解决城镇化进程中的具体问题，具有现实意义。"[6] 邱春林进一步分析了民间美术的演变趋势，向大众文化与精英文化两个极端发展。但无论朝哪个方向演变，都是对"它自身文化属性的颠覆"，"实际上是草根文化深度地被商业绑架、改造和消费"。[7]

具体到民间美术各个门类，2014 年仅以剪纸为主题的论文就有 989 篇。虽然部分论

---

① 蒋宇琪：《浅析新媒介环境下非物质文化遗产的传播——以南阳鼓词为例》，《传播与版权》2014 年第 12 期。

② 田中娟：《高校公共艺术教育与区域非物质文化遗产传承研究》，《丽水学院学报》2014 年第 7 期。

③ 于瑷、陆秀春：《民族地区学校非物质文化遗产教育实践的人类学透视——以桂西 D 与 X 小学为例》，《民族艺术》2014 年第 5 期。

④ 郭凯、石慧：《高校对"非遗"项目的推广与传承——以井陉拉花为例》，《大舞台》2014 年第 3 期。

⑤ 张莉：《民间文化的对外传播与文化调试——以中国民间剪纸艺术为例》，《河南社会科学》2014 年第 9 期。

⑥ 潘鲁生：《城镇化进程中的传统民间美术研究》，《美术观察》2014 年第 10 期。

⑦ 邱春林：《民间美术的演变趋势：大众文化与精英文化》，《美术观察》2014 年第 10 期。

文依然是低水平重复性建设，但仍有多篇高质量的研究，组合形成了对剪纸进行多角度立体综合全面研究的态势。这些研究中有理论视角的创新，如张杰的论文《民间剪纸艺术本原性的图像学阐释》，运用现代图像学的理论与方法，"对民间剪纸图式中的原始性艺术特征和中国本原文化思想，进行了'前图像志'描述，图像志分析与图像学的阐释。探讨中国民间剪纸的产生与发展、传承与流变所构建'自我本真'的精神世界"。① 有对某地区剪纸艺术的个案进行的深入研究，如《河湟剪纸艺术特征探讨》② 《禾库剪纸与踏虎凿花的差异性分析》，③ 有从文化传播角度的探讨，如《民间文化的对外传播与文化调试——以中国民间剪纸艺术为例》④ 《产业化背景下蔚县剪纸的品牌传播策略研究》，⑤ 有从文化产业角度进行的探讨，如《中国满族剪纸文化产业研究——以本溪满族剪纸文化产业为例》，⑥ 有从非遗角度的探讨，如《非物质文化空间数据库与地图表达方法——基于蔚县剪纸的实证研究》，有从教育角度的研究，如《剪纸艺术在美术教育领域的传承——以南京剪纸为例》，⑦ 有从设计角度的研究，如《民间剪纸艺术的造型方式及其在现代平面设计中的运用》⑧ 《徐州剪纸的现代设计发展探析》，⑨ 等等。

除剪纸外，较为集中的是对年画的研究，2014 年度共有论文 534 篇。本年度民间美术方向的硕士毕业论文选题前所未有地集中在年画，以年画为题的毕业论文近 30 篇，如《平阳木版年画的风格研究》⑩ 《新兴木刻运动中的一支劲旅——武强年画》⑪ 《朱仙镇木版年画造型语言的二维化解析与重构》⑫ 《论杨柳青〈红楼梦〉年画的艺术特征》⑬ 《凤翔木版年画吉祥植物纹样研究》⑭ 《扑灰年画符号的形式与意义研究》，⑮ 等等。虽然硕士毕业论文对年画的研究主要仍集中于各地区年画具体艺术特征的探讨，尚囿于个案分析，但还是梳理出了清晰的脉络，作为基础研究为年画研究日后的发展做了良好铺垫。期刊论文也有多篇多角度的研究，如《画中有戏，百看不腻——从民俗艺术角度看年画中的戏曲

---

① 张杰：《民间剪纸艺术本原性的图像学阐释》，《西北美术》2014 年第 1 期。

② 万国英：《河湟剪纸艺术特征探讨》，《美术观察》2014 年第 7 期。

③ 陈剑、刘育池：《禾库剪纸与踏虎凿花的差异性分析》，《装饰》2014 年第 11 期。

④ 张莉：《民间文化的对外传播与文化调试——以中国民间剪纸艺术为例》，《河南社会科学》2014 年第 10 期。

⑤ 杜丽叶：《产业化背景下蔚县剪纸的品牌传播策略研究》，河北大学 2014 年硕士毕业论文。

⑥ 汪子入：《中国满族剪纸文化产业研究——以本溪满族剪纸文化产业为例》，《理论界》2014 年第 6 期。

⑦ 徐路雯：《剪纸艺术在美术教育领域的传承——以南京剪纸为例》，沈阳师范大学 2014 年硕士毕业论文。

⑧ 詹朋伟：《民间剪纸艺术的造型方式及其在现代平面设计中的运用》，《大舞台》2014 年第 1 期。

⑨ 钟厦、陈婷婷：《徐州剪纸的现代设计发展探析》，《美术研究》2014 年第 8 期。

⑩ 李红娟：《平阳木版年画的风格研究》，中央美术学院 2014 年硕士毕业论文。

⑪ 王海丰：《新兴木刻运动中的一支劲旅——武强年画》，中央美术学院 2014 年硕士毕业论文。

⑫ 孙光菡：《朱仙镇木版年画造型语言的二维化解析与重构》，西安美术学院 2014 年硕士毕业论文。

⑬ 蔡红曦：《论杨柳青〈红楼梦〉年画的艺术特征》，首都师范大学 2014 年硕士毕业论文。

⑭ 郎康锋：《凤翔木版年画吉祥植物纹样研究》，西安美术学院 2014 年硕士毕业论文。

⑮ 张欣：《扑灰年画符号的形式与意义研究》，广东工业大学 2014 年硕士毕业论文。

呈现》①《论山东高密扑灰年画在新农村文化建设中的传承与发展》②《时移俗易与雅俗共赏——当代社会中杨家埠年画的发展现状》③《朱仙镇木版年画的传承和保护问题研究》④《传统哲学思想对朱仙镇年画审美意识的影响》⑤《中国民间年画中人物造型的文化语境》,⑥ 等等。多篇高质量的文章极大地推动了年画研究的深入,成为 2014 年民间美术研究门类的小热点。比较有代表性的还有张锐的论文《东昌府木版年画研究——人类学视角下的审视与回顾》,论及了年画研究的田野转向与多元化趋势,认为其研究转型中依然"缺乏对两者(人与物)之间互动过程的深入讨论,'物'和'人'依然处于割裂状态"。而田野这种人类学的基本研究方法则可以通过"观察"与"体验"对该区域进行长期细致的实地考察,改善仅仅"对现存年画实物的'解读'"⑦ 的传统研究角度。王坤的论文《20 世纪中国年画的时代变迁——兼及民间文化的自身规律》认为"年画呈现出的是中华民族本质性的幸福图像"⑧,在分析年画等民间艺术在当代的艰难生存境遇后,梳理 20世纪年画的百年变迁,寻找规律,最终将保护目标落于建立"全民的文化自觉"之上。

另外值得一提的是对民间绘画的另一分支——农民画的研究。郑土有认为农民画是"政府力量(政府主管部门的组织推动引导)、精英力量(专业美术工作者辅导)、草根力量(农民作者创作)共同作用的结果","三种力量缺一不可,在不同历史阶段作用的不均衡,造就了农民画的不同风格",同时"这种艺术生产模式也是艺术创作的有效途径之一"。⑨ 郑土有的《三种力量的互动:中国农民画艺术的生成机制》、曹玮的《画匠传统与湟中农民画》、赛瑞琪的《农民画的"地方性消费难题"与产业化发展探讨——以金山农民画为个案》三篇文章,将农民画的研究推进到新的深度和广度。

其他民间工艺美术门类如塑作、雕镂、织绣、印染、编织、玩具等,亦有部分零散研究较有特色。如金艳的《苗族文化符号与现代漆画发展融合研究——以苗族刺绣为中心的考察》超越了单一工艺,在研究苗族刺绣文化符号基本特征之上,探讨"苗族刺绣与现代漆画发展融合的实践图景"⑩。赵胜男、王晓艳的《美国瑶族身份认同的物化表达——以"尤勉"刺绣与服饰为例》虽重心不在研究刺绣工艺本身,主要论述的是"瑶族'尤勉'支系从东南亚移民到美国后,仍认同于'尤勉'的身份,其表达身份认同最

① 李祥林:《画中有戏,百看不腻——从民俗艺术角度看年画中的戏曲呈现》,《民族艺术研究》2014 年第 7 期。

② 李楠:《论山东高密扑灰年画在新农村文化建设中的传承与发展》,《山东社会科学》2014 年第12 期。

③ 王媖娴:《时移俗易与雅俗共赏——当代社会中杨家埠年画的发展现状》,《民族艺术研究》2014 年第 8 期。

④ 崔晓:《朱仙镇木版年画的传承和保护问题研究》,《文艺理论与批评》2014 年第 9 期。

⑤ 刘淑娟:《传统哲学思想对朱仙镇年画审美意识的影响》,《文艺争鸣》2014 年第 10 期。

⑥ 陈欲晓:《中国民间年画中人物造型的文化语境》,《美术观察》2014 年第 9 期。

⑦ 张锐:《东昌府木版年画研究——人类学视角下的审视与回顾》,《民俗研究》2014 年第 3 期。

⑧ 王坤:《20 世纪中国年画的时代变迁——兼及民间文化的自身规律》,《民间文化论坛》2014 年第 3 期。

⑨ 郑土有:《三种力量的互动:中国农民画艺术的生成机制》,《民间文化论坛》2014 年第 1 期。

⑩ 金艳:《苗族文化符号与现代漆画发展融合研究——以苗族刺绣为中心的考察》,《四川戏剧》2014 年第 6 期。

为显著的方式是延续'尤勉'的刺绣和传统服饰。通过这一方式，美国'尤勉'不但在新生活的社区中凸显了'尤勉'的身份，还与远在东南亚的跨国'尤勉'建立了族群认同维持的纽带"，"'尤勉'刺绣与服饰仍在美国'尤勉'社会中存续的本质是其连接了跨国'尤勉'的精神与神灵世界"①，但这无疑为民间艺术的研究提供了一个极有新意的视角。伍文丽的《布依族民间蜡染工艺传承的传播学阐释——基于贵州镇宁县石头寨的调研分析》② 从传播学的角度对蜡染工艺的传播者、受众、传播渠道等方面分别阐述，并结合蜡染自身存在的问题尝试给出相关建议和对策。

民间美术的研究水平基本可以代表民间艺术研究的总体水平。徐艺乙在反思已有民间美术研究的境况时说道："研究具体个案的多，研究整体概况的少；研究文化相关的多，研究本体特征的少；研究风格特征的多，研究艺术科学原理的少"，并提出应该"进一步研究民间美术的本质特征，构建中国民间美术的知识体系，进而在恢复与重建中国人健康向上之生活方式的同时，建设有效的民间美术的传承机制，探索民间美术重返民众社会生活的途径，使民间美术重新成为民众社会生活的重要组成部分。"③ 这是对于民间美术研究现状的比较中肯的概括和乐观的展望。

民间音乐与民间舞蹈仍然是民间艺术研究的弱项。2014 年民间音乐类的研究论文有194 篇。除去音乐学方面的专业研究和音乐教育研究外，剩下的文章寥寥。比较有代表性的有乐之乐的《民间音乐传承与保护的民俗学思考——以湘西苗族民歌为例》，从民俗学视角探讨民间音乐的传承与保护。以往对民间音乐的研究过于局限在"唱腔、旋律及曲式结构等方面"，而"疏于对中国传统精神的关注和民族现实作用的估量，传承机制很难从民歌文本的关注步入人类文化共享和多样性发展诉求"，因此主张以"民俗研究范式替代单一的民歌音乐形态研究范式，才能较为全面地发现其后的概念、系统和意义体系"。④这样的观点也从侧面反映出民间音乐的以往研究很少进入民俗学和人类学的视野中，近年由于非遗的兴盛才使得对民间音乐的研究从以往单一艺术学角度转为更加广泛的社会学视角。另一篇詹一虹和周雨城的论文《中国民间音乐类非物质文化遗产分类研究》极为详细地梳理了国家公布的三批非遗名录中，民间音乐的各项比例和分类情况。分析了音乐学视角与民俗学视角、非遗视角不同分类标准造成的尴尬局面，并最终提出了可行性的"四级分类"⑤ 的尝试。此类研究目标是为国家非遗保护传承技术体系构建服务的，民间艺术也确实亟须此类打通各个学科的综合研究，非遗在某种程度上为民间艺术各类研究提供了强大的动力和综合性的视角。

2014 年民间舞蹈的研究状况与民间音乐状况类似，文章共有 201 篇，除去舞蹈教学

① 赵胜男、王晓艳：《美国瑶族身份认同的物化表达——以"尤勉"刺绣与服饰为例》，《民族论坛》2014 年第 8 期。

② 伍文丽：《布依族民间蜡染工艺传承的传播学阐释——基于贵州镇宁县石头寨的调研分析》，西南大学 2014 年硕士毕业论文。

③ 徐艺乙：《民间美术的当下与未来》，《美术观察》2014 年第 10 期。

④ 乐之乐：《民间音乐传承与保护的民俗学思考——以湘西苗族民歌为例》，《吉首大学学报》2014 年第 9 期。

⑤ 詹一虹、周雨城：《中国民间音乐类非物质文化遗产分类研究》，《湖北民族学院学报》2014 年第 3 期。

与舞蹈创作等之外，研究多着眼于各地域或各民族或各舞种特征的探讨。如罗成芳的《黔中布依族民间舞蹈特征研究》、吕婉婉的《河南洛阳民间舞蹈"九莲灯"的艺术研究》、邓芳的《藏族民间舞蹈的表演形式与艺术特征》，等等。值得一提的是刘建的《中国民间舞的本质与价值认知》揭开了民间舞蹈的尴尬处境："当民间艺人、地方文化工作者和职业民间舞者等诸多群体同时介入中国民间舞时，中国民间舞就不仅是乡土舞仪，而且还成为'非遗'对象、全民健身对象、'文化产业'对象、旅游产品对象、素质教育对象和舞台创作对象等。如此，它作为思想观念、身体呈现、仪式流程和组织制度的一体化的有机体便被瓦解。"① 关于舞蹈传承与文化的研究仍显薄弱，如刘颖的《中国民族民间舞蹈的传承与发展》、王小林的《民族民间舞蹈的继承创新与发展探析》、刘辉的《从民间舞蹈文化传承探究非物质文化遗产价值》，等等，研究尚显粗放。另外，民间戏曲研究有专门综述，本文不再赘述。

　　总体而言，2014 年民间艺术方面的研究质量及受认同情况依然差强人意。期刊网收录的论文中，有大量低水平重复建设和偏重于介绍性的文章，研究的认同度与庞大的论文数量不成正比。本年度在中国知网以"民间艺术"为主题搜索到的 1475 篇论文中，被引用数最高的论文也仅为 2 次。② 以民俗学权威期刊《民俗研究》为例，在其 2014 年刊发的文章中，研究对象为民间艺术各门类的文章仅有 3 篇。其中 2 篇《东昌府木版年画研究——人类学视角下的审视与回顾》和《面具图像神性力量的观念基础》是人类学的文章，另 1 篇《"非遗"语境中民间美术与艺术设计的共向发展刍议》则是艺术学视角。由此而见民间艺术研究的跨学科特点和民俗学研究范式在此领域的缺席。艺术学已经为诸种民间艺术类型提供了很多基础性研究，并意识到应该突破艺术本体的研究而进入艺术发展变迁的社会动因的追寻，加强对民间艺术生产、销售主体的研究，包括对其背后的文化观念和行为方式、各种影响因素的社会网络的研究等。而其实这正是民俗学可以充分发挥能力的范围。对民间艺术多些关注，确立自身在此领域的研究范式。对此，民俗学在未来可以多些思考。

---

① 刘建：《中国民间舞的本质与价值认知》，《民间文化论坛》2014 年第 6 期。

② 共有 2 篇文章被引 2 次。李光华：《民间剪纸文化的传承与保护——以云南芒市傣族为例》，《云南民族大学学报》2014 年第 5 期；陈晓芸：《关于高校声乐教学中原生态唱法与民族唱法融合》，《北方音乐》2014 年第 1 期。

2014 年物质民俗研究综述

林海聪[*]

一　简要的学术史回顾

（一）"物质民俗"的概念界定

在以往的研究中，"物质民俗"一般被定义为"人民在创造和消费物质财富过程中所不断重复的、带有模式性的活动，以及由这种活动所产生的带有类型性的产品形式。它主要包括生产民俗、商贸民俗、饮食民俗、服饰民俗、居住民俗、交通民俗和医药保健民俗，等等。"[①] 然而，这个概念过于重视物质的生产与消费过程，研究的侧重点停留在实在的物化层面，忽略了物质的象征性和人的主体性，核心的技术与知识传承被边缘化。由此可见，该定义的内涵比现代社会的物质文化研究所涵盖的内容要小得多。

事实上，我们对物质民俗的研究，不仅仅是"是什么"和"怎么做"，还应该继续追问"为什么"。就此而言，笔者更倾向于使用钟敬文的"物质文化"[②] 概念，将"物质民俗"的定义拓展为"既指物质的各种品类及其生产过程，包含人类的衣食住行和工艺制作等物化形式或经济生活，也指主体在物化过程中对生活方式的选择逻辑以及所隐含的自然观，人类在生产过程中所累积与传承的生产知识与技术。"大体上，"物质民俗"分为物质生产民俗、物质生活民俗与民间科学技术[③]三大部分。

（二）对学术史的简要回顾

物质民俗，一直以来都被视为民俗学的研究对象。苑利主编的《二十世纪中国民俗学经典·物质民俗卷》[④] 整理和收录了一批较早的民俗学研究成果，内容涵盖了饮食、服饰、石画像、居所、交通工具、缠足、农耕等领域。尤其是该书附录的一份"物质民俗研究论文索引"，收录了 1901—2000 年间的诸多期刊、论著，大致为我们呈现了 20 世纪中国民俗学物质民俗研究的学术积淀。除苑利主编的这套丛书外，简涛主编的三卷本

---

[*]　作者系中山大学中文系博士研究生。

①　钟敬文主编：《民俗学概论》（第二版），高等教育出版社 2013 年版，第 6 页。

②　本综述中的"物质民俗"也可视为"物质文化"。相关论述可详见钟敬文《民俗文化学：梗概与兴起》，中华书局 1996 年版，第 9 页。

③　在钟敬文主编的《民俗学概论》中，"民间科学技术"包括了"民间科学知识""民间工艺技术"和"民间医学"三类。考虑到"民间工艺"研究的整体性，本综述不涉及"民间工艺技术"部分，将由其他学者糅合"民间工艺"的"技术"和"美术"两部分，进行统合的综述。

④　苑利主编：《二十世纪中国民俗学经典·物质民俗卷》，社会科学文献出版社 2002 年版。

《中国民族学与民俗学研究论著目录（1900—1994）》①目录类工具书，同样划分出"物质文化与经济行为"部分，搜集和整理了民族学与民俗学两个学科的学者在 1900—1994 年间于该领域发表的期刊论文和学术专著，可供学界检索和追溯 20 世纪的民俗学物质民俗研究成果。燕京大学社会学系师生从 20 世纪 20 年代中期到 40 年代末在北京进行过社会调查，并且由学生以论文形式保留下来一批论文，其中不乏物质民俗研究成果，如 1941 年虞权的《平郊村的住宅设备与家庭生活》以及邢炳南的《平郊村之农具》。这些学术研究十分注重学理，并且大量借鉴英国社会人类学功能学派的学术理论来分析调查材料，观察、访谈与个案研究是主要采用的调查方法。回顾民国时期的民俗学学科史和学术史时，我们还应特别注意当时的学者已经开始对北平的物质民俗生活展开过局内人式的田野调查，民俗学研究呈现"社会科学化"走向。②总体而言，20 世纪前中期的研究多数以考古文物、古籍文献为研究资料，主要集中在古代民俗史的研究。由于受到西方民俗学的影响，加之学术界对"文化遗留物"观念的反思过于矫枉过正，导致民俗学界将精力大量放在精神民俗的研究之上，对物质民俗、物质文化层面的探讨相对不足，对生活方式、物质生活内容的研究缺乏贯通、完整的方法和系统。这就造成关于物质民俗的研究成果多集中在农业学、考古学以及科技史领域的研究状况，作为一种方法论的民俗学未能最大程度地彰显"社会科学化"路径，略为遗憾。

新世纪以来，从理论探索到专题研究，民俗学者都做了不少宝贵的尝试。有不少学者从理论层面上尝试性地重新建构新时期物质民俗的研究模式。在《全球化与民俗保护》③一书中，根据社会变迁的现状、信息技术的发展前景，董晓萍提出"通信民俗""经济民俗"与"休闲民俗"的新概念来拓展现代物质民俗的研究范畴，同时也关注了传统的饮食与服饰民俗文化。这本书很好地证明了当代民俗学研究社会热点问题的游刃度和协调性。此外，董晓萍的《现代民俗学讲演录》④也意在突破传统物质民俗研究的窠臼，将物质视为一种生活与文化资源，提出"粮食民俗""水利民俗"和"土地民俗"三个概念，既是对以往民俗学研究重要领域的延续与拓展，也是在现代化和全球化背景下对现代民俗的形态与功用的尝试性勾勒。最突出的是"粮食民俗"，它既涉及农业粮食生产结构，也涵盖粮农的日常生活，同时还将工业时代的粮食生产模式、粮食主权与生态环境的保护也纳入其中，最大限度地拓展了现代民俗学的农业民俗研究领域，契合了当代农业生产的全球化与机械化走向。

还有一些学者从专题领域展开了对物质民俗的探讨。李斌的《共有的住房习俗》⑤从"共有的住房习俗"入手，既关注了中国住房民俗中诸如家具、建筑一类的物质载体部

---

① 简涛主编：《中国民族学与民俗学研究论著目录（1900—1994）》，汉学研究中心 1997 年版。

② 已有学者对该话题展开过专门性的研究，朱浒、赵丽提供了详细的社会调查论文目录并进行了分类，岳永逸则从民俗学的角度、以杨堃为重点对该时期的燕大调查进行了梳理与分析。相关论述可见朱浒、赵丽《燕大社会调查与中国早期社会学本土化实践》，《北京社会科学》2006 年第 4 期，第 45—53 页；岳永逸《民俗学志与另类的中国民俗学小史：重读杨堃博士旧文》，《民俗研究》2013 年第 6 期，第 5—13 页。

③ 董晓萍：《全球化与民俗保护》，高等教育出版社 2007 年版。

④ 董晓萍：《现代民俗学讲演录》，广西师范大学出版社 2007 年版。

⑤ 李斌：《共有的住房习俗》，社会科学文献出版社 2007 年版。

分，同时也阐述了隐含其中的风水与祭祀习俗。该书将社会学和民俗学的研究方法相结合，共同探究了中国住房文化传统及其历时的文化变迁。詹娜的《农耕技术民俗的传承与变迁研究》① 和朱霞的《云南诺邓井盐生产民俗研究》② 分别就农耕和井盐两个领域的生产技术民俗展开了专题性的研究。她们一改过于关注物质生产技术和工艺这一切入路径的研究传统，将民俗学与技术史、日常生活研究进行交叉的探讨，探讨民众围绕着物化载体和生产技术建构社会网络秩序、传承日常生活习俗的文化图式。万建中的专著《中国饮食文化》③ 清晰地梳理和阐述了中国饮食文化本身的内在特质和艺术魅力，探讨了原始宗教与现代信仰中的饮食习俗、日常生活中的饮食礼仪，同时还对中西饮食文化结构进行了比较研究。该书还从民俗学的视角关注到饮食与口头文学在狂欢与口腔运动上的共同性，认为筵席是民间文学最为流行的场合之一，有助于民间文学的展演和传播，这部分论述是不同于其他饮食文化研究的特色所在。周星的论文集《乡土生活的逻辑：人类学视野中的民俗研究》④ 中收录了多篇关于生活文化的研究论文，意在扩展文化人类学与民俗学的解释力。他不仅关注到日常生活的时空变化与文化脉络和社会秩序之间的互构关系，同时也探讨了日常生活事象所蕴含的潜在乡土文法和民间知识体系。

回顾学术史，我们发现民俗学者在物质民俗领域已经取得不少成果，开始了理论探索，并且非常注重将物质生活与精神信仰、文化逻辑相结合，呈现出一种整体性的研究意识。本综述特择上述重要的、综合性的、具有学术开创性的民俗学研究成果进行简要的回顾，以便大家了解民俗学研究物质民俗的学术状态。

二　2014 年物质民俗研究综述

由于物质民俗贯穿在人类的各种日常生活行为之中，与衣食住行、吃穿用度、生产消费息息相关，故而也是最容易被学者所观察和感受到的民俗文化内容。以"物质民俗""物质文化"以及各种传统事项（如"商业民俗"）名称为关键词，通过检索专著出版情况以及中国知网、台湾华艺线上图书馆等电子期刊检索平台，纵观 2014 年中国民俗学学科立场下的学术研究，共计有专著 12 部，中文核心期刊论文 42 篇符合综述要求。根据前述物质民俗的定义和分类，本部分的综述原则上分为"物质生产民俗""物质生活民俗"与"民俗医疗与民间医药知识"三大核心部分。以下将按照研究成果的多寡情况重新分类和整理，展开述评。

（一）综合性物质文化研究

孙机的《中国古代物质文化》⑤ 和宋兆麟的《古代器物溯源》⑥ 是 2014 年物质民俗研究成果中最令人瞩目的两本"百科全书式"的学术普及论著。孙机在该书中充分使用了

---

① 詹娜：《农耕技术民俗的传承与变迁研究》，中国社会科学出版社 2009 年版。
② 朱霞：《云南诺邓井盐生产民俗研究》，云南人民出版社 2009 年版。
③ 万建中：《中国饮食文化》，中央编译出版社 2011 年版。
④ 周星：《乡土生活的逻辑：人类学视野中的民俗研究》，北京大学出版社 2011 年版。
⑤ 孙机：《中国古代物质文化》，中华书局 2014 年版。
⑥ 宋兆麟：《古代器物溯源》，商务印书馆 2014 年版。

传世文献、笔记小说与考古资料，详细而全面地检视了古代的器具、食材、建筑、文具、乐器、武器等日常生活物品以及科学技术引进传播、发明创造的源流演变过程。内容恢宏而叙述简明扼要，还兼顾了西方物质文化的发展历史，不仅吸收了学术界的最新成果，更可贵的是，该书还对某些学术谬误进行了精准的考辨与修正，有助于具体问题的正本清源，以便后人更了解古人鲜活真实的生活情境。宋兆麟的著作同样是考论古代器物及其相应的生活习俗的源流演变过程。除了依靠文物、图像等考古学资料以外，该书还利用民族志调查和田野实践所搜集的资料来补充和解释传统的物质文化现象。该著作对部分文物的鉴定提供了可靠的理论依据，在少数民族的器物文化上着墨颇多，并且考察了与器物类物质文化密切相关的神话传说、节俗、历法以及萨满信仰，并且提出"半月形文化带"的观点来概括这些名物背后所蕴含的文化之间所存在的内在联系。这些都有助于我们从宏观的角度重新审视中国民族迁徙史和边疆文化的发展演变史。

此外，重庆大学出版社重新结集出版了《沈从文说文物》[①] 这套丛书，其中的"器物篇""服饰篇""民俗篇""织锦篇"四册，则收录了沈从文综合器物、织锦、服饰等实物的材料、形制和图案纹样以及考古文物和传世文献资料，研究历史文物发展沿革的考古鉴赏类文章，同样对日后的物质民俗研究颇具启发。

（二）物质生产民俗

1. 技术民俗

近年来现代技术对民众传统的日常生活产生巨大冲击，"非遗"保护运动便应运而生，这也促使关于日常器用生产与工艺技术的研究成为物质生产民俗的热门话题。方李莉在《从中国陶瓷史看近代中国社会中的俗文化趋势》[②] 中从社会史的角度考察了俗文化的城市化过程，尤其是民间文化对陶瓷生产的商业化和世俗化影响，旨在通过明清以来的陶瓷史反观中国社会结构和民众审美思想的变迁，立意较为宏大。王文超的《清代至民国以来北京脱胎漆艺的技术民俗考察》[③] 结合清宫内务府造办处的档案和田野调查资料，对清代至民国以来北京传统脱胎漆艺的技术民俗进行了考察。该文不同于以往研究重点完全是关注技术本身的研究，而是将漆艺的技术纳入手工行业知识系统和师徒传承的行业民俗文化中进行整体性讨论。考虑到传统制造技艺融合了人的创造性与自然的地域性，于富业的《我国传统制造技艺类非物质文化遗产保护与传承的生态环境研究》[④] 从自然生态环境和人文生态环境两个角度对我国传统制造技艺类非物质文化遗产保护与传承中所存在的若干生态环境问题展开了讨论。张礼敏在《自治衍变："非遗"理性商业化的必然性分析——

① 沈从文：《沈从文说文物》，重庆大学出版社 2014 年版。

② 方李莉：《从中国陶瓷史看近代中国社会中的俗文化趋势》，《民俗研究》2014 年第 6 期，第 47—55 页。

③ 王文超：《清代至民国以来北京脱胎漆艺的技术民俗考察》，《河北广播电视大学学报》2014 年第 19 卷第 3 期，第 15—21 页。

④ 于富业：《我国传统制造技艺类非物质文化遗产保护与传承的生态环境研究》，《广西社会科学》2014 年第 1 期，第 47—51 页。

以传统手工艺为例》① 一文中跳出主流文化对经济的价值评判，重新审视非物质文化遗产的商业属性，认为现代"非遗"的生产性保护应该重新适应现代审美需求和日常生活需要之间的自洽性转变，理性利用市场和国家资源来调整和发展"非遗"项目，才能真正激发"非遗"的内在潜能。高艳芳、孙正国的《日常需求与文化创意："生产性保护"的观念与路径》② 一文认为当代非遗保护存在误导非遗的本质属性与当代价值的问题，而非遗的"生产性保护"应该充分考虑日常生活需求，兼顾精神与物质两个层面，以文化创意为路径整体性保护非遗。彭兆荣在《深刻"工"铭与"功"名——碑名制世业传袭之文化遗产研究》③ 中考释了"工"的传统文义和"工种"的精细化历史过程，认为融合有形与无形于一体的"深刻"不但是工艺技法和艺术效果的呈现，同时也是一种可规范行业道德的特殊的碑名制世业传袭制度。在他看来，在宗法制家庭传统浓厚的中国社会里恢复"碑名制世业"这一文化遗产，或许能够更好地保障工件质量、规范市场的生产行为。陈丹的《凉山彝族传统漆器工艺当代传承与发展调查》④ 则回顾了凉山彝族传统漆器工艺的发展与保护的历史变迁情况，指出由于历史原因、人才流失、生漆短缺、生产经营不善等历史与经济原因，导致彝族漆器工艺面临着传承人的代际交替存在断层、产品质量参差不齐、市场萎缩的现实挑战。

2. 生产与消费民俗

农业领域的生产、生活民俗也较受学者关注。蔡磊的《村落劳作模式：生产民俗研究的新视域》⑤ 将目光重新转向传统的村落生产劳作模式，结合村落研究和生产民俗研究的学术成果，重新梳理和综述了劳作模式研究的学术理路，认为它有助于民俗学进一步展开日常生活整体研究、研究对象主体性和民俗的身体性等领域的学术探索，推动民俗学回归生活世界，引导物质民俗的研究走向村落生活语境的自觉。邱运胜在《三七种植与乡村社会文化——以云南建水宁寨彝族村为个案》⑥ 中，以云南宁寨彝族村落的三七种植为田野调查对象，不仅关注了三七这一农作物的生产民俗，还关注了与农业生产相关的社会关系网络。他发现，当地围绕三七种植形成了一种基于姻亲关系的合作经营模式，而且三七的生产影响了当地其他民间口头传统的展演，并且重塑了地方的财富观念。吴成立的《文化、历史与"盐"——对西藏盐井地区盐文化的口述史调查研究》⑦ 这一研究以西藏澜沧江畔盐井地区为调查对象，发现当地民众通过以盐为媒介，糅合本地和外来的不同民

---

① 张礼敏：《自洽衍变："非遗"理性商业化的必然性分析——以传统手工艺为例》，《民俗研究》2014 年第 2 期，第 66—74 页。

② 高艳芳、孙正国：《日常需求与文化创意："生产性保护"的观念与路径》，《民俗研究》2014 年第 3 期，第 151—159 页。

③ 彭兆荣：《深刻"工"铭与"功"名——碑名制世业传袭之文化遗产研究》，《文化遗产》2014 年第 3 期，第 67—72 页。

④ 陈丹：《凉山彝族传统漆器工艺当代传承与发展调查》，《文化遗产》2014 年第 3 期，第 73—82 页。

⑤ 蔡磊：《村落劳作模式：生产民俗研究的新视域》，《学海》2014 年第 4 期，第 122—127 页。

⑥ 邱运胜：《三七种植与乡村社会文化——以云南建水宁寨彝族村为个案》，《文化遗产》2014 年第 2 期，第 38—44 页。

⑦ 吴成立：《文化、历史与"盐"——对西藏盐井地区盐文化的口述史调查研究》，《文化遗产》2014 年第 6 期，第 97—102 页。

族和宗教的多元文化资源,形成了大量丰富的口承叙事以及相应的民间信仰活动,最终建构了独具特色的藏区"盐文化"。

此外,刘强的《近代沈阳招幌民俗变异解析》① 追溯了近代以来沈阳地区"招幌"这一商业民俗的文化变迁,认为商业发展过程中信息媒介、行业文化、技术材料等现代化直接导致该商业民俗事象最终消逝。石莉萍的《兰州交通民俗信仰与禁忌》② 简要勾勒了兰州地区历史中的交通民俗信仰与禁忌。还有学者从自然资源和生态环境的角度探讨作为文化遗产和传统民俗资源的区域性物质民俗。③

作为人类生存文化的主体部分,物质生产民俗直接反映了人与自然的协调关系,也最直观地反映了人与人之间的物质交换关系和经济行为模式。除了传统的基本学术关注点,如何在当今市场经济条件下合理地维持和发展传统的优秀手工艺,寻找商业性与艺术性之间的平衡,使之重新焕发发展生机,同时又兼顾生态资源有效地循环利用,则是物质民俗研究领域值得继续思考和挖掘的现实性问题。

(三)物质生活民俗

由于衣食住行是人类日常生活最基本的要素,从研究成果的数量上而言,物质生活民俗这一方面自然成为物质民俗领域成果最多的研究对象。按照研究的主题,本部分大致上分为如下三大类进行综述:

1. 饮食民俗

王熹在《澳门传统茶楼的文化图景——以〈澳门乡土茶事〉为中心的考察》④ 一文中以《澳门乡土茶事》一书所记载的历史文献资料为基础,对澳门传统茶楼的饮茶习俗之发展演变过程和文化特色作了简要梳理。该作者认为,澳门茶楼的饮茶风气和经营模式不仅受到岭南文化的浸染,也融入了西洋的现代文化元素。刘德增的《板橙、座次与合餐——秦汉坐席、座次与分餐纠正》⑤ 根据古籍文献和图像资料,探究了秦汉时期不同场合中参与者的坐姿、座次,并对饮食的组织方式作了考据,认为分案而餐与共案合食这两种饮食模式在秦汉时期是共存的。赵旭东、王莎莎的《食在方便——中国西北部关中地区一个村落的面食文化变迁》⑥ 以中国关中地区一个村落的面食习俗为研究对象,并追溯其变迁历程。他们认为,由于女性角色在社会生活中的地位发生变化,考虑到烹制的方便和经济,无论是村民的日常生活还是节庆筵席,都促使面食技艺开始机械化和商业化。林

① 刘强:《近代沈阳招幌民俗变异解析》,《兰台世界》2014 年第 10 期,第 105—106 页。

② 石莉萍:《兰州交通民俗信仰与禁忌》,《黑龙江史志》2014 年第 22 期,第 41—42 页。

③ 刘芝凤:《闽台海洋民俗文化遗产资源分析与评述》,《复旦学报》(社会科学版)2014 年第 3 期,第 57—63 页;周嘉:《晋南水利社会民俗符号的文化寻绎》,《中央民族大学学报》(哲学社会科学版)2014 年第 5 期,第 67—71 页。

④ 王熹:《澳门传统茶楼的文化图景——以〈澳门乡土茶事〉为中心的考察》,《民俗研究》2014 年第 2 期,第 114—120 页。

⑤ 刘德增:《板橙、座次与合餐——秦汉坐席、座次与分餐纠正》,《民俗研究》2014 年第 6 期,第 32—39 页。

⑥ 赵旭东、王莎莎:《食在方便——中国西北部关中地区一个村落的面食文化变迁》,《民俗研究》2014 年第 5 期,第 122—128 页。

斯瑜的《闽粤赣边地区的族群变迁与饮食结构调整》① 一文以"客家菜"为研究对象，认为"客家菜"源自于传统的客家饮食，是客系族群迁徙历史和山区生活经验双重因素作用下的产物。作为历史层累下的文化选择，"客家菜"既是客家人自我消费及供他人消费的饮食系统，也是"客家人"用于自我认同和宣扬的文化符号。

还有一些学者则从"非遗"保护的角度探讨饮食习俗的传承与发展。杜莉、张茜在《川菜的历史演变与非物质文化遗产保护发展》② 中追溯了川菜的成型过程，探讨了作为非物质文化遗产的川菜体系的保护和发展现状，认为"后申遗时期"的川菜传承应该更加注重民众的参与，保护工作的核心应由"重申报"转为"重保护"。周永广、粟丽娟的《文化实践中非物质文化遗产的真实性：径山茶宴的再发明》③ 则关注了"径山茶宴"这一仪式化寺院茶礼的展演过程，借用本雅明的"光环"这一概念以探讨旅游文化语境下的地方文化传统的再创造及其"真实性"问题。该文认为，以"径山茶宴"为代表的遗产旅游文化的再发明是文化市场化的过程，其真实性"建立于原始存在与现实旅游文化市场之上"。

2. 服饰习俗

有学者对中国民俗所蕴含的身体观念展开了研究。王庆的《嚼杨枝：历史上的洁齿习俗》④ 考据了中国口腔清洁习俗的历史，认为嚼杨枝的洁齿习俗是随着佛教流传到中国，从语言学的角度指出该习俗由中国再传入了朝鲜半岛和日本。冯智明的《以发寄魂与身体之孝：红瑶人蓄长发的文化逻辑》⑤ 以蓄长发这一标志性身体特征为对象，讨论了红瑶人"以发寄魂"的身体观念和以护理头发践行孝道的社会秩序观。

张蓓蓓的《女服褾子形制源流辨析——从唐宋之际"尚道"之风及女冠服饰谈起》⑥ 立足于古代服饰美学，对唐宋之际的女服褾子形制源流进行了梳理，并且指出这一服饰形制的流行与当时社会中妇女"尚道"的风气直接有关，也体现了道教女冠的世俗化倾向。刘乐乐的《从"深衣"到"深衣制"——礼仪观的革变》⑦ 则对"深衣"这一服饰形制的学术研究进行了简要回顾和考辨，认为"深衣"的发展经历了由礼转向美的观念变化。周星在《本质主义的汉服言说和建构主义的文化实践——汉服运动的诉求、收获及瓶颈》⑧

---

① 林斯瑜：《闽粤赣边地区的族群变迁与饮食结构调整》，《文化遗产》2014 年第 6 期，第 45—52 页。

② 杜莉、张茜：《川菜的历史演变与非物质文化遗产保护发展》，《农业考古》2014 年第 4 期，第 279—283 页。

③ 周永广、粟丽娟：《文化实践中非物质文化遗产的真实性：径山茶宴的再发明》，《旅游学刊》2014 年第 7 期，第 23—30 页。

④ 王庆：《嚼杨枝：历史上的洁齿习俗》，《民俗研究》2014 年第 1 期，第 75—79 页。

⑤ 冯智明：《以发寄魂与身体之孝：红瑶人蓄长发的文化逻辑》，《民俗研究》2014 年第 6 期，第 142—148 页。

⑥ 张蓓蓓：《女服褾子形制源流辨析——从唐宋之际"尚道"之风及女冠服饰谈起》，《民族艺术》2014 年第 4 期，第 140—146 页。

⑦ 刘乐乐：《从"深衣"到"深衣制"——礼仪观的革变》，《文化遗产》2014 年第 5 期，第 111—119 页。

⑧ 周星：《本质主义的汉服言说和建构主义的文化实践——汉服运动的诉求、收获及瓶颈》，《民俗研究》2014 年第 3 期，第 130—144 页。

一文中拓展了传统汉服运动的研究视野，将以互联网为平台的汉服运动也纳入考虑，认为当代的汉服运动在言说层面具有追求文化纯粹性的本质主义特征，而其线下的户外汉服运动等文化实践活动则具有建构主义特色。作者认为，当代汉服运动在言说与实践这两个维度所呈现的不一致，客观上也反映了汉服运动未将民众服饰在日常生活上的一般功能与其象征性两方面兼顾的发展现状。此外，他还在《2012 年度中国"汉服运动"研究报告》[①]中详细地追溯了 2012 年以来中国"汉服运动"的发展与变迁现状。还有一些学者则关注了少数民族服饰中的文化意义和信仰内涵。[②]

3. 居住民俗

刘晓春的《日本、台湾的"社区营造"对新型城镇化建设过程中非遗保护的启示》[③]梳理了 20 世纪 60 年代以来中国台湾与日本的"社区营造"所积累的有效经验，旨在探讨中国大陆新型城镇化过程中，挖掘地方自足的物质文化产业资源和社区建筑景观特色，激发地方民众的主体性，地方社会重新激发自生力量，从而改善当地居住环境和提高居民生活品质，达到地方社区良性发展的可能性。赵寰熹的《北京八旗物质文化遗产的空间格局研究》[④] 则以北京八旗物质文化中的空间格局为研究对象，梳理了北京八旗文化的层次关系。

4. 器物研究

一些学者延续传统研究的路径，针对民间日用器物的文化意义及其设计、消费的民俗心理、文化传统展开了研究。巩天峰的《晚明造物艺术的经世致用造物观——以〈天工开物〉为例》[⑤] 以宋应星及其所著的《天工开物》为例，讨论和分析晚明时期关注民生日用等普通器物涉及与生产的士大夫所持的"经世致用"造物观念及其形成原因。在作者看来，《天工开物》所呈现的"效用于日用之间"的设计感，正是士大夫受到传统儒学"博学""实学"的学术浸染，同时又糅合了自身日常生活实践和自省式体悟的结果。施晔的《从物质层面探讨中国古代性风俗的扛鼎之作——高罗佩〈秘戏图考〉、〈中国古代房内考〉的性文化史意义》[⑥] 从物质层面探讨了高罗佩《秘戏图考》《中国古代房内考》所呈现的"重物"这一性文化观念及其两本著作对新文化史研究的拓展性意义。颜湘君

---

①　周星：《2012 年度中国"汉服运动"研究报告》，载张士闪主编《中国民俗文化发展报告》，北京大学出版社 2014 年版，第 145—174 页。

②　耿英春：《试论青海藏族服饰中的心意民俗》，《青海社会科学》2014 年第 2 期，第 188—192 页；王金玲：《布依族服饰民俗中的文化生态》，《贵州民族大学学报》（哲学社会科学版）2014 年第 2 期，第 13—16 页。

③　刘晓春：《日本、台湾的"社区营造"对新型城镇化建设过程中非遗保护的启示》，《民俗研究》2014 年第 5 期，第 5—12 页。

④　赵寰熹：《北京八旗物质文化遗产的空间格局研究》，《首都师范大学学报》（自然科学版）2014 年第 35 卷第 5 期，第 67—73 页。

⑤　巩天峰：《晚明造物艺术的经世致用造物观——以〈天工开物〉为例》，《民族艺术》2014 年第 4 期，第 147—153 页。

⑥　施晔：《从物质层面探讨中国古代性风俗的扛鼎之作——高罗佩〈秘戏图考〉、〈中国古代房内考〉的性文化史意义》，《文化遗产》2014 年第 2 期，第 10—19 页。

的《民俗游艺和日用器物中的文学传播与接受》[1] 从文化传播的角度，探讨了作为传播媒介的民俗游艺活动和日用器物与文学的互动关系。该选题确实很好地呈现了民俗生活文化中的礼俗互动与文化接受过程，同时也为后人了解当时社会生活的基本风貌提供了具体的还原材料。

有些学者则聚焦于古代的器物制作造型和墓葬器物的造物美学，为我们探讨古人的美学观念与生活哲学提供了一个较新的视角。练春海的《器物图像与汉代信仰》[2] 通过对熏炉、钱树、树灯、阳遂、铜镜、玉璧、武器、铜鼎等汉代器物造型及其图像纹饰流变的讨论，试图分析汉代人们"事死如生"的信仰与"器以载道"的文化心理，重新发现器物在墓葬美术系统中的建构性意义。龙红的《古老心灵的挖掘：中国古代造物设计与神话传说研究》[3] 将古代器物的"文字""图形"和"实物"三者结合起来，探讨了无形的神话传说对有形的器物设计所产生的影响，以及造物设计对神话传说的重新阐释与再创造。徐东树在《西周器物的"符号化"及其意识形态转换》[4] 一文中对西周器物的器物组合、纹饰、铭文等外在物质形式和生产技术进行了分析，意在探讨器物这一物质形式的生产制度化背后所蕴含的权力化意识形态以及"德治"的新式价值观内核。作者不再停留在对物自性的描述，而是意在勾连物质具体形式与社会文化结构变迁之间相互的阐释性张力。郎剑锋的《烁身以成物——中山灵寿故城"人俑拜山"陶器组合的文化意义》[5] 解读了中山灵寿故城"人俑拜山"陶器组合背后的文化意义，认为这反映了古代青铜冶铸过程存在传世文献所谓的"烁身以成物"观念，而出土的陶山反映了古中山国的"崇山"意识。宋丙玲在《汉画中的用香习俗探析——从一块东汉画像石说起》[6] 一文中断定东汉画像石中的图像内容即为线香，并通过该图像资料和文献记载重新审视了汉代早期的用香习俗。

（四）民俗医疗与民间医药知识

在民间科学技术方面的物质民俗研究，主要集中在民俗医疗和民间医学领域。王志清的《作为民俗医疗手段的农区蒙古族朝圣习俗——以烟台营子村慢性病老人群体为研究对象》[7] 以东北农区蒙古族聚居村落中慢性病老人的五台山朝圣习俗为研究对象，通过深入访谈后发现，当地慢性病老人群体将朝圣作为一种传统而有效的民俗医疗手段，并且形成了以"灵验"为主题的宗教体验与口头叙事。朝圣习俗影响着地区的孝道评价机制，

---

① 颜湘君：《民俗游艺和日用器物中的文学传播与接受》，《文化遗产》2014 年第 6 期，第 37—44 页。

② 练春海：《器物图像与汉代信仰》，生活·读书·新知三联书店 2014 年版。

③ 龙红：《古老心灵的挖掘：中国古代造物设计与神话传说研究》，重庆大学出版社 2014 年版。

④ 徐东树：《西周器物的"符号化"及其意识形态转换》，《民族艺术》2014 年第 2 期，第 137—144 页。

⑤ 郎剑锋：《烁身以成物——中山灵寿故城"人俑拜山"陶器组合的文化意义》，《民俗研究》2014 年第 4 期，第 102—106 页。

⑥ 宋丙玲：《汉画中的用香习俗探析——从一块东汉画像石说起》，《民俗研究》2014 年第 6 期，第 40—46 页。

⑦ 王志清：《作为民俗医疗手段的农区蒙古族朝圣习俗——以烟台营子村慢性病老人群体为研究对象》，《原生态民族文化学刊》2014 年第 6 卷第 3 期，第 119—123 页。

被患病者的子女必须遵从的社会事实则进一步说明，这一民俗活动不仅发挥了医疗功能，而且具备民俗控制功能。芦笛在《古代灵芝文化的形成、社会认同和影响——以正史资料为中心的考察》① 中以古代关于灵芝的文献记载为材料，对灵芝的采集和进献、灵芝文化的宗教色彩、灵芝的象征、灵芝的名实问题的各方面进行了概述。在作者看来，灵芝文化的发展得益于秦汉以来的神仙信仰和天人感应理论，最终被皇权、宗教、艺术、医学等不同力量视为"祥瑞"。李相兴的《滇西白族传统温泉治疗仪式与变迁》② 以作为滇西白族传统医疗文化缩影的传统温泉治疗为研究对象，完整地描述了一套相关的民俗治疗仪式，并且揭示了其中的"神药两解"特性和独特的文化时空观。同时，该文也注意到现代交通和硬件设施条件的便捷化、日常休闲的商业化操作给这一传统治疗仪式所带来的世俗化变迁。

关注当代非遗语境下的民间医疗文化保护与传承状况，是该领域的另一个切入点。林敏霞的《道—学—技—承：中国非物质文化遗产理论图式建构的"中医"启示》③ 针对近现代以来中医在中国的边缘化遭遇、"申遗"过程中的困境和悖论两大问题，重新反思和论述中国非遗文化的本土性、多样性，从"医道""医学""医技"和"医承"四个层面重新认知"非遗"的价值，意在促进"中国非物质文化遗产理论体系和图式"的形成。程玲俐、张善云的《羌族医药非物质文化遗产传承与发展探索》④ 则关注了羌族的医药文化，尤其是将当代市场经济的社会环境考虑在内，尝试性探讨了当代保护、传承和弘扬羌族非物质文化的发展模式。

就目前的研究现状而言，民俗学主要着力于民间医药、民俗医疗技术方面的田野调查与文献整理，成果较为丰硕。然而，对其他民间技术与民俗知识结构的探究稍显不足，对民间知识的生产过程、民众认知的运作逻辑等方面的调查研究略显单薄，则是该领域研究所存在的不足之处。

三　结语

综上所述，我们可以看到，2014 年度物质民俗的研究成果颇为丰硕，学者们不仅有扎实细致的考证性分析，也对特定物质民俗事项尝试性地做了还原和阐释，还有一些研究则从理论角度对现有的学术成果做了概述和反思。然而，该领域的研究仍然存在不少问题，有待民俗学者们进一步充实和解决。本部分试对民俗学的物质民俗研究做如下简要述评：

（一）尽管当代的"非遗"保护运动给某些物质民俗发展、保护和研究带来了一线生机，但是相较于其他民俗内容的研究而言，对物质民俗的研究有被忽视和被边缘化的倾

① 芦笛：《古代灵芝文化的形成、社会认同和影响——以正史资料为中心的考察》，《文化遗产》2014 年第 6 期，第 30—36 页。

② 李相兴：《滇西白族传统温泉治疗仪式与变迁》，《民族研究》2014 年第 5 期，第 74—83 页。

③ 林敏霞：《道—学—技—承：中国非物质文化遗产理论图式建构的"中医"启示》，《文化遗产》2014 年第 6 期，第 103—110 页。

④ 程玲俐、张善云：《羌族医药非物质文化遗产传承与发展探索》，《西南民族大学学报》（人文社会科学版）2014 年第 5 期，第 55—58 页。

向，且某些领域在 2014 年间可能存在研究的盲点。我们不应该在反思中国民俗学发展史时，因为过去的研究存在重视"文化遗留物"观点这一问题就因噎废食、矫枉过正，忽略甚至贬低物质民俗的研究价值和学术意义。物质民俗研究作为民俗学的基本研究对象、精神民俗的传承载体，其学术价值应与精神民俗处于同等重要的位置，民俗学者有必要重新对其给予重视。还有一个值得关注的现象，就是理论民俗学和应用民俗学之间应该有效地衔接。已有不少民俗学者、地方文化学者在实践过程中直接参与了民俗博物馆或民族博物馆的建设与材料搜集工作之中。贵州省六枝特区于 1997 年成立的梭戛生态博物馆内就收藏了大量当地的长角苗民具，① 上海博物馆也开辟了"中国少数民族工艺馆"，收藏和陈列了近 600 件的少数民族服饰工艺、染织绣、金属工艺、雕刻品、陶器、漆器、藤竹编和面具艺术等物品。② 除此之外，北京、天津、南京等地还特意设置了民俗博物馆，收藏了大量的服饰、家具、商业、游艺、节俗文物实物。实际上，相关博物馆馆员同样在从事与物质民俗有关的保护与研究工作，这种将民俗保护与理论研究工作相融合的"公共民俗学"发展路径同样也应该值得肯定。但更为重要的是，民俗学者一方面应该继续探讨文化政策的制定与实践部分，另一方面也要尊重作为文化承担者、生产者的地方群众，尊重他们的生活价值与文化主体性，促使物质民俗在日常生活中延续、传承、实践与保护，而非仅仅简单地变成"标本"。

（二）由于当代社会文化变迁极为强烈，新兴民俗的兴起与传统民俗事象的消亡使得传统权威教材中的"物质民俗"概念界定已经无法涵盖当代日常生活研究的诸多新鲜面相，应该有所摒弃与增补，与时俱进。此外，传统的物质民俗分类体系下的各种民俗事象之间的界限并不明晰，而且既往研究的触角多数停留在物质的外化层面，对物的象征性、物与社会心性的揭示仍显不足，对民俗的物化事象与日常生活中的社会交际网络之间文化脉络的勾勒乏善可陈。实际上，诸如历史学、人类学、文艺学等其他学界在这一问题上已经积累了不少优秀的研究成果。③ 其中所呈现的学术路径对物质民俗研究的展开大有裨益，可资借鉴。我们不仅要关注"物质文化"的"文类"式归类与研究，更应该意识到物质民俗更是一种"物质行为"④，还原物质的生产与活动场景，体现主体由民俗过程所产生的感官刺激与情感反应。民俗学应该更多地在生产民俗、民俗生活的研究过程中关注和呈现人的主体性和感情面向，真正体现人与物之间的"德性"衔接，重新点燃民俗学

---

① 孟凡行曾对贵州六枝梭戛长角苗民具展开过研究，详细论述可见孟凡行《民具的性质与文化结构——以贵州六枝梭戛长角苗民具为个案》，载色音主编《民俗文化研究》，知识产权出版社 2010 年版，第 107—133 页。

② 上海博物馆网站关于"中国少数民族工艺馆"的文字介绍资料，详细可见 http：//www. shanghaimuseum. net/cn/cldg/cldg_ ssmz. jsp。

③ 黄应贵主编：《物与物质文化》，（台湾）"中央研究院"民族学研究所 2004 年版；阎云翔：《私人生活的变革：一个中国村庄里的爱情、家庭与亲密关系（1949—1999）》，龚小夏译，上海书店出版社 2009 年版；张柠：《土地的黄昏：中国乡村经验的微观权力分析》，中国人民大学出版社 2013 年第二版；[美] 白馥兰：《技术与性别：晚期帝制中国的权力经纬》，江湄、邓京力译，江苏人民出版社 2010 年版。

④ "物质行为"的提法来自曾担任过美国民俗学会会长的学者迈克尔·欧文·琼斯，详细论述可见 [美] 迈克尔·欧文·琼斯《手工艺·历史·文化·行为：我们应该怎样研究民间艺术和技术》，游自荧译、张举文校，《民间文化论坛》2005 年第 5 期，第 78—89 页。

对土地、对自然的人文情怀和文化温度。

（三）2014 年内，多数的物质民俗研究著述仍然是区域性的、历史性的民俗事象研究。诚然，历史民俗、民俗文献、物质民俗史的整理和研究确实具有较大的学术价值，也为我们日后的物质民俗研究提供了大量的研究资料和文献线索。但是，在当代社会文化生活结构产生巨大变迁、社会生活的物质技术、交流媒介发生变革，国民生活方式与国家政策调整之间发生密切关联的社会情境之下，民俗学的研究很少及时介入一些现实话题的社会探讨中，民俗学在物质民俗研究领域所应具有的文化批评能力尚未得到更深刻的体现，对公共生活和政府决策的影响力有限。例如，当代社会生活空间的变化，导致居所拥有者与建造者之间关系的简单化乃至脱节，同时中国人居所空间布局的调整与当代的家庭器具革新、内部成员之间的隐私关系变迁同样关系密切。又比如，在当代中国的现代化生活中，如何进行垃圾分类和处理不光是靠技术就能完全解决，更涉及民众的生活习惯和文化观念。因此，如何改变城乡居民的垃圾处理行为同样是一个极具现实意义的社会热点问题，亟待解决。或许，如何拓展都市民俗学、现代民俗学中的物质民俗的研究，如何提升民俗学研究对当代社会热点问题的敏锐度，在诸多现代性社会生活问题的讨论中发挥所长，进行必要的文化批评，提供一些可操作的建议，完全可以作为下一阶段物质民俗研究的学术着力点。

回顾 2014 年的物质民俗研究，不乏扎实细致、见解独特的学术论文和著作。然而，冰冻三尺非一日之寒，物质民俗研究领域似已成为民俗学界边缘化的冷门领域，加之对现实的社会问题和现代都市新兴民俗的关注不足，缺乏足够的学术积淀。好在 2015 年已经拉开序幕。那么，让我们拭目以待新一年的物质民俗研究成果，希望上述问题都能在一定程度上得到改善。

2014 年人生仪礼研究综述

萧　放　　贺少雅[*]

　　人生仪礼是发生在人的生命历程中重要节点，如出生、成年、结婚、死亡等特殊时空下的具有一定仪式的行为过程，主要包括诞生礼、成年礼、婚礼和丧葬礼。严格来讲，生日庆贺和祝寿仪礼也属于人生仪礼的内容。现代民俗学发轫之初，学界就已经开始关注人生仪礼的研究，但还是片断的、零散的，理论探讨也处于初始阶段；20 世纪 80 年代恢复学科建设之后，民俗学研究迎来了繁荣期，人生仪礼的研究也开始大量涌现，尤其是在婚丧仪礼方面取得了一定的成果。进入 21 世纪以来，随着学科体系的完善和学科交叉研究的发展，民俗学的人生仪礼更加深入，新材料不断出现，新理论不断引进，研究视野更为广阔，出现了很多有益的探索，产生了一批可喜的成果。比如，学者萧放较早开始关注人生仪礼研究，发表了不少文章论述人生礼俗、成年礼的论文，2013 年又在《广西师范大学学报》（哲学社会科学版）主持"人生仪礼研究专栏"，介绍了近年来学界人生仪礼方面的一些重要成果，包括王琛发《华人传统殡葬礼仪的社会教育功能》、龙晓添《丧礼中的女性——以〈仪礼〉〈朱子家礼〉记述为例》、凌远清《网墓符号特性与清明网祭之仪式意义》、邵凤丽《当代乌拉街满族春节祭祖仪式现状及其价值》、何斯琴《宋明士庶礼书述略》五篇文章[1]，这些论文从文献研究与田野调查、本土研究与域外研究的不同视角出发，对中国传统礼仪的传承演变与当代生存状态作了概观介绍，在学界引起了一定反响。2014 年学者彭牧发表《同异之间：礼与仪式》一文[2]，提出研究中国礼俗应该关注西方的仪式（Ritual）与中国"礼"的不同，同时还要注意礼与俗这两个并行不悖的传统，对学界人生仪礼的理论探讨是很好的启发。我们看到，当前学界人生仪礼的研究正在不断推进，所以有必要对既有的研究成果进行认真梳理，以利于研究的拓展和深入。

　　本部分综述需要说明的问题如下：一、评述依据主要是中国知网的研究论文，具体分为诞生礼、成年礼、婚礼和丧葬礼四个部分，每部分开篇介绍搜索到的论文总量，然后主要以研究主题进行分类评述，最后就主要成果和存在的问题作小结。二、因每部分研究成果轻重不同，故选择论文的年限依材料而定，具体而言：婚礼、丧葬礼部分的研究成果丰富，故仅以 2014 年的成果择要进行评述；诞生礼部分成果相对较少，故以 2004—2014 年十年时间为限作综述；成年礼部分研究又弱，故以 21 世纪以来相关成果为据。并且，本着推进本学科深入研究之旨，在评述中多兼及人类学、民族学、历史学的相关成果，尤以

　　* 萧放：北京师范大学文学院教授；贺少雅：北京师范大学文学院博士研究生。
　　① 参见《广西师范大学学报》（哲学社会科学版）2013 年 2 月刊载文章。
　　② 彭牧：《同异之间：礼与仪式》，《民俗研究》2014 年第 3 期。

诞生礼和成年礼部分为多。三、与单纯的仪式概念不同，人生仪礼是有关人的生命历程的研究，看似有所区隔的仪礼形态相互之间有时会出现交叉，礼俗特征难免有相似共通之处，因而有很多综论性文章泛论整个人生仪礼的特征、文化内涵，或者同时研究诞生礼和成年礼，或者将婚丧并论。鉴于此，为避免重复讨论，一些文章依照其与主题的相似性来归类，比如王丹《清江流域土家族"人观"研究——基于"花鼓子"与"撒叶尔嗬"的考察》一文同时涉及诞生礼和丧礼，但其研究内容与其他学者有相同的部分，所以归入丧葬仪礼部分进行讨论。四、人生仪礼的研究成果丰富，仅以中国知网论文为据，虽难以概全，但也可见一斑（具体内容详见下文）。

一 诞生礼

诞生礼作为人生的开端礼，意味着人从生物性的存在向社会化存在的身份转换。由于诞生礼内容的特殊性以及我国重视子嗣的历史传统，我国的诞生礼包括了从祈求怀孕到孕育生子乃至庆生的一系列礼仪，其所涵盖的内容相当丰富。但是总体而言，与婚丧仪礼研究相比，诞生礼的研究成果较少，故本部分以近十年的研究成果为基础进行总体介绍和评述。通过中国知网全文搜索，以诞生礼相关内容为关键词，以1984—2014年为研究时限，共检索到研究论文200余篇（包括博士、硕士毕业论文），2004—2014年共156篇，所涉学科包括民俗学、人类学、教育学、社会学、人口学、历史学、社会性别学等，从总的趋势来看，近十年来学术界对诞生礼的关注度正在逐步升温，这可能与现在人们普遍注重优生优育、重视儿童的家庭教育和传统教养知识传承等有关。就民俗学领域而言，论文内容大多为民族志式的描述和记录，文献考索的研究较少；从地域和民族角度来说，各地区、各民族的诞生礼俗多有差别，但又多有相通之处，故为叙述方便，下文依照研究内容进行分类。

（一）生育习俗及其文化内涵研究

民俗学历来重视民俗志资料的积累，并在此基础上展开文化分析，这依然是当前诞生礼研究的主流。冯智明《"自然"身体的文化转化：瑶族诞生礼的过渡意义》[①] 一文运用范·根纳普的过渡仪礼理论，对广西桂林市龙胜各族自治县江底乡岭externa红瑶的诞生礼进行了考察。文章认为，从婴儿"脱身"到满月的见身认亲再到对岁的卜志改运，这一系列礼俗行为使得产妇和新生儿实现了身份的转换，尤其是对于新生儿来说，其从此实现了从"自然"身体向社会身体的转化，开始了与社会和周遭环境的互动。杨秀《黔西陇戛寨长角苗人生育习俗调查》[②] 一文也从身份转换的角度对当代的长角苗人生育习俗进行了分析。蔡磊的《仪式中的象征与结构——以周城诞生礼为例》[③] 一文运用仪式和象征理论，对周城白族诞生礼的象征意义及其与当地社会秩序建构之间的关系作了探讨。热依拉·达

---

① 冯智明：《"自然"身体的文化转化：瑶族诞生礼的过渡意义》，《广西社会科学》2014年第1期。
② 杨秀：《黔西陇戛寨长角苗人生育习俗调查》，《民间文化论坛》2006年第5期。
③ 蔡磊：《仪式中的象征与结构——以周城诞生礼为例》，《中华文化论坛》2004年第4期。

吾提的《麻扎与维吾尔族妇女——从麻扎朝拜谈维吾尔族妇女的生育观》[1] 一文通过大量的田野调查,对新疆多个地区的麻扎信仰进行了详细考察,并指出麻扎在妇女关系网络的建立和身心调节等方面发挥了重要作用。唐娜《贵州贞丰苗族独特的诞生礼——"打三朝"考察》[2] 通过田野调查展现了贵州贞丰苗族的生育观、生育习俗及独特的诞生礼"打三朝"的程序和仪式,认为"打三朝"仪式是个体社会化的开始,体现着强烈的传宗接代愿望,更重要的是一个展现女子才华的机会,成为女性宣泄压力、彰显力量的狂欢。热依拉·达吾提和唐娜的研究还是将社会性别视角运用于个体诞生礼研究中的可贵尝试。

(二)生育信仰研究

关于生育信仰的研究一直为学界所关注,有些研究虽非民俗学业内专论,但也为民俗学研究提供了很好的资料和研究角度。中国的生育神神灵谱系非常复杂,既有送子观音、碧霞元君等普适性大神,也有临水夫人、鬼子母(九子母)、满族佛多妈妈、壮族花婆等各种地方神,探讨的角度各一。比如,叶明生《临水夫人与妈祖信仰关系新探》[3] 对闽台及海内外有重要影响的两位女神进行了对比研究,指出二者虽然在当代信仰形态上存在差别,但实质上其神格、社会功能等具有很多重合之处,并通过多种材料对临水夫人与妈祖信仰的衍变及互相关系作了全面论述。项裕荣《九子母·鬼子母·送子观音:从"三言二拍"看中国民间宗教信仰的佛道混合》[4] 一文通过古典小说等文献查考,对于三者的源流关系进行了梳理,认为"九子母"经道教本土化后成为"鬼子母",而"鬼子母"影响了送子观音的产生。孟慧英的《佛立佛多鄂漠锡妈妈探究》[5] 一文介绍了满族祭祀鄂漠锡妈妈(或称佛多妈妈)的"换索"仪式,由此得出"换索"仪式是萨满教乌麦女神信仰在满族中的一个重要分支的结论。这部分的研究成果很多,仅以此略窥概貌。

生殖崇拜、生殖巫术和生育禁忌研究。这方面的研究成果也不少,兹举几例。于成宝的《从〈老子〉母性生殖崇拜的角度解读〈太一生水〉——兼论其在先秦学术史上的意义》[6] 一文指出了《老子》一书中"水"的意象所体现出的生殖崇拜,并由此来解构《太一生水》一书,认为其是道家融合了阴阳家学说的一次尝试,这种民俗学角度的解读很有新意。陶红、张诗亚的《西南少数民族生殖崇拜研究述评》[7] 对 20 世纪80 年代以来学界对西南少数民族生殖崇拜的研究进行了综述,对于民俗学、民族学等相关学科研究者很有参考价值。张静怡在《汉族埋胎衣民俗初探》[8] 一文中对汉代以来

① 热依拉·达吾提:《麻扎与维吾尔族妇女——从麻扎朝拜谈维吾尔族妇女的生育观》,《西北民族研究》2004 年第 1 期。

② 唐娜:《贵州贞丰苗族独特的诞生礼——"打三朝"考察》,《民间文化论坛》2009 年第 4 期。

③ 叶明生:《临水夫人与妈祖信仰关系新探》,《世界宗教研究》2010 年第 5 期。

④ 项裕荣:《九子母·鬼子母·送子观音:从"三言二拍"看中国民间宗教信仰的佛道混合》,《明清小说研究》2005 年第 2 期。

⑤ 孟慧英:《佛立佛多鄂漠锡妈妈探究》,《中央民族大学学报》(哲学社会科学版)2008 年第 2 期。

⑥ 于成宝:《从〈老子〉母性生殖崇拜的角度解读〈太一生水〉——兼论其在先秦学术史上的意义》,《民俗研究》2013 年第 6 期。

⑦ 陶红、张诗亚:《西南少数民族生殖崇拜研究述评》,《民族研究》2008 年第 2 期。

⑧ 张静怡:《汉族埋胎衣民俗初探》,《民俗研究》2008 年第 4 期。

的埋胎衣习俗，包括胎衣的处理方法、埋胎衣的方位及相关禁忌进行了详尽的文献梳理，进而对六朝以来形成的胎衣禁忌进行了分析，最后对埋胎衣习俗所蕴含的灵魂观念及其历史变迁进行了阐述。该文对历史文献的考索甚为详细，结论也很有说服力，可为诞生礼部分历史民俗学研究的一个范本。谷凤娟的硕士论文《辽东民间儿童收惊习俗研究》① 将田野调查、文献资料和心理分析理论相结合对辽东地区儿童收惊习俗的传承状态和特征、作用机制和功能等进行了研究，揭示了潜藏于民众内心的文化心理和深层信仰。

（三）儿童养育礼俗研究

儿童养育礼俗是诞生礼的主要内容，也是目前学界最为关注的内容。儿童养育礼俗的内容大致包括：洗三、踩生、取名、剃头、做十二天（又称小满月）、满月、百日、周岁等②。应该说，很多诞生礼的研究文章（包括上文提到的论文）都有这些礼俗细节的描述，但这里仅评述对诞生礼某一个细节进行专门研究的论文。比如黄晓的硕士论文《"抓周"仪式的文化解读——以广德地区为例》③ 虽稍嫌简略，但是其专门择取诞生仪礼中的抓周环节进行了个案研究，是一个很好的探索。另外，近年来，不少博士、硕士毕业论文，对传统育儿习俗及其变迁以及新时期的城乡育儿习俗进行了一些开拓性的研究。比如，吴金铃硕士论文《暴力符号下的现代都市育儿——以沈阳市 P 小区为例》④ 以 20 世纪 80 年代后出生的都市育龄人群的育儿习俗为对象，梳理了中国 80 后一代处于传统与变迁中的育儿习俗，发现全球化浪潮下的都市育儿具有强烈的同质化现实，并表达了对这种育儿趋势的隐忧。刘玉梅的博士论文《在京朝鲜族父母育儿方式研究》⑤ 虽为教育学方面的研究，但其研究对象和理论与民俗学多有交叉之处，对当前民俗学城市诞生礼的研究而言不失为一种很好的借鉴。

（四）生育文化宏观研究

与前面的诞生礼研究侧重点的不同，这部分有关生育文化的探讨更注重从宏观层面对传统与现代的生育文化进行探讨。比如，仲富兰《上海生育文化：从传统向现代的转换与嬗变》⑥ 一文对上海生育文化的内涵、特点进行了分析，然后着重对当前的生育现象和问题，包括独生子女问题、单亲妈妈问题、外来人口生育现象等进行了分析，并提出了相应的对策。社会学者翟振武、盛亦男《长白山生育文化的多元性研究》⑦ 认为，长白山地

---

① 谷凤娟：《辽东民间儿童收惊习俗研究》，辽宁大学 2012 年硕士学位论文。

② 关于普遍存在于北方地区的十二岁"圆锁"仪式的文化内涵，研究界存在争论，有的研究者认为其属于成年礼范围，有的认为该仪式虽具有成年礼的意味，但应划定为青春期民俗养育，即归为儿童养育礼俗，同样存在争论的还有一些地区七夕节乞巧仪式活动中的成年礼意蕴。本文暂时搁置争议，为叙述方便将"圆锁"仪式和七夕节乞巧的成年意义讨论文章统一归入成年礼部分。

③ 黄晓：《"抓周"仪式的文化解读——以广德地区为例》，安徽大学 2012 年硕士学位论文。

④ 吴金铃：《暴力符号下的现代都市育儿——以沈阳市 P 小区为例》，辽宁大学 2013 年硕士学位论文。

⑤ 刘玉梅：《在京朝鲜族父母育儿方式研究》，中央民族大学 2012 年博士学位论文。

⑥ 仲富兰：《上海生育文化：从传统向现代的转换与嬗变》，《历史教学问题》2008 年第 6 期。

⑦ 翟振武、盛亦男：《长白山生育文化的多元性研究》，《人口学刊》2012 年第 5 期。

区在历史上是移民文化、民族文化、外来文化交汇的地区，各种文化互相影响和交汇，形成了当地独具特色的生育文化。在这种生育文化的影响下，长白山地区一直稳定于低生育水平上，对新型生育文化建设具有借鉴意义。可以看出，这部分的研究多与政策分析、政策制定有关，但在现象分析过程中也对当前的生育习俗、生育观念进行了概括和评述。

此外，历史学者对生育文化的研究也为民俗学研究提供了很好的资料和视角。比如李小红《计产育子：宋代南方家庭人口的自我调适》[①] 一文对宋代南方地区出现的计产育子习俗进行了史料勾稽和考索，并对其生育观念和行为背后的时代原因作了分析。黄英《论两宋时期的生子不举习俗》[②] 通过历史考索，对于两宋时期曾经影响较广的生子不养育习俗进行了分析，认为生子不举的原因主要是由于农户的贫困、身丁钱的征收、厚嫁之风的盛行等，并认为其限制了一些地区劳动力的增长、导致人口性别比例严重失调、败坏了宋朝社会伦理道德。

（五）诞生礼历史变迁研究

处于社会急剧转型期的中国社会，随着科技的进步、人们思想意识和价值观念的转变，人生仪礼尤其是诞生礼习俗发生了很大的改变，关于这方面的探讨很多。比如汤夺先等的《我国淮河流域乡村庆生仪礼的调查研究——以淮南市四个村庄为例》[③] 一文通过实地调查，对当地独特的庆生礼仪进行了详细描述，揭示了庆生仪礼的文化内涵，并着重分析了其得以传承的重要因素及其变迁原因。郭莲纯的《满族育儿习俗的嬗变》[④]、朱和双和李金莲的《阿昌族民间的生育习俗及其文化变迁》[⑤] 等文章也从不同侧面对不同地区和民族生育习俗的历史变迁作了探讨。

（六）其他方面的研究和探讨

客观而言，人生仪礼不仅仅是特定时空下的仪式过程，而是与民众的民俗生活密切相关，因而有不少研究涉及人生仪礼与音乐、饮食、服饰等的探讨，诞生礼部分也是如此。比如崔荣荣、牛犁《民间服饰中的"乞子"主题纹饰》[⑥] 就民间服饰中的情爱文化和生殖文化题材纹饰进行了分析，探讨了其背后所蕴含的民俗文化内容。

最后需要提到的是学者张勃的《祈孕≠祈子说——兼及民众的生育观》[⑦] 一文，该文明确指出目前民俗学诞生礼研究中存在概念混乱现象，建议引入含义内容更广的"祈孕"一词来指代民俗社会为实现受孕而举行的各种仪式和行为过程。究其原因一是学术规范，

---

① 李小红：《计产育子：宋代南方家庭人口的自我调适》，《中国矿业大学学报》（社会科学版）2004 年第 2 期。

② 黄英：《论两宋时期的生子不举习俗》，《内江师范学院学报》2011 年第 9 期。

③ 汤夺先等：《我国淮河流域乡村庆生仪礼的调查研究——以淮南市四个村庄为例》，《淮南师范学院学报》2012 年第 4 期。

④ 郭莲纯：《满族育儿习俗的嬗变》，《满族研究》2008 年第 3 期。

⑤ 朱和双、李金莲：《阿昌族民间的生育习俗及其文化变迁》，《楚雄师范学院学报》2008 年第 5 期。

⑥ 崔荣荣、牛犁：《民间服饰中的"乞子"主题纹饰》，《民俗研究》2011 年第 2 期。

⑦ 张勃：《祈孕≠祈子说——兼及民众的生育观》，《民俗研究》2004 年第 3 期。

二是因为祈求生育作为诞生礼仪的重要环节其实贯穿在整个人生仪礼当中。这样的看法是有一定见地的，希望引起学界，尤其是人生仪礼研究者们的重视。

总之，尽管相对于婚丧礼仪来说，诞生礼的研究相对薄弱，但是近年来随着社会上育儿观念的转变，人们对儿童养育的重视，学界对诞生礼俗的资料收集和理论探讨也日渐增多，并且紧扣当前时代发展，有不少开拓性研究和集中探讨，相信诞生礼的研究领域会出现更多富有时代特色的有意义的研究成果。

二 成年礼

成年礼是一个青年人真正为社会承认，获得某种社会权利和资格的标志性仪礼。因而，其对于一个个体、家庭、社会、国家等都具有重大意义。成年礼在人类社会普遍存在，又因族群、区域而存在不同的形态。在中国传统社会，尤其是汉族社会，冠婚丧祭是为个体人生和民俗生活的重要礼仪，男子冠礼被称为"礼之始"。关于汉族成年礼的历史记载起自上古，但后来因多种原因中断于世，所幸一些礼俗在民间仍有不同程度的传承。而由于历史发展不均衡，很多少数民族成年礼得以相对完整地传承至今。就学术研究而言，与诞生礼的研究相似，成年礼的研究也属薄弱一环。根据中国知网成年礼相关搜索词进行不完全统计，1986—2014 年共有专论性文章 130 余篇（含博士、硕士毕业论文），其中 2000—2014 年 109 篇，为便于学界的进一步研究，本部分适当延长综述年限，以 21 世纪以来的主要研究成果为基础进行讨论。正如前文所述，由于人生仪礼是一个长时段的过程性的生命仪礼，所以有的很难截然分开，比如有的成年礼已融入婚礼之中，因而本部分仅就专论性文章作评述。

综观近些年的中国成年礼研究，可以发现，虽然起步较晚，却出现了井喷式的研究局面，大量的历史文献和民俗志资料集中涌现，并出现了相对集中的类型，相关理论探讨也在向多学科交叉的纵深方向发展。就民俗学领域而言，对民间习俗的考察较多，对历史记载考究较少，涉及的相关研究也较为零散，因而为便于本学科成年礼研究的进一步开展，也将相关学科研究成果一并列入。归纳如下：

（一）成年礼的文化内涵研究

客观而言，民俗学关于中国古代成年礼的研究非常少，而文学、历史学、社会学、教育学等学科的研究参考价值很大。目前学界的成年礼研究主要集中在古代汉族成年礼，尤其是男子冠礼方面，着重对成年礼的起源、仪节、特征、类型、功能及其文化内涵等进行探讨。戴庞海的《先秦冠礼研究》[①] 对冠礼的起源、仪式要素等相关内容进行了深入研究，同时他还发表了一系列相关论文对冠礼的文化内涵等基本问题展开讨论，但因其偏重于历史学研究，故未过多涉及民间礼俗文献及相关探讨。类似研究还有彭勇《明代皇室冠礼述评》[②]、杨朝明《传统的"成人礼"与学校人文教育》[③]、周倩平《冠礼文化探

---

① 戴庞海：《先秦冠礼研究》，中州古籍出版社 2006 年版。

② 彭勇：《明代皇室冠礼述评》，《北京联合大学学报》（人文社会科学版）2010 年第 2 期。

③ 杨朝明：《传统的"成人礼"与学校人文教育》，《济南大学学报》（社会科学版）2010 年第 6 期。

微——中国古代成年礼的文化特征》①、焦杰《试论先秦冠礼和笄礼的象征意义》②、黄春霞《从周代笄礼制度看〈召南·采蘋〉主旨》等③。其中，焦杰和黄春霞对女子笄礼的研究值得注意，我们知道，由于诸多原因，男子冠礼的历史记载多于女子笄礼，故而应该纳入社会性别学的研究角度。专注于青年研究的学者平章起长期致力于成年礼研究，其《成年礼的社会学分析与青年研究的理论建设》④ 一文是为代表，虽然是从社会学角度的分析，但对于民俗学的应用研究很有启发。

其次是对成年礼的仪式要素包括了发式改变、易服换装、拔牙文身、特殊考验等的探讨。唐启翠的《东房与"再生"圣地——从冠礼空间看中国神话历史》和《"再生"神话与庆春式——冠礼仪式时间探考》⑤ 二文运用出土文献、民族志等大量资料，结合运用人类学、民俗学、神话学等理论，对冠礼的时空问题进行了深入探讨。王政《大汶口文化"握牙"葬俗与拔牙古俗的巫术文化内涵》⑥ 就上古的握牙、拔牙、凿齿、折齿等一系列与成年礼相关的身体民俗进行了文化分析。马金亮《周代冠礼中取"字"仪节的文化意义》⑦ 结合现代人类学民族志材料，对成年礼仪式中取"字"仪式及其文化象征意义作了探讨。高颖的硕士毕业论文《中国古代成人礼服饰研究》⑧ 虽是设计学领域的研究但文章对文献所见的成人礼服饰记载进行了考究，并对当代成人礼服饰设计提供了思路。关于这部分民俗学和民族学、人类学的研究成果也很多，为叙述方便，列入下文讨论。

（二）成年礼的历史变迁研究

有关汉族成年礼的探讨在中国传统社会一直受到关注，尤其是在社会上层一直到近代都有礼仪实践者，民间社会也一直有自己的一套礼仪文献记载和礼仪实践。就目前的研究来看，关于成年礼的历史研究还主要集中于个别朝代，且着重于社会上层的实践，而对民间社会的关注不够。萧放《从成年礼的传承变异看传统社会生活中的文化示范意义》⑨ 从民俗学角度，运用国家礼制文献、文人礼书、地方志等资料，从社会上下层礼俗互动的视角出发，勾勒出了自上古至当代成年礼（主要是男子冠礼）的传承变迁过程，分析了变迁原因，特别指出宋代是上层社会礼制俗化、民间社会被纳入礼治范围（即上下层礼俗互动融合）的关键时期，此后上层成年礼得以在民间社会大范围通行，并对不同时期成年礼的文化示范意义进行了分析。其后又发表《"上头"与"庆号"：明清以来的冠礼》⑩

① 周倩平：《冠礼文化探微——中国古代成年礼的文化特征》，《文艺评论》2011 年第 8 期。

② 焦杰：《试论先秦冠礼和笄礼的象征意义》，《南开学报》（哲学社会科学版）2011 年第 4 期。

③ 黄春霞：《从周代笄礼制度看〈召南·采蘋〉主旨》，《湖北文理学院学报》2013 年第 12 期。

④ 平章起：《成年礼的社会学分析与青年研究的理论建设》，《当代青年研究》2007 年第 5 期。

⑤ 唐启翠：《东房与"再生"圣地——从冠礼空间看中国神话历史》，《重庆文理学院学报》（社会科学版）2010 年第 4 期；《"再生"神话与庆春式——冠礼仪式时间探考》，《百色学院学报》2010 年第 1 期。

⑥ 王政：《大汶口文化"握牙"葬俗与拔牙古俗的巫术文化内涵》，《民族艺术》2008 年第 1 期。

⑦ 马金亮：《周代冠礼中取"字"仪节的文化意义》，曲阜师范大学 2012 年硕士学位论文。

⑧ 高颖：《中国古代成人礼服饰研究》，浙江理工大学 2012 年硕士学位论文。

⑨ 萧放：《从成年礼的传承变异看传统社会生活中的文化示范意义》，《民俗典籍文字研究》第一辑，商务印书馆 2003 年版。

⑩ 萧放：《"上头"与"庆号"：明清以来的冠礼》，《文史知识》2004 年第 1 期。

一文进一步对明清以来的成年礼变迁,尤其是中下层社会成年礼的形态和变迁进行了梳理,认为冠礼作为成人仪式,目的是要贯彻"成人之道",维护既有的宗族伦理秩序,因而具有非常突出的教育意义。上文提到虽有部分汉族冠礼的断代研究,但基本是从历史学的角度进行考察,而学者萧放的研究更多是从民俗学角度,着眼于礼俗互动的理论探讨,对民俗学的成年礼研究具有重要的指导意义。

(三) 成年礼的当代传承形态和价值研究

关于成年礼的研究,更多的研究者将眼光放于当前,探究成年礼的当代传承、教育意义和价值,并基于当前社会建设需要提出富有建设性的意见和建议。

1. 传统成年礼的当代传承研究

汉族的成年礼研究。由于大量民俗志材料的挖掘和探讨,学界目前关于汉族成年礼的研究基本可以分为几个较为明确的区域,所探讨的民俗事象也日渐集中,主要包括四个区域。一是对上海地区"庆号"仪式的研究。"命号"是汉族冠礼的重要部分,最迟至民国时期在广大农村地区仍有传承,有的单独举行,有的与婚礼相结合。而作为独立形态的"命号"仪式,以上海地区的"庆号"仪式保留最为完整。马流辉的《从成年礼到同辈共同体——上海农村"庆号"习俗的社会学考察》① 一文对传承至今的上海农村"庆号"仪式内容进行了考察,指出作为传统成年礼的变体仪式,"庆号"仪式适应当代社会发展变化,已经由个体化、家族化行为转变为具有村落集体性的同辈共同体,成年礼的象征意义也不断向组织功能过渡。这是一种适应当代经济社会结构及其变迁的产物。该文虽是从社会学角度出发的考察,但基于田野调查的文化解释仍具有极大的说服力。文末,作者也对渐次退出历史的传统"庆号"仪式在当代社会能否继续发挥作用表示了关注。二是对山西为主要传承地的十二岁"圆锁"仪式的研究。涉及区域包括山西、陕西、内蒙古(汉族)、河南、山东等地。李亚妮硕士毕业论文《青春期民俗教育——2001—2002年陕西关中地区三村田野调查与地方文献资料的描述和分析》② 是较早论及山陕地区"圆锁"习俗的论文,作者在田野调查基础上对十二岁"圆锁"仪式和相关习俗进行了描述,提出十二岁"圆锁"仪式与传统的诞生礼和成年礼存在差异,并将其纳入传统青春期民俗教育的长时段范围内来考察,由此展示了"圆锁"仪式与成年礼的差异。这种概念的提出具有一定理论价值。其后关于"圆锁"仪式的研究论文接续不断,出现了史亚楠《民间"圆锁"习俗的发展与演变——以山西、内蒙古地区为例》③、王迪的硕士毕业论文《内蒙古呼和浩特市地区"圆锁"习俗的变迁及社会功能分析》④、王志芳《山西圆锁礼

---

① 马流辉:《从成年礼到同辈共同体——上海农村"庆号"习俗的社会学考察》,《民俗研究》2013年第5期。

② 李亚妮:《青春期民俗教育——2001—2002年陕西关中地区三村田野调查与地方文献资料的描述和分析》,北京师范大学2006年硕士学位论文。

③ 史亚楠:《民间"圆锁"习俗的发展与演变——以山西、内蒙古地区为例》,《法制与社会》2008年第20期。

④ 王迪:《内蒙古呼和浩特市地区"圆锁"习俗的变迁及社会功能分析》,内蒙古师范大学2012年硕士学位论文。

仪浅析——以大同为主要考察点》等多篇论文①，这些研究均注意到"圆锁"仪式的成年礼意味，注重其文化功能、时代变迁和现实意义，而较少理论和概念层面的深层探讨。三是对七夕节成年礼俗的研究。涉及地域包括福建、浙江、台湾、广东、甘肃等。陈勤建《当代七月七"小人节"的祭拜特色和源流——浙江温岭石塘箬山与台南、高雄七夕祭的比较》②一文通过对传承至今的浙江、台湾等地七夕"小人节"节俗的调查和比较研究，认为二者共同源于宋代七夕习俗。王亚红《甘肃陇南汉水流域乞巧节的"通过仪礼"意蕴阐释》③探究了乞巧节对女性成长和社会整体的功能和意义，提出乞巧节具有女性"过渡仪礼"的意蕴。随后，储冬爱的《甘肃西和与广州珠村两地乞巧文化的比较》④一文对广州乞巧节和甘肃乞巧节进行了对比研究，肯定了乞巧节的女性成年礼功能，但并未具体展开，而是更多从当前社会发展背景下的文化开发和保护角度对两地节日的现状和发展趋势作了讨论。刘宗迪《陇南七夕风俗的异域渊源》⑤也注意到七夕的成年礼意味，但文章主要是从比较民俗学和中心交通史的角度来探究陇南七夕的来历及其与波斯文化的渊源，此外张勃的《从乞巧到中国情人节——七夕节的当代重构及意义》⑥是从当代节日重建的角度认为应该将传统七夕节的成年礼活动进行继承和重构。

少数民族成年礼研究。若以民族分布区域论，一是对西北地区伊斯兰信仰下的维吾尔族、哈萨克族、回族的男子成年礼割礼的集中研究。比如卡沙依丁·艾合买提的《试析维吾尔族人生礼仪的文化内涵》、盖金伟的《新疆回族人生礼仪的文化变迁与现代意义》等⑦。二是对西南少数民族，如瑶族、藏族、羌族、彝族、布依族等的研究。张泽洪《仪式象征与文化涵化——以瑶族度戒的道教色彩为例》⑧、冯智明《以发寄魂与身体之孝——红瑶人蓄长发的文化逻辑》⑨、宋俊华《蓝田瑶族"舞火狗"的文化类征与保护价值》⑩均是涉及瑶族成年礼的讨论，"度戒"是带有特殊考验的瑶族男子成年礼，红瑶人蓄长发和"舞火狗"习俗则侧重女子成年礼。林继富的《人生转折的临界点——母题数

① 王志芳：《山西圆锁礼仪浅析——以大同为主要考察点》，《牡丹江师范学院学报》（哲学社会科学版）2012年第1期。

② 陈勤建：《当代七月七"小人节"的祭拜特色和源流——浙江温岭石塘箬山与台南、高雄七夕祭的比较》，《广西师范学院学报》（哲学社会科学版）2005年第2期。

③ 王亚红：《甘肃陇南汉水流域乞巧节的"通过仪礼"意蕴阐释》，《临沧师范高等专科学校学报》2010年第1期。

④ 储冬爱：《甘肃西和与广州珠村两地乞巧文化的比较》，《文化遗产》2014年第6期。

⑤ 刘宗迪：《陇南七夕风俗的异域渊源》，《民间文化论坛》2014年第5期。

⑥ 张勃：《从乞巧到中国情人节——七夕节的当代重构及意义》，《文化遗产》2014年第1期。

⑦ 卡沙依丁·艾合买提：《试析维吾尔族人生礼仪的文化内涵》，盖金伟：《新疆回族人生礼仪的文化变迁与现代意义》，《喀什师范学院学报》2009年第4期。

⑧ 张泽洪：《仪式象征与文化涵化——以瑶族度戒的道教色彩为例》，《民族艺术》2013年第2期。

⑨ 冯智明：《以发寄魂与身体之孝——红瑶人蓄长发的文化逻辑》，《广西社会科学》2014年第1期。

⑩ 宋俊华：《蓝田瑶族"舞火狗"的文化类征与保护价值》，《文化遗产》2010年第3期。

字"十三"与藏族成年礼》①、看吉卓玛的《试论安多贵德地区藏族女子成人礼之禁忌文化》② 和李正元的《川西北羌族成年仪式的调查研究——"十三仪式"的象征人类学分析》③ 则是对藏族、羌族成年礼文化意蕴的研究。

2. 转型时期成年礼现状和重建研究

众所周知，由于传统文化的复兴以及国家、社会、家庭等对青年人教育重视程度的提高，自 20 世纪 90 年代以来，全国广大地区，尤其是城市里，以学校为载体，出现了普遍的成年礼当代实践，而农村更多的是自然传承。研究者们对当代城乡成年礼的传承和演变形态进行了大量的资料收集和有益的理论探讨。李晓冬的硕士毕业论文《当代成年仪式实践的民俗学调查——以京闽两地为个案》④ 对北京多个中学的成年礼实践以及福建部分城乡的当代成年礼进行了较为丰富的田野调查，在对传统与当代进行比照的基础上，作者对于当代成年礼重建提出了富有建设意义的实践指导和理论建议。沈月华《仪式中民间力量与国家力量的博弈——以当下成人礼的两种形态为例》⑤ 也是传统与现代成年礼的比较研究，作者认为仪式传承只有置于乡土文化生活中才能得以复归与重构。类似研究还有陈婧《台湾现代成人礼教育意蕴研究》⑥、阎崴《当代我国成年仪式教育功能及其实现研究——基于对北京某中学调查的多维比较分析》⑦ 等，虽多从教育角度出发，但为民俗学的应用提供了诸多可参鉴之处。陈文敏、董天策的《电视"成人礼"仪式及其文化表意分析》⑧ 一文则特别对在青年人中影响较大的湖南卫视成年礼进行了研究，肯定了大众传媒介入传统成年礼传播所起到的积极作用。

此外，学者周星连续发表《新唐装、汉服与汉服运动——二十一世纪初叶中国有关"民族服装"的新动态》《本质主义的汉服言说和建构主义的文化实践——汉服运动的诉求、收获及瓶颈》⑨ 二文则从对当前传统文化复兴过程中兴起的"汉服热"现象进行了深入剖析，其中也提到了汉服在当代成年礼中的应用和存在的问题。

① 林继富：《人生转折的临界点——母题数字"十三"与藏族成年礼》，《青海民族研究》2004 年第 1 期。

② 看吉卓玛：《试论安多贵德地区藏族女子成人礼之禁忌文化》，《西藏艺术研究》2013 年第 1 期。

③ 李正元：《川西北羌族成年仪式的调查研究——"十三仪式"的象征人类学分析》，《北方民族大学学报》（哲学社会科学版）2011 年第 4 期。

④ 李晓冬：《当代成年仪式实践的民俗学调查——以京闽两地为个案》，北京师范大学 2014 年硕士学位论文。

⑤ 沈月华：《仪式中民间力量与国家力量的博弈——以当下成人礼的两种形态为例》，《非物质文化遗产研究集刊》，2009 年。

⑥ 陈婧：《台湾现代成人礼教育意蕴研究》，华东师范大学 2014 年硕士学位论文。

⑦ 阎崴：《当代我国成年仪式教育功能及其实现研究——基于对北京某中学调查的多维比较分析》，中央民族大学 2009 年硕士学位论文。

⑧ 陈文敏、董天策：《电视"成人礼"仪式及其文化表意分析》，《新闻大学》2013 年第 2 期。

⑨ 周星：《新唐装、汉服与汉服运动——二十一世纪初叶中国有关"民族服装"的新动态》，《开放时代》2008 年第 3 期；《本质主义的汉服言说和建构主义的文化实践——汉服运动的诉求、收获及瓶颈》，《民俗研究》2014 年第 3 期。

（四）其他相关研究

研究综述类文章。戴庞海《冠礼研究文献综述》[①] 以历史为轴，梳理了自先秦至今的汉族冠礼研究文献，兼及港台及国外的相关研究，并对冠礼研究存在的问题提出了看法。该文主要偏于历史文献，而较少关注民间礼仪文献资料。王权、关溪莹《"五四"以来汉族成年礼研究述评》[②] 以历史发展为经，以研究的问题为纬，分三个阶段对"五四"以来汉族成年礼文献和研究论文进行了甚为全面的梳理，具有非常重要的参考价值。

民间故事与成年礼研究。成年礼不仅仅是一种特定时空下的仪式，很多时候是作为一种教育方式，分散于民俗文化生活之中。陈金文的《壮族民间故事〈一幅壮锦〉与成年礼》[③]、陈烁的《敦煌讲史类变文与成人仪式考论》[④] 等研究则从民间叙事文学与成年礼的相互关系出发，探究了仪式与文学以及社会生活之间的关系。

成年礼的比较研究。与其他的人生仪礼形态相比，成年礼比较研究的意义更为突出，这是由于与我国同属儒家文化圈的韩国、日本、新加坡、马来西亚等国在成年礼方面存在很多共性之处，可互相对照，互为补充。目前虽有研究者注意到这方面，比如郑琼琼、潘梅的文章《中日比较视域下的现代"成人礼"仪式之建构》[⑤]，但仍有待加强。

总体而言，成年礼研究涉及的学科较广，在短时间内也取得了相当可喜的成果，但是存在的问题也很多，主要表现在：一是成年礼、成人礼、成丁礼、冠礼、成人仪式等多个概念并用，有时混用。相较而言，在民俗学界成年礼和成人礼是最为常用的，而在非学术界内成人礼和成人仪式二词用得比较多，因而学界有必要对概念进行区分和统一。二是成年礼材料尚有相当大的挖掘空间，这包括了历史文献资料，比如官方礼仪文献、礼书、民间日用礼仪文献等，以及大量传承至今的民俗志材料。三是理论探讨不足。目前的成年礼研究主要借鉴范·根纳普的"过渡仪礼"理论等，但是显然该理论并不能完全涵盖中国的成年礼仪式内涵和礼俗文化，所以寄望学界不断丰富历史资料和民俗志材料，提炼适合中国成年礼研究的理论和方法。四是宏观研究较多，微观研究不足。成年礼是人真正进入社会的标志性结点，其对于个人、家庭、家族、社会、国家等多个层面都有重要影响。但目前学界的研究主要集中于对家庭、社会和国家等宏观层面的研究，对作为成年礼本体的青年人关注不够，尤其是对其心理、生活等多个层面的分析还很欠缺。五是对于男性成年礼着墨较多，女性成年礼研究较少。中国上古建立社会秩序之初，便体现出男女分工的差异，这直接影响到对男女成年礼重视程度的不同，男性成年礼材料较多，女性很少，这在汉族成年礼中体现得尤为突出，应继续加强女性成年礼的研究。六是比较研究不足，需要加强。

---

① 戴庞海：《冠礼研究文献综述》，《河南图书馆学刊》2006 年第 4 期。

② 王权、关溪莹：《"五四"以来汉族成年礼研究述评》，《民族论坛》2014 年第 5 期。

③ 陈金文：《壮族民间故事〈一幅壮锦〉与成年礼》，《民族文学研究》2010 年第 4 期。

④ 陈烁：《敦煌讲史类变文与成人仪式考论》，《兰州学刊》2014 年第 1 期。

⑤ 郑琼琼、潘梅：《中日比较视域下的现代"成人礼"仪式之建构》，《中国德育》2011 年第 2 期。

三 婚礼

婚礼作为继成年礼之后的人生大礼，自现代民俗学科成立之初，便被纳入研究范围之内，积累了相当丰富的研究成果。总体而言，民俗学关于婚礼的研究从一开始专注于历史资料的考据到关注当代社会婚俗变迁，从对婚姻家庭和婚俗的宏观研究转向了婚礼具体仪式要素的探讨，从单一学科的理论范式研究开始了多学科交叉理论研究。通过中国知网搜索，2014 年相关研究成果共有 120 余篇，涉及民俗学、人类学、民族学、历史学、社会学等多个学科，但限于篇幅不能一一论及，而主要以 2014 年民俗学婚礼研究为基础，兼及人类学、民族学、历史学等相关成果，大致勾勒出当前婚礼研究的概貌，以利于本学科研究的进一步深入。

（一）婚姻礼俗的历史变迁研究

近几年学界重视对婚俗的历史变迁研究，本年度的研究成果呈现轻历史变迁而重当代变迁的特点。郎元智《地域文化视野下的近代东北婚嫁习俗》[①] 着眼于东北地区，对近代以来东北地区各民族婚嫁习俗及其变迁进行了宏观勾勒，并概括出东北婚俗的地域文化特征。但是作者对传统婚礼着墨较多，于近代新式婚礼叙说嫌少。盖志芳《民国婚俗变革研究》[②] 和许哲娜《试论南京国民政府时期天津婚俗改良与社会变迁》[③] 虽为历史学研究，但关于民国时期婚姻礼俗的研究对了解特定历史转折期新旧婚俗的交锋和变革改良，尤其是城市的婚俗变迁等有一定的参考价值。

婚礼的当代变迁研究。旦增、仓木啦《西藏农区传统婚俗文化及其变迁——以日喀则地区拉孜县扎西岗乡玉妥村为例》[④] 基于扎实的田野调查对半个世纪以来西藏农区婚俗在择偶标准、婚前准备、婚礼仪式、婚后居住方式等方面的变迁情况进行了详尽描述，对了解少数民族地区当代婚俗变迁具有重要参考价值。肖坤冰、陈信宁《农村青年外出务工与婚姻习俗的变迁——以广西贺州一客家家庭为个案的研究》[⑤] 以田野调查个案为基础，对当前农村劳务输出所带来的婚俗变迁进行了研究，归纳出变迁的三个特点：通婚圈扩大与择偶标准改变、媒人角色缺位与父母决定权弱化、婚礼礼仪简化和聘礼的变异，并简要分析了变迁原因。相似研究还有杨永俊《对赣西北客家移民社会婚姻传统嬗变的调查与思考》[⑥]、项萌等《侗族婚姻习俗变迁的社会性别分析——基于个人生活史的田野考

---

① 郎元智：《地域文化视野下的近代东北婚嫁习俗》，《东北史地》2014 年第 5 期。

② 盖志芳：《民国婚俗变革研究》，《江汉论坛》2014 年第 10 期。

③ 许哲娜：《试论南京国民政府时期天津婚俗改良与社会变迁》，《民国档案》2014 年第 3 期。

④ 旦增、仓木啦：《西藏农区传统婚俗文化及其变迁——以日喀则地区拉孜县扎西岗乡玉妥村为例》，《西藏研究》2014 年第 4 期。

⑤ 肖坤冰、陈信宁：《农村青年外出务工与婚姻习俗的变迁——以广西贺州一客家家庭为个案的研究》，《广西民族研究》2014 年第 2 期。

⑥ 杨永俊：《对赣西北客家移民社会婚姻传统嬗变的调查与思考》，《宜春学院学报》2014 年第 7 期。

察》等①。刘从水《文化旅游景区中民族婚礼展演的舞台互动与经济向度》② 从文化产业的角度对普遍存在于文化旅游景区的婚礼展演作了分析，认为婚礼展演的舞台互动和象征意义构成文化经济化的基础，作为一种文化商品的婚礼展演具有较为合理的经济伦理基础和经济转化意义，基本肯定了这种现代变迁模式的文化价值和经济价值。

总之，由于时代变迁和社会转型，一段时期之内对于婚礼的社会变迁研究会是探讨的重要主题，但需要注意借鉴相关学科，如社会学、人类学的理论和方法，以利于研究的拓展。

（二）婚礼仪节和仪式要素研究

与婚俗的历史变迁研究不同，这一部分的研究具有明显的碎片化倾向，即都是基于婚礼中一个或多个仪式要素进行形态学和文化内涵分析。具体包括以下几个方面：

婚礼仪式环节的研究。马向阳、虎有泽《"抹黑"：村落传统婚礼仪式中的结构与反结构——以西和县张杨村为例》③ 运用结构与反结构理论对当地婚礼中给男方父母抹黑习俗进行了分析，认为抹黑习俗蕴含着娱乐、求吉、对新人的祝福以及接纳新人等多重文化内涵。蒲生华的《"妇见"礼在河湟汉族婚俗中的遗留》④ 对比《周礼》集中的"妇见礼"认为河湟汉族婚俗中具有传统"妇见舅姑、舅姑醴妇、妇馈舅姑、舅姑飨妇"礼俗的遗风。张青《父权制与回娘家节日禁忌传承——基于苏北 H 村的田野考察》⑤ 对学术界关注较少的回娘家进行了田野调查研究，指出在当地节日习俗区域弱化的情势下，回娘家节日禁忌却得以传承，认为隐藏在民众内心深层次的父权制观念是该习俗得以传承的推动力。该文章虽非直接对于人生仪礼的研究，但对于思考婚礼的变迁、婚姻家庭、两性关系等都有一定启发。此外，社会学者陶自祥《仪式恪守与价值异化：农村"亲迎"婚俗的嬗变——基于豫西古村"耍女婿"婚俗的考察》⑥ 一文认为传统的亲迎礼俗具有考验女婿人品、检验女方父母为人以及规训村庄价值规范的作用，然而随着时代变迁，尤其是经济观念的深入，亲迎仪式非但没有产生正向价值，反而加速瓦解了传统的村庄价值规范。

婚礼仪式要素研究。一是礼物研究。比如吴娟、王剑的《侗族的礼物流动与性别关系——以黔东南小黄村的婚礼与满月酒为例》⑦ 通过对侗族婚礼中礼物流动的个案提出了

① 项萌等：《侗族婚姻习俗变迁的社会性别分析——基于个人生活史的田野考察》，《民族文化研究》2014 年第 2 期。

② 刘从水：《文化旅游景区中民族婚礼展演的舞台互动与经济向度》，《昆明学院学报》2014 年第 4 期。

③ 马向阳、虎有泽：《"抹黑"：村落传统婚礼仪式中的结构与反结构——以西和县张杨村为例》，《西北民族大学学报》（哲学社会科学版）2014 年第 4 期。

④ 蒲生华：《"妇见"礼在河湟汉族婚俗中的遗留》，《青海师范大学学报》（哲学社会科学版）2014 年第 1 期。

⑤ 张青：《父权制与回娘家节日禁忌传承——基于苏北 H 村的田野考察》，《民俗研究》2014 年第 4 期。

⑥ 陶自祥：《仪式恪守与价值异化：农村"亲迎"婚俗的嬗变——基于豫西古村"耍女婿"婚俗的考察》，《中共杭州市委党校学报》2014 年第 4 期。

⑦ 吴娟、王剑：《侗族的礼物流动与性别关系——以黔东南小黄村的婚礼与满月酒为例》，《民族论坛》2014 年第 2 期。

一个性别平等的典型案例，认为当地通过特殊的礼物流动构建起一个相对平等的两性关系和姻亲关系，使得整个社区处于较为稳定的状态。二是婚礼祝词和婚姻文书的研究。比如，郗文倩、杨景霞《婚礼的"关键词"——关于汉代婚礼、礼物及礼辞的考察》① 结合史料，对汉代的婚礼仪式、礼物实体和礼辞进行了详细考察，为我们考察汉代婚礼细节提供了历史依据。三是对婚礼执事及相关人物的研究。徐倩的硕士毕业论文《村子里的"执客"：角色扮演与功能分析——以淮南市徐颖村为例》② 描述了一个作为礼俗执事的"执客"在村庄人生仪礼和日常生活中的角色地位和发挥的功能作用，并提供了一个婚礼个案，具体展现了"执客"在婚礼中的作为和作用。四是婚礼仪式歌的研究。姜敏《近60年来汉族婚嫁歌研究综述》③ 是从对象种类、研究方法、学科领域几个方面对一段时期以来婚礼仪式歌的综述，虽稍嫌简略，但也具有一定的研究参考价值。陈丽琴、李亚丽《论北海侨港归侨咸水歌的传承》④ 从非物质文化遗产研究的领域和角度出发，论述了北海咸水歌在婚礼中的传承。周建新和王有的《男性在哭嫁仪式中的"失语"与"开声"——以鄂东南地区哭嫁仪式为例》⑤ 基于田野调查介绍了男性在哭嫁仪式中的表现，认为他们有的是无声的参与，有的是主动出声的参与，并应用过渡仪礼、日常与非日常理论对男性的角色地位进行了分析，认为无论传统社会还是现代社会，男性在哭嫁活动中始终在场。五是婚礼饮食研究。人类学者秦莹的《南涧彝族婚礼"跳菜"饮食象征》⑥ 一文对南涧彝族的婚礼仪式进行了勾勒，并详细介绍了南涧彝族婚礼中的菜品象征意义以及繁复的宴礼仪节，对于细化婚礼中仪式环节，以及宴礼的研究有很好的参考价值和启发。刘朴兵的《略论民国时期中原地区的传统婚庆食俗》也属于此类研究。⑦ 六是其他仪式要素研究。比如吕华亮《〈诗经〉"析薪"事象民俗蕴意新探》⑧ 从民俗学角度出发，对《诗经》中的"析薪"一物进行了考辨，批驳了传统的马料说和燎炬说，而从少数民族婚礼民俗志资料出发认为其本为篝火，后经演变而为火盆等形式所代替，具有一定的说服力。

此外，还有不同学科研究者对抢婚习俗、婚礼服饰、仪式音乐、仪式色彩、婚庆礼品设计和包装、婚嫁首饰、婚庆床上用品、婚礼仪式旅游开发等进行了探讨，这些研究很多都来自于当前婚礼和婚庆市场的现状，对民俗学的婚礼应用研究具有一定的参考价值。

总体而言，学界关于婚礼的研究成果颇多，探讨相对集中，且在逐步细化，但也存在一定的问题：一是存在研究碎片化趋向。因为对于繁复的仪式环节和要素的研究以及大量个案研究，在某种程度上不利于研究成果之间的对话，也影响到理论的提升，这恐怕需要

---

① 郗文倩、杨景霞：《婚礼的"关键词"——关于汉代婚礼、礼物及礼辞的考察》，《福建师范大学学报》（哲学社会科学版）2014年第4期。

② 徐倩：《村子里的"执客"：角色扮演与功能分析——以淮南市徐颖村为例》，安徽大学2014年硕士学位论文。

③ 姜敏：《近60年来汉族婚嫁歌研究综述》，《黄河之声》2014年第2期。

④ 陈丽琴、李亚丽：《论北海侨港归侨咸水歌的传承》，《钦州学院学报》2014年第9期。

⑤ 周建新、王有：《男性在哭嫁仪式中的"失语"与"开声"——以鄂东南地区哭嫁仪式为例》，《韶关学院学报》（社会科学版）2014年第1期。

⑥ 秦莹：《南涧彝族婚礼"跳菜"饮食象征》，《西南边疆民族研究》2014年第2期。

⑦ 刘朴兵：《略论民国时期中原地区的传统婚庆食俗》，《农业考古》2014年第3期。

⑧ 吕华亮：《〈诗经〉"析薪"事象民俗蕴意新探》，《民俗研究》2014年第3期。

学界警醒。二是婚礼的研究视野应该有所扩展。作为人生仪礼的一个环节，或者说民俗生活的一部分，婚礼的研究也应该置于人生仪礼和民俗生活的长时段研究之中，比如学者张青对回娘家节日禁忌的研究就是一个很好的例子。三是婚礼的当代研究有待加强。必须肯定，很多研究者已经将婚礼研究的眼光转向当下，但是面对强大的西式婚礼文化的冲击，传统婚礼的生存空间越来越窄，如何结合当代社会大多数人群的需要，实现传统与现代的嫁接将是一个重要的研究课题。

四 丧葬礼

在中国传统社会中，冠婚丧祭是为人生大礼，而在儒家传统重厚葬的思想主导下，民间社会的丧葬仪礼文化最为浓厚，留下的文献资料和民俗志资料也最为丰富。统观诞生、成年、婚、丧四个人生仪礼形式，在现代社会虽均呈简化趋势，但相比之下，丧葬礼俗是变迁最慢的，可见其传统根脉之深。仅以中国知网为资料来源，得 2014 年丧葬礼俗研究文章 110 余篇，涉及民俗学、人类学、民族学、历史学、音乐学等诸多学科。为便于本学科研究的进一步开展，本部分依婚礼部分写作之制，择民俗学领域研究之要进行梳理，兼及相关学科研究，虽如此难免挂一漏万，但可略窥其要。

（一）丧葬仪礼的历史研究

本年度专注于丧葬礼俗研究的陈华文先生推出两篇长文，分别是《宗教对魏晋南北朝丧葬的影响》和《魏晋南北朝的"灵魂不灭观"》。[1] 前文具体分析了儒释道思想对魏晋南北朝丧葬礼俗的影响，尤其是佛教的影响，认为佛教对丧葬文化的影响是多方面的，比如改变了中国人的生死观念，出现了七七斋荐和盂兰盆节的民间习俗等。后文认为魏晋南北朝民众的灵魂不灭思想和鬼神信仰，一方面催生了大量的鬼怪故事，同时也成为当时重丧主义的原因之一。随后作者着重通过分析"复"、归煞、祭祀、厚葬等丧葬仪式中的特殊义项对弥漫于世的灵魂信仰和灵魂不灭论进行了具体论证，认为二者互为表里，互相印证。一些历史学者对不同时代的丧葬制度、相关礼俗、丧葬文献进行了考据和研究，为本学科提供了富有价值的研究资料和角度，比如刘尊志的《汉代丧葬礼俗物质文化浅论》[2]、牛志平《唐代的丧葬礼仪》[3]、李彬彬《国家与社会视域下的上海公墓建设（1909—1937）》[4]、李红《新见清代礼制孤本文献〈文公家礼·丧礼〉的内容与价值》[5] 等。

（二）丧葬礼俗的文化内涵和历史变迁研究

近些年，学界对于丧葬礼俗的宏观研究越来越少，更多的是通过深入的田野作业，不

---

[1] 陈华文：《宗教对魏晋南北朝丧葬的影响》，《民俗研究》2014 年第 6 期；《魏晋南北朝的"灵魂不灭观"》，《文化遗产》2014 年第 6 期。

[2] 刘尊志：《汉代丧葬礼俗物质文化浅论》，《南开学报》（哲学社会科学版）2014 年第 3 期。

[3] 牛志平：《唐代的丧葬礼仪》，《乾陵文化研究》2014 年第 1 期。

[4] 李彬彬：《国家与社会视域下的上海公墓建设（1909—1937）》，《社会科学研究》2014 年第 6 期。

[5] 李红：《新见清代礼制孤本文献〈文公家礼·丧礼〉的内容与价值》，《湖南大学学报》（社会科学版）2014 年第 4 期。

断挖掘新的民俗志材料，或者对现有材料作进一步阐释。王逍、廖冰艳《广西鹿寨冲口村捡金丧葬习俗调查》① 对"捡金"二次葬仪式进行了详细的田野考察，指出这种丧葬方式背后潜藏着深厚的祖灵崇拜观念，体现了深切的人文关怀，并且具有一定的环保意识，因而得以传承至今。陆斐《论壮族丧葬礼仪中夫妻绝义的文化意蕴》② 对壮族丧礼中的"夫妻绝义"仪式作了考察，认为这种仪式中既有情感的宣泄，还深藏着非常丰富的文化象征意蕴。还有一些相关学科的研究也值得参考，比如宋德剑《"风水之说"与"迁徙的传统"——闽粤赣客家地区二次葬习俗的文化解读》③、王国旭《镇雄民间葬礼上的"散花"仪式》④、左振廷《核心符号与社会变迁——西江苗族丧葬仪式的元话语》等⑤。

（三）丧葬礼仪要素的研究

近几年，丧葬仪礼的研究也开始从宏观走向微观，注重对仪式要素的考察及其文化内涵的挖掘，出现了一批可圈可点的研究成果。

一是纸扎研究。学界对纸扎的研究兴起于 2011 年左右，本年度出现两篇长文。学者陶思炎发表了《略说作为贡品的纸马》⑥ 一文，纸马是具有祭祀和迎神送神等功用的一种民俗物，文中介绍了历史上纸马的产生和传布，详细分析了纸马的神灵信仰体系，并着重分析了其艺术价值以及于当代的传承状况和应用价值。荣新《仪式象征与社会关系的再生产——以鲁西南丧葬纸扎为例》⑦ 以纸扎艺术为着眼点，以鲁西南地区"三周年"丧葬仪式为依托，考察了这种民俗标志物在民众仪式生活中如何被使用和传承，以及民众如何借助仪式性表演实践实现了多重社会关系的互动和重构。作者尝试建立起一种关联性动态研究视野，将纸扎艺术置于具体的仪式场景和民俗生活之中，来揭示纸扎艺术的多重社会功用和文化内涵，这种努力值得肯定。

仪式中民间艺术表演研究。学者刘守华发表《山野奇花的旷世魅力——"撒叶儿嗬"简论》⑧ 对湖北长阳土家族流传的丧葬歌舞"撒叶儿嗬"作了宏观考察，介绍了这种跳丧歌舞的特征，即聚众治丧、丧事喜办，集歌乐舞为一体，高歌狂舞又严守礼法，然后介绍了其起源和历代传承的原因，以及在当代非物质文化遗产保护运动中得到活态保护的实践。作者认为，当地对"撒叶儿嗬"的开发性保护是文化产业开发和非物质文化遗产保护相结合的成功案例，值得研究和关注。王丹《清江流域土家族"人观"研究——基于

① 王逍、廖冰艳：《广西鹿寨冲口村捡金丧葬习俗调查》，《原生态民族文化学刊》2014 年第 2 期。

② 陆斐：《论壮族丧葬礼仪中夫妻绝义的文化意蕴》，《重庆文理学院学报》（社会科学版）2014年第 1 期。

③ 宋德剑：《"风水之说"与"迁徙的传统"——闽粤赣客家地区二次葬习俗的文化解读》，《中华文化论坛》2014 年第 7 期。

④ 王国旭：《镇雄民间葬礼上的"散花"仪式》，《寻根》2014 年第 1 期。

⑤ 左振廷：《核心符号与社会变迁——西江苗族丧葬仪式的元话语》，《河西学院学报》2014 年第1 期。

⑥ 陶思炎：《略说作为贡品的纸马》，《地方文化研究》2014 年第 4 期。

⑦ 荣新：《仪式象征与社会关系的再生产——以鲁西南丧葬纸扎为例》，《民俗研究》2014 年第 4期。

⑧ 刘守华：《山野奇花的旷世魅力——"撒叶儿嗬"简论》，《民俗研究》2014 年第 1 期。

"花鼓子"与"撒叶尔嗬"的考察》① 一文也对土家族的"撒叶尔嗬"进行了研究,文章将"花鼓子"(诞生礼仪式,也称"打喜")与"撒叶尔嗬"(也称"跳丧")置于人生仪礼长时段研究中进行了对比研究,认为二者作为生命的终始仪式,都具有深切的生命关怀和秩序建构意识,但在歌舞表现、仪式环节和秩序表达上又存在不同②。这两篇文章前后相继,虽研究视角不同,但内容可互为补充。吕慧敏《东北丧葬仪礼中的"二人转"》③ 运用"通过仪礼"概念、神圣与空间分析模式,对东北地区丧葬仪礼中的二人转表演进行了社会功能分析。作者认为,二人转在不同时空内的不同表演体现着不同的社会功能,在神圣空间的展演是对逝者的告慰,而世俗空间的表演狂欢则帮助生者重新建构起被死亡时间打破的社会秩序。可以看出,作者在分析这一特定时空的民俗表演时,运用了很多理论范式和概念,是一次很好的研究尝试。此外,在中国传统社会礼乐一体,仪式与音乐的关系甚为紧密,因而也需要关注部分音乐学者的研究,如贾力娜和蒲亨强《毕节三官寨彝族丧葬仪式"布摩歌"调查研究》④、李文军《萧山道教丧葬仪式音乐考察与比较研究》⑤、陆栋梁《灌阳县丧葬仪式"大歌"的模式性结构特征》等⑥。

丧礼执事以及相关人物研究。周波、王霄冰《大小传统理论视野下的礼生"叫礼"习俗》⑦ 对豫南地区传承至今的"叫礼"(即由礼生来主持丧礼祭祀)习俗进行了研究,文章基于田野调查对当地的丧葬仪式进行了介绍,并详细展示了"叫礼"仪式的具体程序,包括点主礼、开祭礼、堂祭礼、追奠礼、后土礼,最后运用人类学的大传统与小传统理论进行了分析,认为"叫礼"仪式既体现了上层礼仪向下层社会的教化,即"礼教下渗",也体现了下层民众对上层礼仪的主动接受和继承。因属个案调查,作者未展开太多理论讨论,但该个案具有很好的文化价值和研究价值,应该引起学界重视。钱永平《非物质文化遗产视野下的民间艺人——以祁县农村"跑事筵"艺人为例》⑧ 从非物质文化遗产保护角度考察了山西部分地区人生仪礼中进行传统戏曲表演的艺人(当地称"跑事筵")。文章介绍了这一群体的生存现状,肯定了其在传承传统戏曲文化、维持和拓展农村文化市场所扮演的重要角色,建议非物质文化遗产保护应注重整体性保护,应该注意未纳入国家体系的民间传承人的作用,并给以善待和善用。作者的研究提供了一个很好的个案,并就非物质文化遗产整体性保护提出了自己的讨论,进一步拓展了当前非物质文化遗产保护尤其是传承人保护的理论研究。

---

① 王丹:《清江流域土家族"人观"研究——基于"花鼓子"与"撒叶尔嗬"的考察》,《民俗研究》2014年第3期。

② 因该文是诞生礼和丧礼仪式的比较研究,为避免重复,仅在本部分作以评述,下文中学者钱永平的文章亦如是。

③ 吕慧敏:《东北丧葬仪礼中的"二人转"》,《文化遗产》2014年第2期。

④ 贾力娜、蒲亨强:《毕节三官寨彝族丧葬仪式"布摩歌"调查研究》,《中央音乐学院学报》2014年第3期。

⑤ 李文军:《萧山道教丧葬仪式音乐考察与比较研究》,《中国音乐学》2014年第3期。

⑥ 陆栋梁:《灌阳县丧葬仪式"大歌"的模式性结构特征》,《广西民族师范学院学报》2014年第2期。

⑦ 周波、王霄冰:《大小传统理论视野下的礼生"叫礼"习俗》,《文化遗产》2014年第5期。

⑧ 钱永平:《非物质文化遗产视野下的民间艺人——以祁县农村"跑事筵"艺人为例》,《文化遗产》2014年第5期。

丧葬文书研究。黄景春《丧葬仪式中买地券的象征意义——以金华市汤溪镇的一次葬礼为例》① 围绕民俗标志物"买地券",以金华市一个葬礼为个案,详细介绍了当地的葬礼仪式程序,分析了当地民众的死亡观念,并着重分析了买地券的象征意义。在当地葬礼仪式中,除了骨灰盒以外,买地券是另一个埋葬物。作者认为买地券不仅象征着亡人对土地的拥有,还象征其为亡人开辟了一个冥界生存空间,从而为亡者建立起一个永恒的时空。文章抓住"买地券"这个民俗关键词,将其置于仪式时空中进行分析,很好地呈现出这种宗教性丧葬文书的象征意义和独特地位。另外,一些历史和文化学者,比如张泽洪、廖玲的《西南民族走廊的族群迁徙与祖先崇拜——以〈指路经〉为例的考察》②、吴浩军《河西镇墓文丛考——敦煌墓葬文献研究系列之五》③、王铭《菩萨引路:唐宋时期丧葬仪式中的引魂幡》④ 也为本学科研究提供了可贵的资料参考。

归结起来,民俗学界对丧葬仪礼的研究成果可圈可点,有新材料的开掘,有研究方法的拓展,并且密切结合当今时代变迁,开展扎实的田野调查,依托民俗志资料进行理论的积累和提升,将历史宏观研究和仪式微观考察相结合,做出了很多不错的尝试。当然,也存在一定的问题:一是与婚礼的研究相似,也存在研究资料分散的问题。大量个案研究,虽有助于发现新问题,开掘新思路,然而也导致理论对话较少,较难形成适合中国丧葬礼仪的研究理论模式。二是结合殡葬制度改革的研究不够。毋庸讳言,处于社会转型期的中国,因殡葬问题引起的社会冲突时有发生,民俗学界有必要从公共民俗学角度进行一些应用研究,挖掘传统殡葬文化中可取之处,结合时代发展为殡葬改革提出合理化建议。三是城市殡葬研究不够。当前城市化进程中,农村的丧葬仪式发生了很大的变化,这已引起学界重视。但还鲜有关于城市中丧葬仪式的研究,比如生活在城市里的不同人群如何举办丧葬仪式,如何祭奠亡人,又如何通过丧葬和祭祀仪式来维系自己的社会网络,维系自身的情感需求等,值得学界关注。

最后,需要补充说明的是,在梳理研究成果时发现学界在人生仪礼研究中应用最多的理论是学者范·根纳普的"过渡仪礼"理论。所以,也将学界有关"过渡仪礼"理论的研究文章简单介绍一下。比如,学者张举文在 2006 年发表《重认"过渡礼仪"模式中的"边缘礼仪"》⑤ 一文,指出民俗学学界运用范·根纳普的"过渡礼仪"模式进行中国的人生仪礼研究时,与中国传统的"人生礼仪"观念发生了混淆,特别是"边缘礼仪"概念的误译和误解以及现实应用。岳永逸在 2008 年发表文章《范·根纳普及其〈通过仪礼〉》⑥ 对范·根纳普的生平和思想、写作《通过仪礼》的背景等进行了介绍,并将该书的英文版序言、第一章和结论部分翻译过来,介绍给学界,可以说是为学界作了一次"过渡仪礼"理论的普及和扫盲。但是应该看到,尽管该理论已为学界广泛运用,但仍需

① 黄景春:《丧葬仪式中买地券的象征意义——以金华市汤溪镇的一次葬礼为例》,《文化遗产》2014 年第 3 期。

② 张泽洪、廖玲:《西南民族走廊的族群迁徙与祖先崇拜——以〈指路经〉为例的考察》,《世界宗教研究》2014 年第 4 期。

③ 吴浩军:《河西镇墓文丛考——敦煌墓葬文献研究系列之五》,《敦煌学辑刊》2014 年第 1 期。

④ 王铭:《菩萨引路:唐宋时期丧葬仪式中的引魂幡》,《敦煌研究》2014 年第 1 期。

⑤ 张举文:《重认"过渡礼仪"模式中的"边缘礼仪"》,《民间文化论坛》2006 年第 3 期。

⑥ 岳永逸:《范·根纳普及其〈通过仪礼〉》,《民俗研究》2008 年第 1 期。

要进一步本土化，也就是还需要将这种模式研究理论运用于中国特殊社会的研究，并尽力作出对中国社会礼仪文化传统的阐释。因而对于学界而言，一方面要继续对中国传统礼仪文化传统及其演变进行深入挖掘和探讨，另一方面更需要关注当代的礼仪文化传统，探讨适合本土的人生仪礼研究理论。这还有很长的路要走。

2014 年社会组织民俗研究综述

周　波[*]

社会组织民俗是指人们在建立并沿袭群体内的互动关系、以推动群体事件的时候所形成的习俗惯制。① 民俗学视野下的社会组织不只是指"中国传统社会中民间各种形成稳定互动关系的人们共同体，例如家族、行会、帮会、钱会、十姊妹、秘密宗教和庙会组织"，② 还应对现代社会中仍旧发挥影响的传统社会组织形式及新的社会组织予以关注。社会组织民俗从组织行为来看分为组织的角色民俗、组织的观念民俗、组织的活动民俗；从组织程序来看，分为确立组织的民俗、接纳组织成员的民俗、组织活动程序的民俗、辞别组织成员的民俗、改变组织的民俗；从组织的功能要素来看，分为关于组织目标的民俗、关于组织成员的民俗、关于组织整合的民俗、关于组织活动条件的民俗。③

社会组织民俗深刻体现了民俗的集体性，作为群体智慧的结晶，它是民俗学的重要研究领域。对社会组织民俗的研究，将有利于发掘民众智慧，了解"民众是如何组织起来的"，使传统民俗资源对现代社会治理与文化建构提供有益的借鉴。首先我们将对中国民俗学史上的社会组织民俗研究进行一下梳理。

一　学术史研究

在中国民俗学史上，妙峰山与龙牌会是中国民俗学田野调查的两大重镇。通过数代民俗学者的努力，在社会组织民俗方面产生了丰硕的成果。同时，中国民俗学者对于中国社会中其他类型的社会组织也做了大量研究。

（一）以妙峰山为代表的香会组织研究

麻国庆将村落社会的"会"分为以下类型：民俗政治型、经济型的"会"，宗教与娱乐的"会"。④ 然而，很多时候"会"是形式多样、多功能的。在对妙峰山的调查中，其

* 作者系中山大学中文系博士研究生。

① 钟敬文主编：《民俗学概论》（第二版），高等教育出版社 2010 年版，第 78 页。
② 同上书，第 78 页。
③ 钟敬文主编：《民俗学概论》（第二版），高等教育出版社 2010 年版；高丙中：《中国民俗概论》，北京大学出版社 2009 年版。
④ 麻国庆：《"会"与中国传统村落社会》，《民俗研究》1998 年第 2 期。

中的庙会活动主体——香会组织引起了民俗学者的注意。

早期妙峰山调查成果包括奉宽的《妙峰山琐记》、金勋的《妙峰山志》、李景汉《妙峰山"朝顶进香"的调查》、[①] 顾颉刚等人 1925 年和 1929 年两次的调查等。其中，顾颉刚等人的调查为中国民俗学的田野调查开了先河。1925 年农历四月，北京大学研究所国学门的顾颉刚、孙伏园、容庚、容肇祖和庄严等进行了妙峰山调查，重点关注了香会组织。他们的调查初衷是"在社会运动上着想，我们应当知道民众的生活状况……在研究学问上着想，我们应当知道民众的生活状况……"。[②] 通过到民间去，认识民众的生活及其文化，发现"他们的组织是何等的精密！他们在财政，礼仪，警察，交通，饷糈……各方面都有专员管理，又有领袖人物指挥一切，实在有了国家的雏形了。"[③] 70 多年后，吴效群[④]进行了回访调查，他也将考察的重点放在了香会组织上，分析的基本框架是国家与社会的关系。通过考察香会组织在不同历史阶段的价值追求来看社会变迁的情况。在缺乏有机联系的传统北京民间社会，为妙峰山老娘娘尽忠尽孝为宗旨的香会组织是唯一能将整个社会联系在一起的社会组织。[⑤] 他认为传统时期的妙峰山庙会是中华封建帝国首都的狂欢节，将妙峰山庙会百年来行香走会活动主题演变的历史脉络概括为：行善和追求社会声望——邀取皇宠——经济利益。[⑥] 吴效群有着更深层次的理论关怀，他力图通过北京香会组织在妙峰山上的活动来表达对中国社会和中国文化的一般性看法，[⑦] 认为"象征应该成为认识中国民间文化的重要范式，由于世界观的关系，民众往往以情绪化的方式对待外在的世界，具体讲就是运用象征的手法表达他们对于世界的认识和愿望"。[⑧] 2002 年王晓丽的博士论文《碧霞元君信仰与妙峰山香客村落活动的研究——以北京地区与涧沟村的香客活动为个案》重点是普通香客进香活动和香客的村落活动的研究，[⑨] 一定程度上补充

① 叶春生、施爱东、何仙盛主编：《典藏民俗学丛书》（下），黑龙江人民出版社 2003 年版，第 2425—2530 页；金勋：《妙峰山志》，手抄本，中国科学院图书馆藏；李景汉：《妙峰山"朝顶进香"的调查》，《社会学杂志》1925 年第 2 卷，第 5—6 期。

② 叶春生、施爱东、何仙盛主编：《典藏民俗学丛书》（中），黑龙江人民出版社 2003 年版，第 1016—1017 页。

③ 同上书，第 1027 页。

④ 吴效群：《北京的香会组织与妙峰山碧霞元君信仰》，北京师范大学 1998 年博士学位论文；吴效群：《妙峰山：北京的香会组织及其"政治"活动》，《民俗研究》1998 年第 2 期；吴效群：《北京妙峰山碧霞元君信仰研究史》，《民俗研究》2002 年第 3 期；吴效群：《妙峰山：北京民间社会的"紫禁城"——清代北京地区的碧霞元君信仰与妙峰山庙会》，载刘锡诚、游琪编《山岳与象征》，商务印书馆 2004 年版，第 377—408 页；吴效群：《建构象征的"紫禁城"——近代北京民间香会妙峰山行香走会主题之一》，《民俗研究》2005 年第 1 期；吴效群：《皇会：清末北京民间香会的最高追求》，《民间文化论坛》2005 年第 3 期；吴效群：《妙峰山庙会：中华封建帝国首都的狂欢节》，《民族艺术》2006 年第 2 期；吴效群：《妙峰山：民间社会紫禁城的建立》，载吕微、安德明编《民间叙事的多样性》，学苑出版社 2006 年版，第 381—402 页；吴效群：《妙峰山春季庙会风格研究》，《民族艺术》2009 年第 4 期。

⑤ 廖明君、吴效群：《从妙峰山观察中国》，《民族艺术》2006 年第 3 期，第 19 页。

⑥ 同上书，第 22 页。

⑦ 同上。

⑧ 同上书，第 23 页。

⑨ 王晓丽：《碧霞元君信仰与妙峰山香客村落活动的研究——以北京地区与涧沟村的香客活动为个案》，北京师范大学 2002 年博士学位论文。

了吴效群论文中没有较多关注的普通香客的情况。李海荣的硕士论文《北京妙峰山香会组织变迁研究》研究明清以来，以北京碧霞元君信仰为背景的妙峰山香会组织在民间社会中的传承演化与历史变迁。[①] 美国学者韩书瑞《北京妙峰山的进香之旅：宗教组织与圣地》为我们展示了一个京西山峰变成民间朝圣者心目中圣地的人文化过程。在文中，她对碧霞元君信仰和香会组织等进行了全面的分析。[②] 王立阳《庙会组织与民族国家的地方社会——妙峰山庙会的公民结社》以北京妙峰山庙会及其香会组织的复兴为个案，从地方性个体横向联结的角度，研究庙会组织中的社会和个体及其在当下社会中的合法性诉求以及实现方式，从而了解在改革开放后个体和社会如何成长发展，理解中国地方社会及其走向，探索庙会组织作为中国公民社会有机构成的可能性。[③] 苗大雷指出顾颉刚、吴效群等忽略了香会内部的差异以及香会活动与其成员实际生活之间的关系，追问"对于它们而言，行香走会的意义何在？香会与村民的实际生活有怎样的关联？随着村落的发展与变迁，甚至'村落的终结'。它们又面临怎样的命运？"[④] 他展开了对京西古城村秉心圣会的研究，调查点由妙峰山转移到香会所在的村落，对上述问题作出了自己的思考。此外，曹荣、詹环蓉、刘锡诚、孙庆忠、罗明成、张成福等学者亦有专文研究。[⑤] 随着社会的变迁，部分香会的名称改变为花会。[⑥] 吴效群认为："从香会到花会，改变的不只是名称，作为基础的民间信仰观念不再存在；花会含义也发生了重要变化，几乎专指以民间文艺表演为主的武会，文会则淡出了花会组织。过去，行香走会的意义在于行香，其活动是为'老娘娘'当差；民间花会则摆脱了宗教的意义，成为民众自娱自乐的艺术组织，还原了民间艺术的本来面目。"[⑦]

妙峰山研究所形成的集群效应辐射到对妙峰山之外的广大地区的研究。以妙峰山香会研究为参照，民俗学者对华北的香会组织进行了较多研究。如韩同春对北京门头沟香会的研究、陈巴黎对北京东岳庙香会组织的研究、范明燕和吴效群对王屋山地区香会组织的研究、乔方辉对曹县桃源花供会的调查、叶涛对泰山香社的研究、范志容对

---

① 李海荣：《北京妙峰山香会组织变迁研究》，首都师范大学 2005 年硕士学位论文。

② ［美］韩书瑞：《北京妙峰山的进香之旅：宗教组织与圣地》，周福岩、吴效群译，《民俗研究》2003 年第 1 期。

③ 王立阳：《庙会组织与民族国家的地方社会——妙峰山庙会的公民结社》，《民俗研究》2011 年第 1 期。

④ 苗大雷：《村落变迁与妙峰山香会浮沉——京西古城村秉心圣会研究与反思》，《民俗研究》2011 年第 3 期，第 130 页。

⑤ 罗明成：《妙峰山香会的世俗价值》，《民俗研究》1996 年第 2 期；刘锡诚编：《妙峰山·世纪之交的中国民俗流变》，中国城市出版社 1996 年版；张成福：《庙会重建中的文化生产——以妙峰山传说为分析个案》，《民俗研究》2005 年第 3 期；曹荣、詹环蓉：《第十二届妙峰山传统春季庙会调查报告——旅游重塑下的妙峰山庙会》，《民俗研究》2007 年第 1 期；孙庆忠：《妙峰山：民间文化的记忆与传承》，《文史知识》2008 年第 4 期。

⑥ 高丙中：《民间文化的复兴：个人的故事》，载氏著《民间文化与公民社会：中国现代里程的文化研究》，北京大学出版社 2008 年版，第 3—10 页；赵彦民：《现代都市里的花会组织与其活动——以天津市杨家庄永音法鼓会为例》，《民俗研究》2011 年第 3 期。

⑦ 吴效群：《妙峰山：北京民间社会的历史变迁》，人民出版社 2006 年版，第 231 页。

峨眉山香会的研究,① 等等。

香会组织的研究代表了早期中国民俗学对社会制度建设的深层关怀和社会责任感,当代学者也继承了这一传统,试图从民众的组织智慧中了解中国的社会结构,为当代中国社会重构的可能性提供了有益的参考。

(二)以龙牌会为代表的庙会组织研究

以妙峰山为代表的香会组织研究从民众的流动和聚散中发现深层社会结构与民众心理,而以龙牌会为代表的庙会组织研究则是从乡土中国中发现社会变迁与民众智慧。岳永逸在其博士论文《庙会的生产——当代河北赵县梨区庙会的田野考察》关注了包括龙牌会在内的赵县梨区庙会组织与香会组织,指出:"庙会组织或者说香会组织既是梨区乡村庙会的生产主体,同时也是当地乡村庙会的生产客体,它们既生产着当地的乡村庙会,也被当地的乡村庙会所生产。"②

作为一个庙会组织,龙牌会如何走向合法化呢?当代民间信仰组织的合法化途径:"宗教化""民俗化(文化化)"与"遗产化(如双名制、标准化、去污名化)"。河北范庄"龙牌会"的合法化过程,采取的是民间信仰"文化化"的模式。1979年,村民恢复传统的会头制,供奉和祭祀"天地三界十方真宰龙之位",俗称"龙牌爷"。1983年,举行改革开放后第一次搭棚办会,以后每年二月初一定期举行龙牌会庙会。龙牌会是以多神信仰为基础的民间信仰组织,在组织结构上分为当家人、会头、帮会(筹备会、理事会)。民间信仰组织作为重要的运作者,在民间信仰的合法化过程中发挥重要影响,通过摆脱"迷信"标签,获取龙牌会最大的生存空间。从民俗学者发现龙牌会开始,民间信仰组织就积极配合学者和其他各方力量运作龙牌会,2013年"龙祖殿"成立,同时运用"双名制"策略建立"龙文化博物馆"。此外,当地也努力地进行"龙牌会"申遗工作。在整个运作过程中,"龙牌会"通过民俗化(文化化)实现了自身的合法化。刘晓春认为当下的民间庙会文化对主流意识形态的过度靠拢使其失去了传统的狂欢精神,庙会的发展不得不纳入民族国家的现代性话语中,龙牌会就是一例。

民俗学者发现了龙牌会,而龙牌会又给予了民俗学新的机遇与挑战。机遇与挑战都在于民俗学面临如何成为现实学的问题,理论的民俗学与实践的民俗学在范庄这块实验场上

---

① 韩同春:《京西村落里的花会——庄户、千军、台古幡会》,《民俗研究》2005年第3期;陈巴黎:《从碑刻资料看北京东岳庙的香会组织》,《北京档案》2012年第2期;范明燕:《王屋山地区的民间香会组织研究》,河南大学2006年硕士学位论文;吴效群:《河南王屋山区民间香会组织巫术治疗调查》,《宗教学研究》2008年第2期;吴效群:《邪病及其与社会文化的关系——河南王屋山区民间香会组织巫术治疗的社会人类学研究》,《民俗研究》2011年第2期;乔方辉:《曹县桃源花供会调查》,《民俗研究》1998年第4期;叶涛:《泰山香社研究》,上海古籍出版社2009年版;叶涛:《碧霞元君信仰与华北乡村社会——明清时期泰山香社考论》,《文史哲》2009年第2期;叶涛:《信仰、仪式与乡民的日常生活——井塘村的乡社组织与民间信仰活动叙论》,《民间文化论坛》2006年第6期;叶涛:《泰山后石坞元君庙与邹城西关泰山香社——当代民间信仰组织的个案调查》,《民间文化论坛》2004年第3期。

② 岳永逸:《庙会的生产——当代河北赵县梨区庙会的田野考察》,北京师范大学2004年博士学位论文。

得到了检验。关于龙牌会的研究成果颇多，在此不赘述。[①]

除了龙牌会"文化化"的模式，还有宗教化与遗产化两类模式。"宗教化"是指将自身的组织注册在佛教或道教的名下，通过国家宗教管理机构的审批程序，从而成为登记在册并受到法律保护的宗教形式。遗产化是指将组织申报进入各级非遗名录，实现组织的合法化。如神舟会原是湖北黄石西塞山区的一个民间组织，后申报为国家级非物质文化遗产时定名为"西塞神舟会"。[②]民间信仰组织向官方意识形态的靠拢，已成为民间社会很常见的现象。[③]

庙会是中国传统文化与社会生活的重要载体，其在当代社会的高度活跃既满足了民众经济交流与精神需求的功能，又对政府管理进行了检验。除了龙牌会外，民俗学者对其他庙会进行了很多考察。如华智亚对共产党领导下的河北地方政府管理乡村庙会的政策与实践的考察，[④] 刘铁梁的安国药王庙会研究、刘晓的泰山庙会研究、田莉莉的北京朝阳区上辛堡村庙会调查报告、徐天基和罗丹对京西黑龙关庙会的研究、叶涛等人对泰山庙会的考察，等等。

（三）其他社会组织民俗研究

除了香会组织、庙会组织研究外，其他类型的社会组织民俗研究也得到了中国民俗学

① 周虹：《"龙牌会"初探》，《民俗研究》1996 年第 4 期；冯敏：《范庄二月二"龙牌会"考察记事》，《民俗研究》1996 年第 4 期；陶立璠：《民俗意识的回归——河北省赵县范庄村"龙牌会"仪式考察》，《民俗研究》1996 年第 4 期；刘其印：《龙崇拜的活化石——范庄二月二"龙牌会"论纲》，《民俗研究》1997 年第 1 期；陶冶：《走进"龙牌会"》，《民俗研究》1999 年第 1 期；刘铁梁：《村落庙会的传统及调整——范庄"龙牌会"与其他几个村落庙会的比较》，载郭于华编《仪式与社会变迁》，社会科学文献出版社 2000 年版，第 254—309 页；岳永逸：《庙会的生产——当代河北赵县梨区庙会的田野考察》，北京师范大学 2004 年博士学位论文；高丙中：《知识分子、民间与一个寺庙博物馆的诞生：对民俗学的学术实践的新探索》，《民间文化论坛》2004 年第 3 期；岳永逸：《乡村庙会的政治学：对华北范庄龙牌会的研究及对"民俗"认知的反思》，载黄宗智编《中国乡村研究》（第五辑），福建教育出版社 2007 年版，第 203—241 页；赵旭东：《以国家的名义重新书写乡村文化：以河北两庙会为例》，《河南社会科学》2009 年第 6 期；王均霞：《范庄龙牌会：从迷信到公共文化的建构》，《楚雄师范学院学报》2010 年第 25 卷第 8 期；华智亚：《热闹与乡村庙会传统的生命力——以冀中南地区为中心的考察》，《文化遗产》2012 年第 4 期；齐易：《是保护？还是破坏？——对河北省范庄"龙牌会"现象的思考》，《民间文化论坛》2013 年第 2 期。

② 宋颖：《民俗宗教的复合形态——"西塞神舟会"调查报告》，《民间文化论坛》2007 年第 2 期。

③ 相关的研究有侯杰、段文艳：《信仰民俗的历史传承与乡村社会秩序探析——以河北省高碑店市大义店村冰雹会为中心的考察》，《民俗研究》2010 年第 4 期。

④ 华智亚：《地方政府与乡村庙会——以河北省为中心的考察》，《民俗研究》2012 年第 5 期；刘铁梁：《庙会类型与民俗宗教的实践模式——以安国药王庙会为例》，《民间文化论坛》2005 年第 5 期；刘晓：《泰山庙会研究》，山东大学 2013 年博士学位论文；田莉莉：《村落语境中的庙会展演与文化表达——对北京朝阳区上辛堡村庙会的调查报告》，载宋大川编《北京民俗论丛》（第二辑），北京燕山出版社 2009 年版，第 125—139 页；徐天基、罗丹：《村落间仪式性馈赠及交往的变迁——以京西黑龙关庙会为例》，《民俗研究》2010 年第 1 期；叶涛、任双霞：《泰山王母池九月九日庙会调查报告》，《民俗研究》2005 年第 4 期；吕继祥：《泰山庙会述论》，《民俗研究》1994 年第 1 期。

者的重视。

宗族是同聚落居住的父系血亲按伦常建立的社会组织。作为基本的社会单位，向来是中国农村社会结构的核心，通过与地缘政治的紧密结合，成为村落社会举足轻重的存在。对其研究主要包括以下方面：

宗族组织要素的民俗研究，如萧放《明清家族共同体组织民俗论纲》对明清时期丁口、家谱、祠堂、族产、家训族规等家族共同体的民俗要素与组织结构和宗族成员参与民俗活动进行了论析。[①] 刘荣根据对陇东农村普遍存在的"影"、家谱及其中关系的调查，认为作为传统农村家族文化重要载体的"影"和家谱，在现代社会急剧转型期很大程度上依然影响着人们的思想观念和日常行为方式，应该正确看待"影"与家谱的关系及其在现代社会中发挥的社会功能。[②] 此外，还有卫才华、陈翻蒋、马婕[③]对家谱的研究；韩朝建对山西代县宗族与神图的研究；[④] 周祚昭对清代孔氏修谱收族的研究；[⑤] 李成贵对传统农村社会宗法制度的审视。[⑥]

宗族组织结构的民俗研究，如周星在《家支·德古·习惯法》一文中描述凉山彝族社会的社会组织与结构、自然领袖与非正式权威及其法文化传统。[⑦] 吴欣以明清时期苦山村落为中心，对宗族与乡村社会的关系进行研究。[⑧] 邓苗以浙江省福佑村鲍氏宗族为例，认为在由传统社会到当代社会的不同发展阶段，宗族文化经历了由崇高到世俗，由实体到象征的变化。这种变化，概括地说，是由一种弥散型的宗族转变为点缀型的宗族。作者指出：这种类型归纳的意义在于，对于具有弥散性的点缀宗族我们可以通过宗族意识唤醒人们的集体意识、村落意识。而对于纯粹的点缀型宗族，则要防止潜在的宗族力量变为显性的社会力量，从而造成社会的不稳定。[⑨] 刁统菊《离心力：姻亲关系之于家庭组织的一种影响》考察了家庭制度的分裂倾向和异姓女人在其中的影响。[⑩] 黄挺以民国时期汕头市联宗组织为研究对象，来理解时代、地域和宗族创建人对宗族形态的影响。[⑪] 陈讯基于对五

---

① 萧放：《明清家族共同体组织民俗论纲》，《湖北民族学院学报》2005 年第 6 期。

② 刘荣：《"影"、家谱及其关系探析——以陇东地区为中心》，《民俗研究》2010 年第 3 期。

③ 马婕：《青州井塘村现存宗谱调查》，《民俗研究》2004 年第 1 期；卫才华：《家谱、续谱与山西移入民村》，《民间文化论坛》2010 年第 2 期；陈翻蒋：《浙江三门陈氏宗谱研究》，安徽大学 2010 年硕士学位论文。

④ 韩朝建：《华北的容与宗族——以山西代县为中心》，《民俗研究》2012 年第 5 期。

⑤ 周祚昭：《修谱：收族的法门——清代孔氏修谱档案论析》，《民俗研究》1994 年第 3 期。

⑥ 李成贵：《传统农村社会宗法制度的理性审视》，《民俗研究》1994 年第 1 期。

⑦ 周星：《家支·德古·习惯法》，《社会科学战线》1997 年第 5 期。

⑧ 吴欣：《宗族与乡村社会"自治性"研究——以明清时期苦山村落为中心》，《民俗研究》2010 年第 1 期。

⑨ 邓苗：《从弥散型宗族到点缀型宗族——以浙江省福佑村鲍氏宗族为例》，《民俗研究》2011 年第 3 期。

⑩ 刁统菊：《离心力：姻亲关系之于家庭组织的一种影响》，《民俗研究》2007 年第 2 期。

⑪ 黄挺：《城市、商人与宗族：以民国时期汕头市联宗组织为研究对象》，《中国社会历史评论》2009 年第 10 卷。

省一市的 6 个村庄调查，考察家庭分工中妇女的家庭权力与地位。[①] 此外，王利兵、王荣武、麻国庆、原源等对分家习俗进行了探讨，[②] 还有高丙中对东北驻屯满族的血缘组织历史演变的研究、[③] 刁统菊等对宗族村落中姻亲关系的考察、[④] 刘慧敏对晋陕走西口移民的家族民俗文化的研究，[⑤] 等等。

宗族成员参与的民俗活动研究，如宋凤西《莱阳的老会》和徐畅《近代中国农村的丧葬互助组织》都对丧葬互助组织进行了研究。[⑥] 贺喜通过对广东西南地区的高雷半岛以及北部湾沿岸上岸水上人祭祖方式的考察，试图回应弗里德曼所提出的问题，即环境的改变会不会引致亲属结构的变化。[⑦] 袁松通过对鄂东南地区"接太公"习俗的研究，指出进入 20 世纪 90 年代以来，随着市场力量的深入，村庄流动性的增强，地方文化中支撑房头意识的意义系统和行动单位正在被替代，"接太公"习俗得以延续的价值依托和组织载体日渐消解。[⑧] 程安霞基于洪洞走亲习俗活动的田野调查，围绕着"走出来的亲戚"展开讨论。在对作为文化表演的走亲的描述基础上，揭示了仪式中的物品、行为的象征意义和人神交流、人际交往的象征秩序；通过走亲仪式背后的国家与社会、群体的复杂互动及其潜藏的深刻的政治经济文化背景，探讨了民间文化如何顽强或策略性地表达自己。走亲仪式以象征的形式透视出村落生活的结构，凸显了人与人、人与神、村与村之间的互动方式，将生活的世界、想象的世界、社会的世界融合起来，反映了人们对生活世界的一种理解和阐释。[⑨] 王铭铭对福建溪村祠堂议事活动进行了考察，指出：围绕祠堂重建展开的一系列家族议事活动，是地方社区为了重新确立自身的象征秩序和共同体意识而展开的地方性政治活动。这些活动虽从 80 年代以来官方政治—意识形态的"大环境"中获得当地人解释中的合理性，但其核心内容却主要在于重新演示家族—村落内部秩序的历史延续特征。[⑩]

在当代社会，宗族随着政治、经济环境的改善而发生着变化。佘康乐、刘星对微山湖

---

① 陈讯：《妇女当家：对农村家庭分工与分权的再认识——基于五省一市的 6 个村庄调查》，《民俗研究》2013 年第 2 期。

② 王荣武：《当前乡村分家习俗的民俗学思考》，《民俗研究》1994 年第 3 期；麻国庆：《分家：分中有继也有合——中国分家制度研究》，《中国社会科学》1999 年第 1 期；原源：《"中人"在分家中的角色功能审视——以辽南海城市大莫村为例》，《民间文化论坛》2006 年第 6 期；王利兵：《家庭策略视角下的农民分家方式探讨——基于闽南北山村的考察》，《民俗研究》2013 年第 5 期。

③ 高丙中：《血缘组织东北驻屯满族的血缘组织——从氏族到家族再到家户的演变》，辑自氏著《民间文化与公民社会：中国现代里程的文化研究》，北京大学出版社 2008 年版，第 61—73 页。

④ 刁统菊、赵丙祥、刘晓琳：《宗族村落中姻亲关系的建立、维护与重组——以鲁东小姚格庄为个案》，《民俗研究》2008 年第 3 期。

⑤ 刘慧敏：《晋陕走西口移民的家族民俗文化研究》，山西大学 2011 年硕士学位论文。

⑥ 宋凤西：《莱阳的老会》，《民俗研究》1992 年第 3 期；徐畅：《近代中国农村的丧葬互助组织》，《民俗研究》1999 年第 2 期。

⑦ 贺喜：《从家屋到宗族？——广东西南地区上岸水上人的社会》，《民俗研究》2010 年第 2 期。

⑧ 袁松：《"房头"的凝聚与消散——鄂东南"接太公"习俗的社会基础及其当代变迁》，《民俗研究》2010 年第 4 期。

⑨ 程安霞：《"走"出来的"亲戚"——洪洞走亲仪式的民俗志考察》，中央民族大学 2011 年博士学位论文。

⑩ 王铭铭：《地方政治与传统的再创造——福建溪村祠堂议事活动的考察》，《民俗研究》1999 年第 4 期。

湖区渔民宗族文化建构进行了考察。[①] 邓苗在硕士论文《宗族与地方社会的文化互动——以浙南四村为中心的考察》指出重建民众的村落感，方能弥补宗族退场所带来的价值缺失。[②] 高丙中则认为，家族活动大量涌现的事实与其作为制度复活来看待，不如作为文化复兴来理解。[③] 他和夏循祥在《作为当代社团的家族组织——公民社会的视角》一文指出大量关于家族组织的研究忽视了这样一个基本事实，即未能把城乡各地在近30年涌现的家族组织作为当代的公民自愿结社看待。该文以号称"江南第一家"的郑氏家族组织为例，论述家族组织可以被看做当代普通的社团组织的观点，并说明家族组织归根结底是利用传统组织资源的一种当代社会的公民组织而已。此种研究对于在认识上摆正国家与社会的关系、传统与现实的关系、农民与公民的关系都具有意义。[④]

除了宗族组织外，地缘组织、业缘组织、秘密社会等方面的研究也是民俗学者比较关注的。

地缘组织方面，彭晔《打同年与地方社会的生成》介绍了打同年这一集娱乐、婚姻、结盟为一体的民俗活动及相关"组织机构"的产生与运行如何促使地方社会的形成。[⑤] 张思考察了华北农村的农耕互助传统，通过对近世华北农村的"锄社""合具"及近代的"搭套""换工"等农耕结合习惯进行考察和相互比较，认为华北的村落共同体经历了一个从近世走向近代的、变质的过程。[⑥] 顾松仁、赵志毅《南通民间请会习俗拾零》为我们介绍了请会这种经济性互助组织习俗。[⑦] 刘铁梁《村落集体仪式性文艺表演活动与村民的社会组织观念》对地方民俗活动中所反映出来的村民的亲属与地域认同观念和它所具有的加强宗族与村落凝聚力的作用问题提出自己的看法。[⑧] 安德明《天人之际的非常对话：甘肃天水地区的农事禳灾研究》一书以中国农业灾害史和传统农耕文化为大的背景，把作为非常事件的农事禳灾与日常生活相结合，以生动翔实的资料，全面系统地展示了甘肃天水地区农事禳灾习俗的全貌及其在整个文化系统中的位置，同时结合古文献及其他地区的民俗志资料，深入探讨了农事禳灾的性质、结构和功能。作者指出，以地方神崇拜为中心的基本观念、神灵系统、仪式活动以及由此形成的组织，构成了农事禳灾的基本体系；这一习俗对人们心理的慰藉以及对社会秩序的调节等基本功能，则是使它长期持续存在的

① 佘康乐、刘星：《渔民春节祭祖与宗族聚合——以鲁南微山湖区为中心》，《民俗研究》2011年第1期；佘康乐：《微山湖渔民宗族的当下实践》，山东大学2012年硕士学位论文。

② 邓苗：《宗族与地方社会的文化互动——以浙南四村为中心的考察》，温州大学2012年硕士学位论文。

③ 高丙中：《从人生意义的设计看家族文化的复兴》，载氏著《民间文化与公民社会：中国现代里程的文化研究》，北京大学出版社2008年版，第23—36页。

④ 高丙中、夏循祥：《作为当代社团的家族组织——公民社会的视角》，《北京大学学报》2012年第49卷第4期。

⑤ 彭晔：《打同年与地方社会的生成》，广西师范大学2010年硕士学位论文。

⑥ 张思：《从近世走向近代：华北的农耕结合与村落共同体》，《民俗研究》2010年第1期。

⑦ 顾松仁、赵志毅：《南通民间请会习俗拾零》，《民俗研究》1993年第2期。

⑧ 刘铁梁：《村落集体仪式性文艺表演活动与村民的社会组织观念》，《北京师范大学学报》（社会科学版）1995年第6期。

一个现实原因。[①] 段友文、卫才华以晋南万荣通化村、荣河村和河津西王村为例对乡村权力文化网络中的"社"组织进行了研究。[②] 董晓萍《陕西泾阳社火与民间水管理关系的调查报告》以陕西一个小镇的社火表演为个案，在田野调查的基础上，采用象征研究的方法，分析当地民间社火与水资源管理的关系，重点分析社火表演的队伍结构、节目单、表演时间、表演传统和表演冲突等，阐释它们对地方用水文化的象征性管理作用。农民通过村社组织的活动，发挥社火的传统文化功能部分地缓解官民冲突。[③] 因为资源博弈而形成的社会组织在中国是非常多的，研究成果集中在历史学、人类学领域，而四社五村研究是民俗学界这方面较有特色和价值的研究。在山西霍山脚下的洪洞县与霍县交界地带的四社五村村社组织是一个严重缺水山区的村社组织，共 15 个村庄。在长达七百余年里，他们拥有自己的水利簿、碑刻、神庙、社首和仪式，遵守对一条水量不大的渠水的管理规则，按照自下而上的秩序轮流分水，实现了"不灌而治"的社会效果。[④] 党晓虹《传统水利规约对北方地区村民用水行为的影响——以山西"四社五村"为例》展示了民间组织成功地利用历史遗产，尤其是精神层面的制约和引导，来管理水资源的文化传统，可以对现代北方地区乡村水资源管理包括村民的用水生活起到借鉴意义。[⑤]

业缘组织方面，当民众流寓他乡，类似同乡会、商会、会馆这样组织的存在起到了相互保障和互助的功能，应增加对这些组织的关注。庄泽宣、陈学恂的《中国同乡团体的研究（初稿）》对同乡会进行了全面研究。[⑥] 姜惕麒、周星通过对温州同业商会特征、功能考察，分析了民间组织所面临的内外困境，并探讨了问题解决的可能性。[⑦] 范艳春也对温州商会进行了研究，其试图打破"公民社会"范式、国家与社会理论框架，认为更进一步的研究应真正深入到温州商会的内部运作及其制度限制中去。[⑧] 此外，还有于云瀚对古代城市中的工商业组织及其活动习俗的考察；[⑨] 梁志刚对关中影戏及其班社组织的深入研究；[⑩] 彭伟文以广东醒狮的传承者集团为中心对清代到民国间广州及佛山的武馆与劳动

①　安德明：《天人之际的非常对话：甘肃天水地区的农事禳灾研究》，中国社会科学出版社 2003 年版。

②　段友文、卫才华：《乡村权力文化网络中的"社"组织研究——以晋南万荣通化村、荣河村和河津西王村为例》，《民俗研究》2005 年第 4 期。

③　董晓萍：《陕西泾阳社火与民间水管理关系的调查报告》，《北京师范大学学报》（人文社会科学版）2001 年第 6 期。

④　董晓萍：《田野民俗志》，北京师范大学出版社 2003 年版，第 627—669 页；董晓萍、[法] 蓝克利：《不灌而治——山西四社五村水利文献与民俗》，中华书局 2003 年版。

⑤　党晓虹：《传统水利规约对北方地区村民用水行为的影响——以山西"四社五村"为例》，《兰州学刊》2010 年第 10 期。

⑥　庄泽宣、陈学恂：《中国同乡团体的研究（初稿）》，《岭南学报》1941 年第 6 卷第 4 期。

⑦　姜惕麒、周星：《当代民间行业组织的特征、功能及问题浅析》，《青海师范大学学报》（哲学社会科学版）2003 年第 6 期。

⑧　温艳春：《作为一种民间组织的温州商会》，《中国社会科学报》2010 年 7 月 13 日第 11 版。

⑨　于云瀚：《古代城市中的工商业组织及其活动习俗》，《民俗研究》2000 年第 4 期。

⑩　梁志刚：《关中影戏及其班社组织》，《文化遗产》2008 年第 3 期。

者组织的研究，① 周爱明对西藏行会习俗的介绍，② 赵耀双对天津近代民间消防组织水会③ 和李红微对微山湖上的船帮的历史追溯，④ 等等。

马街书会、胡集书会等书会背后的民间组织引起了学者们的注意。河南马街书会数百年来长盛不衰，就离不开其管理组织。这个管理组织的构成有三层环环相扣：第一层是书会组织——三皇会；第二层是马街村周围的宋元寺庙会社，如火神社、广严寺香会等；第三层是香山寺及其信众组织。马街村民组织"三皇社"主要协调村落内部的家族、农耕、水利、祭祀、纠纷、保安等事物，兼管书会。它与以上三层组织都有不同程度的联系，彼此构成了交叉联系。⑤ 此外，王青对马街书会的历史和现状考察、⑥ 马志飞对 1979—2007 年马街书会民间曲艺活动的社会机制研究、⑦ 庞建春对马街书会听众的调查报告、⑧ 刘永涛对马街书会的非物质文化遗产开发保护问题的讨论⑨丰富了马街书会的研究。王加华、张玉、郝沛然、张岩等人以胡集书会参会艺人为中心，探讨民间说书艺人的生存困境与书会传承问题。⑩ 书会不仅仅是民间艺术活动，其作为乡村社会重大事件所牵动的不同层次的社会组织与社会流动值得学者深入挖掘内在机制，在非物质文化遗产保护的语境下依靠民众的组织实现书会的复兴。

人类社会是怎样形成起来的？单个的人凭什么变成群体，群体又是靠什么而组成了社会？⑪ 除了处于合法化状态的社会组织，对于处于灰色地带的秘密社会、秘密会党、秘密宗教等的研究是不可忽视的，了解处于社会边缘的弱者心声，是社会赋予我们的责任。1928 年，黄诏年《流乞的"江湖"》一文就为我们介绍了处于社会底层的乞丐群体的暗语，⑫ 曲彦斌对中国民间秘密语亦有专著出版。⑬ 李世瑜对 20 世纪 40 年代流行于华北的秘密宗教黄天道、一贯道、皈依道、一心天道龙华圣教会的实地调查，⑭ 留下了宝贵的材

---

① 彭伟文：《清代到民国年间广州及佛山的武馆与劳动者组织——以广东醒狮的传承者集团为中心》，《民俗研究》2012 年第 2 期。

② 周爱明：《西藏行会习俗》，《民间文化》1999 年第 4 期。

③ 赵耀双：《天津近代民间消防组织——水会》，《民俗研究》2003 年第 3 期。

④ 李红微：《微山湖上的船帮》，《民俗研究》1992 年第 4 期。

⑤ 董晓萍：《田野民俗志》，北京大学出版社 2003 年版。

⑥ 王青：《马街书会的历史、现状与未来——关于河南马街书会的调研报告》，华中师范大学 2005 年硕士学位论文。

⑦ 马志飞：《马街书会民间曲艺活动的社会机制研究（1979—2007）》，福建师范大学 2008 年博士学位论文。

⑧ 庞建春：《马街书会的听众——马街书会调查报告之一》，《民俗研究》1998 年第 1 期。

⑨ 刘永涛：《非物质文化遗产开发保护的民间自觉——以马街书会和赵庄魔术为例》，《文化遗产》2010 年第 3 期。

⑩ 张玉：《民间艺人、书会传承与乡民社会——胡集书会调查与研究》，山东大学 2008 年硕士学位论文；郝沛然：《音乐与养家糊口——山东省胡集书会研究》，华中师范大学 2009 年硕士学位论文；张岩：《胡集书会艺人基本情况的调查与思考》，《商情》2009 年第 2 期；王加华：《当下民间说书艺人的生存困境及其应对策略——以胡集书会参会艺人为中心的探讨》，《文化遗产》2012 年第 4 期。

⑪ 田兆元：《盟誓史》，上海文艺出版社 2000 年版，第 1 页。

⑫ 黄诏年：《流乞的"江湖"》，《民俗周刊》1928 年第 15—16 期。

⑬ 曲彦斌：《中国民间秘密语》，生活·读书·新知三联书店上海分店 1990 年版。

⑭ 李世瑜：《现代华北秘密宗教》，上海文艺出版社 1990 年版。

料。雷乐中对下川东帮会习俗的踪迹与特点进行了挖掘和介绍。[1] 王骥洲以白莲教为个案，认为白莲教仪式行为集中体现了其浓厚的宗教情结。白莲教仪式行为在组织层面确认了教派内部神性化的伦常关系，在理念层面形成了理想家园与现世目标的同一，社会控制层面所确立的宗教威慑与世俗惩治构成了白莲教独特的制度化惩戒机制。仪式行为在这三个层面的象征意义揭示了白莲教本土宗教世俗化的重要特点。[2] 杨树喆运用民俗学田野调查方法对桂中上林县西燕镇壮族民间师公教的基本要素：名称、三十六神七十二相、教法与科法、唱本与科书、神像与法器、面具与服饰、唱师与跳师、师系与师班等进行了考察。[3] 欧阳恩良《民俗文化与秘密社会》一文从中国传统文化最稳固的组成部分民俗文化入手，具体考察了中国秘密社会与传统社会组织民俗、多神信仰民俗、巫术与方术民俗、尚武民俗、语言民俗等之关系。文章认为，民间教门与秘密会党中都蕴含有丰富的民俗文化事象，两者在向深厚的中国民俗文化摄取养料的过程中，都遵循着实用主义的原则。在民俗学视野之下，中国秘密社会既是中国民俗文化的产物，同时又丰富了中国民俗文化的内容。[4] 杨焕鹏以鲁东地区为中心，关注民国时期尤其是军阀政治时期，以红枪会为代表的民间秘密结社组织在乡村社会所带来的影响。[5]

在中国乡村社会仍活动着一些被抑制的民间宗教组织，由于其在传统社会不断被打压，在当代社会亦不能被主流意识形态所接纳，使其处于地下运作状态，成为中国社会非常态的存在。在这方面，历史学者、宗教学者的成果卓著，而民俗学研究者较为缺席。卫文辉《当代洛阳地区民间宗教组织后乾社调查报告》为我们介绍了仍活动于洛阳地区的一个民间宗教组织——后乾社。[6] 由于该组织处于秘密状态，使得研究者亦束手束脚，但作者的研究提醒民俗学研究者注意到民间秘密宗教研究的可能性与所面临的限制。

社会组织民俗中角色的限制使组织表现出了性别和分工的差异。如苑利《华北地区祈雨仪式中的男性社会组织》一文介绍了华北地区祈雨仪式中的男性组织的构成如社首、保水、善愚、鼓乐方阵、仪仗队、叫雨者等及他们各自的活动职责和功能。[7] 张翠霞的博士论文《大理白族村落"莲池会"女性研究》提到了"莲池会"这一女性社会组织。"莲池会"，俗称"老妈妈会"，是大理白族地区中老年妇女自发形成的以地域崇拜及其祭祀活动为核心的女性村社组织。作者以家乡大理龙龛村为田野调查点，以村落女性及女性组织"莲池会"作为研究对象，采用个案研究的模式，通过田野调查资料的运用试图对两个相互关联的问题展开讨论：（1）作为个体家户成员，村落妇女如何在家庭及社区礼

[1]　雷乐中：《下川东帮会习俗的踪迹与特点》，《民俗研究》1992年第3期。

[2]　王骥洲：《秘密社会仪式行为的文化学阐释——以白莲教为个案的探析》，《民俗研究》2009年第1期。

[3]　杨树喆：《桂中上林县西燕镇壮族民间师公教基本要素的田野考察》，《文化遗产》2008年第4期。

[4]　欧阳恩良：《民俗文化与秘密社会》，《中国文化研究》2009年秋之卷。

[5]　杨焕鹏：《红枪会与近代乡村自卫（1912—1937）——以鲁东地区为中心》，《民俗研究》2010年第1期。

[6]　卫文辉：《当代洛阳地区民间宗教组织后乾社调查报告》，《洛阳理工学院学报》（社会科学版）2012年第4期。亦可参考卫文辉《民间信仰的当代建构——以河洛地区黄大王信仰为例》，河南大学2012年硕士学位论文。

[7]　苑利：《华北地区祈雨仪式中的男性社会组织》，《西北民族研究》2003年第3期。

俗的规制和引导下以其角色实践习得各种祭祀知识并逐渐成长为一个"莲池会"成员；（2）作为"莲池会"成员，村落妇女如何作为一个日常生活的行动者和实践者构建着家庭礼仪和村落礼俗生活。①

二 2014 年度社会组织民俗研究

在 2014 年度，学者对社会组织民俗进行了多学科的关注，故本节所涉及的相关成果将兼及民俗学科之外的学术研究成果。

（一）乡土中国与社会发展

乡土社会秩序的建构中产生了一系列错综复杂的社会关系和以之为基础形成的社会组织，其中，宗族作为乡村社会最基本的社会组织，相关研究成果相当丰富。

一些研究者对宗族组织的相关理论问题和热点现象进行了讨论。张小军通过对"韦伯命题"的讨论，提出了不同于西方业缘资本主义的亚洲"亲缘资本主义"发展形态，并反思了以革命、现代化等标准界定的宗族研究范式及其危机。他指出在中国社会中，宗族并非简单的传统亲属制度，而是一种文化的实践，是一种动态的不断适应社会演变的组织形态。杜靖以江苏沛县南北闫堤口闫氏宗族为例探讨了中国的旁系宗族，认为旁系宗族既不是上位宗族也不是联宗，旁系宗族的提出冲击了现有人类学和中国社会史研究领域里的世系群或继嗣群概念。② 于会歌在《传统中国社会认同的宗族世系性》一文中指出传统中国社会认同的宗族世系性，意旨有四：一是传统中国社会认同的不堕主题——宗族认同；二是传统中国社会认同的关键社会化途径——族学；三是传统中国社会认同的永续性影响——世代角色承诺；四是传统中国社会认同的当代意味——历史与文化认同。③

家族史研究作为社会史研究的重要领域，章开沅认为从宗族史与家族史这个角度来研究中国，理解中国，包括中国的过去、现在乃至未来，仍然是很有价值的学术工作。④ 众多学者笔下的家族与宗族关系却莫衷一是。鉴于概念史近些年来在国内的兴起，周志永对家族与宗族的关系做了进一步的探讨。⑤

宗族在当代社会的现状是研究者所关注的社会热点，如邓苗聚焦近代以来作为一种乡土传统的宗族文化在现代化过程中的起伏，指出在其重建过程中，以老年人为主的普通民众通过社会动员和资源整合，以及地方社会的组织化过程，使人们之间原有的血缘精神得到了重温和强化。⑥ 戴五宏、张先清《当代中国宗族复兴研究：回顾与反思》一文指出：在现代化、城市化与全球化等新社会情境当中，宗族不再是同质化和统一性的实体，而是

---

① 张翠霞：《大理白族村落"莲池会"女性研究》，中央民族大学 2013 年博士学位论文。

② 杜靖：《中国的旁系宗族——以江苏沛县南北闫堤口闫氏宗族为例》，《山西大学学报》2014 年第 6 期。

③ 于会歌：《传统中国社会认同的宗族世系性》，《青海社会科学》2014 年第 6 期。

④ 章开沅：《宗族史与家族史研究：社会生活的绵延画卷》，《广东社会科学》2014 年第 5 期。

⑤ 周志永：《概念史视域下的家族与宗族》，《黑龙江史志》2014 年第 13 期。

⑥ 邓苗：《乡土传统与宗族重建》，《青海民族研究》2014 年第 2 期。

由纷繁的边界跨越与流动所建构的共同体，应当尝试引入"想象社群"的观点，来与"宗族复兴"的议题相结合。① 张安东《传统的嬗变：当代民间修谱与宗族意识的变迁》探讨了当代民间修谱之风盛行的原因，以及宗族历史的变迁与利弊。② 赵华鹏《家族行动——镇原慕氏修谱的田野报告》以《镇原慕氏族谱》为切入点，重点访谈了该书的编纂群体——甘肃省庆阳市、镇原县、平凉市的慕氏族人，分别从"事件""过程""记忆""仪式与象征""权力与组织"五个角度分析了镇原慕氏修谱的过程。内容聚焦慕氏修谱的过程，挖掘修谱过程中的"人和事"，透过"事"凸显出人的修谱"行为意义"的多元。③ 邵凤丽《当代祭祖礼仪模式初探》一文认为，从祭祖礼仪的发展历史看，中国传统社会祭礼深受朱子《家礼》家祭礼仪模式的影响，并且这种影响一直延续到了当代社会，成为当代社会祭礼复兴的重要基础。但由于社会文化背景变迁，当代祭礼在保留传统模式的基础上，对具体标准和操作方法进行了适应性调整，试图将传统礼仪模式与当代生活进行结合，发展出既继承祭礼传统，又符合当下民俗生活需要的新型祭祖礼仪形态。④ 陈靖通过考察广西民间某黄氏宗族在续谱、考据与归根过程中的行为，分析了民间文化精英在复兴宗族中的文化建构机制，特别是通过"追根认祖"的方式来建构宗族在地方社会中的"合法化"地位，进而建构宗族在国家历史中的"正统化"地位。⑤

众多学者从历史学的角度对宗族组织要素、组织结构、宗族民俗活动等进行了大量研究。如曹骥《秦汉家庭继承研究》发现，秦汉的家庭继承制度由宗祧继承、爵位继承、户主继承和财产继承四个方面构成，而宗祧继承是其核心。宗祧继承延续血脉、祭祀祖先的内容决定了家庭继承与宗族、家庭等社会因素存在密不可分的关系。⑥ 陈志刚研究了清代四川移民家族之外较被忽略的本地家族的发展状况。⑦ 章冬梅从婺源县 61 份分家文书出发，重点研究清中期至民国该县的分家制度。⑧ 王大任从东北地区大家庭解体后乡村互惠协作规范的生成这一实例出发，对学界存在激烈争议的道义经济与获利经济两种对立范式进行重新解读。⑨ 曾小峰、杨彦杰等对不同地域农村宗族进行了历史考察。⑩

民间文献是学者经常利用的资料，如杜正贞、秦海滢、李佳佳、江慧萍、苏惠苹、王

① 戴五宏、张先清：《当代中国宗族复兴研究：回顾与反思》，《晋阳学刊》2014 年第 2 期。
② 张安东：《传统的嬗变：当代民间修谱与宗族意识的变迁》，《理论建设》2014 年第 6 期。
③ 赵华鹏：《家族行动——镇原慕氏修谱的田野报告》，宁夏大学 2014 年硕士学位论文。
④ 邵凤丽：《当代祭祖礼仪模式初探》，《民间文化论坛》2014 年第 5 期。
⑤ 陈靖：《追根认祖：一种国家与乡民关系的文化建构——一个壮家宗族复兴的考察》，《广西民族研究》2014 年第 1 期。
⑥ 曹骥：《秦汉家庭继承研究》，河南大学 2014 年博士学位论文。
⑦ 陈志刚：《清代四川雅安水东乡家族研究》，《社会科学研究》2014 年第 5 期。
⑧ 章冬梅：《清中期至民国婺源县分家制度研究》，南昌大学 2014 年硕士学位论文。
⑨ 王大任：《变幻的规范——近代东北地区大家庭的分裂与乡村互惠道义准则的生成》，《中国社会经济史研究》2014 年第 1 期。
⑩ 曾小峰：《传统与嬗变：明至民国时期赣南农村宗族的历史考察》，《农业考古》2014 年第 1 期；杨彦杰：《从宁化伊氏的宗族建构看中原移民与客家宗族文化的形成》，《中州学刊》2014 年第 12 期。

栋等利用各类形式的民间文献资料考察宗族冲突、宗族教育、宗族仪式、宗族历史等。① 宗族在地方社会秩序生成和历史现场的变迁中因时而异，因地而异，也因而产生了丰富多彩的历史现象。宗族在乡村社会中扮演的角色不是一成不变的，如王思明、李昕升对太平天国失败后族权问题的关注；王灿对宗族控制力的考察；贾俊强、刘凯对明清时期乡村社会中宗族组织的社会维系功能的讨论。② 李倩《民国时期江南地区乡村血缘共同体的更新》讨论了近代江南地区部分乡村的血缘共同体的转型问题，认为江南乡村血缘关系的减弱是近代国家建立的重要一环。③ 李锦伟《明清江西农民弃农经商对农村宗族制的影响》讨论了明清时期随着商品经济的发展，在人地矛盾日益尖锐的江西地区出现了大量农民弃农经商的现象。这些弃农经商者并没有脱离宗族的控制，更没有导致宗族制的衰落。相反，由于这些农民经商后绝大多数回归故乡，并把大量资金投放到与农村宗族相关的事业上来，这就进一步加强了农村宗族制的发展，从而很大程度上有利于农村旧有社会秩序的稳定。④ 黄忠鑫以祁门瀛洲黄氏为中心，研究了明清徽州民间社会对于图甲绝户的承继方式和宗族发展策略。⑤ 杨扬由南昌万氏从宗族到联宗的发展过程发现，任何一个宗族都有联宗的倾向，不能只从联宗的结果去考察联宗，而应该注意到联宗其实是一个动态变化的过程，其起点是一个宗族，而后通过建构世系关系，宗族开始超越地域与其他宗族发生联系，再然后基于地缘利益又会超越世系，发展成一个同姓联盟组织。⑥ 侯海坤选取华北地区一个典型的汉族村落——北村，基于春节期间的祭祖仪式对该村落祖先崇拜的信仰和仪式以及村落的宗族组织进行了考察，探究了祖先崇拜的原因及重要的象征体系——"家堂"，并分析了"院"的形态和作用，认为民间信仰和仪式对家族整合起着重要作用。⑦

一些研究对宗族存在的基础、经济活动及其福利等予以讨论。王绍欣、叶锦花分别对

---

① 杜正贞：《民国时期的族规与国法——龙泉司法档案中的季氏修谱案研究》，《浙江大学学报》2014 年第 1 期；秦海滢：《明清时期山东宗族分家析产与财产纠纷》，《东北师大学报》2014 年第 3 期；李佳佳：《满族谱牒中的家训研究》，吉林师范大学 2014 年硕士学位论文；江慧萍：《明清时期徽州宗族祠祭研究》，安徽大学 2014 年硕士学位论文；马晓雯：《民国时期宗族传统与乡村自治的冲突与妥协》，山东师范大学 2014 年硕士学位论文；苏惠苹：《明中叶至清前期闽南海洋环境与家族发展——圭海许氏家族的个案分析》，《安徽史学》2014 年第 1 期；王栋：《宗族与江西近代民办教育》，《南昌师范学院学报》2014 年第 6 期。

② 王思明、李昕升：《论太平天国失败后族权的强化》，《求索》2014 年第 11 期；王灿：《论晚清时期徽州宗族对民众控制力的变化》，《琼州学院学报》2014 年第 4 期；贾俊强、刘凯：《论明清时期宗族组织在乡村治安中的作用》，《铁道警察学院学报》2014 年第 1 期。

③ 李倩：《民国时期江南地区乡村血缘共同体的更新》，《农业考古》2014 年第 1 期。

④ 李锦伟：《明清江西农民弃农经商对农村宗族制的影响》，《农业考古》2014 年第 6 期。

⑤ 黄忠鑫：《明清徽州图甲绝户承继与宗族发展——以祁门瀛洲黄氏为中心的考察》，《安徽史学》2014 年第 6 期。

⑥ 杨扬：《从宗族到联宗：明清南昌万氏宗族的个案研究》，南昌大学 2014 年硕士学位论文。

⑦ 侯海坤：《村阈视野下的祭祀与家族——基于华北地区北村春节期间祭祖仪式的个案研究》，《青海民族大学学报》2014 年第 1 期。

明代祁门和福建地区的宗族组织与户役分担问题进行了讨论。① 李学如、陈勇借助族谱、方志、文集等史料，考察了清代苏南义庄的数量，空间分布，兴盛缘由，藉以管窥清代苏南社会的发展变迁和时代特征。② 李学如从整体性关照的视角出发，考察宋代义庄肇始的缘由、空间分布和发展态势。③ 胡开全通过对华阳苏氏个案复原性质的描述，试图构建一个清代四川中等规模家族经济发展的模型。④ 此外，乔娜妹、王志龙对江南宗族的学田进行了研究。⑤ 刘梦阳、朱珠分别对明清时期和宋代宗族福利问题进行了研究。⑥ 毕天云、刘梦阳指出：宗族组织是中国历史上存续时间最长的社会组织，为宗族成员提供福利支持是传统宗族组织的重要功能。中国传统宗族福利体系主要是由宗族救助、宗族养老、宗族教育和宗族医疗四个部分构成，在传统社会福利体系中具有特殊的地位和作用，是中国传统民居福利的重要类型。在建设和完善中国特色社会主义福利体系过程中，要辩证认识和对待宗族福利文化传统，充分发挥血缘关系网络支持和家庭互助的作用。⑦

宗族理事会是宗族组织运作的重要力量。杨吉安研究了 20 世纪三四十年代江西省在基层社会推行的族董会制度。作为建构宗族组织制度供给的指导性文件，《各姓族董会简章》将非制度化的传统族权以官方的形式予以制度化认可。在其实施的过程中，国民党政权依托族董会制度有力弥补了保甲制度的缺陷，深入渗透至宗族社会具体而微的层面，实现了国家权力的扩张，有效增强了对基层社会的控制。⑧ 王晓欧运用参与观察法、访谈法、文献法等人类学、民族学常用的调查方法，探讨分析大萃马氏宗族的结构以及宗族组织。⑨ 陈瑞《明清时期徽州宗族中的执事人员》指出执事人员是明清徽州宗族族务管理运作系统中的重要一员，在族务管理中发挥着其应有的作用，在一定程度上推动着所在宗族的良性有序运转。⑩

此外，吴赘、邱家海以余干县瑞洪西岗为中心考察近世以来鄱阳湖区域宗族变迁。⑪

---

① 王绍欣：《宗族组织与户役分担——以明代祁门桃源洪氏为个案》，载万明编《明史研究论丛（第十二辑）——明代国家与社会研究专辑》，中国广播电视出版社 2014 年版，第 67—83 页；叶锦花：《明代多籍宗族的形成与赋役承担——以福建晋江沿海地区为例》，《史学月刊》2014 年第 11 期。

② 李学如、陈勇：《清代宗族义庄的发展——以苏南地区为考察中心》，《中国社会经济史研究》2014 年第 1 期。

③ 李学如：《宋代宗族义庄述论》，《淮北师范大学学报》2014 年第 6 期。

④ 胡开全：《清代成都东山苏氏家族经济考察》，《文史杂志》2014 年第 5 期。

⑤ 乔娜妹：《明清江南宗族学田研究》，华东师范大学 2014 年硕士学位论文；王志龙：《近代苏南族田的规模增减与功能变动》，《安徽史学》2014 年第 4 期；王志龙：《倡导、激励和保护：清政府的族田政策》，《江海学刊》2014 年第 6 期。

⑥ 刘梦阳：《明清时期宗族福利研究》，云南师范大学 2014 年硕士学位论文；朱珠：《宋代宗族福利研究》，云南师范大学 2014 年硕士学位论文。

⑦ 毕天云、刘梦阳：《中国传统宗族福利体系初探》，《山东社会科学》2014 年第 4 期。

⑧ 杨吉安：《文本制度与权力扩张——基于江西万载县族董会制度运作过程的分析（1930—1945）》，《民国档案》2013 年第 4 期。

⑨ 王晓欧：《侨乡宗族组织研究——以广西容县大萃村马氏祠堂理事会为例》，广西民族大学 2014 年硕士学位论文。

⑩ 陈瑞：《明清时期徽州宗族中的执事人员》，《中国社会经济史研究》2014 年第 3 期。

⑪ 吴赘、邱家海：《"农进渔退"：近世以来鄱阳湖区域宗族变迁——以余干县瑞洪西岗为中心》，《南昌大学学报》2014 年第 2 期。

何根海透过安徽池州荡里姚宗族的地理位置、村落镜像、宗族变迁、傩戏传承、演出场地、舞台装置、砌末道具等问题,对荡里姚宗族傩神会的文化生态环境及其跳傩相关事象的深层文化内涵进行了分析,揭示了池州傩文化与宗族生态环境之间的互动关系。[①]

乡村共同体的治理是一个社会热点问题,如房超本围绕胶东半岛沿海地区一个村落共同体展开描述,通过血缘—地缘关系、基层市场和行政力量三个理论视角探讨了文中所描述的 F 村的村落共同体属性,描述了该地区在改革开放以来乡村共同体在经济结构、社会结构和乡村治理主体等方面的变迁轨迹,回答了胶东半岛沿海乡村地区如何针对村落共同体的变迁进行现代乡村建设的问题。[②] 刘义强、胡军《村户制传统及其演化:中国农村治理基础性制度形式的再发现》认为:实现农村基层社会的有效治理,必须注重对村户制传统的发掘,尤其要注重对"村—户"联结机制的塑造进行再认识。[③] 陈茜选取安徽省天长地区,对土地占有与乡村领袖、乡村共同体的治理进行探讨。以天长地区的土改资料为依据结合相关的文献资料从土地占有与使用、租佃制度、雇佣关系和民间借贷等方面对近代天长地区的地权状况进行分析。乡村领袖这一乡村中的领导集团,对于乡村共同体的影响是不容小觑的。[④]

民间信仰组织如庙会、香会研究持续受到学者的青睐。刘博、朱竑深入剖析在广府庙会中不同社会群体(包括政府、媒体、专家、普通民众等)如何利用其拥有的文化表征权力,基于其文化记忆与地方认同,以话语与实践来表达自己对地方以及广府文化的理解,从而最大程度将自身的地方认同在新创节庆中得以表征的协商过程。[⑤] 王谦梳理了历史上关于颜文姜的文献记载和传说故事,分析颜文姜庙会具体的祭祀仪式过程,以期认识颜文姜在普通民众中传播和影响的过程,了解当时当地乡村社会的发展状况、了解庙会对乡村社会的作用和影响,理解传统文化在现实社会中的积淀,以及正确认识庙会作为公共文化在当地的传承与发展,探索在时代长河和社会变革冲击下的庙会如何保持其"本真性",从而更好地在未来发挥庙会的各种功能,为当地的经济、文化建设与社会的和谐进步服务。[⑥] 张祝平、郑晓丽《尴尬与选择:乡村传统庙会的现代性境遇——杭州地区两个乡村庙会当代变迁的考察》指出:传承与发展是民俗文化的固有属性,庙会文化自萌发开始,到逐渐成为人们的日常生活习惯,最终为历史所接纳,其演进与发展也是一个不断求新求变求开放的过程。而现代社会的急剧变迁与发展,传统民俗文化却面临断裂的可能。考察杭州地区乡村庙会习俗的存在状态,当代庙会相较于传统庙会已经有了很大的革新,表现为政府部门的自觉介入,庙会活动的内容逐步转向以弘扬地域文化和促进经济发

---

① 何根海:《村落镜像与神圣砌末——安徽池州荡里姚宗族傩神会的文化生态考察》,《安徽史学》2014 年第 3 期。

② 房超本:《村落共同体变迁与现代乡村治理研究——基于胶东半岛 F 村的实证分析》,贵州财经大学 2014 年硕士学位论文。

③ 刘义强、胡军:《村户制传统及其演化:中国农村治理基础性制度形式的再发现》,《学习与探索》2014 年第 1 期。

④ 陈茜:《近代的土地占有与乡村领袖、乡村共同体治理——以安徽天长地区为例》,南京师范大学 2014 年硕士学位论文。

⑤ 刘博、朱竑:《新创民俗节庆与地方认同建构——以广府庙会为例》,《地理科学进展》2014 年第 4 期。

⑥ 王谦:《博山颜文姜传说与庙会研究》,中国海洋大学 2014 年硕士学位论文。

展为主导等。然而，对于传统民俗文化基质的过度剥离，使其固有的人文精神难以再现，文化形态也陷入尴尬的境地。因此，在现代化和全球化的语境下，积极发掘传统乡村庙会的文化厚度，丰富其时代内涵，以增强地域性传统文化的辐射力和影响力，是传统乡村庙会得以延续的生命所在，更应是其当代发展的基本走向。① 常潞鑫结合上党地区自然人文环境的特点，通过对地方志、文献的收集，对上党地区庙会的类型、祭祀活动和庙会市场的特点等方面进行了一个总体性的概述。② 张东蕴选取湖北省 M 地区农村居民为研究对象，采取简单抽样的方式进行问卷调查，通过分析民众对庙会活动中酬神、娱乐、集市三类活动的认知和行为状况，以及基于性别、年龄、文化程度、经济状况和身体状况等因素的个体性差异，探讨该地区庙会中酬神、娱乐和集市三项活动的现状和农村庙会活动的功能。③ 陈志勤主要以浙江省的省级非遗项目"绍兴舜王庙会"为例，阐明有别于国家以及民间的地方非遗保护运动的现状，并由此探讨作为主体的多样性参与者所发挥的作用。④ 李晓斐以一个持续不断的乡村庙会实践为例，探讨公共活动对于乡村发展的意义所在。⑤ 田莉莉以上辛堡村庙会为考察对象，通过对庙会在该村传承、发展和调适过程的呈现和深描，以小见大的反映出当前传统村落文化的现实生存情境，重新审视乡土社会传统资源的价值和意义，促进传统村落文化的传承和重建提供新的思考和启示。⑥

　　李华伟《非物质文化遗产对妙峰山庙会之影响——以妙峰山庙会申报非遗前后的活动为中心》一文探讨非物质文化遗产申报对妙峰山庙会的重塑有何影响，指出妙峰山庙会获得国家级非物质文化遗产称号后影响了妙峰山庙会活动及香会组织的定位与称谓。为求得生存空间，妙峰山管理处和香会/花会组织一直奉行实用主义策略，采取"打擦边球"的方式，使妙峰山庙会游离于民间信仰与民俗文化之间。实用主义策略的运用集中体现在妙峰山管理处和香会组织对进香团体称谓的反复：从花会到香会，再从香会到花会。申请非遗之前、期间、之后以及奥运会期间，妙峰山管理处和香会/花会组织采取的香会或花会的他称与自称，以及根据具体语境变换香会或花会的他称与自称均属于实用主义策略的巧妙运用。名称的反复变化，也反映着民间信仰本质与定位的非主体性与随意性。⑦ 张青仁《中国社会结构对民间信仰的影响——基于妙峰山香会的田野调查》认为差序格局基础上的中国民间信仰具有比较宗教研究基点的意义。⑧ 张胜杰通过对三个香会组

　　① 张祝平、郑晓丽：《尴尬与选择：乡村传统庙会的现代性境遇——杭州地区两个乡村庙会当代变迁的考察》，《湖北民族学院学报》2014 年第 2 期。

　　② 常潞鑫：《上党地区庙会文化研究》，河北师范大学 2014 年硕士学位论文。

　　③ 张东蕴：《农村庙会的社会学研究——以湖北省 M 地东岳庙会为例》，华中农业大学 2014 年硕士学位论文。

　　④ 陈志勤：《地方的非物质文化遗产保护及其多样性主体的作用——以"绍兴舜王庙会"为例》，《民间文化论坛》2014 年第 2 期。

　　⑤ 李晓斐：《庙会、公共性与乡村发展的文化意涵》，《西北民族研究》2014 年第 3 期。

　　⑥ 田莉莉：《村落语境中的庙会展演与文化表达——对北京朝阳区上辛堡村庙会的调查报告》，《北京民俗论丛》（第二辑）2014 年。

　　⑦ 李华伟：《非物质文化遗产对妙峰山庙会之影响——以妙峰山庙会申报非遗前后的活动为中心》，《民间文化论坛》2014 年第 6 期。

　　⑧ 张青仁：《中国社会结构对民间信仰的影响——基于妙峰山香会的田野调查》，《云南师范大学学报》2014 年第 6 期。

织的访谈了解，分析组织构成和传统的继承与发扬，探讨香会在现阶段呈现出的新特点以及香会对碧霞元君的信仰状况等。①

此外，歌会、老年协会等乡村社会中的组织在当下的生存境遇也受到了关注。杨晓勤《石宝山歌会的田野思考》考察了石宝山歌会，石宝山歌会是白族民间歌谣创作与传播的重要文化空间，它本为朝山活动的产物，但自 20 世纪 80 年代以来被官方打造为地方的"文化名片"。地方政府对歌会的组织虽然在民众之间引起颇多微词，但客观上起到了扶持新兴歌手、延缓歌会衰亡的积极作用；旅游从业者为迎合部分人群猎艳逐奇的心理，则热衷于将具有地域性的歌会包装为白族的情人节。歌会的发展与变迁，体现了文化持有者与地方政府、旅游行业在民族文化保护与开发过程中存在的立场分歧与潜在矛盾。② 谢小芹基于黔中 J 村"老协会"的生命历程考察认为扶持民间组织，重塑其公共性，是新时期推进社区建设的重要前提。③

(二) 社会流动与社会组织

在乡土社会之外的人群如何组织起来的呢？他们又创造了怎样的社会组织民俗，其对乡土社会又产生了什么样的影响呢？一些学者继续对此问题进行了探讨。

清末至民国是中国帮会形成和壮大的关键时期，这一时期的青帮对中国社会发展产生过重要的影响。翟计贺通过研究发现，青帮发展到苏北地区后，其势力渗透到社会生活的方方面面，青帮通过控制当地水陆交通，勾结地方实权派与土匪恶势力对当地武术发展产生了不可忽视的影响。④ 行会组织对于中国社会经济史的研究有着重要意义。孙斌根据碑刻史料的记载，清代政府对于工商业的监管较为宽松，商人们积极地建立了许多会馆、公所这类行会组织并制定行会规约来更好地维护他们的权益。清代律典中为数不多的几条律例以及地方官府判决是清代行规制定的基础，同时也给商人们制定规约留下了很大的空间。由律文引申出的自愿原则被官府作为审查与监督行会与行规的标准。⑤ 赵鹏、李刚以明清时期各地的山陕会馆为例，探讨其工商会馆"庙——馆——市"的合一特征，充分反映了从 16 世纪以来中国存在市场经济萌芽，工商会馆已不是纯粹封建行会组织，而是"庙、馆、市"合一的商人自治团体和市场组织，是中国商人面对新的历史条件所进行的制度创新，充分显现着行会的旧质在逐渐蜕变，市场新质在不断聚积，它从一个侧面折射了明清时期中国社会转型初期的历史特点。⑥ 孙睿通过对晚清《湖南商事习惯报告书》附录后 269 个行规进行分析，发现近代行会自我治理有自身的逻辑。逻辑层次体现：首先，

---

① 张胜杰：《妙峰山香会组织与碧霞元君信仰——基于三个香会组织的调查》，《河南教育学院学报》2014 年第 5 期。

② 杨晓勤：《石宝山歌会的田野思考》，《民族艺术研究》2014 年第 5 期。

③ 谢小芹：《组织发展的历史境遇及生存逻辑——基于黔中 J 村"老协会"的生命历程考察》，《民俗研究》2014 年第 5 期。

④ 翟计贺：《清末民国时期青帮对苏北地区武术传播影响研究》，《搏击 (武术科学)》2014 年第 7 期。

⑤ 孙斌：《清代工商业行会规约的自治性论析——以苏州地区碑刻史料为视角》，苏州大学 2014 年硕士学位论文。

⑥ 赵鹏、李刚：《明清时期工商会馆"庙、馆、市"合一新探》，《陕西师范大学学报》2014 年第 2 期。

对共同利益诉求的认同；其次，坚持公事公办，共同承担的原则；最后，国家给予行会行规权威性认可。行会自我治理的核心原则为"公议"，贯彻在行会具体事务中的方方面面，这样，行会自身治理机制才能与市场结合，使商人开展良好的经济活动。① 吕一群、胡利、康娜等亦有类似研究。②

此外，党晓虹对海洋经济组织进行了研究。明清至民国时期，既是中国国内海洋经济与海洋社会形成、发展的时期，又是中外海洋社会经济大碰撞的时期。这一时期，伴随着国家海洋政策的不断变化，传统海洋管理形式出现较大调整，海洋民间组织作为海洋管理的新生力量开始登上历史舞台，陆续出现"渔民帮会""渔民公所""渔团""渔会"等多种组织形态，并在海洋渔业生产等方面发挥了重要作用。但同时，其自身所具有的封闭性和排外性特点以及来自政府权威的压力和干涉，又极大地限制了这种作用的发挥。③

范正义考察了海外华人民间信仰跨地区交往和结盟现象。民间信仰在海外传播时已然形成的跨地区的香火网络，为这一现象的出现奠定了基础。当前海外各国特别是东南亚各国华人所面临的文化认同危机，是迫使海外华人民间信仰走向跨地区交往和结盟的促发因素，一些影响较大的宫庙试图通过跨地区的信仰网络来构建自身权威的行为，则进一步加快了海外华人民间信仰跨地区交往和结盟的步伐。④

由于社会流动而产生的社会秩序重组和社会组织的运作现象是相当丰富的，而其与乡土社会又有着千丝万缕的联系，如对乡土社会组织形式的借鉴，血缘、地缘等关系的利用等。社会的流动冲击着乡土社会秩序，民俗学者也需加强对社会流动下的社会组织的研究。

（三）国家与社会视野下的社会组织

国家与社会如何通过社会组织实现社会的长治久安，这对当代社会来说也是一个非常重要的问题。王向民以明清时期的南方社会组织及其公共服务为例，认为中国的崛起必然伴随着概念与解释体系的发现与重塑，如何恰当地使用源自西方的政治概念与理论模式已经成为 21 世纪中国学术研究的历史命题。当前"市民社会"与"公民社会"的"没有政府的治理"研究取向，并没有超越西方理论的价值窠臼，明清时期南方的宗族家族、同乡会馆、行会公所、寺院庙观与乡绅善会等社会组织及其公共服务的研究表明，传统中国尽管确实存在着一个"没有政府的治理"的社会领域，但是，它并不具有近代西方"市民社会"与现代"公民社会"的政治性，而只是社会性与经济性的，国家与社会之间的

---

① 孙睿：《近代行会自我治理机制研究——一个经济社会视角》，《西安财经学院学报》2014 年第 6 期。

② 吕一群、胡利：《清末商业组织对汉口贸易发展的推动》，《湖北大学学报》2014 年第 5 期；康娜：《明清时期晋商商事纠纷解决机制探析——以行会的介入解决为视角》，上海师范大学 2014 年硕士学位论文。

③ 党晓虹：《明清以至民国时期海洋民间组织的历史演变与当代启示——以海洋渔业生产互助组织为中心的考察》，《农业考古》2014 年第 3 期。

④ 范正义：《当前海外华人民间信仰跨地区交往和结盟现象研究》，《世界宗教文化》2014 年第 1 期。

关系是分工共治而不是替代竞争。①

历史学者对传统社会组织的相关研究值得重视，如潘淑贞通过南安大庭戴氏宗族组织功能变迁这一个案来反映闽南宗族与乡村治理的关系。② 王洪兵《清代华北宗族与乡村社会秩序的建构——以顺天府宝坻县为例》指出虽然清代华北乡村社会中缺乏结构形态完整的宗族组织，但是宗族活动普遍存在于社会生活的各个领域。在处理民众纠纷的过程中，州县官重视发挥乡村宗族的作用，多将民事诉讼案件转交宗族调解。而宗族组织为协调族群利益，维护宗族秩序，将调解族内纠纷作为其基本职责，华北宗族在维护乡村社会秩序的过程中发挥着重要作用。③ 梁洁从明代徽州乡村社会纠纷处理机制为切入点，从人类学角度对其进行分析，从而管窥传统汉人乡村社会的权力体系及其秩序运行模式。④ 王灿论证了明清时期徽州宗族与国家之间的良好互动关系。⑤ 张小坡通过探讨村社的运作，从另一个层面考察明清徽州宗族及地方社会。⑥ 此外，马啸《中国农会组织的历史演进研究（1907—1954）》对于兴起于清末衰亡于新中国成立初期的农会组织的历史发展状况进行系统梳理，主要从以下四个方面进行探讨。第一，清末民初作为政府农业咨询机构的农会。第二，大革命时期具有政权性质的农会。第三，国民政府时期整治社会秩序的农会。第四，新中国成立初期进行土地改革的农民协会。⑦

外来力量的渗透冲击着中国社会的传统秩序，社会组织形态亦发生了很大变化。如胡叠泉考察了基督教对贵州少数民族传统社会组织的影响，贵州少数民族传统社会组织是以血缘和地缘关系组织起来的，对少数民族起着民族凝聚和社会约束的作用。基督教传入以后，教徒组成了以共同信仰为纽带的教会团体，信教人数的增多，以教会为中心的社会关系网络取代了血缘、地缘关系，村寨自然领袖地位下降，祭祀单元也得以解体。⑧ 马东平考察了具有地域性特征的回族民俗文化与社会组织，指出虽然八坊民俗具有开放性、包容性、排他性和封闭性，但在现代化的洪流中，八坊文化作为一个回族区域文化，同样严峻地面临着被主流文化形态格式化的境遇。⑨ 民间组织亦面临功能转化与合法化问题，如吴江获研究了民间慈善组织合法化问题，并为其提出几个建议，比如统一慈善的立法，降低注册标准，为其提供更多优惠措施，或借鉴国外的信托模式等，力求将民间慈善组织这一

---

① 王向民：《"没有政府的治理"：西方理论的适用性及其边界——以明清时期的南方社会组织及其公共服务为例》，《学术月刊》2014 年第 6 期。

② 潘淑贞：《清代以来闽南宗族与乡村治理变迁》，《福建师范大学学报》2014 年第 3 期。

③ 王洪兵：《清代华北宗族与乡村社会秩序的建构——以顺天府宝坻县为例》，《东北师大学报》2014 年第 6 期。

④ 梁洁：《宗族、民间权威与纠纷解决——明代乡村秩序模式的人类学分析》，《青海社会科学》2014 年第 1 期。

⑤ 王灿：《论明清时期徽州宗族与国家的互动关系》，《锦阳师范学院学报》2014 年第 7 期。

⑥ 张小坡：《明清徽州村社运作与宗族关系初探》，《安徽大学学报》2014 年第 6 期。

⑦ 马啸：《中国农会组织的历史演进研究（1907—1954）》，西北农林科技大学 2014 年硕士学位论文。

⑧ 胡叠泉：《基督教对贵州少数民族传统社会组织的影响》，《学理论》2014 年第 2 期。

⑨ 马东平：《现代化视域下的民俗文化格式化——基于八坊河州民俗变迁思考》，《宁夏社会科学》2014 年第 4 期。

默默行善的群体早日合法化。[①]

（四）秘密结社与民间宗教

刘方依据近年新发现的北宋杭州西湖白莲社结社诗歌，同时广泛征引和稽考相关文献，对于结社诗歌的文学与文化多元内涵进行初步分析和研究。以诗歌为媒介进行宗教结社，是一种前所未有的创新方式。而结社诗歌鲜明体现了三教融合与北宋士大夫对于佛教思想理解的深化。结社诗歌一方面强调了对于庐山慧远莲社的典范的追慕，一方面也在建构起宋代城市文化繁荣背景下新的特征。[②] 吴丽娅考察了清末安徽系列教案中秘密组织在其中所发挥的作用，指出其表达了一种对当下社会秩序的反抗。[③] 此外，谭景玉对北宋前期山东乡村行政组织和佛教结社进行了研究。[④]

在民族国家时代，社会组织如何运作与发展呢？王向民指出在现代民族国家的建设过程中，国家权力与社会组织应当实现分治基础上的合作，国家要提供相应的法律制度，社会组织也应增强其自主性。[⑤] 齐久恒、刘国栋揆诸当代中国社会组织的演绎变奏，认为大体上经历了四个不同的流变历程：在 1949—1965 年的"破旧立新"期，彰显出一种"政治化""单一化"的发展样态；在 1966—1977 年的"萎缩沉寂"期，表征出一种"异化""畸形化"的发展窘境；在 1978—1994 年的"复苏崛起"期，渐趋被纳入到一种"制度化""规范化"的发展轨道；在 1995 至今的"结构转型"期，将逐渐回归到一种"民间化""社会化"的发展本位。[⑥] 胡国栋《礼治秩序：中国本土组织的控制机制及其人文特质》一文中，指出：组织中的机械思维及程序化生活侵蚀人的精神安宁，如何避免这种现象是诸多经典组织理论探讨的核心命题之一。在中国传统社会，儒家建构的礼治秩序将道家无为而治的管理理想落实在社会组织与控制的生活实践之中，从而形成了一种特殊的组织控制机制，它的形成和控制过程是一种自组织机制，伦理、情感及价值观等组织文化因素及其规范下的非正式规则起到基础性的作用，从而凸显出人的价值及其自主作用，礼治秩序这种人文特质具有科学管理模式所不能代替的独特价值。[⑦] 黄晓春、嵇欣《非协同治理与策略性应对——社会组织自主性研究的一个理论框架》在已有研究基础上，发展出了"非协同治理—策略性应对"这一理论解释框架。文章以当前快速发展的公共服务型社会组织为例，展现出其在既有制度环境下策略性行动的复杂机制，以及由此可能产生的社会后果。在此基础上，文章进一步讨论了这种自主性生产机制对中国社会组

---

① 吴江荻：《民间慈善组织合法化问题研究》，苏州大学 2014 年硕士学位论文。

② 刘方：《从杭州西湖白莲社结社诗歌看北宋佛教新变——以〈杭州西湖昭庆寺结莲社集〉为核心的考察》，《宗教学研究》2014 年第 2 期。

③ 吴丽娅：《试析秘密结社在清末安徽教案中的角色定位》，《宿州学院学报》2014 年第 8 期。

④ 谭景玉：《北宋前期山东地区的佛教结社初探》，《民俗研究》2014 年第 4 期。

⑤ 王向民：《中国社会组织的历史演变及其发生缘由》，《东岳论丛》2014 年第 10 期。

⑥ 齐久恒、刘国栋：《历史与逻辑：当代中国社会组织发展脉络的重思》，《云南行政学院学报》2014 年第 6 期。

⑦ 胡国栋：《礼治秩序：中国本土组织的控制机制及其人文特质》，《财经问题研究》2014 年第 12 期。

织发展可能产生的深远影响。[①]

以上从四个方面综述了 2014 年社会组织民俗研究概况，可以发现学者们的研究不管是从历史角度，还是从社会现实出发，都基本表达了一种关切，即当代社会组织向何处去，它又能为中国社会的发展提供什么样的精神智慧。对于这个问题的回答仍将是今后社会组织民俗研究的重点所在。

三　社会组织民俗研究的展望

中国民俗学界在社会组织民俗研究上表现出了多学科综合，民俗学色彩浓厚的特点，妙峰山与龙牌会研究更是中国民俗学的两大特色。以之为标杆，大量的田野调查与已有成果进行了较多对话，促进了中国民俗学理论与田野实践的发展。

但现有的社会组织民俗研究的不足之处也是很明显的。一是注重历史考察，社会现实问题研究还需继续加强。二是当代社会组织的研究个案虽多，但像妙峰山与龙牌会那样形成具有集群效应的研究却较少，于是也就带来了第三个问题，北方地域的民间信仰组织研究相对于南方地域为多。四是对乡村社会组织关注多，而对城市中的社会组织关注少。五是对与资源有关的如土地、水等组织民俗研究太少。此外与民间儒教、民间佛教、民间道教有关的信仰组织也应加强研究。通过对 2014 年研究成果的综述，我们认为今后社会组织民俗研究需要多学习和借鉴其他学科。

需要指出的是，虽然社会组织民俗研究出现了很多值得注意的成果，但是就其巨大研究价值和社会需要而言还是远远不够的。

总之，社会组织民俗研究归根结底关注的是：中国的民众如何组织起来？中国社会改革又会走向何方？通过以上研究者的成果，不难看出中国社会组织的复杂性，同时我们也应相信民众的组织智慧，加强相关领域的研究。

中国社会正处于成为现代复杂社会过程，[②] 一方面，国家与地方社会在各类仪式场合的有效互动，对于社会的和谐稳定起到了重要作用。[③] 另一方面，社会发展的日新月异又影响着社会组织民俗的变化。民俗学者要抓住时代脉搏，通过对社会组织民俗的研究，以对中国的社会结构和社会变迁的趋势有更清醒地认识和理解。

---

① 黄晓春、嵇欣：《非协同治理与策略性应对——社会组织自主性研究的一个理论框架》，《社会学研究》2014 年第 6 期。

② 高丙中：《社团合作与中国公民社会的有机团结》，《中国社会科学》2006 年第 3 期。

③ 高丙中：《民间的仪式与国家的在场》，《北京大学学报》2001 年第 1 期。

2014 年节日研究综述

张　勃　刘会靖[*]

　　中国是一个节日大国，中华民族在漫长的历史和广阔的疆域中创造、传承和发展了丰富多彩的节日文化，节日研究是民俗学研究的重要内容。进入 21 世纪以来，在国家、民众、媒体、商家对传统节日普遍抱有极大热情的情况下，在法定假日改革给予传统节日以更多尊重的语境中，伴随着非物质文化遗产保护工作如火如荼的进展，节日研究成为国内学术界的热点之一，并在学者们的努力下不断走向深入。2014 年节日研究仍然保持了良好的态势。

　　2014 年仅笔者所搜集到的专著就有大约 30 部。具体如下：

　　徐潜《中国传统节日》用丰富的图片和通俗的语言介绍了春节、端午节、中秋节、重阳节、腊八节等传统节日。[①] 盖国梁《节趣》着重介绍了春节、元宵、清明、端午、七夕、中秋、重阳、腊八这八个重要的传统节日和主要社会风俗。[②] 中国人类学民族学研究会民族节庆专业委员会主编《中国节庆文化》丛书《春之节》共十册，分别介绍了中华大地上有代表性的十个春季节庆，包括春节、元宵节、二月二、三月三、清明节、牡丹节、藏历年、壮族蚂节、苗族姊妹节、彝族赛装节等，对每个节日的起源与发展、空间流布、节日习俗、海外传播、现代主要活动形式等分别进行了介绍和挖掘。[③] 闻婷编著《多姿多彩的传统节日》讲述了冬节、元旦、腊八、春节、元宵节等十五个中国传统节日的历史渊源、传说故事和节俗内容等，强调中国节日有很强的凝聚力和广泛的包容性。[④] 这些都是具有科普性的节日著述。

　　王学文《中国文化·节日》选择春节、国庆节、古尔邦节等 21 个节日，从节日的内在精神出发，分为七大主题进行书写。全书在进行历史追溯的同时，更加着力于现状的描述，呈现了多样生态下中国各民族创造、传承和发展的节日文化及其生存现状。[⑤] 李汉秋编著《中华母亲节兴起录：华人如何过母亲节》详细记录了中华母亲节的由来和发展历程，介绍了部分团体和学校的先进经验作为示范，希望借此促进优秀传统文化的传播。[⑥]

---

　　* 张勃：北京联合大学北京学研究所研究员；刘会靖：北京联合大学研究生。

　　① 徐潜：《中国传统节日》，吉林文史出版社 2014 年版。
　　② 盖国梁：《节趣》，学林出版社 2014 年版。
　　③ 中国人类学民族学研究会民族节庆专业委员会：《中国节庆文化丛书》，安徽人民出版社 2014 年版。
　　④ 闻婷编著：《多姿多彩的传统节日》，吉林出版集团有限责任公司 2014 年版。
　　⑤ 王学文：《中国文化·节日》，五洲传播出版社 2014 年版。
　　⑥ 李汉秋：《中华母亲节兴起录：华人如何过母亲节》，北京燕山出版社 2014 年版。

杨建新主编《浙江省非物质文化遗产代表作丛书》包括《岱山渔民谢洋节》《畲族三月三》和《象山渔民开洋节》三册，主要对三节的历史沿革、习俗内容、价值、传承与保护情况、发展对策等多个方面进行介绍和研究。① 赵麟斌《福建岁时节俗谈》以福建地区的岁时节日为主线，依节令顺序，分别呈现了元日、立春、元宵节（附拗九节）、寒食节、上巳节、浴佛节、夏至、端午节、七夕、中元节、中秋节、重阳节、冬至、祭灶、除夕等节日的发展演变过程、节俗活动、饮食习惯及其与养生的关系。② 赵逵夫主编《西和乞巧节》对以西和县、礼县为中心包括天水市秦州区、清水县、张川县一带乞巧风俗的形成、历史和乞巧节程式、主要内容、歌舞特点以及西和历史文化进行了全面介绍和研究。③ 郭肖华等主编《闽台民间节庆传统习俗文化遗产资源调查》，对闽台各地众多的民间节日形成的历史背景、流传演变、文化内涵、研究意义，以及节庆的各种表现形式予以较翔实的呈现。④ 这些著述或以资料见长，亦有深度的分析。

周巍峙主编《中国节日志》10 种，后文专门论述，此处从略。⑤ 另有一本教材《中国传统节日饮食文化与地方名点教程》，将传统节日文化融入饮食当中，显示了节日文化与饮食的密切关系。⑥

著述之外，各类文章约达 300 篇，还有 30 余篇学位论文也将目光聚焦到节日上面。大致而言，2014 年节日研究主要涉及以下几个方面：

一　节日的文化内涵与地方、民族特性

节日作为将特殊名称、特殊时间、特殊空间、特殊活动以及特殊体验与情感有机结合起来的社会安排，是人们时间生活的重要组成部分。文化内涵是节日反映出的精神和思想方面的内容，是节日的灵魂。文化内涵研究，是近来节日研究的一项重要内容。2014 年文化内涵研究方面的成果主要涉及春节、清明、端午等传统节日以及一些少数民族节日。

段宝林认为春节作为综合性民俗文化承载着三种核心价值，即感恩、迎新与大团圆，春节是物质生活美的高潮，也是精神美的高潮，它融会了中国人民的思想感情和理想愿望，表现了中华民族的精神。⑦ 周兰翠看到了春节承载的政治社会学话语。⑧ 张新民对清明祭祀仪式的文化哲学内涵进行了解读，认为它反映了一个民族根深蒂固的慎终追远的集体文化心理意识，其中特别值得注意的是隐藏在其中的生死智慧和人间情怀。⑨ 杨秀在对浙江桐乡五泾村清明节进行调查的基础上，发现人们通过一系列民俗仪式确立了人与神

---

① 杨建新主编：《浙江省非物质文化遗产代表作丛书》，浙江摄影出版社 2014 年版。

② 赵麟斌：《福建岁时节俗谈》，同济大学出版社 2014 年版。

③ 赵逵夫：《西和乞巧节》，远东出版社 2014 年版。

④ 郭肖华、林江珠、黄辉海：《闽台民间节庆传统习俗文化遗产资源调查》，厦门大学出版社 2014 年版。

⑤ 周巍峙主编：《中国节日志》，光明日报出版社 2014 年版。

⑥ 邹立、施胜胜：《中国传统节日饮食文化与地方名点教程》，浙江工商大学出版社 2014 年版。

⑦ 段宝林：《春节文化与民族精神》，《徐州工程学院学报》（社会科学版）2014 年第 3 期。

⑧ 周兰翠：《传统春节的政治社会学话语》，《辽宁医学院学报》（社会科学版）2014 年第 1 期。

⑨ 张新民：《死生幽明与存在感通——清明祭祀仪式的文化哲学内涵解读》，《贵州大学学报》（社会科学版）2014 年第 2 期。

灵、与祖先、与自然之间的关系，并力求对方成为顺己的力量。① 刘孟郁认为端午节俗的基底思维概念并不止于除恶避祸，积极来看更有护生续命的意义。② 关昕认为中秋节体现了千百年来国人对于月亮的想象情结，过节则是在消费着月亮的民族想象。③

在少数民族节庆文化内涵研究方面，王明东从楚雄高峰彝族火把节面具制作的过程和仪式探究火把节仪式的文化内涵，认为这些仪式表现出当地彝族对星相变化的细心观察、天人合一的内心呼唤、娱人娱神的情感宣泄、古代征战的历史记忆和社会精英的地位彰显。④ 罗承松考察了拉祜族火把节的文化内涵，认为火把节是拉祜族模仿太阳祈求丰产的行为，是消除导致疾病和死亡、威胁一切生物的物质的或精神的有害因素的手段。⑤ 朱斯芸认为融水苗族芒哥坡会以"民族性与原生性"为整体特征，包括芒哥崇拜、自然崇拜、祖先崇拜、生殖崇拜和傩文化等文化内涵。⑥ 周菁认为仡佬族节日活动中充满信仰和感恩，体现着仡佬族人"美是生活""美在和谐"的审美意识形态，蕴含着"美是诗意的栖居"的审美理想，也处处渗透着他们对生命的理解、对生活的热爱以及对民族繁荣富强的追求和向往。⑦ 杨瑞勋分析了古尔邦节的文化意义。⑧

亦有学者专门论述某一民族或某一地区的节日民俗特征，如武喜春、杨富有以扈从诗为材料研究元朝上都的节俗文化，认为元上都节日具有多元文化背景，体现着开放与多元的文化精神和文化风貌，展现了蒙古文化的强大包容性。⑨ 李亚妮认为浙江合州元宵习俗具有英雄崇拜色彩、浓郁的慈孝之风、鲜明的橘文化等台州地方历史文化特征。⑩ 李华发现山东平邑县地方镇的回族"过年"，具有伊斯兰文化和儒家文化相融合的特点。⑪ 罗康智发现，以节日的时间进程和空间范围为依据，黎平黄岗侗族看似纷繁复杂的节日内部存在着极为严格的层次性差异。⑫

二 节日的功能与价值

节日作为复合性的文化现象，具有多种社会功能和丰富价值，大致可以归纳为以下几点：（1）文化传播价值，即传承民族传统文化，丰富传统文化传播与辐射的范围和路径，

---

① 杨秀：《浙江桐乡五泾村清明节调查报告》，《内蒙古大学艺术学院学报》2014 年第 1 期。

② 刘孟郁：《〈节序同风录〉端阳节俗思想——护生续命》，《民间文化论坛》2014 年第 5 期。

③ 关昕：《中秋节：圆月下的民族情怀与诗意想象》，《文化月刊》2014 年第 26 期。

④ 王明东：《楚雄高峰彝族火把节仪式文化内涵探析》，《楚雄师范学院学报》2014 年第 10 期。

⑤ 罗承松：《拉祜族火把节及其文化内涵》，《怀化学院学报》2014 年第 3 期。

⑥ 朱斯芸：《原生态的和谐展演：融水苗族芒哥坡会文化研究》，《红河学院学报》2014 年第 5 期。

⑦ 周菁：《乌江流域仡佬族节日活动中的审美意识形态初探》，《兰台世界》2014 年第 25 期。

⑧ 杨瑞勋：《古尔邦节的文化意义》，《中华文化论坛》2014 年第 5 期。

⑨ 武喜春、杨富有：《元上都的节日及其文化特点——以扈从诗为材料的研究》，《广播电视大学学报》（哲学社会科学版）2014 年第 1 期。

⑩ 李亚妮：《浙江合州元宵节独特习俗及其历史文化特征》，《沧桑》2014 年第 5 期。

⑪ 李华：《伊斯兰文化和儒家文化的融合——以山东平邑县地方镇回族"过年"为例》，《云南社会科学》2014 年第 5 期。

⑫ 罗康智：《侗族节日设置的层次类型及特点分析——以黎平黄岗侗族为例》，《长江师范学院学报》2014 年第 5 期。

增加现代人对传统文化的认同感，增强国民的文化自觉；（2）德育价值，即弘扬传统美德，传播优秀伦理价值观念，提高思想道德修养，改善国民精神生活，优化社会风貌，维系社会秩序，构建和谐社会；（3）纪念历史人物，传承历史记忆，重温民族精神和民族情感，提升民族文化自豪感，维系群体文化认同，增强民族向心力和凝聚力；（4）展示饮食、服饰、手工艺等优秀传统民族文化，再现民族特色、民族心理和民族风俗，推动民俗转型和文化自觉意义上的民俗复兴；（5）节庆文化是社会生活史的折射，人们通过节庆活动互动交际，沟通情感，聚合亲情，寄托愿景，既调整人际关系，也锻炼身心；（6）节庆文化促进多民族文化交流交融，推动中华民族优秀文化海外传播，扩大国际影响，重构后的传统民俗节庆生产了新的文化记忆，有助于国际节庆文化交流；（7）政治文化功能，即利用节庆宣传和贯彻群众路线，以节庆活动为手段加强对基层社会的管理；（8）节庆文化打造地方旅游品牌，推动营销，建立民俗文化产业经济，促进区域经济社会发展，等等。

2014年节日功能与价值研究的一个特点是对少数民族节日的关注。沙马打各对彝族火把节的社会功能与文化价值进行了系统梳理，认为彝族火把节具有族群认同的认知功能、传统文化的教育功能、陶冶情操的娱乐功能和促进交往的互动功能，具有崇尚英雄的民族精神、惜美尚美的审美文化、共建共荣的和谐文化、遵循伦理的道德文化等文化价值。[①] 金洁认为瑟宾节对鄂温克族文化发展的作用，在于它是保护和传承鄂温克族文化的重要载体，是创新和发展鄂温克族文化的重要平台，是增进鄂温克族文化与其他民族文化交流的重要渠道，并为鄂温克族文化的传播与影响提供了重要机会。[②] 徐立艳以吉林九台石姓满族龙年春节为例，探讨节日作为文化空间对满族民俗文化传承与保护的意义。[③] 郭志合探讨了云南迪庆汝柯村玛丽玛萨节的建构及其功能，认为节日仪式的展演，加强了社区团结，潜移默化中促进了地方性知识的有效诠释与表达，促进了玛丽玛萨人的族群认同的强化。[④] 李华以开斋节和宰牲节两大回族穆斯林"尔德"节日为例，阐述了回族节日文化的特点和功能。[⑤] 王星虎则在细述三都县达便村水族端节仪式与禁忌的基础上，揭示端节寄托了水族人对祖先的感恩，并在感恩中增进了彼此情感的联系，体现了水族宗族间团结互助的精神。[⑥] 郭玉荣、徐宏从心理因素、民族和谐团结、体育运动、饮食几方面论述瑶族节庆民俗与疾病预防的关系。[⑦] 罗承松认为苦聪人节日承载着丰厚的历史文化内涵，是群体精神信仰、审美情趣、伦理关系与消费习惯的集中展示，对调整人际关系，规范行为，维护村寨的和谐与稳定具有积极作用。[⑧] 此外，汪雄、李俊恒《滇西边陲傈僳族刀杆节仪式的文化认同与体育价值》，宋荣凯、许明礼《贵州都匀绕家"冬节"的社会功能》，

① 沙马打各：《彝族火把节的社会功能与文化价值》，《"追寻中国梦"采风文论集》2014年6月。

② 金洁：《瑟宾节对鄂温克族文化发展的作用》，《前沿》2014年第Z9期。

③ 徐立艳：《节日文化展演与家族民俗保护——以吉林九台石姓满族龙年春节为例》，《黑龙江民族丛刊》2014年第5期。

④ 郭志合：《地方性知识与族群标识：文化的传承与建构——云南迪庆汝柯村玛丽玛萨人文化及节日考察》，《湖北民族学院学报》（哲学社会科学版）2014年第6期。

⑤ 李华：《回族穆斯林"尔德"节日文化探析》，《原生态民族文化学刊》2014年第1期。

⑥ 王星虎：《三都县达便村水族端节的文化考察》，《原生态民族文化学刊》2014年第1期。

⑦ 郭玉荣、徐宏：《瑶族节庆民俗与治未病》，《西部中医药》2014年第10期。

⑧ 罗承松：《苦聪人传统节日在村寨治理中的地位和作用》，《理论界》2014年第3期。

梁修杰《广西少数民族传统节庆文化的德育价值》，曹立中、陈尚斌《幸福和谐观视域下新疆诺鲁孜节的时代价值浅析》等也是这方面的研究成果。①

2014 年的一些成果也从不同角度阐释了传统节日的重要价值。比如刘晓峰将纷繁复杂的节日体系视为古代中国人时间生活的主要内容之一，认为节日就是纪念日，它赋予一个平常的日子某种特殊的文化属性，并通过各种仪式、饮食、禁忌来强调这一属性的文化意义。节日是普及文化基础的教科书。② 万建中通过解读何谓"节"、为什么要过"节"、"节"的意义、"节"的商机等问题，阐述了节日的社会功能、文化功能和经济功能。梁燕城、张勃以对话的形式，表达了节日在文化共同体形成、现代社会问题解决方面具有重要性的观点。③ 李北达格外强调传统节日习俗的文化价值，并主张利用现代手段进行多元传承。④ 黄志申看重传统节日在"微营销"中的作用，认为传统节日具有社交属性、娱乐性与体验优势、注意力资源，其人文精神又是对科技过度扩张的一个有益补充，因此有效利用传统节日资源，结合移动媒介的特点开展营销活动，会取得良好的营销效果，同时有助于优秀民族文化的继承。⑤ 李建秋看重传统节日的文化传播价值，认为借助传统节日，对社会发展越来越需要的文化转型和心理变革加以引导，保证和促进民族共同体的强化和国家话语体系的传播，是现代传播必须履行的重要职责。⑥ 杨明刚等强调节日视觉符号的商业价值、文化价值和美学价值，并主张现代广告设计中，既要重视对中国传统节日视觉符号的正确认知与传承，也要提倡各种符合文化发展规律的节日符号的现代转换与新的创造，以适应时代需要。⑦ 王振雷、王菲看重传统节日的德育价值，并主张将传统节日教育纳入中小学和高职教育活动之中。⑧ 郑建忠、林春看重节日庆典对爱国主义教育的重要意义。⑨ 周平等重视节庆体育与农村和谐社会构建的研究，肯定节庆体育的积极意义。⑩ 萧

---

① 汪雄、李俊恒：《滇西边陲傈僳族刀杆节仪式的文化认同与体育价值》，《河北体育学院学报》2014 年第 1 期；宋荣凯、许明礼：《贵州都匀绕家"冬节"的社会功能》，《黔南民族师范学院学报》2014 年第 6 期；梁修杰《广西少数民族传统节庆文化的德育价值》，《中华文化论坛》2014 年第 1 期；曹立中、陈尚斌：《幸福和谐观视域下新疆诺鲁孜节的时代价值浅析》，《喀什师范学院学报》2014 年第 5 期。

② 刘晓峰：《古代中国的时间生活》，《文史知识》2014 年第 3 期。

③ 梁燕城、张勃：《民俗、节日与城市文化设计——关于民俗文化的意义与重建的对话》，《北京规划建设》2014 年第 5 期。

④ 万建中：《中国传统节日品牌打造与民族文化》，《北京文化论坛文集》编委会《节日与市民生活——2013 北京文化论坛文集》，首都师范大学出版社 2014 年版，第 201—207 页；李北达：《传统节庆习俗的文化价值》，同上书，第 221—224 页。

⑤ 黄志申：《传统节日文化在"微营销"中的作用探讨》，《新营销》2014 年第 5 期。

⑥ 李建秋：《传统节日与现代传播民族性构建》，《西部学刊》2014 年第 3 期。

⑦ 杨明刚、胡珊、刘振艳：《传统节日视觉符号在现代广告设计中的运用及价值》，《中国广告》2014 年第 3 期。

⑧ 王振雷：《传统节日文化融入中小学德育探究》，《素质教育大参考》2014 年第 9A 期；王菲：《以节俗文化为切入点培养高职学生的传统美德》，《三门峡职业技术学院学报》2014 年第 2 期。

⑨ 郑建忠、林春：《基于学校节庆活动的爱国主义教育研究》，《湖南科技学院学报》2014 年第 3 期。

⑩ 周平、熊少波、张波：《节庆体育与农村和谐社会构建研究——以张家界为例》，《吉林体育学院学报》2014 年第 1 期。

放指出春节的功能在于它是聚合民族情感的重要力量，是传承民族文化、凝聚民族精神的重要纽带，是重要的民族文化遗产，同时也是新型民族文化建设的重要资源，还是世界许多地方共享的文化节日。① 赵丽娟的硕士毕业论文讨论中国春节对青少年的道德教育作用。② 杨攀认为酒类广告中的春节文化元素也是进行大学生思想政治教育的资源。③ 李海云发现了一个村落年节活动中的"烧大牛"仪式，作为一种文化创造搭建起一种深具地方感的公共话语平台，并最终指向一种积极的社区文化建设。④ 李海凤、张卓莉专门就中秋节之于大学生思想政治教育的价值和方法进行了探讨。⑤ 蒲日材在考察贺州市平桂管理区水岩坝正月十九节庆象征意义的基础上，强调节庆对于村落民众公共生活的意义。⑥ 张彦、白关峰对新疆兵团节庆文化的内涵和功能进行了分析，认为今天的兵团节庆，已集民族风情、传统艺术、体育活动、贸易往来为一体，成为交流信息、增强民族团结的盛会。⑦

三　节日的起源与流变

起源与流变是节日研究的基本问题之一，主要包括三种类型：即节日作为文化事象的起源与流变研究，具体某个节日的起源和流变研究，某种节日习俗的起源和流变研究。具体到2014年的研究成果，主要集中在后两种，尤其以第二种为多。

（一）起源研究

在起源研究方面，端午节、七夕节、中秋节、重阳节等传统节日及其节俗的起源继续受到关注，如顾植山、陶静、余全有均有这方面的专文。⑧ 但总体上看，这些成果并没有超过已有成果的研究水平。相比之下，黄涛、王心愿的《中秋月饼考》系统梳理中秋节主要象征物月饼的起源，具有一定的新意。该文认为当前流行的中秋月饼产生于唐代和宋代的说法都没有确凿依据，作为中秋节节令食品的月饼当正式出现于明代，开始是拜月的供品，后来才演变为节令食品，其前身是汉代以来的胡饼。⑨ 刘宗迪、井长海比较了陇南七夕风俗与古代西亚的塔穆兹祭风俗，认为在宋代以前，陇南地区的七夕风俗就已经通过

① 萧放：《春节——我们民族心灵的驿站》，《长江丛刊》2014年第2期。
② 赵丽娟：《中国春节对青少年的道德教育作用研究》，华中师范大学2014年硕士学位论文。
③ 杨攀：《用媒介中的传统文化开展大学生思想政治教育——以酒类广告中的春节文化元素为例》，《中南林业科技大学学报》（社会科学版）2014年第3期。
④ 李海云：《仪式传统与年节生活——鲁中昌邑市东永安村考察》，李松、张士闪主编《节日研究》（第九辑·《中国节日志》首发式纪念专辑），泰山出版社2014年版，第164—181页。
⑤ 李海凤、张卓莉：《中秋节文化之于大学生思想政治教育探析》，《钦州学院学报》2014年第3期。
⑥ 蒲日材：《作为公共生活的民间节庆探析——以水岩坝正月十九节庆为考察对象》，《中北大学学报》（社会科学版）2014年第3期。
⑦ 张彦、白关峰：《新疆兵团节庆文化的内涵及其功能分析》，《民族论坛》2014年第9期。
⑧ 顾植山：《端午节与古代卫生防疫节》，《中医药文化》2014年第2期；陶静：《端午节的历史查考及现代嬗变》，《长江工程职业技术学院学报》2014年第1期；余全有：《重阳节俗起源浅探》，《天中学刊》2014年第2期。
⑨ 黄涛、王心愿：《中秋月饼考》，《温州大学学报》（社会科学版）2014年第2期。

粟特人受到波斯文化的影响。[①]

"新兴节日"的起源也开始受到关注，英永青的《光棍节：暂时性的集体狂热还是新的"被发明的传统"——读〈传统的发明〉引发的思考》将光棍节放在"被发明的传统"的概念下进行论述，认为光棍节能够适应当前社会结构的变迁和社会转型时期人们的心态，其产生既有社会原因，也有心理原因。[②] 此外，也有文章探讨少数民族节庆如毛南族分龙节、苗家花山节、诺鲁孜节的起源问题。[③]

(二) 流变研究

相比于节日起源，节日的流变更受重视，成果也更为多出。其中有对节日在古代传承流变史的梳理，如萧放探讨了守岁礼俗的历史变迁。[④] 王学理研究了秦王朝岁首夏历十月一日的节庆活动及其在后代的因袭与影响。[⑤] 张勃梳理了二月二的习俗流变，并对其文化内涵进行了阐述。[⑥] 袁子微以节日性质的转移为视角讨论了上巳节的历史变迁，并强调文化内涵的保持对于节日发展具有重要意义。[⑦]

更多研究成果聚焦于节日在近现代以来和当下的传承与变化。如张博锋从"圣诞"这个中国本土固有词汇的演变，描述了中国圣诞节和外来圣诞节在近代的变化，并由此揭示近代中国社会文化迁移的某些特质。[⑧] 忻平、赵凤欣研究了革命化春节，认为它是20世纪六七十年代在移风易俗的口号下，政府推行的一场深刻的民俗变革。国家政权主导下的这次习俗变革对破除旧俗、陋俗，塑造革命理念起到了一定的作用，但忽视了民俗变革的基本规律，影响了民众春节期间的生活。革命化春节的发生和发展过程深刻揭示出国家权力与民俗变革之间的关系。[⑨] 韩晓莉以抗战时期山西革命根据地的节日文化为考察对象，探讨了中国共产党对根据地节日文化的改造和建设过程，以及在这一过程中政府与基层社会之间的互动关系。[⑩] 李军全通过梳理中共在根据地节庆中使用国旗和党旗的变化轨迹，揭示出政治符号在政治斗争中跌宕起伏的命运，以及中共在严峻的政治局势中所表现

---

① 刘宗迪、井长海：《陇南七夕风俗的异域渊源》，《民间文化论坛》2014年第5期。

② 英永青：《光棍节：暂时性的集体狂热还是新的"被发明的传统"——读〈传统的发明〉引发的思考》，《赤峰学院学报》（汉文哲学社会科学版）2014年第2期。

③ 廖树群：《毛南族分龙节起源与形成新探》，《河池学院学报》2014年第3期；王光召、王兴扬：《贵州苗家"花山节"的起源及文化传承》，《湖南大众传媒职业技术学院学报》2014年第4期；西仁·库尔班：《诺鲁孜节与琐罗亚斯德教渊源关系研究》，《新疆大学学报》（哲学·人文社会科学版）2014年第5期。

④ 萧放：《守岁礼俗的古与今》，《文史知识》2014年第2期。

⑤ 王学理：《秦王朝国庆（"十月朔"）与新年的合一》，《长安大学学报》（社会科学版）2014年第1期。

⑥ 张勃：《二月二的节俗流变》，《文化月刊》2014年第7期。

⑦ 袁子微：《上巳节之历史变迁——以节日性质的转移为视角》，《天府新论》2014年第2期。

⑧ 张博锋：《"圣诞"在中国：一个名称背后的社会文化迁移》，《文化遗产》2014年第1期。

⑨ 忻平、赵凤欣：《革命化春节：政治视野下的春节习俗变革——以上海为中心的研究》，《中共党史研究》2014年第8期。

⑩ 韩晓莉：《革命与节日——抗战时期山西革命根据地的节日文化建设》，《中共党史研究》2014年第4期。

出来的政治智慧。① 黄火考察了湖南端午节在近代军阀统治时期的"变"与"不变"。②
赵凤欣以民国时期上海为中心考察了历法之争下的新年变革，认为民国时期的新年变革，
是现代政权立足于现代化的进程，对传统新年习俗进行的一次深刻变革，但并没有取得预
期效果，新年变革揭示着政府与民众、现代与传统的关系。③

　　郭讲用以传播仪式观和媒介仪式理论分析了中国春节的当代变迁，体现在传播形式从
群体仪式向媒介仪式转变、传播内涵从神圣向世俗转变、传播功能从文化认同向娱乐大众
转变，并认为这种转变稀释了春节承载的传统文化精神。④ 卫才华、马建国和张帅分别探
讨山西省和山东省村落春节习俗在城镇化进程中的变与不变。⑤ 吴晓娟硕士论文研究了中
和节在山西乡宁云丘山的复兴与重构。⑥ 程嘉钧分析了近年来《新闻联播》报道清明节相
关新闻话语的变化，一方面加重了报道分量；另一方面，除了继承以往缅怀革命先烈这一
传统话语体系外，还增加了诸多关于传统文化、服务性信息的话语体系。⑦ 张龙等发现了
近年来广州番禺端午龙舟赛背后的宗族文化的传承和参与人员的变化。⑧ 吴承忠对新休假
制度环境下北京市民端午节休闲行为的空间特征进行概括，并以此为基础，从北京休闲产
业的长远发展的角度提出了一些调控对策。黄震云发现了端午节中现代元素的增强。⑨ 鲁
文的硕士学位论文以嘉兴海宁市长安镇端午节为研究对象，考察了消失的传统性仪式经历
重构走向现代性仪式的再仪式化过程。⑩ 张勃从文化重构的角度，指出七夕节在当代发生
的从乞巧节到中国情人节的变化，并论述了这一文化重构的重要意义在于：有助于七夕节
日的复兴；发展中国节日体系，丰富群众社会生活；促进全社会进行特定的文化反思。⑪
韩雷、刘宪分析了甘肃西和乞巧节在成为国家级非物质文化遗产项目前后的变迁，指出传

　　① 李军全：《"统一"与"独立"的双重思虑：中共根据地节庆中的国旗和党旗》，《江西社会科
学》2014 年第 1 期。

　　② 黄火：《从湖南〈大公报〉看军阀统治下的端午节（1917—1926）》，《黑龙江史志》2014 年第 3
期。

　　③ 赵凤欣：《历法之争下的新年变革——以民国时期上海为中心的考察》，《连云港师范高等专科
学校学报》2014 年第 1 期。

　　④ 郭讲用：《春节仪式传播的形式、内涵与功能转变》，《当代传播》2014 年第 3 期。

　　⑤ 卫才华、马建国：《当代城镇化进程中春节民俗的保持与变迁——以山西省晋中市榆次区永康
村为例》；张帅：《讲礼・传承・再造——山东省淄博市淄川区罗村镇洼子村春节习俗调查》；李松、张
士闪主编：《节日研究》（第九辑・《中国节日志》首发式纪念专辑），泰山出版社 2014 年版，第 139—
163、182—208 页。

　　⑥ 吴晓娟：《地方民俗文化精英与传统节日的复兴和重构——以山西乡宁云丘山中和节为例》，四
川师范大学 2014 年硕士学位论文。

　　⑦ 程嘉钧：《从话语理论看清明节期间〈新闻联播〉报道（2009—2013）》，《东南传播》2014 年
第 2 期。

　　⑧ 张龙等：《端午龙舟赛背后的宗族色彩及新变化——2013 年广州番禺端午节龙舟赛调研报告》，
《民族论坛》2014 年第 1 期。

　　⑨ 吴承忠：《新休假制度环境下北京市民端午节休闲行为的空间特征》，《北京文化论坛文集》编
委会《节日与市民生活——2013 北京文化论坛文集》，首都师范大学出版社 2014 年版，第 172—176 页；
黄震云：《北京传统节日和中国市民社会——以端午节为中心》，同上书，第 82—90 页。

　　⑩ 鲁文：《嘉兴端午习俗的再仪式化——以海宁市长安镇为例》，上海大学 2014 年硕士学位论文。

　　⑪ 张勃：《从乞巧节到中国情人节——七夕节的当代重构及意义》，《文化遗产》2014 年第 1 期。

统乞巧节是以织女神为崇拜对象的女性节日，本真性要素获得了应有的尊重和保护。成功申遗后的乞巧节本真性要素则被忽略，在乞巧节期间以有悖自然传承和民众意愿的"精致化""碎片化"的官方操控方式进行展演，其存在本身亦渐趋碎片化。[①] 陶伟、陈慧灵从新文化地理学的视角，探究了广州珠村乞巧节的当代重构及其与居民地方依恋之间的关系，指出乞巧节对居民心理形成过程中的情感、认知和意向都产生了重要作用。[②] 王璐从青年亚文化的视角出发，以淘宝为例具体分析了"光棍节"转变成"网购狂欢节"的原因和电子商务对光棍节的"收编"过程。[③] 王秀艳研究了光棍节的演变和异化，认为光棍节原本基于精神心理、情感焦虑疏泄而产生，是现代人的生存焦虑在单身亚文化领域的投射，异化的原因在于休闲的经济属性对文化属性的入侵和殖民，目前需要重回光棍节休闲的本真，回到精神文化层面。[④] 此外，刘焕仪描述了近几十年来春节、清明节、端午节、七夕节、盂兰盆节、中秋节等传统节日在香港的变化情形。[⑤] 吴娅琳的硕士学位论文对青年节日时尚现象进行了描述和分析。[⑥]

　　少数民族节庆的当代变迁也是颇受瞩目的话题。马伊分析了城镇化进程中基诺族特懋克节的文化变迁，并探索城镇化与节庆文化的相互作用。[⑦] 胡冬雯、马勇分析了古尔邦节的当代嬗变，认为现代社会的影响不仅体现在现代时间观与古尔邦节的组织方式上，也表现在商品经济对本地回族宰牲和节日习俗的影响上。[⑧] 陈辞认为沧源县佤族"摸你黑"节的当代嬗变是对传统文化的继承和创新，既强化了民族宗教的民俗特质和文化的连续性，又赋予了节日以宗教、政治、经济、文化等多重意义，成为传统与现代、民间与官方、宗教与政治、文化与经济、百姓主体与客体角色相统一的多重综合体。[⑨] 阿牛木支论述了凉山彝族火把节的活态传承与保护利用在"民间操守"和"官方主导"相结合的方式共同推动下，逐步体现出由单一性向综合性发展的态势，从而赋予火把节新的生命活力和民俗功能。[⑩] 张兆龙等以壮族传统"三月三"节庆为个案，分析了少数民族传统节庆活动向体

① 韩雷、刘宪：《从本真性视阈看甘肃西和乞巧节的传承与展演》，《温州大学学报》（社会科学版）2014 年第 2 期。

② 陶伟、陈慧灵、蔡水清：《岭南传统民俗节庆重构对居民地方依恋的影响——以广州珠村乞巧节为例》，《地理学报》2014 年第 4 期。

③ 王璐：《11 月 11 日：从文化建构到商业收编——对光棍节和"网购狂欢节"的分析》，《青年研究》2014 年第 3 期。

④ 王秀艳：《救赎还是异化：光棍节的休闲学批判》，《当代青年研究》2014 年第 6 期。

⑤ 刘焕仪：《从香港的节庆演变看社会变迁》，《广东省民俗文化研究会成立 25 周年〈神舟民俗〉杂志创刊 25 周年暨民俗文化发展研讨会论文集》2014 年 8 月。

⑥ 吴娅琳：《当前我国青年节日时尚研究——以上海为例》，华东师范大学 2014 年硕士学位论文。

⑦ 马伊：《城镇化进程中基诺族特懋克节的文化变迁》，《云南社会主义学院学报》2014 年第 3 期。

⑧ 胡冬雯、马勇：《现代性、商品经济与传统节日：成都市古尔邦节研究》，《回族研究》2014 年第 1 期。

⑨ 陈辞：《云南传统节日的当代嬗变及对节庆产业的启示——以沧源县"摸你黑"节为例》，《中共云南省委党校学报》2014 年第 2 期。

⑩ 阿牛木支：《试论凉山彝族火把节的传承与变迁》，《中华文化论坛》2014 年第 5 期。

育节庆转变的原因和发展对策。① 罗连祥描述了改革开放以来台江苗族节日的诸多变化，主要体现在由娱乐性向商业性转化、由民间行为向政府行为转变、节日日期变更、节日文化氛围淡化、节日文化空间扩大等方面。②

四 传统节日生存现状及其传承、传播研究

基于传统节日生存现状的传承问题近十几年来受到学术界的广泛关注，伴随着国际文化交流的频繁和中华文化走出去诉求的日益迫切，传统节日的传播问题也受到重视。萧放认为中国传统节日正在复兴，在当前环境发生变化的情况下，需要对传统节日进行主动调整，如完善和巩固传统节日的公假制度，强调节日的生活服务功能和文化象征意义。③ 潘文焰、仲富兰分析了我国传统节日生存困境的根源，基于非物质文化遗产的"生产性保护"视角，从节日传承与保护的识别系统与实体系统出发，根据时间和空间两个维度，具体提出了传统节日文化的保护路径策略。④ 李金霞、张波认为传统节日需要走出物化迷途，最根本的是转变整个国家牺牲文化传统换取物质改善的经济运行逻辑，同时指出传统节日建构文化认同必须进行话语与议题的创新，警惕走入复古主义和狭隘民族主义的歧途。⑤ 胡炎认为，传统节日发展应当理性面对圣诞节带来的种种影响，既不妄自菲薄，也不一味与西方外来节日划清界限，而应积极改变，寻求突破。⑥ 李彩萍肯定了作为公共文化空间的民俗博物馆对于传统节日传承方面的重要性，并认为传统节日需要社会化、区域化的保护与传承。高大伟、李妍认为公园作为现代城市文明生活的重要空间，对北京节日民俗的形成具有重要作用，并就如何更好地使公园促进北京节日的发展提出了建议。李汉秋同样强调公共空间对于传统节日传承的重要性。徐祖哲强调微传播力对于节日传播的重要性。⑦ 景俊美描述了北京四大传统节日文化的生存现状。⑧ 张勃在划分金元以来北京节日发展历史分期的基础上，指出北京节日具有多元并存，建构色彩浓厚，节日生活的自主性增强、分众性色彩鲜明，节日生活趋于简约、"非常性"不足的当下特征，

---

① 张兆龙、邓维霞、陆元兆：《民族传统节日向体育节庆的流变》，《沈阳大学学报》（社会科学版）2014 年第 5 期。

② 罗连祥：《台江苗族节日文化的变迁》，《世纪桥》2014 年第 10 期。

③ 萧放：《中国传统节日的复兴和未来的走向》，《北京文化论坛文集》编委会《节日与市民生活——2013 北京文化论坛文集》，首都师范大学出版社 2014 年版，第 7—10 页。

④ 潘文焰、仲富兰：《我国传统节日文化的生产性保护路径研究》，《文化遗产》2014 年第 1 期。

⑤ 李金霞、张波：《仪式的消逝与物化的迷途——浅析网络媒体中的传统节日文化》，《河北师范大学学报》（哲学社会科学版）2014 年第 2 期。

⑥ 胡炎：《从圣诞节看中国传统文化》，《文学自由谈》2014 年第 2 期。

⑦ 李彩萍：《传统节日的当代实践——以北京民俗博物馆为例》，《北京文化论坛文集》编委会《节日与市民生活——2013 北京文化论坛文集》，首都师范大学出版社 2014 年版，第 101—109 页；高大伟、李妍：《公园节庆活动对北京节日民俗的影响——以北京几个公园节庆活动为例》，同上书，第 31—37 页；李汉秋：《公共空间可开展人伦节日》，同上书，第 23—25 页；徐祖哲：《节庆活动的网络评价与微传播》，同上书，第 259—261 页。

⑧ 景俊美：《北京四大传统节日文化现状透析》，《当代北京研究》2014 年第 2 期。

并就北京节日的未来建设提出若干建议。①

　　一些学者就具体节日或节俗的现状、传承、传播提出了自己的观点。比如郭占锋分析了农村春节仪式淡化的原因，②岳永逸主张在全社会处于转型又寻求民族文化认同的大背景下，树立兼容并蓄的大春节节日文化观具有重要价值。③阮静就中国春节在海外传播的影响进行了分析，并阐述了春节海外传播的关键策略。赵晓航则以"欢乐春节"项目在南非的传播为例，同样探究了春节海外传播的效果和方法。④庄磊提出在分析中秋节特质的基础上，提出了中秋节视觉设计在现代境遇下的应用原则和方法，这不仅可以重塑中国传统节日现代视觉形象，而且可以更好地面向社会和民众广泛传播中国传统节日文化。⑤吕师瑶对对外汉语文化教学中传统节日文化的教学方法进行了思考，有利于传统节日的对外传播。⑥其他如王祎、张安、郭凯钧、陈红、肖晓珍、姜素贤、张祖群、崔英锦、许艳、玉璐、洪韵等均有这方面的文章。⑦

　　在少数民族节庆方面，陈国余分析了贵州水族端节赛马文化发展陷入困境的原因，并提出了加强端节赛马文化保护与传承的4项具体的建议。⑧彭雪芳揭示了台江苗族姊妹节的变迁，并指出要做好对姊妹节科学的整体规划，深入研究姊妹节各项文化的外在形式和内在结构，处理好保护与利用的关系。⑨容浩、郑文芳发现少数民族传统节日风俗和体育活动都因为多种原因面临传承困难的危机，二者实现互动共进是渡过危机、获得传承和发

---

　　① 张勃：《北京节日的历史、现状和未来建设》，《北京文化论坛文集》编委会《节日与市民生活——2013北京文化论坛文集》，首都师范大学出版社2014年版，第11—22页。

　　② 郭占锋：《农村春节仪式淡化的文化社会学反思》，《西南民族大学学报》（人文社会科学版）2014年第11期。

　　③ 岳永逸：《"大春节"激活民族节日的文明价值》，《文明》2014年第1期。

　　④ 阮静：《中国春节在海外传播的影响及策略分析》，《中南民族大学学报》（人文社会科学版）2014年第6期；赵晓航：《中华文化海外传播效果研究与方法探究——以"欢乐春节"项目在南非的传播为例》，《河北省社会主义学院学报》2014年第4期。

　　⑤ 庄磊：《传统中秋节视觉营造的现代启示》，《当代教育理论与实践》2014年第2期。

　　⑥ 吕师瑶：《对外汉语教学中的中国传统节日文化传播》，《海外英语》2014年第14期。

　　⑦ 王祎：《传统节日的现代困境及其破解途径》，《中州学刊》2014年第9期；张安：《当前传统节日精神内涵流失成因探析》，《文史博览》（理论）2014年第10期；郭凯钧：《优秀节俗文化的现状及其精神价值的传承传播——以杭州市萧山区为例》，《中共杭州市委党校学报》2014年第5期；陈红：《当代大学生传统节日观调查及思考》，《宁波工程学院学报》2014年第3期；肖晓珍：《大学生传统节日文化传承的现状调查》，《大众文艺》2014年第18期；姜素贤：《晋中节日民俗的传承与保护研究》，《晋中学院学报》2014年第5期；张祖群：《端午节：基于文化认同的民俗转型意义》，《西北工业大学学报》（社会科学版）2014年第1期；崔英锦：《新时期朝鲜族节日文化传承动态及教育策略》，《湖南师范大学教育科学学报》2014年第4期；许艳：《隆林彝族"祭送布谷鸟节"传承现状考察》，《攀枝花学院学报》2014年第5期；玉璐：《非物质文化遗产视野下的瑶族盘王节》，《广西民族师范学院学报》2014年第4期；洪韵：《幼儿园教师对节日教育的认知和实施现状研究》，首都师范大学2014年硕士学位论文。

　　⑧ 陈国余：《贵州水族端节赛马文化发展的困境与策略研究》，《绵阳师范学院学报》2014年第11期。

　　⑨ 彭雪芳：《人类学视野下的非物质文化遗产研究——以台江苗族姊妹节为例》，《云南民族大学学报》（哲学社会科学版）2014年第3期。

展的有效途径，目前需要采取措施构建起二者间的互动共进机制。① 邓艳香等认为在过度市场化中少数民族传统节庆体育活动的自身核心价值消失，少数民族地区在利用少数民族传统节庆体育活动发展当地经济同时，应大力保护与传承好这种少数民族文化资源，构建一种文化资源的保护、传承与当地经济和谐可持续发展的双驱动模式。②

五　节庆开发和建设研究

20世纪80年代以来，受改革开放、文化经济、旅游业发展、民众文化需求增加等诸多因素的影响，新兴地方节会生长迅速。这些新兴节会总是立足于地方，以促进地方经济、文化发展、提高显示度为目的，充分利用当地独特的自然资源、物产资源和文化资源（尤其是民俗文化资源），一年一度长期举办，目前已经成为旅游业的重要组成部分。如何处理好节日文化传承保护与开发利用的关系、如何使新兴节会得到更好利用和建设是学者们关心的话题，这方面的研究成果在2014年研究成果中占据相当大的分量。

徐赣丽围绕作为旅游开发对象的节日遗产是否能得到合理的保护、"政府办节"语境下如何进行节日的旅游开发、展演作为文化旅游开发的主要方式在节日遗产旅游中的实际运用等问题，在参照国内外相关节日遗产的旅游利用案例的基础上进行讨论和评析，提出通过旅游展演实现文化保护是可能的观点。她同时认为中国民俗学者应该积极投入节日类遗产的旅游开发等重大课题的研究，进而为中国的应用民俗学探索出今后发展的新方向。③ 周丹敏主张通过实施标志性节事活动开发、系列化节事活动开发战略，以及市场化、品牌化和国际化节事活动开发策略，使开发出的节事活动形成合力，从而达到整体、系统和持续提升城市形象的效果。④ 丁颖的硕士学位论文对狂欢节城市品牌打造予以关注。⑤ 朱万峰总结了北京旅游节庆活动的特征和发展趋势，并就如何在休闲经济下更好地发展北京旅游节庆活动提出了若干建议。王溪、谢力丹以北京怀柔区为例，分析了节庆活动对于旅游产业的影响。李金玺则对北京通州节事的发展进行了梳理，范子奇分析了北京朝阳国际商务节对于朝阳经济发展的影响。⑥ 于凌炜分析了海南地方节庆文化建设的现状，并就如何快速找到科学、高端、品牌化发展的新道路这一问题进行了多维探讨。⑦ 胡

---

① 容浩、郑文芳：《民族体育活动与节日风俗互动共进机制的构建》，《贵州民族研究》2014年第8期。

② 邓艳香、许明荣等：《非主流经济学视角下对少数民族传统节庆体育活动的研究》，《北京体育大学学报》2014年第8期。

③ 徐赣丽：《体验经济时代的节日遗产旅游：问题与经验》，《青海社会科学》2014年第5期。

④ 周丹敏：《基于城市形象提升的节事活动开发研究》，《现代商贸工业》2014年第3期。

⑤ 丁颖：《中外狂欢文化差异视域下的狂欢节城市品牌打造现象探析》，上海师范大学2014年硕士学位论文。

⑥ 朱万峰：《休闲经济下北京旅游节庆活动的特征、发展趋势及对策研究》，《北京文化论坛文集》编委会《节日与市民生活——2013北京文化论坛文集》，首都师范大学出版社2014年版，第141—147页；王溪、谢力丹：《节庆活动对于旅游产业的影响分析——以北京怀柔区为例》，同上书，第159—162页；李金玺：《新城建设背景下的北京通州节事研究》，同上书，第163—166页；范子奇：《与时俱进的北京朝阳国际商务节与朝阳经济发展》，同上书，第167—171页。

⑦ 于凌炜：《海南节庆文化建设的现状分析》，《新东方》2014年第5期。

春燕就如何推动我国海洋节庆发展进行了思考，主张针对目前世界海洋城市节庆不断发展、我国海洋节庆发展势头较好但总体处于起步阶段的现状，有必要积极探索海洋节庆发展模式，开展具有世界影响力的海洋节庆活动，加快建设海洋节庆强国。[①] 郜冬萍研究了开封清明文化节，认为在其构建过程中，应使政府干预、媒体宣传、民众广泛参与更加有机结合，唤起人们的传统情感，使清明文化节成为开封的节日符号。[②] 潘阳力针对温州瓯越"三月三"畲族风情节存在的问题提出了相应对策。[③] 陈丹微、马丽卿对舟山市节庆旅游发展现状和对策进行了描述与思考。[④] 周丽云、韦光辉以广西百色布洛陀文化旅游节为例探讨了壮乡民俗节庆体育的发展路径。[⑤] 阿西依坡将彝族火把节视为旅游文化的载体和亮点，并提出办好火把节的若干主张。[⑥] 邓思胜和王菊也提出了深入挖掘文化内涵、发展火把节文化产业的观点。[⑦] 张魏论证了云南七宣彝族哑巴节进行旅游开发的必要性，并提出相关建议。[⑧] 张莎莎、石焱的硕士论文也以节庆建设为落脚点。[⑨]

此外，面对新形势下出现的网络造节新现象，龚露、赵玉明以及陆国红都对其中存在的问题与对策进行了思考。[⑩]

六　节日专题研究

节日是包括诸多要素在内的具有复合性的文化事象，对节日信仰、传说、饮食、乐舞、戏剧、游戏等的研究构成了节日专题研究的主要内容。

民间信仰和民间传说是传统岁时节日存在的重要的精神依据。在民间信仰和民间传说研究方面，韩养民以传统节日礼俗中的祭礼为切入点，论述了其中的信仰成分。[⑪] 王玲从神灵信仰、符箓文化、医药卫生思想、长生追求等四个方面探讨了宋代道教与端午节俗的

① 胡春燕：《关于推动我国海洋节庆发展的思考》，《中国海洋大学学报》（社会科学版）2014年第6期。

② 郜冬萍：《从传统到现代：开封清明文化节的未来展望》，《黄河科技大学学报》2014年第6期。

③ 潘阳力：《温州瓯越"三月三"畲族风情节存在的问题及对策》，《温州职业技术学院学报》2014年第1期。

④ 陈丹微、马丽卿：《舟山市节庆旅游发展现状及对策研究》，《农村经济与科技》2014年第4期。

⑤ 周丽云、韦光辉：《壮乡民俗节庆体育的发展路径——以广西百色布洛陀文化旅游节为例》，《贵州体育科技》2014年第1期。

⑥ 阿西依坡：《彝族火把节：旅游文化的载体和亮点》，《风从民间来："追寻中国梦"采风文论集》2014年6月。

⑦ 邓思胜、王菊：《深入挖掘文化内涵，发展火把节文化产业——凉山彝族火把节发展浅论》，《贵州民族研究》2014年第1期。

⑧ 张魏：《少数民族非物质文化遗产的旅游开发研究——以云南七宣彝族哑巴节为例》，《技术经济与管理研究》2014年第4期。

⑨ 张莎莎：《文化生态视野下的民族节庆研究——以内蒙古那达慕为例》，上海交通大学2014年硕士学位论文；石焱：《节会经济的发展和推广研究——以中国沙洋"油菜花旅游节"为例》，华中师范大学2014年硕士学位论文。

⑩ 龚露、赵玉明：《网络造节存在的问题与对策思考》，《电子商务》2014年第3期；陆国红：《网商"造节"运动与民众网购狂欢的思考》，《当代经济》2014年第21期。

⑪ 韩养民：《古代节日的祭礼》，《咸阳师范学院学报》2014年第3期。

关系，认为宋代端午节俗深受道教文化的影响。[①] 高寿仙认为明代北京节日体现了民俗宗教的共享性与差异性。[②] 李懿通过对宋代节日诗的梳理与解读，揭示出宋代节日里农事信仰的时代特色与民俗内涵。[③] 黄洁、徐赣丽分析了民众信仰在广西三江县花炮节诞生和传承中的重要作用。[④] 刘菲菲分析了妈祖平安节与妈祖信仰的关系，认为洞头"妈祖平安节"是在传承和发展妈祖信仰基础上形成的官办民俗节日，其实质是传统民俗文化在现代社会传承和发展中的一种调适和变迁。[⑤]

刘守华从端午习俗与屈原传说的关系着笔论述，总结了湖北秭归屈原故里故事集屈原传说的特色，以期引起人们对端午纪念屈原传说的关注。[⑥] 范丽荣、王萍叙述了甘肃省庆阳市镇原县的春节习俗、传说故事及其折射出的文化内涵。[⑦]

在节日饮食研究方面，万建中、詹娜以辽宁满族春节饮食为例，探讨了满族饮食习俗的生态意蕴与生存智慧，认为辽宁满族人在长期的生产生活中对本区域生态位建立了正确的认知，在饮食民俗的建构中，逐渐形成了饮食偏好的因地制宜、节日食品的粗粮细作以及营养均衡的应时而做等饮食特点。[⑧] 邵万宽就农事节俗中的面点食品进行了专门研究，认为它已成为古代人们节令生活中生产制作的必需品种，甚至成为人们精神的支柱，这其中包含着许多心理愿望和实质性的真切祈盼。[⑨] 周星研究了端午节的药俗药事，认为种种药俗，既有通过入药的各种食物饮料等调理身心的内容，更有通过一系列象征性的净化仪式以应对因自然节令变化所滋生的危险的内容，从而得出端午药是"宇宙药"的结论。[⑩] 林晖则比较详细地梳理了临海地方的节庆饮食。[⑪] 周世伟通过节俗诗词研究了节日里的酒文化，同时表明酒在中华传统节俗诗词篇章里扮演着重要而特殊的角色。[⑫] 许桂香肯定节日饮食文化对食品产业具有带动作用。赵国栋呈现了藏族节庆中茶的使用及扮演的角色。[⑬]

---

① 王玲：《宋代道教与端午节俗的关系》，《民族学刊》2014 年第 5 期。

② 高寿仙：《共享与差异：明代北京的民俗宗教》，《西南大学学报》（社会科学版）2014 年第 1 期。

③ 李懿：《宋代节日诗中的农事信仰透视》，《农业考古》2014 年第 1 期。

④ 黄洁、徐赣丽：《灵验信仰：葛亮花炮节传承的内在动因》，李松、张士闪主编《节日研究》（第九辑·《中国节日志》首发式纪念专辑），泰山出版社 2014 年版，第 209—226 页。

⑤ 刘菲菲：《妈祖信仰仪式的节庆展演和民俗变异——以洞头"妈祖平安节"为例》，《温州大学学报》（社会科学版）2014 年第 3 期。

⑥ 刘守华：《屈原传说与端午习俗》，《长江大学学报》（社会科学版）2014 年第 7 期。

⑦ 范丽荣、王萍：《镇原县春节习俗及其传说》，《文化学刊》2014 年第 5 期。

⑧ 万建中、詹娜：《满族饮食习俗的生态意蕴与生存智慧——以辽宁满族春节饮食为例》，《党政干部学刊》2014 年第 12 期。

⑨ 邵万宽：《农事节俗中的中国传统面点文化祈盼》，《农业考古》2014 年第 1 期。

⑩ 周星：《端午节和"宇宙药"》，李松、张士闪主编《节日研究》（第九辑·《中国节日志》首发式纪念专辑），泰山出版社 2014 年版，第 107—138 页。

⑪ 林晖：《浅谈临海节庆饮食》，《台州学院学报》2014 年第 5 期。

⑫ 周世伟：《中华传统节俗诗词里的酒文化元素》，《酿酒科技》2014 年第 12 期。

⑬ 许桂香：《贵州苗族节日饮食文化及其对食品产业的带动作用》，《北京文化论坛文集》编委会《节日与市民生活——2013 北京文化论坛文集》，首都师范大学出版社 2014 年版，第 291—296 页；赵国栋：《藏族节庆日中的茶》，同上书，第 296—302 页。

在节日戏剧、乐舞与游戏方面，陈建华、郑培凯探讨了元宵演剧的历史线索、传播模式、内容与特点，认为元宵演剧沿着迎神赛会、宫廷宴飨两条线索向前发展，元宵驱逐邪祟的功能对于元宵演剧剧目的选择具有明显的影响。[①] 张志全用地方志中丰富的演剧史料论述四川巴渝地方的"无节不演戏"现象，同时充分肯定了地方志中演剧资料对于戏剧史、民俗史、文化史研究的重要价值。[②] 李静研究了陕北秧歌在传统民间文化与现代政治文化中的不同应用，梳理了新秧歌的发展轨迹，指出新秧歌的发展轨迹及其作为国家仪式在一系列革命节日中的在场与规约，不仅凸显了其在国家政治文化和民众节日生活中的特殊地位，也深刻反映了权威政治话语的力量和上层文化对民间文化的影响，以及特定政党意识形态的文化建构理想。[③] 郑晓将畲族现存节俗舞蹈分为祭祀性节舞、农事庆典节舞及社交娱乐节舞等类别，并认为它们具有与民间信仰关联密切、与农事相关、与民歌相配合、具有娱乐和社交功能等文化特征。[④] 吴媛姣、张中奎对贵州省三都水族自治县扬拱地区霞节民俗祭祀活动中的传统民乐、民歌进行研究，指出它们既有"事神""娱神"特性又有"事人""娱人"功能。[⑤] 萧放利用《荆楚岁时记》中的资料研究了南朝的春季节日游戏。[⑥]

节日与假日的关系，也是节日研究的专题内容之一。张勃从性质、发生学、规则、稳定性等角度区分了节日与假日的不同，并阐述了古代社会不同历史时期节日休假的变化。[⑦] 张慰对当下的节日"挪假"现象进行深度解读，认为节日规制尤其是"挪假"在合法性上遭遇的种种质疑，表面上看是法律规范之间的效力冲突问题，其根源却深植于规范者对节日本身价值与功能的漠视与误解之中。只有宪法理论空间里对节日制度正当性的追问使得国家真正退回到对公民权利进行保障的位置之上时，节日与假期才能最终回归到服务于个人幸福与追求的根本目标之上。[⑧] 刘玲对于少数民族流动人口传统节日休假权的法律保障进行了探讨。[⑨]

七　节日民俗的当代呈现和岁时民俗文献研究

呈现当代日常生活中的节日民俗，以及思考如何理想地呈现，是既具有实践性又具有

---

① 陈建华、郑培凯：《元宵演剧与戏曲文化的传播》，《民族艺术》2014 年第 2 期。

② 张志全：《四川方志所载节庆演剧史料辑考》，《贵州文史丛刊》2014 年第 2 期；张志全：《清代以来巴渝民俗节庆演剧考论——以清代巴渝方志为中心的考察》，《湖北民族学院学报》（哲学社会科学版）2014 年第 2 期。

③ 李静：《国家节日的仪式在场及规约——延安新秧歌运动的文化阐释》，《青海师范大学学报》（哲学社会科学版）2014 年第 1 期。

④ 郑晓：《畲族节俗舞蹈的类型与文化特征》，《温州大学学报》（社会科学版）2014 年第 2 期。

⑤ 吴媛姣、张中奎：《水族霞节祭祀活动中的传统音乐》，《中央民族大学学报》（哲学社会科学版）2014 年第 1 期。

⑥ 萧放：《斗蛋·秋千·施钩——〈荆楚岁时记〉中的春季节日游戏》，《文史知识》2014 年第 6 期。

⑦ 张勃：《中国古代社会的节日》，《文史知识》2014 年第 3 期。

⑧ 张慰：《节日"挪假"之正当性剖解》，《法学》2014 年第 7 期。

⑨ 刘玲：《论少数民族流动人口传统节日休假权的法律保障》，《黑龙江民族丛刊》2014 年第 5 期。

学术性的问题。

（一）中国节日志的文本书写

基于生活和调查的节日志文本书写是呈现节日民俗的传统方式，至今仍然是主要方式。近年来，大规模有组织的包括少数民族节日在内的节日调查在全国范围内有序展开，尤以文化部民族民间文艺发展中心于 2005 年申请设立并于 2009 年被列为"国家社会科学基金特别委托项目"的《中国节日志》为代表。该项目是"秉承国家'盛世修志'的文化传统，以大型国家项目的组织管理形式，调动全国各学科有关研究力量，在以往研究的基础上，经过广泛深入的现状调查，采用文本、图片、音视频、数据库等技术手段，对现存的各地区、各民族传统节日（包括庙会、歌会、祭典等）所进行的一次全面、深入、科学的研究、记录和整理"，① 如今正在有序进行之中，并于 2014 年 1 月由光明日报出版社出版了首批项目成果，包括岳永逸《中国节日志·妙峰山庙会》，张跃《中国节日志·仙女节》，郑晓云《中国节日志·特懋克》，刘铁梁《中国节日志·安国药王庙会》，顾希佳《中国节日志·渔民开洋谢洋节》，李玉琴《中国节日志·插箭节》，陈复声《中国节日志·阿露窝罗节》，段友文《中国节日志·春节（山西卷）》，赵宗福《中国节日志·春节（青海卷）》，顾希佳《中国节日志·春节（浙江卷）》，卞利、汤夺先《中国节日志·春节（安徽卷）》以及吴效群、彭恒礼《中国节日志·春节（河南卷）》等十种。《中国节日志》书写有着严格的体例要求，由综述、志略和调查报告组成，是我国史志传统与现代民族志、民俗志书写方式相结合的产物，图文并茂，能够全面、系统、形象地呈现节日的历史变迁、内涵意义、形态结构以及生存现状。《中国节日志》的出版，是 2014 年节日研究方面的亮点，既是中国节日志项目的标志性成果，也是中国节日研究史上具有重要意义的标志性成果。

在《中国节日志》首发式上，多位学者就《中国民俗志》的书写方式、特点以及应该如何写节日进行了研讨，也有学者撰文进行系统的思考，相关成果集中发表在《节日研究》第九辑中。② 刘铁梁认为首批出版的节日志文本代表了当代民俗学节日研究的前沿理念，以后的节日志文本应该继续遵循尊重民俗文化主体行动者、实践者的个人叙事，关注人的身体主体性和对世界改造的意向性这一书写传统。高丙中主张在古今中外的格局中考虑节日志的写作，从而为建构更合理的中国当代公共知识体系做出贡献。王建民主张要以文化实践者的接受作为判断文本优劣的重要标准，要将当地文化实践者的解释融入书写中。赵世瑜认为志书写作是知识产生的过程，应对已有的节日志进行反思。张跃认为《中国节日志》是国家话语的一种表达方式，是文化遗产保护建构的模式，他强调少数民族节日志书写的特殊性，对《中国节日志》力求"全面、系统、科学地记载节日的历史与现状"的"全面""系统""科学"的内涵进行了解读。尹虎彬重视节日发生的"历史文化时空状态"对于书写的重要性。顾希佳认为在节日志写作中，宏观把握与微观真实

---

① 参见文化部民族民间文艺发展中心官网对《中国节日志》项目的介绍。（http://www.cefla.org/news_ view.jsp? nid=297）

② 李松、张士闪主编：《节日研究》（第九辑·《中国节日志》首发式纪念专辑），泰山出版社 2014 年版。以下成果均出自该书第 27—40、53—79 页。

都十分重要，有价值的节日志有赖于二者的良好结合。段友文认为民俗学理论与方法对节日志编撰的借鉴意义在于：重视地情资料的"俗"与"民"，把握材料安排的"点"与"面"，注意记述方式的"守"与"变"。李玉琴认为要呈现好一个节日，需要认识和把握好节日书写的整体观原则、恰当处理好个案和一般的关系、处理好客观"实录"与主观书写的关系。

2014 年也有一些文章对节日习俗进行描述，具有一定的资料价值。如赵沛曦、李煜、许薇、次仁央宗、马智慧、陆春、刘海峰都有这样的成果。[1]

（二）节日民俗的数字化与影像记录

互联网、信息技术的发展为节日民俗的更好呈现和传播提供了新的可能，节日民俗的数字化与影像志成为当前节日呈现和传播的新方式，围绕如何更好地对节日民俗数字化和影像记录，学者进行了积极思考，并集中于《节日研究》第九辑中。[2]

在数字化方面，尹虎彬描述了互联网和数字化时代民俗学数字化档案建设的发展现状和成功案例，并总结了当前需要解决的问题，一是硬件和软件的升级，二是数据标准和工作流程的专业化管理。刘宗迪认为数据库建设十分重要，中国民俗学数据库建设的瓶颈除了技术、资金和人的因素外，更有学科发展总体水平不高的问题，认为只有学者们有了问题意识，数据库的建设才会水涨船高。王晓葵认为数据库建设会对学术研究有根本性的促进作用，同时也为社会提供很多具有价值的地方性知识。赖彦斌认为对节日民俗研究成果进行数字化表达需要考虑三个问题，即数字化环境、数字化条件和数字化知识产权。黄玉烨则专门探讨了全国哲学社会科学规划办公室启动、由文化部民族民间文艺发展中心主持建设的节日文献数据库的著作权归属问题。

在影像志方面，庞涛将影像志影片分为描述性结构和解释性结构两种，并着重探讨了解释性结构的方法和实现手段，并提出"一个优秀的影像志作者，应既能站在当地文化持有者的立场看待事物，又能站在受众的角度考虑问题，引导大家对事物的理解"。刘湘晨主张将节日仪式的解释放归当地语境，应以当地文化持有者和文化参与者为第一位，学者的解说为第二位。他同时提到节日影像志田野调查中的要素和经验，比如首先确定当地文化权威叙述者，以其对节日以及文化传统的叙述和阐发作为贯穿整个仪式的纵轴；另一方面，要顾及整个仪式中所有和节日有关系的人和事，形成一个涵盖更广的横轴。纵横

---

[1] 赵沛曦、张波、杨丽芬、张涌：《年者家的庆典——一个纳西族摩梭人家的春节民族志》，《民族学刊》2014 年第 5 期；李煜：《新疆图瓦人传统节日风俗研究》，《黑龙江史志》2014 年第 1 期；范丽荣、王萍：《镇原县春节习俗及其传说》，《文化学刊》2014 年第 5 期；许薇：《米脂过年习俗之研究》，《榆林学院学报》2014 年第 1 期；次仁央宗：《世俗社交与宗教实践——拉萨传统藏历新年》，载李松、张士闪主编《节日研究》（第九辑·《中国节日志》首发式纪念专辑），泰山出版社 2014 年版，第 227—252 页；马智慧：《花朝节历史变迁与现代价值研究》，《北京文化论坛文集》编委会《节日与市民生活——2013 北京文化论坛文集》，首都师范大学出版社 2014 年版，第 275—285 页；陆春：《水族端节文化解读》，《文化月刊》2014 年第 20 期；刘海峰：《天中重阳民俗及其流变》，《天中学刊》2014 年第 2 期。

[2] 李松、张士闪主编：《节日研究》（第九辑·《中国节日志》首发式纪念专辑），泰山出版社 2014 年版。以下成果均出自该书第 6—24、42—52 页。

交织，会更完善地传递整个节日的信息。庄孔韶指出，文字和影像作为两套表达系统，不能互相取代，要处理好二者之间的关系。曹培鑫认为必须清楚节日影像志的用途，因为这决定了拍摄手法和创作，如何协调好影视创作与学术研究的关系，需要进一步研究和实践。

（三）岁时民俗文献研究

岁时民俗文献作为专门记述、辑录和研究岁时民俗的文献，是民俗文献的重要组成部分。我国岁时民俗文献极其丰富，其中既有专题性记述，又有专题性辑录，并有大量散见于史书、政书、笔记、散文、小说、戏曲、诗词歌赋、碑刻之中。刘礼堂、李文宁从文献学角度探讨岁时民俗文献的研究现状以及未来的研究方向，指出岁时民俗文献是了解古代民俗的有力依据，是民俗学研究的重要对象，也是历史文献的重要组成部分，具有重要的文献学和史料学价值。在另一篇文章中，他们指出岁时民俗文献在宋代得到极大的发展，宋代笔记和类书中也包含大量岁时民俗内容，值得进一步深入研究。[①] 涂敏华认为古代都邑赋中的岁时民俗画面成为都邑文化记忆的重要载体，具有历史文献价值。[②] 贺闱研究了柳永的节日词，认为柳永节日词内容丰富，再现了宋代节日的民俗活动和文化氛围，表现了作者恋阙与望归的深挚情怀，这些情感集中体现在柳永节日词所大力书写的帝京情结中。其博士论文是对宋代节日词的专门研究。论文以两宋的社会生活和文化形态为背景，通过以节日为中心的节日词创作研究和作家个案研究，对宋代节日词的作品及其文本表现给予了较为系统和具体的探讨，并力求揭示其中蕴含的两宋政治历史、社会生活和文化情境。[③] 于雯霞的博士学位论文对时间观念与宋代的岁时赋进行了专门探讨，认为宋代岁时赋结合了学术、人生和宗教，对时间展开了自由多样的讨论。其中《秋声赋》是欧阳修易学思想的传神写照，堪称以文学演绎宇宙天人观念的典范之作，而最能体现中国古代时间观念特征的"月令"，在宋代节令赋里更有充分借鉴和结合进当时学术水平、民俗风情的出色发挥。[④] 伏涛研究了纳兰性德的节令词，认为它数量较多，内涵丰富，反映了纳兰在清初满汉文化交流中对汉文化的欣然接受与深度同化。[⑤] 梁颖珠通过对清代竹枝词反映的祭祀仪式与节庆饮食的梳理，揭示了清代竹枝词的民俗学价值。[⑥] 郑春蕾对首都图书馆收藏的北京节庆民俗文献进行了梳理和介绍。[⑦] 金芬芬研究了唐代春季节俗对山水诗创作

① 刘礼堂、李文宁：《中国古代岁时民俗文献研究》，《武汉大学学报》（人文科学版）2014年第3期；刘礼堂、李文宁：《宋代笔记及类书中的岁时民俗研究》，《江汉论坛》2014年第11期。

② 涂敏华：《上巳、清明、端午：古代都邑赋中的节日镜像》，《长江大学学报》（社会科学版）2014年第1期。

③ 贺闱：《柳永节日词研究——兼议其帝京情结》，《福建师范大学学报》（哲学社会科学版）2014年第1期；贺闱：《宋代节日词研究》，华东师范大学2014年博士学位论文。

④ 于雯霞：《时空观念与宋代天象岁时赋》，山东大学2014年博士学位论文。

⑤ 伏涛：《纳兰节令词研究》，《吉林师范大学学报》（人文社会科学版）2014年第5期。

⑥ 梁颖珠：《特殊的祭祀仪式与节庆饮食论清代竹枝词的民俗学价值》（之四），《传播与版权》2014年第3期。

⑦ 郑春蕾：《北京节庆民俗文献整理综述——以首都图书馆为例》，《北京文化论坛文集》编委会《节日与市民生活——2013北京文化论坛文集》，首都师范大学出版社2014年版，第115—120页。

的影响。① 此外，有多篇硕士学位论文研究了不同历史时期的节日诗词。②

八　节日比较和国外节日研究

节日比较研究之一是对不同地方/国家的同一种节日的比较研究。储冬爱比较了甘肃西和与广州珠村两地的乞巧文化，认为两地同样繁盛，分别成为原生态民俗与都市新民俗的代表，同时又都折射出乞巧习俗在当下的传承态势，两地在传承方面可相互借鉴，但"城中村"乞巧风俗的变迁更具有突出的"标本"意义。③ 张兆龙等比较了中缅的泼水节庆文化，认为表现形式上都以泼水欢庆为主题，但国家制度和民族文化价值观上的不同，使两国泼水节庆文化发生了不同轨迹的演变。④ 刘美珠硕士学位论文对中泰两国春节的流程、作用、内涵等进行对比研究，并分析了差异的影响因素。⑤ 董健比较了中韩春节的传统习俗及其变化，赵蕤比较了中国南方少数民族与日本的三月三。黄天娥、王菲菲研究了西方节日文化的中国本土化问题。⑥ 此外，张祖群将大学生过洋节与过传统节日行为进行了对比，主张让洋节成为传统节日的一种有效补充。⑦ 刘芝凤对台湾民族节俗与汉人节俗中的政府行为进行了比较。⑧

节日比较研究之二是对具有相似性的不同节日的比较，如乔凤岐比较了秋社、祭月与中秋节，认为三者在发展演变过程中也可能相互影响，但各有自身的文化内涵。⑨ 马敏比较了美国的鬼节万圣节与中国的鬼节清明节在活动方式、参与主体、组织以及文化内涵方面的差异。⑩ 杨升平比较了中国寒食蹴鞠与英国忏悔节足球赛。⑪ 李常清比较了日本的新尝祭和中国的中秋节。⑫

---

① 金芬芬：《唐代春季文化节俗对山水诗创作的影响》，《金田》2014 年第 3 期。

② 李宇航：《金代寒食、清明诗研究》，西北大学 2014 年硕士学位论文；何丹：《宋代上巳诗词研究》，西北大学 2014 年硕士学位论文；王瑶：《清代七夕词研究》，安徽大学 2014 年硕士学位论文；郑巧芬：《唐宋闽南岁时诗研究》，华伦大学 2014 年硕士学位论文；纪旭：《魏晋南北朝上巳诗研究》，中国海洋大学 2014 年硕士学位论文。

③ 储冬爱：《甘肃西和与广州珠村两地乞巧文化的比较》，《文化遗产》2014 年第 6 期。

④ 张兆龙等：《跨文化视角下中缅泼水节庆文化研究》，《西昌学院学报》（自然科学版）2014 年第 3 期。

⑤ 刘美珠：《中泰两国春节的比较研究》，华南理工大学 2014 年硕士学位论文。

⑥ 黄天娥、王菲菲：《西方节日文化中国本土化研究》，《大舞台》2014 年第 3 期。

⑦ 张祖群：《在全球化进程中融合：基于高校大学生洋节与中华传统节日的对比》，《华南理工大学学报》（社会科学版）2014 年第 1 期。

⑧ 刘芝凤：《台湾民族节俗与汉人节俗中的政府行为比较——以台湾原住民丰年祭节俗与汉人祭神民俗节庆为例》，《温州大学学报》（社会科学版）2014 年第 2 期。

⑨ 乔凤岐：《秋社、祭月与中秋节关系考证》，《传承》2014 年第 5 期。

⑩ 董健：《浅谈中韩春节传统习俗及其变化》，《辽东学院学报》（社会科学版）2014 年第 6 期；赵蕤：《三月三——中国南方少数民族与日本传统节日的比较研究》，《天府新论》2014 年第 2 期；马敏：《生者的狂欢，逝者的盛宴——万圣节与清明节节庆内涵比较》，《大学英语》2014 年第 1 期。

⑪ 杨升平：《中国寒食蹴鞠与英国忏悔节足球赛的对比研究》，《体育文化导刊》2014 年第 7 期。

⑫ 李常清：《日本新尝祭和中国中秋节的对比考察》，《长春工程学院学报》（社会科学版）2014 年第 2 期。

陈志勤对端午节的研究也是一种比较研究，她将被泛化的节日文化和具体的节日生活相比较，认为当下节日习俗的泛时空化倾向越来越明显，如赛龙舟、吃粽子、插艾蒿、挂菖蒲等已经成为端午习俗的通用符号，但这与真正的民俗生活以及端午习俗在村民家庭卫生、村落整体认同中的地位和意义有着相当大的距离。她提醒我们注意抽象化的民俗文化应置于具象化的时空、生活、共同体中才能得到真正理解。①

2014 年也出现了一些对国外节日研究的成果，如陈巍研究了日本平安时期重阳诗宴的来源及其仪式，认为嵯峨天皇重阳诗宴当是学习唐朝官方重阳诗宴的结果。② 王林生认为东京动漫节庆产业已成为丰富东京城市文化内涵、提升东京城市文化影响力的有效途径。③ 马银福研究了泰国的水灯节，认为它反映了泰民族二元宗教信仰与泰国节日文化之间的关系。④

九 关于节日研究的成果总结与方法思考

近十余年来节日研究进展迅猛，成果多出，取得了突出成绩。总结既有研究的成绩和不足，并在此基础上思考研究的未来走向和可能性，是进一步提升节日研究水平的必要步骤。萧放、董德英对 2003—2013 十年间的节日文化研究成果进行了系统分析，认为节日文化研究者在传统节日复兴过程中进行了卓有成效的工作，不仅继续研究节日历史、内涵、功能、意义，同时更重视传统节日文化的现代回归与社会实践。节日研究范围、研究层面和研究方法等都有明显的拓展与提高。同时也提出了未来岁时节日研究需要继续拓展的四个方向。⑤ 朱志刚认为目前中外学术界关于传统节日的研究，主要存在历史学的、民俗学的和人类学的三种研究方法和路径，他主张节日研究应当采取一种整体性"深描"式的民族志研究方法，对传统节日的研究所要表达的不仅仅应当是一个"社会中的节日"，还更应该是呈现出一个处于变迁之中的"节日中的社会"。⑥ 李靖以权力实践的视角对景洪傣历新年节展示过程进行解读，并在此基础上提出民族节庆的研究在突出官方性运作的基础上，应把研究视角从节庆旅游空间的单向权力结构分析转向对权力的流动和对权力利用的创造性的考察，分析角色的具体多元性、角色本身的行动话语以及他们之间的互动所上演的"戏剧"。⑦

总体上看，2014 年节日研究成果丰富，虽然成果质量良莠不齐，其中不乏因袭前人观点或泛泛而谈的平庸之作，但研究视角和范围都有所扩大和创新，在诸多方面都取得了不少进展。有以下几点值得格外关注：

---

① 陈志勤：《泛化的端午节与村民的端午日——以嘉兴海宁长安镇的三个村落为例》，《文化遗产》2014 年第 5 期。

② 陈巍：《日本平安时期重阳诗宴的来源及其仪式》，《文化遗产》2014 年第 3 期。

③ 王林生：《动漫节庆产业对东京城市发展的文化意义》，《北京文化论坛文集》编委会《节日与市民生活——2013 北京文化论坛文集》，首都师范大学出版社 2014 年版，第 303—308 页。

④ 马银福：《从水灯节来历看泰国二元宗教信仰》，《成都大学学报》2014 年第 2 期。

⑤ 萧放、董德英：《中国近十年岁时节日研究综述》，《民俗研究》2014 年第 2 期。

⑥ 朱志刚：《多学科视域下传统节日的研究和思考》，《江西行政学院学报》2014 年第 3 期。

⑦ 李靖：《印象"泼水节"：交织于国家、地方、民间仪式中的少数民族节庆旅游》，《民俗研究》2014 年第 1 期。

节日研究继续保持多学科参与的态势，参与学科有所扩展。节日是复合性的文化现象，节日研究一直具有多学科共同参与的特点。2014 年的节日研究成果仍然来自多个学科，其中出自民俗学、历史学、文学、人类学的成果较为丰富，但也有来自法学、传播学、地理学、信息学方面的成果，这在一定程度上反映出节日在当前社会的重要性及复杂性，处于全球化、信息化、休闲化时代的节日具有被更多学科言说的必要性和可能性。不过，多学科的共同参与并不意味着多学科研究方法的自然融通，怎样在节日研究中既形成并保持本学科的特点，又能借助其他学科的研究方法，以进一步拓展节日研究的范围，提升节日研究的水平，是需要学者们共同努力的事情。

从研究取向上看，与现实关联的研究成果相对丰富。传统节日、现代节日纪念日、外来节日、新兴地方节庆、新兴民间节日等多种来源不同的节日共同构成了当今中国的节庆体系。当今时代，如何看待、又如何对待这些节日，考量着我们的文化眼光和文化胸怀，也是当下迫切需要厘清的问题。现实的需要在很大程度上影响了学者们的节日研究取向。尽管关于历史时期节日的研究成果仍然还有不少，但相比之下，与现实相关联的研究成果要丰富得多。这些成果思考节日的当代价值，探索传统节日的保护传承发展之道，注重研究节庆传统与现代社会的融合，积极为节庆的当代实践诊断问题，提供对策，以寻求不同地域、不同文化空间里的节庆文化、节庆文化与社会需求的和谐相处之道，具有强烈的实践应用特性。当然，这一转向也在一定程度上是节日研究本身发展的结果。由于近年来节日研究持续高涨，不少节日问题经过研究已经基本得到解决或基本达成共识，比如重要传统节日的起源和流变问题。节日生活年年不同，节日的现实常在常新，与现实相关联的节日研究有着无限拓展的空间。

对节日现实的关注直接影响了研究方法的选择，只有深入现实、扎根生活，密切关注节日生活以及与之相关的种种社会现象，才有可能形成对现实的认知和理解，由是田野作业方法在 2014 年的节日研究中发挥了重要作用。相应地，基于田野作业基础上的节日志和研究成果有突出表现。当然这也与国家社会科学基金特别委托项目"中国节日志"的有序开展和逐步推进有关，不少成果正是"中国节日志"的项目成果。

少数民族节日研究受到重视，无论在节日的文化内涵与地方、民族特性，节日的功能与价值等方面，还是在节日起源与流变，传统节日生存现状及其传承、传播，节庆开发和建设，节日专题，节日民俗的当代呈现等方面，均有关于少数民族节日的研究成果，这是节日研究范围扩大的重要表现。在非物质文化遗产保护运动方兴未艾、旅游业勃然兴起的当代社会，少数民族节日以其鲜明的民族特性、地方特性和多重价值成为众人"凝视"的对象，少数民族节日的当代变迁与未来发展问题受到更多关注。少数民族节日研究成果多出，与此密切相关。

从研究视角上看，多篇论文从政治权力、意识形态角度切入节日研究，给人留下了较为深刻的印象。

从研究主体上看，青年占有相当大的比重。且不说报刊论文，2014 年仅学位论文就有 30 余篇探讨与节日相关的话题，这些成果涉及本综述所及的绝大多数板块，显示了青年学子对于节日研究的浓厚兴趣，也在一定程度上预示了节日研究后继有人，可以相信节日研究的热度仍会持续。不过，这些学位论文多是硕士学位论文，这也意味着青年研究队伍并不特别稳定。此外，一些对节日素有研究的专家 2014 年的相关成果比较少见，这一现象值得关注。

中国现存大量的岁时民俗文献，是中国民俗学特色的重要来源。岁时民俗文献既是重要的史料渊薮，也是重要的研究对象，岁时民俗文献研究是节日研究的有机组成部分具有基础性地位。2014年岁时民俗文献研究虽然有一定进展，但成果较少，而且多在诗词赋等文学作品方面，这与岁时民俗文献的地位和类别的丰富性颇不相称，有必要进一步加强研究力度。

在文化交流频繁的当下，中外节日比较研究的意义和价值进一步凸显。但科学的比较建立在对比较对象都有透彻认知和理解的基础之上，这对研究者提出了更高的要求。2014年节日比较研究虽然也取得了一定成绩，但无论数量和质量都有待于进一步加强。

2014 年民间游戏研究综述

林继富　　何雨阳[*]

民间游戏源自民间文化生活，是非物质文化遗产的重要类型，也是民俗学重点研究的对象之一。近年来，民间儿童游戏一直是学界长期关注的研究领域，民俗学、人类学、哲学、教育学、心理学等专业背景的学者对民间儿童游戏议题的关注度不断提升，这在较大程度上拓宽了民间游戏研究的学术视野，也彰显出民间游戏研究与其他学科之间的互动与交流。2012—2014 年民间游戏研究领域的学术论文总数约 60 篇，出版著作 10 余本。本文将从以下几个方面来梳理这三年国内民间游戏研究的基本格局。

一　民间游戏基础理论探究

2012—2014 年间民间游戏基础理论研究集中在游戏的本质、游戏对于儿童发展的价值、国外游戏理论的系统介绍以及未来发展趋势等几个方面。代表性的文章主要有李静的《儿童游戏本质新视角——基于人性的解读》[①]，王娆、李宏超的《皮亚杰认知发展游戏理论对儿童游戏之意义》[②]，黄玉娇的《元交际游戏理论对幼儿社会观点采择的启示》[③]，王立刚的《真假之间：学校教育与游戏的世界》[④]，杨虎民的《儿童游戏理论的历史发展及其分析研究》[⑤]，黄丹的《精神分析学派游戏理论及其对学前游戏理论建构的启示》[⑥]。

李静在《儿童游戏本质新视角——基于人性的解读》中从人性的角度探寻游戏的本质。李静提出儿童游戏本质的人性论是从更为实质的层面对生物性本质论的升华与完善。儿童游戏的本质根植于儿童的天性，而儿童的天性在更本质的层面上则源自人的某些本能，如人类倾向于获得主动地位的本能。虚拟化的游戏将被人类借助，以追求一种控制的体验和宣泄感。儿童能够通过游戏获得情感、认知、社会性、意志、人格等方面的发展，

*　林继富：中央民族大学文学与新闻传播学院教授；何雨阳：中央民族大学文学与新闻传播学院博士研究生。

①　李静：《儿童游戏本质新视角——基于人性的解读》，《科学导刊》2012 年第 1 期。
②　王娆、李宏超：《皮亚杰认知发展游戏理论对儿童游戏之意义》，《学理论》2013 年第 32 期。
③　黄玉娇：《元交际游戏理论对幼儿社会观点采择的启示》，《当代学前教育》2013 年第 2 期。
④　王立刚：《真假之间：学校教育与游戏的世界》，《教育理论与实践》2014 年第 7 期。
⑤　杨虎民：《儿童游戏理论的历史发展及其分析研究》，《赤峰学院学报》（自然科学版）2014 年第 10 期。
⑥　黄丹：《精神分析学派游戏理论及其对学前游戏理论建构的启示》，《基础教育研究》2014 年第 7 期。

游戏是儿童发展的一种心理表征。在游戏与文化的关系问题上，李静认为人具有游戏的天性，这种内在本性通过游戏实现了其外化的过程，文化也就是在这样的过程中逐渐发展起来的。李静强调了儿童游戏的内在价值与工具价值的统一性，提醒教育工作者不能仅把游戏当成一种教育手段或工具，而忽略游戏的本体性意义。

王娆、李宏超的《皮亚杰认知发展游戏理论对儿童游戏之意义》依据皮亚杰的观点，随着儿童的不断成长会渐进地尝试练习性游戏、象征性游戏、有规则游戏类型，不同游戏阶段对应着儿童不同的认知发展水平。王娆、李宏超认为，皮亚杰的认知游戏理论提升了游戏活动的地位，对于以游戏为主要活动的学前教育和在游戏中成长的儿童来说意义重大。呼吁成人应该关注规则游戏对儿童社会性、道德发展的作用；关注儿童游戏主动性的积极作用，努力提升儿童游戏活动的质量，帮助儿童在游戏中快乐成长。

黄玉娇在《元交际游戏理论对幼儿社会观点采择的启示》一文中认为社会观点采择在幼儿的社会认知发展中处于核心地位，通过幼儿的社会观点采择，可以预测幼儿对权威、友谊、同伴及对自我进行推理的概念水平。儿童在游戏过程中需要理解玩伴的游戏信号，即"元交际"所传递的信息。游戏作为一种元交际活动，对幼儿社会观点采择能力的获得和提高具有一定的启示作用。黄玉娇提出在幼儿的发展和社会适应中，应该注重增强幼儿间的同伴互动、应注重培养幼儿的控制和约束能力、应注重发展幼儿的移情能力、应注重提高幼儿推断整合能力，从而有效地促进儿童去自我中心和社会观点采择能力的发展。

王立刚在《真假之间：学校教育与游戏的世界》中把"既真又假"的游戏与学校教育相比较，指出两者有相通之处，都是人成长过程中的辅助性工具。王立刚提出系统而有解释力的游戏理论研究有些不足，对中国古代游戏缺乏思想层面的研究，对除了幼儿教育阶段的其他各级教育的游戏理论研究较少。该文提到学校教育离不开游戏。

杨虎民在《儿童游戏理论的历史发展及其分析研究》中把儿童游戏理论分为三个阶段进行分析和解读。第一个阶段是从 19 世纪下半叶到 20 世纪 30 年代的"游戏的经典理论"阶段。主要包括剩余精力说、松弛说、生活准备说、成熟说、复演说五个方面。第二个阶段是从 20 世纪 30 年代到 60 年代的"游戏的现代理论"阶段。主要包括精神分析说、认知动力说、行为主义的学习论、社会性活动理论四个方面。第三个阶段是从 20 世纪 70 年代至今的"当代西方的游戏理论"阶段。主要包括元交际理论、行为适应理论、唤醒调节理论。杨虎民认为，目前我国对儿童游戏的理论研究主要集中在游戏的本质和价值方面的讨论，其他方面涉及不多。

黄丹的《精神分析学派游戏理论及其对学前游戏理论建构的启示》主要涉及学前游戏理论中儿童与游戏发展、游戏本体论这两大核心问题。弗洛伊德突出了游戏中的愉快成分，并认为游戏的发生受"唯乐原则"的驱使。后来的修正者埃里克森和蒙尼格又发展了这一思想。弗洛伊德的游戏理论被称为 20 世纪虚拟论和游戏论的典型代表，他认为游戏是儿童创造的一个自己的世界，是儿童借助想象来满足自身愿望的虚拟活动。由于精神分析学派是建立在临床医学实践的基础上，因而，其游戏理论也带有浓厚的医学色彩，把游戏运用到儿童的精神治疗中，形成专门的游戏治疗技术。

黄丹认为精神分析学派游戏理论对学前游戏理论建构具有启示意义：该理论提出了游戏给儿童带来的愉快性体验，有助于塑造儿童的健康人格，维系着儿童的发展；该理论从本体论的角度给予儿童游戏极高的发展地位，同时也对成人在游戏中的角色、游戏环境的创设方面有一定的启示。

二　民间游戏与教育

民间游戏研究者重视民间儿童游戏与教育的关系认识、民间儿童游戏在教育教学实践中的应用、教育游戏的开发与实践探索等几方面有较多的研究。

秦元东近年致力于浙江儿童民间游戏的调查研究，生产出一系列的论文和著作。他对当代浙江儿童民间游戏在学前教育领域传承的主导形式——幼儿园民间游戏给予重点研究。他认为幼儿园民间游戏是儿童民间游戏与幼儿园游戏结合的产物，这一特殊的游戏类型既具有儿童民间游戏原初的民间性和纯粹的自然性，又不失自觉的教育性。秦元东在研究中明确设计了幼儿园民间游戏的实践方案，为学前教育工作者提供了良好的民间游戏教学范本。

秦元东的《幼儿园民间游戏的阶段与转化：儿童角色的视角》[①] 从儿童游戏角色发展的视角，探讨了在幼儿园民间游戏中儿童游戏性体验的过程。幼儿园民间游戏是教师根据教学需要对民间游戏筛选、改造或再造的结果，而教师往往会过多强调游戏的教育价值，忽略游戏的娱人功能，背离真正的游戏精神。教师应破除强加在幼儿园民间游戏上的种种束缚，同时允许并鼓励儿童在游戏过程中积极创新游戏的玩法及要素，成为"游戏的积极创造者"，与此对应的是儿童自我强化的内在兴趣。秦元东认为教师可借助外部奖励与"留白"的策略促进幼儿园民间游戏从游戏的参与者阶段向创造者阶段积极转化。

"儿童游戏权利与教育的关系"一直是民间游戏研究中的空白领域，前人较少涉及。杨秀在《教育与儿童游戏权利》[②] 中以儿童游戏权利为切入点，着重探讨了儿童游戏权利与教育的关系，主张通过权利的诉求推动教育的自我反思和改革。杨秀在论文中首先对儿童游戏权利的正当性予以论证，并提出教育在某种程度上制约了儿童游戏权利的自由需求。而后，从实践的层面分析了儿童游戏权利在教育的固有结构中所遭遇的困境。最终回到了对教育如何尊重和保护儿童的游戏权利这一问题的解答。

近几年来，随着移动计算技术和多媒体交互技术的快速发展，一部分学者开始关注到教育游戏的开发、设计与应用，但总体仍处于起步水平。研究成果主要集中在以下几个方面：一是教育游戏的基本理论研究，如赵慧臣的《伽达默尔游戏理论对教育游戏的启示——兼论游戏与教育如何实现有效融合》[③]；二是教育游戏与教学实践创新，如周荣庭、方可人的《APG 式教育游戏：一种新兴的教育游戏样式》[④]，王雯的《教育游戏在小学英语教学中的应用研究》[⑤]，程英的《对幼儿园音乐教育游戏化问题的检视与思考》[⑥]；三是

---

① 秦元东：《幼儿园民间游戏的阶段与转化：儿童角色的视角》，《学前教育研究》2012 年第 4 期。

② 杨秀：《教育与儿童游戏权利》，华中师范大学 2014 年硕士学位论文。

③ 赵慧臣：《伽达默尔游戏理论对教育游戏的启示——兼论游戏与教育如何实现有效融合》，《现代远程教育研究》2013 年第 2 期。

④ 周荣庭、方可人：《APG 式教育游戏：一种新兴的教育游戏样式》，《电化教育研究》2014 年第 11 期。

⑤ 王雯：《教育游戏在小学英语教学中的应用研究》，《佳木斯教育学院学报》2014 年第 3 期。

⑥ 程英：《对幼儿园音乐教育游戏化问题的检视与思考》，《内蒙古师范大学学报》（教育科学版）2012 年第 12 期。

教育游戏的设计与开发，如昂娟的《基于 Flash 的小学英语教育游戏水果连连看的设计与开发》①、刘博的《教育游戏设计方法探究》② 等。

探究民间体育游戏如何应用于幼儿体育教学的问题。如罗红辉的论文《幼儿园民间体育游戏存在的问题与解决对策》③，罗文认为，当前幼儿园民间体育游戏普遍存在素材挖掘不深、活动计划性不强、运动技能弱化、材料提供不力、安全隐患突出等问题，老师必须要通过能动的教学方法来挖掘民间体育游戏的教育价值，作者结合教学实践经验，指出幼儿教师的能动教学包括：精心遴选游戏素材，深入分析原始材料；科学组织与安排游戏内容、形式和时间；合理运用组织策略，促进民间体育游戏的整体优化；多方搜集、改良和拓展游戏材料；做好安全保障工作，确保幼儿在民间体育游戏中的安全。

此外，许多幼儿教育工作者以及教育学专业的在校研究生对民间游戏与教育教学问题给予较高的关注度。这些论文的讨论主题大多停留在民间游戏与具体的课程教学、民间游戏的教育价值等方面，没有突破以往的研究主题。如许丽珍在《论教育与游戏的融合》④，李婷、卢清《民间游戏对幼儿身心发展的教育价值——以"捉迷藏"游戏为例》⑤，刘丽娜《传统民间游戏与园本课程建设研究》⑥，肖华锋、杨玲《民间游戏与幼儿园课程相融合的应用价值》⑦，朱华、蒋东升《教育学视角下传统民间游戏与竞技的价值研究》⑧，赵娟《民间游戏在农村幼儿园活动中的开发与利用》⑨，张珊珊《以游戏精神观照幼儿教育：从意蕴到行动》⑩，夏媛媛《河南省民办幼儿园游戏活动开展现状调查研究》⑪，宋杨菲《民间游戏的育德价值研究》⑫，刘净《游戏化教学在小学数学课堂教学中的应用》⑬，王后玉《游戏精神的回归：幼儿园游戏异化现象的批判》⑭，龚晓薇《游戏美学理论及其在教育实践中的应用》⑮，魏洁君《传统儿童游戏德育功能及特征》⑯。

---

① 昂娟：《基于 Flash 的小学英语教育游戏水果连连看的设计与开发》，《贵州师范大学学报》（自然科学版）2013 年第 6 期。

② 刘博：《教育游戏设计方法探究》，《美术教育研究》2014 年第 14 期。

③ 罗宏辉：《幼儿园民间体育游戏存在的问题与解决对策》，《学前教育研究》2012 年第 6 期。

④ 许丽珍：《教育与游戏的融合》，《当代教育理论与实践》2012 年第 1 期。

⑤ 李婷、卢清：《民间游戏对幼儿身心发展的教育价值——以"捉迷藏"为例》，《文史博览》2012 年第 3 期。

⑥ 刘丽娜：《传统民间游戏与园本课程建设研究》，《陕西学前师范学院学报》2014 年第 6 期。

⑦ 肖华锋、杨玲：《民间游戏与幼儿园课程相融合的应用价值》，《高等函授学报》（自然科学版）2012 年第 2 期。

⑧ 朱华、蒋东升：《教育学视角下传统民间游戏与竞技的价值研究》，《南京体育学院学报》2012 年第 1 期。

⑨ 赵娟：《民间游戏在农村幼儿园活动中的开发与利用》，《教育教学论坛》2014 年第 33 期。

⑩ 张珊珊：《以游戏精神观照幼儿教育：从意蕴到行动》，山东师范大学 2013 年硕士学位论文。

⑪ 夏媛媛：《河南省民办幼儿园游戏活动开展现状调查研究》，河南大学 2012 年硕士学位论文。

⑫ 宋杨菲：《民间游戏的育德价值研究》，西南大学 2014 年硕士学位论文。

⑬ 刘净：《游戏化教学在小学数学课堂教学中的应用》，河北师范大学 2013 年硕士学位论文。

⑭ 王后玉：《游戏精神的回归：幼儿园游戏异化现象的批判》，西南大学 2013 年硕士学位论文。

⑮ 龚晓薇：《游戏美学理论及其在教育实践中的应用》，西南大学 2014 年硕士学位论文。

⑯ 魏洁君：《传统儿童游戏德育功能及特征》，山西师范大学 2012 年硕士学位论文。

三　民间游戏的民族性与地方性研究

少数民族传统游戏种类繁多，规则复杂，渗透在人们的日常生活之中，承载着各族人民的智慧和创造力，在培养文化认同感、传递民族文化传统等方面发挥着积极的作用。但由于社会的变迁、人民社会生活环境的改变以及外来文化的渗透，传统民间游戏的发展现状并不乐观。2012—2014 年对少数民族民间游戏的研究集中于游戏的功能及其变迁研究、某一独特少数民族传统游戏的介绍等方面。

赵月梅《杜尔伯特蒙古族传统游戏探究——以黑龙江省杜尔伯特蒙古族自治县布村为个案》以布村为落脚点，以"鹿棋"与"嘎拉哈"两种游戏项目为切入点进行深度考察，从中剖析蒙古族传统游戏的特点、变迁原因以及游戏功能的转变。现代游戏对传统村落游戏的存续和发展产生了巨大冲击，但鹿棋和嘎拉哈等传统游戏作为蒙古族传统文化的重要组成部分，也在被不断重组建构，以适应当代社会的发展。

徐莉、吕娟在《广西客家传统民间游戏的教育人类学观察》[①] 中列举出 11 种广西客家的传统民间游戏，并作出详细描述。这些传统的民间游戏对客家人的生存、学习、生活、社会适应与文化习得都具有积极的意义。曾经是儿童喜爱的娱乐活动，构成了儿童成长环境的一部分，更是寓教于乐的有效途径。如今，由于游戏环境的变化、新的游戏玩具层出不穷、游戏属性的统一化与同质化的出现，传统的民间游戏正在消逝，对游戏的传承与发展以及儿童教育提出了新的挑战。

赵艳红在《沙嘎游戏在蒙古族幼儿园的运用》[②] 中以案例形式，整理了沙嘎游戏在蒙古族幼儿园运用的现状。沙嘎游戏属蒙古族民间传统游戏，具有生活性、娱乐性和实践性等特征，有利于促进幼儿身体、认知、社会性等方面的和谐发展。但在教师的教学活动中认识水平参差不齐，大多缺乏对沙嘎游戏的深刻认识；对沙嘎游戏的运用形式化，游戏内容单一；过分强调沙嘎游戏的知识性而忽略其娱乐功能。针对运用中存在的问题，赵艳红给出了若干建议：加强教师对蒙古族传统文化的认识；加强沙嘎的课程开发，特别应该加入蒙古族长者和民俗专家的意见；深化开发沙嘎的娱乐性；将沙嘎融合在每日的教学活动之中，加强沙嘎与多元文化的融合；密切幼儿园与家长、社区之间的联系。

拓万亮、安晓平《环塔里木地区柯尔克孜族民族传统体育现状调查及功能分析》[③] 列举了六种柯尔克孜族传统体育项目，并阐述了民族传统体育游戏的教育功能、竞技娱乐功能、健身功能、团结民族功能、文化功能等五个方面的功能。

益西拉姆、向秋志玛在《藏族民间游戏巴塘谐膜的社会功能研究》[④] 中对四川省甘孜州巴塘县的藏族民间游戏——谐膜的游戏方式、歌词、歌调等进行了细致入微的描写。谐

---

① 徐莉、吕娟：《广西客家传统民间游戏的教育人类学观察》，《广西师范大学学报》（哲学社会科学版）2014 年第 2 期。

② 赵艳红：《沙嘎游戏在蒙古族幼儿园的运用》，《现代教育科学》2013 年第 12 期。

③ 拓万亮、安晓平：《环塔里木地区柯尔克孜族民族传统体育现状调查及功能分析》，《搏击·武术科学》2014 年第 1 期。

④ 益西拉姆、向秋志玛：《藏族民间游戏巴塘谐膜的社会功能研究》，《青藏高原论坛》2014 年第 4 期。

膜游戏通常在人群集聚的地方举行，如婚庆聚会、劳作休息的场所，不需要特别准备，游戏道具是每个参与游戏的人拿出身上一件心爱的物品即可。游戏过程中唱谐膜歌词，歌调一般是固定的几种，歌词中有强烈的文化意蕴。谐膜也称为歌卦，模仿了藏族传统宗教上的打卦形式，轻松愉悦，娱乐性强。现如今，随着新型娱乐方式的普及，对谐膜游戏感兴趣的人越来越少，再加上老一辈谐膜民间艺人的离世，谐膜歌词的传承发展面临巨大困境。

郝延省在《蒙古族"古尔"游戏的起源与发展》[①] 中研究了蒙古族传统民间游戏"古尔"的起源、发展演变以及具体的游戏规则。郝延省、杨春霞在《蒙古族吉日格棋戏考释》[②] 中通过史料追溯了吉日格的起源，以及具体的游戏规则。吉日格棋戏在蒙古地区普及度较高，陆续进入了内蒙古各级各类的蒙古族中小学体育课堂。

除了民族性的游戏讨论之外，还有诸多民间游戏的地方性阐释，阐释数种地方特色游戏的规则现状，及规则的改进方案。如陈济川的论文《闽东民间体育游戏的挖掘与改进》[③]，陈文分别介绍了"敲枯雀""状元竹板""拖小平板车""滚猪仔"四种闽东特色体育游戏的进行程序、场地安排、人员组织等事项的详细内容，但作者的写作意图并不在于游戏介绍，而是通过游戏细节的生动讲述揭示游戏规则的合理性缺失，促进游戏规则的完善和改进。陈文强调闽东地区的几类体育游戏存在"规则过于繁杂"和"安全性不强"两大缺点，建议简化规则的同时，兼顾游戏过程的安全性。

探寻民间体育游戏背后的地方文化要素。如王利撰写的《齐鲁民间体育游戏研究现状》认为齐鲁民间体育游戏与齐鲁文化关系甚密，齐鲁民间体育游戏的理念反映了人们"崇德""尚礼"的儒家道德追求。历史上，齐鲁民间体育游戏尤以武术类游戏为主，武术游戏的价值定位非"争强好胜"，恰是"和而不同"，武术游戏的过程讲求有礼有节，武术游戏的参与者则因游戏互动，产生君子之交。此外，值得一提的是，王利还有一篇研究蹴鞠游戏的专题论文，名曰：《典型齐鲁民间体育游戏个案的微观文化解读》[④]，该文指出蹴鞠与现代足球的显著区别在于对抗性弱，现代足球的背后有战争文化的因素，故而比赛时球场如战场，争抢对抗，激烈异常，而蹴鞠对抗性极弱，其弘扬"辞让"文化，提倡每个参赛者"义勇双全"，这些都在一定程度上说明了民间体育游戏蕴藏深邃的儒家文化传统、饱含精妙的为人处世哲理。

四 民间游戏的文化研究

从民俗学、人类学的角度对民间游戏进行深层次的文化意蕴阐释的研究还比较少，2012—2014 年的研究成果主要集中于研究生的学位论文之中。

① 郝延省：《蒙古族"古尔"游戏的起源与发展》，《体育科技文献通报》2013 年第 2 期。

② 郝延省、杨春霞：《蒙古族吉日格棋戏考释》，《体育文化导刊》2014 年第 8 期。

③ 陈济川：《闽东民间体育游戏的挖掘与改进》，《宁德师范学院学报》（自然科学版）2012 年第 1 期。

④ 王利：《典型齐鲁民间体育游戏个案的微观文化解读——以蹴鞠为例》，《群文天地》2012 年第 16 期。

李翠含《民间儿童游戏跳皮筋的游戏仪式与文化表达》[①] 围绕跳皮筋游戏的发生特征，跳皮筋游戏的意识规定，跳皮筋歌谣的文化表达及象征寓意，以及跳皮筋游戏的文化传承等方面展开了深入的研究。

跳皮筋游戏以女孩子为主，有明显的性别倾向，有助于女性气质的培养。跳皮筋游戏可被视为一种仪式，有着严格的仪式规则限制，包括跳皮筋的规则、跳法、花样变换等。跳皮筋一般会伴有歌谣，跳皮筋歌谣作为民间文学的一种，具备一定的隐喻功能，是社会叙事表达的方式。同样，也具备文化表达的功能，既能描绘出儿童纯真的生活世界，也体现歌谣表达的艺术化特色，更有教育感化儿童的价值功能。

邓楠《人类学视野下民间儿童游戏的文化研究——以清水县时家村民间儿童游戏为例》[②] 主要从文化生态环境、文化心理、文化结构和传承保护等方面展开。对甘肃省天水市清水县时家村为中心的民间儿童游戏的分布、类型、特征、现存状况等进行了实地调查分析，共收集和整理民间儿童游戏达 50 多种，并附上描述与图式，进行深入论证。这些民间儿童游戏的特性、结构等与该区域的文化心理、群体心理等内在相融，蕴含着丰富而深邃的文化及教育意蕴。这些儿童游戏的传承对于文化符号的保存、儿童身心发展、大众人格完善等具有重要的功能意义。

吕娟《文化生态学视野下广西博白客家儿童民间游戏研究》[③] 从文化生态学的视角，对广西客家儿童民间游戏进行了系统考察和探讨。吕娟在玉林博白地区搜集整理了大量广西客家儿童民间游戏及玩具，探讨了广西客家儿童民间游戏分布及演变的特点。广西博白儿童民间游戏的文化生态系统在外力的作用下发生了极大的变化，民间游戏在游戏空间、游戏的内容及时间、游戏材料、游戏伙伴、游戏的参与等方面也发生变化，因此对游戏主体、游戏环境、游戏材料也产生影响。在此种情况下，广西客家儿童民间游戏渐渐失去了生存与发展的根基。吕娟认为人们应该尊重儿童的游戏时间、空间，尊重民间游戏的母体文化，辩证地看待儿童民间游戏。在保护与传承方面，吕娟建议把儿童作为传承的主体、把家庭作为传承的基础、把社会作为传承的辅助器、把学校作为传承的主导，四方形成合力，试图找出保护与传承民间游戏的有效途径。

五　民间游戏与网络游戏关系研究

网络游戏是借助互联网信息服务软件来消遣放松、调节身心的活动方式，网络游戏虽是高新科技的产物，但其精神内核却充满人文色彩，它是饱含文学和历史价值的科技产品，是以二进制代码语言讲述的生动而鲜活的文艺性作品。网络游戏的人文内核致其与民间游戏之间存在一些联系的纽带，在 2012 年以来的一些少量学术成果中，可找到关于网络游戏与民间游戏关系的论证。网络游戏与民间游戏的关系大致从两个方向解读：

方向一，民间游戏直接转化为网络游戏，如于振玺、齐江华的论文《地方性网络棋

---

① 李翠含：《民间儿童游戏跳皮筋的游戏仪式与文化表达》，北京体育大学 2013 年硕士学位论文。

② 邓楠：《人类学视野下民间儿童游戏的文化研究——以清水县时家村民间儿童游戏为例》，西北师范大学 2013 年硕士学位论文。

③ 吕娟：《文化生态学视野下广西博白客家儿童民间游戏研究》，广西师范大学 2014 年硕士学位论文。

牌游戏发展前景初探》①及康修机、郑再仙的论文《电子游戏产品中民俗现象的应用》②中指出，地方民间棋牌游戏直接促进了"地方网络游戏对战平台"的构筑，我国各个市县几乎都有各自流行的棋牌类游戏，这些游戏的玩法具有鲜明的地方特征，群众基础十分深厚，有鉴于此，地方的游戏开发商便顺势将本地流行的棋牌游戏制作为网络游戏，通过构建网络对战平台，吸引大批量的游戏拥趸加入其中。此种情形下的网络游戏系直接从民间游戏转化而来，可以说是网络版的民间游戏。再有，就是一些在全国范围内流行的民间棋类游戏，比如象棋、围棋、飞行棋、五子棋、黑白棋等，其网络版本均已见诸各种全国性的游戏网站，像QQ游戏、联众网络游戏等大型网站都设有相关的"游戏大厅进入端口"。

　　方向二，网络游戏吸纳民间游戏丰富的文化内涵，全面提升自己的品质。网络游戏的玩赏价值在于趣味性，而趣味性则源自于历史与现实的生活，游戏必须要体现生活实践，如果纯靠设计者的臆想，难免会落入单调、乏味的"俗套"。网络游戏的设计需要大量借鉴民间文学作品和历史典故。而民间文学作品和历史典故的人物、情节又往往会生动地演绎在民间游戏当中。譬如民间文字类游戏当中的歇后语、灯谜、对联会记叙神话故事的人物、情节以及历史故事里的人物、情节，这些文字往往是网络游戏设计的重要参考。杨利慧在《当代中国电子媒介中的神话主义》③中讲道，网络游戏的情节设置、角色设置、场景设置、道具装备设置要参考神话故事，其实，神话故事的完整内容大多不为社会多数人知晓，游戏设计者无法全面了解神话故事情节的时候，更多的是参考民间文字类游戏的描述来设置游戏。包媛媛的论文《中国神话在电子游戏中的运用与表现——以国产单机游戏"古剑奇谭：琴心剑破今何在"为例》④强调了网络游戏场景中的神话元素拼贴，事实上，在民间游戏场景布置中，神话元素拼贴的情形就屡见不鲜，"拼贴"助益于丰富游戏角色，增强游戏的参与性和趣味性，"拼贴"的手法很自然地被人们从民间游戏领域"平移"到网络游戏领域，拓宽了网络游戏设计者的思维，帮助他们还原出更多地来自记忆深处的并且是憧憬已久的神话角色。此外，民间游戏中的历史典故也给网络游戏的设计添加了不少灵感，万丽、王国平的论文《网络游戏：人类对文化渗透和传播的突破》⑤突出历史典故为网络游戏提供丰富的素材。该文认为，就网络与游戏作为媒介的社会性质而言，网络游戏承载了文化价值的重建与传承、文化理念的表达与改写。众所皆知，历史典故在文字类民间游戏中多有体现，如"三国"歇后语不胜枚举，这些文字游戏大多是对三国故事情节、人物性格最为形象、彻底的描绘，而网络游戏对场景的精致化安排和对人物的细节性刻画，须臾离不开民间文字游戏的辅助。此外，还有一些学者强调民间文学作品内容对网络游戏画面、音频设计的辅助作用。从这个意义上看，网络游戏《水浒杀》就是最典型的例子，《水浒杀》手牌的画面设计一定程度地借鉴了流行多年的民间游戏

　　①　于振玺、齐江华：《地方性网络棋牌游戏发展前景初探》，《电影评介》2013年第11期。

　　②　康修机、郑再仙：《电子游戏产品中民俗现象的应用》，《设计》2014年第10期。

　　③　杨利慧：《当代中国电子媒介中的神话主义》，《云南师范大学学报》（哲学社会科学版）2014年第4期。

　　④　包媛媛：《中国神话在电子游戏中的运用与表现——以国产单机游戏"古剑奇谭：琴心剑破今何在"为例》，《云南师范大学学报》（哲学社会科学版）2014年第4期。

　　⑤　万丽、王国平：《网络游戏：人类对文化渗透和传播的突破》，《求索》2014年第5期。

《水浒牌》的画面设计，此种借鉴有助于网络游戏的相关画面设计在符合文学作品要求基础上，更加活灵活现、栩栩如生。

结　语

总体上讲，2012—2014 年度有关民间游戏的研究议题一直存在于研究者的视野之中，相关研究数量较多，但质量有待提高。研究成果中不仅有丰富翔实的民间游戏案例研究，还有深层次的文化意蕴分析，为中国民间游戏的进一步研究奠定了一定基础。值得一提的是，教育学对民间游戏，特别是儿童民间游戏的价值及开发利用等问题成果较多，这与民间游戏在儿童教育上的特殊功能有紧密关系。但从民俗学、人类学等方面对民间游戏进行深入、系统的文化阐释研究的理论成果还比较少，尤其是民族性和地方性游戏的深度描述和理论阐释较为薄弱。我们应该意识到，民间游戏研究不仅仅是具体民间游戏的搜集和整理，更重要的是探求民间游戏的文化根源，挖掘民间游戏的象征意义，讨论民间游戏的未来走向和可持续发展道路，使民间游戏具有旺盛持久的生命力是我们必须重点关注的。同时，民间游戏在新型城镇化的过程中，经历的传承、转换，乃至消失的现象与民间游戏保护之间的科学性关系应该引起我们足够的重视，我们期待学界对民间游戏予以全面、深入的讨论，期待社会各界人士对民间游戏予以高度关注，保护好这份"记得住乡愁"的传统。

2014 年旅游民俗研究综述

程　鹏[*]

　　旅游作为一种特殊的社会现象，不仅是旅游学研究的对象，也被社会学、人类学、民俗学等学科所关注。民俗因为与旅游有着紧密的联系，所以民俗学在旅游研究方面有着与生俱来的优势和责任。早在 1935 年，中国民俗学家江绍原先生就撰写了《中国古代旅行之研究》，以民俗学的视角对汉以前的旅游环境、旅游心理、旅游风俗及旅游设施、设备等进行了初步研究，这本书也被认为是中国旅游学研究的源头之一。1989 年，何学威更是创新性地提出了建立"旅游民俗学"的倡议。但是整体而言，民俗学对旅游的研究仍然与社会学和人类学等其他学科有很大差距，这种差距不仅表现在研究成果的匮乏和研究人员的缺少上，而且在研究的广度和深度上也深感不足，未能形成系统、科学的理论体系和方法论。

　　虽然在历史上有许多记述游历风俗见闻的著作，但是在现代学科意义上有关民俗与旅游的研究则是在 20 世纪以后。从已经出版或发表的诸多研究成果中可以发现，民俗学对旅游的研究主要有两种取向：一是从东道主或旅游目的地的角度来思考，研究民俗旅游的发展、规律及问题等内容，即研究民俗旅游；二是从游客的角度来思考，揭示旅游活动中的民俗事象及其规律，包括旅游目的地作为旅游资源的民俗事象和在旅游活动中游客所遵循和产生的民俗，即研究旅游民俗。以 2014 年为界，我们可以发现前期的研究几乎都是以民俗旅游为主，而在 2014 年则出现了许多旅游民俗的研究论文，民俗学对旅游的研究取向开始由民俗旅游向旅游民俗转化。在梳理 2014 年的旅游民俗研究之前，我们先对之前的研究做一个回顾。

一　2014 年前旅游民俗的研究

　　对民俗旅游的研究，可以说是伴随着国内大众旅游的发展而逐渐兴盛的，多年来已经积累了不少研究成果，其研究的视角大体可以分为以下几个方面：

（一）发展应用：民俗与旅游的联姻

　　20 世纪 80 年代初，伴随着改革开放的热潮，国内大众旅游开始逐渐兴盛，在名胜古迹与自然风光之外，民俗也成为吸引游客的重要旅游资源，其所隐藏的巨大潜力极大地激发了民俗旅游的开发。因此，这一时期对旅游的研究主要集中在民俗旅游资源的开发等角

　　* 作者系华东师范大学博士研究生。

度，围绕作为旅游资源的民俗文化特征、属性及开发价值等问题展开探讨。

1982 年，莫高就在《浙江民俗》上发表《民俗学与旅游学》，探讨两者的关系，对民俗文化之于旅游的意义进行了研究。之后在《民俗研究》1985 年的试刊号上所发表的《民俗与旅游》，进一步探讨了民俗应用于旅游的方式和方法。1988 年，陆景川的《民俗旅游发展浅探》一文也对开展民俗旅游的意义及方式进行了探讨。作为民俗学研究的重要阵地，《民俗研究》从 20 世纪 80 年代末至 90 年代中后期，关于民俗与旅游的文章可谓不胜枚举，甚至为此开设专栏，足见这一问题的关注度之高。1989 年，何学威更是创新性地提出了"旅游民俗学"的概念，认为其是应用民俗学中功利性极强的一门分支，并且认为也可将它称为"民俗旅游学"。除了建议在全国范围内因地制宜设置几个极富代表性的"民俗旅游村"外，还对旅游民俗学的教育、科研方面提出了设想。但这一提法并没有得到学界的认同，甚至直到现在，民俗学的各大研究刊物上也很少出现旅游民俗学的概念，而是以民俗旅游代之，如陶思炎在其《略论民俗旅游》中就对民俗旅游的概念、特征、类型、开发原则等进行了介绍。

进入 90 年代后，学界对民俗与旅游的关注持续升温，并且研究的问题也有所丰富。像姜文华的《论民俗旅游资源的利用和开发》、张铭远的《大力开发民俗文化旅游业》等文章，除了对民俗文化作为旅游资源开发的价值、形式等进行探讨外，也开始关注民俗旅游开发中需要注意的民俗文化保护等问题。而在研究视角上，同样有所开阔。如陶冶就从宣传的角度提出民俗旅游必须针对旅游者、旅游设施、旅游服务人员三个方面进行有意识的宣传，同时对宣传方式和手段也进行了介绍。而张建新则以旅游心理的视角来谈博物馆中的民俗陈列，从学术性与观赏性、民俗陈列的分类、展示手段三个方面讨论了民俗物品的陈列。还有展舒言对旅游纪念商品与民俗的研究，认为对民俗旅游纪念品的研究，关系民俗学理论研究与科普工作，关系民俗学的田野作业，关系民俗学的成果，关系民俗学科研工作者。另外，山曼对民俗旅游的技术和技术人才问题的探讨也有一些新意。他认为民俗旅游的技术应当包括："当地民俗资源的全面的调查、在全面调查的基础上选择开发的方向提出具体开发方案、对方案进行论证和必要的试验（包括短期的和长期的效益等项目）、设备的搜集建造与布置、旅游过程中各种细小内容的设计、实施过程中的各种技术问题等等。"[1] 并且将旅游业中的技术人才分为高中初三级，指出民俗旅游业中的高级技术人才应具有民俗学理论修养，应具有较高的田野作业的水平。开展民俗旅游，应先对所有从业人员进行民俗方面的业务训练。

与早先研究侧重于从宏观的角度对民俗应用于旅游的研究有所差别，此时也开始注重区域民俗旅游的开发等问题。如李慕寒就对民俗旅游的区域特征及开发前景做了简要的概述，并依据民俗旅游的区域特征把全国划分为：东北地区、内蒙古地区、西北地区、青藏地区、西南地区等少数民族聚居的民族民俗旅游区和汉族聚居的华北、华东、中南、华南等民风民俗旅游区。王荣国则以山东为例，从地理环境入手探讨民俗旅游活动，认为山东的民俗旅游活动具有明显的农耕文化特征和渔业文化特征，而山东民俗的地域差异性使其民俗旅游资源丰富多彩。而吕继祥更是将研究聚焦在更小的区域，对泰山的民俗文化及民俗旅游资源的开发与利用进行了研究。

学界研究的热潮，与时代背景及国家战略有着密切联系。1995 年，国家旅游局在全

---

[1]　山曼：《论民俗旅游的技术和技术人才》，《民俗研究》1990 年第 4 期，第 86 页。

国开展"95中国民俗风情游活动",《民俗研究》在第一期上刊发了一组围绕"民俗与旅游"这一专题撰写的文稿,如刘锡诚的《民俗旅游将成为旅游的主潮之一》、沈受君的《民俗旅游的现状与发展》、宋兆麟的《切勿把民俗庸俗化》、蔡宗德的《发展民俗旅游是中国特色旅游的需求》、罗汉田的《专项旅游必须重视民俗文化》等,这些文章虽不能算作严格意义上的学术论文,但从一个侧面可以反映出民俗旅游研究的热潮。而且这种热潮可以说一直持续到21世纪,期间许多民俗学者如钟敬文、董晓萍、叶涛等都有文章或正面或旁涉到民俗旅游的问题,而且将之作为应用民俗学的一个重要研究领域。如叶涛就从民俗旅游的文化特质和经济特质入手,对民俗旅游的优势进行了分析,认为民俗旅游大有可为,同时强调在民俗旅游开发中要注意宣传策划。而他关于济南和青州两地城市民俗旅游资源开发利用的设想,则是其实践化的思考。

(二)文化变迁:旅游对民俗的影响

如果说早期的研究侧重于从宏观角度对民俗旅游资源进行探讨的话,那么进入21世纪之后,民俗旅游的研究对象更加具体化,像周星对贵州黔东南苗族民俗旅游村的研究、徐赣丽对桂北壮瑶三村的研究都是一个个具体的民俗旅游的社区。而且受旅游社会学和旅游人类学的影响,研究者往往将民俗文化置于旅游发展的场域之中,侧重于考察民俗文化的资源化和民俗文化的变迁等问题。

旅游活动是游客与东道主之间的文化接触过程,早期民俗旅游刚刚起步,对当地民俗文化的影响尚未显露明显,随着时间的推移,各种影响也逐渐显现,引发众多学者的研究。孙天胜就指出由于开发者和旅游者的功利主义,民俗旅游开发"导致民族风情徒具形式,手工艺品艺术价值降低,文化的多样性渐趋丧失"[1]等负面影响。而周星的《旅游产业给少数民族社会带来了什么?》一文则从经济、社会、文化、心理、生态环境等方面分析了旅游产业对旅游目的地的积极影响和消极影响。另外,祝鹏程对京东高碑店村所做的研究,也指出民俗旅游开发既可以促进传统饮食的复兴和发展及民众对日常饮食的文化自觉,"同时,也在一定程度上造成了饮食统一化的趋势,对民众日常饮食产生了负面的干预"[2]。

然而面对强有力的外来文化的冲击,本土文化是否只能逆来顺受,单纯跟随市场的导向,而将自身文化置于万劫不复之地?学者的研究是否定的。周星通过对贵州郎德上寨旅游业发展的研究,发现当地社区在面对外来文化的冲击时并不是被动地接受,当地居民具有变通能力,"通过展示和表演来引导游客的选择,同时兼顾本民族的传统和社区形象。这种文化的展演正是他们积极地应对挑战而促进文化变迁的一种机制,这同时也是在旅游场景下当地社区居民的一种文化创造的机制"[3]。岳坤对泸沽湖畔落水下村的旅游开发情况的研究也表明,当地的摩梭人面对着代表现代文明的旅游冲击,不是被动地接受,而是积极主动的选择性适应。这种态度不仅造就了当地旅游业的蓬勃发展,也为他们传统文化在现代的生存和展示开拓了空间。

---

① 孙天胜:《民俗旅游对民间文化的伤害》,《民间文化论坛》2005年第3期,第96页。

② 祝鹏程:《民俗旅游影响下的传统饮食变迁:前台与后台的视角——以京东高碑店为例》,《民间文化论坛》2013年第6期,第78页。

③ 周星:《旅游场景与民俗文化》,《西北民族研究》2013年第4期,第18页。

传统文化在当代旅游业中如何被开发利用一直是学者关心的问题，然而此前许多人所关注的仅仅是民俗文化资源化所带来的经济效益，而对民俗文化的影响置之不理。徐赣丽通过对广西龙脊地区民俗旅游的研究，指出"民俗旅游村通过旅游开发，引进了市场机制，使民俗的价值被重新调整，传统民俗被赋予新的市场价值而得到突出与强调，民族文化的整体价值被提升"[①]。而她的博士论文《民俗旅游与民族文化变迁——桂北壮瑶三村考察》更是她多年心血的结晶。通过对桂北三个民俗旅游村的民俗传统变迁和文化再造过程的研究，分析其中变迁的形态、特点、方向、程度及影响因素，揭示了旅游开发和民俗旅游村建设的互动关系。在她的研究中，我们可以发现"旅游带来的文化变迁呈现出多方向、多支系、多层面的复杂性"[②]，而这背后的影响因素也是多重复杂的。

（三）民俗主义：旅游中民俗本真性的探讨

民俗主义的概念最早由德国民俗学者汉斯·莫泽提出，他在 1962 年发表于《民俗学杂志》上的《论当代的民俗主义》一文中以当代社会中的民歌与民间艺术表演为例，列举了大量的事实来描述一种十分常见的现象，即用"第二手的"、经过加工处理或者甚至重新发明的所谓"传统风俗"来吸引外地游客，为本地区及其文化做宣传的行为。其目的既有可能是政治上的，但更多的却是商业上的。莫泽把这种现象统称为"民俗主义"。后经赫尔曼·鲍辛格的批判性发展，成为民俗学研究尤其是民俗旅游研究中的一个重要内容。民俗主义的提出不仅可以促进对于民俗在不同发展阶段的变异的研究，而且强调了传统在真实程度上的相对性。

对于民俗主义，中国民俗学早期只是停留在译介阶段，应用其进行研究的并不多，但是对于民俗文化的本真性及伪民俗等问题，却早已有学者进行研究。陈勤建就认为在开发民俗资源时，要拒绝伪民俗。并且提出要普及真正的民俗知识，民俗旅游开发时要有民俗学等学科的专家论证，同时，通过立法手段，设立民俗资源文化保护法，从根本上杜绝伪民俗的流行。

而徐赣丽关于金竹寨民俗旅游歌舞表演的考察，则表明"旅游中的文化表演，是为迎合游客对真实性的追求而制造的理想化意象，是一种依据市场规则和商业化原则来进行的文化生产。民俗旅游的开发重新建构了地方文化和民族文化，从而形成新民俗"[③]。而在另一篇论文中，她通过对民俗旅游表演的主体、内容、情境和目的所做的分析，揭示了舞台展演与现实的差别。指出了民俗旅游的表演化"既兼顾了游客希望在短时间里方便快捷地浏览更多内容、获得审美感受的欲求，又能使当地人的私人生活不因游客的进入而受太多影响"，在一定程度上使当地的民俗文化得到了保护。但旅游表演"脱离了生活中的原来情境，不单冲击了日常生活的节奏，也降低了其文化价值，其固有的凝聚力和认同作用越来越小。而且脱离了现实的表演，不能体现文化的原貌，也会淡化景区的文化特

---

① 徐赣丽：《广西龙脊地区旅游开发中民俗文化的价值化》，《广西民族研究》2005 年第 2 期，第 195 页。

② 徐赣丽：《民俗旅游与民族文化变迁——桂北壮瑶三村考察》，民族出版社 2006 年版，第 253 页。

③ 徐赣丽：《生活与舞台：关于民俗旅游歌舞表演的考察和思考》，《民俗研究》2004 年第 4 期，第 143—147 页。

色，势必会影响旅游的可持续发展。"[1]

张敏、方百寿对旅游工艺品商品化与真实性的探讨，也认为在旅游全球化的大潮中，旅游工艺品或主动或被动的经历了许多变化，"在大规模低质工艺品不断涌现的同时，许多民族工业也得以复兴，出现了许多更具特色的民族艺术品。因此，不能忽视这种商品化浪潮对旅游地居民、工艺品生产者、当地政府的影响，及其对此做出的反应。"[2]

（四）文化政治：民俗旅游的意识形态

在我国，从政治学角度对民俗旅游进行的研究相对较新，成果也相对较少。刘晓春是较早关注于此的学者之一，在其《民俗旅游的文化政治》一文中，他认为"民俗文化旅游由于权力政治与资本的原因而注入了意识形态与商业经济的因素，作为一种具有独特文化意蕴与价值的符号体系，越来越成为空留下承载原有意义的形式外壳。"并且认为，"在全球化背景下，民俗旅游已经成为全球化的一种表征，已经成为发达地区人们寻异猎奇的对象，是满足西方人对中国社会的想象之途径，随着民族国家内部地区间经济文化的差距日益凸显，也已经成为地区间文化想象的符号。"[3] 而在其《民俗旅游的意识形态》一文中，则进一步指出"民俗旅游是全球化背景下权力政治、资本与地方性文化之间共谋的结果，是一种后现代文化现象，服务于民族—国家的现代化建设诉求。民俗旅游的兴盛，既是'本土现代性'的表现，也是文化政治之暴力的一种表述，民俗文化旅游继续着现代性话语对于民间、边缘文化的霸权性质。"[4] 这种将民俗旅游视为现代民族国家话语霸权的观点"似乎显得有些主观，而且忽略了我国多数地方的民俗旅游开发主要是作为一个经济发展战略来看待的现状。"[5] 这其中当然也有缺乏具体研究，不能一概而论的原因。相比之下，周星对贵州朗德苗寨旅游开发的考察，将研究范围聚焦于一个具体的村寨，对其旅游开发背后国家政策因素及意识形态进行了探讨，也为这类研究提供了更为丰富的案例。

除此之外，有的学者在自己的研究中也涉及了国家（官方）权力通过民俗旅游对民间社会的渗透，如岳永逸在对梨区的铁佛寺庙会进行考察后发现，"民俗旅游已经成为官方对民间的一种收编、整合策略，成为官方改造、渗透传统乡村庙会的手段"。[6]

纵观四种研究视角，可谓各有利弊。我们虽已经取得一些研究成果，但与人类学或社会学等其他学科相比仍然有很大差距，而且存在两大问题：一是研究对象上，长期以来民俗学对旅游的研究主要集中于民俗旅游的部分，尤其是对少数民族的民族旅游关注更多，而对其他类型的旅游或旅游的其他方面则很少涉及。其实"从广义上来说，归根结蒂，旅游实际上就是民俗旅游。没有一种旅游行为是能脱离开所到地区或民族的民俗文化

① 徐赣丽：《民俗旅游的表演化倾向及其影响》，《民俗研究》2006 年第 3 期，第 57—65 页。
② 张敏、方百寿：《旅游工艺品商品化与真实性探讨》，《民俗研究》2006 年第 2 期，第 59 页。
③ 刘晓春：《民俗旅游的文化政治》，《民俗研究》2001 年第 4 期，第 6 页。
④ 刘晓春：《民俗旅游的意识形态》，《旅游学刊》2002 年第 1 期，第 73 页。
⑤ 徐赣丽：《民俗旅游与民族文化变迁——桂北壮瑶三村考察》，民族出版社 2006 年版，第 15 页。
⑥ 岳永逸：《传统民间文化与新农村建设——以华北梨区庙会为例》，《社会》2008 年第 6 期，第 185 页。

的。"① 简言之，所有旅游都含有民俗的元素，所有旅游都可以称为民俗旅游。既然如此，我们在研究的时候又何必刻意去强调民俗旅游呢？除了对相关概念的理解存在偏差外，学科的局限和学者思维的狭隘也是一个重要原因。二是研究方法上，借鉴旅游社会学、旅游人类学的理论方法较多，很少甚至没有体现出民俗学的特色。因为"对旅游的研究从一开始就有多学科的特点，而且，在旅游研究领域，学者并不太注重学科边界"②，况且许多学者本身就是拥有两种或多种学科背景的"两栖"或"多栖"学者。但在研究对象和理论方法上独特性的缺乏，使得中国民俗学在旅游研究的道路上始终没有走出一条独特的路，也未能像社会学、人类学那样建立起一门旅游民俗学的分支学科。虽然何学威早已提出旅游民俗学的概念，但一个分支学科能否成立，并不只是一个简单的名称问题，还需要相应理论体系的架构和研究成果的支撑。

二 2014 年旅游民俗的研究

之所以将 2014 年视为有里程碑意义的一年，是因为这一年度的几篇文章在研究视角和理论方法上与以前有着很大区别。民俗旅游遭遇瓶颈，在研究对象和理论方法存在局限的时候，有些学者开始转换思路，回归原点，重新思考民俗学对旅游的研究取向。杨利慧就是这些学者中的典型代表，她通过对中国、德国和美国的三个个案的考察，抽绎出遗产旅游成为成功保护民间文学类非遗途径的"一二三模式"："一"代表一个核心原则，即民间文学的基本情节类型或文类特征应保持不变；"二"表示其他两个要素：一篇导游词底本和若干主题性的旅游吸引物；"三"代表另外三个要素：即一场紧扣该民间文学类非遗的主题演出、社区和专家共同认可的传承人以及公共民俗学家的指导。并且认为该模式各要素的重要性是依次递减的，运用时要注意灵活性③。而她对河北涉县娲皇宫景区导游词底本以及导游个体叙事表演的分析，则详细展示了遗产旅游语境中神话主义的具体表现，并且指出导游也是当代口承神话的重要承载者。其学生杨泽经对娲皇宫的五份导游词进行了历时分析，发现这些导游词经历了从简洁至详细，从表层至深入，从书面至口语，从偏重文本到强调语境的动态变化，但具有很强的内在稳定性。其中蕴含着丰富的女娲神话知识，经不断增补后，底本神话叙事愈加有史料依据，成为神话当代传播与传承的重要媒介④。

这种借旅游来研究神话的取向与江绍原借旅游来研究信仰的路径可谓是异曲同工，都是立足民俗学学科立场所做的思考，其所运用的理论方法也体现了民俗学的专业特色。同时，这种研究取向也对民俗学学科的发展有所助益。正如杨利慧在《民俗研究》2014 年第一期中所主持的那组关于遗产旅游的文章，就"力图以当下如火如荼的'遗产旅游'为窗口，进一步展示并探讨民俗学在研究这一新兴领域时的特点和潜力，切实推进中国民

---

① 刘锡诚：《民俗旅游与旅游民俗》，《民间文化论坛》1995 年第 1 期，第 16 页。
② 宗晓莲：《西方旅游人类学研究述评》，《民族研究》2001 年第 3 期，第 85 页。
③ 杨利慧：《遗产旅游与民间文学类非物质文化遗产保护的"一二三模式"——从中德美三国的个案谈起》，《民间文化论坛》2014 年第 1 期，第 24 页。
④ 杨泽经：《从导游词底本看女娲神话的当代传承——河北涉县娲皇宫五份导游词历时分析》，《长江大学学报》（社会科学版）2014 年第 5 期，第 7 页。

俗学朝向当下的学术转向。"① 几篇文章的研究方法与问题意识都有着鲜明的民俗学取向，也在不同程度上对相关理论发展有所贡献。如安德明通过对广西中越边境地区的旅游类型的概括和分析，探讨了边境旅游如何使"国家"的意识和认同得以具象化和强化。这一独特视角，为深入考察国家在场以及国家意识形成的复杂多样性做出了贡献。而李靖关于云南景洪市傣历新年节旅游化的民族志个案，"注重权力的流动性和对权力利用的创造性，细致考察角色的具体多元性、角色本身的行动话语以及他们之间的互动所上演的'戏剧'，由此对学界流行的、注重对节庆空间的单向权力结构进行分析的做法进行了补充和修正。"② 还有张巧运关于 2008 年汶川地震后由政府主导并迅速兴起的灾难旅游和遗产旅游让羌族浴"难"重生的个案，对于当前中国民俗的保护和利用，也有着重要的启示。另外，威利·斯迈斯的文章③描述了美国民俗学家如何运用专业知识，帮助地方社区开发文化遗产旅游项目，并解决旅游开发过程中所遇到的诸如本真性和地方感、挪用、经济冲击和利益、隐私等问题，对中国公共民俗学的发展有着重要的借鉴意义。

在非物质文化遗产日益受到重视的当下，其作为旅游资源的重要性也得到了诸多肯定，怎样在保护与开发中寻求平衡、怎样对待传承与创新等问题都为学者所关注。徐赣丽在参照国内外相关节日遗产的旅游利用案例的基础上，围绕作为旅游开发对象的节日遗产是否能得到合理的保护、"政府办节"语境下如何进行节日的旅游开发、展演作为文化旅游开发的主要方式在节日遗产旅游中的实际运用等问题进行了讨论和评析④。而赵念念则在明确传统节庆民俗旅游内涵的基础上，深度剖析传统节庆民俗的旅游开发价值和意义，结合传统节庆缺乏文化内涵、宣传不足等现实状况，提出了传统节庆民俗旅游资源创新开发的对策和建议⑤。还有王会战以灵宝市东西常骂社火为例的个案研究，则探讨了其旅游开发与保护互动的路径选择。指出民俗节庆旅游开发作为一种综合的展示和利用方式，非常契合民俗类非物质文化遗产的特点，两者存在互动发展的可能性和必要性，能够在开发和保护之间形成良性的互动循环⑥。这类研究虽然成果丰富，而且理论探讨和个案研究相结合，但正如朱赟、叶新才对此所做的综述，"定性研究远远大于定量研究。同时，实证研究较为缺乏。"⑦

关于民俗旅游资源的开发一直是一个研究的热点，从国家开始民俗旅游开发一直到今日，都可以见到此类文章。作为地方性经济发展的实用之作，它们往往是结合具体地点的个案研究。如韦家瑜就神话传说在广西民俗旅游资源开发利用中的地位、作用、吸引力以

① 杨利慧：《遗产旅游：民俗学的视角与实践》，《民俗研究》2014 年第 1 期，第 19 页。

② 同上。

③ ［美］威廉·斯迈斯：《华盛顿州的文化旅游和非物质文化遗产》，王均霞译，《民俗研究》2014 年第 1 期。

④ 徐赣丽：《体验经济时代的节日遗产旅游：问题与经验》，《青海社会科学》2014 年第 5 期，第 173 页。

⑤ 赵念念：《传统节庆民俗旅游资源的创新开发策略》，《东南大学学报》（哲学社会科学版）2014 年第 2 期。

⑥ 王会战：《民俗节庆旅游开发与非物质文化遗产保护互动模式研究》，《中华文化论坛》2014 年第 9 期。

⑦ 朱赟、叶新才：《非物质文化遗产资源保护与旅游利用研究综述》，《旅游研究》2014 年第 6 期，第 29 页。

及神话传说在广西民俗旅游开发中的应用等问题进行的研究①。另外，她还以漓江流域为例，探讨了旅游图书中民俗记忆对旅游文化的促进作用②。还有曾亚玲、李娌的《萨满文化与吉林省民俗旅游》③，朱晓辉的《贵州民族地区旅游产业发展模式的文化链接》④，朱万春的《基于特色民族文化的贵州文化旅游发展创新区研究》⑤，张曼婕《黔南州民族文化创意旅游产业的发展模式研究》⑥，李红梅、赵军和赵忠超的《基于文化创意视角的历史街区再生策略探讨——以淄博市周村为例》⑦ 等文章，都是立足某一地区，从民俗资源、文化产业等视角对旅游开发所做的探讨。

在民俗旅游开发中，政府、企业、社区等各方的作用和力量也一直是学者所关注的问题。张士闪在其主持研究的《中国民俗文化发展报告：2013》中指出，在民俗旅游新模式的构建中，政府部门需要大力发挥主导作用，架构社会参与的良性运转机制，在符合市场规律的条件下，开展民俗旅游事业。政府的这种主导作用在时少华和宁泽群对北京什刹海旅游社区居民参与的研究中也有所体现，他们认为"当地政府创造旅游参与的制度、环境和服务，以及构建社区内部和谐信任的社会关系成为社区居民参与旅游的必然选择。"⑧ 而同样涉及民俗文化旅游社区参与问题的佟玉权则以永陵镇满族旅游为例，指出"提高民俗文化旅游的社区参与度应增强居民对自身文化的认同感，要充分利用教育培训手段和发挥民间社团组织的作用、提高社区居民参与民俗文化旅游的能力，并通过政策引导和各项机制保障，来达到提高参与效果的目的。"⑨ 无独有偶，秦红增、郭帅旗和杨恬的研究也涉及社区居民的"文化自觉"问题，认为"要提升广西乡村生态旅游文化产业，就要进一步增强农民的文化自觉，不断推进其文化创意的科学实践，形成以'文化农民'为核心的乡村文化自觉与文化创意网络体系。"⑩

对旅游开发中所引起的民俗文化变迁和再生产问题，仍有多位学者有所关注。董林对旅游场域下迪庆藏族锅庄的传承现状进行了考察，指出"面对'旅游化生存'的语境，作为非物质文化遗产的迪庆锅庄是具有自我延续和自我调适能力的，但变化的原则和核心

---

① 韦家瑜：《神话传说在广西民俗旅游开发中的作用及应用》，《旅游论坛》2014 年第 3 期。

② 韦家瑜：《旅游图书中民俗记忆对旅游文化的促进——以漓江流域为例》，《出版广角》2014 年 4 月下。

③ 曾亚玲、李娌：《萨满文化与吉林省民俗旅游》，《满族研究》2014 年第 2 期，第 63 页。

④ 朱晓辉：《贵州民族地区旅游产业发展模式的文化链接》，《贵州民族研究》2014 年第 7 期。

⑤ 朱万春：《基于特色民族文化的贵州文化旅游发展创新区研究》，《贵州民族研究》2014 年第 3 期。

⑥ 张曼婕：《黔南州民族文化创意旅游产业的发展模式研究》，《湖北经济学院学报》（人文社会科学版）2014 年第 2 期。

⑦ 李红梅、赵军、赵忠超：《基于文化创意视角的历史街区再生策略探讨——以淄博市周村为例》，《艺术百家》2014 年第 4 期。

⑧ 时少华、宁泽群：《城市景区社区一体化中居民参与旅游发展的困境、成因与路径选择——以北京什刹海旅游社区为例》，《华侨大学学报》（哲学社会科学版）2014 年第 1 期，第 45 页。

⑨ 佟玉权：《民俗文化旅游的社区参与评价——以永陵镇满族旅游为例》，《大连民族学院学报》2014 年第 6 期，第 608 页。

⑩ 秦红增、郭帅旗、杨恬：《农民的"文化自觉"与广西乡村生态旅游文化产业提升研究》，《广西民族研究》2014 年第 2 期，第 161 页。

仍然是对原生文化精神和内涵的延续。"① 而高婕则对作为民族关键符号的民族服饰在旅游中功能的"突生"与"减抑"两种异化及原因进行了研究②。还有周永广、粟丽娟通过对一名茶僧参与策划径山茶宴全过程的民族志研究，讨论和反思了旅游文化背景下非物质文化遗产的再发明问题，呼吁我们反思非物质文化遗产认证存在的批量化、标准化以及文化多元性等问题③。与文化变迁和再生产密切相关的则是关于文化"真实性"的讨论，虽然真实性在文化旅游中是一个备受争议的问题，但是近年来还是有一些文章对此有所研究，但正如雒珊珊对国内关于文化旅游真实性的研究综述中所指出的，这些文章绝大多数是旅游真实性的应用研究，鲜少有旅游真实性的理论研究。而且大多是定性研究，很少有定量研究。并且大多数也只是将真实性作为开发旅游需要考虑的一大因素，并非全部以此为依据展开旅游产品的研究④。

　　总体说来，虽然 2014 年度关于旅游民俗研究的论文数量并不多，但相比起往年来已经有了很大的进步，而且越来越多的学者开始介入到这一领域的研究当中。尽管在许多研究中我们还可以清晰地看到旅游社会学和旅游人类学的影子，但是民俗学对旅游研究的介入，已经由单纯的民俗旅游向旅游民俗转换，开始探索具有民俗学特色的道路。我们相信这条路会越走越宽，旅游民俗学的学科体系也将越来越完善。

---

　　① 董林：《旅游场域之下的迪庆藏族锅庄传承现状考察》，《民间文化论坛》2014 年第 6 期，第 98 页。

　　② 高婕：《民族关键符号在旅游场域中功能的异化——以民族服饰为例》，《广西民族研究》2014 年第 1 期。

　　③ 周永广、粟丽娟：《文化实践中非物质文化遗产的真实性：径山茶宴的再发明》，《旅游学刊》2014 年第 7 期，第 23 页。

　　④ 雒珊珊：《国内关于文化旅游真实性的研究综述》，《艺术文化交流》2014 年 1 月下。

2014 年少数民族民俗研究综述[*]

金　蕊

在人类文明的历史长河中，由于自然环境、社会环境、生产生活方式和历史文化的不同，不同的地区、不同的民族有着不同的风俗，而且各民族风俗所包括的范围很广，形式多样，内容纷呈。对任何一个民族来说，民俗文化都是该民族集体智慧的结晶和区分"自我"与"他者"的标识，是维系民族生存发展的动力和源泉，在少数民族历史文化发展过程中占有举足轻重的地位。随着现代文明的迅速发展，全球经济一体化的大趋势，导致许多少数民族的民俗文化发生急剧的变化。世界似乎朝着同一种经济模式、同一种物质需求、同一种价值观念发展，人们从某种程度上忽略了不同民族、不同文化、不同宗教、不同习俗、不同生存价值观等的区别。因此，对少数民族民俗研究进行系统梳理具有十分重要的意义。

一　少数民族民俗研究的概念

（一）"民俗"的定义

"民俗"一词作为专门学科术语，是对英文"folklore"的意译。即"folk"（民众、民间）和"lore"（风俗、知识、学问）合成的一个新词，特指民间风俗现象。民间是指广大的中、下层民众；风俗指民众在社会生活中世代传承、相沿成习的生活模式，它是一个社会群体在语言、行为和心理上的集体习惯。

学界认为，民俗有广义和狭义之分。广义的民俗指一个国家或民族中广大民众所创造、享用和传承的生活文化。狭义的民俗主要有四：一是认为民俗是文化遗留物，是一个已发展到较高文化阶段的民族中所残存的原始观念与习俗的遗留物；二是认为民俗是精神文化；三是民俗为民间文学；四是认为民俗为传统文化[①]。

综上所述，民俗就是在人们的日常生活中靠口头和行为传承的文化模式。它涵盖了三个方面的内容，即：1. 民俗存在于人们的日常生活中；2. 民俗是靠口头和行为的方式一代一代传承的；3. 民俗在长期的流传过程中已经形成了相对固定的文化模式，这种模式

---

　　* 本文在写作过程中，得到了新疆大学民俗文化研究中心木开代司·木合塔儿、祖娜尔·买买提的帮助，特此致谢。作者系新疆大学中国语言文学科研流动站博士后、新疆民俗文化研究中心研究人员。

　　① 参见钟敬文主编《民俗学概论》，上海文艺出版社 1998 年版。

制约着人们的思想和行为方式①。

（二）少数民族民俗的概念

少数民族是指多民族国家中人数最多的民族以外的其他民族。在我国指汉族以外的其他民族，如蒙古族、回族、藏族、维吾尔族、哈萨克族、苗族、彝族、壮族、布依族、朝鲜族、满族等民族。中国自古以来就是个统一的多民族国家。新中国成立后，通过识别并经中央政府确认的民族共有 56 个。由于汉族以外的 55 个民族相对汉族人口较少，习惯上被称为"少数民族"②。

少数民族民俗就是少数民族民间的风俗习惯，指各少数民族民众在长期的历史生活过程中所创造、享用并传承的物质生活与精神生活文化，反映少数民族物质文化和精神文化的人文遗迹、遗物和传统知识及其表达。少数民族民俗文化从不同侧面反映了各民族近现代的社会发展、社会生产和社会生活，是研究民族历史，特别是研究少数民族历史的宝贵资料。其中，有些少数民族由于历史的原因，没有本民族的文字或关于本民族历史的文字记载，该民族的历史文化遗物、遗迹、传统知识及其文化表达形式就会成为研究该民族历史发展的唯一可以依据的材料，具有极其重要的意义。

（三）少数民族民俗研究之意

基于以上认识，我们认为少数民族民俗研究特指对少数民族创造的民俗文化进行研究。具体来说，就是对反映在各民族服饰、居住、生产、饮食、婚姻、丧葬、节庆、礼仪等方面的喜好、风气、习尚和禁忌等进行研究；研究还应包括少数民族民间语言和艺术、民族民间工艺美术、民族民间习俗礼仪节庆等诸多方面。少数民族民俗往往以声音、形象和技艺为表现手法，依靠特定民族、特定人的展示而存在。对其研究最大的特点就是不脱离少数民族特殊的生活生产方式，不脱离具体的民族历史和社会环境，研究应是民族个性、民族审美的"活"的显现。

二　2014 年少数民族民俗研究总体情况

近年来，我国综合国力迅猛发展，"文化兴国"的意识逐渐增强。特别是 2005 年 3 月国务院办公厅下发了《关于加强我国非物质文化遗产保护工作的意见》，并在北京召开了"全国非物质文化遗产保护"工作会议，一场声势浩大的"非遗"运动如火如荼地展开。"非遗热"引领着相关学科的研究日益增多，对少数民族民俗研究也逐步重视起来。

关于 2014 年少数民族民俗研究的总体情况，通过检索中国知识资源总库，利用 CNKI，根据关键词在学术期刊网、硕博论文库、学术会议论文集等资源库进行了不同条件和时间的检索，2014 年发表的相关论文共有 431 篇，博士论文 5 篇，优秀硕士论文 12 篇，重要会议论文 18 篇。发表的论文主要涉及以下几个方面：

---

①　陶立璠：《民俗学》，学苑出版社 2007 年版，第 3 页。

②　参见百度百科。（http://www.baike.sogou.com.v102424.html）

（一）物质民俗

由于物质民俗贯穿于人类日常生活的方方面面，与衣食住行、吃穿用度、生产消费息息相关，故而也是最容易被学者所观察和感受到的民俗文化内容。本部分的综述分为"物质生产民俗"与"物质生活民俗"两大核心部分。

1. 物质生产民俗

一些学者延续传统研究的路径，针对少数民族的生产方式及其手工艺制作的生产与技术民俗展开了研究。如夏克尔·赛塔尔的博士论文《维吾尔族民间地毯研究——以和田地毯为例》[1]，以科技田野考古和文献研究视角对新疆维吾尔族地毯，尤其是和田地毯进行实证研究，对这一非物质文化遗产作出系统、翔实的记录和研究。

王永亮、张锐的《新疆维吾尔族民间工艺地方特色研究》[2]，阐述了由于受到地域、气候和周边文化的影响，维吾尔族有选择地汲取东西方不同文化的营养，逐渐形成了自己的民族风俗，新疆维吾尔族民间工艺地方特色鲜明、呈现方式独特。研究通过对维吾尔族各地民间工艺不同特色的成因分析，挖掘其民间工艺的传承价值。

张亮的《"生意人"的抉择：三亚回族的内发型发展策略》[3]，通过考察三亚回族当下经济社会发展历程，认为在近年来市场经济高速发展的外部条件下，基于传统生活生计方式和文化传统，其已建构符合自身发展需求的内发型发展模式。正是在生活实践与市场经济的一来一往、互进互退的过程中，作为生意人的三亚回族发展策略得以在不同的社会情境中万变不离其宗。

王占华的《藏族茶叶的功能演变、需求扩张及其启示》[4]，通过研究茶叶的功能演变和藏族茶叶需求的形成，发现茶叶已逐步融入藏族的文化模式中，成为藏族文化模式的部分，藏族对茶叶的需求不再仅仅是一种生理需求，更是一种文化需求，且探寻茶叶在藏族文化产业中的意义与价值。

陈军军、支国伟的《沧源佤族旅游工艺品开发中存在的问题》[5]指出，云南沧源佤族旅游工艺品在开发中缺乏地方文化内涵与民族特色，缺乏艺术品位、设计制作粗糙、质量差、品种少、层次不丰富、包装差，缺乏品牌支持。究其原因主要是由于当地政府在旅游产业上强调旅游景区的开发建设与资金投入，忽视民族旅游工艺品的开发研究与资金投入，当地企业在民族旅游工艺品的开发上注重模仿与粗加工，忽视其文化内涵的挖掘与研究；生产上缺乏现代技术与创新，致使其内涵、实用与艺术性等方面的脱节。

2. 物质生活民俗

物质生活民俗最初是以满足生理需要为目的，如以巢穴房屋满足抵御风雨侵袭，防御野兽伤害的需要；以服饰满足遮身蔽体、防寒保暖的需要；以饮食满足维持生活的需要。

① 夏克尔·赛塔尔：《维吾尔族民间地毯研究——以和田地毯为例》，东华大学 2014 年博士学位论文。

② 王永亮、张锐：《新疆维吾尔族民间工艺地方特色研究》，《贵州民族研究》2014 年第 4 期。

③ 张亮：《"生意人"的抉择：三亚回族的内发型发展策略》，《广西民族大学学报》（哲学社会科学版）2014 年第 5 期。

④ 王占华：《藏族茶叶的功能演变、需求扩张及其启示》，《贵州民族研究》2014 年第 12 期。

⑤ 陈军军、支国伟：《沧源佤族旅游工艺品开发中存在的问题》，《旅游纵览》2014 年第 11 期。

由于衣食住行是人类日常生活最基本的要素，从研究成果的数量上而言，这方面自然成为物质民俗领域成果最多的部分。

居住民俗就是指一个国家、民族或地域的广大民众在居住活动中所创造、享用和传承的属于本群体的独特的民俗习惯模式。如居所新建时的一系列仪式、居所内部物品的摆设、家庭成员住房的分配以及住房之间的相互协调，等等。如贾艳、闫飞的《论新疆哈萨克族毡房的人居文化观》① 指出，新疆哈萨克族毡房的建筑形制作为地域性人居文化的产物，是哈萨克族民俗文化和艺术美学的积淀，其淳朴的建筑构造和图形纹样的设计理念，融入了游牧民族质朴的生态观念和务实的生活态度。研究以毡房建筑艺术构造及装饰为切入点，从建筑、人文、美学三个方面解析哈萨克族毡房建筑艺术中独特的文化价值。

罗意的《"游牧—定居"连续统：一种游牧社会变迁的人类学研究范式》②，首先探讨游牧社会变迁的三个阶段及人类学对此的研究，然后分析"游牧—定居"连续统的研究范式，并揭示该范式的价值及其对国内相关研究的启示。

周传斌、马文奎的《回族砖雕中凤凰图案的宗教意蕴——基于临夏市伊斯兰教拱北建筑的象征人类学解读》③ 指出，"凤凰"是汉文化传统中的祥瑞之鸟，在伊斯兰教苏非文学当中，也有一种具有宗教意蕴的神鸟"西摩革"（Simurgh），二者在来源与象征意义上有相似之处。在国家非物质文化遗产甘肃临夏砖雕当中，凤凰图案频繁出现，并成为伊斯兰教拱北建筑中的一种砖雕主题。这种现象是伊斯兰教在中国"地方化"（localization）的表现，是回族苏非门宦创造性运用汉文化资源的一个案例。进一步证明伊斯兰教同任何其他宗教一样，具有丰富多彩的地方化样式。

张全生、申艳冬的《从喀什维吾尔民居柱廊部位装饰元素来探讨地域居住文化现象》④，以喀什维吾尔民居柱廊部位装饰元素为视角，探讨民居装饰特征中体现出的地域民居文化现象。

唐莉霞的《哈萨克族摇床及其人类学解读》⑤，是对哈萨克族摇床以人类学的解读，不仅研究哈萨克族摇床的形制、功能、工艺、装饰等"外显"元素，更挖掘其丰富的文化意涵：哈萨克族的摇床科学而美观，既是生活用品又是饱含温暖的手工艺品，是哈萨克族教育下一代，向他们传播本民族历史、文化的载体，还是关于哈萨克族家庭和亲属关系的历史记忆，更是族群记忆和自我延伸的象征。

张引的《海南黎族民居"船型屋"结构特征》⑥，以图文并茂的形式带领我们了解黎族传统民居的艺术特征与形式。研究以实地调查为基础，阐释其结构特点以及饱满、优美的线条轮廓，质朴的地域性材质，精巧、细致的搭建工艺等方面的结构特征。

---

① 贾艳、闫飞：《论新疆哈萨克族毡房的人居文化观》，《学术论坛》2014 年第 9 期。

② 罗意：《"游牧—定居"连续统：一种游牧社会变迁的人类学研究范式》，《青海民族研究》2014 年第 1 期。

③ 周传斌、马文奎：《回族砖雕中凤凰图案的宗教意蕴——基于临夏市伊斯兰教拱北建筑的象征人类学解读》，《北方民族大学学报》（哲学社会科学版）2014 年第 3 期。

④ 张全生、申艳冬：《从喀什维吾尔民居柱廊部位装饰元素来探讨地域居住文化现象》，《西南民族大学学报》（人文社会科学版）2014 年第 2 期。

⑤ 唐莉霞：《哈萨克族摇床及其人类学解读》，《贵州民族研究》2014 年第 12 期。

⑥ 张引：《海南黎族民居"船型屋"结构特征》，《装饰》2014 年第 11 期。

和这种为求安居目的相联系的，是服饰及其民俗的形成。服饰是人类特有的文化现象。作为物质文化，它是人类物质生产的产物；作为精神文化，它又是人们政治、宗教、哲学、伦理、审美等观念的结晶。服饰民俗是一个地区生活风尚的表征，服、饰结合的民俗，既指衣饰，也含穿着者的行为和文化习惯。如热娜·买买提的《论维吾尔族传统首饰文化变迁》①指出，维吾尔族首饰文化作为中国服饰文化的重要载体，在社会发展过程中孕育了别具一格的地域特点和民族风格。

黄德珍的《从黎族传统服饰的演化看汉文化的影响》②，通过对黎族传统服饰历史的考察和对比，印证黎族服饰在发展和演化过程中，借鉴汉族服饰之长的历史事实。以此揭示黎汉两族人民在交往和交流的过程中，汉族服饰文化对黎族服饰的发展所起的推动作用。

董林的《"根"的延续：云南少数民族身体装饰中的历史记忆与族性认同》③，考察了我国西南部云南的 25 个不同的少数民族在此处交融与变迁，逐渐形成了自身独特身体装饰方式和文化审美观念。从艺术人类学的视角入手，实现从注重艺术本体到关注文化内涵的转变，即从身体装饰中的"技艺"层面至族群"记忆"层面展开剖析。主要通过"原色"、文身（面）、服饰纹样以及图腾配饰四个要素展开论述，以期能够对云南少数民族由身体装饰所呈现出的历史记忆和族性认同问题进行人类学解读。

李荣静的《布依族服饰文化研究——以贵州威宁新发布依族乡布依族服饰为例》④，从布依族内部服饰来看，威宁布依族的服饰可谓丰富多彩，相较于大部分地区独特、古老得多，颇具研究价值，纵使经历几千年的历史变迁，却能延续并保存此独特的穿着，对于一个民族而言，其不易是可想而知的。

民以食为天，饮食在人们生活中占有十分重要的地位。它不仅能满足人们的生理需要，而且也因其具有丰富的文化内涵，在一定程度上满足了人们精神层面的需求，从而形成丰富多彩的饮食文化。有的学者从"舌尖上的民俗"入手，探寻少数民族饮食民俗。如肖芒的《回族茶点文化变迁研究——以苏杭为例》⑤指出，隋唐至元代，从海上丝绸之路到东南沿海一带落籍的阿拉伯人，经过与华夏各族通婚生育后形成回族，他们保持着诸多阿拉伯人的生产、生活方式，既擅长经商，又擅长制作各种具有阿拉伯风味的食品，他们以清真寺为中心形成了自己的社区，"面点、蜜饯、茶水"构成的"回族茶点"及清真美吃遍布街区，满足了各地商人对用餐速度和口味的要求。干净、快捷、可口、精致的清真点心配上伊拉克蜜枣为代表的各类果脯和茶水，成了商人谈生意时的"甜蜜"佐餐和市民消遣休闲时喜爱的美食。新中国成立前，"回族茶点"在广州、杭州、南京、泉州、扬州、镇江、常州等沿海城市已成为商贾绅士相聚和市民生活必不可少的"佐餐"。然而，随着社会变迁，"回族茶点"文化削减严重，发掘、研究并传承"回族茶点"文化，

①　热娜·买买提：《论维吾尔族传统首饰文化变迁》，《贵州民族研究》2014 年第 9 期。

②　黄德珍：《从黎族传统服饰的演化看汉文化的影响》，《青海民族研究》2014 年第 3 期。

③　董林：《"根"的延续：云南少数民族身体装饰中的历史记忆与族性认同》，《艺术生活——福州大学厦门工艺美术学院学报》2014 年第 3 期。

④　李荣静：《布依族服饰文化研究——以贵州威宁新发布依族乡布依族服饰为例》，《金田》2014 年第 12 期。

⑤　肖芒：《回族茶点文化变迁研究——以苏杭为例》，《青海民族研究》2014 年第 3 期。

对于丰富我国民族餐饮文化、休闲文化和茶文化，提高人们的生活品质有着重要而现实的意义。

（二）社会民俗

社会民俗，是民俗学的一大分类，它所包含的内容十分广泛。任何习俗在塑造个人行为方面所起的作用远胜于个人可能影响传统习俗做出的任何努力，个人生活史的主轴是对社会遗留下来的传统模式准则的顺应。每个人的一生，都面临着既有民俗对他的塑造，如婚礼是人生礼仪中的一大礼，历来都受到个人、家庭、社会及广大学者的高度重视，2014年少数民族婚俗研究也不例外。如何生海、孙傲的《阿拉善左旗族际通婚研究》[1]，以阿拉善左旗三年的族际通婚数据为依据，研究族际通婚者个体特点及其社会特点，揭示当地社会变迁、人口流动和族际心理等重要内容，对完善我国婚姻制度具有重要意义。

杨筑慧的《侗族通婚圈的历史变迁——以贵州榕江车寨为例》[2] 指出，20 世纪 80 年代以前的车寨通婚圈，呈现出内卷化的结构性态势，"同类婚"占绝大多数，其通婚范围既不与"市场圈"同构，亦不与"祭祀圈"完全重合，表现出与自给自足经济密切勾连的特点，如相对的封闭性、稳定性。之后，出于理性生存的需要，原有的通婚对象的选择范围被打破。

王大钊的《传统与现代的嫁接——土族传统婚俗的现实价值观探讨》[3] 一文剖析了影响土族婚俗价值观的因素，充分肯定土族婚俗中积极的价值取向，摒弃消极的因素，并在传统婚俗的"老根"上嫁接现代社会主义核心价值观的"新枝"，具有重要的现实意义和长远的发展意义。

陈文祥、马秀萍的《新疆东乡族婚姻文化变迁探析——关于霍城县老城村的田野考察》[4]，根据对霍城县老城村的调查显示，随着外在环境的改变、社会经济的发展，迁移到新疆的东乡族在其传统的教派门宦内婚、宗族外婚、早婚、包办婚、近亲婚等婚姻习惯方面发生了巨大变迁；同时，随着他们同其他民族交往的增多，族际通婚现象也渐趋普遍，并对其文化特质、族际关系产生了深刻影响。

另有冯浩楠的《新疆少数民族族际通婚的调查与研究》[5]，马向阳、虎有泽的《"抹黑"：村落传统婚礼仪式中的结构与反结构——以西和县张杨村为例》[6]，杨娅的《纳西族婚姻研究综述》[7] 等。

丧葬仪礼，是人生最后一项"通过仪礼"，也是最后一项"脱离仪式"，故学者对少

---

① 何生海、孙傲：《阿拉善左旗族际通婚研究》，《西北师大学报》（社会科学版）2014 年第 3 期。

② 杨筑慧：《侗族通婚圈的历史变迁——以贵州榕江车寨为例》，《中央民族大学学报》（哲学社会科学版）2014 年第 1 期。

③ 王大钊：《传统与现代的嫁接——土族传统婚俗的现实价值观探讨》，《青海民族研究》2014 年第 3 期。

④ 陈文祥、马秀萍：《新疆东乡族婚姻文化变迁探析——关于霍城县老城村的田野考察》，《青海民族大学学报》（社会科学版）2014 年第 4 期。

⑤ 冯浩楠：《新疆少数民族族际通婚的调查与研究》，《边疆经济与文化》2014 年第 10 期。

⑥ 马向阳、虎有泽：《"抹黑"：村落传统婚礼仪式中的结构与反结构——以西和县张杨村为例》，《西北民族大学学报》（哲学社会科学版）2014 年第 4 期。

⑦ 杨娅：《纳西族婚姻研究综述》，《普洱学院学报》2014 年第 4 期。

数民族丧葬习俗进行了一系列的调查研究，如蒙富成的硕士学位论文《布依族传统葬俗——砍牛桩仪式研究》①指出，布依族传统葬俗——砍牛桩仪式是布依族民众为死者进行灵魂超度仪式，是一个较为原始的、传统的、完整的超度仪式体系。研究通过参与观察，以民族志的形式呈现，阐释其文化意义及功能，增进族群间的深入了解，促进民族团结。

叶远飘的《藏区水葬习俗的饮食人类学解读——基于金沙江河谷的田野调查》②，通过对金沙江河谷两个田野点的调查，对藏区高原牧民与河谷农民对水葬截然相反的态度进行跨文化比较研究，指出高原牧区轻视水葬和河谷农区流行水葬的原因，认为此两种截然不同的态度从根本上说与宗教信仰无关，而是基于当地群众的生产与饮食发展起来后切合了某种宗教的教义，提出开辟藏族丧葬研究新路径的设想。

叶远飘的《论古羌人从"背骨"到"挂骨"的丧葬演变——基于云南省德钦县羊拉乡的调查》③，依据云南省德钦县羊拉乡的田野调查材料，从生计模式与宗教信仰两个角度对该地一项古老的挂骨葬习俗进行研究，通过描述当地藏族灵魂观念的历史演变，可以看出云南藏区的挂骨习俗可以追溯到古羌人的背骨习俗，它是萨满信仰的灵魂观念传入土地稀缺的农业社会并与藏传佛教信仰的灵魂观念互动的结果，体现出复合信仰的强大张力及其对民众生活逻辑的影响力。

和春云等的《东巴跳源于纳西族丧葬舞蹈的田野调查》④，对纳西族东巴跳及丧葬舞蹈进行了多次田野调查，并运用体育人类学动作分析法进行实证研究，表明纳西族丧葬舞蹈动作的文化符号特征是"连臂一体"及动物模仿，为氐羌系民族迁徙历史传统中保留的特殊身体文化积淀。在图腾生殖崇拜影响下，纳西先民从"连臂一体"的丧葬舞蹈中解放出双手，产生了可精细化的个体动物模仿巫术。祖灵和神灵崇拜出现和发展，促使纳西族丧葬舞蹈演变为东巴跳。

蓝希瑜的《浙江景宁畲族"做老者"仪式探微》⑤，对浙江景宁畲族丧礼中的最后一道仪式"做老者"仪式进行了深入分析，揭示人们对祖源地的想象以及"做老者"为亡魂指路，再现了民族迁徙的历史与记忆，共同构塑着这一地方畲族群体，同时对阿诺尔德·范热内普的过渡礼仪理论做了一些回应和补充。

还有的学者对少数民族节庆与仪式做了调查研究，如黄洁的《被记忆的传统：桂北侗寨的送火仪式与灾难叙事》⑥，以桂北侗民年终的送火仪式为中心，结合火灾的记忆、口述与仪式所在的社会文化空间，理解侗族民间灾难认知及其在他们生活世界中的意义。重点在于理解当地人灾难记忆的表征、自发应对灾难的方式及这些方式与他们的记忆和传统的关系。

---

① 蒙富成：《布依族传统葬俗——砍牛桩仪式研究》，中南大学 2014 年硕士学位论文。

② 叶远飘：《藏区水葬习俗的饮食人类学解读——基于金沙江河谷的田野调查》，《广西民族研究》2014 年第 2 期。

③ 叶远飘：《论古羌人从"背骨"到"挂骨"的丧葬演变——基于云南省德钦县羊拉乡的调查》，《西南边疆民族研究》2014 年第 1 期。

④ 和春云：《东巴跳源于纳西族丧葬舞蹈的田野调查》，《体育学刊》2014 年第 1 期。

⑤ 蓝希瑜：《浙江景宁畲族"做老者"仪式探微》，《民族研究》2014 年第 4 期。

⑥ 黄洁：《被记忆的传统：桂北侗寨的送火仪式与灾难叙事》，《民间文化论坛》2014 年第 2 期。

李姝睿的《村落仪式的象征意义研究——人类学视野中的纳家措哇》[①] 指出，土族村落纳家措哇，地处城镇附近，较完整地保留着乡村的生活习俗；同时受汉、藏文化熏陶，藏传佛教、道教和民间信仰在这里共生共存，具有信仰多元、文化多元的特征。民间信仰仪式作为一种文化符号，随着时代的变化，保留了历史传承，体现了文化的变迁。

李相兴的《滇西白族传统温泉治疗仪式与变迁》[②] 说明了，滇西白族传统温泉治疗，是通过一套完整的治疗仪式体现的。它是一种以治疗仪式为主轴，家庭自导性治疗与集体聚会式治疗相结合的疾病治疗体系，有着丰富而独特的文化内涵，在滇西白族传统医疗体系中具有重要地位，是滇西白族传统医疗文化的缩影。随着时代的发展，这种传统治疗方式也出现了新的变化。

金蕊的《在认同、调适与建构中传承——从新疆昌吉二六工村回族肉孜节看民俗功能》[③]，在对新疆昌吉地区二六工村的回族及其周边穆斯林各族群体节日期间频繁互动的细微观察和研究后发现，这个节日的当今中国实践为我们提供了社会转型期，回族民众如何通过这一节日的民间调适增进族内认同和凝聚力，调整其社区内"社会节奏"、实现情感宣泄，进而提高自身境界的实证案例，为新疆地区各族群和谐共处所发挥的积极作用，令我们得到新的启示。

（三）精神民俗

与物质民俗、社会民俗不同，精神民俗是一种无形的心理文化现象，特指民众间流行的偏重于崇拜心理观念的俗信。学者对这种心意民俗进行了较为充分的调查、研究，如朱炳祥、徐嘉鸿的《"信魅"、"祛魅"与"归魅"——基于白族村民宗教观念变迁的研究》[④]，通过大理周城两个具有一定典型性的白族村民 DSS 和 YZY 宗教观念的民族志描述与分析，认为在当代的现实生活中，宗教并没有随着科学的发展、经济理性主义的高涨而消失，白族基层民众的宗教观念深层存在着一种"信魅"与"祛魅"互融并存状态，以及"信魅—祛魅"或"祛魅—归魅"的变迁过程。

邹春生的《"隐约的祖先"：从民间信仰看客家的族群来源——以赣南寒信村"水府老爷"信仰为例》[⑤]，从赣南一个客家村落的"水府老爷"信仰入手，通过对神灵信仰的来源、信仰习俗，以及村落宗族关系的分析，认为"客家"的族群来源中，很可能还包含了为以往学者所忽略的"蜑民"。

戴嘉艳的《达斡尔族敖包信仰和祭祀习俗的文化内涵与变迁特点探析》[⑥] 指出，达斡

---

① 李姝睿：《村落仪式的象征意义研究——人类学视野中的纳家措哇》，《青海民族研究》2014 年第 1 期。

② 李相兴：《滇西白族传统温泉治疗仪式与变迁》，《民族研究》2014 年第 5 期。

③ 金蕊：《在认同、调适与建构中传承——从新疆昌吉二六工村回族肉孜节看民俗功能》，《宁夏社会科学》2014 年第 6 期。

④ 朱炳祥、徐嘉鸿：《"信魅"、"祛魅"与"归魅"——基于白族村民宗教观念变迁的研究》，《中南民族大学学报》（人文社会科学版）2014 年第 5 期。

⑤ 邹春生：《"隐约的祖先"：从民间信仰看客家的族群来源——以赣南寒信村"水府老爷"信仰为例》，《民俗研究》2014 年第 6 期。

⑥ 戴嘉艳：《达斡尔族敖包信仰和祭祀习俗的文化内涵与变迁特点探析》，《原生态民族文化学刊》2014 年第 4 期。

尔族的敖包信仰和祭祀习俗本质上属于前萨满教文化形态，是基于自然崇拜的信仰意识而形成的。通过对其文化内涵和变迁特点的探讨分析，体会敖包文化在千百年来的世代传承中所折射出的人与自然之间的精神与情感联系，同时也认识到其民俗形态变迁背后的相关社会与环境动因。据此认为，现实条件和环境因素应通过自身的不断改善和优化来赋予这一传统文化形态以当下的价值和功能，从而使其在当今更好地为民众的生活和社会发展带来秩序与意义。

叶好的《佤族火神崇拜的内容及其文化内涵》[①] 指出，火神是佤族万物有灵观念中崇拜的一种神灵。在家庭中表现为将火塘神圣化，而在集体的宗教祭祀活动中则以"取新火"和"送鬼火"的仪式来表现，体现了佤族纪念祖先"摩擦取火"的伟大发明，辞旧迎新、驱邪禳灾和传授防火知识等文化内涵。

李斯颖的《侗台语民族的蛙类崇拜及其"神话—仪式"现象解析》[②]，描述了侗台语民族的蛙类崇拜表现突出，在壮族蚂节、侗族三王庙、仫佬族蚂狮舞、傣—泰民族芒飞节等节日、场所及神话中都有所展现。蛙类节日仪式与神话关联密切，存在共生的关系，但二者又具有独立发展的张力。侗台语族群的蛙崇拜应为早期岭西"瓯"部落信仰的遗存。

另有陈庆德、此里品初的《藏传佛教寺院的供养结构——云南德钦噶丹·羊八景林寺的个案分析》[③]，张泽洪的《茶马古道的松潘回族与伊斯兰教》[④]，朱薇、李敏杰的《传教士陶然士及其羌族研究》[⑤]，马成俊、马伟的《嘎地林耶、文泉堂与撒拉族——一个西北伊斯兰神秘主义教团的田野调查》[⑥]，褚建芳的《个人与社会——云南省芒市傣族村寨的生活伦理、仪式实践与社会结构》[⑦] 等。

（四）语言民俗及其他

口承语言民俗又称"民间口头文学"，是民俗学研究的一个十分重要的领域。从2014年诸学者的研究来看，少数民族口承语言民俗的研究成果较为丰硕。如李默的《海南民间故事中世居黎族英雄形象分析》[⑧]，阐述了海南世居民间故事中流传着许多优美的英雄故事，其中的英雄人物有神性英雄人物、传奇英雄人物和常人英雄人物。人们可通过分析不同性质特征的黎族英雄，来探究黎族的民族价值观与民族追求；探究不同时期、不同类型的英雄故事中所传递出来的民族精神追求的共性及其个性。

---

① 叶好：《佤族火神崇拜的内容及其文化内涵》，《科技视界》2014 年第 29 期。

② 李斯颖：《侗台语民族的蛙类崇拜及其"神话—仪式"现象解析》，《创新》2014 年第 6 期。

③ 陈庆德、此里品初：《藏传佛教寺院的供养结构——云南德钦噶丹·羊八景林寺的个案分析》，《民族研究》2014 年第 3 期。

④ 张泽洪：《茶马古道的松潘回族与伊斯兰教》，《北方民族大学学报》（哲学社会科学版）2014 年第 1 期。

⑤ 朱薇、李敏杰：《传教士陶然士及其羌族研究》，《贵州民族研究》2013 年第 6 期。

⑥ 马成俊、马伟：《嘎地林耶、文泉堂与撒拉族——一个西北伊斯兰神秘主义教团的田野调查》，《北方民族大学学报》（哲学社会科学版）2014 年第 3 期。

⑦ 褚建芳：《个人与社会——云南省芒市傣族村寨的生活伦理、仪式实践与社会结构》，《中南民族大学学报》（人文社会科学版）2014 年第 1 期。

⑧ 李默：《海南民间故事中世居黎族英雄形象分析》，《大众文艺》2014 年第 18 期。

王平的《赫哲族民间故事中的宝物研究》[①]，在普洛普理论的基础上，以赫哲族民间故事中的宝物型故事为研究对象，归纳出宝物的四种类型，并对宝物这一中介物的赠予及获得过程做了详细剖析。宝物具有驱敌、祛病复活以及惩恶扬善的功能，这三种特异功能体现了赫哲族民间叙事所传达的文化特征和精神力量。对宝物与萨满神具之间的关系阐释，也为考察和观照赫哲族传统文化提供了一个窗口。

刘淑珍的《浅谈宝物折射出的地域文明——以中国满通古斯语族诸民族民间宝物故事为例》[②]认为，幻想与现实的有机结合是民间文学创作的一个普遍规律，也是民间幻想故事的一个首要特点。中国满—通古斯语族诸民族民间故事中的宝物作为现实与幻想的统一体，其现实的物质形态充分反映了满—通古斯语族诸民族世居之地山高林密、河流遍布、植被丰厚、物种丰富的自然环境特点及其以渔猎为主，兼事采集和农耕的生产生活方式；其幻想的神奇功能则体现了满—通古斯语族诸民族万物有灵的原始萨满教信仰习俗，寄予了他们的物质生活希望和理想道德愿望。

张联秀的《京族民间动物故事研究》[③]指出，在京族民间文学中，动物故事是丰富多彩的。这些动物故事不仅解释了动物的生活习性和特征，而且反映了京族的世态人情，旨在探寻京族动物故事中所蕴含的民族文化与海洋韵味，挖掘动物故事的艺术特色。

王淑英、高凤的《略论哈尼族迁徙史诗中的外族女婿形象及其程式化特征》[④]认为，外族女婿是哈尼族迁徙史诗中比较突出的一个文学形象，他们在不同的异文版本中反复出现，并出现在相似的情节中，具有高度的程式化特征；且分析了这一形象三个层次的程式化特点，试图挖掘其背后蕴含的丰富的民族文化与心理内涵。

阿布力米提·买买提的《民间谚语及其文化内涵——以维吾尔族民间谚语为例》[⑤]，主要从民俗文化角度论述维吾尔民间谚语所反映的民俗文化现象，其内容涉及维吾尔族日常生活的各个领域，反映维吾尔族的思想信仰和精神素质，通过简洁通俗的语言表达深邃的思想内涵。

沈德康的《羌族"毒药猫"故事的文本与情境》[⑥]指出，"毒药猫"故事是羌族民间故事中极具特色的一类故事，可分为去情境化、再情境化与情境重合三种，故事共享着从对立到反转再到统一的模式化情节，其中包含着传统羌族社会两性对立、巫觋过渡的历史本相，也反映了村寨内外对立统一的社群关系。

另有屈永仙的《傣族创世史诗的特点与传承》[⑦]，李玟兵的《傈僳族民间文学的生态

---

① 王平：《赫哲族民间故事中的宝物研究》，《名作欣赏》2014 年第 26 期。

② 刘淑珍：《浅谈宝物折射出的地域文明——以中国满通古斯语族诸民族民间宝物故事为例》，《延边大学学报》（社会科学版）2014 年第 3 期。

③ 张联秀：《京族民间动物故事研究》，《重庆三峡学院学报》2015 年第 1 期。

④ 王淑英、高凤：《略论哈尼族迁徙史诗中的外族女婿形象及其程式化特征》，《西北民族研究》2014 年第 4 期。

⑤ 阿布力米提·买买提：《民间谚语及其文化内涵——以维吾尔族民间谚语为例》，《西北民族研究》2014 年第 4 期。

⑥ 沈德康：《羌族"毒药猫"故事的文本与情境》，《民族文学研究》2014 年第 5 期。

⑦ 屈永仙：《傣族创世史诗的特点与传承》，《民间文化论坛》2014 年第 6 期。

审美之维》①，孙子呷呷的《凉山彝族民间叙事诗〈妈妈的女儿〉口传程式解读》②，于凤华的《满族民间文学的挖掘与保护价值》③，杨文笔的《回族神话中"龙神"形象的文化解析》④，何丽娟的《回族民间叙事诗〈紫花儿〉结构模式探析》⑤ 等。

然而，在民俗学研究中将民间文学作为民俗学的一部分，很重要的原因，是强调民间文学在创作和流传上的口头性、集体性和变异性特征。故我们不能忽视少数民族日常生活中的民间音乐舞蹈、民间游戏竞技、民间工艺等民间游艺民俗的展现。有些学者针对民间音乐舞蹈进行研究，如王美英、沙马日体的《凉山彝族"哭嫁歌"传承与保护研究》⑥，在对凉山彝族"哭嫁歌"丰富内涵进行梳理剖析的基础上，将赋予历史记忆、角色期待、身份认同、伦理价值等和谐因子的凉山彝族"哭嫁歌"纳入非物质文化资源传承保护研究视野下给予关照，力图使这一独特的地方性文化在延续和固化凉山彝族优秀传统文化，创造族群价值观和道德观等方面起到积极的推动作用，以期更好地构建现代婚姻自由观念，促进社会和谐进步。

杨宇娟的《侗族大歌的传承和发展探究》⑦ 指出，侗族大歌的内容与形式不仅与侗族的社会发展、社会习俗和人们的审美意识有关，与当地的自然环境也有密切的关系，这是侗族文化的传承与发展的承载体。无论从功能方面还是作用方面，侗族大歌都是流行音乐代替不了的，所以保护和传承侗族大歌对西部民族文化的发展意义重大。

袁艳的《60年来凉山彝族民歌研究综述》⑧ 认为，四川凉山彝族民歌在种类、形式以及风格特点等方面与云南、贵州、广西的彝族相比，有着源同流异或者神似貌异，甚至迥然不同的地方色彩，显示出它固有的质朴风貌和独特个性。新中国成立以来彝族民歌研究成果颇为丰硕，取得了较大进展，但也存在若干问题。就其进行全面梳理总结，对认识彝族民歌的整体面貌和研究现状有重要意义。

许春林、毛栋的《藏戏艺术的平民文化特征研究》⑨ 指出，藏戏是产生于藏区，由藏族人自己创造的唯一剧种，是中华民族传统戏剧艺术的重要组成部分。研究通过对甘孜地区藏族地方戏组织表演形式以及艺术特征的考察，主要从参与人员、舞台艺术和文化传承与诉求三个方面着重梳理藏戏这一传统地方戏剧的平民文化特征。

---

① 李玖兵：《傈僳族民间文学的生态审美之维》，《学术探索》2014年第11期。

② 孙子呷呷：《凉山彝族民间叙事诗〈妈妈的女儿〉口传程式解读》，《贵州民族研究》2014年第3期。

③ 于凤华：《满族民间文学的挖掘与保护价值》，《满族研究》2014年第1期。

④ 杨文笔：《回族神话中"龙神"形象的文化解析》，《中央民族大学学报》（哲学社会科学版）2014年第5期。

⑤ 何丽娟：《回族民间叙事诗〈紫花儿〉结构模式探析》，《北方民族大学学报》（哲学社会科学版）2014年第4期。

⑥ 王美英、沙马日体：《凉山彝族"哭嫁歌"传承与保护研究》，《西南民族大学学报》（人文社会科学版）2014年第5期。

⑦ 杨宇娟：《侗族大歌的传承和发展探究》，《贵州民族研究》2014年第12期。

⑧ 袁艳：《60年来凉山彝族民歌研究综述》，《北方民族大学学报》（哲学社会科学版）2014年第4期。

⑨ 许春林、毛栋：《藏戏艺术的平民文化特征研究》，《贵州民族研究》2014年第11期。

欧阳岚的《传说在历史现场中的记忆与失忆——以桑植白族仗鼓舞起源传说为例》①，以历史记忆为切入点，通过对收集到的桑植白族仗鼓舞起源传说进行梳理、比对，发现无论社会环境发生怎样的变迁，对于围绕仗鼓舞所产生的民俗事象，其历史记忆是具有连续性的，而关于仗鼓舞起源的历史记忆由时间的远端向近端推移的过程中在传说文本里呈现出衰减现象，仗鼓舞起源传说最终在现代文本里失忆。

尉薇的《浅谈东北民歌之赫哲族民歌特点》②，先从民歌的基本定义入手，然后引向论文的主要部分赫哲族民歌，通过对赫哲族民歌代表作品《乌苏里船歌》进行分析论证，总结出赫哲族民歌特点。

另有刘媛、袁仁钢的《安顺普定马官屯堡花灯音乐的流变及创新》③，赵翔宇的《传统的发明与文化的重建——土家族摆手舞传承研究》④，曹娅丽的《"格萨尔"戏剧演述的诗学特质研究》⑤，朱晓红的《独龙族剽牛舞的历史起源与其他民族舞蹈的共异分析》⑥，宋颖的《景颇族的文化记忆探析——以目瑙纵歌为例》⑦ 等。

有的学者对民间竞技、游戏习俗进行研究，如王晓虎、饶远的《红河州哈尼族传统体育的文化人类学阐释》⑧，采用文献资料调研、田野调查及逻辑分析等方法，对红河州哈尼族传统体育的文化生态环境进行了文化人类学阐释。指出在哈尼族先民的迁徙、自然环境、原始宗教、民族庆典、生产生活及社会制度构成的文化生态环境中造就了哈尼族勇武、雄健、彪悍、勤劳、朴实、聪慧的民族性情，孕育出丰富多样的、具有鲜明梯田稻作文化与山地水文化特征的哈尼族体育文化，在现代文化多样性发展的进程中具有重要的文化价值及意义。

战文腾、张颖的《从〈格萨尔〉史诗看藏族传统体育》⑨，从《格萨尔》史诗入手，运用理论阐述和案例分析相结合，分析了藏族传统体育的生成背景，源于恶劣的生存环境、原始藏族部落之间的战争、头领的产生方式以及原始藏族的作战训练方式等，并从《格萨尔》中分析射箭、赛跑、赛马等体育项目，对研究藏族传统体育文化的起源、发展等问题具有重大的参考价值。

曹正学的《从传统秋千的演进看哈尼族体育文化的变迁》⑩，通过对哈尼族传统秋千演进过程的调研，研究分析哈尼族传统体育文化的思想，进而在一定程度上反映不同历史

① 欧阳岚：《传说在历史现场中的记忆与失忆——以桑植白族仗鼓舞起源传说为例》，《贵州民族研究》2014 年第 12 期。

② 尉薇：《浅谈东北民歌之赫哲族民歌特点》，《科技风》2014 年第 20 期。

③ 刘媛、袁仁钢：《安顺普定马官屯堡花灯音乐的流变及创新》，《贵州民族研究》2014 年第 4 期。

④ 赵翔宇：《传统的发明与文化的重建——土家族摆手舞传承研究》，《贵州民族研究》2014 年第 4 期。

⑤ 曹娅丽：《"格萨尔"戏剧演述的诗学特质研究》，《青海民族大学学报》（社会科学版）2014 年第 3 期。

⑥ 朱晓红：《独龙族剽牛舞的历史起源与其他民族舞蹈的共异分析》，《当代体育科技》2014 年第 29 期。

⑦ 宋颖：《景颇族的文化记忆探析——以目瑙纵歌为例》，《原生态民族文化学刊》2014 年第 4 期。

⑧ 王晓虎、饶远：《红河州哈尼族传统体育的文化人类学阐释》，《红河学院学报》2014 年第 1 期。

⑨ 战文腾、张颖：《从〈格萨尔〉史诗看藏族传统体育》，《贵州民族研究》2014 年第 3 期。

⑩ 曹正学：《从传统秋千的演进看哈尼族体育文化的变迁》，《价值工程》2014 年第 3 期。

时期哈尼族的社会发展情况。研究这一传统体育项目流变过程并在其渐变的现实中寻找哈尼族社会前进的文化动因，这对促进和保护哈尼族传统体育项目，丰富哈尼族的精神文化生活具有非常重要的历史和现实意义。

张长念、王占坤、唐闻捷的《少数民族传统体育的文化象征与社会功能探究——以仡佬族舞毛龙为例》①，从社会学的角度审视石阡县仡佬族舞毛龙这一民族传统体育活动。运用文献分析法、田野调查法和逻辑分析法对石阡县仡佬族舞毛龙的历史渊源、毛龙制作工艺、表演方法、文化象征及社会功能进行了深入分析。研究认为，舞毛龙这项民族体育活动蕴涵着图腾崇拜、民间宗教和民族融合等文化元素，其社会功能主要包括体现民族审美、文化传承、社会控制等。

马志勇的《达斡尔族民间体育游戏形式及特点研究》②，通过对达斡尔族民间体育游戏的起源与发展、流传形式以及运动特点的研究，对挖掘达斡尔族民间体育文化遗产以及传承与发展东乡族民族传统体育具有重要意义。

另有吴彤的《回族传统体育文化特征与功能探究》③，宋智梁等的《关于达斡尔族传统体育保护传承的创新思考》④ 等。

（五）非物质文化遗产的保护与研究

在一系列鼓乐盛装的热闹之下，在众口一词的"非遗热"进行时中，民俗学学者亦对非物质文化遗产抱以极大关注。如朱艳彬的《黑龙江省达斡尔族、鄂温克族、鄂伦春族非物质文化遗产传承的探讨》⑤，以齐齐哈尔市、黑河市为例，论述了三个少数民族非物质文化遗产在黑龙江省的传承与发展状况并对其保护与传承措施建言献策。

吴培安的《对侗族大歌申遗后保护工作的思考》⑥，对侗族大歌申遗后的保护状况与效果进行分析，梳理了侗族大歌保护中存在的主要问题，概述了侗族大歌的文化主体性在侗族大歌文化传承中的功能和作用，并对民族文化保护中的有效途径进行探讨。

秦文的《贵州布依族枫香染制作技术传承与影响因素研究》⑦，选择惠水县雅水镇布依族枫香染作为调查对象，通过对布依族枫香染的调查，探讨布依族枫香染的制作技艺及其传承与保护。

范欣的《传承有道 事在人为——试析非物质文化遗产羌族刺绣的保护对策》⑧，通过对非物质文化遗产羌族刺绣的保护、开发和利用的调研，强调致力于非物质文化遗产的保护应该遵循"活态性保护"的原则，最好的保护办法即是进行羌绣衍生产品的开发和利

---

①　张长念、王占坤、唐闻捷：《少数民族传统体育的文化象征与社会功能探究——以仡佬族舞毛龙为例》，《南京体育学院学报》（社会科学版）2014 年第 5 期。

②　马志勇：《达斡尔族民间体育游戏形式及特点研究》，《搏击》（体育论坛）2014 年第 6 期。

③　吴彤：《回族传统体育文化特征与功能探究》，《回族研究》2014 年第 1 期。

④　宋智梁：《关于达斡尔族传统体育保护传承的创新思考》，《黑龙江民族丛刊》2013 年第 6 期。

⑤　朱艳彬：《黑龙江省达斡尔族、鄂温克族、鄂伦春族非物质文化遗产传承的探讨》，《才智》2014 年第 31 期。

⑥　吴培安：《对侗族大歌申遗后保护工作的思考》，《贵州民族研究》2014 年第 8 期。

⑦　秦文：《贵州布依族枫香染制作技术传承与影响因素研究》，西南大学 2014 年硕士学位论文。

⑧　范欣：《传承有道 事在人为——试析非物质文化遗产羌族刺绣的保护对策》，《美术大观》2014 年第 9 期。

用，通过走创意化和时尚化的路子，多渠道做好羌绣的保护和利用工作。

万雪玉的《基于田野的柯尔克孜族传统女红技艺》①，基于高山游牧畜牧业的柯尔克孜传统女红技艺源远流长。在市场经济与社会转型的大背景下，产品的非商品性正在发生变化，审美观和价值观也和外界发生了密切的互动，但是，其承载的传统文化的精华及全民性并没有根本变化。

肖锟、马诚的《新疆锡伯族刺绣文化的历史继承及前景探析》②，在对新疆锡伯族刺绣的文化内涵、艺术特征和发展现状进行分析的基础上，多角度地阐述了多元融合和现代工业化生产方式给传统刺绣的生产与发展所带来的机遇和困惑，从而对其传承发展和亟待解决的问题提出见解。

另有杨军昌的《侗族非物质文化遗产的社会功能与传承保护》③，陈平的《保护·传承·创新——基于转型期黎平侗族传统文化的研究》④，黄冰漫的《贵州苗族"飞歌"的传承及保护研究》⑤，王纪的《驯鹿鄂温克、鄂伦春、赫哲族剪纸传承技艺及其内涵》⑥，谢姿媚的《文化生态视野下毛南族民歌的保护与传承》⑦ 等。

纵观这些研究成果，有如下特点：关于可观可感的民俗事象的研究，尤其是具有表演性质的民俗文化的关注居多，涉及少数民族民间用语、民族心理等内容的研究较少，而少数民族民俗文化的教育传承研究更是少之又少。此外，我们利用京东网、当当网、亚马逊网的图书出版和介绍，将出版时间界定在"2014 年"，查询到涉及少数民族民俗研究的专著189 部，研究的具体内容主要包括以下几个方面：

一是概述少数民族民俗文化的，如丁世良、赵放主编的《中国地方志民俗资料汇编（全十册）》⑧，瞿明安、何明主编《中国西部民族文化通志》⑨ 的古籍卷、文学卷、服饰卷、旅游卷、科技卷、贸易卷，"中央民族大学民俗学书系"林继富编《中国民俗传承与社会文化发展》⑩，王晶主编《新疆世居民族民俗文化概览》⑪，余未人的《民间游历——贵阳的少数民族》⑫，覃德清的《南岭瑶族的民俗与文化》⑬，李长友的《〔土家族〕田家

① 万雪玉：《基于田野的柯尔克孜族传统女红技艺》，《新疆大学学报》（哲学·人文社会科学版）2014 年第 5 期。
② 肖锟、马诚：《新疆锡伯族刺绣文化的历史继承及前景探析》，《新疆社会科学》2014 年第 6 期。
③ 杨军昌：《侗族非物质文化遗产的社会功能与传承保护》，《中南民族大学学报》（人文社会科学版）2014 年第 2 期。
④ 陈平：《保护·传承·创新——基于转型期黎平侗族传统文化的研究》，东华大学 2014 年硕士学位论文。
⑤ 黄冰漫：《贵州苗族"飞歌"的传承及保护研究》，《贵州民族研究》2014 年第 9 期。
⑥ 王纪：《驯鹿鄂温克、鄂伦春、赫哲族剪纸传承技艺及其内涵》，《通化师范学院学报》2014 年第 11 期。
⑦ 谢姿媚：《文化生态视野下毛南族民歌的保护与传承》，《大舞台》2014 年第 12 期。
⑧ 丁世良、赵放主编：《中国地方志民俗资料汇编（全十册）》，国家图书馆出版社 2014 年版。
⑨ 瞿明安、何明主编：《中国西部民族文化通志》，云南人民出版社 2014 年版。
⑩ 林继富编：《中国民俗传承与社会文化发展》，中央民族大学出版社 2014 年版。
⑪ 王晶主编：《新疆世居民族民俗文化概览》，民族出版社 2014 年版。
⑫ 余未人：《民间游历——贵阳的少数民族》，贵州人民出版社 2014 年版。
⑬ 覃德清：《南岭瑶族的民俗与文化》，广西师范大学出版社 2014 年版。

洞村调查》①，张春敏、刘永佶的《［满族］安达石村调查》②，"中国少数民族传播研究系列"汤景泰的《白山黑水：满族传播研究》③，操竹霞的《皖江城市带回族文化涵化研究》④，马平著、孙璐译《回族的风俗习惯（阿文版）》⑤ 等。

二是对少数民族精神文化给予关注的，如贾天明的《中国香学》⑥，李文海编《民国时期社会历史调查：宗教民俗卷》⑦（两编），［美］武雅士著，彭泽安、邵铁峰译《中国社会中的宗教与仪式》⑧，卢成仁的《"道中生活"：怒江傈僳人的日常生活与信仰研究》⑨，张振伟的《傣族三村的宗教生活——嵌入与个人信仰》⑩，刘黎明的《灰暗的想象：中国古代民间社会巫术信仰研究》（两册）⑪，黄正建的《敦煌占卜文书与唐五代占卜研究》（增订版）⑫，刘晓明的《中国符咒文化研究》⑬，孟慧英的《论原始信仰与萨满文化》⑭，于洋等的《满族石姓龙年办谱与祭祀活动考察》⑮，吴凤玲的《萨米人萨满文化变迁研究》⑯，吴嵘的《贵州侗族民间信仰调查研究》⑰，宋小飞的《萨满教美术的艺术民俗学解析》⑱，董波的《官方与民间：蒙古族敖包祭祀仪式音声的研究》⑲，"黎族研究大系丛书"唐玲玲、周伟民的《"凡俗"与"神圣"：海南黎峒习俗考略》⑳ 等。

三是对少数民族社会民俗中岁时节日、人生仪礼及社会性别的调查研究，如"中国节庆文化丛书"廖明君、杨丹妮的《壮族蚂拐节》㉑，张跃、王勤美的《彝族赛装节》㉒，岳小国的《生命观视阈中的藏族丧葬文化研究》㉓，罗连祥的《贵州苗族礼仪文化研

① 李长友：《［土家族］田家洞村调查》，中经文通图书有限责任公司 2014 年版。
② 张春敏、刘永佶：《［满族］安达石村调查》，中国经济出版社 2014 年版。
③ 汤景泰：《白山黑水：满族传播研究》，复旦大学出版社 2014 年版。
④ 操竹霞：《皖江城市带回族文化涵化研究》，世界图书出版公司 2014 年版。
⑤ 马平：《回族的风俗习惯（阿文版）》，孙璐译，宁夏人民出版社 2014 年版。
⑥ 贾天明：《中国香学》，中华书局 2014 年版。
⑦ 李文海编：《民国时期社会历史调查：宗教民俗卷》，福建教育出版社 2014 年版。
⑧ ［美］武雅士：《中国社会中的宗教与仪式》，彭泽安、邵铁峰译，江苏人民出版社 2014 年版。
⑨ 卢成仁：《"道中生活"：怒江傈僳人的日常生活与信仰研究》，人民出版社 2014 年版。
⑩ 张振伟：《傣族三村的宗教生活——嵌入与个人信仰》，知识产权出版社 2014 年版。
⑪ 刘黎明：《灰暗的想象：中国古代民间社会巫术信仰研究》（两册），巴蜀书社 2014 年版。
⑫ 黄正建：《敦煌占卜文书与唐五代占卜研究》（增订版），中国社会科学出版社 2014 年版。
⑬ 刘晓明：《中国符咒文化研究》，中央编译出版社 2014 年版。
⑭ 孟慧英：《论原始信仰与萨满文化》，中国社会科学出版社 2014 年版。
⑮ 于洋：《满族石姓龙年办谱与祭祀活动考察》，社会科学文献出版社 2014 年版。
⑯ 吴凤玲：《萨米人萨满文化变迁研究》，社会科学文献出版社 2014 年版。
⑰ 吴嵘：《贵州侗族民间信仰调查研究》，人民出版社 2014 年版。
⑱ 宋小飞：《萨满教美术的艺术民俗学解析》，社会科学文献出版社 2014 年版。
⑲ 董波：《官方与民间：蒙古族敖包祭祀仪式音声的研究》，上海音乐学院出版社 2014 年版。
⑳ 唐玲玲、周伟民：《"凡俗"与"神圣"：海南黎峒习俗考略》，上海大学出版社 2014 年版。
㉑ 廖明君、杨丹妮：《壮族蚂拐节》，安徽人民出版社 2014 年版。
㉒ 张跃、王勤美：《彝族赛装节》，安徽人民出版社 2014 年版。
㉓ 岳小国：《生命观视阈中的藏族丧葬文化研究》，世界图书出版公司 2014 年版。

究》①，吕瑞荣的《神人和融的仪式——毛南族肥套的生态观照》②，高法成的《孝与养的失衡——一个贵州侗族村寨的养老秩序》③，杨华的《回族民俗文化与社会性别研究》④，陈丽琴的《多学科视野下的壮族女性民俗文化研究》⑤ 等。

四是对少数民族民间文艺展开调查研究的，如顾颉刚的《孟姜女故事研究及其他》⑥；曲杰·南喀诺布著，向红茄、才让太译的《苯教与西藏神话的起源——"仲""德乌"和"苯"》⑦；杨树喆、海力波主编《多民族文学与民俗文化研究》⑧；户晓辉的《民间文学的自由叙事》⑨；王宪昭的《中国神话母题 W 编目》⑩；"中国少数民族非物质文化遗产研究系列"吴刚的《汉族题材少数民族叙事诗译注：达斡尔族 锡伯族 满族卷》⑪；郎樱、玉素音阿吉·阿散阿勒翻译，依斯哈别克·别先别克整理的《玛纳斯：艾什玛特·曼别特居素普演唱本》⑫；托汗·依萨克、阿地里·居玛吐尔地的《〈玛纳斯〉演唱大师——居素普·玛玛依》⑬；诺布旺丹的《艺人、文本和语境——文化批评视野下的格萨尔史诗传统》⑭；吕慧敏的《生生不息的车轱辘菜——东北二人转在乡土社会中的传承》⑮；余未人主编的《〈亚鲁王〉文论集》Ⅱ⑯；康琼的《中国神话的生态伦理审视》⑰；"多民族文学研究系列·文学人类学博士文丛"梁昭的《表述刘三姐·壮族歌仙传说的变迁与建构》⑱；叶永胜的《中国现代神话诗学研究》⑲；曾静的《云南少数民族史诗歌谣中女性形象的认

---

① 罗连祥：《贵州苗族礼仪文化研究》，中国书籍出版社 2014 年版。

② 吕瑞荣：《神人和融的仪式——毛南族肥套的生态观照》，中国社会科学出版社 2014 年版。

③ 高法成：《孝与养的失衡——一个贵州侗族村寨的养老秩序》，华中科技大学出版社 2014 年版。

④ 杨华：《回族民俗文化与社会性别研究》，中央民族大学出版社 2014 年版。

⑤ 陈丽琴：《多学科视野下的壮族女性民俗文化研究》，民族出版社 2014 年版。

⑥ 顾颉刚：《孟姜女故事研究及其他》，商务印书馆 2014 年版。

⑦ 曲杰·南喀诺布：《苯教与西藏神话的起源——"仲""德乌"和"苯"》，向红茄、才让太译，中国藏学出版社 2014 年版。

⑧ 杨树喆、海力波主编：《多民族文学与民俗文化研究》，中国社会科学出版社 2014 年版。

⑨ 户晓辉：《民间文学的自由叙事》，社会科学文献出版社 2014 年版。

⑩ 王宪昭：《中国神话母题 W 编目》，中国社会科学出版社 2004 年版。

⑪ 吴刚：《汉族题材少数民族叙事诗译注：达斡尔族 锡伯族 满族卷》，中央民族大学出版社 2014 年版。

⑫ 依斯哈别克·别先别克：《玛纳斯：艾什玛特·曼别特居素普演唱本》，郎樱、玉素音阿吉·阿散阿勒翻译，新疆人民出版社 2014 年版。

⑬ 托汗·依萨克、阿地里·居玛吐尔地：《〈玛纳斯〉演唱大师——居素普·玛玛依》，吉尔吉斯斯坦比什凯克出版社 2014 年版。

⑭ 诺布旺丹：《艺人、文本和语境——文化批评视野下的格萨尔史诗传统》，青海人民出版社 2014 年版。

⑮ 吕慧敏：《生生不息的车轱辘菜——东北二人转在乡土社会中的传承》，社会科学文献出版社 2014 年版。

⑯ 余未人主编：《〈亚鲁王〉文论集》Ⅱ，中国文史出版社 2014 年版。

⑰ 康琼：《中国神话的生态伦理审视》，北京师范大学出版社 2014 年版。

⑱ 梁昭：《表述刘三姐·壮族歌仙传说的变迁与建构》，民族出版社 2014 年版。

⑲ 叶永胜：《中国现代神话诗学研究》，合肥工业大学出版社 2014 年版。

同构建》①；王娟编《中国古代歌谣整理与研究》②；华锦木、刘宏宇的《维吾尔语谚语与文化研究》③；刘秋芝的《西北回族口头文学研究》④；李树江著、马福德编《回族传说故事（阿文版）》⑤；"中国苗族英雄传奇系列民间故事集"刘宇仁的《盘老大偷天火》⑥；王建华的《白族民间长诗研究》⑦；"蒙古族英雄系列"尹湛纳希的《青史演义故事》⑧ 等都是对少数民族民间文学的研究。此外姚宝瑄编的"中国各民族神话丛书"⑨ 共十六本，三百余万字。其中十五本《中国各民族神话》，一本《华夏神话简谭》，内容包括总序、分序以及华夏五十六个民族的神话故事。据悉，《中国各民族神话》的撰写历时二十五年，为学界提供了珍贵的研究资料，填补了学界此类研究整理的空白，迈出了民族文化研究历程中的坚实一步；丛书通过总结各民族神话传说的共性规律，为读者再现了华夏各民族千百年来割舍不断的血缘亲情。在"中国各民族神话"系列丛书的编写过程中，民俗领域泰斗级大师钟敬文、袁珂等人应邀为丛书顾问，为丛书保驾护航，使它更具学术意义。

而毕研洁、周亮的《维吾尔民间舞蹈麦西来甫》⑩，阿布都外力·克热木的《维吾尔族民间达斯坦》⑪《维吾尔族民间口承达斯坦研究》⑫，哈斯巴特尔的《蒙古族村落及其音乐生活——鄂尔多斯都嘎敖包嘎查音》⑬，钟小勇、李彦霖的《阿昌族传统民族民间音乐文化通论》⑭，"滇西学术文丛"李学更的《普米族民族艺术研究》⑮，李云清的《大理白族民族传统体育文化研究》⑯，"中国仪式音乐研究丛书"杨民康编《瑶族传统仪式音乐论文集》⑰，邓光华的《贵州土家族傩仪式音乐研究》⑱，颜健生译《瑶族民歌选译——向全世界展示瑶族民歌的原生态风貌》⑲，杨春念的《侗族单声歌》⑳ 则是对少数民族民间

① 曾静：《云南少数民族史诗歌谣中女性形象的认同构建》，中国社会科学出版社 2014 年版。

② 王娟编：《中国古代歌谣整理与研究》，高等教育出版社 2014 年版。

③ 华锦木、刘宏宇：《维吾尔语谚语与文化研究》，北京大学出版社 2014 年版。

④ 刘秋芝：《西北回族口头文学研究》，中国社会科学出版社 2014 年版。

⑤ 李树江著、马福德编：《回族传说故事（阿文版）》，宁夏人民出版社 2014 年版。

⑥ 刘宇仁：《盘老大偷天火》，民族出版社 2014 年版。

⑦ 王建华：《白族民间长诗研究》，云南大学出版社 2014 年版。

⑧ 尹湛纳希：《青史演义故事》，内蒙古人民出版社 2014 年版。

⑨ 姚宝瑄编：《中国各民族神话》《华夏神话简谭》，书海出版社 2014 年版。

⑩ 毕研洁、周亮：《维吾尔民间舞蹈麦西来甫》，社会科学文献出版社 2014 年版。

⑪ 阿布都外力·克热木：《维吾尔族民间达斯坦》，光明日报出版社 2014 年版。

⑫ 阿布都外力·克热木：《维吾尔族民间口承达斯坦研究》，中国社会科学出版社 2014 年版。

⑬ 哈斯巴特尔：《蒙古族村落及其音乐生活——鄂尔多斯都嘎敖包嘎查音》，中国社会科学出版社 2014 年版。

⑭ 钟小勇、李彦霖：《阿昌族传统民族民间音乐文化通论》，中国文史出版社 2014 年版。

⑮ 李学更：《普米族民族艺术研究》，云南大学出版社 2014 年版。

⑯ 李云清：《大理白族民族传统体育文化研究》，吉林大学出版社 2014 年版。

⑰ 杨民康编：《瑶族传统仪式音乐论文集》，文化艺术出版社 2014 年版。

⑱ 邓光华：《贵州土家族傩仪式音乐研究》，文化艺术出版社 2014 年版。

⑲ 颜健生译：《瑶族民歌选译——向全世界展示瑶族民歌的原生态风貌》，华中科技大学出版社 2014 年版。

⑳ 杨春念：《侗族单声歌》，贵州人民出版社 2014 年版。

音乐舞蹈的调查研究。

五是对少数民族非物质文化遗产的介绍与研究，如《中国的非物质文化遗产》编写组编的《中国的非物质文化遗产》（上下两册）①，徐凤的《甘肃非物质文化遗产概论》②，钟廷雄主编《国家级少数民族非物质文化遗产集解》③，施强的《中国彝族非物质文化遗产概论》④ 等。以及相关系列丛书，"中国民间口头与非物质文化遗产推介丛书"史军超主编《文明的圣树——哈尼梯田》，刘亚虎的《天籁之音——侗族大歌》，张文阁的《新疆土陶艺术》，杨亮才、赵寅松的《和谐的社会——中国白族本主文化》，周吉的《木卡姆》，李云、周泉根的《藏戏》，"广西国家级非物质文化遗产系列丛书"钟新建的《瑶族蝴蝶歌》⑤ 等。

六是对少数民族村落民俗志的书写及文化变迁的研究，如"中央民族大学民俗学书系"林继富的《酉水流域土家族民俗志》⑥，林继富、覃金福的《民族 村落 家庭：酉水流域土家年研究》⑦，刘明的《迁徙与适应：帕米尔高原塔吉克族民族志》⑧，唐钱华的《宗教民俗学与生存实践——凉山彝族阿都村落的民族志研究》⑨ 等村落民俗志的出版。以及僧格、塔娜编《德都蒙古民俗与文化变迁研究论集》⑩，文化的《蒙古语族民族文化变迁与构建和谐社会研究》⑪，黄丽的《湖南维吾尔族的社会变迁与文化调适》⑫，周建新的《文化守持与变迁：广西桂林临桂区回族村落调研》⑬，罗连祥的《台江苗族礼仪文化及其变迁研究》⑭，郎维伟等的《嘉戎藏族农业社会变迁：大渡河上游沈村农民权利享有的人类学考察》⑮，"生态人类学丛书"陕锦风的《青藏高原的草原生态与游牧文化——一个藏族牧业乡的个案研究》⑯，安成浩的《族群社会发展与变迁——朝鲜族社会调查研

---

① 《中国的非物质文化遗产》编写组编：《中国的非物质文化遗产》（上下两册），北京语言大学出版社 2014 年版。

② 徐凤：《甘肃非物质文化遗产概论》，甘肃人民出版社 2014 年版。

③ 钟廷雄主编：《国家级少数民族非物质文化遗产集解》，中央民族大学出版社 2014 年版。

④ 施强：《中国彝族非物质文化遗产概论》，民族出版社 2014 年版。

⑤ 钟新建：《瑶族蝴蝶歌》，北京科学技术出版社 2014 年版。

⑥ 林继富：《酉水流域土家族民俗志》，民族出版社 2014 年版。

⑦ 林继富、覃金福：《民族 村落 家庭：酉水流域土家年研究》，民族出版社 2014 年版。

⑧ 刘明：《迁徙与适应：帕米尔高原塔吉克族民族志》，社会科学文献出版社 2014 年版。

⑨ 唐钱华：《宗教民俗学与生存实践——凉山彝族阿都村落的民族志研究》，宗教文化出版社 2014 年版。

⑩ 僧格、塔娜编：《德都蒙古民俗与文化变迁研究论集》，民族出版社 2014 年版。

⑪ 文化：《蒙古语族民族文化变迁与构建和谐社会研究》，社会科学文献出版社 2014 年版。

⑫ 黄丽：《湖南维吾尔族的社会变迁与文化调适》，世界图书出版公司 2014 年版。

⑬ 周建新：《文化守持与变迁：广西桂林临桂区回族村落调研》，民族出版社 2014 年版。

⑭ 罗连祥：《台江苗族礼仪文化及其变迁研究》，九州出版社 2014 年版。

⑮ 郎维伟：《嘉戎藏族农业社会变迁：大渡河上游沈村农民权利享有的人类学考察》，民族出版社 2014 年版。

⑯ 陕锦风：《青藏高原的草原生态与游牧文化——一个藏族牧业乡的个案研究》，中国社会科学出版社 2014 年版。

究》①，钟鸣、张恒的《走进山哈民族——畲族文化研究》②，施强、谭振华的《族群迁徙与文化传承——浙江畲族迁徙文化研究》③，郝国强、郭亮的《小村大美——广西仫佬族文化变迁图像》④，戴嘉艳的《生存智慧与文化选择——达斡尔族农业民俗及其生态文化特征研究》⑤，滕绍箴、苏都尔·董瑛的《达斡尔族文化研究》⑥ 等一批研究少数民族民俗文化变迁的专著。

此外还有郝苏民、马忠才主编的"人类学·民俗学来自生活一线的田野报告"⑦，包括《庙会：传承新态》《工艺：巧艺时遇》《乡俗：变与不变》《社火：老俗新欢》《口头传统：时代机遇》《回坊：共时随俗》均为民俗学专业的硕士研究生在做学位论文时深入田野一线，获得翔实的地方性民俗资料，对乡俗活动的民间展演、社会功能等进行深描，并借鉴文化功能主义理论、符号互动理论等对乡俗的文化内涵及其承载的俗民心理等深层次内容进行剖析的硕士学位论文结集。乌丙安的《乌丙安民俗研究文集》⑧，选取我国著名民俗学家乌丙安先生在民俗研究，特别是民俗学理论研究上具有里程碑意义的代表著作，在原有专著的基础上加入最新研究成果而成。该套丛书包括《中国民间信仰》《萨满信仰研究》《民俗学原理》《中国民俗学》《民俗遗产评论》《民间口头传承》《民俗学丛话》《民俗文化综论》等。

三　展望与思考

纵观以上少数民族民俗研究的论文和著作，可以说，2014 年少数民族民俗的研究成果颇为丰硕，特点有三：一是学者人数众多，论文、著作层出不穷；二是研究视野既在民间文化方面，又侧重于解决现实问题；三是涉及面深且广，少数民族的政治、经济、文化、教育、社会、宗教、民俗、民族关系等均有涉猎，其研究范围大大拓宽。然而，该领域的研究仍然存在些许问题，有待民俗学者们进一步充实和解决。

其一，有关少数民族民俗文化的历史文献资料尚有许多未被开发利用，而已有史料仍含混不明，分散无序。要对少数民族民俗文化及非物质文化遗产进行系统而深入研究，建构少数民族区域史、少数民族民俗文化研究的理论框架，必须从最基本的文献史料工作入手，就目前见到的研究成果而言，有的论著并无引文出处，有的含混不明尚待考证。因此相关史料，包括少数民族历史、地理、文化、政治、经济、民族、边防、民俗等方面文献的全面搜集、整理校注、分类编排将是未来研究的一项重要内容。此外，大量的地方志、文史资料、碑刻史料（包括汉画像石）的价值也需要在学者的研究中进一步得到体现。

---

① 安成浩：《族群社会发展与变迁——朝鲜族社会调查研究》，浙江大学出版社 2014 年版。

② 钟鸣、张恒：《走进山哈民族——畲族文化研究》，敦煌文艺出版社 2014 年版。

③ 施强、谭振华：《族群迁徙与文化传承——浙江畲族迁徙文化研究》，民族出版社 2014 年版。

④ 郝国强、郭亮：《小村大美——广西仫佬族文化变迁图像》，民族出版社 2014 年版。

⑤ 戴嘉艳：《生存智慧与文化选择——达斡尔族农业民俗及其生态文化特征研究》，民族出版社 2014 年版。

⑥ 滕绍箴、苏都尔·董瑛：《达斡尔族文化研究》，辽宁民族出版社 2014 年版。

⑦ 郝苏民、马忠才主编：《人类学·民俗学来自生活一线的田野报告》，中央民族大学出版社 2014 年版。

⑧ 乌丙安：《乌丙安民俗研究文集》，长春出版社 2014 年版。

其二，对少数民族民俗文化的研究自发分散，缺乏整合协调与理论引导。已有的部分研究成果志在梳理有关少数民族民俗文化的文献资料，但有关史料的整理工作仍非常艰巨，需要更多的学者致力于其间；就研究而言，大多学者对少数民族文化进行了宏观描述，许多理论问题仍有待于具体深入的研究；另外，高水准的研究成果必须以重大项目为带动，而目前如前所述重大项目只有色音教授领衔的《内蒙古非物质文化遗产跨学科调查研究》、热依拉·达吾提教授领衔的《维吾尔族本土知识的保护与传承研究》、梁永佳教授领衔的《少数民族地区宗教活动的社会学研究》等个别项目，因此重大项目少、研究分散仍制约着少数民族民俗研究的进一步深入。

其三，"百里不同风，千里不同俗"，同一省区的某一少数民族，在不同的文化空间内，其民俗文化的表现形态或许截然不同。然而，学者的研究"地方性知识"大多不太明显，多是针对某少数民族民俗文化事象的泛泛而谈，较缺乏深入田间地头的田野作业。如回族是我国分布最广的少数民族，由于民族历史、宗教政治等原因，回族几乎和中国所有的民族产生实质的互动关系。不同地区的回族因自然地理和人文区位差异在经济、文化等方面表现出各自的特点，故对其社会结构及其变迁的整体把握应当建立在尽可能丰富的民俗志资料基础上，开展更多以村落为单位的田野调查。而要想详尽所有民族在各地域的民俗研究，费时、费力且工程比较浩大。因此，此方面各民族的研究都比较匮乏。

其四，非物质文化遗产的普查、研究方兴未艾，急需各界的参与和努力推动。我国少数民族民俗资源非常丰富，少数民族非物质文化的普查、建档、研究、保护工作都在蓬勃开展，各地方政府及文化部门为此做了大量相关工作。然而我们发现许多地方都掀起了"非遗"保护的热潮，以保护为名、大行旅游开发之实，尤其是对一些具有表演性的、能给当地带来直接收益的"非遗"项目肆意包装、过度开发。如许多地方戏剧搬上舞台后将现场乐队改变为录音伴奏，传统音乐中加入迪斯科、电钢琴、架子鼓等西洋元素，把仪式性的内容删去，将原始道具改编为舞台道具，更有甚者用专业演员来取代当地民众，使民众由"表演者"变为"旁观者"。人民群众是"非遗"的创造者和传承者，也是"非遗"的保护者和成果享有者，"非遗"的传承和发展最终应该落实到民众的参与中，而不是将艺术表演与民众脱离开来。遗憾的是，现在民间艺术的功能已不同于以往。生活与舞台的分离，演、观人群的分化，对民间艺术来说，意味着与日常生活的远离。同时，各地高校与地方政府及文化部门尚未形成整合力量，资源共享极为有限，缺乏总体规划和目标。因此由高校专家、学者参与构建相关理论框架，推动各项工作科学、深入地开展已成当务之急。

其五，"中国知网"等数据库中大多收录了使用汉语书写的论著，而用少数民族语言文字撰写的论著并未收录在内。我们在做文献综述时，未能搜集、整理用民族文字撰写的论著，这不能不说是本研究综述的一大憾事。希望2015年有更多的学者参与其中，使得我们的民俗研究梳理更科学、更全面。

民俗是一个民族生存与发展的根基，少数民族民俗研究问题，不仅是一种被长期忽略的各民族民间文化资源进入主流文化的过程，同时，也是一个对民族生存智慧及活态文化存在的再认知的过程，是一个更具理性精神的民族文化整合过程。我们认为，在现代社会中，学者应肩负起保存、传承和创新少数民族民俗文化的历史使命，拓展少数民族民俗文化传承的方式，为保护我国少数民族民俗研究提供新的视角，走出新的路径，最终在全国构建少数民族民俗研究的新行为和新途径。2015年，我们拭目以待。

第四篇

论著评介

【"神话学文库"第一辑 17 种】

叶舒宪主编，陕西师范大学出版总社有限公司 2011—2013 年陆续出版

2014 马年刚刚开始，从叶舒宪先生手中接过一套图书，名曰"神话学文库"（第一辑），含 17 种著作，装帧精美，形体厚重，让人如获至宝。放置在桌边床头，茶余饭后细细揣摩，竟如沁人肺腑的醇茶美酒或施加了魔力的咒语，让人心魂激荡，浮想联翩。神话何为？神话为何神圣？神话何以成为文化原型？中西方神话会有怎样的碰撞……这套"神话学文库"似乎早就预料到学人所思，将诸如此类的一系列问题或削竹剥笋，或深入浅出，或旁征博引，或如数家珍，一件件娓娓道来，在这里神话不再是束之高阁的陈年古董，也绝非是一般人意念中于己无关的荒诞记忆；相反，我们在书中会找到开启神话大门的钥匙，得到破译文化基因的密码，漫步在时空隧道中与远古祖先沟通交流，在"中国神话"的引领下感知"神话中国"。嘤其鸣矣，求其友声！慨叹之余，难掩巧遇宝典的喜悦，喜悦之后又陷入难以自拔的沉思。鉴于自己只是一个神话爱好者和学习者，面对如此庞大的书系，暂凭求教之心，用虔诚之手掬起沧海一粟，谈谈自己的体会与习得。愿与大家共享书山撷英之趣，同听书外玉振之音。

一　从学术的披沙拣金到整体推进神话资料学建设

这套"神话学文库"迫使人们不得不再次审视"神话"概念。人类从神话中走来，生存于充满神话的时代，最终会回归到一个梦幻般的神话世界。各种迹象表明，"神话"在人类的生存与繁衍过程中如影随形，又如肉身之灵魂。神话起源于民间，传承于生活，作用于信仰，充满神圣、神奇和神秘，本来华夏神州到处充斥着神话的符号和遗迹，但"神话"作为一个概念，直到 100 多年前的近代才由国学先驱从国外"拿来"，将"myth"译成"神话"二字。如果在表层意义上把"神话"定义为"关于神或神性人物的叙事"，那么，中国文字典籍中出现的神神鬼鬼、怪力乱神等可以与之对应。由于神话生性属于爱动不爱静的口耳相传，使这个概念在不同的时空、不同的讲述人与不同的受众，甚至同一个研究者在不同时期也会有不同的判断，难免造成"横看成岭侧成峰，远近高低各不同"的主观结果。但有一点可以成为神话研究界的共识，就是"神话"是人类早期最重要的艺术形式，是人类文化精神建构的原型，是人类世代传承而不可再生的珍贵文化遗产，也是当今时代不可缺少的文化构成，即"神话作为初民智慧的表述，代表着文化的基因。后世出现的文、史、哲等学科划分都不足以涵盖整体性的神话。作为神圣叙事的神话与史前宗教信仰和仪式活动共生，是文史哲的共同源头。"① 俗曰"巧妇难做无米之炊"，我们试图走近神话并进入其中时，最基础性的一步就是神话资料学建设。窃以为"神话学文库"在神话资料学建设方面至少有三点功不可没。

其一，梳理神话学术，展现百年神话学术史发展轨迹。人类对知识的认知遵循着从无到有、从少到多循序渐进的过程，许多人对神话的了解也大概如此。由于神话产生和流传的特殊文化背景，造成中国神话资料学建设不但晚近而且步履维艰，纵观中国神话学术史，对神话学资料的梳理相当薄弱。读过马昌仪先生选编的《中国神话学百年文论选》之后，不仅仅感受到披沙拣金的学术功力，更领教了为人作

---

① 叶舒宪：《中国的神话历史：从"中国神话"到"神话中国"》，《百色学院学报》2009 年第 1 期。

嫁衣裳时恰如其分的专业审美与画龙点睛的大手笔。以时间为序整整一个世纪的99位中国神话学者拉洋片似地浮现在眼前，形成展现中国百年神话研究成果精华的学术长廊。他们有的短短数言，有的长篇大论，也许研究方法不同，也许观点相左，但字里行间彰显着对学术的专注与真诚。100余篇作品以不争的事实给我们勾画出百年神话研究不断丰富和发展的曲折历程，其中有关于西方神话学理论的评介与实践性运用，有关于中国传统神话的考证、文化阐释、神话体系索隐，这些精品力作如一盏盏闪烁的明灯，映照着神话研究同仁学海行舟的征程。与之相呼应的是王倩的《20世纪希腊神话研究史略》，该书堪称中国首部系统梳理希腊神话研究成果的论著和资料集成，书中以20世纪以来西方神话学所走过的学术道路为线，将希腊神话的起源、意义、结构、功能、传承情况一览无遗地展示在读者面前。虽为史略，却不失时机地对古希腊研究中的难点、热点进行了理论升华，诸如希腊神话研究中的神话与仪式、神话意象与心理体验、神话与暴力、神话与历史真实、神话与神话图像等问题，为中外神话研究的交流提供了便利，铺设了沟通与互动的学术平台。

其二，推出母题索引，探索神话文本数据编码模式。神话文本资料的组织有多种方式，其中神话母题体系的建构历来是神话研究界所关注的基础性工作。在此结合杨利慧教授、张成福博士编著的《中国神话母题索引》，说说母题编码在神话学建设中的意义和价值。"母题"作为神话的分析元素，一方面有其自身所特有的典型含义，另一方面也具有结构功能的相对稳定性。在研究过程中把"母题"作为神话的基本分析单位，即从作品基本元素或叙事单元入手进行文本解构，不仅具有较为成熟的理论基础，而且会使不同民族不

同地区的神话比较更为方便直接。通过母题的抽取和归纳，可以洞察神话发生、发展和变化的轨迹，有助于中国乃至世界众多民族神话间的横向或纵向比较分析。通过中国神话母题索引，更细致地体现出神话作为多种文化原型的跨学科特征，对神话学、文学、哲学、历史学、宗教学、民俗学等众多学科的研究发挥学术支持作用。如在神话学研究方面，可以通过神话母题的类型与具体语义观察诸多神话叙事情形或规则；文学研究方面，通过母题可以观察文学创作的某些特定经验或规律，特别是在情节分析、叙事结构分析、主题分析等方面，通过母题链的组合，可以推导出相应的叙事类型与相应母题的结构功能；宗教学研究方面，许多神话母题与历史上甚至当今奉行宗教有密切的联系，特别是民间宗教的许多神灵及叙事都与神话有关，通过有关母题可以对宗教现象加以分析研究；民族学研究方面，通过神话母题可以观察一个民族的文化传统，也可以比较分析多个民族口头文化特别是神话的共性与个性，有助于较系统地研究一个民族的历史演进；在民俗学研究方面，通过神话母题可以较完整地观察民间信仰、节俗形成等民俗事象在神话叙事中的解释；传播学研究方面，通过系列神话母题可以对神话中广泛流传的某些文化符号进行捕捉提取和深度分析，借此对相应文化现象进行历史的、地理的、民族的、语言的等多学科关联性方面的传播学研究。

《中国神话母题索引》作为神话母题索引类工具书，建立在大量神话资料基础上的神话母题编码体系，借鉴了国际通行的汤普森"民间文学母题索引"编排体例，对在中国广大地区和多民族中流传的神话里反复出现的具有代表性的母题进行提取和重新编码，该母题编码建立在母题类型的基础上，包括了神话叙事中的角色母题、叙事背景性质的母题和单一事件性

母题三种情形，这些具有概括表意功能的叙事单元（母题）为神话的系统分类和比较研究提供了基础性平台。值得一提的是，该母题索引根据中国多民族神话的实际情况，以中国丰富的文献神话资料、口承神话资料以及神话学术资料等为依据，涵盖了中国 22 个省（自治区）和 40 多个民族的神话，对汤普森《民间文学母题索引》中的神话母题类型做出相应的修改和补充，最终形成中国神话母题 4150 余条，极大地提高了神话母题分析的针对性和有效性，该索引不仅为解读浩如烟海的中国神话资料提供了一个实用而便捷的母题编码体系，而且对于强化中国神话本体研究和拓展中外神话比较研究会产生积极而深远的影响。

其三，注重中西合璧，构建中外神话专题研究或类型研究的参照系。纵观中国百年神话研究学术史，无论是宏观研究还是微观探索，可以说众说纷纭并呈现出波浪式发展的趋势。与研究对象的热闹相比，一些真正能静得下心沉得住气的专题性研究相对薄弱，很难与中国神话大国的研究需求相匹配。而"神话学文库"选入的 17 部中外神话著作有 7 部带有专题研究或类型研究性质的著作，其中中国神话专题 4 部，国外神话专题 3 部。如中国神话专题研究方面，有陈器文教授的《玄武神话、传说与信仰》、高莉芬教授的《蓬莱神话——神山、海洋与洲岛的神圣叙事》、刘惠萍教授的《伏羲神话传说与信仰研究》和邱宜文教授的《〈山海经〉的神话思维》，这些作品不仅显示出台湾学者潜心治学的学术素养，而且标示着 20 世纪以来人文社会科学界"人类学研究方法"的振兴以及神话研究领域文学视角与人类学视角的互动。国外神话专题方面则有《洪水神话》《苏美尔神话》《凯尔特神话传说》等译著，以陈建宪先生等翻译的美国民俗学家阿兰·邓迪斯的《洪水神话》为例，该书搜罗了世界各地具有代表性的洪水神话类型，涉及《圣经》、亚述—巴比伦和苏美尔、中美洲、南美印第安人、澳洲土著人、非洲喀麦隆、亚洲菲律宾、泰国和印度等不同地区和国家的洪水神话，涵盖了多国神话学家、文献学家、考古学家、心理学家以及地质学家等关于神话的不同研究视角，将关于世界洪水神话的研究成果立体地展示给读者，由此陈建宪先生在博得"陈洪水"美誉的同时，也将洪水神话类型的资料学建设与理论建构推向了一个新境地。

此外，这套丛书在资料建设方面还有许多于细微处见功夫的特点。如神话文本、神话图片、神话研究、神话理论的互文性设计，足见主编者在努力创建立体神话研究模式方面的良苦用心。如读者会在不同的著作中见到一些曾经相识的知识点，这些知识点或相互印证，或内容互补，有些则是改头换面式的学理升华。如叶舒宪先生选编的《神话——原型批评》（增订版），该书所阐释的神话原型理论除在《文化符号学——大小传统新视野》得到广泛应用外，书中选入的"苏美尔神话的原型意义"一文则与"神话学文库"另一部译著《苏美尔神话》相照应。如果细心的读者在阅读中还会发现，各部著作中都有大量的包括古今中外的神话图片资料插图，据个人感觉认为，其中这些采录于世界各地的珍贵图片很多是出自文库主编叶舒宪先生之手。图片、神话文本、研究观点的有机融合作为本套丛书的一个特色，其意义绝不单单是为了与当今所谓的读图时代相契合，更重要的是，这些图片本身就是"文化符号学"与"神话证据理论"的自觉实践。

二　从寻找文化原型到拟构文化符号与确定大小传统

"神话学文库"的新理论、新观点令人目不暇接。在此只重点选择叶舒宪、章米力、柳倩月编著的《文化符号学——大小传统新视野》为例，说一说个人习得。

首先，文化符号编码具有可靠的理论依据。这一编码体系的生成与人类知识体系具有学理上的一致性。如被黑格尔称为"现代哲学之父"的法国哲学家笛卡尔在建构知识体系时，曾把本体论与方法论通过设定的"理性"有机联系起来，以探究确定性的知识，其中一个重要的指导思维的原则就是"马特席斯"（Mathesis Universalis），即"普遍科学"。这一理念认为，任何一类事物的本来的天然秩序决定了认识事物的秩序，进而从最简单容易的事物逐步深入到复杂事物，可以形成一个具有精确度量关系的自然的序列。"马特席斯"理论在人类文化的大、小传统设定与文化符号的 N 级编目拟定方面，同样可以作为一种理性思维方式和认识论原则，在跨越时空的文化分析中作为引导人们运用直观—演绎法的指导性规则。特别需要指出的是，人类文化符号中的源编码或称原型的提取过程中的"直观"并非感性经验意义上的直观，而是建立在实践经验之上的理性直观，理性直观可以使我们从神话载体的纷繁复杂的现象中通过知识经验（这里可以认为是一种理性）抽取出最基本的表意范畴并运用相应的符号予以确定，形成直观的命题式的编码。当然，关于"知识"这个概念也有不同的界定角度，如柏拉图认为世界分为理性世界与感性世界，其中理性世界由纯粹的、不变的事物组成，而感性世界则由混乱的、流变的事物组成，是对理念事物的不完善的模仿。因此理性世界高于感性世界，只有对理性世界的认识才是知识，人们对可感世界的认识只是意见或个人判断。我们假设这个命题有其合理性，那么如何在当今可感知世界的背景下研究文化现象，我们就不能完全只凭感官的色、声、香、味、触、法去评判对象的优劣，相反，需要建立在理性基础上

的文化传统基因溯源，找出人类生存与发展的良知与共性。"文化符号学"与"大小传统"的设定正是这种知识理性的具体实践与应用。

其次，大小传统的划分与文化符号编码具有内在的统一性。叶舒宪先生在为译著《〈旧约〉中的民间传说——宗教、神话和律法的比较研究》所做的中译本序言中提出，我们重新界定大、小传统，不再拘泥于美国人类学家雷德菲尔德的原有概念，因此，"将口传和非物质文化遗产，将众多无文字民族的多元活态文学，统统上升到大传统的地位，将长期以来占据绝对统治地位的汉字书写传统（国学）相对化（为小传统），凸显人类学转向后的学术范式革新"。至于"N 级编码论"，书中进一步提出，从神话思维的原型编码看待文化现象时，应把先于文字而发生的文化传统视为大传统，其编码符号是图像和器物，称为一级编码；把文字书写的传统视为小传统，如甲骨文的出现是二级编码，早期汉字书写的经典文献称为三级编码，后经典时代的一切写作皆为 N 级编码。这是一个不以个人意志为转移的文化编码程序链，任何作品都是作者自觉或不自觉地遵循着程序链规则再编码的结果。设定文化"大传统"与"小传统"的关联，以及在此基础上拟构出的 N 级编码符号关系，其主要价值并非理论表象方面显示的结构性形式逻辑，而是利用附加了时间标签的符号编码将当今人们的文化创作和精神生活植入人类悠久文明的文化土壤，彰显人内心精神世界的发展轨迹，展示作品中所蕴含的文化理性和人类原生精神。该理论不失时机地提供了一个大小文化传统关联研究的模式和平台，把人类即将消逝的文化记忆重新激活并注入新的动力。这一方面适应了当今世界文化多样性并存的客观实际，同时更重要的是通过考古文物及图像这些一级符号编码或称原型的积极溯源，让人

们重新感悟到中华民族文化的厚重底蕴。更为重要的是，建构出看似零散的各类非物质文化的内在关联性与相互影响关系，寻找这些文化关系的远非一般比较层面的作品间的"谁优谁劣""谁中心谁边缘"的机械比较；相反，通过形而上学的理性将不同时空的文化现象建构成了一个立体的文化生态园，更加关注文化平等与本质联系。

最后，大小传统与文化符号编码具有充分的学术实践论据。该书关于英文字母文字编码解析是一个足以服人的典型实例。书中认为，字母"A"无论在任何表音文字中都列于首位，成为当之无愧的"万音之母"，这一现象与文化符号象征的内在联系何在？作者通过对距今3000多年前腓尼基字母的原型编码溯源，认为它由原始的迦南文字演化而来，创制之初带有北闪米特文字痕迹，后来往返于欧亚大陆的腓尼基人简化了象形文字和楔形文字的笔画，发明了古希腊文中包括 A、B、Γ、Δ、E、Z 等一系列象形文字，"A"如果旋转90度或180度，看起来就更像一只牛角，牛角状字母之所以受到尊崇，我们会自然追溯到牛在农耕文明中不可替代的决定性作用。无独有偶，如果对照中国各民族神话中关于"牛"的意象，也会发现编码中类似的关联，一方面甲骨文中的"牛"写作"Ψ"就突出了牛角的特征，与之相关的神话人物形象举不胜举，诸如盘古牛头马面龙身、神农人身牛首、炎帝人身牛首、蚩尤人身牛蹄以及苗族头饰上的牛角、佤族村寨悬挂的牛头，等等，都与牛图腾崇拜的原型有着千丝万缕的联系。古希腊文的其他字母亦然，如"B"源于"家与房屋"，那么印证到该时代文字的产生，自然形成隐形的文化积淀。关注到这些文化积淀，对正确解读人类进程中的神话信仰宗教背景和把握相关文化的发展脉络无疑大有裨益。由此我们会发现表音文字系统与表意文字系统也并不是井水不犯河水，相反表音中有表意，表意中有表音，显示出人类自身的生存智慧，也为文化层级编码提供了时空关联的可能性。

同样，该书《玉石之路与华夏文明的资源依赖》一章，则从编码理论与考据实践两个方面深刻揭示了"玉"文化编码的原理与应用。书中通过被列为2012年十大考古新发现的陕西神木县石峁遗址玉器考古，有力论证了史前用玉的多点开花格局向中原国家用玉的一枝独秀格局转变的两个阶段，即距今4000年基本完成的"北玉南传""东玉西传"阶段和距今4000年为开端的"西玉东输"阶段。书中认为，以石峁遗址为代表的河套地区龙山文化聚落社会以其强大的地方性方国政权形式，在距今4300年到4000年间大量生产和使用着玉礼器和玉兵器，进而得出该政权在史前期"东玉西传"（玉教观念和玉文化的传播）与"西玉东输"（玉石产品的传播）中充当着双重中介角色，此证据不仅佐证了"尧舜北用禺氏之玉而王天下"的中原与西北地区的华夏文明整体观念，也通过玉料的传播与辐射更新了华夏文明的所谓黄河摇篮说，特别是借助于玉器、雕塑、习俗、文献等解读石峁玉器所蕴含的通神辟邪等玉教神话思想，以无可置辩的多重证据解答了华夏文明的缘起与形成。

关于文化符号学理论的大小传统和编码体系，同样可以在本文库的其他许多著述中得到印证或应用。如陈器文教授的《玄武神话、传说与信仰》，认为玄武作为中国文化一个特定的"文化符号"或神化的"意象"，无论是观察从神龟灵兽到道教大神的嬗变，还是考察圣王神话与四灵信仰开显的玄武神现象，我们都会进一步发现，玄武与时俱进地经历了大小传统的洗涤、熏染与改造，一方面是向方术化、仪式化的演进，另一方面则是不断增加人格神方面的叙事元素，特别是与婚俗信仰传说互染以及舞台演出、民间习俗的推波助澜，使之成为观察神话、仪式与社会心理交互影响一个典型范例。该书关于星宿崇拜、玄武原始形象、人兽母题与兽面纹、龟蛇双首图像、明代真武神祭祀等，都恰如其分地与文化符号学理论不期而合。诸如此类的研究实践表明，文化符号编码理论在神话研究和其他相关文化现象研究中不仅会带来茅塞顿开、曲径通幽的体验，更重要的是有利于规范学术理论体系，可以解决学术研究中一些不可回避的具体问题。

三 从推进神话纵深研究到激活人类的群体之梦

"神话学文库"丛书的筛选与篇章内容的构成，使人不难感受到编者由"中国神话"到"神话中国"，由"神话中国"进而审视"神话世界"的召唤和脚步声。这也引发了关于本丛书意义的一点个人思考。

一是倡导创新理论，引领中国神话学新发展。神话是关于"神"的话，也是"人"话。神话研究是"人"学，也是一门跨学科性质的科学。神话学文库当之无愧地成为新时期以来中国神话学发展历程的一种缩影，从30年前将神话作为文学原型的发轫，到神话专题研究的勤耕不辍，直至发展到当今人类学视阈下的日趋成熟的 N 级编码理论，无不表明中国神话学学者正在走向本土文化的研究自觉和理论建构的新阶段。"神话学文库"中神话学理论建构有继承、有借鉴，其最终目标就是通过理论创新来引领中国神话学新发展。以丛书中关于大小传统、文化符号学与四重证据法的通融为例，纵观叶舒宪先生多年来的神话学术实践，从符号语境下的语言艺术、原型批评、结构主义、神话考古到四重论据法以及文化符号学的回归。大小传统、符号学丰富发展了四重证据法，而四重证据法的提出又为文化符号学的建构提供了方法论支持。其中证据理论认为："中国文化研究中那种偏重语言文字材料而忽视物证材料的偏倾现象，值得关注，也亟须改变。改变的契机就在于充分借鉴人类学和考古学、美术史等新兴学科的范式经验，再造新时代的国学知识整合格局：确认古代实物与图像等非文字符号能指的'证明'意义，形成文本叙事（一重、二重证据）、口传与身体叙事（三重证据）、图像叙事和物的叙事（四重证据）良性互动互阐的新方法论范式。"[①] 这一理论具有深远的学术渊源，从清代乾嘉学者钱大昕倡导实证，开启了近代历史考证学的先河，到1925年国学大师王国维提倡"吾辈生于今日，幸于纸上之材料外，更得地下之新材料。"以及陈寅恪提出的"取地下之实物与纸上之遗文互相释证""取异族之故书与吾国之旧籍互相补正""取外来之观念，以固有之材料互相参证"，等等，而本丛书"文化符号学""大小传统"理论的生成，可谓古为今用、洋为中用、鉴古而不拟古，无不处处彰显出对神话理论创新的执着和引领神话学发展的大家风范。

二是关注少数民族神话，拓展中国神话研究新视野。中国是一个多民族国家，中华文明是各民族共同创造的结晶，中国神话自然包括汉族神话与少数民族神话两个不可分割的有机构成。令人遗憾的是，审视国内外对中国神话研究历程的艰难步履，关于少数民族神话的态度与实践却常常出现一些误区，如研究对象方面，有的只关注神话文本，把中国神话定位于汉文古籍中的神话记载，忽视了大多数少数民族丰富的口耳相传的活态神话，由此产生

---

① 叶舒宪：《四重证据法：符号学视野重建中国文化观》，《光明日报》2010 年 7 月 19 日。

了中国神话作品仅存凤毛麟角、资料匮乏、难成体系的错误命题；研究方法方面，有的研究者固守传统的单一的封闭式的研究方法，没有形成与时俱进的包容的开放式的学术素养，不但不积极将世界神话作为研究背景，即使对本国的少数民族神话也不识不闻；有的研究者则认为中国各民族神话缺乏关联性，试图在神话个案研究中寻找曲径通幽的便捷通道，失去宏观研究的目标与信心等。自然，术业有专攻，尺寸有其长，我们绝不能苛求每一位研究者都有无限多的时间与精力去博览群书，强记博闻，由一个眼观六路耳听八方的杂家蝶变为学术大家。但同时也不能忽视，"神话学文库"给人的启迪是，在当今多民族文化交融与互动的大小文化传统下，审时度势、量力而行地关注少数民族神话的生态与表征，可以使原来的研究如虎添翼，进入一个更美、更高的境界。这是因为，汉族书写系统的较早形成，不断消融着神话大传统的影响，而在书写文本的小传统中变成一种有目的的带有国家意识形态倾向的文化阐释，历史上的大多统治者都会将神话作为政治注脚融入统治思想中，对神话的改造已远离了神话的本性。且不说以中原汉族为代表的封建帝王对龙神话的专权导致的一枝独秀，蒙古族成吉思汗的黄金家族、满族天女感生的爱新觉罗家族，都是神话原型在文化小传统发生变异的实证，所以说文字的产生对神话原型的消解往往会使人们与神话本真隔着数层。相反，许多没有文字的少数民族却在漫长的口耳相传中，保持了神话的未被异化和原生性，这种原始本真可以视为人类生存的"童心"和"原动力"，正是这样的"原动力"使人在被物质异化的同时不断反思并实现着理性回归。口传时代作为文化的大传统并不是一个虚构的概念，如我们在阅读"神话学文库"中的《凯尔特神话传说》时，常常会发现讲述一则神话时往往要说清楚这则故事出于谁谁之口，这不单单是为了告知读者该神话事出有因，更重要的是强调的民族记忆的神圣性。据说，除了威尔士，只有很少的故事被记录下来，而考证发现，很多时候在欧洲特定的地区书写神话往往被禁止，其中凯尔特人就经常销毁书卷记录，因为他们的神话传承更倾向于依赖口头传述和训练有素的记忆。这些史实再一次表明，与文字符号本身记录功能的局限有关，神话一旦进入书写系统就会变成解释的神话，而不是心灵交流的神话。

因此，从某种意义上说，神话作为人类文化的原型，也是人类生成信仰的动力。无论是个体的人、群体的人、社会的人还是抽象的人，一旦背离和抛弃了真实的神话，就会迷失苦苦寻找的文化"原型"，其结果就不仅仅造成精神的困顿与迷茫，更可怕的是变得越发无知和背叛理性。本丛书中的研究理念与大量实例提醒我们，趁着一些少数民族的文化生态还没有被物质为导向的现代化大潮所完全淹没，趁着目前民族地区的文化包装还没有被完全武装到牙齿，趁着一些作为非物质文化遗老的神话艺人还能够在病床上发出微弱的声音，我们在有条件的时候应该去感受一下物质文明重负下民间艺人的浅唱低吟，至少要关注一下业已公开出版的少数民族神话文本，也算是对本丛书中倡导大小传统研究的实践与印证吧。

三是关注学术实践，实现21世纪中国神话复兴梦。"神话学文库"中关于构建中国"大神话观"的理念对中国当今文化建设的启迪是不容忽视的。神话是人类文明的原点，是文学和文化的源头，也承载着人类漫长发展历程中积淀出的群体的梦。我们不妨将神话的生存与人类文明进程做一个比较，如果把人类开始制造工具作为人类史前文化发生的标志，将华夏文明的大传统推演到旧石器时代，那么考古发现的有距今 180 万年的西侯度文化、元谋人石器等遗迹，而继旧石器文化之后的新石器文化的发端也距今约有 2 万年的时间，在这近 200 万年之间发生了什么？假如作为文化重要载体的人类语言的产生像研究者所推测的已有 30 万年的时间，我们能与史前人类对话的就只有附着在石器与工具上的记忆，以及数万年来口耳相传的神话原型。多数神话研究者认为，神话产生于距今 1 万年左右的新石器时代，至于文字的产生相比之下相当晚近，如公元前 3200 年左右苏美尔人所发明的楔形文字距今也不过 5000 多年，我国发现的殷墟可识别的甲骨文据考证最早的不会超过公元前 1300 年。由此可见，文字可记录的"神话历史"是何等晚近和贫乏，人类要真正反思"我是谁？"必须借助于尚未完全消融的史前文物遗存，积极投身于神话符号编码的破译，努力寻找人类生存与发展的核心梦想与文化基因，将神话资源转化为文化资本，将人类世代传承的神话瑰宝转化为当今生存与发展的理性。在实现 21 世纪中国神话复兴梦的进程中值得庆幸的是，当今时代涌动着信息化突飞猛进的大潮，信息数字化和网络传播正融入人们的学术与生活。随着多媒体技术的日益普及，神话资料学的信息组织与开发将出现一场颠覆式的变革，进而导致神话研究的全面复兴。"假舆马者，非利足也，而致千里。"信息化的时代背景，将为神话原型的追溯、文化大小传统的再认识以及 N 级编码论的拟构提供有力的技术支持和保证，可以期待，通过中国各民族乃至世界各国神话资料的多层次开发与整合，在不久的将来关于人类文化资源的声音、影像、图片、文本数据库将日趋丰富，借助于网络化信息交互平台的便捷搜索引擎，不同时空传统文化的对话与碰撞将成为神话研究的新路径，计算机引导下的海量信息梳理必将导致学术观点的大量生成与不断创新。

当今世界飞速发展的现代化进程在不断满足人类感官贪欲的同时，也在不断消解着人类优秀的文化传统，考验着人类的坚韧与理性。在无限膨胀的物质诱惑下，许多人也会渐渐远离前行的明灯，丧失曾经拥有的"群体的梦"，在熙熙攘攘的人群中变得越发现实，在自造的浓烟与雾霾中，眼前已难再现篱下采菊和南山悠然的诗情画意。一个人不再做梦，生命会失去一半的色彩；一个民族没有梦，也将不再是一个充满活力的民族。好在我们已经意识到神话在当今民族文化复兴中的重要作用，并有"神话学文库"这样试图激活并延续古老文明基因的学术实践。正如"神话学文库"序言中所说："在 21 世纪迎接神话复兴大潮，首先需要了解世界范围神话学的发展及优秀成果，参悟神话资源在新的知识经济浪潮中所起到的重要符号催化剂作用。"相对于中国本土文化的神话学建构而言，则需要研究者积极践行由"中国神话"向"神话中国"学术观念与范式转变，在重新认识和解读中国文化传统的基础上将神话确立为文化原型编码和重要文化资源。诚如是，神话之树长青！

（原载《百色学院学报》
2014 年第 2 期；
供稿：王宪昭）

【中国神话母题索引】

杨利慧 张成福编著，陕西师范大学出版总社有限公司 2013 年 12 月版

中国神话研究曾经以汉字书写的古文献为主要对象，近半个世纪以来越来越多的人开始注意到当代社会的活态神话，同时，神话的跨文化研究使人们了解到，我们所熟悉的分类系统，不可避免地具有某种局限性。杨利慧和张成福编纂的《中国神话母题索引》（以下简称《索引》）从民

间文学的"AT 分类法"到母题划分以及母题索引的编纂,从这些国际学界通用的标准(索引的编排体例)中,探求分析中国神话的类型学方法。《索引》的编纂者很好地汲取了学术史的成果,改变了西方学者对待中国神话的粗暴做法,如凭借比较有限的材料,使用并不适合中国特点的分类方法等。从类型学意义上来说,母题具有普遍意义,但是,任何民俗学样式都具有历史或时代专属性、民族专属性和文化专属性。因此,该《索引》分类贯彻了一以贯之的思想:既要尊重普遍的法则,也要兼顾文化多样性原则;而整体性原则,则反映了编纂者对于中国神话基本面貌的整体把握。总之,《索引》编纂者把中国神话中的主要母题统合为一部专题性的神话母题索引中,努力实现索引达到整体性、逻辑性和多样性的统一。

一　民间文学的类型和母题索引编纂

在民俗学领域,以芬兰历史—地理学方法(historic-geographical methods)的学者为主,人们开始注意到口头文学的类型学问题。历史—地理学方法,其主要工作是研究故事的流传路线并绘制故事的分布图表,根据民间故事的情节划分进行统计分类和编撰索引。1910 年阿尔奈(Antti Aarne, 1867—1925)在《民间故事类型索引》(*Verzeichnis der Märchentypen*, *FF Communications*, No. 3, 1910)里提出"类型"(Type)概念,这是对芬兰和欧洲故事的分类、编目和登记,共计 540 个类型,2000 个编号。该索引后经美国民俗学家斯蒂·汤普森(Stith Thompson, 1885—

1976)的翻译、修订和增补,出版《欧洲、西亚及其民族所散居的地区的民间故事类型索引》[①]。民俗学者们通常把该索引的分类和编排方法称作"阿尔奈—汤普森分类体系"(the Aarne-Thompson classification system),或简称为"AT 分类法"。

1932 年汤普森提出"母题"(Motif)概念。它是情节的最小单位,它有变异性,能动的组织情节的发展。为便于研究人员的检索和比较研究,汤普森编纂出了六大本的《民间文学母题索引:对民间故事、歌谣、神话、寓言、中世纪传奇、说教故事、故事诗、笑话和地方传说中的叙事元素的分类》[②],其中的母题来自于神话、民间故事、传说、民谣等诸多叙事文类,被按照从 A 到 Z 的顺序排列,A 部分是神话母题,B 部分是动物母题,C 部分的母题涉及禁忌,D 部分有关魔法……同《民间故事类型索引》一样,该索引出版后,也迅速成为世界各国民俗学者案头常备的工具书,为了解众多母题在世界各地的流传和分布状况,进而展开比较研究提供了极为重要的基础。

口头文学的类型学研究在中国已经有 70 多年的历史。刘魁立对此有过专门介绍,他指出:"中国民间故事类型索引编纂工作的发轫应当追溯到本世纪的 20 年代末。1928 年,也即在汤普森出版其英文增订版阿尔奈类型索引的同一年,钟敬文和杨成志二位先生合译出版了《印欧民间故事型式表》一书。这并不是一部专门的民间故事类型索引工具书,而是夏洛特·索菲娅·博尔尼所著《民俗学手册》[③] 一书

①　Antti Aarne. *The Types of the Folktale*: *A Classification and Bibliography. Translated and enlarged by Stith Thompson*, Second Revision, FF Communications No. 184, Helsinki, 1973.

②　*Motif-Index of Folk-Literature*: *A Classification of Narrative Elements in Folktales*, *Ballads*, *Myths*, *Fables*, *Mediaeval Romances*, *Exempla*, *Fabliaux*, *Jest-books and Local Legends*, *1932 ~ 1937*, rev. Bloomington: Indiana University Press, 1955 – 1958.

③　C. S. Burne. *The Handbook of Folklore*, London, 1914.

的附录。它提供了印欧故事 70 个类型的情节提要。"《中国民间故事型式之发端》（赵景深）、《中国印度民间故事之相似》（钟敬文）、《中国的地方传说》（钟敬文）、《中国民谭型式》（钟敬文）、《中国民间故事类型》（艾伯华，涉及 300 余种书刊资料）①、《中国民间故事类型索引》②（丁乃通，涉及 500 余种书刊资料）。③ 2000 年金荣华出版了《〈中国民间故事集成〉类型索引》共四册，对中国民间故事集成的省卷本进行了分类。2012 年，金荣华又出版《民间故事类型索引》一书，将《〈中国民间故事集成〉类型索引》《中国民间故事全集》和《中华民族故事大系》等书的内容统摄其中，按照 AT 分类法进行统一分类。④

《索引》按照从一般到具体等的逻辑来分析神话母题，在主体结构上，采用了迄今国际通行的汤普森母题索引的编排结构。该索引在编纂体例上有以下几个主要特点：第一，编纂者参照大林太良以及何廷瑞等对神话的分类将所有神话母题划分为五大类：诸神起源母题、宇宙起源母题、人类起源母题、文化起源母题和动植物起源母题。五大类母题之内，较大类属的母题视其数量的多寡，一般以 50 进制或者

100 进制来编码，例如：300—349 宇宙的初始状况与构造，350—399 宇宙的起源，400—599 天界诸物的起源，600—849 地界诸物的起源，850—1049 世界的毁灭与重建。第二，在各较大类属之下，母题以 10 或几十进制来编码，编码的安排是按照从一般到具体，或者从初始到终结的逻辑顺序排列。因此，以 "0" 结尾的编码，通常表示该类属中较一般性的母题，例如：0 创世者，10 创世者的起源，20 创世者的性质，30 创世者的同伴，……60 创世者的死亡或离开，等等。第三，在十进制以内，编码的安排也遵照从一般到具体的逻辑顺序排列。第四，每个较大类属的母题之后一般留有空号，以备未来的补充。本索引在母题编码、分类、表述以及编排等方面都有新的创造。编纂者创用统一的编码体系，母题的表述参考了中国学界的常用术语，例如补天、治水、射日、奔月、三足乌、宇宙树等母题的表述。本索引在诸多母题之下，以 "对照" 字样标出了汤普森母题索引⑤、艾伯华故事类型索引⑥中的相同或相似母题，以便读者扩展阅读。"参照" 字样表示本索引体系内部可以互相参考的相关母题，以方便使用者获得更丰富

① ［德］艾伯华：《中国民间故事类型》（W. Eberhard: *Typen chinesischer Volks marchen*，FFC120，Helsinki，1937），王燕生、周祖生译，商务印书馆 1999 年版。

② ［美］丁乃通编著：《中国民间故事类型索引》，郑建威等译，华中师范大学出版社 2008 年版。

③ 刘魁立：《世界各国民间故事情节类型索引述评》，载《刘魁立民俗学论集》，上海文艺出版社 1998 年版，第 376 页。

④ 金荣华：《中国民间故事集成类型索引》（一），（台北）中国口传文学学会 2000 年版。金荣华：《中国民间故事集成类型索引》（二），（台北）中国口传文学学会 2002 年版。金荣华：《中国民间故事与故事分类》，（台北）中国口传文学学会 2003 年版。

⑤ *Motif-Index of Folk-Literature: A Classification of Narrative Elements in Folktales，Ballads，Myths，Fables，Mediaeval Romances，Exempla，Fabliaux，Jest-books and Local Legends*，1932 ~ 1937，rev. Bloomington: Indiana University Press，1955 – 1958.

⑥ ［德］艾伯华：《中国民间故事类型》，王燕生、周祖生译，商务印书馆 1999 年版。

的关联信息。①

编纂者根据自己长期从事神话研究的经验，对中国神话中反复出现的母题进行抽绎和分类，在母题的表述和编排上尽力反映中国神话的特点。《索引》根据中国神话的实际情况，对于汤普森索引做了许多修改和补充。汤普森的母题索引所参考的著述和期刊多达上千种，然而其中有关中国的资料十分有限，母题编排上不够简约扼要，资料的局限为汤氏的索引带来了许多欠缺。该索引并未充分展示中国神话母题的特点，比如中国神话中流布广泛而且形式多样的补天母题、始祖卜婚母题、射日等，在该索引中几乎完全未得到反映；中国神话中十分丰富的神祇的婚姻母题、治水母题、感生母题、神的死亡母题、创世者的死亡、神的死亡或离去等，汤氏索引中都较少，而且呈现分散，不便查找。编纂者还说明了材料来源、性质和使用原则，资料上力求反映半个世纪中国神话学和中国民间文学搜集整理研究的新成果，兼顾古代典籍②、三套集成③和口承神话的材料。另外，这部成果总归是阶段性成果，其后续的工作方向，编纂者均有明确的交代。

二　神话与神话的分类

对于神话的界定，人们往往根据需要做出，但是所有的界定都反映了人们对于神话的某个方面的强调，或者基于某个学科的需要。最为简单的说法是，神话是关于起源的故事。人类学的定义强调神话是相对于宗教仪式和特定空间的象征性的表达。历史唯物主义认为神话是人们对自然和社会形式的不自觉的艺术加工。关于神话，《索引》作者给出了一个相对具体的范围：它属于文化表达样式，是关于神祇、始祖、文化英雄、神圣动物及其活动的叙事，通过叙述一个或一系列有关创造时刻遗迹这一时刻之前的故事，解释神祇、宇宙、人类（包括特定族群）、文化和动植物的最初起源，以及现时世间秩序的最初奠定。④ 关于神话，没有永恒不变的定义，从材料出发做出切近特定研究目的来界定什么是神话，那倒是一种智慧的选择。对于民俗学分类工作，一种可以操作的实用的定义是非常必要的。神话是这样，母题的界定也是这样。

按照《索引》编纂者的理解，"中国神话"⑤ 是国家地理的、区域性的概念，也是历史地理的概念。对神话研究而言，

① "参照"大致有两种情况：一是母题内容相关，例如"234.1 多月并出，为害人间"，与它相互参照的母题有 482（从前，有多个月亮）、495.1（从前，月亮的热量给人类带来了灾难）、952（太阳或月亮的暴晒毁灭了人类或宇宙）。第二种是有些母题内容相似但着重点不同，按照逻辑被放在不同的地方，为避免重复，就只在一个地方详细列明相关信息，另一处的母题细分和出处情况则做简略处理，让其与另一处互相参照，比如"251 文化英雄发明农具"与"1560 农具的发明"相互参照，"250 文化英雄发明文化"与 1400—1899 的"文化的起源"整体上相互参照。

② 目前该索引涉及的古籍有 83 种以上，包括了从先秦时期的《易经》《尚书》直到清代严可均的《全上古三代秦汉三国六朝文》等。

③ "三套集成"工程是由文化部、民族事务委员会与中国文学艺术界联合会联合主办、由中国民间文艺研究会具体执行的民间文学搜集整理工程，于 1984 年开始，2004 年基本结束，搜集成果陆续汇编成民间故事集成资料卷、民间歌谣集成资料卷、民间谚语集成资料卷。

④ 杨利慧、张成福编著：《中国神话母题索引》，陕西师范大学出版社 2013 年版，第 7 页。

⑤ 该书所说的"中国神话"，指的是在现今中国的国家地理版图和行政辖区范围内，那些曾经和正在流传的神话。它不仅包括这一广大地域内的古代神话，也包括现代依然传承的神话；不仅包括汉民族的神话，也包括其他少数民族的神话。

中国代表了一种文明，主要是指农耕文明，当然这之外还有渔猎采集、刀耕火种、高原和草原游牧、海洋渔业等多种文化的并存形态。与此同时，汉族主体民族之外，还有处于不同历史发展阶段的许多族群分布中国各地，其中许多是跨境民族，还有中国历史上的民族和民族之间的融合，这些都不断地塑造了中国文化的面貌。因此，中国神话不仅仅是汉字记录的典籍神话，更不用说，汉文典籍里记录的也不都是源于汉族的神话。中国神话学的创新之路首先要突破封闭、狭隘、单一文化观点的神话观念；要树立文化多样性的观点，重新探索民间口传神话和中国少数民族神话的丰富内涵。现在搜集整理的少数民族神话不仅体量巨大而且类型多样、古朴原始、保存完整、活态传承。举凡歌颂武功、追溯族源、描绘战争、反映社会、配合仪式、传承祖先遗训等类型的神话俯拾皆是。[1]

创世神话是以解释天地起源和万物起源为主的神话。神话研究者由于分析角度的差异，对创世神话的界定并不一致，表现为以下几种不同认识：（1）创世神话即开天辟地神话；（2）创世神话包括日月星辰及万物起源；（3）创世神话包括人类起源；（4）种子来源和习俗起源也属于创世神话，等等。中国创世神话问题是 20 世纪学术研究的新兴领域，可大致分为两个阶段：第一阶段的研究围绕中国上古的创世神话之有无，其存在的形态和分类，以汉字书写的古文献为主要对象。第二阶段的

研究从汉族创世神话的文献研究，拓展到两个新的方向：一是汉族的民间口传创世神话调查与研究，二是中国境内各少数民族创世神话的调查与研究。[2]

关于创世神话的分类：学界一般根据《新大英百科全书》中"创世神话与学说"词条的界定，将世界各地的创世神话划分为五种类型：（1）由至高的创世主所主宰的创世。（2）通过生成的创世（creation through emergence）。（3）世界父母的创世（creation by world parents）。（4）宇宙蛋的创世（creation from the cosmic egg）。（5）陆地潜水者的创世（creation by earth divers）。另外，叶舒宪提出尸体化生的创世作为创世神话的第六种形态。中国上古创世神话虽没有保存原始记载的故事形式，但其经哲学化和历史化后，转化出中国特有的帝王系谱和《易经》哲学的宇宙发生论。按照这样的理解，世界父母型创世神话在中国古书中亦有所反映[3]（参见《索引》356 世界的父母。参照汤 A625）。关于息壤与潜水捞泥神话，叶舒宪认为中国汉文典籍中有"鲧窃帝之息壤以堙洪水"的直接叙述，有证据说明息壤这个来自潜水捞泥创世神话的原型[4]（参见《索引》编号 621 潜水者：创世者派动物们去原始之水的底部取些土来。许多动物失败了，一种动物成功了。地球就由带上来的一点泥土形成。参照汤 A182 潜水者；《索引》编号 720 陆地起源，潜水者取出的土成为

---

① 王宪昭：《中国民族神话母题研究》，民族出版社 2006 年版，第 8 页。

② *China's Creation and Origin Myths*：*Cross-cultural Explorations in Oral and Written Traditions*，Ed. By Mineke Schipper，Ye Shuxian and Yin Hubin，Leiden and Boston：Brill，2011. p. xii.

③ 较完整的叙述见于《淮南子·精神训》：古未有天地之时，惟象无形，窈窈冥冥……有二神混生，经营天地……于是别为阴阳，离为八极，刚柔相成，万物乃形。这个记载虽已有哲学化色彩，但"混生"的二神作为拥抱成一体的世界父母，是天地阴阳的本源，万物形成的总原因，这一层蕴含只能出自世界父母型神话。

④ *China's Creation and Origin Myths*：*Cross-cultural Explorations in Oral and Written Traditions*，Ed. By Mineke Schipper，Ye Shuxian and Yin Hubin，Leiden and Boston：Brill，2011. pp. x－xi.

陆地）。

关于中国神话的分类，张光直把商周神话分为自然神话、神仙世界及其与人间世界分裂的神话、天灾与救世的神话、英雄神话。中国载籍神话以英雄神话数量最多，而且许多古代的英雄是更早的时候的神或动物、植物精灵的人化的结果，即所谓"神话的历史化"，这反映出"英雄即祖先"的特点。战国诸子百家兴起，哲学的产生也势必将神话历史化。一般史家都认为从黄帝到大禹的帝系是伪古史。黄帝、颛顼、唐尧、虞舜、夏禹，他们都是神话中的人物，在东周以后转化为历史人物。按照史家的观点，盘古氏、女娲氏为神话故事中的人物，先秦诸子未涉及，为后人编造出来的。"有巢氏""燧人氏""伏羲氏""神农氏"，这些都是人类历史发展中的不同历史阶段。对此，先秦诸子百家中的认识基本一致。自轩辕黄帝起，颛顼、帝喾、唐尧、虞舜、大禹……这都是中国有文字记载的历史。但是，常识告诉我们，它们是"伪古史"，古史即神话。至于轩辕黄帝，学界认识不一：认为黄帝是神话人物；认为黄帝之史事记载为历史传说，为传说中之人物；认为黄帝为真实的历史人物。中国创世和起源神话的主角是文化英雄，他们既是传说中的历史人物，也是神话中的重要角色。

由于地域因素、民族因素和流传因素的影响，导致创世神话分类的困难。若借用目前国内外一些民间故事分类学、神话学类型研究成果难免削足适履。这里明显存在分类标准的混杂和创世主体的交叉现象，如在中国创世神话中，"陆地潜水者"也可以包括"创世主"和"世界父母"，"宇宙蛋"与"通过生成的创世"也往往合而为一。不同分类角度和分类标准也会影响分类结果。因此，在创世神话分类问题上学界希望形成一个统一的标准。[①]

在世界上一些比较独立的地区，比如像波利尼西亚、中国、西非、芬兰、古希腊，创世故事都提到宇宙来自于一个巨大的蛋，蛋的形式也可能是一个椰子果，一块石头，或者是一种热带美洲的果子，叫作加拉巴果。在创世神话的领域当中，我们可以看到非常多相似的故事，比如在中国的各个民族之间，他们可能就分享了一个神话故事，或者说神话故事当中的一些要点，我们可以看到宇宙从一开始的混沌走向有秩序［参见《索引》编号370宇宙的自然创造，编号371宇宙从卵中产生（天地混沌如鸡子），编号373尸体化生宇宙。《索引》编号372宇宙从原始的混沌中出现。参照艾57型混沌（卵形世界），汤A801地球源于原始的混沌］。

《圣经》当中的创世神话源于巴比伦的故事，而在中国汉族与少数民族分享了神话的一些要素。为了证明各个民族的神话之间的相似点，我们可以举一些例子，首先这些是由一个部族或一个巨人的分裂、分解产生了世界万物，比如说印度的猿人，

---

①　Xianzhao, Wang. "Minority Creation Myths: An Approach to Classification." In *China's Creation and Origin Myths: Cross-cultural Explorations in Oral and Written Traditions*, Ed. By Mineke Schipper, Ye Shuxian and Yin Hubin, Leiden and Boston: Brill, 2011. pp. 197 – 218. 目前比较一致的做法是按创世的过程和形式，可分为8种类型，即（1）自然产生；（2）化生；（3）变形产生；（4）蛋生；（5）制造；（6）婚生；（7）孕生；（8）感生等。这些类型也可以继续划分。按创世主体将中国少数民族创世神话分为9种类型，即（1）无主体的创世；（2）神的创世；（3）神性人物的创世；（4）宗教人物的创世；（5）文化英雄的创世；（6）一般人的创世；（7）动物的创世；（8）植物的创世；（9）无生命物的创世等。上述9个类型还可以逐级细分出更小的类型。按创世的结果可分为4种类型，即（1）创造天地；（2）创造万物；（3）创造人类；（4）其他。

挪威神话中的巨人，他化自己的精血为世界万物，中国的例子就是盘古，身体化万物。尸体化生母题也是各个民族普遍流行的神话母题。高木敏雄把世界各民族的创世神话（即天地开辟神话）按照所反映的自然地理特征而划分为两大类别：海洋型与大陆型。在大陆型中又进一步细分出两个基本的亚型：尸体化生型和卵生（天地分离）型。最早记述盘古神话的三种文献材料（《五运历年记》《述异记》和《三五历纪》）所描绘的盘古创生宇宙的方式恰恰分别属于大陆型中的两个亚型，即《五运历年记》和《述异记》所载的尸体化生神话与《三五历纪》所载的卵生神话①（参见《索引》编号 373 尸体化生宇宙）。

洪水后人类再生神话是一个世界性的创世神话。故事内容为一场大洪水毁灭了整个世界，只有极少数人幸存，他们经过许多曲折又重新繁衍出新的人类。目前世界上已有 180 多个国家或民族发现了这类故事。神话基本结构：（1）洪水泛滥，人类灭绝；（2）仅有兄妹或者姐弟幸存下来；（3）兄妹结婚，繁衍人类。②叶舒宪认为，世界上许多民族的创世神话与洪水神话本为一个有机的叙述整体，其普遍逻辑程式是：创世→造人→人的罪过→惩罚性洪水→再创世（参见《索引》编号 900 洪水潮天。世界的毁灭与重建，洪水后人类再生）。

三　中国神话母题的整体面貌

在《索引》编纂者看来，古代神话的核心部分是创世神话，因此，中国神话的母题可以划分为诸神起源神话、宇宙起源神话、人类起源神话、文化起源神话和动植物起源神话。③在诸神（造物主、神、半神半人和文化英雄）的起源这一部分，《索引》分列几个类型的母题：创世者的角色特征（动物、蚂蚁、猴子、神鸟，龙头人身、龙头蛇身、狗头人身），来源（躯体化生，神来自天上，异类婚，智慧树），创世者的同伴、家庭、妻子、助手、创世者的死亡和离开，善恶创世者的冲突（《索引》编号 0—299 诸神起源母题）。关于诸神、始祖与文化英雄，《索引》分别从以下的逻辑顺序析出神话母题：神祇的诞生模式：感生受孕、托梦受孕、吞卵、鹰血滴身、触木而孕、履脚印受孕、卵生、胎生、腹生、滚磨成婚而生等；神的职司：天帝、日月星辰神、风雨雷电神、江河湖海神、东南西北中方位神、地神、农神、动物神、山神、媒神；以及神的本领、神的宝物、神的所作所为（追日、射日、射月、奔月、治水、补天、填海、盗食不死药、盗火、争斗杀戮）、神的死亡和离去（《索引》编号 100—299 诸神、始祖与文化英雄）。

该《索引》将诸神、始祖与文化英雄统合在一起，展示其相关的母题（100—299 诸神、始祖与文化英雄），这与汤氏索引中划分明确的创世者、一般的神、上界的神、下界的神、半神和文化英雄的做法不同，也免去了很多不必要的重复（例如 A112.10、神圣的孩子出世后即被驱逐；A511.2.1、文化英雄出世后即被遗弃）。在中国古代的神灵与祭祀传统中，天地诸

---

① ［日］高木敏雄：《比较神话学》，（东京）博文馆，明治三十七年（1904）。

② 参见陈建宪《论中国洪水故事圈——关于 568 篇异文的结构分析》，华中师范大学 2005 年博士学位论文，第 33—36 页。

③ 日本神话学家大林太良主张将神话划分为宇宙的起源、人类的起源、文化的起源三大类，见其《神话学入门》，林相泰、贾福水译，中国民间文艺出版社 1989 年版。何廷瑞认为神话可以分为四类：宇宙的起源、人类的起源、动植物的起源、文化的起源，见其 *A Comparative Study of Myths and Legends of Formosan Aborigines*，Taipei，The Orient Cultural Service，1971，pp. 29–30。

神诸圣、华夏族列祖列宗形成了完整的神灵谱系。初祖轩辕黄帝、始祖母嫘祖西陵氏、魃姑天女、女娲氏、神农氏、伏羲氏、羲和、大挠氏、仓颉、伶伦、少暤、颛顼、帝喾、尧帝、舜帝、夏禹、仙翁南星司寿、社稷神等，他们既是传说中的历史人物，也是神话中的重要角色。这些神灵出现在先秦古籍如《山海经》《左传》《国语》《楚辞》以及《吕氏春秋》中，也可以在汉代《淮南子》《史记》《汉书》《吴越春秋》，以及三国时代《三五历纪》以及魏晋六朝的《述异记》等古籍中看到他们的踪影。

关于宇宙起源神话，《索引》提供了一个整体的面貌：起初宇宙一片混沌，天地未分、人神未分、阴间阳世未分；后来天地间有了上、中、下三界，因此有了天梯、宇宙树、天柱、天庭、天河、天门。天界还有许多神物如蟠桃、仙果、生命树、麒麟、息壤、瑶池。神话中的宇宙是由一个到多个神创造的，是世界父母创造的。后来，因为人类的罪孽，因为神要复仇，因为生活不便，神绝地天通，天地分离。宇宙自然生成——它由一枚卵中生成（天地混沌如鸡子），阳清为天，阴浊为地；天的开启需要撑天柱，它由鳌足、虾脚、山、石、玉构成；日、月、星辰的产生形成了天体自然现象。关于太阳神话如此繁多。水的起源、江河湖海、陆地起源（息壤、潜水捞泥神话）构成了地界万物起源；世界的毁灭与重建，这是洪水后人类再生神话的主要内容。在中国神话里，一神创世、对偶神创世、群神创世等多种形态皆有，多样而具有典型意义。①

《索引》对于人类起源神话母题做了如下分类：神创造了人，神生育了人（始祖血亲婚配后生育人类：兄妹始祖生育人类、姐弟始祖生育人类、母子乱伦生育人类，始祖与太阳、月亮和星星姑娘结合生育了人类），人从卵中出生，人从天上降临，人类起源于神的尸体化生，人通过进化而产生，变化生人（动物变人），人从植物中出现（葫芦生人），人类身体特征的安排，人类生命期限的确定，人类麻烦的开始，人类两性区别的开始，人类的成长、成熟，死亡的起源，人类的精神和道德特点的起源，阶级的起源，生活秩序的奠定。世界是怎样形成的？造物主创世的原因？创世者厌倦了孤独，因为烦闷，为了找到歇息处。为了繁衍人类而创世。人类是从哪里来的？造人的原因？第一个原因，神可能非常孤单，他需要造出一些人来给他们作为同伴，以此来陪伴自己。第二种原因可能是神需要一些人来管理这个世界（对照：汤 A1201 人被创造出来以统治世界）。神话肯定地说明了"人"如何在一片混沌之中建立秩序，这个世界总是从混沌走向有秩序，又从有秩序走向一片混沌。首先我们说到神话当中的时间，它指的是一个开始，最初的时间，也就是说事件酝酿当中的时间，创世的结尾正好就是与人类时间顺序的开端是重合的。按照这样的理解，创世可以分为三个阶段：第一，一般性的起源，即神和天地万物为什么和怎样起源的？第一个生灵的起源和对它的描绘，男性、女性、恶魔、精灵、蟒古斯、巨人；善恶的起源。第二，神为何造人？人类是如何被造出来的？部落和民族的起源；文化和文化对象的起源。第三，远古的黄金时代，失去的乐园和人类麻烦的开始（饥饿、疾病、劳苦、其他灾难）；人类成长、成熟和死亡的起源；灾变与秩序的恢复。人类之间有非常多的共同点，在我们共享的这些东西当中，不管是我们的祖先还是我们现代的人类，这些共享的

---

① 乌丙安：《中国民间信仰》，上海人民出版社 1995 年版，第 101 页。

东西包括生理需要、恐惧和人类本能驱动，而且从学术角度来说，所有这一切都要服从于社会体系和文化结构和传统背景。从创世神话中我们可以看到，人们总是在寻求解释，解释这个世界和人们自己，我们总是在想谁创造了世界，谁创造了最初的人类，天神们住在哪里。按照类型学的方法对创世神话进行世界范围内的比较，那么，关于人类起源的问题则是中心内容。①

《索引》第四部分文化起源母题（编号1400—1899）从文化事象起源开始，内容涉及火的起源、人类食物的获得、饮食器具和生产工具的发明、生产方式的起源、中草药起源、语言文字、文学和艺术的起源。还有一类神话母题涉及时空秩序，如时间划分（年月日、二十四节气、历法、属相、昼夜）、空间的划分（四面八方的确立）；婚姻与生产和生活制度的建立，如风俗的起源：婚姻制度、丧葬习俗、其他人生仪礼习俗、信仰习俗的起源、饮食习俗的起源、服饰习俗的起源、居住习俗的起源、农业生产习俗的起源、岁时节日的起源、民间俗语的起源、法律和国家的起源。当然，《索引》主要涉及的还是农耕文明的传统习俗和经济文化类型。人们往往把人类历史上的一些发明创造，在漫长的进化过程中形成的某种制度，当作某一文化英雄一个人的一朝一夕的创造。燧人氏钻木取火、伏羲作网罟、神农尝百草、后稷教民稼穑、夏禹治水、黄帝作舟车、仓颉作书等，神话把这些发明创造归功于我们的祖先。

四 母题和母题分析的意义

什么是母题？母题是叙事的基本单位，通常由特殊的角色、事件或事物所构成，它们不仅反复出现，而且能够以其不同的排列组合形成各种类型的神话及其多面相的文本。关于母题的几个要素：叙事的基本单位、反复出现（在传承中独立存在）、表达意义。在特定叙事传统中，或者特定的体裁样式中，母题数量是相对有限的，母题是一个叙事系统之内的结构功能项，它确保了传统稳定性，它是意义和形式的统一体。神话的角色可以是动物、蚂蚁、猴子、神鸟、智慧树；形貌可以是龙头人身、龙头蛇身、狗头人身，它们可能来自天上，或是躯体化生、异类婚的产物；可以是巫婆、妖魔、神仙、可怜的孩子、残忍的父亲；中国神话中的许多角色，如伏羲、女娲、西王母、尧、舜、禹，都有或多或少的历史的影子。天地混沌如鸡子、洪水滔天、息壤、天梯（撑天柱）这样的典型场景，神的赶山鞭、宝船、神的马这样的有魔力的器物，饮食习俗源于神传错话这样的奇特信仰等也是常见的神话母题。神祇的诞生、抟土造人、补天、治水、绝地天通，这些构成了神话的叙事事件。在中国传统文化中，上帝或者天帝比较抽象，创世由盘古和其他神祇承担，造人的任务是由女娲这样的女神完成的。②《山海经》中出现的诸神及其业绩，如夸父追日、后羿射日、鲧禹治水、黄帝战蚩尤等既是神话事件，也是神话的母题和文化符号。类似洪水神话描述的情形，在《尚书·尧典》里即是尧时发生历史事件。

关于特定故事类型、同一个故事的异文的探讨离不开母题分析的方法。只有在母题分析过程中我们才能观察到核心母题与可变母题。用陈建宪的话说就是"任何一个故事类型，在其文本集合中都有常量

---

① Schipper, Mineke. "Humanity's Beginings in Creation and Origin myths from Around the World." In *China's Creation and Origin Myths: Cross-cultural Explorations in Oral and Written Traditions*, Ed. By Mineke Schipper, Ye Shuxian and Yin Hubin, Leiden and Boston: Brill, 2011. pp. 3 – 24.

② 王宪昭：《中国民族神话母题研究》，民族出版社2006年版，第31页。

和变量两种因素，所谓常量，就是只要属于这个类型就必须具有的情节元素，我们称其为不变母题"①。以中国洪水再殖型故事为例，洪水、遗民和再殖，是这个故事类型中不可缺少的元素，就是不变母题。可变母题有 7 个，即上面提到的：（A）洪水起因；（B）获救原因；（C）遗民；（D）避水方式；（E）难题求婚；（F）再殖方式；（G）事物解释。关于洪水起因还可以有许多可选项：（0）无起因；（1）原始之水；（2）天灾；（3）天神相争；（4）人神不和；（5）过失降洪；（6）动植物致洪；（7）其他起因。

母题的划分具有层级性。母题并不局限于民间故事中，母题可以分析许多民间文学的体裁样式，史诗里也充满了反复出现的段落，其中一些是母题，如英雄的诞生、英雄的武装和出征、婚礼、起死回生等。母题的层级划分在史诗研究领域是常见的。根据海希西教授的研究，蒙古史诗母题类型共有 14 大类，分别是：（1）时间；（2）英雄的出身；（3）英雄的家乡；（4）英雄（外貌、性格及财产）；（5）英雄的马同他的特殊关系；（6）启程远征；（7）助手及朋友；（8）受到威胁；（9）仇敌；（10）遇敌、战斗；（11）英雄的计策、魔力；（12）求婚；（13）婚礼；（14）返回家乡。由于海希西的母题分类还有若干个层次，人们可将这 14 大类称作一级母题。在这 14 个大类，即在一级母题的下面又分为 93 个母题类型，我们可将其称为二级母题。93 个母题类型或叫二级母题类型内部还分若干小母题，这样，三级母题类型数就达到 230 个。最后，三级母题内还分出若干个更小的母题，这样，蒙古史诗

的四级母题类型数总共达到了 275 个之多。②

母题在文化之间的共享性与母题所反映的民族、文化和历史的专属性，这二者之间是同一个事物的两个方面。分类学在一定意义上强调的是通约性和标准化，也就是强调普遍性的原则。从哲学的角度，人们可以说总体高于个体、理性优于感性；具体事物要从普遍性中获得意义。神话的类型和母题的分类也遵循这样的规则。雷同性是民俗学主要探讨的问题。神话作为世界上普遍存在的文学样式，更多地体现了这种普遍存在的类型化的特征。但是，作为人文传统的一个部分，神话及其分类还需要坚持文化多样性的原则，这就是要考虑到民族、文化和历史的专属性。人文学属于历史科学，历史、区域和民族这些要素，都难以摆脱历史和时代的发展和演变规律。民族作为历史共同体的概念，它至少包含了一个共同体从氏族、部落、部落联盟到民族和国家的历史发展过程，这些在传承至今的世界各地不同民族和社会的神话中有着丰富的例证。神话反映了初民的诗性智慧；它是人类精神成长的古老形式，是前科学社会的世界观；神话的本质是真实，它与人们的信仰、道德、行为等一起，体现了精神价值。人与自然、人与人的社会关系以及人的心理和精神世界，这些都可以从神话里去体验。

每一种信仰都会产生相应的神话。突厥语民族盛行萨满文化，流行天崇拜以及日月星辰崇拜。满族和朝鲜族曾经信仰萨满教，流行天体崇拜。女娲神话流传于西南各个民族之中更是尽人皆知了。由动物崇拜和对生育的神圣性联想产生的人兽婚

---

① 陈建宪：《论中国洪水故事圈——关于 568 篇异文的结构分析》，华中师范大学 2005 年博士学位论文，第 33—36 页。

② ［德］瓦尔特·海希西：《关于蒙古史诗中母题结构类型的一些看法》，参见中国社会科学院少数民族文学研究所编印《民族文学译丛》第一集 1983 年版，第 357 页。

配繁衍后代的母题是各民族神话中常见的。壮族崇拜青蛙即有《青蛙皇帝》来叙述青蛙与公主结婚和繁衍后代。① 中国南北民族文化的差异也体现在人兽婚母题——北方民族多以熊、狼、虎为婚配对象，而南方民族则有蛇郎、羽衣女、螺女、蛙神等。游牧文化中的苍狼、雄鹰、天鹅等是崇拜对象。还有以熊虎为始祖的北方民族。感生神话即为普遍存在的母题。如满族神话佛库仑含红果而生布库里恩顺；高句丽始祖朱蒙乃其母感日光受孕而生。汉族、满族和朝鲜族始祖诞生神话有相似的母题，如感生和卵生母题。洪水神话涉及人类再生母题，是与兄妹婚联系起来的。这反映了原始时代的社会和婚姻形态。兄妹婚神话、抟土造人神话、射日神话，它们不仅是特定类型的神话，同时，也因为广泛的流布而形成丰富多样的异文。洪水后人类再殖神话在南方农耕文化的各个民族中广泛流传。同样，射日神话也普遍流传。② 汉文典籍里的神话，大致包含了自然崇拜、神和始祖崇拜、文化英雄和天地众神崇拜。

母题分析的方法论意义需要重新反思。母题分析需要从具体的微观分析入手，但是，就神话母题分析来说，分析者对于世界神话的学术史、中国和世界神话发展的整体面貌、民间文学类型分析方法论，这样一些综合性的问题需要有全面的修养；更不要说，中国神话的研究和分类，需要古代文学、文献学、民间文学的多方面的基础。神话母题分类索引工作是一项综合性的学术实践。这项工作需要的是背景清楚、方向正确和方法得当。第一，母题已经成为民俗学方法的代名词，是一百多年来世界通行的、经过无数次验证的分析工具；第二，母题分析最适合跨文化的比较研究，是揭示民间文学雷同性等重要问题的一把钥匙。它的普遍性更适合于神话这样的世界普遍存在的体裁样式。它的有效性是跨文化的，其意义是多学科的。第三，母题分析在很大程度上是经验性的和实证的研究。它在操作层面和可行性方面要求更加严格。同时，也在比较大的层面上克服了哲学和美学研究的形而上学的抽象性。③

当然，母题研究所需要的材料，不仅需要数量的足够庞大、采集范围的广泛和具有代表性，更加需要文本的本真性。总之，资料的科学程度决定了母题分析的可靠性。但是，我们得承认这样一个事实：理论家想象中的理想化的科学文本是一回事，实际获得的具体材料是另外一回事。另外，分析母题，分析者对于神话母题的整体面貌了解的程度也决定了分析的全面准确程度。大而言之，对于特定文化的理解深度和广度也直接影响了对于神话的理解。汉文典籍神话的一个缺陷便是它不是口传叙述的直接采录和记录，因此，我们今天看到的古籍里诉诸文字的神话文本带有文学化、历史化和哲学化色彩。中国上古神话很少来自古人的直接记录，大多来自商周以后纸上的材料，东周到战国，材料增加，先秦典籍中已经有不少当时的宗教与神话的内容。盘古开天辟地神话见于唐代《艺文类聚》引徐整《三五历纪》中的简单记述。女娲补天神话始见于《淮南

---

① 王宪昭：《中国民族神话母题研究》，民族出版社 2006 年版，第 23 页。

② 同上。

③ 《索引》编纂者从资料中辨识和析出母题的呢？我们的基本做法是：第一，首先搜集并阅读大量神话文本，无论其地域和民族的差异。第二，比较文本的异同，从反复出现的雷同或相似的叙事元素中析出母题。母题的辨析需要经验。当积累了大量的阅读经验之后，对母题的分辨力也迅速增长。第三，从"神话"中析出母题。

子·览冥训》，是断片故事。女娲抟土造人神话始见于《风俗通》的零散记载。神话中的诸神及其起源是按照神话思维建构的，其中充满了诗性的智慧。

再者，母题这个概念的主观性也是先在的。试图给母题规定出精确无比的定义，这并非明智之举，因为人们对同一个概念的理解，不仅由于语言的不同而产生分歧，也由于文化传统的不同而产生差别化的理解和处理。这就像人们认识到自由和民主是普遍的价值观念，但是各个文明之间则有理解上的差别。更不要说贯彻民主的实践更是多元的。汤普森《民间故事母题索引》列出 23 大类，22978 个母题，其中关于神话类的母题有 2899 个，这本身带有个人主观性。更何况母题分析暂时把历时的要素排除在外，因此，它的片面性也是先在的。因此，母题分析要将理论与实际操作相结合，宏观把握与微观分析相结合，严格规范与灵活掌握相结合，传统典籍材料与现代社会中搜集的口传材料相结合，外国理论与本土经验相互印证。人文研究没有放之四海皆准的教条，只有不断接近理想的目标。总之，把握大方向是重要的。这就是寻找神话的共性和规律。

（原载《民间文化论坛》
2014 年第 6 期；
供稿：尹虎彬）

【中国神话母题 W 编目】

王宪昭著，中国社会科学出版社 2014 年 4 月版

王宪昭是中国社会科学院民族文学研究所研究员、民族文学研究所资料中心主任，多年来潜心神话学理论的阅读与阐释，在中国神话母题研究和编目研究中颇有建树。近几年来，他主持完成国家社科基金青年项目《中国少数民族口传文化母题研究》、国家社科基金后期资助项目《少数民族人类起源神话研究》等多项国家级课

题，出版《中国民族神话母题研究》《中国各民族神话传说典型母题统计数据》等神话学专著。目前已完成中国各民族神话母题分类、编码以及典型神话类型的数据库建设工作，2013 年 12 月由中国社会科学出版社出版的《中国神话母题 W 编目》（以下简称《W 编目》）可谓神话母题研究的代表作。

一　神话母题研究的缘起和阶段成果

王宪昭的学术思想与当代社会对传统文化的传承、发展的关怀和意识紧密相关。纵观他的学术历程，始终将多民族神话比较研究作为中华民族大文化研究的出发点，并把寻找民族文化脉络、追溯民族文化之根和探求民族文化发展之路的思想一以贯之。中国各民族神话承载着中国社会和民族文化的精髓，作为民族文化的"基因"，神话"母题"总是"反复出现"在不同历史时期甚至不同形式的文艺作品中，成为世界民族文化、文学比较研究的关键词。早在 20 世纪 30 年代，美国学者汤普森整理出版了六卷本《民间文学母题索引》（以下简称《索引》），列出两万余条母题，建立了母题系统，开世界民间文学母题研究之先河。

刘魁立曾指出，就民间文学作品的深层研究而言"母题比情节具有更广泛的国际性"。就中国目前该领域学术研究而言，如何系统地梳理中国民间文学母题仍是一块充满开发前景却布满荆棘的生地。王宪昭以此为志，二十余年潜心研究，大量解读神话文本，以"反复出现"为标准，从中国各民族神话资料中披沙拣金，建立了一个系统的中国神话母题数据库，制作完成了开放性的《W 编目》。该编目的资料由中国各民族 12600 余篇的神话文本构成，基本涵盖了正式出版的《中国民间故事集成》（省、市、县卷本）、《中华民族故事大系》和他本人在近 30 年来采录的全国40 多个少数民族神话资料。《W 编目》共

整理出 33000 多个神话母题，涉及 12 万余个典型母题案例，成为中国各民族包括一些中国古代民族的神话母题名称、编码与检索工具书，也是中国第一部在当代搜集整理的活态口传神话文本基础上提取中国各民族神话母题名称与系统拟定母题代码的神话学著作。

二　新技术的运用与方法论的再认识

王宪昭特别重视新技术在社会科学研究中的使用。从 20 世纪 90 年代开始的神话文本数字化，将母题卡片记忆变为计算机检索以及计算机数据处理，极大提高了神话元素关联与类型梳理的效率，《W 编目》的创作也可以说是用现代技术生成新方法的一次实践。表现在以下三个方面：

一是母题分类与计算机处理系统的协调。《W 编目》参照民间叙事 AT 分类法、《索引》，同时按照中国神话母题发生的内在逻辑并结合计算机软件和程序的特征，将所有母题重新整理为 10 类。这 10 类母题的名称是用自然数与母题名称相结合形成。每一层级下，单个母题代码则由字母 W 和数字编码组成。这样的设计可以让我们根据母题指涉的内容迅速找到它的归属类别，确定它的准确定位，同时有效地避免网络中其他关键词的重复问题。二是在数据库中设定母题的分级系统。根据母题作为基本单位的可拆分性，"母题描述" 又划分为 "一级母题""二级母题" 和 "三级母题"，三级母题以下不再细分，对一些值得关注的更小层级的母题用 "关联项·引例" 的形式在注释中标注。这样就使得研究者可以迅速找到与母题相关的各民族文本中的相关信息，通过母题和关联项的联系可以比较系统性地解读母题的内涵和意义。三是对应《W 编目》的源文本资料数据库《中国神话母题 W 编目实例》（以下简称《编目实例》）的建设。《编目实例》是母题编目的实证性丛书，共设计有 10 卷与编目中的 10 个母题类型相呼应，

如《神与神性人物母题 W0 编目实例》等。在数据库中，《编目实例》可以为读者提供完整的文本信息资料。这些工作目前只是以著作的形式在纸质媒介上呈现和传播，但它的整体设计是凭借计算机和相关软件完成的。王宪昭认为："神话母题 W 编目的重点是通过不断调试母题编目系统，构建神话母题的分类系统并不断强化母题间的关联性和逻辑关系，将来在计算机和网络上，实现中国各民族海量神话母题及相关信息的便捷检索、交互对话和广泛应用。"这种基于现代技术的资料学研究的新手段，是神话研究方法的新的生长点，对于神话全方位整体研究乃至民族文化的纵深研究、前瞻性研究有着积极的作用。他应用资料学方法强化神话文本的分类和梳理，研制资料的板块结构，经过资料理论结构和研制数据模型，建立起的现代信息技术条件下神话资料数据库，使神话母题信息体现出表述功能的整体性、关键词语交互检索的便捷性、逻辑关系的相关性等特征，这对中国神话母题研究方法而言，也可说是一次技术性革命。

三　文化意义的彰显和社会人文关怀

琐碎繁难的神话母题库建设寄寓了王宪昭对社会文化传承与发展的深入思考。他多次强调，"母题" 是文化的基因，文化传承实质是文化基因的传递。中国各民族神话母题在社会生活和文化领域被广泛应用，蕴涵着极为丰富的内容，不仅有丰富的民族历史、民族生活、民族关系，而且还包含着多彩的民族文化和民族情感。如何在世界文化交流的背景下更好地继承这些文化基因，如何使它们在当代社会文化传承与创新过程中体现出其活力与魅力，是研究的本旨所在。

对神话母题数据库的建设不仅是对已有知识系统的再梳理，更重要的是通过母题研究的视角，重新梳理各民族的文化传统，促进当代文化的繁荣与发展。《W 编

目》能够实现神话母题在文本中的定位，同时具有关联项引导功能，既可以比较分析同一母题名称在不同民族口头传统中的共性和个性，找到文化交流的切入点，也可以通过母题的综合比较与梳理促进当今文艺创作与文化创新。

王宪昭在创制中国各民族神话母题系统的同时，又与世界民间文学的母题系统对接、交流，将 W 编目与国际流行的母题编码系统接轨，据此可以把中国各民族神话重新在世界文化传统中定位，进而为研究者突破本国各民族的神话母题研究范围，在更高的层面提升母题研究的应用价值，为中国本土文化走向世界作出积极的学术实践。

（原载《中国社会科学报》
2014 年 11 月 24 日第 B01 版；
供稿：侯姝慧）

【现代口承神话的民族志研究——以四个汉族社区为个案】
杨利慧　张　霞　徐　芳　李红武　仝云丽著，陕西师范大学出版总社有限公司 2011 年 3 月版

在当下急速发展的中国社会中，神话传统发生了什么样的变化？为了探求这一问题，神话学者杨利慧带领着她指导的四位研究生：张霞、徐芳、李红武、仝云丽，历经十年，打磨完成了《现代口承神话的民族志研究——以四个汉族社区为个案》[①]（以下简称《现代口承神话》）。这本书值得用"厚重"二字形容，"厚重"不仅指篇幅的丰厚——全书逾 36 万字，由导论与

四个不同的个案及一篇附录构成，是作者们长期磨砺的成果，也指体现在研究中的深刻思想与独到见解——全书以探寻社会剧变中的神话传统为己任，对神话学的一系列基本问题，例如神话的界定、讲述人的分类、神话在现实社会中的作用等等，进行了全新的思考。

一　朝向当下的学科抱负

中国神话学诞生于中国"三千年未有之大变局"的现代转型之中，它创生之初的重要使命，是为现代民族国家的建构提供文化之源。因而，长期以来，神话往往被看作不容动摇的经典来看待，神话学的研究也多侧重于文本，且以溯源性的考证与文化内涵的阐释为主。相关研究虽然硕果累累，但多数是以"过去"为视角指向。学者们对那些在现实中鲜活流传的口承神话，尤其是存活于汉民族中的神话并没有给予足够的重视。

从博士论文《女娲的神话与信仰》开始，杨利慧就意识到了这一缺陷，在此后一系列的著述中，她一直致力于将神话学建设成为一门朝向当下的"现在学"。[②]《现代口承神话》一书关注于现代中国汉民族的口承神话，并借鉴了海外民俗学的重要方法——"表演理论"（Performance Theory），引入了"表演"的视角展开研究。不同于以往以文本为中心的研究，表演理论提倡以表演为中心，关注口头艺术文本在特定情境中的动态形成过程及其形式的实际应用。[③] 相应的，全书的考察重点也从以往神话学中比较常见的对文本的

①　杨利慧、张霞、徐芳、李红武、仝云丽：《现代口承神话的民族志研究——以四个汉族社区为个案》，陕西师范大学出版社 2011 年版。该书收入叶舒宪主编的"十二五"国家重点图书出版规划项目"神话学文库"。
②　正如吕微在该书的序言中正确指出的：作为晚年钟敬文的学生，杨利慧的这一努力显然继承了钟敬文关于民俗学是现在学的思考。
③　杨利慧、张霞、徐芳、李红武、仝云丽：《现代口承神话的民族志研究——以四个汉族社区为个案》，陕西师范大学出版社 2011 年版，第 13—14 页。

历史变迁和文化内涵的追溯与阐发，转向了对以下问题的探讨：现代口承神话的传承和变异是如何在一个个特定的社区中发生的？神话的变迁与特定情境以及社区的历史、社会、政治之间存在着怎样的关系？古老的神话是如何在新的语境下被重新讲述？……①可以说，"表演"视角的引入达到了以下的目的：第一，它将神话从经典的"神坛"上解救出来，把神话还原到了其生存的具体社区中；第二，扭转了神话学"向后看"的视角，使其成为"向前看"的学科——在书中，神话不再是记录在文本中的"遗留物"，而是处于不断被创新和重建过程中的文化现象，由此，它激活了神话学在当代的生命力，使学者们转而注重神话的新生与重构，以及各种社会权力关系在表演过程中的交织与协调，也使神话学介入到了对当代社会变迁的关注中。

需要强调的是，该书的作者们并没有放弃历史的维度，研究者们不仅从共时性的角度分析了神话在具体社区中的表演与讲述，也从历时性的角度探讨了神话是如何在与社区传统的互动中发生流变的。如在《神话、庙会与社会的变迁（1930—2005）》中，仝云丽结合时代的政治与文化语境，梳理了 20 世纪 30 年代以来河南淮阳人祖神话的变迁。正如杨利慧在另一篇文章中所倡导的，当代的民间文学研究需要"把中国学者注重长时段的历史研究的长处与表演理论注重'情境性语境'（the situated context）和具体表演时刻（the very moment）的视角结合起来，把宏观的、大范围的历史—地理比较研究与特定区域（community）的民族志研究结合起来。"②《现代口承神话》很好地体现了历时与共时相结合的追求。

二 从田野出发的本土立场

《现代口承神话》的另一点可贵之处，是从田野出发的本土立场。经验研究是理论建构的基础，正如理查德·鲍曼（Richard Bauman）指出的："话语实践的形式、社会功能和文化意义在不同的文化中具有差异，需要通过民族志的考察经验性地发现，而无法假定或者预设。"③

我们看到，该书的理论探讨完全立足于田野。四位合作者分别选取了四川、陕西、山西、河南的具体社区，通过较长时间的田野作业来获取相关资料，以民族志的形式来呈现田野中的经验。无论是张霞对魏大爷的跟踪调查，还是李红武对不同社会地位、知识背景的讲述人的访谈，全都立足于扎实的田野作业，且调查并不局限于对神话文本的搜集，还包括对社区的历史传统、讲述人的个性与教育背景、艺术风格与社会文化实践等方面的长期调查。在学风日益浮躁的今天，这显得尤为难能可贵。

在此基础上，作者们从本土立场出发来解读这些田野经验，立足于中国神话学的学科需求，从经验研究中抽离出具有针对性的理论。如通过对具体社区中神话讲述和传承形态的考察，杨利慧进一步质疑了神话的经典定义，认为现实生活中人们的神话观是多样化的，神话并不能被笼统

---

① 杨利慧、张霞、徐芳、李红武、仝云丽：《现代口承神话的民族志研究——以四个汉族社区为个案》，陕西师范大学出版社 2011 年版，第 16 页。

② 杨利慧：《语境、过程、表演者与朝向当下的民俗学——表演理论与中国民俗学的当代转型》，《民俗研究》2011 年第 1 期，第 16 页。

③ ［美］理查德·鲍曼：《作为表演的口头艺术·中译本序》，《作为表演的口头艺术》，杨利慧、安德明译，广西师范大学出版社 2008 年版，第 18 页。

地概括为"神圣的叙事"。① 在个案研究的基础上，杨利慧还提出了神话的"积极承载者"与"消极承载者"这一对概念，用以指称具有不同讲述能力的讲述人，② 为口头传统讲述的研究提供了可分析的视角。而对于表演理论这一外来的理论学说，作者们也展开了反思，如杨利慧提出了"有限度的语境"这一概念，结合具体个案论述了语境在影响表演上的有限性。③ 张霞则从具体的讲述出发，对民俗学家斯卡拉（Anna-Leena Siikala）提出的自我距离（ego-distance，即讲述人与传统的距离）进行了反思，认为自我距离并不能涵盖所有情况。④

《现代口承神话》秉持了从田野出发的本土立场，展开了与海外理论的平等对话，反思了相关理论的局限。相关的经验积累与理论建树，显然对中国神话学乃至于中国民俗学的建设不无裨益。

三　多样化的研究视角

《现代口承神话》一书中的四个个案，虽然都关注于当代社区中的神话传统，却各有侧重，体现了多样化的研究视角。张霞的《讲述者与现代口承神话的变异——重庆市司鼓村的个案》关注于讲述人对神话的再创造；李红武的《现代口承神话的演述人及其神话观研究——陕西安康市伏羲山、女娲山区的个案》则探讨了讲述人的神话观对神话讲述的影响；徐芳的《民间传统的当代重建——山西洪洞县侯村女娲神话及其信仰的个案》聚焦于当代民间信仰复兴背景中民众对神话传统的重建；

全云丽的《神话、庙会与社会的变迁（1930—2005 年）——河南淮阳县人祖神话与庙会的个案》则关注于神话传统在半个多世纪以来的政治和社会文化语境中的变迁。

各篇文章都有鲜明的问题意识，从不同的角度切入当代神话，并借助表演的视角，联系起了微观的神话文体与宏观的社会文化，增进了研究者从多种途径理解、解读神话的可能性——学者既可以把表演作为考察文体的视角，从动态的视角分析文本的生产过程与组织方式，解决神话学学科的一些基本问题（如张霞与李红武）；也可以把神话作为考察社会变迁的窗口，探讨社会与文体之间的互动关系，从而使神话学积极参与到了对当代社会变迁的观察与阐释中（如徐芳与全云丽）。

美中不足，《现代口承神话》也存在着一些缺陷。最为显著的问题，就是一些作者对"语境"概念的理解显得过于狭隘。除杨利慧在附录中详细考察的淮阳人祖庙会上的神话讲述事件之外，全书的大部分民族志个案基本上是在马林诺夫斯基的意义上来使用"语境"的，即把语境等同于具体的表演情境，它可以脱离文本，成为一种对象化的存在，而没有认识到语境是参与者在社会互动的过程中协商性地呈现出来的。⑤ 在此基础上的表演研究，也就难免带上了社会—文化反映论的烙印。这样研究的长处是能捕捉表演与社区之间的关系，但其弊端也极为明显，即容易造

① 杨利慧、张霞、徐芳、李红武、全云丽：《现代口承神话的民族志研究——以四个汉族社区为个案》，陕西师范大学出版社 2011 年版，第 25 页。

② 同上书，第 22—25 页。

③ 同上书，第 20—22 页。

④ 同上书，第 85—87 页。

⑤ 对"语境"概念的反思，可参见吕微《史诗与神话——纳吉论"荷马传统中的神话"范例》，《民俗研究》2009 年第 4 期；王杰文：《"语境主义者"重返"文本"》，《青海社会科学》2013 年第 3 期。

成研究的机械化与模式化——该书的视角虽然多元，但对神话传统生存其间的语境的描写却相对单一——翻看各章的目录，我们就会发现：每篇文章都由社区历史—地理与日常生活的描述开头，继之以具体的表演/过程分析，基本沿袭了社区传统（决定）——表演（被决定）的反映论模式。

不过，瑕不掩瑜。总体而言，《现代口承神话》是一部具有重大开拓性的专著，它对现代社会剧变中的神话传统做出了卓有成绩的探索，并为"朝向当下"的神话学确立了一种重要的研究范式。"十年磨一剑"，如今这一研究完成之后，杨利慧又把视野转向了另一个领域——以遗产旅游和电子传媒为中心，考察中国神话传统在当代的传承与变迁。让我们拭目以待其下一个十年的丰硕成果。

（原载《民俗研究》
2014 年第 4 期；
供稿：祝鹏程）

【16—20 世纪的龙政治与中国形象】
施爱东著，生活·读书·新知三联书店
2014 年 1 月版

龙文化是中国传统文化的重要组成部分，龙的形象经历了帝王象征、民族象征、国家象征及每一个中国人的象征的多次转换，在中国历史上一直扮演着重要的角色。经过几千年的传承，龙已然成为凝聚中华民族的情感纽带，"龙的传人"的观念已经融入每个炎黄子孙的血液，成为一种民族自觉。一大批现代学者持续地对龙文化进行研究，从龙的起源、中国崇龙习俗等各个不同的角度，分析龙文化的内涵、结构、特征和意义，审视中华民族的精神特质，既是对民族文化传统的延续，也是增进民族认同感的一种方式。

与以往研究不同，施爱东独辟蹊径，对近代以来卷挟在国际关系中的"中国龙"形象及内涵变迁进行了系统梳理。他利用"东洋文库"和东京大学的藏书，广泛查阅了早期欧洲汉学典籍和海外汉学研究著作，从文化、政治的层面梳理了 16—20 世纪世界文化交流语境下，龙如何与中国的国家概念相联结，借助"层累造史"的视角，从三个发展阶段讨论促成"中国龙"文化形成、扩散的因素，著成《16—20 世纪的龙政治与中国形象》一书。著作凡 23 万字，视角独到，方法新颖，架构严谨，资料翔实，具有很高学术价值，是龙文化研究领域的前沿成果。

全书视野开阔，视角独到。作者撇开学术界龙文化研究的惯性，在世界政治、文化交流的语境下，从外部视角切入，综合考量 16—20 世纪中国龙文化的发展，概括这一历史时期逐步形成的具有国家、民族内涵的龙文化特质，提出"中国龙"的概念。所谓"中国龙"，是指用来代表中国或中华民族的龙，是中国龙文化的新属性。16—18 世纪欧洲人便开始将龙视作中国的国家象征。这种"外国人的中国观"在 19、20 世纪经由欧洲传到日本，再传入中国，并最终为中国人所接受。龙文化的内涵受到了来自本民族文化传统规约和世界其他国家民族指认的双重影响，实现了由代表阶级属性的"帝王龙"向具有国族属性的"中国龙"的转变。

龙作为皇权和帝王的象征符号，在中国历史上具有鲜明的政治色彩。通过来华传教士的报告、书信、游记，欧洲人很早就知道龙是"中国皇帝的纹章"。从 16—18 世纪的欧洲汉学典籍中可以发现，龙是中国皇权的象征已经成为西方社会的共识。1735 年，杜赫德在《中华帝国全志》中将龙之于中国与鹰之于罗马相提并论，第一次提出龙是"中国人的国家象征"，西方社会开始将龙的概念与作为国家的中国联结起来。19 世纪西方列强用枪炮打开了中国国门，中国沦为半殖民地。伴随着中国政治地位的衰落，被丑化的龙的形象与中国的国家形象联系了起来，西方社会对龙文化的指认影响了国内对龙的认知。第二次鸦片战争后，为方便大清水师与西方海军交涉，由奕䜣主持，制定了中国历史上第一面用以区分中国和外国的三角黄龙旗，龙开始从帝王的专属特权中分离出来。光绪十四年，由李鸿章等人主持，在《北洋海军章程》"国旗"条中规定了龙旗的样式，第一次在官方文件中正式将龙旗明确为"国旗"。义和团运动之后，皇权被大大削弱，商家则相约以爱国之名，高挂龙旗。大清王朝也逐渐认识到龙旗对于凝聚民心的作用，有意识地提倡各工商机构及学校等在国事庆典中悬挂龙旗，自此，龙旗作为国旗开始广泛地得到民众认可。

1911年辛亥革命胜利后，大清龙旗结束了它的历史使命。虽然如此，经过这段历史的洗礼，中国人把"龙"与民族、国家联系起来，龙成为民族、国家的象征物。抗日战争爆发前后，一批爱国知识分子为了凝聚民族力量，试图将图腾学说与民族象征进行捆绑宣传，闻一多等人使用图腾理论对"龙"的形象进行了有意义的解读，生产出中华民族的共同信仰"龙图腾"。这些学说有效地促进了龙的角色由"皇帝纹章"向"国家象征""民族象征"，乃至"每一个中国人的象征"的巨大转变。

在研究方法上，作者借鉴了顾颉刚先生"层累造史"的理论工具，又在材料的选择和使用上有所突破。他从外部视角切入，选用多种材料类型，使国外与国内资料相呼应，从文化的交流、对抗和重塑几方面切入，探讨了"中国龙"文化政治内涵的形成过程，发展了民俗学学科意义上的"历史演进"的研究方法。顾颉刚先生立足古代典籍文献，通过历时的梳理，揭示了孟姜女故事层累叠加的过程，开创了民俗研究的"历史演进法"。施爱东在研究"中国龙"文化形成过程时，从外部视角切入，参考国外各类具有史学价值的材料作为佐证，如汉学专著、图书、报刊、图片、漫画，等等，论述了西方社会对龙文化的指认在国内龙文化认知中产生的影响，继承并发展了历史演进的方法，科学地展示了16—20世纪龙由"帝王龙"向"中国龙"层累转变的过程。

在国外影响方面，作者对16—18世纪欧洲早期汉学典籍进行了细致的梳理，一一罗列书中有关中国龙形象的文摘，分析早期欧洲人对"中国龙"的理解进程；19世纪是西方漫画行业日趋成熟的时代，这一时期的各国民众正是通过各种时事画报上的漫画来认识中国的，作者在书中选用大量时事漫画，直观地展现当时国际社会对中国龙文化的理解；随着中国与国际社会的交流加深，各国相继出版了大量关于中国知识的图书，如德文图书《中国汉子》、美国图书《中国教会大学史：1850—1950》、法国图书《从空中和地上看中国》，等等，这些书籍成为研究中国文化的重要的外部资料。同时，在国内重塑方面，作者引用晚清政府针对国际形势下达的法令文件和爱国知识分子为救亡图存而创作的论著、论文，体现了在中外互动中，国内知识界对于龙形象的重塑。

书中第六、七两章，作者运用"层累造史"的研究方法，重现了"龙图腾"和"拿破仑睡狮论"两个知识发明的形成轨迹。书中"拿破仑睡狮论"观点的形成是"层累造史"研究的典型个案之一。1887年，曾纪泽在《中国先睡后醒论》中提到"愚以为中国不过似人酣睡"，这句话成为后来"睡狮论"的最初源头。1899年，梁启超在《动物谈》中创作了一则寓言，第一次将睡狮与中国联系起来，并因其文坛领袖的影响力，在国内外爱国知识分子中引起强烈反响。英国人邦德在《我们在中国的一份责任》中提到："拿破仑曾经说过'当中国动起来的时候，它将带动整个世界'。"这成为"拿破仑睡狮论"形成的契机，而史鸿轩又在此基础上对故事进行合理嫁接，造就了完整的"拿破仑睡狮论"。

从资料使用的可靠性和科学性方面看，该书占有资料特别翔实，不仅能够对研究资料进行量的统计和归纳，而且在量的研究基础上进行质的分析，大大增强了研究结果的科学性，更提出论证观点与论据在时段和语境上的一致性，保证结论的可靠性。这一点，作者在他与廖明君的对话《龙文化的语境与边界》中，对自己的研究过程和研究方法做了详细的说明。

作者充分利用日本东京大学和东洋文库收藏的有关中国近现代史方面的中日文资料和西方出版的有关中国的图书，希望以这些资料为基础，描摹出近代中国所处的政治文化背景和龙的形象演变轨迹。因此，作者耗费大量精力对这些资料进行了整理、统计和归纳。他力所能及地将涉及中国龙文化的文献资料都搜罗出来，对其进行归纳整理，将书中涉及龙的条目逐条罗列，并对此进行统计学分析。例如，作者统计出其中与地理龙脉相关的有多少条，与祈雨有关的有多少条，与皇帝纹章有关的有多少条，它们各自占所有材料中的比例有多大，以此分析什么是主流的龙文化观。用这样一些统计数据来说明龙的文化属性和政治地位，无疑更加具有科学性。在第二章，作者对涉及龙文摘的主题进行统计，以表格和数字的方式把所引用的每一部外国文献中有关中国龙的文字都罗列出来，直观地展现了西方社会对中国龙文化的理解，以此得出结论认为：16—18世纪外国人眼里面的中国龙，就是皇帝的纹章。相较于传统学术研究寻找材料佐证自己的观点，作者所采用的通过统计分析得出结论的方法，无疑更加具有说服力，文章的结论也更加准确。

此外，该书在海外中国学著作的选取上，也特别关注资料的代表性，如门多萨的《中华大帝国史》、利玛窦的《利玛窦中国札记》、基歇尔的《中国图说》和安文思的《中国新史》等，都是16—18世纪风靡欧洲的中国学著作，英国的《笨拙》、美国的《黄蜂》以及日本的《团团珍闻》等，则是19世纪影响极大的漫画杂志，通过对这些杂志的观点进行分析统计，作者概括出的当时西方社会对于中国的主流观点才是可信的，进而保障了结论的科学性。

作者在书中还着重强调，在学术写作过程中，用来论证观点的材料必须处于同一语境之下，这样的论据才是有效的。取自两种不同语境的材料不能用来解释同一现象。顾颉刚先生在研究"孟姜女故事"的转变时，将所得到的材料按照时间顺序排列得出结论，并未对所引用材料的使用语境进行筛选，使结论的可靠性大打折扣。在该书的写作中，作者为了确保材料和结论的可靠性，严格地控制了文章所采用材料的来源和性质。在统计龙在帝王动物园中的位置变迁时，将取材的重心限定在《二十四史》的《仪礼志》和《舆服制》里，用官修正史中相对均质的帝王对于龙的态度，来说明龙形象在宫廷文化中的历史变迁，确保了所用材料出于同一语境之下，提高了研究成果的可信度。

《16—20世纪的龙政治与中国形象》重新梳理了16世纪以来与中国相关的国内及海外龙文化文献资料，从外部视角出发，运用大量罕见的海外文献，结合"质"和"量"的研究，由宏观到微观，细致地梳理了16—20世纪世界大格局下龙文化政治内涵的逐层转变，提出了"中国龙"的文化概念，开阔了中国龙文化研究的视野；深刻剖析了"中国龙"层累形成的历时进程，将龙文化中所包含的政治和文化内涵淋漓尽致地展现在读者面前，开辟了中国龙文化研究的新路径。

（原载《民间文化论坛》
2015 年第 6 期；
供稿：武婷婷）

【中国古代民间故事类型】

顾希佳著，浙江大学出版社 2014 年 6 月版

《中国古代民间故事类型》是顾希佳继推出六卷本《中国古代民间故事长编》后贡献给故事学界的一部力作。该书兼有工具书和论著特点，上编是"中国古代民间故事类型表"和"中国古代民间故事类型索引"，下编是作者撰写的关于中国古代民间故事类型研究的系列论文。从事中国民间故事研究的学人一方面为古籍中民间故事文本的丰富蕴藏而欣喜，另一方面又为古代民间故事文本的散乱而头疼。我们要检索相关文本只能借助丁乃通的《中国民间故事类型索引》和艾伯华的《中国民间故事类型》及相关类书。上述两种故事研究工具书收录的古代民间故事文本数量只占少数，大量的古代民间故事文本未被吸纳进来。《中国古代民间故事类型》首次把散见于浩瀚典籍中的故事文本搜检出来，加以认定，并进行系统分类、编码，为故事学人查找古代民间故事文本提供了极大便利。

一　勾连故事类型索引的世界性与民族性

作为一部中国古代民间故事类型索引的工具书，首先面临的一大难题是如何对中国民间故事进行分类。丁乃通的《中国民间故事类型索引》和艾伯华的《中国民间故事类型》采用的是两套不同体系，前者采用的是国际通行的 AT 分类法，后者则依据中国民间故事自身特点来分类、命名。作者尽管意识到 AT 分类法存在适用于欧洲、依据角色来分类等缺陷，但鉴于 AT 分类法已成为国际通用的民间故事分类方法，在没有更科学的分类法出现的情况下，为了中外学人检索的便利，沿用 AT 分类法体系是最为合适的选择。确定依据 AT 分类法后，作者在"中国古代民间故事类型索引"中先列出每个故事类型的情节概要，然后以时间为序列出不同时期见诸典籍的相关故事文本。对当代还有传承的故事文本予以说明。对所列的故事类型名称，与丁乃通《中国民间故事类型索引》、金荣华《民间故事类型索引》和祁连休《中国民间故事类型研究》中所列不一致的予以说明，供学者对照使用。

接下来面临的问题是如何将中国古代典籍中具有中国特色的故事类型进行分类、编码。比如中国存在数量繁多的鬼故事，如鬼报恩、鬼母育儿、鬼交友、鬼复仇、鬼孝子、装鬼被吓、不怕鬼等类型，无法在 AT 分类体系中的某一类别下进行编码，作者针对鬼故事的民族性和情节特征，把鬼故事群置于幻想故事、宗教神仙故事、生活故事三大类中。幻想故事大类下单列出 36 个类型，宗教神仙故事大类下列渔夫和水鬼型，生活故事大类下增列宋定伯捉鬼、用鬼计捉鬼、巧惩偷食鬼等 8 个类型。这样的处理既保持和 AT 分类体系的一致，又保留了中国民间故事的特色。

二　增设新的类型

类型表采用 AT 分类法体系，凡是在丁乃通《中国民间故事类型索引》和金荣华《民间故事类型索引》中有明确故事编码的，一般沿袭采用。有的故事类型名称有所调整。凡是新增订的故事类型，一律暂时不设编码，在该类型面前加"○"。作者自己增设的类型有近 380 则，其中 AT1－299 型增加了猴子救月、屙金的动物等 9 则，幻想故事增加了 127 则，宗教神仙故事增加了 49 则，生活故事增加了 105 则，恶地主和恶魔的故事增加了 16 则，笑话、趣事增加了 70 则，呈现了中国古代民间故事类型的丰富和多样性。

三 对丁乃通故事类型索引命名的改进

作者在丁乃通《中国故事民间类型分类索引》分类体系及命名上做了些变动，使之更符合逻辑。如 AT1－299 型，在丁乃通的故事类型索引中是命名为动物故事，实际上所列的故事中有植物故事、身体两个部分不和等类型故事。顾希佳将 AT1—299 型统一命名为动植物及物品故事，这样的命名更加准确。此外，他把丁乃通的 AT850—999 传奇故事（爱情故事）命名为生活故事，在生活故事大类下设选女婿和嫁女儿的故事（AT850—869）、娶亲和巧媳妇的故事（AT870—879）、恋人忠贞和友人之真诚的故事（AT880—899）、有用的话（AT910—919）、聪明的言行（AT920—929）、命运的故事（AT930—949）、盗贼和谋杀的故事（AT950—969）、其他生活故事（AT970—999），把愚蠢妖魔故事（AT1000—1199）更名为恶地主和笨魔的故事。通过对丁乃通"民间故事类型索引表"的重新命名和增添新的故事类型，凸显了该书的工具书价值和科学性。

类型索引是从事民间故事研究非常重要的工具书，顾希佳几十年潜心中国古代故事文本的钩沉爬梳，为故事学的基础建设添砖加瓦，令人钦佩。随着三套集成工作的完成，《中国古代民间故事类型研究》《中国古代民间故事长编》和《中国古代民间故事类型》的出版为编纂一部最新的全面的中国民间故事类型索引工作奠定了良好基础。

（供稿：漆凌云）

【20 世纪新故事文体的衍变及其特征研究】
侯姝慧著，中国社会科学出版社 2014 年 3 月版

以《故事会》为标志，遍及中国城乡的新故事，是推进古老故事文学传统的一项伟大文化试验。特别是 20 世纪 80 年代《故事会》复刊后，新故事几乎遍及中国所有的车船码头、乡野闹市，广泛地影响着社会大众的生活。但在学术界，对新故事的评论研究近年来却寥寥无几。在这样的背景下，《20 世纪新故事文体的衍变及其特征研究》一书的出版颇有新意。

首先，作者在书中全面有力地展现了20 世纪中国新故事活动的历史风貌，将新故事文体，置于"五四"以来由中国社会急剧转型所带来的文化激荡与文化变革、追求"言文一致"、文学面向大众化的历史背景之下进行宏观考察，认为新故事是在建构工农兵群众为主体的理想社会的大语境下，对文学的语言、结构形式、主题意旨等进行重新建构的产物。并将从五四时期到 20 世纪末分为三个阶段进行文体特征的研究，第一阶段为 20 世纪二三十年代至解放战争结束，是新故事文体发生萌芽的阶段；第二阶段为新中国成立至"文化大革命"结束，是新故事文体初步确立、异化与蛰伏的阶段；第三阶段是改革开放至 21 世纪初，新故事文体逐渐向民间故事叙事传统回归与发展。基于三个阶段新故事文体特征研究，得出"新故事文体是在中国民间故事的基础上，借鉴传统叙事文学文体特征形成的具有民族特色的'口头—书面结合型'故事文学样式，是区别于纯书面叙事文学的新型文体，它与传统民间故事一起构成了具有中国特色的故事文学体系"的结论。该书论证厚实有力，具有一定的学术价值。

其次，口传文学与其书面化后的文学形态之间的关系属于当代民间文艺理论研究的重要组成部分。新故事与民间故事渊源深厚，民间故事是口承叙事文学，新故事是在口承故事基础上，吸取口承故事的创作和讲述机理而创造出的故事文学样式。作者坚持从故事文学内部解释新故事文体发生、发展的规律，这对学术界厘清新故事与民间故事、其他叙事文学类型之间的

关系，新故事文体特征的研究等基本问题起到积极的推动作用。该书将新故事定义为一种从口传文学到书写文学的过渡性文学样式，从文体的角度展开历史的、系统的、整体的研究，一方面这样的研究对当代故事学理论的更新有一定的价值和意义。另一方面，该书通过回顾 20 世纪新故事的文体史，使我们对这段历史时期内创作、刊发的以追求群众性和口头性为宗旨的新故事有了系统性的了解，这些新故事在被广大民众接受的过程中，文体本身的发展也遇到了种种难题，该书对新故事文体独立性的研究有利于这一文体继续在实践中发展。

研究方法上，作者使用了历史与共时、通俗文学与民间文学相交叉的研究方法。作者的导师黄永林在评价这本著作时指出："这种研究方法使作者能够在更加开阔的学术视野下理解新故事与民间故事之间的关系，更能体现出中国传统故事文学在现当代中国文学系统建构中的转变与价值所在。"① 作者关于新故事文体特征、新故事与民间故事关系的研究，不仅为新故事文体的独立发展提供了一定的理论依据，还对民间故事在文学意义上拓展研究空间提供了新的资源和视角，是一部具有较强现实意义和较高学术价值的著作。

该书的作者侯姝慧一直致力于民间故事的研究。从最初的山陕传统民间家庭生活故事研究，到对具有现代性的新故事研究，体现了她学术视野和研究理念的不断发展与更新。近年来，她对新故事这一研究课题给予持续关注，2012 年成功地申请并获批教育部人文社会科学青年基金项目"新故事出版机制的变迁与社会意识形态的建构"，2013 年、2014 年连续发表《1960 年代新故事创作机制与文体的民间性研究》②《新型社会意识形态的建构与中国新故事家研究——以 1950—1980 年代中期产生的第一批新故事家为例》③ 等高水准的论文，在新故事刊物机制、新故事主题、新故事家等方面进行了深入研究。刘守华曾指出的"新故事是推进古老故事文学传统的一项伟大文化实验"，该书作者的研究成果也体现了她在故事学领域中的不断进取和开拓的态势。

（供稿：王 旭）

【佛经故事与中国民间故事演变】
刘守华著，上海古籍出版社 2012 年 6 月版

一

宗教于一国的文化与文学具有重要影响，它既是人们自我救赎而求助的对象，又是人们思想升华与表达的载体，以其特有的哲学思维影响人们的逻辑和表达。中华民族的包容性与独创性在本土宗教与外来宗教的吸引与融合过程中，形成了文化整合在文学表达中的独特天地，这便是中国的宗教文学，其中以道教和佛教尤盛。20 世纪 80 年代文化比较研究的风气渐盛，从佛教与中国文学的宏观关系入手的研究专著如孙昌武《佛教与中国文学》④、蒋述卓《佛经传译与中古文学思潮》⑤、丁敏

① 侯姝慧：《20 世纪新故事文体的衍变及其特征研究·序二》，中国社会科学出版社 2014 年版，第 2 页。
② 侯姝慧：《1960 年代新故事创作机制与文体的民间性研究》，《文艺争鸣》2013 年第 3 期。
③ 侯姝慧、侯丽媛：《新型社会意识形态的建构与中国新故事家研究——以 1950—1980 年代中期产生的第一批新故事家为例》，《民族文学研究》2014 年第 3 期。
④ 孙昌武：《佛教与中国文学》，上海人民出版社 1988 年版。
⑤ 蒋述卓：《佛经传译与中古文学思潮》，江西人民出版社 1990 年版。

《佛教譬喻文学研究》① 初步展现出宗教与文学关系研究的锋芒。20 世纪 90 年代，詹石窗《道教文学史》②、张松辉《汉魏六朝道教与文学》③ 先后出版，关于"道教文学"等的概念辨析与文学史梳理，对道教诗歌、道教小说及道教的文学史梳理等主要借鉴和沿袭传统的中国文学研究模式和方法。

进入 21 世纪后，对于宗教与文学的关系研究更加细致，进入到中观研究层面，如佛教文学研究关注汉译佛经的文学性表达特点、佛经的主题、题材等，出版了吴海勇《中古汉译佛经叙事文学研究》④、侯传文《佛经的文学性解读》⑤、王立《宗教民俗文献与小说母题》⑥ 等专著，并开始涉足佛教与中国古典文学其他体裁的关系研究和佛教与民族和地域文学的关系研究，前者如俞晓红《佛教与唐五代白话小说研究》⑦，后者如郑筱筠《佛教与云南民族文学》⑧ 等，这些研究着力的主要是传统的诗歌、小说等体裁研究，对于信仰宗教的芸芸大众所享用的宗教文学——宗教传说和故事等的研究关注较少，可资借鉴者如梁丽玲对《杂宝藏经》《贤愚经》和汉译佛典动物故事等进行的系列研究⑨、阎云

翔《论印度那伽故事对中国龙王龙女故事的影响》⑩、叶绪民《印度寓言在世界上的流传和变异——从佛本生故事谈起》⑪ 等。

将宗教文学和文化与民间文学结合起来进行考察属于文学与宗教的跨学科比较研究，对于民间文学与宗教研究均具有特殊意义，同时也具有一定的难度，研究者至少需要两个方面的深厚积累，一为宗教典籍与文化，二为中国民间文学。在 20 世纪 50 年代，刘守华教授在初涉民间文学领域之时便注意到宗教与民族民间文化的重要关系，对宗教与文学之关系的研究随着 20 世纪 80 年代文化比较研究的逐步发展而展开，早在 1983 年即发表了《道教与中国民间故事传说》⑫ 一文，次年又发表了佛经故事与中国民间故事比较研究的论文，即《佛本生故事与傣族阿銮故事》⑬，此后，刘守华先生一直关注宗教与民间文化的关系，于 1991 年出版专著《道教与中国民间文学》，同时在佛教与民间故事的关系研究方面也不断有成果问世。21 世纪初，又以"佛经故事传译与中国民间故事演变"为课题，申请国家社科基金项目并获得通过，此后，先生在十余年的时间里，潜心于

① 丁敏：《佛教譬喻文学研究》，东初出版社 1996 年版。

② 詹石窗：《道教文学史》，上海文艺出版社 1992 年版。

③ 张松辉：《汉魏六朝道教与文学》，湖南师范大学出版社 1996 年版。

④ 吴海勇：《中古汉译佛经叙事文学研究》，学苑出版社 2004 年版。

⑤ 侯传文：《佛经的文学性解读》，中华书局 2004 年版。

⑥ 王立：《宗教民俗文献与小说母题》，吉林人民出版社 2001 年版。

⑦ 俞晓红：《佛教与唐五代白话小说研究》，人民出版社 2006 年版。

⑧ 郑筱筠：《佛教与云南民族文学》，新华出版社 2001 年版。

⑨ 梁丽玲：《〈杂宝藏经〉及其故事研究》与《〈贤愚经〉研究》，分别由法鼓文化事业股份有限公司于 1998 年和 2002 年出版；梁丽玲：《汉译佛典动物故事之研究》，（台北）文津出版社 2010 年版。

⑩ 阎云翔：《论印度那伽故事对中国龙王龙女故事的影响》，收入郁龙余编《中印文学关系源流》，湖南文艺出版社 1987 年版。

⑪ 叶绪民：《印度寓言在世界上的流传和变异——从佛本生故事谈起》，《外国文学研究》1988 年"比较文学专号"。

⑫ 刘守华：《道教与中国民间故事传说》，《思想战线》1983 年第 2 期。

⑬ 刘守华：《佛本生故事与傣族阿銮故事》，《民间文学论坛》1984 年第 1 期。

佛经典籍与民间故事的比较研究。

　　佛教与民间文化之关系的研究在 20 世纪 80 年代就受到美籍华裔学者丁乃通教授的关注，丁先生的《中国民间故事类型索引》一书即反映了二者间的关系。也正是因为认识到宗教典籍与民间文化纷繁复杂的关系，丁先生在中西蛇女故事的比较研究中大量运用佛教典籍的相关材料。但是，因受当时故事文本及汉译佛典文本的限制，丁先生经过检索与研究，认为中国流传的故事类型中仅 30 余个受到过印度传统的影响。通过对宗教故事与民间故事关系的追踪研究，刘守华先生从浩如烟海的佛经典籍中，一一析出源于印度民间故事的佛经故事文本，辑出 50 余个中印共通的故事类型。在此基础上，刘先生思考学界关于民间故事类同性形成原因的推论，指出"民间故事的类同性可以用相互交流影响、同源分流和不约而同地平行生成三种不同情况来解释。AT 分类法持故事类型的一元发生说，受到许多学人的合理质疑。就上述 52 个中印共通的故事类型来说，我们不能简单地说它们统统源于佛经。经过许多年的研究探索，学人们现在已经认识到，不能断定印度是世界民间故事的唯一源头，而只能把它作为世界民间故事的一个巨大蓄水池来看待"①，因此，《佛经故事与中国民间故事演变》有着多学科研究基础的积累和现阶段资料的全面性，必将成为此后民间故事与佛经故事关系研究、中国民间文化与印度文化比较研究的重要基础。

二

　　以类型研究为主，同时吸纳其他学者较为可靠的研究成果，融会贯通多种研究方法，这是刘守华先生在宗教与民间文学关系研究中所坚持的研究方法。刘守华先生的类型研究法师承丁乃通先生，长期在大量的材料搜求、类型整理等实践中，不断对这一研究方法本身进行反思与完善，取得了丰硕成果。同时，刘先生注重对其他学科研究成果的吸收与运用，在充分尊重他人成果的前提下，辨析使用包括丁乃通、汤普森、艾德华、钟敬文、金荣华等国内外学者在内的类型索引及相关研究成果，充分运用季羡林、常任侠、薛克翘等学者的中印文学比较研究成果和梁丽玲、吴海勇等学者的佛经典籍研究成果等。因此，在宗教文学与民间故事的比较研究中，虽以类型研究为主，但却能从多种视角观察宗教故事与中国民间故事的关系。

　　刘守华先生曾在《西北民族研究》等期刊上发表系列文章探讨佛经故事在中国民间故事中的流传与影响，并引起学界不同程度的反响，如《人与动物同舟共济——"感恩的动物忘恩的人"解析》②《神奇母题的历史根源》③《〈杂宝藏经〉与中国民间故事——佛经故事研究之二》④《佛经故事与哈萨克民间故事》⑤ 等文章，均是民间故事在宗教文化与民族文化等多个领域内交叉影响研究的成果，正是在《西北民族研究》等学术刊物的长期关注和支持下，随着这些论文的问世，刘守华先生所专注的中国民间故事与宗教文化的研究也得到越来越多的学者关注和认可。

　　《佛经故事与中国民间故事演变》的

---

①　刘守华：《佛经故事与中国民间故事演变》，上海古籍出版社 2012 年版，第 347 页。

②　刘守华：《人与动物同舟共济——"感恩的动物忘恩的人"解析》，《西北民族研究》2001 年第 2 期。

③　刘守华：《神奇母题的历史根源》，《西北民族研究》2002 年第 2 期。

④　刘守华：《〈杂宝藏经〉与中国民间故事——佛经故事研究之二》，《西北民族研究》2007 年第 2 期。

⑤　刘守华：《佛经故事与哈萨克民间故事》，《西北民族研究》2010 年第 1 期。

"自序"中提到："本项研究所运用的比较故事学方法，由现代民间文艺学中芬兰学派所倡导并行之有效的历史地理学派追寻故事生活史的方法变通而来。"坚持以历史地理学派的研究方法是刘守华教授在宗教文学与民间文学关系研究的主要特征，该方法于 20 世纪初由芬兰学者所创造和发扬，因此亦被称为芬兰学派。按照芬兰学派的方法编纂的民间文学工具书即 AT 分类法（*The Type of Folktale*）和《民间文学母题索引》（*Motif Index of Folk-Literature*），是目前民间文学研究的重要工具书，"类型"（type）与"母题"（motif）的概念也就成为民间故事研究的重要学术用语。刘守华先生在《比较故事学论考》中曾对这一学派作过详细介绍，并将之视为"当代比较故事学的主要代表"。作者不但注重大量汉译佛典，而且注重文本的流变途径和生存方式，强调"我们不应当忘记，古代印度佛教经典，还有译成藏文，由藏传佛教进入西藏，后来又转译成蒙文的；另在中国云南傣族地区，还有将巴利语系贝叶经直接译成傣文的。在清理印度佛经故事同各族民间故事的关联时，这几种文本也不应忽视"[①]，为尽可能真实描述佛经故事与中国民间故事之间的关系，《佛经故事与中国民间故事演变》对藏、傣、蒙等多个受佛教文化深远影响的民族进行研究，如对于傣族民间故事与佛经故事进行比较，通过对各种文本的流传途径进行研究，指出佛教经典的特征在云南傣族地区因小乘佛教信仰的氛围而被强化，这一结论是对其 30 年前研究结论的推进。

宗教故事在民间文化中的传播与民间信仰和民间文化精神密切相关，且与宗教故事本身的"民间性"与"故事性"在口头传播中的便捷性有关。如道教的八仙传说与张天师传说与道教信仰在民众生活中已经形成的民俗文化密不可分，佛经故事能在中国扎根和演化，一是因为佛经故事的部分故事本就是印度民间故事，传播到中国民间有其便捷性；二是佛经故事中大量的动物故事形态极易和中国的自然生态相结合，主题也具有可变性。

除了从类型和叙事方面进行考察，著者还从民俗与文化心理学的视角对文本资料进行差异分析。如关于印度佛经故事中时常流露出的对于妇女的歧视与偏见，在中国民间故事中并没有得到反映，"中国故事中的男人做坏事，大都是'好汉做事好汉当'，很少把妻子牵扯进去。故事传说里倒是有不少女人创造出了使浪子男人回头改邪归正的奇迹。'男尊女卑'的思想在中国社会中也有根深蒂固的影响，而民间文学中对女性的尊重却十分引人注目"[②]，这种具有文化学意义的结论并非轻易而下，而是由近半个世纪的故事学研究实践总结出来的，很值得故事研究者和文化研究者重视。

三

刘守华先生多年来持续进行宗教与民间文化的关系研究，其中道教与民间文学、佛教与民间文学之间的关系研究多为学人所重视，《道教与中国民间文化》一书对道教给予中国各族民众民间文学的广泛影响进行了较全面的述评，道教信仰在各类民间文学作品中都留下了踪迹，其中部分反映了民间的迷信思想，但更多地蕴含着民间积极进取的草根精神和超凡脱俗的艺术想象，肯定了道教在民族文化建设中的重要价值。全书将道教文化典籍与民间鲜活的口头资料相结合，从理论和资料等多方面为此后道教与民间文学的关系研究奠定了基础。近年来，道教与民间文学的关

---

① 刘守华：《佛经故事与中国民间故事演变》，上海古籍出版社 2012 年版，第 7 页。

② 同上书，第 25—26 页。

系研究方面的成果越来越多，如张泽洪的《道教唱道情与中国民间文化研究》①等，宗教与民间文化的关系研究也越来越向专门化、细致化发展。

《佛教故事与中国民间故事演变》一书是刘守华先生多年来研究佛教典籍与民间故事之关系的一部集成之作，也上承20世纪80年代以来一直关注道教信仰与民间文化之间密切关系的视角，将道教的张天师传说与佛教的本生故事进行比较研究，运用类型学的研究方法，不囿于故事的情节异同及传播研究，从故事传播的影响及形成原因进行探索，认为佛本生故事的艺术框架和结构的特殊性，使其对于民间故事具有巨大的容纳功能，且较好地保存了印度民间故事的本来风貌，而张天师传说则发端于中国古代的"神仙传"，其内容及叙述形式丰富多彩，"但它不是借用现成的民间故事来改制，而是记述以历史人物现世功业的传闻为基本框架，再楔入种种神奇诡异事迹而夺人心魄。"②由此而观，刘守华先生的著作从故事内容、故事的艺术构成、故事的起源、故事的传播与流变等方面对佛教与道教中两位"高层"人物的传说和故事加以比较研究，为道教与佛教的文学比较研究提供了较为新颖的视角。

重视汉族民间故事，同时也重视多民族的民间文化，这是刘守华先生在宗教与民间文化关系研究中始终坚持的一种视角。在搜寻宗教故事对于中国民间故事的影响时，无论是道教与民间文化还是佛教与民间文化的关系研究，除了大量使用以汉族为主体的中国古代及近代民间故事资料，

同时还对有着佛教文化传统和道教文化传统的多个民族的民间文学资料进行了研究与大量运用。在《佛经故事与中国民间故事演变》一书中，刘守华先生肯定了印度佛经故事中一些故事的情节结构较为完整地脱离化经宣讲，进入了包括汉族在内的中国各族民间口述故事中，且有些佛经故事的母题从原故事中脱落，被运用乃至普及到中国故事中去。作者还指出，虽然佛经故事中已有50余个故事类型与中国民间故事有着密切关系，但数量众多的佛经故事中只是一小部分在中国落地生根，并在世代的口头传承中不断中国化，成为中国民众智慧与艺术得以展现的载体。在佛经故事的中国传播与演变中，其传译"对中国少数民族民间口头文学的影响似乎较之汉族地区更为广泛深入"③。这些都为今后少数民族民间故事的研究提供了宝贵的指引与参考。

四

刘守华先生对于中国的民间故事研究有着著作等身的学术贡献，"著者之论常被广为引用，且以其发表年代早、具有较大原创性而为继踵效尤者不敢不标明，可为绕不开的里程碑式高标"④。刘先生以其追求科学真实的客观态度，除了以上所举对于宗教与民间文化研究颇有启发和引领性质的诸多研究结论，还对自己多年的研究成果进行了严谨的回顾与审视，以科学的研究方法和翔实的资料对其他学者的相关研究进行了修正与推进。其中，论著中重点修改了此前公开发表的部分论文中的观点，对一些研究甚至是推翻重论，无遮蔽，不隐讳。其关于"弃老国"传说的研

① 张泽洪：《道教唱道情与中国民间文化研究》，人民出版社2011年版。
② 刘守华：《佛经故事与中国民间故事演变》，上海古籍出版社2012年版，第329页。
③ 同上书，第350页。
④ 王立：《佛经翻译文学与跨文化追寻的努力——评刘守华先生的〈佛经故事与中国民间故事演变〉》，《外国文学研究》2013年第1期。

究即是如此，《〈一千零一夜〉与中国民间故事》这篇发表于 1981 年的论文亦是如此，相较该文的结论，论著认为阿里故事与苏遏故事"从它在中国扎根之深、流传之广及其与中国民族生活、心理之紧密联系来看，它应在中国生成，很可能是在唐代，同古都长安的辉煌形象一道传入阿拉伯地区的。"①

不断补充的材料也对其他学者的研究结论有一定的修正与推进，如丁乃通先生当年编纂《中国民间故事类型索引》时，曾认为"印度的传统对中国故事的影响远不如中国学者一度所想象的那样大"，刘守华先生将自 1984 年以来所进行的汉译佛经故事在中国的传播研究进行总结，根据其佛经故事类型追踪的研究成果，"这里按 AT 分类法，列出了 52 个共通的类型，均有汉译佛典文本和中国口头采录的鲜活文本相对照。可以说这是迄今为止国内学界考察佛经故事影响最完整的一个单子"②。祁连休先生曾将宋代《可书》中的"三道人"等故事定为"相互暗算型"，并视为在中国最早的版本，但刘守华先生通过研究将这一故事最早在中国出现的时间确定在三国时期吴地高僧康僧会译出的《旧杂譬喻经·展转相杀喻》，以文本为据，可靠可信。

刘守华先生一贯主张故事源于生活，故事研究应当回归生活，应该是学术研究与日常生活文化交流的桥梁，因此先生在故事学研究领域一直坚持"学术性与可读性相融合"。无论是从 1991 年在台湾出版的《道教与中国民间文学》，还是其 2008 年的再版，再到新近问世的《佛经故事与中国民间故事演变》，始终都坚持着学术研究引领、田野资料补充的写作模式，在

宗教文学与中国民间文学的长期研究中，一直体现了先生的这种追求。昔年在刘守华先生主持的讲座与课堂上，笔者曾听先生颇为赞赏《秋天的童话》《百变小红帽》《消失的搭车客》等著作，认为它们虽是学术研究成果，却非书斋式表达，而是将研究与生活、学术与文化结合起来，能对故事进行理论的深入挖掘，又能通过其通俗易懂的行文扩大故事研究的影响，贴近人们的生活。《道教与中国民间文学》《佛经与中国民间故事演变》等著作，恰如其研究对象——宗教一样，是刘守华先生努力追求学术普惠世人的结晶，论证上深入浅出，行文简洁生动、通俗易懂，在体例上，也多采用个案研究之后均附有此类研究的一二故事原文，同时将流传在中国最优秀的同类型文本与之并列，有不少文本还是研究者本人搜集的罕见资料，为其他研究者提供了宝贵资料，对一般读者而言，又生动有趣。

在故事史研究中，刘守华先生曾指出："过去我们长期以为民间故事都是纯粹土生土长的口头文学……事实上，民间故事领域中间国与国、民族与民族之间的互相交流、彼此影响，较之作家文学更为突出。"③ 民间文学的类型研究、文化与文学的比较研究等方法继承了季羡林先生在《民间文学与比较文学》中所坚持与呼吁的比较研究与影响研究的多重视野。

2013 年 12 月 11 日，刘守华教授的著作《佛经故事与中国民间故事演变》获得第十一届中国民间文艺山花奖，这是刘先生第二次获此殊荣，早在 2001 年先生的《比较故事学》（上海文艺出版社 1995 年）即曾获得过"山花奖"。同年，《道教与中

---

① 刘守华：《佛经故事与中国民间故事演变》，上海古籍出版社 2012 年版，第 146 页。

② 同上书，第 350 页。

③ 刘守华：《中国民间故事史》，湖北教育出版社 1999 年版。

国民间文学》① 获第六届高等学校科学研究优秀成果奖（人文社会科学）著作类二等奖，这也是先生第二次获此荣誉，此前先生所著《中国民间故事史》② 曾于 2002 年获第三届中国高校人文社会科学研究优秀成果奖（人文社会科学）著作类二等奖。两部宗教与民间文学尤其是与民间故事关系研究的著作都在民间文学领域和整个人文社会科学领域获得荣誉和肯定，与刘守华先生以五十余年治学民间文艺、三十年追踪宗教故事的勤奋积累密不可分。2013 年，刘守华先生的论文《再论〈黑暗传〉》获湖北省文艺理论家协会授予文艺评论一等奖，该文是先生从 1984 年始一直研究汉族民间神话历史叙事长诗《黑暗传》的一篇文章，这一系列的研究从学术的角度对《黑暗传》能名列 2011 年国家非物质文化遗名录给予了有力的支持，并推动学术界重新认识汉族长篇叙事诗，尤其是"汉族史诗"的脚步。2014 年，刘守华被评选为"湖北省首届十佳民间文化守望者"之一，这是他毕生热爱并奉献于民间文化所得到的社会认可；2014 年初又发表《中印故事比较的奇趣》③ 一文，继续以自己的力量为故事的多民族、多文化领域的比较研究发挥光和热。刘守华虽年近八十，犹笔耕不辍，始终以手中之笔，为民间文化争取应得的尊重与福祉，扩大民间文学研究在人文社会科学领域的影响。

宗教与民间文学之关系的研究虽仅为刘守华先生治学中的一个部分，但其积三十年成果，长期追踪、由点到面、不断反思的研究方式与治学精神，在学术研究与文化普及方面的一贯追求与努力，却代表着先生对真理的不懈追求。时值先生八十华诞将至，谨以此小文向先生致敬与祝福，

愿先生学术生命之树长青！

（原载《西北民族研究》
2014 年第 4 期；
供稿：李丽丹）

【清末上海石印说唱鼓词小说集成】

李　豫著，上海人民出版社 2013 年 12 月版

继 2012 年 10 月出版李雪梅等著《中国鼓词文学发展史》，上海人民出版社前不久又推出了多达 10 巨册、420 万字的《清末上海石印说唱鼓词小说集成》（以下简称《集成》）。《集成》的出版具有重要意义，首先是为近年来国家所进行的非物质文化遗产申报和保护工作提供了重要的资料文献参考，其次是开辟了中国鼓词说唱文学清代文本影印资料出版的先河。《集成》的出版成为中国鼓词说唱文学研究领域的一座里程碑。

中国文学的源头首先出现在人们有了"说"与"唱"欲望的年代，鲁迅先生曾这样谈"说"："我们祖先的原始人，原是连话都不会说的，为了共同协作，必需发表意见，才渐渐练出复杂的声音来。"他也谈到"唱"："最早的诗是古人抬东西时的'杭育杭育'"，先秦的诗歌，如《诗经》中所收入的诗歌，当时都是能够"吟唱"的，"吟"就是"说"，"吟唱"就是"说唱"。当语言产生、当语言的韵律产生，先秦的"瞽""瞍""矇"就承担了用口头说唱来记录他们的生活、他们的历史、他们的希望和理想的"角色"。两汉墓葬中出土的"击鼓说唱俑"和《孔雀东南飞》，魏晋南北朝"木兰辞"，唐代五代的敦煌说唱变文，宋代的说唱宝卷、说唱影词，元代的说唱词话，明清的说唱鼓词，说唱文学一路走来，走得那么坚实。

①　刘守华：《道教与中国民间文学》，中国友谊出版公司 2008 年版。
②　刘守华：《中国民间故事史》，湖北教育出版社 1999 年版。
③　刘守华：《中印故事比较的奇趣》，《中国比较文学》2014 年第 1 期。

明清时期的说唱鼓词可以说是中国"史传文学"作品的汇聚、总结、继承，这个时期不仅盲艺人以口头说唱的形式在城镇乡村、山庄窝铺进行着传播，而且出现了大量经过书坊找人笔录这些盲艺人即兴作品稍加整理后刊行于世的木刻说唱鼓词小说。这个时期出现的大多是成系列的长篇历史故事说唱小说，如部头木刻鼓词说唱小说有"盘古类""两汉类""说唐类""北宋类"（"困龙类""杨家将""呼家将""狄家将""薛家将""征东类""征西类"）、"兴隆类"（明初朱元璋）等。至清代中后期以后在部头木刻鼓词说唱小说基础上又出现了小段类的鼓词说唱小说，这些鼓词的种类更加广泛，除了史传类，更出现了公案类、世情类、时事新闻类、人物传记类等作品，我们将这些小段的鼓词叫作"卷回本"木刻鼓词说唱小说。总之，明清时期中国鼓词说唱小说无论文本，还是艺术表演都达到了一个高峰。不过，部头和卷回两种木刻鼓词说唱小说属于雕版印刷制品，其印行数量十分有限，一般在数十册至百十册范围之内，流传至今者十分稀见。

1840 年之后，上海成为被迫开放的沿海几个主要城市之一，这里也成了中国传统文化和西方文化进行激烈交流和碰撞的一块平台。西方先进的石印术首先进入了广州、上海、烟台、营口等沿海城市。由于上海有着优越的地理环境，成为南北交流的一个"通衢"，一个关键的"通道"，这里的石印出版书局如雨后春笋般涌现出来。为了自身的生存和发展，为了盈利，他们大批地搜集来自北方的部头木刻鼓词说唱小说、卷回木刻鼓词说唱小说，还有影词、莲花落、戏曲等唱本，经过版式的重新调整，加入插图和广告，直接将内容重新书写刻板石印出版。这些作品本身或有木刻书坊的牌记，但更多的则是民间书坊出版的木刻鼓词说唱小说。

根据近来的研究，大量的明清出版的部头木刻鼓词说唱小说、清中期以后出版的卷回木刻鼓词说唱小说都被变成了"清末"甚至"民国"的上海各书局的石印说唱鼓词小说进行出版，从《中国鼓词文学发展史》末尾所附的"清末民初上海石印鼓词小说现存简目"之不完全统计就达865 种。

《集成》所收入的鼓词说唱小说有：《绣像牤牛阵鼓词》《绣像彩云球鼓儿词》《绘图大破孟州全传》《绣像大破沂州鼓词全传》《绣像大西唐》《绣像二度梅鼓词》《绣像说唱粉状楼鼓词全传》《绘图风都岭》《醒世小说英雄泪》《醒世小说国事悲》《绣像汗衫记》《绘图红灯记鼓词》《绣像蝴蝶杯鼓词全传》《呼延庆打擂双鞭记鼓词》《新刻蛟趾罗》《绘图鼓词济公全传》《绣像金环记》《绣像金陵府全传》《绣像归西宁全传》《绣像九巧全传》《绣像李翠莲施钗》《新刻绣像莲花盏》《绘图新出临陶府》《绣像双钗记鼓词》《绘图满汉斗》《绣像前七国志鼓词》《绣像马潜龙走国全传》《绘图三国志鼓词》《绣像三省庄说唱鼓词》《绣像金锁镇》《绣像太极阵》《新辑绘图太极图》《绘图花木兰征北》《绣像天门阵》《绣像玉堂春鼓词》。

《集成》所处的时代，是一个国家、民族、文化、社会大变革的时代，作为"弄潮儿"的上海，则成为这个时代变化的"晴雨表"。清末上海地区利用方言和当时流行小调演唱"卖朝报"："小锣敲咯喀喀，肩上招牌插一方。新出新闻卖朝报，三文二文买二张。""卖小曲"："唱小曲，句调熟。闹五更，十八摸，一只胡琴咿咿呀，一遍听过无还复。"正是这些"上海说唱"活动带来了上海新剧、文明戏风的风行一时。这种"上海说唱"形式一直延续到今天，这种说唱活动也成为上海地区一种"活着"的非物质文化遗产。

《集成》作品的时代已经远离我们而

去，而《集成》这份百年前上海城市馈赠给我们后世的"厚重的石印图书之礼"，希望能够唤醒我们对于昨日的记忆，同时也提醒我们更加重视并更好地传承今天仍然"活着"的上海说唱文化。

（原载《中华读书报》
2014 年 6 月 11 日；
供稿：郭立群 李 豫）

【当代北京评书书场研究】

杨旭东著，民族出版社 2013 年 3 月版

评书是一种古老的说唱艺术形式，"属'说故事'类的长篇叙事性曲种"。因流传地区和方言的不同，评书可大致分为南方评话和北方评书"两大系统"。而"北方的评书以北京评书为主体"。学界关于评书和北京评书的研究，大多站在民间文学、曲艺学、俗文学的立场，将评书视作民间叙事的文本而开展静态研究（如研究评书的源流、类型、特征等）。"文本关注"始终是这些研究的基本出发点。杨旭东博士的专著《当代北京评书书场研究》则改变了这种情况。该书成功引入"书场"的概念，将研究视野打开，在历史空间、文化空间，尤其是表演空间的"场域"之下，发掘评书作为表演活动所蕴含的民俗文化构成，纠正了以往评书研究的"文本中心"倾向，"使得我们对于北京评书的观察包括对其创作、表演和欣赏、传播的研究，有了更为纵深的意识和更加宏阔的视野。"

一

《当代北京评书书场研究》是一部从民俗学出发研究曲艺的典型范本。它始终坚守一个基本的学科立场，那就是民俗学视角，是"站在民俗学立场的'本学科'研究"。评书作为传统曲艺的叙事性和程式性被该书弱化甚至忽略，而评书鲜为人知的民俗性则被极大彰显。作者创新性地将"书场"引入评书研究，围绕着书场的

历史变迁、书场内外艺人与书座的生活影像、书场与评书的传承、书场中的表演艺术等论题，发掘并重现了众多富有意味的民俗景观。主要包括评书艺人的生活习俗、评书表演的习俗、观众欣赏的习俗等。在表现这些习俗时，作者运用了具有典范性的"民俗学口吻"，如娓娓道来式的介绍和描述、充满知识和趣味的大众化表达、基于民俗事象基础上的文化阐释等。它们作为一些普泛性、直观性的外在表征，增添了该著作的民俗学氛围。然而，作为一部富有学理价值的研究专著，《当代北京评书书场研究》的民俗学本位立场还更多地表现于对民俗研究某些核心特质的坚守和把握上。

"民俗是一种民间传承文化"，传承性是民俗事象存在和发展的主要特征，"民俗学是一门'传承'之学。换句话说，'传承'是民俗学的核心概念"。把握住了民俗的传承，在某种程度上也就坚持了民俗学的研究本位。《当代北京评书书场研究》十分关注书场与评书的传承机制，它立足于评书传承的根本特性——民间性，强调了书场对于评书传承的重要意义，梳理了评书传承的知识类型，系统总结了评书的传承机制，即"名义上的'一师多徒'""宽泛的'一纲多目'""自由式的'一专多能'"。作者还考虑到"评书内容的庞杂性和形式的单一性"，故而补充性指出评书的传承机制是"似有若无的一种传承机制"，表现出客观冷静的学术眼光。在评书的传承研究上，学界可供借鉴的经验本来就很少，而作者却能独辟蹊径，执着而科学地归纳出评书和书场的民间传承规律，体现出鲜明的民俗学学科本位意识。

民俗不仅是一种传承文化，同时也是一种变异文化。"民俗的传承性与变异性是两个矛盾统一的特征，是民俗发展过程中的一对连体儿"；"民俗学既是传承之学，也是变动之学，符合这种学科本位的

实践方法必须是能够解释生活与文化传承及嬗变的方法"。《当代北京评书书场研究》不仅解释了评书及书场的传承,同时还以动态的眼光看待其变异。在历时性勾勒评书表演的时空设置与社会变迁时,我们看到了评书表演习俗的更迭与变迁。如果说这种变异性的呈示还不十分明显,那么当作者将评书"还归"书场、在一种互动场景中探究评书表演的传承时,我们便充分感到了传统轨迹与新生文本的交替。观众的欣赏习惯、多样的需求、现场的意外等因素都在影响着评书表演,要求说书艺人必须具有"变"的意识,坚守传统的同时也要更新传统。作者通过展示定场诗的"定"与"不定"、倒书的"倒"与"不倒"、正活的"正"与"不正",为我们生动诠释了评书传承中的变异。

经过传承和变异,民俗文化从历史走向当下。因此,研究民俗应具备历史的眼光。长期以来,在国内外民俗学界,形成了一股研究"古代遗留物"的学术风潮,这体现了民俗研究重视历史的倾向。然而,这种"遗留物"研究过分沉迷于历史,片面地将民俗视为遗留下来的历史现象,习惯从历史文献中获取资料,忽视了民俗的现实存在和发展变化。为此,钟敬文先生在1983年中国民俗学会成立大会上大力强调民俗学的"现在性":"从民俗学的一般性质来讲,它应当是现代学的,它的工作方法是对现存的民俗资料进行调查和搜集,也就是说它的资料来源主要是现在的,研究的目的当然也是为了现代"。钟敬文先生的这一主张有利于去除"遗留物"魅影,为中国民俗学确立了"现在性"的研究基调。"要从事这门学问就必须能够从历史文献中走出来,并把主要精力放到对现存民俗的考察之上;同时在治学的眼光和方法上也要向前迈进,进入现代科学的境界。"杨旭东博士作为从事民俗研究的青年学人,能以一种"站在未来看现在"的目光看待当下,特别关注北京书场评书当下的生存状况。其选取的调查点是现今位于北京市西城区鸦儿胡同的康龄轩书茶馆,2009年8月19日开始第一次现场听书,持续对该茶馆进行了一年多的考察,然后收集整理资料、下笔写作,2013年付梓出版。可以说,该著是对当下北京评书书场最前沿性的"现在性"研究。无论是介绍书场的时空设置,还是展示书场内外艺人和书座的生活习俗,抑或是呈现表演过程中的观演风俗,都是"现在性"的,其研究资料都来源于作者一次次亲身实地的田野调查,"遵循民俗学重视一手资料的学科理念"。作者还十分追求田野调查的"进入感",在深度访谈的基础上,注重参与观察和体验,长期深入书座当中,把自己变成一个"熟人""内行",实现共时性的"在场性参与",自觉践行民俗学研究的"参与法"。所有这些努力,无不是为了研究北京评书当下的生存境遇服务,所谓"为民族文化多保留一个活的标本"。作者积极寻找北京评书"从现在到未来"的生存路径。这种立足现在"向前看"的意识,充分体现了民俗学的学科本位立场。

《当代北京评书书场研究》是一部研究曲艺的专著,但其关注核心却并非曲艺的本体,而是附着于曲艺之上的民俗。在此意义上说,《当代北京评书书场研究》是一部以曲艺为媒介的民俗学研究专著。它创新性地引入"书场",在论述的过程中,紧扣与书场相关的各种要素,竭力避免滑向"北平评书"。自始至终在寻找、发掘、复现、彰显、评析北京评书"身上"的诸种民俗事象,牢牢坚守民俗研究的本位立场,这是十分难能可贵的。在多学科理念相继泛起、交叉融会的今天,民俗学的学科边界日趋模糊,"在冠以民俗学的研究和应用中,虽然都以民俗事象为对象,但还是各种各样的情况都存在,显得缺乏学科的本位,这种现状不改变,民俗学科的发展必将受到制约"。杨旭东博士的这本专著,难得地在"跨学科"的研究实践中固守了民俗学的领地,具备了显见的民俗学研究范本的价值。

二

在坚守民俗学本位的前提下,《当代北京评书书场研究》进行了开放性的学术实践,"充满了思想的张力,显示出开放的姿态。"该著作一个突出的学理价值(或者说学术目标)就是方法论的探索,"通过田野调查的延展式探索,在更为深广的意义上,进行民俗学研究的方法论拓展与操作性探讨。"这里所说的"方法论拓展与操作性探讨",主要就是指借鉴表演理论研究书场中的评书表演,即打破文本化评书研究的封闭性,在一种开放、动态的表演环境中寻求民俗研究的理论突破点。

表演理论是一种开放性的理论。表演作为一种情境化的交流方式,"建立或者展现了一个阐释性框架,被交流的信息将在此框架之中得到理解。"有了这样的"阐释性框架",作者得以将表演者、观众、现场场景等表演要素统括在一起,在一种相互交流的深度情境中考察评书表演,拓宽了探究的空间,将评书表演习俗的研究推向纵深。如在展示"定场诗""倒书""正活"的表演过程时,作者让我们看到了超越于文本情境之上的互动交流情境,发生于这一情境当中的评书表演,处于一种不断变化、调整的状态,具备了打破成规、更新传统的多种可能性。而所有这些变化与可能,都是表演者在充分考虑了自身的表演习惯、观众的欣赏习俗、场景设置的习俗(甚至包括文本的情境)的基础上做出的。无疑,这样的评书表演探究具有宏阔的视野。此种效果的取得,与作者对表演理论之"阐释性框架"的成功利用紧密相关。

借鉴表演理论阐释民俗学问题,为作者的研究打开了新视角。但随着认识的深化以及表演理论本身的局限,作者也开始辩证审视这一理论。他试图在研究实践的基础上去补充、完善,甚至是拓展表演理论,表现出开放性的眼光。在提到表演理论的相对性(研究对象不具有绝对的表演性)和适用性(针对非日常化、脱离原生土壤的表演活动的分析)时,我们看到了一种客观合理的洞察。而对表演理论某些不足的认识(如表演的外延过于宽泛、表演作为一种情境交流方式缺少观众的维度等)又显示出作者缜密的思维和敏锐的"学术补遗"意识。特别是对"观众意义"的思考与补充,尤其具有学理价值。作者认为:"对于观众的冷落势必造成交流性阐释框架流于一种理论设计的空想……书座对表演的参与程度,足以成为阐释性框架中的另外一级。……只有在表演过程中才能够观察到每一个细节、每一次变化的发生都与观众有关。主要包括两种情况:一种是别有用心的变化设计,完全是为了迎合现场观众的心理需求;另一种是根据现场观众反应作出的即兴表演,这种表演既有基于传统的新生性内容,也有创造性插入的全新内容,正是这一部分即兴表演将表演不断地推向深处。……从这个意义上说,表演过程中的观众是考察表演的一个重要维度。"这种对"观众"之于表演价值的认识,已经具备了"抛砖引玉"的开放性意义。由于对这个问题的深切关注,也出于完善表演理论、指导民间叙事研究实践的迫切愿望,作者又单独撰写了一篇题为《民间叙事中的受众参与及其学术价值——以北京茶馆评书书场为例》的学术论文。将本书中关于"观众"维度的探讨引向深入。文章具体细化了书场之内的受众参与和表演过程,充分阐释了受众群体潜在的学术价值,这些价值主要包括"受众对于文本的生成价值""受众对于文本的传承价值""受众对于表演理论的补充价值"。这样的"观众"研究有效修补并拓展了表演理论，增强了其对于评书书场表演以及其他民间叙事的阐释力。

除了利用表演理论，该著作还借鉴文化生态理论考察北京茶馆评书的生存环境。北京的城市文化生态确实对曲艺有着不可估量的影响。作者运用历史学、民族学、文化人类学等方面的相关知识，发掘北京城特有的文化生态（满族旗人文化、宫廷文化、缙绅文化、庶民文化等组成的多重文化年轮）对于北京人的生存模式、艺术心态的影响。这种文化烙印决定了北京民众对于包括茶馆评书在内的诸种曲艺的钟爱。正是出于对传统的钟爱，北京的书场评书表演才能在一个相当长的历史时期内传承不息。如果没有从古至今的传承，作者引入表演理论的书场研究将失去现实土壤。由此可见，作为表演的评书离不开北京特有的文化生态。文化生态理论将我们的视线从书场转向了"文化场"，在一个更加开放的语境中诠释书场表演得以传承的历史文化根据。

在追溯北京评书的传承历史时，作者有意识地借用了"人生史"的某些理念。即主要通过研究传承人（评书艺人）从生到死整体一生的历史，参考相关文献和口头史料，复原传承人全部的人生经历。并用这种生活化、全备化的"人生史"档案观照北京评书的发展史。这样做有一定的合理性，因为北京评书在清代以前的文字可考的历史几乎是空白，它更多是按照北方评书的传承谱系重构出来的地方评书史。所以，梳理代代评书艺人的"生活史"，在某种意义上就可考察北京评书的发展史。而且，这样的历史呈现显得立体、详尽、富有个性。作者通过对评书艺人个人传记的研究，揭示出个人人生史对北京评书历史的替代与填充。此外，研究书场和评书艺人生活影像的章节，作者还通过田野调查、参考人物访谈等口述资料，勾勒了当

代书场艺人马岐、勾超、王军的"生活史"，让我们感受到艺人生活经历对于评书表演的重要影响。

应该说，《当代北京评书书场研究》运用了很多先进理论。在具体的研究进程中，作者也试图去深化理论。但其研究宗旨却并不是"理论—理论"，而是"实践—理论—实践"。作者的最终关切，是评书甚至是民间说唱（曲艺）的生存发展问题。由于作为表演的书场评书，拥有"情境和交流"的促动机制，又可能得到北京多重文化生态的滋养。因此，作者发出了"回归书场""回归平民"的召唤。然而，社会历史瞬息万变，包括北京评书在内的民间说唱果真能找到合适的生存空间吗？作者留给我们一个开放性的结尾——老舍先生《茶馆》当中邹福远与王利发的一段经典对白。这里面的余韵也正延续着该著关于北京书场评书和民间说唱生存发展的思考。

杨旭东博士的《当代北京评书书场研究》始终能在一种开放性的学术格局中探究问题，所以在方法论拓展、理论深化和现实关注上都有不少真知灼见。尽管由于书场评书生存现实的尴尬，导致作者田野调查的案例相对较少，其对理论的操控也没能做到尽善尽美，但该著作的学术创新价值却是毋庸置疑的。在当今民俗学界倡导学科本位、方法更新的形势下，该著作势必具有一定的范式意义。

（原载《民间文化论坛》
2014 年第 4 期；
供稿：范庆超）

【当代民间信仰与民众生活】
陈勤建著，上海文艺出版（集团）有限公司 2013 年 5 月版

中国当下思想文化中一个不可回避的事实就是，民间信仰从各个方面影响着人们的生活态度和价值取向，因此如何对待

和处理民众生活中的民间信仰问题，一直以来既是政府部门，也是思想文化工作者思考的重要问题，而问题的关键就是它是民众日常生活中难以屏蔽的一个元素，民间信仰与民众生活融于一体。

《当代民间信仰与民众生活》（以下简称《当代》）正是针对上述问题展开，作者以点带面，在大量实地调查的基础上，对田野资料条分缕析，综合运用民俗学、宗教学、文艺学、人类学的理论和研究方法，探讨当今民间信仰与民众生活的互渗和交融的形态特点、内在结构、实际功能、地位作用、问题对策等。具体而言主要从以下几个方面进行了论述：

首先论述了作为民众独特生活图像的民间信仰。《当代》一书通过温州平水王庙祈愿仪式，徽州宏村村落布局与民居设计、年节，江南稻作文化区的鸟信仰以及当下领导阶层、知识精英的面相论及星座运势等不同层面的田野和文献资料，阐述了当代民间信仰是一种不脱离生活的实用性信仰，与农耕渔猎、盖房买房、生老病死、养育嫁娶、读书上学、外出行商、打井造桥等交错纠缠，是民众日常生活的一种形象状态，即生活相。从民间信仰的形态特征而言，主要分为生活惯制型、艺能活动型、巫术禁忌型、类宗教型。

其次阐释了当代民间信仰在民众生活中的内在机制、功能与地位。《当代》将民间信仰归结于民众生活，生活决定信仰。通过婚丧嫁娶、宗族、风水等日常生活的实地调查个案与历史文献资料，阐释了民间信仰是民众生活内在结构的重要一环，其传承方式除了传统的口耳相传外，现代传媒也成了民间信仰的载体。该论著在论述民间信仰的基础上，从国家意识与日常生活层面总结了他在民众生活中的功能与地位，重点论述了民间信仰在增强国家族群意识及民族凝聚力；指导民众生产生活、心理调适等方面的重要作用；为和谐天地

人，促进生态文明建设具有重要意义。而民间信仰在民众生活中也是不可缺失的环节，不可缺少的精神依托。

最后反思了当代民间信仰生活相，并提出了相应的对策。《当代》首先梳理了20世纪民俗学视野下"民间"概念的流变，在此基础上，进一步阐释了整个世纪民间信仰政策的得失利弊，指出民间信仰在当下语境中重构与复生，它将成为构建中华民族精神家园的重要途径，适度运用对建构和谐的国际关系有一定的助益。

总之，该著作综合运用田野调查、历史文献、方志、碑碣等资料，对我国现当代思想文化研究中一个尚未开发的新领域——民间信仰进行了全面、整体的考察与分析，这一研究有利于人文学科建设的持续进展和社会的和谐发展；对现代化进程中，进一步凝聚民族性具有实际效用。

（原载：中国民族文学网 http：//iel. cass. cn/news_ show. asp？ newsid =11066； 供稿：毛巧晖）

【中国古代小说与民间信仰】

黄景春　程　蔷著，上海文艺出版社2013年2月版

中国古代小说的产生、流传、演变与影响有极其复杂的文化语境，其研究与多门学科相交叉，宗教学与文学的关系研究当属其中之一。在近三十年时间里，就古代小说与佛道二教的关系已经取得了一系列的成果，但民间信仰与古代小说的关系一直没有得到充分的重视与研究。国家社科基金项目"中国古代小说与民间信仰"成果之一的《中国古代小说与民间信仰》一书于2013年出版，项目经程蔷教授指导，第十一、十五章郑艳博士写作，其余部分均由黄景春博士组织研究和写作。该著"采用例证性的研究思路，以各历史时期具有代表性古代小说为对象，以民间信

仰为主要视角，对古代小说与民间信仰进行交叉研究"，以多种研究方法协同解决古代小说的生成及影响等问题，其思路和一系列结论，对于文学研究的方法论、文学经典的价值判断、文学经典的评价标准等问题都有一定的启发意义。

一 民间信仰与小说起源研究

古代小说的创作源起大致被分为两大类：文人独立创作与集体流传后的个人记录或写定，二者关系密切，且后者常被视为集体创作。中国白话文学史与小说史研究中，胡适、鲁迅等学者曾提出文人经典吸取和运用民间文化，李福清、汪玢玲等学者对《三国演义》《聊斋志异》等小说的民间文学渊源研究颇深，古典小说与民间文化之关系研究已成古代小说研究的重要领域，并形成共识：民间文化是小说的重要源泉和流变场域。这些研究所涉及的民间文化对象具有共同特征：它们是口头表演艺术或者承载着口头表演艺术的客观实在物，是民间文艺审美生活的一部分。但自"五四"以来作为民间文化重要组成部分的民间信仰因多种原因而被有意识地忽视甚至扭曲，而文学与民间信仰的关系研究也被绕开或遮蔽。刘锡诚先生曾指出："民间信仰是一种普遍的民间文化现象，是在任何民族中、任何社会阶段上、任何国家中都存在的。民间信仰是一种伴随人类社会发展始终的文化现象。只要有人类社会的存在，就会有民间信仰的存在。"近年来，正视民间信仰在历史发展中的作用及文化之积极意义也渐成学术共识。

民间信仰与文学的关系是民间文化与文学的关系研究中不可回避的一面。《中国古代小说与民间信仰》的上编对以《搜神记》《柳毅传》《封神演义》《西游记》等为代表的古代小说与民间信仰之间的关系进行考察，基本遵循"作家与作品关系研究"的传统模式，但其关于作品、作家与时代的互证研究表明：古代作家的宗教

观念、人生理想、社会意识与民间信仰有着密切关系。传统的作家作品关系研究主要从史料和作品出发，在品评作家思想时，多取儒道思想之影响，忽视了民间信仰的影响。对干宝、王嘉、牛僧孺等人的研究，既考察作者的创作动机，又考虑作家的多重身份，如方士、儒生、史官等，尤其是小说起源的记录性而非创作性特征，黄景春认为还原"小说"与"前小说"的真实身份后，很多"作品"实际上是具有口耳相传特征的、被记录的"民间文学"。因此，古代小说是作家化装后的历史演出，其外在装扮形似史家言或儒家言，但其内里却是民众浸润着民俗信仰的精神展演。正是民间信仰的"精神指南"影响了作家作品的主题、人物形象和情节结构模式。该书第五章"《封神演义》神怪人物的民间生成机制"重点从"源"上梳理了民间信仰对于古代小说的形成所产生的影响，可视为古代小说起源研究中，人物形象研究的一个代表。

在对于古代小说的形成与民间信仰的起源关系研究中，作者提出"回到民间文化和民间文学的立场"，反思以往古代小说作者研究中的某些弊病："一味追寻这些小说的作者，把寻找小说作者当作打开文本的一把钥匙，试图结合作者的生平事迹来探寻小说的思想内容，与其说是一种陈旧的研究思路，毋宁说是一种缘木求鱼式的研究方法，或许会求之愈深，距离作品的本来面目愈远。"因此，对于小说起源的研究与小说思想的研究，应该从小说产生的时代入手，尊重其民间文化的特性，不为"史""小说"与"志书"等后来者的分类意识所囿，才能探索到小说叙事的真正动机与目的，并捕捉其叙事的效果与功能。

二 古代小说与民间信仰流变研究

历来的古代小说演进研究被等同于古代小说对于后世小说的影响研究，尤其是

仿作、续书、译作研究。《中国古代小说与民间信仰》突破这一研究定式，通过文献记录和民俗学田野调查等方法，确定了一批古代小说对民间信仰的直接影响，小说中的神怪人物及信仰空间的叙事被民众所接受、阐发，并衍生出新的含义，进而又对新的作家叙事产生影响。古代小说对民间信仰的渗透和影响研究，扩大了古代小说研究的空间。

如果说第五章"《封神演义》神怪人物的民间生成机制"重点从"源"上梳理了民间信仰对于古代小说的形成所产生的影响，那么《柳毅传书》等研究是从"流"上看古代小说与民间信仰的关系。古代小说的传播研究还尚未重视的文学流变现象是：文人小说可以反哺影响民间信仰，且历史颇为久远。作者对《柳毅传书》的文学生成机制和文学传播机制的研究，可以视为这一研究视角的操作范本：理清"龙女报恩"母题的印度佛经故事来源，确定外来母题与中国固有的龙神崇拜合作生成唐传奇《柳毅传书》，通过小说人物形象分析、小说在后世的改编、柳毅信仰的分布及特点等研究，最终得出"古代小说在成功塑造人物形象的同时，也为民间社会提供了崇拜对象，从而对民间信仰的生成和演进起到积极的推动作用"的结论。相似的研究视角和路径，还出现在《封神演义》《西游记》和西王母等研究中。

古代小说对民间信仰的反哺研究存在诸多问题。民间信仰在正史文献中留下的资料少，民众口述史多无法追溯民间信仰形态与古代小说的关系。董乃斌先生在《诸朝正史中的小说与民间叙事》一文中曾指出，史述与小说两种文体的相通和发展变化既相疏离又相靠拢，文学研究不应囿于人为的文体分割，《中国古代小说与民间信仰》通过对史书、志书、戏曲、当代的民族志和民俗志以及田野调查资料等

多种方面材料的利用，如对《柳毅传》《西游记》《封神演义》等对民间信仰的影响研究大体采用以下几种资料："利用话本、剧本、文人笔记、诗词、地方志等各种必要的历史文献，尽量还原民间文学的非文本状态，弥补被历史所埋没的某些缺失环节"，同时又大量运用当下的田野调查资料，如对洞庭湖畔、山东泰山等地区民间信仰空间的调查和民众记忆的调查等，对古代小说影响民间信仰进行求证。

古代小说对民间信仰的影响研究，尤其是《柳毅传书》《封神演义》与《西游记》对于民间信仰的影响，是该著的重要特色。研究采用田野调查和民俗文献资料相结合的方法，指出古代小说与民间信仰存在互动关系：民间信仰的部分神灵是民众的创造，后进入文人小说；部分民间信仰则是民众通过读小说、看戏曲、听说书等途径接受古代小说，并以其中的人物为信仰对象，按照小说描写的形象进行神灵的塑造。民间信仰吸纳古代小说中的神灵体貌、座次等特征外，还采用小说情节阐释神灵功能，如护法金刚即为哼哈二将的说法主要取自《封神演义》，二郎神信仰取自《西游记》等。黄景春认为，民间信仰追求功利性和实用性，对古代小说中的神灵信仰也并非全盘接受，如将《封神演义》及其以前的古代小说中邪气的冥神和瘟神赵公明转换为黑脸浓须、跨黑虎、执铁鞭的财神赵公明，改变了小说神灵的功能。

古代小说对民间信仰的神灵体系如何秩序性、伦理化等有着重要的整合、构建作用，尤其是《封神演义》等小说构建了系统的神灵信仰体系，民间世俗、功利、庞杂的神灵信仰体系因而得到巩固和强化。就此而言，古代小说对于神灵观念的系统性宣扬，"降低了神灵的彼岸性，从而对民间以追逐个体利益为目的的宗教观念和信仰行为起到进一步的交互作用"。

三 研究方法反思与信仰研究批判

《中国古代小说与民间信仰》下编从民间信仰的个案研究出发，对先秦两汉魏晋的神仙思想、西王母瑶池蟠桃会、汉武帝、东方朔、李白等历史真实和传说相结合的民间信仰和人物之间的关系进行研究，重点研究历史真实与小说创作的互动关系。作者在研究方法上既有较为宏观的方法论指导，即本体论与实证方法相结合的小说美学、叙事学等理论，同时在个案研究中又充分吸纳多学科的研究方法，进行具体而微观的研究。其中，将多种民间文学研究方法运用于古代小说研究，从小说创作和传播的维度，通过论证小说的作者、文本、传播与宗教信仰的密切关系，对小说的形成语境、小说的评价和研究路径等问题进行了相应的思考。

《中国古代小说与民间信仰》对《封神演义》这样的"世代累积型"小说进行研究时，运用了始于史诗"荷马问题"研究而形成的口头程式理论。"以前研究《封神演义》，偏重文本考证和作者考察，而比较忽视它的民间形成过程。有鉴于此，该书着重探寻《封神演义》成书前神怪人物的生成过程，探讨相关民间信仰及其叙事的建构历史。"通过对小说中与其他文献资料和民间传说重复部分的研究，对这些程式化情节蕴含的民间俗信背景进行考察，还原小说人物形象的历史形成过程，回溯小说的民间文化和口头文学基础。这是著者延展性地运用民间文学的口头程式理论来研究中国古代小说。

运用口头程式理论重新审视长篇章回小说中曾被视为"拼凑""模仿""情节雷同""描写粗糙"等"艺术拙劣"的部分，"脱胎于民间说书的章回小说存在大量的程式化的语句、场面、情节和主题，编撰者无论怎样加工、润色、改编都无法清除掉"，但黄景春指出应该考虑民间文化的固有特性，而非一味以作家文学的审美为

标准，如此细细推究中国古代小说中大量在民间颇受欢迎却非"文学经典"的作品，就会发现它们大多存在"模仿""雷同"等"弊病"，而考虑到文本形成过程中民间信仰的因素，应重新思考它们在历史上、民众间的影响，甚至重新定位其文学史地位。作者偏重的作品成因与文化影响研究，呼吁研究路径和方法的转换，对于重新阐释和评价古典文学作品的标准问题无疑具有启发意义。

《中国古代小说与民间信仰》有着鲜明的批判意识，对一些颇具影响的研究成果大胆提出质疑和批判，如其对日本学者小南一郎《中国的神话传说与古小说》"帝王神仙术"等思想的审视。小南一郎认为，秦汉时期是建立在英雄崇拜基础上的"帝王神仙术"思想，魏晋时期则是建立在祖先崇拜基础上的"新神仙思想"。黄景春通过对《山海经》《史记》等著作神仙思想的考察，探讨战国至魏晋时期神仙思想的发展脉络，指出"战国时期仙人的主要特征是不死和飞行，这也是后世神仙的两个基本特点"，而"战国秦汉时期寻找不死药的帝王无一获得成功，也无一跻身仙人之列，帝王君主哪里有接近神仙的特权呢？因此，我认为所谓的'古代神仙思想'一开始就只是一种虚构，无法证明它存在过。"《史记》《汉书》中对于帝王求仙活动的记录表明："真正对求仙运动起推波助澜作用的是民间方士，是那些宣讲黄老无为之说、讲授神仙不死故事的神仙方士。"故而小南一郎所持"古代神仙思想"中，"帝王神仙术"和"只有特选的英雄（帝王）才能接近神仙"的说法，并没有得到史料的支持。作者运用小说传主身份统计与数理分析的方法，强调平民成仙远多于帝王成仙，这与小南一郎提出的中国古代神仙思想中特选帝王才接近神仙的结论是相悖的。

黄景春博士运用叙事学研究的方法对

小南一郎所勾勒的中国神仙思想发展史进行批判乃至反证，其中采用了数学统计的"原始"方法，它或许并不灵活机巧，却最有说服力，这正是文学研究需要"人性"研究与"理性"研究并重的特质：从"人"出发，通过关注与人相关的内容，在"知人论事"的作家作品关系研究和带有理性分析的叙事学研究、类型学研究等方法的融会中得出与前人不同的结论。著作的批判意识表明研究者具有较清醒的问题意识，同时从长远的学术影响视角，公平看待小南一郎的学说，既肯定《中国的神话传说与古小说》在文献资料的丰富性、研究方法上的唯物主义及某些见解的意义，又能以系统论证提出不同意见，并指出小南一郎的"古代神仙思想"和"新神仙思想"是理论方法可靠、文献材料丰富却"都建立在不正确的思想观念和靠不住的材料依据的基础上"得出的不正确结论，这缘于他作为汉学家却对中国古代文化存在深层误解，是"对中国古代思想文化的超稳定性认识不足"。中国古代思想文化中，上层文化和思想、民间信仰与习俗一直穿越战乱、地域、时空，不断复原和再造。作者在此也提出"不死"是仙人传说从战国中期以来的关键词，"在道教神仙学说中最重要的是对个体生命永恒理想的追求，不存在英雄崇拜和祖宗崇拜的内容。如果撇开长生不死而肆论其他，恐怕都会远离神仙思想的主流而误入歧途，从而造成更多的误解，得出让人难以接受的结论"。

注重文本的形成过程，还原文本形成过程中的文化语境是《中国古代小说与民间信仰》的重要研究特色，它从文学本体出发，研究文学的内容与形态，进而对其文学性提出自己的见解，将文学的价值置于历史文化的进程之中，尤其是百姓的日常生活语境之中考察，是对中国古代小说中诸多作品进行阅读与阐释的新进展。古

代小说反映民众的日常生活信仰，并对民众的信仰产生重要作用，这是对"文学源于生活"的反思：生活有时也是一种对文学的模仿，并在现实生活中将这种模仿变成鲜活的民间文化。传统的实证研究更多是关注事实本身，对于文艺本身的价值和它所昭示的当下意义，则往往缺乏充分的关怀。然而，我们相信，文艺的价值，不仅仅在于历史的记录与文学的欣赏，根据读者反映批评理论的观点，文学文本永远处于一种运动的状态，是"形成中"的，而非"已完成"的。以一定的文献资料为基础，重新鉴赏和批评古典文学作品，尤其是文学与现实生活的关系，并在理论上形成与其他领域研究的呼应，这将是中国古典小说研究的重要途径。

（原载《三峡论坛》
2014 年第 6 期；
供稿：李丽丹）

【西和乞巧节】

赵逵夫主编，上海远东出版社 2014 年 7 月版

赵逵夫教授是研究先秦文学与文化的专家，近些年来，他着力于本乡（甘肃省西和县）乞巧文化的研究，发表了大量的论文。2014 年又编成了《西和乞巧节》一书，为这项著名的口头与非物质文化遗产增添了新的光彩。

该书共分为七章。第一章为"秦人发祥与织女传说"：以织女传说为视野，分析先秦时期所记录下来的和秦人相关的女性故事、诗歌，如秦人始祖"女修"的故事，《秦风·蒹葭》《周南·汉广》中的女性描写，以及萧史和弄玉引凤飞升等故事；第二章"周秦文化的交融与'牛郎织女'传说的产生"：考察陇东地区的农耕文化与"牵牛"（牛郎）传说之间的联系，以及与牛郎织女传说合为一体的历史过程；第三章"地域文化与乞巧风俗分布"：介

绍西和与礼县境内悠久的历史文化传承及与乞巧节相关的风俗，并从地域谱系来对乞巧风俗进行分类；第四章"七天八夜乞巧节"：详细介绍乞巧节的仪式环节及其背后的社会文化意义；第五章"西河乞巧歌词、曲调"：介绍西和乞巧歌的音乐特征；第六章"西河乞巧词语汇释"：细解西和乞巧节中语词的含义；第七章"西河民俗文化遗存"：介绍西和境内其他的风俗及民间文学。还有附录两种，收录前人有关乞巧节的诗文和当代学者的一些研究文章。

赵逵夫先生这部著作的内容非常丰富，它的撰写队伍不单包括高校学者，也包括长期浸淫乞巧文化的地方文化工作者、当地中学的教师。因此无论是民俗学研究所必需的第一手口语文献，还是古代历史文献，该著作都提供了十分充足的材料，为我们综合研究这一颇具特色的民俗活动打下了很好的基础。

该著作吸引读者的地方首先在于传统文史研究方法在民俗学领域内的运用。就赵逵夫先生所研究的西和乞巧节这一民俗而言，他提出的主要学术问题是：围绕着"巧娘娘"和"乞巧节"所进行的长期的祭祀活动，它的源头究竟起于何时、何地？对于我们民间文学的研究者而言，这其实是一个"起源论"的研究。

在民间文学研究领域中，这一学术取向来自百年前兴盛于芬兰及北欧各国的历史地理学派。他们的研究建立在年代—地域假设（age-area premise）之上，即假定民间故事一定从一个特定的时空发源，在这里形成了故事的基本形态，这一形态被称为故事的"原初形式"。故事的原初形式在传播过程中与不同的地方文化特征结合，成为瑞典民俗学家卡尔·冯·西多所说的"地方类型"（oicotype）。但是之后民俗学家们发现，民间故事在传播中的主要特点是结构的稳定性，事实上很少受到

时间、空间影响。比较而言，反而是传说的传播受到时间与空间的影响很大。

中国民间传说研究的"范例"当属顾颉刚先生对"孟姜女"传说的研究。在顾先生的一系列考证中，对发源于春秋时期齐地的"齐侯郊吊杞梁妻"一事如何演变为后世遍及中国的孟姜女传说，做了非常精彩的叙述，也为后来古史辨派的研究确立了方法论的基础。顾先生与其同侪的研究是在中国独立发生的，但却与历史地理学派的主张形成了对话，也为后世"古史—神话"的研究确立了范本。

历史地理学派还有一个观点是民间故事的单一起源说（那一时代的学者往往强调起源于埃及或印度），这一论点颇为后世所诟病，正如美国学者阿兰·邓迪斯指出的，历史地理学派在数据（书面和口头文献的数量）以及逻辑（不同地域发展出近似的文化形态的可能性）方面存在较为明显的缺陷。然而就传说的传播而言，传说的话语形态一开始就与其地方特点相连接，地方性是传说的基本特征。换言之，传说的"原初形式"在叙事中所交代的地方名称，使得研究者在探查它的时空起源时，先天地带有更强烈的逻辑实证力量，因果联系作为一种知识范型在传说研究中的科学性远远强于故事研究。由此我们能看到历史研究方法在传说研究中的勃勃生机。例如，即使在各种研究方法层出不穷的今天，老一辈学者在"齐鲁—孟姜女""江南（浙苏）—梁祝"等这些地域与传说的关系研究中所取得的成果，也仍然让今天的读者感到新鲜。

赵逵夫先生的乞巧研究，首先把乞巧仪式中的巧娘娘和织女，定位在早期秦文化的发源地——甘肃省西和县与礼县，以及女性始祖信仰的关联中。古代华夏部族在自己的神话中不少都有女性始祖，如涂山氏、简狄、姜嫄，秦人始祖则为女修。《史记·秦本纪》记载了女修吞玄鸟卵而

生秦之男性始祖大业的故事。从神话分类的角度上说，这是典型的讲述部落起源神话。同时，我们知道，在功能主义人类学之后，理解神话不再是抽象的，而是和生活密切相关。它既是生活的约法，也是生活的高度象征。《史记·秦本纪》亦云"女修织"，也就是说，在秦人（这里应该主要为嬴姓统治者）的女性始祖神话中，神话人物也带有世俗化的特征。她的神性的另一半来自于她传给人们一种生存技艺，所以女修—织女故事之间可能存在着同型而异名的现象。

另一方面，秦人在天水、陇南的生活中，总结出了有关银河以及星辰的天文知识，识别了天上最亮的恒星之一的织女星。赵先生说："（他们）居于汉水边，因此也将天上的白色云带称为'汉'，并将天上最亮的一颗星命名为织女星。"织女星的别名是否是女修，史无确载，因为这本是民间知识。然而古代神话中确实存在着这样一种信息编码手段，用祖先的名字命名星辰，典型的如二十八宿中参商两星传为高辛氏之子，各有阏伯、实沈之名。

这里还有另一个原因是古人关于天文的知识并不是体系化、固定化的。因此，在"秦"这样一个政治和族群共同体不断扩大进而消失之后，女修的名字不再是共同体的记忆。按照邹明华研究员的传说专名理论，"女修"的专名随着这一进程泛化为了"织女"的专名，这是一个分而合、合而分的过程。而"织女"的专名，随着时间的淘洗，在西和更进一步从其祈愿性功能出发，演化成为"巧娘娘"的专名。语词虽然变化，但女神崇拜的内核并没有发生改变。

赵先生的研究进而涉及了织女传说在"秦陇文化圈"（关中、陇东——天水、陇南的周秦文化圈）的传播，这与格雷布纳尔的"奥地利历史民族学"（传播学派）也发生了方法论的联系。

如果单一的看西和乞巧节，其信仰仪式叙事的中心在女性神"巧娘娘"，而非"织女"。之前有些学者由此判断"巧娘娘"与"织女"是两种不同的信仰，这也是西和乞巧研究中的一个有趣问题。因为我们现在看到的牛郎织女传说的叙事是两个主要人物，故事情节上又复合了两兄弟与天鹅处女型故事，这应如何解释呢？

赵先生把《山海经》中记载的"叔均始作牛耕"，看成是牛郎故事的起源。因为叔均作为周人始祖，其牵牛事迹与牵牛星的神话形成，与织女及织女星的神话在模式上非常相近。因此当秦人据有关陇，周秦文化合流，牛郎织女由各自的祖先神融合为一个故事就是民间神话与传说流变的当然结果了。

这里陇南的单一织女崇拜可以用传播论派的观点解释，那就是离文化中心越远，它的文化形态反较中心地带更接近文化的原初状态。如果以关中作为文化中心，那么秦早期的文化就属于比较早的文化形态，巧娘娘的信仰虽然在形态上是当今的民间信仰，但它的神话核心仍能追溯至早秦文化，因为西和封闭的地理环境，它在当地自然演化变为现在的结果。

该著作对当地乞巧仪式和乞巧歌的调查与记录也是非常详尽的。西和的乞巧仪式与其他地区比较，它的规模、时间以及女性民众参与的深度都非常可观，基本上可以看作是县域内的公共性节日活动。从仪式变迁的角度看，这样大规模的仪式活动往往会产生很多变异。尤其是作为一种女性的仪式活动，当它以性别要素为中心和社会进行交流的时候，它可以被看成是男性信仰仪式的"镜像"加以对比。比如在汉源谱系的乞巧点中，近年来出现了名为"巧哥哥"的纸活，"它是女孩子乞巧时为了避免男孩子搞恶作剧捣乱，给他们也制作一个简易的男青年纸扎像，让他们也学着乞巧玩耍"。我们知道传统上乞巧仪式是女性专属的，仪式中的"纸活"（纸扎的神像，带有信仰色彩的象征物）以往只有"巧娘娘"和"麻姐姐"。由此我们可以产生一系列的学术问题：因为在过去很长时间，以男性神为中心的祭祀活动中，某些重要环节禁止女性参与，这种禁忌与保持某种特定的"神圣性"相关。因此就这一变异现象我们是否可以提出这样的问题：女性信仰仪式是否相对具有更大的宽容性？

还有何坝谱系中出现了男性"巧头"，他在参与组织乞巧活动时，表现十分突出，同时还大量编创新的乞巧歌，流传于何坝的多个乞巧点。跟上面的现象类似，在乞巧仪式这种"女性自治体"中，核心人物变成了男性，这一"反传统"的现象是个体化的还是趋势化的？他是如何在女性仪式活动和妇女群众中建立威望的？该著作都给我们提供了线索。

乞巧歌的研究是该书的重要组成部分。作者以一般的歌谣理论为基础，在内容分析上强调对妇女生活的摹写以及对女神的赞颂；在技巧分析上重视赋、比、兴等传统民间歌谣手段的应用，还有一些关于音乐曲调与舞蹈的部分由专门的音乐学者完成，此处不再赘述。

在这里能够引起我们兴趣的主要是乞巧歌的形式和体裁问题。该书作者把仪式中出现过的曲目分为传统曲目和其他音乐形式演变过来的曲目。前者又分成仪程所用曲目、叙事歌和赞歌、巫术性的以及歌谣体裁的等四大类。这一分法值得讨论。首先它的命名不够准确。一般而言，民间歌谣可以被划分为叙事歌（包括史诗以及长篇叙事诗）、抒情歌和仪式歌。其中仪式歌最为复杂，它既包括叙事与抒情的要素，也有赞颂的内容，有些还有批评与劝讽的段落。因此，该书中的"传统曲目"其实就是仪式歌，因为作者也在书中指出，"传统曲目"是严格固定、专曲专用的。

在仪式歌的分析中，该书偏重社会意义的分析，缺乏形式与语境方面的研究。当然，这也是现在歌谣研究的一个普遍问题。长期以来，仪式歌的研究缺乏成熟的手段。直到近年，口头诗学以及表演理论出现之后，学者们发现，它们发展出来的概念和术语——程式、典型场景等同样可以用于仪式歌的研究。例如西和乞巧歌的开始，常有"七月初七天门开，我请巧娘娘下凡来"的句子。这就是一种特殊的程式，起到表演中的"标定"作用。这句歌词一经唱出，就像一句声明，暗示着仪式即将开始，接下来就将观众导入仪式的信仰语境。同时它还具有确定韵律的功能，使得以下的诗歌按照固定的韵脚演唱，这是另一种"标定"的功能。《迎巧歌》中还另有"巧娘娘下云端，我把巧娘娘请下凡"的开始句，这两句的韵脚分别属于民间语言常用的十三辙中的怀来辙和言前辙。而且，如果我们细审"迎巧歌"以及其他仪式歌的唱词，会发现大部分都押这两个韵脚。即使有些新词新声，这两韵却依然保持。口头诗学理论指出，这就是"歌唱传统"对民间歌手基本的要求：在传统中创造。歌手们要在已有的框架中发挥自己的聪明才智，在不突破限定的情况下完成艺术过程。

当然按照口头诗学的研究思路，歌手的创编和训练也应该是研究的重点。该书虽然涉及一些这方面的内容，但因不是研究歌谣的专书，只散见于各个章节中。我们无法看到歌手在学习演唱方面的详细经历，也无从了解那些创编新声的艺人们背后所凭借的民间文化"武库"，因而还略显薄弱。

民俗研究是一个综合体，需要多学科的介入。古典文学研究者的力量一直是民间文学研究的重要一支，他们的研究让民俗学的内容更丰富、更立体，这也是该书另外的意义。

（供稿：刘文江）

【中国节日志·安国药王庙会】

刘铁梁主编，光明日报出版社 2014 年 5 月版

近几十年来，随着改革开放的深入，全球化、市场化以及城市化等因素日益渗透到人们的日常生活。在转型时期，社会结构与社会生活处于剧烈的变动之中。在现代化浪潮的冲击下，中国传统文化尤其是传统民俗文化，随着农村生活空间缩小而日渐式微，其中有些优秀的地方性民俗文化载体或表达形式甚至面临着传承乏人难以为继的尴尬境地。在这种情况下，越来越多的学者和社会有识之士开始将目光投向了民俗文化保护与传承上面。尤其是进入 21 世纪的十几年里，在学者和政府的推动下，开展了"非物质文化遗产"保护运动。在它的推动下，全社会出现了一股"民俗热潮"。作为民俗文化的重要组成部分，民俗节日也日益成为学者和社会的关注焦点。如何撰写新时期的新式节日志，成为许多学者研究的新话题。

所谓新时期新式节日志，主要是破除以往官方修志的传统做法，不再单纯追求面面俱到，而更突出民俗节日事象。在这种宏观理论指导下，刘铁梁教授率领团队进行了积极探索，其中《安国药王庙会》即为其成果之一。实际上，早在十年前，刘铁梁教授就已经提出"标志性文化统领式"的民俗志撰写方法。他指出："经验告诉我们，对社会生活整体性特征的认知，需要在比较宏观的层面上就一般历史与现状问题进行调查，而对具体民俗事象的认知，需要在村落、家户的层面上进行调查，二者的结合只能等到调查之后的案头工作中才能完成。"这种从村落生活整体描述民俗事象的重要思想，不但指导其研究团队完成了十多部北京地区各区县民俗文化调查报告，更是为《安国药王庙》节日志的撰写提供了核心思想。在节日志的撰写中，刘铁梁提出需要在村落生活整体中把握节日事象，需要着重考虑节日活动与村落生活的共生关系。从村落生活中发现节日的意义，提出"标志性文化统领式民俗志"，他认为一个地方的标志性文化应该符合三个条件，即"第一，能够反映这个地方特殊的历史进程，反映这里的民众对于自己民族、国家乃至人类文化所做出的特殊贡献；第二，能够体现一个地方民众的集体性格、共同气质，具有薪尽火传的内在生命力；第三，这一文化事象的内涵比较丰富，深刻地联系着一个地方社会中广大民众的生活方式，所以对于它的理解往往也需要联系当地其他诸多的文化现象。"作为新时期新式节日志的《安国药王庙会》撰写即遵循了这种思路。根据当地文化生态与生活状况，编写团队首先将安国药王庙会看作地方标志性文化，这种标志性文化的生活土壤即安国长期以来形成的中药材交易活动，而中药材交易活动又从多个方面影响了当地人的生活文化。

基于这样的逻辑考虑，《安国药王庙会》一书共分为三个部分，第一部分即综述部分，从整体上介绍了安国药王庙会的历史渊源及其生存的社会生态语境，并分析了庙会仪式活动的象征意义及其与当地百姓生活的关系等。第二部分则是词条，虽然这些词条分类标准仍有可商榷的地方，但从整体上看，这一部分实际上是将药王庙会进行解构，并遵循用词从简的原则，从整体上介绍了安国药王庙会的各种情况。该书的第三部分是主体部分，主要是数篇专题性质的调查报告，这一点也是与以往地方志、节日志等最为不同的地方。《安国药王庙会》的调查报告一共分为八篇，其中第一、二篇分别从民间节日活动过程和官方节日活动过程两个方面对安国药王庙会进行"过程—事件"式梳理，以时间为主线，强调活动过程中的参与者的行动，详细描述了节日活动的关键细节。第三篇强调药王庙会作为民间节日活动时的文艺

演出活动。作者特别强调了庙会上的"献戏"活动，并简要梳理了从过去到现在文娱活动的变迁过程，从地方文艺方面侧面呈现了安国药王庙会的盛况。第四篇主要梳理了安国药王庙会的主神药王邳彤从汉代将军变成地方保护神的历史过程，这个过程的梳理为我们展示了安国这一地方社会的变迁过程，以及在社会生活中人们观念和心态的变化情况。第五篇和第六篇特别强调了安国药王庙会所依托的现实生活土壤，即安国作为北方最大的中药材交易市场的"药都"的情况。其中，第五篇从整体上对安国地区中药材种植、加工及交易等进行介绍，以及围绕着中药材形成的地方性民俗文化进行梳理，正是在这样的文化生活土壤中，才有了颇具地方特色的安国药王庙会。第六篇从"跑合的"这一中药材市场经纪人群体入手，从其日常生活方面关注了依托安国中药材交易市场而生存的人们的生活状况，同时也分析了这些群体与安国药王庙会的关系。第七篇是以人物生活史为中心的民俗志撰写，主要描述和介绍了与安国中药材交易市场颇有联系的地方文化精英与安国药王庙会的关系。第八篇是历史的梳理与考据，主要梳理了历史上曾经兴盛一时的药帮及其组织形式、组织机构以及功能等。清末民初，正是这些药帮的存在，推动安国药王庙会达到了鼎盛状态。

《安国药王庙会》一书的主要特点为，在突出节日事象时，注重与节日息息相关的生活语境，同时还注重整个节日活动参与者的具体感受以及对于过去生活状态的记忆。强调感受的民俗学是近几年来刘铁梁教授在指导撰写以生活为导向的民俗志实践过程中提出的学术理念，他指出："生活文化的整体性，其实是与作为生活实践主体的主观感受性联系在一起的，民俗作为交往的语言和手段最丰富和最充分地凝结了当地人心心相通的生活感受，所以才成为我们研究当地社会生活的核心对象。"

在民俗志文本中强调日常生活的重要性实际上是与民俗学近些年来"日常生活"研究转向相关的。从 20 世纪 80 年代中国民俗学学科恢复与重建以来，从学术实践来看，大体经历了从单纯关注民俗事象到重视语境再到从整体生活中理解民俗的基本路径。整个过程反映到民俗志撰写与节日志撰写上，即从强调所谓的客观性和价值中立的"中国民间文学三套集成"的搜集撰写到现在以生活整体为导向的新式节日志撰写。

当然，作为一种仍在探索中的新式节日志撰写方式的文本，《安国药王庙会》也存在一些问题。《安国药王庙会》在撰写中特别强调了生活整体性与参与者感受，但从具体文本呈现中，这方面仍然存在许多不足。一方面，对于安国药王庙会所依托的日常生活世界关注仍然很少，更多地强调了中药材交易与安国药王庙会的关系，对于当地人的日常生活与药王庙的方面鲜有涉及；另一方面，对于参与主体的重视明显不够。从群体上来说，对于整个庙会期间的参与者未能进行整体描述和类型性分析，从个体上看，专访式的调查报告只是对整个庙会人员进行生命史叙述，对于庙会核心参与人员比如主要组织者的生活史关注不够，而这一部分的缺失很大程度上影响了对药王庙会描述的整体性。所谓瑕不掩瑜，从注重生活整体和参与者的感受来说，《安国药王庙会》的确为学界提供了一个较为有益的参照文本。

（供稿：李　倩　李向振）

【远古的桨声——浙江沿海渔俗文化研究】
黄立轩著，浙江大学出版社 2014 年 10 月版

与其说这是一部史料翔实、论据扎实的学术研究著作，倒不如说这是一本文采飞扬脍炙人口的文学作品。作者以严谨的治学

态度把博大精深底蕴深厚的渔俗文化穷尽幽微，又以作家的笔法把科学缜密艰涩难读的学术成果描写得深入浅出、通俗易懂，把偌大一个渔俗文化的史书写得如此富有诗情画意，既是历史的诗化，又是诗化的历史，可谓是一部诗性的渔俗文化史记。

渔俗文化研究是一门生僻的学科，关于浙江沿海渔俗文化研究更是鲜有，因此黄立轩的这部《远古的桨声——浙江沿海渔俗文化研究》（浙江大学出版社 2014 年 10 月出版）就凸显了其重要的学科价值和学术意义。浙江近海多水，是海洋大省，最早的先民们涉猎海洋，创造了灿烂悠久的海洋文化。自古以来，吴越舟楫之便，渔盐之利，因海兴市，得天独厚。宋元发达的工商业，近代的港口经济、对外贸易，皆有赖海洋之赐，且开风气之先。从"丝绸浙江""人文浙江"，到"海上浙江"，勾勒出浙江的历史变迁与文明进步。

明代人文地理学家王士性（浙江临海人）在他的名著《广志绎》中，将浙江划分为"泽国""山谷""海滨"三个文化区。杭、嘉、湖为平原水乡，是为"泽国之民"；金、衢、严处丘陵地带，是为"山谷之民"；宁、绍、台、温山连大海，是为"海滨之民"。这三个文化区因不同的自然地理环境，从而形成了"稻作""樵采""海作"三种相对不同的生产方式，导致了生产方式、风俗习惯和价值观念的差异。三民各自为俗："泽国之民"舟楫交通方便，百货所聚，城市里的人比较富裕，风俗也较奢侈，缙绅的势力很大；"山谷之民"石气所钟，性情刚烈，习性俭约，但不把富人放在眼里；"海滨之民"，餐风宿水，百死一生，因为有海利而不太穷，又因为不经商，而不太富，风俗也"居奢俭之半"，比较适中。王士性的"文化生态"理论，比黑格尔在《历史哲学》一书中所提出的相似理论要早 200 多年。从王士性的"文化生态"理论来推论，浙江渔俗文化既是大自然赐予

浙江的天才杰作，又是人类悉心打造的文化精品，如桑间之歌、韶虞之乐，不仅快意适观，而且可收藏、可清赏、可珍玩。

《远古的桨声》把浙江考古有影响的重大发现和研究融入书中。渊博的考古学家可以穷其精微，写下浩瀚巨著，可以从某一种陶罐形状，从某一个甲骨文字符，判断其所包含的神秘信息。但是，翻阅一本考古发掘论著，对于一般读者来说太枯燥。我总盼望着考古大师们能让受过中等教育以上的人享受原本属于他们的历史财富，可是遭遇到"踏破铁鞋无觅处"的尴尬。而黄立轩在他的书中，通过考古成果将残断的历史碎片连缀得尽可能完整，将消失的历史变为摸得着的现实，在纵横历史、解读历史的考古脚步里，将那些生动的却鲜为人知的考古经历、参观感受讲给读者听。使考古成果被大众在不知不觉中所接受，完成了深入浅出的考古学的科普效果。同时，从独木舟到万吨渔船的演变历史，从神话中的原始岛民到现代的东海渔民，从渔民的造船习俗、生产习俗到船饰渔服，从渔乡传统节日到渔家生活风俗，书中系统地、分门别类地作了详尽介绍，阐述了浙江沿海渔俗文化的内在精神和内在价值，对于所有关心与热爱渔船、渔俗文化的读者了解浙江沿海的渔俗文化具有很大的帮助。

另外，作者抓住了浙江历史文化的一个重点难点——非物质文化遗产来进行研究。浙江，这块五万年前就有人类活动的古老大地上，曾经积淀了著名的"上山文化""跨湖桥文化""河姆渡文化"和"良渚文化"。在后世的发展过程中，通过传承与创新，浙江又积累了灿烂的物质文化和非物质文化。在那些或者沿海，或者靠山的城镇与乡村，生发了曾经广受民众喜爱的各类文化形态，唱、舞、绘、刻、演、锻、雕，在这些多样的表现形式中，一代又一代的人获得了精神上的享受与满

足，丰富了原本可能平淡无趣的生产和生活。这些保留了民族历史记忆、凝结了民间智慧、融合了大众情感、体现了地域风格的非物质文化遗产，正需要更多的人去认定和抢救，并通过有形的方式，来保留文化记忆。如果不去抢救和保护，那些与我们息息相关的文化记忆和民族传统，就会迅速地离我们远去。

黄立轩历时数年跑遍浙江沿海，收集、整理、创作的《远古的桨声》一书，及时地回望了那些历经千百年而传承下来的民间渔俗、生活风俗和非物质文化遗产。它不但能给读者提供丰富的文化营养，还能唤醒读者更好地保护文化遗产，守护精神家园。

（原载《光明日报》
2014 年 11 月 22 日第 10 版；
供稿：罗　杨）

【忧郁的民俗学】

岳永逸著，浙江大学出版社 2014 年 6 月版

《忧郁的民俗学》与以往中国民俗学研究中"区域本位"和"事象本位"视角有很大不同。岳永逸从一个个鲜活的个体出发，聆听其故事、书写其人生，更为直接而根本地体现了对生命的尊重和礼赞。在此书《急景凋年》篇中，作者花了大量篇幅，从儿子的角度，以失落沉重的笔调、冷峻焦灼的情感讲述了自己母亲的故事，如她的家世、婚姻、过往生活，尤其把她疾病的征兆、发作、反复过程及与都市优越生活环境的鲜明反差作了细致描写，情真意切、感人肺腑。我们恍若能跟随作者的笔触、跌宕起伏的情感游走于字里行间，也更能理解和感悟母亲的多舛形象和孝子的苦闷情怀。此外，无论是《擦肩而过的

走阴》中称谓繁多的走阴人、《槐树地的风水》中命运迥异的父老乡亲、《阴门阵的当代史》中脱裤抵抗的村妇，还是"高傲的都市故意边缘化、有意遮遮掩掩"[①] 的老西儿和二姑娘、草根相声演员和说书人、"参与型"春节中的民众个体、"刚柔相济"而"倔犟"的周作人等——阳春白雪或下里巴人、精英上层与底边阶级，都作为具有主体性、尊严、价值和意义的生命个体，一视同仁地被纳入作者的叙述范畴中。怀揣"虔敬之心"，岳永逸冲破了新旧、城乡、雅俗、官民等许多二元对立概念，"将'民族志'描述与'文学性'思维完美结合在一起"[②]，主体与客体"互为主体"，二者的关系也从"我和他"转化成"我和你"，更为自然而亲密了。这种真情满满的学术实践，恰与现象学的旨趣不谋而合。

"文化"是此书另一关键词。以郭德纲为代表、风头甚劲的草根相声，"新好—旧坏"的传声筒、泛政治化的大小剧场，西单商场前"竖筷插碗"雕塑的闹剧，"旁观型"与"参与型"广狭两种春节观……岳永逸视野宏阔，从生活中拾掇丰富多彩的文化现象，并冷静凝视着。虽是丰富、热闹，作者却敏锐意识到：在全球化的今天——躁动不安的年代，文化被大谈特谈，实则被滥用了。"文化成了应景的，最为时髦的空洞言语"[③]，被三番五次地抢掠后，"文化也就远离了文化"[④]，失却了原初的真实。对象化了的"文化"被裹挟在不同的话语霸权中，或用以界定持有者"民"，或被贴上"草根""民间""遗产""原生态""传统"等标签，成为任人肆意把玩的工具。对时下的文化乱象，作者保持了清醒认识，并对个中存在的弊

---

① 岳永逸：《忧郁的民俗学》，浙江大学出版社 2014 年版，第 263 页。
② 张柠为本书所作封底荐语。
③ 岳永逸：《忧郁的民俗学》，浙江大学出版社 2014 年版，第 7 页。
④ 同上。

疾给予了大胆批判。如谈到"非遗"时，作者断言："群体、口头、传承固然是民俗的根性，但绝对不是全部；非遗同样仅仅是已经僵死，或僵而不死、僵而要死的民俗，亦远非民俗的全部。"[①] 警醒人们：看待文化，需冷静、客观、全面，穿透浮华表象洞察其本质。于"文化满天飞"、狂欢而极少异质声音存在的当下言，岳永逸的担忧和学术批评更显及时而珍贵。

"小我的悲喜、艺术的光晕、民间的段子、乡土的音声、节庆的盛大、泰斗的脾气、诗人的才情"[②]，该书内容无疑是丰赡的。无论是对母亲生命经验的叙写，还是对当下文化现象的省思，一一凝视之下，作者显得百感交集、五味杂陈。忧郁的"凝视"，在"意识的厚瞬间"[③] 畅游，作者"眺望自己远行"，恍若再现福柯那深邃凹陷的眼眸。强烈的共鸣感，令人读罢不忍释卷。如同丁瑞根在序中所说的，此书是"具有强大邀请结构的文本，它能抚慰我们"[④]，"如洁净的水邀请干渴的人去喝、舒适的椅子邀请疲惫的人去坐"[⑤]，细节处令人动容，浓情时使人垂泪，掩卷长思，是灵魂深处的触动。

归于一处，岳永逸对日渐边缘化的民俗学有了会心认识、殷殷期许和热情展望——"或者，在直面个体的价值与尊严、生命的本真时，固本培元的中国民俗学有可能真正突围。"[⑥] 再次以平等、谦恭之姿，肯定作为个体的"人"对于学科的意义，或许这也能成

为促成学科转向和生长的窗口。

整体上看，《忧郁的民俗学》是一部用心、诚意之作，也顺延了岳永逸一以贯之的学术理想——敬畏"土地"和"小我"，静观、细思生活中的问题，将深切的理论沉思镶嵌在寻常百姓平凡无奇的生命叙事中。忧郁背后，是感喟无奈、铿锵傲骨、横眉冷对、永不妥协；在绝望中寻找希望与可能。多年来，岳永逸游走于学界之外——看似"特立独行"，实则悉心关切；不曾随波逐流，踽踽凝视，俨然民俗学的"第三只眼"[⑦]。此书也是岳永逸多年来生活的侧面写照，常自称"不像城里人"、有"一丝暮气"的他，因母亲的精神疾病"焦灼、愧疚、无力自拔"[⑧]。凄惶的情绪，间夹着他长期对民俗学复杂而真实的思考，如倾泻山洪，奔涌而出。也许唯有写作，方能让孤独而百感交集地"凝视"的他，获得些许心灵的慰藉。

（供稿：杨泽经　邓秀兰）

【非物质文化遗产数字化研究】
杨　红著，社会科学文献出版社2014年3月版

一项流传千年的传统技艺该怎样保存和展示？一种曾经盛行但今天已逐渐消失的习俗该怎样完整地记录和再现？日新月异的数字化技术提供了实现非遗保护的无限空间，但如何将数量极为庞

[①] 岳永逸：《忧郁的民俗学》，浙江大学出版社2014年版，第265页。

[②] 同上书，第9页。

[③] 同上书，第55页。

[④] 丁瑞根：《忧郁的民俗学·序》，见岳永逸《忧郁的民俗学》，浙江大学出版社2014年版，第5页。

[⑤] 同上。

[⑥] 岳永逸：《忧郁的民俗学》，浙江大学出版社2014年版，第265页。

[⑦] 笔者的认识，指岳永逸及岳永逸们——在躁动氛围下依然能对学科保持清醒认识并有所坚持、担当的学人。

[⑧] 岳永逸：《忧郁的民俗学》，浙江大学出版社2014年版，第262页。

大的非遗项目通过数字化得到保存和展示，我国至今还未形成成熟的解决方案。近日，由杨红著、社会科学文献出版社出版的《非物质文化遗产数字化研究》，就当前我国非遗数字化存在的现实问题，充分借鉴国际经验，提出了系统推进的解决途径。专家认为，这项非物质文化遗产数字化保护的基础研究，填补了我国在该领域的空白。

非物质文化遗产作为人类文化遗产的重要组成部分，其数字化保护和保存的重要性已然得到了包括我国在内的世界上许多国家的高度重视。非遗数字化保护对当前我国非遗保护现状来说，尤为迫切。2005—2009 年的全国第一次非遗普查留下了数量惊人的各类档案，建立了以文字、图片、录音、录像等多种手段记录下来的非遗资源档案，收集了一大批具有历史、文化和科学价值的珍贵实物和资料。据统计，这次普查走访民间艺人 115 万人次，收集珍贵实物和资料 29 万多件，拍摄图片 477 万张，普查非遗资源总量近 87 万项。如果这些珍贵档案不能及时得到数字化保存，将使普查失去意义，今后的保护工作也将失去重要依据和基础。通过数字化手段记录一个国家或地区非遗资源的全貌，已然成为科学、高效地实现遗产保护与保存的重要途径，而且随着非遗研究和保护工作的深入，非遗数字资源的基础性资料库价值将不断升级，可以说，非遗数字资源将愈来愈被公认为非物质文化遗产保存、保护、管理及共享功能发挥的最为科学可靠的源泉。

《中华人民共和国非物质文化遗产法》规定："文化主管部门应当全面了解非物质文化遗产有关情况，建立非物质文化遗产档案及相关数据库。"目前，各地已经开始自行设计建构非遗数据库，但由于数字资源标准尚未统一，将造成未来各地数据库难以融合等诸多问题。因此，尽快建立非遗数字资源分类和技术国家标准，是当前非遗数字化工作的重中之重。

针对非遗数字化领域的核心问题，包括非遗数字资源核心元数据亟待统一、符合数字资源管理需求的非遗项目分类体系亟须进一步论证、非遗数字化保护的标准体系有待建立等，《非物质文化遗产数字化研究》结合国内外的研究、实践成果，提出了较为完整的解决方案。该书通过引入国内外相邻相关领域成熟理论与做法，提出了非遗数字资源的核心元数据方案；建立了非遗项目分类编码体系；对非遗数字化保护及数据库建设的整个标准体系进行理论层面的梳理，确定了非遗数据库标准化工作的具体内容，并通过引入美国等国家数字化保存标准研究中资源格式、技术规范等方面的阶段性成果，为国内非遗数字资源标准化具体文本的研究提供启发。这些研究对当前我国非物质文化遗产的数字化保存、保护具有较高的应用价值，对非遗保护实践的深入具有较强的现实意义。

国家非物质文化遗产保护工作专家委员会副主任委员乌丙安认为，非遗数字化保护及数据库建设，在国内无论是研究层面，还是实践层面，都处于起步期。国外就此的专项研究也较少，《非物质文化遗产数字化研究》一书，系统研究了非物质文化遗产保护数字化基础领域的关键问题，从而填补了我国在这一领域的空白。

（原载《中国文化报》
2014 年 3 月 31 日第 8 版；
供稿：欣　闻）

【内蒙古区域游牧文化的变迁】

邢　莉等著，中国社会科学出版社 2013 年 3 月版

中央民族大学邢莉教授与内蒙古草原勘察规划院邢旗研究员合著的《内蒙古区域游牧文化的变迁》进入 2012 年国家社会

科学基金成果文库，可喜可贺。这是笔者所见近期研究蒙古文化变迁的一部重要著作。在内蒙古游牧文化嬗变和转型的关口，这项研究回应了时代和社会所提出的问题。

一 多学科视阈

长期以来，内蒙古区域的游牧文化主要体现为生活在蒙古高原的蒙古族群与干旱或半干旱草原交相适应的"游动"的文化。这种生存方式和文化形态，已经存续了很久，而且必定是这里的人们经过长期摸索的经验积累，逐步形成的区域游牧文化，有其特定的内核和体系。300 年来，在社会经济发展、自然气候变迁、族群关系变化等因素的冲击下，该区域文化中游动的成分呈现出逐步减弱的大趋势。作者述及目前内蒙古区域在文化形态上可以分为四个文化圈：农业文化圈、半农半牧文化圈、牧业文化圈和城镇文化圈。诚然，观察到这四个文化圈的并存现状，并不构成创见，但是作者关于这四个文化圈的形成过程、结构形态和互动关系的深入讨论，则颇有深意。讨论是在人类学、民俗学、文化生态学、草叶学等交叉学科的多维度层面上展开的，并且把焦点牢牢聚集在内蒙古区域的游牧民与农耕民的长期接触过程中，于是，不同文化间的传播、涵化、冲突、调适、融合等的复杂过程，就渐次得到细致的呈现和鞭辟入里的分析，进而描摹出内蒙古区域游牧文化变迁的动力学模型。该专著显示了作者对人类学、民俗学前沿理论的把握与面对现实的社会责任感和历史使命感。

二 整体观和历史主义态度

学术乃天下公器。纯粹的学理性探索一路，诚然能够给学人带来很大的愉悦和享受，密切关注现实社会问题的一路，也多来自学人的担待和不甘。所谓不甘，就是不满足于已有的论见，而试图从纷繁复杂的现象中，按照自己的理路，重新梳理材料，给出新的解说。在这部书中，我们

看到了这种可贵的"不甘"。一般而言，学术界在研究文化变迁的动力学机制时，往往认为从内部推动的变迁，通常源自重大的发现或发明；而由外部策动的变迁，多与异质文化的借用或传播相关。该专著在此点上深入了一步，给出了更为综合的、动态的、多维度的考量，认为推动文化变迁的动力学机制应该是内部的与外部的、自然的与社会的，以及"大传统"与"小传统"的错综复杂互动的过程。可以想见，在不同的社会历史条件下，不同要素之间的关系也必定是不同的。有些矛盾或许就从次要矛盾上升为主要矛盾，而另外一些原本是强烈对立的要素，则在新历史条件下，降格为较次要的矛盾方面，如此等等。专著在完整地演绎《内蒙古区域游牧文化变迁》的理论框架时，着意描绘了在"大传统"与"小传统"的互动中，在游牧民与农耕民的互动中，内蒙古区域的游牧文化发生涵化的历程，而没有人云亦云地沿袭西方人类学家的常见观点。作者强调，这个涵化过程是诸多因素共同参与并推动的，如自然环境与人口的变迁（例如民族间比例的变化）、经济的变迁、社会生活方式的变迁、科学技术的进步、新文化的增加与旧文化的嬗替、教育制度的变更等。这样的见地，就既具有理论的创新意义，也具有实践的启迪意义。诚然，这部专著所讨论的问题，其他学人也进行过反复的思考，并先后提出各自的主张和阐释，因而不能说这是一宗全新的研究。不过，总体而言，以往的研究，或聚焦于一个特定历史阶段，或将文化变迁主要归因于某个环节或层面的作用，因而难免显得不够全面和宏观。本书则试图用全景呈现的方式，整体描摹在宏阔历史文化背景下文化变迁是如何发生并变异的，并把这种描摹与对草原文化可持续发展的思考结合起来，因而使得对历史的回顾，也具有了当下的意义，对历史经验和教训的总结，

也就具有了提示和前车之鉴的意味。该专著呼应了习近平近期报告中关于建设生态文明的核心理念，强调在文明进步、社会发展的同时，如何继承东方文明传统中那些最为可贵的因子，如人与自然的和谐相处，如顺应自然、尊重自然的生态观与宇宙观等，从而使今后的发展道路更有历史连续感，更符合科学精神和人道主义宗旨。这种对未来指向的期许，尤其具有极端重要的现实意义。总括而言，作者对草原游牧文化的历史性评价，不仅在一定意义上匡正了习见的偏见和误解，而且揭示了这宗伟大的人类文明遗产对当今世界和今后人类发展所具有的特殊类型的和样板的意义。

三 微观分析和民俗学理路

该书的两位作者各有专业所长，结合起来则相得益彰。就以我比较熟悉的民俗学理路而言，我看到了民俗学理论和方法在观照文化变迁论题时所形成的特殊思考。作者通过民俗学的特有视角和方法，令人信服地指出，蒙古族传统的标志性的民俗文化符号，是以特有的方式反映文化变迁进程的指示标。而且，民俗学维度在该书中的合理延展及对其他论题的包裹，就造成了如下效果：论题的把握既能高屋建瓴，又能呈现细部的微观图景，从而使得剖析鞭辟入里，而又在整体上保持了展示文化要素的生成和变化规律的追求，这是特别难能可贵的。民间信仰、节庆操演以及衣食住行、婚丧娶嫁等诸方面，都会对文化变迁做出或积极或消极的回应，于是，它们就不仅发挥了社会变化指示标的作用，而且还参与到这种变化进程中，发挥其正向或负向的作用力。简单讲，就是研究民俗生活与社会文化的关系，对于弘扬草原文化的传统，强化蒙古族群的文化认同，进而对于保护人类非物质文化遗产，都有现实的意义。

蒙古族游牧文化变迁过程很长，跨度很大，内容很丰富，头绪很繁杂，题目本身就已经显示了论题的难度。人类学、民俗学的研究往往采用"见微知著"的模式，且此类研究成功案例很多：稍远的有费孝通的样板式研究，稍近的有王明珂影响甚大的著述，都足可资效法。不过，若是要把内蒙古区域游牧文化300年来的历史进程纳入考量，则研究方法上亦需有所创新。该著作将历史文献资料与田野考察联系在一起，将社会大势与小村落个案联系在一起，将民众的口头叙事与官方的体制化运作及档案记录联系在一起，于此我们看到了宏阔的画面，也看到生动的细部，这是需要文献解读功夫和田野研究能力的。看到书中80多个图表，再联系到正文中引证的大量的数字和田野图片，便知道两位作者对待学问的孜孜矻矻。

（原载《中央民族大学学报》
2014 年第 4 期；
供稿：朝戈金）

【物微补志——茶马古道的记忆与变迁】

杜韵红著，云南美术出版社 2014 年 5 月版

云南境内的马帮商道是世界上自然风光最为壮观、民俗文化最具神秘感的古代商贸通道。沿途江川河流纵横、崇山峻岭跌宕，气候垂直变化差异明显，一山分四季，十里不同天。看似浪漫传奇，但对人的生理考验却到了极限，没有强大的适应体能则无法跨越险峻的高山深流。这样的高海拔运输，只有马帮能够胜任。

千百年来络绎不绝的马帮队伍，串起了古代西南边疆的茶马互市，带动了中原与边疆的文化交流。20 世纪之后，随着滇越铁路和滇缅公路先后修通，马帮业务急剧滑落，商道日渐沉寂，终于湮没在荒草高原里，那"山间铃响马帮来"的美好画面顿成历史记忆。

1990 年，云南大学青年学者木霁弘，因为偶然机缘结识了马帮，于是伙同五位小伙伴，与马帮步行两千多公里，展开了

滇藏、川藏马帮路线的学术探险，首次提出了"茶马古道"这一诗意的新概念。

茶马古道的确认，唤醒了从小生活在古道小镇上的一位白族女学者，杜韵红。她在新出版的《物微补志——茶马古道的记忆与变迁》中写道："对于那些古道上的记忆与故事有着一份特殊的情感，在曾经熟悉的周围邻居、亲朋好友那里也有很多人的祖父辈做过马锅头、赶马人，对于他们印象中的点点滴滴，虽然时光流逝，却一如当初般鲜活。"

杜韵红并不是一个背上行囊就能牵起马缰的女汉子，她没有木霁弘那种徒步古道的冒险勇气，但是她以女性学者特有的细腻，以点带线、以物及人、以今证古，娓娓道来如数家珍，细细地为我们深描出了一本漂亮而厚重的图文大书。

我们先说以点带线。数千公里的茶马古道，串起了无数的商贸集镇，可是，杜韵红只选取了茶马古道的第一站，普洱茶的始发地易武镇。通过对于易武镇经济、人口、教育、商贸、信仰、风俗的历史地理学考察，尤其是对于其茶业贸易的深描梳理，杜韵红论证了文化变迁的动因与外力，建构了中原与边疆的文化关系，诠释了中国古代"以茶治边"的政治结构。

杜韵红这样勾勒易武的历史变迁："在历史上因移民涌入，兴办茶庄实业，朝廷管控远达于此。私塾办学、兴建会馆关公庙、开放口岸等具体措施，多向度地影响着当地文化，从生活的细微处进行浸润，与当地文化碰撞整合，改变了当地人的思想观念，形成了一套具有易武文化个性的文化体系。"这种体现国家在场的地方文化整合模式显然不是易武仅有的，但是，共同模式与区域文化的具体结合，却是鲜明易武特色的"这一个"。这是另一种角度的以点带线。

再说以物及人。杜韵红任职于云南民族博物馆，因此对于民俗物品有着更细致的关注，但是，杜韵红并没有因物写物，在物的描述上花费太多笔墨。作者写物是为了写人，不仅将物放进历史的长河中随时间而漂流，也由物的使用，带出了人的生活。这样一来，物就被赋予了人的灵魂和生气，随着人的活动而生动起来。

比如，当写到马帮做饭用的"铜锣锅"时，作者通过马帮做饭、吃饭的种种规矩，逐渐延伸到马帮内部的人际关系："马帮的开锅饭，第一碗要由马锅头自己盛，第一口饭由他带头吃，这显示了马锅头的权威，也包含了信任、责任，如果食物中有毒，也是马锅头身先士卒。他们有句行话：'同锅吃饭，就地分钱。'马锅头的称谓也就由此而来。"

最后说说以今证古。茶马贸易虽然历史悠久，马帮在整个西部地区的对外贸易，甚至文化交流中起到了举足轻重的作用，但是，赶马人的社会地位并不高，他们的文字书写能力也比较弱，历史对于马帮的记载并不多，对于马帮生活史的记载就更加缺乏。为了复原马帮的赶脚生涯，就得实地走访那些依然健在的赶马人，探访那些零星散存的小马帮，以共同的信仰、习俗，以及帮内结构、角色分工来复原昔日的马帮景象。

赶马是年轻人的事业，茶马古道漫长艰险，赶马人的每一次出发，都是一次生离死别。我们通过书中的马帮故事，以及那些略显粗糙的马帮歌谣《茶山调》《赶马调》，也许能稍稍走近赶马哥微妙的情感世界："赶马大哥没有家，山川河谷把身安，夜晚歇的是草皮，把个火塘来当家。五月我唱赶马歌，想起我哥眼泪多，劝他莫从江边过，火热天气病又多。"

茶马古道古老而神秘，它是民族团结的象征和纽带，是一条多姿多彩的文化长廊，拥有取之不尽的民族文化遗产。散落在古道上的历史遗珠，正需要我们一点一滴去发现、拾掇，象《物微补志》这样，把美的事物展现给读者。

（原载《中国文物报》
2014 年 12 月 12 日第 4 版；
供稿：施爱东）

【多元视野下的《格萨尔》文化】

班　果主编，青海民族出版社 2013 年 7 月版

该书是以藏汉合璧形式编辑完成的一部科研巨著，具有以下特点：一是所编论文内容丰富，即从历史学、政治学、经济学、军事学、民族学、宗教学、文学、艺术学、民俗学等多学科深入分析和研究了《格萨尔》的相关问题，代表了当今《格萨尔》研究的最新成果。二是所选论文都以马克思主义的诗学理论为指导，运用唯物辩证法和历史唯物主义的立场、观点认识《格萨尔》史诗，对许多重大学术问题进行了深入分析，并提出了许多新的独到见解，回答了《格萨尔》史诗中大家所关心的疑难问题。三是论文作者的代表性强，既有年轻学者撰写的论文，又有中老年专家成果，既有科研单位专业从事社会学研究的科研人员，又有业余从事《格萨尔》学研究的专家教授。此书的编辑出版又一次充分展示了青海省对《格萨尔》研究工作的高度重视，也体现了党和国家对民族文学研究事业的关心和支持，标志着青海省的《格萨尔》研究工作又上了一个新台阶。

（原载《青海日报》
2014 年 1 月 24 日；
供稿：海　兰）

【中国古代物质文化】

孙　机著，中华书局 2014 年 7 月版

孙机在该书中充分使用了传世文献、笔记小说与考古资料，详细而全面地检视了古代的器具、食材、建筑、文具、乐器、武器等日常生活物品以及科学技术引进、传播、发明创造的源流演变过程。内容恢宏而叙述简明扼要，还兼顾了西方物质文化的发展历史，不仅吸收了学术界的最新成果，更可贵的是，该书还对某些学术谬误进行了精准的考辨与修正，有助于具体问题的正本清源，以便后人更了解古人鲜活真实的生活情境。

（供稿：林海聪）

【古代器物溯源】

宋兆麟著，商务印书馆 2014 年 11 月版

该书主题为考论古代器物及其相应生活习俗的源流演变过程。除了依靠文物、图像等考古学资料以外，该书还利用民族志调查和田野实践所搜集的资料来补充和解释传统的物质文化现象。该书以条目的形式作为写作体裁，图文并茂地介绍了五十余种中国古代器具，并对部分文物的鉴定提供了可靠的理论依据，在少数民族的器物文化上着墨颇多，并且考察了与器物类物质文化密切相关的神话传说、节俗、历法以及萨满信仰，并且提出"半月形文化带"的观点来概括这些名物背后蕴含的地域文化之间所存在的内在联系。这些都有助于我们从宏观的角度重新审视中国民族迁徙史和边疆文化的发展演变史。

（供稿：林海聪）

第五篇

年度优秀论文

"回到声音"的口头诗学：以口传史诗的
文本研究为起点

朝戈金[*]

【摘要】"口头诗学"（oral poetics）作为一个出现未久的批评方向，其专属的术语体系和理论方法，尚需作出系统的梳理。特别是，口头诗学与文学界常说的"诗学"之间是什么关系，也较少见到深入系统的讨论。不过，晚近国际人文学术的发展，尤其是口头传统研究的深入，已从若干方面为口头诗学的登堂入室，做了大量准备。本文以口传史诗的文本研究为主线，从学术史的角度讨论口头诗学的演成、发展及其理论模型。

在西方学术传统中，诗学肇始于古希腊的亚里士多德，并且在一开始就与叙事艺术（荷马史诗）和表演艺术（戏剧）相结合，只是在此后的发展中，诗学偏重总结书面文学的规则。幸好还有莱辛的《拉奥孔》等著作，让我们看到关于书面文学创作和欣赏规律的讨论没有完全独占鳌头。

就"口头诗学"的学术史进行精细的爬梳，不是本文的目的，不过在这里简要地交代口头诗学理念的来龙去脉，仍属必要。"口头程式理论"的开创者之一洛德（Albert Bates Lord，1912—1991）在 1959 年发表了《口头创作的诗学》[①] 一文，系统地探究了口头史诗创作中的语音范型及其功能、作用。他进而在 1968 年明确提出"口头诗学"这一概念：

> 当然，现在荷马研究所面临的最核心的问题之一，是怎样去理解口头诗学，怎样去阅读口头传统诗歌。口头诗学与书面文学的诗学不同，这是因为它的创作技巧不同的缘故。不应当将它视为一个平面。传统诗歌的所有因素都具有其纵深度，而我们的任务就是去探测它们那有时是隐含着的深奥之处，因为在那里可以找到意义。我们必须自觉地运用新的手段去探索主题和范型的多重形式，而且我们必须自觉地从其他口头诗歌传统中汲取经验。否则，"口头"只是一个空洞的标签，而"传统"的精义也就枯竭了。不仅如此，它们还会构造出一个炫惑的外壳，在其内里假借学问之道便可

* 作者系中国社会科学院学部委员，民族文学研究所所长、研究员。

① Albert B. Lord, *The Poetics of Oral Creation*, in Comparative Literature: Proceedings of the Second Congress of the International Comparative Literature Association, ed. Werner P. Friederich, 1959, pp. 1 – 6. Chapel Hill: University of North Carolina Press.

以继续去搬用书面文学的诗学。①

不过，迄今为止，在若干重要的工具书中，简明的如《牛津简明文学术语词典》（Oxford University Press，2004），专业的如《普林斯顿诗歌与诗学百科全书》（Princeton University Press，第四版，2012），或者中国学者编纂的《世界诗学大辞典》（春风文艺出版社，1993 年），都没有 oral poetics 或"口头诗学"词条。在中国文学史的书写中，也未见对于口头传统的专门讨论和总结，众多以"诗话"面目出现的文论成果，都与口头诗歌法则的总结无关。但从另一方面说，"口头诗学"这个术语已经被学者创造、使用，而且近年随着口头传统研究的拓展，需要对口头诗学作出学理性总结和界定。本文就是这项复杂工作的一个初步的尝试。

一　引论：口头程式理论与口头诗学

按照我的理解，口头诗学的体系建构始于 20 世纪 60 年代。虽然按照美国学者朱姆沃尔特（Rosemary L. Zumwalt）的说法，在 18 和 19 世纪"大理论"时期已经有学者如赫德尔等一批人对口头传统的存在方式和意义作出了重要的总结，② 但那些讨论只能算是关于口头诗学理论的前史。20 世纪中叶，是"口头诗学"理念形成的关键时期，其标志是几个重要事件：口头程式理论的集大成之作《故事的歌手》面世（1960 年），标志口头程式理论的出场；几乎同时，在西欧和北美爆发了关于书写文化与口头文化对人类文明进步推动作用的史称"大分野"的激烈争论，若干来自不同领域的巨擘，如传播学家麦克卢汉（Marshall McLuhan）、结构主义人类学家列维—斯特劳斯（Levi—Strauss）、社会人类学家杰克·古迪（Jack Goody），以及古典学者埃瑞克·哈夫洛克（Eric Havelock）等，都参与了这一波激辩。③ 从 20 世纪 60 年代前期开始延续了差不多十年之久的"伦敦史诗讲习班"及其若干年后结集为两大卷的成果《英雄史诗传统》（*Traditions of Heroic and Epic Poetry*，London：The Modern Humanities Research Association，1980，1989）则在一定程度上反映了史诗研究范式从文学学向口头诗学转化的历史过程。④ 1970 年，"民族志诗学"学派在北美应声而起，其阵地《黄金时代：民族志诗学》（*Alcheringa：Ethnopoetics*）创刊并产生影响。⑤ 例如，其代表性人物、美国人类学家丹尼斯·泰德洛克（Dennis Tedlock）就提出："口头诗歌始于声音，口头诗学则回到声音。"⑥ 此外，一些并未跻身于这些学派的学者，像英国开放大学教授露丝·芬尼根（Ruth Finnegan）关于非洲口头文学的著作，美国圣路易斯大学教授瓦尔特·翁（Walter Ong）对于"口头性"的文化哲学层面的讨

---

①　Albert B. Lord，"Homer as Oral Poet"，in *Harvard Studies in Classical Philology*，Vol. 72（1968），p. 46.

②　朱姆沃尔特：《口头传承研究方法术语纵谈》，《民族文学研究》2000 年（增刊）。

③　巴莫曲布嫫：《口头传统·书写文化·电子传媒体》，《广西民族研究》2004 年第 2 期。

④　朝戈金：《国际史诗学术史谫论》，《世界文学》2008 年第 5 期，第 285—299 页。

⑤　戴尔·海默斯（Dell Hymes）等人所创立的"讲述民族志"（The Ethnography of Speaking）的理论方法，与"民族志诗学"（Ethnopeotics）有很密切的关联，我大体上把它们列入这个思潮中。

⑥　Dennis Tedlock，"Towards an Oral Poetics"，in *New Literary History*，Spring 1977，p. 157.

论，都对人文学术界发生了深刻的影响。在 20 世纪 80 年代，学刊《口头传统》（*Oral Tradition*）创刊，其创办人兼口头传统研究的新主帅约翰·弗里（John Miles Foley）开始整合战线，聚集队伍，而且身体力行，开创口头诗学的崭新局面。①

通过以上简要回顾，我们有如下两点归纳：一则，口头诗学所要解决的问题，是口头诗歌（其实是整个口头传统）的创编、流布、接受的法则问题，这些法则的总结需要有别于书面文学理论和工具的理念、体系与方法；二则，口头诗学是整个诗学中的重要一翼，并不独立于诗学范畴之外，只不过在既往的诗学建设中长期忽略了这一翼，就如文学研究长期忽略了民间口头文学一样。

需要说明，本文的重点不在全面观照口头诗学的概念、体系和理念，而是拟从口传史诗的研究出发，形成某些关联性思考，重点讨论"文本"（text）与"声音"（voice）两个要素。其实任何口头文类（oral genre）都可以成为口头诗学研究的材料，这里选取口传史诗作为出发点，不过是因为口传史诗的研究相较于其他文类的研究而言，历史更久，成果更丰富，理论思考上也更有深度，特别是作为口头诗学核心理念的口头程式理论就主要从史诗文类中创用工具、抽绎规则并验证理论预设，更为我们从史诗出发讨论问题提供了很大的便利。②

二　口头诗学与书面诗学：文本的维度

"口头诗学"在中国也有推介和讨论，③ 近年更成为一批学位论文和研究课题的主要方向，只是其中用口头诗学的某个环节的理论解析特定文本或传统的居多，侧重理论的体系性建设的不多。我们先从文本的角度入手，看看一般诗学与口头诗学在理解和解析一宗叙事文本方面，彼此有什么样的差异。书面文学研究范畴的"文本"被理解为语言的编织物，并且时刻处于编织之中。④ 有学者认为，书面文学的文本解析应当在四个层次上展开：第一个层次是辨析语言，对作品进行语言结构分析与描述；第二个层次是体察结构，从结构地位、结构层次和结构本质几个方面进行体察；第三个层次是剖析文本间的联系，即揭示互文性——依征引方式和互文效果划分，有引用、粘贴、用典和戏仿四种形式；第四个层次是揭示其文化价值——历史和意识形态因素也是理解文本必定涉及的方面。⑤ 那么就让我们大体循着文本的这几个层次，逐一对照一下口头诗学的文本和书面诗学的文本差异何在。

版本问题。在书面文学的批评实践中，一般只需要指出所用的是哪个版本，若是有多重版本，则往往以科学的"精校本"为主，一般不需要再为行家里手反复解释版本问题。尤其是"版本发生学"所感兴趣的诸多问题——"前文本""手稿""修改誊清稿""清样""辨读"和抄写，乃至写本的技术分析等等，基本不是文本解析的主要内容，因为文

① 朝戈金：《约翰·弗里与晚近国际口头传统研究的走势》，《西北民族研究》2013 年第 2 期。

② 参见朝戈金《从荷马到冉皮勒：反思国际史诗学术的范式转换》，《中国社会科学院文学研究所学刊》（2008 年），中国社会科学出版社 2008 年版，第 1—39 页。

③ 朝戈金：《关于口头传唱诗歌的研究——口头诗学问题》，《文艺研究》2002 年第 4 期。

④ 董希文：《文学文本理论研究》，社会科学文献出版社 2006 年版，"摘要"部分，第 1 页。

⑤ 同上书，第 2—3 页。

本一旦批量制作并进入流通领域，文学接受就开始在受众间随时发生。创作者和传播者（往往是出版商）都不能再以各种方式直接介入文学接受过程，影响文学接受的效应。口头文学传统中的文本，则与此有很大差异。口头程式理论的一代宗师洛德就曾指出，在口头诗歌中，并没有"权威本"或"标准本"。就同一个故事而言，演述者每次演述的，是"这一个"文本，它与此前演述过的和今后可能多次演述的同一个故事，是既有联系，又有区别的。大量田野实践证明，尤其对于那些篇幅较长的叙事而言，歌手每一次演述的，必定是一个新的故事。因为演述者不是用逐句背诵的方式，而是用诸多口头诗学的单元组合方式记住并创编故事的。所以，歌手的成熟程度，往往是以其曲目库的丰富程度和他所掌握的各种"结构性单元"（程式、典型场景和主题等）的丰富程度来衡量的。故事的每次演述，都是一次现场"创编"。① 所以，口头诗学开始研究文本时，先要就文本的形成作出说明和界定：是谁演述的？在什么环境中（时间、地点、听众等信息）？文本是如何制作出来的（现场文字记录，录音录像）？谁参与了文本制作（采访者、协力者等）？如果不是第一手资料，而是某个历史上形成的文本，那么，是抄本、刻本、题词本、转述本、速记本、缩略本、录记本、图文提示本中的哪一种，都需要仔细认定并作出说明。

语言问题。书面文学的文本，在读者面前，是一系列符号串，一般是固定的，不因阅读环境和受众的不同而改变。而口头诗学中的文本，是一系列声音符号串，它们在空气中线性传播，随着演述结束，这些声音的文本便消失在空气中。所以，一次故事讲述，就是一个不可重复的单向过程。从这个意义上说，书面文本是有形的，作家借助书写符号传递信息；而口头文本是无形的，口头演述人借助声波传递信息。今天，人们可以用技术手段记录下演述活动，形成视频和音频文档，或用书写符号记录下文本的语言，但就本质而言，口头文本仍然是线性的、单向的、不可逆的声音过程。在作家文学中，作家形成个人语言风格，乃是其艺术造诣的标志，是许多作家梦寐以求的境界。而在口头文学的传承和演述中，歌手的个人语言风格，是与特定传统和师承、特定地区和方言、特定流派和风格相联系的，很难说哪个民间叙事者具有鲜明的"个人语言风格"。

结构问题。书面文学的结构，往往体现作者的巧思，体现某个或某些文学传统中形成的审美理念和接受心理，例如戏剧文学的"三一律"、长篇小说中的"复调结构"、古典史诗情节的"从中间开始"，或如丹麦民俗学家奥里克（Alex Olrik）所总结的"口头叙事研究的原则"都是努力在结构层面上归纳出规律性。② 不过一般而言，作家的创作思维活动更难以预测，因为他们要力避公式化结构。而口头诗学中的结构，则显现出很不同的特质：口头诗人高度依赖程式化的结构，这也是为什么许多民族的史诗具有极为简单的几个"类型"，如统驭蒙古史诗的故事范型，按照仁钦道尔吉的总结，不外是"征战型""婚姻型""结盟型""传记型"等几种，且各有其结构特征。在人物结构方面，史诗则充分地体现出了在口头传统中常见的"对抗的格调"。③ 其实，一个世纪之前，奥里克就

① ［美］阿尔伯特·贝茨·洛德（Albert Bates Lord）：《故事的歌手》，尹虎彬译，中华书局 2004 年版，第五章。

② Axel Olrik, *Principles for Oral Narrative Research*, trans. by Kirsten Wolf and Jody Jensen, Bloomington and Indianpolis：Indiana University Press, 1992, Chapter 3：The Structure of the Narrative：The Epic Laws.

③ ［美］瓦尔特·翁：《基于口传的思维和表述特点》，张海洋译，《民族文学研究》2000 年（增刊）。

在其《民间叙事的史诗法则》中特别论及 "对照律"（the Law of Contrast），认为这种正反鲜明对比的设置是史诗的重要法则之一。① 至于中国的本土经验，巴·布林贝赫在其《蒙古英雄史诗诗学》中总结说，这种英雄一方与恶魔一方强烈对比的设置可称作 "黑—白形象体系"，在蒙古史诗中极为常见。② 就讲故事的技巧而言，在故事整体结构设置方面，鲜有小说家在一开始就把整个故事的走向和结尾一股脑端给读者的，而在史诗演述中，这却是极为常见的。以蒙古史诗为例，一个故事的 "开始母题"，往往预示着整个故事的走向，弗里称这种现象为 "路线图"。一个信使出现，或者主人公的一个噩梦，往往都预示着故事将以战争为重点展开。总之，拥有特定的故事发展 "图式"，歌手依照特定的类型或亚类型的法则演述故事，是十分常见的现象。

如果说，讲故事的技巧还能够穿越书面文学和口头文学的藩篱，彼此影响和借鉴的话，（回想一下中国古典文学名著《三国演义》和《水浒传》等具有多么鲜明的口头讲述特点，便可以理解这一点）那么在创编、传播和接受的主要方面，书面文学和口头文学两者的差异则要大得多。按照洛德所撰口头程式理论的《圣经》（指《故事的歌手》）中的说法，不是用口头吟诵的诗歌就叫作口头诗歌，而是口头诗歌是在口头演述中创编的。换句话说，口头文学的创作、传播和接受是在同一时空中开展和完成的。这是口头文学与书面文学最本质的差别。书面文学的创作、流通和接受，是彼此分离的。这种分离有时候可以跨越巨大的时空距离。一个读者的案头可以同时放着两千多年前诗人屈原的《离骚》、一百多年前美洲诗人惠特曼的《草叶集》汉译本，或不久前刚面世的彝族诗人吉狄马加的《圣殿般的雪山》。作家创作活动和读者阅读活动是在不同的时空维度中各自进行的，读者的反应不会直接影响到已经完成的作品。而口头创作与此不同，受众的喧哗、呼喊、语词回应和互动，乃至受众的构成成分，都会影响口头创编的进程和内容。这方面我们有无数的事例。

就文学文本的整一性而言，作家的写作一旦完成定稿，其意义制造就完成了。读者因时代社会的不同，各自修养、知识积累和人生体悟的多寡深浅，对作品的理解自然会各有不同，但读者不会参与制造和改变意义。对于民间歌手而言，情况则十分不同：意义的制造和传递的过程，是演述者和受众共同参与的过程，其意义的完成过程，也是受众参与的过程。再者，民间演述人的每一次讲述活动，都是一次新的 "创编"。从这个意义上说，作家的创作有个完结，民间歌手的创编没有完结。随着场域的不同、受众的不同、环境和背景的不同、演述人的艺术积累程度的不同、情绪心境的不同，等等制约，同样故事的不同时间和场合的讲述，彼此间往往会很有差异，形成不同的文本。每个演述场域中 "在场" 要素的作用，都会引起特定故事文本的 "在限度之内的变异"。近年来关于 "五个在场" 的总结，就比较充分地解析了这个过程。③

文学接受问题。书面文学诉诸目，口头文学诉诸耳，以 "声音" 为承载物。诚然，作家作品也会被朗诵，口头文学也会被文字记录，但就其实质而言，口头文学是给受众聆

---

① Axel Olrik，"Epic Laws of Folk Narrative," in *International Folkloristics*：*Classic Contributions by the Founders of Folklore*，ed. Alan Dundes，Lanham MD：Rowman & Littlefield Publishers，INC. 1999，pp. 83 - 98.

② 巴·布林贝赫：《蒙古英雄史诗的诗学》（蒙古文），内蒙古教育出版社 1997 年版。

③ 参见廖明君、巴莫曲布嫫《田野研究的 "五个在场"》，《民族艺术》2004 年第 3 期。

听的，书面文学是给读者阅读的。也就是说，到了书面文化发达的社会中，一些原本有着口头创作来源的叙事，最终被文字记录下来，乃至经过文人的整编、改写和打磨，成为主要供阅读的"书面文学"了。从纯粹的无文字社会的文学传播形态，到文字在世界各地被发明和使用之后，不同的文明传统先后以各种方式进入口头传承与书面写作并行的阶段，在这个阶段里，我们能看到大量彼此互相渗透的现象。在阅读占据支配地位的社会中，"声音"的文学渐次隐退或削弱，语言所特有的声音的感染力、声音的效果乃至声音的美学法则，变得不大为人们所关注。若再深究一步，阅读本身虽然是用眼睛，但默诵之际，难免不会引起大脑关于特定语词的声音的联想和感应。再者，与阅读可以一目十行，可以前后随意翻看，可以反复品咂某些段落相比，聆听则要被动得多，亦步亦趋地跟着演述者的声音信号走，不能"快进"乃至"跳过"某些不感兴趣的段落或者感到啰嗦冗长的表述，也一般不能"回放"重温某些深感精彩的段落，等等。于是可以这样说，受众参与了口头传承的意义制造和意义完成，但就进程而言一般居于受支配的地位。

文学创造者问题。从一般印象出发，人们往往会在作家和民间艺人之间划出一条清晰的分界线，线的一边是作家，他们是"人类灵魂的工程师"，是社会中的精英阶层，长期以来广受赞誉和仰慕。优秀的作家往往卓尔不群，有鲜明的文学个性，且以独创能力和艺术才能得到肯定。民间语词艺术的演述者则不同，他们是草根，植根于民众当中，往往就是民众当中的一员，并不因为擅长演述艺术就得到特别的尊重。他们往往是鲜活生动的民间语言的巨匠，但几乎没有人会赞赏他们的"独创能力"，他们反而颇遭非议，若是他们背离了传统和规矩。对于文人作家来说，独创性是命根子；对于民间演述人来说，合于规矩才是命根子。成为作家有千万条道路，成为艺人也需要长期的锤炼。作家的写作按文类分，如小说家、散文家、诗人、戏剧家等等，民间艺人也大抵如此，分为祝赞词歌手、史诗歌手、故事家等等。一些作家会跨文类写作，一些民间歌手也会跨文类演述，如著名史诗歌手同时是祝赞词好手和故事讲述达人的情况比较常见。作家写作时，胸中有大量素材的积累；民间歌手创编故事时，除了要在"武库"中存有大量故事之外，还要有急智，能够在"现场创编的压力下流畅地讲述"故事。这是他们的拿手好戏，未经过千锤百炼的歌手，不可能从容流畅，滔滔不绝。

三 口头文本与口头诗学的理论模型

口传文本的再一个特点，是文本间的互涉关联。洛德强调："在富于种种变化的方式中，一首置于传统中的歌是独立的，然而又不能与其他的歌分离开来。"[1] 在史诗研究中，在肯定某一个文本本身的相对性之后，文本性（textuality）的确体现了"史诗集群"一个极重要的特性——文本与先在的文学传统之间的关系。实际上，也没有任何文本是真正独创的，所有文本（text）都必然是口头传统中的"互文"（inter-text）。互文性（Intertextuality）最终要说明的是：口传史诗文本的意义总是超出给定文本的范围，不断在创编——演述——流布的文本运作过程中变动游移。文本间的关系形成一个多元的延续与差异组成的系列，没有这个系列，口头文本便无法生存。就系列性叙事而言（如《玛纳斯》），一个诗章可以看作是一个相对独立的文本，但同时又是更大文本的一个组成部分，它们之间

---

[1] Albert B. Lord, *The Singer of Tales*, Cambridge: Harvard University Press, 1960, p. 123.

通常是共时的共生的关系，互相印证和说明，也会产生某些细节上的抵牾，这与书面文学的章节关系和顺序设置有明显不同。有经验的受众也是在众多诗章构成的意义网络中理解具体叙事的，意义网络的生成，则往往是在故事的反复演述中，经由多种方式的叠加完成的。就此而言，口传文本的存在方式和流传方式不是独立自足的，而是依靠一种特殊的文本间关系得以展示的。

口头文本的一个重要属性是其程式化表达。根据"帕里—洛德理论"的文本分析模型，通过统计《贝奥武甫》手稿本里呈现的"程式频密度"来证明该诗曾经是口头的做法，具有典范意义。克莱伊司·沙尔（Claes Schaar）与肯普·马隆（Kemp Malone）否定马古恩所提出的《贝奥武甫》是吟游诗人即兴创作的歌的推论。马古恩的学生罗伯特·克里德（Robert P. Creed）在分析了《贝奥武甫》手稿本全文的程式后，指出这一手稿本与口头传统存在着必然的而且毫无例外的关联。① 通过对《贝奥武甫》主题的比较分析，洛德认为《贝奥武甫》手稿本属于口述记录文本的类型，并非"过渡性"的文本。②

民间文艺学和民俗学对文本有基于自己学科范式的理解。伊丽莎白·法因（Elizabeth C. Fine）在其《民俗学文本——从演述到印刷》一书中用了很长的篇幅回溯了美国民俗学史上关于文本问题的探讨及民俗学文本理论的渊源和发展，概括起来共有四个层阶的演进：第一，民族语言学的文本模式；第二，文学的文本模型；第三，演述理论前驱的各种文本界说，包括布拉格学派、帕里—洛德的比较文学方法、社会思想的重塑学派及讲述民族志等；第四，以演述为中心的文本实验。③ 这四个层级各自的重心和承续关系，需要另外撰文讨论，我们只想再次强调洛德这句话："一部歌在传统中是单独存在的，同时，它又不可能与其他许许多多的歌割裂开来。"④ 对口头文本的解读和阐释，也就不可能脱离开该文本植根的传统。

迄今为止，在中国发现的史诗文本形态也是多种多样的。以载体介质论，有手抄本、木刻本、石印本、现代印刷本；以记录手段论，有记忆写本、口述记录本、汉字记音本、录音誊写本、音频视频实录本等；以学术参与论，有翻译本、科学资料本、整理本、校注本、精选本、双语对照本乃至四行对译本；以传播—接受形态论，则有口头文本或口传文本，源于口头的文本或与口传有关的文本，以及以传统为取向的文本；以解读方式论，有口头演述本、音声文本、往昔的音声文本，以及书面口头文本。⑤

美国史诗学者约翰·弗里和芬兰民俗学家劳里·航柯（Lauri Honko）等学者，相继对口头史诗文本类型的划分与界定作出了理论上的探索，他们依据创作与传播过程中文本的特质和语境，从创编、演述、接受三方面重新界定了史诗的文本类型，并细分为三类，

---

① 详细论述参见约翰·迈尔斯·弗里（John Miles Foley）《口头诗学：帕里—洛德理论》，朝戈金译，社会科学文献出版社 2000 年版，第 162—167 页。

② ［美］洛德：《故事的歌手》，尹虎彬译，中华书局 2004 年版，第 289 页。

③ Elizabeth C. Fine：*The Folklore Text：From Performance to Print*，Bloomington and Indianpolis：Indiana University Press，1984，Chapter 2.

④ ［美］洛德：《故事的歌手》，尹虎彬译，中华书局 2004 年版，第 178 页。

⑤ 参见朝戈金、尹虎彬、巴莫曲布嫫《中国史诗传统：文化多样性与民族精神的"博物馆"》，《国际博物馆》（联合国教科文组织全球中文版）2010 年第 1 期。

见下表:①

史诗文本类型表

从创编到接受 文本类型	创编 Composition	演述 Performance	接受 Reception	史诗范型 Example
1. 口头文本或口传文本 Oral text	口头 Oral	口头 Oral	听觉 Aural	史诗《格萨尔王》 Epic *King Gesar*
2. 源于口头的文本 Oral-derived Text	口头/书写 O/W	口头/书写 O/W	听觉/视觉 A/V	《荷马史诗》 *Homer's poetry*
3. 以传统为取向的文本 Tradition-oriented text	书写 Written	书写 Written	视觉 Visual	《卡勒瓦拉》 *Kalevala*

　　把握口头诗歌的多样性及其重要意义,在一定程度上还需要穿越传统、文类,尤其是穿越诗歌的载体形式——介质。② 根据这一主张,弗里进而在其《怎样解读一首口头诗歌》一书中依据其传播"介质"的分类范畴,提出了解读口头诗歌的四种范型,见下表:③

口头诗歌分类表

Media Mategories 介质分类	Composition 创编方式	Performance 演述方式	Reception 接受方式	Example 示例
Oral Performance 口头演述	Oral 口头	Oral 口头	Aural 听觉	Tibetan paper-singer 西藏纸页歌手
Voiced Texts 音声文本	Written 书写	Oral 口头	Aural 听觉	斯拉牧诗歌 Slam poetry
Voices from the Past 往昔的音声	O/W 口头/书写	O/W 口头/书写	A/W 听觉/书写	Homer's *Odyssey* 荷马史诗《奥德赛》
Written Oral Poems 书面的口头诗歌	Written 书写	Written 书写	Written 书面	Bishop Njegoš 涅戈什主教

　　然而值得注意的是,近年来随着数字化技术的不断进步,本土社区的许多歌手开始自发录制自己的史诗演述,其中也包括听众。从早期的盒带到当下的微型摄像机,有的为了

---

　　① 参见朝戈金、尹虎彬、巴莫曲布嫫《中国史诗传统:文化多样性与民族精神的"博物馆"》,《国际博物馆》(联合国教科文组织全球中文版)2010 年第 1 期。此中英文对照表据巴莫曲布嫫《史诗传统的田野研究》,北京师范大学 2003 年博士学位论文。

　　② John Miles Foley, *How to Read an Oral Poem*, Urbana and Chicago: University of Illinois Press, 2002, p. 50.

　　③ 本表摘译自 John Miles Foley, *How to Read an Oral Poem*. Urbana and Chicago: University of Illinois Press, 2002, p. 52。

自我欣赏，有的为了留作纪念，有的为了替代通宵达旦的口头演述，有的甚至为了挣钱。如何看待这类社区生产的音视频电子文本，同样也成了学界需要考量的一个维度，尤其是这种自我摄录的"行动"多少受到了媒体、记者特别是学者纷纷采用数字化技术手段进行记录的影响，从而在民众中成为一种时尚。还有，近年来，在青海省果洛州德尔文部落悄然兴起的"写史诗"，则是用书写方式记录记忆中的文本（歌手自己写），或是记录正式或非正式的口头演述（歌手请人代写自己的口头演述），这样的自发行动同样值得关注。此外，我们在田野中还发现以其他传统方式承载的史诗叙事或叙事片段，如东巴的象形经卷、彝族的神图（有手绘经卷和木版两种）、藏族的格萨尔石刻和唐卡、苗族服装上的绣饰（史诗母题：蝴蝶歌、枫树歌）、畲族的祖图，等等，这些都可谓是诗画合璧的传承方式，同样应该纳入到学术研究考察的范围中来。

四　大脑文本与口头诗学的实证方法

在讨论口头文本的生成理论机制上，劳里·航柯 1998 年出版的《斯里史诗的文本化》（*Textualising the Siri Epic*）是阐述口头诗学视野下文本观念方面的一部扛鼎之作，它从新的视角观照口头文本生成的机理。航柯提出"大脑文本"（mental text）概念，试图解答口头的"文本"在歌手脑海里是如何习得和存储的。在杭柯看来，大脑文本属于"前文本"（pre-text）范畴，是歌手演述一部史诗之前的存在。大脑文本主要由四种要素组成：1. 故事情节；2. 构成篇章的结构单元，如程式、典型场景或主题等；3. 歌手将大脑文本转换成具体的史诗演述事件时遵循的诗学法则；4. 语境框架，例如在演述史诗之前对以往演述经历的记忆。[①] 这些要素在大脑文本里并非彼此独立，而是相互关联，且按照一定法则组合在一起，以适应歌手每一次演述的需求而被反复调用。

大脑文本是歌手个人的，这一点毫无疑问。歌手通过聆听、学习、记忆、模仿、储存和反复创造性使用等过程，逐步建构起他的大脑文本。这个大脑文本，一般而言，是任何具体演述的源泉，远大于那些具体的叙事。歌手的毕生演述，可能都无法穷尽大脑文本。由于大脑文本是传统的投射和聚集，所以，不同歌手的大脑文本既是特定的、与众不同的，又是相互借鉴和学习的、共享的、传承的，如特定的程式、典型场景、故事范型等要素。

大脑文本的现象，能够在一定程度上解释歌手演述故事时出现异文的现象——同一则故事在不同的讲述场合有差别。根据大量田野调查所获得的信息，我们大略可以说，在歌手的大脑中，故事的材料不像中药铺的抽屉那样精确地分门别类存储，而是以更为多样链接的方式存储。我甚至推测，可能"声音范型"在调用材料即兴创编时，发挥索引和引导作用。而且，大脑文本具有很强的组构特性——在南斯拉夫的田野调查表明，一个有经验的歌手，哪怕刚听到一则新故事，也能立即讲述出来，而且学来再讲的故事，比原来的故事还要长，细节还要充盈。[②] 另外，在不同的叙事传统中，都能够见到歌手在演述大型韵文体裁时，往往调用祝词、赞词、歌谣、谚语、神话等其他民间文类，整编到故事中。

---

① Lauri Honko, *Textualising the Siri Epic*（Folklore Fellows' Communications 264），Helsinki：Academia Scientiarum Fennica, 1998, p. 94.

② 参见［美］洛德《故事的歌手》，尹虎彬译，中华书局 2004 年版，第 111 页。

这也说明，大脑文本往往是超文类的，也是超链接的。

航柯使用大脑文本的概念阐释了伦洛特（Elias L. Nnrot）的《卡勒瓦拉》编纂过程。伦洛特搜集了大量芬兰口头诗歌，逐步在脑海里形成了《卡勒瓦拉》的大脑文本。文字版的《卡勒瓦拉》是伦洛特大脑文本的具体化，是他基于传统的创编。他是介乎文人诗人和民间歌手之间的创编者。他所掌握的口头诗歌材料比任何史诗歌手都要多，所以他反而比那些歌手都更有条件整理和编纂大型诗歌作品，当然是依照民间叙事的法则。他所编纂的不同版本的《卡勒瓦拉》，丰约互见，恰似民间歌手的不同讲述，长短皆有。通过对土鲁（Tulu）歌手古帕拉·奈卡（Gopala Naika）演述活动的实证观察，航柯推演了大脑文本的工作模型。奈卡给航柯演唱的《库梯切纳耶史诗》（Kooti Cennaya）用去 15 个小时，史诗计 7000 行。而同一个故事在印度无线广播上用 20 分钟就讲述完了。航柯要求奈卡以电台方式再讲一次，结果奈卡又用了 27 分钟。奈卡自己认为，他三次都"完整地"讲述了这首史诗，因为骨架和脉络皆在。[①] 显然，在歌手的大脑中，故事的基本脉络是大体固定的，其余的是"可变项"。这令我想起马学良早年述及苗族古歌演述中的"歌花"和"歌骨"现象。"歌骨"是稳定的基干，"歌花"则是即兴的、发挥的、非稳定的成分。[②] 总之，歌手的故事是有限的，而大脑文本则是无限的。

当然，有的史诗传统更强调文本的神圣来源和不可预知。西藏史诗传统中的"神授""掘藏"和"圆光"等类艺人，其学艺过程和文本形成的认知，就与航柯的大脑文本相抵牾。根据"神授"的说法，史诗文本是一次性灌注到歌手脑海中的，是有神圣来源的，是被客体化了的文本。而"圆光"艺人需要特定的道具作为载体传输故事信息，等等。对这些现象的科学解释，要留待进行了更为全面细致的田野调查后才能展开。

五　余论

中国学者已经开始参与到关于口头文本的学理性思考中，并依据中国极为丰富的文本和田野实证资料，提供某些维度的新说法。例如，巴莫曲布嫫博士关于彝族勒俄叙事传统中"公本"和"母本"、"黑本"和"白本"的特殊分类和界定问题，就为口述文本在社会语境中的多维解读提供了范例。[③] 高荷红博士关于满族说部传承人可以界定为"书写型传承人"的分析，[④] 吴刚博士关于达斡尔族"乌钦"的研究，[⑤] 都是解析和总结介乎口头传统与书写传统之间的特殊文本类型的有益尝试，其中不乏新见。笔者也曾讨论过口头文本的"客体化/对象化"（objectification of oral text）现象的成因和规律。[⑥] 从航柯"大脑文本"的无形到"客体化"的有形，或者说"赋形"，正是口头诗学向纵深

---

① Lauri Honko, *Textualising the Siri Epic* (Folklore Fellows' Communications 264), Helsinki: Academia Scientiarum Fennica, 1998, p. 30.

② 马学良：《素园集》，中国民间文艺出版社 1989 年版，第 191 页。

③ 巴莫曲布嫫：《叙事型构·文本界限·叙事界域：传统指涉性的发现》，《民俗研究》2004 年第 3 期。

④ 高荷红：《满族说部传承研究》，中国社会科学出版社 2011 年版。

⑤ 吴刚：《从色热乌钦看达斡尔族口头与书面文学关系》，《文学与文化》2011 年第 3 期。

⑥ Chao Gejin："Oral Epic Traditions in China"，在线讲座：www.oraltradition.org/articles/webcast。

迈进的一种标志。

诚然，口头文本是活的，其核心形态是声音，对声音进行"文本化"后的文字文档，不过是通过这样那样的方式对声音文本的固化。然而，恰恰是这种对口传形态的禁锢和定型，又在另外一个层面上扩大了音声文本的传播范围，使其超越时空，并得以永久保存。世界上迄今所知最早的史诗——巴比伦的《吉尔伽美什》就是一个极好的例子，《荷马史诗》、印欧诸多其他史诗也都类似。法国学者曾托尔和恩格尔哈特曾提出："我们缺少有普遍参照意义的术语，或可称作'声音的诗学'（poetics of the voice）。"① 随着书写文明的飞速扩张，口头诗学所得以植根并发展的以口头传统作为信息传播主要方式的社会，如今看上去正逐渐萎缩。不过，按照弗里的见解，口头传统是古老而常新的信息传播方式，在新技术时代也获得了新的生命力，表现在网络空间中、日常生活中、思维连接中，所以是不朽的。

（原载《西北民族研究》2014 年第 2 期）

---

① Paul Zumthor and Marilyn C. Engelhardt："The Text and the Voice," in *New Literary History*，Vol. 16，No. 1（Autumn 1984），p. 73. 另外曾托尔最晚近的成果《口头诗歌通览》的第一章便集中地考察了口头的再创作过程中"声音的在场"（the presence of voice）问题。参见 Paul Zumthor，*Oral Poetry：An Intro-duction*，trans. by Kathy Murphy-Judy，Minneapolis，MN：University of Minnesota Press，1990，Chapter 1。

民俗与民族主义

——基于民俗学的考察

刘晓春[*]

【摘要】本文从背景、内容、影响等三方面，依次考察德国的民俗复兴、芬兰史诗《卡勒瓦拉》、日本的"一国民俗学"等具有代表性的民间文艺学/民俗学现象，探讨民俗与民族主义的关系。上述三国的民俗学史显示，当一个民族/国家迫于外来压力时，本民族/本国的知识精英会从自身的文化传统中，发现维系民族认同/国族认同的民间文化资源，寻求民族/国家振兴的力量源泉，作为传统文化的民间文化，成为民族主义兴起的重要条件；民族主义将民族、文化、国家、国民等现代理念赋予民间文化，使之成为具有现代性本质的公共文化，这些超越地方的公共文化，由于其生成过程的建构性特征，促使人们反思其本真性。

民族主义，作为近现代发展起来的意识形态与社会政治实践，其与地方性的传统文化、民间文化有着密切的关联。无论是民族主义塑造的民族认同，还是民族主义进行的社会政治实践，都需要借助、征用本土的传统文化资源，根据不同时代社会语境的需要，通过发掘、梳理历史谱系，重新阐释民族传统的神话、英雄人物、象征物、历史记忆，复兴民族传统的生活方式，同时将这些经过重新阐释与复兴的传统塑造成为民族本真的文化形象，通过实施民族的教育和制度，以培育本民族区别于其他民族的独特个性，建构本民族的认同。英国学者安东尼·史密斯发现，在这一过程中，知识分子通过历史学、考古学、人类学、社会学、语言学、民俗学等学科来追寻民族的"根源"与"特性"，这些学科为发现"我们是谁""我们从何时起源""我们如何成长"以及可能还有"我们将往何处去"等，为民族主义强调民族个性提供了工具与概念的框架。[①]

由此可见，民俗学的发生发展与民族主义的意识形态、社会政治实践密切关联。如果说 19 世纪英国的海外贸易与殖民扩张催生了以进化论为代表的英国民俗学，那么，19 世纪中期的浪漫主义和民族主义则催生了以民族主义为代表的德国民俗学。以浪漫主义、民

---

* 作者系中山大学中国非物质文化遗产研究中心教授。

① ［英］安东尼·史密斯：《民族主义：理论，意识形态，历史》，叶江译，上海世纪出版集团 2006 年版，第 29 页。

族主义为观念的德国民俗学派（尽管其在德国本土的纳粹时期有着一段不光彩的历史[①]），随着 1848 年欧洲革命开始掀起的民族主义浪潮波及世界各地，[②] 民俗学为民族主义论证民族的历史脉络、文化独特性，建构民族认同等提供了学术支持。民族主义作为影响、支配民俗学学科形成、发展的重要观念与社会实践，在民俗学领域形成了诸如集体性、本真性、民族精神等一系列关键概念，民俗学也为民族主义的发展和影响推波助澜。20 世纪初期，中国现代民俗学在"五四运动"中诞生，并且也受到德国民俗学的影响。有学者发现，周作人在日本留学期间通过学习森鸥外、柳田国男等人的著作，受到德国学者赫尔德（Johann Gottfried Herder，1744—1803）的深刻影响，从而对民俗学、人类学产生了学术兴趣；周作人论著中所使用的"民族"概念，与国民性话语的历史语境，以及赫尔德的文化民族主义之间也有着密切联系。[③] 由此看来，民族主义对中国民俗学的形成与发展产生了重大影响。深入考察民俗与民族主义的关系，对于理解民族主义形成与发展的特征，以及民俗学学科传统都有重要意义。在世界民俗学领域中，德国、芬兰、日本等国民俗学的兴起、发展与民族主义的关系密切，具有代表性。本文拟以上述三个国家的民俗学为对象，考察民俗与民族主义的关系。

德国的文化民族主义与民俗的复兴

从世界民俗学传统来看，18—19 世纪的早期民俗学，形成了以泰勒、弗雷泽为代表的英国进化论民俗学传统，此外还有以赫尔德为代表的德国浪漫的民族主义民俗学传统。在人类学、民俗学史上，与理性主义的、普遍主义和启蒙的法国式文明概念并存的，还有一个浪漫主义的、相对主义的、民族主义的德国式文化概念。[④] 正是这一德国式的文化概念，催生了德国浪漫的民族主义民俗学传统。

17—18 世纪以法国为中心的启蒙运动席卷整个欧洲，启蒙运动信仰理性的统一性与不变性。[⑤] 但是，对启蒙运动核心观念的抵抗，与这场运动本身一样古老。[⑥] 早在 18 世纪 70 年代，特别在德国，针对启蒙运动的理性主义聚集了一批狂飙突进的反叛力量。狂飙突进运动的年轻人谴责古典主义的理性化规则压制了人的感情、个性以及天才的灵感。[⑦] 同时，由于法国对德意志的占领，狂飙突进运动中的德国浪漫主义就成为反对法国人的思想武器，浪漫主义者把理性主义的主张看作是法国的文化霸权。浪漫主义者不仅强调热情与情感的极端重要性，而且从极端的个人主义转变为对有机社会的崇拜，从对自由人的赞颂转变为承认只有在集体的民族个性中才能有真正的个性，而民族的个性可以在中世纪找

---

① Hannjost Lixfeld, 1994, *Folklore and Fascism*：*The Reich Institute for German Volkskunde*，edited and translated by James R. Dow, Bloomington & Indianapolis：Indiana University Press.

② ［英］厄内斯特·盖尔纳：《民族与民族主义》，韩红译，中央编译出版社 2002 年版，第 92—93 页。

③ 陈怀宇：《赫尔德与周作人——民俗学与民族性》，《清华大学学报》（哲社版）2009 年第 5 期。

④ 参见［挪］弗里德里克·巴特等《人类学的四大传统——英国、德国、法国和美国的人类学》，高丙中等译，商务印书馆 2008 年版，第 7—77 页。

⑤ ［德］E. 卡西尔：《启蒙哲学》，顾伟铭等译，山东人民出版社 1986 年版，第 4 页。

⑥ ［英］伯林：《反潮流：观念史论文集》，冯克利译，译林出版社 2002 年版，第 1 页。

⑦ ［英］阿伦·布洛克：《西方人文主义传统》，董乐山译，生活·读书·新知三联书店 1997 年版，第 111—112 页。

到最纯粹的、未受外来影响污染的民族传统，普通人民是民族创造力的健全核心和储藏地。因此，浪漫主义者崇拜人民，重视民众创造的民间故事和民歌。[①] 赫尔德正是这些观念及实践的先驱人物，他的文化民族主义主张开启了德国民俗学的传统，推动了 18—19 世纪德国民俗的复兴。

首先，赫尔德在其论著中，充分阐释了他的文化民族主义主张，表达了他对启蒙理性进步史观之霸权的反叛精神，认为历史发展是多样的统一，强调"传统"是历史发展过程中的有机力量。

赫尔德承认各民族存在人性普遍法则——小异而大同——的前提下，认为每一个民族都是独一无二的。他否弃了启蒙哲学家依理想而渐臻完美的、直线有序的进步史观，而代之以多样之中的总体历史观，即历史是"一个有着千万种变化，却充满唯一之大义的寓言"。他指出，传统、有机力是历史哲学的原则。所有的教育，都是依靠模仿和训练的手段，从模范者传递到效仿者，这就是传统，同时，效仿者必须有能力接受传递的东西，经过消化吸收，转化为自身的本性，这就是有机力。他特别强调，只有注重"传统之链"（kette der tradition）的历史哲学，才是人类真实的历史。[②]

其次，在现实社会的思考与实践方面，赫尔德致力于使德意志文学和思想摆脱对法国亦步亦趋的模仿，进而创造一种以民间传统和民间灵感为基础的、有独创性的本国文化，强调民间诗歌对于重建德意志民族精神的重要作用。

赫尔德深刻地认识到，健康、持久的德意志文化必须建立在本土文化的基础上。而在德国，从中世纪末期就已经开始丧失其民族精神。为了重建失落的民族精神，德国人必须回到中世纪，恢复从中世纪开始的文化发展。1765 年，英国出版了珀西主教（Bishop Thomas Percy，1729—1811）的《英诗辑古》（Reliques of Ancient English Poetry）和麦克菲森（James Macpherson，1736—1796）的《莪相之歌》（Poems of Ossian）。1771 年，赫尔德从歌德那里看到英文版的《莪相之歌》，深受刺激。在他看来，正是《英诗辑古》《莪相之歌》以及莎士比亚等伟大的文学作品，造就了伟大的英格兰民族，[③] 而反观德意志民族，自我文化消失殆尽，民族精神失落。

赫尔德指出，民间诗歌是重拾民族精神、弥补历史与现在裂缝的唯一途径。赫尔德认为，搜集自然诗（Naturpoesie），重建关于自然诗的记忆，是民族自我更新的基础。记忆过去，不仅意味着忧郁的怀乡情结，也是一个民族从自我的"生活资源"中积聚力量，是充满活力的新行为的开始。[④] 自然诗提供了一个民族孩童时代的线索，在这个时代，民

---

① ［美］科佩尔·S. 平森：《德国近现代史：它的历史和文化》，范德一译，商务印书馆 1987 年版，第 63—73 页。

② ［德］约翰·哥特弗雷德·赫尔德：《反纯粹理性——论宗教、语言和历史文选》，张晓梅译，商务印书馆 2010 年版，第 12—23 页。

③ William A. Wilson, "Herder, Folklore and Romantic Nationalism", *Journal of Popular Culture* 6, 1973.

④ 按照赫尔德的理解，"Naturpoesie" 这个词不能简单地翻译成为"自然诗"。一方面，可以看作是狭义的民俗，即表现在民歌、民间故事、神话、传说当中的普通民众的口头传统；另一方面，也包含大量"民间天才"的作品，比如《荷马史诗》，索福克勒斯和莎士比亚的戏剧，古梵语文学，《莪相之歌》以及《圣经》。赫尔德选择"Naturpoesie"这个词，是因为它与本质、自然相连，意味着不受人工的限制。——Christa Kamenetsky, 1972/73, "The German Folklore Revival in the Eighteenth Century: Herder's Theory of Naturpoesie", *Journal of Popular Culture* 6.

众的自然天才从民族共同体的经验中创造了他们自己的歌声，正是这种凝聚了民族共同体经验传统的个人天才创造，保持了民众创造灵感的活力。

第三，赫尔德认为《莪相之歌》以及其他民间传统蕴含了深厚的德意志民族精神，是拯救失落的德国文化，建构日耳曼民族认同的重要资源，亟须搜集记录整理，加以保护。

在他看来，《莪相之歌》不仅仅表现了古代自然诗的特点，其独特的语言特征与古代北欧日耳曼民族性格亦非常契合，这种言语特性排除了《莪相之歌》与苏格兰传统的认同。他还撰写了系列论文，论证《莪相之歌》的语言与古代北欧日耳曼语言的一致性。尽管上述观点在今天看来几乎是站不住脚的。他批评德国诗人长期以来模仿古罗马的贺拉斯，而忽略寻找他们自己的表达方式。如果要将德国诗歌从其厄运中拯救出来，必须寻求德国诗歌的自我认同，而《莪相之歌》以及其他民间歌谣即蕴含了强大的、坚定的日耳曼民族精神。[①]他认为，德国也有类似于《莪相之歌》那样的伟大作品，只是不受重视，未被发现，"无疑地，它们曾经存在，或许仍然存在，但是它们淹没在泥沼之中，不为人识，并为人所蔑视。"必须引起重视，因为它们蕴含了民族个性与民族精神，"我的兄弟们，伸出你的手，看看我们的民族究竟是什么，不是什么，我们的民族过去是如何思考和感觉，今天又是如何思考和感觉的。"赫尔德身体力行，开始搜集民歌。1778—1779年，在其著名的《民歌集》（Volksliede）中，出版了其中的部分民歌。赫尔德不断地呼吁人们应该保护民族古老的文学，并且付诸实践，最终使反对者们不再鄙视民歌以及民歌搜集工作。[②]

赫尔德的自然诗理论及实践，影响了德国的浪漫主义，人们开始强烈地关注农民、关注风景、关注来自过去的传统遗产。其中影响最大的是格林兄弟。他们来到乡村记录农民的故事与歌谣，希望从历史传统中汲取文化创新的滋养。在赫尔德的影响下，欧洲的许多国家如芬兰等国，通过搜集记录古代的民间歌谣、故事，赋予其真实的历史价值，最终重建民族曾经的黄金时代以及民族精神，建构民族的认同。

芬兰的民族主义与隆洛特的史诗编撰

1809年，芬兰摆脱了与瑞典长达七百年之久的联系，成为附属于俄国的芬兰自治大公国（Grand Duchy of Finland，1809—1917）。这意味着芬兰需要借助文化创造一种新的凝聚民族认同的感情，此后，芬兰从文化独立到政治独立，整整走了一百多年。此外，这一民族认同的需求还有另外一个重要原因。11—12世纪，基督教和天主教先后进入芬兰的东部和西部，外来的闪米特神话、美索不达米亚和巴勒斯坦神话，对芬兰人民固有的传统神话意识带来了灾难性的影响。这一灾难性影响的后果，反而刺激了芬兰爱国知识分子复兴芬兰民族的神话传统。[③]

首先，在赫尔德的文化民族主义思想影响下，芬兰爱国知识分子重视民歌在民族认同中的价值，"土尔库浪漫主义者"（the Turku Romantics）作为先声。

---

① Christa Kamenetsky, "The German Folklore Revival in the Eighteenth Century: Herder's Theory of Natur-poesie", *Journal of Popular Culture* 6, 1972/73.

② William A. Wilson, "Herder, Folklore and Romantic Nationalism", *Journal of Popular Culture* 6, 1973.

③ John B. Alphonso-Karkala, *Transformation of folk narratives into epic composition in Elias Lonnrot's Kalevala*, Jahrbuch für Volksliedforschung, 31, Jahrg. 1986, pp. 13 – 28.

在芬兰人民复兴民族文化、追求民族政治独立的过程中，赫尔德的哲学成为一些爱国知识分子的指路明灯，他们担忧自己的语言与文化"被瑞典化""被俄罗斯化"的可能性，于是转向历史，从历史中寻找未来的力量。赫尔德的自然诗理论与实践对他们产生了莫大影响。芬兰赫尔辛基大学的教授戈特兰德（Carl Axel Gottlund，1796—1875）就宣称，没有民歌就不可能存在独立的民族，诗歌可以反映民族自身的特性，诗歌是民族精神的真正源泉。假如芬兰能够搜集自己的民歌，其结果可能是新的《荷马史诗》《莪相之歌》和《尼伯龙根之歌》。① 芬兰爱国知识分子的民族文化独立道路，以"土尔库浪漫主义者"聚集的一批具有强烈民族文化自觉意识的知识分子为代表。

早期"土尔库浪漫主义者"中最具论辩性与政治性的人物是阿维德森（A. I. Arwidsson，1791—1858）。在他看来，民族幸存的唯一希望是这一民族返回到其自身的语言、文学和历史的基础，芬兰的母语必须是返回到芬兰最原初的诗歌，因为它们是民族获得活力和滋养的源泉。同时，文学同样要保持其真实。他认为，纯粹的爱国文学从来都不是生长于外国的土壤。因此，他指出，要果断地搜集古老、纯粹的民间诗歌，以便我们能够在本土的基础上为祖先的艺术创造新的殿堂。每一个希望忠实于自身特点的民族，必须返回到本土的力量和能量的最深刻的根基，返回到本土诗歌的真实源泉。②

其次，隆洛特编创的《卡勒瓦拉》，在芬兰人民中产生了巨大影响，成为芬兰人民认同的民族史诗。

在阿维德森思想的刺激下，民族主义者开始搜集和出版资料。其中代表人物就是隆洛特（Elias Lönnrot，1802—1884）。1827 年，他在土尔库大学就读的时候，在老师范·贝克尔（Reinhold von Becker，1788—1858）的指导下，隆洛特在他的学术论文《万奈摩宁——古代芬兰人的神》（*De Vainamoine*）中，首次将已出版的古代民间英雄材料集中在一起。1828 年，隆洛特前往芬兰的卡勒里亚地区（Carelian）旅行，搜集了大量歌谣，发表在《Kantele，古代与近代芬兰民歌》（1829—1831）一书的第四部分。他希望通过这些古代歌谣，芬兰人民能够从他们的遥远祖先那里学到更多的东西，那些他们曾经珍视的记忆。③ 1832 年，隆洛特跨过边境，进入到东卡勒里亚地区。1833 年 7 月份，他再次来到东卡勒里亚，在沃金涅米（Vuokkiniemi）地区一个民歌储量非常丰富的村庄，搜集了大量有价值的歌谣。

在沃金涅米地区，他发现优秀的歌手不仅将大范围内同一个英雄的歌谣结合在一起，而且也将不同英雄的相同叙事情节的歌谣组合进来。他运用这种编创的模式，将他搜集到的部分民歌编辑为一个史诗的整体。1833 年 12 月，他完成了《万奈摩宁》的编撰，称之为 *Proto-Kalevala*（《初本卡勒瓦拉》）。1834 年 4 月，他又一次来到东卡勒里亚搜集民歌，他将新搜集的诗歌再次整合进史诗之中。1835 年，《卡勒瓦拉》（*Kalevala*）（第一版）由芬兰文学学会（赫尔辛基）出版。④ 全诗凡 32 篇，共 12078 行。此后他继续采集工作，

① William A. Wilson, *Folklore and Nationalism in Modern Finland*, Bloomington and London: Indiana University Press, 1976, pp. 32 – 33.

② Ibid. , pp. 34 – 35.

③ Ibid. , pp. 35 – 36.

④ Ibid. , p. 37.

1849 年印行了聚集更多新材料的《卡勒瓦拉》，凡 50 篇，共 22795 行。①

《卡勒瓦拉》一经出版，人们就将它看作是一个史诗整体，远在古代即已存在，隆洛特只是将其零散的部分恢复到原初的形式。隆洛特认为，他的作品中保留了历史整体的真实。《卡勒瓦拉》的出版，对于芬兰年轻的民族主义者具有神奇的影响。他们看到的不仅是一个民族高贵的英雄的历史，也是他们的祖国未来可以效仿的模式。就像隆洛特一样，将一个被认为曾经统一的史诗碎片恢复到原初的形式，民族主义者的责任是恢复为外族统治者所损毁的芬兰人民的民族性格和文化价值。②

第三，隆洛特将大量搜集得来的民歌，按照一个历史的逻辑，将它们整合在一起，编创成为长篇史诗《卡勒瓦拉》，其民俗本真性遭到人们的质疑。

美国民俗学家邓迪斯认为，《卡勒瓦拉》完全是一个伪民俗的典型，它对可能是或可能不是最初口头讲述的情节进行了文学修饰甚至重写。③ 虽然大多数芬兰人愿意承认隆洛特将许多零散的叙事诗歌组合在一起编创了《卡勒瓦拉》，同时他们声称构成《卡勒瓦拉》的单个诗篇是真实的民俗，隆洛特很少改动它们，而且它们反映了芬兰的民族精神。但是，真实的情况却是，隆洛特在采录过程中发现，有的歌手唱的是零星的鲁诺（Runo，芬兰语：诗篇），而有些歌手又将零星的诗篇连缀成更长的组诗。他从口头诗人的演唱实践中得到了启发。隆洛特效仿鲁诺歌手的编创方式，将采集到的诗篇加以编创，通过添加、移植、修改、重组等方式，将个别的鲁诺集合而成一部首尾连贯的大史诗，使之成为统一的整体。如此设计出来的史诗是隆洛特自己的文本，与他从口头叙述中搜集而来的原初材料有很大的差异。④ 其结果是，《卡勒瓦拉》的整体美学效果也许非常完美，但以现代的学术标准衡量，却不能算是一个本真的民俗创造。⑤

据研究者的考察，隆洛特编创《卡勒瓦拉》，也借鉴了麦克菲森处理莪相民歌的方法。隆洛特重写原初文本的动机，在许多方面与麦克菲森类似。隆洛特认为，芬兰史诗传统的零散片段诗歌，与苏格兰盖尔人的传统一样，其接受与传承依赖于听众在故事背景基础上所积累的英雄和神话逻辑的传统知识。因此，对于歌手来说，在表演过程中无须讲述一个完整的故事，听众就能够理解故事的意义。民歌，作为《卡勒瓦拉》的基础，除了其传统的表演区域之外，在其他地方并不为人所知，麦克菲森的《莪相之歌》也是如此。一如麦克菲森，隆洛特改变民俗传统，通过整合表面看起来零散的故事，添加故事缺失的背景知识，其目的是为了使那些不了解《卡勒瓦拉》的人们也能够接受。一如《莪相之歌》，《卡勒瓦拉》的编创过程类似于被单的制作，将不同来源的材料片段编织为一个统一的整体。麦克菲森与隆洛特之间的区别，不在于麦克菲森是一个骗子，而隆洛特是一个

———————————

① ［芬兰］艾里阿斯·隆洛特编：《卡勒瓦拉》，孙用译，人民文学出版社 1981 年版，译者序，第 3 页。

② William A. Wilson，1976，*Folklore and Nationalism in Modern Finland*，Bloomington and London：Indiana University Press. pp. 40 – 42.

③ ［美］阿兰·邓迪斯：《伪民俗的制造》，周惠英译，《民间文化论坛》2004 年第 5 期。

④ ［芬兰］艾里阿斯·隆洛特编：《卡勒瓦拉》，孙用译，人民文学出版社 1981 年版，译者序，第 5 页；John B. Alphonso-Karkala，*Transformation of folk narratives into epic composition in Elias Lönnrot's Kalevala*，Jahrbuch für Volksliedforschung，31，Jahrg. 1986，pp. 13 – 28.

⑤ William A. Wilson，*Folklore and Nationalism in Modern Finland*，Bloomington and London：Indiana University Press. 1976，p. 40.

芬兰史诗的忠实搜集者和编辑者，而在于麦克菲森从盖尔人英雄史诗开始，最终却并不完全以民歌为基础写作故事，而隆洛特则是并不完全依据传统材料编撰同一主题诗歌的文本。到 1849 年版《卡勒瓦拉》，隆洛特很少保留传统材料的风格与形式，已经完全成为他自己的创作了。①

尽管如此，还是有学者为隆洛特辩护。阿方索—卡卡拉（John B. Alphonso—Karkala）认为，无论民俗学家如何评价，一旦这些民歌被记录写定之后，文学批评家就可以与民俗学家一同讨论其文本。《卡勒瓦拉》是隆洛特在大量民歌材料基础上编撰的书面文本，与他自己搜集的民间口头传统绝然不同。因此，需要将隆洛特编创的史诗《卡勒瓦拉》作为一个文学作品进行考察，而且适用于某种特殊文类的文学批评原则。他认为，隆洛特的《卡勒瓦拉》跨越了正在日渐消失的口头传统和书面文字的分野。他的搜集、记录与编创，使口头传统以另一种形式呈现出来，超越其传承群体与自然空间，使之在更大的范围内得以传播，在口头传统和书面文化之间搭建了桥梁。在此过程中，必须承认编创者的个人天赋、诗性视野及美学建构。正是隆洛特的美学建构能力，驱使他完成了一般民俗学家不敢完成的事情，他使自己从一个普通的民歌记录者转换为一个史诗的编创者。而在这一转换过程中，隆洛特的功能类似于其他口头诗人，或其他的文学与艺术家，为了使原始素材服从于主题结构、艺术框架和艺术整体，他对原始素材进行了创造性的自由替换、改变以及添加。②

芬兰著名民俗学家劳里·航柯（Luari Honko）关于史诗与认同关系的论述，启发人们不再纠缠于因文本在不同传播媒介之间的转换而产生的本真性问题，而从文化认同、民族认同的心理及社会实践层面去认识隆洛特史诗编创的意义与价值，进而确认其政治与文化认同的本真性。在《史诗与认同表达》一文中，劳里·航柯探讨了作为历史的传统如何运用于作为实践的文化之中，并最终成为群体认同符号的过程。他认为，史诗的主要功能就是为认同的表达提供可以理解的符号。群体间出于认同的需要，会不断激活潜在的传统，其意义与价值不断地再生产、再解释，为不同的群体、地方社会、民族和国家创造整体意识，史诗就是这类认同符号的丰富的文化储备库，是最初的源泉。他注意到史诗从遥远的过去派生为今天的认同符号，经过了被特别"编撰"的过程，其间所经历的传统承继，史诗中的符号被赋予了新的形式、意义和价值，成为多义的符号，发挥着新的功能，广为人们所接受。他特别强调，民俗应该反映一个文化群体的文化和社会认同，应该从活态的传统社会生活中研究民俗。③

从这一意义看，隆洛特将原本传承于不同地方的芬兰歌谣，重新赋予其表达民族精神的意义，使这些地方性的文本超越地方的限制，成为芬兰民族共同的精神财富，其中从口头传统到书面文本的艺术加工不可或缺。关键在于，编撰的文本是否获得传承母体之外的人们的广泛认同，从而成为民族的公共文化。一百多年来，《卡勒瓦拉》成为芬兰民族精神的象征，属于芬兰民族文化的典范，是一个活态的传统。《卡勒瓦拉》足

① David E. Gay, *The Creation of the Kalewala*, 1833 – 1849, Jahrbuch fur Volksliesforschung, 42. Jahrg. 1997, pp. 63 – 77.

② John B. Alphonso-Karkala, *Transformation of folk narratives into epic composition in Elias Lonnrot's Kalevala*, Jahrbuch für Volksliedforschung, 31, Jahrg. 1986, pp. 13 – 28.

③ ［芬兰］劳里·航柯：《史诗与认同表达》，孟慧英译，《民族文学研究》2001 年第 2 期。

以因为其获得了芬兰人民广泛持续的认同，其作为政治与文化认同符号的本真性，则是毋庸置疑的。

日本的"一国中心主义"与柳田国男的"一国民俗学"

日本民俗学也是在近代背景下产生的学问，其观念、方法和材料等均为近代社会的历史特质所规定。[①] 日本思想史家子安宣邦认为，近代国家所共有的一国中心主义意识，是成为近代日本人意识的先验存在，而且日本的一国中心主义与"脱亚入欧"的历史意识同时形成。[②] 日本史学家信夫清三郎指出，至明治维新时期，日本国家意识建设课题有两点：就是创建"日本"和形成"日本人"。为此，其一是必须实现政治权力的一元化，构建起现代国家的制度框架；其二是必须实现民众的一体化，消除国家与人民之间的中间环节，打破横向的地域割据和纵向的身份隔离，使人民无差别化（同一化），从而凝聚一体。在此基础上，构筑作为日本人和日本国的认同意识和归属意识，完成"日本人"与"日本"，即民族（国民）与国家的一体化。[③] 尽管在天明三年（1783），被后人称为日本民俗学始祖的菅江真澄便开始了他在日本东北地区的探访之旅，从天明至幕末时期，菅江真澄与其他日本学者留下了大量的民俗记录，初步具备近代学术的基本科学精神，被誉为今天日本民俗学的开端；但只有到了 1927 年，柳田国男运用方言周圈论发表《蜗牛考》，柳田提倡"一国民俗学"，日本的现代民俗学才真正成立。[④]

柳田虽然深受英国实证主义的影响，但他其实更心仪于德国文化民族主义传统的民俗学。他在比较了英国和德国的民俗调查范围之后，更推崇德国将调查对象扩大到全体国民，并力图从整体上了解自身的国家这一学术取向。[⑤] 柳田的"一国民俗学"是通过"民俗"进行研究，其目的是建构统一的日本国民文化。日本国内的思想史家子安宣邦、文艺批评家柄谷行人以及民俗学家岩本通弥等，都强调柳田将民俗看成是方法，而并不将民俗当作客观材料。他们的观点都不约而同、一针见血地点明了柳田国男研究民俗的目的。

子安宣邦指出，柳田强调冲绳之旅乃至发现冲绳对于"我们的学问"是一件划时代的大事，其实质不是对冲绳的发现，而是对"大和"的发现。无论柳田在冲绳发现的是古语还是祭祀形式，柳田将这些材料运用于推理和重构的，永远是已经失去的"大和"。[⑥]

---

① ［日］岩田重则：《民俗学与近代》，载王晓葵、何彬编：《现代日本民俗学的理论与方法》，学苑出版社 2010 年版，第 21—22 页。

② ［日］子安宣邦：《东亚论——日本现代思想批判》，赵京华编译，吉林人民出版社 2011 年版，中文版作者序言，第 2 页。

③ 参见李寒梅《日本民族主义形态研究》，商务印书馆 2012 年版，第 126—127 页。

④ ［日］岩田重则：《民俗学与近代》，载王晓葵、何彬编：《现代日本民俗学的理论与方法》，学苑出版社 2010 年版，第 22—25 页。

⑤ ［日］柳田国男：《民间传承论与乡土生活研究法》，王晓葵、王京、何彬译，学苑出版社 2010 年版，第 12 页。

⑥ ［日］子安宣邦：《东亚论——日本现代思想批判》，赵京华编译，吉林人民出版社 2011 年版，第 118—119 页。

柄谷行人从"风景"① 的视角考察日本"现代文学"的起源。在他看来,在昭和时代 (1926—1989),柳田称之为"常民"的,绝不是 common people,而是作为民俗学得以成立之对象被柳田发现的。这一发现经历了一个价值颠倒的过程——即以前看似重要的,现在却被忘记了,以前看似无关紧要的,现在却成为"难忘的"了——这一过程柄谷行人称之为"风景的发现"。只有经此过程,才能从以往被人们看作是平凡的、无意义的东西中,见出其深远的意义。② 柄谷行人认为,柳田如此广泛深刻地谈到"常民",却与知识分子为发现自我意识而创造的"大众"概念无缘,其意在暗指柳田的"常民"并不是一个实体性的存在,只是作为方法论意义的概念。作为民俗学家的岩本通弥则明确指出,柳田民俗学并不将民俗作为客观材料,而是作为方法。岩本通弥认为,柳田追求的民俗学不是研究"民俗",而是通过"民俗"进行研究的学问。③

那么,柳田民俗学又是如何实现这一目的?

首先,以民俗研究为手段,了解日本人的过去;"民俗学之于柳田,也是历史研究的一种方法"。柳田指出:"我们的乡土研究是为了了解日本人的过去,了解日本人的本质的研究,不是限于某个地方的狭隘的知识。"带有古老特征的乡土知识不应该仅仅局限在原有的地方,而应该变成一般性的知识被共享。具体个别的乡土研究需要对整体的研究有所贡献才有意义。在柳田乡土研究目标的指引下,柳田民俗学"并不是为了研究乡土,而是在乡土之中进行研究。研究什么?那就是日本人的生活,尤其是作为一个集团的大和民族过去的经历","了解各处乡土的生活只是手段"④,"在柳田的影响下,日本民俗学的前提是将整个日本视为一个乡土"⑤。

柳田国男的历史研究认为,社会现象都是不断变化着的,变化一定有其原因,而且各个现象的变迁过程是单系的展开,各个乡土,正为我们展示着同一时间下同一条发展道路上的不同风景。建立在这一认识基础上的资料操作法便是"重出立证法""方言周圈论"。柳田以其深邃的洞察力,赋予混沌的民俗现象以相互关联,尽管毕竟还只是柳田的假设,但他还是以丰富的内容提示了日本人生活文化的历史。⑥

其次,将民俗材料分为三类,强调通过民族自我的内省,理解民族深层次的文化,诸如生活观念,也称之为心意现象,从中发现日本民族的特质。三类材料可分别为体碑、口碑、心碑,也可以用生活样式、生活解说、生活观念来标识。他特别强调,言语中的独特

---

① 柄谷行人所说的"风景"不同于被视为名胜古迹的风景,而是从前人们没有看到的,或者更确切地说是没有勇气去看的风景。柄谷行人:《日本现代文学的起源》,赵京华译,生活·读书·新知三联书店 1997 年版,中文版作者序言,第 1 页。

② 柄谷行人:《日本现代文学的起源》,赵京华译,生活·读书·新知三联书店 1997 年版,第 22—23 页。

③ [日]岩本通弥:《以"民俗"为研究对象即为民俗学吗——为何民俗学疏离了"近代"》,载王晓葵、何彬编《现代日本民俗学的理论与方法》,学苑出版社 2010 年版,第 42 页。

④ [日]福田亚细男:《日本民俗学方法论序说——柳田国男与民俗学》,於芳等译,学苑出版社 2010 年版,第 41—98 页。

⑤ [日]福泽昭司:《地域研究方法》,载王晓葵、何彬编《现代日本民俗学的理论与方法》,学苑出版社 2010 年版,第 151 页。

⑥ [日]福田亚细男:《日本民俗学方法论序说——柳田国男与民俗学》,於芳等译,学苑出版社 2010 年版,第 37—94 页。

意味只有本民族的人才能品尝到。民间文艺虽然是个人代表，但是它表现的是被代表者共有的东西。比如西洋的俚语谚语用卑俗的词语表达高深的哲理，日本的俚语谚语充满了讽刺，突出人性的弱点，还带有调侃的味道，多机智、滑稽逗笑的成分，可以从中看到一些类似国情、国民性的东西。①

柳田民俗学以上述记录作为全新学问的基础资料，其背后潜藏着一个推想，即"日本人具有日本人的长相与体格，使用日语，住日式房屋。那么同样，乡土中每个人的每个极细微的行为表现或内心感受之中，也必然遗留有若干历史的痕迹，遗留有其身为乡土居民之后裔而保有的生活特征吧。"由此可见，柳田民俗学以全国性的资料搜集为前提，最终要建构的是日本人、日本文化、日本国民性。自柳田开始，随着学科独立意识的日益增强，日本民俗学设定以探究日本民族的民族性、民族文化为独特目标，在今天已经成为一般常识。②

总之，柳田及柳田之后的日本民俗学，将民俗现象作为探究历史的材料，使之升华为日本人的集体表象。这种类型化的记述，使地域被归结为日本，个人被归结为日本人，不同地方人们的特点被归结为日本国民性。在近代媒体变革的背景下，在国家或国民逐渐成为"想象的共同体"的建构过程中，民俗学为日本国民文化的形成做出了贡献。③ 经柳田之后的民俗学家不断阐释发展，柳田民俗学、日本民俗学深深地打上了近代国家的烙印，带有强烈的"日本"国家意识，高唱民族主义。④ 有学者认为，日本战后民俗学形式主义的科学性追求与民俗文化遗产、故乡振兴、祭礼法等相辅相成，而这种研究取向又与战后日本民俗学实质上是在维护近代天皇制的文化统一有关。⑤

结语与讨论

首先，德国、芬兰、日本的民俗学史显示，当一个民族或者国家感受到来自外来压力的时候，本国或本民族的知识精英便由外而内，由今及古，从民族自身的文化传统中发现维系民族认同的民间文化资源，寻求民族振兴的力量源泉，作为传统文化的民间文化，成为民族主义兴起的重要条件。德国知识精英反对法国的政治统治与文化霸权，以狂飙突进精神反对理性主义、张扬个人主义，进而崇拜集体的民族个性，从中世纪的歌谣、民间故事等传统中寻找未被污染的民族个性。赫尔德的自然诗理论以《莪相之歌》为范本，发掘德意志民族自己的"自然之诗"，其目的是为了追溯民族的历史，重拾德意志民族自中世纪以来就已失落的文化，建构民族本真的形象。摆脱瑞典长期统治的芬兰人，继而又附

---

① ［日］柳田国男：《民间传承论与乡土生活研究法》，王晓葵、王京、何彬译，学苑出版社 2010年版，第 84—116 页。

② ［日］福田亚细男：《日本民俗学方法论序说——柳田国男与民俗学》，於芳等译，学苑出版社 2010 年版，第 52—187 页。

③ 参见［日］铃木正崇《日本民俗学的现状与课题》，载王晓葵、何彬编《现代日本民俗学的理论与方法》，学苑出版社 2010 年版，第 3—5 页。

④ ［日］岩田重则：《民俗学与近代》，载王晓葵、何彬编《现代日本民俗学的理论与方法》，学苑出版社 2010 年版，第 26 页。

⑤ ［日］岩本通弥：《以"民俗"为研究对象即为民俗学吗——为何民俗学疏离了"近代"》，载王晓葵、何彬编《现代日本民俗学的理论与方法》，学苑出版社 2010 年版，第 46 页。

属于俄罗斯成为自治大公国之后，开始寻找维系自己民族独立的情感认同符号。隆洛特编撰的史诗《卡勒瓦拉》，既集芬兰民族历史文化传统之大成，也体现了隆洛特个人的美学建构能力。隆洛特运用美学手段，将众多的民间口头传统统一起来，整体呈现了芬兰人民热爱生活、热爱自然、热爱和平的民族传统，塑造了区别于瑞典人、俄罗斯人的芬兰民族形象。《卡勒瓦拉》的出版，极大地激发了芬兰人民的民族自信，他们骄傲于拥有民族自我的语言、历史和文化，成为芬兰人民争取民族的文化与政治独立的精神力量源泉。在日本建构现代政治意义的"国民国家"，以及实现民族与国家一体化的过程中，柳田国男的"一国民俗学"构想，通过历史的探究究明日本民族统一的文化与国民性。无论其学问的目的、取向，还是方法论的实际操作，都显示出柳田的"一国民俗学"对于建构日本人的本质、日本文化、日本国民性的执著探索与追求。

其次，民族主义将民族、文化、国家、国民等现代性理念赋予民间文化，使之成为具有现代性固有本质的公共文化；而这些超越地方的公共文化，由于其生成过程的建构性特征，促使人们反思其本真性。欧内斯特·盖尔纳认为，民族主义的奥秘在于，社会产生了一种遍及整个社会并且界定着整个社会的高级文化，而且该文化得到了政体的支持。民族主义通过以文字传播为主要手段的现代教育制度，培育了国家的公共文化，这种公共文化将原有松散的、由许多不同族群构成的地方共同体连接起来，形成了一个毫无个性特征的非个人化社会，从而取代了以多样的民间文化为基础构成的地方共同体的社会结构。然而，盖尔纳发现，吊诡的是，民族主义通常是以某种假定存在的民间文化的名义进行征服的。民族主义的象征来自农民、民众那种健康、纯朴、充满活力的生活。民族主义通过复兴本土文化传统，以抵御外来高级文化的侵略，并在此基础上形成一种由本土知识分子创造的、通过文字传播的高级文化。盖尔纳认为，民族主义实际上创造了一个捍卫民间社会与民间文化的神话：它声称捍卫民间文化，而事实上，却在建构一种高层次文化；它声称保护着一个古老的民间社会，而事实上，却在为建立一个没有个性特征的大众社会推波助澜。① 受赫尔德的影响，由格林兄弟采录整理出版的《儿童与家庭故事集》（《格林童话》）。在由众多细小的王国和公国形成统一的德意志民族国家的过程中，《格林童话》成为民众的一个重要偶像，以及新兴资产阶级的道德指引，有教养有文化的资产阶级将本真的民俗转变成为高贵的过去。为了使本土语言的历史和独特性合法化，由本土语言传承的民间歌谣、民间故事，被同样是语言学家的格林兄弟认为是建构德意志民族语言与文学本真性的主要材料。② 然而，经后人考察发现，故事集中许多故事的口述材料经过被重写、被修饰、被详尽描述之后，最终以纯粹真实的口头传说的身份示人；格林兄弟甚至伪造故事提供者的材料，将一个母语是法语的具有文学修养的中产阶级妇女，转换为凭记忆讲述古老黑森林故事的德国妇女。③ 其目的是为了创造一种本真的德意志民族民间文化特质。隆洛特在编创《卡勒瓦拉》的过程中，运用美学的手法，对民间口头传统进行了再创造，

---

① ［英］厄内斯特·盖尔纳：《民族与民族主义》，韩红译，中央编译出版社 2002 年版，第 24—163 页。

② Regina Bendix, *In Search of Authenticity：the Formation of Folklore Study*, Madison, Wisconsin：The University of Wisconsin Press, 1997, p. 51, p. 67.

③ ［美］阿兰·邓迪斯：《伪民俗的制造》，周惠英译，《民间文化论坛》2004 年第 5 期；［美］罗伯特·达恩顿：《屠猫记：法国文化史钩沉》，吕健忠译，新星出版社 2006 年版，第 4—5 页。

因传播媒介的转换，其民俗本真性虽然遭到了人们的质疑，但它作为芬兰民族认同之象征符号的文化和政治本真性，却得到了芬兰民众的广泛认同，并成为芬兰民族国家的立国之基。在战后的日本，研究者们认为，柳田民俗学以"重出立证法"为方法进行的全国性的地方民俗调查，其目的是为了了解民俗在全国范围内的变迁过程，其意义在于提供分类比较的资料，而这样的资料在被纳入与地域相割裂的某种类型的过程中，失去了其生长的根基，"乡土"也随之消失。地域社会被完全抹消，最终解答的是所谓日本人的变迁过程，并且这一解答再也不会还原到保持并传承着民俗现象的传承母体即地域社会之中。他们认为，这种割裂传承母体的历史探究，其研究成果其实是一种"虚构的历史"。[1]

此外，从德国、芬兰、日本三国的民俗学发展过程看，虽然有其各自不同的语境，但民族主义催生了民俗学的产生与发展，现代民俗学的生成，为现代民族主义的发展和壮大起了推波助澜的作用，这一相互间的关系，却是共同的。上述三国的民俗学发展史表明，民族主义正是从本民族的地方文化、民间文化中选取符合民族主义需求的文化要素，将它们提升为民族或国家的公共文化，将这些地方文化、民间文化塑造成为民族或国家具有悠久历史的、本真的文化象征符号，以区别乃至抵御、抗衡外来的文化。而民俗学，正是在民族主义呼声高涨的时期，通过田野调查与历史文献的梳理，从对于民间文化和地方文化的研究中，生成了一系列民俗研究的基本范畴与理论方法，这一客观化、科学化的过程，使民俗学逐渐从"在野的学问"发展成为符合现代学术体系的规范学科。

最后，需要指出的是，虽然民俗学在民族主义建构民族/国家认同的过程中具有重要的作用，但是，正如民族主义是一柄双刃剑一样，德国民俗学在德国纳粹时期曾经是纳粹主义表现其思想意识最为强有力的阵地，柳田国男在"一国民俗学"的理念下进行的研究，高扬日本民族主义的旗帜，将与标准的日本国民相对的少数族群排除在外，是一门不承认差别和多元性的学问。因此，在战后的德国和日本民俗学界，都致力于打破民俗学以往建构同一性的静态研究。以汉斯·莫泽尔（Hans Moser）和卡尔西·吉斯蒙德·克拉莫尔（Karl Sigismund Kramer）为代表的"慕尼黑学派"，以及海尔曼·鲍辛格（Hermann Bausinger）为代表的倡导关注"技术世界的民俗学"，提倡历史民俗学，将民俗地方化和历史化，在社会和文化变迁的过程中关注具有传承性的民俗。日本民俗学则以福田亚细男为代表，指出民俗是活的材料，民俗学应该在传承母体中分析相互关联而传承着的民俗现象，并提出关于历史发展过程的假设。[2]

（原载《学术研究》2014 年第 8 期）

---

① ［日］福田亚细男：《日本民俗学方法论序说——柳田国男与民俗学》，於芳等译，学苑出版社2010 年版，第 76—100 页。

② 参见［德］沃尔夫冈·卡舒巴《面向历史转折的德国民俗学》，吴秀杰译，载《民间文化论坛》2007 年第 1 期；［日］岩田重则《民俗学与近代》，载王晓葵、何彬编《现代日本民俗学的理论与方法》，学苑出版社 2010 年版，第 26—27 页；［日］福田亚细男《日本民俗学方法论序说——柳田国男与民俗学》，於芳等译，学苑出版社 2010 年版，第 100 页。

民间文学：转向文本实践的研究

户晓辉[*]

【摘要】 长期以来，中国学者往往用认识方法研究民间文学的文本实践问题，认为民间文学的文本和语境是彼此游离的。21 世纪引入的表演理论和口头—程式理论，也仍被多数中国学者理解为一种理论认识和实证研究的方法，从而忽视了民间文学转向实践科学的可能性。从实践研究的角度看，民间文学的文本实际上是人们用民间文学的不同体裁进行叙事的表演行为本身。表演就是体裁叙事传统的互文性通过表演行为具体化为动态文本的实践过程。只有把民间文学文本还原为体裁叙事的表演行为，体裁和人共有的形式意志、表演者和观众的责任伦理以及民间文学的实践特性才能被彰显，民间文学表演的"这一个"文本和采录的"这一个"文本之间的关系才能得到实践上的澄清。

民间文学的文本一直是中国学者关注的核心问题，它不仅关乎对民间文学特有属性的认识，也直接决定着民间文学田野调查的实践原则和判定标准。21 世纪以来，随着表演理论和口头—程式理论的系统引进以及本土化研究的不断深入，中国学者对民间文学文本的认识发生了较大的变化，而且出现了由文本返回语境的重要转向。但一些基本的理论问题仍需要反思、批判和澄清。此外，在中国，尽管传统的民间文学现象在不断式微，但"民间文学"这个概念不仅没有像在欧美国家那样随着传统现象的"消失"而消失，而且大量的网络文学仍然被称为"网络民间文学"。[①] 中国"民间文学"并非明日黄花，而是有其现实指涉和理论需求，它的深层含义和内在目的还没有得到充分的开掘和深入的领会。民间文学的文本问题就是这方面的一个显著实例。

一　中国民间文学的物化文本观及其成因

回顾民间文学学科史，不难看到，在相当长的历史时期内，中国学者大多把民间文学看作从生活中抽出来的孤立文本。从 20 世纪 50 年代"活鱼是要在水中看"[②] 到 80 年代

---

* 作者系中国社会科学院文学研究所研究员。

① 参见杨新敏《网络文学与民间文学》，《苏州大学学报》2003 年第 1 期；宁胜克《网络传播与新民间文学》，《当代传播》2007 年第 4 期；冯秀英《信息化背景下民间文学理论体系重构的思考》，《云南民族大学学报》2013 年第 4 期等。

② 刘魁立：《谈民间文学搜集工作》，参见中国民间文艺研究会编《民间文学搜集整理问题》第一辑，上海文艺出版社 1962 年版，第 40 页。

的立体民间文学说（民间文学是"活在水里的有生命的鱼"）①，都把民间文学的文本和语境看作鱼水关系，也就是把它们都理解成现成的物。20 世纪 80 年代以后，中国大陆进行大规模采录并陆续出版的《中国民间文学三套集成》（《中国民间故事集成》《中国歌谣集成》《中国谚语集成》），尽管"时间跨度如此之大，产品数量如此之多，声势极为浩大，成果卷帙浩繁，这在中国乃至世界文化史上也是绝无仅有的"②，但不可否认，其基本理念仍然是物化文本观的一种反映和体现。

21 世纪以来，民间文学研究界出现了由文本返回语境的重要转向，有学者把民间文学看作一种"活动"③，更多的学者"注重文本在特定语境中的动态形成过程"④。由于文本化和语境化过程进入了学者的视野，因此，民间文学文本的内部机理以及从口头到书面的形成机制得到了前所未有的揭示和研究，学者们也对《中国民间文学三套集成》的文本问题提出了一些批评和反思。例如，傅玛瑞认为，《中国民间文学三套集成》的贡献在于："就口头传承的书面化这一问题而言，在中国历史上，没有其他任何一个时代有如此丰富的材料可供研究，有如此众多的可能性可以用来检验（它们的本真性），有如此斑驳多彩的理论知识和民俗志描写作为参考。"⑤ 但是，《中国民间文学三套集成》具体的文本化过程也存在着一定的问题。比如说，吉林省的民间文学搜集者康庄"使得讲述人的日常生活世界可以用书面的形式再现和保存"，但"他选择了将多个类似的文本进行综合整理的方式"。⑥ 在研究彝族史诗的汉译过程以及从口头到书面的整理过程时，巴莫曲布嫫也认为："民族志诗学与民俗学在表演研究中共享某种学术关注的同时，他〔它〕们的探讨也同样面临着一个阻碍着研究的方法论难题——民俗学文本（folklore text）。因为，仅次于民间口头艺术本身的，就是民俗文本，换言之，口头艺术的记录，是民俗研究的中心问题。"⑦ 通过对彝族史诗文本被记录、转写甚至改写的个案研究，她提出了文本格式化的问题："'格式化'的典型表征是消弭了传统主体——传承人（民众的、表演者个人的）的创造者角色和文化信息，使得读者既不见林也不见木，有的甚至从'传承人身份'（identity of traditional bearer）这一最基本的'产出'环节就剥夺了叙事者——史诗演述人、故事讲述人、歌手——的话语权力与文化角色。因此，在不同的程度上，这种剥夺是以另一种'身份'（编辑、编译人、搜集整理者等等）对'传承人身份'的忽视、规避，甚至置换。"⑧ 这就表明，民间文学文本的整理、转录（写）过程不仅是一个理论问题，更是一个实践问题。

---

① 段宝林：《立体文学论——民间文学新论》，高等教育出版社 2007 年版，第 7 页。

② 万建中：《〈中国民间文学三套集成〉学术价值的认定与把握》，《广西民族大学学报》2010 年第 1 期。

③ 例如，万建中认为，"民间文学是一个区域内广大民众集体创作和传播口头文学的活动"，万建中：《民间文学的再认识》，《民俗研究》2004 年第 3 期。

④ 杨利慧：《语境、过程、表演者与朝向当下的民俗学——表演理论与中国民俗学的当代转型》，《民俗研究》2011 年第 1 期。

⑤ 傅玛瑞：《中国民间文学及其记录整理的若干问题》，《北京师范大学学报》2005 年第 5 期。

⑥ 同上。

⑦ 巴莫曲布嫫：《"民间叙事传统格式化"之批评（下）——以彝族史诗〈勒俄特依〉的"文本迻录"为例》，《民族艺术》2004 年第 2 期。

⑧ 同上。

但长期以来，学者们并没有意识到这是一个实践问题，而是把它仅仅看作一个理论和认识问题。例如，贾芝曾指出："搜集民间创作是一个艰苦的工作，需要有极大的耐心，需要经过不断地探索，反复地记录、比较、研究，才能在大量占有材料中整理出一些比较完美的作品。有时碰到会讲故事的人，或好歌手，可以一下就遇到完美的作品，这也是常有的，但并不总是这样，而且更多的情况不是这样。"① 即使在《中国民间文学三套集成》的收集、整理工作中，也仍然存在着"在大量占有材料中整理出一些比较完美的作品"的情况。当讲述人的讲述不完整或不够完整时，采录人该怎么办？是遵循逐字逐句地忠实记录的原则，还是为了"这一个"文本的理想形式或"完美"形式而允许修改、加工甚至"改旧编新"？中国学者曾反复讨论过类似的问题。以今天的学术伦理标准来看，采录人用整理加工过的"这一个"文本代表或代替当地讲述人某次表演的"这一个"文本，显然是不行的；但如果采录人把当地几种不够理想的异文合成为一个理想异文，作为当地某个民间文学体裁的"这一个"文本，是否具有合理性呢？无论赞成还是反对，其出发点往往仍然是把文本看作"物"，把"语境"理解为民间文学的外在表演场所或讲述环境，仍然把文本与语境视为彼此游离的"两张皮"，而且把民间文学的田野调查变成了寻求因果关系的实证研究。

因此，一方面，民间文学文本仍是在表演过程和活动中传承的现成物，这就使民间文学文本与动态性、未完成性和开放性这些本质特征处于分离状态；另一方面，这种物化的文本观没有看到民间文学体裁叙事实际上是一种实践行为，表演行为②与文本也是一体关系，因此，它既遮蔽了表演行为或文本的形式意志，又忽视了表演者和观众的责任伦理，更难以对民间文学体裁叙事的两种"这一个"文本作出实践的区分，从而在一定程度上造成了当代民间文学文本观念和实践标准的混乱。尽管学者们已经意识到，在现实当中，文本与语境水乳交融，一旦文本抽离了语境，其意义也就丢失了，③ 但文本和语境仍然没有被看作实践行为，而是继续被看作理论认识对象。

其实，民间文学的文本也好，语境也好，不是人们用来认识事物的工具，而是人们在生活中的实践行为。只有从认识研究转入实践研究，我们才能更深入、更切实际地理解和把握民间文学的文本问题。

二　民间文学体裁叙事的表演行为及其边界

无论传统的民间文学还是现在的网络民间文学，其文本总是在生活中被表演、被讲述的一种实践活动。在很大程度上，日常叙事或历史叙事与民间文学的艺术叙事的区别在于，前者没有进入民间文学的体裁，而后者则进入了民间文学的各种体裁。进而言之，民

---

① 贾芝：《谈各民族民间文学搜集整理问题》，见中国民间文艺研究会编《民间文学搜集整理问题》（第一集），上海文艺出版社 1962 年版，第 217 页。

② 正如王杰文所指出，"表演是民俗学最重要的概念之一，一方面，它指的是特定的交流情境中特定文本被赋予生命的过程，另一方面，它仅仅是行为与活动的代名词"（王杰文：《戴尔·海姆斯与"讲述的民族志"》，《温州大学学报》2012 年第 1 期）；本文的实践研究正是在行为的意义上指代"表演"，不对"表演"进行进一步的理论划分，而是把"表演"与"表演行为"当作同义词使用。

③ 王杰文：《"语境主义者"重返"文本"》，《青海社会科学》2013 年第 3 期。

间文学的体裁叙事是一种行为，是以体裁行事的实践。因此，民间文学的文本也不是名词层面上的各种体裁，而是动词层面上的体裁叙事行为。以往学者对民间文学体裁本身的来源、分类和属性等问题做了大量研究，功不可没，但多是对名词层面上的体裁的理论研究。本文试图研究民间文学使用体裁的实践行为，也就是对动词层面上的体裁行为的实践研究。民间文学文本实际上就是人如何用这些体裁行事，用体裁行事的实践就是民间文学的体裁叙事行为，这是民间文学体裁叙事的一种语用学。①

在日常体裁叙事的表演行为中，民众总是能够置身于民间文学体裁叙事行为的大传统并且不断地开发出各式各样的小传统，这些小传统被不同地区或不同族群冠以不同的称谓，而且在日常使用的实践过程中也会得到或清晰或模糊的区分和识别。这也是一种实践的分类，正如万建中所指出：

> （虽然民间文学的各种体裁都是学者定义的）但的确是民间自古就有的恒常的"说"和"唱"的方式。在民间，"故事"可能不叫故事，但决不会和歌谣相混；在出嫁仪式上，新娘可能唱哭嫁歌，但决不会讲嘲讽笑话，民众对自己拥有的民间文学，有比较清晰的文体意识。民间文学各种体裁的界定之所以比较明确，在于民间"说"和"唱"各种不同方式的审美期待视界是相对稳固的。②

这就意味着，民间文学的体裁叙事行为传统至少可以分出两个不同的层次：首先，民间文学迄今使用的体裁种类毕竟是有限的，也就是说，尽管不同地区或不同民族可能给同一种民间文学体裁起了不同的名称或者可能有笼统的称谓，但是，民间文学迄今使用的故事、歌谣、传说、史诗、神话、谚语、笑话、童话等体裁形式毕竟具有跨文化、跨地区和超时空的稳定性和相似性。这些作为类型的体裁叙事行为传统就是民间文学体裁叙事行为的大传统。其次，每一种作为类型的民间文学体裁叙事行为传统在不同地区和不同族群又可能表现为不同的小传统或者被冠以民族性的、区域性的称谓。这是作为类型的民间文学体裁叙事行为的亚类型或小传统。

任何一种民间文学体裁叙事行为的表演都至少同时处在这两种传统之中。离开了民间文学体裁叙事行为的大传统和小传统，民众也就无法"以言行事"，也就难以用不同的民间文学体裁叙事行为来满足不同的现实需要和精神需求。简而言之，大传统更多的是民间文学某种体裁类型叙事行为的共性，小传统主要是这种体裁类型叙事行为在不同地区和族群中表现出来的差异性或个性特征。民间文学体裁叙事行为的表演者总是在大传统和小传统的共同作用下来表现自己的个性并寻找变化和创新的可能性。例如，湖北宜昌五峰长乐坪镇珍珠山村的著名故事家刘德培（1912—2000）会针对不同场合和听众讲述不同的内容和民间文学体裁。在给大学里的师生讲述时，他以吟诗联对、富有"文气"的故事为主；在一般场合下给老百姓讲述时，他多以生活故事、笑话和机智人物故事为主；对于妇女儿童，他多讲巧媳妇的故事和富于幻想性的神话和童话；对于中青年人，他多讲笑话、

---

① 奥斯汀指出，我们越是不把一个陈述看作一个句子（或命题）而是看作一种言语行为，我们就越是在把整个事情当作一种行为在研究，参见 J. L. Austin, *How to do things with words*, Oxford University Press, 1976, p. 20. 民间文学体裁叙事的表演就是一种言语行为，即以体裁叙事的实践行为。

② 万建中：《民间文学引论》，北京大学出版社2006年版，第105页。

寓言和地方风物传说；对于老年人，他多讲历史故事和趣闻轶事。所以乡亲们评价他讲故事是"见什么人说什么话，见什么菩萨打什么卦"。① 浙江桐庐县的"江南故事大王"吴文昶（1928—2002）则坚持认为，"不管到哪里，故事终究应该是故事"②，而且创作故事的诀窍在于头要小，肚子要饱，尾巴要翘。③ 山西洪洞县侯村人对神话、故事等民间文学形式没有明确区分，都称为"古话"，但他们对神话和故事的讲述时机、讲述态度和心理却有所不同。神话具有更大的神圣性，讲述人对它怀有更多的敬畏感，在讲故事的晚上，就不大讲神话。④ 由此可见，尽管民众对自己使用和传承的民间文学体裁叙事行为往往认识得不够清晰和明确，但他们对不同体裁叙事行为的用语习惯、套路、程式甚至形式等已非常熟悉，他们对民间文学的不同体裁有实践的用法和分类。

　　民间文学体裁叙事行为必须使用体裁，而体裁毕竟是有边界的，是相对独立的，这就决定了民间文学体裁叙事表演行为的界限，表演行为的界限也是民间文学体裁叙事文本的边界。⑤ 即便是研究民间文学体裁叙事行为的表演理论，仍然承认"表演的标定"⑥ 和表演的边界，也就是说，民间文学体裁叙事的表演行为虽然出自生活，但并非与日常生活浑然不分。尽管民间文学的体裁叙事行为不断变异因而永远没有绝对的定本，但不能不承认，只有成为一种高超的语言艺术，民间文学体裁叙事的表演行为才能在现实生活中发挥作用。也就是说，民间文学的"文本"不是通过一次"表演"的创作行为就完成并定型的同一作品，而是由多次体裁叙事表演行为造成的异文，因此，民间文学的文本不仅是体裁叙事表演行为的结果，而且是体裁叙事表演行为本身。民间文学文本的动态性和变异性不仅是由民间文学体裁叙事表演行为造成的，而且直接体现为民间文学体裁叙事表演行为本身的动态性和变异性。民间文学的文本就是动态的以言行事，就是民间文学体裁叙事表演行为本身。⑦ 民间文学体裁叙事的表演行为是作为类型的体裁形式在每一次具体的叙事行为中的具体应用和实现。民间文学的文本就是一种用体裁来叙事和对话的言语行为本

---

① 黄永林、余惠先：《从信息论看民间故事的讲述活动》，载上海民间文艺家协会编《中国民间文化》第四集，学林出版社1991年版，第140页。

② 吴文昶：《我与故事的故事》，载《故事会》编辑部编《吴文昶故事集》，上海文艺出版社1991年版，第364页。

③ 汪世炎：《永不消逝的记忆》，载桐庐县文学艺术联合会编《我和"江南故事大王"吴文昶》，西泠印社出版社2010年版，第81页。

④ 杨利慧、张霞、徐芳、李红武、仝云丽：《现代口承神话的民族志研究——以四个汉族社区为个案》，陕西师范大学出版总社有限公司2011年版，第191页。

⑤ 应当指出的是，当代民间文学的语境研究一方面经常模糊了民间文学文本的界限，另一方面也忽视了民间文学体裁叙事表演行为的审美体验。承认民间文学文本有边界也就是承认民间文学的体裁叙事表演行为有边界，但这不等于否认这种边界在体裁叙事的表演情境中经常（尤其是口头讲述天然地）具有的模糊性和不确定性，或者说，这种模糊性和不确定性不能否定民间文学文本或体裁叙事表演行为的边界。

⑥ 参见理查德·鲍曼：《作为表演的口头艺术》，杨利慧、安德明译，广西师范大学出版社2008年版，第16—29页。

⑦ 正如鲍曼所指出，"表演"这个概念本身就意味着"没有必要再从艺术性文本（artful text）出发，即在独立的形式基础上确认文本，然后将之重新置于使用的情境中，以便用交流性的语词把口头艺术概念化。相反，按照文本所建立的方法，表演便成了作为口头交流的语言艺术范畴的根本"（理查德·鲍曼：《作为表演的口头艺术》，杨利慧、安德明译，广西师范大学出版社2008年版，第13页）。

身，体裁形式的边界决定并构成了这种体裁叙事表演行为或文本的边界。

三　作为文本的体裁叙事表演行为及其责任

当然，只有当体裁进入具体的讲述语境时，才能产生民间文学体裁叙事行为的每一次具体的表演行为或文本。也就是说，民间文学体裁叙事行为的表演与文本的产生往往是同步的和一体的，只有对表演的记录也就是表演的后果才是民间文学的"作品"。传统的神话或史诗演述是表演，在网络上写故事、写笑话也是表演。表演理论恰恰强调了民间文学的表演行为伦理，并且强调民间文学文本就是一种交流方式和交流行为。

表演理论的提出者鲍曼认为，在"讲述的民族志"① 领域，"表演"（performance） 一词一般具有两种基本含义：一是指社会生活中对语言的情境化使用，二是指一种熟练的、被特别标定的言说方式，这种言说行为被用来展演，被对象化，在某种程度上从语境中被提升出来，任由观众细细品味。表演让人负有交流的责任，它为观众指定了对表演者的技巧和效果进行评价的责任。② 在《故事、表演和事件：口头叙事的语境研究》一书中，鲍曼又明确指出："简而言之，我把表演理解为一种交流模式，一种言说方式，其本质在于承担起向听众展示交流技巧的责任，在交流方式的指涉内容之上和之外，凸显出达成交流的方式。"③ 可见，首先，表演的本质在于把展示交流技巧的责任归于表演者，把品评的责任归给观众或听众。因此，国外有学者认为，实际上，鲍曼把责任 （responsibility） 当作界定"表演"的一个关键术语。④ 其次，表演主要指言语交流的方式。最后，表演理论意在强调或突出交流得以完成的方式，但强调和突出的手段是"越过"其指涉内容（在它之上和之外）。也就是说，表演理论更关注的是交流的形式而非内容。"我们非常需要的是：表演的一种形式诗学，依据话语的构成性角色对社会互动和事件所做的民族志理解，对形式—功能的相互关系的清醒认识。"⑤ 鲍曼指出，在口头表演的民族志中，表演事件的地位和文本一样，都是描述和分析的基本单位，也就是说，文本和表演事件共同被理解为社会行为，研究者的关注目光转向了社会生活中艺术性言说表演的实际施行。换言之，作为一种言语实践行为的表演事件使口头文学被理解为言说艺术，其本质就在于被体验的表演之中。因此，鲍曼特别强调了表演是一般与特殊的结合，也就是说，每次表演既是某个人表演的这一个文本，同时又是这一类文本。⑥ 这里值得注意的要点是：首先，口头文学的表演指被体验的表演，也就是被观众和表演者共同体验着的表演，而不是没有被体验到的、受所谓外在时空环境决定的行为。其次，这种表演是一种形式关系，因而对这

① 王杰文：《戴尔·海姆斯与"讲述的民族志"》，《温州大学学报》2012 年第 1 期。

② Richard Bauman and Joel Sherzer （ed.）, *Explorations in the Ethnography of Speaking*, Second Edition, Cambridge University Press, 1989, pp. 18 - 19.

③ Richard Bauman, *Story, Performance, and Event：Contextual Studies of Oral Narrative*, Cambridge University Press, 1986, p. 3.

④ Jane H. Hill and Judith T. Irvine （ed.）, *Responsibility and evidence in oral discourse*, Cambridge University Press, 1993, Introduction, p. 16.

⑤ Richard Bauman, *Story, Performance, and Event：Contextual Studies of Oral Narrative*, Cambridge University Press, 1986, p. 114.

⑥ Ibid. , pp. 112 - 115.

种表演的研究才会是一种形式诗学。再次，在这种表演中，文本和表演事件都被看作描述和分析的基本单位，而且它们都被看作社会行为或言说实践行为。表演的双重含义是：艺术行为即民俗的实践和艺术事件即表演的情境——包括表演者、艺术形式、听众和场景等。① 换言之，文本和表演事件都是民俗的实践，都是践行民俗或做民俗。表演的情境只是为了分析和理解这种实践而划分的层次，而非客观的原因。最后，研究这种被体验的表演的目的是理解意义，而不是解释原因。更确切地说，是理解表演者和观众（包括在表演现场的学者本人）对这种表演的体验和理解，而不是为这种表演寻找外在的原因（比如外在的时空因素对表演的影响等）。

正因如此，丹·本—阿莫斯才认为，语境研究代表从历史民俗学或比较民俗学向"描述民俗学"的一种转变。② 由此也带来了从以往的因果解释向意义阐释的转变，语境分析并不解释民俗，而只是通过考察文本以及民俗在社会中的整体经验来阐释民俗，它寻求的是意义而非原因。③ 这种整体经验是对语境整体和意义整体的体验。④ 这无疑点明了语境研究可能带来的新的可能性，即它不是一种实证研究，而是一种实践研究；它要研究的不是人们的认识活动，而是实践行为。尽管鲍曼划分了语境的不同层次，但这只是一种分析模式，这种划分并不是要把语境物化为各种外在因素的累积和总和，因为"语境就是一种互动的现实"⑤，这种以表演为中心的分析恰恰是要用语境来显明文本与表演事件的整体观，也就是说，生活中的口头表演（包括文本和表演事件）都是一种实践形式和言说模式，它的本质在于这种表演的形式而非表演的内容，对听众而言，"常常是故事如何讲述比故事讲了什么更加重要"。⑥ 语境就是表演活动的整体性和当下性，也是被体验的表演及其形式和意义。以表演为中心，就是要关注这种语境的整体性和当下性，而不是把语境拆分为鱼水关系，更不能把语境误解为主客对立的外在场所甚至讲述环境。正如彭牧敏锐地指出的那样，鲍曼认为，从民俗学和人类学的更大范围来看，"表演"一词至少有三种有所重合又各有侧重的意义：第一，作为实践的表演，指处于特定情境的日常实践；第二，作为文化表演或扮演（enactment）的表演；第三，作为口头诗学的表演，指处于特定情境中口头互动交流的艺术实践。鲍曼本人和大部分运用表演理论的民俗学家主要持第三种表演观，国内介绍的表演理论也主要是第三种意义上的表演，这种意义上的表演有其局限性。

无论如何，表演理论导致的范式转向主要有四个方面：第一，从历史到现实的转向，

---

① 参见理查德·鲍曼《"表演"的概念与本质》，杨利慧译，《西北民族研究》2008 年第 2 期；理查德·鲍曼《作为表演的口头艺术》，杨利慧、安德明译，广西师范大学出版社 2008 年版，第 4 页。

② Dan Ben-Amos, "The Context of Folklore: Implications and Prospects", in William R. Bascom (ed.), *Frontiers of Folklore*, Westview Press, Inc. , 1977, p. 36.

③ Dan Ben-Amos, "Context" in Context, in *Western Folklore*, Volume 52, 1993.

④ 国外有学者指出，如果说本质描述（eidetic description）是把某个经验领域孤立起来，描述在思维、书写或对话的反思实践中的这些经验的本质，那么，鲍曼的理论就可以被看作本质描述，即描述表演互动经验的结构以及表演经验中各个部分之间的关系，参见 Harris M. Berger and Giovanna P. Del Negro, *Identity and Everyday Life: Essays in the Study of Folklore, Music, and Popular Culture*, Wesleyan University Press, 2004 , pp. 29 – 30。

⑤ Dan Ben-Amos, "Context" in Context, in *Western Folklore*, Volume 52, 1993.

⑥ 理查德·鲍曼：《"表演"的概念与本质》，杨利慧译，《西北民族研究》2008 年第 2 期。

"把民俗学转向为一门关注传统化（traditionalization）或者说传统在现实中的实践的科学"。第二，"表演理论、以表演为中心的研究引起的另一个重大转向是彻底颠覆了民俗研究中文本的中心地位。那些因为要与书面传统具有可比性而被学者们构造、抽象、剥离出来的文本/事项，被重新放回到它们原生的土壤中。文本消失了，取而代之的是一次次的事件、一个个的过程、一次次的交流行动与实践，而当这些事件、过程、行动和实践包含着某种模式化的表达传统（expressive tradition）时，就是表演，也即本—阿莫斯所说的'艺术性交流'。很明显，从以文本为中心到以表演或事件、过程为中心，民众的日常实践被总体地纳入了民俗学的视野"。第三，"使以往被忽略或至多留下姓名的民俗传承人受到了重视"，具体而言，"当聚光在民俗文本上的神秘光环消失以后，那些民俗的传承者、那些普普通通的民众，就不再是历史抉择的偶然承受者而承载着偶然的历史记忆；相反，民众因为主动地在生活实践中运用民俗而清晰地出现在了民俗学研究的地平线上。与民俗学者的田野经验相适应，这时的'民'，不再代表被抽象化的、由面目不清的个人组成的均质社区或群体，代表着落后与愚昧，'民'第一次呈现为有血有肉的丰富的个人。人的因素、人的创造性第一次和传统的力量相较量。人不再是被动的传统接受者。不是传统假借文本为化身游走、飘荡于个体之间，而是由于人的主观选择，传统才能延续"。第四，"以表演为中心的研究实际上体现了整个人文、社会科学界一种共同的理论转向"，因此，彭牧还别具慧眼地指出，"将表演理解成实践这第一种意义，实际上具有更大的理论潜力"，因为"强调实践、强调作为主体的人，实际上是整个人文、社会科学界，如人类学、语言学、社会学、历史学、文学等等从 80 年代以来逐渐清晰的理论趋势"，因此，"从这个意义上说，民俗学向表演中心的转换，实际上预示着大范围理论变迁的先声"。[①]

事实上，表演理论的确蕴含着民间文学研究向实践科学转向的可能性，它至少可以表明：民间文学体裁叙事的表演行为是一种交流实践形式，形式本身也是一种实践，语境就是这种实践形式在当下的整体实现。实际上，鲍曼和布雷德已经明确指出，以表演为中心的方法的核心在于，不再把口头传统看作文本性的对象，而是看作社会实践，表演的最一般意义就是行动或实践，它的中心是对语境中的口头艺术形式的主动运用。[②] 语境分析不是为了寻求语境的外在因果关系，而是为了理解并体验语境整体的内在意义。所谓 context（语境）就是 con-text（共同文本）。"表演理论并不是把'语境'当作一种固定不变的、可精确描述的、外在的信息，而是一种生成中的、偶发的、互动中的关系。"[③] 民间文学的语境恰恰昭示出民间文学体裁叙事行为或文本形式的互文性和整体性关联。语境就是民间文学体裁叙事行为或文本形式的当下使用和具体实现。对本文的论题而言，民间文学体裁叙事行为的表演必须使用特定的某种体裁。只有当体裁进入语境时，它才能被具体化，才能获得具体的实现，也才能变成体裁叙事的具体表演行为或具体文本。正因为民间文学体裁叙事的表演是一种公共的实践行为，所以，鲍曼才以卓越的洞见认为表演的本质在于为表演者和观众都赋予的责任：表演者有充分展示交流技巧的责任，观众则有品评这种技巧和效果的责任。这实际上是民间文学体裁叙事传统的表演为表演者和观众赋予的责任。

---

① 彭牧：《实践、文化政治与美国的表演理论》，《民间文化论坛》2005 年第 5 期。

② 理查德·鲍曼、唐纳德·布雷德：《口头传统研究中的表演民族志》，杨利慧、安德明译，《作为表演的口头艺术》，广西师范大学出版社 2008 年版，第 102—103 页。

③ 王杰文：《"语境主义者"重返"文本"》，《青海社会科学》2013 年第 3 期。

因此，这种责任不是表演者和观众的主观心理中是否明确意识到或者是否承认的责任，而是表演客观上要求的责任。换言之，这种责任不一定是实然，而是应然（条件）。因此，鲍曼说"对表演的否认本身也许是对完全表演的标定"[①]，对表演责任的推脱恰恰从反面彰显出表演责任的存在。鲍曼所谓表演的责任，不仅包括表演者的责任和观众品评的责任，还包括表演者和观众共同对传统的责任以及表演者与观众之间相互尊重、彼此以"你"相待的责任。[②]

责任之所以构成了表演的本质，恰恰因为民间文学体裁叙事行为本身就是一种需要复数主体参与的伦理实践和道德行为，民间文学的文本实际上是一种公共表演的伦理实践和道德行为，因此，表演的集体性实际上具有公共特征，表演者和观（听）众在表演中都责任重大。正因为有了这种责任伦理，民间文学的体裁叙事行为才可能有自由。

四 作为文本的体裁叙事表演行为的形式意志

既然对民间文学体裁叙事的实践而言，表演行为就是文本，文本就是表演行为，那么，文本的边界也就是表演行为的边界，民间文学体裁叙事文本的异文实际上也就是民间文学体裁叙事表演行为的"异文"。[③] 一方面，每一个异文都具有相对的独立性，但这一次表演的"文本"与每一次表演的文本之所以形成了互文关系，恰恰因为每一个异文都属于民间文学的体裁叙事行为传统，都受到这种传统的规定和制约，变和不变都发生在这种传统的内部。另一方面，民间文学的体裁叙事行为与表演文本并不是一直处于一体状态，在表演结束之后，被记录、录音和整理的表演文本能够单独存在。[④] 因此，在强调民间文学体裁叙事行为的生活性的同时，我们也不能忽视体裁形式的独立性和独特性。这也就意味着，民间文学体裁叙事的表演行为不仅具有自身的形式，而且具有自身的实践目

---

① 理查德·鲍曼：《作为表演的口头艺术》，杨利慧、安德明译，广西师范大学出版社 2008 年版，第 153 页。

② 鲍曼的"责任"概念不仅包括表演者对某次表演的责任以及观众品评某次表演技巧和效果的责任，"对表演进行品评的阐释性过程包含着对互文关系本身的运用，这一互文关系由过去的表演构成，它为对当下的表演进行比较性评估提供了标准。因此，表演者也对以往的表演负有责任，无论在特定的文化和历史背景中衡量这种责任的标准和尺度是什么。将表演与以往的表演相联属要求对二者之间的互文关系进行校准（calibration）。对于正确做法的责任感会促使表演者尽可能复制过去的表演，以展示传统的权威性，同时，表演者也会使自己的表演与过去的传统保持距离，这会凸显其表演的独特性"（理查德·鲍曼：《作为表演的口头艺术》，杨利慧、安德明译，广西师范大学出版社 2008 年版，第 79 页）；由于表演者的每一次表演和观众的每一次品评都会以民间文学体裁叙事行为传统为标准，所以，表演者和观众分别对共同的体裁叙事行为传统负有责任。而且，"作为一种互动的结果，表演的一个有机组成部分是观众的协作参与"，而且"品评为吸引观众参与表演"（同上书，第 78 页），因此，这种责任自然也包含着表演场域人际关系的伦理责任。正因如此，责任才是表演的本质。

③ 鲍曼把口头叙事的表演看作文本（text）、被讲述的事件（narrated event）和讲述事件（narrative event）三者不可分割的统一体，参见 Richard Bauman, *Story, Performance, and Event：Contextual Studies of Oral Narrative*, Introduction, Cambridge University Press, 1986, p. 7。不过，本文是对表演的实践研究，因此，暂不对表演做理论的划分。

④ 梅东伟、高有鹏：《作为艺术形式的民间文学》，《文化学刊》2010 年第 3 期。

的。它不是为了其他目的或者服务于其他东西，而是为了实现自身的形式或目的。正因如此，瓦尔特·安德森提出了民间文学的自动修正律（Das Gesetz der Selbst-Berichtigung），即童话或故事在被反复表演时能够自动保持或回到它的最初形式或原始形式；吕蒂也指出了民间文学的"形式意志"（Formwille）、"风格意志"（Stilwillen）或"形式冲动"（Formstreben）。其实，形式就是目的，形式意志也是目的意志。这种意志或冲动既属于民间文学体裁叙事行为传统自身，也属于人，或者说，它们首先属于体裁叙事行为传统，其次才属于人。① 因为决定形式的首先是体裁叙事行为传统而不是人。既然是体裁叙事行为传统让人言说，那么，人也就具有了体裁叙事行为传统所赋予的形式意志或形式冲动。

在民间文学体裁叙事的表演行为现场，我们经常可以见到表演者以及听众对特定民间文学形式（目的）的追求、维护和经营。例如，朝戈金根据国外学者和他个人的田野调查经验指出，优秀的史诗演唱者完成史诗表演靠的都不是记诵或复诵而是创编，但是，口传史诗有其内在的、不可移易的质的规定性，它决定着史诗传统的基本架构和程式化的总体风格。口传史诗传统中的诗人以程式（Formular）的方式从事史诗的学习、创作和传播，歌手就像摆弄纸牌似地组合并装配那些承袭自传统的"部件"。② 这些程式或"部件"本身是形式，而其组合并装配的规则同样是史诗的形式规则。吴语山歌歌手陆阿妹曾说："山歌只能唱七分，勿可以唱得有头有尾，唱一半，听一半，听听想想有味道；全唱完，打碎砂锅纹（问）到底，要弄僵；唱三分，别人勿相信格。"歌手对自己唱的山歌形式有自己的理解和追求，所以他们在"调"（也有人称"叹"）山歌即在编创或演唱的过程中，随时将一些现成的山歌套式"调"入正在编创或演唱的作品中。"调山歌"是歌手们在长期的演唱过程中最经常使用的手法，也是叙事山歌越唱越长的重要原因之一。"调"是一个动态的过程，通常是在演唱过程中的即兴发挥，也是在演唱过程中完成的。③ 传统的客家单条山歌在格律和词句上也有严格的规则，但在唱法上却很随意，反正你一条我一条，怎么唱都行。④ 这种演唱的自由尽管随意，却仍然遵循着山歌的形式，歌手们对此不一定有多么明确的意识，但至少对其实践的用法谙熟于心。河北耿村的故事家"靳景祥的故事基本上都是听别人讲述的，然而他并不是一个单纯的转述者，他会对听来的故事进行思考，将不圆满的地方，想办法把它讲顺溜了。有些故事，他听的时候，觉得前半部分好，就记着这部分，等听了别的有合适的，再给它凑到一起去，形成一个完整的故事。也正是因为在故事讲述中，加入了自己的深入思考，靳景祥的故事才得以具有更高的艺术价值，也使得他在耿村众多的故事讲述家中脱颖而出"。⑤《江格尔》演唱艺人冉皮勒面对自己已经出版的演唱文本时说了这样的话："这好像不是我所演唱的《江格尔》呀！

---

① 尽管吕蒂认为，童话的风格意志更多地应该记在真正的童话创作者的账上，而且另一种风格必定是另一种风格意志的表达形式，但他也指出，"支撑童话的不仅有个人的艺术意志，而且在象征暗示的意义上，也有超个人的艺术意志"（见 Max Lüthi, *Das europäische Volksmärchen. Form und Wesen*, Neunte Auflage, Francke Verlag Tübingen, 1992, S. 92－93, S. 103）。

② 朝戈金：《口传史诗诗学：冉皮勒〈江格尔〉程式句法研究》，广西人民出版社 2000 年版，第72—78 页。

③ 郑土有：《吴语叙事山歌演唱传统研究》，上海辞书出版社 2005 年版，第 274、240 页。

④ 徐霄鹰：《歌唱与敬神：村镇视野中的客家妇女生活》，广西师范大学出版社 2006 年版，第 139页。

⑤ 林继富、李敬儒：《靳景祥故事讲述研究》，中国社会科学出版社 2013 年版，第 80—81 页。

这是跟其他江格尔奇所说的混在一起了呀。这不是我所讲的《江格尔》！""我心里的愿望是，要是有可能，将来把我演唱的就按照演唱的样子出版就好了。"① 这些实例都说明，表演者不仅有形式意志或形式冲动，而且有对完满形式或完整形式的守护和追求，他们在表演过程中要力求实现他们心目中的某种完满形式或完整形式，这是他们的自由权利。

需着重指出的是，吕蒂之所以没把形式意志、风格意志或形式冲动完全归因于人，是因为他并不在人的心理层面考虑这些问题。也就是说，我们在田野调查中可能会遇到各种具体的情况。在心理层面，除了上述有明确形式意志的讲述人之外，也有不关心形式问题的表演者。在民间文学体裁叙事行为的具体表演过程中，表演者的心理是多变的甚至可能是捉摸不定的，当然这也是因人而异的，有人想改变传统的形式而不能，有人不想改变已有的用语而不成。因此，民间文学的形式意志、风格意志或形式冲动主要指的不是民间文学体裁叙事表演者的心理动机，而是每一种民间文学体裁叙事行为都有各自的形式规定和形式目的，人对某个具体民间文学体裁的表演实际上（无论在心理上是有意还是无意）被卷入了这种体裁的传统。在这种体裁传统的规定下实现体裁形式的目的，无论表演者的主观心理是想创新还是守旧，无论实践的目的是否实现，表演者在客观上都必须服从这种体裁本身的形式意志和形式目的。

从实践研究的观点来看，采录人与讲述人都有形式意志或形式冲动，采录人整理出来的理想文本形式同样是民间文学体裁叙事行为的一种表演。② 但是，这里应该做进一步的实践分类和区别对待。由此，我们也可以重新领会毛星当年针对民间文学文本的记录和整理工作提出的深刻而辩证的观点。他认为，首先，在口头创作中，即便是其中完美的作品，有些也经历了产生和发展的过程，即开始时比较粗糙甚至很粗糙，经过长期不断的集体加工，才渐臻完好。其次，即便同一个故事，不仅各个人有各个人的讲法，而且即便同一个人讲同一个故事，每次的讲法也不完全相同。这就给忠实记录和整理工作提出了问题：

> 既然故事的讲述不那么固定，究竟忠实于一个人某一次讲述呢，还是要忠实于民间的这一个故事。我的看法是，两个都要，后者是目标，前者是基础。只讲忠实于民间的这一个故事，不讲要一次次的忠实记录，这里所说的民间的这一个故事，岂不成为抽象的悬空的东西，而这里所说的忠实不是也就失去根据了吗？如果只有一次忠实的记录，就认为把这个故事的民间原貌完全记录下来了，也不妥当。因为，除了故事讲述者的巧拙和所讲的粗细，还有这样的情况：讲故事的人由于记忆的错误或别的什么原因，或者把有的内容讲漏了，或者在一个故事中甚至可能把别一个故事误掺进来……这样，这一次记录，对于这一个故事的民间原貌来说，它的忠实性就存在着疑问。那么，怎样才算忠实，忠实的标准究竟是什么呢？我想，可以有最高的或较高的

---

① 朝戈金：《口传史诗诗学：冉皮勒〈江格尔〉程式句法研究》，广西人民出版社2000年版，第130页。

② 例如，民间故事集《野山笑林》的整理者黄世堂明确地说："故事肯定改了的，完全原汁原味肯定是搞不成的。民间文学的东西啊本身就是所有智慧的结果，讲一遍就增加一种新的智慧，我整理了一遍，还不增加我的智慧吗？"（王丹：《刘德方故事讲述研究》，中国社会科学出版社2012年版，第178页。）

标准，也可以有最低的或较低的标准。忠实记录故事讲述者的讲述，不加入自己的任何"补充"，也不随便删削讲述者所讲述的内容，这应该是最起码的最基本要求。在这一基本要求下，较多人都容易做到的是，记录下所找见的任何一个劳动者的讲述，即使这一讲述是比较粗糙、比较简单的。而有的人则不满足于这样的记录，不止记录一个人的讲述，还记下较多人所讲的，并且选择故事讲述者，创造讲述故事的良好条件，使所能找到的最好的故事家兴高采烈地施展他的绝技，必要时还请他讲第二次，讲第三次。比之前者，这样记录下来的故事，当然质量高些，也就可能根据这样的记录整理出更忠实于民间的这一个故事的稿本。我们要提倡后面这种做法。我想这似乎是民间文学工作者应该采取的做法。当然，这不一定是广大群众人人都能做得到的。因而，并不因为提倡这种做法就否定前一种较多人所作的努力。即使是一个专业的民间文学工作者吧，在不能采取后一种做法的情况下，也是只能记录个别讲述者的比较简单的讲述的。应该肯定，即使是比较粗糙简单的讲述的记录，甚至只是记下一个故事的线索，也是有一定价值甚至是不小的价值的，只要不错误地把它当作民间的这一个故事的唯一的最完全的最好的记录并因而排斥别的记录就行了。①

　　毛星虽然强调从完整形式上来判定"这一个故事"，但他也同时承认每一个具体的讲述人讲述的故事各有千秋，也各有独立的价值和意义。因此，一方面，他并没有主张采用越俎代庖的加工、综合方法，而是坚持让讲述人自己保持最佳状态，发挥出最好水平，从而采录到完整的甚至完美的"这一个故事"②。另一方面，毛星在论述中潜在地保留了民间文学讲述人和采录人各自的权利，而且没有让采录人的权利去侵犯甚至剥夺讲述人的权利。他所谓忠实的"最高的或较高的标准"以及"最低的或较低的标准"主要不是理论的标准，而是实践的标准。所谓"忠实记录故事讲述者的讲述，不加入自己的任何'补充'，也不随便删削讲述者所讲述的内容，这应该是最起码的最基本要求"，其中暗含的忠实原则不仅是（理论上）忠实于原文，而且是（实践上）忠实于故事讲述者；所谓"我们要提倡后面这种做法"，即"选择故事讲述者，创造讲述故事的良好条件，使所能找到的最好的故事家兴高采烈地施展他的绝技，必要时还请他讲第二次，讲第三次"，实际上就是让讲述人发挥自己的主动性、主体性和创造性，让他们最大限度地使用自己的体裁叙事行为权利。

　　如果说，讲述人的讲述和采录人的整理都是民间文学体裁叙事的表演行为，那么，他们的表演行为都既有各自的权利也有各自的责任。进而言之，一方面，采录人当然没有权利以自己整理的文本代表甚至代替讲述人的文本，另一方面，即使采录人有权利以追求文本形式的完整性和完美性为理由来整理甚至加工出"这一个"文本，他或她也必须为此文本负责，而且他或她整理甚至加工出来的"这一个"文本只能代表他或她的"这一个"文本，不能代表讲述人甚至讲述人所在族群或地区的"这一个"理想的、完整的文本。因为正如吕蒂所说，完美的形式只是理想类型，而不是一种现实的存在。尽管采集人和讲

<hr/>

① 毛星：《从调查研究说起》，载中国民间文艺研究会编《民间文学搜集整理问题》（第一集），上海文艺出版社1962年版，第181—194页，着重号原有。

② 中国民间文学采录者整理、记录的"这一个"文本的理想形式不同于吕蒂研究的（作为某种体裁的）"这一类"童话文本的理想形式，它们分属不同的层次。

述人都是某种具体的民间文学体裁叙事行为的实践者，他们都被卷入了这种体裁叙事行为的传统之中，都有传承的权利和形式意志，但他们的文本只能代表他们自己应该各负其责的文本。也就是说，他们的体裁叙事表演行为应该权责分明，不能相互越界。[1] 因为民间文学的文本实践涉及的"知识社会学本来就应该是知识伦理学"。[2]

（原载《中国社会科学》2014 年第 8 期）

---

[1] 不过，由于吕蒂要研究的是某种体裁的形式，所以他认为，只有从许多讲述人那里听到了同一个故事，收集人才能成功地确定普通民众的精神立场和创造力所在。民间童话的讲述人常常从几个人那里听来了他的故事，在他本人讲述时要力求达到最佳形式。同样，通过比较不同的异文，收集人和编者也几乎会自发地创造出由此得到的理想形式。这种理想的形式只能通过比较相似的叙事来获得，而不能像格林兄弟那样通过合并相对异类的异文来获得（Max Lüthi, *Das europäische Volksmärchen. Form und Wesen*, Neunte Auflage, Francke Verlag Tübingen, 1992, S. 100)，这就涉及了民间文学研究者和整理者的体裁叙事行为责任的问题。

[2] 户晓辉：《童话的生产：对格林兄弟的一个知识社会学研究》，载吕微、安德明编《民间叙事的多样性》，学苑出版社 2006 年版，第 170 页。

论神圣叙事的概念

陈连山[*]

【摘要】人类社会都用某种神圣性的叙事来论证秩序与价值的合理性，神圣叙事是社会赖以存在的基础之一。西方社会选择了神的故事作为其主要神圣叙事形式，而中国古代选择了古史作为自己的主要神圣叙事形式。神话与古史尽管在叙事内容上存在差异，但是其社会功能是一致的，且都被信为"远古时代的事实"。因此，超越神话和历史之间叙事内容的差异，由它们共同的社会功能立论，用神圣叙事来囊括神话与古史是符合历史实际的，而且有助于正确理解不同文化体系的叙事基础。

神圣叙事，是现代神话学界常见的神话定义。美国学者阿兰·邓迪斯编纂的西方神话学论文选集的英文原名即 *Sacrad Narrative*：*Readings in the Theory of Myth*。他在该书"导言"开宗明义地说："神话是关于世界和人怎样产生并成为今天这个样子的神圣的叙事性解释。"① 他把"神圣性"看作神话定义中最重要的形容词，借此，他把缺乏信仰背景的其他叙事形式都排除在外。这个定义重视神话的信仰背景及其社会功能。

我们可以说"神话是神圣叙事"，那么，是否也可以说"神圣叙事就是神话"呢？在西方文化语境下，这似乎不是问题，因为在那里，神话的确是最主要的神圣叙事形式，甚至是唯一的神圣叙事形式。但是，在中国，是否也可以呢？本文将依据中国神圣叙事的事实来回答这个问题。

一 目前的神话概念无法反映中国文化中神圣叙事的实际

人类的社会与文化生活是外在于其生物本能的。为了使社会与文化生活的秩序与价值内化为社会成员的个人心理需要，必须采用神圣叙事来证明社会与文化生活是"古已有之的合理的事实"。在这个意义上，神圣叙事乃是人类社会赖以存在的基础之一。

神话是目前我们最熟悉的一种神圣叙事形式。中国学术界使用的神话概念并非中国固有名词，而是晚清以来引入的西方现代神话学概念。对这个概念，学术界有两种定义方法。其一，主要依据神话的叙事内容来定义。例如，获得杨利慧支持的美国民俗学家汤普森 1955 年所下的"最低限度的"神话定义："神话所涉及的是神及其活动，是创世以及

---

* 作者系北京大学中国语言文学系教授。

① ［美］阿兰·邓迪斯编：《西方神话学读本》，朝戈金等译，广西师范大学出版社 2006 年版，第 1 页。

宇宙和世界的普遍属性。"① 其二，是基于神话的社会功能的定义，其代表人物是马林诺夫斯基。马林诺夫斯基云："神话在原始文化中具有不可或缺的功能：它表达、增强并理顺了信仰；它捍卫并加强了道德观念；它保证了仪式的效用并且提供引导人的实践准则。因此，神话是人类文明很重要的组成部分，它不是聊以消遣的故事，而是积极努力的力量；它不是理性解释或艺术幻想，而是原始信仰与道德的实用宪章。"② 吕微深受马林诺夫斯基影响，其论著中一直坚持这种观点。③

尽管以上两种定义方法之间有冲突，但是它们也有一个共同点——神灵是神话的主角。而这正是目前学术界对神话认识的最普遍一致的看法。问题在于这种看法跟中国神圣叙事的历史实践之间不相符合。

中国古代没有神话概念，但是，存在神话创作的实践。因此，学者们以古代希腊神话为样板，以西方现代神话学的概念为指引，从中国古籍中建构了作为本民族文化源头的中国神话。一百多年来，这种建构取得了很大影响。问题是，这种建构给中国神话学界带来两个无法克服的困难。

第一，中国古代神话记录大多是不完整的片段，神话的分布非常零散，而且各个神话作品之间不成体系。中国早期叙事形式主要是历史，而历史是记录人类活动的叙事形式，其中涉及神灵的内容十分稀少。在中国，能够表现神话叙事内容的史诗和戏剧的产生时代比较晚，无从记录古典神话。因此，研究中国古代神话的学者们不得不从古代的非叙事性著作中寻找所谓的"神的故事"。人们发现，记录神话最多的是地理志《山海经》、哲学著作《庄子》《淮南子》和抒情诗《天问》，等等。它们后来都被各种文学史著作冠以记录神话最多古籍的美名。其实，上述古籍限于自身的性质，根本不可能系统地记录完整的神话。因此，神话学者搜寻到的，或者说他们"建构"起来的中国神话只能是零散无体系的。鲁迅《中国小说史略》云："神话大抵以一'神格'为中枢，又推演为叙说……然自古以来，终不闻有荟萃融铸为巨制，如希腊史诗者……"④ 针对这种状况，胡适、鲁迅、茅盾等学者纷纷探讨其原因，并提出各种解说。或者归咎于中国特定的地理环境，或者矛头指向"不语怪力乱神"的儒家。当时，没有人认为这个困境实际是现代神话学家贸然借用西方神话概念带来的。

第二个问题则更加致命。随着神话学家不断努力发掘中国神话的价值与影响，人们最终发现：除了无从考证的远古时代，中国文明史以来的神话影响力是有限的，始终没有获得崇高的文化地位。中国神话在历史上长期沦为"小说家言"，甚至被冠以"怪力乱神"的恶谥。而古希腊神话在西方文化历史上发挥了极大影响，具有崇高的地位。对比之下，中国神话处于十分尴尬的境地。由此连带中国神话学研究本身的存在价值也大打折扣。

上述两个困境的存在，还会引发更深层次的问题。根据人类社会本身需要神圣叙事加以肯定的原理，如此薄弱、地位低下的中国神话根本无法为中国传统社会提供足够的自身

① 杨利慧：《神话一定是"神圣的叙事"吗？》，《民族文学研究》2006 年第 3 期。
② ［英］马林诺夫斯基：《神话在生活中的作用》，载阿兰·邓迪斯编《西方神话学读本》，广西师范大学出版社 2006 年版，第 244 页。
③ 吕微：《神话编》，载祁连休、程蔷主编《中华民间文学史》，河北教育出版社 1999 年版，第 3—4 页。
④ 鲁迅：《中国小说史略》，《鲁迅全集》第八卷，人民文学出版社 1957 年版，第 16 页。

合理性证明。一个缺少自身合理性证明的社会与文化是难以为继的，而这又跟大家公认的中国传统社会具有"超稳定结构"或"超强延续性"的看法不符合。由此可以推定，中国现代神话学的上述两个结论一定存在着某种偏差或错位。

我以为，问题就出在我们受西方神话学的影响，把神话当作了唯一的神圣叙事形式，进而忽视了中国神圣叙事的真实历史实践。其实，周代以来的所谓古史才是承担中国传统社会"原始信仰与道德的实用宪章"功能的主要神圣叙事形式。中国神话学将全部力量都用在挖掘"神的故事"上，忽略了作为中国古代主要神圣叙事形式的远古帝王的"历史"，是一个失误。

回顾中国神话学的开山之作，我发现蒋观云1903年发表的《神话、历史养成之人物》就包含了一个很有启发性的猜想，那就是历史同样可以成为神圣叙事：

> 一国之神话与一国之历史，皆于人心上有莫大之影响。……神话、历史者，能造成一国之人才。然神话、历史之所由成，即其一国人天才所发显之处。其神话、历史不足以增长人之兴味，鼓动人之志气，则其国人天才之短可知也。①

这里所谓的神话和历史（文中专指现代的历史文本）能造成一国之人才，显然是说它们都是神圣叙事。不过，蒋观云认为中国古代神话缺乏"崇大高秀、庄严灵异之致"，而古代历史又是"呆举事实"，所以都需要重新改进。这说明蒋氏并未真正理解中国传统社会的上古历史写作，他的历史作为神圣叙事的说法还停留在猜想的层面。

而顾颉刚分析古代历史文献，发现了中国古史是"层累"地形成的，由此确认古史传说是当时的"真神话"，并揭示了这些古史跟当时国家政治的密切关系。② 由此可知，中国古代社会即便缺乏西方神话学意义上的神话，但是，并不缺乏社会文化自我证明的神圣叙事，只是我们的神圣叙事采用了上古历史叙事的形式而已。

因此，我们需要走出神话学把神话视为人类唯一神圣叙事的误区，重新考察中国历史的叙事实践，才能正确理解中国文化及其叙事基础——作为神圣叙事的以三皇五帝为代表的古史传说。

二　神圣叙事作为概念的优越性

前文已经说明：中国古人心目中的上古史实际是神话。如果止步于此，仍然存在一个问题——古史与神话之间的界限似乎消失了。而这种把古史等同于神话的表达有悖于学术概念彼此不能混淆的基本要求。

事实上，古史与神话的叙事内容存在很大差距。古史作为历史叙述，其主人公都是人类；而神话的主角则是神灵。尽管古史传说有时候也包含一定的超自然性，但是，毕竟跟神话的超自然性在规模和深度上都存在天壤之别。所以，孔子在回答黄帝是否真是"四

① 蒋观云：《神话、历史养成之人物》，载马昌仪编《中国神话学文论选萃》，中国广播电视出版社1994年版，第18页。
② 顾颉刚：《与钱玄同先生论古史书》，《古史辨自序》，河北教育出版社2003年版，第4页；顾颉刚：《三皇考》，《古史辨自序》，河北教育出版社2003年版，第169页。

面"的问题时,就不得不消除黄帝的超自然性,把"四面"解释为黄帝派了四个"合己者"代表自己去治理四方。[1] 司马迁《史记》也不写神话色彩过于浓厚的三皇,而直接以《五帝本纪》开始。

既然如此,那么只有在抛弃了神话和古史叙事的内容标准的前提下,专以双方的社会功能为根据,分别加以定义,然后我们才能说古史是神话。吕微就是这样做的。他认为神话的本质在于其社会功能形式,不在于其叙事内容。在抛开了叙事内容差异的情况下,吕微认为,中国古史传说是原始神话被历史化的结果,"……但古史传说依然保留了神话的信仰性质,并继续发挥着神话作为权力话语、价值依据等多重功能。在此意义上,我们说,古史传说是中国汉语古典神话的特定言说方式。"[2] 在《中华民间文学史·神话编》的第三章,吕微令人信服地论证了东周时代,古史传说的帝系如何发挥其神圣叙事功能。由于增加了限定条件,所以吕微可以说"……古史传说是中国汉语古典神话的特定言说方式"是完全合理的。不过,这句话中的"中国汉语古典神话"实质已经蜕变为中国神圣叙事的同义语。在学界依然普遍坚持神话与古史之间界限的语境下,吕微的上述表达仍然不能令人满意。

我们需要一个概念能够囊括神话和古史这两种叙事形式。"神圣叙事"一词可以担当这个责任。

神圣叙事,原本就是基于神话的社会功能所下的定义。那么,我们将这个词组改造成一个新的概念——所谓神圣叙事,是指一种社会文化赖以存在的基本叙事形式。它通过叙述远古时代的先例,论证社会秩序与价值的合理性,是该社会文化的"原始信仰与道德的实用宪章"。由于社会文化的差异,神圣叙事可以采取不同的叙事形态。它可以是神话,可以是史诗,也可以是所谓的古史。

在这个基于叙事形式的社会功能的概念之下,神话和古史传说分别作为神圣叙事的两种基本形式,依然保持着各自叙事内容方面的差异性,从而保留了一般学术界在古史与神话之间划定的界线。根据这个定义,我们可以说中国古代存在两种神圣叙事,一种是比较零散无体系的神的故事,另一种是具有完整体系的古史传说,而后者占据更加主流的地位。

当我们把古史传说视为中国传统社会的神圣叙事的时候,可以更加清晰地认识中国古代社会的叙事基础,以及该基础强大的社会影响力。古史传说中的三皇五帝所代表的国家、民族与文化价值观实际是中国传统社会的文化基础。作为远古时代的圣贤,他们的故事奠定了中国古代的人格模式、社会结构和国家体制。因此,三皇五帝在中国历史(包括文学)上的作用远远超过神话的作用,完全可以和古代希腊神话在西方历史上的作用相媲美。使用神圣叙事概念研究中国古代社会的叙事基础——古史传说,将彻底解决本文第一部分所指出的使用神话概念研究古代社会关于"神的故事"带来的两大困境——与零散无体系,而且文化地位低下的神话相比,古史传说体系完整,功能强大,为中国古代社会提供了充分的合理化论证,强化了中国古代社会的结构。

另外,把古史视为神圣叙事,也可以解决历史研究中存在的问题。古史辨派在辨析了

---

① (战国)尸佼:《尸子》,《太平御览》,卷七九。

② 吕微:《神话编》,载祁连休、程蔷主编《中华民间文学史》,河北教育出版社 1999 年版,第 4 页。

古史传说的虚构性质之后，大多数学者都基于历史学的科学原则将之视为"伪史"而弃置不论。这种做法当然是科学的，因为古史作为人为创作的叙事的确不是真实发生的历史事件；但是这种"科学做法"却是不完善的，因为它忽略了古史作为神圣叙事所包含的社会功能和价值观。古史虽然是人为创作的，但是为什么这种似乎是"造伪"的东西竟然得到当时社会的肯定和支持，并长期流传？显然，它符合了当时的社会需求，因此其中必然包含着当时社会结构和精神生活的某种特殊机制。假如将这些材料弃置不用，历史学家很难深入理解古代社会。而当我们以神圣叙事来看待古史，不仅研究其叙事内容本身的真假，而且研究其神圣性的社会功能，必能进一步推动史学研究。

三　神圣叙事概念辨疑

神话学界对于把神话定义为神圣叙事是存在疑问的，这种疑问当然会影响到我所主张的囊括了神话和古史的神圣叙事概念。所以，有必要在此对相关诘难进行辨析。

首先讨论在神话领域使用神圣叙事概念的问题。

杨利慧认为神话的神圣性质并非普遍存在，神圣性并非神话本质之所在。因此，她判断：把神话定义为神圣叙事无助于中国古典神话的研究，因为这些神话片段、零散而且往往缺乏上下文语境，无法确定其神圣性。如果坚持神圣叙事的定义，会引起命名和材料事实不符的"名""实"矛盾；另外也将排斥许多流传在现代民众之中的缺乏神圣性的口头神话。所以，她主张使用汤普森提出的"最低限度"的神话概念。[①] 的确，如果把神话的神圣性扩大到必须由巫师讲述，必须在仪式上演述，那当然是不当的。在这个层面，我赞同她的意见。

但是，杨利慧对神圣叙事的批评不止于此。上述针对古典神话和民间神话研究的批评的依据就不够充分，不尽合理。中国古典神话不容乐观的保存状态，的确使得探索其神圣性十分困难。但是，这不是神圣叙事定义（"命名"）造成的，而是历史造成的典籍材料缺陷（这种材料在马林诺夫斯基看来是"死神话"）。因此，把"名实不符"归罪于神圣叙事定义是不合理的。另外，在古籍材料缺乏的条件下，更应坚持神圣叙事定义才能提醒研究者注意材料自身的不完整、不充分，在得到充分资料之前，尽力避免过深的解释。如果为了顾及材料的缺乏而采用"最低限度"的神话定义，反而更容易开启随意解读的方便之门。目前中国古典神话早已成为各家的自由跑马场，任意解读成风。在我看来，这正是忽视神话的神圣性造成的。现代民众对于神话的信仰程度不一，导致口头神话在不同讲述人那里神圣程度不一，甚至还会出现具有戏谑调侃叙事风格的情况。这是事实。但这个事实同样不足以否认神话的神圣性。我们把那些非神圣性质的口头材料看作对神话的借用就足以应付这个问题。

为了实现一个既不过严，也不过宽的具有实用性的神话定义，杨利慧后来把汤普森的"最低限度的"神话概念略有扩大："神话是有关神祇、始祖、文化英雄或神圣动物及其活动的叙事（narrative），它解释宇宙、人类（包括神祇与特定族群）和文化的最初起源，以及现时世间秩序的最初奠定。"[②] 这个定义事实上是暗含着神话的神圣性质的。神祇、

---

① 杨利慧：《神话一定是神圣的叙事吗？》，《民族文学研究》2006 年第 3 期。

② 杨利慧：《神话与神话学》，北京师范大学出版社 2009 年版，第 5 页。

始祖、文化英雄或神圣动物，哪一种不是具有神圣性的？万物起源和现时世间秩序的最初奠定如果脱离了神圣性，它们跟童话故事中神奇故事的界限如何确定？刻意地回避神圣性，可能使自己处在很困难的理论境地。

神话面向全体民众，呈现多重的面相，发挥多方面的社会功能。神话研究涉及多个学科，各学科出于自身的需要探讨神话的不同面相，并对神话有不同定义，是正常、合理的。比如，古典文学研究强调文本分析，象征分析，所以，古典文学界的神话定义较少考虑神圣性是可以理解的。不过，人类学、民俗学需要面对人类文化与生活的总体。如果我们在定义中抛开了基于神话社会功能的神圣性，那么我们就会丧失分析神话与社会生活关系的理论依据。最少也会丧失我们学科在神话研究中的很多特长和优势。

其次，讨论在古史研究中运用神圣叙事概念的问题。

当我们把中国古史看作神圣叙事的时候，一定会遭遇一个诘问：古史是神圣叙事，那么后来的历史就不是神圣叙事吗？从后来历史叙事的写作目的和社会功能看，它们当然也是神圣叙事。

历史写作，从来都不仅仅是单纯地记录客观发生的事件。孔子作《春秋》，有所谓"春秋笔法"，就是在叙述事实过程中加入自己的道德评价。所以，《孟子·滕文公下》云："孔子成《春秋》而乱臣贼子惧。"[1]《春秋》不仅仅是客观的历史记录，更是体现了孔子价值观的神圣叙事！《春秋》成为儒家经典之一，充分验证了这部史书的神圣叙事性质。其实，不仅古史，即便是后来的历史也都是神圣叙事。这也是历代朝廷一定要垄断国史写作的原因。[2]

（原载《华中学术》第 9 辑，
华中师范大学出版社 2014 年版）

---

① （战国）孟轲：《孟子·滕文公下》，《十三经注疏》下册，中华书局 1980 年版，第 2715 页。
② 参见陈连山《走出西方神话的阴影》，《长江大学学报》（社会科学版）2007 年第 6 期。

《尚书·尧典》：儒家历史编纂学的"神话创世纪"

刘宗迪[*]

【摘要】《尧典》作为《尚书》历史的开篇，标榜尧舜禅让之盛事，在儒家历史编纂学和政治伦理学中具有开宗明义的地位，是儒家思想的奠基石。但此篇虽属《虞书》，却并非唐虞历史之实录，而是战国时期儒家知识分子综合古史传说编纂而成的神话"创世纪"。顾颉刚早已指出了《尧典》中材料的神话来源，本文则基于比较神话学的视角，通过对《尧典》文本构成和情节结构的分析，进一步揭示其神话意蕴。

一

《尚书》是五经之一，历来为儒家奉为圣书，它所确立的由唐、虞、夏、商、周诸朝代前后相继、一脉相承的古史谱系，历来都被当成毋庸置疑的信史，它所标榜的尧、舜、禹、汤、文、武诸位勤政爱民、平治天下的圣王，历来被儒家视为政治和道德的典范，可以说，《尚书》构成了中国传统史学和儒家历史观的基础。尤其是其首篇《尧典》，标榜尧、舜选贤禅让、任德使能、教化天下的德政故事，更受历代统治者和读书人的推崇，其中所记尧舜禅让的故事也历来被视为唐、虞盛世的真实史实。尽管从宋代开始，就不断有人对《尚书》中某些内容的可靠性提出质疑，清代学者阎若璩等人更是一举揭穿了《古文尚书》之伪，但是，《尚书》所建立的古史系统却并未受多大影响。直到五四运动以后，以顾颉刚先生为代表的"古史辨"学派，在启蒙主义思潮和实证主义史学观的鼓动下，并受到西方神话学、民俗学的启发，用全新的批判的眼光重新审视包括《尚书》在内的古史文献，才彻底揭穿了《尚书》中《虞夏书》诸篇的伪史真相，从根本上动摇了传统的古史观。

在儒家历史观和政治哲学中具有至高无上地位的《尧典》，首当其冲地成为顾颉刚攻击的对象，顾颉刚先生一生对《尚书》研究孜孜不倦，对于《尧典》尤其再三致意。除《尧典著作时代考》（1931年）、《尧典著作时代问题之讨论》等论文之外，顾颉刚先生在20世纪二三十年代先后在厦门大学、中山大学、燕京大学和北京大学讲授《尚书》研究，《尧典》一直是其研究的重点，在上述论文和一系列《尚书》研究讲义中，顾颉刚从《尧

---

* 作者系山东大学儒学高等研究院民俗学研究所教授。

典》的思想内涵、政治制度、历史背景、地理背景、成书年代、材料来源等多个方面，点破了它的造伪痕迹，揭示了它与神话之间错综复杂的联系。经过顾颉刚先生的抉发，《尧典》的神话底蕴暴露无遗，实际上，《尧典》那些历来被视为信史的尧、舜事迹，举凡羲和观象授时、鲧治水、尧舜禅让、巡守四岳、制礼作乐、流放四凶、虞廷命官等，许多都是源于《山海经》《天问》等文献，原是上古时期口耳相传的古老神话，《尧典》中的人物，尧、舜、禹、丹朱、共工、鲧、契、后稷、皋陶、垂、益、夔、龙等，也无一不是来自于神话中的人物，《尧典》的作者出于历史编纂的目的，抹煞了这些故事和人物原有的荒怪色彩，将瑰奇的神迹转化为平实的行事，将非凡的神明打扮为人间的圣贤，让禹、丹朱、共工、鲧、契、后稷、皋陶、垂、益、夔、龙这些原本八竿子打不着的来自不同时期、不同民族的神奇祖先或神话人物，在舜的朝廷里济济一堂，并按照儒家道德和时代精神的需要将这些故事的时空顺序打乱，捣乱千秋，随意拉扯，谱写出一篇关于上古黄金盛世的华丽史篇。《尧典》的作者对原始的神话素材上下其手，恣意改造，在编造了伪古史的同时，也埋没了真神话，顾颉刚先生则反其道而行之，在揭破《尧典》伪史面目的同时，也恢复了其作为神话的本来面目。无心插柳柳成荫，正是由于顾颉刚先生打破伪古史的学术努力，让他"发现"了中国神话，将久已埋埋于历史假象之下的古代神话重新打捞出来，为中国现代神话学奠定了基础，顾颉刚先生因此也成了中国现代神话学的开创者。

顾颉刚先生的《尧典》批判所采取的仍主要是乾嘉学者辨伪《古文尚书》所采取的方法，即文献考据或文本疏证的方法，关注的主要是文献的、史料的层面，着眼于从文本的裂痕中揭示出文本的异质性，将原本看似天衣无缝、光彩夺目的七宝楼台拆解、打碎得不成片段，并把这些片段在其他文献中的来源给一一抉发出来。然而，要真正地揭示一篇"伪史"文本的成因，仅仅找出其中素材的来源，事情还只是做了一半，解构之后，尚需重建，即揭示出作者赖以将那些来源不一、性质驳杂、意义参差的材料组织为一个结构完善、逻辑自洽、脉络清晰、意义明晰的文本的意义逻辑。正如文与可画竹先有成竹在胸、工匠盖房子心中先有蓝图一样，历史编纂者在讲述乃至妄造历史故事之时，心中也必定已经有了一个或清晰或模糊的结构模式，古代的历史编纂者较之现代的历史编纂者，更加依赖此种先验的结构模式，正是这一结构模式使他有可能将那些原本散乱错杂、头绪纷纭的现成史料，加以改造、打磨、裁减、润色、熔炼，然后编制成一个血脉连贯、首尾呼应的故事，在这一结构中，那些原本各有其语境和意义的片段，获得了全新的语境和意义。

在这一方面，历史编纂者和讲故事人的所作所为并无二致，讲故事者从其特定的目的（意义）出发，从众多散乱的母题（motif）中挑选一些合宜的母题，然后按照某个现成的情节类型（plot）将这些萍水相逢的母题熔炼为一个亲密无间的故事整体。历史编纂其实就是讲故事，故事家按照既定的情节类型将众多各不相干的母题组织为故事，历史编纂者则遵循固有的叙事模式将众多散乱的史料组织成历史，正是在此意义上，顾颉刚先生"用故事的眼光看古史"的方法才能够成立，他在《古史辨自序》中说自己收集、研究孟姜女故事，目的正是为了研究古史，用故事的生成、结构和演变规律去印证古史。正是先验的情节结构或叙事逻辑，才使讲故事和历史书写成为可能。从亚里士多德的《诗学》开始，情节一直就是叙事诗学分析的核心。但是，受实证主义史学观的影响，历史写作一直被视为一面直接再现历史真实的镜子，史学家一直将史料之可靠与否作为学术分析的焦点，而对历史叙事的情节则视若无睹。美国史学家海登·怀特正是在叙事诗学的启发下，指出了在历史书写中存在着固定的情节类型，因此将关注的焦点从历史文本与外部历史之间的关系转向了历史文本内部的叙事结构，实现了后现代主义史学理论的"哥白尼转向"，从而开创了"叙事史学"的研究范式。

顾颉刚先生是一位极具理论洞察力的史学家，在他的"用故事的眼光看古史"的史学方法论中，"叙事史学"实际上已经呼之欲出，但受清代考据学和实证主义史学观的影响，他在对古史文献的批判中，仍把注意的焦点放在史料的甄别与辨析上，对于历史编纂中的情节构成，虽偶有涉及，却非所思存，这一点也体现在其关于《尚书·尧典》的研究中。他对《尧典》的证伪，继承了清人《古文尚书》辨伪的传统路数，即将其内容在其他文献中的出处一一予以钩稽、疏证，披露其拼凑、弥缝的针脚，使其作伪之迹无所遁形。至于《尧典》赖以将诸如此类的"史料"予以组织、熔炼的内在逻辑或者情节结构，则未深加追究。可以说，顾颉刚先生关于《尧典》的神话学研究，虽已"破局"，却尚待"收官"。

故事的情节类型关乎"如何"（how）讲故事，而"如何"讲故事则取决于"为何"（why）讲故事，即讲述者想通过这个故事传达何种意义、实现何种旨趣。《尧典》在《尚书》中的"开篇"地位，就决定了它的旨趣，即为《尚书》的上古历史提供一个时间的开端和道德的基点，《尧典》就是《尚书》历史的"创世纪"。《尚书》中虞、夏书诸篇，尤其是《尧典》《皋陶谟》《禹贡》等为首数篇，与后面的商、周诸篇的文体性质截然不同。商、周诸篇往往以诰、誓、命为题，多系历朝先王先公所发布的政令，其中有些可能系史官世代保存、流传的朝廷文书，有些则可能出自后人的仿作、拟构，这些真真假假的历史文献被后人汇编为书，只能算是初级的史料集，尚算不上成熟的史传文本，因为它们只是些散乱的保存着过往陈迹的记事，而非通古今之变的叙事，没有对一个事件的来龙去脉、一个人物的生平事迹、一个朝代的兴亡盛衰的历时性叙述，因此还算不上真正的历史编纂学。相形之下，《尧典》则大异其趣，它以尧舜禅让的故事为枢纽，贯穿唐虞二代的承接交替，通过对唐、虞二代重要历史事件的叙述，追溯了一系列重要政治制度的来历，宣扬了儒家任人唯贤、德怀天下的政治理想，是一篇具有明确的历史编纂意识的史传文，尽管就叙事技艺的圆转、历史编纂的规模等而言，还远远不能与《左传》《史记》等鸿篇巨制相比。《尧典》文体的叙事性，足以证明它是有意著史的产物，是在明确的历史意识的指引下，综合各种传世史料编纂创作乃至虚构而成，其目的就是为了给历史时间提供一个开端：在战国早期，人们所知道最古老的"可靠"历史就是从尧舜开始的，尧、舜是儒家祖师孔子所知道的最古老的历史人物，因此，那个时候的历史编纂学就只能从尧、舜开始，《尧典》，就是当时人心目中华夏时间的起点，就是华夏历史的"创世纪"，它在《尚书》中的地位，正如《创世纪》在希伯来《圣经》中的地位——《尧典》既然是作为创世纪而出现，那么，可以想见，《尧典》的叙事也必然按照创世纪神话的常规情节套路而展开。

历史叙述必须"从头说起"，因此，所有民族的历史都有其创世纪。创世纪是对时间的开端、世界的来历和各种事物、制度的起源的解释。由于世界万物的来历远非人类有限的智慧所能及，由于漫长的史前岁月早已湮灭于时间的尘埃之中渺茫难知，因此，此种追本溯源的话头往往充满了大胆的揣测和狂放的想象，荒诞诡诡，虚妄不实，因而才成其为"神话"。各民族的创世纪尽管风致各异，但是，由于它们的目的都是解释世界的开端和万物的来历，这就决定了其内容和结构大同小异。就内容而言，各民族创世纪都对天地的开辟、日月星辰和风雨雷电等自然现象的起源、人类的诞生、自然和社会秩序的来历等源头性问题津津乐道。就结构而言，各民族史诗基本上都具备下面几个顺序展开的关目：（1）创世：混沌初开，创建宇宙秩序和世间万物；（2）崩坏：因为种种原因，宇宙秩序遭到破坏，世界陷入毁灭；（3）二度创世：宇宙秩序的破坏者得到惩罚，世界得以重建；（4）建立人间秩序：神或圣王在拯救世界之后，着手建立政治、社会、家庭等人间秩序，历史从此拉开序幕，随之而来的就是有记载的历史。

创世纪或创世神话的情节结构中最引人注目也最令人困惑的一个环节是所谓"二度创世"。各民族创世神话中，最初创造的世界，在经过一段时间之后，往往会因为某种原因而陷入混乱或毁灭，天崩地坼，人类濒于灭绝。此后，复有神明、英雄、贤人或普通的小人物挺身而出，力挽狂澜，拨乱反正，重新缔造宇宙，恢复一度陷入混乱的世界秩序和人间秩序。从此之后，才有了我们现在这个天地各居其位、诸神各司其职、万物各安其命、制度井然有序的现实世界，是谓神话学所谓"二度创世"。

创世神话中，导致世界的毁灭有各种各样的原因，或者是由于人类的繁衍超出了自然的承载能力从而导致世界的崩溃，或者是由于人类狂妄自大不把诸神放在眼中招致诸神的报复，或者是人类道德堕落引来了凶猛怪兽攫食人类……但在很多民族的神话中，导致世界毁灭的最直接原因，或者造物者用来毁灭世界的最便当手段，却往往是洪水泛滥，因此，洪水神话以及洪水后人类再造故事就成为一个流传极为广泛的神话母题，成为很多民族的创世纪中引出二度创世的一个不可或缺的叙事环节。

实际上，正是《尧典》中那场在尧、舜之际突如其来爆发的"荡荡怀山襄陵，浩浩滔天"的大洪水，让人不由地将它与创世神话联系起来。

二

《尧典》所讲述故事，大致可以分为如下几个段落：（1）尧命羲和钦顺昊天，敬授民时；（2）丹朱共工作乱，洪水滔天，鲧奉命治理洪水，绩用弗成；（3）四岳推举舜，尧对舜进行考验，并归二女于舜；（4）舜受尧禅，巡守四岳；（5）舜制定刑法，流放四凶，设官分职，任贤使能，虞廷群贤毕集，天下颂声并作。《尧典》故事的这一系列环节，可以与创世神话的叙事模式诸环节一一印合。

（一）羲和四子分赴四方，"钦顺昊天，历象日月星辰，敬授民时"，即根据对日月、星辰、物候、气象的观察，划分四季，制定历法。

宇宙的开辟，或曰开天辟地，是所有创世神话的叙事起点。在创世神话中，宇宙开辟往往被说成是苍穹、大地、日月星辰、山川草木等实体的创造，其实，天地山川、万象森罗归根到底都是宇宙秩序的体现，创世活动最终指向宇宙秩序的确立：日月轮回、斗转星移，确立了时间的秩序，为人类标识了生活的节律；山川纵横，大地绵延，则展开了空间的秩序，为人类奠定了生息的家园。《旧约·创世纪》中，神创造日月星辰的目的，不过是为了分昼夜、做记号、定节令、计时辰，神创造大地、海洋、空气、山川，不过是为了让人类、游鱼、飞鸟、野兽等各种生灵各从其类、各安其位。所谓开天辟地，归根结底，就是天地秩序或时空秩序的建立。《尧典》开篇，尧命羲和，分赴四方，分主四时，时间和空间的基本秩序得以确立。实际上，这一段的主角羲和以及"析""因""夷""隩"等，本来就是见于《山海经》和殷墟卜辞等文献中的神话人物，羲和是太阳神，"析"等则是四方风神。

（二）丹朱恣意妄为，共工昏聩无能，随后洪水泛滥，"汤汤洪水方割，荡荡怀山襄陵，浩浩滔天"，四岳向尧推举鲧治水，以失败告终。

如上所述，洪水泛滥，毁灭世界，这是创世神话中典型的环节。按照惯例，创世神话中会说明导致洪水泛滥的原因，比如说某个人的粗心大意、人类的道德堕落、人类对神的怠慢导致神的惩罚，等等，《旧约·创世纪》说，"耶和华见人在地上罪恶很大，终日所思想的都是恶，耶和华就后悔造人在地上"，遂降下洪水灭绝了人类，只留下义人挪亚一家。但《尧典》对洪水发生的原因却一字未提，"汤汤洪水方割，荡荡怀山襄陵"，洪水没来由地、突如其来地发生了。按照其文本的叙事顺序，丹朱的"嚣讼"、共工的"静言庸违"在前，"汤汤洪水"在后，似乎暗示丹朱、共工之恶行就是洪水泛滥的原因，但《尧典》并未言明。此种莫名其妙之处，正是《尧典》叙事不成熟的地方，也正是暴露其为杂糅之作的痕迹所在。实际上，在神话中，宇宙秩序的崩溃确实是源于共工的捣乱，共工与颛顼争为帝，因失败而怒触不周山，导致天柱折、地维绝的故事，在《淮南子》《论衡》《列子》等书中都有明确的记载。《尧典》此段显然就是取自这一神话，却抹去了其固有的神话色彩。

（三）尧欲传位，四岳荐舜于尧。舜顺利通过了尧对他的一系列考验，如"纳于大麓，烈风雷雨不迷"之类，最后还娶尧的两个女儿为妻。

在民间故事中，一位天神或者国王要把闺女嫁给求婚者之前，总会提出种种刁难，要求求婚者首先完成数件看似无法完成的任务，然后才肯把闺女嫁给他。求婚者虽历经艰险，却总能得贵人相助，屡屡逢凶化吉，最后有情人终成眷属，从此过上了幸福美满的生活。这在故事学中被称为"难题求婚类型"。在创世神话中，一位原本名不见经传的男子也往往首先要遭受一系列常人所无法承受的磨难，赴汤蹈火，出生入死，以证明他在能力上或道德上能够胜任拯救世界的重任，这在神话学中被称为"受难英雄神话"。《尧典》中舜起自垅亩，经受尧的重重考验，最终娶尧之女儿为妻，接受尧的禅让，继承大位，就隐隐可见"难题求婚"型民间故事和"受难英雄"神话的影子。

令人困惑的是，在舜出场之前，鲧治理洪水失败，洪水显然并未平复，按照叙事的逻辑，舜的出场既然是在洪水之后，临危受命，本应该在治理洪水一事上有所作为，但是，在尧对舜的一系列考验中，洪水的话头却偏偏被"按下不表"了。

（四）舜通过考验，选吉日良辰，承受大命，"正月上日，受终于文祖"。舜陟帝位后干的第一件大事，是巡守四岳，每至一岳，即"柴，望秩于山川，肆觐东后，协时月，正日，同律度量衡"。

舜巡守四岳一段，历来经学家的解释皆不得要领，其实，这一段与开篇的羲和观象授时一段相比，尽管在字面上乍看起来大相径庭，在结构上却如出一辙：羲和分别在四时分赴四方，舜也分别在四时分赴四方；羲和的任务是观象授时，舜之巡守，所做的主要的事情，其实也是观象授时："肆觐东后"实际上就是观察太阳（"东后"不是东方诸侯，"后"本义谓神，"东后"即《楚辞·九歌》的东君，亦即太阳或太阳神），据其方位以确定时节；观察太阳的方位需要根据地面参照物，上一句"望秩于山川"说的就是这个意思；观察太阳的目的是为确定季节，协调历法，下一句"协时月、正日"说的就是这个意思（参见拙文《太史公之死》，载《读书》2007 年第 3 期）。总之，舜之巡守四岳，不过是把羲和分赴四方做过的事情从头重新做了一遍，重建因洪水而遭到了破坏的世界秩序。显然，舜就是二度创世之神或英雄。

值得注意的是，在这段"巡守四岳"的记述之后，有一句"肇十有二州，封十有二山，浚川"，显得很突兀，尤其是"浚川"一句，显得好没来由，前不靠村后不靠店，本来长篇大论地说着巡守的旷世大典，何以突然转到了水利工程？如果说"肇州"（经纬天下，划分各州的疆界），"封山"（选择几座大山作为地望标志）跟巡守还沾点边的话，"浚川"（疏浚河道，兴修水利），则无论如何都跟"巡守"不搭。实际上，所谓"浚川"，就是治水，治水虽非巡守题内应有之义，却是创世神话整体叙事中不可或缺的环节。如上所述，舜的出场，原本就在洪水泛滥之后，按照叙事的逻辑，舜在故事中必定担负着治理洪水的使命，《尧典》在此点出"浚川"一语，正是为了照应上文洪水的话头。但是，《尧典》于此对于治水仅仅用"浚川"二字一笔带过，又与上文对于大洪水"怀山襄陵、浩浩滔天"的极力渲染颇不相称，则流露出了《尧典》作者在历史编纂学上遇到的进退两难的困境：《尧典》于上文既已言洪水，即意味着天地秩序之毁坏是因洪水所致，四岳之推举舜，显然是承上文洪水泛滥和鲧先治水无功而来，舜上台后显然必须有治水之举，然后才能谈到天地秩序的重建。舜不治水，不但无法向尧和四岳交代，更无法向读者诸君交代。但是，《尧典》此处却又不敢大肆标榜舜治水，因为众所周知，水为禹所治，地是禹所平，九州为禹所开，大禹治水的故事在先秦典籍中屡见记载，可见其说早已深入人心，因此谁也不可能窃禹之功为舜所有，把治水之功加在舜的头上。但是，若舜不治水，则四岳之推举舜、尧之任命舜，全是白忙活，上文所述将无所着落。《尧典》所面临的历史编纂学的困境是一种逻辑和史料的矛盾：就史料而言，治水者是禹而不是舜；就逻辑而言，天地秩序既然是洪水所败，则要恢复天地秩序就必须治水，治水大业对于舜而言就是"义不容辞"！面对这一两难困境，两千多年前的这位《尧典》作者和我们平常人在遇到这种情况时的做法没有什么两样，就是闪烁其词，欲说还休，他用"浚川"一语，轻轻带过，把一个大大的破绽潦草而巧妙地弥缝一番就算完事。

（五）舜制定刑法，流放了奸人共工、驩兜、鲧、三苗。尧死之后，舜重整朝纲，随后设官分职，任命禹为负责治理水土的司空，弃为负责播时百谷的后稷，契为负责教化百姓的司徒，皋陶为负责刑法的士，垂为负责手工业的共工，益为负责管理草木鸟兽的虞，伯夷为负责宗族事务的秩宗，夔典乐，龙纳言。舜廷之上众贤毕集，众臣各司其职，各尽所能，"庶绩咸熙"，天下太平。这一段旨在说明，舜在重建了天地自然的秩序之后，又确立了政治和文化的秩序。

舜的朝廷这种君明臣贤、和睦肃雍的盛况展现了一幅美好的太平图卷，一直被儒家作为政治理想的典范，不过，这幅图卷尽管令人向往，却当不得真。顾颉刚先生在 20 世纪30 年代初执教燕京大学的《尚书》研究讲义中，有一篇《虞廷九官问题》，即将《尧典》中舜委以重任的禹、后稷、契、皋陶、垂、益、伯夷、夔、龙诸辈的来历一一予以揭发，验明正身。实际上，舜的这班文武大臣，原本都是神话中的人物，都来自于《山海经》以及《左传》《国语》等所记载的神话创说。禹在《山海经》《商颂》中是从宇宙开辟之初的茫茫洪水中奠立了大地的开辟之神，又被视为夏朝之祖；后稷原本为谷物之神，又被周人拉拢为自己的祖先；契则商人传说中的始祖，《商颂》说他是玄鸟所生；皋陶和伯夷分别是东夷和秦人传说中的祖先；垂在《山海经》中是发明各种技艺的造物神；夔和龙则可能原本是同一人物之分化，即《山海经》《淮南子》等书中的雷神夔或夔龙，因为古人将雷声想象为雷神的鼓声，所以《尧典》作者就拉他来舜的朝廷担任"击石拊石"

的乐师了。这九位人物原本或者是各自分管一摊、不相往来的自然神，或者是时代和地域都毫不相干的各民族的传说祖先，却被《尧典》作者拉来为舜的朝廷撑场面，因此被顾颉刚先生称为"倒乱千秋式的拉拢"。

这舜廷九官当中，最耐人寻味的是禹的任命。在战国时代，大禹治水的故事久已深入人心，禹作为治水英雄的形象早成定式，而且上文的洪水，是否已经平复，除了舜"浚川"含糊其辞的一句之外，并无明确的交代，治水英雄大禹此时闪亮登场，且被舜任命为负责"平水土"的司空，按理正该对禹的治水活动大书特书一番才对，但是，直到终篇，《尧典》都无一言及于禹之治水，最终，这场在尧的末年爆发的大洪水，在《尧典》中就这样不了了之了。倒不是《尧典》的作者想埋没禹的治水之功，而是因为按照创世神话的固有逻辑，在《尧典》的故事中，抑除洪水、二度创世的叙事功能已经由舜承担了，禹尽管是原始神话中的开辟之神和传说中的治水英雄，但有了舜在前头，他此时出场，注定了只能徒有其名而无所事事了。

通过以上这番简单的对比，《尧典》的情节结构与创世神话之间的相似性可谓昭然，创世神话的诸环节在《尧典》中都有所体现，这足以表明，《尧典》一篇，就是按照创世神话的叙事逻辑，将一些来自原始神话和口头传统的事件、人物糅杂熔炼而成。但是，与那些由巫史、歌师世代口耳相传的原始神话不同，《尧典》不是口头传统和宗教意识的产物，而是在儒家伦理和理性主义主导下的历史编纂的产物，因此，它在援引神话传说材料进行二度创作的时候，就已经将这些材料原本具有的荒怪色彩大大涤除了，由此赋予了《尧典》一幅人间历史的文本表象。但是，这种文本表象之下所隐藏的却是与创世神话一脉相承的叙事逻辑。成书于战国初期的《尧典》，处于两个时代的交界，口头传统即将为书写传统所取代，但口头传统的余响犹在，历史编纂意识已经觉醒，但神话叙事的情节结构仍作为文化无意识，引导着人们对历史的叙述，塑造着人们的历史记忆。因此，可以说，《尧典》这个文本，是一篇有着历史编纂学表象的神话创世纪。

顾颉刚先生关于《尧典》的研究，不仅对于辟除古史学中流传已久的偏见有振聋发聩之效，对于中国现代神话学的创建，也有开天辟地之功。如果不是顾颉刚先生劈开鸿蒙、打破迷障，我们不知道还要在古人所编造的古史迷梦中沉迷多久，直到现在，不是还有人声称要"走出疑古时代"，依然流连于三皇五帝、唐尧虞舜的历史而执迷不悟吗？顾颉刚先生的古史研究，其中的某些观点容或可商，但是，他关于古史的一系列基本观念和方法，诸如层累地造成的古史观、用故事的眼光看古史等，在今天远远没有过时，相反，面对时下复古的喧嚣和国学的迷狂，顾颉刚先生的史学思想和批判精神恰恰是一副让人保持清醒的良药。

（原载《民俗研究》2014 年第 6 期）

当代中国电子媒介中的神话主义

杨利慧[*]

【摘要】"神话主义"是指现当代社会中对神话的挪用和重新建构，神话被从其原本生存的社区日常生活的语境移入新的语境中，为不同的观众而展现，并被赋予了新的功能和意义。本文以中国神话为考察对象，分析了神话主义在当代电子媒介中的三种主要承载形式——动画片、真人版影视剧和电子游戏，并将神话主义的文本类型划分为三类：援引传统的文本、融汇传统的文本与重铸传统的文本。论文指出：神话主义不仅是技术发展、媒介变迁的产物，作为当代大众媒介制造和传播的对象，它的生产与中国当下的政治、经济和社会文化语境密切相关；神话主义富有特殊的艺术光晕，是神话传统整体的一部分，应在神话完整的生命史过程中，对之加以考察和研究。

一　研究缘起

长期以来，世界神话学领域着力研究的主要是古代文献中以文字形式记录下来的"典籍神话"，也有部分学者关注到了在原住民或者乡村中以口耳相传形式传承的"口承神话"。[①] 但是，一个不容置疑的新社会事实是：随着电子媒介时代的到来，神话的传承和传播方式正变得日渐多样化，尤其在当代青年人中，电子媒介的传播起着越来越显著的作用。

2000—2010 年，我与所指导的四位研究生一道，完成了一项教育部课题"现代口承神话的传承与变异"。[②] 在该课题的田野调查中，我们发现——这是以往的神话研究较少关注的——神话的传播方式正日益多样化，一种新的趋势正在出现——书面传承和电子媒介传承正日益成为青年人知晓神话传统的主要方式。比如，李红武在陕西安康伏羲山女娲山地区的个案研究中发现：书面传承和电子媒介传承在口承叙事传承中占的比重越来越大，他进而预测：随着乡村现代化步伐的加快和教育水平的提高，现代口承神话的传承将越来越多元化，现代媒体在传承神话方面将起着越来越重要的作用（详见该书第三章）。

---

* 作者系北京师范大学文学院教授。

① 对于相关神话学史的梳理，可参见杨利慧、张霞、徐芳、李红武、仝云丽著《现代口承神话的民族志研究——以四个汉族社区为个案》第一章"总论"，陕西师范大学出版社 2011 年版；杨利慧：《神话与神话学》，北京师范大学出版社 2009 年版，130—135 页。

② 该课题的最终成果即为《现代口承神话的民族志研究——以四个汉族社区为个案》一书。

仝云丽在河南淮阳人祖神话的个案研究也有类似的发现：广播、电视、电脑等正逐渐走入人们的日常生活，为口承神话提供了更为快捷、辐射范围更广的传播方式，尤其是庙会期间，越来越多的青年人和中老年人都可以从电视中便捷地获知地方政府和媒体所大力宣传的地方掌故和人祖神话，这些知识反过来影响着他们对人祖神话的接受和传承（第五章）。

这些个案研究的结果在笔者对北京师范大学文学院本科生的调查中也得到了进一步的证实。2010 年，面对"你主要是通过哪些途径（比如读书、观看电影电视、听广播、听老师讲课、听长辈或朋友讲述、听导游讲述、网络浏览等）了解到神话的？"问题（允许多项选择），参与调查的 103 名中国学生中，选择"读书"方式的约占总数的 96%（99人）；"听老师讲课"方式的约占 93%（96 人）；"观看电影电视"方式的约占 82%的人（84 人）；"听长辈或朋友讲述"的约占 73%（75 人）；"听导游讲述"的占 41%（42人）；"网络浏览"方式的约占 40%（37 人）；"听广播"方式的约占 3%（3 人），另有13 人选择了"其他方式"。很显然，在这些"80 后"的大学生中，神话的传播方式多种多样，其中，书面阅读与面对面的口头交流（包括教师授课、长辈或朋友讲述、导游讲述等）无疑是这些当代大学生了解神话的最主要的两条途径，而观看电影电视则成为他们知晓神话传统的第三种主要方式。

多元媒介的影响显然为当下和今后的神话研究提出了挑战——迄今为止，神话学界对当代社会、尤其是青年人当中多样化的神话存在和传播形态，显然缺乏足够的关注，对那些通过电影电视、网络、电子游戏以及书本、教师的课堂和导游的宣介等途径传播的神话传统，未予充分重视，这不仅加剧了神话学在当今社会中的封闭、狭隘情势，也减弱了神话学对于青年人的吸引力。未来的神话学研究，应当在这一方面有所加强。[①] 有鉴于此，2011 年，我申请了国家社科基金课题"当代中国的神话传承——以遗产旅游和电子媒介的考察为中心"，力图从民俗学和神话学的视角，对中国神话传统在当代社会——尤其是在遗产旅游和电子媒介领域——的利用与重建状况展开更细致的民族志考察。与前一个课题相比，该课题更加关注青年人，关注现代和后现代社会中的大众消费文化、都市文化和青年亚文化。

我把在遗产旅游以及电子媒介（包括互联网、电影电视以及电子游戏）等新语境中对神话的挪用和重建，称之为"神话主义"[②]（Mythologism）。这一概念的提出，意在使学者探究的目光从社区日常生活的语境扩展到在各种新的语境中被展现（represent）和重述的神话——它们正在我们身边越来越频繁地出现，进而把该现象自觉地纳入学术研究的范畴之中并从理论上加以深入的研究。

---

① 杨利慧、张霞、徐芳、李红武、仝云丽：《现代口承神话的民族志研究——以四个汉族社区为个案》，陕西师范大学出版社 2011 年版，第 29—31 页。

② 对于这一概念诞生的学术史渊源及其与"新神话主义"的联系与区别，拙文《遗产旅游语境中的神话主义——以导游词底本与导游的叙事表演为中心》一文有较详细的梳理，此处从略。该文见《民俗研究》2014 年第 1 期。

具体地说，本课题创造性地使用"神话主义"这一概念，[①] 用来指现当代社会中对神话的挪用和重新建构，神话被从其原本生存的社区日常生活的语境移入新的语境中，为不同的观众而展现，并被赋予了新的功能和意义。将神话作为地区、族群或者国家的文化象征而对之进行政治性、商业性或文化性的整合运用，是神话主义的常见形态。

这里还应该界定一下本文的两个核心概念："神话"和"电子媒介"。"神话"的含义和范畴一直众说纷纭，见仁见智。本文所谓的"神话"，是人类表达文化（expressive culture）的诸文类之一，通常具有这样一些特点：它是有关神祇、始祖、文化英雄或神圣动物及其活动的叙事（narrative），通过叙述一个或者一系列有关创造时刻（the moment of creation）以及这一时刻之前的故事，解释宇宙、人类（包括神祇与特定族群）和文化的最初起源，以及现时世间秩序的最初奠定。[②] 神话在社区日常生活中的讲述，可以发生在任何需要的场合，但很多是在庄严神圣的宗教仪式场合中。

"电子媒介"一般是指运用电子技术和电子设备进行信息传播的媒介，包括广播、电影、电视、电子游戏、因特网等。限于篇幅，本文将以电影、电视和电子游戏为考察对象，对中国神话在其中呈现的主要形式、文本类型、生产特点以及艺术魅力等，进行总体上的梳理和归纳，意在为中国的神话主义研究奠定初步的基础，并为其将来的探索提供一些努力的方向。

二 当代中国电子媒介中神话主义的呈现

尽管中国早期的电子媒介——电影——诞生于20世纪初叶，不过以电影和电视为传播媒介对中国神话进行的展现，直至80年代才较早地出现。1985年，上海美术电影制片厂拍出了一部水墨动画电影《女娲补天》，片长10分钟。该片几乎没有台词，而是以简洁凝练的画面，生动直观地展现了女娲造人和补天的神话事件的全过程。上古时代，没有人烟，女娲感到很孤独。于是仿照自己映在水中的模样，用泥巴做成了小人。小人们男女结合，不断繁衍，过着幸福快乐的生活。忽然有一天，火神和水神打了起来，世间到处是烈焰和洪水。水神和火神还把天撞出了巨大的裂缝，碎石不断落下，砸伤了许多小人。女娲焦急万分，她炼出五彩巨石，托上天空，填补了一个一个漏洞。然而大风吹来，石头又从漏洞纷纷落下。最终，女娲把自己的身体嵌进了裂缝中，渐渐与石缝融为一体。世界从此恢复了宁静。女娲补在天空的五彩石化为了璀璨明亮的星座。动画片中洋溢着生动清新

---

① "神话主义"一词，已有学者使用过，例如苏联神话学家叶·莫·梅列金斯基在《神话的诗学》一书中，将作家汲取神话传统而创作文学作品的现象，称之为"神话主义"，认为"它既是一种艺术手法，又是为这一手法所系的世界感知"，见魏庆征译《神话的诗学》，商务印书馆1990年版，第三编；张碧在《现代神话：从神话主义到新神话主义》一文中，借用了梅列金斯基的概念，将"神话主义"界定为"借助古典神话因素进行创作的现代文艺手法"（《求索》2010年第5期）。本文使用的"神话主义"更多地参考了"民俗主义"（folklorism）以及"民俗化"（folklorization）等概念的界定，强调的是神话被从其原本生存的社区日常生活的语境中抽取出来，在新的语境中为不同的观众而展现，并被赋予了新的功能和意义。神话主义显然并不限于文学和艺术创作范畴，而是广泛存在于现当代社会的诸多领域。详见拙文《遗产旅游语境中的神话主义——以导游词底本与导游的叙事表演为中心》。

② 杨利慧、张霞等：《现代口承神话的民族志研究——以四个汉族社区为个案》，陕西师范大学出版社2011年版，第1页。

的气息，给人以美的启迪，同时又十分注重教化意义。本片于 1986 年获法国圣罗马国际儿童电影节特别奖。

从此以后，随着电视的日益普及，中国神话开始在电视媒介上更普遍地出现，直至今日，电视一直是展现中国神话最多的电子媒介之一。1999 年，由中华五千年促进会、央视动画部共同出品的一部 14 集动画电视剧《中华五千年历史故事动画系列——小太极》，算是中国神话在电视媒介中较早、较集中的呈现。该系列电视剧以人首鸟身的精卫鸟以及虚构人物小太极和大龙为主人公，不断穿越神话传说时代的中国历史，每集讲述一个神话故事，依次呈现了盘古开天辟地、女娲炼石补天、仓颉造字、仪狄造酒、神农尝百草、炎黄战蚩尤、后羿射日、嫦娥奔月、夸父追日、燧人氏钻木取火、大禹治水等神话故事。该片在"90 后"以及部分"80 后"的青年人中产生了较大影响，成为他们了解中国神话世界的重要来源。

再往后，电子媒介对神话的表现越来越多，形式也更加多样。其中最为常见的承载形式有如下三种：第一种是动画片。这一类形式主要针对的观众是少年儿童，拍摄的目的主要是传播中华历史文化传统、弘扬优秀的民族精神和品德，"寓教于乐"的特点十分突出，神话往往被注入比较浓厚的教化色彩。其中比较优秀的作品，比如 52 集大型国产动画片《哪吒传奇》（2003）以小英雄哪吒的故事为线索，编织进了诸多神话传统中的叙事情节和人物形象，例如女娲、盘古、祝融、共工、夸父、后羿，以及三足乌等，或简要或详尽地讲述了盘古开天、女娲造人补天、夸父追日、三足乌载日等神话故事。《中华五千年》（2010）是中国第一部动画历史纪录片，其中第二集以动画再现和播音员讲解相结合的方式，讲述了盘古开天辟地、女娲炼石补天的神话。其他有《故事中国》（2012）中讲述了"大禹治水""神农尝百草""精卫填海"的神话故事；而 10 集动画片《精卫填海》（2007）则融会了共工怒触不周山、女娲补天、西王母与不死药、夸父追日、精卫填海等神话故事，讲述了一个新版本的、高度系统化了的精卫神话。

第二种形式是真人版的影视剧。与动画片相比，由演员饰演的影视剧主要针对的是成年观众，所讲述的故事在整体上往往更为曲折、复杂。例如 23 集电视连续剧《天地传奇》（2008），主要依据流传在河南淮阳地区的伏羲、女娲创世神话，讲述了华族始祖艰难曲折的创业历程，在一波三折的情节进程中，编织进了伏羲和女娲洪水后兄妹成亲、抟土造人、定姓氏、正人伦，以及伏羲发明八卦、结网捕鱼、兴庖厨、肇农耕、女娲炼石补天等一系列神话。伏羲女娲的创世过程及其忠贞、曲折的爱情故事成为该剧的主线。《仙剑奇侠传三》（2008）是根据同名 RPG 电子游戏改编成的真人版电视连续剧，讲述的主要是武侠世界爱恨情仇的故事，其中的一条主线是女娲神族的后人紫萱和长卿纠缠三世的爱情故事，剧中通过紫萱和卖面具的小贩之口，生动地讲述了女娲七日创世以及伏羲女娲在昆仑山上兄妹结亲的神话。

第三种形式是更晚近出现的电子游戏。电子游戏常利用各种传统文化元素来建构游戏世界，其中一些也有意识地利用神话来营造游戏背景、氛围和叙事线索。例如，台湾大宇资讯股份有限公司制作发行的电脑游戏《仙剑奇侠传》，以中国神话传说为背景、以武侠和仙侠为题材，是当代传播和重建神话的重要网络游戏。该游戏系列首款作品发行于1995 年，迄今已发行七代单机角色扮演游戏、一款经营模拟游戏、一款网络游戏，曾荣获两岸无数的游戏奖项，被众多玩家誉为"旷世奇作"，初代及三代还相继于 2004 年和2008 年被改编成了电视连续剧。

《仙剑奇侠传》以女娲神话作为游戏的基本叙事框架：女娲抟土为人、炼石补天后，人间洪水泛滥，女娲又下凡诛杀恶神，平定洪水。但是此事令天帝大为震怒，将女娲逐出神籍。从此女娲留在了苗疆，成为苗族人民的守护神。女娲的后世子孙被称作"女娲神族"，她们每代只生一个女儿，拥有绝世美貌和至高无上的灵力，秉承女娲的遗志，守护着天下苍生，却背负着最终要为天下苍生牺牲的宿命。

除此基本叙事框架外，游戏还大量运用其他中国神话元素，塑造出"六界"的世界观。例如，盘古于混沌中垂死化生，其精、气、神分化为伏羲、神农、女娲"三皇"，其体内的"灵力"逸散，分解为水、火、雷、风、土"五灵"，散于天地之间。而盘古之心悬于天地之间成为连接天地的纽带，因清浊交汇而生"神树"，成为天界生命之源。三皇分别以不同形式创造生灵。伏羲以神树吸收神界清气所结的果实为躯体，注入自己强大的精力，创造出"神"，居于天，形成"神界"。神农以大地土石草木为体，灌注自身气力，创造出"兽"（包括走兽昆虫）。女娲以土、水混合，附以自身血液和灵力，用杨柳枝条点化，依自己模样塑造出"人"。另有"鬼界"作为人、兽等生灵的轮回中转之所。蚩尤残部在异界逐渐修炼成魔，"魔界"也逐渐形成。在游戏中，玩家扮演着求仙问道、济世救民的仙侠和剑客等角色，与六界之中的各类角色发生关联，女娲的后代是玩家的同伴，神农、蚩尤等神话人物或其遗留在世间的宝物也不时出现，陪伴着玩家的游戏历程。

除《仙剑奇侠传》外，《轩辕剑》《天下贰》《古剑奇谭：琴心剑魄今何在》等电子游戏也都在故事情节设置、角色设置、场景设置、道具及装备设置等方面，大量利用了中国神话元素，使电子游戏成为传播中国神话的一种重要媒介。①

三　神话主义的文本类型

美国民俗学家马克·本德尔（Mark Bender）在《怎样看〈梅葛〉："以传统为取向"的楚雄彝族文学文本》一文中，曾参照美国古典学者约翰·迈尔斯·弗里（John Miles Foley）和芬兰民俗学家劳里·航柯（Lauri Honko）等人的观点，依据创作与传播中的文本的特质和语境，将彝族史诗划分为三种类型：1. 口头文本（Oral Text），即倚赖口头、而非依凭书写（writing）来传承的民俗文本；2. 源于口头的文本（Oral-Connected Text），或称"与口传有关的文本"（Oral-Related Text），是指某一社区中那些跟口头传统有密切关联的书面文本；3. 以传统为取向的文本（Tradition-Oriented Text），这类文本是由编辑者根据某一传统中的口头文本或与口传有关的文本进行汇编后创作出来的。通常所见的情形是，将若干文本中的组成部分或主题内容汇集在一起，经过编辑、加工和修改，以呈现这种传统的某些方面，常常带有民族性或国家主义取向。它们正处于从地方传统（包括口头和书面两种样式）迻译到"他文化"空间的呈现（representation）与接受（reception）的民俗过程（Folklore Process）中。②

---

① 关于神话在电子游戏中呈现的具体形式及其特点和作用，可参见包媛媛《中国神话在电子游戏中的运用与表现——以国产单机游戏〈古剑奇谭：琴心剑魄今何在〉为例》，《云南师范大学学报》2014 年第 4 期。

② ［美］马克·本德尔：《怎样看〈梅葛〉："以传统为取向"的楚雄彝族文学文本》，付卫译，《民俗研究》2002 年第 4 期。

　　尽管本德尔等人所谓的"以传统为取向的文本"主要限于书面文本，但是对研究电子媒介中神话主义的文本类型不无启示。在我看来，电子媒介制造的神话主义的文本，总体上亦属于"以传统为取向的文本"，它们往往是由编剧和制作者根据中国神话的口头文本或与口传有关的书面文本进行汇编后，加工、创作出来，以呈现该传统的某些方面。但是，就电子媒介中的神话主义而言，"以传统为取向的文本"的提法显然过于笼统——如果细查不同作品对神话传统的利用情况，会发现实际的情形比这更加复杂多样，值得对之做进一步的细分。笔者认为，依据电子媒介对神话传统的采纳和改动的方式和程度，可以将其文本类型分为三类：援引传统的文本（Tradition-quoted Text），融汇传统的文本（Tradition-gathered Text），重铸传统的文本（Tradition-rebuilt Text）。

　　援引传统的文本，是指编剧和制作者直接援引神话的口头文本或与口传有关的书面文本而创作出来的电子媒介文本。这类文本与口头文本或者与口传有关的书面文本十分贴近，神话传统在此一般变动不大。例如电视剧《仙剑奇侠传三》中，紫萱面对小贩和围观的听众，娓娓讲述了一段伏羲女娲兄妹婚的神话：

　　　　伏羲和女娲呢，他们原本是一对兄妹，可是，宇宙初开的时候，只有他们兄妹两个人，他们住在昆仑山底下。当时没有其他的子民。他们俩就想结为夫妻，可是他们又很害羞。那怎么办呢？（观众议论纷纷，仿佛被难住了。）（紫萱一拍手，流露出事情被解决了的畅快之情）于是，他们就爬到昆仑山上，问上天："上天啊，如果你愿意我们俩结为夫妻的话，就把天上的云合成一团吧；如果你不愿意我们俩结为夫妻的话，就把云散开吧。"结果你们猜，怎么样了？哇，天上的云真的已经结合在一起了！于是，他们俩就结为了夫妻，生了好——多好——多的孩子。现在我们大家都是他们的子孙后代啊！（观众热烈鼓掌："好啊，好啊！"）

　　这一段故事，完全出自唐代李冗《独异志》卷下所记载的同类型故事，是对该文献记录的精确白话文转译：

　　　　昔宇宙初开之时，有女娲兄妹二人，在昆仑山，而天下未有人民。议以为夫妻，又自羞耻。兄即与妹上昆仑山，咒曰："天若遣我兄妹二人为夫妻，而烟悉合；若不，使烟散。"于烟即合。其妹即来就兄。

　　融汇传统的文本，是指编剧和制作者将若干"援引传统的文本"贯穿、连缀起来，融汇成一个情节更长、内容更丰富、色彩更斑斓的电子媒介文本。这类文本的结构好像"糖葫芦"，每一个单独的神话故事大体还是它自己的模样——与口头传统和书面文献中的神话相去不远。原本片段、零散的中国神话传统在这样的文本中，往往呈现出更为"系统化"（systematization）的特点。例如上海美术电影制片厂的动画电影《女娲补天》，汇集了《风俗通义》有关女娲抟土做人、力不暇供、乃用绳索蘸泥土举以为人的神话，《淮南子·天文训》中关于共工与颛顼争为帝、怒而触不周山，以及《淮南子·览冥训》中女娲熔炼五色石以补天缺等书面文字记录，同时也广泛吸纳了民间口承神话里关于女娲造出了女人和男人、令其自相婚配、繁衍人类，以及用自己的身体填补了天空的漏洞、其补天的五彩石化为天上星空的说法,① 融汇成为一个更为系统化的女娲造人补天神话。14集动画电视剧《中华五千年历史故事动画系列——小太极》,在总体上也基本属于这种文本类型,精卫鸟、小太极和大龙组成了故事的线索——好比糖葫芦的"棒儿",贯穿起了盘古开天、女娲补天、仓颉造字、神农尝百草、炎黄战蚩尤、后羿射日、嫦娥奔月、夸父追日、燧人氏钻木取火、大禹治水等神话故事的"果儿",每一个单独的神话故事都基本有据可循,它们汇聚在一起,最终形成了一个关于中国上古神话传统的系统化叙事。

重铸传统的文本,则是指编剧和制作者利用神话的口头文本或与口传有关的书面文本,大力糅合、改编后,重新创作出新的人物形象、"于史无征"的故事情节。神话传统在此常会发生较大的改变。比如电子游戏《仙剑奇侠传》中运用中国神话元素塑造其"六界"世界观时,盘古的精、气、神分化为伏羲、神农、女娲"三皇",三皇分别以不同形式创造生灵并形成了最主要的三界——"神界""人界"和"兽界"。这样的神祇谱系关系以及叙事情节,不见于以往的口头文本或与口传有关的书面文本,是制作方的全新创造,但又与神话传统存在一定的关联,它们在新的叙事结构系统中被重新糅合、铸造成了新的故事。动画电视连续剧《哪吒传奇》《精卫填海》,真人版电视连续剧《天地传奇》《远古的传说》《仙剑奇侠传》,以及电子游戏《轩辕剑》《天下贰》《古剑奇谭:琴心剑魄今何在》等,在总体上制作出的大体都是这一类型的文本。

需要指出的是,上述三种文本类型各有特点,但也彼此关联,尤其是融汇传统的文本,往往不免牵涉神话的改动和重编,不过,总体说来,与"重铸传统的文本"相比,其改动的程度较小,整体上更贴近传统。有时在一个特定的电子媒介作品中,例如《仙剑奇侠传三》中,同时存在这三种传统取向的文本类型。

四 神话主义的生产

神话主义不应仅被视为技术发展、媒介变迁的产物。作为当代大众媒介制造和传播的对象,它更是由当下中国的社会形势、意识形态、文化策略以及市场经济等因素共同作用而产生的一种社会文化现象,其生产过程往往牵涉复杂的政治、经济和社会文化动因。换句话说,神话主义的生产在本质上是"借古人之酒杯,浇今人之块垒",是"一种以过去为资源的当下新型文化生产模式"。②

比如在大型国产动画片《哪吒传奇》中,以往传统里不相关联的三足乌和夸父追日神话被串联、复合起来,出现了三足乌被缚、夸父救日、夸父追日的系列神话事件。由于这样的串联、复合和重新建构,夸父的故事更加丰富,他的一系列行为(包括追日)的动机变得非常清晰——为了解救被缚的三足金乌,以恢复世间正常的自然和社会生活秩序,所以夸父救日;为了阻止太阳自沉、不使人类和万物落入永远的黑暗和死亡当中,所以夸父追日。他为此付出了生命的代价,即使死后也要化成一片绿洲,继续泽被人间。在这一新神话的讲述中,夸父的形象显得前所未有的崇高:他不再是"珥两黄蛇,把两黄蛇"(《山海经·大荒北经》)的"异类",不是不自量力或者"好奇"的"小我",而是

---

① 有关女娲神话在口头和书写传统中的流播状况,可参见拙著《女娲的神话和信仰》第一章和第二章,中国社会科学出版社1997年版。

② Babara Kirshenblatt-Gimblett, "Theorizing Heritage." In *Ethnomusicology*, Fall 1995, pp. 369 – 370.

一个大公无私、富于自我牺牲精神、坚忍不拔的伟大英雄，是善良、正义、勇猛、无私的化身。这使他的形象以及追日神话被赋予了浓厚的道德教化色彩。为什么该剧要如此演绎夸父和三足乌神话呢？仔细考察其制作背景以及制作方对自己生产动机的宣称，会发现这种对神话传统的重构与中国近 30 年来的社会经济和文化政治语境紧密相关，具体地说，造成上述重构的一个重要因素，与目前国产动画在全球化浪潮的冲击下面临的外来文化的压力以及由此激发起来的民族主义情绪和反全球化思潮有关，是当前社会语境下出于拍出"富有民族性""讲述中华民族的优良传统，弘扬民族精神"的目的和需要。此外，与国外动画片争夺国内的消费市场，也是该剧生产的一个主要动机。①

而 10 集动画电视剧《精卫填海》的制作，也突出体现了神话主义生产过程中主流意识形态和文化价值观、地方主义以及市场经济等因素彼此裹挟、协作共谋的复杂关系。该剧由中共山西省长治市委、长治市人民政府出品，北京动漫乐园国际电视传媒有限公司承制，山西省动画艺术协会、中国传媒大学动画学院联合制作。据主创方称，该片以发生于山西长治地区的精卫填海神话传说为蓝本，糅合进了共工怒触不周山、女娲补天、西王母与不死药、夸父追日、精卫填海等神话创作而成，意在"通过丰富而极具想象的创作手法，揭示了正义必将战胜邪恶这一亘古不变的人类主题，是一部紧跟时代潮流与主旋律、弘扬中华民族灿烂文化、宣传社会主义精神文明主题的经典动画片。"② 对此，该片的策划制片人兼美术总设计王冀中的话，却道出了其生产动机的复杂性：

> 长治素来就有"神话之乡"之称，作为中国十大魅力城市，"神话"是长治的特色资源。这是我们之所以会想到做《精卫填海》动画的动因，也是一个城市走特色之路的探索……
>
> 在国际上，动漫产业是非常发达的，拿日本来说，动漫产业的产值位居全国第三，甚至超过了汽车、钢铁。从《精卫填海》来说，我们也想到了后续开发，但现在显然还不成熟，如果这个片子可以从今天的 10 集变成 50 集，它的影响力增强之后，后续的开发我们一定会做。③

上述两个案例有力地表明：神话主义绝不仅仅是借由新技术将古老的神话传统在新媒介上简单地加以再现，相反，神话主义是当下的一种文化生产模式，其生产动因往往与当代中国的政治、经济和社会文化语境密不可分，④ 其生产过程折射出当代大众文化生产和再生产的复杂图景。

---

① 关于该片的生产及其对神话传统的重构与当下中国社会中全球化和反全球化思潮之间相互关联的更详尽分析，可参见拙文《全球化、反全球化与中国民间传统的重构——以大型国产动画片〈哪吒传奇〉为例》，《北京师范大学学报》2009 年第 1 期。

② 《精卫填海》（动画片），百度百科。(http://www.baike.com/wiki/)

③ 同上。

④ 陈汝静在《中国当代影视媒介中的神话主义》一文中，比较详细地讨论了影视媒介生产神话主义的四种动机：民族主义、在地化、艺术性与商业化，北京师范大学 2014 年硕士学位论文。该研究系笔者主持的国家社科基金课题"中国神话的当代传承：以遗产旅游和电子传媒的考察为中心"的阶段性成果。

五　神话主义的光晕

德国文化批评家瓦尔特·本雅明（Walter Benjamin）曾经针对机械复制时代复制艺术对传统艺术的冲击，提出了著名的"光晕消逝"理论。在他看来，传统艺术具有膜拜价值、本真性和独一无二的特性，因而具有无法复制的"光晕"（aura，一译"灵晕"）。用他充满诗意和暗喻的风格说：

> 如果当一个夏日的午后，你歇息时眺望地平线上的山脉或注视那在你身上投下阴影的树枝，你便能体会到那山脉或树枝的灵晕。①

本雅明用光晕艺术泛指整个传统艺术，光晕可以体现在讲故事的艺术中，也可以体现在戏剧舞台上的生动表演和独特氛围里。② 与传统艺术不同，机械复制时代的复制艺术却只具有展示价值，其本真性和独一无二性不复存在，因而随着技术复制艺术的崛起，传统艺术的光晕便逐渐衰微。本雅明把对古典艺术和现代艺术的接受方式，区分为"专注凝神的方式"和"消遣的方式"，"消遣与专心构成一个两极化的对立"。③ 随着机械复制时代的到来，艺术的消费方式也发生了变化：传统中占主导地位的对艺术品的"专注凝神""全神贯注"的接受，越来越被"消遣的方式"所取代。

对本雅明的光晕消逝说，不少学者表示了相反的意见，例如阿多诺（Theodor W. Adorno）认为光晕正是当代艺术（例如电影）的基本组成部分。④

如何认识电子媒介所展示的神话主义的艺术性？我认为，神话主义的叙事艺术尽管与传统的口耳相传方式的讲故事艺术具有不同的特点，但是它也富有与传统艺术不同的光晕。在这里，电子媒介能够在多大层面上激起观众"专注凝神"的审美体验是其是否拥有光晕的关键。

口头讲述的神话，运用的是口语媒介，主要诉诸听众的听觉，通过讲述人在特定情境中的现场表演，借助其辅助性的表达手段如表情、动作、语域高低、声调变换等，激发听众的想象，使之领会到神话所描绘的远古祖先、神祇和宇宙创造的过程。讲述者的言语，仿佛"长翅膀的语词"（winged words），出口即逝，但又富于力量、自由无羁，使人摆脱平凡、粗俗、沉重和"客观"的世界。⑤ 文字媒介确立了"脱离情境"的语言，⑥ 建立起一个视觉的崭新感知世界，"印刷术把语词从声音世界里迁移出来，送进一个视觉平面，

---

① ［德］本雅明：《机械复制时代的艺术作品》，参见汉娜·阿伦特编《启迪：本雅明文选》，张旭东、王斑译，生活·读书·新知三联书店 2012 年第 2 版，第 237 页。

② 方维规：《本雅明"光晕"概念考释》，《社会科学论坛》2008 年第 9 期。

③ ［德］本雅明：《机械复制时代的艺术作品》，参见汉娜·阿伦特编《启迪：本雅明文选》，生活·读书·新知三联书店 2012 年第 2 版，第 260—262 页。

④ 参见方维规《本雅明"光晕"概念考释》，《社会科学论坛》2008 年第 9 期。

⑤ ［美］沃尔特·翁：《口语文化与书面文化：语词的技术化》，何道宽译，北京大学出版社 2008 年版，第 58 页。

⑥ 同上书，第 59 页。

并利用视觉空间来管理知识，促使人把自己内心有意识或无意识的资源想象为类似物体的、无个性的、极端中性的东西。"① 电子媒介则是在上述两种媒介的基础上生成的，它强调视觉和听觉等感官的整合功能，从而改变观众对世界的感知方式。

以电子媒介形式展现的神话主义，其优秀作品往往能通过精细的人物形象描绘、生动逼真的画面、富有感染力的音响效果，立体、直观地再现远古的神话，打破横亘在现代人和古老洪荒年代之间的时间和空间距离，令人产生身临其境的逼真效果，令观众在"专注凝神"的接受中领略神话的魅力。

2014 年初，笔者在为北京师范大学文学院 2011 级本科生（都是"90 后"）讲授"民间文学概论"课程时，曾询问学生对于民间文学在当代社会中（例如民俗旅游、电子媒介等领域）被重新利用和建构的看法。学生们对这个问题，各抒己见。有不少学生在回答中专门谈到电影、电视和电子游戏在再现神话上所具有的特殊感染力。一位吴姓同学以电子游戏《仙剑奇侠传》为例，谈到她所感受到的电子媒介所传达出的无与伦比的神话魅力：

> 神话人物的无所不能、洪荒年代的神秘与壮美、仙侠生活的惊心动魄与荡气回肠，在电脑游戏的画面与音效的双重烘托下得到了极好的表现。……电脑游戏对神话的重构产生的作用是其他形式不可替代的。人们不仅从游戏中了解、传承了神话，更重要的是，还亲身参与到了本来遥不可及的神话中去，亲身体验到了令人心驰神往的神话世界。

电视和电影在再现神话场景、营造艺术魅力方面，也产生了同样的效果。2014 年夏，我在为北京师范大学文学院本科生讲授"神话学"课程时，曾请学生记述其生活中印象最深的一次听/看神话的事件。一位姓张的同学回想起小时候看过的动画电视剧《中华五千年历史故事动画系列——小太极》，称至今记忆犹新，特别是对其中的《后羿射日》和《夸父追日》两集故事：

> 这两集的情节简直历历在目。我如今脑海里还会清晰地浮现当年那个夸父的模样。……画面上就见在一轮大太阳前面，肤色黝黑的壮汉夸父一直追着太阳奔跑，沿路挥洒好多汗水。……最终他在马上要接近太阳的一刹那倒地不起了，但太阳的光辉十足地照耀着他，照着他躺在大地上，看着他的眼睛变成明月，身体变成森林、山岭、海洋，成为一幅生机勃勃的景象……

一位网友在谈到动画电影《女娲补天》对自己的触动时说：

> 这个动画片不到 10 分钟的样子，但是在我的记忆中占了很重要的位置，很感人的，记得看到激动之时我都快哭了……再后来，不管在什么节目里出现女娲，都觉得

---

① ［美］沃尔特·翁：《口语文化与书面文化：语词的技术化》，何道宽译，北京大学出版社 2008 年版，第 100 页。

是最感人的形象。①

可见，电子媒介所传达的神话魅力与以往的讲故事艺术虽然不同，但是，利用视觉—听觉等感官综合作用的新技术手段，也能（如果不是更容易的话）激起观众全身心地投入观影体验中，感受那种令人"专注凝神"地接受的审美体验，激发其对神话及其所代表的洪荒年代的"心驰神往"。从这一点上说，大众媒介时代所产生的神话主义，富有特殊的艺术光晕。

结　语

一百多年前，思想家卡尔·马克思曾经预言：随着科技的发展，神话必将成为明日黄花："在罗伯茨公司面前，武尔坎又在哪里？在避雷针面前，丘比特又在哪里？在动产信用公司面前，海尔梅斯又在哪里？"② 如今一个多世纪过去了，相信科学魅力的人们并没能见到神话的消亡，相反，随着科学技术的发展，特别是电子和数字技术日新月异的推进，神话借助大众媒介的力量，传播得更加广泛、迅捷。

本文以中国神话为考察对象，分析了神话主义在当代电子媒介中的三种主要承载形式——动画片、真人版影视剧和电子游戏，并将神话主义的文本类型划分为三类：援引传统的文本、融汇传统的文本与重铸传统的文本。论文指出：神话主义不应仅被视为技术发展、媒介变迁的产物，作为当代大众媒介制造和传播的对象，它的生产与中国当下的政治、经济和社会文化语境密切相关；神话主义尽管与以往的讲故事艺术不同，但也富有特殊的艺术光晕。

在梳理电子媒介中呈现的神话主义时，一个值得注意的现象是神话的顽强生命力：诸多神话形象、神话母题和类型，反复出现在口语媒介、文字媒介和电子媒介之中，形成"超媒介"形态的文化传统。透过新媒介的形式，观察这些既古老又年轻的神话主义现象，既可以看到根本性的人类观念的重复出现，也可以洞见当代大众文化生产和再生产的复杂图景。

马克·本德尔在谈到"以传统为取向的文本"时，主张对此类文本不应该"弃之如敝履"，而应该将之作为劳里·航柯所谓的"民俗过程"（Folklore Process）的材料，置入整体的表达传统中加以研究。对待神话主义的态度也应如此。神话主义无疑是神话传统整体的一部分，其产生与口头传统和书写传统密切相关，其传播也对口头和书写传统产生着不同程度的影响。因此，神话学者同样不应该轻视神话主义，而应将之植入神话传统的整体脉络中，置于神话完整的生命史过程中，加以细致的考察和研究。

（原载《云南师范大学学报》2014 年第 4 期）

---

① "我们小时候的国产动画电影不垃圾"，http：//www.u148.net/article/6562.html。

② 马克思：《〈政治经济学批判〉导言》，见《马克思恩格斯选集》，人民出版社 1995 年版，第 2 卷，第 28、29 页。其中罗伯茨公司是 19 世纪英国的一家著名机器制造公司，武尔坎为古罗马神话中冶炼金属的神，能制造各种精良武器和盾牌，在古希腊神话中叫作赫淮斯托斯；丘比特是古罗马神话中的雷神，具有最高的权威，相当于古希腊神话中的宙斯；动产信用公司是 19 世纪法国的一家大股份银行，海尔梅斯为古希腊神话中的商业之神。

现代口承神话的民族志研究

——个案调查与理论反思

杨利慧

一 神话作为文类

民间文学又常常被称作"口头文学""口头传统"或者"口头艺术"(spoken art)。我不知道当我们说到"民间文学"的时候，诸位脑海中会出现一些什么样的概念。2003年，一位美国学者编辑了一本很有影响的书，叫《表达文化的八个概念》(Eight Words for the Study in Expressive Culture)①。这本书主要站在民间文学/民俗学(folklore)的角度，检讨了学科范畴中大家所共同承认的那些核心。编者举出了集体(group)、传统、文本、语境、表演、认同(identity)等核心概念。这些概念实际上就是我们这个学科最为基础、最为关键、我们赖之而安身立命的概念。

"文类"(genre)也是这些核心概念中的一个。有一些人类创造的口头艺术形式，无论在内容、形式、功能，还是表演场合上，都有它自己的特点，从而和其他的口头艺术形式相对地区别开来，于是形成了一种特定的文类。比如说"刘罗锅的故事""乾隆皇帝下江南"等，我们知道那大体属于历史人物传说；史诗则长篇大论地讲述民族的迁徙、民族之间的战争。从内容和形式上看，史诗就和历史人物传说之间有所区别，它们有各自的边界。这就形成了文类。

在人类创作的诸多艺术文类中，有一种特殊的文体形式，我们把它叫作神话(myth)。无论大家从哪些角度界定神话，大体上，在世界各地，神话通常被用来指称这样一种口头艺术表达形式：它讲述的是关于神祇、始祖、文化英雄，包括神圣动物等的故事；它是叙事性的，一般包含着事件，要讲故事；这个故事是发生在一个"创造的时刻"(creation moment)，或者在这个时刻之前；神话还是起源性的故事，它解释今天的世界是怎么来的、人类是怎么来的、文化是怎么样在最初被创造并且成为今天这个样子的。无论世界各地的神话学者从什么角度切入去研究神话，作为一个文类，神话大体上有一些公认的边界，正是这些边界把神话和刘罗锅的传说、灰姑娘的故事区别开来。

人类的口头艺术形式非常丰富。对于一个学者而言，终其一生，也无法穷究所有文类，所以学者们通常会选择一种或兼顾几种文类来加以研究。但是，不同文类的研究之间是可以、而且应该对话的，因为无论研究什么，我们最终的目的都既在于研究对象本身，

---

① Burt Feintuch, ed. *Eight Words for the Study in Expressive Culture*. University of Illinois Press, 2003.

也在于它背后的东西。就像我们研究神话，当然要顾及神话本身的性质和特点，但同时也要考虑神话背后有什么？为什么世界各地的人都在讲神话？神话能够反映出我们人类、这个世界所经历过的一种什么样的共同历程？……无论我们在研究什么样的文类，我们最根本的目的是达至对人的理解、对人类社会的理解、对人类创造力的理解。这是很多人文社会科学研究最终指向的一个目的。从另一个角度来讲，大家研究的文类可能不同，但我们的研究视角和方法之间有很多是可以相互启迪的。正因如此，我希望今天的讲座对那些并不研究神话这一文类的同学也有积极的启示作用。

二　世界神话学的局限

我多年来在北师大为本科生讲授神话学的课程。很多同学刚来听课的时候，都认定老师肯定会讲古希腊罗马神话，一定会讲《山海经》等。他们是带着对世界和中国洪荒年代的想象进入神话学课堂的。但是在学期的期末，他们会告诉我说："您讲的和我们想象的神话学特别不一样。"我想不仅我的学生们，很多人都会觉得神话一定是古老的，一定是和洪荒年代那些原始遗留物相关的，一定是和那些头上插着野鸡毛、身穿兽衣草裙跳着肚皮舞的人群联系在一起的。这是很多人头脑当中对神话的一种想象，也是神话学中一种根深蒂固的学术偏见。古老、原始、愚昧、不开化等标签都会被贴在神话身上。所以长期以来，古代典籍神话研究是世界神话学的核心。在世界上的很多国家，研究神话靠的就是那些泥板、残卷、古文献当中记录的文本。

2001年，我在印第安纳大学访学时，美国 ABC-CLIO 出版公司想在新世纪出版一套世界神话学丛书，他们邀请到了世界多个国家和地区比如日本、墨西哥、美洲等地的专家学者，来完成各国神话的梳理和介绍工作。我和安德明有幸受邀，承担了其中《中国神话手册》(*Handbook of Chinese Mythology*)[1] 的撰写任务。在这套丛书里面，学者们依据的基本上都是历史文献，很少有神话学者论述到现在活形态的神话。这无疑加剧了神话学就是古典学、考古学或者考据学的社会成见。为纠正这一成见，我们的《中国神话手册》一书力图打破神话学领域里的时间区隔，着力地展示了古典神话在现代中国的流布和变化情况，算是中国神话学者对世界神话学的一点贡献吧。

2012年，在北京师范大学主办的民俗学暑期学校里，我曾应董晓萍教授的要求做了一个讲座，题目是《21世纪以来的世界神话学》。我对包括美国、英国、德国、荷兰、日本、韩国等国家的十多位神话学者从2001年直到现在所进行的研究做了一个梳理，想看看当前世界神话学研究的主导取向是什么。从梳理的结果可以看出，绝大多数国外学者依然在使用比较神话学的方法，也就是在大范围的神话资料搜集的基础上，进行神话的比较研究。尽管一些新的研究方法和理念在不断涌现，但这依然是当前神话学最主要的研究方法之一。对古代典籍神话的研究，毫无疑问地、压倒一切地占据着世界神话学的核心。但这并不排除还有其他取向的神话研究存在，比如说人类学取向的神话研究。日本神话学者大林太良曾提到人类学（他表述为民族学）的一个非常重要的长处就是它能够研究活着的神话。马林诺夫斯基也曾经批评过去的那些神话研究者都是在依靠断简残篇进行研究，

---

[1] Lihui Yang, Deming An, with Jessica Anderson-Turner. *Handbook of Chinese Mythology*. ABC-CLIO, 2005, Reprinted by Oxford University Press, 2008.

而人类学家最大的优势就在于他们能够深入到那些生动的语境、那些会产生神话的生活、到那些真正相信这些神话的人当中去进行研究。马林诺夫斯基在特洛布里安德岛就研究在当地人的信仰中，神话处于一种什么样的状态，神话与传说和故事等之间有什么区别。他的这种研究直接推动了人们去关注实际生活中所存在的神话。除了马林诺夫斯基之外，博厄斯以及他的学生露丝·本尼迪克特等人也都有不少的研究。直到 20 世纪五六十年代以后，人类学家也不断有类似的文章零星发表，虽然他们的方法在神话学研究中并非主流。

然而，人类学取向的神话研究也存在一个问题，就是它长期以异文化为主要研究对象，所关注的往往是那些偏远落后的所谓"原始""野蛮"的地区。在文明社会，或者说是在更复杂的社会里，神话究竟处于怎样一种状况，却不在人类学家的关注范围之内。

三　中国现代口承神话调查与研究的历程

我所指的"口承神话"，是那些主要以口头语言为传承媒介（media）、以口耳相传为传播方式、在现实生活中仍然生动存在且担负着各种各样实际功能的神话。古代也有口承神话，比如《搜神记》就采录了一些，但那不在我的研究范围之内。我研究的"中国现代口承神话"就是在现代中国（"现代中国"是一个很大的概念，讨论这个概念无疑会涉及很多争论，我无意卷入复杂的概念之争。在我看来，"现代中国"大体发端于 20 世纪初叶的五四运动，尽管其转型在晚清时期已逐渐开始）的时间和空间的场域里传承的口承神话。

在我之前，已经有中国学人开始关注这个领域了，比如钟敬文先生，他受五四新文化运动的影响，觉得在渔夫、农民、妇人的口头存在着一个异常丰富的民间文学宝库，是可以跟中国古代文献资料相媲美的。所以 20 世纪 20 年代初期，他就已经开始从事"民间神话"（有时他也用"口头神话"这个概念）的采录工作了。他在 30 年代写作《盘瓠神话的考察》时，就开始使用后来被我叫作"民俗学的方法"去进行民间神话的研究。20 年代末，芮逸夫也开始在湘西苗民中调查洪水神话。他后来写了一篇非常有影响的论文，对比湘西苗族的洪水神话与汉语古籍上记录的伏羲女娲故事之间的异同。

到了 80 年代，以河南大学张振犁为首的"中原神话调查小组"对河南和河北境内流传的现代口承神话进行了实地调查，当时他带着一些学生，翻山越岭，搜集了很多民间流传的神话，并出版了《中原神话专题资料》①，在中国口承神话的研究史上非常重要。

对中国少数民族的所谓"活态神话"的研究相对比较活跃。李子贤和孟慧英两教授尤其注重这方面的研究，不过他们两位谈到"活形态"神话时，指的都是那些和宗教信仰的仪式等密切相关的、依然存在于人们信仰体系中的神话。他们把除此之外的其他神话叫作"口头神话"，认为口头神话在原始时期是非常鲜活的，它和宗教仪式相关，但随着历史不断地发展和进化，这些神话虽然遗留下来，却已经快要"干死"了。"干死""枯死""枯萎"等是他们在描述这一类型神话时经常使用的词汇。

我对神话的理解和他们有不小的差异。今天有些神话，虽然不是在宗教仪式场合出现，比如妈妈给孩子讲"盘古开天"的故事哄他睡觉，或者导游给游客讲述兄妹婚的洪水神话等，这些难道不是活态的吗？它们在不同的语境下，还在担负着实际的功能。我并

---

① 张振犁、程健君编：《中原神话专题资料》，中国民间文艺家协会河南分会内部印行，1987 年。

不认为过去的传统就更本真、更纯粹。今天很多神话在它们各自的语境中，一样的本真，一样的纯粹。

通过上面的学术史梳理，大家能够发现神话学领域中存在的一些问题：第一，主要关注古代典籍神话，这一直是世界神话学的主流取向；第二，即使一些学者关注当下民间的、口承的神话，也多集中在少数民族的神话上，很少关注汉民族的神话，这也和学术界一个深刻的偏见有关——认为越是在那些原始的、落后的、偏远的、人迹罕至的、离现代文明非常遥远的地方，越能够保存最本真、最纯粹、最活态的神话；第三，即使研究汉民族的神话，也基本上是在把这些活态的神话当成是古代神话的印证，比如说去印证大禹治水就是在这个地方发生的等，至于这些神话在当下的社会生活中有一些什么样的功能和意义，反而不是考察的重点；第四，以往很多成果都是在大范围的历史—地理比较研究的视角下取得的，学者们往往通过大规模地搜集书面文献，然后把它们排列起来，考察其流传、演变的规律。然而这种做法，往往使我们"只见森林、不见树木"。比如大家可能知道从先秦到两汉乃至明清，一直到现在，在这几千年的流变中，女娲神话发生了什么变化，却不知道女娲神话在一个特定的社区、在一个传承和创造的瞬间、在一个特定的讲述人那里是怎样一种情形。我依然很清晰地记得，90 年代我参加北大举办的一个人类学高研班时，曾经谈到女娲神话在现代流传、演变的规律——基本上就是历史—地理学派那种大规模的研究。当时有个韩国学者问我当地人是怎样去解释女娲神话的变化的。这个问题当时我无从回答，因为历史—地理学派并不关注个体讲述人是怎样看待神话的，但这个问题促使我不断去思考：我们怎么才能既看见森林，又能看到一棵一棵的树木。只有看清树木，才能增加我们对森林的立体的、富于质感的认识。

四　四个汉族社区的个案

带着对学术史的反思以及对其中生成问题的探索愿望，2000 年我以"中国现代口承神话的传承与变异"为研究课题，申请到了一个教育部项目，随后便指导我的四名研究生，一起对现代口承神话进行民族志研究。我们选择了四个汉族社区为个案，其中一个是河南淮阳的太昊陵庙会，俗称人祖庙会，庙里供奉的是伏羲女娲，是神话里繁衍人类的祖先。每年阴历二月二到三月三，这里都会有盛大的庙会。附近的人，甚至还有很多外省人都到这里朝祖进香。从我们拍摄的照片中可以看到，一个讲述人正在唱经——在当地，唱经是很重要的一种文类形式，表达的内容常与民间信仰有关，可以用来赞颂人祖的功绩，从盘古开天唱到伏羲、女娲兄妹结婚。她在唱，旁边有香客和游客在聆听。这就是我说的那些传承和创造的瞬间：神话知识就这样从一些个体的大脑进入到更广大的群体中。这是一个当时已经八十多岁的老太太在跳敬神的担经挑舞蹈，她还给我们讲述了一个非常生动的伏羲女娲兄妹结婚、繁衍人类，以及人为什么没有尾巴的神话。她讲得非常生动，是我在很多论文中都着力分析的一个文本，包括她是怎样表演的，当时的听众是怎样跟她互动的，这些互动又怎样影响到了她的表演策略等。

第二个个案是重庆市走马镇的一个村，我的学生张霞给那里起了一个化名叫司鼓村。这是一个非常有名的故事讲述村，村里有一个著名故事讲述家魏显德，他前些年去世了。魏显德曾在多个不同的语境中讲述大禹治水的神话，内容包括十二个月是怎么来的、大禹治水之后怎样确立了宇宙秩序，等等。这些创世神话是张霞分析的重要内容。

第三个个案来自山西洪洞县侯村，那里也有一个女娲庙。据县志记载，明清时期皇帝曾派官员来这里祭祀，它在历史上应该是很显赫的。解放战争中，该庙毁于战火，后来用作小学，90年代得以重修。在庙宇修复的过程中，这个地方早已不再流传的一些神话传说慢慢又回到人们的口头，重新进入讲述的流通、循环过程。

第四个个案来自陕西安康的伏羲山和女娲山地区，相传伏羲和女娲就在这里滚磨成亲并重新繁衍人类。当地不少人不仅能以散体的形式讲述相关的神话，还能用韵文演唱神话中那些片段的或完整的故事。

我们这个项目差不多做了十年。我和学生们想通过对特定社区和传承主体的民族志考察，弄清楚一些中国神话学得以安身立命的基本事实（facts），例如在当代中国，神话是怎样在一个个特定的社区中生存的？它们担负着何种功能？是哪些人依然在讲述神话？他们是如何看待和理解神话的？神话如何在具体的讲述情境中发生变化？中国现代以来的巨大社会变迁给神话传承造成了怎样的影响？等等。

五　引发的理论反思

通过上面四个个案的考察，我们的项目对于中国神话学安身立命的基本事实有不少重要的发现，以此为基础，我们也对世界神话学领域中一些流行的视角和观点进行了理论反思。限于时间，这里我只简要地说说其中的一部分。

关于现代口承神话的功能。马林诺夫斯基曾经说过：神话是信仰的"社会宪章"（sociological charter）①，也就是说神话的一个最重要的功能是论证信仰的合法性，为信仰提供基础。我们田野调查中也发现：在很多地区，口承神话依然起着这样一种作用。比如在淮阳，你会听到人们解释自己为什么要来到这里拜人祖——因为人祖在大洪水之后重新创造了人类，是人类的祖先，所以他们才来祭拜。可见神话的"社会宪章"功能仍然非常强大。但是我们也发现，神话还有很多其他的功能，而且这些功能是不断变化的。我的学生仝云丽研究了20世纪30年代直到2005年间淮阳流传的人祖神话和庙会之间关系的变化。她发现，新中国成立前国家力量对民间信仰钳制较少的时候，人们用讲神话来表达信仰，地方社会也用神话来规范社区。但新中国成立后信仰被破除，70年代以后又复兴。现在人们会在媒体以及政府文件中看到神话，它们被当作地方文化的名片，成为政府发展经济的重要手段。关于神话的多种功能以及它们在社会中的变化，还有神话对于讲述人个体所具有的多种功能，大家可以参看我们已经出版的该项目成果——《现代口承神话的民族志研究——以四个汉族社区为个案》②。

关于现代口承神话的讲述人，我想特别提醒大家注意的是：导游成了新时代的职业神话讲述人。在淮阳人祖庙和涉县娲皇宫，导游们整天都在向游客讲述伏羲女娲兄妹婚以及女娲造人和炼石补天等神话。他们很注意从民间搜集神话传说，也结合书面文献的记录，然后又通过口头传播给游客。此外，教师也已成为传播神话的主要力量。我曾经连续几年

---

① ［英］马林诺夫斯基：《巫术科学与宗教》（*Magic Science and Religion*），参见［美］阿兰·邓迪斯编、朝戈金等译《西方神话学读本》，广西师范大学出版社2006年版，第238页。

② 杨利慧、张霞、徐芳、李红武、仝云丽：《现代口承神话的民族志研究——以四个汉族社区为个案》，陕西师范大学出版2011年版。

在北师大的神话学课堂上做过调查。2010 年，在 103 名中国学生中，93% 的学生选择了"听老师讲课"为他们了解神话的主要方式之一。一般情况下，在提到神话的讲述人时，人们首先会想到萨满、祭司和巫师，认为他们掌握着最丰富的神话资源，但是如今在绝大部分地区，宗教性的职业讲述人正在逐渐淡出人们的视野，导游和教师却日益肩负起了新时代职业讲述人的角色。

关于现代口承神话的传播方式。通过个案研究我们发现：无论是听长辈讲，听邻居、朋友讲，还是听老师、导游讲，口耳相传依然是现代口承神话最主要的一种传播方式，但是在年轻人当中，书面传承和电子传媒的传播正变得越来越重要。在淮阳和安康地区，神话的传承已经呈现出了"反哺性"的趋势，就是说老人有时候反而会从年轻人那里去了解神话传统，因为他们从书本和新媒介中掌握了更丰富的神话资源。这种现象非常值得关注。再说我在 2010 年所做的调查：在 103 名学生中，选择"读书"为了解神话的主要方式的占 96%（可做多样性选择），选择"听老师讲课"的是 93%，选择"观看电影电视"的是 82%，选择"听长辈和朋友讲述"的是 67.5%。其次，选择"网络浏览"的有 40%，选择"听广播"也有 3%。通过这些数据，我们会发现在这些"80 后"的大学生当中，书面阅读和面对面的口头交流是他们了解神话最重要的两条途径，而观看电影电视则成为年轻人了解神话传统的第三种主要方式。

鉴于上述发现，我现在正在主持一个新的课题，即"当代中国的神话主义"。我想进一步考察遗产旅游（heritage tourism）和电子传媒对于神话传统的影响，研究旅游、电影、电视和电子游戏是怎样利用神话传统的，而神话传统在这一过程中又发生了一些什么样的变化，观众或者玩家看了这些电影电视、玩了这些游戏之后，会不会对他们的神话观有一定影响。我们的研究对象甚至包括了《仙剑奇侠传》这样的电子游戏。这个新课题和前一个课题之间既有连续性，也有不同的地方：它更关注年轻人而不是老年人，更关注都市而不是农村，更关注旅游和电子媒介占据着文化消费的主要形式的后现代社会。

关于神话的神圣性。神话一直被视为"神圣的叙事"。记得 2001 年初夏，我们在美国加州大学伯克利分校访问了著名民俗学家阿兰·邓迪斯（Alan Dundes）教授，曾和他讨论神话研究的方法问题。那时他斩钉截铁地说："你讲到的那些中国神话，人们认为它是神圣的吗？"我回答说："有的人可能认为是神圣的，有的人认为不是神圣的。"他说："那好。认为神圣的就是神话，认为不神圣的就不是神话。"可见"神圣性"基本是一个贴在神话身上的铁定标签了。绝大部分学者都认为神话是在一种庄严肃穆的宗教仪式的场合里被讲述的，这是神话神圣性的一个重要根据。但是我们在调查中发现：神话讲述人的神话观其实是非常复杂多样的，有很多人干脆说神话是胡扯，完全不可相信、不足为凭。如果无法考证某一则神话的讲述人的态度和讲述语境，同样都是"女娲炼石补天"，你怎样去判断这一则是神圣的因而是神话，而另一则就不是呢？其实在神话的界定上有很多观点是名实不符的。我觉得把神话僵硬地规定为"神圣的叙事"无助于对神话本质的认识。

关于神话的"综合研究法"。很多学者都曾感叹：神话实在是太复杂了，一个观点不可能解决所有的问题。所以要想深刻地理解神话，就一定要具有开阔的视野，使用灵活的方法。用一种方法可能只能洞察一面，只有将这些研究统合起来，才能对神话的特质有更深刻的认识。那么，我们应该怎样去做呢？这是我一直在思考的问题，并尝试提出了"综合研究法"（Synthetic Approach）的观念。这一方法主张在研究现代口承神话时，要把中国学者注重长时段的历史研究的长处和表演理论注重"情境性语境"（the situated context）和具体表演时刻（the very moment）的视角结合起来；把宏观的、大范围里的历史—地理比较研究与特定社区的民族志研究结合起来；把静态的文本阐释与动态的交流和表演过程的研究结合起来；把对集体传承的研究与对个人创造力的研究结合起来。以往我们常常使用的方法是文本的比较研究，把一个一个的文本搜集、排列起来，然后进行对照分析。采用综合研究法，却可以包容进更多的考察维度。如右图所示，我们可以把从文本一到文本五看作是一段传承的链条，其中每个文本就是这段链条上的各个结点。以往我们是"只见森林，不见树木"，就是说我们能梳理出女娲神话从先秦、两汉至唐宋元明清的流布和嬗变的宏观链条，可是却不知道这链条中每一个结点的具体形态：屈原在《天问》里为什么说"女娲有体，孰制匠之"？他听谁说的？是怎么说的？讲述人对女娲的态度怎样？《山海经·大荒西经》里记载的"有神十人，名曰女娲之肠，化为神，处栗广之野，横道而处"，讲述人到底说的是什么意思？该神话一般在怎样的语境里讲述？女娲是怎么化生的？她的肠子怎么化为十个神的呢？……这些重要的细节我们全都说不清楚。因此，我们现在需要做的是，不仅要研究和描摹出一段完整的链条，同

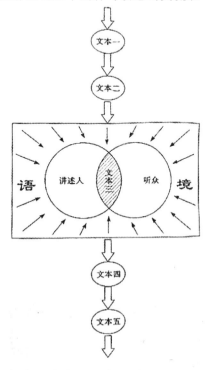

时还要特写、细察其中的一个结点。比如把"文本三"定格、放大，考察其传承和创造的一瞬间。在这个结点上，我们既能看到它对传统的继承，同时又能看到包括讲述人和听众等在内的语境因素怎样综合地影响了文本三的变化。通过这样的方法，我们就能够细致地考察传统与创造之间的关系。

（原载《民族艺术》2014 年第 2 期）

文体的协作与互动

——以甘肃天水地区伏羲女娲信仰中的神话和灵验传说为例

安德明[*]

【摘要】本文立足于甘肃天水地区伏羲女娲信仰相关的神话和灵验传说，力图对口头艺术文体之间的相互关系展开深入探讨。文章认为：口头艺术作为表达、强化和维系民间信仰的重要手段，其诸种文体之间在功能和具体语境应用方面存在着协作与互动的关系。就其功能而言，神话是证实和确立相关信仰最初合法性的基础，而此后，灵验传说则在信仰中扮演着更为重要的作用，它不仅继续强化着神灵信仰的合法性，而且将遥远的人类始祖或英雄转化为人们身边灵验的地方神灵，从而使之能够更好地佑护现实生活；从应用来看，不同文体的应用往往对应着不同的具体语境，在某个特定场合必然会出现某一特定的文体，其间有着相对稳定的规律。总之，神话和灵验传说之间存在着彼此互动的关系之网，这种关系，既具有维护民间信仰系统的完整的作用，又能够发挥促使信仰传承和延续的功能。

在民间信仰领域，口头艺术发挥着十分重要的作用。所谓口头艺术，指的是在一定场合下，通过演唱、讲述或展示等途径在人们之间交流、传播和传承的内容与形式都相对固定的言说方式，包括神话、传说、故事、谚语等多种不同的文体。与民间信仰相关的各种口头艺术文体，既是民间信仰的有机组成部分，又对信仰的延续和传承起着强化的作用，因此，对于它们同宗教信仰之间关系的探讨，是许多民俗学、人类学研究者长期关注的话题。马林诺夫斯基就曾经把口头艺术中的重要文体神话称作信仰的"社会宪章"（Socio-logical Charter），认为它"表达、增强并理顺了信仰；它捍卫并加强了道德观念；它保证了仪式的效用并且提供引导人的实践准则"，"对土著来说，它是比当今现实更重大、与人类关系更密切的远古现实。现代人类的生活、命运及种种活动都是由它决定的。它为人们提供了仪式和道德行为的动机，还告诉了人们如何去进行这些活动"。[①]

事实上，除了神话，在某一特定的信仰范畴，往往存在着其他各种口头艺术的文体，它们共同对信仰的延续发挥着作用。那么，这些文体之间究竟处于一种怎样的关系，是杂

---

  * 作者系中国社会科学院文学研究所研究员。

  ① ［英］马林诺夫斯基（B. Malinovski）：《神话在生活中的作用》，参见［美］阿兰·邓迪斯（Alan Dundes）编，朝戈金等译《西方神话学读本》（*Sacred Narrative: Readings in the Theory of Myth*），广西师范大学出版社2006年版，第244、250页。

乱、随意地混合在一起，还是相互之间存在一种有机的联系？对于信仰本身的完整性而言，它们的关系又具有什么样的意义？

鲍曼在围绕文体、行为、事件和角色四个因素分析"表演"问题时，曾经指出这四种因素处于相互作用、相互依赖的关系，而一些特殊的文体，往往会在特定的事件、由特定表演者以特定的方式加以表演。[①] 可以看到，鲍曼和他所引用的佘泽（Joel Sherzer）已经注意到了不同文体在语境、功能、表演者等方面存在不同分工的现象，不过，他们并没有明确指出文体之间的协作关系，也没有对此进行深入具体的阐述。

近十多年来，笔者在对甘肃天水地区的民间信仰及相关神话、传说和谚语等进行田野研究的过程中，多次触发了对信仰领域口头艺术文体之间相互关系问题的思考，笔者已发表的一些论著，也从不同方面对这一问题进行了初步阐述。2010 年，笔者发表了《信仰、神话与灵验传说》一文，以天水地区的伏羲女娲信仰为例，比较集中地探讨了信仰、神话以及口头艺术的其他体裁之间的关系。本文是对如上探索的进一步明晰、深化和拓展。它将主要围绕甘肃天水地区的伏羲女娲信仰，针对上文所涉及的问题，来探讨和揭示在民间信仰及相关仪式当中，不同的口头艺术文体是如何相互协作并共同发挥作用的。

伏羲女娲是中国创世神话中显赫的人类始祖和文化英雄。相传伏羲发明八卦，创制网罟，教民渔猎；女娲抟土做人，炼石补天，创立了婚姻制度。尤为著名的是，伏羲女娲还是人类的始祖：他们在一场灭世的大洪水之后滚磨卜婚，最后兄妹成亲，重新繁衍了人类。因此在许多地方，他们成为民间信仰中被尊奉的"人祖"（被称作"人祖爷、人祖奶奶"，或者又称"人宗爷、人宗婆""高祖公、高祖婆"等），成为神灵世界中尊贵的大神。

甘肃天水地区伏羲女娲信仰悠久深厚。据北朝时期郦道元（约 466—527）所著《水经注》的记载，太皞庖牺氏（即伏羲）生于成纪。尽管学术界对于成纪到底在哪里至今尚有争议，但研究者大都认可在今天水市秦安县北的说法。由于天水一带"诞生过"伏羲，所以被称作"羲皇故里"；而距离市区不远的秦安县陇城乡，则传说是女娲故里。因此，天水有"两皇故里"的美誉。

在天水境内，有两座较大的伏羲庙，均最晚在明代就已落成，至今是人们祭拜人祖伏羲的最重要场所。其中一座建在市北渭南乡的卦台山上，相传这里是伏羲画卦的地方，所以又叫"画卦台"。山上原建有伏羲庙、午门、牌楼、钟楼、朝房、僧舍等，1949 年以后大多都被毁坏。1990 年以来，这里的伏羲庙得到重建，庙中新塑了伏羲像，还在旁边增添了一座女娲像。据负责重建庙宇的人员介绍，过去这里并没有女娲塑像，因为古书里记载女娲是伏羲的妻子，所以在重新建庙时，主事的人便增建了女娲神像，以表尊敬。前来朝拜伏羲的人，也都要向女娲焚香祈祝。

另一座伏羲庙位于天水市区西街，俗称"人宗庙"。它的始建年代，一说是元至正七年（公元 1347 年，按《伏羲庙卦台记》碑载）；一说是在明正德年间（公元 1506—1520 年），由于当地官吏往卦台山祭祀伏羲不便，所以才在州治地方修建了这座庙宇。[②] 该庙

---

① ［美］理查德·鲍曼（Richard Bauman）：《作为表演的口头艺术》（*Verbal Art as Performance*），杨利慧、安德明译，广西师范大学出版社 2008 年版，第 33—41 页。

② 张士伟、李虎生编：《神圣伏羲氏》，内部发行，1993 年版，第 207—216 页。

曾几经修缮，如今庙中存留的建筑主要有太极殿、先天殿等，太极殿中保留着明代所塑的伏羲坐像，另有一座较小的行像，供祭祀时抬出游行用。整个建筑群占地3700多平方米，是现存全国最大的祭祀伏羲的庙宇，至今香火十分旺盛，是天水伏羲信仰的中心。

天水伏羲庙祭祀，始于宋、金时期。作为人文始祖，伏羲在人们心目中享有崇高的地位，围绕对他的崇拜，民间形成了丰富多样的祭祀仪式和其他习俗活动。到了元代，天水伏羲庙祭祀被纳入官祭，定于每年春秋两季，申明礼部，由官府出资，官员主祭，并以太牢祭祀。此后祭仪逐渐正规化、制度化，规格也不断提升，到明嘉靖年间，天水市区的伏羲庙成为全国性的规格最高的伏羲祭祀中心。清代中期以后，天水伏羲庙的官方祭祀逐渐弱化，但民间的祭祀和相关习俗活动却始终保持着旺盛的活力，一直持续至今。

每年正月十六，相传为伏羲生日。在此前后，市区伏羲庙都要举行盛大的庙会，吸引城内和方圆各地的信仰者前来进香、祈福。最热闹的是从正月十五的元宵夜到次日凌晨这段时间，伏羲庙内常常是人头攒动，水泄不通。来这里的进香者，除了许愿还愿，大都要进行"灸百病"的活动。伏羲庙内，有数株高大的古柏。古柏原有64株，按六十四卦方位排植，象征伏羲六十四卦之数，被称为伏羲卦柏。历经多年风雨之后，这些柏树目前只存活37株。每年庙会期间，当地人按天干地支六十甲子排列循环，选择其中一株为当值卦柏，它被认为是喜神树，能够代表伏羲的旨意，尤其具有治病疗疾的神奇力量。前来赶庙会的人们，先在伏羲像前焚香化纸、跪拜叩头，然后再到任意一棵柏树前——当然，最受人关注还是那棵喜神树，把自己带来的红纸人粘贴在树上，并用香火灸病，即用香头灼烧纸人与病人伤痛部位相应的地方。通常，进香者是为自己的病痛来灸，也有不少为亲友灸的。人们相信，通过这种活动可保百病痊愈。由于每年灸百病的人数众多，每棵古柏的树身都被烧出了许多斑痕，当地文物部门为了保护这些活文物，不得不用铁皮和竹帘遮住树身。

农历五月十三日，相传是龙的生日。1988年，时值龙年，天水市政府于当日首次举办了规模盛大的伏羲祭祀典礼，参加者包括市各部门领导、特邀代表、各界群众代表以及在天水旅游的港澳地区和国外人士。祭典活动经过精心准备，程序谨严，庄重肃穆。祭典期间，还举办了天水风情艺术展、伏羲传说故事版式连环画展、龙年邮票展、民间艺术花卉盆景展等多种活动。经过《中国日报》《人民日报》（海外版）等媒体的报道，活动取得了较大的影响。于是，自1989年开始，天水市政府正式将五月十三日的祭典活动确定为伏羲文化节，一年一度，每次三天，并形成了固定的祭祀程序：节日开始后，先由政府主持公祭，再由群众自行祭祀，礼乐具备，隆重热烈。随着活动年复一年的举行，这一节日的影响日益增大，吸引了越来越多来自全国各地的人士以及港澳台、东南亚地区的华人。

在伏羲庙周围，比较清晰地体现和流传着伏羲和女娲的神话，尤其是伏羲画八卦、兄妹滚磨成亲的故事，它们是通过塑像、庙内的楹联、匾额以及寺庙建筑布局等具体实物来展现的。太极殿中，从明代保留至今的伏羲坐像即是手持八卦的形象。神像的右侧有龙马塑像，左侧则陈列着两对石盘，从上面所刻图案看，当为"河图洛书"石盘。1995年，我和杨利慧前去调查时，天水市博物馆的一位馆长则告诉我们，那两副石盘是伏羲、女娲当年在南山、北山滚磨成亲时所用的石磨，陈列在这里，是为纪念他们滚磨成亲、繁衍人类的功绩。其中旧的一副，已缺了半块，是明代旧物，曾因庙宇年久失修，半埋入土中，1985年、1986年重修古迹时挖出，然后又重铸了一对新的放在这里。这种解释，在遮蔽了与伏羲相关的"河图洛书"神话的同时，却又以讹传讹地强化了伏羲女娲兄妹婚神话。

悬挂或镌刻在伏羲庙廊檐、立柱上的历代流传下来的大量楹联和匾额，也从不同的角度，宣讲了伏羲的神话功绩。例如，"网罟佃渔，促使人文演进；系词爻象，蕴藏宇宙精华"，"一画开天，三才参化；百王维统，五帝肇基"，"庖牺以养牺而召，群众生活初上轨；画卦代结绳之治，后世文明始生芽"，"间推象数，先天探始；欲访龙图，后世问津"，"不缘八卦开神钥；谁为三才泄密藏"，等等。

此外，在每年庙会时民间组织祭祀伏羲时宣读的祭文，更会详尽列举和歌颂伏羲的神圣功绩，例如"制嫁娶""正姓氏""结网罟""教渔佃""始画八卦"，以及教人饲养牲畜家禽充实人的厨房，等等。在仪式活动中，它必须通过文字加以表现，并且经过主祭者在神前宣读之后再焚化，这一过程，实际上也使相关神话得到了一次集中的宣讲。

不过，总体来看，有关伏羲的神话在当地的口头流传并不十分普遍。就笔者几次调查的情况看，除了很少一部分人能够讲述伏羲创世的事迹（包括他和女娲兄妹婚的故事），大多数人对相关的神话讲述不多，所讲内容也十分简单，往往只是"人宗爷画了八卦"（"爷"是当地对神灵的尊称）、"人宗爷制造了人烟"这样的主要母题，大都没有具体的细节。与此形成鲜明对比的，是有关伏羲如何在日常生活中显灵的故事，不仅流传广泛，而且内容丰富，情节具体生动，人们谈论起来也是兴趣十足。

1996年，我们再度前往伏羲庙考察时，正有几位中老年人在义务为庙里描绘放置磨盘的石桌上的花纹。虽然热心于庙里的事务，而且正在描绘放置磨盘的石桌上的花纹，但是他们大多说自己不知道伏羲、女娲的神话。有一位伏羲路街道居委会的女主任，她很热衷于为伏羲活动服务，但似乎也不知道更多伏羲的故事。但当我们问她伏羲是否灵验，她马上说：灵得很，早年这里挨日本人轰炸，庙后落了几十颗炮弹，但都未炸开；前几年发大水，把天水冲了，伏羲路就没事；前几天市里下大雨，但庙这边的地方雨就很小，有人说雨不敢下这里。

关于庙里那尊至今保存完好的伏羲塑像，老人也讲了自己听一位远房爷爷说过的一个故事："在'破四旧'时期，有一天一帮人手持家什冲进伏羲庙要砸塑像，突然，在塑像四周出现了很多蛇，天水人管蛇叫小龙，视它为神物，那些人一看到这么多小龙，就害怕了，于是都溜了，就这样塑像被保住了。"她说，这个传说在当地广为人知。

除了天水市区的伏羲庙，在市东环城公社七里墩大队的大道上，有一尊20世纪90年代新塑的女娲像。女娲人头蛇身，长发齐腰，膝下围绕着几个娃娃。市文联的张主任告诉我们：天水是伏羲、女娲的故里，七里墩是天水的东大门，在这儿塑一座女娲像，是为了让下火车的客人一进天水，就看到天水的标志；因为城内已建有一处伏羲庙了，所以这里就不设伏羲，而塑女娲像。但后来又有人悄悄告诉我们：这座女娲像的塑造，是由于1991年盛传天水要发生地震，于是人们除广求诸神保佑外，又在伏羲庙里唱了20天大戏，还在七里墩塑了一尊女娲像，以祈求得到这一对人祖的庇护。据说此招果然灵验：那一年，天水地区平安无事。

离天水市区不远的秦安县陇城乡，有"娲皇故里"之称，据说这里是女娲诞生、造人、补天之处以及最终死葬的地方，建有女娲庙。据明代秦安籍的胡缵宗撰于嘉靖十四年（公元1535年）的《秦安志》卷二记载："（陇城之北）有女娲庙，庙建于汉以前。娲皇，成纪人也。故陇得而祀焉，今庙存而祀废矣。"按照这一记述，陇城女娲庙可谓由来久远，但其初建的确切年代，目前还无法断定。

陇城女娲庙在它漫长的存在、延续过程中，历经兴衰。它曾于清乾隆初年，因龙泉山崩而毁坏，于是被移建于陇城东门内；后因清水河侵蚀城址，又移置东山坪；同治初年，回民起事，庙又被毁，继而重建于陇城南门内；光绪年间，女娲庙被迁至城隍庙院中，与当地方神大娘娘的庙相比邻。"文化大革命"中，庙又遭拆毁。如今的女娲庙，又称作"娲皇宫"，是1989年由群众集资，在其旧址（城隍庙院内）上重新修建的。据老人们回忆，清代时庙里的女娲像约一尺来高，坐东向西。民国二十五年曾有人为它拍过一张相片，相片中女娲坐在石头上，披散着长发，身穿树衣；右腿盘，左手放左腿上，右手托五花石；左右有龙护绕。如今的庙是1989年新建的。庙中有一尊颈戴贝壳项链、腰穿树叶短裙、手托五花彩石的女娲塑像，塑于1992年。据说村里不少人对此像不满，认为它显得就像一个现代女青年一样。不过，从无论过去还是现在女娲塑像都突出其手托五色石的形象可以看出，人们始终是要通过塑像来强调女娲补天的神圣事迹。

每年的正月十五，陇城有盛大的女娲庙会。届时附近各乡镇以至各县城和天水市里的人们都赶来为女娲娘娘"过会"。除了单独的进香者，各村还要组织"马秧歌""高抬"、高跷等各种形式的社火来这里表演，陇城村则会邀请秦腔剧团连唱三到五天大戏。这些敬神娱人的节目，会吸引更多的男女老少，使得狭窄的街道往往被挤得水泄不通。女娲庙所在的大院内，烧香磕头、许愿还愿的香客，也是摩肩接踵、络绎不绝。

当地有关女娲"生于风谷，长于风台，葬于风茔"的说法在地方知识分子中流传较多。村外风谷中的一处洞穴，被当地人称作"女娲洞"，据说女娲曾在此洞中住过，或说女娲即在此出生，亦有说其在此修行的。另有一眼"龙泉井"，相传女娲当年是汲此井水，抟黄土为人的。此外，作为乡政府所在地的陇城村，以前曾叫"娲皇村"。

有关女娲的神话在香客中也有所流传。1996年，我们第二次去陇城女娲庙会考察时，就听一位赶会的香客讲过这样一则神话：传说"女娲爷"时，天下没有一个人。有一天她在水边梳头，水里映出她的影子。她想：咦，要是有这样的人做伴多好玩！她就用水里的泥巴捏了一男一女两个人，捏好了往水里一扔。等她梳好头，水里"咕噜噜"出来了两个小孩。从这以后世间才有了人，所以说是女娲制下世（界）的。

但总体而言，同天水市区伏羲信仰的情形相似，陇城当地女娲神话的讲述远不如女娲显灵传说流传得那样普遍、兴盛。女娲造人补天、兄妹成婚的显赫功绩似乎只有个别文化干部和乡村里的知识分子知晓，一般民众所知较少，而且也不甚关心。他们津津乐道的是大量的灵验传说，这和他们的现实生活更贴近，甚至休戚相关。

乡文化站杨站长的大儿媳告诉我们："风沟里有女娲爷的湫泉，又大又清凉。前几年有人说那是神水，好多人提了盆盆罐罐去抢，说那水喝了可以治百病。有一年我妈病了，我爸也去淘过泉的。"该村一位姓柴的老人也说："以前有人照了女娲爷的像，结果一过潼关，像就没了。人们说这是神感应（灵验）。"

杨泰老人尽管说自己不"迷信"，但是也讲了几件类似的传闻。一件是某位女导演来陇城不拜女娲，结果去爬女娲洞时摔了下来。另一件是女娲的老（旧）庙废掉以后，陇城卫生所就设在里面。（庙上拆下来的）木料扔了满院子。附近一些老百姓就偷偷把木料拿回家去。后来村里有个女人说她是女娲，对人说："你去把卫生所的所长叫一下。"所长不想去。可那女人说非去不可，所长就去了。女人对他说："你拿个笔记上。"她就讲：谁家拿了几筐木料，谁家拿了木料几筐。所长就都记下了。当时老百姓拿走木料，卫生所也没办法。结果这个女人说了出来，而且说得一点不差，人们很害怕，纷纷把拿走的木料又送回来了。人们都说"女娲感应(灵验)"。还有一件事是:有一年,老百姓捐钱要修女娲庙。当时(庙)被农机站占着,农机站不走(迁)。站长说:"我就不走。女娲要是感应的话,那我就完(死)了。"这么一说,有一天他晚上回家去,第二天就没了。从那以后,谁也不敢拦了。以前县长打电话说,不叫占农机站,现在也不敢(阻拦)了。乡党委书记说:"你们县上要叫拉倒老百姓搭的木架子,你们自己派人来拉,我们不拉。"结果就没拉。从此以后,大家开始齐心协力修庙。

从以上的叙述可以看到,在天水的伏羲女娲信仰中,神话和灵验传说是两种比较常见的口头艺术文体,但其表现形式及其对于信仰本身的作用却各不相同。在人们的口头交流中,神话讲述得比较少,但在作为信仰和仪式中心场所的庙宇设施(如神像、匾额、楹联)中,以及在特定的仪式活动(如宣读祭文)中,相关的神话却有清晰的呈现。可见,神话内容主要是在特定的场合以实物展示或文字记述的特殊方式来呈现,而并不一定只表现为口耳相传的方式。这种与庙宇结构和仪式过程相融合的展示方式,从一个侧面体现了神话自身的神圣性和严肃性,同时又为增强庙宇的威严和仪式的肃穆提供了基础性的元素。由于伏羲女娲的神话事迹已经成为人们普遍认可的最根本的事实,成为人们信仰观念的基础,因此,对于广大信众来说,神话的具体内容,也不一定要以多么复杂的细节来展现,而往往可能只是一句话,例如"人宗爷、人宗婆制造了人烟""人宗爷画了八卦",等等,或者,甚至只是一个被广泛接受的对于神灵的称谓,例如,"人宗爷""人宗婆"。这种简单不过的表达,以不容置疑的态度,陈述了人们对于相关神话事迹的坚定信念,把繁复的细节,浓缩为了一个简单、明了、易记的象征,并使得人们凭着共享的有关地域文化和历史的知识库(repertoire)①,能够随时领会和理解这一象征背后的丰富内涵,并通过这一象征实现彼此之间的交流。

神话所讲述的,是神灵在远古时期的伟大事迹,从一个角度讲,也就是神灵之所以成神的原因。人们在一般场合对这些内容的口头讲述相对较少,这也是神话严肃性、神圣性的一种体现,也就是说,在信仰世界里,什么时候、以何种方式或者由什么人来宣讲或展示相应的神话,实际上有着看似随机却十分严格的规范,在很大程度上,它应该是通过某种特殊的途径、以特殊的态度献给神灵,而不是一般性地讲述的。在河南淮阳太昊陵庙会(当地称"人祖庙会")期间,大量香客会在伏羲庙内演唱经歌,内容大都同伏羲神话有关。这种口头表演,尽管因不同香客日程安排的不同表现出较大的随机性,但其中始终存在着一个最根本的规定性,就是必须要面对神灵来演唱,其目的一定是敬神。②

灵验传说的讲述场合,则没有太多的限制。有关这种文体的口头交流,无论是在平时的生活中,还是在举行各种信仰仪式的活动期间,几乎可以在任何情况下进行。这种传说的主要内容,往往同人们的现实生活密切相关,几乎每个具体故事都关联着某个具有强烈现实色彩的事件:事件的主人公或发生地点,都是具体的生活实践中存在的,并且往往是讲述者及听者经常接触和熟知的;事件则大多是作为主人公的现实生活中"那一个"或"那一群"确定的人所亲自经历,或者,至少是其亲眼所见;但与客观现实不同的是,传说中的这些人、地点和事件,都被同某种在我们以现代科学的眼光看来并无直接关系的解

---

① Dell Hymes. *In Vain I Tried to Tell You:Essays in Native American Ethnopoetics* [C], 6. Philadelphia:University of Pennsylvania Press, 1981.

② 杨利慧:《女娲的神话与信仰》,中国社会科学出版社 1997 年版,第 191 页。

释联系了起来，使得几个在科学意义上互不牵涉的事件，由于这种解释而相互具有了因果关系，从而使神灵在具体生活中如何发挥实际的效应（灵验）得到突出的宣扬，前文所述伏羲保佑地方免于水灾和地震、女娲湫泉治病及女娲惩治阻挠修庙者等故事，均具有这样的特征。

由于灵验传说所涉及的内容，都是"发生在人们身边的事件"，具有突出的"真实性"和"可信性"，因此，它能够为神灵的灵验性提供有力的证据，并时刻以诸多的"前车之鉴"提醒人们时刻保持对冒犯神灵行为的戒惧，同时，它对神灵的地方化也具有积极的促进作用。

或者是信仰具有明显地方特征的神灵，或者是通过从方方面面寻找其与当地发生特殊联系的因素，或使之在神力的特殊性上体现出当地独有的属性，来把那些具有广泛地域性的大神加以地方化，这样的处理，既是民间信仰领域常见的形式，也在许多宗教信仰中普遍存在。例如，在天主教中，尽管不同地区的信徒信仰的是同一位上帝，但仍然存在某个特定教堂更为权威、更为灵验的观念。位于美国新墨西哥州 Chimayo 地区的天主教堂 Chimayo 圣殿（El Santuario de Chimayo），由于能够提供具有高度灵验性的治疗疾病的"圣土"而闻名于世，并每年吸引 30 余万信徒从四面八方前来朝拜，就是一个典型的例子。[①] 对于神灵的这种地方化的处理，反映了人们力图借助同神之间更密切的地缘关系，来更加亲近、更加直接、更加容易地祈求神灵，并更加顺利地达到目的的一种愿望。在中国，这尤其可以看作是人情化的社会关系在信仰王国的体现。[②]

从大量口头流传的各种灵验传说来看，尽管伏羲女娲是人类始祖和具有普遍性的大神，但在天水地区人们的心目中，这两位大神实际上已经成为地方化的当地保护神。有关他们如何繁衍人类、发明文化的事迹，只是一种背景，而不再是人们所关注的重点。对于大多数人来说，他们最为关心的，是神灵如何凭着特殊的神力以及与当地人民特殊的关联在现实生活中发挥作用的问题。事实上，也正是由于伏羲女娲有这么多与人们的现实世界相关的灵验神迹，他们才能从遥远的过去走向当下的生活，也才能够持续受到人们虔诚的礼拜。

如果说，人们最初是为了纪念伏羲女娲过去的功绩而立庙祭祀两位神祇，那么，在以后的发展中，越来越多的人则是为了其现世的灵验而祈求和祭拜他们。因为对任何一位神灵而言，尽管他在过去功勋卓著，值得纪念，但倘若缺乏在现实生活中发挥功用的能力，人们对其敬奉的动力必然会大大减弱。在这里，神话和灵验传说两种文体协作互动，从不同的维度发挥各自的功能，共同巩固和加强了神灵信仰体系的完整性和有效性：讲述神灵过去功绩的神话，确立了神灵信仰的基础并成为长期维护信仰合法性的主要因素，灵验传说则不断使神灵从过去的英雄转化为时刻关照人们当下生活的佑护者，并以讲述场合的随机性、灵便性，为神灵在信众当中保持持续强大的威望和吸引力奠定了更为扎实的基础。

类似的情况，也大量体现在有关其他神灵来历的传说及其灵验传说的互动当中。例如，天水市区及街子乡等市郊一些地区，有深厚的城隍信仰传统。围绕各处的城隍庙，都有无数有关城隍灵验感应、佑护信仰者的传说，这些传说，吸引了越来越多的信众、以日

---

① 笔者于 2013 年 4 月在美国新墨西哥州的调查资料。

② 安德明：《从农事禳灾看民间信仰中的地方神》，参见中国民俗学会编《中国民俗学年刊》1999号，上海文艺出版社 1999 年版，第 270—281 页。

益虔诚的心理加入到了敬拜"城隍爷"的行列。据方志记载，天水城隍为汉代名将纪信将军，因替汉高祖牺牲而被封为神。[①] 这种有关神灵来历的解释，也体现在一些庙内所保留的古碑当中，部分掌握较多历史知识的当地人，在口头交流的时候，不时也会提及，而且会在为城隍敬献牌匾时，特意标示"本镇城隍纪大将军"这样的称谓，以显庄重。不过，相比于城隍如何在现实生活中保佑某个具体的人治愈顽疾、或考中大学、或找回财物等等一类的灵验传说，有关城隍来历的说法，不仅知道的人很少，人们讲述和传播的兴趣、热情也小了许多。与伏羲女娲信仰中的情况一样，对于神灵来源的解释，主要在确立和强调神灵信仰的合法性方面具有重要意义，而在维持信仰的延续方面，灵验传说则发挥着不可替代的作用。

综上所述，在一个特定的信仰范畴，往往存在着多种口头艺术的文体。这些文体，可能会以口头交流的形式加以表述，也可以通过实物或文字的形式加以呈现，其表述或呈现方式的不同，往往和文体本身的属性、功能及应用语境等有直接的关系，其间存在着看似随意实则严格的内在规律。就天水地区的伏羲女娲信仰来说，相关神话内容往往通过神像、匾额、楹联、祭文等获得展示，而较少一般场合的口头讲述，这实际上是神话这一特定文体神圣性、严肃性的体现。灵验传说则以讲述场合的随机性，随时随地以口头交流的形式巩固和强化着对于神灵的信仰，两者在应用语境方面存在着一种有机的互补关系。其次，神话也许是促使相关信仰形成并确立其合法性的根源，但对广大普通信众而言，维系并不断强化这一信仰的，却是大量的灵验传说。人们信仰神灵的主要原因，并不在于他曾经做了什么，以及为什么成为神，而在于如许许多多的灵验传说所证明的那样，他能够在人们的现实生活中发挥实实在在的护佑功能。也就是说，吸引广大进香者的，并不是讲述神的来历或人类起源的神话，而是不断证实神的现实功能的各种灵验传说。正是这类传说，使遥远的人类始祖贴近了人们的现实生活，成为日常生活中无所不能、神奇灵验的保护神，从而起到了维系、巩固和强化相关信仰的作用。

总之，作为表达、强化和维系民间信仰的重要手段，神话为信仰合法性的存在提供了持续的基础，灵验传说则为其在现实生活中始终保持强大的影响提供着源源不断的动力。二者分工协作，构成了一个有规律的互动之网，并从不同向度共同保证了信仰的传承和延续。

（原载《西北民族研究》2014 年第 1 期）

---

① 贾缵绪：《天水县志》卷二，国民印刷局民国二十八年（1939）版，第 11 页。

地方传说的生命树

——以洪洞县"接姑姑迎娘娘"身世传说为例

陈泳超[*]

【摘要】民间叙事的形态学研究，向来以故事为对象，传说只被当作添加了某些比附性关联的故事文本而已，这就抹杀了传说本身独立的形态价值。事实上，传说的真实生命主要并不依附于文本，而是地方民众话语交流的实践形式之一，与演述者所代表的人群意志直接关联，因而在故事形态学中经常被忽略的名词性元素，在传说形态学中可能具有非凡的意义。本文依据作者多年来在洪洞县"接姑姑迎娘娘"活动中调查的关于尧舜及二妃身世传说的所有文本，将这一地方传说的各种异说进行形态学的分析，从而描画出一棵该传说的"生命树"，它不同于刘魁立先生故事生命树的枝干茂盛，它枝干单纯但花果树叶则更见繁荣。

拙作《作为地方话语的民间传说》^①专门论述了传说不仅具有文学文本的价值，更重要的是作为一种话语体系被某一地方民众共同享用并进行着纷繁多姿的交流实践，其间充斥着差异、矛盾和纠纷，显示出地方民众的非均质性存在，而这一从不间断的话语实践，正是传说不断生成、演化的真正动力。笔者在该文的结尾处预告了自己的一个设想：

> 笔者将在另外的文章里，将我们团队这些年在当地采集到的所有关于娘娘的身世传说作一个总汇，试着为已有的传说编制一个逻辑顺序，然后将每个环节中的所有异说一一标举，从而形成一棵虚拟的传说"生命树"，它虽然永远不可能在现实中存在，但所有现实存在的说法都可以在这棵树上找到位置，从这个意义上说，我们搜集到的所有传说异文，都只是一个传说，这正是由话语的"互文性"（Intertexuality）决定了的。

本文正是希望兑现这个承诺，并将通过个案的解析，展现出作为话语的地方传说形态分析与作为文本的故事学形态分析的不同途径及其"生命树"的树形差异。

---

* 作者系北京大学中国语言文学系教授。
① 陈泳超：《作为地方话语的民间传说》，《北京大学学报》（哲学社会科学版）2013年第4期。

一

以"三套集成"为代表的对当代传说的搜集、整理和研究，当明确标注某传说流传于某地时，通常就暗示了该传说在当地应该是所有人都知道的，并且当地也只有这样一种说法；偶或搜集到一些异文，也只是被当作不重要的补充，它们之间的差异似乎只是纯文本的，并不考虑各种异说所代表的人群意志。但是，假如将传说视为地方人群日常的话语交流实践的话，那么，一切话语都是具有权力性质的，传说演述中一个非常微小的细节差异，很可能代表了不同人群的利益诉求，有时候这些诉求之间还会出现重大的纷争。

正是基于这样的理论背景，笔者和团队成员尽管对洪洞县"接姑姑迎娘娘"活动持续调查了八年之久，但假如要我们流利地介绍该活动中哪怕只是神灵的身世传说这一项，我们立即会感到非常困难。其实，当地关于尧、舜以及二位娘娘的身世传说，从情节的长度和曲折性来说，一点都不复杂，它主要被人言说的部分，大致是这么一个情节链：

羊獬村生獬（尧王访查后居住该村）→尧王历山访贤得舜（以娥皇、女英嫁舜）→姐妹俩争大小【1. 煮豆子；2. 纳鞋底；3. 赶路】（后来终于和谐地或不很和谐地相处）→姐妹俩每年三月三回羊獬娘家、四月二十八回婆家历山

难点在于这一情节链的每个环节，都蕴含着许多不一样的说法，到底应该按照哪种说法往下讲呢？就在上述这一非常概要的情节链中，就已经出现"后来终于和谐地或不很和谐地相处"这么一个互相对立的环节了，我们应该选择哪一个叙述呢？或者说，哪一种说法才是地方传说的代表作呢？

这里不妨全文引录该项目在《国家级非物质文化遗产代表作申报书》（以下简称为《申报书》）里关于身世传说的叙事，某种意义上说，它应该具有较强的地方权威色彩：

人所周知的尧舜传说讲：身为圣帝的尧在年老的时候找到了以孝道闻名的普通臣民舜，尧就将自己的两个女儿娥皇、女英下嫁于舜，在考察了舜卓越的政治能力之后，尧欣然将帝位禅让给他，舜也因此将国家治理到了完美境界，这是传统中国道统与政统的最高起点。

在这一全中国共享的历史传说背景下，洪洞县"接姑姑迎娘娘"走亲活动，又有一个完备的地方传说体系：羊獬村原名周府村，后来有一只母羊生出了一只独角羊，它的名字实际叫"獬"，是一只神兽，具有分别善恶的本领，一如《路史》所言："性知曲直，识有罪，能触不直。"此事被邻村（现名"士师村"）圣人、尧的司法官皋陶知道了，上报尧帝。定都平阳的尧王带着怀孕的妻子亲自前来视察，不料妻子在生獬之地分娩了女英，生而神异。尧见此地连生神兽、圣婴，便举家搬来居住，改村名为羊獬。而舜耕历山是典籍明载的故事，尽管全国叫历山的据统计有 20 余处，但当地人坚信舜就是在这个历山上耕种并被访贤的尧王看中，将娥皇、女英嫁给他的。于是羊獬和历山就分别是两位女神的娘家和婆家了，由于辈分上的关系，羊獬人称呼她们为"姑姑"，历山以及其他地方人都称她们为"娘娘"（意为"奶奶"）。每年三月三，时近清明，是扫墓祭祖的日子，

羊獬人从历山上接她们回娘家省亲,直到四月二十八尧王生日,历山人来给尧王拜寿,并将两位娘娘再接回去,然后就要进入农忙季节了。这就是整个仪式活动的内在框架。

注意,这里说的也还只是作为仪式"框架"的传说,并没有涉及具体内容,像尧王访贤、二位娘娘争大小等最为生动的部分,都被忽略了,因为越具体,异说就越多。事实上,整个这份《申报书》是笔者接受当地政府委托撰写的,当时笔者不仅参照了他们原来的填表内容,并辅以大量我们亲身考察搜集到的当地传说,希望尽量呈现一致、避免异说,以提供一份能全面代表当地传说的"标准版"。这样的学究气理想,随着接下来几年的深入调查,早已灰飞烟灭了。现在回头看这份介绍,当初显然过于相信当地民俗精英的代表人物 L 君的说法,尽管这一说法最为普及也最占优势,毕竟很大程度上遮蔽了其他的说法,举例如下:

(1)《申报书》里说,生獬之后是先被皋陶知道,才引得尧王前来访查。其实这一说法流传并不广泛,更多人说的是尧王出来访贤的路上碰到了羊生獬。

(2)《申报书》里说,尧王访查生獬情况时正好女英诞生。其实当地传说很复杂,也有说是娥皇而非女英诞生于此的;还有说尧王访查了两次,娥皇、女英分别都恰好诞生于此地;更有说娥皇、女英根本就不是尧王的亲生女,是两个牧羊女,是她们的羊生了獬,才被尧王收为义女的,等等。

(3)《申报书》里只提及羊獬和历山,没有提到在整个活动圈内最大最富有的集镇万安在活动中的任何作用。万安人对此很有意见,他们很多人认为二位娘娘并不都住在历山,而是一个在历山,一个在万安,所以万安人在整个传说和仪式中是不可或缺的。

这些缺陷,依照传统的故事形态学而言,似乎都不足为训,它们只是故事情节的微小差异,是情节类型提炼过程中必须被概括掉的部分,至少肯定与构成类型的情节基干[1]无关。这里就牵涉到一个很重要的理论命题,即传说形态学与故事形态学之间的范式差异。

二

传统所说的民间文学形态学,其实指的只是故事形态学,即便使用传说资料,也经常将其传说特质抹去,变为与故事相等的资料对待。例如刘魁立在《民间叙事的生命树》里针对浙江"狗耕田"型故事的文本 33《狗尾草》说:"哥哥打死狗,埋于地下,谎称狗钻进地里,留在地上的狗尾巴变成了狗尾草。这一文本虽然有一个像是物类起源传说的结尾,但那只是附会的一句话,与故事情节的总体内容并无实质性关联。"因此,这一传说与其他"狗耕田"类型也就"几乎是等价的"[2] 了。施爱东在做"中国四大民间传说"之一的"孟姜女"研究时,也并不将它看作是传说,而是称为"孟姜女同题故事",从而分析其中几个重要的故事"节点"。[3] 这些转化体裁的策略,正凸显了故事学在传统形态学研究中的突出地位,而传说如果只从文本上看,似乎只是在故事的基础上多了一点无关

---

① 关于"情节基干"的概念,可参见刘魁立《民间叙事的生命树——浙江当代"狗耕田"故事情节类型的形态结构分析》,《民族艺术》2001 年第 1 期。

② 刘魁立:《民间叙事的生命树——浙江当代"狗耕田"故事情节类型的形态结构分析》,《民族艺术》2001 年第 1 期。

③ 施爱东:《孟姜女故事的稳定性与自由度》,《民俗研究》2009 年第 4 期。

紧要的与实际生活的比附性关联而已，因而大可不必再有独立的传说形态学了。

但是，当我们将传说文本与地方演述者的人群意志相连接，那么这些比附性关联就变得无比重要了，传说也因此有了独立的形态学诉求，并且将展示出区别于故事形态学的独特面目。

民间故事形态学最初的发生和最终的目标，都是要为世界范围内民间叙事的雷同性寻找解析的途径，它关心的焦点是故事情节，因而它最常使用的分析单位"类型"（type）"母题"（motif）和"功能"（function），都具有鲜明的动词性质。

安蒂·阿尔奈（Antti Aarne）创立的所谓"类型"，其完整名称应该叫"情节类型"，而所谓"情节"（plot），按照刘魁立的解说，即"在文学和民间文学研究的领域里，它指的是叙述过程中具体展开的诸多行为、事件的组合"，阿尔奈的"情节类型"，只是将大量异文的具体情节进行极度概括后的一种模式，"用以表示一系列作品所共有的最重要的叙事主线"。①

比较麻烦的是"母题"。对民间文学界最具影响的是汤普森的定义：

> 一个母题是一个故事中最小的、能够持续在传统中的成分。要如此它就必须具有某种不寻常的和动人的力量。绝大多数母题分为三类。其一是一个故事中的角色——众神，或非凡的动物，或巫婆、妖魔、神仙之类的生灵，要么甚至是传统的人物角色，如像受人怜爱的最年幼的孩子，或残忍的后母。第二类母题涉及情节的某种背景——魔术器物，不寻常的习俗，奇特的信仰，如此等等。第三类母题是那些单一的事件——它们囊括了绝大多数母题。正是这一类母题可以独立存在，因此也可以用于真正的故事类型。显然，为数最多的传统故事类型是由这些单一的母题构成的。②

仔细分析，汤普森的定义和他自己的分类是颇有抵牾的，第一类、第二类或许可以被分析为最小单位，但第三类"单一的事件"，就绝不可能是最小单位，一定可以继续切割出更小的成分。普罗普就批评说，"如果母题是个逻辑整体，那么故事的每个句子都提供了一个母题"，具体来说，比如"蛇妖劫持国王之女"是一个句子，也可以算是一个"单一的事件"母题，但显然可以再分解出"蛇妖""劫持""国王"和"女儿"四个元素，而"其中每一个又可以单独衍生出变体"。③ 事实上，按照笔者的理解，汤普森对于母题的定义，是希望同时符合"最小的"和"能够持续在传统中的"两项规定，那就只可能是第一类和第二类，但这很可能造成将故事的构成元素当成独立的文化事项来对待，忽略其叙事的"逻辑整体"，仿佛是从一架机器上拆下了无数个零件，并不考虑机器的有机组合了。而符合条件的第一、二两类，恰恰是偏重于名词性的，或者至少是比较静态的（比如背景），因而不可能与"情节类型"匹配并形成组合式的故事形态学分析单位。所以，尽管学者都知道母题的三个类别，但真正被民间故事形态学研究者用于操作的，主要还是第三类"单一的事件"，汤普森自己也承认，非但"它们囊括了绝大多数母题"，而且"正是这一类母题可以独立存在，因此也可以用于真正的故事类型。"国内研究故事的

---

① 刘魁立：《历史比较研究法和历史类型学研究》，见氏著《刘魁立民俗学论集》，上海文艺出版社1998年版，第104页。

② ［美］斯蒂·汤普森：《世界民间故事分类学》，郑海等译，上海文艺出版社1991年版，第499页。

③ ［俄］普罗普：《故事形态学》，贾放译，中华书局2006年版，第12页。

代表人物刘守华更是将母题概括为：

> "母题"在文学研究各个领域的含义不尽一致，就民间叙事而言，它通常被认为是一种情节要素，或是难以再分割的最小叙事单元，由鲜明独特的人物行为或事件来体现。它可以反复出现在许多作品中，具有很强的稳定性；这种稳定性来自它不同寻常的特征、深厚的内涵以及它所具有的组织连接故事的功能。单一母题构成单纯故事，多个母题按一定序列构成复合故事。①

这里虽然继续沿用"最小叙事单元"的说法，但却只是由动词性的"行为或事件"来体现，完全摒弃了"角色""背景"这些名词性元素，由此他复述汤普森将类型视为是由"一系列顺序和组合相对固定的母题来构成"的原话时，也已经将类型完全建立在动词性的范畴之内了。

至于"功能"，普罗普说："功能指的是从其对于行动过程意义角度定义的角色行为。"② 这毫无疑问是动词性的，他所列举的31项功能，没有一项不包含动词，所以对于普罗普来说，角色、背景、年龄、性别、职业之类名词性因素都没有意义，"变换的是角色的名称（以及他们的物品），不变的是他们的行动或功能。"③

另外需要一提的是，台湾学者金荣华喜欢用"情节单元"来对译"motif"，认为这样会减少歧义，这原本并不重要，不过他特别指出情节单元有静态和动态之分，比如"有一只生了角的兔子"，是静态的；而"那个大力士单手拖动了一架飞机"，则是动态的。④ 这就相对弱化了动词性的强度，似乎可以囊括背景、状态、角色一类的名词性元素了，因为所有名词都可以加上"叫""是""有"之类动词而变为静态的行为单元。笔者之所以特别提出"情节单元"一词，更重要的原因是，笔者一向也喜欢使用这一名词，但并不将它与motif对应，只是根据自己的研究目标对一个较长的叙事过程进行分段处理，而且，这样的处理还不止一个层级，经常在已被区分出来的单元里，还会继续下一层级的单元分割。因此，笔者不必考虑它是不是最小的叙事单位（真要"最小"，差不多就要一句句地分析了），也不管它是不是"能够持续在传统中的成分"，不必总是揣着汤普森的《民间文学母题索引》来惶惶对照。在笔者这里，"情节单元"更多是作为一个工作手段，而非形态学的专门概念。

以上分析的是故事形态学的基本特征。与故事不同，对于传说——作为地方话语而非单纯文学文本的传说——来说，动词性的情节单元固然重要，而很多名词性的元素也绝非可有可无，它在不同的层面上有其存在的意义。以上文对《申报书》中被遮蔽的三个单元来分析，其中的（3）不光是一个异文，它还牵连到传说的整体结构：如果两个娘娘都生活在历山上，那么舜被后母迫害的焚廪、淘井等情节单元通常就出现在二位娘娘嫁舜之后，而舜常常是在二位娘娘帮助之下才逃脱迫害的；若是一位娘娘生活在历山，另一位娘娘生活在万安，那么这样的家庭迫害故事就得移到娘娘嫁舜之前，逃脱迫害也与娘娘无

---

① 刘守华主编：《中国民间故事类型研究》，华中师范大学出版社2002年版，第2页。

② ［俄］普罗普：《故事形态学》，中华书局2006年版，第18页。

③ 同上书，第17页。

④ 金荣华：《"情节单元"释义——兼论俄国李福清教授之"母题"说》，《湖北民族学院学报》（哲学社会科学版）2001年第3期。

关，因为一位娘娘之所以在万安，是为了要照顾公婆，也就是说舜娶妻之后就根本不跟后母住在一起，当然谈不上迫害了。这还是限制在形态学层面上的分析，而跳脱形态进入传说的人群意志的话，那么，万安是否住着一位娘娘，关系到万安人在整个"接姑姑迎娘娘"游神仪式中的地位，是他们自我身份认定的一个关键指标：如果是，那么万安人就是娘娘后代；如果不是，那么万安只是一个"歇马粮店"，万安人只是普通的信众而已。为此，万安人与 L 为代表的历山人有很大矛盾，难怪《申报书》所代表的 L 的说法对此情节单元只字不提。归根结底，传说非常明确地具有权力关系，而故事在这点上极为淡薄。这在《申报书》第（2）点也一样存在，娥皇、女英到底是尧王亲生女还是义女，不光是一个微小的异文，它涉及尧王是否还有第三个女儿，因而牵涉到羊獬唐尧故园里的一个俗名叫"三公主庙"的合法性，以及她是否应该受人供奉等诸种信仰行为。只有上列第（1）可能只有纯粹形态学上的意义，其权力关系不很明显，因为皋陶所在的士师村虽然离羊獬村不远，却并不在"接姑姑迎娘娘"的仪式圈内，所以是否提及皋陶，不会引起仪式圈这一"地方"民众的特别关注。我们不妨设想一下，假如士师村有一天加入到"接姑姑迎娘娘"的游神活动之中，大概也会对这一情节单元特别强调的。

笔者欣喜地看到，已经有研究者开始关注传说名词性问题，并探讨如何将传说区别于故事的形态学研究范式。比如张志娟就将"传说叙事中游离于主体叙事行动进程之外的叙事成分"定义为"离散情节"，并认为"传说与故事最明显的不同在于：传说常用具体实在的人名、地名、物名等。这些人名、地名或物名不是孤立的，它们仍须经由连贯的句子表述予以展现，不过此时的叙事，往往是关于状态而不是行动，是名词性而非动词性的叙事"。[①] 这样的理论概括笔者亦深以为然。

<h2 style="text-align:center">三</h2>

正是基于上述理论思考和工作策略，笔者以传说与讲述者的关联为目标，将我们团队调查到的每一次讲述文本（"这一个传说"）作了一次汇总，经过再三比对和反复安插，终于编制了一个自认为满意的"情节谱系"，也就是这"一个传说"的大体样貌，冀图以最简明的形式来呈现当地关于娘娘身世传说颇为繁复的各种说法。

A：尧王家庭情况。

A1：尧王生于临汾伊杜，建都平阳。

A2：尧王的妻子。

　A2－1：娶散宜氏之女女皇。

　A2－2：尧王夫人散宜氏。

　A2－3：姑射山仙洞沟娶鹿仙女。

　A2－4：先娶鹿仙女生丹朱，再娶散宜氏。

　A2－5：有一原配夫人姓焦，另一为鹿仙女。鹿仙女是凤父凰母，是玉皇大帝的伯父妹子。

---

① 张志娟：《论传说中的"离散情节"》，《民族文学研究》2013 年第 5 期。本文个别地方直接参考了该文，特此说明。

A2－6：皇天圣母，就是散宜氏，即鹿仙女，生两个姑姑。

A2－7：尧王发明打井、杀黑龙，夫人鹿仙女即女皇，教民织布、斩黑龙、传火种，并生养所有子女。

A3：尧王的女儿。

A3－1：尧王有两个女儿。

A3－1－1：都是亲生女。

A3－1－1－1：尧王与妻子女皇生大女儿娥皇、二女儿女英。

A3－1－1－2：长女是原配焦夫人生，名娥女；另一为鹿仙女生，名英女。

A3－1－2：都是义女。

A3－1－2－1：二女是义女。

A3－1－2－2：二女都是天仙下凡被尧王认为义女的。

A3－1－2－3：二女生世不明，曾在尧王出巡时拦驾，尧王见其孤苦，收为义女。

A3－1－3：一个亲生，一个义女。

A3－1－3－1：大女儿是尧王亲生，小女儿是仙女下凡。

A3－2：尧王还有第三个女儿。

A3－2－1：娥皇、女英是义女，亲生的三公主是长女。

A3－2－1－1：亲生的大女儿叫娥英，早死，曾在临汾鼓楼上，名为镇天主公或通天主公或三公主。娥皇、女英是义女，就分别用"娥英"二字中的一字起名。

A3－2－1－2：二女都是天仙下凡被尧王认为义女的，亲生的三公主是长女。

A3－2－2：二女是义女，亲生的是老三，是三娘娘。

A3－2－3：娥皇、女英是尧王亲女，三公主是干女。

A3－2－3－1：娥皇、女英是尧王亲女，被羊獬牧羊人周礼收养，周家女儿名镇或震，比二女大，结拜为姐妹，尧王称之为镇（震）天主公。

A3－2－4：五台娘娘、桃花姑姑都是尧王夫人皇天圣母的干女儿，她有很多干女儿。

【说明】

本单元的核心是说明尧王与娥皇、女英的父女关系，这一点当地人均承认。异说较多的是尧王与鹿仙女的关系（此为临汾著名景点仙洞沟里广为人知的传说），娥皇、女英与父母的对应关系以及是否有三公主等。

B：羊獬村的来历。

B1：原名周府（村）。

B1－1：村名有一个过程：干坑周村→西张周村→周府村→羊生獬村→羊獬村。

B2：羊生獬。

B2－1：放羊老汉的羊群中生了一只独角羊，可辨邪正。老汉汇报邻村皋陶，皋陶知道是獬，报告尧王。

B2－2：娥皇、女英放羊生獬。

B2－3：生獬时，尧王路过认出是神兽。

B2－4：尧王梦见太阳，乃吉事预兆，巡查时发现羊生獬。

B2-5：一羊喝了许由的洗耳水，奔回羊獬金沙滩生獬。

B3：尧王来周府村视察生獬处，其女儿与该村发生联系。

B3-1：尧王带夫人、娥皇到此地时，夫人生下二女儿，生而神异，起名女英。

B3-2：生獬时散宜氏生娥皇，搬家于此。獬被带走，几年后皋陶带之回来，又生女英。

B3-3：娥皇与獬同时生，后来尧王去查看生獬处时，夫人又生下女英。

B3-4：大娘娘是尧王亲生，小娘娘是仙女下凡，帮助尧王断官司，指点找到羊獬。

B3-5：娥皇、女英放羊生獬时，尧王收她们为义女。

B3-6：尧王梦见老虎，据说有仙人可召，遇生獬，仙人变两个蛾子绕獬飞，后变为娥皇、女英（蛾子之意），被尧王收为义女。

B3-7：尧王得到獬之后，就让两个女儿从伊杜村搬来羊獬居住。

B3-8：两次羊生獬，第一次是黄帝时，在北羊獬；第二次是尧王时，就在自家门口，同时鹿仙女生下英女。尧王重男轻女，让牧羊人周礼收养娥女、英女，并与牧羊人的女儿结拜姐妹。

B4：尧王改村名为羊獬，迁居于此。

【说明】

此单元的核心是羊生獬，并使尧王迁居于此，这一点所有居民均承认，并且是本系列传说的逻辑起点。异说较多的依然是娥皇、女英的身世问题以及谁与獬同时出生。

C：舜的家庭情况。

C1：舜的出生地，父亲是盲人，幼时丧母。

C1-1：舜生于洪洞县圣王村，父亲叫瞽叟，亲娘早逝。

C1-1-1：舜尚有一兄长。

C1-2：舜生于圣王村，后来迁居万安。

C1-3：圣王村是舜的祖先敬康居住得名，瞽叟迁于万安，生舜于万安姚丘，今茶姚圪垯。

C2：瞽叟娶后继母，生弟象。

C2-1：后继母是韩家庄人，还生有一个女儿名叫敤首，善于画画、织布。

C2-1（反）：后继母不是韩家庄人。

C3：后继母经常虐待舜，舜常跑出门。

C3-1：舜的哥哥被后继母打死了。

C3-2：舜遭到后继母的迫害及其反迫害。

C3-2-1：后继母之子象对舜不满，炒豆子的时候就用火烧他，没烧死；又叫他下井，骗他捡钗子，象剪断绳子，舜没淹死，井里水不深。

C3-2-2：后继母先在饭里下毒，敤首发现，假称二牛打架叫舜去拉架，得免；后继母又假装说头上的银钗子掉井里，叫舜下去捞，要害死他，幸亏敤首用拴着的井绳将他救出，该井名叫"蟒缠井"；后继母派象穿上夜行衣靠在石家庄截杀从历山上送粮回来的舜，但象只是抢粮未杀兄。

C3-2-3：后继母把他撂到井里，舜王就从里面走出来了，没死。

C3－2－3－1：舜回家给父母送银子，后继母叫儿子把舜灌醉后丢在井里。

C3－2－4：后继母说金钗入井，让舜去捞。舜变成了一条蟒从南泉逃出，该井起名就叫"蟒蛇井"。

C4：舜在洪洞历山长期耕种，受人尊重。

C4－1：舜有象耕鸟耘等诸种神异事迹，在历山上留下许多遗迹。

C4－2：历山原名"犁山"，即舜耕得名。

C4－3：历山是"曆山"，有天文台，舜观察后指导农业生产。

C4－4：后继母老要害他，他熬不过，求了玉皇大帝，梦中指点让他住到历山。

【说明】

此单元的核心是舜遭后继母虐待。通常这个印象大家都有，但具体的虐待情节很少有人讲述，比如舜有亲哥哥并被后继母打死之类，大多数人不讲述。本单元中"C3－2：舜遭到后继母的迫害及其反迫害"这一母题，因关涉性命之危，笔者特意用"迫害"一词，以区别于打骂、缺衣少食之类的普通"虐待"；值得注意的是，这一母题是历来文献记载中舜的家庭故事里最有故事性的情节，与本谱表中"F1－1－1－1：舜遭到后继母的迫害及其反迫害"在形态上有对应关系，详后说明。

D：尧王历山访舜。

D1：尧王年老了，开始访贤。

D1－1：阳城九箕山访许由遭拒，洗耳泉得名。

D1－2：尧王又到蒲县访蒲依子，因岁数太大放弃。

D1－3：羊獬的尧王大殿原来是聚贤楼，尧王将许由等各种贤人招此开会。

D2：尧王访舜，黄牛、黑牛耕地，舜打簸箕不打牛，尧王满意。

D2－1：尧王在历山访舜，二牛簸箕。

D2－2：尧王访舜，二牛簸箕，是为了嫁女。

D2－3：未说尧王访舜，直接二牛簸箕后，两个娘娘看中了舜王。

【说明】

此单元核心是尧王访舜，二牛簸箕的情节无人不知，几无异说。而访舜之前访的像许由之类其他贤人，大多数人都不讲述，只有少数秀异村民尤其是民俗精英们能说。经常附带说到锣鼓的起源传说。

E：二女嫁舜争大小。

E1：二女不是同时许嫁给舜的。

E1－1：尧王因大女儿娥皇已许配司农之子，故把小女儿女英许配给舜。女英出嫁后娥皇的未婚夫病死，尧王将娥皇也嫁给了舜。

E1－2：大的许配稷儿，但未婚夫在结婚前一天被狂风刮走，后来就跟小的一起嫁给舜。

E1－3：尧王把二女都许配给舜，娥皇开始嫌弃舜是农民，不肯嫁，所以女英先订婚，后来娥皇又肯了，一起出嫁。

E1－4：本来娶的是大女儿，但是大女儿不愿意，二女儿见迎亲人马已到，就自己出嫁了。可是大女子又跟上去了，所以现在万安和历山不是一起接姑姑。

E1-5：尧王访舜后，就把大女儿许配舜，小女儿也要求嫁舜。

E1（反）：二女是同时许嫁给舜的，不存在争大小之事。

E2：引出谁大谁小的争端，决定比赛定大小。

E2-1：由舜来主持比赛。

E2-2：二女的母亲来主持比赛。

E2-3：尧王主持比赛。

E2-4：三次比赛的主持人都不同，分别是母亲、尧王和皋陶。

E3：比赛过程。

E3-1：第一次比赛纳鞋底。

E3-1-1：娥皇一根长绳纳到底，女英将长绳截短，女英赢。

E3-1-1（反）：情节同上，娥皇赢。

E3-1-2：纳鞋底时娥皇的绳长、女英的绳短，母亲认为姐姐来路长，判娥皇赢。

E3-1-3：纳鞋底不是比赛，是母亲叫女英向娥皇学习针织技艺。

E3-2：第二次比赛煮豆子。

E3-2-1：每人七根谷草，娥皇一齐燃烧，女英一根烧完再续一根，女英赢。

E3-2-1（反）：情节同上，娥皇赢。

E3-2-2：煮豆子时大娘娘先把豆子泡了，所以能赢。

E3-2-3：女英一齐燃烧，娥皇一根烧完再续一根，娥皇赢。

E3-2-3-1：女英一齐燃烧，娥皇一根烧完再续一根，原本娥皇赢，但娥皇考虑到女英已经输了一次，就主动把剩余的草都放进炉内，说女英赢了。

E3-2-4：煮的是绿豆，女英往娥皇的锅里添凉水，以为减慢速度，谁知绿豆煮开一见凉水就烂开花，所以娥皇又赢了。

E3-2-5：煮豆子，小的随时添水，大的一大锅水，小的赢。

E3-2-5（反）：煮豆子，大的随时添水，小的一大锅水，大的赢。

E3-2-6：让用七根干草煮豆子，小的心眼多，掺的水少煮得快；大的掺的水多，煮了一下午，小的赢。这个豆子水喝了消灾免难。豆子馍馍小豆水。

E3-2-7：不是煮豆子，是熬水。

E3-2-7-1：看谁熬水熬得快，老大老老实实地掺了半锅水，老二掺了一点，熬了赶快续上，小的赢。

E3-2-7-2：七根稻草熬一壶水。老大七根稻草全拿炉子里点去，稻草没了水还没熬开。老二一根根拿，老二赢。

E3-2-8：不是比赛，是女英回家时，娥皇忙着给她烧水，忘了水罐里原本在烧豆子，女英看见水少豆子多，就加了两瓢水，结果煮成豆花，正好孝敬老人。

E3-3：第三次比赛赶路。

E3-3-1：娥皇选马，半途生驹，即今"马驹村"；马渴，用蹄子刨出水，即今"赤荆（尺井）村"。女英坐车，中途车辐坏，即今"车辐村"。不分胜负。

E3-3-2：舜家有两牛一马，母亲让二女挑选。女英抢着骑马，路过马驹村（过去叫张村），母马下驹，女英晚到。娥皇的路线是历山—景村—车村，车村尽是石头，车辐颠掉了，修好了再不停地走，娥皇先到。

E3－3－3：母亲主持比赛，纳鞋底、煮豆子都是小的赢，母亲偏心大的，给马骑，小的坐车，输赢无定论。

E3－3－4：赶路是皋陶的主意，在舜迎亲之日，大的骑马，小的坐车，要求骑马让五里，故今地名"五里迎（赢）"；车子在途中先陷入泥窝，即今"车窝村"；后来车辐断了要修，即今"车辐村"；修好后赶路，发现群众围观，以为耍猴，却是娥皇的马下驹，无法再骑，即今"马驹村"；走后当地人牵马不当，母马乱踢，马有龙性，即今"龙张村"；后来马渴了，用蹄刨地得泉，即今"赤荆（尺井）村"。姐妹俩一起坐车去了万安，路上谈心而和好，不再分大小。

E3－3－4－1：与上略同，最后妹妹劝姐姐上车，姐姐不肯。还是小的赢。

E3－3－5：大的乘车，小的骑马，虽然下驹，还是快。

E3－3－5－1：小的骑马，如上下驹，小娘娘抱上马驹先赶到。

E3－3－6：是从历山到羊獬，妹妹骑马，姐姐坐车，先赤荆村马刨泉，后到马驹。结果妹妹赢。

E3－3－7：大姑姑骑马，二姑姑骑骡子，途中骡子正好下驹，耽误时间，二姑姑下令此后骡子不准下驹。

E3－3－8：大的骑骡子，小的骑马，马产驹迟到。

E3－3－9：大姑姑乘车，小姑姑骑骡子，途中骡子正好下驹，耽误时间，二姑姑下令此后骡子不准下驹。

E3－3－10：前两次比赛后，两姐妹不合，赶路不是比赛，是四月二十八回娘家，分开走，大的坐车，被历山接走；小的骑马，下马驹，晚上住西乔庄。

E3－3－11：不是比赛，是一次姐妹俩回历山时，分头走以便教化更多沿途群众，才有车辐与马驹的故事。

E3－4：三次之外还有别的比赛。

E3－4－1：耕地，很多次比试。

E3－4－2：还有煮鸡蛋。

E3－4－3：姐妹俩各拿一扇磨盘，从婆家山顶往下滚，姐姐的正好扣住妹妹的，姐姐赢。

E3－4－4：各人发十个棉花，看谁纺线快。妹妹性子急老被夹住，姐姐快。

E4：比赛结果。

E4－1：大的还是大的，小的还是小的。

E4－1－1：比赛都是小的赢，但大的还是大，小的还是小。

E4－2：娥皇认输，女英为大。

E4－3：第三次比试骑马坐车，姐妹俩最后一起坐车去了万安，路上谈心而和好，不再分大小。

E4－4：大小无定论。

E4（反）：三次比赛不是为了争大小。

E4（反）－1：没有比试情节，只是因为女英吃了神羊奶，长得比姐姐还高。三个情节是有的，但不是为了比试，是为民间做好事。比如赶路，是为了视察民情。

E4（反）－2：娥皇先许他人，对象死了，女英已许舜王，娥皇也想嫁舜王，故而比赛，不是争大小，而是争胜，胜者可嫁舜王，最后两人都嫁舜王。

E4（反）-3：三次比赛不是为了争大小，是尧王考验两个女儿的智慧和能力。

E4（反）-4：三次比赛不是为了争大小，是舜王考验两个媳妇儿的智慧和能力。

E4（反）-5：比赛不是为了争大小，是母亲教她们做活。

E4（反）-6：三次都不是争大小，是发明和传播文化。

【说明】

此单元核心在于争大小的过程及其原因和结果，其中纳鞋底、煮豆子、赶路是最常见的，尤其是赶路，会带出很多今日地名来。但上列比赛的次数不一定都说三次，前后顺序可以调换，每次比赛也可以单独叙说。另外，上举 E1（反）与 E4（反）是对应的，不承认姐妹先后出嫁，目的是说明姐妹俩没有争大小这样道德水准较低的举止，这类传说主要是由羊獬几个民俗精英最近制造出来的。

F：结局。

F1：二女结束争执，舜王家庭稳定。

　F1-1：舜王与二女生活在一起。

　　F1-1-1：舜王与二女及父母弟妹都生活在历山上。

　　　F1-1-1-1：舜遭到后继母的迫害及其反迫害。

　　　　F1-1-1-1-1：修谷仓时放火，幸亏二女事先给他画有鸟纹的衣服，危急时化成鸟飞下；淘井时下石，二女事先给他画有龙纹的衣服，化成龙逃走；喝酒时，事先照着二女吩咐用药洗澡并口服，安全脱险。几次都是鼓首透露消息，鸟纹和龙纹衣服也是鼓首画的。后来父母弟弟都觉悟了。

　　　　F1-1-1-1-2：三次反迫害都是娥皇、女英的功劳，鼓首只是报信。

　　　　F1-1-1-1-3：烧仓时大姑姑预先给了彩衣，利用空气浮力下来，不是神力。

　　　　F1-1-1-1-4：继母与象阴谋害舜，都是尧的同父异母弟契也即是舜的叔叔给予帮助的。焚楼时叔叔给斗笠，利用空气浮力下来；淘井时叔叔告诉有洞可逃脱。均脱险。父母觉悟。

　　　F1-1-2：舜王跟两个姑姑结婚后，一起回到老家姚墟圣王村坟疙瘩看望亲人时，象要害舜，发生井里抛石头、火烧粮仓、喝酒的故事。

　　　F1-1-3：以前说是两个娘娘都在万安，后来有马子开口说：妹妹在万安伺候公婆。

　　　F1-1-4：一个在历山，一个先在万安待一段时间，还上历山。

　F1-2：二女不住在一起。

　　F1-2-1：一个在山上，一个在万安。

　　　F1-2-1-1：姐姐在山上辅助舜，妹妹在万安伺候公婆。

　　　F1-2-1-2：姐姐在万安伺候公婆，妹妹在山上。

　　F1-2-2：一个在山上，一个在西乔庄。

　　F1-2-3：后来大的伺候母亲，小的到山东河南闯荡。

　F1-3：二女不在一起的原因。

　　F1-3-1：和谐商量的结果。

　　F1-3-2：大的还是大的，住在历山上，将小的踢到万安。

　　F1-3-3：因为大的为了小了，小的为了大了，大的心里就不舒服。

F1－3－4：因为两人脾气不对付，见面就要下雨。

F2：舜王后来成为天子。

【说明】

此单元的核心在于舜的家国稳定之后，二女是如何相处的。通行的两种说法：一种是都住在山上，通常表明和谐相处；另一种是一个在山上，一个在万安，则可能是和谐分工，也可能是二女闹别扭。其中"F1－1－1－1：舜遭到后继母的迫害及其反迫害"这一情节单元，与本谱表前列"C3－2：舜遭到后继母的迫害及其反迫害"，从叙事性质上说是同一的，差别在于，二者发生的时间条件不同：C3－2发生于二女嫁舜之前，将之当作后继母虐待舜这一通行观念的突出例证；F1－1－1－1则发生于二女嫁舜之后，突出的是二女对于舜的有效帮助，它一定不能发生于"F1－2：二女不住在一起"的条件下，所以万安人通常都选择C3－2而非F1－1－1－1。

G：形成流传至今的仪式。

G1：从此，河东人喊二女为姑姑，河西人喊娘娘，结成差一辈的亲戚关系。每年三月三、四月二十八有走亲活动。

G1－1：万安只是走亲路线上的歇马粮店。

G1－2：万安是因为有一个娘娘与公婆生活在此，所以与历山一样身份参与走亲。

G2：三月初四羊獬接回两个姑姑之后，当天只有大姑姑直接进入尧庙，二姑姑要在村外小庙待一晚，第二天才被接进大庙。

G2－1：因为争大小的关系。

G2－1－1：二女争大小被尧王知道，生气教训。女英惭愧，不敢和姐姐同时进庙，怕人笑话。

G2－1－2：因为争大小输了，二姑姑生气不愿回去。

G2－1－3：因为一个在山上，一个在万安，不是同时同地接，所以先接的先进宫，后接的后进。而且因为妹妹成了大的，是正宫娘娘，初五羊獬要有更热闹的迎接仪式。

G2－1－4：二女有正宫与偏房之分，接回来只是吃饭。

G2－1－5：一夫二妻不能同时在一起。

G2－1－6：姐妹俩不和睦。

G2－2：因为二姑姑个人的问题。

G2－2－1：二姑姑脾气不好。

G2－2－2：二姑姑嫌舜王长得丑，不愿意回来。

G2－2－3：二姑姑长得丑。

G2－3：因为中途治水。

G2－3－1：一次两位姑姑回娘家，发现涨水，二姑姑忙于帮助百姓治水，没能及时回家，第二天才被大家在村外发现，就在那里建了二姑姑庙。

G2－3－2：过汾河时勇斗鳄鱼龙止洪水，一直治到"石止村"。

G3：到四月二十八再由历山等处来抬走。

G3－1：两位姑姑一起回到历山。

G3－2：一个到历山，一个到万安。

G3－3：一个直接到历山，一个在西乔庄过一晚，还去历山。

G3－4：二十八日大姑姑先走，二十九日二姑姑再走，两人脾气不对付。

【说明】

关于仪式形成的传说，还有很多局部的说法，比如历山上神立庙的来历、西乔庄何以成为行宫等灵验传说，这些传说因为相对独立，与其他单元几乎没有关联，而且很少异说，故不排列在这一谱表之内。

四

关于上列"情节谱系"，有几点需要特别说明。

首先是起讫的选择。身世传说从逻辑上说，总有一个边界，但是这个边界如何划定，又很为难。当地很多深具影响的民俗精英都爱把传说讲（写）得很长，比如 L 君会讲很多尧王的身世和舜王的政治业绩，像宾于四门、除四凶之类，而 B 君更是喜欢把舜王八代祖先的姓名、配偶、来历等写得历历在目，连史书文献没记载的他都给补齐了。这些极为个人化、在群众口头几乎没有传播的说法，本文断然割舍，最后决定从尧王和舜王各自的"家庭现状"说起；至于结尾，原本也可以止于舜王与二位娘娘生活在一起的"结局"，但考虑到身世传说直接影响着现行的仪式规定，所以特别延伸到"形成流传至今的仪式"这一情节单元。这样划定边界，笔者相信业已充分展示了身世传说在当地最为流传也最多异说的部分。

其次是情节单元的设置问题。为了彰显传说的特性，这个"谱系"在选定单元时，兼顾动词性和名词性两方面，无论是哪一级的单元，只要有异说，就为之标目。同时，每个单元下面，不管是众口一词的说法还是仅此一人的创编，笔者都予以平等罗列。原本笔者还为每个异说都标明了讲述人姓名，有一人、有多人甚至有全体的，这样可以看出它们与人群的不同联系，但这样就需要将其中各种人物关系做极其繁琐的交代，否则毫无效果，而这显然不是单篇论文所能负载的，所以本文只能割舍讲述人列名，这个缺憾，将在笔者即将出版的专著中予以弥补。

与所有形态分析的做法一样，笔者以自己的判断，对不显示人群意志的次要元素作了一些归并，比如淘井时是否先有钗子掉落井中、二姑姑治水时是斗鳄鱼龙还是蛟龙，等等，在"谱系"里都被归为一事。同时，有些情节里人物与行动纠缠甚多，比如三次比赛中"赶路"难题，如果是尧王主持，通常是从羊獬去历山；如果是舜王主持，就从历山去羊獬，她们路过村庄的顺序应该是相反的，但为了简明起见，笔者在不改变内容的前提下，将人物与情节剥离开，形成"主持人""骑马者与乘车者""胜负关系"等不同的单位进行对比。此外，"谱系"中的顺序，只表明多数情况下的讲述顺序，个别讲述顺序不一致的，只能将其情节单元裁割安插到谱中的相应位置，比如三次争大小的顺序，在实际讲述中是可以随便调换的。反之，很多讲述都是片段式的，我们并不确定该次讲述与别的情节单元的联系，也只能根据相应的情节单元而安插于这一"谱系"之中。总体上说，情节的顺序问题基本不会产生任何意义上的损伤，个别常见现象已在各单元说明文字中有所提及。

需要说明的是，上述"情节谱系"首先分出的七个最大情节单元，从 A 到 G 的线性顺序是笔者主观制定的，虽然当地有全面讲述传说冲动的少数民俗精英分子通常也按此顺序讲述，但从逻辑上讲，从 A 到 B 的一支，应该和 C 的一支是平行的，只有到 D 时，两条线索才交集合并成同一条线。为此，笔者将上述"谱系"合成为如下这张完整的情节示意图：

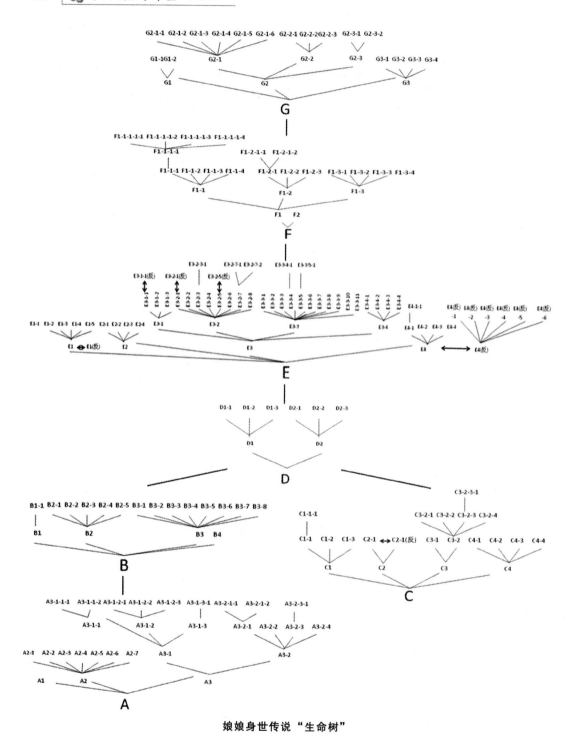

娘娘身世传说"生命树"

　　这个示意图可以被形象地视为一棵枝叶繁茂的树。毫无疑问，这是受到刘魁立先生故事形态学经典论文《民间叙事的生命树》的重要启发，尤其是该论文总结出的"生命树"概念，既直观体现了形态的复杂面貌，又强调是一个生命有机体，笔者以为至今仍是最好的象征概念，故也将本文情节单元的合成示意图视作一棵"生命树"。但这棵生命树与刘魁立所说的生命树不太一样，他那棵树是基于动词性母题，看上去好像只有树干没有树叶花果，他自己在文中描述他的"生命树"是："树干上有树芽，树芽长成枝，枝上再生枝，于是我们就有了一棵鲜活茂盛的树"，没有提到树叶花果之类；本文则是根据动词性和名词性两个维度描画的，这棵树也许枝干有些简单，甚至整体看去有点像是连理枝（A－B 是一个根枝，C 是另一个根枝，二者在 D 处合二为一继续生长）那样的奇异树形，但它的树叶花果却极为茂盛，因为本文关心的不是情节单元的结构（这在本个案中极为简单），而是各层次情节单元的多样性及其与讲述人群的关联，这正体现了传说学与故事学之间的质性差异，也是本谱系最能产生效力的部分。

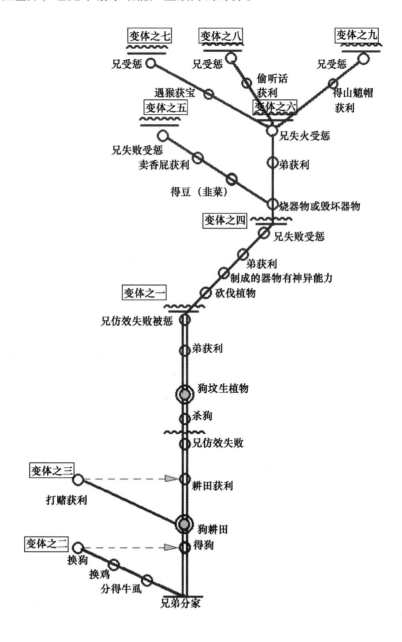

为了方便比较，笔者将刘魁立先生描画的生命树示意图附录于后。不用说，关于娘娘身世传说的这棵生命树是虚拟的，它永远不会在现实中存在，但所有现实存在的说法，都可以在这棵树上找到相应位置——它的前后因缘、它的左右邻舍、它的朋友和敌手，也许现实中的讲述者并不知道，至少不会知道得像笔者描画出来的这么全面，而有了这棵树，我们可以更加全面地了解一个地方传说的丰富样态，对于具体的分析，可以做到成竹在胸。

本文研究的方法论平台是形态学，但在笔者心目中，形态学主要只是作为工具而存在的，笔者更希望通过形态学的初步描画，可以展开更多更宽广的研究，就在本文开头所引拙作《作为地方话语的民间传说》中的那段话之后，笔者紧接着说：

> 不单如此，笔者希望对于每个环节的异说标注出搜集的情景，可能的话，为它加上观察到的话语交锋的实例。通过这样的加注，笔者希望呈现出互文性中所体现的地方人群交流的实际细节，考察文本究竟如何就语言、行为、心理、观念诸层面关涉着人群的社会生活。果能如此，那么这棵树不光有了真实的生命气息，或许可以径直看作地方民众生活的一个独特缩影。

这才是真正意义上的"生命树"，但不是本文所能容纳的了，笔者将另以专著来倾力呈现。

（原载《民族艺术》2014 年第 6 期）

地方历史脉络中的屯堡叙事及其演变

——以四川冕宁菩萨渡为例

龙　圣[*]

【摘要】四川冕宁菩萨渡周、王、邓三姓祖先故事的形成表明，作为屯堡文化重要组成部分的屯堡叙事，是一个历史结构的过程。从地方历史脉络尤其是村落生活语境当中的家族关系出发，有助于我们深入理解上述过程。屯堡叙事的建构与其说是对历史的一种记忆，不如说是对当下家族关系的理解和解释。

近年来，随着非物质文化遗产保护的持续升温，屯堡作为明代军事移民文化的一部分受到学界越来越多的关注。然而，论者多有强调土著与移民之间的对立关系，把屯堡视为封闭、孤立的文化体系，由此解释屯堡文化为何得以保存完整。换句话说，即强调土著冲击这一外部因素是导致屯堡文化坚守并延续的主要原因。[①] 在这一思路下，屯堡文化往往成了"泥古不化"的代名词，或者想象的原封不动的明初移民文化。"凝固""停滞""六百年不变"等词常常被用以描述屯堡文化。[②] 这一研究思路已经遭到部分学者的挑战，如卢百可（Patrick Lucas）利用人类学的族群边界理论来分析屯堡叙事，试图在明初以来六百年的长时段中，动态找寻不同时期塑造和维持族群边界及文化的各种因素，从而对

---

* 作者系山东大学儒学高等研究院民俗学研究所讲师。

① 参见蒋立松《田野视角中的屯堡人研究》，《贵州民族研究》2002 年第 3 期；《屯堡人研究的回顾与反思》，《安顺学院学报》2009 年第 4 期；吴羽、龚文静《屯堡文化研究述评》，《贵州民族研究》2009 年第 2 期。

② 相关论述可参见杨雄、吴小丽《贵州屯堡：锁定明朝的江南文化》，《中国商报》2002 年 10 月 8 日第 32 版；辛元成《一幅明代遗风的画卷——贵州屯堡文化寻访记》，《中国土族》2003 年第 1 期；刘正品《屯堡文化大明遗风》，《理论与当代》2003 年第 11 期；吕红《六百年来的大明遗风——贵州屯堡文化》，《浙江档案》2004 年第 9 期；燕达、高冰《屯堡：凝固时光 600 年》，《小康》2005 年第 3 期；李小康《贵州屯堡——凝固时光 600 年》，《城建档案》2005 年第 6 期；沈赤兵《到贵州寻找 600 年前的汉族风情》，《贵州日报》2005 年 11 月 30 日第 6 版；乐途《贵州屯堡——凝固时光 600 年》，《农村、农业、农民》2006 年第 9 期；杨坤《屯堡人——贵州高原上的江淮遗民》，《江淮文史》2006 年第 1 期；王兴国《明代遗风——屯堡》，《今日国土》2007 年第 7 期；刘大先《岁月的琥珀》，《中国民族报》2008 年 6 月 27 日第 11 版；贾世民《屯堡人——中国最后一批六百年前汉民族的活化石》，《中国电力企业管理》2009 年第 15 期；杨军昌、李小毛等《屯堡文化——明代历史活化石》，《教育文化论坛》2010 年第 5 期。

"停滞论"的研究取向进行反思。① 不过，他对于地方历史语境的把握亦显得不足——并非从具体的地方历史脉络出发，而是从整个贵州的社会历史（包括政治、经济等方面）出发——使其更多地从外部因素来考察屯堡叙事演变的环境，而忽视屯堡自身的内部因素，如宗族发展、宗族间的关系等。因此，本文主要从地方历史脉络尤其是村落语境出发加以分析，希望有助于我们更为深刻地理解屯堡文化的发展及其动力等问题。

一　菩萨渡周、王、邓三姓的祖先故事

菩萨渡是四川省冕宁县的一个汉族村落，位于县城以东约三公里处，在行政管理上隶属于城厢镇。该村东面高山环绕，西面安宁河及群山连绵，北边藏、彝村落星罗棋布，南面汉人屯堡密密麻麻，菩萨渡刚好就处在东西高山之间的隘口处，地理位置十分重要，号称"东枕高山，西临大河，北扼番族，南控河谷"，因此历来是兵家必争之地，具有重要的军事战略意义。

据传，菩萨渡及其附近曾经居住的是西番人（今被识别为藏族），因明初大军曾在此驻扎，所以后来变成了汉族军事移民的一个屯堡聚落。该村现有周、王、邓三大姓，约150户，700余人，传说他们的始迁祖来自南京应天府兴（新）化县青石桥（板），具体来说，邓家为江南应天府新化县孝感乡青石板，王家为南京应天府兴化县青石桥王家巷，周家为南京应天府兴化县青石板猪市街，三者皆贵为王侯后裔。比如邓家始迁祖邓宝是明初开国功臣宁河王邓愈之后，王家始迁祖王观是定远侯王弼之后，周家始迁祖周全是江夏侯周德兴之后，于洪武年间来此镇守，后来便长期驻扎下来并担负起镇守疆土、抵御番夷的重任，经过六百余年的人口繁衍，发展成今天菩萨渡的三大望族。

菩萨渡周、王、邓三姓的这一祖先故事，对今日当地村民来讲早已是耳熟能详，甚至冕宁县其他许多家族也都知晓这一说法。归纳起来，其主要反映出两个重要的信息：第一，周、王、邓三姓始迁祖都来自南京应天府兴（新）化县青石桥（板），而且还有具体的小地名，如孝感乡、王家巷、猪市街。第二，周、王、邓三姓分别为宁河王邓愈、定远侯王弼、江夏侯周德兴的后裔。尽管如此，这些说法却并非历史真实。例如，王观侄子王裕的墓志铭记载，王观的父亲叫作王恩，哥哥叫作王宝，是河南开封府人。② 明代档案《武职选簿》也记载，王观的哥哥为王宝，王观因接替患病的王宝才来到此地，他们为祥符县人（属于河南开封府）。③ 可见，菩萨渡王家并不是来自南京应天府兴化县青石桥，其祖先也不是明初开国功臣定远侯王弼，那么菩萨渡周、王、邓三姓究竟是如何变成来自南京应天府兴化县的王侯后裔的呢？

---

　　① 参见卢百可（Patrick Lucas）《屯堡人：起源、记忆、生存在中国的边疆》，中央民族大学 2010 年博士学位论文。

　　② 关于王裕的墓志铭，可参见凉山彝族自治州博物馆、凉山彝族自治州文物管理所编著《凉山历史碑刻注评》，文物出版社 2011 年版，第 43—45 页。

　　③ 中国第一历史档案馆、辽宁省档案馆编：《中国明朝档案总汇》第五八册，广西师范大学出版社 2001 年版，第 12—13 页。

二　清代"南京青石桥"叙事的建构

（一）清代族谱中的"南京青石桥"叙事

据出土材料①显示，冕宁及相邻的西昌等地明代家族文献记载其祖先具有两个显著的特点：第一，祖先经历记载详细；第二，没有关于来自"南京青石桥"这样的说法。这一祖先叙事是清代才逐渐产生的：

> 余家祖籍江南应天府新化县孝感乡青石板。明洪武年间补镇斯土，同周、王二姓由云南而来，驻扎高山堡棠梨坝，镇守北沙关。（冕宁菩萨渡邓氏乾隆二十五年《谱序》）
>
> 世处南京应天府兴化县青石桥猪市街。余始祖周全公，洪武奉命来斯。（冕宁菩萨渡周氏乾隆三十四年《周氏族谱世系源流录》）
>
> 祖父辈隶南京应天府，即今江宁府溧水县青石板赵家湾。乃明洪武二十五年，因宁郡初经开辟，设立指挥，分治八所。始祖赵讳重义，补授中所长，奉檄来宁。（冕宁瓦糯赵氏乾隆四十二年《谱序》）
>
> 余等世祖江南宁国府宣城孝感乡麻柳屯青石桥猪市巷人氏，耕读世业。因大明洪武年间入蜀中所安插。（冕宁三河村陈氏道光六年《谱序》）
>
> 自弘武七年设法至十七年至，原籍南京（即今江南也）应天府兴化县青石街王家巷第四家人氏，初入建南〔任〕左所镇军千户。（冕宁菩萨渡王氏道光十八年抄录旧《王氏族谱序》）
>
> 始祖阿伏公，江南直隶常州府武进县安上乡第一都青石桥人也。明初附调将军，累立大功，钦授怀远卫后千户所百户，给荒字文凭一道，后与祖弟阿演同调发四川建南苏州卫，继改宁番卫，即今冕宁县也。（冕宁县枧槽村同治四年《卢阿伏墓碑》）
>
> 杨氏一家原籍江南京都苏州府新阳县青石桥杨半街，八翰林一将军。大明洪武初登大宝，南京人稠地密，设法迁民，吾始祖因酒失言，奉法迁居于宁番卫百户军，安居杨秀也。（清末冕宁杨秀屯杨氏灵牌）
>
> 余之祖籍也，世处南京应天府溧水县青石板猪市街……洪武二年奉命来斯，为后所之总军。（冕宁谢氏清代《谱序》）

从以上材料可知，来自"南京（江南）某某府县青石桥"的说法是清代逐渐形成的现象。最早记载这一说法的是菩萨渡邓氏乾隆二十五年《族谱序》，此后又有周氏、赵氏乾隆年间的《族谱》加以记载。可见，乾隆中后期是"南京青石桥"叙事产生的关键时

---

① 相关出土材料有：冕宁正统二年《刘氏墓志》、正统七年《王裕墓志》、西昌万历十三年《许德轩夫妇墓志》，凉山彝族自治州博物馆、凉山彝族自治州文物管理所编著：《凉山历史碑刻注评》，文物出版社2011年版，第41、43—45、58页。冕宁天顺四年《李斌墓志铭》现存冕宁县李福友家中，笔者于2012年7月调查时抄录。西昌万历二十二年《墓表碑记》、天启三年《郑国辅墓志铭》、崇祯四年《魏高氏墓志铭》，四川省文物管理局编：《四川文物志》上册，巴蜀书社2005年版，第387、391、392页。

期。值得进一步思考的是，为何在这一时期各家族开始重视撰修谱牒并强调祖先的来源呢？

（二）乾隆中后期修谱之风的盛行

1. 四川清丈与修谱重要性的凸显

宁番卫与其他明代卫所一样，卫军逃避屯粮军役的情况时有发生，到明末已变得非常严重。① 清初"吴三桂之乱"又进一步加剧了宁番卫赋役征收困难的问题。② 康熙中后期，宁番卫一度难以完粮纳税，地方官屡次向朝廷申请豁免。③ 就宁番卫来说，清初赋役难征并非完全由人口稀少、土地抛荒所致，而是大片的土地实际上控制在大家族手中，长期不向政府纳税。关于这点，冕宁胡家堡（又叫胡家嘴）胡氏便可为证。据《胡氏宗谱》记载，始迁祖胡贵祖籍江苏如皋，于洪武年间来到宁番卫，此后胡氏一族在胡家堡、高家碾等地生息繁衍。至明万历年间，子孙胡全礼由岁贡出任湖广道州知州④，后升任贵州思南府同知。⑤ 至清初，胡氏一族仍然保持着发展活力：

> 康熙三十年间（辛未至辛巳），欲振家声，公设义学，必筹义学之所资，先辈缵承祖业，世守公田四十八石，旱地十余石，坐落安家堡、詹家坎二处。七世祖讳濬、汇、潜、□、□、□、□、浩等公议曰全仁公曾孙名其英，字裹六，文行兼优，继若愚公志，而可齐家者也，立为义学师范，将公项田地一并附与收租，以作义学之资。⑥

可见，明末虽战乱频频，但胡氏一族却以家族公产的形式占有了当地大量的土地，并在经历清初"吴三桂之乱"后，将这些土地交与族人胡其英收租办学。值得注意的是，这些土地在很长时间内并未报税，"雍正七年（己酉），自首田粮，凛遵法令……义田无粮，恐干国法"。⑦ 可知，直到雍正年间四川清丈土地时，胡氏"公项田地"才被迫向政府登记和纳税。为此，胡氏族人找管理义田的胡其英清田报粮，但胡其英不愿就此失利，想尽办法侵吞公产，最后只交出公田二十二石。此后，其他族人竞相效仿，不光瓜分盗卖办学的义田，就连祭祖的祭田银两也被人占去，使得家族公产日渐消减。乾隆十年，胡氏族人又因公产问题互讼公堂，搞得家族内部四分五裂。至乾隆三十年，胡氏家族原来的四十八石公田，只剩下二石零六斗，旱地则全部卖光。

从胡氏个案可知，雍正清丈是冕宁等地家族发展的一个重要转折点，此后至乾隆中

---

① 参见（清）黄廷桂《四川通志》卷 18 下《边防·建昌兵备道邓贵善后条议》，雍正十三年刻本。

② 参见（清）赵良栋《奏疏存稿》卷 2《题报身到建昌遣发官兵疏》，康熙刻本。

③ 参见（清）李英粲等《冕宁县志》卷 3《食货志·蠲缓》，咸丰七年刻本。

④ 参见（清）张元惠《道州志》卷 4《职官》（嘉庆二十五年刻本）："胡全礼，如皋人，三十三年任。"可知，胡全礼于万历三十三年任湖广道州知州，如皋是其乡贯，与《胡氏宗谱》记载相符。

⑤ 据（清）鄂尔泰：《贵州通志》卷 17《秩官》，乾隆刻本。

⑥ （清）胡今儒：《胡氏宗谱》，冕宁胡家嘴乾隆年间修，咸丰七年手抄本。

⑦ 同上。

期，胡氏家族内部围绕族产问题四分五裂，几近崩溃：首先，公田遭到偷卖和瓜分，导致义学难以为继，胡氏子弟不识诗书者日多。其次，祭田银两被吞，家族无钱祭扫墓地，景象凄凉。最后，族人互控，矛盾重重，尊卑尽废，人心涣散，胡氏一族大有分崩离析之势。因此，至乾隆中期，整饬家风便成为胡氏的首要之务。乾隆二十八年、三十年，新族长胡今儒上任不久，便先后两次撰修《胡氏宗谱》，一方面是要记录家族公产，另一方面则要凝聚人心，希望通过修谱来敬宗收族，重振家声。由此可知，雍正清丈导致乾隆中后期地方家族出现了严重的内部危机，而撰修谱牒成为解决危机的途径之一。

2. 应试与修谱

除上述原因外，证明旧族的身份以应对考试是乾隆中后期冕宁等地家族重视修谱的另一重要原因。

如前所述，清初宁番、建昌等卫饱受战乱，人口大量减少，人才凋零，故普通百姓家参加科举应试的较少，一些旧家大族则因人多丁繁而成为主要的应试对象。但一个地方的学额必定有限，所以他们又通过在邻卫输粮来获得读书应试的资格，称为"寄学"。例如，清代建昌卫的陈、赵等姓便是如此：

> 生等虽居西昌，粮课实纳盐源，自顺治初年夷多汉少，诗书不通，无一应试，蒙宗师郝将西昌陈、赵、谌、宋、尹、孙拨入盐井卫充学。康熙八年，盐井卫教授陈所性上宣圣王教化，下尽陶淑，众民渐易，夷风稍知书考，然所取者仅额八名，教授陈所性恳恩宗师孙又增四名，盐庠始有十二名学。[①]

寄学并不符合清朝的规定，但边远地区应试者少，所以清初并未严格控制。然而雍正以来，由于人口的发展，土著读书人越来越多，与寄学的旧家大族之间矛盾日渐突出。上述寄学盐井卫的旧家大族在雍正年间便屡次遭到告发，但并未受到惩处，对其家族利益尚未形成威胁，此后各家依旧寄学应试。[②]

至乾隆中期，因各地人口流动日益增强，外省人寄籍边远地区考试的现象越来越突出。乾隆二十五年，广西学政鞠恺便因浙江、江西、湖广、广东等外省人多有在广西冒籍考试，奏请将其改归原籍并加以严惩。[③] 朝廷对此事高度关注，著令云贵川广等地也留心检查有无冒考行为。四川学政陈筌接到命令后，对川省情况做了清查，并奏请将查出寄籍生员改拨原籍并暂时剥夺其参加乡试的资格。[④] 这一举动极大鼓舞了土著民人。乾隆三十五年，住居盐源的西昌人凌英等帮助马维铎冒籍应考，便遭到盐源人马德修、高正元阻考，于是署盐源知县王尔昌将西昌纳粮寄学子弟通通视为冒籍，不准考试，并以廪生王心乾、尹素贤等闹场为名，将西昌籍廪保九人、文武童生一百三十九人通报四川总督、学政。西昌寄籍生员等人则认为正是由于清初西昌民人的输粮报课，盐源才得获12名学额，因此只凭户籍来决定能否应试是不合理的。他们以此为由，向西昌知县申诉并恳请其向上级反映，希望按照"旧制施行"。结果，其请求获得准许：凡是旧族先前输粮纳课并且有

---

① （清）陈廷赞：《清代陈氏宗谱》，德昌县泸沽塘嘉庆二十四年修，清末手抄本。

② 同上。

③ 中国第一历史档案馆编：《乾嘉时期科举冒籍史料》，《历史档案》2000年第4期。

④ 同上。

廪生做保者仍得以按照旧制寄学，否则发回原籍补考。因此，旧族这一身份对西昌、冕宁、盐源等地寄学的大家族来说变得十分重要。所以，在乾隆中后期，西昌、冕宁等地多有家族撰修谱牒来证明自己的旧族身份，以应对科举。

正是基于以上两个主要原因，乾隆中后期冕宁等地修谱之风盛行，然而修谱及对旧族身份的强调自然就无法回避始迁祖来源这一问题，为"南京青石桥"的叙事开始写入谱牒提供了客观上的需求。

（三）"南京青石桥"：修谱与对始迁祖的叙述

1. 文献匮乏与修谱的困难

那么，祖先何时而来，来自何处？这一问题在当时并不容易弄清，因为当地明代留下来并能看见的家族文字资料少而不详。例如，就连宁番卫最高官员卫指挥史李家，在明代也未能修成一部完整的家谱，仅传下来一张万历年间由指挥史李应春画的宗图，上面简单记载了自明初以来历代祖先的名讳，并没有关于祖先来历的记载。[①] 此外，明代墓碑也很少，当地许多家族自始迁祖以下的好几代都没有墓碑，其名讳、世系往往也很难弄清。比如西昌毛家屯刘氏，据说其始迁祖为刘元，苏州府昆山县人，洪武初年领兵镇守建昌卫。而乾隆十年创修族谱时，刘松蔚在《谱序》中便说：

> 每忆先代以来，祖灵木主森森并列，不乏其人，而坟山墓穴独有古房侧西河岸十余坟冢，二三四世全无碑碣，表扬姓字全没无征，五六七世半有碑碣，纪功名号，犹可考证。[②]

《刘氏族谱》还记载："第一世祖：元，……庐室坟墓俱在毛家屯大河左右，伊时土地初开，风气朴素，率多简陋，未能安立碑石表扬姓氏，至今坟墓无考。"[③] 可见，由于没有墓碑记载，刘氏在乾隆年间修谱时，已不知始迁祖刘元坟墓的具体所在，只模糊记得在毛家屯大河左右。而自刘元以下的二、三、四世祖也没有墓碑，根本分辨不清哪一座墓属于哪一个人，哪一个人出自哪一祖先。例如，刘氏根据木主得知二世祖有：刘现、刘惠、刘章、刘正、刘海、刘相六人，但"此世六祖，俱无祖所出，坟墓全无碑碣，不知某祖所出某祖，传述无人，不敢妄书"[④]。其余，自三世祖以下至七世祖，要么"碑碣全无"，要么偶有碑碣却"碑碣残坏，名号脱落"，因此就连祖先字号、世系也难以厘清，更不用说知晓祖先具体来自何时、何处这样的问题了。

上述现象在当地是比较普遍的，很多家族在清代创修《族谱》时，也都暗示本族最开始的几代祖先没有墓碑，或名号世系难以考证。[⑤] 此外，调查和相关资料显示，冕宁许

---

① （明）李应春：《四川成都司宁番卫已故世袭指挥使李承恩宗图》，万历年间手绘本。

② （清）刘松蔚等：《刘氏族谱》，西昌毛家屯民国手抄本。

③ 同上。

④ 同上。

⑤ 参见冕宁菩萨渡《王氏族谱》（道光十四年抄录）。或许正因为上述原因，如果我们稍微留意一下冕宁各族《族谱》就会发现，大部分家族明代的代系都比较短，仅有七八代的情况比较普遍，其中存在严重的代系脱漏和错位。

多家族墓地中，往往始迁祖及其以下几代都没有明代墓碑，一般都在清代道光及其以后才为其补立。[①] 因此，在乾隆中后期开始重视修谱的时候，是极少有明代碑刻可供参考的。

2. 借助"南京青石桥"集体记忆追述祖先来历

由于时间远隔，又缺乏相关资料记载，因此修谱之初往往只能凭借故老传闻来书写祖先的来历。由此，地方的集体记忆开始在这一时期成为各族追述祖先来历的文化资源。而"南京""青石桥"恰恰是其集体记忆中的两个核心要素，一方面，冕宁许多屯堡人祖先确实是来自南京，洪武二十五年"置建昌、苏州二军民指挥使司，及会川军民千户所，调卫及陕西兵万五千人往戍之"。[②] 由此可知，冕宁、西昌有相当的屯堡人祖先是从"京卫"，即南京的卫所抽调而来的。因此，来自"南京"（清代多称江南）是冕宁、西昌许多屯堡人的重要记忆。

另一方面，明代南京城内确有叫作"青石桥"的地方，并且部分军户到达西昌、冕宁后仍以此为落脚地命名，"青石桥"也因此成了他们重要的集体记忆。据明代《南京督察院志》记载："青石桥，在攸字铺以上，俱系府军左卫四连仓旁地方。"[③] 可见，明代南京城内的确有"青石桥"，而且刚好是卫所驻地，自然成为附近军户记忆自己来源地的重要标志。为了加以纪念，他们到达建昌卫后，即以青石桥作为落脚地的名称，这点在冕宁文家屯邓氏《族谱序》中有所反映：

> 始祖端一公……（洪武）十四年辛酉秋九月，以颖国公傅友德为征南将军征云南，凉国公蓝玉，西平侯沐英副之，公以指挥使从。十六年癸亥春三月，颖国公还，西平侯留镇，加公征南副将军，进抚小云南（即今宁远府，现改西昌）公携夫人郑氏及家将百余，周吴邓王与焉。彼都底定，旋于青石桥（即今穿心堡）代管留守苏州邑（后改宁番卫，现在改冕宁县），驻菩萨渡（在城东门河外二三里）。[④]

文中小字注明"青石桥"即"穿心堡"，据邓家人说"穿心堡"就在西昌市邛海边上。笔者曾前往穿心堡调查，当地人说"穿心堡"老地名就叫作"青石桥"。由上可知，"青石桥"是军户刚到达建昌（今西昌）时命名的，后来屯堡修建完毕才正式命名为"穿心堡"。由于它是部分军户最初的落脚地，所以西昌县的许多屯堡人也具有"青石桥"的记忆。[⑤] 可知，"青石桥"确实是当地部分军户共同的记忆。此外，据冕宁城南三分屯几位陈姓老人回忆，宁番卫官衙旧址位于现在冕宁县城西街靠北处（今已改建为县粮站），

---

① 相关始迁祖碑文可参见政协冕宁县委员会编《冕宁县碑刻选集》，2010 年版，第 22—23、62—63、66—67、110—111、121、130—131、176—177 页。

② 《明太祖实录》卷 218，洪武二十五年六月癸丑。

③ （明）施沛：《职掌十五》，《南京都察院志》卷 22，天启刻本。

④ 邓世纲主编：《宁河堂端一公房宗谱》，冕宁县文家屯，2007 年。

⑤ 西昌琅环营王氏乾隆十一年《谱序》，王成业主编：《一市三县王氏纪略》，2002 年，第 35 页。西昌玉石塘道光二十年《清真寺碑》，碑文现存玉石塘。西昌沙锅营同治十三年《清真寺碑》，碑文现存沙锅营。西昌礼州陈氏光绪二十二年《宗祠碑》，碑文现存礼州陈氏祠堂。（民国）朱锡缨：《朱氏家谱》，西昌县民国三十一年手抄本。西昌海滨村王氏民国二十二年《谱序》，王成业主编：《一市三县王氏纪略》，2002 年，第 184 页。

其旁就是"青石桥",那一带以前是个洼地,很多在城内及城边居住的人家都知道。① 可见,冕宁也有作为地名的"青石桥",而且就在卫衙旁边。关于"青石桥"到底在西昌还是冕宁的问题,三分屯陈家和文家屯邓家曾就此事争论不已。实际上,两地都有"青石桥"的说法并不矛盾。原因是,冕宁部分屯堡人祖先是先到西昌,后调冕宁。上文提到的菩萨渡始迁祖王宝即先于洪武二十三年到建昌卫(今西昌),洪武二十五年升苏州卫指挥(今冕宁)。② 又如宁番卫指挥佥事程谅,先是洪武二十三年任建昌卫中所世袭正千户,二十五年因在月鲁帖木儿之乱中守城有功,升苏州卫世袭指挥佥事。③ 这两个例子与文家屯《邓氏族谱》也记载其祖先先在西昌"青石桥代管苏州邑",后来才驻守冕宁菩萨渡的说法是一致的。如此,"青石桥"最先指西昌的穿心堡,是部分京卫军户到达西昌后最早的落脚点,后来又有部分卫所官兵因平定月鲁帖木儿之乱立功,被派往宁番卫镇守,青石桥的记忆也因此被带到了冕宁,并成为卫衙旁边的一个地名。故,"青石桥"才成为冕宁、西昌部分屯堡人的共同记忆。

综上可知,"南京""青石桥"是冕宁、西昌屯堡人集体记忆中的两个重要因素,所以在祖先情况无文可征的情况下,就成了地方家族借以书写祖先历史的文化资源,同时由于是部分军户共同记忆,自然也就成为大家认可的族群符号,一说起是从"南京青石桥"来的,也就意味着是明代旧族,所以许多屯堡家族在修谱时,都把它作为祖源地写进自己的族谱中。

3. 菩萨渡的案例

"南京青石桥"作为集体记忆成为家族书写祖先来历的例子,可以菩萨渡周、王、邓三姓为例加以详细说明。

由明代《王裕墓志》可知,菩萨渡王姓始迁祖王宝、王观为河南祥符人,其父王恩在洪武初年因从征有功,升金吾右卫百户。后来王宝继承官职,先后调任贵州普安卫、四川叙府、建昌卫、宁番卫。王宝病后,王观接替兄职来到宁番卫。从王氏祖先经历来看,他们老家在河南祥符,但却因调动到过很多地方,这一特点使得不好简单说祖先究竟来自哪里。说是河南祥符人自然没错,但后来王家又搬到了南京,再后来又陆续搬过很多地方。所以,明代墓志或者传记对祖先经历都会有比较详细的记载,以避免简单化的叙述。但到了清代,情形却大不相同,因为时间久远,其祖先经历不可能记得这么详细,只能有个大致的印象,因此只有那些重大、深刻的集体记忆才最有可能成为书写祖先来历的资源,而其余细节则被遗忘和过滤掉。例如,王氏到了乾隆四十三年编修《王氏族谱》时,就只能根据当地集体记忆来追述祖先来历了:

> 兹有王氏之裔绪,号超先者,追念始祖王讳观,字音儒,太原故郡,江左世系,自移建南,近四百载矣。其始不过一人,至衍庆数百男,此亦积厚而流长,根深而叶

---

① 讲述人:陈荣槐、陈兆齐、陈兆远;访谈人:龙圣;访谈时间:2012 年 8 月 3 日;访谈地点:冕宁县城南三分屯陈荣槐家中。

② 参见《王裕墓志》,凉山彝族自治州博物馆、凉山彝族自治州文物管理所编著:《凉山历史碑刻注评》,文物出版社 2011 年版,第 43—45 页。

③ 中国第一历史档案馆、辽宁省档案馆编:《中国明朝档案总汇》第五八册,广西师范大学出版社 2001 年版,第 62 页。

茂者也，遂殷然有报本之思焉……

自弘武七年设法至十七年止，原籍南京（即今江南也）应天府兴化县青石街王家巷第四家人氏，初入建南左所镇军千户，于时屡遭兵燹，族谱失散，世远年湮，难以详记，姑记所闻，以祀诸后。[①]

可见，到了清代乾隆年间，王氏对明初之事的记忆已是十分模糊，甚至只能记得王观为始迁祖，而不知道王氏兄弟两人均来到宁番卫的情况，而且对王观来到当地的时间记载也有误。至于其来自"南京（即今江南也）应天府兴化县青石街王家巷第四家人氏"，自然也是"难以详记，姑记所闻"的结果，即在当地集体记忆"南京青石桥"基础上加工编撰出来的。

道光二十九年，王氏子孙为王观树立墓碑，上书：

公者，太原著籍，江左世系。南京应天府兴化县青石桥王家巷其故里也。因洪武英烈荡平天下，于二十三年奉命补镇，初入建南居于左所，身膺户侯之职。厥后番夷猖獗，来兹把守，遂创业于斯。[②]

可见，"青石街"又进一步被修正为"青石桥"，以便更符合广为流传的说法。而王观到达的时间被修改成洪武二十三年，正好是王宝调任建昌卫的时间，当时与其同来的军士不少，因此这一时间点也就成为共同的记忆，如大约成书于乾隆四十二年的邓氏《谱序》便写到其祖先邓宝于洪武二十三年到达。[③] 王氏应当是在进一步搜集旧闻的基础上对移民时间作了修订，但却因为不知道有王宝的存在，所以又张冠李戴到王观的头上。由此可见集体记忆对祖先叙事的深刻影响。

除王氏外，周、邓二氏对祖先的追述也是如此。周氏在乾隆三十一年首次编修族谱时写道：

余家祖籍南京，创业兹土，荷蒙祖功深厚宗德悠长，荫佑绵远，子孙繁茂。历今数百余年，十有数世，原谱之传，兵燹失之。百十年来，无籍可稽，虽族人重本笃亲，而系序之淆其曷能免，今我族共际，国运昌隆之世。欣逢皇上仁孝之恩，家声亦振矣。乃见远近昭穆，涣散难稽，繁衍曾孙愈传愈远，几不知本源，所自心焉虑之，因是仰体。[④]

---

① 《王氏族谱》，冕宁县菩萨渡道光十四年抄本。

② 《王观墓碑》，道光二十九年，现存于冕宁县菩萨渡村后。

③ 冕宁菩萨渡《邓氏族谱序》，乾隆二十五年，参见邓天亮主编《宁河堂邓氏族谱·四川冕宁宝公房谱》，2008年，第547页。该序落款为邓其玙、邓其顺著，但未标明时间，不过文中提及"余不忍坐视使宗祠之颓败，先灵之废坠，于丙申岁（乾隆四十一年，笔者注）鸠集合族通县卜地，迁至白鹿沟卧碑堡，亥山巳向，地界人灵，建修总祠。丁酉年规模初就，虽不能法古之书籍，效国之纂志，而谱之未修，亦属荒渺。因之上追祖宗之模烈，下振子孙之等威"，可知该序应该是在乾隆四十二年邓氏总祠修成后不久撰写。

④ 冕宁菩萨渡《周氏宗谱序》，乾隆三十一年，参见周长儒等编《世德堂冕宁县周氏家谱》，第6页。

从"百十年来，无籍可稽"可知，周氏修谱时并无文字可据。而且又提到"纵五世以前，稽考不周，未免得罪于先人，而百世以后，率从有据，尚可籍于后代"。按照这一说法，其根本不知道从始迁祖开始前五代人的具体情况，那么祖籍南京自然也是传闻而已，至于始迁祖姓名和移民时间在整篇序文中丝毫没有提及。然而，仅仅过了三年，周氏再次修订谱序：

> 世处南京应天府兴化县青石板猪市街。余始祖周全公，洪武奉命来斯，为左所八名总军。①

此时，周氏始迁祖明确为周全，职务为八所总军，移民时间为洪武年间，来源则采用了"南京青石桥"的说法，周氏祖先来历由此变得更为清晰。至道光二十六年为始祖立碑时，"始祖周全公原籍南京应天府兴化县，其人出类超群，以明洪武七年奉抚治此地番夷……遂家于普咱渡"。② 移民时间又进一步明确为洪武七年了。而洪武七年恰恰是乾隆年间王氏谱序记载的祖先移民时间，周氏对祖先移民时间的确定极有可能就是受到王氏的影响。以上周氏的情况，非常典型地体现出清代冕宁家族在没有文字的情况下，如何一步步利用传闻来建构祖先来历的过程。

三 晚清以来"王侯后裔"的附会及传播

由上可知，明代并无祖籍"南京青石桥"的说法，该说是清乾隆中后期才开始被强调并写进谱牒的。那么，菩萨渡周、王、邓三姓为明初功臣邓愈、周德兴、王弼之后的说法又是如何形成的呢？

由前可知，菩萨渡《邓氏族谱》最早创修于乾隆二十五年，序文由邓其玙撰写。此后，大约在乾隆四十二年又有邓其玙、邓其顺撰写谱序一篇。两篇序文皆根据传闻将始迁祖邓宝（一作"邓保"）视为"江南应天府兴化县孝感乡青石板"人士，但都丝毫未提及邓宝与宁河王邓愈有任何关系。至光绪年间，邓启位续修谱牒，他在光绪十七年撰写的谱序中写道：

> 吾思宝公，南京世族，奉命携家南征，落业冕邑，由公来已十四世传于兹矣。予幼读儒书，愧一衿之难得；长考世系，赖先世之莫明。亟取谱而理之，访其所藏，得曾叔祖国世、叔祖健康公所注之谱，阅之，仅有其名与妻，未注承先者何人，启后者何人，然仅及十一世而止。其下无有也。夫以二公之敏，犹不及详先世履历，予生也晚，去祖逾远，而才力又不逮，苟凭臆撰，即欲信今而传后也，得乎？于是遇族人即询之，询其祖何人、高曾远祖何人、某祖移居某处、葬某处、始有几人、继有几人？

① 冕宁菩萨渡《周氏族谱世系源流录》，乾隆三十四年，转引自冕宁县地方志编撰委员会编《冕宁县志》，西南交通大学出版社 2009 年版，第 96 页。

② 《周全墓碑》，道光二十六年，现存于冕宁县菩萨渡村后。

有告者必录之。放访之下，一二年得过半矣。①

由此可知，族中就连邓启位这样的读书人也只听说始迁祖邓宝是"南京世族"，到冕宁已经传了十四代，但却不明其先世，即不知道邓宝究竟是谁的子孙。所以他急切地翻出家谱希望找到答案，结果再参阅曾叔祖国世、叔祖健康公所修族谱后很失望，因为上面只是简单记载了邓宝及其以下十代祖先名字，却没有标明他们究竟是谁的儿子，又生了哪几个儿子。此处"国世"即乾隆二十五年创修族谱的邓其玛；"健康公"名叫邓成国，于乾隆三十六年在前谱基础上有所增修，但两者均不能详述先世履历。可见，邓氏乾隆年间所修谱牒并未提到邓宝的上一辈是谁，邓宝以下也只能分出辈分，而人物间的具体关系却不清楚。这正是邓启位感到纠结的地方。无奈，他只好通过收集传闻来补充祖先的履历，所以邓宝是邓愈之后的说法其实并无明证，只是传闻而已，但却被他采入谱牒，于是由其编撰付梓的光绪木刻本《邓氏宗谱》在世系中首次提到了邓宝的"身世"：

> 皇明勅赠将军职邓公讳保，郑氏。公，宁河王邓愈之后也，原籍南京应天府兴化县，于明洪武二十三年统兵补镇斯土，抚治有功，落业普咱渡，生二子，名乾、坤。②

至此，菩萨渡邓宝为宁河王邓愈之后的说法便有了文字"依据"。此外，文家屯邓姓始迁祖邓端一与邓宝之墓同葬菩萨渡，据说两者关系密切。光绪十八年文家屯邓全忠（官至甘肃提督）在祠堂内将《邓氏族谱序》刻碑为记，里面提及邓端一"江西抚州府临川县马祠堂人，明宁河王邓穆顺讳愈之后也"③，但该序并没有写明撰写时间及原因，也没有其他任何材料再证明邓端一与邓愈的关系。

或许因为邓氏开了追查始迁祖先世的先河，与其同堡而住的周氏也在民国年间开始试图寻获始迁祖周全的先世。一篇民国二十年左右撰写的《祖籍源流考》中写道：

> 祖籍也，世处南京应天府兴化县青石桥猪市巷。因元祚寝衰，群雄肆起。明太祖以火光烛天、红绫浮水，应运而生，力扫群雄。布衣而成天子之统，国号洪武。尔时之将相周德兴等或其流派，则其为南京世族，谅不愧周氏裔焉，无如人生地，食养有方。④

从表述来看，周氏显然很想跟明初开国功臣周德兴建立关系，但因没有证据而使得其底气不足，所以只是说"周德兴或其流派"，很委婉地表达了菩萨渡周全可能与周德兴同族。1997 年，周氏在民国谱牒基础上续修族谱，在上述文字下面又补充了一段文字说：

---

① 邓天亮主编：《宁河堂邓氏族谱·四川冕宁宝公房谱》，2008 年，第 546 页。

② 老谱原件由冕宁县邓天岗、邓天治保存，复印件可参看邓天亮主编《宁河堂邓氏族谱·四川冕宁宝公房谱》，2008 年，第 545 页。

③ 凉山彝族自治州博物馆等编著：《凉山历史碑刻注评》，文物出版社 2011 年版，第 212—213 页。

④ 周长儒等编：《世德堂冕宁县周氏家谱》，第 11 页。

根据上述记载，再印证《晚笑堂明太祖功臣图》，共四十四幅，为名太祖朱元璋开国的四十四位功臣。此图为清乾隆年间上官周所绘，第二十七幅为江夏侯周德兴。周德兴封江夏侯，按明惯例，江夏为江浙一带，可见周德兴也非祖籍南京，而是江浙一带居住随朱元璋起兵的将相。因明定都南京而迁至南京应天府。且可能是周全公的父辈。①

如此，周氏在毫无任何证据和理由的情况下，又进一步将周德兴附会成了周全的父辈，使得两者的关系越来越密切。

从 2002 年起，一次偶然的机会，冕宁文家屯邓端一子孙与安徽泗县邓愈后裔取得联系，后者前往冕宁进行了考察联宗活动。同年，菩萨渡邓宝子孙听说此事，也开始搜集谱牒试图与安徽方面进行联宗。为此，邓宝子孙邓天亮根据菩萨渡《邓氏族谱》、文家屯《邓氏族谱》、安徽《古虹邓氏宗谱》以及其他资料对邓端一、邓宝与邓愈的关系进行了多方"考证"。最后将邓端一、邓宝分别认定为邓愈第四子邓铎、第五子邓铨。在"认定"了邓端一、邓宝为邓愈之子后，邓天亮又专门写了一篇文章对菩萨渡周、王、邓三姓身份进行"考证"。②

该文首先解释为什么菩萨渡周、王、邓三姓关系十分密切，认为：

> 要搞清邓、周、王三姓始迁祖的这种亲密关系，只有先弄清他们父辈的关系，才能准确地了解他们当年为何会一道来到这边陲之地。邓端一和邓宝的父亲是宁河王邓愈，周全的父亲是江夏侯周德兴，在两家的谱中都有记载，这是没有疑义的。但王观的父亲是谁呢？王姓谱中无记载。③

由前可知，1997 年续修《周氏族谱》的补充文字还只是将周德兴附会成周全的父辈，不一定是其父亲，也有可能是伯伯或者叔叔，言辞模糊，尚留有回旋余地。但此时周德兴却又被邓氏文章确信无疑地认定是周全的"父亲"了。在坚信邓、周为"王侯后裔"身份的前提下，文章接下去便开始"考证"王观的父亲是谁：

> 要能与宁河王邓愈和江夏侯周德兴的儿子于明初一道来此"补镇"（三姓谱均有此语）的人，其父也一定是与宁河王及江夏侯名位相当的人，换句话说，也一定是能在《明史》中有"列传"的人……按照这个思路，笔者在《明史》列传中找到了许多位王姓者，经过反复比较，只有定远侯王弼符合条件。④

选定王弼为王观的父亲，原因是史书记载王弼与邓愈、周德兴二家关系紧密，且门户

---

① 周长儒等编：《世德堂冕宁县周氏家谱》，第 11 页。

② 邓天亮：《关于四川省冕宁县邓、周、王三姓一些史实的考证》，参见邓天亮主编《宁河堂邓氏族谱·四川冕宁宝公房谱》，2008 年，第 539—543 页。

③ 邓天亮主编：《宁河堂邓氏族谱·四川冕宁宝公房谱》，2008 年，第 540 页。

④ 同上。

相当。① 所以"从以上记载可以推论，王观之父应是定远侯王弼。只有这种关系，邓、周、王三家公子才有可能同进退"②。如此，王观为定远侯王弼之子的说法也产生了。

紧接着，文章又以周、王、邓三家关系紧密为出发点，来推论三姓族谱所记载祖籍"南京应天府兴化县"的来由，认为《明史》记载洪武二十年周德兴曾在福建沿海筑城防倭，而福建莆田在明初曾有兴化府，所以洪武二十年时，邓宝、周全、王观跟随周德兴在福建兴化筑防，而洪武二十三年周、王、邓三家因胡惟庸案③受到牵连，三人为了避祸，才请旨从兴化镇守西蜀，并改成周全、王观、邓宝，然而其父辈官邸皆在南京应天府，所以就有了"应天府兴化县"的记载。

最后，文章为了自圆其说，又对各家《族谱》记载的不同进行了弥合。文家屯《邓氏族谱》记载洪武十六年，邓端一和周吴邓王一同南征；菩萨渡《邓氏族谱》则记载洪武二十三年，邓宝同周、王前来补镇。而且《周氏族谱》记载除始祖周全外，同来的还有周理，但其后来还乡。对此，文章则解释说前后两批人马为兄弟关系，洪武十六年来的皆为十四年南征云南的王侯子弟：邓愈之子邓端一、周德兴之子周理、王弼之子某人（王观之兄），江阴侯吴良或其弟靖海侯吴桢之子等。洪武二十三年胡惟庸案爆发，邓愈之子邓宝、周德兴之子周全、王弼之子王观为避免牵连通过从兴化来到宁番卫补镇。洪武二十五年，周德兴等因胡惟庸案被诛杀，周理、王观之兄因此回原籍守丧。如此，一个较为完整的明初开国功臣之后通过征战或者避乱而来到边疆的历史叙事便最终形成了。

然而，对照明代王裕墓志铭和《武职选簿》记载，我们可以很清楚地知道，菩萨渡王宝、王观父亲为王恩，河南祥符人，而非开国功臣定远侯王弼。王宝、王观来到冕宁的过程也绝非如上所述。但在现实的村落生活语境中，王观却因周、王、邓三姓的亲密关系，被推定为"王侯后裔"。值得注意的是，周、王、邓三姓故事"成文后又印发给三姓人阅读，提出修改意见，并请教了凉山州和冕宁县的有关学者和机构，作了进一步的修改，现刊载于谱，以供参考"④，即通过文字化、相互传阅、文化交流等形式，使该故事已经成为一种常识，嵌入到当地相关人群的记忆当中。

四　余论

通过上文分析，我们可以发现地方历史脉络中的屯堡叙事具有以下两个重要特点：

第一，屯堡叙事是一个动态结构的过程。从上文分析可知，菩萨渡周、王、邓三姓祖先是明初来自"南京青石桥"的王侯后裔这一叙事经过了很长时期的发展。当地任何可靠的明代资料都没有关于这一说法的记载。至清代乾隆中后期，由于整顿家族和参加科举的需要，冕宁、西昌等地修谱之风盛行，但由于资料的匮乏，他们大多只能通过传闻来叙述始迁祖的历史。而在当地集体记忆中，"南京""青石桥"是明初军事移民的两个重要

---

① 具体请参阅邓天亮《关于四川省冕宁县邓、周、王三姓一些史实的考证》，参见邓天亮主编《宁河堂邓氏族谱·四川冕宁宝公房谱》，2008年，第539—543页。

② 邓天亮主编：《宁河堂邓氏族谱·四川冕宁宝公房谱》，2008年，第540—541页。

③ 明初朱元璋以"谋不轨"为名诛杀宰相胡惟庸等并牵连三万余人，史称"胡惟庸案"，为明初四大案之一。

④ 邓天亮主编：《宁河堂邓氏族谱·四川冕宁宝公房谱》，2008年，第539页。

的记忆符号，因此也就成为许多屯堡家族追溯祖先来历的文化资源被写进家谱，以至于"南京青石桥"逐渐成为屯堡人在叙事祖籍时的一种话语模式、族群象征和身份标识。菩萨渡周、王、邓三姓来自"南京青石桥"的说法也正是在上述过程中逐步形成的，而且历越往后变得越统一、越清晰。至清朝末年，菩萨渡邓氏率先追寻始迁祖先世的来历，并附会出宁河王邓愈后裔的身份。与其同堡而居的周氏也在民国时期开始建构起与江夏侯周德兴同宗的关系。改革开放后，随着民间文化的复兴，修谱寻根之风再度盛行，再次推动了周、王、邓三姓祖先身份的建构。周氏在续修族谱时进一步将周德兴附会为父辈。而这一说法又在同堡邓氏修谱时被当成是父子关系加以确认。与周、邓二姓相比，王氏在始迁祖问题上一直比较谨慎，没有更多地去追述其先世。然而，其身份也在最新的修谱浪潮中，被邓氏考证为定远侯王弼之后。菩萨渡周、王、邓三姓是来自南京青石桥的王侯后裔的祖先叙述最终形成。从以上可以看出，作为家族叙事的屯堡文化并不是凝固的，而是六百多年来不断变化和逐步形成的。

第二，屯堡叙事的建构逻辑存在以自我为中心不断加以推演的特征，而屯堡内部家族之间的亲密关系，为屯堡叙事提供了可以推演的前提。以菩萨渡为例，邓氏祖先通过传闻将始迁祖附会成邓愈之子。此后历代子孙修谱都以此为建构屯堡叙事的逻辑起点，并结合现实生活中周、王、邓三姓的关系来推测其祖先在历史上也一定具有不错的关系，其地位也必定相当。在这一逻辑下，一旦认定其中一家为王侯后裔，那么其余便自然要符合这一身份，所以也都一步步被推演成了王侯子弟。而这一过程恰恰又能使自身获得在当地屯堡文化中的话语权和地位，成为推动屯堡叙事逐渐趋同的一股重要动力。从上述过程我们可以得知，村落语境和家族关系对于屯堡叙事具有重要的影响，其叙事与其说是在追述祖先的历史，毋宁说是通过祖先历史的建构来解释当下屯堡内部的关系。

（原载《民俗研究》2014 年第 5 期）

地方叙事与族群想象：陈元光"征蛮"传说研究

温春香*

【摘要】陈元光是漳州历史上的重要人物，他的开漳事迹至今为人传颂，闽南各地普遍奉祀陈元光，关于他的传说也极普遍。通过文献梳理，我们看到陈元光从普通的将领到儒将及神的身份的叠加，并被建构成为中原汉人的象征，而其所平之"蛮"也一步步具体化为蓝雷畲民，与此同时，文献对畲民的描述也趋于典范化，这一过程与闽粤赣地域社会转型及人群重组关系密切。

陈元光是漳州历史上的重要人物，他的开漳事迹至今为人传颂，闽南各地普遍奉祀陈元光，关于他的传说极普遍，研究也非常深入，包括对他的家世、生平、诗作、官职、事迹等一系列问题都已有学者作了详细精辟的论述与考证，[①] 而陈元光在族群叙事中所具有的象征意义也得到颇多关注，黄向春就指出，陈元光的"开漳"故事成为"漳州人"共同拥有的、包括文字和口传形式的祖先拓殖史与"汉人——蛮獠"分类史，应该是明代中叶以后的事。[②] 苏永前也注意到陈元光开漳传说背后的权力关系，发现在"开漳"传说中充分显现了集体想象的两极：对自我的圣化、神化与对他者的非人化与妖魔化，但他将叙事主体认定为闽南地区的中原移民，而忽略人群边界的流动与复杂，则又陷入一个自相矛盾的怪圈。[③]，但值得注意的是，关于陈元光的传说其实经过一个变化的过程，在这个过程中，陈元光完成了从普通将领到儒将最后变成神的身份的叠加，并被建构成为中原汉人的象征，与此同时，其所征之蛮则由广寇陈谦逐渐清晰为苗、蓝、雷几姓，这个过程与明中期对畲民描写的转变与定型正好吻合，因此笔者认为，后世对陈元光的建构正反映了这一区域的历史进程，陈元光在此被建构成为中原汉人的象征，而与之相对的是被书写典范化的蓝雷畲民，对陈元光事迹的强调与一再重构，是本地土著借机将之前的历史蛮荒化，而借一位中华圣人来代言自己文化的过程，这里隐含许多民族史的研究资料。

---

* 作者系赣南师范学院客家研究中心副教授。

① 谢重光：《陈元光与漳州早期开发史研究》，（台北）文史哲出版社1994年版。杨际平：《也谈〈龙湖集〉真伪》，《东南学术》1992年第1期；郭志超：《陈政、陈元光在漳州平蛮的证伪——兼涉陈元光与潮州的关系》，潮州畲族文化学术研讨会论文，2007年12月。

② 黄向春：《"畲/汉"边界的流动与历史记忆的重构——以东南地方文献中的"蛮獠—畲"叙事为例》，《学术月刊》2009年第6期。

③ 苏永前：《想象、权力与民间叙事——人类学视野中的陈元光"开漳"传说》，《民族文学研究》2011年第5期。

一 陈元光"征蛮"传说的演变

陈元光最为人称颂的，在于他"开漳征蛮"的丰功伟绩。关于陈元光其人及事迹，后世有详细记载。但当我们检视以前史料时，发现事情远非如此简单，关于陈元光"征蛮"的表述经历了一个较长的历史过程，在这个过程中，对于陈元光所征之"蛮"也愈加详细。在明之后的文献中介绍陈元光都以征蛮进行描述，但奇怪的是，与后世大肆渲染不同的是，作为唐朝人，陈元光所生活的唐朝对他的记载却寥寥无几，即便有少量的记载，也与今日之陈元光形象大不一样。唐代张鷟的《朝野佥载》这样记载："周岭南首领陈元光设客，令一袍袴行酒，光怒，令曳出，遂杀之。须臾，烂煮以食客，后呈其二手，客惧攫喉而吐。"① 这是目前所见文献中最早记载陈元光事迹的，文中之周指唐代武周，即武则天主政时的改元为周，作者张鷟，字文成，生卒年不详，当于武后到玄宗朝前期，因属时人记时事，所载内容，多为第一手资料，所以颇有参考价值，并为《太平广记》《资治通鉴》以及后世治唐史者广为引用。但退一步说，即便只是道听途说，其意义也是相当明显，它至少表明当时人认为陈元光极为残暴，其职位也只是"岭南首领"四字，离后世宣扬的中原带兵，南下"平蛮"相去甚远。但除此直接资料外，在清代人冯登府辑的《闽中金石志》中收录了唐代一块陈元光威烈庙碑记，碑云："公姓陈，讳元光。永隆三年，盗攻潮州，公击贼，降之。公请泉潮之间创置一州，垂拱二年遂敕置漳州，委公镇抚。久之，蛮贼复啸，公讨之，战殁，因庙食于漳。"② 此碑中对陈元光击盗及战殁皆有记载，虽用语不多，但却成为后世对陈元光事迹书写的基本模式。

但无论如何，在陈元光所处的唐朝，非但正史新旧《唐书》未载陈元光之事，从以上所引资料中我们也可看出，此时关于陈元光的记载寥寥数笔，除去《闽中金石志》中提到"蛮贼复啸"，宋代资料也不曾将他与"蛮""夷"牵上任何关系。③ 因此有研究者就指出，"陈政、陈元光从来没有在漳州平所谓的'蛮獠'，他们平的皆是潮州之'盗'。"④ 而笔者对此话的理解是，所谓的"盗"或者"蛮"之称，应放回到具体时代与语境中考虑，对陈元光所平的那群人何时被称为"盗"，而何时又被称为"蛮"进行考察，可能会是一个更有趣的话题。因此，平蛮之说起于何时又兴于何时，成为一个急需解决的问题。

除清代《闽中金石志》所引唐陈元光威烈庙碑记外，我们在明代以前的资料中尚未找到关于陈元光漳州"平蛮"的说法。而明代关于陈元光"平蛮"的说法却大为流行。关键者当推弘治年间所修的《八闽通志》。该志记载了有关陈元光"平蛮"事迹、福建陈元光信仰的威惠庙情况及陈元光"平蛮"的遗址。其对于陈元光的记载如下：

---

① （唐）张鷟：《朝野佥载》，卷之二，中华书局 1991 年版，第 15 页。

② （唐）《陈元光威烈庙记》，载（清）冯登府辑《闽中金石志》，卷一，续修四库全书 912 史部金石类，据民国刘氏希古楼刻本影印，上海古籍出版社 1995 年版，第 344 页。

③ （宋）祝穆：《方舆胜览》，卷十三《漳州·祠墓》，中华书局 2003 年版，第 225 页；（宋）王象之：《舆地碑记目》，卷三《漳州碑记》，中华书局 1985 年版，第 78 页。

④ 郭志超：《陈政、陈元光在漳州平蛮的证伪——兼涉陈元光与潮州的关系》，潮州畲族文化学术研究会，2007 年 12 月。

唐嗣圣三年，广寇陈谦等连结诸蛮攻潮州，左玉钤卫翊府左郎将陈元光讨平之，请置一州于泉潮之间，以抗岭表。①

由上引可知，所谓的"蛮"在此指的是广东陈谦领导的人群，陈元光因此建功授职，开漳建治。此外，同为《八闽通志》，在另一处则以极其尊崇与赞美的语气将陈元光事迹重述一遍，只是此次与前次矛盾的是，陈元光要对付的是徐敬业的余党：

嗣圣元年徐敬业起兵维扬潮梅间，又有梁感者为之羽翼，朝廷遣玉钤卫大将军梁郡公李孝逸提三十万众以破之，而梁感之徒尚在也。陈元光父子奉命讨贼，兴建营屯，扫除凶丑，方数千里间无桴鼓之警；又为之立郡县，置社稷，筚路蓝缕，以启山林，至捐躯陨命而后已。②

不知此徐敬业余党"梁感之徒"与"广寇陈谦"之间到底有什么样的关系，但关于陈元光"击贼"则在当时已是定论。故而明代王冕将陈元光编入《历代忠义录》中，谓陈元光："为将官，永隆初击降潮州盗，请创置漳州，就命元光镇抚，久之，以讨贼战死，庙食于漳。"③ 即不言其击降的"潮州盗"为何人，后人也就唯有推测了。不过无论前说如何，后世之说则多采用陈谦说。如正德《漳州府志》所言："仪凤中，广寇陈谦等连结诸蛮攻潮州，守帅不能制，闽戍将陈元光讨平之，开屯于漳水之北。"④ 而修于嘉靖年间的《广东通志》更坐实了这一说法：

陈元光，揭阳人，先世家颍川，……仪凤中，崖山剧贼陈谦攻陷冈州，城邑遍掠，岭左闽粤惊扰，元光随父政戍闽，父死代为将，潮州刺史常怀德甚倚重之，时高士廉有孙琔，嗣封申国公，左迁循州司马。永隆二年，盗起，攻南海边鄙，琔受命专征，惟事招慰，乃令元光击降潮州盗，提兵深入，伐山开道，潜袭寇垒，俘馘万计，岭表悉平。⑤

在此，"广寇陈谦"有了更明确的身份，即"崖山剧贼陈谦"。而陈元光也只是唐初重臣高士廉之孙高琔的副将，高琔才是此次事件的主帅，关于高琔的此次出征，唐朝著名诗人陈子昂有记载，如下：

---

① （明）黄仲昭修纂：《八闽通志》上，卷一《地理·漳州府》，明弘治四年（1491）刻本，福建人民出版社 2006 年版，第 15—16 页。

② （明）黄仲昭修纂：《八闽通志》下，卷八十六《拾遗·漳州府》，明弘治四年（1491）刻本，福建人民出版社 2006 年版，第 1423 页。

③ （明）王冕：《历代忠义录》，卷十三，四库全书存目丛书补编，第 93 册，据台湾汉学研究中心藏明嘉靖刻本影印，齐鲁书社 1997 年版，第 318 页。

④ （明）陈洪谟修、周瑛纂：《漳州府志》，卷之一《郡县》，明正德八年（1513）刻本，第 1b 页。

⑤ （明）黄佐纂修：《广东通志》，卷第五十五《列传十二·人物二》，明嘉靖四十年（1561）刻本，广东历代方志集成，省部二，广东省地方史志办公室辑，岭南美术出版社 2007 年版，第 1423—1424 页。

　　君讳某，字某，……祖宗俭，字士廉，皇朝太子太傅、上柱国、申国公……永隆二年，有盗攻南海，广州边鄙被其灾，皇帝哀洛越之人罹其凶害，以公名家之子，才足理戎，乃命专征。①

　　文中提到的永隆二年（681）伐盗之事，也有些地方认为是仪凤二年（677），不过都是指陈元光平"潮州盗"之事。作为副将，陈元光受命专征，战功卓越，因此后世文献也常出现"守帅不能制"的字样。

　　至此，我们也只看到陈谦之名，所谓的"蛮"也即是陈谦所部之人。但万历《漳州府志》对陈元光的描述无疑是大开先河，大力渲染其所平之"蛮"即苗自成、雷万兴，之后则死于蓝奉高之手。其文如下：

　　仪凤二年，会广寇陈谦连结诸蛮苗自成、雷万兴等进攻陷潮阳，守帅不能制，公（作者注：陈元光）轻车讨平之。永隆元年，潮人以事闻，请乞公兼戍潮阳，永淳九年，（考唐史永隆开耀永淳俱元年，无永淳九年，今止作永淳元年为是。）诏进岭南行军总管。嗣圣三年，（即垂拱三年）上疏请建一州于泉潮间，以控岭表。……俾建漳州漳浦郡邑于绥安地。仍世守刺史，州自别驾以下，县自簿尉以上，得有廉干人员，听自注用。……已而蛮寇苗自成、雷万兴之子复起于潮，潜抵岳山，公率轻骑讨之，援兵后至，为贼将蓝奉高所刃而死，百姓闻之，如丧考妣，相与制服哭之，权葬于绥安溪之大峙原，先天元年诏赠豹韬卫镇军大将军兼光禄大夫、中书左丞，谥曰忠毅文惠。②

　　该文反映的变化是明显的，它从"广寇陈谦连结诸蛮"到"广寇陈谦连结诸蛮苗自成、雷万兴等进攻陷潮阳"，将所谓的"诸蛮"明确化，而陈元光之死也是因为"蛮寇苗自成、雷万兴之子复起于潮，潜抵岳山，公率轻骑讨之，援兵后至，为贼将蓝奉高所刃而死"，有趣的事情就是，陈元光抵御的"蛮"是苗自成、雷万兴，而杀他的则是蓝奉高，苗、雷、蓝诸姓被认为是"苗蛮"人群的主流姓氏，其中尤其是雷、蓝两姓，被认为是居于闽粤赣交界区的畲民。这与修在其前面的正德《漳州府志》的表述形成鲜明的对比，在正德《漳州府志》中这样记载："后帅轻骑讨贼，援兵失期，力战而死，漳民衷慕，如丧考妣"，③ 只字未提"苗蛮"，更没有具体的姓名，明代中期发生的表述上的变化，并非意外，而是与居于闽粤赣这一区域的土著人群的身份辨识有极大的关系。无疑，在明朝初年，对被呼为"蛮"的人群身份的确立看似极为必要。而最关心此事的人则无疑是这些标榜为中原后裔的人，他们为表彰自己华裔贵胄的高贵与纯正血统，成为最先也是最积极

---

　　① （唐）陈子昂：《唐故循州司马申国公高君墓志并序》，载《陈伯玉集》，卷第六《志铭》，四部丛刊初编103集部，据上海涵芬楼借秀水王氏二十八宿研究斋藏明刻本景印，商务印书馆1926年版重印影印，上海书店1989年版。
　　② （明）罗青霄总纂，谢彬编纂：《漳州府志》，卷之四《漳州府·秩官志下·名宦·刺史陈元光》，明万历元年（1573）年刻本，明代方志选第三辑，（台北）学生书局1965年版，第67—68页。
　　③ （明）陈洪谟修，周瑛纂：《漳州府志》，卷之十四《列传》，明正德八年（1513）刻本，第2a页。

指认谁为"蛮獠"的人。上引明万历漳州府志所引资料之所以如此翔实，描写之所以如此生动，比之前代学者有诸多"创新"，除去文笔不说，其中最重要的原因便是撰史者大量引用了私家谱牒作为资料。在其所引的陈元光介绍后，就明确表明其资料来源是陈氏家谱，并在方志所引书目中将陈氏家谱《龙湖谱》列入其中，①而同样的，新增二位陈元光部将许天正、卢如金的资料则全部来源于各自的族谱——许氏族谱和卢氏族谱。

同样值得注意的是，《白石丁氏古谱》作为从宋以来不断完善的私谱，其对地方事物的描写常被认为极具价值。在该谱描写丁儒辅佐陈元光开漳一事中，有这样的记载：

> 先是，泉潮之间故绥安县地负山阻海，林泽荒僻，为獠蛮之薮，互相引援，出没无常，岁为闽广患，且凶顽杂处，势最猖獗，守戍难之。……会有潮寇陈谦者，结土蛮苗成、雷再兴等攻陷潮阳，又佐将军元光讨平之。其西北山峒之黎，林木阴翳不相通，乃开山取道，兴陶铸，通贸易，因土民诱而化之，渐成村落，拓地千里，请置郡漳浦，注刺史以镇压之。垂拱二畔乙酉，诏元光以玉铃卫左郎将，为漳州刺史，得专制境内，丁儒以左承事郎佐郡，参理州事，统漳浦怀恩二邑，至南诏镇，于是劝课农田，惠工通商，财用以阜，其负固未服者，率轻锐捣平之。上下闽广间，始得相安故业云。②

此文首先就表明泉潮之间故绥安地为"蛮獠"之薮，国家难治。而陈元光所遭遇的则是"土蛮苗成、雷再兴"，此二人名与前苗自成、雷万兴皆一字之差，意义颇可寻味。据此推测，明初时各谱虽各自修撰，但也互通声气，互相观望，故而出现陈氏《龙湖谱》与丁氏古谱类似的现象，但各有一字之差则代表当时地方乡绅对重构唐代陈元光平蛮这段历史尚有一些小分歧，待到万历府志修撰时得以折中统一。而此后各志对苗、雷二人之名也基本未作变更，此外还将蓝姓加入故事中。也正因为史料上有如此记载，据李林昌透露，时至清末，漳浦县"红白械斗"时，族长利用这一段史事，鼓动族群对立，说陈蓝二姓是世仇。后来群众悔悟，械斗结束，互相通婚。③ 这种矛盾甚至还以各种形式存留至今，如漳浦县赤岭、湖西一带的蓝姓畲民，认为陈元光是他们的仇人，从不供奉祭祀陈元光的"圣王节"。④

结合史料可知，在宋元以前，闽粤赣交界区的土著只作为王朝的边鄙之人，化外之民，偶尔在王朝的边陲引起关注，他们多被称为"寇""盗"，又因所居之处被呼为峒，又叫"峒寇"，即便明朝以前文献中记载的畲民，也是宽泛的称谓，但从明朝中期开始则明显发生了变化，这些以前统称为"盗"的人群中，有些人被有意地排除出去，"畲民"成为一个未开化的象征，被认为曾与"苗蛮"集团有过渊源，而盘、蓝、雷、钟则成为

① （明）罗青霄总纂，谢彬编纂：《漳州府志》，修志引用书目，《名宦·刺史陈元光》，明万历元年（1573）年刻本，明代方志选第三辑，（台北）学生书局1965年版，第17页。

② 《白石丁氏古谱懿迹记》，载《白石丁氏古谱》上册，漳州市方志办编，影印抄本。厦门大学古籍室藏，第31b—33a页。

③ 李林昌：《漳浦畲族》，载《漳浦文史资料》第二十五辑，中国人民政治协商会议福建省漳浦县委员会编，2006年12月，第110页。

④ 蒋炳钊：《畲族史稿》，厦门大学出版社1988年版，第165页。

其姓氏上辨别的标志，这一变化与畲民书写的典范化过程直接相关。

二　畲民书写的典范化

学术界一般认为畲民形成于唐宋，其早期书写有畲、輋等，而南宋刘克庄的《漳州谕畲》是现存文献中最早称其为畲民的，且明确地将其作为一个独立的人群。[①] 在刘克庄的《漳州谕畲》中谓畲民"不悦不役，其来久矣"，且其中有"自称盘护孙者"，并善用机毒，此外所有篇幅都在介绍畲民动乱，而这种对地域性动乱的描述也构成了宋元时期畲民的主要呈现方式。但在明代对畲民的描述却出现巨大的转变，盘瓠信仰与四大姓成为辨识畲民的主要标志，在嘉靖年间姚虞所著之《岭海舆图》中对潮州府的描述中也有这样的描述：

> 猺獞种类颇繁，号輋户、斗老，与三大姓者盘、蓝、雷尤桀骜难训，虽有统者，而狼性亢悍，先几而虑，乃克有终。[②]

輋户作为潮州对畲民的称呼，广见史册。但将畲民与四大姓联系起来的说法，却盛行于明中后期，方志在其中的塑造作用是毋庸置疑的。在明正德年间所修的《兴宁县志》中，我们可见这种典范表述的最初模型：

> 猺之属颇多，大抵聚处山林，斫树为輋，刀耕火种，采山猎食，嗜欲不类，语言不通，土人与之邻者不相往来，不为婚姻。本县猺民亦众，随山散处，岁输山粮七石正。[③]

在赣闽粤交界区，虽常以畲、輋、畬等字眼表示这一群体，但因其与瑶的特殊关系，文人们也常混称，这也是十分常见的事情。从明朝中期《兴宁县志》的记载来看，地方志撰写者已注意到其言语、生产、习俗等特征，这种表述为后来者所吸纳，并加入其他的一些元素。在明嘉靖十四年（1535）所修的第一部广东通志中，记载了潮州的輋户："（潮州）其曰輋户者，男女皆椎发跣足，依山而居，迁徙无常，刀耕火种，不供赋役，善射猎，以毒药涂弩矢，中兽立毙。"[④] 而在同书中，又再次提及惠州府的"猺人"和潮州的輋户，且这次更为详细，其文如下：

① 但也有研究者认为，事实上，畲作为一个族群，其实早在唐末就已见诸史料。谢重光：《畲族在宋代的形成及其分布地域》，《韩山师范学院学报》2001年第1期；谢重光：《宋代畲族史的几个关键问题——刘克庄〈漳州谕畲〉新解》，《福建师范大学学报》2006年第4期。

② （明）姚虞：《岭海舆图》，中华书局1985年版，第32页。

③ （明）祝允明纂修：《兴宁县志》，明正德十年（1515）刻本，上海中华书局影印明正德稿本1962年版。

④ （明）戴璟、张岳等纂修：《广东通志初稿》，卷之十八《风俗》，北京图书馆明嘉靖十四年（1535）刻本，四库存目丛书史部第189册，第331页。

惠州府龙川县，猺人俱别境来者，居深山中，听征调，纳贡献，有官长为之抚领。

潮州府，民有山峯，曰猺獞，其种有二，曰平鬃，曰崎鬃。其姓有三曰盘、曰蓝、曰雷。依山而居，采猎而食，不冠不履，三姓自为婚，有病殁则并焚其室庐而徙居焉。俗有类于夷狄，籍隶县治，岁纳皮张，旧态无所考，我朝设土官以治之，衔曰峯官。①

在这则史料中，我们看到广东畲民的两个主要分布地区，后世对潮州府峯民的描写皆引上文。文中明确将三大姓盘、蓝、雷作为畲民的代表姓氏，并认为他们自相婚姻。而事实上，文献所显示的畲民姓氏似乎比这丰富许多。②

而嘉靖三十五年（1556）所修的《惠州府志》对畲民的记载成为对广东畲民描写的另一个重要来源，并被后世奉为典范，成为描述畲民的蓝本。其文如下：

猺本盘瓠种，地界湖蜀溪峒间，即长沙黔中五溪蛮是也。其后滋蔓绵亘数千里，南粤在在有之。至宋始称蛮猺。其在惠者俱来自别境，椎结跣足，随山散处，刀耕火种，采实猎毛，食尽一山则他徙。粤人以山林中结竹木障覆居息为峯，故称猺所止曰峯。自信为狗王后，家有画像，犬首人服，岁时祝祭。其姓为盘、蓝、雷、钟、苟，自相婚姻，土人与邻者亦不与通婚。猺有长有丁，国初设抚猺土官领之，俾略输山赋，赋论刀为准，羁縻而已。……久之稍稍听征调，长枪劲弩，时亦效功。然此猺颇驯伏，下山见耆老士人皆拜俯，知礼敬云。（通志、旧志、各邑志）……论曰：夫猺蛋二种，错居山河，侣禽兽，亲鱼鳖。先王不弃外焉，其来久矣。猺猜忍，喜仇杀，轻死，急之则易动，加以奸民与猺峒犬牙者，往往为乡道利分卤获，故数侵轶我边，踉跄篁竹，飘忽往来。州县觉知，则已赶入巢穴，官军不可入，自古记之。弘治中，大望山胡彭之事可鉴也（详兴宁志）。近年邻峒土豪占夺猺山，反令输税，巡司假搜捕惊扰，甚者诬盗责贿，盖屡形塑言矣。③

作为对广东畲民的记载，其来源已广泛采用了《广东通志》及各邑方志，从这点来说，其实对广东畲民的描述在嘉靖三十五年（1556）之前已有不少，而且在此前三四年，黄国奎所修的《兴宁县志》对此就已有详细论说，且其文中亦表明来源于旧志。④ 因此，这种书写的形成是经历了一段时期，而后慢慢趋于定型，并被后世广泛传抄。从后世的方志中，我们可见广东各邑志对畲民的描述基本循着这些理路，凡描写潮州府的，皆以上引

---

① （明）戴璟、张岳等纂修：《广东通志初稿》，卷之三十五《猺獞》，北京图书馆明嘉靖十四年（1535）刻本，四库存目丛书史部第 189 册，第 576 页。

② 温春香：《文化表述与地域社会：宋元以来闽粤赣毗邻区的族群研究》，厦门大学 2009 年博士学位论文。

③ （明）姚良弼修，杨宗甫纂：《惠州府志》，卷十四《外志·猺蛋》，明嘉靖三十五年（1556）蓝印本，天一阁藏明代方志选刊。上海古籍书店 1982 年版，第 14b—16b 页。

④ （明）黄国奎等纂：《兴宁县志》，卷之三《人事部·猺蛋》，嘉靖三十一（1552）年刻本，天一阁藏明代方志选刊续编，上海书店 1990 年影印版，第 1199—1202 页。

《广东通志》为原型，而但凡惠州府诸邑志，则循上引《惠州府志》之说为正宗，而且从福建省畬民史料来看，嘉靖《惠州府志》的记载明显对福建省的畬民描述影响极大。在万历元年（1573）所修的《漳州府志》中，我们首次见到方志对福建畬民的记载：

> 傜种本出盘瓠，椎髻跣足，以盘、蓝、雷为姓，自相婚姻，随山散处，编荻架茅为居，植粟种豆为粮，言语侏离弗辨，善射猎，以毒药涂弩矢，中兽立毙，以贸易商贾，居深山，光洁则徙焉。自称狗王后，各画其像，犬首人服，岁时祝祭，其与土人交，有所不合，詈殴讼理，一人讼则众人同之，一山讼则众山同之，土人莫敢与敌。国初设抚傜土官，令抚绥之，量纳山赋，其赋论刀若干，出赋若干，或官府有征剿，悉听调用，后因贪吏索取山兽皮张，遂失其赋，及抚驭失宜，往往聚众出而为患，若往年陈吊眼、李胜之乱，非傜人乎？故特志之，以见地方自有此一种族类，欲去之而不得，抚则为用，虐则为仇，为政君子，处之必有其道矣。①

尽管其文中仍以"傜人"作为这一人群的称呼，但在其正文之前的引述中我们可知，漳州旧志皆不曾记载，附于这段材料的一个特别说明写道："（傜人）属邑深山皆有之，俗呼畬客，旧志不载，今载之。"此外，从文中我们还得知，在漳州他们拥有一个俗称，即畬客，这个称呼也在汀州府流行。从乾隆时其所修的《汀州府志》所引旧志中我们可知：

> 汀猺人与虔、漳、潮、循接壤错处，以盘、蓝、雷为姓，三姓交婚，女不笄饰，裹髻以布，男结髻，不巾不帽，随山种插，去瘠就腴，多于深山中编荻架茅为居，善射猎，以毒药敷弩矢，中兽立毙，其人入城贸易，多竹器蜂蜜及野兽山禽之类，不输官差，自食其力，了山主税赁尔。……楚、粤为盛。闽中高深山溪之处间有之，盘、蓝、雷其种类也，汀人呼为畬客。②

这一群被呼为畬客的"猺人"同样也以盘、蓝、雷三姓界定，在同一本方志中还引用了清康熙年间范绍质的《猺民纪略》，对汀州府东南"猺民"的生活习俗等的记载颇详，成为之后汀州府方志中描述畬民的必引材料，其对畬民的具体描述为范绍质首次披露，但无论如何，其还是可见嘉靖《惠州府志》及万历《漳州府志》对畬民的基本界定。从后世的诸多方志中我们也可知，以上两部方志对畬民书写的影响。方志作为官修地方史料，其中许多内容皆因袭前志，或稍作修改，或略加评论，除去首次修志，很少会全盘重写。此外，在明清时赣闽粤畬民情况已然不被人们广泛知晓的情况下，对其进行描述自然也不是容易的事情，除去少量的亲历者外，大多数的修志者皆从旧志，这种方志的书写模式甚至影响到地方人士私家撰述，如族谱的记载等，在漳州南靖县南坑高港村《曾氏崇

① （明）罗青霄总纂，谢彬编纂：《漳州府志》，卷之十二《漳州府·杂志》，明万历元年（1573）年刻本，明代方志选第三辑，（台北）学生书局1965年版，第219页。

② （清）曾日瑛等修、李绂等纂：《汀州府志》，卷之四十四《艺文六·丛谈》，乾隆十七年（1752）修，同治六年（1867）刊本，中国方志丛书华中地方第七十五号，（台北）成文出版社1967年版，第650—651页。

本堂世谱》中，其中关于畲民的描写就有方志书写的影子。其谱中记载：

> 吾族僻处深山，前朝（明朝）风气未开，惟服农亩而已，殆无馀（异）武陵溪源，人自安□穆淳风。故终明代二百七十余年间，有读书之人不闻有出仕者。漳本边徼，自唐垂拱间陈将军元光乃请割潮之绥安、泉之龙溪、汀之龙岩，以建州治。元世又割三邑之地建南靖，而三团属焉。当未建邑之先，未知定属何县？但唐宋以前三团左右俱为蓝、雷所居，未入版图。故今无从稽查也。三团之名，今罕有道及者，盖自山城缘溪上溯百余里，直至吾社，皆称三团，过岭乃为和（平和）辖，称芦溪焉。蓝、雷者，即传记所称猺人是也，乃盘瓠之后，楚粤为盛。闽中唐宋以前亦在在有之。然多在深山穷谷中，又迁徙无常，故土人称之曰"客"，而彼称土人为其"河老"，为其自河南光州来，畏之也。凡三团左右有曰"畲客营"者，有曰"客仔寮"者，有曰"番仔寮"者，皆其旧址也。①

由此可知，嘉靖《惠州府志》及万历《漳州府志》成为畲民书写的典范，日后成为广为人知的"盘、蓝、雷、（钟）"书写模式，使得这几姓成为畲民特有的姓氏，他们代表了畲民"盘瓠集团"中一脉相承的血统与来源，也因此造就了他们与汉人迥异的祖源传说与兄弟情谊，故而也带有了族群性叙事的特征，从宋元对地域性动乱的关注到明中后期强调族群性区别的转变，表明了这个长时段中文人们对畲民描述的一种转型，而这种转型也正是与当时地域社会的历史文化过程相伴生的，转型背后有更为深刻的社会结构转变在起作用，畲汉分野便发生在这样的背景下。

三 族群分野的完成

宋元时期文人对赣闽粤毗邻区动乱的描述，主要是基于一种地域性动乱的视角。而从明中后期开始，关于畲民的族群性特征就大量见诸文献，其中最典型的辨识标志便是其盘瓠信仰与四大姓氏，而这两个族群要素正是从明中后期开始得以固定。这个时间节点其实与闽粤赣毗邻区的大规模动乱与地域社会的重组有极大关系。

明代中期闽粤赣湘四省交界处发生大规模动乱，但因各不相属，各省之间无统一行动，因此造成政府行事困难，加之交界处人员流动较大，声势相倚，气动朝野，因此明王朝派官员专事征抚，南赣巡抚的设立正是出于这一考虑。在成功平息动乱之后，在这一地区设立大量县治，在南赣巡抚设置前后，赣闽粤交界区共设新县达22个之多。② 在动乱中，参与人群种类不一，王阳明作为第六任巡抚，受命征招，他在议论赣闽粤三省情形时就指出，"三省贼巢，连络千里，虽声势相因，而其间亦自有种类之分、界限之隔。利则

---

① 《曾氏崇本堂世谱》，清末抄本，不分卷，现藏漳州南靖县南坑高港村。转引自陈支平《从客家族谱所见的两个史实问题》，载陈支平、周雪香主编《华南客家族群追寻与文化印象》，黄山书社2005年版，第418页。

② 唐立宗：《在"盗区"与"政区"之间——明代闽粤赣湘交界的秩序变动与地方行政演化》，"国立"台湾大学文史丛刊（118），（台北）"国立"台湾大学出版委员会2002年版，第367—368页。

争趋，患不相顾，乃其性习。"① 说明当时统治者也十分清楚构成这一地区动乱的人群复杂。而在其征剿的过程中，以谢志珊、蓝天凤为首的桶冈之乱最为厉害，他们最明显的特征就是，纠集各路不同人群，并自称为"盘皇子孙"："其大贼首谢志珊、蓝天凤，各又自称'盘皇子孙'，收有传流宝印画像，蛊惑群贼，悉归约束。即其妖狐酷鼠之辈，固知决无所就；而原其封豕长蛇之心，实已有不可言。"② 以"盘皇子孙"自称的谢志珊、蓝天凤出现在人们的视界中，使人们再次想起了汉晋以来的盘瓠传说，以及宋代刘克庄所记载的盘瓠子孙——畲民。鉴于明代赣闽粤人群流动性的频繁，以及赣闽粤湘交界区的复杂人群种类的关系，陈永海认为，被谢志珊、蓝天凤等人大肆宣扬的盘皇子孙这种"畲"的身份其实是一种战斗策略，它可以用来作为抵制政府控制的"象征"。被称为"畲贼"的这些人可能并非是因对付外来移民而团结的一群人，而相反，他们才正是外来移入者，利用盘瓠作为象征及团结附近土著的手段，以对付当地精英。畲人的迁徙传统与逃亡、走私人群的经验产生共鸣，这个传说可能有助于新来者与邻近声称盘瓠后裔的人建立密切关系。且盘瓠信仰人群的"免徭"优惠政策也使加入盘瓠集团更具吸引力，这样，加入者不但可与畲民一样享受免徭特权，而且，其政治上的重要性也是显而易见的，它有利于团结瑶民，并宣称对山区的占有权。大规模县治的建立使得国家权力直接下达到赣闽粤交界区，对这一地域社会的社会结构影响是巨大的，这其间就包括人群的重新整合，陈永海就认为，正是在这一过程中，畲民与客家人分化。③ 具体来说，一种可能的解释就是，在明代王朝对这一地区进行直接管辖并设县之后，居于赣闽粤交界区的畲瑶人群只有一部分还继续保持其盘瓠信仰，而另一部分人群则接受儒家的礼仪，积极地从事建构家族的活动，发展成为后来的客家人。在这个过程中，人们表现出对自身身份选择的自主性，正如美国历史学家娜塔莉·泽蒙·戴维斯（Natalie Zemon. Davis）在《马丁·盖尔归来》一书中所揭示的：人，包括被认为缺乏主体能动性的底层农民，在社会的规定与限制之下可以通过对身份的塑造甚至虚构，来选择自己的生活、改变自己的命运。④

固然，盘瓠信仰一方面成为与王朝对立者团结人群的旗帜，同时也成为汉人尤其是汉人精英用以区分人群的手段。对陈元光的长期建构与对畲民书写的典范化正是这一区分的结果。与陈元光被建构成中原南来的儒将的同时，另一群人也慢慢浮现并清晰。他们就是被陈元光所平之"蛮"。

从最初的"诸蛮"到明初确定为"苗自成、雷万兴"，而后又加上"蓝奉高"，这不仅仅是表述的问题，也不仅是传说层累的问题，它实际上反映了从明代以来的族群身份的重新界定。在最初的"蛮"里面，这几姓被强调并标鉴性地成为畲民的代名词。回溯历

① （明）王守仁：《议夹剿方略疏》，载《王文成公全书》，卷之十《别录二》，四部丛刊初编 258 集部，据上海涵芬楼景印明隆庆刊本，商务印书馆 1926 年版重印影印，上海书店 1989 年版。

② （明）王守仁：《横水桶冈捷音疏》，载《王文成公全书》，卷之十《别录二》，四部丛刊初编 258 集部，据上海涵芬楼景印明隆庆刊本，商务印书馆 1926 年版重印影印，上海书店 1989 年版。

③ Wing-hoi Chan, Ethnic Labels in a Mountainous Region: The Case of She "Bandits", in Pamela Kyle Crosley, Helen F. Siu, and Donald S. Sutton, ed, "*Empire at the Margins: Culture, Ethnicity, and Frontier in Early Mondern China*", Berkeley and Los Angeles: University of California Press, 2006. pp. 255 – 284.

④ Natalie Z. Davis, "*The Return of Martin Guerre: Imposture and Identity in a Sixteenth-Century Village,*" Cambridge, Mass.: Harvard University press, 1983.

史，宋元以来一直被称为"寇""盗"的这一批人到明代中后期则被明确为一个独立的族群——畲。作为一个明显有异于汉的族群，畲民的各种习俗被强调，被当作奇风异俗写入文献，正如日本学者铃木正崇所说，在中国传统性的华夷秩序中，并不存在今天意义上的民族概念，在中原人民与周围的蛮族之间，只存在文化上的差异。"中国式的'正当性'理论，就是华夷思想，即便是'夷'，也可通过文化的变革而成为'华'。这里存在一个软性结构。也就是说，只要掌握了汉族的主流文化，就可以无差别地被容纳入汉民族之中，这是追溯中央与地方、中心与边缘通过'汉化'而联结起来这一历史性脉络的结果。"① 换句话说，是文化而非别的什么，成为华夷区别的标志，故而，从文化上纳入主流文化，"夷"可变"华"，反之亦然，由"华"变"夷"也只是文化上的区分而已。

因此，发生在明初的将畲民作为明显异于汉人的书写的一再重复，表明了该时期地方社会正在经历一个族群分野的过程，那些标榜祖先中原南来的人被看成汉人正统的代表，陈元光成为这群人的最重要的象征，以其"征蛮"事迹的宣传来稳固这一群体作为正统与权力的代言人，而被他们所征之"蛮"的不断清晰，带有明显族群指向性的话语得到时下的肯定，"苗自成、雷万兴、蓝奉高"成为"蛮"的具体所指，这与明清对畲民书写的历程也正好吻合。陈元光事迹的一再转述与重构，反映的则是漳州人士在对自身进行正统性言说的同时，找出一个明显异于自己的群体作为反面的衬托，以使其正统形象得以更具说服力。在国家意识对该地影响日深的时候，一些占据较有利地位的人抢先把持了正统性代言人的位置，将本集团尽量与国家意识保持一致，而与此同时，另一些人则不断被表述所蛮荒化，表明了正统意识与汉人意识在该地的形成与流行。

通过文献梳理，我们看到陈元光从普通的将领到儒将及神的身份的叠加，这种对陈元光的建构至晚完成于明中后期，并在之后不断得到丰满，陈元光因此兼具了人与神的双重身份。而在对陈元光身份建构的过程中，漳州土著——当地汉人及部分畲民也完成了整体的祖先重构的过程，言必固始的祖先移居传说被一再表述。传说中带领将士南下"征蛮"的陈元光成为中原衣冠之象征，而与之对抗的则是明代被典范化了的畲民"雷万兴、蓝奉高"，对陈元光身份建构背后的撰写者的意识结构进行研究，无疑利于我们更进一步把握华南土著与王朝一体化的进程，因此，考察陈元光建构的最有意义的地方在于，被移民传说正统化了的漳州土著与被平蛮传说蛮荒化了的畲民，这两个看似相反实则同一的实践背后的文化过程。

（原载《民俗研究》2014 年第 6 期）

① ［日］铃木正崇：《被造出来的民族——中国少数民族与国家形成》，载饭岛茂编《发生内讧的"民族"与国家》，（京都）学士院出版社 1993 年版，第 220 页。转载自 ［日］濑川昌久《族谱：华南汉族的宗族·风水·移居》，钱杭译，上海书店出版社 1999 年版，第 220 页。

性别冲突与话语权力

——论建国前后牛郎织女传说的嬗变

漆凌云*

【摘要】牛郎织女传说在新中国成立前有多种异文流传，其中讲述牛郎窃取天衣强迫织女成婚、织女婚后设法逃离人间的文本占多数，王母或天帝破坏两人婚姻的文本较少。新中国成立后，牛郎织女传说由于深受民众欢迎，成为宣传新意识形态的工具。随着戏改运动中剧本的改造及改编进教材，牛郎织女传说中原有的男性与女性矛盾被消弭了，成为一个反封建礼教的文本。民间流传的口头文本尽管记录下来，但是影响越来越小，当代民众普遍接受了经过改编的牛郎织女传说。

民间传说在千百年的流传过程中传承范围之广、变异幅度之大超出我们的想象，而话语权利的变迁对民间传说的影响是毋庸置疑的。吕微认为中国进入 20 世纪 50 年代后，民间社会"被以'劳动人民的'名义象征性地转换为本土现代社会、现代国家的建构原理和建构力量，而民间文学也就成为以'现代人'为主题、以'阶级论'为语式的本土化现代性方案在象征层面的知识表达。"① 新中国成立后，民间文艺被视为是帮助民众消除旧意识形态影响增强对新政权认同的重要宣传工具。牛郎织女传说由于流传广泛深受民众喜爱自然不免遭遇被改造的命运。如今人们谈及牛郎织女传说，普遍认为牛郎和织女是一对真心相爱的恋人，后因受到王母娘娘的阻碍而被迫分离。面对大众谈及牛郎织女传说所形成的"共同知识"，本文着重讨论的是，牛郎织女传说异文众多为何这种情节模式最为大众熟知，如果说社会变革会影响到民间传说的变异，那么话语权力以怎样的方式介入民间传说才能让大众接受？

一 性别冲突：建国前牛郎织女传说的主题

关于牛郎织女传说中织女与牛郎对抗主题的异文，有几位学者关注过。洪淑苓将其归类为夫妻反目式，认为其背后蕴含的思想，是对生活状况的不满意，与正统的牛郎织女传说大异其趣，其原因大概是因为民间故事在流传过程中产生了主题思想的变异。织女之所以停留在人间，是由于"仙衣被藏"的禁制，禁制解除后，当然自动离去。这是相当富

---

* 作者系湘潭大学文学与新闻学院副教授。

① 吕微：《现代性论争中的民间文学》，《文学评论》2000 年第 2 期。

有原始思想的表现。这种织女形象属于严峻、淡薄寡情型。① 李超在研读牛郎织女传说时也发现传说中的织女不仅心灵手巧，具有"勤劳、贤惠，对爱情的忠贞，不嫌贫爱富，诚实，善良"等传统美德。但也约有30篇是负面形象的，她将这种类型的织女形象分为耽情废业或狠心绝情型。狠心绝情型织女形象的形成与婚姻地位不平等、母权对抗与天人对立、禁忌及现实有关。②

　　建国前期的牛郎织女传说主要有两种类型，一种是贪欢型，和《述异记》中的记载大致相同：织女整日劳作，天帝怜惜她而将其嫁与牵牛。织女婚后因整日沉迷于情爱忘记织布的正业而遭到玉帝的惩罚，导致两人每年只能七夕相会。第二种是窃衣成婚型，大致内容是牛郎在家遭兄嫂虐待，分家后弟弟得牛。老牛告诉牛郎某日织女在湖中洗澡，取走她的仙衣不还就可娶她做老婆。牛郎依计而行娶到织女，婚后生下一对儿女。老牛临死前告诉牛郎把它的皮留下将来有用。后来织女骗牛郎说出仙衣藏处后飞走，牛郎立即披上牛皮去追。织女见牛郎追得紧就拔出玉簪划成天河挡住牛郎。王母或天帝替俩人说合，让俩人每年七夕相会一次。这种类型的传说情节丰富、数量最多，与建国前每逢七夕上演的应节戏《天河配》情节相似。

　　窃衣成婚型牛郎织女传说融合进了天鹅处女型故事的情节。天鹅处女型故事最常见的情节为：男子取走沐浴仙女的羽衣得到仙女为妻。婚后生下子女若干。仙女设法打听羽衣藏处，找到后离开。钟敬文先生在《中国的天鹅处女型故事》一文中将该类型故事情节概括为：

1. 两弟兄，弟遭虐待。
2. 分家后，弟得一头牛（或兼一点别的东西）。
3. 牛告以取得妻子的方法。
4. 他依话去做，得一仙女为妻。
5. 仙女生下若干子女。
6. 仙女得衣逃去，他赶到天上被阻。
7. 从此，两人一年一度相会。

他还在文中将建国前赵景深等记述的牛郎织女传说列出表格来分析。③

	主人公	仙女数目	子女数目	离去原因	划河者	隔居原因
赵记	牛郎	许多	一男一女	骗得衣服	王母	燕子误报
洪记	王二	一位		向母庆寿	王母	王母之命
郑记	牛郎	一位	两个孩子	取得衣服	织女	鹌鹑误报
孙记	牛郎	七位	一男一女	骗得衣服	织女	天帝之命

---

　　① 洪淑苓：《牛郎织女研究》，（台湾）学生书局1988年版，转引自施爱东《中国牛郎织女传说·研究卷》，广西师范大学出版社2008年版，第161—162、177页。

　　② 李超：《织女形象另探——关于牛郎织女故事中的织女负面形象》，《民间文化论坛》2012年第4期。

　　③ 钟敬文：《中国的天鹅处女型故事》，《钟敬文文集·民间文艺学卷》，安徽教育出版社2002年版，第602页。

从钟敬文归纳的牛郎和织女分离情况，我们可以发现，牛郎娶到织女是通过趁织女洗澡时骗取衣服所致，这种结合显然带有胁迫性质，故织女婚后想方设法找回仙衣，穿上仙衣便离开牛郎。由于民间传说异文众多，这种反映性别冲突主题的牛郎织女传说是不是建国前普遍流传的模式，我们只有找到足够多的异文才有说服力。笔者搜检出 12 篇建国前的牛郎织女传说来分析，为了更加明了牛郎织女的分离情况，本文将这 12 篇传说内容制成表格形式来呈现。

建国前的牛郎织女传说①

传说篇名	织女嫁给牛郎的原因	织女离开牛郎的动因	划天河者	划天河的原因	流传地
牛郎和织女	洗澡时衣裳被牛郎偷走	偷到了被牛郎藏起的衣服	王母娘娘	看见牛郎追逃走的织女大怒	不详
牛郎织女三	洗澡时衣服被牛郎偷走	骗牛郎说出衣服藏处，找到后回天上	王母	牛郎和织女过上恩爱生活后什么事都不做	不详
牵牛与织女	洗澡时衣服被牛郎偷走	织女思念天上的姐妹，鄙弃凡间，找到仙衣后离开	织女	牛郎追赶得紧	不详
牵牛郎一	洗澡时衣服被牛郎偷走	让牛郎说出仙衣藏处，穿上仙衣后离开	王母娘娘	织女被牛郎追得紧，向王母娘娘求救，王母娘娘用划水成河的办法隔开牛郎	山东

① 12 篇传说文本的出处为：1. 黄问白：《牛郎和织女》，载《小朋友传说》下册，上海北新书局 1931 年版，第 39—42 页。2. 郑辜生：《牛郎织女三》，载《中国民间传说》，上海华通书局 1933 年版。3. 常任侠：《牵牛与织女》，《民俗艺术考古论集》，正中书局 1943 年版，第 59—65 页。4. 王统照：《牵牛郎》，《山东民间故事》，赵启文采录《国立北京大学中国民俗学会丛书》，第 77 册，1948 年版，第 54—65 页。5.《牵牛郎和织女》，露星记录《山东民间传说第一集》，山东省民众教育馆 1933 年版，第 19—23 页。6.《7 则牛郎织女传说》，详见钟敬文《中国的天鹅处女型故事》，《钟敬文文集·民间文艺学卷》，安徽教育出版社 2002 年版，第 590—594 页。8. 陈泳超：《天河岸》，载《换心后》，《中国牛郎织女传说·民间文学卷》，广西师范大学出版社 2008 年版，第 245—246 页。9.《牛郎》，《妇女杂志》第 7 卷第 9 号，陈泳超《中国牛郎织女传说·民间文学卷》，第 135—136 页。10.《牛郎织女》，《民间故事新集》，上海大方书局 1948 年版，第 18—23 页。11.《牛郎和织女》，《民间故事》，上海春明书店 1947 年版，林秀容记录、方明整理，第 1—7 页。12.《牛郎织女的来历》，冯沅君采录，《北京大学研究所国学门月刊》第一卷第四号，载袁世硕、严蓉仙编《冯沅君创作译文集》，山东人民出版社 1983 年版，第 188—190 页。

续表

传说篇名	织女嫁给牛郎的原因	织女离开牛郎的动因	划天河者	划天河的原因	流传地
牵牛郎和织女	洗澡时衣服被牛郎偷走	找到仙衣后离开	织女	织女见牛郎追得紧，拔下金钗划成天河挡住牛郎	山东临朐
牛郎	洗澡时衣服被牛郎偷走	织女骗牛郎说出衣服藏处	王母	牛郎追逃走的织女，王母用玉簪将两人分开	不详
牛郎（郑仕朝记录）	洗澡时衣服被牛郎偷走	织女趁牛郎不备，偷走浴衣	织女	牛郎追织女	浙江永嘉
天河岸	洗澡时宝衣被牛郎偷走	获悉宝衣藏处，穿上后离开	织女	牛郎追织女追得紧	江苏灌云
牛郎	洗澡时衣服被偷走，与牛郎有夫妻缘分	去给王母娘娘祝寿时遭到王母娘娘的痛斥	王母	反对织女和牛郎私自成婚	辽宁沈阳
牛郎织女	洗澡时衣服被牛郎偷走	织女找到衣服后离开	织女	牛郎追得紧	不详
牛郎和织女	洗澡时衣服被牛郎偷走	织女找到衣服后离开	织女	牛郎追得紧	不详
牛郎织女的来历	洗澡时衣服被牛郎偷走	织女找到衣服后离开	织女	牛郎追得紧	河南唐河

在以上 12 篇牛郎织女传说中，织女得到仙衣后离开的有 11 篇，织女逃回天上途中怕被牛郎追上，拔出簪子划成天河挡住牛郎的有 7 篇，王母为搭救织女划天河挡住牛郎的有 4 篇，王母或天帝破坏两人结合的只有 2 篇：一篇是王母不许两人结合是因为牛郎织女婚后不干活所致，另一篇是王母娘娘反对织女和牛郎私自成婚。也就是说，建国前传说中的牛郎和织女的结合并非我们如今所熟悉的真心相爱，牛郎之所以能娶到织女，是在老牛的指引下窃取仙衣所致，织女婚后大多是想方设法拿回仙衣逃离人间。有的文本中老牛还一再告诫牛郎，即便织女给你生了子女也未必同心。织女为了找回仙衣，骗牛郎说："我那（哪）能走呢！孩子都这么大了，你快给我洗洗穿了吧。"牛郎听后便找出仙衣还给织女，不料织女穿上仙衣便离开，于是牛郎发现织女逃走边追边喊："无恩义的东西！往那（哪）里跑！生了两个孩子你就逃了吗？"织女看见牛郎追得紧，赶紧向王母娘娘喊救命，这时王母娘娘正在做饭，忽听得"喊救命！"出来一看，原来是织女。王母娘娘使用划水成河的办法隔开牛郎。当王母娘娘问："你愿在你娘家住的日子多呢？还是在你家住的多

呢?"织女说:"我愿在娘家住的日子多。"王母娘娘便下令:"那么每年七月初一至初七为你和牛郎相会之期。"①

从现有文献来看,最早有关拔簪划成河的文献记载,也是织女所划。宋代龚明之《中吴记闻》:"昆山县东,地名黄姑。父老相传,尝有织女,牵牛星降于此地。织女以金簪划河水,河水涌溢,牵牛因不得渡。今庙西有百沸河……"② 但由于文献记载较为简略,织女为何阻挡牛郎的原因我们不得而知。

建国前的牛郎织女传说大多是讲述牛郎和织女之间的性别冲突,这不仅体现在织女婚后想方设法寻回仙衣返回天上,还体现在牛郎追织女过程中两人互相争吵甚至打斗。如露星记录的山东临朐地区的《牵牛郎和织女》中,牛郎追赶织女时见她拔下金钗划成天河来挡他,气得就把牛索子扔过去砸织女。织女一看,不得不招架,也忙掏出织布梭子回敬他。常任侠记录的《牵牛与织女》中,牛郎看到织女拔出簪子划成银河挡住他,为了怨恨织女的薄情,把牛轭隔河掷向织女,织女则把织锦的梭子投向牛郎。类似情节在陈泳超主编的《中国牛郎织女传说民间文学卷》中搜录的关于牛郎织女的歌谣中依然可以找到。如湖北通山县的《织女抛梭打牛郎》:"日头去了落西方,犀牛望月姐望郎,南边老人望北斗,北斗七星转男方,织女抛梭打牛郎。"正定县的《牛郎织女歌》:"织女星要把娘家住,牛郎星后面紧跟着。跟得织女生了气,回头打了一布梭。牛郎一见事不好,手拿牛杠向上截。两人打得天昏地又暗,王母娘娘划道河。牛郎撒在河东岸,织女撒在河西坡。"山东青州的《牛郎织女》:"织女待上娘家去,牛郎随后紧跟着,跟得织女急了账,手拔金簪划天河,一个划在天河东岸,一个划在天河西坡。牛郎就使拿索头打,织女回头就一梭,男打女来十分准,女打男来打不着。"③

牛郎通过窃取仙衣不还娶到织女,织女想方设法讨回仙衣后离开牛郎,是天鹅处女型故事中固有的母题。刘守华认为:"男子以窃取羽衣的手段强迫成婚,乃是抢亲习俗的象征性反映。女子寻得羽衣即飞去,包含着女性对母系氏族或部落生活的留恋。"④ 该母题比较完整的文献记载早见于晋干宝的《搜神记》和郭璞的《玄中记》中所记的毛衣女故事,现今流传的天鹅处女型故事依然可以见到。所以牛郎织女传说在流传过程中复合了天鹅处女型故事后必然保留了上述母题,故织女即便与牛郎生下子女后依然会想方设法找牛郎要回天衣返回天界,当牛郎快追上时织女或王母便用金簪划成天河挡住追赶的牛郎。就叙事逻辑而言,这样的叙事模式相比王母娘娘破坏牛郎织女和婚姻的叙事模式更为合情合理。同时我们发现,建国前牛郎织女传说中王母娘娘和织女之间的亲情关系比牛郎和织女之间的夫妻关系更为牢固,织女更想待在娘家而不是夫家,王母娘娘在许多时候是以织女的保护者的形象出现。总之,在建国前期的牛郎织女传说中,体现男女性别冲突主题的占

---

① 王统照:《牵牛郎》,《山东民间故事》,赵启文采录《国立北京大学中国民俗学会丛书》,第77册,1948年,第64—65页。

② 钟敬文:《中国的天鹅处女型故事》,《钟敬文文集·民间文艺学卷》,安徽教育出版社2002年版,第608页。

③ 陈泳超:《中国牛郎织女传说·民间文学卷》,广西师范大学出版社2008年版,第397、402、403页。

④ 刘守华:《"孔雀公主型"故事的流传和演变》,《民间文艺集刊》第八集,上海文艺出版社1986年版,第68页。

多数，反映王母娘娘破坏两人婚姻的只占少数。如今我们熟悉的王母娘娘成为牛郎和织女婚姻的迫害者形象的形成与建国初期的戏曲改革运动有密切关系。

二　反封建主题的确立：戏曲改革运动中的牛郎织女

建国前，每逢七夕全国各地纷纷上演《天河配》的应节戏。戏班为了吸引观众，使出各式手段。王瑶卿在排《天河配》中老牛破车一段故事时，"增加若干情节，添了一个大莲花池，一群仙女在里边洗澡，如此一来，很受欢迎，每次演出，必满座"。① 而李万春的鸣春社为吸引戏迷，在庆乐戏院演出《天河配》时的广告是"带电影，有仙女洗澡"。② 牛郎在水畔窃衣得妻这场戏是当时吸引观众的一大"卖点"。杨素娟在谈《我怎样演织女》时说："新剧本的《天河配》没有旧《天河配》的淫词浪语，低级庸俗那一套。旧《天河配》里要不得的东西太多了，除了戏词儿尽是淫词浪语外，又在戏里穿插些滑稽而不近情理的剧情，譬如牛郎在池边抢织女的白罗衫这一场，牛郎且不把衣裳给她呢，能够逗弄到二十分钟，全场观众都笑得大呼小叫，马仰人翻，这才算完。"③ 民间文艺一方面格外受民众欢迎，另一方面又不可避免带有"糟粕"。面对民间文艺自身的矛盾性，如何利用民间文艺来宣传新的意识形态是新政权面临的问题。像《天河配》这类的戏曲，在新政权看来，"旧有戏曲大部分取材于历史故事和民间传说；在民间传说中，包含有一部分优秀的神话，它们以丰富的想象和美丽的形象表现了人民对压迫者的反抗斗争与对于理想生活的追求。《白蛇传》《梁山伯与祝英台》《天河配》《孙悟空大闹天宫》等，就是这一类优秀的传说与神话，应当与提倡迷信的剧本区别开来，加以保存与珍视。对旧有戏曲中一切好的剧目均应作为民族传统剧目加以肯定，并继续发挥其中一切积极的因素。当然旧戏曲有许多地方颠倒或歪曲了历史的真实，侮辱了劳动人民，也就是侮辱了自己的民族，这些地方必须坚决地加以修改。"④ 要做好戏曲改革工作，内容上的改造是重要环节，"我们对于旧文艺的改造和重视是不够的。凡在群众中有基础的旧文艺，都应当重视它的改造。这种改造首先和主要的是内容的改造"。⑤ 随着杨绍萱的《新天河配》的出现，如何改造《牛郎织女》成为学人讨论的话题。杨绍萱与艾青观点相左，马少波、武端、吴祖光等人也加入其中，引发当代第一次戏曲论争，讨论的结果对今后民众对牛郎织女传说的认知产生了很大影响。

在戏曲改革的初期，如何改造牛郎织女传说并没有形成共识。有的将牛郎织女传说现实化，以时任戏曲改进局副局长杨绍萱 1951 年上演的《新天河配》为代表。他结合建国时期的社会现实和国际形势改编牛郎织女传说，用和平鸽和鸱枭之争来影射当时国际关系，剧中出现"黄牛唱鲁迅的诗'横眉冷对千夫指，俯首甘为孺子牛'；贯穿了和平鸽和鸱枭之争，用以影射国际关系，最后以'牛郎放牛在山坡，织女手巧能穿梭，织就天罗

---

① 武仲平：《牛年说牛戏》，《当代戏剧》1997 年第 3 期。

② 杜广沛：《说说京剧的贺岁戏》，《中国京剧》2003 年第 2 期。

③ 《我怎样演牛郎织女》，杨素娟口述，何润生记，《新戏曲》1951 年第 5 期。

④ 《高度重视戏曲改革工作》，人民日报社论，《人民日报》1951 年 5 月 7 日。

⑤ 周恩来：《在中华全国文学艺术工作者代表大会上的报告》，1949 年 7 月 6 日，转引自王永生《中国现代文论选》（第三册），贵州人民出版社 1984 年版，第 387 页。

和地网，捉住鸥枭得平和'为结尾。"① 这种将牛郎织女传说的传统内容和形式完全抛弃的反历史主义做法，遭到艾青等人批评。他批评杨绍萱的《新天河配》"重新构造新的情节，借助神话影射现实，结合国内外形势、土地改革、反恶霸斗争、镇压反革命、抗美援朝、保卫世界和平等等。"他否定了这一做法，认为"要严肃的对待民间传说，尽可能地保留原有传说中的美丽情节，不要破坏神话的淳朴的想象"，"改写时必须把主题思想明确起来，把劳动、爱情、反封建这三种基本的观念强调起来。把牛郎和织女回复到劳动人民的本来面目。"② 在艾青看来，传说的改造应保留原有传说的重要母题及角色体系，同时要树立以劳动、爱情、反封建的主题思想，这样就需要将原有传说中的反映性别矛盾的主题剥离出来，确立反封建的主题，为新的主流意识形态服务。艾青这篇文章后被作为戏曲改革中的理论资源收入到各省的戏曲改革资料中，并确立了此后改造牛郎织女传说的主题思想。在当时学人看来："旧的《天河配》，是反映封建社会制度下，男女之间没有婚配自由，才产生了牛郎、织女相结合的神话传说。而'王母'、'玉帝'是象征封建统治阶级，所谓'一道银河'也是说明统治者残酷的压迫。王母和牛郎织女之间很清楚的有着不能调和的阶级矛盾。新兴剧团所演的《新天河配》，把'王母'描写成同情牛郎、织女的一个正面人物，这样是否损坏了原来的故事，同时观众把仇视封建统治者——王母的视线，却轻而易举地转移到牛郎的兄嫂张有才、嘎氏身上去，而模糊阶级意识呢？"③

戏曲改革的主要目标是："在于用新的意识形态来整理和改造旧戏，引导矫正大众的审美趣味，规范人们对历史现实的想象方式，再造民众的社会生活秩序和伦理道德观念，从而塑造出新时代所需要的'人民'主体。"④ 所以《牛郎织女》改造的首要问题是如何在叙述牛郎织女的爱情经历中凸显反封建主题。而原有剧本中牛郎和织女的结合也是通过窃取仙衣的方式获得的，有的剧本通过姻缘论来解释牛郎和织女的胁迫式结合。这种处理方式在当时剧评家眼里是不合要求的。陈涌在《什么是〈牛郎织女〉正确的主题》中指出："应该说明的是，以反封建为主题的牛郎织女传说经过许多地方许多时候和许多人的流传，在情节上也是颇有出入的，有不少说到织女和牛郎的结合，是出于命里注定的'姻缘'，这便使这个传说残存着若干封建迷信的色彩，有的则把织女的表现几乎完全出于被动，这便较难看出她的个性、她的特点。"⑤

在民间文学的阶级话语占主导地位的时代，出于反封建主题的需要，牛郎和织女预先设定了劳动人民的阶级身份，只有勤劳、勇敢、勇于寻找真爱的牛郎织女才是得到认可的形象，而按照传统剧本中丑化牛郎和织女的必然受批评。有评论家就认为，"有些剧团的演员把牛郎演得像傻瓜一样去博得观众笑声，这是应该纠正的。牛郎是劳动人民形象，劳动人民不应丑化和歪曲。"⑥

① 杨绍萱：《新天河配》，《中国当代文学参阅作品选》（第一册），福建人民出版社1983年版，第214—259页。

② 艾青：《谈〈牛郎织女〉》，《人民日报》1951年8月31日。

③ 满麦：《谈新兴剧团的〈新天河配〉》，《北京新民报日刊》1951年8月20日第5版。

④ 张炼红：《从民间性到"人民性"：戏曲改编的政治意识形态化》，《当代作家评论》2002年第1期。

⑤ 陈涌：《什么是〈新天河配〉的正确主题》，《新华月报》1951年第12期。

⑥ 赖应棠：《评剧〈天河配〉观后》，《北京新民报日刊》1951年8月20日。

当《牛郎织女》剧本的反封建主题被确定后，牛郎和织女的底层劳动者身份自然被固化，此前传说中划天河解救织女的王母娘娘不可避免地被对立化为冷酷无情的迫害者形象了，这样原有的性别矛盾就自然转移为阶级对立矛盾，此后风行一时的黄梅戏电影《牛郎织女》正是在贯彻这一主题基础上拍摄的。

三　经典爱情的背后：牛郎织女传说进教材

牛郎织女传说如今成为我们所熟知的爱情传说，与牛郎织女传说在建国后长期被选入中小学语文教材有一定关系。选入人民教育出版社中学语文课本的《牛郎织女》是由时任社长的叶圣陶1955年根据民间传说改编而成的。改编的牛郎织女传说从结构上依然保留原有的天鹅处女、两兄弟型故事形式和角色体系，主要在思想内容上作了很大改动。

改编的牛郎织女传说最重要的改变在于把原有的贪欢主题和性别冲突主题给消弭了，延续了戏曲改革论争中确立的反封建主题。改编本把牛郎和织女的胁迫式结合方式改编为两个处于底层的劳动人民的自由结合。原有传说通常是牛郎通过窃取织女衣服得到仙女，而且老牛告诉牛郎把织女的衣服藏好，不能把衣服还给织女，否则她会逃跑。改编本中，牛郎不但没有把衣服藏起不还，当牛郎听到织女问衣裳哪去了时主动把纱衣还给她，接着俩人聊了起来，互相倾听对方的悲惨经历。织女听完牛郎的情形后，又同情他，又爱惜他。接着织女对牛郎讲，王母叫她"成天成夜织锦，一会儿也不许休息。身子老在机房里，手老在梭子上，劳累不用说，自由没有了，等于关在监狱里，实在难受。王母还不让她出去欣赏自己织的锦，只能隔着窗户望外看，她常常想，人人说天上好。天上好，天上有什么好呢？没有自由，也看不见什么。她总想离开天上，自由自在地到人间玩玩。"牛郎听完织女的话，就说："姑娘，既然天上没什么好，你就不用回去了。你能干活，我也能干活，咱们两个结了婚，一块儿在人间过一辈子吧。"织女想了想，说："你说得很对，咱们结婚，一块儿过日子吧。"① 牛郎和织女便在相互同情中结合了，这种结合是底层劳动人民在新形势下的反压迫式自由结合。改编本中用了较多笔墨描述牛郎织女婚后过上男耕女织的幸福生活，其目的正如李岳南所说："把（牛郎织女生活）描绘得生动，具体，充满人情味，才打动了听者的心弦，听到后来就会使人愈感到王母娘娘（或玉帝）对他们这段美满生活，横加干涉和破坏行为的可恨可恼了，因此愈能突出反封建的主题思想。"②

改编本的牛郎织女传说为了凸显反封建主题，着力刻画王母娘娘的专横和残忍形象，丝毫不见建国前牛郎织女传说中王母和织女之间的血缘亲情关系。当王母得知织女待在人间不回时，王母恨织女"竟敢留在人间不回来，简直是有意败坏她的门风，损害她的尊严。她发誓要把织女捉回来，哪怕藏在泰山底下的石缝中，大海中心的珊瑚礁上，也定要抓住她，给她顶厉害的惩罚。"王母派天兵天将找到织女住处后，亲自抓回织女，当织女的孩子要拉住织女时，她狠狠地把孩子推倒。当牛郎披着牛皮快追上牛郎时，她拔出玉簪

---

①　《牛郎织女》，《初级中学课本文学第一册》，人民教育出版社1955年版，第19—20页。

②　李岳南：《读〈慎重对待民间故事的整理编写工作〉后的几点商榷》，《民间文学搜集整理问题》（第一集），上海文艺出版社1962年版，第27页。

划成天河挡住牛郎。①

改编本赋予了古老的牛郎织女传说许多现代意味，目的自然是增强民众对自由爱情的向往和对新政权的热爱，这在教学指导书中得到体现。"这是一篇民间故事，故事里写了一些神仙的事情，这当然是出于想象，并非实有其事，实际上是用神仙的事情来反映现实。如故事中的王母娘娘是封建势力的代表，牛郎织女同王母娘娘的斗争反映出劳动人民对封建压迫的反抗，以及对美好生活的追求。"② 牛郎织女传说异文甚多，当学生可能对传说提出疑问时，教学建议提出："牛郎织女的故事流传很广，故事的情节，各地所传不尽相同，这篇课文是根据一般传说改写的。学生如果根据不同的传说提出疑问，可以说明这个情况，不用花时间去比较讨论。"③

改编的《牛郎织女》中赋予牛郎和织女劳动人民的代言人身份，他们热爱劳动、心地善良、勇于反抗、主动追求爱情，应该说改编本中牛郎和织女不是古代劳动人民而是具有现代意义的"民"，是利用传统民间文学样式塑造出的"新"民。这与德国浪漫主义对德国民间童话的改造是类似的。"民间故事和文学童话故事都得到了革命性的改造，使浪漫派作家得以描述隐藏在启蒙主义思想、理性主义以及自由企业崛起背后的矛盾本质。这一行动既是有意识的，又是无意识的，而且代表着浪漫派作家取得的主要成就之一。"④

与建国前民众大多通过口传方式了解、传承牛郎织女传说不同，当今民众大多通过书面文本了解牛郎织女传说。在各种民间传说读物中，选入的牛郎织女传说大多是以叶圣陶改编的牛郎织女传说为底本，并且叶圣陶改写的牛郎织女传说一直被选入人民教育出版社的语文课本中，这是影响建国后民众对牛郎织女传说认知的重要因素。但我们也应该看到叶圣陶的改编本能够被大众接受，既满足了民众长期以来内心潜藏的仙女凡夫梦，又符合民众在建国后地位的变化。就此而言，20 世纪 50 年代新政权对牛郎织女传说实施借助满足爱情愿望来传递新意识形态的改编是成功的。

（原载《民俗研究》2014 年第 5 期）

---

① 《牛郎织女》，《初级中学课本文学第一册》，人民教育出版社 1955 年版，第 22 页。

② 《初级中学语文课本第一册教学指导书》（试用本），人民教育出版社 1963 年版，第 12 页。

③ 同上书，第 16 页。

④ ［美］杰克·齐普斯：《冲破魔法符咒：探索民间故事和童话故事的激进理论》，舒伟译，安徽少年儿童出版社 2010 年版，第 83 页。

麦克斯·吕蒂的童话现象学

户晓辉[*]

一 吕蒂与童话现象学

在人们的第一印象里，童话总是与儿童相关，研究童话的学问也总是让人觉得难登大雅之堂。但是，在欧洲有一位学者让童话在纯学术领域登堂入室，使童话研究在强手如林的欧洲人文学科中毫不逊色，他就是瑞士著名学者麦克斯·吕蒂。1943 年，他发表了博士学位论文《童话和传说中的礼物》。我翻译的《欧洲民间童话——形式与本质》是他的代表作，被欧洲学界誉为"最伟大的成功之作"和"20 世纪文学科学的基本著作"，该书于 1947 年第一次出版。他的主要著作还有一本名为《童话》的论文集。在 20 世纪 60 到 80 年代间，吕蒂又陆续出版了一些其他著作。这些书在德语地区都是经典的学术畅销书，直到吕蒂 1991 年去世后还在不断再版，在欧洲乃至英美都产生了很大的影响。

二 格林之后的童话研究与中国对"童话"概念的接受

我们中国对西方民俗学和民间文学学术史的接受有很大的选择性。回顾民间文学或民俗学的学术史，我们明显对英美的介绍较多，对欧洲的学术情况了解得较少。其实欧洲民间文学或民俗学的传统有很丰厚的底蕴，但其中有一支在中国接受的时候被过滤掉了，那就是关注民间文学本身的传统，这主要是 20 世纪以来出现的新局面。我们都知道，进化论对 19 世纪的欧洲人文学术和社会科学有很大的影响，基本上占据了大一统的地位，所以关于童话和故事基本上是在做一些发生学和溯源的研究。在进化论的催生下诞生了人类学派的童话观，认为童话就是人类童年的产物，现在的童话就是原始人的文学形式，这种观点在 19 世纪的欧洲十分具有代表性而且是一种强势的观点。恰恰是这种观点影响了日本，或者说日本学者在当时主要接受了进化论派的童话观，而中国的童话概念是从日本来的，经过日本的中介，我们也间接地接受了欧洲人类学派的童话观。比如说早期的周作人、李长之还有后来的赵景深等一批较早从事童话研究的学者，基本上接受的都是人类学派的童话观，而且这种童话观一直延续到现在。只消翻阅一下《现代汉语词典》和《辞海》等相对权威的工具书就会发现，至今我们仍然在欧洲人类学派观点的影响下，基本上都把童话定义为儿童文学的一种体裁。这种观点影响中国有一百多年的历史，而这与欧洲尤其是德语地区对童话的认识有很大的区别。

---

[*] 作者系中国社会科学院文学研究所研究员。

三 童话研究在 20 世纪的转折

在德国地区的童话观中，Märchen 这个概念实际上有广狭两义。广义上它可以指一切类型的民间故事，狭义上特指一种没有时空约束的幻想故事，这类故事让奇迹占了支配地位并且扬弃了自然规律，相当于英语中说的 fairy tale。所以吕蒂和其他欧洲学者主要是在这种意义上研究童话，而不仅仅把它当作一种儿童文学体裁，吕蒂所指的"童话"是对人（而不是限于儿童）具有根本意义的一种叙事体裁。吕蒂的童话现象学研究和 19 世纪末到 20 世纪 20 年代欧洲学术风向的大转向有关。19 世纪末，在德国思想界的影响下，欧洲社会科学产生了大逆转，从 19 世纪末反实证主义倾向到 20 世纪 20 年代向现象学回归的趋势，具体反映到童话研究领域就表现为：19 世纪的兴趣中心主要讨论童话的起源和含义，20 世纪则更关心童话在共同体中的功能以及童话的本质特征问题。换言之，19 世纪的研究认为童话是别的东西的折射或影子，20 世纪的研究则是回到童话本身。

四 吕蒂的童话现象学研究

（一）研究对象与目的

在吕蒂之前，欧洲很多学者如科隆父子、奥尔里克、安德森、阿尔奈、冯·西多、普罗普、约勒斯、韦塞尔斯基等都做了向童话本身回返的努力并且取得了一些研究成果。在此基础上，吕蒂可以说是欧洲童话本体研究的集大成者，在系统性、完整性和创新性方面也超过了前人。

吕蒂的童话现象学研究面临着一些需要廓清的问题。

第一个小问题是他强调他的研究和民俗学研究有所不同，他采取的是文学科学（Literaturwissenschaft）的视角，在国内有人译为文艺学，但文学科学与我们从苏联学来的文艺学还不尽相同。文学科学不只是对文学的鉴赏评论，也不是单纯的经验研究，而是相当于诗学或形式主义的研究。文学科学家的吕蒂与民俗学学者的观点不同在于：其一，关于童话个体变异的问题，民俗学的研究强调在语境、活态里看童话的讲述与变异。吕蒂不是民俗学者，但他并不否认"变"，即童话产生过程中变异和讲述的差异。他的根本任务与民俗学者不同。他的目的不在于变，而在于追寻变中之不变，也就是要寻找使童话成为童话的东西，所以这种目的决定了他和民俗学者对待童话个体变异问题的视角不同。首先他认为不能在偶然（个体变化）中寻找童话的本质，因为变化虽然易于观察，但难以把握。其次不能在处于变化之中、还没有完成或者还没有完全实现的童话形态中寻找童话的本质。其二，关于对童话本质形式的复原。芬兰学派在找一种原始形式，利用历史和地理的方法来复原某一个童话的原始形式。这种形式是他们想象的理想原型，是一个在时间和空间上的开端。吕蒂也要复原童话的本质形式，他称为目的形式。芬兰学派在时间上设定童话最原初的形式，是类似于传播和扩散的源头，能掌握的童话异文都是后来的，并且通过后来异文的时间和地理分布来找源头。吕蒂的目的形式，不是在时间和地理上在先，而是在童话发展阶段的最后，通过发展和展开而实现出来的童话自身的目的形式，这就是童话之所以为童话的本质。因此，吕蒂必须在童话形式获得充分展开的情况下才能考察童话的本质。吕蒂的形式还原可以称作本质还原或形式还原，不同于芬兰学派的源头还原。

　　第二个小问题是文本形式的童话能否算作真正的民间童话。民俗学者认为，民间童话都是口头的。吕蒂的看法与之不同，认为口头传播对童话只有偶然的影响，传播形式无论是口头或书面，并不影响童话成为童话。童话的存在有内在和外在两种因素。从精神上说，内在的规律占据首位，它是根本的东西，不一定绝对依赖口头或书面来传播。吕蒂用书面童话作为研究童话的材料，是因为他认为书面童话是童话的晚期样貌，是更发达、更完善的形式，因此更有理由成为童话现象学直观的对象。吕蒂要找的是童话的形式和本质，故只能在童话充分展开并且获得完整形式的叙事形态下来研究，不能在尚未成熟的状态下寻找。吕蒂认为，口头或书面只是一个动态的过程，而不是一个非此即彼的问题。

　　第三个小问题是民间童话集体创作的问题。吕蒂与民俗学者的观点依然不同。吕蒂将童话看作一种高度发达和完美的艺术形式，所以他认为童话的创作者不可能是民众，应该是先知先觉的诗人送给民众的礼物。吕蒂认为，童话的关键问题并不在于源头是由谁创作，而是民众参与了童话的创作过程。民间童话是不知名的创作者与能够保存并且继续创作它的复述者以及对复述者有所要求并最终接受了童话的听众共同"创作"的作品。过去，人们都认为民众是社会的底层，而现在，民众不再是一个阶层性的概念，而是每个人都有的底层性，每个人都是民众，都在不同程度上共同参与、塑造并传承了民间童话。在这个意义上，民间童话仍然可以认为是集体创作的。

　　吕蒂为自己提出的最根本的任务是对童话做现象学的观察和研究。他对欧洲民间童话有一种学者式的爱，曾经在电台和报纸上发表过很多普及童话的稿件，张田英翻译的《童话的魅力》就是由其广播稿编成的小册子。吕蒂编写的欧洲民间童话选本也很畅销。由于吕蒂对欧洲童话很熟悉，他研究对象的范围便限定在欧洲的童话，对其他文化的童话并不做判断。吕蒂的童话现象学，要我们关闭感官之眼（肉眼），开启精神之眼（心眼）。吕蒂做童话现象学的研究，关键就在于如何看童话。

（二）通过与欧洲民间传说的比较看出童话的特征

　　吕蒂采用比较和参照的具体研究方法，把欧洲传说作为直观比较的对象。童话和传说都有母题，所以，他首先从母题入手。吕蒂认为，童话可以使用任何母题，但并没有专属于童话的母题。童话和传说的差别不在于母题的内容，而是在于使用母题的方式。在博士论文《童话和传说中的礼物——论这两种形式的本质把握和本质区分》中，他从"礼物"这个母题入手，进入了童话和传说区分性的考察。吕蒂发现，所有的东西都可能进入童话和传说，但两者使用"礼物"这个母题的方式不一样。童话中的礼物不触及受赠者的内在存在，而传说中的礼物却深入他的内心。在童话中，唯一能闯入接受者的深处并且似乎完全使他变形的礼物是魔法，它相当于传说中的诅咒，但这两种礼物截然不同。魔法并不改变受害者的本质，它只是在某段时间让他变成另一种形式或者让他去远方，在解除魔法之后，又让他毫发无损地进入原先的生活。解救者常常与被救者结为夫妻，他们恰恰站在同一个平面上。由此，吕蒂发现了童话的一维性：童话是在一个平面上朝单线发展，尤其是主人公与其对立角色都是在情节线上单向前进。童话也抽掉深度，把母题空洞化，使母题和现实脱离关联，进入到童话自身的世界里。传说则是有深度的，与现实紧密相连。童话是抽象的艺术，进入童话的人、物和母题都被抽象化，变成了平面的图形，一维性、平面性和抽象化也就导致了孤立化。孤立化表示人和物只具有情节意义，而没有情节之外的意义，视情节需要而出现或消失，没有原因，也不做任何交代。传说中的此岸和彼岸两个世界分得很清楚，因此当主人公见到彼岸生灵时会感到惊讶，故有深度和立体性。而童话主人公遇见彼岸生灵时并不觉得惊讶，因为彼岸生灵对童话主人公来说没有深度，童话默认两者是在同一个平面上，这就表现出了孤立性。孤立性的另一个方面表现在：恰恰因为人和物是孤立的，所以童话中的人和物可以连接一切。童话中的人物没有家乡的联系，所以他们可以随时发生新的联系。由此带来了童话的含世界性，换言之，童话的形式可以包容一切。童话的形式决定体裁和母题，而传说则是母题决定形式。

（三）吕蒂的童话观

吕蒂对童话的直观顺序大体可以概括为：一维性→平面性→孤立化→空洞化（升华化）→含世界性（连接一切）→风格强制性和形式固定性，他由此发现了形式意志和风格意志。这种形式意志和风格意志并不是童话讲述人的心理动机，而是指每一种民间文艺体裁都有内在的形式规定或目的。在他那里，有两个不同的概念，一个是形式（Form），这是一种静态的、已经完成的童话形式或本质；另一个是形态（Gestalt），过去译成"格式塔"，这是动态的，是在通往实现这种形式过程中的状态和过程。吕蒂的目的是为了寻找是什么东西使童话成为童话并且观察童话如何获得本质。吕蒂的着眼点是在一个动态的过程中，他的目光是一种辩证的目光。有趣的是，吕蒂的立足点不仅是要考察童话的形式，还要通过童话的形式考察童话中人的形象以及童话在人的生存过程中起了哪些功能和作用。吕蒂的研究并非纯科学，他不提供童话的知识，而是提供童话的实践价值和功能的认识。换句话说，童话的形式和本质最终归结为童话中呈现的人的形象。民间文学的各种体裁都表达了对世界和周围人的存在的独特理解，不同的民间文学体裁提供了不同的形象。吕蒂有很多论述，表明民间童话中的人物形象是行动者，他们不会沉思和质疑，更没有心理上的情感动机，只是推动情节向前发展。他认为，童话的主人公是有弱点的存在者，是不完美的和孤立的。假如没有彼岸神灵的魔法帮助，他们就不可能成功，但这些主人公本身又是可以连接一切的。比较而言，传说创造家乡，童话创造世界。童话通向广度，传说走向深度。童话世界与外在现实性根本分离，不会相互逾越。童话只是展示，不会说明和解释，所以，吕蒂认为童话是一种纯正的文学艺术作品，如果各种文学体裁形式有发展顺序的排列，那么，童话就是一个高阶段的文化发展产物。正因如此，童话不可能是老百姓最初自己创造的。老百姓是童话的传承人和守护者，是童话的传承者和发扬者，他们参与童话的共同创作。另一方面，吕蒂又认为，童话是一种真正的本质直观，童话的作者描述了童话中很多动的东西，但童话的作者本身是不动的。传说是激动的、情绪高涨的，而童话作者的内心却非常平静，他只有自己不动才能看见童话中一切东西的动。吕蒂阐明了童话的本质是通往人的形象和存在，纯粹的形式研究最终导向了道德哲学和伦理学，这是吕蒂的童话现象学研究非常深刻的一点。

吕蒂的童话现象学研究虽然在欧洲问世很早而且影响很大，但国内介绍和了解得太少，所以我认为它仍然可以算作学术的前沿研究。我很欣赏你们这个系列课程在"中国民俗学"网上发消息时打出的一句话："学科前沿在哪里？"答："在业内牛人们的心里。"[①] 童话研究的前沿就在牛人吕蒂的心里。在我看来，真正的前沿问题不是所谓的学

---

① 参见网址：http://www.chinesefolklore.org.cn/forum/viewthread.php？tid＝33759&extra＝page%3D8。

术时髦和风潮，而是每一个学科的基本问题和核心问题。真正的牛人之所以"牛"，就因为心里懂得什么是学科的真问题和根本问题。像吕蒂这样咬住这些基本问题不放松而且反复纠缠直到获得实质性收获和进展的学者，永远处在学术的前沿，也永远值得我们理解和尊敬。

（原载《民族艺术》2014 年第 4 期）

柳田国男故事学理论述评

乌日古木勒*

【摘要】日本民俗学之父柳田国男通过探讨日本民间故事基本特征，并分析与民间故事密切相关的童话、说话、世间话和传说等民间文学种类的异同，界定民间故事概念，为日后的日本民间故事分类和研究提供了方法论上的指导。柳田国男的民间故事理论研究不仅奠定了日本民间故事研究基础，并对中国民间文学研究也产生过重大影响。因此，译介和述评他的故事学理论思考具有很高的学术价值。

日本"民俗学之父"柳田国男既对日本民间文学的搜集整理、分类和研究方法有理论建树，又在日本神话、传说、民间故事和民间歌谣等领域发表和出版过诸多经典学术著作和论文。柳田国男研究日本民间故事的代表性著作有：《桃太郎的诞生》《口承文艺史考》《日本的昔话》《昔话与文学》《昔话名汇》《昔话备忘录》（《昔话觉书》）等论著。柳田国男的民间故事研究奠定了日本民间故事研究的基础，而且对中国民间文学的研究也产生过重大影响。本文主要译介和评述柳田国男民间故事概念的界定等理论思考。概念就是指事物基本特征或本质特征的概括。因此清晰的概念是正确引导人们认识世界和事物规律的理论工具。概念的界定是认识、分析和研究事物规律的理论基础。民间文学的认识、搜集、整理和研究工作同样离不开概念的界定。

柳田国男关于民间故事基本特征的论述

日本的昔话（mukasi banasi）相当于中国民俗学界通用的狭义民间故事概念。为统一术语，本文中把昔话称为民间故事。柳田国男在《口承文艺史考》① 中对民间故事基本特征及其说话（setuwa）、传说的相似性与异性等民间文学基本概念和理论问题进行了深入探讨。柳田国男界定的日本昔话概念相当于中国民俗学界通用的狭义民间故事概念。柳田国男认为学者们直接使用从德国、法国和英国等西欧国家翻译过来的术语，即民间说话或学者创造的民谣等日本民众不熟悉的外来术语，在日本民间进行田野调查和搜集资料时遇到很多不便，并达不到预期的调查效果。由于从国外直译过来的或本国学者创造的术语，不是日本民众熟悉的传统日本语，因此调查时民众会回答不知道、没有听说或回答不准

* 作者系中国社会科学院文学研究所副研究员。

① ［日］柳田国男：《口承文艺史考》，《柳田国男全集》（第8卷），（东京）筑摩书房1990年版，第73—117页。

确。柳田主张民俗学者使用民众熟悉的日语中固有的类似昔话等传统词汇，便于调查研究。柳田国男首先从田野调查的角度提倡民俗学者应该使用本国民众熟悉的传统术语。并从民间故事的开头叙述语言和结尾语的模式化或程式化的语言结构特征以及民间故事中叙述的地点、时间和人物等叙事文学的三要素的模糊性特点，界定民间故事的概念和特征。这也是民间故事与传说等民间文学其他叙事体裁的主要区别之一。他从以下几个方面论述民间故事的基本特征：

1. 柳田国男从日本民间故事的结构模式和特点分析民间故事与其他民间文学叙事体裁的区别。民间故事具有固定的、程式化的开头语言。日本民间故事通常是以"很久很久以前"（mukasi mukasi）、"很久以前的很久以前的很久以前，很久以前的很久以前"（mukasi no mukasi no sono mukasi, zituto mukasi no oomukasi）、"完全以前"（tonto mukasi）或"大概很久以前"（zatuto mukasi）等开头语言开始，这是与民间文学其他叙事体裁不同的主要特点之一。柳田国男在《昔话觉书》①（中译《昔话备忘录》）中，举了相互之间具有微妙地域差异的 23 种开头语方言。

2. 柳田国男概括民间故事另外一个明显的叙事特征之一是故事结尾附加的程式化的语句："如何如何传说"或"听说从前有过"（nani nani to nan katari cutaetaru toya）等固定语句。民间故事程式化的结尾附加语在不同的流传地区有着细微的方言差异。在东京及其附近地区的民间故事结尾附加语方言是"听说从前有过"（atuta tosa）或"从前听说过"（ituta tosa）。"tosa"这个词中包含"我也不肯定"的意思。在日本东北地区昔话是"atuta zuon"或"atuta tibu"。在九州地区一般是"atuta gena"。故事讲述人为了告诉听者所讲述的内容不是亲身经历的事实，而是听别人说的故事，听者没有必要相信，这是讲述人对所讲述的故事不负任何责任的叙述方法或讲述方式。这是民间故事与传说的基本不同点。传说也是讲述古代的事实，所以也用"mukasi"或"oomukasi""很久很久以前"这样的语言，但传说没有"如何如何传说"或"听说从前有过"这样的讲述形式。如果传说的讲述人用这种不负责任的讲述方式，听众不会作为传说接受。在这一点上，民间故事和传说的区别绝对不含糊。民间故事的讲述人和听众从最初就不想相信，而传说的讲述人和听众都相信。这种讲述方式和听众心态的不同是民间故事和传说的主要区别之一。柳田国男如下概括民间故事和传说的区别："昔话是讲述或叙事技术，传说是记忆。昔话是具有固定形式的文艺作品，传说尽量限于其素材的事实性。"②

3. 日本民间故事保存的特征之三是故意省略一些固定名词，如省略或模糊化故事发生的时间、地点和具体人名。民间故事讲述人不交代故事发生的任何具体时间、地点和人物。只是为了加深印象，说一些很模糊的时间、地点和人名，例如在很久很久以前，在某某地，有一位有钱人。没有固定的时间、地点和人物是任何民族的民间故事的重要特征之一，也是民间故事和传说的主要区别之一。另外，只有日本民间故事中强烈保存的形式，在民间故事结尾附加表示故事全部结束的程式化的固定短句。附加语虽然因地而异，但表示的意思完全相同。柳田国男在《昔话备忘录》中列记了各个府县的民间故事结尾附加的多种方言例子。最简单而且数量多的是"到此结束"（kore de osimai），或"这故事就这些"（hanaxi wa kore dake）等意义的短句。附加以上短句的宗旨原本是传承者的宣言，

---

① ［日］柳田国男：《昔话觉书》，《柳田国男全集》（第 8 卷），（东京）筑摩书房 1990 年版。
② 同上书，第 474 页。

表示自己听到、知道的故事就这些。说明自己没有夸张也没有隐瞒什么。

4. 日本民间故事还有一个重要的特征是至今保留着民间故事结尾语："恭喜恭喜了"（medetaxi medetaxi）和"一辈子繁荣兴盛了"（itigo sakaeta）。这无疑是所谓的本格昔话或一般民间故事，必须以幸福的大团圆为结尾的结构相呼应的结尾语。从日本民间故事结尾语，发现过去请人讲述故事，主要是以祈求主人一家老少平安、幸福、安康和家业兴盛为目的。后来民间故事的这一民俗功能逐渐弱化，民间故事的娱乐功能明显地强化，变成以兴趣为主的虚构故事。

柳田国男分析出民间故事基本特征之后，再进一步阐释民间故事与容易混淆的民间文学其他叙事体裁之间的异同。

柳田国男关于民间故事与童话的论述

柳田国男采用逐个论述童话、说话、传说等与民间故事关系密切的叙事种类的异同来界定和阐释民间故事的概念和范围。他首先从讨论民间故事与童话的区别开始。柳田国男指出童话不是完整的日本语，而是由近代文人引进和使用，后来用于学校教育之后，该术语在日本迅速得到普及。他指出，在日本童话概念有两种解释，一种观点是给儿童听的所有故事都叫童话。柳田国男批评这样界定童话概念不严谨，并不像事物的名称。另一种观点认为，童话是一种作文，即与其说给儿童听、不如说给儿童读的，重新创作的文学作品。柳田认可第二种观点。他认为，这样界定童话概念与民间故事的区别很明显。童话即使形态类似于民间故事，并利用口耳相传的方式，也不用担心它变为民间故事。只是制作童话的人，把日本民间故事称为日本童话或"原有的童话"的缘故，把两种不同的事物，用同一个词语称呼，混淆了民间故事和童话的概念。柳田指出，把格林兄弟的《儿童及家庭说话集》译为童话集，也许是童话和民间故事这两个概念混乱的根源。①

柳田批评把日本著名民间故事《桃太郎》和《断舌雀》视为童话的观点。他认为，童话不是日本固有的民间故事种类，也不是传统日本语，而是文人不经过仔细斟酌，从国外原封不动地拿进来的模糊不清的术语。日本没有彻底的童话。由于童话这一概念的引进和不经过认真思考和界定地使用，导致了民间故事和童话概念的混乱，并妨碍了学术发展。因此，有必要讨论和说明民间故事和童话概念的区别。他指出，除了特意作为儿童读物改写的带插图的红皮故事书以外，使用童话这一术语的国家只有日本。他不赞成民间文学界用童话这一概念。他甚至从听众的角度断言，日本没有专门针对儿童或只有儿童参与的民间故事。②

《广辞苑》中对童话的解释是为孩子创作的物语。金田一春彦和池田弥三郎编《学研国语大辞典》中也解释童话是为孩子创作的故事。③《日本国语大辞典》中解释童话是儿童文学的一种体裁或类别，包括民间流传的英雄故事、传说、说话和寓言等。尤其多为指儿童作家以童心为基调针对儿童创作的故事。在日本明治时代的以巖古小波（iwayasazan-

---

① ［日］柳田国男：《口承文艺史考》，《柳田国男全集》（第8卷），（东京）筑摩书房1990年版，第90—92页。

② 同上书，第92—94页。

③ ［日］金田一春彦、池田弥三郎编：《学研国语大辞典》，（东京）学习研究社1981年版，第1383页。

ami）等为先驱，大正时代通过《红色的鸟》儿童文学运动盛行的。① 《广辞苑》和《学研国语大辞典》对童话概念的解释与柳田国男的观点相同。《日本国语大辞典》中对童话的解释虽然略微宽泛，但还是与前者的解释基本保持一致。《现代汉语词典》中解释"童话"一词："是儿童文学的一种体裁，通过丰富的想象、幻想和夸张来编写适合于儿童欣赏的故事。"② 《广辞苑》和《现代汉语词典》中对童话的解释基本相似。这说明国内童话概念和日本的童话概念的解释基本相同。

Märchen，童话这一词在德语中具有以下意义，没有空间和时间的约束；自然规律被抛弃；有神奇性和幻想性。③ 瑞士著名民间文学家麦克斯·吕蒂说，今天，童话已不再像从前那样广为流传，并在成年人当中讲述。但它依然是人们渴望得到的东西。它是孩子们不可缺少的精神食粮。艺术家和科学家们从中汲取创作的源泉。他说道："假如某种事物能够如此牢牢地吸引住和被如此极力地排斥的话，那么可以想象这种事物涉及的必定是重要的东西。对此可能引起种种争论。童话在儿童生活中所扮演的角色和在没有文字记载时数千年之久在成人的生活中所产生过的作用，都使我们更加确信了这样一种假设，就是童话是一种涉及人的特殊形式的文学创作。"④

显然柳田国男站在人类拥有文字记载之后的今天的立场上理解、阐释童话，并对其进行界定的。他对童话概念的界定是以划清日本固有的民间故事（昔话）与童话的界限为目的。通过《广辞苑》和《日本国语大辞典》等权威词典的关于童话概念的解释和日本民间文学民俗学界对昔话的运用，证明了日本民间文学界采纳和继承了柳田国男的观点。

中国古代没有"童话"这个名称，"童话"一词是 20 世纪初从日本直译过来的。据周作人说："童话这个名称，据我知道，是从日本来的。中国唐朝的《诺皋记》里虽然记录着很好的童话，却没有什么特别的名称，18 世纪中日本小说家山东京传在《骨董集》里才用'童话'这两个字，曲亭马琴在《燕石杂志》及《玄同放言》中又发表许多童话的考证，于是这名称可以说是完全确定了。"⑤ 周作人在《童话研究》《童话略论》和《古童话释义》中对童话概念的阐释和赵景深的童话研究具有代表性。周作人关于童话概念的意见，在很长时间内支配着中国童话研究领域，被许多学者转述引用。童话概念的引进和使用在某种程度上证明了日本民俗学对中国民俗学的影响。

柳田国男关于民间故事与说话、世间话、传说关系的论述

日本民间文学中有着昔话（民间故事）、说话、世间话、物语和民话等相近而又存在着细微差异的叙事文学概念和术语。柳田国男对这些容易混淆的概念进行了细致的分析，并说明它们之间的密切关系和微妙差异。关于柳田国男对民间故事的界定本文中已单独列章讨论过。

柳田国男认为，说话与 hanaxi 的范围基本相同，民间故事（昔话）包括其中，也称

①　日本国语大辞典第二版编辑委员会、小学馆国语辞典编辑部编：《日本国语大辞典》（第二版第九卷），（东京）小学馆 2002 年版，第 1073 页。

②　中国社会科学院语言研究所词典编辑室编：《现代汉语词典》（第 6 版），第 1308 页。

③　户晓辉主持的读书会，2010 年 5 月 10 日，中国社会科学院文学研究所民间文学研究室。

④　［瑞士］麦克斯·吕蒂：《童话的魅力》，张田英译，社会科学文献出版社 1995 年版，第 1—2 页。

⑤　转引自赵景深编著《童话论集》，开明书店 1927 年版，第 57 页。

为民间说话，关敬吾编的《岛原半岛民话集》等中的民话也是民间说话即民间故事的简称。柳田指出，昔话（民间故事）、民间说话和民话是完全相同的概念，相当于中国民俗学界通用的狭义民间故事概念。柳田国男认为有必要阐明"说话"这一词的意义以及与民间故事的关系。他指出，说话在日本还没有成为普通语。除了少数专家之外，其他人不使用。柳田国男把说话限定于日本语的"hanaxi"，即口述耳听的叙述。叫作 hanaxi 的日本语近代使用的范围稍微广泛，这也许是对应的汉字的"话"首先发生变化的影响。总之，日本的"hanaxi"原本指听，指一个人讲述，其他人默默地听，听众只做回应。在这一点上与对话和辩论有着明显的差异。"话"的汉字与这个字对应之前很长一段时间里与"咄"（totu）字表示，或者使用"噺"（hanaxi）等词。咄和噺像中古日本文字，过去的人们已感觉到制定特殊的文字来区别其意义的必要性。日语中有说谎（uso o iu）和开玩笑（jiyoudan o iu）这个词，但没有"说昔话"（mukaxi banaxi o iu）的词语。在古代文献中找不到 hanaxi 这一日本语，偶尔出现"话"字，但不读 hanaxi，而是读 kataru，日本东北地区至今没有叫 hanaxi 的动词。昔话（民间故事）叫作 mugaxi 或 mugaxiko，把讲昔话叫作 mugaxi kataru。虽然标准语的 kataru 的用途范围逐渐变窄，但地方至今使用范围很广。柳田国男认为，"话"的讲述（kataru）中原来也有多数的参与和知识的共同性的意义。kataru 变化为名词，即物语（mono katari），昔话（民间故事）当然包括在其中。后来逐渐分化，用文字记录用眼睛看的多为物语（mono katari），只有配合乐器有节奏地说唱的叫说唱的故事（katari mono）。"噺"这一词现在也变得古老，并轮廓变得模糊不清。与其沿袭它招来时常的纷乱，不如用现成的"说话"这一词语。

换个说法，现在也认为"说话"与用标准语叫作 hanaxi 的术语范围大致相同。柳田国男提出，hanaxi 的用法变得稍微松懈的今天，用说话代替 hanaxi，想尽量精确地使用。如果用"说话"替换以前的 hanaxi，就与民间故事（昔话）的关系相当明确。如果把说给伙伴们听的故事叫作说话，民间故事（昔话）是其中一部分，只有开头部分加"很早以前"（mukaxi mukaxi）词语，每句附加"据说"（gena）等的说话是民间故事（昔话）。并把它叫作民间说话。民话也是民间说话的简称。总之，今天叫作说话的文类中包括非民间故事（昔话）或民间说话的文类。

柳田国男说，进行民间故事分类之前有必要明确说话的种别。对发展的各国来说，民间故事的衰落是平常的事情。但民众喜欢听故事的本性未必随着民间故事的衰落而退缩。没有自己读书习惯的人不能听民间故事时，想听代替民间故事的故事。随着民众喜欢的民间故事纷纷发生变化，说话也伴随着时代的需求相继流行和变迁。近代发生战争，连生活在乡下各个角落里的人们也关心战争，返回家乡的士兵的见闻谈变成各家炉边谈。随着报纸和杂志发行数量的增加，读报纸和杂志的人给不读的人讲。这样 hanaxi 的种类变得多方面和复杂。

柳田把说话分为历史说话和报道说话。在村落祈祷集会夜晚叙述当地旧事的叫历史说话。历史说话以一定的形式，活在老人记忆中这点与民间故事相同。但听者和说者共同相信这是真实的，认为取笑和怀疑是无礼这一点，与其他民间故事不同。然而其中时常夹杂着愉快而新奇的，具有批判传统的内容。说话越接近真相，流传的效果更大，这是与民间故事的不同。历史说话的题目从最初被限定，首先随着文字教育的普及，把其地位让给报道说话。报道说话逐日丰富多彩，瞬息万变。

民间故事衰落的主要原因不是书籍的进入，也不是讲述和听的时间的缺乏引起的，而是被说话的其他种类逐渐替代的。民间故事不是自然消亡的，而是被第二个叫作世间话的说话种类夺取了宠爱。柳田国男说："世间话也许不是学术术语，但为使它与民间故事对立，使用了这个名称。在日语俗话中世间指的不是自己的故乡，意味着自己不属于的群体。"① 从世间话这个词的字面意义推测，主要指从异乡传来的传奇故事或传闻。外出旅行者回家后，给村里人讲述外乡的见闻。发生大的天灾地变和战争后，往往这样的见闻者涌现。经历战争或灾难的人回到家乡，给家乡人讲述自己的传奇经历和外乡的传闻。平时安静、寂寞的村落里的人们喜欢听他们讲述传闻和传奇故事。奇闻异事是世间话最丰富的仓库，也是引起我们炉边文艺革命的主要力量。

世间话是说话的一种。世间话最主要的特点是讲述形式自由，讲述者不用承担传闻的任何责任，只需把陈旧的民间故事从记忆深处引出，改编并给它穿上新衣裳，像最近发生的事情一样讲述，说去年在某地方的河边有一位被狐狸骗的人，或某寺庙的和尚年轻时候的故事，或某村的富人运气开始好转等故事。世间话与民间故事相比，内容新奇、讲述形式自由，因此世间话逐渐代替了民间故事，同时，它又根据需要还借用古老的民间故事类型，并重新改编，创编新的世间话。

《广辞苑》中解释说话相当于 hanasi，物语。是神话、传说和童话的总称。《现代日汉大词典》中的解释接近《广辞苑》的解释。高木立子在《日本民间文学》中如下区分日本民间故事（昔话）与说话："部分散文体的故事，很早就有文字记录，在古代已经文字记录化了的神话以外的故事，叫作说话，说话分成佛教说话和世俗说话，说话主要是国文学研究的对象。而近代以来在民间搜集到的口头传承的故事叫作昔话，是民俗学研究的对象。"②

柳田国男解释，日本民俗学界使用的民话、民间说话、民谭和昔话是完全相同的概念。昔话即民间故事是日本民众熟悉的传统词汇和概念，而民话是日本民众完全不懂的词汇和概念。在日本语词汇中从古代开始没有"民话"这个词，故事讲述人不但不用"民话"这一词，而且也听不懂。民话、民间说话或民谭是法语 contepopulaire 或英语 folktale 或德语 Märchen 的直译，外国人和学者用的术语，昔话讲述人想不到的新词汇。

柳田国男说"分清昔话和传说的界限是调查和采集者最必要的知识"③。他指出传说与民间故事相比，最主要的特征是传说没有固定的形式。同一个地区流传的同一个传说，根据讲述人的不同，其长短、严肃性和滑稽程度不同。在不同时间和场合，即使同一个人的讲述风格也发生各种变化。而民间故事则不同，忘记了故事情节，可以省略一部分情节，但顺序和词句保持固定的模式，如果毁坏了这一规则，民间故事变成一般的传闻，即世间话。传说与民间故事不同的要点，传说不是我们所谓的语言艺术，而是实质的记忆。柳田认为，传说与民间故事不同的根本点在于，它是与努力想表述出内容不真实的事情相反，无论如何让听众相信传说的全部，并努力使听众相信。即民间故事是以固定的形式和顺序，讲述虚构的故事，而传说是以没有固定的自由形式，叙述真实可信的事情。但也有与民间故事界限模糊的一部分传说。就像以一定的说话形式，讲述各个村落的历史一样，世家的传说等也是，子孙后代以经过多年千锤百炼的词句，以一定的排列顺序讲述祖先的

---

① ［日］柳田国男：《口承文艺史考》，《柳田国男全集》（第8卷），（东京）筑摩书房1990年版，第100页。

② 陈岗龙、张玉安等：《东方民间文学概论》第四卷，昆仑出版社2006年版，第8页。

③ ［日］柳田国男：《口承文艺史考》，《柳田国男全集》（第8卷），（东京）筑摩书房1990年版，第102页。

历史和传奇故事。这明显是传说的说话化。另外为了使人惊奇和感觉有趣，仅仅模仿传说真实的形式，讲述自己丝毫也不相信的事实的人越来越多。这与世间话没什么不同，是传说的世间话化。历史说话化和世间话化的部分传说与民间故事很容易混淆。

柳田国男分析传说与民间故事的区别主要有以下三点：

> （1）传说是有人相信，民间故事没有人相信。（2）传说必须有一个固定的村落（场所）。而与此相对，民间故事任何时候任何场所都以"很早很早以前在某个地方"开始。（3）民间故事有模式化的词句，如果改变这个规则就出错。与此相反传说没有固定的形式，根据听众的情况长短不一。①

这样一来有两个问题让我们思考。首先，既然传说和民间故事具有以上三个方面的不同，为什么调查、采集者每次都把两者混杂着搜集、记录。其次，既然传说与民间故事不同，今后的民间故事研究者是否可以抛开传说不管。柳田认为，虽然传说与民间故事不同，但传说可以成为理解民间故事的相当有力的线索。所以，我们慎重避免混同两者的同时，不能简单地抛弃任何一方。

传说和民间故事虽然传承的形式不同，但其内容有着不可争议的相同性。省略民间故事的"很早很早以前"等固定的讲述方式，简单地说时，尤其两者的类似性明显，常常迷惑记录者混同。举个例子说，越后的八石山，由于上古时代这个山上长了一棵比八石还要结实的巨大的大豆树，因此八石成了山的名称，这是传说。相传那个寺庙的门是用那个豆子树作为材料搭建。在当地还流传的寺庙和皇宫缘起的传说，大概在其他地区作为民间故事讲述。故事主人公被继母憎恶，继母把大豆种子炒了给他，他天真地种下，地里长出了一棵豆芽，并不可思议地迅速成长，成为一棵巨大的通天豆树。这是兄弟俩故事的或异常幸运故事的一种固定类型。

广为流传的弘法水或弘法大师井等传说，因为井这一物体还存在，并存在弘法大师最小的徒弟这一具体人物，所以成为传说。在九州相传的萝卜河的故事等，由于那个地方没有萝卜，所以很难成为传说。那个地区民间常常讲述返老还童水的故事。即有一对贫穷的老爷爷和老奶奶，喝这个泉水返老还童，变成年轻人。一个贪婪的家庭主妇喝了这个水，变成了驴脸的丑八怪。这是返老还童水型民间故事。柳田国男通过具体例子，阐释传说和民间故事的另一个微妙区别，即传说必须有不可动摇的证据或纪念物。

柳田国男推测，某种传说和民间故事最初拥有共同的起源。后来分开，并以各自特别的形态传承和流布。今天只作为民间故事遗留的桃太郎的故事和瓜子姬的故事等，也许是传说的变异形式。同时，一方面在各地区流传的无数传说中，也存在着启发和暗示将来民间故事研究者们的很多因素。但绝不是所有的传说都是和民间故事诞生于同一个母体的同胞兄弟。传说与民间故事的不同点上述三点以外还有很多。其中，民间故事消失、脱落和变形，大致趋于衰亡的路。与此相反，传说是古老内容日益稀少的同时，不断产生新的其他种类。传说到了近代增加了。这是由于民间故事是某个时代的文艺产物，而传说是属于相继产生的信仰现象。笔者认为，柳田提出的传说与民间信仰的关系密切，这一点也是传说与民间故事的主要区

---

① ［日］柳田国男：《口承文艺史考》，《柳田国男全集》（第 8 卷），（东京）筑摩书房 1990 年版，第 110 页。

别之一。民间故事通常与信仰的关系不大，往往体现了某个时代民间的伦理道德和审美观念。

首先，柳田国男通过分析日本民间故事形式特征，概括和提炼出日本民间故事存在形态上的四个基本特征。其次，柳田国男针对日本学术界混淆说话、民间说话、民谭、民话和童话等口承叙事文学概念和术语的现状，提出学界应该统一运用日本民众熟悉的传统日语昔话这一术语，代替从外语直译过来或学者创造的民间说话、民谭、民话和童话等日本民众不懂的新名称。这样既便于调查和采集民间故事，又能统一学术术语和概念，为将来的民间故事研究和学术交流提供便利条件。再次，柳田国男阐明了难以划清界线的传说、民间故事和传闻（世间话）等口承叙事文学体裁的异同。柳田国男虽然不是最早研究日本传说和民间故事的学者。但他对日本传说和民间故事的研究已形成理论体系。笔者把他的民间故事研究归纳为，理论研究、分类和文本或个案研究三个部分进行梳理。由于篇幅有限，关于他的民间故事分类和个案或文本研究以后梳理和评述。

柳田国男的故事学理论不仅奠定了日本民间故事研究的基础，并对中国民间文学研究也产生了重大影响。例如钟敬文主编的《民间文学概论》中对传说的界定："民间传说是劳动人民创作的与一定的历史人物、历史事件和地方古籍、自然风物、社会习俗有关的故事。"① 该著作中对传说的定义也是与民间故事比较的层面上界定的，并接近柳田国男对传说概念的界定。另外，万建中在《民间文学引论》中引用柳田国男在《传说论》中关于传说与民间故事区别的论说，论证传说与民间故事的差异。②

关敬吾对日本民间故事采集和整理的成果，实现了柳田国男对日本民间故事的远大设想和指导方案。他在柳田国男民间故事理论研究成果的前提下，在自己多年的民间故事搜集、整理、分类和研究的基础上，凭借熟悉欧洲民间故事研究成果的优势，对柳田国男的故事学理论提出批判和补充，并建构了自己的民间故事研究理论体系。关敬吾通过对日本民间故事的开端语和结尾语的统计分析，证明了不是所有的日本民间故事都是以"很早很早以前"为开端和以"一生繁荣兴盛"为结尾的事实，并指出柳田国男关于日本民间故事程式化的开端和结尾语的特征不适用于笑话和动物故事，因此这一特征不能成为日本民间故事基本特征。关敬吾认为，以时间、空间和表现形式等表面的、形式上的特征为区分传说和民间故事的界限标准还不够，必须综合更多的特征。他把民间故事作为一个整体，从民间故事的主题或内容、基本形式或情节结构等方面入手，阐释民间故事的特征。他的比较民俗学视角的日本民间故事分类、理论研究和个案分析，丰富和发展了柳田国男故事学思想以及日本故事学思想。

笔者认为，柳田国男故事学理论统一和规范了日本民间故事概念术语，并对日本民间故事的科学搜集、整理、分类和研究提供了理论基础和方法论指导。在柳田国男的巨大影响之下，日本民间文学界涌现出关敬吾、小泽俊夫、大林太郎、稻田浩二、伊藤清司、荒木博之、野村纯一、小松和彦和河合隼雄等不同学派的杰出的故事学家，在某种意义上超越柳田国男的一国民俗学视野，站在比较民俗学的立场上，引进和借鉴国外最新故事学理论和方法，以各自不同的视角和方法研究日本民间故事，并取得了显著成绩。

（原载《民族文学研究》2014 年第 4 期）

---

① 钟敬文主编：《民间文学概论》，上海文艺出版社 1980 年版，第 183 页。
② 万建中：《民间文学引论》，北京大学出版社 2006 年版，第 172—173 页。

论印度《鹦鹉的故事》在中国各民族中的传播

陈岗龙[*]

【摘要】《鹦鹉故事七十则》（*Šukasaptati*）是古代印度的梵语故事集。主要内容是：一个商人外出经商，妻子想在丈夫背后出去和情人约会，一只聪明的鹦鹉给她讲了 70 个故事，从而保住了女主人的贞节。《鹦鹉的故事》采用"大故事套小故事"的连环串插式结构，鹦鹉讲的 70 个故事，和古代印度的同类故事集《五卷书》《僵死鬼的故事》和阿拉伯故事集《一千零一夜》一样，深受东西方各国人民的喜爱。《鹦鹉的故事》很早就传播到中国各民族中，不过传播的途径和来源不尽相同。本文主要讨论印度的《鹦鹉的故事》在中国各民族中翻译和传播的情况。

《鹦鹉故事七十则》（*Šukasaptati*，以下简称《鹦鹉的故事》）是古代印度的梵语故事集。主要内容是：一个商人外出经商，妻子想在丈夫背后出去和情人约会，一只聪明的鹦鹉给她讲了 70 个故事，从而保住了女主人的贞节。《鹦鹉的故事》采用"大故事套小故事"的连环串插式结构，鹦鹉讲了 70 个故事，和古代印度的同类故事集《五卷书》《僵死鬼的故事》一样，深受东西方各国人民的喜爱，被翻译成多种语言广泛流传。①《鹦鹉的故事》也很早就传播到中国各民族中，不过传播的途径和来源不尽相同。《鹦鹉的故事》除了古代梵语的"简明本"和"修饰本"等不同时代的版本以外，14世纪就已经被翻译成波斯语，而波斯语的译者并不是逐字逐句翻译原来的梵语故事集，而是删除了其中的一些故事，用《卡里来与迪木奈》《僵尸鬼的故事》等当时在波斯流行的古代印度故事集中的故事替换了原来的故事，由原来的 70 个故事变成 35 个故事。这个波斯语的《鹦鹉传奇》（*Todi Name*）在受波斯文化影响的中国新疆各民族中广泛流传，其中最典型的是维吾尔族的《鹦鹉的故事》和哈萨克族的《鹦鹉的四十个叙事诗》。而藏族和蒙古族是通过佛教的传播和佛经翻译的渠道接受印度的《鹦鹉的故事》的，其中蒙古族接受《鹦鹉的故事》还经过了藏族的过滤，因此与印度梵语《鹦鹉的故事》还不完全相同。本文主要讨论印度的《鹦鹉的故事》在中国各民族中翻译和传播的情况。

---

* 作者系北京大学外国语学院教授。

① 有关《鹦鹉故事七十则》的研究情况，见潘珊著《鹦鹉夜谭：印度鹦鹉故事的文本与流传》，昆仑出版社即出。本文中涉及的印度《鹦鹉故事七十则》和波斯语《鹦鹉的传说》皆引用潘珊的译文，特别鸣谢。

一　汉译佛经中的《鹦鹉的故事》

印度的《鹦鹉的故事》有没有被翻译成汉语？为此，我们查阅了有关中国民间故事的专业工具书和古代文学研究目录。艾伯华的《中国民间故事类型》①、丁乃通的《中国民间故事类型索引》②和金荣华的《民间故事类型索引》、祁连休的《中国古代民间故事类型研究》、刘守华的《佛经故事与中国民间故事演变》③等工具书和相关著作中都没有收入《鹦鹉的故事》的引子故事——"鹦鹉与商人妻子的故事"，这说明在中国汉族中这个故事并不是一个广泛流传的故事。同时，有关研究中国古代文学中与鹦鹉有关的文学作品的学者的研究论文中也没有提到汉族中流传的"鹦鹉与商人妻子"故事。④可见，《鹦鹉的故事》作为一个结构完整的故事集似乎没有被翻译成汉语。但是，这并不等于说古代的中国人对这个故事类型完全陌生。譬如，唐代诗人元稹著名的《有鸟二十章》中就有：

> 有鸟有鸟名鹦鹉，养在雕笼解人语。
> 主人曾问私所闻，因说妖姬暗欺主。
> 主人方惑翻见疑，趁归陇底双翅垂。
> 山鸦野雀怪鹦语，竞噪争窥无已时。
> 君不见隋朝陇头姥，娇养双鹦嘱新妇。
> 一鹦曾说妇无仪，悍妇杀鹦欺主母。
> 一鹦闭口不复言，母问不言何太久。
> 鹦言悍妇杀鹦由，母为逐之乡里丑。
> 当时主母信尔言，顾尔微禽命何有。
> 今之主人翻尔疑，何事笼中漫开口。⑤

这里，元稹讲了一个典故，是过去不久的隋朝的故事，说一妇人养了一对鹦鹉，其中一只因为说出妇人无义而遭悍妇杀害，另一只则闭口不再说话，最后告诉主人的母亲悍妇杀害鹦鹉的原因。我们无法确定元稹的这个故事直接来自印度的《鹦鹉的故事》，但是这个故事的基本情节类型却和"鹦鹉和商人妻子的故事"是相似的。在《佛本生故事》中有一篇《罗达本生》，讲的是一个婆罗门养了两只鹦鹉，婆罗门外出经商后其妻子放荡不

---

① ［德］艾伯华（Wolfram Eberhard）：《中国民间故事类型》，王燕生、周祖生译，商务印书馆1999年版。

② ［美］丁乃通（Nai-tung Ting）：《中国民间故事类型索引》，郑建成、李琼、尚孟可、白丁译，中国民间文艺出版社1986年版。

③ 刘守华：《佛经故事与中国民间故事演变》，上海古籍出版社2012年版。

④ 薛克翘：《中印鹦鹉故事因缘》，《南亚研究》2001年第2期；李娟：《唐代鹦鹉故事的佛教因缘》，《五台山研究》2009年第1期。其中，薛克翘先生的论文对古代中国文学中的鹦鹉的故事的考察比较详细。

⑤ 《元稹集》，中华书局1982年版，第339—340页。

鹮，一只鹦鹉因为训斥女主人而遭杀，另一只见了，就不再说话，等到婆罗门回来后把真相告诉了主人。[1] 元稹生活的年代比较早，我们今天读到的《鹦鹉的故事》可能还没有编定，但是"鹦鹉和商人妻子的故事"作为独立的故事类型可能随着佛经翻译流传到中国来。而《鹦鹉的故事》中的不少故事则是随着汉译佛典广泛流传在中国。

《杂譬喻经》中有一个《孔雀王》的故事，实际上和《鹦鹉的故事》中的《欺骗了国王的鹦鹉》的故事是一样的：王后生病，梦见孔雀王可以治好她的病。国王出重赏募求孔雀王。有猎人捉到孔雀王，献给国王。孔雀王治好了王后和其他人的病，得到国王信任后欺骗国王飞走了，再也没有回来。[2] 乌尔都语的《鹦鹉的故事》的第九篇"讲阿黎穆—夏赫（皇帝）的不忠实的鹦鹉"中，被猎人捉住的母鹦鹉让猎人把自己卖给皇帝，并说自己会治好皇帝的重病。鹦鹉果然把皇帝的病治好了一半，就提出要求皇帝把它从笼子里放出来好让它到山上去采药。皇帝信了鹦鹉的话，把它放出笼了，母鹦鹉却飞回树林，再也不回去了。[3] 而波斯语《鹦鹉的传说》的第七个故事"捕鸟人、鹦鹉和它的孩子们"是乌尔都语的《鹦鹉的故事》的原型，也是讲的不忠实的鹦鹉的故事。可见《杂譬喻经》的这个故事和波斯语、乌尔都语的故事都是同源的。唐代义净翻译的《根本说一切有部毗奈耶破僧事》中有一则《野狗》，讲的是掉进染缸的野狗做禽兽之王最后败露的故事。[4] 这是印度《鹦鹉故事七十则》和波斯语、乌尔都语、维吾尔语《鹦鹉的故事》中都有的故事，掉进染缸的动物有胡狼、豺狗、豹子，而在蒙古族和藏族中则多为狐狸。

印度的《鹦鹉的故事》及其后来的波斯语译本中的多数故事都是来源于古代印度的民间故事，这些故事不仅被编入各类民间故事集里，还随着佛经翻译很早就传播到中国来。因此，汉译佛典中经常见到与《鹦鹉的故事》中的插话相同的故事是不足为奇的。

二 藏族和蒙古族中流传的《鹦鹉的故事》

我们讨论印度的《鹦鹉的故事》在中国各民族中口头传播的情况，主要考察了两个方面的问题：一个是鹦鹉与商人的妻子的故事，鹦鹉给商人的妻子讲故事，阻止她外出与其他男人约会，保住了女主人的贞节，这个故事在国际通用的"AT分类法"中被编号为"K1591"。我们考察这个故事类型，并讨论这个故事类型所包含的"大故事套小故事"的叙事结构。另一个是《鹦鹉的故事》中包含的故事在各民族民间零星口头流传的情况。

藏族中流传的《鹦鹉的故事》与印度梵语的《鹦鹉的故事》相比发生了很大变化。最大的变化是鹦鹉不仅是一个讲故事的角色，而且是身体力行解决难题和惩罚坏人的角色，而这只鹦鹉原来是被人陷害的王子变成的。藏族的这个《鹦鹉的故事》的类型还在门巴族、蒙古族中流传。

西藏自治区墨脱县门巴族民间流传的《聪明的小鸟》的故事梗概是：

①从前有两个头人，一个叫确催，一个叫安标，他们都有一个儿子，但是安标的儿子

———————

① 郭良鋆、黄宝生译：《佛本生故事选》，人民文学出版社2001年版，第119—120页。

② 王邦维选译：《佛经故事》，中华书局2007年版，第35—37页。

③ ［苏联］M. 克里雅金娜—孔德拉切娃俄译，乌国栋中译，周彤校：《印度鹦鹉故事》（原乌尔都文），天津人民出版社1958年版，第35—37页。

④ 王邦维选译：《佛经故事》，中华书局2007年版，第78—79页。

心眼很坏。有一次安标的儿子把自己的灵魂移到确催的身体里，冒充确催当了头人，确催的灵魂只好钻进一只死鸟的尸体，变成聪明的鸟儿飞走了。

②有个商人重金买了确催鸟儿，并因为鸟儿的预言几次脱险，从此十分感恩神奇的鸟儿，把它当作上宾服侍。

③商人外出经商，把家托付给聪明鸟儿。商人的妻子不检点，丈夫一出门就叫国王的儿子来家里厮混。聪明鸟儿惩罚国王的儿子，假装商人回来，国王的儿子以为商人回来了，从阳台上往下跳摔死了。鸟儿把国王儿子的尸体前后埋在商人的屋底下、石崖下、桥头下，国王为了找到儿子的尸体，挖了三个地方都没有找到，还给商人重盖一座七层高的房子，把石崖凿开推到雅鲁藏布江并将那里修成平路。聪明鸟儿最后把王子尸体送给七兄弟鬼，国王带领人马消灭了七兄弟鬼。

④商人的妻子憎恨聪明的鸟儿，想夜里砸死鸟儿。聪明鸟儿骗了她，说自己住在金箱子、银箱子里，女主人接连砸坏了金箱子、银箱子，鸟儿都逃脱了，等到商人回来后飞回家。

⑤聪明鸟儿飞回家，趁安标的儿子把自己的灵魂移到羊的尸体的时候钻进了自己的身体，并让安标的儿子钻进鸟儿的尸体飞到商人家。安标的儿子到商人家，最后还是没有逃脱商人妻子的报复，被扣在大木碗里窒息而死。①

这个故事实际上由好几个故事类型组成：①和⑤是藏族和蒙古族中广泛流传的《杜鹃的故事》，大臣的儿子的灵魂趁机钻入王子的身体，冒充王子，王子只好钻进杜鹃的尸体到森林里讲佛经，最后回到王宫惩罚了大臣的儿子。这个故事不仅有各种手抄本，而且在藏族和蒙古族中改编成戏剧演出。② ②商人听了鸟儿的预言屡次脱险的故事也是很多蒙藏故事中经常出现的母题。其中最有名的是蒙古《阿尔扎宝尔扎汗》中狼孩沙鲁的故事，在鄂尔多斯故事家朝格日布的故事中也有类似的故事。③是鹦鹉和商人妻子的故事，但是并没有像印度《鹦鹉的故事》那样鹦鹉讲故事阻止女主人，而是鹦鹉惩罚了商人妻子的情人，而且愚弄情人的父亲——国王为商人做了很多事情。

《三江源民间故事》中收入的一篇《王子还魂记》也和上面的故事大同小异：

①王子和大臣的儿子一起出门学习移魂术，回来的路上大臣的儿子欺骗王子钻入大象的尸体后自己却钻入王子的身体，回去冒充王子，王子只好钻入一只鹦鹉的尸体，变成鹦鹉。

②一个经商的国王重金买了鹦鹉，按照鹦鹉的预言，脱离了大洪水、雪山崩塌的危险，从而对鹦鹉敬重有加。

③国王对鹦鹉说出他的三个心事，一个是有大山挡在门口，一个是门前的大桥多年未修，一个是王宫下面有魔鬼村苦于没有力量把恶鬼赶走。鹦鹉借助另一个王子的尸体完成了三件大事，圆了国王的三个心愿，但是国王的两个妇人为了贪图天功，接二连三地加害鹦鹉，却烧毁了自己的房子，鹦鹉成功逃脱，等到主人回来，把一切告诉了主人。

---

① 李坚尚、刘芳贤编：《珞巴族门巴族民间故事选》（中国少数民族民间文学丛书·故事大系），上海文艺出版社1993年版，第485—490页。

② 西藏高僧洛桑丹比坚赞于1737年写了一部《杜鹃传》，1770年蒙古族高僧阿格旺丹培勒翻译成蒙古文，19世纪的时候喀尔喀蒙古（今蒙古国）高僧丹津拉布杰还把《杜鹃传》搬上了舞台。具体参见《青颈鸟的故事》（蒙古文），内蒙古人民出版社2006年。

④鹦鹉飞回自己的王宫，成功回到自己的身体里，而大臣的儿子只能钻进鹦鹉的尸体并飞到原来的主人——经商的国王那里。在国王经商回家途中鹦鹉见到一颗绿松石，下去捡宝石，却被骡子踩死了。①

《藏北民间故事》中有一篇《聪明的鹦鹉和富有的商人》的故事：

①一个商人从老阿妈手里重金买来一只聪明的鹦鹉，鹦鹉的预言帮助商人免遭横祸，商人非常器重鹦鹉。

②商人外出经商的背后，鹦鹉解决了商人头疼的三个问题：借助杀死另一个商人的儿子的假象，一房子烂羊毛织成上等氆氇，铲平挡住阳光的高山，重修木桥。

③商人的妻子想杀害鹦鹉，却砸碎了玉盘和铜锅，鹦鹉却逃过了危险，等到主人回来。②

从上面的藏族和门巴族故事看，基本上由"王子变鹦鹉"和"鹦鹉解决难题"的故事类型组成，其中虽然也出现不忠实的妻子，但是已经没有鹦鹉讲故事来拖延女主人约会时间的题材了。而下面的蒙古故事则是除了"王子变鹦鹉"和"鹦鹉解决难题"外，还有鹦鹉讲故事拖延时间。

蒙古文《阿日扎宝日扎汗》第四个木头人讲的《七十个鹦鹉的故事》中讲道：一个可汗的夫人生病了，需要吃七十一只鹦鹉的脑子才能痊愈。于是可汗的猎人去网捕鹦鹉，七十只鹦鹉装死脱网逃走，最后一只聪明的鹦鹉被猎人捉住。猎人按照鹦鹉说的，把鹦鹉卖给富人，得了一百两银子，用其中的七十一两银子买了七十一只鹦鹉交给可汗。鹦鹉的主人需要出远门走七十一天，鹦鹉就给富人的妻子讲故事，一直等到主人回来。③《阿日扎宝日扎汗》又叫《三十二个木头人的故事》，是一个宝座上雕刻的三十二个木头人每人讲了一个故事，并对听故事的帝王说："你如果像故事中讲到的主人公那样聪明和勇敢，你可以坐在宝座上面，否则你不能坐上去。"《阿日扎宝日扎汗》中也有一个王子变鹦鹉的故事。王子和大臣做灵魂脱离身体的游戏，王子的身体被坏心的大臣占领，王子只好钻进死在路边的一只鹦鹉的尸体，大臣冒充王子霸占了王后。另一个国王买了这只鹦鹉并告诉他自己的三个烦恼：一个是王后对他不忠；一个是王宫前面的红色山挡住阳光；一个是他想得到如意宝。鹦鹉来到王宫后发现了王后与天神之子之间的秘密，砍断了天梯，导致天神之子在王宫前面的山上摔死。鹦鹉为了躲避王后的报复，藏到山洞里，后来国王找到鹦鹉并且让它回家。鹦鹉飞回自己的王宫，在大臣和王后吃饭时把灰尘弹落到饭碗里，大臣打死了鹦鹉。王后哭死去的鹦鹉，为了取悦王后，大臣的灵魂从王子的身体里出来钻进鹦鹉尸体里。王子趁机打死了鹦鹉，大臣的灵魂因为自己的身体早就没有了而彻底完了。王子就让死鹦鹉抱着如意宝送到原先买鹦鹉的国王那里去了。蒙古民间口头流传的最有代表性的《阿日扎宝日扎汗》的故事是比利时神父田清波于20世纪30年代在内蒙古鄂尔多斯地区搜集记录的。其中也有一章是木头人讲述了鹦鹉的故事。阿日扎宝日扎汗有七十一个王后，有一天阿日扎宝日扎汗最尊贵的王后来到宝座前准备磕头，木头人就给王后讲

①　赵清阳译著：《三江源民间故事》，甘肃民族出版社2010年版，第194—205页。

②　塔热·次仁玉珍搜集整理翻译：《藏北民间故事》，西藏人民出版社1993年版，第345—348页。

③　蒙古文《阿日扎宝日扎汗》，参见印度学者 Raghu Vira 于1960年在新德里出版的《ARAJI BOO-JI》一书。其中影印的蒙古文部分为1928年在蒙古国乌兰巴托出版的《阿日扎宝日扎汗》，藏文为蒙古国立图书馆收藏的藏译本。Raghu Vira 把蒙藏《阿日扎宝日扎汗》翻译成现代印地语。

了七十个鹦鹉的故事。在这个故事中，女主人听了鹦鹉的故事之后虽然没有出去和情人约会，但是鹦鹉第二天还是听到了女主人隔着门和情人说的话。于是，鹦鹉在女主人为情人翻墙而入准备的绳索下架了一把利刀，夜里情人拽着绳子翻墙时绳子断了，情人就摔死了。女主人请教聪明的鹦鹉，如何处置尸体。鹦鹉就让女主人先把尸体埋在自己家的门槛下，后来扔到情人父亲家的井里，救了女主人一命。①

我们比较一下藏族和蒙古族中流传的《鹦鹉的故事》，可以看出两个民族中口头流传的《鹦鹉的故事》的基本结构是一样的，其中都包含了"王子变鹦鹉"的故事类型和"鹦鹉解决难题惩罚不忠妻子"的类型以及"鹦鹉的预言救商人免遭横祸"的母题。可以说，这是印度的《鹦鹉的故事》在蒙藏地区流传过程中与"王子变鹦鹉"的著名故事类型结合以后形成了新的复合型故事类型。

除了上面的复合故事类型，印度《鹦鹉的故事》中的一些插话也在藏族民间流传。《会笑的鱼》是印度《鹦鹉故事七十则》中的第五个故事，讲的是一条鱼对着健日王发笑，健日王不得其解，大祭司的女儿一连讲了几个故事，解答了鱼为什么笑的原因。在少女讲的故事中有一个"笑涌花的故事"，讲的是一个只要一笑就会出现花雨的宰相被请到王宫里来，但是不再笑了，也就再没有花雨了。突然有一天，国王用手中的花束打了一下王后，王后却昏厥过去了，笑涌花看到这一幕开怀大笑，笑出了花雨。国王问起原因，他告诉了国王原因，原来王后夜里去和男仆约会，被鞭子抽打都没有昏厥过去。这个故事在藏族和蒙古族中非常流行，名字叫《吐珍珠的人的故事》，也产生了谚语"用棍棒打不哭，用貂皮抚摸却哭了"，指的是女人的虚伪和不忠。《藏族民间故事选》中收入的《鱼为什么笑》正好是这样的一个故事：国王曲皆洛桑有两千五百个妻子，有一天他散步到河边看到河里有一条鱼在笑。有一个聪明的姑娘说出了答案：姑娘让国王把两千五百个妻子各住一间房子，深夜后用两千五百把锁把门都锁起来，天亮后再把门打开，结果每间房里每个妃子都有一个情人陪着。原来鱼笑的原因是两千五百个妻子没有一个真正喜欢国王。② 搜集者还提供了西藏日喀则流传的另一个异文的信息，可见《鱼为什么笑》的故事在藏族中广泛流传。而维吾尔语《鹦鹉的故事》的第三十九个故事中则是克尔曼国王的卫士笑的时候嘴里吐出花束，国王将花束送给王后的时候王后却遮面，为此烧烤中的鸟发笑。

三　新疆各民族中流传的《鹦鹉的故事》

印度《鹦鹉的故事》传播到了新疆各民族中，其主要来源基本上可以肯定是根据波斯语的《鹦鹉传奇》翻译过来，因此与波斯语的《鹦鹉传奇》和乌尔都语的《鹦鹉的故事》具有更多的共同特征。下面我们就简单谈谈维吾尔语和哈萨克语《鹦鹉的故事》的情况。

维吾尔文《鹦鹉的故事》以手抄本形式广泛流传在维吾尔族民间，1992 年维吾尔族学者尼加提·穆合力斯和艾合买提·依米提根据新疆维吾尔自治区古籍办收藏的两个手抄本整理出版了维吾尔文的《鹦鹉的故事》，共 52 个故事。现在西北民族大学的阿不都外

---

① 阿·莫斯太厄搜集整理、曹纳木转写校注：《阿尔扎波尔扎罕》（蒙古文），民族出版社 1989 年版，第 385—398 页。

② 中央民族学院《藏族文学史》编写组：《藏族民间故事选》（中国少数民族民间文学丛书·故事大系），上海文艺出版社 1984 年版，第 115—119 页。

力·克热木教授正在把这个维吾尔文的《鹦鹉的故事》翻译成汉文。① 除了这个 52 则故事的《鹦鹉的故事》外，和田维吾尔文《新玉》文艺季刊 1981 年第 3—4 期和 1982 年第 1 期连载了由 35 个故事组成的《鹦鹉的故事》中的 24 个故事，后来善平翻译成汉文，发表在《新疆民族文学》1982 年第 4 期上。杨知勇根据这个译本写了一篇《维吾尔民间文学的奇葩——〈鹦鹉的故事〉》②，主要讨论了故事的思想内容，并与印度的《五卷书》做了简单比较，但是并没有指出维吾尔文《鹦鹉的故事》与波斯《鹦鹉传奇》和印度《鹦鹉故事七十则》之间的源流关系，今天看来其观点和结论大部分是错误的。

在维吾尔族《鹦鹉的故事》中，商人重金买鹦鹉，是鹦鹉有预言能力，商人按照鹦鹉说的去办，尝到了甜头，从而对鹦鹉器重有加。鹦鹉告诉商人一个重要信息：哈比勒城的商人要来买索木不勒芳草，商人立即把全城的索木不勒芳草全买下来，转手卖给哈比勒城来的商人，赚了十倍的钱。在乌尔都语的《鹦鹉的故事》中，有商人从喀布尔来买甘松香，鹦鹉的主人把全城的甘松香全买下来转手卖给喀布尔商人赚了大钱。③ 乌尔都语的《鹦鹉的故事》是从波斯语的《鹦鹉传》来的，而波斯语译本中也是商人听从鹦鹉的话把全城的甘松香卖给喀布尔商人赚了大钱。而在藏族故事中则是商人听从鹦鹉的忠告屡次脱险，从而对鹦鹉敬重有加。

在维吾尔族《鹦鹉的故事》中，应鹦鹉的要求，商人再买一只母鹦鹉做伴。但是商人外出经商后妻子要去和王子约会，母鹦鹉批评和劝阻女主人，不料被商人妻子从笼子里抓出来摔死在地上。聪明的鹦鹉见了这一幕，就采用另一种办法，即不劝阻女主人出去，但却讲故事拖延了她的时间，一直讲到主人经商回来。在乌尔都语的《鹦鹉的故事》中是一只八哥因为劝阻女主人而遭遇了被摔死的厄运，鹦鹉看到后开始讲故事，既保住了自己的命也保住了女主人的贞节。④ 在印度《鹦鹉故事七十则》中，也是八哥责骂和劝阻女主人差点丧命，鹦鹉见了就改变主意讲起了故事。而我们在前面引用的佛本生故事中则是训斥女主人行为不检点的鹦鹉遭到杀害，另一只鹦鹉则保持沉默，等到主人回来后把真相告诉了主人。

维吾尔族《鹦鹉的故事》的"第二个晚上的故事"实际上是乌尔都语《鹦鹉的故事》的第九篇"讲阿黎穆—夏赫（皇帝）的不忠实的鹦鹉"的故事。《鹦鹉故事七十则》的第六十六个故事"聪明的天鹅装死脱网逃走"中，捕鸟人以为天鹅们已经死了，就把它们全部扔到地上，天鹅就纷纷飞走了。而乌尔都语的《鹦鹉的故事》的第九篇"讲阿黎穆—夏赫（皇帝）的不忠实的鹦鹉"中，也是母鹦鹉救了孩子，自己却被猎人捉住，母鹦鹉让猎人把自己卖给皇帝，并说自己会治好皇帝的重病。鹦鹉果然把皇帝的病治好了一半，就提出要求皇帝把它从笼子里放出来好让它到山上去采药。皇帝信了鹦鹉的话，把它放出笼了，母鹦鹉却飞回树林，再也不回去了。⑤ 而波斯语《鹦鹉的传说》的第七个故

---

① 阿不都外力·克热木：《浅论维文版〈鹦鹉故事〉的主要母题及其文化内涵》，《西北民族大学学报》2012 年第 5 期。

② 杨知勇：《维吾尔民间文学的奇葩——〈鹦鹉的故事〉》，王堡、雷茂奎主编《新疆民族民间文学研究》，新疆人民出版社 1986 年版，第 97—111 页。

③ ［苏联］M. 克里雅金娜—孔德拉切娃俄译，乌国栋中译，周彤校：《印度鹦鹉故事》（原乌尔都文），天津人民出版社 1958 年版，第 4 页。

④ 同上书，第 6—7 页。

⑤ 同上书，第 35—37 页。

事"捕鸟人、鹦鹉和它的孩子们"是乌尔都语的《鹦鹉的故事》的原型，也是讲的不忠实的鹦鹉的故事。不过，维吾尔族故事中却多了母鹦鹉给自己的孩子讲"与不同类的动物来往没有好结果"的故事，因为鹦鹉的孩子们同狐狸的孩子们来往。母鹦鹉给孩子们讲了库图瓦勒的孩子与猴子玩耍带来严重后果的故事，但是小鹦鹉们不听母亲劝阻，仍然与小狐狸玩，有一次几个顽皮的孩子把小狐狸抓到城里去，狐狸以为鹦鹉引人过来抓走了它的孩子们，于是狐狸把猎人引到鹦鹉栖息的树下来，猎人布网捉了母鹦鹉及其孩子，母鹦鹉教孩子们装死逃脱，自己被捉住卖给皇帝。这里，有趣的是母鹦鹉的故事里还套了另一个小故事，这是波斯语和乌尔都语的《鹦鹉的故事》所没有的，是维吾尔语《鹦鹉的故事》创新的地方。

印度的《鹦鹉故事七十则》在被翻译成波斯语在受波斯文化影响的新疆各民族中流传和通过佛教在信仰藏传佛教的藏族和蒙古族中流传的过程中都发生了很大的变化，原来梵语《鹦鹉故事七十则》中的很多故事被替换成其他故事，经过了翻译者和传播者的文化过滤。但是，我们注意到，在《鹦鹉故事七十则》被翻译成波斯文，又从波斯文翻译成维吾尔文和乌尔都语的过程中，所替换的故事不少是原来并不属于《鹦鹉故事七十则》，而是传统的印度民间故事。这说明，《鹦鹉的故事》的传播并不是简单而孤立的一本民间故事集的翻译和传播，而是这部故事集的翻译传播是带着整个印度民间故事传统的。

维吾尔《鹦鹉的故事》的"第三个晚上的故事"中勇士以故事套故事的形式讲了一个故事：有一天勇士到戈壁滩上打猎，一只大象驮着一座房子走来，勇士害怕就爬到大树上去了。而大象把身上的房子放在地上，自己去吃草去了。从房子里走出一个女人，把勇士从树上叫下来，做了见不得人的勾当，还从勇士衣服上抽出一根线，放进随身带的小包里存起来。问其原因，原来是女子的丈夫怀疑妻子，就把自己变成大象，把妻子驮在背上走。即使这样，这个女人也是恶性难改。[①] 乌尔都语的《鹦鹉的故事》的第6篇"武士的妻子怎样使大臣的儿子丢脸"中也讲了这个故事，不过故事讲述者是武士的妻子，故事发生的地点是在树林里，与大象联系起来更加合乎逻辑，而最后是淫荡的女人用绳子上打结的方式纪念她和其他男人的勾当。[②] 妻子给丈夫讲这个故事的目的是想告诉他："没有哪个男子汉诱惑得动好妇人，随便什么男儿却也抵挡不住坏女子。"而维吾尔族故事中是军官的妻子给丈夫讲了勇士派海里瓦和巫师的故事而巫师变成大象驮着妻子走的故事是通过派海里瓦的口讲出来的，是故事里套了故事，是派海里瓦以第一人称的身份把自己和巫师妻子偷欢的故事讲出来的。波斯文《鹦鹉的传奇》的第四个故事"贵族与武士之妻"中也有这个故事，是武士的妻子讲给自己的丈夫的，故事发生的地点是在沙漠中，而女人纪念自己淫荡勾当的方式却是绳子上打第一百零一个结。维吾尔族的故事翻译自波斯语《鹦鹉的传说》无疑，但是和波斯语和乌尔都语故事相比，维吾尔族故事多了一层故事结构。这个故事在梵语《鹦鹉故事七十则》中是没有的，应该是波斯语的翻译者从其他的故事里找来的。而同样的故事在佛经故事中却是很有名的故事。汉译《杂譬喻经》里有一个《壶中人》的故事，其中讲道：有一个太子夜里到山里，爬上一棵树，见到树下泉水里有一个梵志来洗澡。梵志洗完澡，摆出饭食，念动咒语，从嘴里吐出一个壶，壶中有

① 善平译：《鹦鹉的故事》，《新疆民族文学》1982年第4期。

② ［苏联］M. 克里雅金娜—孔德拉切娃俄译，乌国栋中译，周彤校：《印度鹦鹉故事》（原乌尔都文），天津人民出版社1958年版，第23页。

一个女人，两个人在僻静的地方，就如夫妻一样。梵志睡下了，女人又念动咒语，也从嘴里吐出一个壶，壶中有个年轻的男子，女人又和这年轻的男子睡在一起，睡完觉，女人把壶吞到肚里去。隔了一会儿，梵志醒了，重新把女人放进壶里，然后把壶吞进肚里。[①] 而相同的故事也通过《一千零一夜》在阿拉伯世界广泛传播。国王山鲁亚尔兄弟来到大海边上，看见海中升起一根黑柱就害怕地攀到树上躲起来。一会儿海里冒出一个庞大的妖魔，顶着一个箱子，来到树底下，打开箱子，从箱子里取出一个匣子，匣子里走出一个美女，魔鬼就枕着美女的膝盖睡着了。美女看见树上的山鲁亚尔国王兄弟，就把他们叫下来并强行和他们交欢，然后把他们的戒指留下来做纪念，这之前这女人已经攒了五百七十个戒指了。这个故事成为山鲁亚尔国王恨女人的原因。[②]

印度的《鹦鹉的故事》同样也被翻译成哈萨克语在哈萨克族中流传。中央民族大学的毕桦教授在其《〈鹦鹉故事〉的哈萨克文译本：〈鹦鹉传奇〉》中比较系统地介绍了哈萨克文《鹦鹉传奇》的内容。目前中国哈萨克文《鹦鹉传奇》是根据1904年出版的塔塔尔文译本翻译成哈萨克文的，先在1982—1983年的哈萨克文杂志《绿草》上连载，1987年由新疆人民出版社出版单行本。哈萨克文《鹦鹉的传奇》共72章，据毕桦教授的统计，鹦鹉在总共26个夜晚讲述了47个故事，而这47个故事里又引出其他的故事。根据毕桦教授的研究，哈萨克族民间还没有发现《鹦鹉的传奇》的口头故事，不过民间还是零星流传着《鹦鹉的故事》中的一些具体故事。毕桦教授认为，《鹦鹉的故事》在哈萨克族民间没有广泛流传的原因主要是《鹦鹉的故事》所宣扬的歧视妇女、防范妇女的思想与哈萨克族传统的社会思想意识不符所导致的。[③]

结　语

我们在上面简单考察了印度的《鹦鹉的故事》在中国汉族、藏族、蒙古族和维吾尔族、哈萨克族中翻译和传播的情况。根据我们的研究，可以做出初步的结论如下：

①古代印度的梵语故事集《鹦鹉故事七十则》没有完整地被翻译成汉语，这主要和汉文佛典翻译传统有关系，但是其中的一些故事很早就随着佛经翻译被翻译成汉语了。

②印度的《鹦鹉的故事》在藏族和蒙古族等信仰藏传佛教的民族中流传的过程中与《王子变鹦鹉讲佛经》的故事类型黏合在一起，形成了新的复合故事类型。

③维吾尔族和哈萨克族等信仰伊斯兰教和深受波斯文化影响的新疆兄弟民族是通过波斯语的《鹦鹉的传奇》接受印度《鹦鹉的故事》的，并且在翻译和传播途中也根据伊斯兰教思想对原来的故事进行了过滤。

（原载《民间文化论坛》2014年第3期）

---

①　王邦维选译：《佛经故事》，中华书局2007年版，第38—39页。

②　纳训译：《一千零一夜》，人民文学出版社1998年第二次印刷本，第一册，第3—6页。

③　中央民族大学编：《中国民间叙事与民间故事讲述人学术研讨会论文集》，2011年10月，第359—364页。

新型社会意识形态的建构与中国新故事家研究

——以 1950—1980 年代中期产生的第一批新故事家为例

侯姝慧　侯丽媛[*]

【摘要】新故事家的出现与新型社会国家的意识形态建构有着密切的关系。1958年，为配合社会主义教育运动，各级党委在基层群众中选拔和培养出了中国的第一批故事员。在运动中，部分故事员逐渐走上了讲、写相结合创作故事的新路子。他们从20 世纪 60 年代开始与故事刊物长期合作，80 年代中期以故事刊物为主要阵地，孕育培养出了兼有卓越的讲、写能力的第一批新故事家。他们的讲演创作活动不仅对新型社会主义国家意识形态在基层群众中的传播起到了枢纽作用，而且通过刊物向社会部分地表达了群众的所急所想，使两个层面的思想得到交流、沟通，促进了新中国社会意识的生成与建构。同时，新故事家着力于"口头—书面"结合型文体的建设，在沟通传统口承叙事文学、说唱文学和中西叙事文学的基础上，促进了民族性语体文学的形成。

1949 年之后，新中国经历了一个围绕建设社会主义社会的政治话题而展开系列性群众运动的时代。在轰轰烈烈的群众运动中，群众性的文艺形式作为新文化精神的有效宣传手段受到毛泽东的重视。1963 年，围绕社会主义教育运动，在全国范围内开展了新故事运动。新故事讲演作为重要的教育宣传方式，在各地各单位党委的领导下，蓬蓬勃勃地开展了起来。新故事运动中，各地有计划地培养了一大批故事员。故事员得到了讲演和写作两方面的培养训练，其中部分爱好者在新故事运动之后继续从事新故事的创作、讲演活动，从 20 世纪 60 年代到 80 年代中期，他们在与故事刊物长期合作的过程中走上了职业化、半职业化的道路。这些故事员一方面分阶段、系统地接受了新型社会主义社会构建的政治理念，另一方面，摸索形成了一些具有实际可操作性的故事创作技巧和理论。他们热爱故事文学，深谙传统民间故事和说唱文艺之精髓，不仅擅长讲说，而且具有一定的书写能力。他们心中有故事事业，有主动摸索故事文学创作理论的意识，走出了一条"口头—书面"结合创作故事作品的新路子。这些故事员逐渐成长为新中国第一批新故事家。本文将在分析新中国第一批新故事家产生背景、过程的基础上，讨论新故事家的定义和特征，以及他们对社会和故事文学发展起到的作用。

---

* 侯姝慧：山西大学文学院民俗文化与俗文学研究所讲师、中国社会科学院民族文学研究所博士后；侯丽媛：山西大学文学院民俗学专业硕士研究生。

1950、1960 年代社会主义教育运动的开展与中国第一批新故事家的产生

城乡社会主义教育运动实质是以阶级斗争为中心的社会主义、共产主义思想政治教育的运动。中央指出思想战线上的阶级斗争是长期的、复杂的，要在思想上取得兴无灭资的胜利，必须用毛泽东思想去武装人民，必须善于运用各种形式去教育人民。新中国成立初期，中国广大群众的文化程度还很低，中央的宣传手段、途径也非常单一，常是文件传达和口头传达两条腿走路。由于故事人人能讲、个个爱听，能深入到每个角落，所以大讲革命故事有着广泛的群众基础，是思想战线上"全民动员"的重要形式。从 1958 年开始，随着工农业生产高潮的到来，一个以"三大"（大唱革命歌曲、大演革命现代戏、大讲革命故事）、"六新"（说新、唱新、演新、写新、画新、贴新）为特点的群众文化活动，在全国范围内蓬蓬勃勃地开展起来，主要为三大革命运动和社会主义教育运动服务。故事讲述简便易行，讲述者不需要化妆、道具、搭档、伴奏，讲述活动不受场地和时间的限制，在讲说过程中便于与群众交流思想，因此，在社会主义教育运动开展之后，配合党的政策宣传编讲新故事的形式受到广泛欢迎。1963 年，《人民日报》分别在 1 月 13 日发表《用群众喜闻乐见的形式进行宣传鼓动，上海工厂、文娱场所的故事会受到欢迎》，8 月 27 日登载《两千多名业余故事员积极向社员进行阶级教育，上海郊区大讲革命故事》，12 月 28 日登载《上海农村广泛开展讲革命故事的活动》报道了上海地区开展讲革命故事活动的历史和现状，大力倡导开展新故事运动。随后，有组织、有领导的大讲新故事的活动逐渐在各地开展起来，此时的传讲、创作主体就是第一批故事员。

1960—1970 年代间，故事员又被称作红色故事员、红色宣传员或者革命宣传员。他们中多数是不脱离生产的工、农、兵群众，既有生产经验，又有一定的故事讲述技巧。在上海，各级党、团组织发文分批次地具体安排基层故事员的培训工作，有计划地培养了一批故事员。他们按照党组织设定的主题，在自己的生活中寻找素材，在文化馆干部帮助下创作书面故事。1964 年上海创办了专门刊载为故事员提供脚本和供群众阅读新故事的刊物——《故事会》丛刊。丛刊为故事员提供脚本同样是文化干部和故事员合作的成果，丛刊的编辑和故事员同吃、同住，同劳动，在他们的共同努力下搜集整理、加工创作故事文本。参与创作书面故事脚本和口头讲演故事的过程，提高了故事员讲写结合进行创作的能力。同时，丛刊提供系列性理论研究文章，探讨新故事与戏剧文学、评话、通讯、小说等叙事文学样式的异同，促进擅长口头讲述的故事员们逐渐摸索总结出故事创作的方法和理论。

随着新故事讲演活动的开展，基层单位也越来越多地根据当时当地情况自行挑选故事员自己动手创作，配合中心任务编写作品，"我们按照党在各个时期的工作需要，根据本地的真人真事，先后编写了以阶级斗争为主题的《借尸还魂》，以生产为中心的《低产田里夺高产》《我们队里的李双双》……以晚婚和计划生育为中心的《婚事》等十多个故事。这样既配合了中心，解决了故事稿来源不足的困难，又培养了一批农村业余创作队伍"。[①] 这些专职的或业余的故事员积极参与故事创作和讲演，促进了新故事运动的开展。他们将口头讲演和书面创作相结合，在报纸、杂志如《故事会》丛刊上发表的作品日益增多。中央和地方的报纸、文艺刊物如《光明日报》《文汇报》等开辟有"故事会""新

---

① 顾根祥、乔琦：《大力开展讲革命故事活动，占领社会主义思想阵地》，《故事会》1964 年第 8 辑。

故事"专栏，发表书面形式的新故事作品和有关的经验介绍、评论文章。王国全曾总结说："各地报纸杂志上，发表了一批相当数量的新故事，奠定了新故事创作的基础。"① 在多年创作、讲述活动中，全国涌现出了一大批杰出的故事员。截至 1987 年，仅抚顺已培养出三千多位的城乡故事作者、故事员和故事工作者。② 其中部分杰出的故事员被认定为新故事家。

原《故事报》总编辑、中国新故事学会副秘书长金洪汉认为，新故事家的标准为："A 至少要有二十年以上从事新故事活动的经历；B 讲的故事至少要在千场以上，听众要在一百万人次以上；C 创作发表的故事作品至少要在 15 万字以上；D 要既能创作又能讲演，并且具有独特的艺术风格；E 在本地区或在全国的故事界有声望。"③ 正如夏一鸣所说，这些标准不容易找到科学实证，但是大家在心里却很认同。笔者认为，新故事的传播媒介包括面对面人际传播，也包括刊物、音像的大众传播，因此，1960—1980 年代初期中国新故事家，区别于传统民间故事家的特征有以下两点：一是在内容和主题方面，新故事家既能够向群众宣传党的政策方针和道德规范，又能够通过故事部分地表达群众思想，是思想沟通的枢纽；二是新故事家具备讲演和配合讲演进行书面创作的能力，在创作中形成了具有个性的自由语体。

新故事家是政治主流意识形态与群众思想沟通、融合的枢纽

1960、1970 年代，新故事家是群众中政治主流意识形态的积极宣传者。新故事是作为社会主义教育运动的一支轻骑兵，阶级斗争的有力武器受到各级党委的重视。1964 至 1966 年春，我国新故事创作、讲述活动得到空前发展。以群曾总结说："在社会主义社会里，口头讲述的新故事，不仅有深入广大群众、丰富群众文娱生活的重大作用，而且承担着在广大群众中占领思想阵地，反对旧思想、旧习惯，传播新思想、新风格的战斗任务。各个生产战线上的干部和群众，在可能的条件下，都应该踊跃地参加编故事、讲故事的业余活动，把新故事当作宣传教育的思想武器之一，用以巩固和扩大社会主义思想的阵地。"④ 新故事家紧紧围绕党的方针政策，积极编讲了一大批配合社会主义建设，宣传新时期新政策的故事作品。

张功升⑤是工人阶级中的新故事家代表，作品集有《张功升创作故事选》《张功升故

---

① 王国全：《谈新故事创作》（内部资料本），中国民间文艺研究会河南分会，河南省南阳地区文化广播电视局编，1984 年，第 6 页。

② 金洪汉：《现代中国的讲故事和新故事》，见辽宁省新故事学会、故事报社编《辽宁新故事论集 1》（内部刊物），1988 年，第 52 页。

③ 同上书，第 52、53 页。

④ 以群：《浅谈新故事》，《以群文艺论文集》，上海文艺出版社 1983 年版，第 194 页。

⑤ 张功升（1936—　），山东黄县（今龙口市）文基乡大张家村人。先后做过乡村小学教师、军人和工人。1961 年他参加了单位的讲革命故事活动。1962 年 7 月，抚顺市总工会成立了抚顺职工革命故事讲演团，张功升成为第一批团员，从此走上业余故事员之路。张功升从 1961 年开始用革命故事宣传共产主义思想，在他的故事生涯中，多次获得由宣传部、全国总工会授予的全国劳模、故事家等称号。代表作被收入《张功升故事选》（水利电力出版社 1984 年版）、《沧海恨》（春风文艺出版社 1981 年版）等故事集。下文相关故事均出自《张功升故事选》。

事集》等。他的故事主要表现工人阶级的现实生活和思想感情，为工人阶级、无产阶级的政治服务。故事的主题大致有五类，第一类主题是体现我国社会主义建设事业蓬勃发展的社会风貌和工人阶级斗志昂扬的时代精神。代表作品有：《英雄驯服野马炉》《双补》《换对联》《两个犟眼子》等。第二类主题是歌颂老一辈无产阶级革命家的高尚品质，表现党员干部心系群众的工作作风。代表作品有：《哪儿来的怪老头》《开锈锁》《周总理在临终时》《一条毛巾》《春子求子记》等。第三类主题是揭露阶级关系实质，对群众进行革命教育和阶级斗争教育。代表作品有：《夜袭警备队》《小村长》等。第四类主题是抨击时弊，反映群众工作、生活中的现实问题。代表作品有：《沧海恨》《找"工人"》《路遇》《借新娘》等。第五类主题是颂扬爱国主义的革命斗争和革命英雄。这些故事一方面满怀激情地塑造了新社会杰出的革命家、革命者，优秀的干部、工人形象，给人们提供了学习效仿的榜样；另一方面也反映社会生活中的矛盾和现实问题，严肃地抨击了社会中的假丑恶现象。

在主题方面，新故事家受到政治主流意识形态的培养和指导，他们创作的作品体现出明确的社会政治导向性。新型社会意识形态的一些核心概念，如社会主义、共产主义、资产阶级、无产阶级、四个现代化、无神论（破除迷信）、民主、科学、平等（男女平等）等概念在新故事中得到充分表现。十一届三中全会后，党中央提出要大力发展社会主义建设事业，充分发挥工人阶级的先锋模范作用，落实工人阶级的政策。胡耀邦提出搞社会主义建设要"甘当小学生、学会新本领"的号召。张功升根据这一精神，创作了故事《换对联》。故事鼓励老一辈工人主动学习新时代的先进技术，改变传统观念、接受新思想，促进工人阶级创新精神的形成。故事有两幅对联，开头是"牢记阶级苦""不忘血泪仇"，横批"永不忘本"；文末用"狠钻新本领""甘当小学生"，横批"共建四化"点题结尾。这则故事在反映主流意识形态的同时，在工人技术人员中引起了强烈反响。故事《开锈锁》塑造了一位心系群众、深入基层、切实为民解忧的党支部书记高殿刚的形象，衷心赞扬了党的领导干部亲民爱民的优良作风。

新故事家们与工人、农民群众工作、生活在一起。张功升讲故事"不脱离生产劳动，不脱离人民群众，既是普通工人，又是群众艺术家，和工人生活、劳动、斗争在一起，和人民同呼吸、共命运。"尽管一篇作品容量有限，写的多是一人一事、生活中的某一瞬间、思想品质的某个侧面，但作品大多能抓住群众思想品质中崇高、动人的因素，或粗笔勾勒，或细致描绘，力求揭示群众积极乐观、斗志昂扬的精神面貌。《路遇》鞭挞了现代"陈世美"现象。《借新娘》娓娓讲述了金钱、情感与婚姻的问题，拒绝高价姑娘。《躲债》《喜事怎么办》等用沉重的笔调批评婚礼中大操大办、收受礼金的旧风俗。《找"工人"》用夸张、排比等修辞手法，不惜笔墨，痛斥干部中的官僚作风、拍马屁行为。张功升的故事从多个侧面反映了群众对社会生活的真实想法，并从积极乐观的角度认识和解决问题。另一位新故事家吴文昶①作的新故事在主题上与群众的社会生活密切相关，《狗尾

---

① 吴文昶（1928—2002），浙江省桐庐县横村乡深坂村人。他小时候放过牛，当过学徒，跑过单帮，还被抓过壮丁。1949年参加中国人民解放军，1955年复员。回到故乡后，在村里创办了全县第一所民办小学，当了19年民办教师。1962年，34岁的吴文昶开始讲故事，逐渐成为著名的新故事家。作品收入《狗尾巴的故事》（中国文联出版社2002年版）和《吴文昶故事集》（上海文艺出版社1991年版），下文相关故事均出自上述著作。

巴的故事》集中反映了基层工作中执行政策"一刀切""随风倒"的问题，《抓典型》则反映工作中重形式轻实干的问题。这些故事切中时弊，既反映社会主流意识形态，同时也揭批社会问题，受到群众的普遍欢迎。

新故事家张道余①作故事有一个原则，就是写熟悉的生活，写感动人的事件。他说："我没什么特点，就是一个很土的农民，我写的东西，总体来讲，还有一个基础，就是'从生活中来，到生活中去'。我写的大部分作品都是生活中有缘由的。它既然发生在我自己的身边，那么我讲的时候，能把没说出来的话或者不该说的话，通过故事讲出来，讲到他们的心里，他们很高兴，这样一来，大家都能接受。这又促进我讲一部新的故事的欲望。人家讲一件事打动了我，我才可以去写，如果人家讲的这件事，我首先不感动，那我就不写，这是我几十年的总结。"② 60年代初期国民经济遇到困难的时候，为帮助职工坚定信心、鼓舞斗志，辽宁省总工会号召开展讲革命故事活动。张功升结合革命历史和现实斗争生活，向工人群众宣讲了《一袋干粮》《一捆青稞麦》《一口行军锅》《一双草鞋》《英雄驯服野马炉》等十几个故事，受到欢迎。"没过多久，厂里发生了一件事。一天夜里，有个班加班大干，食堂炊事员送饭到车间，每人分了两个窝头、一疙瘩咸菜，可是有的工友只吃了一个窝头，却把另一个留给下班的工友吃。为什么呢？我们听了张功升的《一袋干粮》的故事，……'在这困难的年月，我们得学习红军舍己为人的精神，大伙同甘共苦渡难关啊！'"③吴文昶的作品《新来的妇女队长》的主题是宣传党的新政策"男女同工同酬"，故事讲述了妇女用实际成绩争取与男同志同工同酬并逐渐得到认可的过程。"时代不同了，谁也挡不住我们妇女的积极性！"④这个故事讲出之后，"有个妇女竟悄悄地跟着听了十八次。妇女们像对待'贵宾'一样，诚挚地欢迎他（吴文昶），端来糖水鸡蛋请他吃。"⑤张道余的《说嘴媒人》等故事同样受到欢迎。故事家们正是永远把自己作为群众的一分子，他们才可能在作品中将"国家"和"群众"联系起来，整合出既能重申政治主流意识形态的内容，又能为民众接受与认同的故事文学作品。

与传统民间故事家相比，新故事家的生活环境和创作语境发生了变化，具有了现代性的思想内涵。随着现代社会制度的变迁，新社会的政治主流意识形态与传统社会固有的思想观念在众多方面存在冲突和摩擦，需要更新换代或者交流融合。新故事家在主流意识形态许可的范围内，更关注群众的体验。创作的好故事能够与社会保持一种理解与沟通、反思与批判的关系，在一定程度上起到促进群众与新型社会沟通、交流的作用。从这一角度看，新故事家是具有使主流政治意识形态和社会其他意识形态保持沟通和对话能力的创作

---

① 张道余（1940—　），上海市金山区山阳镇新江村人。他自幼受母亲熏陶，对很多传统民间故事耳熟能详，喜欢在茶馆听书。中学毕业后回乡参加生产劳动。张道余所在生产队的队长是"故事婆子"，张道余经常听他讲故事，同时也和社员、民兵一起讲故事。60年代初，他得到上海评剧团著名演员张如君和刘韵若夫妇的指导，让他萌发创作故事的念头。随后，他根据村里真人真事创作出第一篇新故事作品《说嘴媒人》，在当地引起了极大的反响。自此以后，他走上了故事创作的道路。近年来他的作品多反映群众生活中的现实问题，收入《美丽的谎言》（中国工人出版社2013年版）等故事集。

② 被访谈人：张道余。访谈人：侯姝慧、纪军。访谈时间：2009年5月。访谈地点：上海文艺出版社办公室。

③ 石锋编：《张功升故事集》（内部刊物，出版信息不详）。

④ 吴文昶：《狗尾巴的故事》，中国文联出版社2002年版，第93页。

⑤ 《吴文昶故事集》，上海文艺出版社1991年版，第2页。

群体，是新型社会意识形态形成过程中群众思想与主流意识形态沟通融合的枢纽。

新故事家是兼具口头讲演和书面创作能力的优秀故事创作者

从对故事传统的继承比来看，1950、1960 年代红色故事员的构成大致有两种：一是本乡本土的故事篓子，是人民群众中讲故事的能手；二是当了故事员以后通过学习变成故事篓子。他们共同的特点是在生活中都喜欢听故事，大多数都擅长口头讲说故事。张功升讲故事讲到了中南海："早在一九六一年，还在当工人的张功升同志，就开始业余创作并讲说革命故事。二十三年来，他从工厂讲到农村，从幼儿园讲到敬老院，从街道讲到军营，从机关讲到学校，先后讲过三百多个故事，共讲了两千多场，听众达二十多万人次。"① 吴文昶"是在传统民间故事中泡大的，连同他那朴实、幽默和风趣的性格，都会使我们忆起传统民间故事中机智的智囊人物"②，"他的故事不是伏案'写'出来的，而是面对群众'讲'出来的。他从群众中发现故事苗子，有时是三言两语，有时是一枝一节，然后细加揣摩，衍化出有头有脑的故事，再返回到群众中去讲出，并搜集反馈信息，再讲出，再修改；一个故事往往要反复五六次，甚至十来次，才能定型、落笔成文。吴文昶的新故事真切有趣，口头性特别强，故事员无须加工，拿到本子就可以讲。"③ 吴文昶对新故事口头性的认识进行过系统的理论总结，曾撰写《新故事必须坚持口头性》《还是要坚持口头性》等文章，阐述自己对新故事口头性的认识和坚守。黄宣林④也是将故事植根于口头性的新故事家，何承伟曾评价："他的故事比一般作者还多了一道工序，那就是'讲'。他的作品或是先讲后写，或是讲讲写写，或是先写后讲，但始终与'讲'字不离不弃。"⑤ 张道余在创作中对口头讲述与转化为书面作品的过程有着丰富的感受。由于他所在的金山镇有浓厚的讲故事传统，与群众"窝故事"⑥，成为创作讲演故事的重要形式。他认为："新故事家虽然是书面创作，但要坚持以口头讲述为基点。……故事是口头文学。既然标上'故事'这个名称，就要尊重故事是口头文学的本质。"⑦ 一直到现在，他仍然坚持先讲后写，讲写结合。

新故事家不仅会口头创作讲演而且还会书面创作。20 世纪 60 年代，党中央号召各地学习大讲革命故事活动的经验，提出"要围绕中心，结合生产，反映现实，使故事活动为职工思想政治工作、生产服务"的号召。一批故事员热情地参加了故事活动，张功升、

---

① 中国水利电力文学艺术编辑部编：《张功升创作故事选》，水利电力出版社 1984 年版，第 1 页。

② 《吴文昶故事集》，上海文艺出版社 1991 年版，第 1 页。

③ 同上书，第 3 页。

④ 黄宣林（1940—　），上海人。他幼年时喜爱说书等传统说唱艺术，常听常讲，为后来故事的编讲创作打下良好的基础。高中毕业后参军，在军队服役期间，成为一名故事员。转业后，在工厂继续从事故事编创、讲说活动，是中国第一批能够自编自讲的新故事家之一。他的作品先后收入《金库玫瑰梦》《内部消息》《黄宣林故事集》和《黄宣林讲故事》中。

⑤ 何承伟：《黄宣林和他的故事世界》，参见《黄宣林讲故事》，上海文艺出版社 2012 年版，第 2 页。

⑥ 上海金山等地爱好讲故事的人们聚在一起编讲故事的活动。

⑦ 被访谈人：张道余。访谈人：侯姝慧、纪军。访谈时间：2009 年 5 月。访谈地点：上海文艺出版社办公室。

吕燕华、张道余等都是重要代表。这段时期是培养故事员创作才能的初级阶段，是故事员向文化干部学习，进行故事创作的描红时期。群众中的故事员大多没有文学创作的经历，是新故事运动让他们开始接触书面创作。吕燕华的基础很差，书写十分困难，经常用画圈的形式填补自己不会写的部分。虽然基础差，但由于新故事是以口头讲述作品为基础的书面创作，通过"讲讲写写，写写讲讲"的创作机制的培养，长期的故事讲演和创作经历锻炼了新故事家的艺术才能。新故事家们对叙事文学形式的借鉴，是对全体叙事文学开放性的接纳，一方面自然地继承了传统民间口承叙事文学的讲演艺术，包括说唱文学和民间故事等文艺形式的特征，另一方面为了提高文学性和塑造人物形象的能力，广泛学习了其他书面叙事文学样式的特征。这样的思路全面提升了他们的创作能力，促进了新故事作为"口头—书面"相结合的转化型文体的形成。进入80年代后，他们的编创水平渐入佳境，在故事语言和结构方面形成了一些共性特征。语言方面，形成了晓畅如话的"口头—书面"结合型语体。新故事的语言是群众口语、普通话和畅晓的文学语言三者结合的产物，讲求行动性，较少静态描述性语言。结构上，新故事家的优秀作品具备"一过性"特征。故事结构完整、情节一波三折、悬念环环相扣，高潮结局引起共鸣，能够有效地打动欣赏者。从故事传播效果上来看，就是达到易讲、易记、易传的效果。在几十年讲写结合的创作过程中，这些故事家逐渐成为兼具口头讲演与书面创作能力的优秀故事创作者。他们的作品也逐渐显示出个性化的语体风格。

新故事家的作品形成个性化特征，也就是文体学意义上的"自由语体"。这种个性主要体现在两方面，首先是故事主题选择的倾向性，其次是表现手法上的特色。例如张功升的作品，大致分为三种类型，一是根据历代革命题材作品改编而成的爱国主义历史故事，二是按照政治要求创作的革命故事，三是反映现实社会问题的新作品。对新社会正确的方针政策、新制度、新风尚给予了充分肯定，对社会生活中存在的问题也毫不客气地指出，有现实主义的风格。故事讲述的对象主体是工人，主要反映工人工作、生活中遇到的问题。吴文昶创作的新故事多是村镇题材，主题集中反映党的方针政策在农村对群众工作、生活的影响，批评反思社会中的假丑恶。吴文昶的故事朴实、风趣；雅俗交融，擅长运用意象设计故事。不但充满泥土的芬芳，也有优美的文学性，偏向浪漫主义的风格。吴文昶后期创作的反思和鞭挞社会问题的作品更多了分辛辣，代表作有《狗尾巴的故事》《一把火》《梁上君子》等。[①] 黄宣林的作品以工人、市民工作、生活题材为主，主题以反映真善美、情理、才智为主；文字平易，作品情节性强，善设悬念，注重故事的传奇性。张道余创作的新故事以熟悉的村镇生活为主要题材，早期创作的新故事主题多是对主流意识形态的反映和传播，文体风格谨严、细致，整体偏向现实主义的风格。

优秀的新故事家在新故事文体基本特征的基础上将他们独特的性格、气质、爱好、经历、情感融入故事创作，形成了具有个性化的言语特点和文体风格。正如巴赫金所说："我在形式中发现自己，发现自己能动的、从价值角度进行形式加工的积极性，我活生生地感觉到自己正在创造对象，而且不仅在第一性的创作、即亲自动手进行的过程中如此，在观赏艺术作品时也是如此：为了实现具有艺术内涵的形式本身，我必须在一定程度上以

---

① 桐庐新闻网（http://www.tlnews.com.cn/），2011年1月21日。

形式的创造者自居。"① 自由语体的出现与成熟是新故事作为一种成熟文体形式的重要标志。这些杰出的自由语体作品为故事文学的发展和文体的形成提供了第一批可资借鉴的范本。

结语：新故事家的创作实践与中国故事文学的转型

中国在 20 世纪六七十年代经历了史无前例的"群众运动"时期。在运动期间，作为运动主体的群众培养起了创作"群众文学"的勇气和能力。他们使用新民歌、新故事尝试着表达自己，用他们习惯的抒情、叙事文学样式，纯朴、率真地诉说着他们对新社会的感受，表达他们对新生活的认识和理解。在经历了新中国成立初期群众"民间"的政治意识形态主流化和"文化大革命"时期主流化被亵渎之后，从 70 年代后期开始，群众思想和意识的独立性逐渐被培养起来，反映他们的思想意识的文艺作品在"艺术创作有自身的规律"等文艺指导思想的指导下渐趋繁荣。群众自己为自己立言，而不必纠缠于作家、知识分子能不能够真正为群众立言的种种争论。群众自主地编创、发表作品是新故事在回归民间传统之后创作主体方面的重大转折。市场经济体制下的新故事刊物又为新故事文体的发展提供了宽广的平台。新故事的创作摆脱了政治的直接左右，脱离了知识分子为群众立言的种种不现实，发展形成了以群众为创作主体、以新故事家为代表的群众文学创作阵地。新故事正是在这样的社会文化背景下回归群众，回归"民间"。新故事作品以文字形式公开发表，从语言、形式、内容到思想文化内涵等诸方面所体现的群众性最终促成了新故事作为一种独立文体的形成。

70 年代末，在文艺要按照自身规律发展的指导方针确立之后，各级党委和它们的宣传部门不再专门负责组织新故事的编创、讲演活动。80 年代，全国陆续创办了二十多家新故事类刊物，这些刊物逐渐成为组织群众性新故事创作、讲演活动的新阵地。新故事的创作摆脱了早期的集体编创模式，逐渐走上"个人创作"的道路。新故事期刊杂志社通过组稿刊发等运营机制，很快将优秀的新故事编创者通过期刊平台联系起来。新的故事创作者来自不同地域、不同行业，有着截然不同的生活经历、不同的学历背景。他们主动去寻找创作故事的因子，摸索民间故事讲述的结构方法、创作规律，致力于新故事的创作。通过"主动"投稿的方式促进新型故事创作、传播机制的运行，使新故事的创作和传播体现出更广泛的"群众性"。新故事刊物通过面授、函授、来稿修改、开办定期与不定期的故事会讲等形式来形成配套的作者培养机制，并通过具有明确文体特色的创作理论的传授加深故事创作者对文体的理解。② 同时，刊物通过发行又在不断扩大着文体的影响力。

故事创作者在继承民间故事叙事情节结构、叙事话语模式等元素的基础上，创作形成了"口头—书面"结合型文体，客观上促使中国"故事传统"实现了一次大复兴和大迈进，促成了中国故事文学的现代性转型。这种转变表现在以下三个方面：从创作主体来看，新故事家们有着鲜明的群众性；从历史渊源来说，是"五四"时期知识分子所倡导的"言文一致"与"平民文学"主张的具体实践和创造；最后，群众能够自己为自己立

---

① ［俄］M. 巴赫金：《语言艺术创作中的内容、材料和形式问题》，选自《巴赫金文论选》，佟景韩译，中国社会科学出版社 1996 年版，第 302 页。

② 杨初、黄宣林：《新故事十论》，中国文史出版社 2004 年版，第 18 页。

言，实现群众"言""文"合流的阶段。它的发展历程体现了创作主体不断回归组成新型社会主义国家、民族的主体—群众的过程，是能够代表群众对社会、生活的理解和思想的文体样式。

就新故事的文体而言，它具有"民族性"的品质。新故事对民族形式的追求表现在对我国以"声音为中心"的叙事文学继承与发展的方面。新故事沿袭我国传统小说叙事如话本、拟话本、评话等艺术形式的传统，建立了以"声音为中心"的创作机制。新故事家重视对传统民间故事搜集、整理、再创作的实践活动和以"口头性"为中心的理论研究工作。坚持口头性在这个时期成为新故事创作的基本要求。新故事在创作中"口头—书面"的结合不仅规范和提高了"口头性"言语的表达能力，而且在书面表达方面进行了相应的拓展。随着对新故事口头与书面相结合的文体特征研究的不断深化，新故事家的作品更明确地显示出独立的语言风格，而它所能表现的思想深度和广度也得到相应地拓展。新故事强调口头性是保持新故事文体独立性的根本，对口头语言艺术特点把握得越好，就越能从容地遵循故事文学创作的艺术规律，这样的认识极大地推动了文体的独立。新故事文体对"民族性"的追求还表现在艺术传统上对古今中外的容纳，故事创作者们重视学习流传故事的同时，还认真学习国外故事性、情节性很强的叙事文学的艺术手法，不断地吸纳异域文学巧妙的情节结构模式。这些都成为新故事文体本身"民族化"特征形成的源泉和途径。

从文体的诉求来看，新故事作品不断实践并形成着"平民文学"的"民族性"诉求。1979 年，新故事该如何发展引起过新故事人的重点思考。在以新故事刊物为主体的领导、组织编创机构中，针对能够受到群众欢迎的新故事，研究了创作和流传上的规律。"这些个人创作的故事之所以能够被群众接受，并乐于传诵，虽然有各种原因，但最根本的一点，那就是批判地继承和发展了我国传统故事反映生活表现生活的方法，以群众喜闻乐道的民族形式，反映现在丰富多彩的人民生活。使这些故事在思想内容上有比较强烈的人民性，在艺术上具有鲜明的口头性。"① 新故事的目标定位是"充分利用社会主义的优越条件，在党的领导下，采取多种方式，集思广益，促使创作故事尽快具备民间故事能讲能传等特征，使之更受'老家'乡亲们的普遍欢迎和喜爱。"② 确立了发展指导思想："新故事创作，只有在传统民间故事的基础上，加以发展，和有选择的吸取其他文学样式中，适合自己的那部分艺术手法来丰富自己。"③ 这段时期，虽然大家对新故事所出现的各种各样的新类型有不同的看法，对其文体的独立性有的肯定，有的否定，也有的认为还没有定型，但大家仍以宽容的态度让新故事发展，"在新故事这个花园里，只要具备口头文学基本要求，应提倡百花齐放，允许万紫千红竞相吐艳。人民群众是最好的检验员和评判员，还是让群众去评判为好。"④ 新故事在艺术上继承了传统民间故事的"文化传承"功能，

① 何承伟：《对现阶段故事创作与流传中几个问题的探讨》，《抚顺故事》1979 年第 2 期，转引自中国民间文艺家协会辽宁分会、抚顺故事报社编《抚顺故事论辑》（内部资料，出版年不详），第 6 页。

② 嘉禾：《打回"老家"去》，《故事会》1980 年第 3 期。

③ 何承伟：《新故事创作要着眼于在人民中流传》，《抚顺故事》第 4 期，转引自《抚顺故事论辑》，第 40 页。

④ 顾诗：《让故事之花开得更加艳丽——部分省市故事工作者座谈会侧记》，《故事会》1980 年第 1 期。

它是民众生活"经验"的记录，是他们对生活"艺术化"的体验，它不仅交织着对政治意识形态的理解，同时也表现了群众对生活的真实感受。

新故事的创作活动培养了故事创作群体，涌现出一批具有鲜明的个人风格的新故事作品和第一批故事创作者中的精英——新故事家。新故事家作为创作者中的佼佼者一方面身受其益，同时又从各自风格特色出发发展之。他们的不同背景、不同风格和各自的群体属性显示了这一时期新故事在"文体"独立过程中的代表性。故事家们有着自己独特的讲述风格、语言、结构安排的特点和艺术思维的角度。清人薛雪在《一瓢诗话》中曾说："诗有品格之体，体格之格。体格一定之章程，品格自然之高迈。"① 这里的"品格"是从文体层面讲的。一个故事创作者，一个故事家，他对故事"体格"把握的越纯熟，越能够凭着自己的灵性和审美情趣活用和创造性运用"体格"显示出高迈之"品格"，也就是获得了属于自身的独特的语感、语调和语势，从而创造出独具一格的语体，在文体学上被称为"自由语体"②。自由语体的出现是一种文体成熟的表现，文体由个性赋予了它独特的音调、笔致和生命。自由语体是故事家个性的表现与自然流露。个性作为一种心理，对创作的制约表现在写什么和怎么写两个方面，同时，语言格调比语言内容更能流露作家的个性。故事家创造的自由语体真正融通了他的个性世界与外在世界的边界。自由语体是故事家的个性生命，故事家的个性融化在作品的自由语体里，又在作品的自由语体中获得再生。"大体须有，定体则无"，自由语体成为文体系统中最活跃的因素。如果说文体中的体裁因素、规范语体是一种成规，那么自由语体随着故事家风格的成熟成为文体进一步裂变更新的增长点。

总之，新故事家们在继承传统、汲取西方叙事文学经验的过程中，始终围绕"中国作风和中国气派"的文学特色的形成，努力构建着民族文学的独特气质和文艺新形象。目前，新故事作为一种文学样式、一种独立的文体，与传统民间故事和新民间故事一起构成具有中国民族特色的故事文学体系。中国第一批新故事家和故事创作者们的创作实践使故事文学实现了现代性转型。

（原载《民族文学研究》2014 年第 3 期）

① 转引自周晓燕《简论薛雪〈一瓢诗话〉的诗学思想》，《浙江教育学院学报》2010 年第 4 期。

② 童庆炳：《文体与文体的创造》，云南人民出版社 1994 年版，第 150 页。

"民族艺术"的历史建构

——以三篇现代相声文献为个案

祝鹏程[*]

【摘要】"民族艺术"和民族国家的建设具有互构共生的关系。相声作为一种"民族艺术",在民族国家的建构中起到了重要的作用。在中国现代性的进程中,董每戡、张寿臣等人与郭德纲选取了相声传统中的相关因素,重构了相声史,以此来定义中华民族的根源与特性,为民族国家的建设确立合法性。而关于"民族艺术"的书写又掩盖了民族国家的现代性起源,将民族国家建构成为了一个本质性与延续性的存在。

正如本尼迪克特·安德森(Benedict Anderson)所说:民族(nation)是一种想象的共同体(imagined community)[①]。"想象"是形塑民族认同不可或缺的过程,现代文化精英时常通过塑造乃至发明一系列全民族共享的公共文化与符号,来达成国民对民族国家(nation-state)的认同。本文所说"民族艺术"就是在这样的语境中产生的。简言之,"民族艺术"指的是在一个民族、国家产生、形成和发展起来的艺术形式与艺术传统,具有这个民族、国家历史与文化的特色。显然,与柄谷行人(Kojin Karatani)笔下的现代文学一样,"民族艺术"与民族国家的建设也形成了互构共生的关系[②],也正是如此,文化精英们往往通过对"民族艺术"历史的书写,来定义民族的根源与特性,从而为民族国家确立合法性。

19世纪中叶,晚清的启蒙者从日文移译了"民族"一词,接受了民族主义的洗礼,致力于建设以中华民族为主体的现代国家。此后,关于"民族艺术"的实践贯穿了整个中国现代性的进程。从晚清的戏曲改良,到五四的歌谣运动,从延安的说书和秧歌改造,到今日的"非物质文化遗产"……各路精英一直以不同的方式生产着既符合现实诉求,也继承了历史传统的"民族艺术"。在不同的时代里,国家的使命各异,民族的内涵也随之变化,"民族艺术"的含义与价值也在不断地改变中。那么,现代文化精英如何通过艺

---

   * 作者系中国社会科学院文学研究所博士后。

   ① 参见本尼迪克特·安德森《想象的共同体:民族主义的起源与散布》,吴叡人译,上海世纪出版集团2005年版。

   ② 柄谷行人:《日本现代文学的起源·中文版作者序》,赵京华译,生活·读书·新知三联书店2011年版,第3—4页。

术史的书写，来定位民族的主体和特质？在不同时代的论述中，这些含义又发生了怎样的变化？这需要我们从微观的、动态的视角展开考察。

为了探讨以上问题，本文选择了三篇关于相声史的文献进行解读。这三篇文章均来自中国现代转型的关键时刻：抗战末期、新中国"十七年"和21世纪初，具有一定的代表性。通过知识考古式的解读，本文将分析不同的文化精英是如何根据国家建设和社会现实的需求，选取相声传统中的有利因素并加以转化，从而赋予相声现代性的内涵与价值的，进而揭示关于"民族艺术"的历史书写在民族国家建设中起到的独特作用。

一 现代相声：多种面相的民间艺术

作为民族认同的重要媒介，"民族艺术"必然根植于过去族群的历史、传统和记忆之中。① 在展开具体的讨论前，我们有必要对现代相声的历史与形态做一些简要的勾勒。

1. 从贵族清玩到市井娱乐

正如多位论者指出：相声与清代旗人的"八角鼓"艺术有密不可分的关系。② 有清一代，"八角鼓"是旗人子弟自娱自乐的消遣，并得到了满族王公们的普遍喜好。咸丰、同治年间，国运衰落，"八角鼓"艺人张三禄、京剧艺人朱少文等先后流入北京天桥、隆福寺等地卖艺，"八角鼓"也逐渐分化成了相声、大鼓、三弦等艺术门类。辛亥革命以后，大量落魄的旗籍艺人流入民间，与各族艺人融合，形成了民国时期相声的主力军——底层艺人。艺人们继承了"八角鼓"的技法，并吸收了口技、评书、戏法等民间艺术的内容与手法，形成了今日所见的现代相声。毋庸置疑，相声是一门萌生于晚清的现代艺术，它的发生、发展与中国的现代性进程同步，其历史距今一百五十余年。

流入民间以后，相声形成了以中下层市民为主的受众群体。民国时期，北平的中下层市民占了城市人口的96%③，这些人包括了没落贵族、衣食自足的小商人、进城谋生的破产农民、底层的流氓混混……为了迎合亦新亦旧的受众群体，艺人们扎根市井，创作了《买面茶》《拴娃娃》《卖布头》等充满市民趣味的段子，生动刻画了市民阶层鱼龙混杂的真实生活。

2. "低级下流"与颠覆性并存的文类品格

市民群体的需求决定了相声的文类品格。相较于上流社会，中下层市民的生活是相对艰辛的，他们需要这样一种娱乐：即能够通过对某种既定社会秩序的象征性冒犯，来获得心理上的补偿与安慰。艺谚云："理不歪，笑不来。"相声正是通过对主流社会规范的冲击，满足了市民的娱乐需求。无论是《牛头轿》对伦理关系的颠覆；还是《学聋

---

① ［英］安东尼·史密斯：《民族主义：理论、意识形态、历史》，叶江译，上海世纪出版集团2006年版，第139页。

② Marja Kaikkonen：Laughable Propaganda：Modern Xiangsheng as Didactic Entertainment，Stockholm：*Stockholm East Monographs*，1990，pp. 56 – 63；连阔如：《江湖丛谈》，当代中国出版社2006年版，第284页；金名：《相声史杂谈》，上海文艺出版社1983年版，第92—93页；岳永逸：《生活、政治、商品及艺术：草根相声的知识考古》，《老北京杂吧地：天桥的记忆与诠释》，生活·读书·新知三联书店2011年版，第380—390页。

③ 陶孟和：《北平生活费之分析》，商务印书馆2011年版，第11页。

哑》对怪诞身体的标榜，都以逾越某种社会规范来制造笑料。因此，相声具备了巴赫金（Mikhail Bakhtin）所说的狂欢性，它以"歪唱""伦理哏""插科打诨"等方式颠覆了社会秩序，舒缓了市民生活的压力。①

也正是如此，相声呈现出了两种面貌。在主流社会看来，它是"低级下流"的。狂欢性的表现之一，是肉体的解放②，相声中不仅具有大量粗野的詈骂与色情化的意象，甚至还具有激烈的肢体冲突，如"打哏"（"捧""逗"二人互相击打）等。就现代文明的标准而言，这些行为是污秽的，它以"下半身"的意象，冲击了"上半身"的正常秩序。民国学者张次溪就观察到：刘德智等天桥艺人"说得不怎么雅，常常撒村"③。直到今日，学者何兆武仍认为新中国成立前的相声是"低级趣味的东西，逗乐而已"。④

而对于底层市民来说，相声的颠覆性又是迷人的。狂欢化的表演为底层民众提供了一个想象中的自由平等的世界，进而标榜了一种"民间真理"，它反对不平等的社会结构和绝对权威，对抗于一元化、拥有绝对权威的"官方真理"。⑤ 从嘲弄古圣先贤的《吃元宵》《抬杠铺》，到调侃今不如昔的《老老年》《双过新年》，相声中往往既包含了对社会既定秩序与道德的质疑，又或多或少地蕴含了民众追求自由、平等的乌托邦理想。所以，相声获得了底层民众的普遍喜爱，成了他们"解恨""出气"的途径。

作为一种植根市井民间的艺术，相声出身于"八角鼓"，流行于市民阶层，具有泥沙俱下的狂欢性。现代文化精英们需要选择有利的传统因素，同时抹去乃至改写负面的因素，锻造出既符合现代性的文化立场，又能维系民族认同的"民族艺术"。

二　底层民众的反抗传统：董每戡《说"丑""相声"》

1937 年，日寇全面侵华，中国陷入了八年抗战。对知识分子而言，抗战既是民族危亡的紧要关头，也是民族复兴的时机。他们对普通民众寄予了厚望，希望通过对底层的启蒙，形塑符合现代文明的新国民，再造一个由底层民众组成的民族主体。知识分子试图从底层的通俗文化中发掘平等、民主等现代性价值，完成传播启蒙思想、争取民族独立的使命。

1944 年是抗战的关键时刻，在大后方的戏剧专家董每戡撰写了《说"丑""相声"》⑥一文。董每戡认识到了相声在市民群体中的深厚基础，为了发扬底层的抗争性、激发全民族的抗战动力，作者隐去了相声的现代起源，转而把其与更久远的市民艺术勾连起来。他动用自身的戏剧学修养，用戏剧中的"丑角"指代相声艺人，力图通过书写"丑"的历

---

① ［苏联］巴赫金：《拉伯雷的创作与中世纪和文艺复兴时期的民间文化》，李兆林、夏忠宪等译，河北教育出版社 2009 年版，第 12 页。

② 同上书，第 20 页。

③ 张次溪：《天桥丛谈》，中国人民大学出版社 2006 年版，第 195 页。

④ 何兆武口述、文靖撰写：《上学记》，生活·读书·新知三联书店 2008 年版，第 65 页。

⑤ ［苏联］巴赫金：《拉伯雷的创作与中世纪和文艺复兴时期的民间文化》，李兆林、夏忠宪等译，河北教育出版社 2009 年版，第 13 页。

⑥ 董每戡：《说"丑""相声"》，《说剧：中国戏剧史专题论文集》，人民文学出版社 1983 年版，第 144—155 页。

史，来建构底层的反抗传统。

开门见山，文章便说：在以儒家思想主导的传统社会中，小丑与优伶"一向被人轻视"，实则他们常常"能以戏语讽刺统治阶级""似比满嘴仁义道德，却是一肚子男盗女娼的王公大臣们要值得尊敬些"①。作者断定：产生这一现象的社会根源是"不合理的奴隶或封建制度"，并说，尽管统治者贬低"丑"，但广大的市民却非常喜爱他们。我们看到，与五四的前辈一样，在"眼光向下"的时候，董每戡把自由、民主等现代性原则投射到了"丑"的身上，并设立了"民间"与"官方"的二元对立——封建统治者是腐朽不堪的，而底层则以自由不羁的精神展开了与官方的对抗。如是，古代的"丑"具备了独立的现代人格，"丑"与统治者的关系变成了底层与官方的对抗关系，历代优伶"谈笑讽谏"的行为也被提升为了现代意义上的讽刺和抗争。

接下来，文章宕开一笔，开始考证"丑"的源流。董每戡列举了历史上各家的说法：他们或是将"丑"追溯到杂剧中的"纽元子"，或是认为其来自宋金院本的"副净"。作者否定了以上的考证，认为"丑"是对一种戏剧角色类型的统称，凡以"便捷讥谑取笑"的角色都能称为"丑"，从而串联起了各家的说法：

> （"丑"的）祖宗就更远了，该数到《史记·滑稽列传》中所载的东方朔、淳于髡、优孟、优施、优旃等人。由这一脉相传，初为参军戏中的参军，继变为院本中的副净、杂戏的捷讥，最后而变为纽元子或扭元子，省文而为丑，直用到而今了。②

随即，作者罗列了参军戏与相声的相似性。首先是表演形式：参军戏中的艺人经常有打头的表演方式，而相声也有"打哏"；其次是表演内容：文章征引史料，认为相声与参军戏都以"便捷讥谑"的笑话来制造喜剧效果，由此推定：相声是参军戏的孑遗。我们看到，董每戡大大扩展了"丑"的范围，勾勒了先秦俳优—唐宋参军戏—元杂剧—宋金院本—现代相声的发展序列，把相声纳入到了历代市民艺术的源流中。相声被描述成了由底层民众创造的、抗争性的艺术，而相声颠覆性的戏谑，也被视为是对"丑"的讽谏传统的继承。

在此基础上，董每戡在文末列举的六则关于"讽谏"的笔记故事，也就包含了鲜明的现实指向。前四则是"丑"在帝王面前进谏的记录，如南宋优人讽刺贪腐、五代十国的伶人讽刺横征暴敛等。作者赞扬道："丑角不畏权势，敢公然在帝王面前讽刺大臣的贪污。别说在封建制度的时代，现在也不易寻到这类有正义感和敢说话的人不是？"③ 无疑，这话寄托了作者反封建、反专制的抱负。另两则是南宋伶人嘲弄投降派秦桧、范文虎的故事，作者高呼："能在汉奸面前肆其讽刺的优人，当然是可敬的，该使前些时落水附逆的士大夫们愧死！"④ 这更是投射了作者希望发扬底层的爱国精神，激励民族全力抗战的愿望。我们看到，通过挖掘"丑"的反抗精神，作者发起了对底层大众的启蒙与动员。

---

① 董每戡：《说"丑""相声"》，《说剧：中国戏剧史专题论文集》，人民文学出版社 1983 年版，第 145 页。

② 同上书，第 149 页。

③ 同上书，第 154 页。

④ 同上书，第 155 页。

细究起来，这篇文章存在着种种缺陷：董每戡并未给相声艺术本体以足够的关注。此外，他对相声历史的勾勒也缺乏确凿的实证支持，他也坦承这属于"臆断"。但文章所采取的策略又极为高明。首先，作者带着预先设定的目标——发扬民间的抗争力量来解读史料，把现代中国反专制、反侵略的历史使命投射到了底层艺人身上，把相声演员塑造成了一个自由、平等、充满抗争性，并积极参加国家政治的群体，凸显了相声的现实作用。其次，通过历史的建构，作者提升了相声的品格，把原本"低级下流"、不入正史的相声纳入到了民族的优秀传统中。最后，借助"丑"的历史重构，作者塑造了历史悠久、抗争不息的民族形象，鼓舞了底层民众的抗争精神与救亡热情。

三　"劳动人民"的斗争工具：张寿臣等《相声的演变与发展》

中华人民共和国成立后，"人民"（从事体力劳动的工农兵）构成了新时代的民族主体。建国初的文化教育以培养具有新思想的人民、增进大众对国家的认同，激励民众投入到社会主义建设中去为主要任务[①]。为了完成这一使命，新社会需要将作家、学者、艺人整合成为"文艺工作者"，在统一领导下生产"民族的、科学的、大众的"艺术。

为此，文艺工作者们致力于塑造一个由人民大众创造的，并辅助于新中国建设的相声传统。1959 年，相声演员张寿臣、侯宝林、孙玉奎，联合中央人民广播电台编辑郑青松创作了《相声的演变与发展》[②] 一文，文章看到了相声对主流秩序的颠覆性，由此入手，用阶级史观重构了相声的发展史，凸显了相声作为劳动人民斗争的工具，在民族解放中起到的作用。

然而，相声中存在着两大反人民性的历史因素：首先，是它与封建统治者——八旗子弟的关系；其次，作为市民艺术的相声包含了不少"宣扬性乱""以伦理逗趣"的"糟粕"[③]。为了赋予相声人民性的出身，文章把侧重放在了晚清以来的历史上，并重构了其起源。作者认为相声"是从民间笑话发展而来，通过艺人口头流传的讽刺文艺"[④]。文章淡化了张三禄等"八角鼓"艺人，突出了稍晚成名的艺人朱少文，并结合口述史，考证朱原为京剧中的丑角，因为同治年间"国丧"[⑤]，统治者禁止民间娱乐，影响到戏班营业，被迫改行说笑话，从而创制了相声。作者强调：虽然卖艺生活艰辛，"但他仍是乐观的，并且对贫困的生活有一种反抗的情绪"，如他创作的《字象》就是为了"讽刺反动统治阶级的贪官污吏"[⑥]。

接着，作者刻意制造了艺人群体内部的阶级对立。文章指出：相声发展中存在着"两个传统的斗争"，一类是以朱少文为代表的民间艺人，他们敢于讽刺统治者；另一类

① 《中国人民政治协商会议共同纲领》，中央文献研究室编：《建国以来重要文献选编》第一册，中央文献出版社 1992 年版，第 10—11 页。
② 张寿臣、侯宝林、郑青松、孙玉奎：《相声的演变与发展》，《曲艺》1959 年第 5 期。在标题中，"张寿臣"误作"张孝臣"。
③ 王力叶：《谈相声的继承和发展问题》，《曲艺》1961 年第 5 期。
④ 张寿臣、侯宝林、郑青松、孙玉奎：《相声的演变与发展》，《曲艺》1959 年第 5 期。
⑤ 清代帝王逝世，王朝要下令民间禁止动用响器，更不准戏园鸣锣演戏，违者要受严厉惩罚。
⑥ 张寿臣、侯宝林、郑青松、孙玉奎：《相声的演变与发展》，《曲艺》1959 年第 5 期。

则代表了封建统治者的八旗子弟，它们"编写反动、庸俗的相声与明地上的相声对抗"①：

> ……他们说的段子都是"子弟"们编的，取材于封建统治阶级的腐化生活，内容反动、庸俗，编写的手法，有的用一口气说完的贯口，有的是套用旧诗词的格式，大部分都是采用文章游戏的体裁。例如"掏沟"就丑化污蔑了劳动人民；辛亥革命以后，有些"清门"子弟作［做］了职业演员，他不仅把一些有毒素的段子带到相声里来，并且他们还继续写了反动相声，如"民国大事记"、"白事会"都是歌颂卖国贼反动军阀的……②

作者还认为，相声中的伦理笑话（如《牛头轿》）与讽刺生理缺陷的段子（如《学聋哑》），也是八旗子弟穷极无聊的创作；相声中的"荤段子"和"打哏"等行为，则是这些艺人为了迎合反动军阀和资产阶级的趣味造成的。③

我们看到，文章颠倒了相声的历史，将民间笑话作为源头，却视"八角鼓"为发展中的逆流，并把相声的"精华"与"糟粕"归因于阶级的差异——相声讽刺与战斗的特性体现了劳动人民的美德，而"肮脏""色情"等缺陷则是腐朽政权和反动势力"污染"的结果，巧妙地完成了对"精华"与"糟粕"的剥离，将相声从"低级下流"的泥潭中打捞出来，并顺势推进了劳动人民的阵营。

接下来，作者以现代中国革命中的重大事件，如鸦片战争、辛亥革命、五四运动、抗日战争、解放战争为坐标，来结构相声发展的历史，造成了相声的演变和人民解放与民族独立斗争同步的效果。作者详细列举了统治阶级在不同历史阶段倒行逆施的行径，同时选取了那些质疑主流社会秩序的相声，通过两者的并置，勾勒出了"压迫—反抗"的因果关系。

如文章这样描绘解放战争时期的相声：先强调当时的反动统治者为了打内战，对人民实行残酷的掠夺，制造了"货币贬值、物价飞涨"的经济危机，从而引发了"反饥饿、反内战"的大游行。作者视艺人为民众的代言人，强调"这次运动对相声演员也有影响"。接着，文章着重介绍了相声《双过新年》的内容。这段相声以父子俩对春联的形式来制造笑料，市民阶层一度用它来调侃生活的窘困。但由于被嵌入到了"压迫—反抗"的阶级叙事中，它也就变成了劳动人民的抗争工具，相声中的春联，如以"煤掺石头米掺沙"对"天增岁月人增寿"，以"依然十里电灯黑"对"又是一年芳草绿"等，也就表现出了受压迫阶级争取民族解放的抗争精神。④

正如文中有言：

> 每当社会上爆发了反帝反封建的爱国主义运动时，相声就有作品出现，也要表示对反动统治阶级的抗议。这类段子……能面对现实，对反动统治者进行尖锐地讽刺，说出多数人民的话，联系了广大人民群众，相声能够保存下来成为劳动人民喜闻乐见

---

① 张寿臣、侯宝林、郑青松、孙玉奎：《相声的演变与发展》，《曲艺》1959 年第 5 期，第 60 页。
② 同上书，第 60—61 页。
③ 同上书，第 60 页至封底。
④ 同上书，第 58—59 页。

的艺术，这是主要的原因之一。①

借助阶级史观，作者把相声塑造成了属于劳动人民的、抗争性的工具，把艺人的言说上升为了具有阶级自觉的抗争，强化了相声在民族解放事业中起到的作用。同时，阶级叙事造成了相声史与民族解放史同步的文本效果，使相声成为民族命运的缩影。通过对相声抗争史的建构，文章为我们论证了党领导的中国现代革命的合法性，进而论证了以人民为主体的新中国的合法性。最后，它也建构了民族共同的苦难记忆，鼓舞了新中国人民反帝反封建的爱国主义情感，增进了民众认同和建设新社会的热情。

四　"草根"创造"国粹"：郭德纲《论五十年相声之现状》

改革开放以来，中国经济迅速发展，国际影响力大幅增加，呈现出了民族复兴的态势，"大国崛起"成为民众的普遍期待。同时，社会也经历了"去政治化"的过程，"人民性"等阶级话语退出了历史舞台，消费主义盛行。此外，民间传统得以复兴，并以"非物质文化遗产"等形式，再一次加入到了民族建设的合唱中。在"后革命"的时代里，国家需要一种新的文化支持，它有别于此前的革命话语，不但能展示出民族灿烂的传统与文化，还能满足消费主义时代大众的欣赏趣味。

20世纪90年代以来，文艺团体的市场化改革加速，越来越多的演员走出体制，组成了直面市场的团体，与体制内的演员展开竞争。2004年底，郭德纲和他的"德云社"应运而生。郭德纲是一个精熟大众需求的演员，为了迎合"大国崛起"与传统复兴的潮流，他高举传统的大旗，明确把相声上升到了"国粹"的高度，强调相声是凝聚了"五千年文明的传统文化"，甚至把"听相声"等同于"爱国"。②那么，如何在"后革命"的时代里生产"国粹"？2005年10月，在"纪念朱少文176周年诞辰演出"中，郭德纲和张文顺合说了《论五十年相声之现状》。作品选取了现代相声史的若干个横截面，勾勒出了一个根植于"草根"群体的、以娱乐为主旨的相声传统。

在消费主义的氛围中，启蒙主义话语与精英立场受到了质疑。相应地，郭德纲否定了启蒙者们预设的价值，将相声还原为了属于普通市民——即郭所说的"草根"——的艺术。因而，作品的前半段着重介绍了传统相声的滋养地——天桥。郭强调：天桥艺人卖艺是为了"能吃饭、能养家糊口"，并用大量生动的语言描述了天桥相声的受众——底层劳力的艰辛生活：

> 早晨起来，这些个卖力气的人，拿着铁锹的，拿着扁担的，跟这儿等活。比如说一会来人了，永定门火车站卸车，要四个人，卸八个车皮，一个人给两块钱。……到这儿，十冬腊月的也脱一光膀子，卸这车，吭哧吭哧卸完了。……一人拿着两块钱往回走，到天桥找一小澡堂子洗澡。小澡堂子，不老干净，因为这些人每天都是煤啊，

---

① 张寿臣、侯宝林、郑青松、孙玉奎：《相声的演变与发展》，《曲艺》1959年第5期，第59页。
② 根据《论五十年相声之现状》演出录音整理。

这些煤灰都下到池子里，据说过去那踩着能扎脚，伙计们拿着冷布一趟一趟地往外兜煤。①

段子揭示：正是这些人上午为衣食奔波，下午混迹于天桥，带动了相声的兴盛。

对底层市民浓墨重彩的描摹看似偏离了相声的主题，实则寄托了郭德纲打造"草根"相声传统的苦心。通过大量的日常细节，作品为大众描绘了艺人是穷人，观众也是穷人的观演关系，塑造了一个由普通市民组成的，卑微但百无禁忌的"草根"形象。其次，他把相声的发展动力还原为生存的需求：艺人视其为谋生的技能；底层市民则以此缓解生活压力，从而卸下了相声的教化包袱，形塑了相声以娱乐、解压为主旨的传统。此外，这段风俗画般的场景刻画了底层民众的生活，包含了老北京衣食住行的方方面面，顺应了当下传统复兴的潮流，也满足了消费者的怀旧情结。

为了向体制内的演员争夺话语权，在论述1949年后的相声史时，郭德纲致力于建构"官方"与"草根"的对立。郭将新政权的文化改造视为破坏"草根"生态的行为，在他的描述中，新社会打压老艺人，造成了传统的凋零，又扶植了一批半路出家的演员。郭指责这些体制内的演员背叛了"草根"传统：他们缺乏传统基本功的训练，使大量传统段子濒临失传；他们占据了主流媒体，但过分强调相声的宣教作用，扼杀了观众娱乐的权力。郭甚至断言：他们该为"当今相声的尴尬处境负最大的责任"！②

接下来，郭德纲介绍了"德云社"的发展史，并致力于将其打造成"草根"传统的继承者。郭称："德云社"自1996年起就坚守小剧场，开始了艰难的创业。最初三个演员撑起一场演出，最少时全场只有一个观众，但他们勇于应对："在广德楼演出的时候，天寒地冻，大栅栏上连条狗都没有。全体演员都上门口，拿着板儿，'呱唧呱唧呱唧'往里边叫人。"③努力的结果带动了传统的复兴："连单口，带对口，带相声，带太平歌词，带反串小戏，我们这个团体已经演了600多段。"④同时，郭德纲又强调了德云社是相声纯娱乐传统的继承者。随着启蒙话语的消解，前贤眼中的"糟粕"成了当代市民猎奇的对象。于是，郭把"打哏"仅仅视为娱乐大众的手段，认为官方对"打哏"的限制是不尊重观众娱乐权的行为。因此，德云社毅然恢复了《拉洋片》等一批被视为"糟粕"的相声。在郭看来，这些相声为担负着繁重生活压力的民众提供了尊卑失序的狂欢化体验："（当代观众）缺钱的、缺车的、缺房子、缺德的……缺什么的都有，进了这个屋，我给不了你这些个，我保证这一下午你能够忘掉这些烦恼，高高兴兴、快快乐乐、开开心心的！"⑤

在郭德纲的话语中，德云社不仅继承了"草根"相声的特色：尊重传统，顺应民众的娱乐需求，为民众提供了娱乐与解乏的良机；甚至是他们的创业史，也与此前天桥艺人的辛劳经历形成了微妙的对接。借助这些，郭德纲不仅把自己与"德云社"塑造成为了

---

① 根据演出录音整理。这些话都是出自郭德纲之口，为了便于引述，此处剔除了"捧哏"部分的内容。
② 同上。
③ 同上。
④ 同上。
⑤ 同上。

"草根"传统的继承人，也巧妙地把体制内外演员的话语权之争，转化为了"草根"与"官方"的对立，并以挑衅的姿态获得了社会的普遍关注。

为了满足"大国崛起"的社会期待、迎合"后革命"时代的大众趣味，郭德纲以"厚古薄今"的对比，否定了现代启蒙者对相声的定位，也否定了1949年后的反传统行为，并为民众建构了这样一种"国粹"：它由普通民众创造，扎根于日常生活，远离宣传与教化，包含平凡而坚韧的常人美德，蕴含历史的脉脉温情。通过对相声历史的建构，郭德纲为大众展示了一个由普通民众组成的，充满生机的民族主体。在这个群体里，不是精英的政治，而是"草根"的文化、风俗与道德构成了国民认同的基础。

五　结语

通过上文的分析，我们发现，与"民族"一样，"民族艺术"也是一种现代性的建构，它是在族群的历史传统、现代性的普遍原则与复杂多变的现实互动中形成的[①]。在不同的时代里，民族国家具有不同的内涵与指向：民国时期，知识分子试图启蒙底层大众，建设一个文明、独立的现代国家；1949年后，共产党人致力于建设一个以人民为主体的新中国；而在"后革命"的时代里，国家需要一个由普通民众组成的，并体现了他们的文化与美德的民族形象。为此，各时代的文化精英们对相声的传统进行了创造性的转化，通过历史的重写，赋予了相声与民族建设和现实需求相匹配的历史传统与文类品格：董每戡抓住相声市民艺术的属性，并通过"丑"的历史勾勒，塑造了底层民众的抗争性；张寿臣等人看到相声中蕴含的对民主、自由的追求，用阶级史观重构相声史，将其打造成了人民的斗争工具；而郭德纲则还原了相声在市民群体中的功能，建构了由"草根"民众锻造的、生机勃勃的民族传统。就此而言，"民族艺术"的历史书写为国民提供了想象民族国家的途径，它书写了扎根历史的民族传统，论证了国家建设的合法性，也制造了民族认同。

我们看到，不同的话语主体对"民族艺术"历史的论述，也是他们重构民族的起源与内涵的过程。但这种历史书写的吊诡之处，在于它又掩盖了民族国家的建构性本质。不同的言说者立足于相声的传统，选取了相应的符号与象征系统加以创造与改换，并通过起源的重写，将后设的价值转变为民族的历史和向来如此的"传统"。最为典型的就是董每戡的研究，他把独立、自由等后设的现代性原则追溯到了俳优所在的前现代社会，为我们塑造了一个从先秦到现代、不懈抗争的民族形象。通过这种认识装置的"颠倒"[②]，过去的历史被转化成了民族起源与发展的历程，过去的"讽谏"被归为了民族国家的抗争传统，民族国家被表述成为一个具有本质性、统一性与延续性的自然存在。在此基础上，立足于现实的文化实践也不再显得突兀，而是成了对传统的回溯与复兴。在新中国成立后的

---

① 张旭东：《民族主义与当代中国》，《批评的踪迹：文化理论与文化批判1985—2002》，生活·读书·新知三联书店2003年版，第175页。

② 在考察日本现代文学时，柄谷行人发现民族国家的意识形态时常通过现代性的认识装置的倒置而被掩盖起来，使其成为一种不证自明的、仿佛从前就有了的东西。显然，与柄谷行人笔下的现代文学一样，民族艺术也是一种现代认识装置。参见柄谷行人《日本现代文学的起源》，赵京华译，生活·读书·新知三联书店2011年版，第12—24页。

相声改进中，老舍便提到：当时相声的问题，是"艺人们只图招笑，而忘了讽刺"，要改编相声，只需"替那些老段子恢复了讽刺"[①] 便可。因此，"民族艺术"历史的建构起到了这样的作用：它通过对民族美德的阐发，勾连起了民族过去的光荣传统与当下的现实，进而框定了民族国家的未来。[②] 正如民俗学者苏独玉（Sue Tuohy）所说："在接受了延续性的同时，历史也提供了（现有事物存在的）合法性，它将过去与现在联系起来，并给人一种历史、社会与文化一如既往，且坚固不变的幻象。"[③]

由此观之，尽管上述三篇文献的出发点与目的大相径庭，但他们都通过历史的建构，为大众塑造了一个一以贯之，且具有美好传统的中华民族。而这，也正是"民族艺术"的使命所在。

（原载《民族艺术》2014 年第 6 期）

---

① 老舍：《谈相声的改造》，《老舍文集》第 16 卷，人民文学出版社 1990 年版，第 183 页。

② 沈松侨：《振大汉之天声——民族英雄谱系与晚清的国族想象》，参见贺照田主编《在历史的缠绕中解读知识与思想》，吉林人民出版社 2003 年版，第 262 页。

③ Sue Tuohy：*Imagining the Chinese Tradition：the Case of Hua'er Songs*, Festivals, and Scholarship, PhD dissertation, Indiana University, 1988, p. 49.

自洽衍变："非遗"理性商业化的必然性分析

——以传统手工艺为例

张礼敏[*]

【摘要】部分非物质文化遗产的起源即带有商品属性，其发展亦与社会经济密不可分。尊重和正视这类非物质文化遗产的商业属性与现代文化创意潜力，打破"断面式"保护的思维模式，允许并助推其适应现代审美需求和生活需要的自洽性转变，通过非物质文化遗产的理性商业化，方可实现生产性保护与"非遗"的传承和振兴。

民间传统文化与其他各种文化跻身在同一个社会大舞台，竞争与碰撞、交流与融合都是必然的。任何一种文化要在这个舞台上自然存活，都要具备存在价值和生存能力，这是文化界的"优胜劣汰法则"。以"非遗"为代表的优秀传统民间文化与现代商业（文化产业、社会服务业等）的理性结合，实现传统文化的当代价值，是其当下和未来生存发展的必然选择。乌丙安先生在《民俗学原理》一书中指出："在传统民俗文化圈与现代产业文化圈的交叉、互渗、冲突、嫁接中，深入探索民俗传承的负载者群体及其有代表性的民俗传人，有重要的文化史意义和开创未来新型民俗文化的应用价值。"[①] 普查、记录、存档和学术研究是保护"非遗"的必须过程，但不是最终目的。"保护不是要把它封闭在一个既往的历史时空点上，保护并非是一种书斋里的历史研究，也不是向博物馆提供某种展品。"[②] 联合国教科文组织制定的《保护非物质文化遗产公约》在"定义"条文中明确表述："'保护'指采取措施，确保非物质文化遗产的生命力，包括这种遗产各个方面的确认、立档、研究、保存、保护、宣传、弘扬、承传（主要通过正规和非正规教育）和振兴。"[③] 保护"非遗"是为了确保其生命力，使其得以弘扬、承传和振兴。这将是"非遗后"时代的重点工作任务。

笔者认为，分析非物质文化遗产本体的商业因素，尊重其自洽衍变的内在需求和当今社会的外在需求，才可能正视和促进其合理商业化，这是探讨"非遗"生产性保护和当代振兴问题的一个重要视角。

---

[*] 作者系天津大学冯骥才文学艺术研究院博士研究生。

[①] 乌丙安：《民俗学原理》，辽宁教育出版社 2001 年版，第 324 页。

[②] 刘魁立：《关于非物质文化遗产保护的若干理论反思》，《民间文化论坛》2004 年第 4 期。

[③]《联合国教科文组织保护世界文化公约选编》，法律出版社 2006 年版，第 22 页。

一　传统手工艺类"非遗"保护与学界的思路历程

实践已经证明，一方面，仅靠政府补贴和展会展销，难以实现"非遗"的振兴，另一方面，合理利用市场、理性进行自治衍变的"非遗"项目，则在传承人规模、技艺水平、经济效益、社会影响等各方面有了长足发展。以"泥人张"艺术为代表的传统手工艺文化，即为其中的典型案例。作为人类文化遗产，日本的柳宗悦、盐野米松等学者在20世纪中期即已开始从美学、文化功能、社会功能等角度对传统手工艺进行充满人文主义关怀的研究。柳宗悦先生的《工艺之道》《民艺四十年》《日本手工艺》《工艺文化》等著作，以及盐野米松先生的《留住手艺》，立足日本手工艺人（匠人），通过长期的田野跟踪访谈，在悲悯的气氛中历数传统手工艺制品"完全不可思议的美"①，呼吁对传统手工艺的挽救。

在"非遗"保护工程正式启动之前，我国学者已经觉察到传统手工艺的危局。起初，对民间手工艺的研究主要集中在"民间美术"领域，比如单应桂、张道一、李新华等学者对木版年画的研究。1995年，《美术研究》发表刘树杞的《"泥人张"彩塑今昔谈》一文，也是从美术角度进行讨论。1996年的"当代社会变革中的传统工艺之路"学术研讨会，是对当时传统民间工艺美术的一次总结。会上讨论通过了《保护传统工艺，发展手工文化》倡议书，提出我国手工艺行业的理想状态：一部分继续以传统方式为群众提供一般生活用品，作为工业生产的补充；一部分作为历史文化遗留物进行保存和展示；一部分蜕变为注重审美的艺术品；一部分则接受现代生产工艺的改造，成为兼具传统文化温馨感的产品。② 这份倡议书充分肯定了手工艺所承载的实用价值、文化审美价值和商业价值。2000年，张士闪教授的《艺术民俗学》一书，以乡民艺术为轴心，建立起从民俗学与艺术学双重角度切入村落生活场景与乡民艺术的学术范式，标志着民间艺术研究在该学科领域内的确立。

"非遗"保护工程实施后的十余年，学界对"非遗"项目的研究，大部分是在文化本体论范畴内进行学术探讨，对于已出现的文化破坏问题提出严肃批判，不断呼吁政府和商家停止对传统文化的过度开发利用，但是较少提出兼备针对性、可落实的具体保护方案，出现一边在疾声呼吁、一边在破坏的无奈状况。"当我们谈到'文化遗产'的时候，仿佛是把它看成是一种在时间和空间上都凝固不变的某种对象。而且，说到'保护'，我们在内心中，往往希望它保持这种状态。从学理的角度看，这里有一个本真性追求的问题。"③ 从静态保护到原生态保护，从活态保护到生产性保护，从学者呼吁到法制建设，从民俗学为主到多学科争鸣……对于"非遗"如何在当今社会得以传承和发展，学界的讨论从未停止。政府的"非遗"保护措施主要集中在代表性传承人和申报项目层级数量上，各种"非遗"展会展示、公私"非遗"博物馆大量出现，政绩色彩颇重，对文化本体的发展保

---

① ［日］柳宗悦：《民艺四十年》，石建中、张鲁译，徐艺乙校，广西师范大学出版社2011年版，第70页。

② 参见杭间《口述的手艺史——关于盐野米松的〈留住手艺〉》，盐野米松《手艺的思想》序言，山东画报出版社2001年版，第49页。

③ 刘魁立：《关于非物质文化遗产保护的若干理论反思》，《民间文化论坛》2004年第4期。

护流于程式，后继乏术；"非遗"带来的商业效益引发商界对于传统工艺、老字号、民间传说等的再认识和再发掘，企业主动申报"非遗"项目，甚至屡屡对簿公堂，比改革开放初期的老字号开发更为广泛、深入和激烈，却因为对"非遗"项目进行盲目、过度"商业化""产业化"开发造成破坏性后果，被学界普遍诟病。

这是当时的历史阶段和社会经济环境的必然，学术界也没有非常成功的案例可循。尽可能拯救、整理、记录已经濒危的"非遗"事象，尽可能减缓和阻止文化破坏活动、唤起民族文化自觉，是当时迫在眉睫的工作目的和文化责任。2004年，乔晓光教授的《活态文化》一书以我国加入《世界文化遗产公约》《人类口头与非物质文化遗产代表作名录》为语境，以大量的实际案例分析了中国的"非遗"保护与破坏状况，初步探讨了活态文化保护的思路。仅从传统手工艺领域来说，新中国成立后即受到政府重视的传统木版年画、"泥人张"等优秀非物质文化遗产，在"非遗"保护工程中再次受到重视和保护，以冯骥才先生发起倡导和实施的木版年画普查与保护工程为典型，对传统年画、纸马等民间手工艺研究的成果层出不穷，可称汗牛充栋，不胜枚举。可以说，由国家主导的"非遗"普查和保护工程在十多年的时间内将全国范围内若干濒危的民间手工艺从消亡的边缘挽救下来，引起了社会各界对民间传统文化的关注，为"非遗后"时代的发展、传承与振兴奠定了必需的学术积累，营造了社会氛围和文化语境，其间虽有缺陷和问题，但其巨大成就是必须肯定的。

近些年，对"非遗"保护的认识更趋理性化，围绕如何"活态传承"进行了诸多讨论。施爱东在《学术与生活：分道扬镳的合作者》一文直言："正是地方精英们所生产的那些非理性的、'没文化的'新传说，为地方经济带来了直接的利益，且迅速为当地民众所接受。学术成果永远只能是具体专业中的部分真理，若是用以指导生活，必将顾此失彼。生活只是学术的观察对象、描述对象，而不是批评对象。"[①] 对学术的主体定位进行了反思，明晰了学术研究与"非遗"的主客观关系，强调了"非遗"活态传承的"生活"本质。2009年祁庆富教授提出《存续"活态传承"是衡量非物质文化遗产保护方式合理性的基本准则》，[②] 张志勇撰文《众多专家学者呼吁——非物质文化遗产应注重生产性方式保护》，[③] 将"非遗"保护的最终目的指向民众的消费（物质文化消费和精神文化消费）。黄永林教授在《非物质文化遗产传承人保护模式研究》一文中指出，应"在加大抢救性保护、深化活态传承的基础上，积极开展生产性开发。……更要利用好传承人的文化品牌"。[④] 刘锡诚先生也对"非遗"的产业化问题进行探讨。[⑤] 2013年，《民俗研究》集中数篇论文对"非遗"保护进行讨论和反思。刘正爱副研究员《谁的文化，谁的认

① 施爱东：《学术与生活：分道扬镳的合作者——以各类"公祭大典""文化旅游节"为中心的讨论》，《文化研究》2008年第1期。

② 祁庆富：《存续"活态传承"是衡量非物质文化遗产保护方式合理性的基本准则》，《中南民族大学学报》（人文社会科学版）2009年第3期。

③ 张志勇：《众多专家学者呼吁——非物质文化遗产应注重生产性方式保护》，《中国艺术报》2009年2月13日。

④ 黄永林：《非物质文化遗产传承人保护模式研究——以湖北宜昌民间故事讲述家孙家香、刘德培和刘德方为例》，《中国地质大学学报》（社会科学版）2013年第2期。

⑤ 刘锡诚：《"非遗"产业化：一个备受争议的问题》，《河南教育学院学报》（社会科学版）2010年第4期。

同？——非物质文化遗产保护运动中的认知困境与理性回归》对文化本质主义的二元化"非遗"保护模式提出质疑，主张对其进行客体化的理性思考。[1] 刘德龙研究员在《坚守与变通——关于非物质文化遗产生产性保护中的几个关系》中辩证讨论了保护传统与发展创新、产品生产与艺术品制作、传统工艺与现代工艺、产品的大众化与小众化的问题，指出生产性保护的根本目的是促进"非遗"与现代生活融合，这与所谓的"文化产业化"有本质区别，认为"无法完全回避非遗的商品化、产业化，但决不可完全用机器大生产代替手工劳作……"[2] "非遗"必须在保证传统的本真性与完整性的同时，不断自我创新。朱以青则以手工技艺类"非遗"为例，提出此类文化遗产应回归民众日常生活、在生产中保持其核心技艺与核心价值、同时进行发展与创新的思路。[3]

二 传统手工艺的商业因素与潜能分析

我们现在所处的由科技革命带来的全面信息化变革的时代，很多传统手工艺及其产品原有的实用价值已然不存。"社会的变迁，势必要使一些东西消失，又使一些东西出现，这是历史发展的惯性"[4]，"保护得再好的老手艺，也无法改变无人使用或日渐稀少的需求这一事实"。[5] 手工生产方式在当今经济社会中丧失了主导地位，民众生活和消费发生巨大改变，传统手艺人失去了原有的经济保障和社区尊重，不得不放弃赖以谋生的手艺。这种状况下，何以认为传统手工艺仍然能够在当下民众生活中实现自己的价值？首先解决这个问题，才有讨论其如何创新与发展的空间。

(一)传统手工艺具有先天商业因素

"手工艺"含有两个概念因素，即"手工"与"艺"。"手工"是指制作过程、生产工具及其产品是由劳动者双手在大脑支配下进行有目的的动作及动作行为之后的结果；"艺"一方面是指专门的技术、技艺，另一方面是指渗透了文化持有者的审美能力，其制成品具有某种审美价值。当"手工"产品融入了"艺"的因素，就成为"手工艺"，而"艺"的实践本身也是人类身体劳动的过程和结果。成熟的手工产品，一定有实用目的——孩子的玩具、祭祀的泥塑、祈福的版画、穿戴的服饰。从广义上说，人类以使用为目的进行的手工生产，客观上融入了某种审美观，造成的即为具有审美价值的手工艺产品；衡量手工艺产品优劣的必备要素，是手工技艺产生的实用价值和审美价值。在手工艺演变的一定时段中，实用需求的发展速度相对滞后于审美需求发展，即在实用功能基本完善之

---

① 刘正爱：《谁的文化，谁的认同？——非物质文化遗产保护运动中的认知困境与理性回归》，《民俗研究》2013 年第 1 期。

② 刘德龙：《坚守与变通——关于非物质文化遗产生产性保护中的几个关系》，《民俗研究》2013 年第 1 期。

③ 朱以青：《基于民众日常生活需求的非物质文化遗产生产性保护——以手工技艺类非物质文化遗产保护为中心》，《民俗研究》2013 年第 1 期。

④ ［日］盐野米松：《留住手艺》（中文版序），英珂译，山东画报出版社 2000 年版，第 1 页。

⑤ 杭间：《口述的手艺史——关于盐野米松的〈留住手艺〉》，《手艺的思想》，山东画报出版社 2001 年版，第 319—340 页。

后会进入一个稳定期，继续发展的是以实用为前提的审美需求，直到更高的实用需求催生新的技术革命。在工业时代以前，是手工艺的天下。可以说，当时人类所创造的具有形式美的物件，大到建筑，小到荷包，都是广义范畴内的"手工制品"，或称"手艺产品"。人类早期的"手艺产品"，已经在"实用"与"审美"两个方面为其参与物物交换、等价物交换的商业行为做好了价值准备。"无论是大众消费的'非遗'项目，如年画、剪纸、风筝、玩具、编织、绢花等，还是富豪、收藏家或贵族消费的高端产品，如雕漆、云锦、玉雕、木雕、木作、花丝镶嵌等，无不通过市场而实现其价值。"[1] 更好用、更美观的工具或物品，凝结了更高超的手工技艺劳动，往往得到更多的交换机会，从业者也能获得更高利润。随着生产力和经济发展，部分手工制品向重实用、轻审美的方向发展，部分手工制品则偏重审美，进而发展为艺术品，实用价值相对缺失。手工艺产品的实用、手工制作与审美是本质（先天）属性，其商业价值则是社会（后天）属性。不具有先天属性优势的手工艺产品，其商业价值就相对较低，要么手艺人提升技艺，要么被市场淘汰。以雕版印刷为例，唐中叶以后，民间已经开始采用雕版技术刊印日常用书，如历书、医书、农书等。福建建阳书铺新印制的一些书，如《事文类聚》等，吸引"蜀中人士来购者，一次竟以千部计"。[2] 当雕版印刷进入文学艺术插图以及民间用书的出版时，市场对提升雕版印刷技术的审美创作能力起到巨大推动作用。到了北宋，封建经济获得很大发展，促使各项手工业技术有了迅速提高，会子、广告等广泛采用精细的雕版印刷技术，日益精细美观。"（创作）这个作品是什么样的，有什么样的受众群体，是市场的考量。我做我喜欢的东西，可能受众不会很喜欢，市场不会很喜欢。"[3] "泥人张"传人张锠先生曾经讲到：

> 第一代"泥人张"张明山从小就很热爱泥塑，打小从 6 岁就开始跟着他父亲学习泥塑技艺。……他想有一些新的表现，就趁父亲出去后做了一些。他父亲回来发现跟原貌不一样了，就很生气。因为当时这是受喜爱的一个题材和塑造，是养家糊口的主要制作，按照现在来讲，是经过市场检验的，是受雇主欢迎的。你现在把它变了，别人是不是还能买？他父亲很无奈，只能拿着这些到市场上去卖。张明山害怕自己做的那些泥塑不能出手，很可能就要挨打，就比往日都早地钻被窝睡觉。没想到他父亲那天回来得比平时都早，还唱着小曲，还拎了些点心，跟张明山的母亲说，今天大家都觉得他（张明山）做的新东西"哏儿"，说"你看这个小猴儿多哏儿！"他的这种作品受到市场欢迎，有人还要再订制。[4]

可见，不被市场认可的手工艺产品，在那个时代同样会失去生存空间，而被市场认可的产品，则会形成自身的影响力，形成品牌。这个道理，同样适用于我们当前的经济社

---

① 刘锡诚：《"非遗"产业化：一个备受争议的问题》，《河南教育学院学报》（社会科学版）2010年第4期。

② 王伯敏：《中国版画通史》，河北美术出版社2002年版，第31页。

③ 田野调查时间：2013年5月7日。地点：北京。调查者：冯莉。调查对象：张宏岳。

④ 田野调查时间：2005年10月25日。地点：北京市朝阳区石佛营。调查者：冯莉。调查对象：张锠。

会。这就是手工艺产生的实用因素、审美因素共同构成的商业价值在与商品社会发生互动关联、参与到经济生活时，对产品自身社会意义的实现，也是手工艺人产生社会价值、文化价值的表现。正因为有商业因素的存在，才为传统手工艺的当代生存提供了自洽对接的可能。

（二）当今民众生活存在传统文化的商业空间

改革开放后，当我们体验了工业产品的便捷，同时也发现了它们的情感冰冷、环境污染、精神贫乏和审美单调，"人们对物品并不感到亲切"①，又怀念起利用自然物通过手工制作的温情、环保、多样和耐用的生活实用品，"作为生活的好伴侣，这些器物唤起了人们的亲切感与眷恋之情"②。这个过程已经在暗示，传统手工技艺是具备在当代社会继续存在的意义、价值和可能性的，传统手工艺的人工价值、民众的审美惯性和工艺品的商业属性仍然可以在当前和今后的社会中找到活态传承的空间。之所以会产生这样的过程，是因为身处社会转型期的民众，日常生活中的传统信仰、民间审美等并没有发生意识领域的颠覆性转变。吕品田教授认为，民间美术有三种"恒常主题"，显然与人类生存发展所必需的三项基本条件以及生命存在的自然要求保持着对应的关系：一、祈子延寿；二、招福纳财；三、驱邪禳灾。③ 这类精神需求为"非遗"的现代传承奠定了文化基础。

"活态传承"不是局限于文化传承人的生命存在和后继有人，而是指文化本体的生命状态，是农耕时代的文明成果能够在工业时代找到生存空间，拥有生存能力、存续能力。有些"非遗"事象原本在农耕社会生活中并不具备显著的商业价值，但随着社会文化的变迁，其实用功能逐渐弱化，反而在当今社会凸显出审美价值，同时也就具有了被文化创意产业吸纳、开发的潜能。④ 而具备商业潜能的"非遗"事象，则可以通过生产性保护，立足自身的核心技艺与文化价值，在当今时代根据社会需求进行自洽衍变，谋求经济效益，实现活态传承，以至振兴。

三　"非遗"振兴之理性商业化的必然性分析

前期的"非遗"活态保护、生产性保护难以解决经济利益与传统传承的矛盾，因为我们虽然认同了传统手工艺的宝贵，但同时默认了其实用价值（包括精神信仰方面的用途）的丧失；认同了传统审美的存在，但是难以与当今社会整体审美架构融通（主要发生在民众自身和政府官员群体）；认同了传统手工艺的商业价值，但是否定了其适应现代市场的欲望和能力。把原本是生活有机组成部分的非物质文化切出来评、摆开来看，这种以历史文化断面为关注点的思维模式，在其他"非遗"项目的保护中同样存在，使传统文化研究与当下社会经济分离，进而导致学术研究与新文化创造的背弃。活态保护要做

---

① ［日］柳宗悦：《民艺四十年》，石建中、张鲁译，徐艺乙校，广西师范大学出版社 2011 年版，第 141 页。

② 同上。

③ 吕品田：《中国民间美术观念》，湖南美术出版社 2007 年 7 月版，第 45 页。

④ 刘宇、张礼敏：《非物质文化遗产作为文化创意产业本位基因的思考》，《山东社会科学》2012 年第 11 期。

的，是让非物质文化遗产能够在当今和未来的社会中产生经济效益，由政府"输血"变为帮助传承人"造血"，不但能够养活更多的传承人（不只是代表性传承人），而且使他们有尊严地活着。

（一）"非遗"保护国家抢救模式的基本完成，客观发展需要市场经济介入

21世纪伊始，我国政府启动非物质文化遗产保护工程，以抢救濒危"非遗"为主要目的，以普查、申报、整理、研究为主要手段。在国家层面，其主要运作方式包括：为非物质文化遗产保护制定相关的法律法规，并依据这些法律法规建立健全完整的非物质文化遗产制度，从而保证非物质文化遗产的保护工作有法可依、有法必依；调动和资助文化组织或部门进行非物质文化遗产的普查、申报与保护；组织专家、学者对"非遗"进行项目化、专题化的系统研究，鼓励研究人员进行自主、多学科、多角度的学术研究；政府通过教育系统，为非物质文化遗产的传承提供基础性的艺术、人文学科教育与专业的文化职业培训。[①]

在这一阶段，国家抢救模式下的"非遗"保护工作和学术研究，更多关注的是文化遗产的历史样貌与存续现状。当"非遗"普查与申报工作面临庞杂的农耕时代遗留文化、遭遇了巨大的项目甄别压力时，有关专家必须划分项目分类、设置层级申报制度，对代表性传承人的评定在很大程度上是以其对"传统"的继承为标准。这个工作过程是必需的，也是必然的。同时期出现由政府部门主办的各级"非遗"博物馆、展会，营造出"非遗"保护的高潮，使得社会各界认识到传统文化之宝贵，但是并没有为其建构起有效的生命循环系统。"由于过分强调文化的故意操作性，从而造成目前与当地社会的文化主义和传统主义格格不入的情况。"[②] 因为我们很多工作注重强调"非遗"传统的宝贵，要求传承人继承传统、保持所谓"原生态"，并以此作为其是否"合格"、是否"正宗"、是否"有价值"的衡量标准，以文化"断面"的记录和展示来完成学术和行政任务，不同意非物质文化遗产顺应时代和市场进行衍变，所以没有帮助"非遗"找到振兴之路，反而人为地阻碍了某些"非遗"借助国家语境获得自身发展。

"非遗"在宏观上"具有非竞争性、非排他性，呈现出纯公共品的基本特征。但是，具体到某一项非物质文化遗产，就又具有局部的竞争性与排他性。……相应的，非物质文化遗产的保护也应当遵循公共品、准公共品供给的客观规律，……兼备公共品和私人品的性质，可以采取公共提供方式，也可以采取混合提供方式。"[③] 国家抢救模式既是保护"非遗"的基本模式，又是"非遗"保护工程的顶层架构和国家语境。承继与振兴"非遗"的历史任务，仅依靠国家保护模式是不够的，放虎归山、投鱼入水、回归民众生活，需要市场经济发挥决定性作用。

（二）现代社会的经济、文化发展客观上需要"非遗"续存和振兴

中国古代文人就有崇尚手工艺的传统，"古人制器尚用，不惜所费。故制作极备，非

---

① 李昕：《非物质文化遗产的国家政府主导型抢救模式分析》，《山东社会科学》2012年第3期。

② 刘正爱：《谁的文化，谁的认同？——非物质文化遗产保护运动中的认知困境与理性回归》，《民俗研究》2013年第1期。

③ 李昕：《非物质文化遗产的国家政府主导型抢救模式分析》，《山东社会科学》2012年第3期。

若后人苟且。……皆以精良为乐，匪徒铭金石尚款识而已。"① 从国民生活来说，随着后工业时代的到来，高污染、高耗能的生活方式已经引起了现代人的反思，而环保、可循环的传统手工艺制品，已经开始进入部分都市精英人士的生活，使用昔日的"土产杂货"，住四合院、海草房成为一种高尚和彰显品位的生活方式。

手工艺类"非遗"的两个内在因素适用于现代市场操作：一是人工制作，二是能够适应现代生活的审美需求、彰显个性化。"现代西方提倡的'手工制作'，直接意味着'优质品'，应该有着信任人类之手的含义。"② 在这样一个市场空间中，有收藏级、高端、普通等文化消费品细分。在经济运行中有"物以稀为贵"的规律。聪明的传承人对市场反应很敏感，在高利润回报的诱导下，当认识到文化价值和人工价值，他们自然不会轻易放弃传统的核心技艺和文化精神，同时会更积极地关注市场需求，以市场为导向改进自己的作品，顺应现代审美变化，并积极探索和引入现代商业营销手段。除小众的收藏级手工艺品之外，高端、普通的消费品都指向大众的生活空间。在提倡和保护传统民间文化的大语境下，民众的文化自觉、民族文化的自尊、自信已经被重新唤起，"非遗"的文化消费市场也被相应带动起来。不仅是旅游市场、老字号商业领域，从我国现代艺术设计与文化产业角度来看，业界也已开始主动吸纳传统文化因素，从初期阶段的借鉴人物形象、故事情节，到后来采纳传统艺术风格、精神内涵，到目前重拾传统手工技艺，进行现代艺术创作，或者将民间艺术元素融入现代城市的建筑外观、室内设计、服装、餐具、茶具等，都取得了丰富的经验。当我们的口传史诗、故事被改编为电影、动漫，当民间年画、剪纸、蜡染成为民族文化特色工艺品……现代的社会需求解构了传统文化，但不能不说这是传统文化的一种现代传播模式。如果从文化自治衍变的角度来说，这正是活态的和发展的，不应站在固守传统、以传统为"真"文化的角度去阻止。

从文化全球化的层面来说，非物质文化遗产代表作是国家、民族身份认同的标志，是参与国际经济、文化竞争的软实力。2012 年 2 月，中共中央办公厅、国务院办公厅印发《国家"十二五"时期文化改革发展规划纲要》提出，设立国家文化发展基金，对文化内容创意产业、非物质文化遗产项目经营实行税收优惠。2013 年 11 月，中国民俗学会文化产业委员会正式成立。可见，现代社会的经济、文化发展客观上需要"非遗"续存和振兴。

（三）"非遗"具备自治性衍变以适应市场的能力和内在需求

从历史视角来看，留存至今的传统手工艺，都有其适应市场、适应社会的演变经历，那些不能适应社会变化、失去市场价值的手工艺，已经或正在被历史淘汰。没有任何一种手工艺是一成不变的。除了技艺、工具、材料的变化，还有审美的变化、市场需求的变化、民俗信仰的变化等，都会促成手工艺最终的变化。自治衍变，是手工艺存在与发展的必然要求，张宏岳认为：

这是作为一个传人应该具备的基本素质。每一代"泥人张"都有每一代的特点，

---

① （明）文震亨：《长物志》，中华书局 2013 年版，第 159 页。
② ［日］柳宗悦：《民艺四十年》，石建中、张鲁译，徐艺乙校，广西师范大学出版社 2011 年版，第 228 页。

他们都是在继承、否定前人的基础上获得自身发展，在前人不完善的地方进行改进，就是在这样的否定过程中，不断形成自己的艺术特点、艺术风格。①

张锠先生及其后人秉承"改变中谋发展"的路子。新中国成立后，党和政府实施保护、扶持、发展民族民间文化的政策，张锠先生调到北京高校工作，成立"泥人张"工作室，一改"塑古斋"的作坊经营模式，采取家传与社会收徒办学并举的措施。张先生本人广泛吸收我国地方传统雕塑、西方古典雕塑与现代艺术的营养，尤其推崇国际雕塑大师摩尔的作品与理念。1992年，张先生为"中国友好观光年"创作了《阿福》。该作品取材于我国民间题材，重新进行装饰设计，加入了莲花、鲢鱼、蝙蝠、寿桃等吉祥元素，使用了长城这一地域标志图案，使得该作品既有吉祥意味，又有国家象征意义，具有了现代的艺术语言和艺术形式，受到政府和民众的一致肯定。他总结说：

> "泥人张"之所以现在有所发展和影响力，就是因为"泥人张"能融入时代、反映时代，这一点非常关键。第一代张明山比较多地反映中国四大名著、民间故事，尤其是肖像创作比较多；然后第二代又延伸，反映三百六十行，民俗题材更多；第三代张景不单纯做传统题材，更有反映当时社会现实的作品。他做了很多抗美援朝的作品，比如说《铁甲军》《老美投降》，在后来公社化的时候，有《东风颂》。……一方面要适合社会，另一方面也要有自己的审美追求，所以它只有变化才能更好地融入所处的时代，更加丰富多彩。②

可见，强大的自洽性，正是非物质文化遗产能存留至今的要素之一。

毋需讳言，民间手工艺人对"非遗"的承载与承继，并非以"文化保护"为主观目的和根本目的。濒危的民间文化原本是民众经济生活的一部分，手工业者也是普通的劳动人民，"这些朴素的手艺人，绝不是圣人君子，更不是人间国宝。他们就是每天拼命地为了养活家人而勤奋劳作的最普通的人"。③ 自洽衍变的发生，主要在于手艺人对经济收益的本能追求。当手工制品与工业制品在市场上发生冲突，人工成本较高的手工制品会在一定时期内被廉价的工业制品击败，传统手工艺人无法获得维持自身与家庭生存发展的经济利益，只能放弃传统制作技艺。表现在国家层面，是全球经济一体化趋势下小农经济的瓦解，进而导致工业文明冲击下农业文明衰退解体，大量传统经济从业者放弃原来的谋生手段而转入现代市场经济，民族文化、民俗事象或者在异文化影响下发生剧变甚至消逝，或者被商业化、市场化，导致传统文化大量遗产化。

经济利益是"非遗"传承与振兴的内在需求，是文化发展所必需的经济基础，是社会转型期传统文化危机必然要面对的根本问题。社会资源（包括人力资源和金融资本）总是天然地流向有利可图的领域，尤其是在缺乏全民文化自觉的境况中，这个规律之强

---

① 田野调查时间：2013年5月7日。地点：北京。调查者：冯莉。调查对象：张宏岳。

② 田野调查时间：2005年10月25日。地点：北京市朝阳区石佛营。调查者：冯莉。调查对象：张锠。

③ ［日］盐野米松：《留住手艺》（新中文版序），英柯译，广西师范大学出版社2013年版，第4页。

大，不是靠学者呼吁所能长期对抗的。如果"非遗"传承人能够在现代商业运营的实战中学会新的营销手段而赚到钱、形成品牌，辅以保护政策、舆论导向对其社会地位的提高，从而吸引更多的人进入传统文化从业领域，那么文化传承自然就不再濒危，最终将实现活态保护和传承。张锠先生以切身体会说：

> "泥人张"有很多传人，所以才有了人气，有了人气以后就有了自己的作品，就形成了流派，也有了自己的艺术风格，在社会上广泛流传，加上"泥人张"本身的社会影响、社会效应，同时，"泥人张"后人参与了市场经济，有些人在这么一个大环境下做得还不错，正因为这样"泥人张"才有所影响，有所发展。①

北京市非遗保护中心组织民间手工艺人举办了市场运营方面的高级研修班，在这个班里讲到了品牌运作、现代经营的理念、经营的方式与手法、目标市场与产品研发等，张宏岳评价说：

> 我觉得这是一个好事，上课就是把这种概念灌输给你，你得结合自己的情况到市场上实践。有多大的实际作用可能现在还看不出来。我想，随着时间的延长，传承人的这种理念转变，会对市场有一个很好的运作。②

活态文化遗产作为一种社会文化存在，任何"标准"都没有天然正确的权威去简单地以真伪作为其精神价值的评判，否则就是一种非历史主义的主观臆断。这类所谓的"评判标准"，很可能由于评判者的知识体系、主体性判断、语境时效性发生变化等因素而扭曲文化本体的历史样貌，贬低其价值。"当我们认识到，一种天然正确的判断标准被确定的背后有如此之多的复杂因素相互博弈时，我们究竟是应该悲叹文化的某种静止形态、'本真'样貌的消失，还是更应该警惕这种'真/伪'判断标准是否有利于文化的自主发展与文化多样性的成长？"③ 在社会转型期的语境中，要求"非遗"事象固守传统，认为守住传统就是落实保护，这种断面式的保护思路是反历史的。守住传统不是保护的最终目的，使非物质文化遗产在当今和未来得到传承、发展乃至振兴，"非遗"保护工作才能算得上成功。因此，作为文化保护者，绝不应因"顺应市场"而发生自洽衍变去诘难"非遗"传承人，甚至要求其以"学者"角度和"学术"要求去固守传统。作为各级政府部门，更应该积极组织和培养"非遗"传承人的市场积极性，为其市场化行为提供优惠政策，扶持其成长壮大。

四 理性商业化："非遗"自洽衍变的必然结果

"非遗"传承的主体是传承人，这个群体是文化的真正承载者，他们为了自身发展必然有经济需求和尊严需要。实现和满足传承人群体的经济需求、社会尊严需求，为文化的

---

① 田野调查时间：2013 年 5 月 7 日。地点：北京。调查者：冯莉。调查对象：张宏岳。
② 同上。
③ 刘晓春：《文化本真性：从本质论到建构论》，《民俗研究》2013 年第 4 期。

发展提供经济基础、营造文化氛围、拓展市场空间，允许"非遗"传承人立足传统、结合当代进行自洽衍变，才可能实现传统文化的现代转变与持续发展。因此，传承人、政府、学者、文化企业、民众（消费者）的共同参与是"非遗"自洽衍变的合力来源，其合力的结果将是"非遗"理性商业化带来文化振兴。

所谓"理性商业化"，意指以"非遗"承继与振兴为总体目标，以传承人为保护主体和利益主体，以政府政策为保障和支持，以相关应用性研究和合理化建议为指导，以生产性保护、活态传承为实施基础，尊重、鼓励和促进具备商业运作潜力的"非遗"事象进行自洽衍变，通过现代商业的创意、营销等商业行为，发挥市场经济的决定性作用，重新融入现代民众生活，形成稳定的文化消费习惯和消费群体，从而提高传承人的经济收益和传承能力，吸引更多人成为传承人，实现民间文化的持续繁荣。

盐野米松"总是在强调，要想让手艺找到生存的空间，首先要具备三个条件，第一，维持让手艺人的产品销售出去的环境；第二，找到相对便宜的原材料；第三，就是这个业种要有传承人。"① 从实际生活来看，一部分技艺性"非遗"事象的确因为现代生活的革新，失去了民众生活的实际需要，一部分则是暂时遭遇了市场困境。对于尚存的非物质文化遗产来说，学者要按照民间文化的内在属性与社会属性的关系规律来研究其活态生存的必要因素与外界条件，改变对传统文化断面式保护的思维模式，促其持续发展，肯定新民俗、新文化形态的合理存在，充分尊重并深入探讨民间文化的商业属性；文化企业和传承人应"以非遗项目的核心技艺（而不仅是技术）和核心价值（原本的文化蕴涵）得到完整性的保护为前提"②，顺应现代审美的变化和市场的需求，进行必要的文化创意再生产，这种"文化创意"，并非主张对"非遗"文化本体进行商品化改造和产业化扩张，而是立足经济规则、市场需求和文化效益，以"非遗"为文化精神的核心和创意母题去赢得市场；政府政策应该在已有工作的基础上，进一步转变偏政绩、偏展示的保护思路，加强具有实效意义、可操作性措施的出台和落实，着力提高"非遗"传承人的社会地位，构建文化自觉的大环境，倡导民众对传统文化的自尊自爱，为传统文化的当代转型与可持续发展创造条件，在帮助具有商业潜力的"非遗"项目实现社会文化认同的前提下，鼓励和保护其自主商业行为和合理的文化创意行为，给予充分的市场发展空间，促进其价值提升。希望通过理性商业化的道路，真正帮助农耕文明的智慧结晶找寻到在当今乃至未来的存在价值，使非物质文化遗产形成百花齐放、各美其美、美人之美、美美与共的良性发展态势，摆脱濒危窘境。

（原载《民俗研究》2014 年第 2 期）

---

① 英柯：《盐野米松——匠人们的倾听者》，[日] 盐野米松《留住手艺》，英柯译，广西师范大学出版社 2013 年版，第 340 页。

② 刘德龙：《坚守与变通——关于非物质文化遗产生产性保护中的几个关系》，《民俗研究》2013 年第 1 期。

丧葬仪式中买地券的象征意义

——以金华市汤溪镇的一次葬礼为例

黄景春[*]

【摘要】从浙江省金华市汤溪镇的胡公葬礼上可以发现,当地墓穴中只埋葬二物:骨灰盒和买地券。骨灰是亡人体魄的象征,也是亡人灵魂依凭之物。墓穴是亡人在阴间的住宅,所有烧化的祭品,包括豪华的灵房、各种冥币、衣服、食物和家用电器,都被认为送达于阴宅。买地券是亡人拥有阴宅的证明文件。券文对墓地界域的描述,对亡人永远占有墓地的规定,为亡人开辟了永久使用的冥界空间。因此,买地券不仅象征亡人对墓地的拥有权,也为亡人开创了冥界的生活空间,是为亡灵构建时空永恒性的宗教文书。

近年田野调查发现,买地券在多地的丧葬仪式中仍在使用[①],这改变了研究者叙述买地券的话语时态,即由以前的过去时转变为当今的现在时。买地券在当代民间习俗中不仅没有消失,在个别地方甚至比古代社会使用的范围更广。陈进国调查发现,福建的买地券不仅用于建坟,也用在建造阳宅和寺庙;王素珍女士在湖南的调查也发现,买地券还用于中元节对祖先的追荐。笔者近年先后五次到浙西、皖南、赣北做田野调查,掌握了大量关于买地券的制作、使用及券文方面的资料。买地券的当下存在形态和文本格式是多样化的,制作材料有砖、石、纸,制作方法有墨书、朱书、手工雕刻、电脑刻制、木版印刷、打印、复印,文本有散文体、韵文体、散韵结合体。不过,本文不拟泛泛描述买地券的存在形态和文本格式,而打算以浙江省金华市汤溪镇胡姓人家的一次葬礼为例,讨论买地券在丧葬仪式中的制作使用过程及其表达的宗教意义。

---

* 作者系上海大学文学院副教授。

① 论及当代买地券使用情况的文章有:陕西省考古研究所等《西延铁路甘泉段明清墓清理简报》,《考古与文物》1995年第2期;[美]韩森:《中国人是如何皈依佛教的?——吐鲁番墓葬揭示的信仰改变》,黄士珊译,《敦煌吐鲁番研究》第四卷,北京大学出版社1999年版;陈进国:《信仰、仪式与乡土社会:风水的历史人类学探索》,中国社会科学出版社2005年版;黄景春:《西北地区买地券、镇墓文使用现状调查与研究》,《民俗研究》2006年第2期;陈进国:《"买地券"习俗的考现学研究——闽台地区的事例》,《民俗研究》2008年第1期。

一　汤溪镇的胡姓人家

汤溪镇位于金华市西部，是浙西一个较大的城镇，辖区面积106.82平方公里，人口5.6万。明廷于成化八年（1472）设立汤溪县，直到1958年县废，在486年的时间里，汤溪镇一直是县城，建有城墙和城隍庙。镇上的城隍庙至今保存完好，是浙江省级重点文物保护单位。近年镇上设立开发区，建设了一批化工、造纸、食品等企业。随着小城镇化建设的推进，南部山区的村民被动员下山，迁入镇上新开发的移民新村居住。现在镇上居民一部分转为经商，但仍以务农为主，葬礼保留较多古俗，同时也发生了一些明显的变化。

为了了解这里的葬礼中买地券的制作和使用情况，笔者于2012年4月5—7日和6月22—26日两次来到汤溪镇调查。4月那次来时恰值清明节期间，寻找道士和风水先生比较困难，他们大多被请出去帮人家下葬或移坟去了。但从接受访谈的祝群道士那里[1]，笔者还是了解到这里亡人下葬使用买地券的大致情况。汤溪镇上有多家寿衣店，出售的丧祭用品，如寿衣、灵房、香烛、鞭炮、草鞋、纸伞、斗笠、冥币、黄表纸等[2]，这几天卖得特别好，灵房已经脱销了。跟仙舟路寿衣店老板王明聊起丧葬的话题，他也说这里埋人都要用买地券，写在石板上，用白布包起来，送葬时女婿打黑伞背到墓地，放在骨灰盒旁边。[3] 他的描述与我之前在衢州市区、江山市、龙游县等地了解到的情况基本一致。有了这次调查的基础，6月22日我再度来到汤溪镇时，就直接找到王明，请他帮助找道士座谈。他为我联系了五位道士，最小的28岁，最大的近60岁，其中叶君正在本镇的胡家做事。王明的寿衣店除了出售冥品，还联系着一个响器班（约20人），这次胡家用的乐队（5人）都是他的人。王明跟叶君很熟悉，他就关照叶君配合我的调查。6月23日我来到胡家时，看到叶君正在厅堂扎灵房。亡人胡公生于1916年，已97岁高龄，属于喜丧。胡公昨天去世，今天已火化，明天就要出殡下葬了。[4] 时间赶得紧，他一个人扎灵房来不及，就把妻子叫来帮忙。问及买地券的事，他说："地契还没有写好，晚上回家写，明天早上带来。"[5]

一位不速之客的到来让正在做丧事的胡家人感到意外，他们都不理会我。不过，王明

---

① 访谈对象：祝群（42岁，道士，初中文化）。时间：2012年4月6日上午。地点：汤溪镇东祝村他的家中。浙西地区所谓"道士"，主要是火居道士，以务农为主，兼为人看风水、定时辰、做灵房、写地契、念经、驱邪等。本文涉及具体人物时，名字都做了处理，并非真名。

② 在汤溪镇的寿衣店门口，没有看到用于写买地券的边长一尺左右的大理石板。但在衢州市衢化路的一些冥品店、龙游县一些乡镇的寿衣店，却可以看到这样的石板。治丧人家买石板的时候，只要说出亡人姓名、生卒年月、堂号、葬地等信息，店主很快就在石板上用黑墨或朱砂写出券文。还有一些石碑店会依照道士或风水先生送来的地契底稿，用电脑刻制买地券文字，并填涂朱漆。

③ 访谈对象：王明（41岁，初中文化）。时间：2012年4月7日上午。地点：汤溪镇仙舟路他的寿衣店。

④ 《浙江风俗简志·金华篇》载："一般人家三日内殡葬，称'三日殡葬'，不用择日。稍有家产人家请风水先生择日。"浙江人民出版社1986年版，第450页。

⑤ 访谈对象：叶君（43岁，初中文化）。时间：2012年6月23日下午。地点：汤溪镇胡家。笔者对葬礼过程的把握，包括唱诵的文字、某些动作和器物表达的意义，都得益于叶君道士的多次补充说明。

和叶道士先后对主人家做了情况说明，我也主动跟他们打招呼，声明自己不是记者，而是来自上海大学的老师，在本镇做丧葬习俗调查，希望能全程参加他们家的葬礼。刚去世的胡公是上海退休工人，退休后一直住在大儿子胡甲家安度晚年。胡甲 20 世纪 60 年代末从上海插队落户到汤溪镇，因为文化水平较高就做了中学老师（现已退休）；大儿媳妇是本地人。胡公的二儿子胡乙没有到农村插队，一直在上海工作，这次与妻子一起奔丧；他们的女儿没有回来。胡甲的独生子胡辰大学毕业后在上海开了一所涉外语言培训学校，媳妇在上海大学工作，与我算是同事。我与胡家儿媳虽不认识，她也没有随胡辰回来奔丧，但胡家人仍对我客气很多，他们一口答应了我全程参加葬礼的要求。

二 叶道士扎的灵房

叶君道士原是汤溪镇南部山区的塔石乡余仓村人，近年随着政府有计划地推进移民迁村工作，他跟其他村民一道搬到汤溪镇上的移民新村居住。他只有 43 岁，却已经做了 27 年道士。他是家族里的第五代道士，不过他的技能除了来自家传，还拜过余仓村一位很有名的老道士叶子芳为师。[①] 现在他已是汤溪镇比较有名的道士了，请他做事的人很多，所以他的生意很好。

叶君给人家看风水，也选日子、定时辰。现在汤溪镇居民去世都要火化，然后安葬到镇政府统一规划的仙鹤陵公墓，看风水已经没有多大腾挪空间，很多人家已经不再请风水先生做指导了。叶君的技术比较全面，他不仅会看风水、推算日子和时辰，更主要的是他会扎灵房、念经、驱襄，这是一般风水师做不了的。现在很多风水师平时无事可做，有的干脆外出打工，但叶君却生意这边独好。这次他给胡家扎的灵房左右长 3 米多，前后进深 3 米多，高约 2.8 米，上下有 5 层，价格是一千元。灵房分为花园、阁楼两个部分，第二层以下是空的，相当于台基，上面才是花园和楼台。第二层阁楼有两个车库，里面都放着小轿车模型，走廊下还停着一辆红色小轿车；外边花园里摆放着纸扎的花和树，还有一座金山、一座银山；还有两个童子做作揖迎客状；花园壁上有纸剪出来的"东园花谢，西圃莲开" 8 字。第三层是灵房的中心，门额上方剪纸上书写"洞天福地" 4 字，但从右边看这 4 字又变为"黄粱美梦"，从左边看又成了"念恩思想"。门额下是两扇门，门上也贴有对联："四季花不谢，八节柳长春。"门是可以推开的，里边是正厅，摆放有沙发、方桌、茶具，桌子上还摆放着电视机，角落里有立式空调，地上堆着锡箔折叠的元宝，旁边还有一对金童玉女。厅堂正面墙上贴有对联："金世界任意逍遥，玉楼台随心自在。"正厅两边的房间是卧室，里面有床、被、箱、柜，甚至还有枕头和鞋袜。卧房的外侧房间是厨房，里面有锅灶、厨具，灶台上贴有"上天言好事，回宫降吉祥"。第四层正中也有门额，题"蓬岛瑶宫" 4 字；正中的厅堂墙壁上贴有中堂画，是一幅龙凤呈祥；两侧是两幅对联："纸做瓦砖成大厦，竹为栋梁起高楼"；"守孝不知红日落，思亲常望白云飞"。厅堂两侧的几个储藏室里存放着户口本、房产证、土地证、银行卡、冥币、元宝、金锭、

---

① 在汤溪镇访谈的时候，不少人都说要找道士到余仓村，那里道士多。叶君是余仓村比较活跃的道士之一，不过，他说近年大家都搬下山了，余仓村原来 500 多人，搬到汤溪镇的有 400 多口，剩下没搬的大多是留守旧宅的老年人，现在连村小学都撤销了。另外，叶君对自己曾经拜叶子芳为师引以为豪，当他听说一位 28 岁的傅道士也声称是叶子芳的弟子时，立即予以否认，并对傅某表示不屑。

摇钱树、金表以及镀金的手机、电脑等。最高的第五层，门额上有"幽静兰亭"四字，左右山墙各有"龙楼""凤阁"字样，房间内摆满面值百万、千万乃至十亿的冥币，房间外是一件太阳能热水器。顶楼的前边是塔式六角宝顶构形，后边是宫殿式密檐琉璃瓦屋顶。楼顶的鸱吻和屋角，或插成簇的花枝，或挂成串的元宝。整个灵房金碧辉煌，犹如琼楼玉宇。各层之间有纸折的楼梯连接，每一层都雕梁画栋，红柱彩窗。十几个厅堂房间无一空闲，都摆放着各种用品，其中以冥币、元宝等钱财为最多。举凡人世生活所需要、当今社会所流行的物品，在这座灵房内都能找到对应物。叶道士说，扎这样的灵房需要三天时间，其中有些用料，如竹篾、剪纸、对联、元宝、花树、人物等，都是平日做好的。这次胡家用得急，他只好跟妻子一起连夜加班了。他还说，由于受到胡家堂屋高度的限制，这栋灵房不算大。他经常为人家扎 3 米多高的更大的大灵房，那需要在祠堂那样的大房子里扎了。胡家是汤溪镇的外来户，在这里没有家族历史，也就没有祠堂，灵房就在厅堂里扎了。

叶道士跟妻子扎灵房到零点，回到家他又赶着书写几件明天必用的"文件"，包括地契、魂幡、告神文疏等。6 月 24 日（农历五月六日）一大早，他就背着这些"文件"来到胡家。买地券（地契）也已用黄表纸包好。他写的买地券采用正一行、倒一行的书写格式①，内容如下：

伏以天苍苍，地茫茫，日月乾坤照山岗，杨公留下牛眠地，福人安葬大吉昌。恭维中华人民共和国浙江省金华市婺城区汤溪镇汤溪村居住，阳上祀男胡甲、乙，右即孝家眷等正存。亡过安定郡堂上先考胡公之灵，在日原命生于公元一九一六年十二月廿四日，享高寿九十七岁，大限不禄，故于二〇一二年五月初四日巳时身亡。一梦登仙，未还安葬。请地灵师点穴一壙（圹），土名仙鹤陵公墓，坐向甲山庚兼卯向，四至开明：东至青龙，西至白虎，南至朱雀，北至元武，上至青天，下至黄泉，中间亡人吉地。金银九九九贯文兑足，外鬼不得侵犯。择于二〇一二壬辰年五月初六日午时登位。中人李定度，代笔白鹤仙，说和（合）人张坚固。地契一只，永远管业。（道符）钟霄（灵）毓秀。②

券文意在说明此处是胡公墓地，已经花钱买下，外鬼不得侵犯。也就是说，墓地及墓

---

①　这种正一行、倒一行的书写格式叫"间行反书"，在宋代买地券中即已出现。这种写法建立在人们以为鬼阅读不会转行的认识之上。在浙西地区，多位道士都说地契写法男女有别，男的在中间画太极图，然后顺时针环绕书写，文本布局呈圆形；女的右起左行、竖行书写、间行反书，文本布局为方形。这里含有男为乾、为天，女为坤、为地，天圆而地方的观念。这被一些道士极力强调，但并没有得到普遍遵循。在有的道士那里，无论男女券文都是采用左起右行、竖行书写，也不用间行反书的款式。个别年轻道士甚至采用左起右行、横行书写的现代格式。

②　文中的"杨公"，即风水先生尊为鼻祖的杨救贫。"恭维"，金华一带道士、风水师书写地契，都把开首语气词"维"误写成"恭维"。"故于……身亡"一句，"故"是死的意思，"身亡"也是死，此为病句，然宋明券文中已有此写法。"未还安葬"，正确的写法应是"未遑安葬"，还的繁体"還"，与"遑"形近、音近而致讹误。"四至开明"，古券文多写作"四至分明"。"地契一只"，吴方言中"一只"是用法比较宽泛的数量词。管业：管理产业。"永远管业"，浙西买地券常用语，表明坟地永远归亡人占用、管辖。

内的阴宅都是胡公的财产，有神仙为证并保佑，胡公将在此永远居住。至于阴宅的模样，叶道士所扎的豪华灵房为人们提供了想象的依据。

三 乐队和哭娘的"表演"

丧葬期间胡家人忙于招呼客人，还要办理火化手续、整饬墓地、备办酒席、购置物品等，事情繁多，有些事情需要请人帮忙做。道士、哭娘、乐队、帮工都是被请来帮忙的人，有的亲戚也主动帮忙做事。按照当地近年的惯制，骨灰盒抱回家时，乐队在大街上迎接，哭娘一路放声大哭，直到安放在灵堂供桌上。骨灰盒左边放胡公遗像，右边放花篮，前面是两盏长明灯，还有一个装满白米的大碗当香炉，两个啤酒瓶当烛台。长明灯和香烛都不能熄灭。供桌前摆一张圆桌，上面放着四样荤素和一碗米饭，摆好筷子。圆桌外侧是叶道士的钢叉、铜铃等法器。桌子下边的簸箩里用白米撒出一个"灾"字，表示消灾的意思。乐队一直在灵堂演奏婺剧，直到深夜零点前后，他们才与加班扎灵房的叶道士一道离开。乐队离开后，按老规矩家属还得敬献饭菜茶酒并守夜。实际上，也许是家属太累了，加上两个儿子受过较多的学校教育，观念都很"现代"，对进香上饭并不殷勤，也没有通宵守夜。

第二天早上5点多钟，胡家刚开门，乐队和叶道士就按照约定来到。乐队5个人不停地在灵堂吹拉敲打，锣钹、大鼓、小鼓、二胡、唢呐、笛子和小号都很响亮，做出很大的动静。叶君在灵前念经，然后就在厅堂继续扎灵房。早饭前，胡甲、胡乙、胡辰一起到灵前上饭，哭娘则放声大哭。请"哭娘"代哭是近年汤溪镇流行起来的风尚。其实，这位55岁左右的妇女并不是真哭，从头到尾她都没有掉下一滴眼泪。她是用哭的腔调在唱，唱的内容是赞美胡公人缘好，长寿多福，儿孙孝顺，希望他早升天堂，保佑子孙平安发财。每当有客人前来吊孝，都要到灵堂点起三炷香，插到香炉上，接着磕头或鞠躬，这时乐队就锣鼓唢呐齐鸣，哭娘则放声"哭唱"，告诉胡公某某人前来看你了，请你保佑此人长命百岁，事事顺心，空手出门，发财回家。哭唱结束，乐声转小，但并不停歇；客人退出灵堂，与主人说话。哭娘则到另一房间帮助做纸衣服、纸鞋。胡公97岁，一岁一双鞋，要为他糊出97双鞋子。

乐队不停地奏乐，大多数时间都在演奏金华地区流行的婺剧。一人提出（或用曲调引导）一个剧目，《芦花絮》《雪里梅》或《西施泪》，其他人跟着演奏。没有人演唱，一直都是奏乐。王明的老爸是乐队领班，已带队二十多年，其他人多的做了十几年，少的也做了七八年。他们都是婺剧爱好者，共同熟悉的剧目很多，可以一个接一个地演奏下去。直到有客人来或叶道士念经时他们才中断下来，配合哭娘和道士的活动。上午10点左右，孝子胡甲来到灵堂，他并没有磕头或上香，而是跟乐手们切磋演奏技艺。他接过二胡拉起《三请梨花》，其他人很快敲起锣钹跟他配合上了。乐队的作用是闹出动静来，演奏剧目未必是为了哀悼，有的乐曲甚至是欢快的。演奏与其说是制造哀伤氛围，不如说是为了愉悦亡灵。

10点30分大家都来到酒店吃饭，总共70多位宾客，办了7桌酒席。午饭很丰盛，有13道荤菜，3道素菜，也有啤酒、白酒、黄酒，还有雪碧、凉茶等饮料。按照老规矩丧宴不得喝酒，但喜丧除外。今天三种酒齐全，大家吃饭时谈笑自如，气氛虽说不上喜庆，却也不悲伤压抑。

四　出殡和下葬

11 点 40 分，众人都从酒店回到胡家。正午 12 点，出殡仪式开始。在灵堂里，叶道士手摇铜铃，口念告神文疏，其内容是：胡公住址、生卒年月、享寿年数，今寿终将赴地府，请阴间众神礼遇，不得为难。文疏宣读结束，叶君又念一段超度经。乐队一直猛烈奏乐，哭娘放声"哭唱"，家属换上白色孝衣，腰束稻草绳，跪在供桌前烧化冥币和元宝。此时门外鞭炮齐鸣，帮工也陆续把需用工具、物品装上三轮车。

超度法事结束，骨灰盒用红布覆盖，由胡公的外甥抱在胸前。[1] 大儿子胡甲手提竹篮，里面放着从供桌上拿下来的香炉。二儿子胡乙，手提写着"孝堂""胡公之灵"的灯笼，还拿着引魂杆。魂幡用长条形白纸做成，正中书写："金童接引：亡过安定郡堂上先考胡公寿翁之灵。"两侧书写："三魂如在，赴幡受度；七魄犹存，正果超升。"[2] 胡辰作为胡公唯一的孙子，抱着装入镜框的遗像。其他家眷跟在后边，所有人手中都拿着一支大拇指粗柳树棍（哭丧棒）和一支点燃的香。送葬队伍出发前，骨灰盒先放在院子中间，道士引导众人依次绕骨灰盒逆时针转三圈，称作"圆材"。[3] 然后外甥抱起骨灰盒走在最前方，胡甲等人紧跟其后；此时鞭炮再度大作。待众人走完，叶道士仍站在院子里，一只手端一碗水，另一只手拿着菜刀，神色严峻。他怒目圆睁，猛然将碗摔在石板上，再手舞菜刀劈过去。[4] 只听他厉声喝斥，令死人亡魂离开家宅，不得停留，以后待在墓里，不请不回，如若不从必将严惩不贷。由于叶道士语声高亢，情感激昂，一时满脸充血，头皮脖颈都变得通红，样子令人恐怖。

叶道士"敲水碗"之后，骑着摩托车赶往墓地。送葬队伍由帮工放炮开路，他们每走到路口、桥头、水池边或遇到车辆都要放炮，撒下买路钱。外甥抱骨灰盒走在队伍前面，乐队紧随骨灰盒，一路吹打；胡甲、胡乙、胡辰依次跟随，其他家眷在后。几十人的队伍迤逦一百多米。哭娘骑电动三轮车，车上装有墓碑、买地券、祭品和砌墓用的水泥，走在众人中间。队伍中有人挑着两个竹筐，里面放着稻草编的鞋子，每走一段路就丢下一双草鞋，表示孝子是穿着草鞋送葬的，虽然他们穿的是雨鞋或皮鞋。

仙鹤陵公墓在汤溪镇南两里之外，墓位是胡公老伴几年前下葬时就在旁边预留好的。每个墓穴都用水泥板构筑，尺寸大约为长 50 厘米、宽 35 厘米、深 40 厘米。墓穴四周外各空余 10 厘米左右，已经长满杂草。由于墓位面积太小，无法竖立墓碑，大家都用比墓穴稍大的黑色大理石板，上面刻上文字，平砌在墓盖上方充当石碑。下葬之前，叶道士首

---

① 抱骨灰盒可以是儿子，也可以是孙子，或者是女婿。因为天一直下雨，每人都打一把伞，手里能拿的东西有限。胡甲、胡乙、孙子胡辰分别提着香炉、灯笼、抱着遗像，胡公没有女婿，骨灰盒就由外甥来抱了。

② 由于一直在下雨，引魂幡外套了一层白色塑料袋，以防浸水后损坏。

③ 《浙江风俗简志·金华篇》载："围绕棺材走三圈，俗称'圆材'。现在围绕骨灰盒转三圈，称呼依旧。"第 451 页。

④ 《浙江风俗简志·金华篇》载："由阴阳先生将放在棺材背的一只盛清水的碗，于念咒后以斧击碎，叫'敲水碗'。据说死者朦胧如梦，听到水碗响才知道自己已亡。"第 451 页。

先清理墓穴内的秽物，然后烧化几张黄表纸和几锭冥币，这叫"暖圹"①。随后家属撒入数枚一元的硬币。众人依次把手中的柳棍和香插到墓旁的土堆上，引魂杆也插在墓穴旁边。乐队在近旁奏乐，帮工在墓穴前摆放香炉、祭品，燃放鞭炮。家属收起雨伞，脱去孝衣，脖子挂上红布条，手拿松枝，冒雨跪在墓边。叶道士边摇铃边念叨："吉祥万年两分开，又发丁来又发财，又买田，又造屋，胡公住下永发福。子孙后代香火旺，千秋万代享福禄。"接着又发令驱逐野鬼远离，然后才把骨灰盒放入墓穴，再把买地券放在骨灰盒上首。他拿出罗盘测定方向，调正骨灰盒的方位，接着用红布覆盖在骨灰盒上。叶道士起身，又摇铃作法；哭娘放声"哭唱"，赞美胡公是好人，今日归位，上升天堂，保佑子孙永远平安。家属依次走到墓穴前，拈土撒到盖在骨灰盒上的红布上。撒土时各说一句祝福的话，如长子胡甲说："老爸走好！"老二胡乙说："爸爸灵魂早升天堂。"帮工在墓前烧纸、摆放酒饭。胡乙还在旁边的母亲墓前烧了三支香，烧化几锭冥币。叶道士呼唤招魂，请胡公灵魂归位。帮工把墓盖砌在墓穴上方，封闭墓室；再在墓盖上方砌牢墓碑，然后把花篮放在墓碑上。

墓室封闭后，家人、亲属相继离开墓地。墓碑砌好后，亲人又返回墓地，绕坟墓一圈，这叫"团坟"。②团坟就是帮亡人占地盘，所以圈要尽量绕大，据信圈内之地皆属亡人所有。离开坟墓时，胡甲、胡乙把香炉、灯笼和引魂幡都带回家。

五 烧送灵房

出殡仪式完成并不意味着丧葬活动结束。回到胡家，叶道士对灵房做最后的装点，每个翘起的屋角都加挂一串元宝，花园里也放满了冥币，97双纸鞋也摆放在花园和各个房间里。胡公遗像放在灵房花园正中间。帮工在灵房前面摆开供桌，中间放香炉，两边放上长明灯，又点起8支大蜡烛和十几支小蜡烛，屋子里灯火煌煌。供桌上很快摆上了6碗荤素和米饭，还有糖果、杨梅、苹果和香蕉等。乐队在灵堂敲打不停，哭娘一直"哭唱"，赞美亡人并祈祷他保佑子孙。亲戚们送来的鸡鸭、猪肉和馒头有十几筐，都摆放在院子中间。

下午4点，家属重新穿上白色孝服，扎上稻草绳，手持柳棍跪在灵房前，不停烧化黄纸和冥币。叶道士手拿招魂幡，走到厅堂门口，面朝庭院，左手摇幡，右手摇铃，口中唱念，召胡公之灵接收饩食和灵房。招魂毕，叶道士坐在供桌前诵念超度经文。念毕，他让胡甲、胡乙跪在供桌前的长凳上跟亡父说话，他们都不知道要说什么，道士就让他们跟着说，他说一句，他俩跟一句。叶道士让他们表达的意思是：祝愿亡父在阴间安享华居，不要想家，灵魂早日升天，保佑后人富贵。

超度仪式结束，叶道士、哭娘和帮工又往灵房上加挂钱串、元宝，几乎把一座灵房装扮成了摇钱树。然后，叶道士指挥帮工动手把灵房拆分成底座、花园、阁楼三部分，依次抬出厅堂，抬到大街上。一位帮工走在前边不停燃放鞭炮，一位乐手敲打镗锣，二人算是

---

① 《浙江风俗简志·金华篇》载："先挖好的墓坑叫'圹'，有的地方要以芝麻秆烧之，称'暖圹'，并以鸡血淋坑。"第452页。如今暖圹的方式已经发生了很大变化。

② 《浙江风俗简志·金华篇》载："送葬者互相拉手，围着坟地左右各转三圈，叫'团坟'、'围山'，意为死者划定管辖的地域。"第452页。

在前开道。后面是抬阁楼、花园和底座的帮工和亲戚们，再后是乐队，最后才是提香炉、灯笼、打招魂幡的胡甲、胡乙和胡辰，以及手持香和柳棍的亲属。队伍迤逦来到汤溪镇西200多米的一个十字路口。

一位帮工用石灰撒成大圆圈，门口朝向南方（胡公墓地方向），灵房在圈内被重新组装起来。由于个别地方出现裂缝和破绽，叶道士逐一把破处粘补完整，因为"灵房一片纸，阴间一块砖"，灵房任何一个破绽都会让亡人觉得房屋漏风，无法安居其中。叶道士补好灵房，又把每个可以开关的门房锁起来，一座灵房以最华丽的面貌呈现在人们面前。此时哭娘从三轮车上卸下柴草，围着灵房散开。胡公的旧衣服、被褥也被放在柴草当中。亲属们都解开稻草绳，脱下孝衣，把它们连同柳棍、香一起扔上灵房的花园，香炉、灯笼和招魂幡则放在草堆中间。哭娘和帮工们一起点火，在乐队敲锣打鼓的喧嚣声中，灵房化为灰烬。这些灰烬被用石头和树枝围起来，以防被风吹散，被雨水冲走，或被过往车辆碾轧，造成散失。

叶道士、乐队、哭娘和帮工一起返回胡家，稍作休息后到酒店吃晚饭。晚饭后乐队继续奏乐，叶道士还要念超度经文，描绘胡公来到阴间过关，获得阎罗、判官、泰山王等冥神礼遇的情景。哭娘仍要"哭唱"亡人美德、福寿双全和保佑家人。他们的表演与白天的仪式都表达同样的意思，重复一样的祈祷。表演一直持续到夜里10点左右才结束。

第二天一大早，孝子（或他派帮工）用袋子把灵房灰烬装起来，背到墓地，拢放在胡公墓边，灵房就算给胡公送到了。① 因为墓穴内有胡公骨灰盒和买地券在，胡公亡魂对墓地拥有毋庸置疑的占住权，所以在人们看来灰烬放在墓边是灵房最可信的送达方式。

六　丧葬仪式表现的死亡观

丧葬仪式以死亡的发生为开端，核心任务是在特定的信仰指导下处置尸体和灵魂。在此过程中，人们运用宗教化的语言、文字，通过祭祀、祈祷、超度等仪式，描绘另一个世界的状况，表达对死者归宿的想象。丧葬仪式从性质上说不是世俗的，而是宗教的，在中国民间体现为原始宗教、佛教、道教和儒家观念的混合体。在丧葬仪式上讲唱神话和宗教故事是一种普遍现象，这些故事都描述亡人灵魂的归属和全新的生活，其中包含了对死亡的否定。恩斯特·卡西尔曾概括说："在某种意义上，整个神话可以被解释为就是对死亡现象的坚定而顽强的否定。""原始宗教或许是我们在人类文化中可以看到的最坚定最有力的对生命的肯定。"② 事实上，人们面对亲人的生命衰竭和身体死亡，更加强调其灵魂的延续性和活动性。"（人们）不认为死是生命的终结，而把它看成是生命旅程的一种转换，即从'阳世'转换到'阴世'。"③ 人死后转变为鬼是几千年来中国民间一

---

① 在没有实行公墓制之前，灵房都是在坟墓前烧化，无须转移灰烬。现在墓园内的墓位狭小，密植松柏，烧冥币、放鞭炮都有引燃草木的危险，高大的灵房更无法烧化。于是，道士和风水先生宣称，在开阔的十字路口烧化，然后再把灰烬送到墓边，具有同样的送达效果。

② ［美］恩斯特·卡西尔：《人论》，甘阳译，上海译文出版社1985年版，第107页。

③ 钟敬文主编：《民俗学概论》，上海文艺出版社1998年版，第181页。

直流行的观念。①

浙江民间的情况也是如此，人们把死亡当作生活场地的转换，死被当作阳世生活的结束，同时也是阴间生活的开始。丧葬仪式就是按照一定的程序安葬尸体，并把死者灵魂送往阴间，让他在那里建立起新的生活。在胡公的丧葬仪式上，家人的祝祷，道士念诵的经文、扎制的灵房，哭娘的唱词，以及乐队的演奏，都意在表明死者并没有远离，他的灵魂还"活着"，还有知有觉，有情有义，并能对人们的要求做出回应。为了让亡人在阴间过上好日子，就要送给他足够多的钱财、饮食和尽量豪华的住宅。送给他的方式是烧化。"大量的扎制物通过烧化完成了从阳间到阴间的转化，楼房、汽车、各种家用电器、生活用品在烧化之后，成为人们想象的死者用品。"② 烧化冥品在胡公的葬礼上反复进行，它是祭奠亡人最重要的活动。

丧葬是宗教性活动，但在胡公的葬礼上看到的不是某个单一的宗教，而是混合的宗教形态，转世观念属于佛教，升仙、洞天福地属于道教，重丧尽孝属于儒家，而核心内容是源自于上古的鬼魂信仰和祖灵崇拜，如三魂七魄、死化为鬼、鬼在阴间生活、祖灵升天并保佑后裔等观念。佛道二教的地狱观念不尽相同，它们与民间冥世也各有交叉，但可以看出，胡公丧葬仪式体现的主要是民间冥世观念。所以，作为亡人葬身之地的坟墓就具有特别重要的意义。虽然葬下的是亡人的体魄（骨灰），但它是亡魂萦绕并赖以显示自己的物质基础。正因为亡魂（鬼—祖灵）依凭于体魄，它才经常出入坟墓，并以坟墓为出发地往返于阳间，与子孙发生各种联系。坟墓被视作亡魂的家，所有烧化之物都被认为送到了这里。

买地券是证明亡灵拥有此阴宅的"文件"。为了体现其永久效力，在浙西地区它没有采用烧化的形式送达，而是书写在大理石上，与骨灰盒同葬在墓穴内。

七 买地券的象征意义

浙江农村推行殡葬改革近二十年来，已经基本上完成了从土葬到火葬、从家族墓地到公共墓地的转变。墓形也由较大的椅子坟转变为统一规划的小型方块墓。就墓圹内而言，过去棺木内外随葬大量器物，现在除了骨灰盒，就只有一件买地券。如果说还有其他的话，那就是焚化的冥币余烬和几枚硬币，这些可以理解为用于买地的支付，是买地券的附属物。

毫无疑问，骨灰盒是坟墓的心脏。骨灰是死者身体的孑遗，是体魄的象征，也是亡灵的依凭之物。汤溪镇葬礼的主要阶段不是尸体火化，而是骨灰盒下葬。在人们的观念中，骨灰就是变形的亡人身体，所有的情感、想象和祭祀都围绕它进行，所以墓圹里没有骨灰盒坟墓就失去了应有之意。③

① 殷墟卜辞中就有"鬼"字，鬼是由"死者魂"转变而来。具体论述见沈兼士《鬼字原始意义之试探》，《国学季刊》第5卷，第3期（1935年），第57—58页。

② 陈华文、陈淑君：《浙江民间丧俗信仰研究》，上海文艺出版社2011年版，第35页。

③ 汤溪镇几年前曾发生几起撬开墓盖盗取骨灰盒敲诈钱财的恶性案件，一度引起居民恐慌。虽然亲人尸体经过焚烧变成骨灰，但观念中它仍是亲人的身体，是坟墓中不可或缺之物。当然，在亲人客死他乡或水上死亡无法找到尸体的情况下，民间有造衣冠冢的习惯，此时衣冠就成了尸体的替代物。

那么，墓圹中的买地券起什么作用呢？浙西丧葬普遍使用买地券，《浙江风俗简志》说："棺材底部须放一块写在砖上的地契，以免阴间发生土地纠纷。"① 现在买地券多不用砖而用大理石板，所放位置也多在骨灰盒旁边而不是棺底，但是，在很多随葬品都被减省或被烧化的冥品取代的情况下，买地券却没有被省掉或取代，仍然保持实物的样式。这表明买地券具有非常重要的作用。以胡公买地券的文本为例，其主要内容有以下几个方面：天地间一块风水宝地，亡人已付钱买到，四至分明，外鬼不得侵犯；亡人的堂号、住址、生卒年月、下葬时间、孝子名讳；见证土地买卖的神仙；道符和祈福语。这种写法是历史形成的，很多买地券都是这种格式。分析券文内容可以发现，买地券有以下三方面的功能：证明土地产权，防止亡人在阴间发生土地纠纷②；登记墓主身份，明确堂号、住址、生卒时间等信息；将仪式上的言语和愿望文本化，在葬礼中反复强调的内容被凝固在券文中。这三种功能是相辅相成的，既表明了这是一块怎样的墓地，又揭示了墓地归谁所有，亡人居住在此地将为家人带来怎样的福祉。

买地券的使用以宗法性家族制度和祖先崇拜的为前提。我国民众几千年来一直相信祖先亡灵生活在阴间，他们一直都在关注子孙后裔的命运。"祖先之灵在其食欲、感觉、感情和行为方面，和活着的人十分相像。"③ 既然阳间的人需要住宅，有了住处才能安居乐业，那么亡灵也需要安居之所。没有地方寄居的祖灵将颠沛流离，这种状态既为子孙所不忍，也无法让祖灵发挥保佑作用。买地券的出现为祖灵永久占住墓地提供了"法律"保障。④ 虽然现今公共墓地的穴位已经变得十分狭小，也无法选择所谓的风水宝地了，但在买地券的描述中墓地仍然是牛眠地、吉穴或宝地，界止仍是"东至青龙，西至白虎，南至朱雀，北至玄武，上至青天，下至黄泉"。在人们的意念当中墓地仍有足够广大的空间供祖灵安置华居，接受祭品，享受阴间生活。因此，买地券为亡灵构筑了在冥界生活的空间，让亡灵在阴间像人在阳间一样有足够大的地方自由活动，从而也为子孙"可靠地"获得祖灵福佑创造了条件。

对于亡灵来说时间是永久的，有了买地券，空间占用也是永久的，于是亡灵可以在阴宅里永远生活下去。因此，买地券是为亡灵构建时空永恒性的宗教文书。

（原载《文化遗产》2014 年第 3 期）

---

① 《浙江风俗简志·金华篇》，浙江人民出版社 1986 年版，第 452 页。

② 陈华文分析各种随葬品的象征意义时指出："买地契——象征给死者以居住的土地拥有权。"他也强调买地券的土地产权证明功能。见《浙江民间丧俗信仰研究》，第 182 页。

③ ［美］威廉·A. 哈维兰：《文化人类学》，瞿铁鹏、张钰译，上海社会科学院出版社 2006 年版，第 394 页。

④ 关于中国人想象中的"阴间司法"，美国学者韩森（Valerie Hansen）在《传统中国日常生活中的协商》（鲁西奇译，江苏人民出版社 2008 年版）一书第七章有详细讨论，见该书第 174—202 页。

当代祭祖礼仪模式初探

邵凤丽[*]

【摘要】祭祖礼仪作为民俗生活的组成部分，承载着人们对祖先的感恩和追忆，也延续着家族历史文化。从祭祖礼仪的发展历史看，中国传统社会祭礼深受朱子《家礼》家祭礼仪模式的影响，并且这种影响一直延续到了当代社会，成为当代社会复兴祭礼的重要基础。但由于社会文化背景变迁，当代祭礼在保留传统模式的基础上，对具体标准和操作方法进行了适应性调整，试图将传统礼仪模式与当代生活进行结合，发展出既继承祭礼传统，又符合当下民俗生活需要的新型祭祖礼仪形态。

祭祖礼仪，又称祭祖仪式，是宋明以来中国传统社会民俗生活的重要组成部分。从历史发展看，原始社会祭祖行为开始出现，但尚未形成统一的行为模式。商周时期，以《仪礼》为代表的程式化、规范化的王侯贵族祭祖礼仪正式形成。到了宋代朱熹《家礼》的出现，开启了祭祖礼仪世俗化的新篇章。[①] 自《家礼》创制庶民祭祖礼仪模式，具体包括祭礼的时间、地点、祭祀对象与参祭者、祭品、具体操作仪节五个主要方面，明清时期，民俗社会广泛奉行该模式，并使之成为影响中国民俗社会祭礼发展的重要文本。

礼仪的外在表现形式是礼仪精神和价值的承载体，是可以感受或触及的物质与非物质表现形式。祭礼具有固定的模式，可以被套用，减轻参祭者在祭礼知识方面的负担，也便于祭礼进行跨越时空的扩布、传承。但祭礼绝非只是僵化的动作行为，它是家族生活的文化表达，也是民众内心情感的真实诉说，是存在于生活当中活态的且富有生命力的一种生活方式。当外在的生活环境发生改变，或者人们内心的情感诉求出现变动，作为一种生活方式的祭礼也会随之调整和更新。20世纪80年代以来，祭祖礼仪作为一个饱含传统文化意蕴的民俗事象在人们的呼唤中再次回归民俗生活。但回归后的祭祖礼仪所生存的社会文化土壤，以及人们对待祭祖礼仪的态度和价值取向都发生了变化。生活在现代社会的家族组织以及民众在恢复建设祭祖礼仪过程中，呈现出许多与传统祭祖礼仪不同的、更富新时期文化特质的特点。

从构成祭祖礼仪模式角度看，当代祭祖礼仪在继承传统祭礼模式的同时，在祭礼举行的时间、祭祀对象、参祭者、祭祀经费、祭品和仪节六个构成要素方面呈现出独特的新时

---

* 作者系辽宁大学文学院讲师。

① 《家礼》是宋代大儒朱熹编写的家族礼仪文本，包括祠堂、冠礼、婚礼、丧礼和祭礼各一卷。朱熹通过《家礼》创制了家族祭祖礼仪的基本模式，这个模式被宋明以来民俗社会广泛接受应用，成为塑造中国传统家族社会祭祖礼仪形态的重要文本。

期民俗文化特点，下面分别进行分析。

一　重视传统节日：当代祭祖礼仪的时间特性

从当代祭祖礼仪发生的时间看，除了忌日之祭拥有固定时间外，其他祭礼则更倾向于在传统节日期间举行，呈现出祭礼与传统节日相融合的状态。传统节日成为当代祭祖礼仪的时间选择，与传统节日自身的文化特质有关，尤其是春节和清明节两个带有浓厚祭祀属性的传统节日。它们自身所蕴含和传承的祭礼意义被在当代社会所接受并继续发展。祭祖礼仪选择在春节、清明节这样的传统节日期间举行也与当代社会国家的节日政策有关。作为法定节日，人们有了自由时间，可以利用这段时间举行祭礼、参加祭礼。因而，在传统节日内在的祭祀文化属性被认同和延续的基础上，加之国家法律的许可，两者共同促成了当代祭祖礼仪的时间选择样式。

岁末祭祖是年度时间转换过程中的重要礼仪活动。在当代民俗生活中，许多保留家族老祠堂的家族依然会在春节时到祠堂祭祖。生活在河北溪村的吴氏族人按照祭祖时间规定，在每年大年三十的下午三点齐聚到祠堂举行祭祖仪式，不能提前也不能推后。[1] 吉林杨氏家族虽没有专门的祠堂举行祭祖仪式，但族人们在年三十晚上聚集在长辈家中悬挂家谱，举行祭礼。[2]

春节祭祖并非固定在年三十当天，整个春节期间都可以举行祭祖仪式。山东临清汪氏家族春节祭祖的日子定为每年正月初五。[3] 按照临清当地习俗，正月初一是拜年的日子；初二祭财神；初三第一年出门的女儿回娘家，"请女婿"；初四没有特殊规定，人们在家中处理自家事物，这时外出的人们都要回到家中，准备参加初五的家族祭祖活动；初五一大早，人们吃过早饭后，聚集在祖墓所在村落，按秩序入场祭祖。

从祭礼的时间安排上看，当代人们祭祖礼仪活动纳入春节时间范畴中，将生人的庆典和对亡者的悼念融合在一个时空当中进行，目的是让祖先能同后裔们一起分享节日的喜庆，也将春节团聚的主旨发挥到最大限度，实现整个家族所有成员的团聚。

二　重"合祭"：当代祭祖对象的变化

在当下的民俗生活中，人们重视通过举行祭礼表达孝思，然而由于受时间、祭祀经费等因素的限制，祭祖礼仪虽得以恢复，但是从频率上看，通常情况下每个家族一年之中只能举行一次大型祭礼，以年度为周期，表达对祖先的感恩和尊崇，区别于传统家族每年多次举行祭礼。

作为家族集体祭礼活动，一年一度的祭礼仪式要将所有应祭祖先进行祭祀，即祭礼形

---

[1]　调查时间：2010 年 10 月 5 日。调查地点：河北溪村。访谈对象：吴振江、吴松浩、吴领帅等。访谈人：邵凤丽。本文中使用的吴氏春节祭祖资料，若无特殊说明，均为此次调查结果。

[2]　调查时间：2011 年 8 月 12—15 日。调查地点：吉林杨家窝卜村。访谈对象：杨国全。访谈人：邵凤丽。本文中使用的杨氏春节祭祖资料，若无特殊说明，均为此次调查结果。

[3]　调查时间：2012 年 4 月 8 日。调查地点：临清杨庄。访谈对象：汪成、汪洁等。访谈人：邵凤丽。本文中使用的汪氏春节祭祖资料，若无特殊说明，均为此次调查结果。

式上采取"合祭"。"合祭"作为一种祭祀形式，早在明清时期已经得到重要发展。"合祭"仪式明显的优势是通过一次祭礼祭祀多位祖先，减轻多次"特祭"仪式带来的种种负担。对于刚刚恢复家族活动的当代家族而言，"合祭"既是现实生活的必然选择，同时也会对家族的发展产生积极的影响。

吉林杨氏家族春节时要拜谱祭祖。作为族人的祭拜对象，杨氏家谱正中间上方刻印男女两个画像，画像中间的格子里书写"供奉杨门先远祖宗亲之位"，右侧男性画像旁边的格子里书写"始祖公"，左边女性画像旁边的格子里书写"始祖母"。始祖之下按辈分、年长顺序依次填写该家族所有男性祖先姓名。从包含范围上看，这张杨氏族谱记载了所有杨氏祖先，每次的祭拜活动，都是对所有杨氏祖先的"合祭"。

"合祭"的特点是在一次祭祀仪式中将所有应祭祖先给予祭祀，以达到团聚所有族人的目的。在"合祭"中，每个参祭者的祖先都是祭祀对象，祭礼对每个参祭者都具有同等意义。与之相比，传统社会中的"特祭"以家族某一祖先为祭祀对象，意在凸显其对家族的特殊贡献，但"特祭"祖先与参祭者的血缘关系存在远近之分。从形式上看，"特祭"与"合祭"最大的区别在于祭祀对象的多寡，但从祭礼的意义和价值上看，"特祭"仪式通常不具有"合祭"仪式在统合族人、凝聚家族力方面的重要作用。

当代家族组织将祭礼次数规定为一年一次，少于传统祭礼次数。这种现象的出现，首先是祭礼与当代人的生活关系发生了变化。与传统家族社会重视"报本返始"的祖先祭祀相比，祖先祭祀仪式在当代民俗生活中扮演的角色、发挥的作用都发生了很大变化。祖先祭祀仪式是当代人寻找自我认同、表达内心情感的手段和方式，是带有强烈情感的自发行为，区别于传统家族社会重视通过祭礼稳固家族秩序的外在诉求。在当代民俗生活中，一年一度的祭祖礼仪能够给予人们的是情感的满足和伦理秩序的维护，因而融合在传统节日中的年度祭礼成为最好的形式选择。其次，当代家族组织性质也发生了转变。当代家族组织是建立在自愿、平等基础上的血缘共同体，他们凭借责任和义务服务于家族组织，区别于作为家族管理机构的传统家族组织。由于祭祖仪式的举行要经过筹划、准备，占据组织者一定的工作、生活时间，所以一年一次也是适合的时间选择。最后，祭礼的举行受到祭祀经费方面的限制。当代祭祖礼仪所需开支主要来自于家族成员的自愿捐献，没有了传统族田提供的经济支撑。对于家族成员而言，他们有责任和义务为祭礼仪式的举行贡献自己的力量。但如果每年举行多次祭礼，自然会增加族人的经济负担，影响正常的生活秩序。

三 仪式与性别：参祭人员标准的变化

作为祭礼的设计者和实践者，家族成员是整个祭礼得以进行的核心构成要素。然而，不同时期的家族组织对参祭人员身份规定不同。虽然按照《家礼》文本的最初设定，家族中的男性成员和女性成员共同参加祭礼，但是这一规定并没有被明清时期的家族组织所认同。明清社会家族组织严格规定女性不能参加祭礼，剥夺了女性作为家族成员参加祭礼的权力。女性成员被驱逐出了祭礼仪式现场，使得女性成员对祭礼的参与由现场转到幕后，她们更多的是负责祭品的准备工作，而无权以参祭人员的身份出现在祭祀现场。与之相比，在当代祭祖仪式中，女性成员再次出现在祭礼现场，作为正式的参祭者参加祭礼。

在杨氏春节祭祖仪式中，参加祭礼的女性成员主要是指家族媳妇，她们不仅负责祭品备办，且可以参加祭礼，同男性成员一样进香祭拜。在临清汪氏春节墓祭仪式中，女性成员不仅包括以媳妇身份进入家族的外族女性，还包括汪氏家族的女儿，这两种家族女性成员都获得了参加祭礼的权力，可以遵循自愿原则参加清明祭礼。虽然在部分祭祖仪式上，家族的媳妇和女儿都获得了参加祭礼的资格，但是这种变化还处于发展过程中，呈现不均衡性。可以看出，当代社会人们对参祭者身份的判别标准具有多元化特征，但传统男性主导的参祭者标准正在经受挑战。

在家族女性成员当中，媳妇因婚姻关系获得了家族成员身份，这一点毋庸置疑。但是女儿是否是家族成员呢？传统社会否认女儿的家族成员身份，只能接受作为以媳妇身份嫁进来的外姓女儿。到了现代社会，人们正在逐步打破这种观念，强调血缘传承的重要性。如果是具有血缘传承关系，无论是男性，还是女性都是家族的正式成员，既可以参加祭祖，也可以登入族谱，"原谱让女孩明显处于附属地位，新谱对此作了改变，女孩不仅和男孩一样，在父母栏目中并提，还在正档位中和男孩一样，占有一席之地"①。当代家族中的女儿获得参加祭礼、登上族谱的权力，究其原因，主要是民俗生活环境发生了变化。自20世纪80年代以来，随着计划生育政策的实施，一个家庭只生育一个孩子，这使得人们的性别观念随之发生了改变，重男轻女的传统观念逐渐被扬弃，人们在思想上开始接受女儿作为家族成员和传承人，并给予更多的家族权力和责任。

人是祭礼仪式的设计者、实践者，是仪式得以进行的原初推动力，只有充分调动所有人的参与热情和积极性，才能保障祭礼仪式长久不衰的延续。现在，由于家族组织正处于转型期，祭祖礼仪的恢复发展也尚未形成统一的模式和规范，不同地区、不同家族对女性是否可以参加祭礼的看法尚不统一，但若从家族文化的历史延续和凝聚族人角度出发，家族组织要保证祭祖礼仪未来的更好发展，必须努力吸附更多的族人参与，其中就包括家族女性成员，只有抛弃性别的阻碍，才能充分调动家族所有力量，维护和促进祭祖礼仪的良性发展。

四 由"公"到"私"：祭祀经费来源的变化

为了能够给祭礼仪式的举行提供祭品、祭器等物质保障，家族组织需要拥有稳定的经济来源支付祭礼中的各种费用。根植于传统家族社会的祭田是传统祭祖礼仪举行的重要经济保障，"兴属仙游为壮邑，四民士风为盛，士风盛故多世家宦族。今有合族祠堂，置祭田以供祀事者，仿文公《家礼》而行"②，但这一经济保障随着家族社会的消亡而消亡。在土地国有的国家政策管理下，当代家族组织没有了祭田提供祭祀经费来源。在这种情况下，家族组织想要保证一年一度祭祖礼仪的顺利进行，势必要通过其他渠道获得经济援助。家族组织寻求经济援助时，会首先求助于具有血缘关系的族人。而族人为了表达孝思之情，也有责任和义务捐资助祭。这样，族人捐资成为当代家族组织获取祭祀经费的首要来源。

---

① 2005年《汉阳汪氏宗谱·后跋》，湖北汉阳。

② （清）乾隆《仙游县志》卷8下《邑肇志风俗》，收入《中国方志丛书·华南地方》第242号，第1册第242页。

自愿参与是当代祭祖礼仪的首要参与原则，在这一原则指导下，人们对祭礼的捐资行为也随其所愿。临清汪氏家族每年祭礼之前，族人都遵循自愿原则捐资助祭，捐款数目没有限制，多少均可。凡是族人捐款助祭，家族组织以张贴红榜的方式，以示表扬。家族组织将收到的捐款统一安排，用来购置这一年祭礼所需的祭品、器物。在吉林杨氏家族，祭祖仪式在主祭人家中举行，一切物品均由主祭人负责备办，其他族人不参与准备，也不必出资。在河北吴氏家族，祭祖仪式中的物品是家族祠堂历史传承下来的物品，祭品则由族长自行准备，家族组织不干涉。从以上三个个案看，他们举行祭礼的经费来源已经由家族组织转到个人，由集体到个人，由"公"到"私"，这是当代祭祀经费来源的重要转变。

当代祭祖礼仪的经费主要来自个人，通过个人自愿的方式进行捐献，不是强行摊派。族人为祭礼捐资，既是他们表达孝思的一种方式，同时也是家族责任感的表现。人们如果要将家族活动开展下去，要把祭祖仪式办得隆重、热烈，就必须在活动过程中做出自己力所能及的贡献。

五 必备的祭品：祭品种类的差异

为了保障祭礼顺利进行，祭礼前的物质准备工作必不可少。根据祭祖情况不同，各个家族所做的祭前准备工作重点不同。吉林杨氏家族祭前准备工作主要是对祭品的制作和供桌等物品的擦洗、摆放。祭礼当天一清早，主祭家庭开始制作祭品，主要包括供饭、供菜两大类。供饭要用新熟的米饭，供菜分三种与五种两类，菜品依传统而定，即猪肝、猪肚（配上葱叶，做成大象的形状）、炸鱼、粉肉与炸粉条五种。中午之后，人们准备香案，摆放在屋中北墙处。最后将供饭、供菜摆好，配以筷子。将之前准备好的馒头左右各放五个，将两个烛台、香碗放置左右，再将年货中的新鲜水果挑选若干一同摆放。与之相比，在河北吴氏家族春节祠祭中，祭品由族长准备，种类、数量没有规定。临清汪氏祭祖仪式中的祭品由研究会指派专人负责筹备，主要是从市场上购置，祭品的种类和数量并无规定。负责人在市场上购置新鲜的水果、肉类、点心等，带回后直接摆放在供桌上，以备行礼。

通过以上三个家族祭品准备过程可以看出，不同家族在祭品准备方面各有规定，这是因为祭品的准备与祭祖礼仪的类型，以及家族组织类型密切相关。当代社会重新复兴的家族内部结构不同，使得祭品备办规定不同。杨氏祭祖礼仪注重按照传统习俗备办祭品，因其属于聚族而居的传统型家族组织；吴氏家族只由族长自行置办祭品，因其属于松散型家族组织；临清汪氏家族指派研究会专人购置祭品，因其是宗亲会型家族组织。

人们可能会选择不同种类、数量的祭品，但一定要保证祖先面前摆有祭品。没有任何祭品的祭礼是不可想象的。祭品的存在，不仅是形式上的供奉，更具有丰富的象征意义。它们既是族人心中崇敬之情的承载体，也是仪式象征意义的物质依托。参祭者在祭礼之前通过捐资助祭、准备祭品，在过程中将自己和仪式紧密联系起来，将自己参加仪式的心理感受通过外在的物质形式予以表达。同时，族人为祭礼捐献金钱、物品是展示其家族贡献的最好契机，在全体族人面前，为家族礼仪的顺利进行提供物质支持，这是获得家族认同、提高家族地位的重要方式。

六 坚守"三献礼"：当代祭祖仪节的传承与变迁

作为祭祖仪式的核心构成部分，仪节一直是人们关注的重点。在当代祭祖仪式上，人们要虔敬的鞠躬、跪拜、进献，通过一系列身体行为表达自己对祖先的崇敬之情。

在祭礼仪节的历史发展中，仪节自身会随着时代的变迁发生变化。从宋至明清，《家礼》所设定的祭祖礼仪模式得到了后世家族的认同和实践，祭礼仪节也被广泛地推广到各个地域。但到了当代社会，外在生活环境的变化致使当代祭祖仪节也随之发生了变化。

从仪节发展角度看，当代祭祖仪节的调整与变化可分为以下两大类。

（一）传统祭祖仪节的保留与更新

传统祭祖仪节在当代祭祖仪式中被保留了下来，同时人们也根据家族自身特点对传统祭祖仪节进行了适应性调整。

每个仪式都有其正式开始的标志。传统祭祖仪式以请神为标志，全体族人秉持诚敬之心聚集在祖先灵位前，恭请祖先神前来接受族人的祭拜。这一传统的祭礼开始标志在当代祭祖仪式中仍有传承。吉林杨氏家族祭祖仪式正式开始的时间是年三十晚上八点左右。祭礼的第一个环节是"请神"。"请神"仪节只有家族男性成员才能参与。族人在主祭家聚齐后，携带纸钱、爆竹前往杨氏祖坟"请神"，到达坟地后，先放鞭炮，燃纸钱，然后由主祭人邀请祖先回家过年，小辈们先后磕头，然后转回家中。当"请神"的人群回到家里后，要在院中燃火，鸣放鞭炮，邀请祖先进屋，然后在屋内香案上悬挂家谱。如果家族中有人去世未满三年，或者是非正常死亡，那么此人不能上谱，但可以将名字写在红纸上，粘在家谱相应位置上，与其他祖先共同享祭。之后点燃香烛、纸钱，族人依次磕头，给祖先磕头规定为四个。如果家里还同时供奉了其他神祇，如财神等，则要磕三个，当地俗语说"神三鬼四"，磕头之后便完成了"请神"仪式。从仪节上看，杨氏祭祖保留了请神仪节，但是在具体操作方法与《家礼》所设定的请神、降神、参神方式有所区别。从仪节的意义上看，杨氏家族通过请神仪节，将祖先神邀请回来，接受祭礼。

无论是朱子《家礼》文本对祭祖仪节的设定，还是明清社会的祭祖实践，都表明三献礼是祭祖仪式的核心仪节，是承载整个祭礼意义和价值的重要环节。当代祭祖仪式也对这一核心仪节进行了继承和适应性调整。

在对三献礼仪节的继承过程中，部分家族选择使用鲜花代替食物。临清汪氏春节祭祖时，仪式的第三项是向汪氏先祖敬献花篮。虽然从形式上看，临清汪氏祭祖沿袭了传统的三献仪节，重视通过进献的方式表达情感，但是从具体操作上看，他们不仅将进献物品进行了更换，而且将进献的次数由三次增加到四次。但需要指出的是，虽然进献礼仪是进献鲜花，但祭礼中并非没有食物祭品，只是在祭礼之前已经被摆放在供桌上。

与临清汪氏家族的三献礼相比，吉林杨氏祭祖仪式中没有明确的三献礼，但是却在年三十请神之后的初一、初二每次饭前，主祭家主人都要将饭菜摆放在供桌上，然后焚香、磕头，表示邀请祖先一起饮食。

不同祭祖礼仪选择不同的进献物品与祭祖类型存在一定内在关联。吉林杨氏祭祖礼仪属于传统型祭祖礼仪，在祭品准备方面也重视继承传统祭品制作规定，祭品的准备和进献都遵循传统规定。临清汪氏祭祖礼仪属于仿国家公祭型祭祖礼仪，他们仿照国家公祭的进献方式，以鲜花代替食品，但也准备食物作为祭品。作为传统祭祖仪式的核心仪节，三献礼通过进献食物的方式将族人对祖先的情感集中表现出来，进献的食物饱含情感的因素。这种通过将悉心准备的最美好的物品奉献给祖先的方式，已经发展成为蕴含传统礼仪文化基因的祭礼模式，也是当代祭祖礼仪的核心仪节。食物与鲜花，其外在表现形式虽不同，却能承载相同的祭礼意义，人们通过进献的方式表达真挚的情感。

传统祭祖三献礼都配以读祝仪节。祝文是以文字、语言的形式叙述家族历史变迁、颂扬祖先德业，并祈求获得福佑的表达方式。在《家礼》的设定中，祭文内容、形式都有固定要求。到了明清时期，祭文内容获得了进一步扩展，家族组织不再满足于对固定祭文的沿袭，而是根据祭礼具体情况编写独立祭文，叙述家族发展、凸显祖先德业，使得祭文成为家族历史最有力的文字表达。当代祭祖仪式沿袭了这种编写独立祭文的祭礼习俗。在临清汪氏祭祖仪式上，三献礼之后是恭读祭文环节。从祭文内容上看，临清汪氏祭文已经突破了《家礼》祭文的写作规范，汪氏祭文首先叙述汪氏历代始祖的经历和历史贡献，之后重点对迁临清始祖明朝丞相汪广洋的事迹进行了详细的阐述，"尤吾先祖，名曰广洋，明朝丞相，功绩辉煌"，并歌颂他对社会、历史、家族发展作出的贡献，"公之美德，传诸众生，公之诗作，留下芳名。《凤池吟稿》，清刚典重，革除陋习，胸怀坦诚。祖德宗功，可歌可颂，发扬祖德，光大宗功。"一篇祭文就是一个家族历史发展的缩影，人们通过祭文的撰写，回顾并建构着家族的历史，尤其是最辉煌的历史时刻。

在仪节设定方面，当代家族组织将恭读祭文作为一个独立仪节，与三献礼并列，区别于传统祭礼将读祝文附属于三献礼。对于所有参祭人员来说，恭读祭文不仅能表达对祖先的敬意，还能起到传播家族历史、教化族人、加强家族文化认同的现实作用。如果说三献礼是通过身体行动表达敬意，而祝文则是通过语言声音表达敬意，且会对参祭者产生深远的影响。

经过三献礼之后，祭礼仪式进入后半部分。在当代祭祖仪式中，仪式后期要接受祖先赐福，送走祖先神。

按照传统祭祖仪式规定，受胙是祖先给后人赐福的一种方式。传统祭礼认为只有接受了受胙之后才算是接受了祖先的赐福，受胙仪节的存在使得祖先赐福更加具体可见。在吉林杨氏祭祖仪式上，受胙仪节被安排在最后一天的"送神"环节中。"送神"仪式大约在晚上八点开始，主祭人家里事先准备好饺子，煮熟后在家谱前放好，参加"送神"的男性族人分别象征性地吃一个饺子，表示与祖先一起饮食，接受祖先赐福。然后依次焚香、跪拜，取下家谱、封装完好，以备明年使用。杨氏祭祖仪式的最后一个仪节是"送神"，族人们离开主祭家向祖坟的方向走去，直至走到一个十字路口，焚烧纸钱，主祭人磕头，同时说："老家乡回去吧，明年再接你们回来过年。"至此，整个祭礼仪式结束。

当祖先神被送走后，人们将仪式中使用的祭品、祭器收拾妥当。同时，《家礼》设定将祭酒、祭品封存，以备族人食用。杨氏家族认为祭品带有福气，让小孩子吃，保佑小孩子一年中顺顺利利，称为"吃福"，但这些祭品不会随意赠给别人。与杨氏家族"吃福"相对照，临清汪氏祭祖仪式上的祭品没有特殊的处理要求，族人带回去自行处理。仪式结束后族人一起到饭店聚餐。

虽然不同家族对祭品的处理方式不同，但对祭品所蕴含的意义认同具有一致性。祭品既是后人向祖先表达孝思和崇敬之情的物质载体，也是祖先福佑后人的重要方式。经过祖先赐福的食物是神圣的，人们在祭礼的最后通过分享祭品的方式，获得祖先赐福，使人们获得了心理满足和慰藉，并由此产生自信和力量，为生活提供动力。

当代人在恢复祭礼过程中，对传统祭祖仪节进行了开放性传承。当代家族要表达对祖先的崇敬和感恩，必须选择适当的仪节作为展现手段。在仪节的设定过程中，以《家礼》三献礼为代表的传统祭祖仪节为人们提供了可参考、借鉴的范本。《家礼》三献礼礼仪模式产生以后，经历明清家族长期实践，已经深入民俗文化骨髓，并指导、影响着当代祭祖仪节的设定与实践。虽然时代变迁是不可回避的历史事实，但仪节的设定却可以超越时空的限制，在物质变迁的外壳下，仪节的传承可以将"报本返始"的祭礼精神长期传递下去。

（二）传统祭祖仪节的增损

在保留传统祭祖礼仪基本框架不变的前提下，当代民俗生活的变迁、民众信仰文化的调整也通过祭祖仪节的增损体现出来。

与传统祭祖仪节相较，当代祭祖礼仪主要削减了两大类仪节。一是侑食、阖门和启门等仪节。在传统祭祖礼仪中，这些仪节的设定是为了给祖先提供独自饮食、享受祭品的时间。在传统民众思想中，祖先是已故的先人，他们来自幽暗之处，不能在生人面前歆享祭品。族人全部退出祠堂，关闭大门，才能为祖先提供歆享祭品的最佳环境。当代祭祖礼仪削减了此类仪节，没有为祖先提供单独享用祭品的时空。在当代人的思想中，举行祭礼，奉献祭品，就是"报本返始"的全部行为。只要通过进献和跪拜，就可以达到举行祭礼以示感恩和尊崇的目的，而不一定需要给祖先提供享用祭品的时空。在当代祭礼过程中，作为仪式主导者的是生人，他们引导着仪式的进行，重视自我孝思与感恩的表达，也自我决定着祖先福佑后人的祭祖仪式功能发挥。在整个仪式中，祖先变成了被动的祭祀对象，接受族人的奉献。区别于传统祭祖仪式重视族人与祖先的多次互动，族人在互动中获得祖先福佑。从以上仪节的变更中可以看到，不同时代的人对人与祖先之间关系的看法不同。生活在传统宗族社会的民众不仅重视祭祀祖先，且凸显祖先在仪式中的主导性，他们重视通过具体的仪节设置，用非常具象的行为、物品来象征祖先的福佑，使得整个仪式的象征意义更加突出。在当代祭祖仪式中，虽然民众也重视通过祭祖获得祖先赐福，但是仪式的象征性已经明显减弱，象征性在当代祭祖仪式中被应用的范围以及它的地位、作用都低于传统祭祖仪式。

当代祭祖仪式削减的第二类重要仪节是宣读戒词、誓词、训词等具有家法族规性质的文字。在《家礼》祭祖礼仪模式中没有宣读家法族规的仪节设定，但是随着明清时期家族组织的发展，家族规模日益强大，出于加强家族管理、确保家族秩序的考虑，家族组织增加了宣读戒词、誓词的仪节。这些仪节的设定有效维护了传统祭祖仪式的秩序，也确保了整个家族秩序的良性运行。作为戒词、誓词等家族法规的生存土壤，传统家族组织消失后，它们也随之消亡。建立在自由、平等基础上的当代新型家族组织不再以家族管理为主要责任，也无权对族人进行强制性管理，家族秩序的维护更加依赖于产生于族人内心的自我约束和自我管理。

在削减部分传统祭祖仪节的同时，当代祭祖仪式也增入了部分新仪节。新仪节的增入，体现出了新时代民俗生活的崭新面貌，也彰显了新时代民众独特的情感表达方式和价值诉求。

当代祭祖仪式的参与原则是自愿参与，族人在内心情感的推动下参加祭祖仪式，也期望通过仪式获得情感的抒发与满足。面对庄严的祭礼，人们要表达内心无限的孝思与感恩，于是在祭祖仪节的设定中，族人讲话成为仪式的重要组成部分。但是从仪式有效运行的角度考虑，必须有条件地选择部分族人代表发言。谁能成为族人代表，其标准是什么？作为源于血缘传承关系的祭祖礼仪，先天血缘关系成为首要标准，依照辈分高低，以辈高者为代表。其次，在事业上获得成功的家族优秀人物也是家族代表的重要人选。这些优秀族人代表全体族人表达对祖先的无限尊崇与孝思，同时也勉励族人以祖先德业为榜样，奋发上进，为家族的发展作出更多的贡献。

作为传统节日的重要构成部分，祭祖仪式以神圣、庄严为主旨氛围，但祭礼完成之后，春节、清明节作为传统节日的娱乐主题必不可少，"娱乐是节日活跃的灵魂，所有的节日都跟娱乐分不开"。① 黄山汪氏清明祭祖仪式在云岚山汪华墓举行，仪式之后族人还可以观看多种民俗表演。② 2012 年清明节祭祀仪式之后，参祭人员来到徽州府衙参观。隋末，天下大乱，汪华起兵踞新安、宣城、余杭、遂安、东阳、鄱阳等郡，拥兵十万，称吴王，筑城新安，徽州府衙在当时是他的王宫。唐武德四年（621）九月，汪华附唐，受封越国公，兼歙州刺史，总管六州军事，这时才成为真正的府衙。徽州府衙修复工程从 2009 年 4 月启动，参照明代弘治年间形制修建。对于汪氏族人而言，徽州府衙不仅是一座历史建筑，更是与其血脉相连的家族发展史。徽州府衙是汪氏祖先曾经生活、建立历史功绩的地方，也成为后人缅怀祖先的神圣空间。4 月 3 日上午祭祖之后，徽州府衙里表演了歙县丰润里抬汪公、黎阳得胜鼓、祁门十番锣鼓、绩溪余川村火狮舞等民俗活动。对汪氏族人而言，清明上墓祭祖不仅可以表达孝思与感恩，获得心理慰藉，同时通过游玩娱乐，获得精神放松，愉悦身心。

一度衰歇的祭祖礼仪到了当代社会又得以复兴，但这不是对传统祭祖礼仪的简单恢复。作为传统祭祖礼仪的历史延续，当代祭祖礼仪传承了"报本返始"的祭礼精神，通过备办祭品、设定仪节，以申孝思。同时，复兴于现代生活环境中的祭祖礼仪要想适应当代社会需求，就必须在历史传承的基础上，对其外在表现形态进行调整。当代祭祖礼仪要保留作为祭礼核心仪节的三献礼，削减宣读家法族规等不适宜当代社会生活的祭礼仪节，同时给族人提供更多展现自我、表达孝思的机会，并重视将节日的娱乐因素与祭礼结合，突出传统节日祭祀与娱乐共存的特性。祭祖礼仪要想在当代社会得到完全的复兴和重建，仪节设定方面必须在继承传统核心仪节的基础上不断革新，在周而复始的岁时循环中增添新意，让人们在年度祭礼中不断得到身心的慰藉与愉悦，才能保证祭祖礼仪对民众的吸附性，服务于当代社会生活。

祭礼不是僵硬的模式，而是一种家族生活的文化表达方式。它灵活、富有生命力，会随着时间的推移、环境的变迁做出相应的改变和创新。祭祖礼仪奠基于传统农业宗法社会，传承至今，被现代社会吸收和发展。现代化的生活环境、新型的家族组织，致使传统祭祖礼仪的蜕变和更新成为不可逆转的历史趋势。当代家族组织在保留原有祭祖礼仪物质体系框架与仪节体系框架的基础上，对具体标准和操作方法进行了适应性调整。将传统礼

---

① 萧放：《传统节日与非物质文化遗产》，学苑出版社 2011 年版，第 12 页。

② 调查时间：2012 年 4 月 2—3 日。调查地点：安徽黄山云岚山。访谈对象：汪承星、汪欣等。访谈人：邵凤丽。本文中使用的黄山汪氏祭祖资料，若无特殊说明，均为此次调查结果。

仪模式和现代生活方式相结合，发展出既继承祭祖传统，又符合当下民俗生活需求的祭祖礼仪新形态。新形态下的祭祖礼仪积极调动所有族人的参与热情，在最大范围内扩充祭祖礼仪的参与群体，使参祭人员数量达到最大化。在此基础上，为保证祭礼对族人更有吸引力，一方面通过祭祀经费的筹集、物品的备办，让人们通过自己的努力为祭礼奉献力量，在族人和祭礼之间建立直接的物质联系。另一方面在继承传统祭祖仪节的基础上，引入当代文化因素，使之体现时代特色，完全融入当下民俗生活。以鲜花代食品，增加民俗文艺表演，生活的变迁在祭礼仪节上得到直接展现，这使祭礼获得了长久传承的重要动力。

（原载《民间文化论坛》2014 年第 5 期）

"顺水推舟"：当代中国新型城镇化建设不应忘却乡土本位

张士闪[*]

【摘要】新型城镇化建设作为一项国策，在自上而下向乡土社会推行的过程中，必然会面临来自乡土社会的接受、理解、应对与涵化。我们应从村落基层出发，自下而上地观察新型城镇化建设的"落地"情势，直面乡土传统与新型城镇化建设之间的种种纠结与冲突，并特别关注如下层面的问题：消除对村落文化的偏见与误解；正视村落危机，注意培塑农民对其乡土社区的文化认同与面向未来发展的规划热情，使乡土社区焕发内在活力；重视城镇化自身对于乡村社会组织的引导与重建功能。在新型城镇化建设中，国家政府之于乡村社会应扮演一种"顺水推舟"的角色。

在近年来的村落田野作业中，我们发现有两种现象普遍存在：其一，同一村落中呈现出"旧村"与"新村"并存的格局，边界清晰，景观迥异："旧村"，一片矮房旧院；"新村"，连排高楼耸立。旧村与新村并存的现象，可以视作村落共同体的生活与文化在当代发生裂变的表征；村落中的高楼林立，是乡土社区正在发生的"在地城镇化"的表征。其二，在撤村并区、村落区划发生急剧变化的地方，人们追溯乡土历史传统、寻找乡土文化认同的心理都非常强烈。具有久远历史的村落，当下正处于一个重大变局的过渡期，城镇化背景下的乡村生活应该走向何方，是当代知识分子必须认真思考、国家政策的设计者必须严谨对待的重要问题。

笔者认为，新型城镇化建设作为一项国策，在自上而下推行于乡土社会的过程中，必然会面临来自乡土社会的接受、理解、应对与涵化。因此，我们应从村落基层出发，自下而上地观察新型城镇化建设的"落地"情势，直面乡土传统与新型城镇化建设之间的种种纠结与冲突。新型城镇化建设的关键在于"人的城镇化"，而"人的城镇化"的基础是人的社区化，包括岁时节日、人生礼仪、游艺、信仰、家族等民俗传统，理应成为当代城镇化建设"社区落地"的重要构建因素。上述乡土传统，曾长期被学者视为零碎、散在的"文化遗留物"，现代民俗学则将其视为具有完整体系、常在常新的"地方性知识"，在乡土社区中起到交流思想情感、编织社会网络、组织生活生产等作用。在乡土社会发生剧变的今天，我们更应将乡土传统置于百年中国的历史背景与当下乡土生活实践状态中予以观察，发挥它在理解现实生活、助推社会发展等方面的作用。

---

* 作者系山东大学文化遗产研究院教授。

一　乡土传统的现代性改造（20世纪初至70年代）

传统意义上的村落，自有其社会秩序与权力格局。村落的生活组织方式曾经单纯而明确，作为其表现形式的民俗规约具有稳定性，而民众运用起来得心应手，具有一定的灵活性，因而在面对内忧外患时往往能释放相当的活力。时至20世纪，"现代性"与"革命性"成为绵延大半个世纪的主流话语，以民俗为表征的乡土传统处于被改造的地位。

一般说来，一个国家或民族从传统向现代举步的那一瞬起，就已经踏上一条解构自身传统的不归路。然而，这一"传统"又总是顽强的顺循其内在发展逻辑，以种种改头换面的方式绵延当下乃至未来的生活。近现代中国社会经历了晚清、民国、中华人民共和国三个时期，较之以往有其历史特殊性。20世纪初学界对于"民俗"的较具现代意味的关注，正是基于晚清社会之变局和西方文化之引入，一批知识分子所发动的"眼光向下的革命"的产物。或者说，较具现代意味的民俗文化研究，自20世纪初发轫之始，就与一批知识分子"救亡图存"的民族使命感紧密相连，承担着为以"中华民族"为核心的现代民族国家建构提供文化材料的历史使命，与国家在危难之际动员与团结全体民众力量的需要大有关系。此后，中国文化精英经过精心运作，有意割舍了民俗文化更为丰富、多元的内涵与意义，以配合国家政治的现代性与革命性的强烈需求。在国家强力推进乡土社会的革命式转换与现代性变迁的背景下，政治意识形态高调登场，在"移风易俗"的旗帜下，原本主要供民众自用自享、在乡土社会中发挥自治功能的民俗文化系统被拆解得支离破碎。当历史进入20世纪80年代，以经济体制改革为杠杆，中国社会开始发生从计划经济体制向社会主义市场体制的根本性转变。经济基础决定文化走向，乡土社会中就有了民俗文化在长久潜抑后的强势回潮。①

二　"还俗于民"（20世纪80年代至今）

20世纪80年代以来，"美学热""文化寻根热"次第登场，引发了整个社会对于国民日常生活的持续关注与讨论，最终归结到"民俗热"的高温不退，如以乡土风情为旗号的民间工艺展览、原生态民歌、民俗旅游度假村等。实质上，正如学术界后来所意识到的，这种"民俗热"在很大程度上是商品经济刺激性发展的产物，而真正为乡土社会提供价值理念与文化意义的民俗文化却面临着巨大的传承危机。在这一时期，"发展经济"代替前一阶段的国家政治话语，成为全新的强势"他者"，强力扭转着民俗文化的乡土生态。20世纪80年代中期以后，各地纷纷兴起"文化搭台，经济唱戏"，努力让民俗文化与经济创汇联姻，以赢利为目的把自己"卖"出去从而转变为具有交换价值的商品成为民俗文化发展的首要任务。② 此际，看似闪亮登场的民俗文化其实是一种"文化扮演"，其主体民众其实仍然一种被代言的压抑状态。而自21世纪以来，伴随着当代乡民日益汹涌的流动性趋势，乡土社区传统逐渐呈现出某种"碎片化"的特征。据官方统计，到

---

① 张士闪：《从参与民族国家建构到返归乡土语境——评20世纪中国乡民艺术研究》，《文史哲》2007年第3期。

② 耿波：《从现代性到后现代：中国乡民艺术的"去语境化"》，《齐鲁艺苑》2006年第4期。

2012 年底，中国城镇化率已经达到了 52.6%，有 7 亿人生活在城镇中。自发形成的农村多余劳动力向城市转移，已成汹涌之势，它推动了城市经济和市场的繁荣，同时也不可避免地改变着农民的传统属性，并摇撼、撕裂着传统的乡土文化体系。乡村的城镇化进程在当代中国，已然势不可挡不容回避，但这一势头对于当代中国社会影响之深之巨，特别是在基层社会所可能引发的激荡与裂变，依然未被充分预估。

近些年来，中国社会结构变化之深、利益格局调整之大、遭遇的外部环境之复杂，实属罕见。市场经济的冲击余波未了，全球化、民主化、信息化的浪潮又不期叠加。中国正面临着比经济转型更具挑战的社会转型。人民群众不仅要福利的拓展，也要公平的过程；不仅要权利的保障，也要权力的透明。满足"需求"，回应"要求"，不仅关系到发展能否实现"正义增长"，更关系到 13 亿人的政治信任，关系到中国现代化的前途。在国家掌控庞大社会资源，同时以此为依托致力于持续的渐进式的民主化改革进程中，随着公众参与意识、表达意识、监督意识的增强，来自公众的对于政府公信力的质疑将会持续存在并趋于具体化、明晰化。不言而喻，要"最大限度激发社会活力"，关键之处在于贴近民意、民心，凝聚民智、民力，尊重民俗，服务民生，从倾听民众诉求中改善治理，在及时回应中引导公众参与，在良性互动中促成社会共识，让政府职能的转变促成社会的蓬勃发育，促进政府公信力的保值增值。目前被国家政府强力推进的新型城镇化建设，可谓是现代中国在经历西学东渐的"现代性狂飙"之后，自觉设计的以我为主的"本土化转向"。城市与村落杂糅状态下的城镇化推进，既为包括乡土传统在内的中国传统文化的全面复兴提供了重要契机，也为这一"小传统"的传承再造赋予了庄严的历史意义。

三　自上而下的新型城镇化建设：顺水推舟，而非逆水行舟

纵观整个 20 世纪，来自国家政府的强势介入对原有的乡土生态造成了强烈的"扭转"，但这种"扭转"并非自今日始。传承乡土传统的民众个体及民间组织，往往会有条件地选择与政府合作，将之视作改善自身生存的契机。为适应即时政治需求而形成的"新传统"，或许代表了乡土文化的一层外壳，凸显的是乡土传统的坚韧的适存能力。新型城镇化建设，对于既有的乡村生活应该扮演"顺水推舟"的角色，而非"牛不喝水强按头"式的"逆水行舟"。

近年来，村落中青壮年长期向城市的涌动和迁居（"去村落化"或"城镇化"），与村落生活的城市化转变（"在地城镇化"），构成了当代中国乡村社会"城镇化"的基本特征。来自国家政策的对于城镇化进程的加速推进，对所有社会阶层特别是农民群体来说，既是发展机遇，又面临诸多问题。一方面，农民"上楼"变为市民，在获得一定生活便利、享受当代文明福祉的同时，也在一定程度上拉动和扩大内需，促进经济稳速发展；另一方面，这些农民面临着劳作模式、生活方式和文化认同方面的巨大变化，以他们为主体所组成的大量新型社区，其组织过程和文化建设等成为重要问题。如果各方利益的协调是稳定的，将形成有序的过渡，正在经历阵痛与撕裂的乡土传统将在调适中相对顺畅地延续或重构。如果没有合理的过渡设计，来自外部世界的改造压力过强过急，村落共同体的原有组织体系极易崩溃，村民的价值观、宇宙观就容易发生断裂。毋庸讳言，处于转型期的村落社会是脆弱的，积压已久、交织错杂的矛盾一旦触发，就容易产生极端行为，最终将由整个社会付出高额代价。

结　语

就目前来看，城镇化问题的核心在于"人的城镇化"的实现，业已达成基本共识，而关于"人的城镇化"如何通过新型社区的组织确立和文化建设得以具体落实，却远没有受到应有重视。我们应该通过怎样的顶层设计，使村落在面临全球化、城市化的多元转型的时候，激发其内部活力尤其是自身适变能力，乃是其中的关键。笔者认为，在当代新型城镇化进程中有如下方面值得特别注意：

其一，消除对村落文化的偏见与误解。长期以来，我们对以村落为基本单元的乡土文化有一种偏见。如"三四亩地一头牛，老婆孩子热炕头"等，一直被当作胸无大志、封闭保守的农民落后文化的象征；在国家叙事层面，则有"朋友来了有好酒，豺狼来了有猎枪""楼上楼下，电灯电话"的类似表达，备受肯定；在文人精英的叙事层面，"归园田居""小桥流水人家"更是代表了一种风雅超逸的生活方式与文化精神。细细体味，"三四亩地一头牛，老婆孩子热炕头"，无非是体现了农民对其生活家园的归属感、幸福感，代表了乡土文化主体的一种自足感和对和谐乡土社区的追求。

其二，正视村落危机，努力在新型城镇化建设的顶层设计中，培塑农民对其乡土社区的文化认同，激发其对本乡本土的热爱与面向未来发展的规划热情，使乡土社区焕发内在活力。在传统的村落社会中，往往是以小农家户为单元过日子，各自寻找自家生活的独特滋味，现在则充斥着一种相互竞争的氛围，而且这种竞争往往简单地指向几种可视化的物质攀比。村民对于乡土家园的归属感趋于淡化，文化创造力日益削弱，乡村的自我发展能力逐渐降低，并对外部世界形成了一种经济依赖、文化依赖，甚至只是虚拟中的网络信息依赖。目前乡村中日益增多、数量庞巨的"网迷""电视迷"，便是其表征之一。试想，当农民的生命活力与梦想都与外出打工所在的城市相联系，他们的血汗洒在一个既不被对方所接纳、自己也无法产生深层认同的地方，他们对于乡土生活与文化的创造热情又从何而来！

我还注意到，现在许多村落，已经成为各种力量为了各自利益进行博弈的现场。当冠以旅游开发、新农村改造、文化保护、村落保护、学术调研实践等旗号的各种力量涌入乡村的时候，农民既不能选择也无法具有自主权，上述过客往往就有反客为主之势，而生于斯长于斯的农民则成为被管理、被观察的对象。于是，面对村落就有了各种方式的博弈和结盟。在这些博弈和结盟中，农民无一例外地处于最弱势、最容易被牺牲的位置。村落文化的综合性和村落社会的整体发展一直是受忽视的。而村落状态的混乱，往往使得企业进入的成本大大增加，而且充满了不可预测的风险，这使得企业倾向于跟政府合谋，以最简单的、可操作的方式进入村落，而且一般不会跟村落的全体成员共谋，尤其是不会借助已有的或建立新的村落自组织系统。于是，外部利益最大化业已村落开发（经济的、文化的）的普遍规律，村落的瓦解进一步加剧，村落内外的经济差距进一步加大。

其三，重视城镇化自身对于乡村社会组织性的引导与重建功能。乡土社会的文化自觉并不能完全依靠自发产生，民众对民俗文化的运用通常是"日用而不觉"，"文化自觉"由"不觉"而"觉"就不能单靠民众的领悟。如果说"有所觉悟"是内因的话，还需要外因的共同作用，这些外因包括以非遗为代表的制度框架（官民互动）、资本推动（经济利益的谋求）与正在自上而下推行的新型城镇化建设。在为乡土社会的文化自觉提供外因推动方面，新型城镇化建设代表了一种极为强大的社会组织系统。这种组织系统的植入，应该与原有乡土传统中的组织系统有效兼容。

其四，政府应该在大力推进新型城镇化建设的过程中，应明确将民俗政策从 20 世纪中期的"移风易俗"、80 年代以来的"还俗于民"，调整为面向广大乡土社会的"顺水推舟"。具体说来，就是将乡土社区的发展权力让渡于民，让乡土社区组织真正发挥其组织社区生活、运作社区公益、管理社区秩序、勾连城乡关系的能力。一言以蔽之，在新型城镇化建设中，国家政府之于乡村社会应该扮演一种"顺水推舟"的角色，致力于承担多种琐细的服务功能。

笔者相信，置身于现代化、全球化语境之中的乡村，完全可以通过构建本土文化传统的特殊魅力，保持一种"田园的"舒适生活方式，而成为人类可亲可居的生活选择。

（原载《民俗研究》2014 年第 1 期）

地方的非物质文化遗产保护及其多样性主体的作用

——以"绍兴舜王庙会"为例

陈志勤[*]

一 问题提出

对于中国的非物质文化遗产保护，从法律制度层面而言有两个基础制度，即名录制度和传承人保护制度。其中的名录申报和评审制度，除了有中华人民共和国国务院批准、文化部公布的国家级非物质文化遗产名录之外，还有各地方文化部门公布的省、市、县级的非物质文化遗产名录，形成了由国家、省、市、县各级所形成的金字塔式的结构。自2006年公布的518项第一批国家级非遗名录以来，至今已经达到1219项，但这只是国家级的名录数量，各省、市、县级的名录数量更是惊人。以浙江省为例，现已达到737项。国家的、地方的非遗保护运动以及深受其影响的民间的非遗保护运动，已经形成了多层性的运动状态和不同的结果走向。从中可以看到三个层次的倾向：从中央来看，是国家文化重建的重要组成部分；从地方来看，关系到地方文化重构的主要方向；从民间来看，影响着民众的生活文化再生产。

而有时，在表层所反映的非物质文化遗产保护运动之下，深层所显露的其实是把非物质文化作为遗产进行建构的现象。特别是地方上的非物质文化保护运动，与各地的地方发展、旅游事业密不可分，地方文化正经历着一个创新的过程。本文主要以浙江省的省级非遗项目"绍兴舜王庙会"为例，阐明有别于国家以及民间的地方非遗保护运动的现状，并由此探讨作为主体的多样性参与者所发挥的作用。

二 舜王祭祀圈及其作为信仰主体的村落群体

在舜江沿岸传承着舜王信仰，所谓的"越中三舜庙"[①] 反映了一定的区域范围：上虞境内的舜帝庙、余姚境内的舜王庙和绍兴境内的大舜庙[②]。舜江为古称，在东汉时因孝女曹娥投江救父而得名曹娥江。但在流经位于绍兴南部山区王坛镇大舜庙周围的那一段水域，现在仍然被叫作小舜江，并且在王坛镇周围也存在着一些和舜王有关的庙。据近年的

* 作者系上海大学社会学院副教授。

① 根据《乾隆浙江道志》记载，上虞还有一个舜王庙，绍兴府内应有四座舜王庙。

② 庙前牌匾写为"大舜庙"，但当地大都称为舜王庙。

资料，虽然并没有具体明确，但提到王坛镇一带历史上曾经有六座舜王庙，现尚存三座①。本文中涉及两座：一是位于双江溪村（现称为两溪村）的双江溪大舜庙，以前作为主庙是舜王庙会期间的主要祭祀场所，舜王像有"坐宫"和"行宫"两尊木雕，但现在庙内前后两殿的舜王像都为 20 世纪 90 年代以后新塑；二是位于湖墩村的湖墩舜王庙，历经挪作他用和损毁拆建，现只是保持原址的一座村人简易修复的小庙。另外，还有位于车头村的车头舜王庙，当地传说这个车头舜王庙建庙其实早于双江溪大舜庙，但现在只剩原址，未见再度重建。通过对有关这个大舜庙舜王的神话和传说的分析，可以知道在舜王信仰中，寄托着生活在山区的民众祈求消除水灾、期盼稻作丰收的深切愿望②。

舜王庙会在当地也有称为"舜王会"的，但一般大都和绍兴其他庙会一样，被统称为"迎神赛会"，或简称为"迎会"或"巡会"。农历九月二十七传说是舜王的生日，在当地要举行舜王庙会，其基本内容有两项：祭祀仪式和迎神赛会。从九月二十六的请神开始，然后用神轿抬着舜王像从舜王庙出发，沿各村走山路巡回一圈，一直到九月二十八回到舜王庙谢神结束。虽为时三天，但在舜王诞辰前几天或一星期左右，集市商贸以及演戏祭神的准备都已经开始。新中国成立前，在大舜庙前双江溪（小舜江在王坛境内水系）两岸滩涂上都会搭建商摊，还催生了先占据好地段再出卖给摊主的营生。庙会期间除了大舜庙内的戏台外，还有双江溪村的包公殿和附近罗镇茶站的戏台也都演戏娱神③。舜王庙会拥有自己的祭祀组织"社"和"会"，庙会的开销都由庙产、庙山的进账抵充。"社"由几个乡组成，最盛时据说有 36、32 个"社"，到民国时还有"王坛社""青坛社"等十二三个"社"。"会"由几个村或一个村组织而成，如"龙会""狮子会""高跷会"等。庙会时由"社"的社头组织决定迎神赛会的出发时间、所行路线，而具体庙会运营实行当值制度，如新中国成立初最后一次庙会轮到青坛社，由当时属于青坛社的六翰村（后因方言谐音，现为六岸村）当值；"会"也是因为庙会娱神而由各村组织起来的，如湖墩村在新中国成立前曾经拥有一支"龙会"，龙为红色，共 18 人进行舞龙。

三天庙会期间，村民们要抬着舜的神轿翻山越岭，从绍兴南部的部分村落途径诸暨枫桥一带，再到嵊县北部山地以及上虞汤浦西部。连接着绍兴南部山区一带，顾希佳认为存在着"舜文化圈"④，樱井龙彦认为存在着"舜的祭祀圈"⑤。无论是文化圈还是祭祀圈，说明这个地区一直传承着跨地域的广泛的舜王信仰。舜江沿岸的上虞和余姚自不必说，与王坛镇山路相连的嵊县和诸暨都有很多人信仰舜王。因为大舜庙在 20 世纪 50 年代以前是归属嵊县境内的，所以嵊县人历来有舜王信仰的传统。而诸暨人因为一则传说也成了舜王信仰的群体，"舜王和神龙的传说"说的是大舜庙前殿石柱上的两条龙在诸暨稻田上作

---

① 俞日霞：《绍兴虞舜文化研究》，浙江人民出版社 2006 年版，第 3 页。

② 陈志勤：《中国绍興地域における自然の伝統的な管理——王壇鎮舜王廟における「罰戯」「罰宴」を中心として》，《東洋文化研究所紀要》，2007，（152）：149。

③ 陈志勤：《论非物质文化遗产在现代社会中的应用——以"绍剧"为例》，《文化遗产》2009 年第 2 期。

④ 顾希佳：《绍兴舜王庙会之调查考察》，《民间文化》2001 年第 1 期。

⑤ ［日］樱井龙彦：《绍兴舜王庙查考》，《名古屋大学中国语文学论集》2003 年第 15 期。

乱，后被舜王降服的故事①。新中国成立前在南部山区和古城陆路交通不便的时候，当地人出行上虞、宁波、杭州和上海时，都要利用大舜庙前的这条通向曹娥江的双江溪，同时也是运送物产、物资的唯一一条水路，对舜的信仰也随着水路交通而广为传播。

三　作为非遗的"绍兴舜王庙会"与外来的文化相关者

在民国二十四年（1935）《舜帝庙志》中有浙江两大祀庙之说：一个是绍兴古城内的大禹庙，另一个就是绍兴南部山区的这座大舜庙。虽然禹和舜都被尊为帝王，对禹的祭祀大致有官方与民间之分，官方祭禹遵从帝王之礼，但对舜的祭祀却历来以民间为主。从上一部分提到的资料可知，信仰主体主要是大舜庙周围村落群体以及周边相关地区的民众。1949 年以后，祭祀组织"社"和"会"解散，传统的舜王庙会处于消失状态，其中的集市商贸部分曾经在 50 年代人民公社化时期，作为物质交流会存在过一段时间。

直到 2005 年 10 月 26 日，王坛镇镇政府举行了"绍兴舜越文化旅游节开幕式暨祭舜王庙典礼"之后，舜王庙会得以逐渐复兴，成为当地镇政府发展旅游、创新文化的主要工具。不过这些在非物质文化遗产保护背景下所引发的变化，或许称其为现代文化活动更为合适。而且，其活动主体已不再是村落群体以及周边民众。除了镇政府官员，地方文化人、文化研究者等外来的相关者也已经参与进来，但同时也不能否认，这种多样性的主体的存在，也可能促进旧有传统的记忆以及新生文化的传承。

首先，是新的舜王庙会与政府部门的关联。为提倡传统文化和发展地方经济，2000年，王坛镇镇政府就在舜王庙会期间举办了"舜越文化节"，并同时以"舜王庙·舜越文化·旅游"为主题举行了研讨会，以一种新的活动形式对庙会这种民俗文化加以利用。在停滞几年以后，随着非物质文化遗产保护活动的不断深入，2005 年由镇政府主导了"绍兴舜越文化旅游节开幕式暨祭舜王庙典礼"，来宾中不但有绍兴县政府的官员，还有国家旅游局的官员，成为第一次由官方主持进行的舜王祭祀典礼。以此为契机，2007 年 6月，"绍兴舜王庙会"被列入第二批浙江省非物质文化遗产名录。但在当时，作为庙会主要内容之一的"迎会"还没有恢复。同年 12 月，湖墩村村民在恢复了两支"龙会"（一支为黄龙、一支为青龙）的基础上，请出了在动乱时期保存下来的舜王像，首先恢复了中断五十多年的"迎会"。于是，在镇政府主导的"2010 年绍兴虞舜文化旅游节"的"祭舜王庙典礼"中，湖墩村的"迎会"就被"收编"进来了。而这样的"收编"，也就意味着村民文化主体性的丧失。就此整合以后，传统舜王庙会的两项主要内容：祭祀和"迎会"才在形式上趋于完整。

其次，是新的舜王庙会与地方文化人的关联。如各地利用民俗文化或非物质文化遗产发展地方文化那样，在政府主导的活动中大都存在着地方文化人参与的现象。王坛镇也是如此，以 YRX 氏为主的地方文化人充当了主要角色。这里所说的"地方文化人"，主要指的是出生于本土并致力于宣传本土文化的群体，出于宣传本土文化的目的，他们不仅编撰资料和书籍，还活跃于有关本土文化的一些活动中。在各地以非物质文化遗产保护、地方文化建设为名的地方旅游经济开发过程中，无论其结果如何，这个群体都在行动着。

---

① 绍兴县民间文学集成工作小组编：《绍兴县故事卷》，浙江省民间文学集成办公室，1989 年版，第 21—23 页。

2005 年王坛镇镇政府开始的"祭舜王庙典礼"以及 2007 年湖墩村开始的"迎会",其背后都存在着以 YRX 氏为主的群体身影。据湖墩村村民所述,由诵读祭文、鞠躬拜谒、敬献五谷、道士奏乐、各"会"表演等项程序组合而成的仪式,是在村民回忆的基础上,经过 YRX 氏等当地文化人士的编排而形成的。所以,说新的舜王庙会正是因为这样的一批地方文化人参与而建构出来的,也并不为过。2011 年,以这一群体为主又成立了民间组织"绍兴市虞舜文化研究会",核心人物由当地政府官员、外来文化研究者以及湖墩村庙会组织者等组成。由此,围绕着地方性的非物质文化遗产的保护和利用,一幅多样性主体的关系图就形成了:以"地方文化人"这一群体为主要力量,伸展为三方面的次力量——当地政府官员、外来研究者和当地村落民众。

另外,是新的舜王庙会与外来研究者的关联。外来研究者中,因为当地"地方文化人"群体与历史研究相关的背景,历史学者占有一定的比例,此外,民俗学者也占一定的比例。有意思的是,在非遗保护兴起以后,"地方文化人"群体中出现了以民俗学研究为自豪的倾向。早在 2000 年,杭州师范大学顾希佳教授就应邀参加了在王坛镇举行的研讨会,之后又继续展开研究并带领学生调查,他是最早对王坛舜王庙会展开研究的学者。最近几年,北京大学陈泳超教授、华东师范大学陈勤建教授等也先后应邀参加了当地政府主导的虞舜文化活动,并带领学生调查和研究。陈泳超教授作为尧舜研究的著名学者,陈勤建教授作为国家非遗保护专家委员会委员参与其中。对于地方来说,这在扩大政府行为影响、传播虞舜文化传统上无疑是双赢的。此外,笔者自 2000 年开始,为了博士研究课题,把王坛镇舜王庙周边一带作为田野调查地之一,并延续至今。2003 年,还曾经和名古屋大学博士导师樱井龙彦教授一同到舜王庙调查,当时虽然在地方上还未见非遗保护的具体动向,但樱井龙彦教授指出,在祭祀活动中介入政府行为进行指导和规制,是今天中国各地都能看到的一般现象①,而现在可能更是有过之而无不及。

最后,是新的舜王庙会与当地村落民众的关联。这其实是最应该关注的部分,但就像以上所提到的那样,湖墩村的"迎会"被"收编"到政府的"祭舜王庙典礼"中,也就意味着村民文化主体性的丧失。据村民所述,湖墩村因为拥有"龙会"并恢复了"迎会",在申报省级非物质文化遗产名录的时候,曾经有县里的人来调查组织材料,当时还以为是以"湖墩舜王庙"为名进行申报的,但结果却是"绍兴舜王庙会",不免感觉失落。而且,在非遗保护资金上并没有配套,现在的资金大都来自村落民众(包括开厂行商的富裕群体)的捐赠,还有如 YRX 氏那样地方文化人的捐助等。因为舜王庙原址建筑保存完好,现为省级文物保护单位,成为绍兴古城的一大名胜古迹,即使当地镇政府不介入,现在的舜王庙会与当地文物局、旅游局的关系也是理不清的,与原本以村民为信仰主体的时代大相径庭。但是,在庙会期间,地方政府把舜王庙作为虞舜文化的宣传场所,村落民众则是把舜王庙作为一个祈祷神灵保佑的信仰场所,政府和民众以各自不同的目的参与庙会、关注庙会②。在祭祀和"迎会"尚未恢复的时候,每到庙会期间,大舜庙还是会聚集很多参拜和旅游的人。现在,庙会在形式上恢复以后,一些村落陆续重新组织了各类"会",村民们的参与度也随之上升。

---

① 　[日]樱井龙彦:《绍兴舜王庙查考》,《名古屋大学中国语文学论集》2003 年第 15 期。

② 　陈志勤:《传统文化资源利用中的政府策略和民俗传承——以绍兴地区对信仰祭祀民俗的利用为事例》,周星:《国家与民俗》,中国社会科学出版社 2011 年版,第 313 页。

四　结论

在作为非遗的"绍兴舜王庙会"的发明过程中，当地的政府部门、文化人士、村落民众以及外来的研究者等，作为多样性的主体在其中扮演了不同的角色。特别是可称为"地方文化人"的这一群体，在成为当地村落民众向上联系权威力量的依靠的同时，也成为联结当地政府官员、外来研究者的中介。而其中，在有关新的舜王庙会的一系列建构过程中，可见村落民众因此丧失文化主体性的倾向，其社会的、经济的地位并没有由此提升。所以，到底为了谁、为了什么而保护非物质文化遗产这个问题，终将浮出水面。

尽管如此，村民们还是每年积极地参与舜王庙会。对于信仰舜王的村民们来说，祈祷神灵保佑不但影响着当前生活文化的质量，同时也关系到今后生活文化的再生产。关于非遗保护和国家文化建设的关系，无论从民族性、历史性、唯美性等方面来探讨，都是经常被研究者提起的论题。对于非遗保护与地方文化重构的关系，也已经形成很多研究成果，本文仅从其中多样性主体所发挥作用的这一侧面，进行了初步探讨，而对于非遗保护与民众生活文化再生产的关系，是一个关系到传统村落保存的民生问题，有必要进一步展开具体而深入的探索。

（原载《民间文化论坛》2014 年第 2 期）

从"敬神"到"祭祖":微山湖湖区
渔民宗族文化的建构

刁统菊　佘康乐*

【摘要】明清以来,生活和生产环境的差异使得微山湖湖区渔民形成并传承着与陆居农民截然不同的风俗习惯和信仰系统。20 世纪 70 年代以后,渔民上岸聚居,在水上时期并不凸显的宗族文化遂开始冒头。作为渔民精神文化的核心内容,"老祖"从祖先的总称发展为涵盖了祖先和各类神灵的庞杂信仰体系,其中的宗族因素从被隐含到逐渐被凸显,与渔民从水上到陆上的迁移有关键联系。五年或十年一次的"敬神"仪式从改名开始,被渔民们建构为自己的宗族文化,宗族因素渐渐从原本统合在一起的因生产方式形成的敬神活动中独立出来,续家谱仪式也从祭祖与敬神的统一转变为单纯为了续谱和祭祖而举办,这满足了渔民不同于陆居农民的那种对群体历史感和归属感的格外迫切而深刻的追求。

在北方微山湖沿岸,有一群特殊的水上居民,他们在某些方面与东南沿海地区历史上曾广泛分布并从事渔业及水运的"疍民"颇为类似。根据这些水上人的职业,我们称其为"渔民"。渔民没有自己特定的名称,被周边陆居农民称作"湖猫子",这一侮辱性的称谓表明他们和疍民一样也被陆居农民缘化①。从微山湖形成之日至新中国成立以前,渔民终日漂浮于水上,直到 20 世纪六七十年代才上岸定居,但仍然从事渔业和水运,生产形态并没有脱离"水"这一大环境,这使得他们对"根"的追求、对凝聚群体的需要如同过去一样远远超过农业人口。一旦遇到合适的土壤,潜藏着的宗族意识就会冒头。"相关的调查资料显示,不少地区的疍民在登陆定居之后,就会以修建宗祠、编纂族谱的方式来改变自己的社会地位和建立群体认同",甚至将"姓氏作为一种认同的文化符号,和陆

---

* 刁统菊:山东大学儒学高等研究院民俗学研究所副教授;佘康乐:江苏省扬州市江都区邵伯镇人民政府。

① 参见陈碧笙《关于福州水上居民的名称、来源、特征以及是否少数民族等问题的讨论》,《厦门大学学报》1954 年第 1 期;Anderson, Eugene N. The Floating World of Castle Peak Bay. Washington, D. C. : American Anthropological Association, 1970。转引自黄向春《从疍民研究看中国民族史与族群研究的百年探索》,《广西民族研究》2008 年第 4 期;何家祥《农耕他者的制造——重新审视广东"疍民歧视"》,《思想战线》2005 年第 5 期。

上同姓宗族联宗，或是同姓的疍民之间联宗。"① 这是水上人在宗族方面常见的做法，而微山湖沿岸渔民，所走过的路却有许多差别。

微山湖沿岸渔民在上岸之前确实没有较为明显的宗族组织，但宗族文化是潜藏在日常生活以及祭祀活动中的。无论是春节祭祖还是五年一次的敬神仪式，其组织单位仍然是宗族和房支。上岸以后，结合自己的文化传统，渔民逐渐对宗族文化进行重新建构，将本来是为了"敬神"的仪式转变为主要是为了"祭祖"的仪式，凸显了本来潜藏着的宗族意识。这一变化，固然与水陆群体之间的认同无法脱离联系，但进一步更可以将之作为1949 年以来中国传统文化在乡村发展过程的一个注脚。或者可以认为，微山湖渔民只是陆居农民创造出来的"他者"而已，在宗族建设方面的措施并不能说明该群体为了摆脱陆居社会所想象的特异性而有意识地向后者靠拢。而且，渔民由于生产环境没有完全脱离水上，在民间信仰方面仍然保持了群体特色，例如他们一直举办的唐神会②等活动，至今是陆居群体所无法理解的，这使得他们在文化精神生活方面并没有融入陆居农民，起码没有主动融入的意向。这样说来，地域群体内的社会界限在很大程度上来说并没有淡化或消失。

一　微山湖、微村与宗族文化

微山湖位于山东省南部，由明朝出现的一系列小湖逐渐汇合而成，后发展为中国北方地区最大的淡水湖。它兼具巨大的经济价值和丰厚的人文内涵，自形成之日起就有渔民从事渔业捕捞工作，现有 14 万渔民。20 世纪六七十年代，为了改善渔民的生活条件，政府开始在湖边建筑庄台，渔民遂上岸定居，从终日在湖上漂浮的渔民成为在陆地上定居的渔民。

微村是微山湖北岸一个普通的小渔村，截至 2011 年，共有 2100 多人，是一个多姓杂居村落，其中胡、沈、丁、王为四个较大的宗族，合计占到全村人口的百分之八十强。各姓氏之间在近几十年来由于村落聚居逐渐形成一张靠血亲、姻亲、干亲等方式联成的巨大亲属关系网。又因为和邻近几个村庄之间也有通婚，所以，亲属关系网络往往延伸至周边一带，但几乎仍局限于渔民之间，与沿湖周边原陆居农民的往来即使有增多，也只能算是较少数。

经历了"文化大革命"、上岸定居、航运兴起以及改革开放和商品经济大潮的冲击，渔民通过长期渔业生产和水上生活所形成的特定生活方式、社会组织等也在逐渐发生变化。社会生活与文化的变化是有迹可循的，尽管情形比较复杂。例一，渔民上岸后，由于具备了某些条件，丧礼习俗也逐渐和陆居农民靠近、趋同。③ 例二，某些习俗采取了部分

---

① 张银锋：《族群歧视与身份重构：以广东"疍民"群体为中心的讨论》，《中南民族大学学报》2008 年第 3 期。

② 唐神会是在渔民中有广泛影响的一种信仰活动，在长期的活动中已经形成一定的组织结构。

③ 过去渔民漂泊在水上，交通不方便，老人在船上去世后为了避免尸体腐化，往往立刻就近寻找小岛下葬，过完五七再通知所有亲戚来参加葬礼。经济条件好的也会提前给老人准备寿衣和棺木，但渔民早期生活艰难，有这样条件的很少。现在村中建了土地庙，老人去世后，亲属和陆居农民一样也去土地庙"报庙"。一般在家中停灵三天，报丧者去各亲戚家磕头报丧，众人收到消息便陆续过来吊唁，会举行"路祭"仪式。

采借、部分保持传统的方式，如在节日生活上，渔民也在上岸以后逐渐学习陆居农民过中秋节的习俗，但仅吸收了陆居农民过节时的团圆观念，而家庭内部的祭祀传统仍然遵循了渔船上的生活习惯①。上述所言，并非不包括对宗族文化的影响。实际上，渔民的宗族文化在陆居上岸，尤其是航运兴起以后发生的变化，与周边甚至更大区域的陆居农民有保持一致的地方，比如仪式规模日趋盛大。但是对微村这样一个渔村而言，宗族文化的建构具有显著特点。

在微村的历史上，对其社会组织、生活与文化造成重大影响的事件，不外乎陆居上岸和航运兴起两件。它们共同造就了 20 世纪 80 年代中期宗族复兴基础的内因。微村渔民没有耕地，长期在湖上漂流，祖祖辈辈都生活在小渔船上，以湖区捕鱼为主，后来由于湖内蓄水，水位抬高，使微山湖的自然条件发生了变化，生产丰歉不稳定。为了保证渔民的生命财产安全，也为了改变单靠捕鱼为主的生产方式，使湖上多种经营得到迅速发展，政府决定在 60 年代和 70 年代两次让以船为家的渔民在湖内或湖岸建村定居。尽管是政府的强制定居，但上岸是受到渔民欢迎的。② 在微山湖沿岸众多村落中，微村是著名的运输专业村，拥有微山县最早成立的航运公司，1985 年还获得了共青团中央颁发的"新长征突击队"称号，航运业务发展得如火如荼。

令人意外的是，在一般集体移民中通常会出现的宗族纠纷或械斗却并未在微山湖渔民的陆居上岸过程中发生，不仅政府档案资料未有记载，村民的口述中也鲜有提及。事实上，在对微村渔民产生重大社会生活影响的两个事件（陆居上岸和航运初起）中，宗族组织几乎未曾在其中产生影响。陆居上岸是根据政府的安排，聚合单位没有如一般宗族村落那样选择宗族聚合，而是依据行政区划按原来以渔湖为生产片区转变形成的生产队聚居。从渔业转型为运输业是为形势所迫，微村航运公司的领导阶层也是由村内不同家族的人员组成，并没有以家族为标准分配和组织领导力量，因此未形成某一家族独大的局面。故而在航运业务运转过程中，无论是经营合作抑或是资金借贷，族内成员都不在首要考虑范围之内，而是向原来所处的帮会成员以及航运公司、生产队等上级机关寻求帮助，传统宗族的救济作用在这里尚未发挥出来。

"在水上生活的年代，船的空间以及流动的生活无法容纳和维系稳定的多代际亲属结构"③，没有形成宗族聚居的条件，自然也无法发挥宗族的某些功能，但这并没有妨碍宗族观念和意识的养成与维护。当然，这也与当时整体的环境有关，1949 年以后，全社会都经历了一系列政治运动的发展，国家加强了对乡村社会的控制，集体主义的社会意识形态得到了广泛传播，宗族组织和宗族观念也就不可避免地受到了打压。

宗族组织在渔民陆居上岸和航运兴起时并未发挥出其应有的作用，但改变了村落和群体历史及社会文化的两件大事却对当地渔民宗族的发展产生了巨大影响。陆居上岸使得渔民拥有了一个稳定的居住环境，虽然是以生产队为单位聚居，但固定的住处也便利了之前因随水漂泊难以常聚的族众之间的日常联系，有助于宗族组织的形成和稳定，同时也于潜移默化之中加深了宗族观念和意识，并增强了宗族的内在凝聚力；而水上运输业的兴起则

---

① 在这天既不需祭祖拜神，也没有什么禁忌讲究。

② 因为"从古代开始，渔民在船上太苦了"。访谈对象：张有才。访谈人：余康乐、赵容。时间：2011 年 9 月 25 日。地点：张有才家中。

③ 贺喜：《从家屋到宗族？——广东西南地区上岸水上人的社会》，《民俗研究》2010 年第 2 期。

令渔民的收入大为增加，拥有了一定的人力、物力、财力，奠定了良好的经济基础[①]，从而为日后宗族意识的觉醒和宗族活动的复兴创造了物质条件。[②]

当代社会的宗族实践活动主要包括两个方面，"一方面对固有的宗族传统及其文化仪式在某些方面进行'复制'，而另一方面就是对固有文化传统进行'创新'和'生产'"。[③] 和山东陆居农民一样，微村当地每年举行的春节祭祖仪式曾经是最为重要的宗族仪式，即使在当下，它也是常规的年度祭祖仪式。在民间信仰颇受打压的时期，春节祭祖仍在私下进行而从未中断，由此可见它对渔民非同一般的意义。可以说，渔民春节祭祖仪式不仅包含了对渔业保护神的一种崇拜与信仰，同时也在家族内部持续地养护了其宗族秩序和宗族文化。[④] 所以在全社会普遍兴起的宗族复兴热潮开始之时，渔民迅即将这一仪式几乎原封不动地予以展演，所改变的只是规模而已。更重要的是，春节祭祖仪式作为宗族实践中的一个重要环节，凸显并深化了渔民的宗族观念。华北宗族的外在特征本来就不明显，相对于陆居百姓，渔民更加没有条件建立宗族的各种物化形式，但宗族观念却并没有因此而相对比较淡薄，显示出湖区渔民在宗族实践中对于宗族制度的持续性追求和维护。

相较于春节祭祖仪式的大规模恢复，各个家族近些年频频定期举行的续家谱仪式则在传统的基础之上进行恢复和创新，这当然与20世纪80年代以来整个社会的宗族复兴潮流无法脱离关系。微村渔民上岸建构自身宗族文化并非孤例，贺喜通过对广东西南地区的上岸水上人祭祖方式的考察，来回应弗里德曼所提出的环境改变是否会引起亲属结构的变化这一问题。作者发现广东西南地区上岸的水上人上岸后建立宗族是他们文化上的选择，不是对环境改变的自然反应。[⑤] 我们认为，微村渔民上岸以后重构宗族文化，首先，出于上岸定居以后生活环境的改变，从这个角度而言确实存在吸收利用陆居农民的宗族传统来建构自身社会关系的可能；其次，生产环境虽然没有改变，但自然风险已经大大降低，因此渔民一方面对"根"的追求仍然非常强烈，另一方面也减轻了对行业保护神的依赖，可以利用原有文化传统进行宗族文化的重新建构。

[①] 在周边县市（如滕州），微山湖沿岸渔民近几十年来对外造成了富裕的印象，人们形象地描述说："湖上出大户"或"湖上出大家"。

[②] 弗里德曼的研究表明中国东南地区的宗族建设与发展离不开地处边陲、稻作生产、水利设施（［英］莫里斯·弗里德曼：《中国东南的宗族组织》，刘晓春译，上海人民出版社2000年版），对弗里德曼的研究有许多验证与修订（参见王铭铭《宗族、社会与国家——对弗里德曼理论的再思考》，载氏著《社会人类学与中国研究》，生活·读书·新知三联书店1997年版），但我们必须承认这三个条件是综合起来对东南地区的宗族发展发挥作用的。其中，稻作生产带来了足够的农业剩余，进而有助于共有资产的积累、促进宗族的物质建设，这一点已经为学界所公认。2012年微村周边陆居村落一位王姓农民在接受刁统菊访谈时指出："现在都发达了，都搞续家谱。这个事儿，不光渔民搞，俺王家五六年前办得很隆重。还有其他家族，都这样。"

[③] 麻国庆：《宗族的复兴与人群结合——以闽北樟湖镇的田野调查为中心》，《社会学研究》2000年第6期。

[④] 我们在考察时，也曾经对当地春节祭祀仪式能否称为祭祖感到怀疑。但考虑到祭祀的对象、该仪式的操作单位，以及对老人的访谈，如"过年祭祖都是大哥二哥弄"等，因此我们认为这一祭祀仪式还是祭祖。

[⑤] 贺喜：《从家屋到宗族？——广东西南地区上岸水上人的社会》，《民俗研究》2010年第2期。

二　老祖与明堂：特殊的宗族文化结构

微山湖渔民大部分均是明清时期在微山湖中落户的。[①] 根据对村中老者的访谈，陆居上岸以前，渔民是有自己的宗族观念和宗族活动的，只是其中外化的内容较少，其中最重要的就是"老祖"。"老祖"是一个地方性知识系统，与当地宗族文化直接有关的一个概念——"明堂"即蕴藏在"老祖"之中。微村渔民普遍信仰"老祖"，而所谓的"老祖"，并不是特指某一个神，而是一组神。老祖以一组神像为代表，每张神像宽度大约90厘米，长度从90厘米到200厘米不等，成卷轴状，所以一张画像也被称作"一轴"。所有的神灵组成渔民独特的信仰体系，在不同的祭祀仪式中有不同的主神，比如春节祭祖就以明堂为主神，唐神会以唐神为主神，大王会[②]则是敬大王。但不管什么祭祀仪式，主神之外，其他的神灵也会一同享受供养。老祖神像[③]主要包括明堂和唐神、大王、师傅老爷、菩萨等。

明堂，即先祖，这是祭祖时最主要的一张神。神像上方画着一张香案，案上摆着一个"某氏三代宗亲"的牌位，旁边对联写着"逍遥松树下"和"自在宝林中"。再往下是两位微笑端坐的老年夫妇，上写"先祖父"和"先祖母"，代表家族始祖。下面几个牌位，分别写着始祖儿子的姓名，象征不同的房支，其中自己这一支系祖先的名字写在最中间。再往下则是一行一行的竖格，写着死去祖先的名字，一直到自己这一辈，下边还空着几行，则是留给儿孙的。本家族每一位死去祖先的名字，都在这张神像上。整个画面风格营造的是家族人口兴旺的意味，凸显了家族血缘关系和人伦秩序。凡去世家族成员的名姓都在其上，因此亦可称作悬挂式的家谱，而从其作为依时祭祀的对象这个角度而言，明堂又具有家庙的功能。这一神像及其功能和山东其他地方的"家堂轴子"[④] 非常类似，因此我们认为渔民以此作为祭祀对象，虽然和其生活在船上、不可能建立祠堂来祭祖不乏联系，但这其实也是山东乃至华北地区宗族文化的特色[⑤]，一张神像囊括所有祖先，简便易行，容易成为一种颇具群体特色的仪式元素。事实上，即使渔民在陆居上岸和航运兴起以后具备了修建祠堂的空间与能力，人们依然以神像上的明堂为祭拜对象，而并非是由于缺乏大规模公产才采用简易的祭祖方法。

同一家族的神像基本统一，不同的家族，神像从七八轴到十几轴不等，不过这样的神像并非每家都有。按照当地传统，老人六十岁以后就可以不用敬老祖，神像传给长子，其他的儿子年节时前往长房处祭拜。但若其余诸子遇到灾难，则由通晓此事者劝其另画神像

---

① 参见山东省微山县地方史志编纂委员会编，曹瑞民、盛振玉主编：《微山县志》，山东人民出版社1997年版，第321页。

② 大王会又被称为"打生产"，渔民所敬的大王是指"金龙四大王""张大王""黄大王"等负责管理河湖的水神。

③ 此处的神像名称主要来自于林敬智2009年（时为美国加州大学伯克利分校历史系博士候选人）搜集获得的一份神谱清单，后经笔者在调查中于多户人家验证。在此对林敬智的资料共享表示感谢！

④ 刁统菊等：《节日里的宗族——山东莱芜七月十五请家堂仪式考察》，《民俗研究》2010年第4期。

⑤ 如山西的容，参见韩朝建《华北的容与宗族——以山西代县为中心》，《民俗研究》2012年第5期。

并为其开光，谓之"出老祖"。出老祖后，意味着该子能独当一面，即可在自己家中祭拜，不用再去长房处。当地大部分为主干家庭，祭祖仪式也就主要由家中长辈来操办和主持。若有多个儿子且儿子们都出老祖的，老人一般只在自己居住的儿子家中主持仪式，其余诸子各家祭祀。如果有多个儿子但只有长子继承了上一代的神像而其他诸子没有出老祖的，那么，不管老人住在哪个儿子家，所有的儿子包括老人都要到长子家进行祭祀，仪式也由老人主持。还有一种情况是，如果老人自己既不是长子没有继承神像，也没有出老祖另画神像，那么老人及其儿孙都必须去老人的长兄家中祭祀。①

渔民祭祀的对象是包含了祖先和大王、唐神等保护神在内的老祖，这一点是人们将传统"敬神"仪式改造为"祭祖"仪式的关键。"老祖"实际上是一个信仰复合体，而且确实也显示出渔民信仰的驳杂，但是它对于渔民宗族文化的意义不仅仅是包含了祖先在内，更重要的是，老祖的原初意义实际上就是对去世的一代代先人的总称。这一点不仅被访谈所证实，可以佐证的还有人们一直用一堂"老祖"来代表一"房"。表面上看来，"出老祖"是因遇到灾难或者不顺，但更深层次的原因，应该是一种房分的理念。村中出老祖者为大多数，试想一下，如果一直没有兄弟"出老祖"，那么老祖神像将永远在长支家传下去，其他的房支就要一直去长支家里祭拜。随着时间的流逝，代数慢慢增加，支系越来越繁杂，族人越来越分散，居于各地的渔民每年春节去长支家祭拜会变得越来越困难，久而久之，势必会产生"出老祖"以在自己家里祭拜的念头。家族分支依照长幼被称为"长支""二支""三支""四支"等。同样，二支家的老祖还是传给长子，等传到了一定的代数，自然又会要"出老祖"，依照长幼分出的便是二支家的"长房""二房""三房"②，以后便依次再往下分。调查人员问及房分的概念时，当地人往往含混不清，却习惯将老祖视为一个独立的单位。续家谱会按每堂老祖收取费用，新修家谱也会按每堂老祖来颁谱。可见一堂老祖被视为宗族之下的一个亚结构。春节祭祖时，没有老祖的人家要去长房家祭拜，这一方面体现了长幼之序，同时也起到了团聚本房族人的作用。而所有出老祖的人家，在自己家里祭拜，这便是以房为单位的聚合。值得注意的是，当地春节祭祖，只去长房家祭拜，却不用去长支家，这也是和渔民水上生活时形成的主干家庭制度③相契合的。实际上，无论是陆居农民还是水上渔民，时间久了，对于房分的概念都会模糊，但是渔民却通过"老祖"这一实物将其确定了下来，并在一房之内巩固着宗族关系，在有关老祖的祭祀仪式上体现着宗族意识。④ 从这一点来说，渔民的宗族观念不仅如陆居农民一样存在，同时也并未因水上流动生活而削弱或丧失。

微山湖渔民的宗族实践，一直以来都是以祭祀老祖为主。只是在陆居上岸以前，祭祀规模不仅较小，而形式亦简陋许多。祭祀的对象不分祖先还是保护神，均以"祭老祖"

---

　　① 佘康乐、刘星：《渔民春节祭祖与宗族聚合——以鲁南微山湖区为中心》，《民俗研究》2011年第1期。

　　② 在当地房支有以在世辈分最长者的上三辈划分的，也有上五辈的，并不统一，一般每个家族分成十几房。

　　③ 统计资料显示，渔民的家庭成员人数在数十年间始终保持在5人左右，基本都属于主干或核心家庭，数据参见董学军主编《微山湖志》，黄河出版社2010年版，第113页。

　　④ 此处关于"出老祖"的信息，参见佘康乐、刘星《渔民春节祭祖与宗族聚合——以鲁南微山湖区为中心》，《民俗研究》2011年第1期。

为名言之。近几年我们所考察的续家谱仪式，实质上也是祭老祖，但已经和过去的祭老祖出现了一个名称上的变化。毫无疑问，"老祖"作为当地的一个信仰系统，包含了祖先和各类神灵，体现着渔民独特的文化，那就是和渔业生产紧密联系在一起的宗族文化结构。从我们近些年在山东农业地区的考察来看，春节祭祀的对象既包括祖先，也包括天地神灵，但在家族仪式上，所祭祀的对象则完全是祖先，比如近二三十年来广泛兴起的修谱、祭祖活动①，以及中元节祭祖仪式②。而渔业生产的特殊性，使得渔民对保护神尤其是生产保护神之类的神灵有着比农业人口更大的依赖性，农业人口对雨神之类虽然也有依赖，但其程度远不足与渔民依赖大王相比。

　　祭祀老祖固然是渔民宗族文化中可以观察到的极为显著的外化点，但我们还应该关照日常生活实践的经验领域，这可以与原来只以宗族外化有形活动为关照点的考察视角相互补充。中国乡村社会中的宗族组织、宗族意识与宗族活动，固然会体现在祭祖仪式、族谱、祠堂等象征符号及制度规范方面，但更重要的是，它们作为宗族活的形态蕴藏于族众的日常生活实践之中。日常生活中的宗族意识往往在一些小的细节中体现出来，比如我们在微村某家族续谱时拜访一位族中管事老人，以了解其宗族的各项事宜。访谈时，这位老人的妻儿均在场，在他讲述的过程中，他的妻子几乎没有说话，只在这位老人对于某些时间或者人员记不清的情况下，会与她确认一下。而老人的儿子虽然时不时地会参与讨论，但与老人在某些观点上有分歧时，便还是让我们以老人的意见为主。从这件小事便可以很清楚地看到宗族里"性别"与"行辈"意识是如何深深地烙印于族众的思想意识并反映在他们的日常生活里的。

　　此外，访谈资料表明，即使在上岸以前，渔民在人生仪礼中与陆居农民一样，也贯穿着宗族中的协作观念。渔民平时散居各地，联系较少，而人生仪礼则为渔民的交往提供一个很好的契机，这些民俗活动往往体现出渔民族群的特点，其中某些特殊的仪式及在人生仪礼活动中所展现的衣食住行、人际交往等诸多方面，对于当地宗族和个人来说，都具有不同寻常的意义，同时也彰显出宗族及村落内外的不同关系。

　　从历时的角度看，有些宗族习俗在当下的社会实践依然发挥着切实效用，而有的则已经随着时间流逝退化为群体的集体记忆。虽然微村在上岸以前并没有产生具备完善和严密组织形式的宗族形态，但是宗族意识和宗族观念却以各种形式隐含在日常生活的方方面面，而在以父系血缘关系为标准的宗族关系中，则以新丁的行辈排列展现出一种原始的人伦秩序。这种人伦秩序落实在宗族上，使得宗族保留着传统的宗族意识，而组织结构却是隐含在其中的。

三　续家谱仪式的名实之辨：渔民如何建构宗族？

　　微村的续家谱仪式在微山湖湖区十分盛行。该仪式每五年或十年举行一次，以家族为单位，将散落全国各地的族人聚集在一起，共同祭祀祖先、敬拜神灵，并把每户家中的神

---

① 例如，山东大学民俗学专业硕士研究生刘爱昕、张礼敏、张萌在2007年4月考察的枣庄田氏祭祖。

② 刁统菊等：《节日里的宗族——山东莱芜七月十五请家堂仪式考察》，《民俗研究》2010年第4期。

像带来，接受族人的供奉。如果说春节祭祖仅仅是对渔民宗族实践传统模式进行无意识复制的话，那么续家谱仪式就是渔民宗族观念觉醒之后有意识进行的宗族建构，其中蕴含着对自身固有传统的创新和改革。本部分将在详细考察当代渔民续家谱仪式的基础上，将其作为文化时空中人的活动的累积与过程，从渔民群体的历史传承角度对该仪式进行解读并探讨其对当地宗族秩序建构的意义。

（一）仪式的文化图景

微山湖渔民的续家谱仪式，是一场家族的盛宴和村落的狂欢，多年未见的族人此时欢聚一堂把酒言欢，整个村落甚至邻近村庄的民众亦都携老扶幼前来观看。仪式影响广泛而深远，所引起的轰动效应成为家族扩大自身影响、村落促进社区和谐的重要契机，以至每一次续家谱仪式都被希望可以尽善尽美。所以在仪式之前，往往需要长期而周密的准备。

续家谱仪式作为整个宗族时隔数年才举办一次的盛事，除了一般家族人员、家族嫁女和其他家族人员以外，其他参与者众且各有分工。过去主事者往往要挑选族中有威望能办事的长者担任，现今大都成立了"宗族理事会"来承担主事者的任务，成员包括家族中各房支力量的代表、掌握一定文化知识者、曾经担任但现已卸任或退休的大队或村委会领导人。在仪式中，家族成员在神灵和祖先面前实现了同一化，族中长者负责组织仪式程序，族众则参与其中服从安排，从而形成了一个有序协作的整体。仪式的举行也为村民邀请姻亲前来做客，为村落与其外部的联系提供了契机。仪式表演者是端公①，其中德高望重者担任坛头，负责整个续家谱的仪式，他要和主家商议仪式的具体内容及程序，负责仪式中所需用品的制作和每张神像的点睛开光，并主持整个仪式。

续家谱仪式根据举办家族的需求和经济情况，一般持续两至四天不等。搭建举行仪式和端鼓腔表演的神棚，要区分内坛和外坛。内坛严禁女性入内，既摆放供品和悬挂神像，也供端公换装和休息。外坛正对内坛供桌，作为端鼓腔演出舞台。仪式中所需物品，也要置备齐全，其中尤以"斗"②最为重要。斗，全称"财神斗"，祖先请回后就座的地方，在整个续家谱仪式中很重要，而香案是给各路神仙坐的。族内每房一个斗，传自祖先，斗上写着这一房长支的名，因此斗是该房的象征。其他没有斗的，或者没有来参加仪式的，就将名字写于红纸并挂靠与自己关系最近一支的斗上。斗要放在内坛，长房的斗放在中间，正对香案，其余的斗按照长幼顺序在两边从东向西排列。③斗越靠近香案，就越能享受到族人的供奉，也就意味着这一房越能得到祖先的庇佑，所以大家对于斗的位置非常在意。长房往往没有异议，其他房支随着时间的推移，渐渐模糊了远近关系，故而斗的摆放常常引发矛盾。

越是重要的仪式环节，越是在半夜甚至凌晨举行。一般来说，整个仪式过程有十个基

---

① 端公表演端鼓腔。端鼓腔作为一种喜闻乐见的表演形式，在渔民中影响广泛，参见张士闪、高建军《微山湖渔民"端鼓戏"艺术探析》，《齐鲁艺苑》1996年第1期。

② 原来都用那种上宽下窄呈倒梯形的斗，现在很少见了，便用藤条编制的筐裹上一圈写有主人姓名的红纸来代替。斗中装满了象征节节高升的高粱，插着代表金木水火土五行和东西南北中五方的五色纸质彩旗，还有一杆秤、一把剑、一面镜子、一把梳子，这些东西都是用来辟邪的。

③ 当地人以太阳升起的东方为尊。

本环节，每天二至三个，可以分为四个部分：一是"唱家前"，二是"神进棚"，三是"酬神"，四是"上礼"，其间以端鼓腔表演将其衔接。

1. 唱家前

仪式的正式开始称为"起鼓"，意味着续家谱仪式的正式开始。起鼓之时燃香放炮，续以坛头敲锣，端公开始表演。自起鼓后一直到了坛，供奉在内坛香炉内的香便不能断，由端公和族人轮流照看。起鼓后即是仪式的第一部分——"唱家前"。家前亦称家先，即祖先，唱家前为续家谱时端鼓腔表演的一部独特剧目。由族中一位辈分较高的老者扮演家前，内容主要讲述祖先当年逃荒要饭、发家等艰难谋生的经历，并在祖先牌位前报告续家谱的因由及各项程序。此中有一重要环节为"走灯"[①]表演，端公手持端鼓边走边唱，绕五盏油灯走"8"字步。走灯的意义略同于招魂，将分散于各方祖先的魂灵招来享受子孙供奉。[②]唱家前结束后，由坛头领着族人在香案前跪下敬拜祖先，并在簸箕内占卜看祖先是否满意，若是吉卦，则大家都磕头谢过祖先，若不然，则要一直跪着，等坛头卜出吉卦来才可起身。

2. 神进棚

仪式的重头戏是第二天的"神进棚"，或称"请神"，是仪式中最为神圣的部分。族人将自家的神像奉进神棚内坛挂起，以享受子孙的香火。此前还需进行"拜五方"的仪式，由家族长房长孙手捧放有供品与祭文、世系表的香案向五个方向朝拜，而后将其交与端公奉至内坛。此环节意义与"走灯"类似，将四面八方的神灵请来接受供奉。拜五方是以长房长孙代表整个家族向各方神灵行礼，以期得到神的庇佑，拜完之后卜卦问吉，就代表神灵答应了其请求，众人便磕头致谢。

神进棚是整场仪式的高潮，之前须得先给内坛的香案前换上一桌有猪头的大供，外坛放上十几张矮方桌，各房支将自家的斗抬到外坛来放在桌上，长房的斗在最前面，正对内坛的香案，其余的斗依照长幼远近依次在后面排开。待到零点左右，各家将自己的老祖神像抱到神棚门口按长幼顺序依次站定。此刻接近阴阳交会之时，神像用红布裹着，另有子孙打着红伞遮住抱神像者，防止邪气冲撞。然后众人跨过火把进入棚内，展开绘有观音的主神挂于本支斗上，其余神像放于斗内及四周。众人退开，由端公手持端鼓边唱边绕行，此举意同开光以趋吉避凶。端公唱完后，各房按照之前的顺序将斗抬入内坛，每斗所属各房支的族人将自家的神像也一同抱入并挂于棚内。大部分时候神像太多，有时来续谱的有上百堂神，每堂神近十张神像，便有上千张神像，内坛根本不可能挂得下，主事者只能请族人见谅，建议其只挂主神一张就好，其他神像安放于斗周围，一样可以接受香火的供奉。

3. 酬神

在倒数第二天进行的人血酬神的仪式，由端公中推举出一人执行，当地俗称"拉

[①] 场地的四角和中央各点燃一盏面制挂有银镙的油灯，代表东南西北中五个方位，中央的油灯后有一面塑老者，上贴"三代家前"的彩纸，代表本家族的祖先。

[②] 旧时渔民在湖上漂泊，居无定所，家中老人去世后则就近找陆地安葬，长此以往，祖先散落各地难以找寻，便借助这样的仪式将分散于各方祖先的魂灵招来，以享受子孙的供奉。

刀子"①。人血酬神仪式，以其神秘性和强烈的感官刺激令大家既敬且畏，可以算作续家谱仪式中的一个特殊高潮。除了以人血酬神之外，主家还需准备活猪、活羊、活鸡等活畜数只，将其分别拉进神棚在祖先和神灵面前宰杀，当地称此为"浇供"或者"浇小猪""浇小羊"。宰杀后将牲畜剥皮褪毛洗净抬进内坛，供奉于神像前。当晚将宰杀的活羊做成羊肉汤，供族人及端公分食，因其曾被敬献于祖先，得到了神灵的庇佑，俗信喝下此汤可消灾解难。

4. 上礼

仪式进行最后一天，亲友的"上礼"可视为整个仪式的庆祝活动。除了本村亲友外，族人还会邀请姻亲落前来观礼，大家根据关系远近送上数量不等的黄表纸和鞭炮。嫁女所备礼物尤为丰富，包括几百盘点心、各式水果、名烟名酒以及长短不一的红布等，抬入内坛放在香案前。所有女眷在外坛叩拜后再抬出礼物，祭过祖先的供品便有了灵性，所以此时往往有人哄抢，主人也不介意。上礼结束后，主家会燃放礼品中的鞭炮和烟花，并招待所有亲友，现场气氛热闹非凡，因此这一天也成为整个家族、整个村落乃至整个渔民群体的狂欢。

仪式的结束称为"了坛"，当所有仪式环节都完成后，族人将神像抱回家，但在神像出棚之前，还有一个斩脚神的仪式。脚神在神棚内看住被请来的祖先和神灵，防止他们无故跑掉。斩掉脚神以后，祖先和神灵就可以从神棚内出来。族人将神像抱到家门口时，需燃放鞭炮以迎接祖先回家。所有的香烛纸炮、黄表纸、神幡、门旗、牌素等全部烧掉。嫁女所赠红布，则由相应族人平分。

（二）续家谱仪式的名实之辨

近三十多年来，春节祭祖的变化主要在于规模②，那么续家谱仪式是否也是如此呢？进一步而言，续家谱仪式的变化对于微村宗族建设有什么意义？回答这两个问题，需要考察仪式名称的内涵和变化。目前，当地老者将其称为"敬神"，人们内部交流时亦称为"敬神"，而对外（包括陆居人口、各种调查人员及微山县文化局）则称续家谱，更进一步解释时又说"续家谱就是祭祖"，并明确表明是以祭祖为契机，团聚族人来续家谱。从调查人员的考察来看，这实际是一场"续家谱（敬神）"仪式，之所以如此说，是因为"续家谱"和"敬神"两种说法同时存在，只是所处群体不同，并且从实际情况而言这一整套仪式包含几个部分，其中两个部分就是续家谱和敬神。更有甚者，近几年有些家族在续家谱仪式上除掉了"敬神"部分。事实上，仪式的名称在不同群体的变化表明微村在利用自身固有的传统仪式建构宗族文化，并使其宗族文化的地位在社会生活中越来越凸显。

新中国成立前，渔民以生产工具和生产方式作为区分标准，形成了四个帮派：枪帮、

---

① 　也有学者称其为"斩刀"，参见黄文虎《江苏六合县马鞍乡五星村宋庄及马集镇尖山村裴营汉人的家谱香火神会》，王秋桂《民俗曲艺丛书》，（台北）施合郑基金会，1996 年，第 45 页。由于微山地理上靠近苏北且与之联系紧密，端公常前往高邮湖一带参与当地渔民的续家谱仪式，因此黄文虎在江苏的调查成果对本文也有一定的借鉴作用。

② 　佘康乐、刘星：《渔民春节祭祖与宗族聚合——以鲁南微山湖区为中心》，《民俗研究》2011 年第 1 期。

网帮、载帮、罱帮。微村渔民均属于生活在最底层的罱帮，因贫困和长年漂泊，造成人们对于本家族的历史只能口耳相传，文字资料极少且不易保存。渔民自称祖先从山西洪洞经河南、河北等地中转来到微山湖。民国初年，因灾荒又迁徙至苏北一带，将其视作第二故乡，因此当地很多家族自称是"扬州府兴化县人氏"或"淮安府盐城县人氏"。灾荒后大部分人又返回微山湖，但也有人留在了当地，其后不断有人从湖区迁出，定居于江苏、安徽、湖北等地。这种迁徙历史，使得族人散落于全国各地，平时很难有机会聚集，大概就在此时，形成了各家族每五年或十年举行一次续家谱仪式的传统。①

所谓续家谱，最初其实并没有家谱②，过去是只有当家族的辈分排行不够用了，才会在举行敬神仪式时，将下十辈或二十辈的排行公布出来，仅此才略可看出续家谱的含义，可见敬神仪式早期是独立于家族之外的，更多与水上生活的风险有关。因而很长一段时间以来该仪式在渔民内部都被称作"敬神"，五年为"小敬神"，十年称作"大敬神"，基本都在湖上举行，借此机会团聚各地族人，增进感情，共同祭拜祖先和保护神。届时，仪式以整个家族为单位，主家找来两条大船系在一起作为祭祀和表演场地停靠在岸边，族人从四面八方驾船而来，带着自家的神像，供在大船船舱即神棚内，摆放香烛和供品，接受族人的供奉，仪式结束后带回家。此时，整个家族打破家庭界限，为了办好敬神仪式，完全成为一个团结一心的整体。此时渔民的生活水平很低，仪式规模很小。

所以续家谱的早期内涵主要是指敬神，在名称上也保持了一致，后来"敬神"和续家谱又无法分离，这一变化是如何发生的呢？首先，"敬神"向来被视为"迷信"，属于被取缔的"落后""反动"的文化。1949年后，渔民生活条件有了一些改善，但生产方式并未发生根本变化，使得敬神仪式一直延续并逐渐扩大规模。而后，随着政治运动的兴起，渔民虽然远离陆地，比之陆居农民固然较少受到国家意识形态的影响，但当全国性的"文化大革命"来临时，民间文化所受打击仍不可避免。大多数家族迫于政治压力，被迫烧毁神像、毁坏神龛，实际上中止了被斥为"封建迷信"的敬神仪式。敬神仪式几乎完全废止，这种情况一直延续到20世纪80年代。

其次，改革开放以后，随着家庭联产承包责任制的实施，个体化生产全面展开，渔民摆脱了传统的劳作方式，转而发展运输业和养殖业，经济水平日渐提高。加之同一时期政府放松对意识形态的控制，那些曾经被压制并被斥为"封建迷信"的民间传统随之得到恢复，并且在新的社会历史条件下被赋予了新的意义。

渔民上岸定居尤其是改革开放后，是续家谱仪式名与实逐渐统一的关键契机。上岸定居使曾经逐水船居的渔民摆脱了居无定所的漂泊状态；而改革开放则使渔民提高了经济地位，建构群体和社区的宗族文化秩序有了深厚的经济基础，民间传统也有了恢复的社会环境。续家谱（敬神）仪式就恰好承担了这项任务。虽然在仪式恢复初始之时，渔民还有些偷偷摸摸、缩手缩脚，但近年来已经逐渐扩大声势，除了将仪式现场从船上移至陆地以获得更多民众关注之外，还不断地吸引着文化部门、科研机构、新闻媒体前来，进而逐渐获得了主流文化的认同。各家族在举行仪式时更是极尽铺张，互相攀比，举办一次的花费

---

① 关于微山湖湖区渔民的源头及形成，可参见佘康乐、刘星《渔民春节祭祖与宗族聚合——以鲁南微山湖区为中心》，《民俗研究》2011年第1期。

② 早年的续家谱仪式是没有家谱的，但是近年来随着大家宗族意识的觉醒，有些家族也开始着手编写家谱，我们在当地见到的最早的家谱编写于1994年。

也升至数万元。虽然私下里渔民之间仍习惯将本文所研究的仪式称为"敬神"，但随着与外界交流的增多，这样的说法总会引起他人对于其是否属于封建迷信的猜疑，因此，当地民众逐渐统一口径对外称其为续家谱仪式，这一说法更容易得到政府部门的认可。同时，随着多年的搜集和查访，近年来有几个家族陆续成功编修族谱，令续家谱仪式也得以名副其实。

先从改名开始，令其符合正统观念；再在仪式中正式颁发家谱，从而迈出了实质性家族建设的第一步。仪式的目的和人们对仪式的态度也在悄然发生改变。在过去生产条件落后、人们无力抗衡凶险自然的情况下，举办仪式是为了敬神，祈求祖先和神灵保佑"行船走马三分命"的族人。当下随着人们对科学技术的掌握和对自然环境的适应，尤其是越来越多的族人上岸后不再进行渔业或航运活动，再也不用像以前那样战战兢兢地在老天爷的怜悯之下讨生活，敬神目的出现淡化的势头，人们对于神灵的崇拜也不再那么热衷。另一方面，个体化的生产方式让帮会组织逐渐消亡，在一定聚居规模基础之上形成的准宗族组织逐渐浸入人们的日常生活，此时恢复宗族建设便是众望所归。当然，这不仅是宗族建设的内在需求，对于渔民来说，上岸以后人们由于与陆居农民比邻而居，更加关注自身与陆上原有居民的关系。上岸改变了聚居方式，相比水上时期，对历史感的追求也就更为强烈，这一点可能更为关键。因此渔民宗族建设也有"出于整个家族利益、家族凝聚、家族在社区的形象之考虑有关，通过家族全体成员与邻近家族的参与，向族众强调家族内部的凝聚力量以及家族内部的不平等，向其他家族渲染家族力量的强大，换言之，家族通过文化的仪式表演达到家族的政治目的和经济目的"。[①]

最后，当续家谱仪式具有了合法性以后，人们就有了相应的话语权，可以赋予其"祭祖"的内涵。如此一来，仪式的名称从"敬神"改为"续家谱"，经历了名实一致、名实分离继而又到新的名实一致的历程，最终和中国传统儒家文化结合起来。在此基础之上，这一仪式在2009年又以"续家谱"的名目进入了山东省济宁市市级非物资文化遗产项目。

总之，与水日日打交道，使得渔民非常重视祭祀老祖，祈望祖先与各路神灵时时佑护。这种心理映射到祭祀仪式上，自然显现出渔民与周边陆居农民的差异，例如受祭神灵系统除了明堂以外，也包含了与渔民生产生活关联重大的神灵如大王在内，而且神灵数量远超陆居农民数倍甚至数十倍。但近些年以来，湖区有些家族在举办大规模的续家谱活动的时候，渐渐开始取消祭祀老祖这一传统程序[②]，而刻意突出续谱的内容。仪式从祭祖与敬神的统一转变为单纯为了续谱和祭祖而举办，或许可以说明渔民的宗族文化渐渐从其原本统合在一起的因生产关系形成的敬神活动中独立出来。

其实对于续家谱仪式来说，无论是名称上的改变，还是内容上的增加，抑或是意义指向上的转变，其本质都是渔民的生产生活方式发生改变后，在当代自发地对宗族秩序进行的建构。水上生活注定难以形成大规模的宗族聚居，使得世系混乱、族员流失。尽管有着每五年或十年一次的敬神仪式，但整个家族的联系仅仅体现在仪式的特定时空内，这样的联系明显不够稳定。没有实质性宗族治理手段的约束，也导致宗族组织渐趋松散。但不可

---

① 刘晓春：《区域信仰—仪式中心的变迁——一个赣南客家乡镇的考察》，郭于华：《仪式与社会变迁》，社会科学文献出版社2000年版，第208—209页。

② 个别家族在续家谱的时候不祭老祖，或许还有经济方面的原因，因为祭老祖花费颇高。

否认的是，最近三四十年以来，续家谱仪式名实渐趋统一，仍旧每五年或十年举办一次，不仅从制度上继续巩固着保护神崇拜，同时也确立了宗族的组织化，并且随着一次一次不同家族的续家谱仪式，人们对宗族文化的理解越来越深刻，宗族意识也越来越凸显。续家谱仪式强调家族排行字辈、人伦秩序和宗族成员的聚合。这样的宗族观念，并非完全从陆上村民习得而来，而是一直隐藏在渔民的宗族文化里，只是在早期有宗族意识之时缺乏宗族仪式。现今的续家谱仪式，其名称无论是在民间还是在官方都已经得到确认，敬神的目的依旧存在但不再担当主角，收族的意义却日益彰显并得到多方认可。

在续家谱仪式正式举办之前，宗族理事会成员往往会先将家谱修好，甚至可以说创修或者续修家谱是续家谱仪式的第一步。这一做法并非渔民首创，起码是20世纪80年代以来比较普遍化的、建设宗族的"标准化"做法。陆居农民也同样重视，对渔民采取同样的做法丝毫不感到奇怪，认为这是经济条件提高以后所有宗族都会采取的措施。对于渔民来说，即便有明堂这样的神像可以起着家谱的作用，但受渔民文化水平及神像篇幅所限，很难将整个家族全部记录在案。上岸后，渔民在恢复仪式的同时，亦注重宗族组织重建，但因缺乏记录谱系的传统，族人又散居各地，所以当代的修谱工作异常艰难。

较早开始续修族谱的沈氏宗族就在其最新修（2001年）的《吴兴堂沈氏族谱》谱序中同陆居农民家族修谱一样宣称自己门第显赫、血统高贵，具有悠久与显赫历史，并谆谆告诫势弱力薄的孤丁亲近巨族，动员他们入谱。同时还以不容辩驳的理由驳斥了当时流行的"同姓不同宗"的说法，表明了联合沈姓族人、扩大家族规模的意图。从谱序中可以看出，该族有一百多年没有修过家谱，虽然有字辈相传，但没有家谱，故而无法载录。在谱序中，强调了修谱的必要性有四个："不续谱，各支脉何能汇总？不续谱，各族人焉可认同？不续谱，族人何处祭祖？不续谱，海外游人哪方归宗？"[①] 从这四个必要性来看，该家族修谱契合了当时整个社会的潮流，但是其理由之一"不续谱，各支脉何能汇总"，暗示多年以来家族离散的境况，这符合渔民的湖上散居生活。而"不续谱，族人何处祭祖"，也透露出该家族多年来没有举办大规模的祭祖活动，也就是说敬神仪式早期确实与祭祖无甚关联。这样的族谱资料，若对其真实性暂且悬置，其中显现的是渔民对于自身宗族建构的努力。他们已经逐渐认识到自身历史的空白，并正在试图弥补，这样一种行为表面上看是与陆居农民[②]相同，但其族谱的特殊性使修谱恰恰成为渔民不同于陆居农民的宗族实践的重要组成部分。因此微村沈氏家族吴兴堂2001年所修《吴兴堂沈氏族谱》，其意义接近于创修族谱，而非一般的载录后世子孙以强宗固族，更重要的是，修谱举动显示出渔民一种求根的决心。

在调查中，当族人被问及为何要付出那么多人力财力来举办这样一个仪式时，很多人的回答是，如果没有续家谱仪式，那么以后"兄弟见了面打架都不知道"。十年一次的续家谱仪式，通过建立临时的神坛为族人搭建了一个密切宗族关系的神圣空间，并且提供了一个宗族记忆的特定展演场合，加强了宗族的凝聚性；而新修的家谱颁发给族众好好保存，作为一种长期的宗族联系存在于族众中的日常生活中，并且在渔民群体中逐渐形成了跨地域的宗族共同体。

---

① 微村沈氏家族吴兴堂2001年修《吴兴堂沈氏族谱》。

② 从90年代初期开始，山东有些家族就开始修谱（如滕州刁沙土村）树碑（如枣庄红山峪村），一直到2012年，枣庄乃至江苏徐州仍有以修谱为名举办宗族大会者。

四　结语：宗族实践与群体历史建构

及至 20 世纪六七十年代上岸以前，微山湖渔民中并没有出现严格意义上完备的宗族组织或宗族理事会，其宗族文化更多地体现为一种宗族意识，非常明确但是隐含在日常生活之中。上岸陆居尽管是以原有捕鱼单位——湖区为聚居单位，但毕竟固定住处方便了族众之间的交流；航运兴起使得温饱问题得以解决，随着财富的增加也为宗族实践提供了经济基础；而 20 世纪 80 年代以来经济政策的改变与意识形态控制的放松，为宗族活动创造了相对密切配合的制度环境。再加上周遭陆居农民纷纷修谱、树碑，于是一部分热衷宗族事务及深谙传统文化的中老年人，便开始对本家族的历史文化加以挖掘和弘扬，成为宗族文化工作的中坚力量。

续修家谱这一做法将宗族意识明确付诸全族层次上的宗族仪式，相比春节祭祖，更能确立宗族内部的人伦秩序。族谱对于一个宗族甚至群体的认同具有非常特殊的现实意义，作为一种实体性的文本资料，它反映的是宗族以及群体共同的历史和文化传统。它将宗族的烙印深刻于族人的意识和理念之中，同时也明确本宗族的传承及功能。当下新修族谱为与传统族谱中的封建迷信内容相区分，极力与国家意志相协调，贯彻当下的政治形势，从而拓展宗族的生存空间。例如，在修谱运动中，摒弃了历来女性不入谱的惯例，把女性也编入族谱中，这样不仅与国家提倡的男女平等政策相符合，也扩大了宗族成员认同的范围，有效地沟通起由嫁女带来的姻亲关系。人们通过修谱削弱甚至化解了族内各房支之间的矛盾，增强了族众之间的联系及内部凝聚力，高调提升了本来潜在的宗族意识。

在续修家谱时，也有意识地与陆居农民进行联宗，从渔民的角度而言，对这两者我们不能分而论之。为了尽可能地加强两个宗族之间联宗行为的合理性，双方族人都力图通过宗族历史以及谱系关系的有关记载对宗族的发展进行追溯。虽然由于世代相隔过远，再加上渔民群体历史文献的不足，这种追溯带有明显的迁就成分，其真实性也有待考量，而且联宗双方并没有对彼此的世系和房分进行具体规定，也没有在族谱中举出一般联宗时出现的世系对照表之类的文件，但是渔民以此为荣，平添了宗族自豪感，陆居农民也颇为认同并积极来湖区参加续家谱仪式。由此可见，水上渔民与陆上村民之间的联宗行为，通过同姓者对共同祖先的认同来实现一种宗族理念的联合，从而促进本族宗族历史的重建，而不是像两个陆居宗族联宗那样更为强调联宗本身带来的"区域文化建设的意义"①。所以，联宗对于渔民宗族的意义，本质上并非区域的联合，而是在追求一种更为深远的历史感。

渔民宗族实践活动的重建和兴盛有其内在的必然性。虽然微村当地渔民宗族文化的建构才刚刚开始，但续家谱仪式对族人、尤其是流动到外地的族人确立人伦秩序方面具有重要意义。一位从从江苏常州赶来参加续家谱仪式的族人如是说：

> 耗费时间金钱过来续谱，为了自己的家族，是值得的。不知道自己的上一辈，无法向下一代交代。

① 钱杭：《当代中国农村宗族联宗的性质、过程及其变化趋势——对浙江省平阳县陈姓联宗的考察》，庄英章：《华南农村社会文化研究论文集》，（台湾）"中央研究院"民族学研究所 1998 年版，第 144 页。

不是很习惯北方的生活，……但仍愿意过来续谱。……续完谱拿回家看看和哪支人关系最亲，这也是来续谱的意义。

（问：有没有人不愿意花这个钱过来续谱的？）如果不来续谱是大脑简单，目光短浅，现在不愿花这个钱，却不为子孙后代着想。[1]

渔民在上岸以前举办敬神仪式的时候，敬奉的对象名实际上是老祖，但是老祖融合了祖先神和其他神灵，由于祖先神也具有保护神功能，导致敬神仪式中老祖原初的祖先意义被剥离了。渔民借助"敬神"这一传统仪式作为本体，将之转化为宗族大会，不仅仪式的名称从"敬神"改为"续家谱"，"祭祖"的内涵也被突出，"敬神"的意义逐渐淡化。续家谱仪式有效地帮助渔民树立了对群体历史和文化的高度认同这样一种关键心态，因此这一仪式的变迁成为宗族历史和文化建构过程的核心。再考虑到微村渔民周边是农业社会的世界，其中包含着复杂的社会认同观念，因此我们认为诸如续家谱仪式之类的宗族文化建设确实在精神层面，满足了渔民不同于陆居农民的那种对群体历史感和归属感的格外迫切而深刻的追求。

（原载《民俗研究》2014 年第 4 期）

---

[1] 访谈对象：胡立明。访谈人：佘康乐。时间：2010 年 4 月 19 日。地点：祭祖神棚外。

中国近十年岁时节日研究综述

萧　放　董德英[*]

【摘要】2003 至 2013 年是中国文化史上具有重要意义的十年，传统节日作为传统文化的重要载体与集中体现，得到全社会的共同关注。节日文化研究者在传统节日复兴过程中进行了卓有成效的工作，不仅继续研究节日历史、内涵、功能、意义，同时更重视传统节日文化的现代回归与社会实践，在政府决策、媒体宣传与民众节日知识普及方面表现优异，节日研究成果丰富多彩，节日研究范围、研究层面、研究方法等都有明显的拓展与提高，研究论著数量有了明显增长。

一　近十年岁时节日研究成果统计

从 2003 年联合国教科文组织发布了《保护非物质文化遗产公约》，到 2007 年国务院《关于修改〈全国年节及纪念日放假办法〉的决定》，正式将清明节、端午节和中秋节三大传统节日纳入国家法定年节体系，再到 2013 年中国传统节日文化内涵的建设与真正全面复兴路径的探讨，这十年来，中国的岁时节日研究成果显著。在节日研究中，新的视角、新的研究方法得到全面引进和应用，新的研究领域、研究方向得到全面开拓和创新。同时随着中外文化交流的频繁，亦出现了不少中外节日比较论著。近十年来，国内各学术杂志发表学术论文约 1905 篇，出版专著约 320 余部，其中有一批高质量的理论与应用研究成果。近十年发表与出版的论著，可以用图表形式统计如下（参见表 1）。

表 1　2003—2013 年研究成果具体数据一览表[①]

成果（单位）＼年度	2003	2004	2005	2006	2007	2008	2009	2010	2011	2012	2013	统计
论著（部）	6	19	14	25	39	30	42	39	60	39	8	321
期刊（篇）	45	78	117	123	166	283	256	263	248	286	40	1905
统计	51	97	131	148	205	313	298	302	308	304	48	2226

（一）节日著作统计情况分析

上述 321 余部论著的出版单位有中华书局、商务印书馆、生活·读书·新知三联书

　　* 萧放：北京师范大学文学院教授；董德英：北京师范大学文学院博士研究生。
　　① 《2003—2013 年研究成果具体数据一览表》中数据搜集起讫日期为：2003.1.1—2013.4.13。搜集范围：中国知网的期刊篇目、北京师范大学图书馆馆藏书目、国家图书馆馆藏书目及其他来源。

店、中国社会科学出版社、人民文学出版社、北京师范大学出版社等国家一流出版机构，也有各省的古籍出版社和人民出版社等较高层次的出版社。其中值得关注的论著有：冯贤亮《岁时节令：图说古代节俗文化》（广陵书社，2004 年），萧放《岁时——传统中国民众的时间生活》（中华书局，2004 年），夏日新《长江流域的岁时节令》（湖北教育出版社，2005 年），常建华《岁时节日里的中国》（中华书局，2006 年），乔继堂《细说中国节：中国传统节日的起源与内涵》（九州出版社，2006 年），刘晓峰《东亚的时间：岁时文化的比较研究》（中华书局，2007 年），廖冬梅《节日沉浮问：节日的定义、结构与功能》（广西师范大学出版社，2007 年），张宏梅《唐代的节日与风俗》（山西人民出版社，2010 年），张勃《明代岁时民俗文献研究》（商务印书馆，2011 年），韩养民、郭兴文《节俗史话》（社会科学文献出版社，2011 年），佟辉《节令智道》（中国社会出版社，2012 年），张勃《唐代节日研究》（中国社会科学出版社，2013 年）等，这些著作对岁时节日研究进行了深入探索，将这一时期岁时节日研究提高到一个较高水平。另有一些节日和非物质文化遗产的论著，如萧放《传统节日与非物质文化遗产》（学苑出版社，2011 年）、王文章《弘扬传统节日文化现状与对策：中国传统节日文化调研实录》（文化艺术出版社，2012 年）等，这些论著都从实用和非物质文化遗产的角度，探索并展示了我国节日文化的现实价值。

另外还有些著作属于节日民俗志范畴，如李露露《中国节：图说民间传统节日》（福建人民出版社，2005 年），杨景震《中国传统岁时节日风俗》（西北大学出版社，2006 年），李玉臻《中华民俗节日风情大观》（黑龙江人民出版社，2006 年），邢莉《中国少数民族节日》（五洲传播出版社，2007 年），张勃《中国民俗通志·节日志》（山东教育出版社，2007 年），季诚迁编《少数民族节日》（中国社会出版社，2008 年），王文章主编《中国传统节日》（中央编译出版社，2010 年），胡幸福《中华民间崇奉与节日风俗》（宁夏人民出版社，2010 年），孙爱军《老北京传统节日文化》（商务印书馆国际有限公司，2010 年），陈果夫《中华风俗历：活在岁时记里的传统中国》（凤凰出版社，2010 年重刊），林继富《永远的太阳：西藏节日文化觅踪》（西藏人民出版社，2011 年），乔继堂等主编《中国岁时节令辞典》（中国社会科学出版社，2011 年），金开诚《岁时文化》（吉林文史出版社，2012 年），姜莉君《中国节日》（黄山书社，2012 年），周福岩、杜实编《中华传统节日与习俗》（辽宁美术出版社，2012 年），丁睿《中华民族传统节日文化读本》（中国书籍出版社，2013 年）等，这些著作侧重古今传统节日风俗的描述，较好地积存和丰富了中国传统岁时节日的风俗风貌，为探究节日风俗下民众的日常和非日常生活提供了较为完善的民俗资料。

近年来，除了对传统节日整体进行综合描述外，一些出版社与有关学术机构组织学者对单一传统节日进行深入考察，撰写历史与现实联通、文献与田野结合的节日民俗志或节日民俗普及著作。如生活·读书·新知三联书店、北京师范大学出版社、东北师范大学出版社、上海古籍出版社、宁夏人民出版社、中国青年出版社、西北大学出版社、黄山书社、吉林文史出版社等均有系列传统节日丛书出版，这些系列丛书为传播岁时节日文化、促进传统节日的大众化和审美性起着不可忽视的作用。其中生活·读书·新知三联书店出版的《节日中国》丛书最引人瞩目。诚如该丛书编者的话"在经济全球化的时代，不同民族、不同地域文化生态的保护与自然生态的保护具有同等重要的意义。对于当代中国来说，民族传统节日是亟待抢救保护的文化遗产。遗产不是历史陈迹，而是一笔可贵的精神财富"。正是基于这一理念，出版单位邀约了国内研究传统节日的重要学者，自 2009 年至 2013 年先后推出了《春节》（萧放，2009 年）、《清明》（张勃，2009 年）、《重阳》（杨琳，2009 年）、《端午》（刘晓峰，2010 年）、《中秋》（黄涛，2010 年）与《七夕》（刘宗迪，2013 年），"丛书注重叙述过程中知识的准确性，并融入各位作者在长期从事节日研究过程中的视野与深度，使之富于思想智慧"①。这是目前中国单一节日民俗志的重要成果。综合性的节日民俗志近十年来也有偏重节日调查的著作，如邢莉编《中国少数民族重大节日调查研究》（民族出版社，2011 年）、主编《民族民间文化研究与保护·节日仪式卷》（世界图书出版公司，2012 年）都是这一方面的重要成果。

而且这一时期出现了一批地域节日研究著作，如广东教育出版社出版的"广东节日"非物质文化遗产丛书、吴正彪的《苗年》等，这些论著从地域文化的角度记录描写当地的传统节日，为研究地域文化和民族文化提供了宝贵的民俗资料。

（二）节日学术论文统计分析

近十年，这 1905 余篇岁时节日论文广泛地分布高校学报及其他科研杂志上，据目前所搜资料，研究这些论文在发表刊物上的分布，可以看出这一时期岁时节日文章的分布是极为广泛的，几乎所有的刊物都有登载相关岁时节日文章，其中也有一些刊物较为集中地发表岁时节日类文章。

表 2　2003—2013 年岁时节日论文发表主要刊物一览表

序号	刊物名称	发文篇数
1	民俗研究	19
2	民间文化论坛	11
3	贵州民族研究	11
4	政工研究动态	11
5	文教资料	11
6	湖北民族学院学报	10
7	江西社会科学	10
8	中南民族大学学报	9
9	西北民族研究	9
10	河南社会科学	9
11	云南民族大学学报	8
12	贵州民族学院学报	8
13	沧桑	8
14	前进论坛	8
15	广西民族研究	7
16	温州大学学报	7

---

① 萧放：《节日中国》丛书前言，生活·读书·新知三联书店 2009 年版，第 10 页。

序号	刊物名称	发文篇数
17	中华遗产	7
18	人民论坛	7
19	文化遗产	7
20	山东社会科学	7
21	民族艺术	6
22	西藏民族学院学报	6
23	民族遗产	6
24	西南民族大学学报	5
25	文史知识	5
26	神州民俗	5
27	民族艺术研究	4
28	贵州社会科学	4
29	重庆社会科学	4
30	青海社会科学	3
31	青海民族研究	2
32	西北民族大学	2
33	思想战线	2
34	节日研究	117[①]
总计	34 份刊物	355

从统计数据看，发文在 5 篇以上的杂志为 26 家，这 26 家刊物共发文 217 篇，占论文总篇数的 11.79%，其中《民俗研究》发文 19 篇，其他杂志发文量占论文总篇数的 88.21%。由此可见，较过去的二十年[②]，2003—2013 年这十年间发表的论文在刊物上的分布相对比较平衡，《民俗研究》仍在其中担任着民俗刊物领军作用，民族院校的学报刊物异军突起，也有更多学术刊物的热情参与，承担着学术探索和宣扬传统文化的作用。另有一些注重"文化遗产"保护等方面的刊物直接以"遗产"命名，昭示了其保护国家或民族文化遗产的重任，如《文化遗产》《中华遗产》和《民族遗产》等。还有一个值得注意的现象就是各省社科院的"社会科学"杂志也在岁时节日的研究中发挥着重要的推动作用，如《江西社会科学》《河南社会科学》和《山东社会科学》等。此外，值得关注的一个刊物是《节日研究》，是文化部民族民间文艺发展中心、山东大学共同主办的社科类学术读物，由山东大学民俗学研究所组织编辑出版工作。该刊采用广义的"节日"定义，包括节日、祭典、庙会、歌会等，提倡以节日为话题的民俗学、人类学、历史学、社会学、民族学、宗教学、经济学、教育学、艺术学等多学科研究，主要刊发国内外节日

---

① 因写作时 2013 年《节日研究》辑刊尚未刊出，故只能根据以往辑刊粗估其数据。

② 萧放、吴静瑾：《近 20 年（1983—2003）中国岁时节日民俗研究综述》，《民俗春秋：中国民俗学会 20 周年纪念论文集》，学苑出版社 2006 年版，第 334—361 页。

研究的学术论文、调查报告、学术批评等①。其中 2011 年第三辑、2012 年第六辑分别作为春节专辑和鬼节专辑集文刊发，扩大了节日研究的学术影响力。

近十年间，期刊杂志与出版部门着力推动岁时节日研究，为传统节日的复兴和节日研究力量的成长提供了有利的学术与文化传播环境。

（三）节日研究作者统计分析

分析近十年来的岁时节日论文情况，可以看出这时期参与节日研究人数众多，体现这一时期"节日热潮"。其中这 2226 篇（部）论著共涉及作者、译者、编者 2000 余人。

在这一时期，国内学者积极投入到岁时节日的学术研究中。其中发文超过两篇的 70 余人，发文超过 5 篇的近 20 人，10 篇以上近 10 人②。其中研究成果较突出的有以下几人：民俗学会荣誉会长刘魁立先生在传统节日复兴的鼓动与宣传方面做了许多重要工作，他从传统节日的文化内涵出发③，着重阐述"传统节日的民族文化身份标志"④，主编了"中国民俗文化丛书"的节日系列（中国社会出版社，2006 年），主持或参与多次"节日研究"学术讨论⑤，在传统节日的法定化和国家节假日制定等方面作出了一定贡献。北京大学高丙中教授是从公民社会的角度关注传统节日文化复兴的学者，他积极参加了中国传统节日与法定假日的当代问题研究，写作了《文化自觉与民族国家的时间管理——中国节假日制度的现代问题及其解决之道》⑥ 等重要论文，他还是"东岳论坛"关于传统节日假日化研讨的重要组织者。温州大学的黄涛教授注重从节日文化遗产保护和传统节日的现代传承方面进行研究，代表性论文有：《传统节日文化遗产保护》（《中国人民大学学报》2007 年第 1 期）、《节日纪念物与传统节日现代性的建构》（《温州大学学报（社会科学版）》2009 年第 6 期）等，其研究亦多注重传统节日的当代重新建构与传承。北京联合大学的张勃副教授是近十年集中研究岁时节日的青年学者，她对传统节日与社会整体的关系较为关注，重视探讨社会上层对节日建构的作用。其中历史社会的岁时文献与节日民俗方面成果突出，代表著作有：《明代岁时民俗文献研究》（商务印书馆，2011 年）、《唐代节日研究》（中国社会科学出版社，2013 年）等。清华大学历史系刘晓峰教授注重从东亚节日比较和文化交流的角度进行研究，其研究成果集中在《东亚的时间：岁时文化的比较研究》（中华书局，2007 年）一书中，通过中日韩节日比较研究，扩大了节日研究的空间

---

① 《〈节日研究〉稿约》，《民俗研究》2011 年第 3 期。

② 萧放（63 篇）、张勃（59 篇）、刘晓峰（34）、黄涛（29 篇）、刘魁立（10 篇）、董晓萍（17 篇）、高丙中（8 篇）、陈连山（15 篇）等。此数据根据中国知网、国家图书馆馆藏目、北京师范大学图书馆馆藏书目及学者惠寄节日研究成果汇总统计，在此一并致谢。若有数字出入，请谅解！

③ 刘魁立：《中国人的时间制度与传统节日体系》，《人民政协报》2010 年 8 月 23 日。

④ 刘魁立：《传统节日是民族文化身份的标志》，《文汇报》2008 年 4 月 4 日。

⑤ 如刘魁立、萧放、张勃、刘晓峰、周星：《传统节日与当代社会》，《民间文化论坛》2005 年第 3 期；刘魁立、陈连山、施爱东、高丙中、黄涛：《四大传统节日应该成为国家法定假日》，《河南教育学院学报》（哲学社会科学版）2007 年第 2 期；冯骥才、向云驹、安德明、刘魁立、萧放、陈连山、王恬、杨建林、贺学君、张勃、陶思炎：《开掘传统节日资源 传承民族文化精神》，《中国艺术报》2009 年 4 月 10 日。

⑥ 高丙中：《文化自觉与民族国家的时间管理——中国节假日制度的现代问题及其解决之道》，《开放时代》2005 年第 1 期。

地域范围。北京大学的陈连山教授是重要的节日研究学者，他主要关注传统节日的文化意义及其对传统节日研究的启发性思考等，并进行节日信仰、节日源流考证等研究，其代表作有：《重新审视现代民俗学的命运——以中国二十世纪对于传统节日的批判为例》[①]《春节风俗的历史渊源、社会功能和文化意义》[②]《端午节意义的分裂》[③] 等。北京师范大学的萧放教授长期致力于岁时节日研究，其研究主要分两个方面：一是注重历史文献中节日文化内涵的挖掘，侧重岁时与民众的时间生活的密切联系，其观点主要体现在《岁时——传统中国民众的时间生活》（中华书局，2004 年）一书中；二是探讨全球化语境下传统岁时节日的时代走向，并将节日传承与保护纳入非遗体系，这部分成果主要集中在《传统节日与非物质文化遗产》（学苑出版社，2011 年）一书中。中国社会科学院施爱东研究员，近年也参与传统节日的研究与传播，写作了关于清明与上巳的研究论文，有些见解受到媒体关注。此外，中央民族大学的陶立璠教授、北京师范大学的董晓萍教授重视遗产化时代，人们对传统节日的认知方式的探讨。

　　另有外籍学者约 10 人，其中日本 4 人、韩国 1 人、美国 1 人，主要日本学者有：高木立子、菅丰、直江广治、茂吕美耶等。日本学者高木立子从中日年节风俗的角度，发表了《中日过年习俗的民俗意义》（《民间文化论坛》，2005 年）。菅丰从现代节日文化的角度，发表了《日本节日文化的现代形态——以日本都市的元旦文化改编为题材》[④]。松本光太郎从宗教节日起源角度，发表了《起源于波斯的中国和泰国相类似的伊斯兰教传统节日》（《郑和下西洋与文明对话国际研讨会论文汇编》，2005 年）。韩国的朴永焕从中韩两国端午申遗的角度，发表了两篇论文：《韩国端午的特征与端午申遗后的文化反思》（《2010 年江苏南通屈原与楚辞学国际学术研讨会论文集》，2010 年）、《韩国端午的特征与韩中端午申遗后的文化反思》（《职大学报》，2011 年）。美国的 Sharon Crain 从家庭的示范作用角度，发表了《文化与节日代代相传 家人的示范最为关键》（美国威灵顿基金会董事长 陕西师范大学客座教授，《中国社会科学报》，2010 年）。

（四）节日会议及活动情况统计分析

　　近十年间，节日会议与节日活动比较频繁，对节日的反思与复兴、节日的法制化进程和非物质文化遗产运动的开展起着重要的促进作用。这十年共组织节日会议及活动初步统计约 25 次，主要有多届"东岳论坛"节日研讨会、我们的节日·中国传统节日论坛、春节及端午的专题研讨会等。

　　出版了十余本节日研究论文集，其中主要有：《节日文化论文集》（中国民俗学会、北京民俗博物馆编，学苑出版社，2006、2007 年）、《传统节日与文化空间——"东岳论坛"国际研讨会专辑》（中国民俗学会、北京民俗博物馆编，学苑出版社，2007 年）、

——————————

　　① 　陈连山：《重新审视现代民俗学的命运——以中国二十世纪对于传统节日的批判为例》，《民俗研究》2012 年第 1 期。

　　② 　陈连山：《春节风俗的历史渊源、社会功能和文化意义》，《民间文化论坛》2004 年第 5 期。

　　③ 　陈连山：《端午节意义的分裂》，收入《端午文化魂脉——中国端午习俗国际学术研讨会（嘉兴）论文选》，浙江大学出版社 2011 年版。

　　④ 　［日］菅丰、陈志勤：《日本节日文化的现代形态——以日本都市的元旦文化改编为题材》，《温州大学学报》（社会科学版）2012 年第 4 期。

《"今古中国年"研讨会论文集》（2007 年）、《文化血脉与精神纽带：中国传统节日（清明、寒食论坛文集》（冯骥才主编，中国文联出版社，2009 年）、《中国传统节日文化研究文集》（张晓华等主编，中国青年出版社，2009 年）、《我们的节日——中国民俗文化当代传承浙江论坛（嘉兴）论文选》（董芍素主编，浙江人民出版社，2010 年）、《清明（寒食）文化的多样与保护——中国传统节日（清明·寒食）论坛文集续编》（冯骥才主编，中华书局，2011 年）、《寻觅中国端午文化魂脉——中国端午节习俗国际学术研讨会（嘉兴）论文选》（中国民俗学会等编，浙江大学出版社，2011 年）、《彰显与重塑——2011 端午习俗国际学术研讨会（嘉兴）论文集》（2012 年）等。

这些节日会议、活动及节日方面的论文集以集中的方式进行了节日的研究与实践工作，集思广益，集中表达了节日研究者个体的学术视角和节日复兴传承的历史使命。

（五）国家社科基金立项的节日研究课题统计

2003—2013 年，国家社科基金立项中，关于节日方面的有 24 项，其中涉及社会学、经济学、民族学、管理学、宗教学、中国文学、体育学等 7 个一级学科，重大委托项目 1 项，重点项目 1 项，项目负责人 25 位，其中具有正高职务的有 13 人，副高职务有 9 人，中级 3 人，涉及 24 个单位。这些课题涉及汉族及各少数民族节日、现代节庆、节日志、节日传承保护、节日游戏体育、节日数据库建设等多方面内容，实现了以课题基金立项带动节日研究的良好成效。

二　近十年岁时节日研究成果综述分析

近十年来，岁时节日研究多领域全方面展开，但归结起来，主要有以下三个方面研究：节日理论研究，节日应用研究，节日文化交流研究。

（一）节日理论研究

1. 一般理论研究

（1）节日特征

岁时节日作为传统文化的重要组成部分，是人在认识并适应自然时序的基础上而创造的时间文化，它服务于民众物质生产、社会生活及精神信仰，是传统社会民众实现集体文化生存的时间指南。岁时节日的文化特征是节日研究论著中主要关切的内容之一。陶立璠《民俗学》中总结岁时节日的特征有时间性、地域性和民族性、活动形式的多样性[1]。杨景震《中国传统节日风俗的特征》一文根据节日的传承，观察节日形成的时代背景和生活方式，提出节日的特征有：礼仪性、理想性、时代性、民族性、传统性、变异性、群众性和地域性八个方面[2]。金毅在《论民族节日文化的现代化》一文中将民族节日文化的特征归纳为：民族性、地域性、复合性、群体性、周期性、稳定性、变异性和兼容性[3]。韩养民、郭兴文《节俗史话》一书中概述了节俗的特点：中国节日风俗既有与世界各国的

---

[1]　陶立璠：《民俗学》，学苑出版社 2003 年版，第 248—252 页。
[2]　杨景震：《中国传统节日风俗的特征》，《华夏文化》2012 年第 1 期。
[3]　金毅：《论民族节日文化的现代化》，《黑龙江民族丛刊》2004 年第 3 期。

节日风俗相通的共同点，又有中国节日独具的鲜明特点①。

刘晓峰《论中国古代岁时节日体系的内在节奏特征》一文是研究节日特征的重要论文。作者指出，中国古代岁时节日体系的内在节奏特征，基于岁时节日分别以年、季、月以及一个月的内部为单位，认为岁时节日的排列不是单纯的物理时间的排列，而是有其内部理路可循的。刘晓峰对中国古代历法中节日排列特征进行分析，指出：中国古代历法中节日排列的基础与阴阳观念有内在联系，中国古代历法的节日排列体系符合农耕生活的生产方式。从节日内在的节奏特征角度，对中国古代岁时内部结构进行整体考察②，体现了作者的探索精神。户晓辉《中国传统节日与现代性的时间观》一文认为，中国传统节日主要源于对时间的分割或划界，属于中国人原初的时间体验形式和时间直觉形式，表现为异质性、周期性、具体性、可逆性，是一种存在论的时间，也是一种神圣的和神话的时间，其多半指向过去。现代性时间观的特点则是同质性、直线性、抽象性和不可逆性，它指向未来，是一种生产使用价值的社会必要时间和机械钟表时间，也是一种"霸权"时间。将传统节日与现代性的时间观进行比照，分析传统节日在过去、现在和将来的不同存在形式，并提出现代民族国家应该在这两种时间观的"冲突"中起到积极的调和甚至挽救的作用，即在民族国家的日历中以立法的形式保留中国传统节日的合理位置，从而为中国人本源的时间意识预留合法的表现空间③。上述两文都为岁时节日研究提出新颖而独到的研究视角，丰富了岁时节日的研究方法。

此外，有一些论著侧重在断代史中研究岁时节日的特征，如巩宝平《略论汉代节日的基本特征》一文指出研究汉代节日的重要性，并结合汉代的历史背景，分析汉代节日的基本特征，即节日解释的神秘化、节日内容的伦理化和节日载体的互动性④。张勃、李学娟《唐代节日特征述论》一文认为唐代在继承前期节日节俗的基础上呈现出新兴节日和节俗，狂欢娱乐色彩浓厚，节日空间延伸，更多户外活动，宗教因素普遍渗透，官方假日广泛法定化，节日受到北方民族影响，反映了唐代社会的时代特征⑤。萧放《北京端午礼俗与城市节日特性》一文从北京都市节日民俗的角度，分析元明清以来端午节俗形态变化，指出城市节日有如下特征：城市节日习俗的仪式性明显，城市节日信仰氛围浓郁，城市节日娱乐功能突出，城市节日与乡村节日具有明显的形态差异⑥。

（2）岁时节日民俗的功能与价值

钟敬文先生说："节日，是民族社会生活中的创造物和传承物。它是由于生活需要而

---

① "节日风俗是中国历史文化的积淀；中国节日风俗讲究礼仪、礼仪与风俗紧密结合；节日风俗反映了古代人的灵魂崇拜与宗教心理；中国节日风俗具有传承与变异相统一；具有强烈的内聚力，又具广泛的包容性和融合性；具有地域性、时代性和民族性六个方面。"参见韩养民、郭兴文《节俗史话》，社会科学文献出版社 2011 年版，第 23—31 页。

② 刘晓峰：《论中国古代岁时节日体系的内在节奏特征》，《河南社会科学》2007 第 7 期。

③ 户晓辉：《中国传统节日与现代性的时间观》，《安徽大学学报》（哲学社会科学版）2010 年第 3 期。

④ 巩宝平：《略论汉代节日的基本特征》，《民俗研究》2008 年第 4 期。

⑤ 张勃、李学娟：《唐代节日特征述论》，《华中师范大学学报》（人文社会科学版）2009 年第 1 期。

⑥ 萧放：《北京端午礼俗与城市节日特性》，《华中师范大学学报》（人文社会科学版）2012 年第 1 期。

产生的，是适应社会生活的发展而完善和变更的。"① 某些岁时节日在起源时或许是作为单一功能而服务的，随着时代发展不同的节俗内容加入，节日就成为"各种活动的复合体，这是它作为文化现象的一种特点"，这一特点决定了岁时节日"对于社会和社会成员的功能也是多方面的，是传递着社会各种人的各种要求的。"他亦在不同地方提到："民间节日，作为一种文化，有一个颇值得注意的特点，就是它的复合性。……民间节日，在过去，尽着各种社会的功能，是民族文化的综合应用。在这种意义上，我们今天不能简单地以旧文化、旧生活模式一笔抹煞它。"②

因此要将岁时节日民俗放在时空范围内，从纵、横双向多方面探讨其功能和价值。总括各位论者看法，主要有以下几点：①认识并适应自然生态体系，调节生产、生活节奏。②提供宗教知识体系，科学分析评判民众民间信仰。③通过节日仪式和公共空间活动，追古思今，寄托愿景；或通过节日活动互动，进行社会交际，情感沟通。④纪念历史人物和历史事件，提高民族文化自豪感，增强国家文化认同和民族凝聚力。⑤进行节日国际文化交流，促进民间文化知识的理解和沟通。⑥参与节日游戏娱乐活动，聚合亲情，强身健体，身心健康。⑦弘扬传统，继承优秀文化，提高思想道德修养，维系社会秩序，构建和谐社会。③ 这一时期，关于节日功能的论述比较多，且多切合当今快速发展的时代，并从节日旅游、节日体育、节俗生活、节日教育、中外节日比较及节日与"非遗"等多角度进行节日功能分析，体现了研究者的一种历史视野、文化责任与人文情怀。

萧放在《传统节日：一宗重大的民族文化遗产》的论述中，提出传统节日的价值和意义：①节日是民俗文化的主干内容之一，节日属于非物质文化遗产；②传统节日有三大传统：反映节日物质生活层面的传统，反映节日社会生活层面的传统，体现节日精神生活方面的传统；③节日是传承民族文化的有效方式，是提高民族自信心的重要途径，是发展民族新文化的基础与凭借，是造就和谐社会的文化动力。呼吁"对民族传统节日进行调查研究并予以保护是当前急迫的工作任务"。④ 作者从民族文化遗产的高度来提出传统节日的现在价值，并强调调查研究和传承保护节日的当前工作重任。廖冬梅《节日沉浮问——节日的定义、结构与功能》一书，围绕着"节日"这一人类社会古老的文化现象，界定节日，剖析节日结构和功能。从纵横两方面，分析节日在人的一生和社会的发展过程及人的全面素质结构形成及社会化过程中所起到的教育功能⑤。李保强《中国传统节日：生命意义的生发及其教育价值》一文同样强调传统节日不竭的生命活力和教育价值⑥。

① 钟敬文：《民间节日与民族文化》，《民族艺术》2008 年第 3 期。

② 钟敬文：《节日与文化》，《钟敬文民俗学论集》，安徽教育出版社 2010 年版，第 283 页。

③ 黄涛：《传统节日是文化生存的节点》，《江南论坛》2008 年第 1 期；刘晓春：《传统节日的功能》，《学习时报》2004 年第 6 期；张晓华：《中国传统节日的内在价值及意义》，《前进论坛》2005 年第 1 期；刘魁立：《东亚的时间——岁时文化的比较研究·序》，载刘晓峰《东亚的时间——岁时文化的比较研究》，中华书局 2007 年版，有关于节日功能的热情洋溢的论述；杨沛艳：《以传统节日促进和谐民族关系建设》，《青海社会科学》2007 年第 5 期；傅德岷：《论传统节日的民族文化血脉和思想精华》，《重庆社会科学》2005 年第 10 期；马福贞：《节日与教化》，河南大学 2009 年博士学位论文。

④ 萧放：《传统节日：一宗重大的民族文化遗产》，《北京师范大学学报》（社会科学版）2005 年第 5 期。

⑤ 廖冬梅：《节日沉浮问——节日的定义、结构与功能》，广西师范大学出版社 2007 年版。

⑥ 李保强：《中国传统节日：生命意义的生发及其教育价值》，《山东社会科学》2011 年第 1 期。

此外一些论著采用新的研究视角进行节日功能分析，如李峰《节日的功能及其社会学隐喻》一文借用社会学的视角来研究节日的结构、节日发展、节日现状，指出传统社会、民族国家形成及新的市场力量的历史变迁中，节日功能相应变化。① 林继富《角色转换与文化认同——中国节日文化中的人》一文作者通过节日文化主体的"人"的角色转换来体现节日文化内涵和节日文化思想，通过节日仪式活动突显神圣与世俗的分离与重合。②

还有一些论著侧重对民族（尤其少数民族）节日功能论述的，如孟慧英针对作为民族文化身份代表的传统节日，提出"从多元文化视角看民族传统节日"③。杨明艳、鲁芳《俐侎人节日文化特征与功能初探》一文分析了彝族的一个支系俐侎人的传统节日文化，具有周期性、群众性、民族性、稳定性和变异性特征④。李乐为《刍议土家族传统节日文化的功能及现代利用》一文提出土家族传统节日文化的民族、家族和地域功能⑤。另有一些论著从节日的某个侧面或具体节日实践进行节日功能论述，如李晓斌等《节日建构与民族身份表达——基于德昂族浇花节与傣族泼水节的比较研究》⑥、迟燕琼《少数民族传统节日的文化传承功能》⑦ 等。

在不同历史时期，节日民俗作为一种文化载体，蕴含着时代的历史文化功能，或有增添，或有删减，或有创新，或有固陋，因此，我们应以批判和科学的眼光来认识节日的历史使命和当下的现实意义。

（3）节日的起源与传承变化

关于节日的起源和变迁问题的研究，既要用历史进步的眼光去考察节日生成演变的动态过程，又要用文化史的眼光去考察节日形成和变迁的文化内涵，此外还要进行节日形成演变的动力机制研究。

刘宗迪《从节气到节日：从历法史的角度看中国节日系统的形成和变迁》一文从历法史的角度，分析了节气与节日的紧密关系，并考察了从节气到节日以及节日系统的形成和变迁因素及过程。作者认为节日的起源可以追溯到上古时期的观象授时制度，在成文历法产生之前，农时周期和庆典周期是合而为一的，节气亦即节日。⑧ 韩养民、郭兴文《节俗史话》一书则提出不同的观点，他们认为节日风俗的发展有一定的规律可循，随着历史的发展与时间的推移，节日风俗的发展和演变留下了一条明显的轨迹。并指出节日的产生与天文、历法、数学有着密切的关系。从最早的风俗活动来看，原始崇拜、迷信与禁忌

① 李峰：《节日的功能及其社会学隐喻》，《河南社会科学》2008 年第 4 期。

② 林继富：《角色转换与文化认同——中国节日文化中的人》，《中南民族大学学报》（人文社会科学版）2003 年第 6 期。

③ 孟慧英：《从多元文化视角看民族传统节日》，《民间文化论坛》2006 年第 1 期。

④ 杨明艳、鲁芳：《俐侎人节日文化特征与功能初探》，《民族论坛》2012 年第 18 期。

⑤ 李乐为：《刍议土家族传统节日文化的功能及现代利用》，《贵州民族研究》2012 年第 6 期。

⑥ 李晓斌、段红云、王燕：《节日建构与民族身份表达——基于德昂族浇花节与傣族泼水节的比较研究》，《中南民族大学学报》（人文社会科学版）2012 年第 4 期。

⑦ 迟燕琼：《少数民族传统节日的文化传承功能》，《民族艺术研究》2008 年第 3 期。

⑧ 刘宗迪：《从节气到节日：从历法史的角度看中国节日系统的形成和变迁》，《江西社会科学》2006 年第 2 期。

才是节日产生的最早渊源。①

常建华《岁时节日里的中国》一书认为，节日形成是多因素影响下的，即伴随生产、生活的原始崇拜是岁时节日的渊源和基础，佛教和道教信仰对节日形成和性质产生了影响，纪念名人和事件促使了节日的形成和固定。② 萧放《岁时——传统中国民众的时间生活》认为，岁时起源于人们对自然节律的感知，对原始宗教的信仰，对社会政治的协调。乔继堂《细说中国节：中国传统节日的起源与内涵》一书认为，岁时节日的起源人与自然时令、驱崇禳灾、祈福娱乐的生产生活需求，并附上丰富的情感、愿望③。李露露《中国节：图说民间传统节日》一书认为有些节日主要源自农业经济的产物，如腊月、春节和中和节祭土地神；有些节日是适应人类自身生产而出现的，如人胜节、上巳节等；有些节日则是宗教信仰的产物，如元宵节祭太一神、中和节祭日神、清明节祭祖、冬至祭天等。④

对节日发展和演变过程的探讨离不开节日发展的时代背景和节日功用，结合时代背景的社会经济、政治、文化、社会组织、精神生活与休闲娱乐等的综合考察，也是节日之所以世代相传，成为时间之段、生活之节的内理所在。

有些学者将节日形成和演变的进程放在历史中评析，寻求传统节日的断裂带和接续点，如李科《中国民间传统节日》认为要综合地从纵向来看传统节日习俗，同时还要从横向来看不同地区节日习俗的差别，承认节日文化的多元性，寻找其中的深层次原因⑤。张勃的《唐代节日研究》一书是关于唐代岁时节日的专门研究，该著作对唐代节日进行了宏观体系与微观个案的深入考察，是历史社会节日研究的力作之一。另如五四时期是中国传统文化经历重大变革时期，也是对某些节日风俗产生巨大冲击的时期，如陈连山《重新审视五四与中国现代民俗学的命运——以 20 世纪对于传统节日的批判为例》一文认为五四以来对节日迷信思想的批判，使中国传统节日受到极大冲击，许多节日习俗被当作迷信而加以制止，端午节虽被当作"诗人节"（纪念屈原）而得以侥幸保存下来，但老百姓难以接受知识分子们的节日改造，极大地影响了端午节的保存和发展。韩国的江陵"端午祭"申遗成功就是一个危机事例。⑥ 将节日放在历史长河中，捕捉节日发展的官方断裂带和民间接续点，从而从不同方面理解当时的时代特征和民众节日生活。

有些论著以具体节日为例来体现节日的历史传承和时代变迁，如关于仫佬族依饭节，有银浩《民族节日的传承与变迁——以仫佬族依饭节为例》（《社会科学家》2012 年 3月）、雷晓臻《仫佬族依饭节文化的传承及其演变》（《广西民族大学学报》2009 年 2月）。更有因突变事件而对民族节日产生影响，如王俊鸿《文化展演视角下少数民族移民节日文化变迁研究——以汶川地震异地安置羌族搬迁前后的羌历年庆祝活动为例》中论

---

① 韩养民、郭兴文：《节俗史话》，社会科学文献出版社 2011 年版，第 1—11 页。

② 常建华：《岁时节日里的中国》，中华书局 2006 年版，第 40 页。

③ 乔继堂：《细说中国节：中国传统节日的起源与内涵》（前言），九州出版社 2006 年版。

④ 李露露：《中国节：图说民间传统节日》（前言），福建人民出版社 2012 年版。

⑤ 李科：《中国民间传统节日》，巴蜀书社 2011 年版。

⑥ 陈连山：《重新审视五四与中国现代民俗学的命运——以 20 世纪对于传统节日的批判为例》，《民俗研究》2012 年第 1 期。

述了 2008 年汶川地震居民安置前后羌年的变化①。从节日角度进行地震前后民众生活研究，提供了较强的现实研究意义。

在研究节日流变过程中，既要重视对传统节日深厚历史文化内涵的挖掘，又要将节日放在当下全球化和现代化的语境中考量，继承而有所创新，突破而不离根本，这就涉及对节日的利用性保护、节日的经济价值和社会文化价值的充分利用。如高丙中沿袭费孝通先生利用"文化自觉"的概念，反思中国现代历程和知识分子的作用的研究思路，再借助"社会再生产"的概念，正视传统节日民俗复兴的现实，正面看待节日习俗所代表的民间生活传统对于中国当下的社会文化再生产的意义和建构有效的认同文化的价值。"传统节日以习俗的力量让民众自动在同一个时间经历相同的活动，在相同的仪式中体验相同的价值，一个共同的社会就这么让人们高兴地延续下来。这就是传统节日最经济、最有效的生活文化再生产功能。"②传统节日具有现实生命意义，"今天仍然活在我们的现实生活之中的所谓'传统节日'，应该被理解为具有传统属性的现代节日。我们生活在现代，我们的一些节日无论多么传统，归根结底都是多少已经'现代'的节日"。③

2. 节日专题研究

在探讨节日起源及节日形成的动力机制时，自然崇拜、祭祀信仰、神话传说、民间故事等都是最为重要的因素，甚至还被一些学者看作是单一的因素。因此传统岁时节日民俗的研究必须要将民间信仰和故事传说作为不可忽视也不能略去的重要内容。

（1）节日民间信仰

葛剑雄将信仰看作传统节日的基础，并指出节日类型有：宗教信仰的、政治性的、世俗性或物质性的。尽管各种节庆的方式大同小异，但因其基础不同，流行的范围与延续的时间也迥然相异，但是，唯有宗教或信仰性的节日最为稳定，只要这种宗教或信仰还存在，只要有信众，无论形式发生什么变化，核心内容不会改变。他认为传承中国传统节日最根本的保证，是将节日与信仰结合起来，以信仰为基础。但这信仰绝不等同于传统的信仰，而是一种新的信仰，也就是将传统文化中还有积极意义的信仰赋予新的内容，给予新的解释，使之发扬光大④。萧放在《岁时——传统中国民众的时间生活》一书中在论述关于"岁时的原始宗教性质"时，基于两方面的考虑：一是当时人们对自然的感受是神秘的，在人们的知觉中，节气时令往往代表了一种神秘的宇宙力量；二是人们所从事的岁时活动主要是宗教祭祀的内容。祭祀是上古人们调节、联系、沟通人与神秘自然的重要形式⑤。宣炳善在《春节与端午节的节日信仰及其类型》一文亦从节日与信仰的关系，研究春节与福文化信仰、端午节与阴阳五行信仰之间的内在联系⑥。杜美林《山西大同端午民

① 王俊鸿：《文化展演视角下少数民族移民节日文化变迁研究——以汶川地震异地安置羌族搬迁前后的羌历年庆祝活动为例》，《贵州民族研究》2012 年第 3 期。

② 高丙中：《对节日民俗复兴的文化自觉与社会再生产》，《江西社会科学》2006 年第 2 期。

③ 同上。

④ 葛剑雄：《信仰传统节日的基础》，《中华儿女》2011 年。（http：//blog. sina. com. cn/gejianxiong）

⑤ 萧放：《岁时——传统中国民众的时间生活》，中华书局 2004 年版，第 15 页。

⑥ 宣炳善：《春节与端午节的节日信仰及其类型》，《文化艺术研究》2009 年第 3 期。

俗及其非遗传承中的节日信仰保护》一文分析山西大同端午民俗与阴阳五行信仰的关系，突出节日信仰与民俗事象的内在联系，节日信仰的保护与非物质文化遗产的传承相辅相成，密不可分。[①]

传统节日在其形成过程中更多结合了信仰、巫术的元素，这也是许多民族节日中较为重要的一部分，如黄燕熙《壮族节日巫术形态》一文以民族志和田野考察资料作为研究依据，认为壮族节日活动中隐含着祈求巫术、驱鬼巫术、占卜巫术三种巫术形态，实现驱邪避鬼、祈福消灾、预测丰歉的意愿。[②] 张勃《清明不戴柳，红颜成皓首——清明用柳习俗》一文分析清明柳俗的来龙去脉以及为什么民间如此热衷插戴柳枝，作者运用大量的民俗志资料进行解释。陶思炎《从清明柳俗谈柳的文化象征》一文详述了清明民间折柳插坟、带柳还家、插柳于门、身戴柳枝、肢蹬柳屐、头插柳球的习俗，并探讨了柳的文化象征内涵。[③] 苑红《端午节起源新考》一文对普遍认为的端午节源于中国南方"龙图腾祭"仪式进行了质疑，经过对北方端午登山习俗的考证，得出了源于中原华夏族的祭天祈年仪式，后与南方楚越文化交融，演变为赛龙舟祭屈原的节俗。[④]

（2）节日与民间故事传说

传统岁时节日在形成和发展过程中，附上许多美丽的节日故事和传说，而这些故事、传说又促进了节日的传承和扩布。几乎每一个节日的背后都有一个或几个故事传说丰富了传统节日的文化内涵，更不用说一些直接由传说而形成的节日了，而且传说对节日认同和接受具有普适意义。

靳海林《中国传统节日及传说》[⑤] 一书主要论述了中国主要传统节日、民族节日、宗教节日及传说。严敬群主编的《中国传统节日趣闻与传说》[⑥] 一书内容包括节日、节俗介绍、节日趣闻和传说。丁睿《中华民族传统节日文化读本》[⑦] 一书以通俗的笔触介绍了我国较重要的传统节日及其相关文化内涵。王子华《云南民族节日传说中的女性形象》[⑧] 一文从节日传说的性别角色分析云南民族节日传说中的女性形象、女性形象的文化内涵、女性意识与女性地位等。

节日传说具有丰富的地域性和民族性特征，同一母题的节日传说在不同地域、不同民族有不同的异文形式。节日传说与节日之间是一种双向互动的关系，传说增添了节日的文学和人文色彩，节日的重视和流传又增加了传说的可信度。对节日传说的研究可以从不同角度切入，将其放在时代、社会语境中，结合民众的精神生活等开展更为广阔的探索。

---

① 杜美林：《山西大同端午民俗及其非遗传承中的节日信仰保护》，《非物质文化遗产研究集刊》2011 年第 8 期。

② 黄燕熙：《壮族节日巫术形态》，《广西民族研究》2007 年第 2 期。

③ 陶思炎：《从清明柳俗谈柳的文化象征》，《民俗研究》2012 年第 3 期。

④ 苑红：《端午节起源新考》，《广西民族学院学报》（哲学社会科学版）2003 年第 3 期。

⑤ 靳海林：《中国传统节日及传说》，重庆出版社 2005 年版。

⑥ 严敬群主编：《中国传统节日趣闻与传说》，金盾出版社 2010 年版。

⑦ 丁睿：《中华民族传统节日文化读本》，中国书籍出版社 2013 年版。

⑧ 王子华：《云南民族节日传说中的女性形象》，《云南民族大学学报》（哲学社会科学版）2004 年第 1 期。

（3）节日与民间艺术

"节日是集中展示广大民众民族艺术才能的最好时机。"① 戏曲舞蹈等是节日活动中必不可少的一项民俗内容，其中由文化部民族民间文艺发展中心、山东大学联合主办的《节日研究》第四辑"节日与戏曲专辑"，集中研究和刊发了 19 篇关于节日与戏曲的论文。向华《土家族民间小戏与岁时节日习俗》② 一文从文化、历史、艺术、心理等视角出发，阐述了土家族节日种类、聚戏习俗和土家族节日民俗环境对民间小戏的影响，揭示了土家族民间小戏与岁时节日习俗之间的内在联系，指出土家族节日习俗对民族小戏生存和发展的重要作用。

（4）古典文学中的节日研究

自古以来，知识精英等上层文人笔下的古典诗词、古典小说中有许多节日咏叹和节日纪事内容，这些作品中的节日诗、节日词、节日情景都为传统岁时节日研究提供了上层视角。栗涵《慢享古典诗词的节日滋味》③ 一书 49 篇节日品读文章，作者用温润恬美的文笔和心境去解读诗词中源自生活的节庆之美，字里行间重拾那喜气洋洋的节日氛围。李道和《岁时民俗与古小说研究》④ 一书讨论的是中国古代岁时民俗及其与古小说有关的一些问题。作者试图追溯岁时民俗的起源，分析小说母题的生成和演变，梳理民俗事象和小说意象的关系，并力图挖掘在民俗和小说中所蕴含的历史文化传统。

节日专题研究不仅是对节日文化内涵的多层面挖掘，也在一定程度上体现了节日的丰富性和多样性。岁时节日这个时间和社会生活的关节点是多种成分的集中显现，也是民众智慧和情感的集中体现和抒发。在传统节日舞台上，民众的生活世界和精神世界得以真实再现。

（二）节日应用研究

1. 节日复兴与非物质文化遗产的保护传承

近十年间，节日研究中最重要的事件是"非物质文化遗产"运动在中国的迅速开展。联合国教科文组织于 2003 年 10 月发布了《保护非物质文化遗产公约》，将节庆仪式等被纳入了非物质文化遗产的保护范围。非物质文化遗产运动促进了节日的文化品牌效应和文化传统的国家认同和民族认同。这时期许多论著从非遗角度进行节日遗产的保护和应用研究，探讨传统节日的现代性、面临的现实困境和未来走向。

萧放《在全球化语境下的民族节日走向——以当代中国节日为例》⑤ 一文探讨了近代以来传统节日在中国的境遇，全球化加速时代中国传统节日的重振态势，民族传统节日面临的挑战与未来走向，进而讨论传统节日的生存条件改变（人为阻断、节日语境变化）

① 刘魁立：《东亚的时间——岁时文化的比较研究·序》，载刘晓峰《东亚的时间——岁时文化的比较研究》，中华书局 2007 年版。
② 向华：《土家族民间小戏与岁时节日习俗》，《中南民族大学学报》（人文社会科学版）2006 年第 3 期。
③ 栗涵：《慢享古典诗词的节日滋味》，商务印书馆 2012 年版。
④ 李道和：《岁时民俗与古小说研究》，天津古籍出版社 2004 年版。
⑤ 萧放：《在全球化语境下的民族节日走向——以当代中国节日为例》，《民俗研究》2007 年第 4 期。

与当代传统节日应有的新功能（服务公众生活、娱乐为主、开放包容）。萧放对节日与非遗的论述综合体现在《传统节日与非物质文化遗产》（学苑出版社，2011 年）一书中。黄涛《保护传统节日文化遗产与构建和谐社会》① 一文论述了保护传统节日的重要意义，认为从社会转型和全球化背景下，传统节日文化的复兴与创新是弘扬民族文化的一个重要契机和有效方式。其又在《开拓传统节日的现代性》② 一文中指出在现代化社会转型过程中，中国传统节日作为传统文化的一部分处于受抑制的位置，没有与现代生活的演化顺利适应，于是整体上呈现习俗减少、功能弱化的状态。作者提出要繁荣传统节日，应采取有效措施增强节日的现代性：提炼宣扬传统节日的现代文化内涵，开发打造节日纪念物，加强拓展节日的娱乐性与公共性。冯骥才、刘魁立、程蔷、董晓萍、苑利、顾军、刘锡诚、周星、王霄冰等学者都有相关的节日与非遗方面的精彩论著。王文章《弘扬传统节日文化现状与对策：中国传统节日文化调研实录》一书提供了节日决策咨询意见、中国传统节日的文化内涵、关于传统节日符号和仪式的探讨与调研等许多理论和调研方面的重要节日资料。③

2. 推动传统节日纳入法定假日体系

2007 年通过的《国务院关于修改〈全国年节及纪念日放假办法〉的决定》，正式将清明节、端午节和中秋节三大传统节日纳入国家法定年节体系，在标注放假时有公历农历区分。④ 在中国传统节日法定化道路上，既有"非遗"运动的推动，也有韩国江陵端午祭申遗的影响，更多的是许多学者对中国传统节日的重视，对传统节日复兴的不懈努力，使中国传统节日拥有国家法定的休假时间，让中国传统节日在民众的生活中拥有重要的时间点。

此种研究成果中较有代表性的有：刘魁立、陈连山、施爱东、高丙中、黄涛《四大传统节日应该成为国家法定假日》（《河南教育学院学报》2007 年第 2 期），杨琳《重阳节应列为法定节日》（《文化学刊》2008 年第 1 期），余悦《传统节日成为法定假日的文化意义与未来发展》（《江西社会科学》2008 年第 2 期），高丙中《节日传承与假日制度中的国家角色》（《绍兴文理学院学报》（哲学社会科学版）2009 年第 5 期），陈华文《传统节日放假的意义及其如何弘扬的对策研究——以浙江新调查个案为例》（《非物质文化遗产研究集刊》2010 年 6 月），王崀岫《传统节日列为法定假日的文化意义与传承发展——以春节、清明、端午、中秋等四大传统节日为例》（《浙江学刊》2010 年第 4 期），贺严《国家法定休假的四大传统节日的文化意蕴》（《山东社会科学》2012 年第 10 期）等。

---

① 黄涛：《保护传统节目文化遗产与构建和谐社会》，《中国人民大学学报》2007 年第 1 期。

② 同上。

③ 王文章：《弘扬传统节日文化现状与对策：中国传统节日文化调研实录》，文化艺术出版社 2012 年版。本书为国家社会科学基金艺术学项目特别委托课题（决策咨询）"弘扬节日文化研究"最终成果（项目批准号 10JG002）。

④ 2007 年 12 月 14 日发布的《国务院关于修改〈全国年节及纪念日放假办法〉的决定》（中华人民共和国国务院令第 513 号）第二条"全体公民放假的节日"为：新年 1 天（1 月 1 日）、春节 3 天（农历除夕、正月初一、初二）、清明 1 天（农历清明当日）、劳动节 1 天（5 月 1 日）、端午节 1 天（农历端午当日）、中秋节 1 天（农历中秋当日）、国庆节 3 天（10 月 1 日、2 日、3 日）。

学者通过学术研究和现实探索，为传统节日的法定化建言献策，以民间的力量影响官方对节日政策的制定，实现"官方对传统节日的积极干预"①，也使这种法定的节日又反作用于普通民众的生产和生活。

3. 节日休闲、节日表演等应用研究

传统岁时节日的生存环境已经发生了很大变化，传统节日的既定文化意义和社会价值也会做适当的调整和适应。生活在现代的人过的既是传统的节日，更是时代的节日。在节日的应用研究和实践操作中，从传统节日的传承性保护和"社会再生产"利用两方面进行。其中节日的现实应用主要集中在节日旅游、节日休闲娱乐、节日表演等带有"商业"色彩的节日运作方面②。其中较有代表性的有陈燕《论云南民族节日旅游资源的开发》③，吴芙蓉《民俗旅游语境中的民族节日表演艺术——以大理白族节日表演艺术为例》④，钟宗宪《民俗节日氛围营造与文化空间存续——以台湾民俗节日与商业性文化游乐园区为例》⑤，覃章梁、覃潇《关于恩施土家族传统节日"女儿会"品牌建设的思考》⑥，杨政银、戴泽仙《发掘打造中国著名节日经济品牌——土家族"摆手节"》⑦，陈炜、黄达远《传统节日文化中的宗教文化因素及其在旅游开发中的运用》⑧，徐明《西藏的民族节日与传统体育文化》⑨，王亚琼、徐宜芬《民族传统体育与民族传统节日互动发展的研究》⑩等，这些论著注重节日的应用研究，延伸了节日的现实生命和活态传承。

如何正确地处理好传承保护与利用的关系，避免打着传承保护的名义进行过度利用，亦是学者关注的重点和难点。邢莉《民族民间节日的价值体系及保护原则》一文分析了民族节日现状、困境及发展出路。对于如何保护民族节日，作者认为要强化族群自己的"节日遗产"文化自觉；保护民族节日的核心价值体系；保护民族节日文化要保护民族节日的文化空间；保护民族节日的传承人⑪。

---

① 张勃：《从传统到当下：试论官方对传统节日的积极干预》，《民俗研究》2005 年第 1 期。

② 笔者在中国知网进行了篇名"节日"并含"旅游""休闲""娱乐""节日表演"检索，分别得到 69 篇、25 篇、16 篇、5 篇。

③ 陈燕：《论云南民族节日旅游资源的开发》，《云南民族大学学报》（哲学社会科学版）2007 年第 5 期。

④ 吴芙蓉：《民俗旅游语境中的民族节日表演艺术——以大理白族节日表演艺术为例》，《云南社会科学》2011 年第 6 期。

⑤ 钟宗宪：《民俗节日氛围营造与文化空间存续——以台湾民俗节日与商业性文化游乐园区为例》，《河南社会科学》2007 年第 4 期。

⑥ 覃章梁、覃潇：《关于恩施土家族传统节日"女儿会"品牌建设的思考》，《湖北民族学院学报》（哲学社会科学版）2010 年第 1 期。

⑦ 杨政银、戴泽仙：《发掘打造中国著名节日经济品牌——土家族"摆手节"》，《贵州民族学院学报》（哲学社会科学版）2009 年第 2 期。

⑧ 陈炜、黄达远：《传统节日文化中的宗教文化因素及其在旅游开发中的运用》，《青海社会科学》2007 年第 3 期。

⑨ 徐明：《西藏的民族节日与传统体育文化》，《西藏民族学院学报》（哲学社会科学版）2004 年第 3 期。

⑩ 王亚琼、徐宜芬：《民族传统体育与民族传统节日互动发展的研究》，《贵州民族研究》2008 年第 6 期。

⑪ 邢莉：《民族民间节日的价值体系及保护原则》，《河南社会科学》2010 年第 3 期。

（三）节日文化交流研究

岁时节日民俗作为一种"民众创造、享用和传承的生活文化"，并不是静止不动的，而是始终在民众中进行着文化的交流和共享。近十年也是中国传统节日文化广泛交流，进而加强文化理解的十年。据笔者的初步统计，中外学者关于节日比较和介绍国外节日方面的论著有 210 余篇，其中以中日、中韩、中欧美节日比较研究较多。在自己所搜集的资料中，以关键词"中外"为检索条件的论著有 103 余篇（本），为 50%，另外关于中日比较或介绍日本节日研究的有 30 余篇，占了 15% 左右，其次为中韩比较和韩国节日研究居多。在中、日、韩三国节日的比较研究方面，三国文化虽同属一文化大系，但传统节日民俗又有一定的差异性。这些节日异同之处，无不体现了中国传统岁时节日在对外文化交流中的继承、扩布和融合。

现以日本传统节日研究和中日节日比较研究为例进行概述评析，日本学者高木立子从中日年节风俗的角度，发表了《中日过年习俗的民俗意义》（《民间文化论坛》，2005 年第 2 期），菅丰、陈志勤《日本节日文化的现代形态——以日本都市的元旦文化改编为题材》一文指出，日本在推行西方历法之后出现了传统节日适应于西历的现象。民众在其中选择自己喜好的文化元素，即使传统节日发生某种变化，民众同样体验到节日文化带来的快乐，而这些稳定的节日元素正是现代日本都市社会的节日文化之传承本质和继承方式[1]。茂吕美耶《字解日本：十二岁时》一书按自然时序介绍日本十二岁时及节庆的生活、饮食、风俗、民情、节日功课节日礼节和仪式，并介绍了中国业已失传的日本节日庆典[2]。直江广治、苏敏《日本儿童日与中国端午风俗》一文介绍并比较了中日两国的端午民俗。"二战"后日本将公历五月五日定为"儿童日"（即男孩节，三月三日为女孩节）。作者结合自己生活的经历，介绍了源自中国的端午节在日本的发展和演变[3]。

有些学者从某个以特定节日为例进行中、日、韩比较研究，如刘晓峰《日本冬至考——兼论中国古代天命思想对日本的影响》[4]，何彬《冲绳与福建的中元节和盂兰盆的异同》[5]、《福建北部的蛇王节与稻作文化》[6]，毕雪飞《日本的中国节日研究——以七夕研究为例》[7] 等。李寅生《从汉诗看中国节日习俗对日本的影响》[8] 也是一篇中国节日习俗对外影响的专作。关于中韩节日比较方面的论文，如徐赣丽、耿瑞芹《韩国法圣浦端

① ［日］菅丰、陈志勤：《日本节日文化的现代形态——以日本都市的元旦文化改编为题材》，《温州大学学报》（社会科学版）2012 年第 4 期。

② ［日］茂吕美耶：《字解日本：十二岁时》，广西师范大学出版社 2010 年版。

③ ［日］直江广治、苏敏：《日本儿童日与中国端午风俗》，《域外民俗学鉴要》中国会议，2005年。译自直江广治《祭日りる中行事》，1980 年。

④ 刘晓峰：《日本冬至考——兼论中国古代天命思想对日本的影响》，《清华大学学报》（哲学社会科学版）2007 年第 3 期

⑤ 何彬：《冲绳与福建的中元节和盂兰盆的异同》，《琉球弧 海洋周边的物·人·文化》，日本出版。

⑥ 何彬：《福建北部的蛇王节与稻作文化》，《云南大学学报》（人文社会科学版）2001 年第 3 期。

⑦ 毕雪飞：《日本的中国节日研究——以七夕研究为例》，《云南民族大学学报》（哲学社会科学版）2012 年第 3 期。

⑧ 李寅生：《从汉诗看中国节日习俗对日本的影响》，《长江学术》2009 年第 4 期。

午节的政府保护与民间参与——兼与中国传统节日进行比较》①，韩国朴永焕《韩国端午的特征与韩中端午申遗后的文化反思》②，孙雪岩《韩国秋夕的文化变迁与功能研究》（博士论文，2011 年）。其中刘晓峰《东亚的时间：岁时文化的比较研究》（中华书局，2007 年）一书是关于中日韩节日比较方面的一部力著。

其他如松本光太郎《起源于波斯的中国和泰国相类似的伊斯兰教传统节日》进行宗教节日研究③，王辉云《闲聊美国节日的历史和文化》（生活·读书·新知三联书店，2013 年），耿卫忠《西方传统节日与文化》（书海出版社，2006 年），彭方《世界各地节日文化与民俗百科》（中国社会科学出版社，2009 年），崔建林《世界节日简说》（吉林大学出版社，2010 年）等都是关于西方节日介绍的专著。这十年间，也有一些论著将中国的传统节日以多种语言介绍到国外，促进了中国传统节日文化的对外交流。如萧放《传统中国人的岁时风习》（韩国国立民俗博物馆出版韩文版，2006 年），萧放、张勃《The Chinese Festivals》（Shanghai Chinese Classics Publishing House，2009.9）。单篇论文有李欣《比较视野中的中西传统节日文化》④，翟石磊《价值维度与身份焦虑——中西节日文化冲突的跨文化分析》⑤ 等。这些论著都用比较的方法对西方传统节日的特色进行理论和实践研究，对中国传统节日的发展和复兴提供了有益的参考和借鉴。

三 岁时节日研究的总结和未来设想

（一）近十年岁时节日研究的简要总结

思考近十年的岁时节日民俗方面的研究成果，有以下几点较为值得注意和肯定：

1. 这一时期节日理论研究较前二十年有了更深入而系统的研究，多种研究方法、多学科研究视角运用到节日研究当中。

2. 这一时期传统节日既注重理论研究的同时，更关注传统节日的应用研究，如推动了传统节日的法定化（清明、端午、中秋三大法定节假日确立），节日作为非物质文化遗产的传承保护和利用，节日与旅游、地区文化发展，城市传统节日的公共文化空间等，充分体现了节日的"活态生活文化"的内涵。

3. 重视传统节日在当代活态表现的田野调查，写作了一批较优秀的传统民族节日调查报告，丰富了节日的民族性和地域性特征，也为节日研究提供了生动的民俗资料。

4. 节日学术活动及会议频繁，集思广益，进言献策，各学术会议以"论文集"的形式集中刊发了一批节日方面的优秀论文，以这种"聚结"的力量影响国家的节假日政策制定，反映并影响了民众的节日生活。

---

① 徐赣丽、耿瑞芹：《韩国法圣浦端午节的政府保护与民间参与——兼与中国传统节日进行比较》，《民族学刊》2012 年第 4 期。

② ［韩］朴永焕：《韩国端午的特征与韩中端午申遗后的文化反思》，《职大学报》2011 年第 3 期。

③ ［日］松本光太郎：《起源于波斯的中国和泰国相类似的伊斯兰教传统节日》，《郑和下西洋与文明对话国际研讨会论文汇编》2005 年 6 月 1 日。

④ 李欣：《比较视野中的中西传统节日文化》，《中州学刊》2008 年第 4 期。

⑤ 翟石磊：《价值维度与身份焦虑——中西节日文化冲突的跨文化分析》，《西南交通大学学报》（社会科学版）2010 年第 5 期。

5. 这一时期节日文化交流活跃，既有国外节日方面的研究也有本国节日文化的对外推介，促进了中外节日文化的交流互动，加强了中外文化的沟通理解。

这几点都将中国传统岁时节日研究推进到历史的新时期，近十年中国的节日研究与节日文化建设成果卓越。

（二）岁时节日研究的未来设想

近十年的研究成果与研究经验表明，传统节日作为重要的民族文化遗产，它正在复兴与重建过程中，它在民族文化的建设中发挥着重要的作用。为了使传统节日与新兴节会的研究趋向深入，并使节日生活真正成为民众生活的重要组成部分，我们认为在未来的节日研究中还需要作如下拓展：

1. 注重岁时文献的整理研究，因为任何节日方面的研究都离不开文献的知识基础。"一个中国民俗学者更要熟知中国的民俗史，熟知历史上前人的著作"，我们今天虽难以还原古人的生活和精神世界，但"我们和古代文人学者的区别是，古人用古代文化观去看待周围的民俗，今人用现代文化观和民俗学的眼光去看待古代民俗文献，今人所从事的是现代民俗学的研究"。[①] 岁时文献整理虽是枯燥的工作，但总要有人去做，也必须去做。

2. 采用历史学、人类学、社会学、民俗学等多学科研究方法，重视第一手节日田野资料的搜集。将节日记录和研究放在时代背景和现实语境中，考察其传承变迁轨迹，在民众的整体"生活世界"中研究节日文化和节日生活。

3. 以前的节日研究多注重节日一般习俗行为等方面的研究，而对节日整体构成如艺术表演、游戏娱乐、民间语言、禁忌等方面，以及节日中的个人心理状态关注不够。未来的节日研究应加大对节日传承活动、民间艺术表演、民间节日游戏娱乐及传承人与接受群体和社会语境研究的力度。只有整体综合的、动态的研究，才能促进节日的整体传承保护与节日文化的持续全面发展。

4. 随着人员频繁流动和城镇化进程，新型城市节庆与外来移民节日都将是未来节日研究应当关注的领域。不同国家、不同地域、不同民族的人居住在同一个地域空间和文化空间中，节日生活如何保持原有特色？相互之间如何和谐结合？如何适应新的生活需求？如何成为民众自己享用的生活节点？这些都是未来节日研究需要关注的内容。

总之，节日研究虽然取得了丰硕成果，但任重道远，同志诸君还需共同努力。

（原载《民俗研究》2014 年第 2 期）

[①] 钟敬文：《中国民俗史与民俗学史》，载氏编《中国民俗史》（总序），人民出版社 2008 年版，第 12 页。

古代中国的时间生活

刘晓峰*

一 顺天遵时的智慧

《尚书·尧典》记载："乃命羲和，钦若昊天，历象日月星辰，敬授人时。"尧命羲和四子分赴东、南、西、北四方，司掌春、夏、秋、冬四时，并发布讲话云："咨！汝羲暨和，期三百有六旬有六日，以闰月定四时成岁。允厘百工，庶绩咸熙。"

《尚书·尧典》是中国古代关于中国古代时间体系最早的重要文献之一。从《尧典》的记载可知，当时人们已经认识到一年有"三百有六旬有六日"，这和今天的"三百六十五日加四分之一日"是非常接近的。《尚书·尧典》中帝尧命令羲和四子（羲仲、羲叔、和仲、和叔）分赴东、南、西、北四方司掌春、夏、秋、冬四时，也是非常重要的一段记载。因为这里羲和四子所司掌的四方与四时，不仅是中国古代最根本的时空结构框架，而且方与时同时为四子所分别司掌，也反映了中国古代时间文化体系中，时间和空间所具有的相互同构互换这一特殊性质。这一特质的展开，结构了中国古代时间文化体系的时间空间化、空间时间化，时空一体化的文化特征。而《尧典》"钦若昊天，敬授民时"中所蕴含的"顺天"和"遵时"的精神，更体现了中国古代时间文化体系顺应自然之发展，遵循四季变化规律的深层内涵，是中国古代时间生活中非常重要的核心观念。春种秋收，以农耕为基本生产方式的中国古人，在实践摸索中很早就拥有了顺应四季自然变化从事生产劳动的智慧。

在日常的生产和劳动生活中，中国古人很快认识到了一年三百六十五天，掌握了十二个月的月升月落的规律，了解了一年春夏秋冬四个季节的循环，可用什么手段表示它呢？

中国古人选择的是使用六十甲子。中国古代以十天干配十二地支的方式来标志时间。甲、乙、丙、丁、戊、己、庚、辛、壬、癸为十天干，子、丑、寅、卯、辰、巳、午、未、申、酉、戌、亥为十二地支。由甲子到癸亥，天干配地支共产生六十个搭配数字。以之纪年则每六十年完成一个循环，纪月则每五年一个循环，纪日则每六十天为一个循环，纪时则每五天一个循环。所以在中国古代时间生活中，"六十"与"五"都是很重要的数字。《汉律》规定："吏员五日一休沐。"《汉书》也记载："每五日洗沐归谒亲。"如果追寻五日休沐这一规定的文化源头，应与纪时每五天六十甲子完成一个循环有直接关系。这与西方依据《圣经》开篇上帝七日创世纪而形成七日一周的划分法有非常相似的地方。但是以上帝耶和华创世纪的七日周期划分方法，偏重的是西方宗教与神话的背景，而以六

---

* 作者系清华大学历史系教授。

十甲子纪时每五日完成一循环的划分方法，偏重的是中国古人对时间循环性质的客观认识。中西方文化精神的差别，经常就这样展现于很多细微但非常关键的细节之中。

《世本》记载："容成作历，大桡作甲子。"典籍记载的容成与大桡皆黄帝之臣，是传说中的人物，其事茫茫焉不可考也，但地下发掘出的甲骨文字，可以证明殷商时期中国古人已经用干支来表示时间。关于天干地支的起源争论很多。有学者称人指两手合而为十，所以天干十个自然数最先出现的。后来又出现了地支十二个数。这些争论至今并无定论，今后还会继续下去。这里我们要指出的是，把天干地支配合起来形成六十个数字，非常适合于表示相对复杂的时间周期。时间和空间是历史与文化产生和发展的基本框架，而在我们所生活的地球上，循环往复是时间最重要的基本特征。六十甲子的循环排列，非常清楚地展示了时间周而复始的特性。它是古代中国人时间文化框架的重要组成部分，对中国古代时间生活影响极深。

二　复杂的择日体系

《五行大义》记载大桡发明六十甲子云："（大桡）采五行之情，占斗机所建，始作甲乙以名日，谓之干；作子丑以名月，谓之枝，有事于天则用日，有事于地则用月，阴阳之别，故有枝干名也。"使用干支来表现时间这一传统的确立，不仅仅只是时间记述方法的确立，它同时意味着在中国古代时间体系中出现了一种天地组合为一的思想观念。这种思想观念中蕴含着时间体系与天、地的关联性。在后来的历史发展中，伴随阴阳思想和五行思想的成熟，这种关联性被多方面加强，并最终形成了中国古代极为发达的择日文化体系。

在中国古代，一年三百六十五天，都被赋予了阴阳五行属性，并与各种各样的吉凶祸福相联。择日习俗很早就出现在殷商甲骨文和青铜器铭文中，相关知识越到后来发展得越复杂。战国有名的云梦秦简《日书》，就是秦昭王时期秦国民间用来选时择日的专门书籍。在这部著作里，人们的日常活动诸如婚丧嫁娶几乎都与择日习俗密切相关。到了汉代，各种有关择日的知识体系发达到让人目不暇给、无所适从的程度。据说汉武帝时曾聚会各种择日占家问某日可否取妇，结果五行家说可以，堪舆家说不可以，建筑家说不吉，丛辰家说大凶，历家说小凶，天人家说小吉，太一家说大吉，互相之间争辩不休。最后汉武帝只能排除掉诸家所说的死忌之日，而以五行为主做了最后的选择。王充《论衡·讥日篇》描写过汉代人迷信择日之说云："世俗既信岁时，而又信日。举事若病、死、灾、患，大则谓之犯触岁月，小则谓之不避日禁。岁月之传既用，日禁之书亦行。世俗之人，委心信之；辩论之士，亦不能定。是以世人举事不考于心而合于日，不参于义而致于时。时日之书，众多非一。"这些择日的知识逐渐体系化，最后形成了古代长期流行的具注历，即将各种吉凶宜忌之说以及干支、节气、物候等分别列注于历法的每一天的历本。再到后来更出现了把各种相关知识也排列进去的历法专门图书，叫做通书。通书有很多种类，并且直到今天仍旧流行于大陆港台及海外华人世界。即便在今天，子女婚亲选日子大多也都要查一查黄历。可见直到今天，中国古代古老的时间文化依旧拥有巨大的力量。

放眼世界诸大文明的时间文化，像中国古代这样复杂的时间文化体系可谓绝无仅有。一位美国学者说，更要了解古代中国人的时间生活，最好的办法是翻开老黄历。因为在这老黄历的背后存在的，是古代成千上万普通人日常生活所共同遵循的思想框架。

三　五彩缤纷的节日

著名女诗人灰娃忆及自己的童年时曾对我说过这样的话："过去的农村，隔几天就是个节，那节是各色各样的。连个花儿草儿都有节。今天这个节，明天那个节，日子过得和花一样。"这位十二岁就跟着姐姐奔赴陕北进了延安儿童艺术学园的老革命，年届耄耋依旧保持一颗诗心的女诗人，回忆起小时候生长在陕西乡下日子时眼中闪着亮亮的光。那应着季节开放的花儿，和随着时间移动到来的节日，是她童年记忆最美好的一部分。古代中国人的时间生活中，一年中就是这样排满了一个又一个节日。五花八门的节日像五颜六色的花朵，点缀到中国人的日常生活中，把日子妆点得花团锦簇。

古代中国人的节日非常多。按照节日的性质说，最基础的是和日常农业生活相关的各种节日，春祈秋报。以农耕生活基本节奏为根基，大的节日框架在魏晋六朝已经基本定型。这些节日中，有由一月一、三月三、五月五、七月七、九月九等组成的奇数节日序列。还有由正月十五、七月十五、八月十五、十月十五等组成的月望节日序列。这两个大的节日序列之外，影响比较大的还有两分两至，即夏至节、冬至节和春分和秋分。其他还有诸如清明节、二月二、腊日等也都是影响非常大的传统节日。

除了这些大节，还有很多小的节日。比如六月六，民间又称天贶节、翻经节、姑姑节。宋代有个皇帝宋真宗赵恒，和大臣琢磨着搞了个神赐天书的骗局，说是上天赐给了他一部天书，并由此定六月六这天为节，又叫"天贶节"，为此在泰山的岱庙下建的天贶殿今天依旧存在。后世已经没有谁相信神赐天书了，不过作为节日六月六依旧存在，这一天有的地方有晒红绿的风俗。而在南北方农村六月六都是喊出了门的姑娘回家的日子，"六月六，请姑姑"习俗流传很广。饮食方面江苏东台有吃糕屑的习俗传下，当地称"六月六，吃了糕屑长了肉"。古代中国是一个多神多信仰的国家，所以还有各种宗教性的节日。神有神的节日，鬼有鬼的节日。这些节日老百姓从小就跟着过，天长日久几十年下来，他们知道了关老爷哪一天过生日，哪一天关老爷磨他的青龙偃月刀，知道哪一天灶王爷上天，又哪一天从天上回来。佛家有佛家的节日，规模最大的是庆祝佛诞的浴佛节和盂兰盆节。道家有道家的节日，西王母、东岳大帝、文昌帝君、真武大帝等一大群大神的生日排起来很有气魄。儒家有儒家的节日，春秋释奠孔圣人。人有人的节日，那是一月七日，古称人日。动物有动物的节日。甚至好多花花草草都有节。节日就是纪念日，它赋予一个平常的日子某一种特殊的文化属性，并通过各种仪式、饮食、禁忌来强调这一属性的文化意义。生活于其中的中国人，在这些一年一年如期到来的节日里不知不觉就会了解很多作为中国人的常识。

顺应自然发展并遵循四季变化规律的根本立场，以甲子纪年日月时的表现方式，融汇阴阳五行思想于一体的择日文化传统，再加上纷繁复杂的节日体系，这一切构成古代中国人时间生活的主要内容。四季的变换由此成了普及文化基础的教科书。而成千上万的中国人一年又一年就是通过这部时间之书，在自己身心深处反复铭刻下中国文化的精神密码。举目窗外，此刻月没参横，北斗阑干。我想，只要这片华夏的星空在，那么中国古代时间文化的精髓今后依旧会被反复复制，并一直存在于我们生活之中。

（原载《文史知识》2014 年第 3 期）

从乞巧节到中国情人节

——七夕节的当代重构及意义

张　勃[*]

【摘要】七夕节当下正经历着从乞巧节到中国情人节的蜕变，这是一种典型的文化重构。它融合本土资源与外来资源、传统资源与现代资源，并具有主动谋求的鲜明特征。这一文化重构具有重要意义：它有效帮助七夕节摆脱生存困境，促进了节日的重振复兴；中国节日体系中从此增加情人节的设置，丰富了社会成员的生活内容；由于多种社会力量共同参与七夕节的重构，客观上促进全社会进行特定的文化反思。当下七夕节的文化重构不是终点，而只是一个阶段性成果。未来七夕节应该是情人节、乞巧节乃至小人节等更多节日主题在同一时、空间共生共荣。突破单一情人节的遮蔽，实现多种节日主题共生共荣的重要路径是七夕节历史记忆的日常生活化和目前仍然活跃的地方七夕节俗活动一定程度的普遍化。

当前，七夕节——这个历史悠久的传统节日正发生从乞巧节到中国情人节的重要变化。本文旨在确认这种变化不是文化想象而是文化事实，并探讨其性质和意义。

一　从乞巧节到中国情人节：七夕节的当代蜕变是一种文化事实

笔者曾将节日的构成要素概括为如下五点：（1）节日名称的特殊性；（2）在历法中位置的特殊性；（3）活动内容的特殊性；（4）活动空间的特殊性；（5）参与主体体验和情感的特殊性。[①] 节日名称、节日时间、节日活动以及活动空间共同构成一整套节日规范，社会成员通过对这一套规范的实践形成自己的节日生活，产生特殊的体验和情感。这五种构成要素是节日与常日区别开来的标志，也可以用来作为区别不同节日以及同一节日不同历史形态的分析性工具。从这五个方面入手，能够发现，七夕节，这个历史悠久的传统节日在当代正发生重要的变化。

首先，从节日名称上说，传统社会七夕节有许多专名，其中有根据节日所在历法中的位置命名的，如七月七、七夕；有根据节日活动主体命名的，如女儿节、小人节；有根据

---

*　作者系北京联合大学北京学研究所研究员。

①　张勃：《当前语境下传统节日的困境与出路——兼及建构新兴节庆活动的一点思考》，《山东社会科学》2011年第3期。

节日的活动内容命名的,如乞巧节、穿针节、巧夕。但这些名称如今已在很大程度上让位于中国情人节、七夕情人节或中国爱情节等称呼。这不仅表现在商家的广告中,也表现在许多人的日常生活中。用这种专名称呼农历七月七日已是普遍现象。

其次,从活动内容方面说,传统七夕节习俗活动主要有乞巧(包括拜祷乞巧、穿针乞巧、观影占巧、用蜘蛛乞巧、看巧云、吃巧等)、乞美(包括用凤仙花染红指甲、采树叶洗头发、接露水洗浴等)、乞子、准备享用专门的饮食以及祭祀占卜等信仰活动,而当下,尽管乞巧等习俗仍在一定范围内存在,但发送手机短信、享受烛光晚宴,饮用香槟红酒,开始爱情之旅,赠送玫瑰、巧克力和珠宝首饰等成为七夕节的主要活动内容。

再次,从活动空间方面说,传统七夕节的活动主要是在庭院中进行,庭院本是私人空间,由于七夕节习俗活动往往由来自不同家庭的多人共同参与,私人空间便公共化了。又由于多有祭祀织女等信仰活动,本来的世俗活动空间便神圣化了。如今,七夕节的活动空间较少公共化,不仅如此,像酒店、咖啡馆等公共空间也因为活动主体主要是恋人而变得私人化了。由于信仰活动的缺失,活动空间也缺少了神圣的意味。

最后,从活动主体及其体验和情感而言,过去,尽管七夕节也有男性参与活动,但主要是一个以女性为主体的民俗节日,是女子们表达美好愿望的关键时刻,反映了女子们对心灵手巧的热盼、对生儿育女的祈愿和对美丽容貌的渴望。[①] 如今,七夕节的活动主体主要是具有婚姻恋爱关系的男女双方,七夕节主要成为他们表达爱情的重要场合,反映了人们对美好爱情的向往和追求。对此,当下流行的众多七夕节短信可以为证。比如"送祝福"网站的"七夕节短信"中,有"最新彩信""热门彩信""最新短信""搞笑短信""爱情短信""朋友短信""经典短信"栏目的设置,几乎全与爱情有关。[②] 节日所带来的体验和情感也多与男女爱情有关。比如"朗姆可乐"在 2013 年 7 月 25 日 16 点左右发布的微博中这样说:"刚刚同事在讨论快七夕了,我突然觉得很失落,这些节日那些感情已经不再是我所能参与的话题,原本以为自己大大咧咧什么都可以不在乎,原来我也是个可以让伤心跟随这么久的人……越是刻意想去忘记一个人,那些发生过的事情越是清晰的回放……"[③]

在五个构成要素中,唯一没有改变的是节日的标志性时间。正是这个没有改变,提示我们上述的种种改变只是七夕节内部的变化。

七夕节的当下变化是人们可以看到、感知的文化事实,考虑到乞巧主题的退隐、爱情主题的凸显,这个文化事实可以概括为从乞巧节到中国情人节的变化,这个变化显著且具有质变意义,因而是一种"蜕变"。

从乞巧节到中国情人节的蜕变是进入 21 世纪以来发生的事情,这个蜕变的过程,大致可以概括为:文化交流频繁的情况下圣瓦伦丁节以"情人节"的名称与玫瑰花、巧克力、烛光晚宴等文化符号进入中国社会(主要是城市社会)并为一些人所喜欢和践行。一种外来文化大行其道令国内一些具有较强民族主义情结、文化自觉意识和文化安全意识

---

① 张勃:《压力下的憧憬——七夕节俗中的女性心理和情感分析》,袁学骏等编《七夕文化论文集》,中国文联出版社 2002 年版,第 71—83 页。

② 参见网址 http://m.szhufu.com/qixi/。

③ 参见网址 http://weibo.com/z/bdkzym/index.html? search = % E6% 88% 91% E7% 9A% 84% E4% B8% 83% E5% A4% 95&uid = 3298053125&refer = baidu。

的人备受刺激，开始在本土文化中寻找可以与之相抗衡的"中国情人节"，一些传统节日如元宵节、清明节、三月三、七夕节的情爱要素被发现和被发掘。尽管在谁应该成为"中国情人节"方面存在着一些讨论，七夕节还是更受认可，成为"中国情人节"，圣瓦伦丁节也相应成为"西方情人节"。与此同时，已从西方情人节中获益的商家从中国情人节中看到巨大商机，他们采借西方情人节的过节方式和文化符号，在农历七月七日来临前，推出针对"有情人"的商品和服务。各种媒体也推波助澜，不断引发公众围绕七夕节进行辩论和思考，并组织以爱情为主题的大型活动，越来越多的人在观念上认可了七夕节作为中国情人节的正当性，并在行动上参与到和爱情有关的活动中。七夕节不仅拥有了情人节之名，而且拥有了情人节之实。

二　重新命名、发现爱情、活动内容的采借与发明：七夕节的蜕变是典型的文化重构

在七夕节从乞巧节向情人节的蜕变进程中，由河北省文联、河北省民间文艺家协会、石家庄市文联等单位于 2002 年联合发起的"七月七爱情节"起了十分重要的作用。一方面，它率先以七夕节为爱情节，组织开展了多项丰富多彩的文化活动，从而使"数十万人参与其中，沐浴了爱情的幸福与快乐"。[①] 另一方面，它举办了七夕节文化研讨会，引发了学者对七夕节作为爱情节合理性和正当性的系统思考，思考的部分成果呈现于由袁学骏等人编成的《七夕文化论文集》中。[②] 时任河北省文联主席的冯思德在河北省会首届七月七爱情节开幕式上的讲话中，回顾了倡办首届七月七爱情节的过程并阐述了将七月七定位为爱情节的合理性与重要意义：

> 没想到牛郎织女的美丽传说竟可以打破国界，在异国异族（这里指在日本——笔者注）中扎根，但我转而又有些黯然，七夕节（乞巧节）在我国早已被人们淡忘了，事实上它已经让位给了西方传过来的"情人节"。
>
> 去年 12 月，在中国文联第七次代表大会上，江泽民总书记在报告中再三强调了弘扬和振奋民族精神的问题。在讨论中，我重提了日本七夕节的话题。石家庄市文联主席袁学骏同志便找到我，说他想与省文联联手张罗一个节，与西方情人节相抗衡。想来想去，最好还是把我国的七月七乞巧节捡起来，重新定义一下，然后大张旗鼓搞一个中国的爱情节。我非常赞成学骏同志的意见，一拍即合，我们还征求了省会党、政、文各界一些人士的意见，大家普遍对这一想法予以肯定和支持。
>
> 过去，仅仅把七月七说成是乞巧节，定位是不准确、不全面的。我认为应当把七月七定位于爱情节。关于牛郎织女的爱情故事，在我国可以说是家喻户晓，有着深厚的传统渊源和群众基础。
>
> 把七月七定位于爱情节，不单单是为了与西方情人节抗衡，更重要的是，可以倡

① 杨守勇：《河北：七月七爱情节演绎中国"情人节"》，参见网址 http://news.sohu.com/20040719/n221073466.shtml。
② 袁学骏等编：《七夕文化论文集》，中国文联出版社 2002 年版。这次"七月七爱情节"还包括"七夕文化研讨会"，该论文集收录了研讨会的数十篇会议论文以及"首届省会七月七爱情节资料"。

导忠贞爱情、稳定家庭，符合我国《公民道德建设实施纲要》要求。大家知道，家庭是社会组成的细胞，家庭稳定是社会稳定的基础。改革开放以来，随着世界优秀文化的传入，一些腐朽没落文化也乘机侵入。诸如"包二奶""找情人""泡妞"之类丑恶行为严重妨害了我国家庭稳定。所以，搞"七月七爱情节"将是绝对适时的，十分有意义的。①

上述讲话表明中国没有情人节，为了与"西方情人节相抗衡"，他们就要"张罗一个节"，而"张罗"的策略和路径是对七夕节进行重新命名，并从中发现爱情。

1. 重新命名

正如前面已经说明的，农历七月七日作为节日，本来有自己的多个专名，但在抗衡西方情人节的诉求中，被进行了重新命名。2002 年河北省文联的命名是"七月七爱情节"，2006 年，"根据中央有关领导的提议"这个名字被更改为"情侣节"。目前社会上比较流行的则是"中国情人节""七夕情人节"，不过已有专家明确指出这一命名并不合适，因为："七夕节表达的是已婚男女之间恪守双方对爱的承诺、不离不弃、白头偕老的情感，不是表达婚前情人或恋人的情感，这是在不同人生阶段的两种感情，因此将七夕节作为'中国情人节'并不妥当，'七夕节'应称作'中国爱情节'。"② 尽管围绕着七夕节的重新命名至今仍有争议，情侣节、情人节、爱情节的所指也有一些不同，但一个毋庸置疑的事实是，新名称中都含有一个"情"字。新名字让七夕节更多与"男女之情"联系了起来。

中国人历来重视"名实"之辨，根据"取实予名"和"循名责实"的逻辑，对七夕节的重新命名既需要人们在七夕节传统中发现爱情，又需要人们在实际生活中运用表达爱情的文化符号，从事与爱情相关的节日活动，从而表明七夕节果然是一个"名副其实"的爱情节（情人节、情侣节）。

2. 发现爱情

既然要为七夕节命名"爱情节"（或"情人节"），就需从七夕节中发现爱情的因子。从七夕节中发现爱情是一个多人参与的持续过程，早在 1999 年，汪玢玲就发表长文论证七夕本就是"中国的情人节"。③ 冯思德更多从牛郎织女传说中发现了七夕节蕴含着的爱情元素。因为广为流传的牛郎织女传说讲述了两人被迫隔开但依然不离不弃、最终得以一年一度鹊桥相会的浪漫爱情故事。2002 年未能参加七夕文化研讨会但积极支持"七月七爱情节"的乌丙安、冯骥才同样肯定这则附着于七夕节的传说与爱情相关。乌丙安说："流传百世的牛郎织女鹊桥会的故事，始终颂扬着中华民族历代民众为爱情坚贞、婚姻自由而奋斗牺牲的壮丽精神。"冯骥才说："若向爱情求真谛，且问牛郎织女星。""牛郎织

---

① 冯思德：《弘扬民族节庆文化的一次尝试——在河北省会首届七月七爱情节开幕式上的讲话》，载袁学骏等编《七夕文化论文集》，中国文联出版社 2002 年版，第 199—200 页。

② "今天不是'情人节'"，参见网址 http：//news. sina. com. cn/o/2006 - 07 - 31/09559614675s. shtml。

③ 汪玢玲：《"七夕"——中国的情人节——牛郎织女传说考释》，载袁学骏等编《七夕文化论文集》，中国文联出版社 2002 年版，第 6—17 页。

女身上寄托了中国人的爱情理想。"① 这次会议上，"还有大量的文章，是阐发弘扬七夕文化的社会意义和时代意义，呼吁要让古老的文化传统与时俱进，这与冯、乌二人论述形成了本次会议的最强音"。② 之后，不少学者继续从传说、诗词、习俗、典籍中寻找发掘，以发现七夕节与爱情的固有关联性，许多民众也参与其中。在这个过程中，白居易的《长恨歌》、秦观的《鹊桥仙》得到反复吟咏，"两情若是久长时，又岂在朝朝暮暮""在天愿为比翼鸟，在地愿为连理枝，天长地久有时尽，此恨绵绵无绝期"成为七夕节富含爱情因子的表征。在这个过程中，含有被迫分开却不离不弃的牛郎织女传说版本得到反复讲述，他们成为忠贞爱情的代表；牛郎织女传说的其他异文则被忽略，在不少异文中，或者织女与牛郎的生活并不怎么和谐，或者织女想方设法主动离开牛郎而终于成功是重要的情节。从七夕中发现爱情的过程，是将七夕节中零散的、潜在的爱情因子发掘出来、加以筛选、整合、阐释并集中呈现的过程。

3. 活动内容的采借与发明

"人类的姓名是建立在实践和认知基础上的分类系统，既是社会、文化和历史的产物，也直接或间接地参与了社会、文化和历史的生产和再生产。"③ 七夕节的重新命名让七夕节在社会上有了新的定位、内涵和指称，按照循名责实的逻辑，重新命名必然引导和激发人们在节日期间从事与爱情有关的活动。由于中国节日体系中原本没有一个情人节，中国情人节的设置原本是受外来文化影响的结果，所以在如何过中国情人节方面，人们很自然地从西方情人节那里寻找合适的资源，采借西方情人节的文化符号，运用西方情人节的活动模式，将玫瑰、蛋糕、巧克力、烛光晚餐纳入自己的节日实践。与此同时，又发明出诸多具有中国元素的文化符号与节日活动，如彩虹鹊桥、相亲大会、情歌对唱、抛绣球、放飞许愿灯，等等。

七夕情人节因对抗西方情人节而生，本身却打上西方情人节的深深印痕，并以一种崭新的样态出现，不仅改变了活动主体，而且改变了活动内容、活动空间和活动情感，甚至改变了节日名称。如果我们将文化重构理解为一个社会群体对既有文化现象的再加工再创造，那么七夕节从乞巧节到情人节的蜕变就是典型的文化重构。它是人们在外来文化的刺激下重新发现、发掘传统，并将其与外来文化结合在一起的结果。它融合本土资源与外来资源、传统资源与现代资源，并具有主动谋求的鲜明特征。

三　节日复兴与文化反思：七夕节当代重构的重要意义

七夕节的当代重构具有重要意义，大致可以概括为如下几点：

1. 有效地帮助七夕节摆脱生存困境，促进了节日的重振复兴

中国传统节日植根于农业社会，源远流长，是传统社会生活的有机组成部分。近代以来，在全球化、现代化的过程中，在多种因素的共同作用下，传统节日地位明显下降，七夕节也面临生存的危机。如果说节日的活态存在乃在于特定时代特定区域处于不同社会地

---

①　参见黄玉《守望民间 咏赞七夕——访中国民间文艺家协会主席冯骥才》，乌丙安《中华"七夕"爱情节的祝愿》，袁学骏等编《七夕文化论文集》，中国文联出版社 2002 年版，第 1—3、4—5 页。

②　袁学骏等编：《七夕文化论文集》，中国文联出版社 2002 年版，第 2 页。

③　纳日碧力戈：《姓名》，中央民族大学出版社 2000 年版，第 1 页。

位、承担不同社会角色的社会成员在特定情境下对节日习俗活动的全部或部分实践，或者简言之，在于社会中有一定数量的人把这段时间当作"节日"来度过，那么在20世纪末期，除了个别地方，七夕这个曾经广为流行的传统节日已经没有了多少过节主体。但十几年后的今天，我们可以从花店售卖鲜花的庞大数据中、从节日尚未到来关于七夕活动的预告宣传就纷至沓来的现象中，看到这个节日的蓬勃生机。七夕节复兴态势明显，其生存状态已然今非昔比。尽管七夕节复兴背后有多种因素的共同作用，也并非只有七夕一个传统节日经历着复兴的过程，但毫无疑问，文化重构对七夕节的命运逆转起了至关重要的作用。因为正是这一重构，使爱情成为七夕节的主题，它契合了当代人的价值观念和社会需求，并因此迅速吸引了众多商家和都市男女的注意力，迅速发展壮大了过节的群体。不仅如此，这一重构还使七夕节重新回到公众的视野，不仅勾起许多中老年人对七夕节的早年记忆从而使其首先在记忆中复活，而且使个别地方如甘肃西和、温州石塘、广州珠河等地仍然活跃的传统七夕节俗得到更多关注，这也促进了七夕节的当代复兴。

传统节日是一套与生活密切相关的文化，包括一系列何人在何时应做何事或不应做何事以及应如何做的规则，处于时间长河中的传统节日犹如一个生命体，有其自身生长发展演变的历史。它可以生，也可以死。由生而死通常被视为一个传统节日正常的生命历程。七夕节的蜕变表明，传统节日的命运其实更为复杂：不仅可以生，可以由生而死，而且可以死而复生。在一定条件下，能够在传承中断后以一种崭新的样态重新回归社会成员的日常生活，为其所遵循、操演和践行。七夕节的蜕变同时表明，在多元文化背景下，对于本土传统文化的传承而言，外来文化不仅是冲突的来源、竞争的对手，它还有可能成为激活本土传统的钥匙，并成为传统复兴过程中可以取用的重要资源。文化重构具有起死回生、化腐朽为神奇的巨大力量。

2. 在中国节日体系中增加爱情节的设置，丰富了社会成员的生活内容

"中国人有爱情，但中国神话中没有爱神。中国有情人，但中国节日中没有情人节。"[①] 七夕节的文化重构填补了这一空白，突显了爱情的意义和价值，为当代人坦率地表达爱情、寻求浪漫提供了时机。而围绕爱情主题采借和发明的多种节日活动，也极大地丰富了社会成员的生活内容。从最新的一些新闻报道中，我们已能预先感知2013年七夕节（阳历8月13日）生活内容的丰富性。比如《七夕"浪漫经济"提前来袭 玫瑰花预定异常火爆》一文中提到："尽管距离七夕还有段时间，但各路商家却已提前备战七夕商机……除了传统的花店、蛋糕店、电影院，各大商场、超市的七夕节气氛也日渐浓厚，一股'浪漫经济'悄然来袭。"除巧克力、蛋糕、毛绒玩具等常规礼物外，萤火虫、玫瑰香皂花、竹简情书等许多创意类礼物也非常受年轻情侣们的欢迎。[②] 又比如，北京通州区于8月9日至13日期间举办首届北京七夕节，共包括"七夕歌会""相爱运河"婚礼文化展、"大美运河"七夕传统文化展等17项活动；[③] 而七夕节当晚七点零七分，北京首都体育馆也上演一场盛大的"七夕中国2013情歌演唱会"，主

---

① 王善民、凡雨：《一个被权力扭曲的节日——"七夕"演变中民间叙事与主流话语的对抗》，袁学骏等编《七夕文化论文集》，中国文联出版社2002年版，第55页。

② 参见网址 http://news.163.com/13/0725/11/94KIRG5I00014Q4P.html。

③ 参见"通州七夕节上演'皇室嫁女'"，网址 http://news.163.com/13/0725/03/94JLF9HD00014AED.html。

办方向社会公开征选的 77 对情侣将参与互动，现场万余名观众与众多明星共同见证爱的表达。①

3. 多种社会力量共同参与了七夕节的文化重构，客观上起到了促进全社会进行文化反思的巨大作用

七夕节的文化重构归功于多种社会力量的共同参与。其中专家主要发挥了启动引领作用，并从学术角度承担了正当性的论证工作。商家也扮演了重要角色。由于传统节日往往是消费时间，以赢利为目的的商家总是会介入到传统节日当中，繁荣的市场往往成为节日的动人景致。通常认为，商家主要是为人们按约定俗成的方式过节提供各种物品。但在七夕节的蜕变过程中，商家不仅提供了节日主体在节日中需要的物品和服务，而且提供了节日活动的空间，尤其重要的是，它们还在引导节日主体如何过节，如何消费。通过引导如何消费，它们生产了人们对特定物品和服务的认可、偏好和需求，也便生产了节日的活动内容和文化符号，因而也就形塑了节日本身。当前七夕节在事实上成为情人节，鲜花、巧克力、红酒、香槟、烛光晚宴、浪漫之旅等成为七夕节的文化符号，很大程度上要归因于鲜花店、巧克力经营商、红酒经营商、餐饮店、旅行社等商家比其他行业的商家更加积极地以节日所需的名义推销自己的商品和服务。民众是七夕节蜕变的决定性力量，他们基于生活需要和文化自觉参与了七夕节的文化重构，不仅包括参与对正当性的讨论，更重要的是用自己的选择确证了七夕节的爱情主题，并基于追求个性、博取爱人欢心的目的而不断推陈出新并不断要求推陈出新，由此促进了七夕节节日活动的采借和发明。大众媒体则关注舆论、传递信息、发表意见、引发思考，并为各种力量的作用发挥提供了交流碰撞的平台。总之，具有不同的利益诉求和目标追求的学者、民众、商家、媒体等多种社会力量通过共处在同一个中华文化空间里而互相影响，彼此激发，一起营造了七夕乞巧节向情人节蜕变所必需的文化氛围和文化空间，推动了这一蜕变所必需的正当性论证和主体性选择，为七夕节的文化重构发挥了各自独到的作用。

值得一提的是，七夕节的文化重构过程并非一团和气，在应该如何给七夕节重新命名、应不应该承认七夕节是中国情人节等方面，均存在不同意见。这些争议影响深远，颇具意义。

在中国人的观念中，"名不正则言不顺，言不顺则事不成"。关于七夕命名的争议，前文已有叙述。命名争议明显地延续了"必也正名"的思维逻辑，其背后，则是公众尤其是知识分子对一度式微的传统节日能够复兴并长期传承下去的殷切希望，是对这个节日以何种状态复兴的设计与理想，是企盼复兴的节日能够经世致用、传递文化价值、解决社会问题、维护社会秩序的良苦用心。

在是否应该承认七夕节是中国情人节方面，争议更多。比如 2006 年有一位学者提出"把七夕当作情人节来过不合乎传统"的观点，② 就引起了许多民众的强烈反对，演化成一个文化事件，掀起一场轩然大波。又如 2009 年 8 月 14 日腾讯 QQ 论坛上开设了一个帖子，让七夕节 PK 情人节。辩论设置了正反双方，正方的代表观点是："我觉得无所谓，与时俱进嘛！牛郎织女也是爱情的象征，只要有需求有市场，人们又喜欢这种氛围，就不

---

① 参见"七夕对抗情人节 2013 情歌演唱会做爱情见证"，网址 http://news.xinhuanet.com/ent/2013-07/22/c_ 125046735. htm。

② 刘宗迪:《七夕故事考》,《民间文化论坛》2006 年第 5 期。

要这么较真，毕竟传统也是人造出来的！"而反方的代表观点是："我觉得应该抵制这种崇洋的情节，原本七夕的内涵就不是情人节，因为商业利益而改变传统文化，那老祖宗留下的东西都要慢慢变味了！"① 无论是正方观点还是反方观点，都有不少跟帖。比如正方11辩的辩词如下：

> 自祖国建国以来，不断与外界建交，加入 WTO 后，与世界交流更加密切，随着社会发展，非主流和西方的思想也不断涌入进来，既然七夕节也能带动市场消费，我们又何乐而不为呢。而对于情人，特别是对于我国的情人而言，不是又增加了一次创造温馨、甜蜜的机会么。我们不能拒绝西方的文化，我们需要做的是发扬自己的文化。不闭门造车，要勇于交流。把我们的文化发扬光大。让七夕节能成为一个世界性的传统爱情节日。②

反方3辩则说：

> 我们应该好好保护现有传统文化，并把"牛郎织女的爱情文化"进一步弘扬广大。这是祖先遗留下来的。我们就应该好好地接续历史、需要一代一代传下去，是世世代代都要做的事。增强我们民族凝聚力、增强祖国在世界竞争中的"软力量"，不要让外国人看笑话。③

这些围绕着七夕节应不应该向情人节靠拢的跟帖，表述着普通中国人关于如何对待本土文化与外来文化、传统文化与现代文化的认知和理解。这是公众参与七夕节文化重构的过程，也是参与文化讨论进行文化反省和文化批判的过程，同时是公众文化自觉性、文化自信力、文化鉴赏力、文化反思力、生活自主性的培养过程。从不同观点的碰撞交锋中，我们看到这个时代的多元价值取向，纳异包容的与坚守民族本位的共同在场。我们也看到，碰撞交锋激发、推动不同观点的持有者对多元文化及其相互关系进行着更加深入的思考。而这些思考，无论对于七夕节的未来发展，还是对于所有传统节日的传承，乃至对于中国的文化建设，无疑都大有助益。可以说，七夕节的文化重构客观上起到了促进全社会进行文化反思的作用，它所产生的实际影响已远远超出七夕之外。

结　语

民众有权利过自己想要的节日生活，并有权利选择自己喜欢的方式。在当前中国人的生活方式、爱情观念已经发生重大变化、民族意识高涨、传统复兴已成大势的情况下，中国人要过情人节而且要过自己的情人节的诉求理应得到充分表达，也理应受到充分尊重，七夕节向中国情人节的蜕变是这种诉求的现实化，是民众凭借一定的民族文化自觉意识和纳异包容的文化开放态度进行文化选择的自然结果，不仅无可厚非，而且值得珍视。不

---

① 参见网址 http：//bbs. vip. qq. com/t - 30161 - 1. htm。
② 参见网址 http：//bbs. vip. qq. com/t - 30098 - 1. htm。
③ 参见网址 http：//bbs. vip. qq. com/t - 30161 - 1. htm。

过，在笔者看来，这并非七夕节文化重构的终点，而只是一个阶段性成果，并且也应该只是一个阶段性成果。因为尽管七夕节由乞巧节向中国情人节蜕变的文化重构具有重要意义，但也有缺陷，即一定程度形成了对传统七夕活动的遮蔽。

有着两千年历史的七夕节在其不断发展演进的过程中，早已形成了丰富多彩的习俗活动，而且具有多样的地方性表现。比如甘肃西和仍然活跃的"乞巧节"是典型的女儿节，参加者主要是未婚的少女，节日历时七天八夜，包括迎巧、祭巧、唱巧、跳麻姐姐、拜巧、迎水、巧饭会餐、照瓣卜巧和送巧等一系列仪式，且有相应的仪式歌舞相伴。[①] 浙江温岭石塘箬山村的七夕节则是"小人节"，它的主要参加者是小于16岁的孩童及其家人，主要活动是祭祀七女神，祈愿小孩健康发展。[②] 七夕节的众多习俗活动及其地方性表现以及"七夕"这个具有诗意、浪漫气质的名字，具有重要的生活价值、历史价值、艺术价值和认同价值，应该有比当下更好的生存空间。换句话说，未来的七夕节应该是既吸纳外来文化的优长又有更多中国元素（不只是节日时间，还有节日活动及其具有的文化内涵）的有机融合，能够同时作为情人节、乞巧节乃至小人节等在更大空间里共生共荣。

目前来看，突破情人节遮蔽、实现共生共荣的重要路径是七夕节历史记忆的日常生活化和目前仍然活跃的地方七夕节俗活动一定程度的普遍化。前者是指有意识采取一些措施使曾经活态存在目前仅仅保存于文献和头脑中的关于传统七夕节的历史记忆重回日常生活，得到实践。后者是指有意识采取一些措施使当下为个别地方民众所传承享用的七夕习俗在更大的空间内被更多的人所共享和传承。这两种路径无疑都存在一定的障碍。前者需要克服的主要是时间变换所带来的挑战：毕竟历史记忆中的七夕节是传统社会的七夕节，更多体现了农耕社会的理想和追求，而我们目前所面临的是工业文明、现代社会；后者需要克服的主要是空间位移所带来的挑战：地方七夕节俗活动毕竟是特定空间内生长发育出来并适合其水土的节日文化，普遍化则意味着将其置于非本土的环境之中。而这也决定了无论选择哪一种路径，都不可能是传统七夕节俗和特定地方七夕节俗的全面照搬，而只能是以其为资源从中汲取若干元素、结合其他元素重新加以组织并应用实践的文化重构过程。

未来的七夕节重构仍然需要包括学者在内的多种力量共同参与。需要说明的是，学者既没有权利也没有能力要求民众选择专家学者偏爱的节日生活和过节方式，但专家学者可以通过研究提出自己的观点，从而为人们如何过节提供更多的选择项。这是学者的社会责任，也是学者的社会贡献所在。

（原载《文化遗产》2014年第1期）

---

① 杨克林：《仇池乞巧民俗录》，西和县文学艺术界合会印制；李凤鸣、韩宗坡、王亚红：《西和乞巧民俗研究》，甘肃人民出版社2013年版，第348—428页。

② 陈勤建：《当代七月七"小人节"的祭拜特色和源流——浙江温岭石塘箬山与台南、高雄七夕祭的比较》，《广西师范学院学报》（哲学社会科学版）2005年第2期。

遗产旅游语境中的神话主义

——以导游词底本与导游的叙事表演为中心

杨利慧*

【摘要】"神话主义"是指现当代社会中对神话的挪用和重新建构，神话被从其原本生存的社区日常生活的语境移入新的语境中，为不同的观众而展现，并被赋予了新的功能和意义。本文以河北涉县娲皇宫景区对女娲神话的整合运用与重述为个案，以导游词底本以及导游个体的叙事表演为中心，详细展示了遗产旅游语境中神话主义的具体表现，并归纳出其四个特点：口头传统与书面传统有机融合；叙事表演以情境和游客为中心；神话更为系统化；神话的地方化更加凸显。论文认为导游的叙事表演依然富有光晕；神话主义属于神话的"第二次生命"，研究者应将神话的整个生命过程综合起来进行整体研究。

一 研究缘起

"传统"是人文社会科学研究领域的关键词之一。长期以来，一个最为流行的传统观是将"传统"视为客观而凝固不变的物质实体，它是本真（authentic）和纯粹的（genuine, pure），与久远的过去相联，是现代人怀旧与回望的精神家园。① 但是在 20 世纪后半期，学术界对传统的看法逐渐发生改变。随着对传统的客观性和本真性的反思，② 学者们开始逐渐放弃对过去传统的溯源性追寻，转而探求传统在现代社会中的存续、利用和重建状况，对传统的变迁和重建过程的考察由此成为世界范围内诸多学科研究的重要内容，迄今涌现出了不少有影响的学术概念和理论视角，例如"民俗主义"（folklorismus/folklorism，汉

---

* 作者系北京师范大学文学院教授。

① 可参见 Hermann Bausinger：Folk Culture in a World of Technology, trans. Elke Dettmer. Bloomington and Indianapolis：Indiana University Press, 1990, "Author's Preface," xi；Regina Bendix. In Search of Authenticity：The Formation of Folklore Studies. Madison and London：the University of Wisconsin Press, 1997；理查德·鲍曼：《民俗界定与研究中的"传统"观》，载理查德·鲍曼著《作为表演的口头艺术》，杨利慧、安德明译，广西师范大学出版社 2008 年版，第 208—221 页。

② 参见前引 Hermann Bausinger：Folk Culture in a World of Technology, "Author's Preface," xi；Regina Bendix. In Search of Authenticity：The Formation of Folklore Studies；霍布斯鲍姆、兰格编：《传统的发明》，顾杭、庞冠群译，译林出版社 2004 年版。

斯·莫泽、海曼·鲍辛格）[①]、"民俗化"（folklorization，约翰·麦克道尔）、[②] "传统化"（traditionalization，戴尔·海默斯、理查德·鲍曼）、[③] "新传统主义"（纳尔逊·格雷本）[④]、

---

① "民俗主义"一词在 20 世纪初既已出现，而且在 30 和 40 年代，法国民族学者已开始使用"新民俗主义"（neo-folklorisme）作为对表达文化的一种新观点，但是 1962 年德国民俗学家汉斯·莫泽（Hans Moser）将其作为学术概念提出后，引起了民俗学者的注意，此后德国民俗学家海曼·鲍辛格（Hermann Bausinger）对之做了进一步的阐发，在其所著 *Folk Culture in a World of Technology* 一书的第五章第二节 "Tourism and Folklorism" 中专门论及民俗主义。在鲍辛格看来，民俗主义指的是"对过去的民俗的运用"，民俗被从其原生的语境中分裂出来，植入新的语境当中；民俗主义是现代文化工业的副产品，它表示了民俗的商品化以及民俗文化被第二手地体验的过程。对于"民俗主义"一词的所指，民俗学家本笛克丝（Regina Bendix）曾有非常简明扼要的概括：民俗主义即"脱离了其原来语境的民俗，或者说是伪造的民俗。这一术语被用来指涉那些在视觉上和听觉上引人注意的或在审美经验上令人愉悦的民间素材，例如节日服装、节日表演，音乐和艺术（也包括食物），它们被从其原初的语境中抽取出来，并被赋予了新的用途，为了不同的、通常是更多的观众而展现。"Regina Bendix. "Folklorismus/Folklorism," In *Folklore*: *An Encyclopedia of Beliefs*，Customs，Tales，Music，and Art，edited by Thomas A. Green. Santa Barbara，California；Denver，Colorado；and Oxford：ABC-CLIO，1997，337. 关于"民俗主义"概念的来龙去脉以及其对于民俗学学科的革命性意义，可参看拙文《"民俗主义"概念的涵义、应用及其对当代中国民俗学建设的意义》，《民间文化论坛》2007 年第 1 期。

② John H. McDowell. "Rethinking Folklorization in Ecuador：Multivocality in the Expressive Contact Zone." In *Western Folklore*，Vol. 69，No. 2，Spring 2010，181 – 209. 在该文中，作者指出今天的民俗日益被中介化（mediated）而进入更广大的领域中，"民俗化"概念强调了从地方性的艺术生产到被中介化的文化展示的加工转换过程，在此过程中，有机的文化表达被出于艺术的、旅游的、商业的、政治的以及学术的目的而被加工处理。

③ 美国民俗学家戴尔·海默斯（Dell Hymes）在 1975 年发表的 "Folklore's Nature and the Sun's Myth" 中较早谈及"传统化"概念，指出"我们可以在职业、制度、信仰、个人和家庭等任何一个生活范畴内发现传统化的各种表达。……而我们的任务是在这一过程中去揭示这些表达的形式，去探究民众为保持一种被传统化了的活态认同而做的一切行为，去普适我们的学科规则并深化其成果。" Dell Hymes. "Folklore's Nature and the Sun's Myth，" in the Journal of American Folklore，Vol. 88，No. 350（Oct. - Dec.，1975），p. 354. 表演理论的代表人物理查德·鲍曼（Richard Bauman）对此作了进一步明确阐释："如果我们将传统理解为一个可阐释的话语创造，那么'传统化'就是在当前话语与过去话语之间创建的有效链接。"他主张民俗学者关注的视点应当更多地转向"实现传统化、赋予话语全新意义的手段与过程"。Richard Bauman. *A World of Other's Words*：*Cross-Cultural Perspectives on Intertextuality*，Blackwell Publishing Ltd，2004，p. 147. 关于"传统化"概念的更多梳理，可参看康丽《从传统到传统化实践——对北京现代化村落中民俗文化存续现状的思考》，《民俗研究》2009 年第 2 期；《传统化与传统化实践——对中国当代民间文学研究的思考》，《民族文学研究》2010 年第 4 期。

④ 美国旅游人类学家纳尔逊·格雷本（Nelson Graburn）在《当今日本的过去——当代日本国内旅游的怀旧与新传统主义》一文中，将日本旅游业利用传统以塑造充满怀旧因素的旅游景点的方法和过程称为"新传统主义"，并指出对这类新传统主义旅游景点的大规模建造和参与热情，是日本要表达和确立自己的独特性的现代斗争中的重要部分。Nelson Graburn 著：《人类学与旅游时代》，赵红梅译，广西师范大学出版社 2009 年版，第 145—158 页。

"新历史主义"（吉野耕作）① 等，也有学者将畅销小说《魔戒》《塞莱斯廷预言》以及影视作品如《指环王》《哈利·波特》等中体现出的对前现代社会神话想象和民间信仰传统的回归和文化寻根浪潮称为"新神话主义"（neo-mythologism）。②

　　笔者本文的研究即与上述传统观的转向一脉相承，它力图探究的是中国神话传统在当代社会中被挪用（appropriation）和重述（retelling）的情况。除此而外，这一话题的确立也与笔者此前主持的一项科研课题有着直接的承继关系。2000—2010 年，我与所指导的四位研究生一道，完成了一项教育部课题"现代口承神话的传承与变异"。在该课题的田野调查中，我们发现——这是以往的神话研究较少关注的——在当代中国的一些社区中，导游正在成为新时代的职业神话讲述人，并且成为当地神话知识的新权威。③ 此外，神话的传播方式正日益多样化，一种新的趋势正在出现——书面传承和电子传媒传承正日益成为年轻人知晓神话传统的主要方式。④ 不过，尽管我们发现了上述趋势，但由于当时的研究对象主要限于农村和乡镇的老年故事家、歌手和巫师等，所以未能对此展开深入考察。针对这一不足，2011 年，我申请了国家社科基金课题《当代中国的神话传承——以遗产旅游和电子传媒的考察为中心》，力图从民俗学和神话学的视角，对中国神话传统在当代社会——尤其是在遗产旅游和电子传媒领域——的利用与重建状况展开更细致的民族志考察。与前一个课题不同的是，该课题更加关注年轻人，关注现代和后现代社会中的大众消费文化、都市文化和青年亚文化。我参照上文梳理的学术先贤的研究成果，尤其是"民俗主义"和"民俗化"概念的阐发，把在遗产旅游以及电子传媒（包括互联网、电影电视以及电子游戏）等新语境中对神话的挪用和重建，称之为"神话主义"（Mythologism）。这一概念的提出，意在使学者探究的目光从社区日常生活的语境扩展到在各种新的语境中被展示（display）和重述的神话——它们正在我们身边越来越频繁地出现，把该现象自觉地纳入学术研究的范畴之中并从理论上加以具体、深入的研究。

---

　　① 日本社会学家吉野耕作将现代社会中对文化遗产的创造手法称为"新历史主义"，并指出它实际上是"通过全球化消费社会中文化遗产的创造，维持、促进了民族自我认同意识中的与过去的连续感"。参见吉野耕作《文化民族主义的社会学——现代日本自我认同意识的走向》，刘克申译，商务印书馆 2004 年版，第 62—66 页。

　　② 关于新神话主义的更多介绍和评论，可参看叶舒宪的系列文章，例如《人类学想象与新神话主义》，《文学理论前沿》第 2 辑，北京大学出版社 2005 年版；《再论新神话主义——兼评中国重述神话的学术缺失倾向》，《中国比较文学》2007 年第 4 期；《新神话主义与文化寻根》，《人民政协报》2010 年 7 月 12 日，等等。

　　③ 该课题的最终成果以《现代口承神话的民族志研究——以四个汉族社区为个案》为题出版，杨利慧、张霞、徐芳、李红武、仝云丽著，陕西师范大学出版社 2011 年版。此见该书第一章"总论"部分，第 24 页。

　　④ 杨利慧、张霞等：《现代口承神话的民族志研究——以四个汉族社区为个案》，陕西师范大学出版社 2011 年版，第 29—31 页。

具体地说，本课题创造性地使用"神话主义"这一概念，[①] 用来指现当代社会中对神话的挪用和重新建构，神话被从其原本生存的社区日常生活的语境移入新的语境中，为不同的观众而展现，并被赋予了新的功能和意义。将神话作为地区、族群或者国家的文化象征而对之进行商业性、政治性或文化性的整合运用，是神话主义的常见形态。

如此界定的"神话主义"概念，与"新神话主义"既有联系也有区别。新神话主义指涉了包括畅销小说《魔戒》《塞莱斯廷预言》《第十种洞察力》以及电影《与狼共舞》《指环王》《哈利·波特》《达·芬奇密码》《蜘蛛侠》《纳尼亚传奇》等在内的一系列文学和艺术创作、影视动漫产品及其他各种视觉文化，主要强调其中体现出的对前现代社会神话想象（"神话"往往被赋予了非常宽泛的含义）和民间信仰传统的回归和文化寻根，在价值观上反思文明社会，批判资本主义和现代性。在这些新创作的作品中，传统的神话叙事往往被稀释得只剩下一丝淡薄的气息和影子，甚至完全无影无踪。神话主义与新神话主义在反思神话传统在当代的建构和生命力上有着共同的追求，但是就与神话本体的距离而言，新神话主义显然走得更远。

在下文的分析中，笔者将以2013年3月所调查的河北涉县娲皇宫景区的旅游业对女娲神话的挪用、整合和重述为个案，来展示遗产旅游语境中神话主义的具体表现，导游词底本以及导游个体在具体实践中对神话的叙事表演将是分析的重点，论文结尾将就神话主义的特点、导游叙事表演的光晕以及神话主义的性质等进行理论上的探索与总结。

在正式开始下文的描述前，尚有两个重要的概念需要提前交代。

本文所谓的"神话"，是人类口头艺术（spoken art）的文类之一，通常具有这样一些特点：它是有关神祇、始祖、文化英雄或神圣动物及其活动的叙事（narrative），通过叙述一个或者一系列有关创造时刻（the moment of creation）以及这一时刻之前的故事，解释宇宙、人类（包括神祇与特定族群）和文化的最初起源，以及现时世间秩序的最初奠定。[②] 神话的讲述场合可以是社区日常生活所需的任何场合，但是其中很多是在庄严神圣的宗教仪式场合中。

表演（performance）：按照表演理论的主要代表人物理查德·鲍曼（Richard Bauman）的界定，简要地说，表演是一种口头语言交流的模式，它存在于表演者对观众承担有展示（display）自己交际能力的责任。[③] 从表演的视角看，导游的叙事显然是一种表演模式的交流：导游在与游客面对面的口头交流中，尽力展示自己对传统知识的把握和解说技巧，

① "神话主义"一词，已有学者使用过，例如苏联神话学家叶·莫·梅列金斯基在《神话的诗学》一书中，将作家汲取神话传统而创作文学作品的现象，称之为"神话主义"，认为"它既是一种艺术手法，又是为这一手法所系的世界感知"，见《神话的诗学》，魏庆征译，商务印书馆1990年版，第三编；张碧在《现代神话：从神话主义到新神话主义》一文中，借用了梅列金斯基的概念，将"神话主义"界定为"借助古典神话因素进行创作的现代文艺手法"（《求索》2010年第5期）。本文使用的"神话主义"更多地参考了民俗主义以及民俗化等概念的界定，强调的是神话被从其原本生存的社区日常生活的语境中抽取出来，在新的语境中为不同的观众而展现，并被赋予了新的功能和意义。神话主义显然并不限于文学和艺术创作范畴，而是广泛存在于现当代社会的诸多领域。

② 杨利慧、张霞等：《现代口承神话的民族志研究——以四个汉族社区为个案》，陕西师范大学出版社2011年版，第1页。

③ ［美］理查德·鲍曼：《作为表演的口头艺术》，杨利慧、安德明译，广西师范大学出版社2008年版，第12页。

而他们"讲得好"或者"讲得不好",往往成为游客评论其服务质量的重要内容。

二　遗产旅游语境中的女娲神话——河北涉县娲皇宫的个案[①]

涉县位于河北省西南部,地处太行山东麓、晋冀豫三省的交界处,面积 1509 平方公里,辖 17 个乡镇、308 个行政村、464 个自然村,人口 40 万人。[②] 涉县的女娲信仰十分盛行,如今全境大约有 20 座女娲庙。建于城西中皇山山腰处的娲皇宫是其中历史记载最为悠久、建筑规模最为宏大的一座女娲庙。整个建筑群分为山下、山上两部分,多为明清时期所重修:山脚有三处建筑,自下而上依次为朝元宫、停骖宫和广生宫;山上的主体建筑是娲皇阁,通高 23 米,由四层组成,第一层是一个石窟,石窟顶上建起三层木质结构的阁楼,分别叫作"清虚阁""造化阁"和"补天阁",里面供着女娲造人、补天等的塑像。其他的附属建筑还包括梳妆楼、迎爽楼、钟楼、鼓楼、灵官阁和题有"娲皇古迹"的牌坊等。山上和山下的建筑由十八盘山路连接起来。每年农历三月初一到十八是娲皇宫庙会。据咸丰三年(1853 年)《重修唐王峧娲皇宫碑记》记载:"每岁三月朔启门,越十八日为神诞。远近数百里男女佥集,有感斯通,无祷不应,灵贶昭昭,由来久矣。"可见当时庙会的盛况。如今这里的庙会规模依然十分盛大,来自附近方圆数百里以及山西、河南、河北等地的香客纷纷前来进香,有时一天的人数最多可达到一万四千人。[③] 2003 年以后,当地政府陆续斥资在景区里新修了补天广场,广场上矗立着高大的娲皇圣母雕像,雕像的四面基座上刻绘着女娲抟土做人、炼石补天等功绩的浮雕。2006 年,中国民间文艺家协会授予涉县"中国女娲文化之乡"的称号,同年,这里的"女娲祭典"也被国务院公布为首批"国家级非物质文化遗产"。

作为大众现象的娲皇宫的遗产旅游兴起于改革开放之后。1979 年,这里设置了管理处,隶属文物保管所管理,主要任务是进行文物的修缮和保护,但同时也竭力设法扩大香客数量,吸引更多的进香人群。2001 年,文物保管所和旅游局合并,成立了涉县文物旅游局,标志着遗产旅游成为涉县政府日益重视的文化产业。2009 年春节黄金周期间,包括娲皇宫景区和附近的一二九师司令部旧址景区在内的县旅游业为该县财政创收 50 余万元,同比增长 50%,接待游客近 5 万人次,同比增长 170%。[④]

据娲皇宫管理处负责人王艳茹介绍:管理处自成立之初就开始了对导游的培养,当时的导游大都是兼职,直接从职工中选拔,一般学历较低,普通话基本过关就行,讲解的内容以神话传说为主,相对比较单一。2001 年 8 月,全县公开招聘了第一批共计 10 名职业导游,此后的 2003、2005、2007、2009、2010 年又陆续招聘了 5 批导游,对导游的要求

---

①　如无特别说明,本文的民族志资料均来自 2013 年 3 月笔者与研究生在娲皇宫的田野调查。特别要感谢王旷清、王艳茹、岂佳佳、张亚敏、申金如等对我们调查工作的大力帮助,也感谢我的两位研究生包媛媛和杨泽经的协助。

②　涉县党政信息网(http://www.sx.hd.gov.cn/sxxq/sxgk.htm),2013 年 11 月 5 日更新。

③　关于娲皇宫的建筑格局、庙会盛况以及当地女娲神话流传的情况,可参看拙著《女娲的神话与信仰》,中国社会科学出版社 1997 年版,第 155—161 页。这里所引的个别信息根据笔者 2013 年 3 月的调查有所更新。

④　《涉县春节黄金周旅游红红火火》,《邯郸日报》2009 年 2 月 9 日。

也日益提高。现在招聘导游分为笔试和面试两个环节，对导游的基本要求是必须具备大专以上学历，身高 1.6 米以上，普通话标准、音质优美，气质好，身体健康，旅游、中文和历史等专业的优先考虑。导游在景区除了担任讲解工作外，还负担有挖掘、研究、整理景区的历史和文化的任务。如今在岗的导游共计 18 名。导游的收费标准是每次 80 元人民币。①

导游们在正式上岗解说之前，都会拿到一份作为基础和范例的导游词，可简称为"底本"。底本一般由了解情况的地方文化专家撰写，其作用是为导游们提供需要掌握的基本知识。多年来，娲皇宫景区的导游词底本一直是由王艳茹撰写的，根据她自己的陈述以及笔者对她撰写的导游词的文本分析，可以发现底本依据的资料来源主要有三种：第一是地方的口头传统，用王艳茹的话说，是"老辈人口口相传的讲述"；第二是相关的古文献记录，例如《淮南子》《风俗通义》等；第三是专家学者的著述。在她撰写的底本中，口头传统与书面传统呈现出高度融合的状态，这一点，下文还将进一步论述。

导游词底本对神话的呈现一般相对稳定。我比较了王艳茹在三年间撰写并发给导游们的三份底本，发现其中变化较多的是对神话的阐释以及对景点的介绍，而女娲神话大体没有变化，正如她自己所说："我们对神话不做修改和延伸，我们讲的神话或者是（来自）古文献中的记载，或者是（来自）当地流传的民间传说，都是原版哦！"下面是三个底本中呈现的在造化阁和补天阁中讲述的女娲造人和补天神话：

2010 年版——

说起女娲抟土造人的故事自然要先了解一下女娲的身世。古书中记载，女娲和伏羲是人首蛇身的兄妹俩，他们的母亲是上古神话中的一位女神叫华胥氏，当兄妹俩出生后不久世界上便发生了举世罕见的大洪水，所有生灵被荼毒殆尽，只剩女娲伏羲兄妹两人幸免于难，于是他们便兄妹成婚，生儿育女繁衍后代。两人结婚后过着甜蜜幸福的生活，但时间不长女娲开始发起愁来，她说："靠我一个人十月怀胎、一朝分娩，什么时候才能孕育那芸芸的众生来管理这个世界呢？"女娲猛然间看到河里自己的影子，灵机一动，开始了她抟土造人的伟大工程：她用黄泥捏成小泥人，摆满整个清漳河畔，轻轻地一吹，小泥人都变成了活蹦乱跳的真人。时间长了，女娲捏累了，就用柳枝蘸着泥点往地上甩，甩出来的泥点也都变成了真人。女娲本不经意的这么一捏一甩，却被后人加上了阶级分化的内容：精心捏制的人是富贵之人，而泥点甩出来的则是贫贱之人，这也说明"人的命，天注定"的道教思想在古代中国人的心中已根深蒂固。……

这里是最高的一层叫补天阁，相传女娲就是在这里炼石补天的，……传说神农在画八卦时，一不小心捅破了天，于是"四极废，九州裂；天不兼覆，地不周载"，人世间一派水深火热、生灵涂炭的惨象。就在这种历史背景下，女娲从容应战，取来五色神石（颜色是青、白、红、蓝、紫），耗尽所有精力，历时 7749 天补好了天上的窟窿。……

2011 年版——

说起女娲抟土造人的故事自然要先了解一下女娲的身世。古书中记载，女娲和伏羲是人首蛇身的兄妹俩，他们的母亲是上古神话中的一位女神叫华胥氏，当兄妹俩出

---

① 笔者与王艳茹的私人通信。

生后不久世界上便发生了举世罕见的大洪水，所有生灵被荼毒殆尽，只剩女娲伏羲兄妹两人幸免于难，于是他们便兄妹成婚，生儿育女繁衍后代。两人结婚后过着甜蜜幸福的生活，但时间不长女娲开始发起愁来，她说："靠我一个人十月怀胎、一朝分娩，什么时候才能孕育那芸芸的众生来管理这个世界呢？"女娲猛然间看到河里自己的影子，灵机一动，开始了她抟土造人的伟大工程：她用黄泥捏成小泥人，摆满整个清漳河畔，轻轻地一吹，小泥人都变成了活蹦乱跳的真人。时间长了，女娲捏累了，就用柳枝蘸着泥点往地上甩，甩出来的泥点也都变成了真人。女娲本不经意的这么一捏一甩，却被后人加上了阶级分化的内容：精心捏制的人是富贵之人，而泥点甩出来的则是贫贱之人。看得出来，各位应该都是捏出来的。

在东汉应劭所著的《风俗通义》中有相关记载：俗说天地开辟，未有人民。女娲抟黄土做人。剧务（劳动非常辛苦），力不暇供（供应），乃引绳于泥中，举以为人。故富贵者，黄土人；贫贱者，引绳（绳，粗绳索）人也。

......

这里是最高的一层叫补天阁，相传女娲就是在这里炼石补天的，……传说黄帝部落的后代颛顼与炎帝部落的后代共工，为维护各自的利益大动干戈。结果共工战败，愤怒之下一头撞向了不周山，将不周山这根撑天大柱撞成了两截，天空出现了一个大窟窿，导致"四极废，九州裂；天不兼覆，地不周载"，人世间一片生灵涂炭的惨象，就在这种背景下，女娲从容应战，取来五色神石（颜色是青、赤、白、黑、黄），耗尽所有精力，历时七七四十九天才补好了天上的窟窿。……

2012 年版——

说起女娲抟土造人的故事自然要先了解一下女娲的身世。古书中记载，女娲和伏羲是人首蛇身的兄妹俩，他们的母亲是上古神话中的一位女神叫华胥氏，当兄妹俩出生后不久世界上便发生了举世罕见的大洪水，所有生灵被荼毒殆尽，只剩女娲伏羲兄妹两人幸免于难，于是他们便兄妹成婚，生儿育女繁衍后代。两人结婚后过着甜蜜幸福的生活，但时间不长女娲开始发起愁来，她说："靠我一个人十月怀胎、一朝分娩，什么时候才能孕育那芸芸的众生来管理这个世界呢？"女娲猛然间看到河里自己的影子，灵机一动，开始了她抟土造人的伟大工程：她用黄泥捏成小泥人，摆满整个清漳河畔，轻轻地一吹，小泥人都变成了活蹦乱跳的真人。时间长了，女娲捏累了，就用柳枝蘸着泥点往地上甩，甩出来的泥点也都变成了真人。女娲本不经意的这么一捏一甩，却被后人加上了阶级分化的内容：精心捏制的人是富贵之人，而泥点甩出来的则是贫贱之人。看得出来，各位应该都是捏出来的。

......

这里是最高的一层叫补天阁，相传女娲就是在这里炼石补天的，……传说黄帝部落的后代颛顼与炎帝部落的后代共工，为维护各自的利益大动干戈。结果共工战败，愤怒之下一头撞向了不周山，将不周山这根撑天大柱撞成了两截，天空出现了一个大窟窿，导致"四极废，九州裂；天不兼覆，地不周载"，人世间一片生灵涂炭的惨象，就在这种背景下，女娲从容应战，取来五色神石（颜色是青、赤、白、黑、黄），耗尽所有精力，历时七七四十九天才补好了天上的窟窿。

......

　　上述三个版本的底本中呈现的女娲造人和补天神话，都有如下两个明显的共同点：第一，口头传统与书面传统的有机融合：底本中的神话故事情节既有对《风俗通义》轶文中女娲造人神话以及《淮南子·览冥训》中女娲补天神话的直接化用或引用，也融合、挪用了当地口头传统中女娲在清漳河边造人、神农画八卦捅破了天的说法，口头与书面传统彼此衔接，水乳交融，熔铸成为新的女娲神话异文；第二，神话的基本情节均稳定不变，尤其是女娲造人故事，从主要母题链到次要母题的构成，几乎完全没有变化。

　　但是"稳定传承"并非全无变化。比较明显的是女娲补天神话。2010 年异文中的一个次要母题——天崩地裂的原因是神农画八卦、不小心捅破了天，① 在 2011、2012 年的版本中，却都变成了古代文献中更常见的"共工怒触不周山"的情节，可见底本在稳定传承过程中也会发生变化，而非完全僵化不变。三个底本的分析表明：底本最常发生的变化是对神话和民俗、文物的阐释，神话故事的基本情节则保持稳定传承，但是也会出现细节上的变化。这也与民间口头艺术的一般传承规律相吻合：在传承过程中，民间叙事的核心母题及其母题链的组合、类型和基本内容，都呈现出强大的稳定性，而次要母题则常有变化，并导致大量异文的产生。②

　　社会上和学术界有不少人对旅游业抱有很深的成见，一个重要的理由是认为导游们照本宣科得厉害，他们固守底本，使鲜活丰富的传统文化日渐僵化。那么，导游个体在实际工作过程中，会完全照搬底本吗？还是会有所创造？他们的表演又具有什么样的特点呢？

　　笔者在调查中发现：尽管导游们人手一份导游词底本，但在实际工作中，她们并不完全依赖该底本。她们对底本的创造性贡献主要体现在三个方面：第一，根据自己的理解和查找的资料，对底本文稿进行书面的补充和改动，比如导游岜佳佳给我看她的那份底本上，密密麻麻写满了补充文字，她解释说"这个导游词（底本）全部都是精缩的，都是精炼整理了的，有一些不懂的地方，还要专门拿出来找。别人（游客）问到的地方，也需要解释，比如说这个人是谁、姓什么、住哪里等，都要自己去查阅"；第二，主动在生活和工作中搜集相关知识，充实丰富自己个人的"语料库"（repertoire）。她们的知识来源不受媒介的限制，书本、网络、游客、乡里的长者甚至一道工作的同事，都是她们汲取信息的有效源头。按照王艳茹的说法："她们的神经都很敏感，她们的触角无孔不入，只要有关于女娲的信息她们是从不放过的。（比如）景区有很多做小生意的商贩都是周边村镇的百姓，他们在娲皇宫待了二三十年了，经过、看到的烧香还愿以及所谓灵验的事例很多，因为是亲身经历，说起来很传神"，导游们经常听，也在解说过程中不断将鲜活的经验补充进去。当我问："你喜爱讲的这些神话是从哪里看到的？书上吗？"导游张亚敏回答说：

　　　　书上啊，我们也会看书，查电脑，找一些资料。还有就是一些老人告诉我们的。我们去村里的时间不多，一般会和对女娲比较了解的老人聊天，经常去跟他们聊，结

---

　　① 2013 年我们在娲皇宫调查时，导游岜佳佳也有这样的说法，据她说这是当地流行的解释"天崩地裂"原因的说法之一。

　　② 拙文《语境的效度与限度——对三个社区的神话传统研究的总结与反思》，《民俗研究》2012年第 3 期。

果就会听他们讲一些神话故事。除此之外，游客其实也是我们的老师，游客有的时候也知道很多东西，有的时候也会跟我讲一些。这个不会就不会呗，我不知道的话，就学习，这无所谓的。游客懂得挺多的。

第三，也是最为重要的一个创造性贡献，是导游在实际解说过程中，会根据情境和游客的需要而主动调整叙事内容和策略，体现出"以情境和游客为中心"的表演特点。

比如导游的讲述往往密切结合眼前的情境而展开，一般不会无边无际，过于游离散漫。尽管娲皇宫景区的大多数景点都与女娲有关，但是导游们通常并不会在每个景点都讲述女娲神话，相关神话的基干情节一般会在补天广场的娲皇圣母雕像基座的浮雕前一带而过地讲给游客，更详细的故事讲述则发生在娲皇阁的造化阁和补天阁内，面对女娲造人和补天的雕像或是四周的壁画而讲解，体现出很强的"情境化"的表演特点。这个特点，笔者在对河南淮阳太昊陵里导游讲述伏羲创世神话进行考察时，也有类似的发现——那里的神话讲述也主要是在庙里刻绘的伏羲功绩的浮雕前讲述。情境化表演的另一个表现，是导游们会根据情境，选择不同的讲述内容和文类。张亚敏说：上山朝圣时，解说一般比较正式、严肃，介绍的知识比较正规；下山的时候就比较轻松，可以说说野史或者笑话。

与日常生活中神话讲述的听众不同，导游服务的对象主要是来自社区外部的游客（当然有时也有少数本地人出资请导游做详细的讲解），因此导游的表演带有明显的"以游客为中心"的特点：他们会根据游客的兴趣、身份和疲惫程度等的差异，主动调整自己的表演内容和叙事策略，比如讲还是不讲、讲的内容的深浅、语言的通俗程度等。用张亚敏的话说：

> 我们讲完一个神话之后，游客可能就会说"接着说，接着说"，肯定他们也挺喜欢的呀。如果说他想听个有趣一点的事儿，我就会给他讲讲一些野史性的东西；他并不完全知道的话，我就具体地讲讲，既然游客提出来了。
> 杨：这里不太提倡讲伏羲女娲兄妹结婚的故事，对吧？
> 张：这是需要解释解释吧。……如果游客不提出这个问题的话，我可能就不讲，就直接略过去了。但是如果游客继续追问的话，那我还是会讲一讲的。很多时候一般一句话带过，就在伏羲庙那里。走正常的道路的话，一般在补天广场会有这样这句话。

导游岂佳佳的做法也是这样：

> 杨：你看到这些壁画，是一个个给大家讲呢？还是笼统地讲？
> 岂：这看情况，要是游客感兴趣的话就讲，如果听累了，就不讲。
> 杨：那你每次讲这个炼石补天和抟土造人，都是一样的内容吗？还是说也会有变化？
> 岂：不太一样的。
> 杨：那为什么会不一样呢？
> 岂：因为有时候讲出来的内容就比较好理解一点，有时候又比较深一点。我喜欢每天都讲不一样的内容。

申金如（地方学者）：我觉得啊，就是针对不同的人群，要采取不同的讲演。这个老百姓，可能就会讲得比较通俗易懂；这个资历深一点的，你就要讲那个高深一点的，有礼有节的。是不是？

岂：嗯，对的。不同的讲解场合，不同的对象，（讲解）有时多，有时少，有时快，有时慢，所以每次都不太一样。主要的区别还在于，一个难，一个浅，语言上、内容上，有时复杂一点，有时简单一些。

由此可见，导游的表演并非照本宣科，而是根据情境和游客的需要而不断调整其叙事内容和策略。

一次实际的导游过程会更清晰地显示出这一点。2013 年 3 月 9 日，我带着两个研究生一道去了娲皇宫，年轻的导游岂佳佳为我们做了全程导游。我们事先说明了身份是研究女娲文化的，所以很明显，她随后的讲述适应我们的兴趣增加了很多内容，许多都是底本中没有的。比如在简略地介绍了浮雕《抟土造人》的基本内容之后，她想继续讲下一幅浮雕《炼石补天》，但是我的一个追问打断了她："女娲娘娘是怎么造人的呀，这个在当地有什么说法呢？"于是她讲述了下面一个神话故事：

她造人是在和伏羲成婚之后，（因为）繁衍速度较慢，所以女娲想起抟土造人，就是在这座中皇山下、清漳河畔，从这个清漳河里面捏出一把黄土，抓出一把黄土之后，仿造自己的小模样捏成小泥人，然后摆在这清漳河畔。只要有风一吹，这些泥人就变成了活蹦乱跳的真人。但是，时间一长，女娲捏累了，就干脆拿柳条沾着泥水往地上甩，甩出来的泥点也成了活蹦乱跳的真人。但是这捏出来的和甩出来的，被后人加上了阶级分化的内容，认为用手捏出来的是富贵之人，被甩出来的是贫贱之人。这就是抟土造人。

这个故事与底本中的女娲抟土做人故事类型相同，但是细节上更加生动，地方化的特色也更加鲜明。看我们对女娲神话有浓厚的兴趣，并且打破砂锅问到底，所以在介绍下一幅浮雕时，她不再像底本中的那样一笔带过，而是主动详细地讲述起了女娲补天的故事：

相传有水神共工和火神祝融，这两位经常以争斗来争霸天下，（一次）两位激战之后，水神共工被祝融打败，他一气之下，就向西北极的擎天大柱不周山撞去，顿时就出现了一个窟窿，所以猛兽从窟窿里面钻出来袭击百姓，而且还有洪水泛滥，民不聊生。在这种背景下，女娲才挺身而出来炼石补天。而且这个石头，就是从清漳河里面取出的五彩神石。（女娲）耗尽所有精力，历经七七四十九天，把五彩神石熔炼成五彩祥云，从而补住了天上的窟窿。这个（神话的来源）有老人说的，也有自己查阅资料后得出的，我将两者融合在一块了吧。

这个女娲补天神话的异文与底本相比，口头表达的特点更加突出，细节描述也更加生动。接下去她介绍女娲制笙簧的浮雕时，我接着问里面有没有什么传说故事，她讲述了一段底本中没有、我也从未听过的异文——女娲派助手紫霞元君和碧霞元君创造了笙簧：

最初的时候人们成婚之后，男人和女人并没有感情，所以女娲派她的两个助手，就是紫霞元君和碧霞元君，让她们分别去北天和南天，取来笙和簧，将笙簧结合在一起，创造出了笙和簧的乐器，通过这个笙簧传达出来的美妙音乐，使人类产生快乐和爱情，使男女产生爱慕之情，世世代代繁衍生息。

杨：这是你从书上看来的，还是从哪里听来的？

岂：书上，主要还是古书。

在从山下往山上走的半路上，看见对面有一座山，又引出她讲了一段伏羲女娲兄妹婚的神话，也是底本中没有而当地民间广泛流传的：

这个山后面的八个村当中，有一个村的历史是最悠久的，叫做磨盘村。这是伏羲和女娲滚磨盘的故事的发生地。因为他们是人首蛇身的兄妹俩，世界上发生了一场大洪水，所有的生命都被淹死了，只剩下伏羲女娲二人幸免于难。但是兄妹二人为了繁衍后代，所以决定兄妹成婚。但是兄妹成婚是要合乎天意的，两个人就从中皇山的两个山头滚下来两个磨盘，如果说这两个磨盘滚下来之后能够合在一起，就说明这是顺应天意，就能够结婚。最后这两个（磨盘）还真滚在了一起，两人就成婚了。……这个磨盘滚下来之后，就滚到了磨盘村，这个村庄就因这个磨盘得名，就叫磨盘村。

这一次的导游实践清楚地表明：导游在实际的解说和表演过程中，尽管有底本做参照，但是他们并不完全照本宣科，与社区里的故事讲述家和歌手一样，他们也会根据情境和游客的需要不断调整叙事内容和表演策略，从而使其表演保持流动的活力。从这一点上说，遗产旅游并不一定像许多人所批评的那样，会导致传统文化的腐蚀和僵化。[①]

三 讨论与结论：神话主义的特点与性质

上文以涉县娲皇宫景区对女娲神话的挪用、整合和重述为个案，以导游词底本以及导游个体的叙事表演为中心，比较详细地展示了遗产旅游语境中神话主义的具体表现方式及其特点，指出导游词底本往往具有口头传统与书面传统有机融合的特点，其对神话的呈现在稳定传承中又有些许变化，这也与民间叙事的一般传承和变异规律相吻合；而导游个体的叙事表演具有"以情境和游客为中心"的特点，与社区里的故事讲述家和歌手一样，他们在具体实践中并不完全依赖底本，而是会根据具体的情境和游客的需要而调整叙事的内容和策略，从而使其表演保持一定的流动活力，因此并不一定会导致传统的僵化。

从上面的个案还可以进一步引发对下面几个重要问题的思考。

第一，遗产旅游语境中神话主义的特点。

当神话被从其原本生存的社区日常生活的语境中（例如庙会期间香会会首讲给香会成员或者邻里乡亲、平时的祭拜场合父母讲给子女或者晚上入睡前爷爷奶奶讲给孙子）

---

① 对于这一社会和学界流行的深刻成见，格雷本和麦克道尔等学者都曾予以反驳，参见格雷本《人类学与旅游时代》，第311—326页；John H. McDowell. "Rethinking Folklorization in Ecuador: Multivocality in the Expressive Contact Zone." In Western Folklore, Vol. 69, No. 2, Spring 2010, pp. 181–209.

移植出去，挪入其他新的语境中，为了不同的观众而展现时，会发生哪些变化？具有哪些新的特点？这些问题是研究神话主义时应该深入思索的内容。从娲皇宫景区的遗产旅游实践来看，底本以及导游们讲述的神话文本都具有这样几个方面的特点：一、口头传统与书面传统有机融合。这一点上文已经有较多论述，这里再赘言几句。口头传统在不断流播过程中，很难保持纯粹的口头性，而往往与书面传统彼此渗透、相伴相生。在遗产旅游领域，这一特点表现得更加明显，导游们往往有意识地综合口头传统和文字记载，扩大信息来源，丰富解说内容，使导游词呈现出鲜明的口头与书面传统高度融合的特点。二、叙事表演以情境和游客为中心。这一点上文已分析较多，不再赘述。三、神话更为系统化。中国古典神话一般比较零散、片段，尽管系统化的工作早在先秦时期已经开始，但是始终未能形成一个有机的中国神话体系。[①] 旅游业却致力于整合碎片化的民间知识。不必说底本的撰写者，即使每一个普通的导游，也好像是当地民间传统的荷马，他们会将口头传统与书面文献中零散、片段的神话加以串联和整合，并在具体的解说过程中娓娓道来，使神话呈现出系统化的特点。女娲神话在文献中的出现原本是零散的，但是经过了底本和导游们的整合，已经形成了一个有着一定的内在逻辑性的体系化的故事。四、神话的地方化更加凸显。口承神话在流播的过程中日益地方化，是神话变异的一个规律，[②] 但是导游叙事的一个重要特点便是凸显遗产的地方性，将遗产塑造成为地方（或者族群、国家）的象征物，[③] 所以在遗产旅游的语境中，被挪用的神话往往会打上更鲜明的地方烙印。这一点在上文列举的神话文本中也有突出体现。

第二，导游叙事表演的光晕。

德国文化批评家瓦尔特·本雅明（Walter Benjamin）曾经针对机械复制时代复制艺术对传统艺术的冲击，提出了著名的"光晕消逝"理论。在他看来，传统艺术具有膜拜价值、本真性和独一无二的特性，因而具有无法复制的"光晕"（aura，一译"灵晕"）。用他充满诗意和暗喻的风格说：

> 如果当一个夏日的午后，你歇息时眺望地平线上的山脉或注视那在你身上投下阴影的树枝，你便能体会到那山脉或树枝的灵晕。[④]

本雅明用光晕艺术泛指整个传统艺术，光晕可以体现在讲故事的艺术中，也可以体现在戏剧舞台上的生动表演和独特氛围里。[⑤] 与传统艺术不同，机械复制时代的复制艺术却只具有展示价值，其本真性和独一无二性不复存在，因而随着技术复制艺术的崛起，传统

---

① 拙著《神话与神话学》中对此有较多讨论，可资参考，北京师范大学出版社 2009 年版，第121—126 页。

② 拙著《女娲的神话与信仰》，第 106—109 页。

③ 美国民俗学家 Barbara Kirshenblatt-Gimblett 指出："遗产"是以出口"当地"（the local）为目的的产业，是生产"这里性"（hereness）的方式之一。见其 "Theorizing Heritage" in Ethnomusicology, Fall 1995, 39 (3): pp.367—380。

④ ［德］本雅明：《机械复制时代的艺术作品》，参见汉娜·阿伦特编《启迪：本雅明文选》，张旭东、王斑译，生活·读书·新知三联书店 2012 年第 2 版，第 237 页。

⑤ 方维规：《本雅明"光晕"概念考释》，《社会科学论坛》2008 年第 9 期。

艺术的光晕便逐渐衰微。本雅明在《讲故事的人——论尼古拉·列斯克夫》一文中，明确断言"讲故事的艺术行将消亡"。①

对本雅明的光晕消逝说，不少学者表示了相反的意见，例如阿多诺（Theodor W. Adorno）认为光晕正是当代艺术（例如电影）的基本组成部分。②

在一个将遗产作为消费品的大众旅游时代，如何认识导游叙事表演的艺术性？它们还有光晕吗？

我认为：尽管导游们人手一份复制的导游词底本，导游的叙事表演依然富有光晕。造成其光晕犹存的一个主要原因，是导游一般来自于社区内部，对于本社区崇拜的神灵以及尊奉的价值观大多比较尊重，这使得该社区遗产旅游语境中被挪用的神话并未完全失去其膜拜价值而彻底沦为可交换的商品。例如在娲皇宫景区，尽管导游们每次解说需要收取80元的费用，但是他们对女娲多抱有敬畏之心，对于相关的神话也多遵循传统而不敢随意乱编乱造。另一个更主要的原因还在于上文指出的，导游的解说都是在与游客面对面交流的情形下进行的，具有以情境和游客为中心的特点，这使其表演具有现场交流的亲切感、灵活性和流动性，因而往往是独一无二的"这一次"的表演。本雅明曾将富有光晕的舞台艺术与光晕消失的电影艺术进行对照，认为舞台艺术的魅力便在于"舞台演员的艺术表演无疑是由演员亲身向公众呈现的，……电影演员缺少舞台演员所有的那种机会，即在表演时根据观众的反应来调整自己"，在该艺术中，观众能"体验到与演员之间的个人接触"③。导游的表演也有与舞台艺术表演类似的特点——导游们是站在遗产旅游的舞台上，面对通常来自社区外部的大众游客，挪用、整合并亲身传播社区内部的本土知识，并根据情境和游客的需要和反应来及时调整自己的叙事内容和表演策略。这样的讲述，无疑带有独一无二的、灵动的光晕。

第三，神话主义的性质：神话的"第二次生命"。

该如何从理论上界定神话主义的性质呢？导游表演的神话还可以被叫作"神话"吗？对这些问题，芬兰民俗学家劳里·航柯（Lauri Honko）提出的"民俗过程"（Folklore Process）的观点，有重要的启发性。

劳里·航柯指出：当今时代的民俗学者必须置身于一个比我们自己的研究更宽广的语境中，必须能够用比从前更广的理解来看传统，"民俗过程"的概念即是一个整体性的理论框架。他把民俗的生命史细腻地划分为22个阶段，其中前12个阶段属于民俗的"第一次生命"（first life）或者从属于它，剩下的10个组成了它的"第二次生命"（second life）。第一次生命是指"民俗在传统共同体中自然的、几乎感觉不到的存在。它没有被注意、认识或强调，因为它是发生的一切的一个有机组成部分"，而"第二次生命"则意味着"民俗从档案馆的深处或者其他某些隐蔽之地的死而复生"，"它将在通常都远离其最初环境的一个新的语境和环境中被表演"，这第二次生命中就包括了民俗的商品化。航柯

① 汉娜·阿伦特编：《启迪：本雅明文选》，张旭东、王斑译，生活·读书·新知三联书店2012年第2版，第95—118页。

② 方维规：《本雅明"光晕"概念考释》，《社会科学论坛》2008年第9期。

③ 汉娜·阿伦特编：《启迪：本雅明文选》，张旭东、王斑译，生活·读书·新知三联书店2012年第2版，第246页。

号召民俗学家把传统和民俗看作一个动态的过程。[①]

　　以"民俗过程"的视角来看,神话主义显然属于神话生命史中的"第二次生命":神话被从其原本生存的社区日常生活的语境中挪移出去并被整合运用,在大众旅游的语境中,为通常来自社区外部的观众而展现,并被赋予了商品的价值。但是,这里我想补充的是:所谓"第一次生命"和"第二次生命"的划分不应该截然对立、水火不容,在新语境中被挪用和重构的神话,也可能重新回流进入社区,成为社区内部表达自我认同、重振社区力量的表达手段。[②]对于研究者来说,应该将神话的整个生命过程综合起来进行总体研究,而不仅仅限于探察其"第一次生命",只有这样,才能更好地理解神话的生命力以及人类的创造力。

(原载《民俗研究》2014 年第 1 期)

---

　　① ［芬兰］劳里·航柯:《民俗过程中的文化身份和研究伦理》,户晓辉译,《民间文化论坛》2005年第 4 期。

　　② John McDowell 敏锐地观察到"民俗化"之后的民俗读物以及音乐磁带,重新回流进入社区,被本地居民创造性地加以利用的情况。John H. McDowell. "Rethinking Folklorization in Ecuador: Multivocality in the Expressive Contact Zone" In Western Folklore, Vol. 69, No. 2, Spring 2010, pp. 181 – 209. 笔者在田野调查中也发现:本地居民有时也会听导游的讲解,丰富自身对相关文化的理解。对于神话主义对社区内部的影响,将是笔者下一步重点研究的内容。

体验经济时代的节日遗产旅游：问题与经验

徐赣丽[*]

【摘要】节日遗产在当代中国越来越被视为一种旅游资源，不仅其本身承载的传统文化元素多样，极具旅游价值，而且作为节庆或节事旅游形式，也是旅游开发最常用的框架和名头。本论文围绕作为旅游开发对象的节日遗产是否能得到合理的保护、"政府办节"语境下如何进行节日的旅游开发、展演作为文化旅游开发的主要方式在节日遗产旅游中的实际运用等问题，在参照国内外相关节日遗产的旅游利用案例的基础上进行讨论和评析。

节日作为文化遗产的价值，已经被广泛认识[①]，因此，世界各国都有各自保护节日的做法。与此同时，节日的旅游开发也非常普及，在旅游类型中，就有专门的节庆旅游。虽然从旅游开发者的角度看，主要是以节日之名推销地方特产和营造社会声势，但最初更多是由于节日本身的娱乐和狂欢特性，以及兼具时令节庆特色的饮食和传统仪式等其他诸多活动的举行，使节日具备了整合各种资源、集合人气并兼有贸易、交流和人际交往等多种功能，这也就形成了节日与旅游的天然联系。传统节庆的目的大多是为了农作丰收，因此，祈求风调雨顺便成为特殊时节非常重要的内容，节庆本身也喻示着国泰民安、太平盛世。节庆中的仪式和竞技往往也是以此为目的。在享神祈祝的同时，地方民众也在公共场域中发展其娱乐欢庆活动，不断创新地方特色的文化，逐渐发展成为多种传统民俗事项，散发着浓郁的生活气息，包含着民众的文化智慧。

节日遗产在当代越来越被视为一种旅游资源，不仅其本身承载的传统文化元素多样，极具旅游价值，而且作为节庆或节事旅游形式，它也是旅游开发最常使用的框架和名头，被认为有助于扩大地方知名度，促进热爱本土、故乡的观念。虽然有关文化遗产的开发和保护已有众多研究成果，但主要侧重于物质文化遗产方面，如建筑、遗址和历史文化名城（村镇）；对于非物质文化遗产，特别是与旅游紧密相关的节日遗产的旅游利用，尚有许多亟待深入讨论的问题，例如，作为旅游开发对象的节日遗产怎样才能得到合理的保护？政府保护（政府办节）语境下如何进行开发？"展演"作为文化旅游开发的主要方式是否适用于节日遗产旅游？这些问题在国内外各地的具体办节操作中也已积累了许多经验，唯从民俗学立场对其进行理论性升华的学术研究工作尚有待展开。

---

* 作者系华东师范大学社会发展学院副教授。

① 萧放：《传统节日：一宗重大的民族文化遗产》，载文日焕、祁庆富主编《民族遗产》（第一辑），学苑出版社 2008 年版，第 79—87 页。

一　背景：体验经济时代的到来和遗产旅游的发展

随着体验经济时代的到来，旅游体验被视为新的经济增长点，在旅游产业中出现了从传统的观光游逐渐朝向回归自然与文化的体验旅游（主观感受）过渡的趋势。如果说农业经济是用产品的功能满足消费者的需要，制造经济是用商品特色吸引消费者，服务经济是用商品及其善后服务影响消费者，那么，体验经济便是通过创造体验的机遇来满足消费者[1]，它提供的不再仅仅是商品或服务，而是能够给顾客留下难以忘怀之记忆的体验。消费者消费的不再是实实在在的商品，而是一个过程、一种感觉，一种情绪、感官和精神上的体验。"体验旅游"是在体验经济到来的大背景下产生的，节庆旅游正是一种典型的体验旅游，去异地参加传统节庆，可以为游客提供一种"他者"的生活文化体验。体验旅游针对人们追求与众不同的感受、渴望参与并获得愉悦体验的心理，强调游客自身的积极参与和自我体验。传统节庆民俗旅游将自然风光、地方风俗和特产、传统节日文化等有机结合，使旅游者投身到这一精心搭建的大舞台中，在狂欢盛会的急骤变奏中感受时光的停滞或流逝，产生轻松、愉悦和满足感，从而获得永志不忘的体验。

节日中的消费行为多少会有"浪费"、一反常态的挥霍无度等，平时循规蹈矩者可能在节日期间变得肆无忌惮地消费和享乐。正是由于节庆有消费和狂欢的特征，以消费和娱乐为目的的旅游产业，自然就会发展出节庆旅游的项目。旅游开发者经常打着节庆的名号，也是因为节庆具有集聚效应，使人闻风而来，旅游效益是以人数计算，人多自然消费就多，容易带来效益。节庆旅游以节庆为卖点吸引游客，可以说是一类专项旅游活动。不同于传统旅游把游客隔离在旅游吸引物之外，节庆旅游更加注重体验性和参与性。此外，节庆旅游和一般旅游形式相比较，还具有季节性、趣味性、文化性、丰富性、交融性、地方性、规模性、综合性、效益后续性、开放性等特点[2]。眼下，节庆旅游已成为文化旅游中最常见的类型，世界各国纷纷推出各具特色的旅游节庆，如西班牙的斗牛节、保加利亚的玫瑰节、德国的啤酒节、加拿大的烟花节、挪威的海盗节、日本的樱花节、中国凉山的火把节等，都引起了游客的极大兴趣。据不完全统计，中国每年举办的各类大小节庆活动约有5000多个，因此，深入研究节日旅游的相关问题已成为当务之急。

节日民俗是体验旅游的重要资源。在节日旅游场景中把各种民俗事象合理地组合，以便更加集中和便于游客体验的形式展现出来，不仅容易将节日民俗活动推向高潮，还可将接待地的文化特色表现得淋漓尽致。旅游者不仅从活动项目中增长知识，了解当地的风土人情，还能变旁观为参与，在活动过程中体验奔放、狂欢的气氛，获得最大限度的精神满足。旅游开发者利用现代科技手段对节庆文化产品的生产方式和促销方式加以改造、创新和包装，可使节日呈现出更为丰富和新奇的特点。地方政府举办节庆活动，往往是为了促

---

[1]　体验经济的概念是1970年美国未来学者阿尔文·托夫勒在《第三次浪潮》一书中提出的。他认为，经济发展在经历了农业经济、制造经济、服务经济等浪潮后，体验经济将是最新的发展浪潮。美国经济学家约瑟夫·派恩和詹姆斯·吉尔摩在他们的《体验经济》一书中倡导和推广而引起大家关注。体验经济就是以消费者为中心，创造能够使消费者参与、值得消费者回忆的活动。

[2]　章平：《论大型节庆活动与宁波旅游发展》，《宁波大学学报》2000年第3期；王保伦主编：《会展旅游》，中国对外经贸出版社2004年版，第94—95页。

销旅游，借助节日将当地各种文化资源予以整合，一并推销。例如，曾经在世界文化遗产丽江举办的"中国情人节"，吸引了数十万游客来束河古镇亲身体验，从而为地方旅游发挥了很好的促销作用。

当然，作为旅游开发中的节日与传统节日是有区别的。比起传统节日，旅游节庆不再是祈求神祇、慰藉心灵的文化盛典（尽管同时也会表演乡土的祭祀仪式），也不再是族群、村落满足自娱需要的内部活动；相反，它已成为以旅游、招商、商贸为目的，利用节庆的轰动效应而精心策划的一种主题鲜明、专事展演的"外向行为"。这种旅游节庆，尽管也有弘扬传统文化的考虑，但获取更大经济效益才是主要目的。例如，西双版纳的傣族泼水节，"泼水"的本意是为冲去身上的污渍，消灾除难，为新的一年风调雨顺、五谷丰登而互相祝福；但现在则主要是为了刺激和欢乐，借以招徕游客，扩大经济效益。旅游产业对节日的开发，将使节日的祭祀程序被简化、表演化和娱乐化[1]，这是因为旅游节庆的性质和举办目的决定了节日变迁的方向。

"遗产"（heritage）一词大约产生于20世纪70年代的欧洲[2]；至于"遗产旅游"（Heritage Tourism）的概念，人们往往有着不同的理解，一般认为，遗产旅游是指"关注我们所继承的一切能够反映这种继承的物质与现象，从历史建筑到艺术工艺、优美的风景等的一种旅游活动"[3]。伴随着全球性的社会发展变迁和怀旧情绪，遗产旅游逐年升温，其在全球化语境下，又有增强国家意识、促进民族认同之作用。20世纪90年代以来，遗产旅游已成为旅游业中发展最快的组成部分[4]，据统计，在世界旅游业市场中，遗产地的游客人数平均每年增长10%左右，许多遗产地的到访游客人数和旅游收入甚至每10年就能翻2—3倍[5]。遗产旅游有时也能成为地方经济增长的标志[6]。

遗产的名号给其所在地带来了明显的社会、文化与经济效应。经过层层筛选和严格的评定而成为遗产，使其在同类产品中具有更强的竞争力，故有人称遗产为"旅游之精髓"[7]。世界遗产或国家级遗产的名号本身成为一种无形资产，获得遗产名号的国家和地方积极利用其塑造形象，提升竞争力与促进经济发展。联合国教科文组织原本无意使世界遗产名录成为新的旅游目的地，但获得世界遗产这一殊荣便身价倍增，成为人们心向往之、到此一游的地方，如丽江古镇、黄山和泰山、莫高窟、韩国的江陵端午等。

① 陈煦、李左人等：《民族·旅游·文化变迁——在社会学的视野中》，四川人民出版社2009年版，第332页。

② Richard Prentice. *Tourism and Heritage Attractions*. Journal of Travel Research 1994. 2：pp. 56 – 57.

③ Yale，"P——From Tourist Attractions to Heritage Tourism" ［M］. Huntingdon：ELM Publications，1991.

④ D. J. Timothy and S. W. Boyd，"Heritage tourism in the 21st Century：Valued traditions and new perspectives". *Journal of Heritage Tourism*，2006，1（1）：pp. 1 – 16. 陈勇：《遗产旅游与遗产原真性——概念分析与理论引介》，《桂林旅游高等专科学校学报》2005年第4期。

⑤ UNWTO，*Sustainable tourism management at World Heritage Sites*：*Enhancing inter-agency and stakeholder coordination for joint action*. Madrid：UNWTO，2009.

⑥ N. B. Salazar and B. W. Porter，"Cultural heritage and tourism：A public interest approach Introduction". *Anthropology in Action*，2004，11（2/3）：pp. 2 – 8.

⑦ D. J. Timothy，"Tourism and the personal heritage experience." *Annals of Tourism Research*，1997，24（3）：pp. 751 – 754.

"申遗"本身有多重目的，其中很重要的一项就是地方政府的旅游开发，希望以此带来经济利益，振兴地方经济。"申遗"的政治目的是强化地方或民族认同，增强民众自豪感和自信心，这一目的总是伴随着发展经济而来。当然，传统文化也可不经过"申遗"直接进行旅游开发产生效益，例如有些传统的节日、手工技艺和民间音乐歌舞，就可以通过直接的旅游开发实现遗产化或文化资源化。事实上，很多节日等正是这样相继被利用于旅游开发，并最终呈现为当前的形态。

二　经验：文化遗产的旅游商品化不都是坏事

文化的商品化是一个广受关注的问题。国外学者和中国学者的研究，都有一个从把"商品化"视为贬义词，到逐渐视其为中性词的过程。在欧美国家，20 世纪 70 年代中期发表的对遗产或文化旅游的研究论文和相关政策文件，大多对旅游商品化带来的威胁非常担心，认为遗产被经济利用后会丧失其意义与真实性。美国学者格林伍德是一个典型代表。他曾以西班牙的阿拉德仪式为例[1]，说明该节庆原本是一个没有外人参与的本地仪式，如今成为可以被售卖的商品。作为一位人类学家，他认为文化不应被商品化。他是从保护文化和当地人的立场出发，对旅游造成的消极影响表示愤怒。但时隔 10 年之后，他再去当地调查时却发现当地的阿拉德节庆已经呈现出当地人和旅游开发者合作协调的景象。有人指出，保守主义者一直呼吁"保护先于旅游"，但不能因为旅游产生的消极副作用而抹杀之[2]，重要的是去努力"寻求平衡之道，以化解遗产保护与当地生计需求以及与游客享受旅游权力之间的紧张关系"[3]。

文化"真实性"概念，也是文化被商品化利用过程中讨论最多的话题之一。文化遗产的旅游开发，最使人担心的便是遗产的真实性问题，亦即遗产如果不再真实，就意味着对遗产的破坏。遗产保护的重点在于其历史文化价值的保护，核心是遗产的原真性（authenticity）和完整性（integrity）。1954 年的《威尼斯宪章》奠定了文化遗产保护的科学基础，亦即原真性与完整性。在相关讨论中，值得一提的是科恩（Cohen）的观点，他认为："真实性"是一个不断被社会构建的概念，其含义不是固有或稳定恒久的，而是动态变化的。旅游者在旅游过程中充当着"真实性"含义的积极创造者，而不是被动接

---

[1]　西班牙北部小镇 Fuenterrbia，每年都要举行一次男女老少都参加的"阿拉德"仪式，这是为纪念祖先们在 1638 年坚持抵抗法国人长达 69 天的围攻并取得胜利而举行的。活动全由本地人参与，体现了所有人不管穷富，无论鞋匠、农夫还是市长、伯爵，都是平等的，展现了地方凝聚力。1969 年市政当局把"阿拉德"庆祝活动作为吸引游客的节庆，为了让旅游者都能观看并参加，宣布一天举行两次。由此这种曾经是人们自发参与的一个重要而又令人激动的庆祝活动，变成了一种商业动机，市政府不得不付钱让居民前来参与。这一决定，消弭了该活动本身的文化意义，造成文化内涵丧失的后果。参见〔美〕瓦伦·L. 史密斯（Valene L. Smith）主编《东道主与游客 旅游人类学研究》，张晓萍、何昌邑等译，云南大学出版社 2002 年版，第 185—201 页。

[2]　D. C. Comer, *Tourism and archaeological heritage management at Petra*, New York：Springer, 2011.

[3]　A. Leask, and A. Fyall, *eds. Managing world heritage sites.* Oxford：Butterworth-Heinemann, 2006. p. 98.

受①。正如斯图尔特所说：意义本来就不是内在于事物之中，而是被构造的，被产生的②。所谓"原生态"，其实是某些权力话语赋予的。因而，商品化不一定会破坏文化产品的真实性，文化因素会给旅游产品增加新的含义，使一个地区的文化通过商品展示得到认同，这是新的自我展现形式，并不意味着文化内涵的丧失。

在中国，对遗产的旅游利用在很长时间内一直是一个敏感的话题，有人认为遗产保护与商品化利用能够良性互动③，但大部分学者对此表示警惕。目前，在国家文化产业化政策和遗产日益资源化的现实中，对文化遗产的利用已是大势所趋，国家在各地开展的"生产性保护示范基地"工作，正是希望手工技艺类等"非遗"也能适度地市场化以自救。有学者谈到文化产业化问题时较为乐观④，但也有学者仍然对遗产旅游持强烈的反对和批评态度。其实，明智的旅游开发者也并不愿意毁坏遗产资源，因为旅游开发带来的商品化，有可能使文化遗产呈现均质化趋势，但商品化带来的竞争，又使地方特色仍被看作需要保护的对象，因为这是与其他同类景点竞争的资本。

虽然我们不断听到很多人热衷于批评由遗产的旅游利用所带来的消极后果，但实际上，因为遗产的旅游利用促进了保护的成功案例也不在少数。如丽江纳西族的东巴古乐，"文化大革命"时被认为是封、资、修而禁止演出；改革开放后，年轻人喜爱西方音乐，民族传统音乐遭受冷遇，甚至濒于消亡。随着旅游业的发展，纳西人民开发当地的文化旅游资源，以此吸引旅游者。纳西古乐就是当地的文化资源之一，它以"三老"（老演员、老乐器、老乐曲）而引人注目，演出每每获得成功。纳西古乐从此成为丽江文化旅游资源的一个重要部分⑤，这一点恰如美国人类学家格雷本（Graburn）所说的那样，"越是濒临灭绝和消亡的东西，越吸引当今的都市旅游者"。⑥到丽江旅游的游客，大多把欣赏纳西古乐当作重要的观光内容之一，说明成功的市场运作可以彰显遗产的价值或促进文化的传承。

并非所有的中国学者都对商品化持反对意见。刘晓春认为：地方性的民俗文化、富有历史韵味的传统文化等文化资本，从原先的民族国家现代化话语的边缘，开始上升为一种能够转为经济资本的文化资本，并日益商品化，正是在这一过程中，民俗文化以及其他传统文化才有可能在现代性话语中获取合法地位，进而获得广泛的社会声誉，提高民俗文化在社会符号等级体系中的位置。⑦长期从事旅游研究的张晓萍教授也质疑：旅游活动中的文化商品化是否剥夺了文化价值的独特性，使文化内涵消散和流失？她从经济人类学角度论述，指出一切经济活动都不能脱离文化制约，区域与民族是经济活动的基本要素。在因

① Cohen.（1988）*Authenticity and Commoditization in Tourism.* Annals of Tourism Research, 15：p. 382.

② ［英］斯图尔特·霍尔（Stuart Hall）编：《表征：文化表象与意指实践》，徐亮、陆兴华译，商务印书馆2003年版，第24页。

③ 刘德谦：《古镇保护与旅游利用的良性互动》，《旅游学刊》2005年第2期。

④ 刘锡诚：《"非遗"产业化：一个备受争议的问题》，《河南教育学院学报》2010年第4期；李昕：《可经营性非物质文化遗产保护产业化运作合理性探讨》，《广西民族研究》2009年第1期。

⑤ 张晓萍：《文化旅游资源开发的人类学透视：以云南为例》，周大鸣主编：《二十一世纪人类学》，民族出版社2003年版，第117—123页。

⑥ 转引自张晓萍《文化旅游资源开发的人类学透视》，《思想战线》2002年第1期。

⑦ 刘晓春：《民俗旅游的意识形态》，《旅游学刊》2002年第1期。

文化差异和民族差异而产生的旅游活动中，文化商品化是自然的过程，并不损害原有文化的价值。旅游活动中的"舞台真实"本质上是一种经济行为，对传统文化的神圣仪式等会有消解作用，但也带来了文化创新和整合的机会①"。她对大理鹤庆白族新华村民间手工艺品的旅游开发进行了调查，调查中被访谈人的表述提供了有力的证据："我卖给顾客产品的时候，我也在传承自己的文化。当顾客购买我的产品时，顾客也为传承文化贡献了力量。因为我用顾客买东西的钱来发展壮大我的事业，我卖给顾客的不仅是商品，也把文化卖给顾客。"可见，"商品化已不再是一个传统上的贬义词，而是一个被赋予了新的经济、文化内涵和值得反思的新名词。"②

客观地看，节日遗产的旅游利用，可能带来的正面影响。有人说它具有文化传承和文化"营造"的功能；并且，由于旅游节庆活动的关联性很强，故具有比较明显的经济牵动效应。③民俗的传承和发展需要良好的社会环境和必要的物质支撑。因为旅游开发，接待地的基础设施大为改善，不仅为旅游者提供便利，也给当地居民带来生活条件的大幅度改善，为民间开展民俗活动提供了物质保障。由于旅游开发，地方的开放程度也越来越高，人们的思想更加解放，传统民俗不再被贬损为"愚昧""落后"，而被视为发展旅游的重要人文资源，唤起了人们保护、传承文化的热情。由此，许多濒临消亡和退化的传统节俗、礼仪因旅游开发而得到发掘、拯救，进而使民族节庆活动更加健康地发展。

传统节日的商业化开发，早在其被视为文化遗产之前就已经有所实践，如火把节、泼水节、民歌节、姊妹节等都是节庆的旅游营销。早期"节日搭台，经济唱戏"的文化商业化操作，是传统民俗文化被旅游产业开发的普遍形式。中国当代民俗旅游中的节日已经呈现出传承与新创多种形态。有的被旅游开发的传统节日已经徒有其名，而节日文化内涵已经不同。有人指出，旅游节庆对文化的加工改造是合理的、正常的，并不会对现实生活中的文化原形带来多大的损害，"只要它是民族文化的精髓，有与时俱进、自我更新的功能。若不是，在社会文化变迁中被淘汰，这种消亡也是正常的。"④作为文化遗产的节庆被旅游加以利用，并不是坏事。旅游活动可以把音乐、舞蹈、绘画、民俗等各个领域的传统文化集中、动态地展示，呈现出鲜活的文化遗产样态。由于商品化对文化传承也有可能产生的积极作用，遗产旅游的适度开发，不仅具有一般旅游活动的经济功能，还具有保护遗产可持续利用的作用。⑤旅游业是促进世界遗产全面保护和有效利用的重要方式，⑥这些乐观的看法代表了相当一部分学者的意见。

① 张晓萍：《旅游开发中的文化价值——从经济人类学的角度看文化商品化》，《民族艺术研究》2006年第5期。

② 张晓萍、李芳、王尧、林晶瑾：《从经济资本到文化资本和社会资本——对民族旅游文化商品化的再认识》，《旅游研究》2009年第1期。

③ 秦美玉：《旅游节庆及其文化性因素论析》，《四川师范大学学报》2004年第5期。

④ 陈熙、李左人等：《民族·旅游·文化变迁——在社会学的视野中》，四川人民出版社2009年版，第335页。

⑤ 邹统钎、李飞：《古村落遗产旅游发展的"爨底下模式"》，《旅游学研究》2007年第二辑。

⑥ 张晓：《特许经营还是垄断经营——我国世界遗产地旅游经营透视之一》，《旅游学刊》2012年第5期。

三　定位与途径：节日旅游资源如何保护和利用

传统节日文化遗产的旅游利用与一般的遗产不同，因为节庆本身就是一种旅游促销方式。在中国，政府办节或政府对民间节日的管理和介入较为普遍，这与当下的"非遗"保护工作形成了互相呼应和重叠交叉的形势，体现出中国的特色。而由旅游开发者从保护旅游资源和便于操作的角度出发而制造旅游展演舞台的模式，是否也可应用到遗产旅游中来，很值得讨论。

（一）政府办节的定位

在当前的中国，地方政府是"申遗"的主体，也是遗产管理和旅游开发的主导力量，"政府办节"往往就是其经济文化多项工作的综合体现和综合运作。节日遗产的旅游利用跟政府的管理和指导有很大关系，因为在节日遗产旅游中，政府常扮演主导者角色；事实上，中国当前的旅游产业开发模式，也大都是政府主导、市场运作、部门联动、社会参与。传统的民间节日是依照民间惯有的时间点在村落和家族、家庭内部约定俗成地自发组织活动，节日主体一般是地方民众，较少外地人进入。而由政府主导的旅游节庆，其活动区域经常是按照行政管辖范围来确定，这就突破了传统节日旧时因交通条件受限等而只能小范围参与，具有活动单一、规模较小、人员分散的特点。旅游节庆的参加者不仅有当地民众，通过政府或旅游局的宣传和组织，会吸引更多来自周边区域和外地的游客。例如，西班牙的阿拉德仪式，参加者中外地人超过了当地人，甚至当地人也不得不购票进入。在中国，旅游节庆常常还是地方政府招商引资的窗口和地方财政的创收机会，因此，当地党政机关挂帅，政府有关部门成立组委会进行组织协调，把一些原为民间自发性的节日活动变成了政府行为，并掌控着活动。[①] 政府掌握的公共资源及其动员、协调能力恰是举办这类旅游节庆所必需的。

早期由于市场经济还不是很成熟，政府不得不充当救火者的角色；但现在，也有一些旅游节庆活动是政府主持下的市场运作方式——资本运作、公司化经营。例如，2002年7月，南宁市成立"大地飞歌文化传播有限公司"，专门负责策划经营南宁民歌艺术节活动，这标志着举办旅游节庆开始遵循市场经济的规则，政府部门退到幕后，只发挥指导、协调作用，而不介入具体的操办。

政府的工作到位与否，往往成为遗产保护和办节效应等目的能够实现的关键。何谓到位？政府如何介入？介入节日遗产保护和旅游利用的利弊如何？换言之，如何定位政府办节？我们从一些成功和不成功的案例可以归纳出许多经验。

政府主办节庆，主要目的之一是旅游，但在节庆旅游中，政府如何定位关系到节庆文化遗产的延续与传承。贵州省台江县苗族姊妹节是一个典型个案[②]。2004年的台江姊妹节，在从基层乡镇扩大到县城之后，进一步扩大到了州府，举行了歌星、影星云集的盛大开幕式，反倒招致很多批评。2005年之后，重新回到县城举行开幕式，主要活动都在乡

---

　　① 参见徐赣丽《当代节日传统的保护与政府管理——以贵州台江姊妹节为例》，《西北民族研究》2005年第2期。

　　② 同上。

镇村寨进行，结果反映良好。可见对姊妹节传统的过分挪移和做大、做强，导致节日主体即当地民众的反对，也招致学者的批评，后来只能回归到以地方民众为主，以节日本身内涵为主的内容。另一方面，政府主办节庆，如果大包大揽，长此以往，则人力财力难以支持，不仅没有经济效益，反倒拖累地方。再如，在韩国的江陵端午和法圣浦端午节中，政府的有效组织和管理为节日的保护与传承提供了制度保障，[①] 政府人士也常常出现在前台，显示出对节日仪式的重视，由于节日中的祭祀仪式，往往包含为百姓祈祷平安的内容，故其虽为民间活动，历来却不乏官方代表或本地德高望重人士的参加。[②] 但政府组织出面的只是白天的祭祀和简单的开幕式，晚上的文艺活动则是由当地的民间社团组织开展。在中国嘉兴市的端午节活动中，各县、民间团体都组织有自己的文娱项目和民间文艺活动，这多少分散了政府的压力。其实，在类似这样的节庆活动中，还可综合利用公共文化服务和乡村文化活动的资源，同时也是活跃群众文化生活的一个内容。此外，各商家可以自由参与，其经济效益不需要政府担心，而由企业自我负责；如出现过分的商业化及欺诈行为，则由政府来规范和控制。总之，政府应该是民族节日文化开发的"服务者"，而不应成为民族节日活动的主体。[③]

民间节日的主体是当地民众，无论是节日的保护，还是旅游开发，民众的参与非常重要。再以韩国江陵的端午祭为例。民众的集体参与，导致仪式进行和民众自我心愿的融合，使双方都获得满足。该节定于阴历五月初三正式开始水神祭和国师城隍行车，这天，迎神队伍将夫妻城隍神牌位和神木送到南大川的端午祭场。迎神队伍走上街头与市民见面，神木和牌位走在队伍前面，市民们则提着灯笼加入迎神队伍，祈祷城隍神驱走人间的邪魔恶鬼。在市区内绕行一周后到达端午祭场，供奉好神位，巫师们以巫术请神安坐，市民们则将承载着心愿的花灯笼在江中放流。由于当地居民的积极参与，使得整个活动气氛热烈，也使这项文化遗产真正活在民众中，并使遗产旅游做到可持续发展。

再如日本京都市每年夏季的祇园祭，规模浩大而热闹。前来观看的游客不下几十万人，是世界性的遗产旅游节庆，充分体现了日本当地人和全国和世界各地游客对此的积极参与。在 7 月 17 日这天举行盛大的山鉾巡行庆典仪式，场面十分壮观，其活动由各町（街道）派一组身着和服的男子集队参加巡游表演，围观人群不断地喊加油、鼓掌喝彩。参加巡行的山鉾车舆由各町保管和修理，作为街道的精神象征和夸耀的宝物，各社区竞相攀比。因此，祇园祭被称为"京都市民精神之华"。全市几十个社区专门成立了神舆保护组织，也是举办祇园祭的基层民间组织。通过日常围绕祭祀庆典的学习交流，不仅促进了社区的形成和传统文化的认同，一年的演练、道具准备和制作还持续提升了节庆活动的质量。由于祇园祭的筹划和参与人员是本社区的志愿者，演出项目相对固定，活动费用来自社区公共财产的出租、停车场、祇园祭门票等收入，以及本地居民的捐款，这个具有 1100 多年历史的传统节庆活动得以保存至今。这些都说明：成功的旅游节庆，首先需要当地居民参与，然后才会有浓郁的节日气氛，才能吸引外地人加入。而这正是中国各地政府办节所要认识到的。

---

①　徐赣丽、耿瑞芹：《韩国法圣浦端午节的政府保护与民间参与》，《民族学刊》2012 年第 4 期。

②　参见贺学君《韩国江陵端午祭考察》，文日焕、祁庆富主编《民族遗产》（第一辑），学苑出版社 2008 年版，第 226—236 页。

③　陈昌茂：《试论民族节日文化旅游开发中的政府行为》，《理论月刊》2003 年第 9 期。

另外，政府办节的旅游利用实践中，常常有专家学者对节日传统的"守旧"声音，而忽略了当地居民和游客对文化的自我创造和选择权利。专家们可能忽略了，国内外不少经由政府或企业利用节日发明的新传统，最后并不是"伪民俗"，而可能是新民俗，其关键在于这些活动是否融入民众的日常生活。今天，许多地方中秋节放孔明灯和河灯的做法，与其原初意义相去甚远，但这些古老习俗在当代的复活，很多是移植和再创造的，并不是复制。文化的复兴或复制需要有合适的语境，任何制造的文化传统能否成为民俗，主要在民众所持的态度，如认同度高就不应否认其具有现实的"真实性"。对此，政府不光要听专家学者的意见，也要听听老百姓的声音。

办节规模的定位也是一个重要的问题。在文化遗产产业化的趋势中，一个惯用的口号便是"做大做强，打造文化品牌"，地方政府为迎合商业化开发而不加节制地利用或不惜以变了味的"文化"活动来换取所谓的投资数据和社会影响力。这种冒进式的理念并不适合保护和可持续地利用节庆遗产资源。其实，节日资源的旅游开发不应以政府投入或经济产出多少为目标，而应以民众参与的程度为目标。因此，如何把握"度"非常重要，这是需要在实践中把握的，"度"就是有节制，不搞大跃进，坚持可持续发展的原则。以贵州民俗旅游的两个苗族村寨即上郎德和西江为例，前者曾经历过旅游开发中的无序，后来以村寨传统的村规民约的方法，制约旅游过度发展，虽然旅游收入不很高，但大家认为公平、合理。与此形成对照的是，西江成为旅游热点，由旅行社带团大批涌入，造成了当地资源分配的不均，虽然当地整体的收入有较大提高，但民众的幸福指数却不如上朗德。看来，如何定位规模，多少与旅游学中强调的可承载力和旅游可持续发展的老话题密切相关，说明违背旅游发展的规律，不仅旅游不能得到永续发展，作为资源的文化遗产本身也有可能被毁坏。

（二）旅游展演与文化保护

遗产并不是历史的原貌，有人指出遗产是"当代社会对过去的选择性传承"[1]，也有人说："历史和遗产为了现在的目的选择性地使用过去。"[2] 选择性意味着遗产是由权力话语支配的，具有时代性和变异性。正因为如此，对遗产进行旅游开发带来适度改变似乎也是合理的、可以接受的。那么，在遗产旅游开发中，究竟应该如何保护遗产不受伤害？遗产的哪些部分是可以作为旅游展示或加以改造的呢？在此，我们提出：遗产的核心价值需要特别注重和强调，其余则可适当加工，只要它既能被当地人接受，也能被游客所接受。当然，这在具体的实践中并非易事，常常也会发生错误的应用并导致偏差的结果，例如，为迎合游客的低级趣味，庸俗化地制造一些文化场景。可见在旅游开发进行前和过程中，严格由专家、学者和政府携手的监管是必须的，同时还要细致的调研，兼顾当地居民的情感和文化权利。

而将遗产转化为旅游资源的过程和机制是复杂的，游客对于作为旅游资源开发对象的传统节日遗产，未必能够理解其真切的意义。将遗产进行旅游开发，将节日民俗活动转变

[1] B. Graham, G. J. Ashworth, and J. E. Tunbridge, *A Geography of Heritage: Power, Culture, and Economy.* London: Arnold, 2000.

[2] Tunbridge, J. E. and Ashworth, *G. J. Dissonant Heritage: The Management of the Past as a Resource in Conflict.* London: Wiley. 1996.

为展演对象，这也需要加以艺术化的展现和表达。美国夏威夷州的玻利尼西亚文化展示中心，可以说是较为典型的旅游展演案例。在那里从事演出工作的员工，多是来自附近一所大学的学生，他们主要通过舞蹈和音乐等表演或装扮毛利人、萨摩亚人等七个不同族群以吸引游客。至今那里已经成为世界各地旅游文化展演学习的范本。

世界各地的文化旅游，均有不同程度的旅游展演。目前，相关研究从旅游场域中文化变迁的角度，以及对展演的意义和功能的关注，对展演中的舞台化、真实性、商品化、文化再生产等问题，均进行了较充分的论述①。就展演与文化保护的关系而言，正如何明②等人论述的那样，旅游展演既对文化遗产的开发和保护有积极作用，但在旅游展演中也有对民间艺术的扭曲。总的来说，旅游展演是有限度的，即展演只能延续其外形，而很难延续其精神。

因此，旅游开发应与遗产保护的直接对象适当分离，旅游作为产业，只要不违法、不损坏文化遗产，对其进行包装并使之进入旅游市场，本来无可厚非。作为民众生活的节日内容，一旦上升到艺术表现，在舞台上展演，其舞台空间本身也应允许创造和某种程度的虚构。例如，广西南宁国际民歌艺术节作为对广西山歌艺术传统的推陈出新，其创新便应当给予肯定③。在旅游场域的展演实践中，常有一些民众生活中的自我娱乐或仪式表演，被作为国家公共文化中获致认可的文化遗产而得到夸张地展演，在这个过程中，一些关键人物（"文化掮客"或文化中间人）的作用、文化展演背后编导的设计理念等，也应予以重视。通过展演能否使文化遗产得到很好的利用和保护，外来观赏者和本地社区居民如何看待这些展演等，很多问题在遗产旅游、甚至一般文化旅游的研究中均未得到认真的追问，理应成为今后中国民俗学的旅游研究的一个主要的研究方向。

从世界各地遗产保护和旅游开发的实践来看，通过旅游展演实现文化保护是有可能的，其理由主要有：

第一，市场经济背景下的民间艺术展演等旅游开发形式，有助于恢复和保护一些濒临灭绝的文化遗产。由于展演是外在可见的，展演本身就是直观的学习场域，社区成员为获得经济利益，会主动去学习技艺和文化，并蔚然成风，不断延续。民间文化经艺术包装或加工而成为展演的对象，可使其外在形式被象征性地保留下来。

第二，文化遗产的保护不是指完全不变地保存其原有状态，而主要是保护其核心和精髓，运用展演方式，象征性地传达其意义，有可能使文化遗产在创新中得到延续。但在通过艺术展演方式利用和保护遗产时，需要有分寸地进行，可以借鉴戈夫曼的"前后台"理论④，有节制地开发利用。为了尽可能避免旅游展演对民间艺术的歪曲和变形，需要学者或专业工作人员的加入和持续支持，也需要组织举办各种层次的培训班，加强旅游从业人员的文化保护意识和素养。

---

① 徐赣丽：《民俗旅游的表演化倾向及其影响》，《民俗研究》2006 年第 3 期；魏美仙：《民族村寨旅游展演艺术的意义阐释——以大沐浴为例》，《云南艺术学院学报》2008 年第 1 期；吴晓：《旅游景观展演与民间艺术的消费：湘西德夯个案的文化阐释》，《文艺争鸣》2010 年第 12 期，等等。

② 何明：《当下民族文化保护与开发的复调逻辑——基于少数民族村寨旅游与艺术展演实践的分析》，《云南师范大学学报》2008 年第 1 期。

③ 刘守华：《"非遗"保护热潮中的困惑与思考》，《文化学刊》2009 年第 2 期。

④ 张晓萍：《西方旅游人类学中的"舞台真实"理论》，《思想战线》2003 年第 4 期。

第三，联合国教科文组织关于文化遗产的评价标准之一，是对有关的群体发挥文化和社会的现实作用，因此，通过旅游展演而保护遗产的努力，也应以此为依据。把遗产与旅游开发结合起来，可以较好地延续文化遗产的生命力，从而有利于当地社区的民生和文化认同。

当然，"舞台真实"同"客观真实"是两个不同的概念，但由于文化总是处在变迁之中，故其客观的真实也并非一成不变。通过旅游场域的展演，节日等遗产的精华和美好的一面，特别是其核心的价值得以使用象征手法表达出来，这便把文化观念转变为行为符号或物态的象征，其对遗产的利用，未必会带来破坏。旅游展演如果实行前后台分离的做法，便可以避免过度的商业化。

截至目前，对于节日等文化遗产如何实现旅游资源化，以及传统知识和观念之类非物质文化遗产如何通过展演而转换成为象征性的文化资源等问题，中国学术界还缺乏具体个案的深入探究。至于"展演与文化真实性""旅游娱乐化与文化遗产的神圣性"之间的矛盾等在民俗旅游的社会文化实践中反复呈现出来的困扰，民俗学家应该秉持钟敬文先生提倡的"应用也需要研究"[1] 的姿态，积极投入节日类遗产的旅游开发等重大课题的研究，进而为中国的应用民俗学探索出今后发展的新方向。

（原载《青海社会科学》2014 年第 5 期）

---

[1]　钟敬文：《谈谈民俗学研究中的几个问题》，载刘锡诚《妙峰山·世纪之交的中国民俗流变》，中国城市出版社 1996 年版，第 2—3 页。

第六篇
重要论文摘编及摘要

【接续民间文学的伟大传统——从实践的内容—目的论到形式—目的论的哥白尼革命】

吕　微①，《民间文学的自由叙事·序》，2014 年 11 月版；惠　嘉摘

　　民间文学—民俗学学者之所以充满信心，坚信小学科能够做出大学问、回答大问题，乃是因为，民间文学—民俗学学者，在民间文学的纯粹实践形式和内在实践目的——也就是民间文学先验的纯粹发生条件和绝对存在理由，也就是民间文学的先验传统和先验理想——中，发现了现代社会及未来社会的根本依据（根据）和原初法则（原则）。尽管上述形式—目的、条件—理由、根据—原则、传统—理想，并不直接显现于民间文学现象的经验性直观表象中，也就是说，通过民间文学现象，上述形式—目的、条件—理由、根据—原则、传统—理想统统不能被经验性地直观和表象，但是，这些形式—目的、条件—理由、根据—原则、传统—理想却仍然构成了经验性地被直观、被表象的民间文学现象的基础或前提。于是悖谬的是，即便人们只是或然（偶然）地生活在民间文学的现实性中（人凭借其自由意志可以任意地承认或否认民间文学），却必然且已然（实然）地被抛入、被卷入了民间文学的理性信仰和理智情感的道德实践的可能性中。以此，被抛入民间文学，就是被卷入人自身在理性（逻辑）上最原始的存在方式，从而返回到人自身纯粹实践理性信仰的道德情感的起源或开端，也就是返回到康德所云人作为人自身在时间中作为当下

"结果的存在"。以此，被抛入、被卷入民间文学就是成为自由主体，成就自由人格，而成为自由主体、成就自由人格也就是人类的天命：先验地被要求成为一个有理性的道德信仰和道德情感的"宗教的人"，②从而成就康德所云"纯粹实践理性信仰"的道德情感的"实践的爱"。于是在民间文学中，纯粹实践理性信仰的道德情感的"实践的爱"，也就始终指向了人类传统和人类理想中"享太平"③的"好生活"，④即人自身通过民间文学而表象和表达的自身存在的先验必然形式和纯粹应然目的：先验传统中的先验理想——反过来说也是一样——先验理想中的先验传统，在历史上（时间中）必然可能的"摹本"或"复本"，⑤即，根据"公共伦理条件"而"模拟［的］公民社会"，以了民间文学未了的心愿，并完成其未完成的方案。

　　我们就这样被抛入、被卷入了民间文学，被卷入、被抛入民间文学，是我们人作为拥有自由人格的自由主体，必然要承担的天命（权利和责任），因为，民间文学是人最原始的即必然、应然的存在方式，我们每一个人作为人，都不得不以这种必然、应然的爱的原始方式而存在，而实践，而生活，尽管我们还从来没有完满地这样存在、实践与生活。以此，作为实践主体的民间文学，就真的好像是一个有生命的存在者，他把自身内在的必然形式和应然目的，作为一个命令颁布给我们每一个人，让我们每一个人都能够据此而成为民间文学的实践主体，而我们每一个人也都自愿

　　① 吕微：中国社会科学院文学研究所研究员。
　　② 涂尔干：《宗教生活的基本形式》，渠东、汲喆译，上海人民出版社 1999 年版，第 46 页。
　　③ 高丙中：《日常生活的现代与后现代遭遇：中国民俗学发展的机遇与路向》，载《民间文化论坛》2006 年第 3 期，收入高丙中《日常生活的文化与政治——见证公民性的成长》，社会科学文献出版社 2012 年版，第 55 页。
　　④ 户晓辉：《民间文学的自由叙事》，社会科学文献出版社 2014 年版，第 6 页。
　　⑤ ［德］康德：《实践理性批判》，韩水法译，商务印书馆 1999 年版，第 45—46 页。

地遵从于他的命令，因为他——作为实践主体的民间文学——就是我们每一个人自己内心理性信仰和道德情感的爱的对象。于是，回到本文开篇的问题：为什么我们不得不设想一个作为实践主体的民间文学？[①] 答案是，非如此，我们就无法理解我们自己，也无法解释：何谓"民间文学"？如果我们把民间文学认定为认识的客体，那我们就太狂妄了，以为我们能够穷尽对民间文学的认识（理论知识）。唯当我们设想了一个作为实践主体（即"自由主体"暨"本体"）的民间文学，我们才有可能在对民间文学的理性信仰和道德情感中，去思考他的纯粹实践形式和内在的自由目的（不然，我们就会满足于对作为对象的民间文学现象的经验性直观和概念性认识[②]），也就是民间文学先验地向我们阐明的人之为人的发生条件和存在理由：应该也必然能够成就自由人格、成为自由主体。

但是，即便我们把民间文学设想成一个作为自由主体（本体）的实践主体，我们仍然无法理解，作为实践主体的民间文学出于什么目的就一定要把"爱人"的命令，以民间文学纯粹内在目的的纯粹观念形式，颁布给我们每一个人？是出于纯粹的爱，还是最终仍然出于某种功利性目的的难言之隐，如若是后者，那么民间文学颁布给我们的"模拟公民社会"的"公共伦理条件"就仍然可能是一个仅仅"合于道德"的主

观准则（动物世界的丛林规则），[③] 而不是必然"出于道德"的客观法则（上帝王国的至善原则），但是，只有后者才是能够让人（角色、身份）成为"仁"（"我与你"或"我们"）即人自身（本相）的人类实践的最高原理，而这就是民间文学的实践认识（即民间文学实践研究的先验范式，而不是理论研究的经验范式）对民间文学内在的实践目的及其纯粹的实践形式的先验演绎（悬搁、还原）和现象学的纯粹（观念）直观，只能如此而不可能不如此地给出的最终答案，因为否则，人（类）为自己设想、设定的先验理想（也就是先验传统）就是一个我们并不愿意在其中生活的、没有爱的非人的社会。

【民间文学：最值得保护的是权力还是权利？】

户晓辉[④]，《民间文化论坛》2014 年第 1 期；惠 嘉摘

保护民间文学，首先得保护民间文学的发生形式和存在条件，也就是保护民间文学本身的特质以及让民间文学成为民间文学的条件。

一 "我们"：民间文学的纯粹发生形式

每当民间文学发生和存在时，总会出现渴望交流而且正在交流的"我们"。民间文学是以"我们"的形式发生和存在

---

① "还原民间文学和人的实践主体身份。"参见户晓辉《民间文学的自由叙事》，社会科学文献出版社 2014 年版，第 5 页。

② "我们的'实践研究'重点关注的并非民间文学的这些被误用和滥用的现象，而是作为实践主体的民间文学自身的'命令'和本质要求。因为只有民间文学自身的'命令'和本质要求才是民间文学的实践研究需要追寻的必然知识。那些偶然的和随兴所至的现象并非实践研究应该逗留的地方。"第 160 页。

③ "对话不等于爱。"参见户晓辉《民间文学的自由叙事》，社会科学文献出版社 2014 年版，第 117 页。"我把你挂在嘴上不一定就是把对方看作你，我可能嘴里说你而心里想的是他或它。"参见户晓辉《民间文学的自由叙事》，社会科学文献出版社 2014 年版，第 116 页。

④ 户晓辉：中国社会科学院文学研究所研究员。

的，当民间文学发生和存在时，同时就产生并存在着"我们"，当"我们"存在时才可能产生民间文学。

在民间文学的表演中，表演者和听众的社会角色已经被"虚化"或者被悬置，而代之以平等的身份或人格。因为从本质上说，民间文学的表演要求的不是人与人之间的角色联系，而是人与人之间的人格关系。

民间文学出现和发生的前提在于把各种不平等的角色转变成平等的人格，使我与他、我与她、我与它都变成我与你，也就是变成"我们"。因为民间文学说与听的现场要求所有在场者必须被当前化，也就是具有直接性和当下性。他可以不在场，你却必定是在场的。① 民间文学的表演要求"民主"，它拒绝"被代表"。它为所有当下在场的人保留了说与听的同等权利。民间文学的存在和发生不仅需要这种现场的直接性和当下性，而且本身就只能在这种现场的直接性和当下性中才能发生和存在。

二　传承性：在你中发现我

所谓的传统并不是一个它（外在的对象或者客观的东西），而是一个你。因此，民间文学的我与你关系不仅是人与人之间的关系，也包括我们与传统或传承的关系，这种关系不是主体对客体的认识关系，而是我面对"你"的存在论关系。因为传统或传承本身就是一种我与你的关系。

民间文学永远向这个集说与听于一身的传承（播）过程保持着开放性，让我与你、让多个我与多个你进行说与听的对话，让未来的他也有可能在新的说与听的现场中变成你，让所有的角色联系变成人格关系。

如果说，现实是一种中间（Dazwisch-

en）而且名称也是一种中间，② 那么，民间文学就既不是我的，也不是你的，而是我与你的，民间文学恰恰是我与你的中间地带即"我们"的地带。民间文学的存在论实际上是一种马丁·布伯式的"中间存在论"（Ontologie des Zwischen）。③ 正是在这个意义上，我们可以对民间文学的所谓"集体性"有新的理解：民间文学是我与你发生"关系"的过程，民间文学作品只是这个过程的"产物"。民间文学的集体性就是"我们"性或者我与你的关系，民间文学就是"我们"文学。"我们"不是各种现实角色的集合体，而是平等精神人格的共同体。

三　从我与他到我与你

我与你是一种伦理关系，而我与它不仅不是伦理关系，而且实际上并不发生"关系"。关系不是发生在角色与角色之间，而是发生在人格与人格之间。在这种意义上，只有人格与人格之间才有关系，才"发生"关系，而角色与角色之间则是对象与对象之间的联系，而不是人与人之间的"关系"。

人与人之间的关系是发生出来的事件，而角色联系却不用发生也会自动出现。由此看来，民间文学的发生场域就是我与你"扯"上关系的当下场域。民间文学为每个人赋予了同样的和平等的说与听的权利。这就表明，民间文学是一个关系场域，在这个场域中，我与你进入关系，这种关系不是角色联系，而是人格关系，我与你结成"我们"，我们一起被卷入民间文学，民间文学是我们的共在，我们与民间文学共在。在这种意义上，民间文学的"民间"就是"我们"，民间文学实际上就是"我们"文学。

---

① 参见叶秀山《无尽的学与思——叶秀山哲学论文集》，云南大学出版社 1995 年版，第 13 页。

② Hans Kohn, *Martin Buber. Sein Werk und seine Zeit*, S. 242, Joseph Melzer Verlag, 1961.

③ 参见 Michael Theunissen, *Der Andere. Studien zur Sozialontologie der Gegenwart*, Zweite, um eine Vorrede vermehrte Auflage, S. 260, Walter de Gruyter, 1977.

四 变异性：从你到真正的你（绝对他者）

民间文学传统让表演和倾听民间文学的我关注和要求的不是现成的角色，而是平等的人格，甚至让我把各种角色联系转变成人格关系。这是民间文学传统向表演和倾听民间文学的我发出的绝对命令。

因为没有我与你就没有我，在民间文学中就体现为，没有听众的你就没有讲述人的我，没有你的听就没有我的说，因为我的说以你的听为前提条件，正如我与你的关系是"我"的前提条件一样。一旦深入追溯民间文学的当下性，我们就会发现，民间文学的存在不仅预设了我与你的关系，而且在这种关系中预设了你的优先性甚至绝对优先性。这意味着，民间文学中的你不仅是一个普普通通的你，更是一个真正的你，一个绝对的你。我把你呼作你也意味着我把你看作一个真正的和绝对的你，这个你已经具备了超越的维度和神圣性，正因如此，我与你的关系也就具有了超越的维度和神圣性。

在民间文学中，每个人的我对外在的你的依赖性，不仅表现在对作为你的人的寻找和尊重，也表现为对作为语言传统的你的追随和顺从。民间文学变异性的深层根源在于，语言并不完全受我掌控，相反，是我受语言的制约。我变化的自由是在语言传统限度内的自由。但传统对我的限定并不是减少了我的自由，而是为我的自由提供了可能性。因为语言是与存在者相伴的一种存在。

五 民间文学：本源的伦理关系和信仰情感

民间文学中的我与你关系不是认识意义上的关系，因为尽管我看不透你，但我本来也没想把你看透、猜明，我只是把你当作你，当作一个与我一样能说能听的完整人格，当作一个绝对的你，我相信你是与我一样拥有说和听权利的人格，这是一种实践的信仰情感，也是一种饱含着信仰情感的实践。因此，民间文学的对话不是一般的对话，而是具有神圣性的对话。这种存在论关系同时也是一种本源的伦理关系和信仰。

民间文学的发生和存在中蕴含着这种深层的信仰情感关系不会随着认识干扰的大小而消失，只能随着这种干扰遮蔽的变化而时隐时现。换言之，民间文学中的我与你关系不由对象化认识的因果关系决定，而是由伦理的信仰关系决定，这也就意味着它由实践的自由关系决定。

正因如此，保护作为非物质文化遗产的民间文学，就是要保护每一个人表演民间文学的平等权利（我与你），而不仅仅是保护个别表演者的表演权力（我与它）。民间文学保护的要旨是保护它所蕴含的本源的伦理关系和为民主、争自由的潜在渴望，因为这些关系和渴望是民间文学存在的本质依据。舍此，民间文学也就不再是民间文学，保护也就失去了根本的目标、意义和价值。

【《保护非物质文化遗产公约》能给中国带来什么新东西——兼谈非物质文化遗产区域性整体保护的理念】

户晓辉，《文化遗产》2014年第1期；惠 嘉摘

该文要讨论的问题是，既然我们是在《保护非物质文化遗产公约》（以下简称为《公约》）基本精神的指导下才开展了非遗保护运动以及"文化生态保护区"的建设工作，那么，《公约》能给中国带来什么新东西？

一 《公约》的新术语概观

1. "非物质文化遗产"（以下简称为"非遗"）与"民俗"的区别。首先，"非遗"是一种自我认可或授权，而传统意义上的"民俗"一般由（外来的）专家认定。其次，"非遗"是活态的、变动不居

的和不断被再创造出来的，而传统意义上的"民俗"主要指的是已经凝固的习俗。再次，"非遗"既来自过去，也属于现在和未来，而传统意义上的"民俗"则多半只属于过去。最后，"非遗"属于社区或共同体成员（群体和个人），不分高低和等级，而传统意义上的"民俗"则属于底层的民众，暗含高低等级之分。

2. "safeguarding"与"protection"和"preservation"的区别。首先，《公约》的出发点是全球眼光和全局观念，通过文化多样性来强调文化的普遍价值。其次，《公约》所说的"保护"（safeguarding），其重点不仅在于非遗的动态性、过程性和传承性，更在于强调保护的主体是"非遗"的持有人和传承人自身。

3. 社区（群体和个人）自愿的、优先的知情认可。自愿的、优先的知情认可体现的是对非遗传承人权利的尊重和保护，这既是 UNESCO 制定《公约》的根本目的，也是"非遗"保护的核心价值所在。

二　《公约》可能给中国带来的新框架、新伦理、新思维和新举措

1. 新框架。"非遗"保护不仅是地区性的和局部性的，更是国际性的和全球性的。

2. 新伦理。《公约》特别强调"非遗"保护过程中权力的让渡和对权利的尊重。

3. 新思维。《公约》需要我们从根本上寻求一种不同于以往的思维方式和实践方式，培养《公约》的精神并且提升《公约》的意识。

4. 新举措。《公约》促使我们在"非遗"保护的过程中尝试新的保护办法和措施。如以人为目的，旨在保护人与人以及人与物之间的本源关系的"整体性保护"。

---

① 王杰文：中国传媒大学教授。

三　结语：《公约》的现代价值启蒙及其落实的可能性

《公约》承载了现代价值观（普遍的道德标准和人权观念），"'非遗'保护的中国实践"亦是向《公约》精神和价值观看齐的过程。若能真正贯彻《公约》的新精神和新理念，中国社会就有可能向现代公民社会迈出切实的一步，中国民俗学也可能促成自身向一门现代学科转换并进一步开启本土公共民俗学的空间。

【"民俗主义"及其差异化的实践】
王杰文①，《民俗研究》2014 年第 2 期；惠　嘉摘

"民俗主义"曾经是国际民间文化研究领域的关键词，围绕这一关键词的学术争论直接导致了国际民间文化研究领域的范式转型。然而不同国家因历史与现实环境不同，在而对自身传统文化时所采取的态度也自然不尽一致，其"民俗主义"及其相关研究便呈现出国际性的差异。这种国际性的差异有助于反思当前"民俗主义"话语的霸权性。

一　"民俗主义"与文化工业

作为一个带有批判性意味的描述性的（而非分析性）术语，"民俗主义"把德国民俗学引向了文化的政治与政治经济学，引向了文化霸权与文化抵制的问题，引向了对民俗学机制化的历史、民俗学理论化实践的历史的自我反思，最终导向了德国民俗学总体上的范式转型。然而，德国民俗学界围绕"民俗主义"的思考在提升其理论水平的同时，却又有意无意间窄化了其讨论的范围。

二　"民俗主义"与政治操纵

在以苏联为首的东欧诸国，"民俗主义"主要是由政府支持的。在国家意识形

态的笼罩下，东欧诸国的"民俗主义"研究过多地聚焦于官方话语指导下生产出来的文化产品，却极少去考察产生这些"民俗主义"形式的权力结构与过程。不过也有例外，如马克·阿扎多夫斯基。

三 "民俗主义"与"今天的民俗"

较之德国，中欧民俗学家是在中立的意义上使用"民俗主义"这一术语的。他们十分注意清理学科领域里不同概念之间的界限，如"当代的民俗"和"今天的民俗"等。

四 "民俗主义"与"文化研究"

在北欧民俗学家看来，民俗主义，伪民俗，民俗的商业化、政治化以及民俗学研究本身都是民俗的"第二生命"，民俗研究不可能外在于"民俗主义"，他们很早就积极地、自觉地，带着自我反思的意识投入到"民俗主义"的洪流当中。

五 "民俗主义"与"现代民俗学"

日本民俗学家从德语界引进"民俗主义"这一术语，只是推动了固有的有关"都市民俗学"或者"现代民俗学"的思考，加快了日本民俗学研究范式转型的步伐。事实上，日本民俗学家的研究实践远远超出了他们为"民俗主义"所界定的范围。某种意义上，日本民俗学界有意忽略了"民俗主义"的政治性与传统性意味，客观上削弱了这一术语可能具有的分析性潜力。

六 "民俗主义"与"公共民俗学"

美国民俗学家以"文化中介"（Cultural Brokerage）的身份介入"公共民俗"领域，属于"民俗主义"的范畴，他们不仅公开承认这一点，而且对自己的介入行为给予了充分的反思，把自己的实践称为"表征的政治"（the politics of representation），即民俗学家在公共领域从来都不只是"在场"，而且是在"发明"文化。

综上，"民俗主义"这个术语最好被定义为功能性的，即对作为民族的、地域的或者国族的文化象征之民俗的有意识的应用。

【"民俗文本"的意义与边界——作为"文化实践"的口头艺术】

王杰文，《民间文化论坛》2014年第2期；惠　嘉摘

该文试图基于语言学、符号学以及语言人类学对于"文本"的思考，追问"民俗文本"的界限，同时考察获得"民俗文本"之"意义"的可能性，反思民俗学（考察）"意义"问题的局限性。

一 符号学中"文本"

20世纪以来，以纯粹语言学的方式去理解"文本"的方法已经被抛弃，学者们开始尝试把"文本"还原到"交流事件"本身。受语言学研究范式转换的影响，符号学、语文学、民俗学，甚至艺术学等领域也对自身的学术传统进行了反思：如果把"文本"作为一个交流事件予以理解，那么，"文本"的意义在哪里？是内在于"文本性"，还是存在于"语境"，或者是在特定"语境"中由"文本"的接受者具体生成的？

对于后结构主义者来说，所谓"文本"并不存在，存在的是作者（或者讲述者、信息发送者）、文本（或者艺术品、信息）以及读者（或者听众、信息接受者）之间变动不居的、具体的互动过程。

单就"口头艺术"研究领域的"民俗文本"观念而言，既然听众无法像文学文本的读者那样可以把作品、作者、读者相对地独立出来，那么，考察特定口头传统（比如一则故事的文本）的意义却不考虑它是如何被讲述的做法显然不能令人满意。符号学意义上的"文本"观念为"口头艺术"研究范式的转型提供了重要的思想资源。

二 民俗学中的"文本"

"语境主义者"认为，民俗学应当从"把民俗作为'事项'（item）——民俗的事物（the things of folklore）——转向把民俗作为'事件'（event）——民俗的实践

(the doings of folklore)"①。"文本主义者"却明确地把"文本"等同于民俗事项、民俗产品（products）等概念，认为民俗事项本身才是民俗学这一学科的根本任务。民俗学的"文本主义者"与"语境主义者"之间的区别也许关键不是"文本"与"语境"孰轻孰重的问题，而是前者把焦点放在了"产品"上，而后者把焦点放在了"过程"上。

民俗学到底应该关注"事项"还是"事件"？民俗学家们意识到：民俗学无法根据其芜杂多样的研究对象来界定自身作为一门学科的地位，而学科的任务决定着学科的研究对象与理论方法，所以要使民俗学获得独立的学科地位，必须进一步明确民俗学的学科任务。

无论是"文本主义者"还是"语境主义者"，似乎都赞同民俗学的主要任务即是按照民俗表演或者故事讲述来理解与欣赏民俗与故事。按此逻辑，只要尽可能完整地重构民俗表演事件，这一目标即可自然地实现。于是，"文本主义者"们在坚持"文本"为中心的前提下，在个人经验的基础上，搜罗民俗事件的各种非文本性的、互动性事实；"语境主义者"们则完全依赖"全面的数据信息"，即参与观察与深入访谈，加上对真实的讲述事件的深度描写，像人类学家一样，试图避免个人经验的干扰。

如果说民俗学的"文本主义者"的研究是归纳式的研究，那么，民俗学的"语境主义者"的研究不过也只是另一种面貌的归纳式研究。若说归纳研究法内在地具有某种缺陷，那么，无论是"文本主义者"还是"语境主义者"提供的方案都无法解决民俗学的问题，相反，"文本—语境"之间的相互攻讦、循环更替将永无止

息，"文本"与"语境"成了同义反复的同一个术语。

三　语文学中的"文本"

按照巴赫金的思想，一切人文科学都应该以"文本"作为第一性的实体与出发点，因为作为社会的人是通过说话或者其他手段表现自我的，对人及其活动的研究，只能通过他已经创造或者正在创造的符号文本进行；而对于"文本"之意义的理解意味着两个主体之间的对话；在主体之间的"对话"意味着历史性与个人性，意味着涵义无终止地更新的特性。换言之，读者（或者听众）积极地参与建构了文本，基于他们各自的时空体，在如镜子一般的文本中照见各个自己。纵然特定的"文本形式"（the form of text）提供了许多有关其类型身份及恰当阐释的线索，但是，阐释（或者理解）终归是读者（或者听众）与作者（或者表演者）之间的对话，也就是说，对于文本的理解产生于"形式"与"语境"结合的过程当中。

"口头艺术"的研究显然应该既关注"可重复的文本语言"，又关注其"不可重复的文本事件"。正是通过巴赫金所谓"对话"的概念，那被悬置起来的"可重复的文本语言"，重新回到了"不可重复的文本事件"当中；"文本"的概念显然已经超出了原有的边界，与"语境"混而为一了。

四　反思"文本"的边界

如果把理解文本的"涵义"作为口头艺术研究的旨归，那么所谓口头艺术"文本"的边界是什么呢？它是指创作者（或者表演者）生产的过程？还是指他们创造或者表演的作品？或者是指他们实现其他（文本之外的）目的的手段？抑或是指不同历史时代、持不同价值取向的读者（或者听众）的一系列接受、理解与反应？

---

① Richard Bauman. "Introduction. Toward New Perspectives in Folklore". *Journal of American Folklore*. Vol. 84, 1971. No. 331：p. v.

当形式主义者们把意义限定在文本之中时，文本被抽象化为某种体系或者结构，这个体系与结构被给予至高无上的、跨越历史的、社会的、文化的普遍性、自足性、先在性。这种思想淡化了人类的能动性，弱化了事件在创造体系中的作用，忽略了"文本化"过程中主体间行为及其关系的复杂性。

借助 J. L. 奥斯汀的语言哲学理论，任何语言行为都具有"言内之意（locutionary）、言外之意（il locutionary）以及言后之意（perlocutionary）"的实际效力（efficacy）[1]。话语文本既是把社会现实自然化的强有力的模式，也是把自然现实社会化的强有力的模式。换言之，一方面，文本建构着主体，在文本框架内再生产着主体自身，主体通过置身于文本生产的过程之中，文本内部特定的审美取向、思维模式、社会事实被主体不加反思地予以接受；另一方面，主体也在利用文本从事社会权力的交换，这时，文本被当作某种象征性的文化资本，被处于不同社会阶层的主体有等差地积累、分配、控制与应用。

五 自然的"民俗文本"及其意义

当"民俗文本"重返"民众日常生活的语境"，口头艺术的研究者们将不得不重新思考如下一些问题，即"意义"的位置与起源，讲述者（表演者）与听众的地位，语言的（口头艺术的）本质以及"民间文学"与"民俗文本"的差异与联系等。

首先需要注意的是，在"口头艺术（民俗文本）"的表演过程中，作为表演角色的（一个被拆解的概念）"我"不同于作为表演行为之主体的"我"。表演者身份维度的复杂性，恰好为理解自然状态的"民俗文本"提供了某种路径。

与这种研究思路相呼应，文学批评家对奥古斯丁、西塞罗以及萨福等人的"文本"所进行的"新历史主义"研究，在某种意义上，也是把"文本"还原到其自然"语境"之中予以考察的某种尝试。

【现代民族国家话语与民间文学的理论自觉（1949—1966）】

毛巧晖[2]，《江汉论坛》2014 年第 9 期；惠 嘉摘

一 民间文学成为文学接驳国家话语的场域

随着中国共产党在全国范围内的胜利，其首要任务就是在全国范围内迅速认可新的现代民族国家。除了政治制度推行外，文学艺术是一个重要推手，民间文学运动在革命时期功勋卓越，新中国成立后它就处于文学的前沿，成为现代民族国家构建以及新的文学话语的接驳场域与动力源。

二 从"人民文学"到"人民口头创作"

民间文学领域根据苏联的口头文艺创作理论引入关键词与核心理念——"人民口头创作"，民间文学逐步脱离人民文学宏观的"人民性"话语，伴随着自身的理论自觉，逐步将研究中心置于"口头性"话语之中。

三 民间文学"口头性"话语及其特性

作者介绍了蒋祖怡、赵景深、周扬、郭沫若、老舍、朱自清和《苏联口头文学概论》对口头性的阐释，认为"中国的学术界开始将民间文学等同于口头文学，其在实践层面的体现就是搜集整理"成为1949—1966 年民间文艺学领域的基本学术话题，相关研究在这一时期从实质性上推动了民间文学理论研究与资料体系的完善与发展。

由于特定历史条件的局限性，民间文艺学领域对于口头性的学术本质、学术机

---

[1] James Loxley, 2007, *Performativity*, Routledge：Taylor & Francis e-Library. pp. 23 – 25.
[2] 毛巧晖：中国社会科学院民族文学研究所副研究员。

理缺乏深入探讨，但这并不能遮蔽或者忽略 1949—1966 年民间文学在政治权利话语影响下深层运作的理论自觉。

【同异之间：礼与仪式】

彭　牧[1]，《民俗研究》2014 年第 3 期；惠　嘉摘

　　Ritual 是现代西方宗教研究的基本范畴，中译为仪式，与本土范畴"礼"形成有交叉又有区别的一对概念。把礼置于 Ritual 和西方宗教学研究范式中，比较礼和 Ritual 的同与异，可以从新的角度探讨中国宗教研究的基本出发点。Ritual 作为表现信仰的象征性行为，其现代意义形成中摈弃了文本、情感和自我修行，而这正是礼的基本内涵与特点。儒家的礼作为从上古习俗中固定化、文本化的传统，始终与其根源之俗遥相呼应。在漫长的历史中，一方面是精英以礼化俗，另一方面是民间的俗不断改变礼。因此我们对中国宗教实践的考察必须反思西方宗教和仪式研究的范式局限，同时关注礼和俗这两个并行不悖、相辅相成、不断互动的传统。

【以语言为中心的民俗学范式——戴尔·海默斯的交流民族志概说】

朱　刚[2]，《民间文化论坛》2014 年第 6 期；惠　嘉摘

　　作为民俗学、人类学、语言学等学科重要的理论先驱，戴尔·海默斯所倡导的语言学考察与社会文化维度相结合的理路，以及重视"言语"研究的理论主张，不但从语言学内部批判了乔姆斯基之后对于"语言使用"（performance）维度的忽视，同时也将人类交流行为这一重要的研究领域提上议事日程。就民俗学而言，海默斯的理论创新不但引领了"民族志诗学""演述理论"这两大理论流派的提出与发展，而且他所提出的"以语言为中心"的思路，也是我们理解 20 世纪末"语言转向"对于民俗学科之影响的上佳个案。

　　该文将重点介绍海默斯的"交流民族志"思想，梳理其以语言为中心进行民俗研究的理论特点，以此补遗我国学人理解当代西方民俗学理论的学术史缺环。

　　一　交流民族志的理论基础：言说民族志及其基本观点

　　言说民族志是一种关于言语的描写理论，这种理论把言语看作是一种"文化行为（Cultural behavior）系统"，描写的任务在于揭示这种系统的多样性。

　　二　交流民族志的理论脉络：以 20 世纪 70 年代为中心

　　该领域的研究基本可以分成两个大的阶段，大致以 20 世纪 70 年代中期为分界，前期是以海默斯本人以及其与甘柏兹合作进行的本体论建构研究，后期则是针对言语的社会文化变异现象的应用研究。

　　三　交流民族志的理论工具："言说模型"

　　"言说模型"包括环境和场景（Setting and Scene）、参与者（Participants）、目的（Ends）、行为序列（Act Sequence）、基调（Key）、手段（Instrumentalities）、规范（Norms）、文类（Genre）八大要素，目标在于对特定文化语境中的言语事件和言语行为进行话语分析。

【事象与意象：中国神话呈现方式的类型分析】

王怀义[3]，《民族艺术》2014 年第 5 期

　　神话的呈现方式与神话的表现形式和

[1]　彭牧：北京师范大学文学院民俗学与文化人类学研究所副教授。
[2]　朱刚：中国社会科学院民族文学研究所助理研究员。
[3]　王怀义：江苏师范大学文学院副教授、中国社会科学院文学研究所博士后。

叙事方式相关。不同民族的神话具有不同的呈现方式。中国神话在呈现方式方面存在以意象和事象为主体的倾向。神话意象是神话的构成主体。按照不同标准可将神话意象分为不同的类型。根据中国神话的片段性、非情节性和非叙事性等特征，可用"神话事象"来指称神话内容。神话意象是形成神话事象的基础，多个神话事象及其所包含的神话意象则可以形成特定的神话意象群。中国神话呈现方式的分类研究可为研究中国神话意象的演变过程和传承方式等问题提供新的理论基础。

【外来说与本土说：理由与问题——盘古创世神话研究述评】

张开焱①,《长江大学学报》2014 年第 3 期

百年来，大多数学者有关这个神话的研究成果，显在或潜在地围绕着这个神话是外来还是本土的这一焦点展开，外来说中印度说最早且影响最大，本土说中有多种观点，其中南方说影响最大。不管是外来说还是本土说，都存在一些困难。猜想多于实证，都缺少无可争议的铁证，这是它们共同的问题

【中体西用：关于中国神话文学移位研究的思考】

宁稼雨②,《学术研究》2014 年第 9 期

该文对中国神话研究史的回顾反省，借鉴西方原型批评关于神话文学移位学说的理论，以及西方民间文学研究领域主题学的研究方法，从构建中国式神话研究体系的角度出发，提出在神话研究领域以"中体西用"取代"西体中用"的理论设想和具体操作程序，希望引起学界关注，扭转中国古代神话研究的角度和视野，把中国神话的历史学、宗教学和文化人类学研究拉回到文学研究的本体中来。

【神话观念决定论刍议】

叶舒宪③,《百色学院学报》2014 年第 5 期

在认识人类的行为与人类文化的走向方面，迄今的科学探索尚未成功。从狩猎部落进入农业社会、文明国家，再到工业社会，都不是人类理性预设的结果。人类是"被发展"的，即被一种看不见的力量驱使前行。人作为文化动物，必然受其文化观念的支配。探寻每一个文明的观念之源，需要诉诸史前至文明之初的神话观念形成史。当代神话学家通过解析西方文明源头的文学作品揭示出神话观念支配仪式行为和叙事表达的规则，文章解析《史记·秦始皇本纪》的历史叙事案例，再现支配华夏国家统治者行为的观念要素，提示神话观念决定论的理论命题，呼应恩格斯晚年提出的意识形态的反作用力与韦伯的宗教观念决定论，说明神话观念对意识形态的原型编码作用，并指向一种普遍有效的人文研究指导性范式。

【"玉帛为二精"神话考论】

叶舒宪,《民族艺术》2014 年第 3 期

从蚌埠双墩陶器上七千多年的蚕茧蚕丝形刻画符号到红山文化玉雕神蚕形象，均可以视为无文字时代对蚕神的一级编码；这种原型编码形式率先将玉和蚕（丝、帛）两种物质结合为一体，甚至在商周以后仍能与文字编码并行不悖地发展延续。而甲骨文中出现"玉"和"丝"等字形时，二级编码宣告问世，书写的小传统由此开启。玉作为天地山川孕育的精英，蚕与丝作为宇宙生命循环变化无穷的典范，

---

① 张开焱：湖北师范学院文学院教授。
② 宁稼雨：南开大学文学院教授。
③ 叶舒宪：中国社会科学院文学研究所研究员。

二者共同承载的神话观念是生命的变化与不变。帛是缫丝的结果——丝织品；而丝是神秘生物蚕吐出的结果；蚕是体现神力的变化象征。玉来自天，带有非凡超俗的神的禀性。玉也能够变化——其沁色、包浆、绺裂与复原。以玉为神和以蚕（丝）为神的观念结合，成就"精物"的深度想象。

【慎用图腾学说诠释中国古代神话——以禹娶涂山女神话与纬书感生神话为例的考察】

王守亮[1]，《青海社会科学》2014 年第 4 期

在我国 20 世纪以来的古代神话研究中，图腾学说以其新颖的理论工具的性质而深受学者关注，在研究实践中得到较多运用，乃至在有的论著中，图腾学说几乎成为诠释神话文本的万能钥匙。文中以禹娶涂山女神话与纬书感生神话为例的详细分析足以说明，我们应当慎用图腾学说诠释古代神话。在神话研究中，导致过当运用图腾学说的首要原因是单线进化论的影响。另外，对神话概念的理解也是一个重要影响因素。在研究实践中，我们应注意古代神话产生与所处的具体历史环境，并将其作为展开研究的一个基本前提。

【月亮的圆缺变化与不死观念——论中国古代神话中月亮的能指与所指】

陈连山[2]，《广西师范学院学报》2014 年第 3 期

月亮是中国古代神话的一个象征符号。其能指是圆缺变化，所指是长生不死。寄居月亮之中的白兔、蟾蜍、嫦娥与桂树都具有不死特征，这些不死的意象共同构成

了月亮的长生不死形象。这是渴望长生不死的中国古人赋予月亮的文化意义，而作为月亮的对立面太阳则被赋予短命夭亡的意义。

【西北民间祭祀歌中的神话范型、典型场景与主题】

刘文江[3]，《民族文学研究》2014 年第 3 期

祭祀歌属于口头诗歌体裁中的仪式歌，它在演述时的主要功能是建构神圣性。但与史诗不同，它是非叙事性的口头诗歌。基于这两点原因，祭祀歌的最高神话范型体现出来的是一种具有仪式特征的组合模式或结构模式，而不是类似于史诗"植物—神灵死而复生"式的叙事模式，它的形态为整体性的圆形；祭祀歌在表演时铺陈古老的信仰传统，同时将其与此刻化、本域化的时空场景联系起来，以完成具体时空中的神圣性；在主题层面，由于表演中歌、乐、舞三位一体的特征，祭祀歌的主题还呈现了动作性与名词性的双重主题形态。

【傣—泰民族的泼水节起源神话及其祈雨本源】

屈永仙[4]，《民间文化论坛》2014 年第 4 期

中国的傣族，至跨境居住在东南亚国家的傣—泰民族，可以分属于两个大的文化圈，一是信仰佛教的文化圈，一个是持原始宗教的文化圈。只有信仰佛教的傣—泰民族才过泼水节（东南亚各国称为"宋干节"）。过泼水节的族群中，关于泼水节的起源神话大同小异，但是对泼水节的认识和定位并不相同，有的将泼水节视为新年，而有的仅视为重要的传统节日之一。无论是从泼水节的起源神话故事，还是从

---

① 王守亮：齐鲁工业大学文法学院副教授。
② 陈连山：北京大学中国语言文学系教授。
③ 刘文江：兰州大学文学院副教授。
④ 屈永仙：中国社会科学院民族文学研究所助理研究员。

"采花取水"和"放高升"等节日环节都可以发现，泼水节本质上是服务于稻作农业生产的祈雨仪式，反映出人们征服干旱、火灾等自然力的朴素愿望。

【瑶族盘瓠神话及其崇拜流变——基于对广西红瑶的考察】

冯智明[①]，《文化遗产》2014年第1期

瑶族盘瓠崇拜的犬图腾崇拜性质已成共识，并一直是学界关注的重要问题之一。由于瑶族支系众多，盘瓠崇拜的表现形态多样，在红瑶这一非瑶语支系中产生了较大程度的流变与转型。红瑶对盘瓠神话进行了再创造与重塑，以适应现实生活中用于表达宇宙观、人与自然关系的认知，以及建构集体认同和维持族群边界的需要。

【狗取谷种神话起源考】

吴晓东[②]，《楚雄师范学院学报》2014年第11期

狗取谷种的神话是物种起源神话中比较引人注目的一个类型，其故事结构与盘瓠神话十分相似，具有发生学上的关系，但仅从这两个故事本身难以断定其产生的先后。盘瓠神话与蚕马神话也十分相似，从盘瓠神话的一些细节可以判断出它是从蚕马神话演变而来，蚕马神话更为原始。因此，可以推断，狗取谷种的神话当来源于蚕马神话，并经历了盘瓠神话这一中间传播环节。

【神话视域下的苗族史诗《亚鲁王》】

王宪昭[③]，《贵州民族大学学报》2014年第2期

《亚鲁王》作为苗族复合型的大型史诗，保留了大量具有鲜明文化特征的神话情节和母题。该史诗流传的悠久历史体现出麻山苗族地区丰厚的神话传承土壤，史诗叙事中关于万物起源、造日月等典型神话母题具有值得关注的神话内涵与文化分析价值。

【"神圣的"伊利昂"坚固的"特洛伊——神话历史视阈下伊利昂和特洛伊名源考】

唐卉[④]，《中国比较文学》2014年第3期

荷马分别使用两个词汇——伊利昂和特洛伊，来称呼普里阿摩斯国王位于爱琴海东岸的城邦。在《伊利亚特》中，伊利昂的修饰语多为"神圣的"，而在特洛伊之前往往冠以"城垣坚固"的程式化套语。到了《奥德赛》，特洛伊则被称作"神圣的"，伊利昂不仅鲜有描述语或修饰词，甚至"不值一提"。目前国内学界对这两词的差异未有关注和分析，将之混同的情况较为普遍。其实，"伊利昂"和"特洛伊"这一对专有名词在前后文本中的区别和词义演变透露出神话历史记忆的微妙变化，发掘其本身的内涵和指涉具有重要意义。该文梳理了伊利昂和特洛伊在荷马史诗中的使用频率和语境原意的来龙去脉，结合现代考古发现的新材料，尝试探讨神话历史视阈下古老城邦的兴建与衰亡、光荣与梦想。

【《希腊神话》与"酒神之谜"】

汪晓云[⑤]，《世界宗教研究》2014年第3期

"酒神之谜"反映了西方学界对酒神

---

① 冯智明：广西师范大学文学院副教授。
② 吴晓东：中国社会科学院民族文学研究所副研究员。
③ 王宪昭：中国社会科学院民族文学研究所研究员。
④ 唐卉：中国社会科学院外国文学研究所副研究员。
⑤ 汪晓云：厦门大学人类学与民族学系副教授。

神话的不解。诠释酒神神话的突破口在于《希腊神话》关于狄奥尼索斯"出生"与"成长"的描述，其中，狄奥尼索斯与宙斯之"父子"关系以及与塞墨勒之"母子"关系是把握"酒神之谜"的关节点。"父子"取代"母子"，是古希腊男性神取代女性神、个体性存在取代集体性存在的体现；与此同时，"父子"之间具有潜在的对抗性，酒神象征本能、非理性、狂欢性，宙斯则象征理性、秩序与社会等级。狄奥尼索斯并非外来神，而恰恰是希腊最古老的神，只是在公元前6世纪到5世纪奥林波斯化为"酒神"，这一时间刚好与雅典城邦的形成同步。此后，"老狄奥尼索斯节"裂变为"酒神节"与"秘仪"，"狄奥尼索斯"裂变为"俄耳甫斯"与"巴克斯"，同时也裂变为"酒神"与"随从"。只有在人与自然宇宙万物融为一体时，狄奥尼索斯才能感受到快乐，这是"酒神"及其"随从"的根本含义，也是"酒神""狂欢"的根本含义。

【"神话"的传统文化渊源】

谭　佳[①]，《青海社会科学》2014年第1期

相对于学术界对"神话"一词外来性的强调，该文立足于探讨"神话"的本土渊源及在此基础上的形成特征，认为："神话"偶然出现在唐人传奇和明人的辑校点评中却又有其必然性。"仙话""词话""话本"等"话"体文学具有相似的民间性、通俗性、口语性，以及具有被"闲谈"的故事性特征，这类文体对国人使用"神话"，以及后来学者将"神话"定位于文学源头和"民间文学"都具有潜移默化的影响。从《清稗类钞》《一士类稿》《客座偶谈》《春冰室野乘》等文献的

"神话"使用情况能进一步看出：到了辛亥革命前后，当康、梁思想对国人产生影响时，"神话"成为固定词汇常出现在清末民初的笔记野史中，并常与荒诞不经的小说相关联。它既完全没有类似于古希腊"神话"的神圣性质，也没有切入中国本土的神圣叙事现象，而只是与本土居于"末端"的怪异现象、故事及传说等相关联。此时正在被建构的神话学显然与几千年发展脉络中的神圣话语、中国本土最强大的圣人传统和造神运动无关。

【从"神话与历史"到"神话历史"——以20世纪"神话"与"历史"的关系演变为考察中心】

于玉蓉[②]，《民俗研究》2014年第2期

"神话"进入中国学界后始终与"历史"相形相生。顾颉刚受民俗学的启发提出"疑古"口号，倡导多角度审视"神话"的独特性质，然"古史辨"极端派却将"神话"与"历史"完全剥离；钱穆、徐旭生等历史学家驳斥其"妄肆疑辨"，认为神话传说中自有历史真实的因子；陈梦家、张光直等考古学家将神话学理论用于古史研究并取得新的进展。随着"神话历史"理论的提出，"神话"与"历史"经历了对立、交集、融合的百年发展，最终走向同一。

【马林诺夫斯基信仰功能理论的内在矛盾——以《信仰和道德的基础》为例】

惠　嘉[③]，《民俗研究》2014年第5期

马林诺夫斯基认为神话—宗教有特许状的社会功能，该功能是社会生活存在的本质条件，且具有超越时空的有效性，它可以指引人类走出战后危机。但与此同时，他又强调特许状功能仅在特定语境之下方

---

① 谭佳：中国社会科学院文学研究所副研究员。
② 于玉蓉：中央民族大学文学与新闻传播学院博士后。
③ 惠嘉：中国社会科学院民族文学研究所博士后。

可直观，其动因也源自经验性的心理情绪。这看似自洽的理论背后隐藏着普适诉求和经验主义之间的内在矛盾，并最终导致了马林诺夫斯基关于自由和道德的悖论。

【偷盗谷物型神话——台湾原住民族的粟种起源神话】

鹿忆鹿[①]，《西北民族研究》2014年第1期

台湾原住民的谷物起源神话独具特色，与英雄盗谷种神话相似，却自成一格，在其他民族中并不多见。他们的粟种神话大都讲述粟种自远方他界偷来，说明粟种非原来所有，偷盗正是强调获得粟种艰辛不易。自他界盗回粟种的情节或许说明原住民原非农耕民族，是以狩猎采集为主，后来才有粟种栽培文化。

【玉兔因何捣药月宫中？——利用图像材料对神话传说所做的一种考察】

刘惠萍[②]，《长江大学学报》2014年第11期

月宫中玉兔捣药之神话传说的滥觞，可能是在两汉时期。汉画像中的兔有两种常见形象：一为画于月中，以代表月亮和阴，常作奔跑状的月中兔；一为常出现于西王母图像或仙境图像中的捣药玉兔。原本属于不同的系统，且形态、功能和意义亦不同的两种图像，在流传的过程中，可能因神话传说常见的混同与借用，遂使得月中出现了捣药玉兔的说法，更因此而形成月神话传说的一种定式，并由此影响着千百年来中国人对于月宫奇幻世界的想象。

【中国神话的三次大变迁】

刘毓庆[③]，《文艺研究》2014年第10期

中国神话是一种依附于历史文化思潮而存在的叙事形态和思维形态，是以神秘性思维方式为内核、叙事性表述为手段的表现艺术。人类征服自然力的提升，并不能使神话消失。相反，科学的发展，会给神话以新的神秘性内容。就中国神话的历史而言，它有过三次创作高潮和功能、内涵的大变迁。第一个高潮出现在五帝三王时期，此期神话主在讲述历史，实是历史的神话化；第二个高潮出现在秦汉魏晋时期，此期神话主在阐述哲学理论，可谓哲学的神话化；第三次高潮出现在元明时期，神话的叙述主题变换为宗教性内容，可谓宗教的神话化。

【列维—斯特劳斯的神话观】

蔡艳菊[④]，《民族文学研究》2014年第4期

列维—斯特劳斯以神话为研究对象，建立结构主义神话学理论体系，目的是分析人类普遍思维结构。他认为神话是结构严密的故事，是理性思考的产物，并不揭示宗教真理具有世俗性；神话是由个人创造，在传播过程中提升为神话，并会消亡。

【"神话段子"：互联网中的传统重构】

祝鹏程[⑤]，《云南师范大学学报》2014年第4期

该文主要讨论了因特网中"神话段子"的生产基础，分析了网民改编神话的策略，总结了互联网对神话传统的影响。"神话段子"是网民以戏谑化的方式改编经典神话的产物，它的产生受到了当代网民的神话观、网民自我表达的诉求、网络空间文化特点的影响。"神话段子"的创

---

①　鹿忆鹿：台湾东吴大学中文系教授。
②　刘惠萍：台湾"国立"东华大学民间文学研究所教授。
③　刘毓庆：山西大学国学研究院教授。
④　蔡艳菊：华中师范大学文学院博士研究生。
⑤　祝鹏程：中国社会科学院文学研究所博士后。

编经历了"去语境化"与"再语境化"的过程，借助于一系列的策略，互联网重构了神话传统。"神话段子"既延续了经典神话的部分功能，又生产出了新的功能；既使神话题材趋于雷同，又丰富了神话的表现形式。

【中国神话在电子游戏中的运用与表现
——以国产单机游戏《古剑奇谭：琴心剑魄今何在》为例】

包媛媛①，《云南师范大学学报》2014年第4期

该文梳理了电子游戏对中国神话故事及元素的呈现和利用特征，探讨了神话在电子游戏这一新兴电子媒介中的功能转换和意义再生。在电子游戏中，中国神话通常以文字和图像两种形式呈现。在游戏叙事中，神话作为阐释世界起源和秩序奠定的叙事资源被吸收和利用，并通过重建神话故事建构"个性化的世界观"。在游戏场景中，游戏设计者从各种形式的神话叙事中抽取具有象征意义的元素进行视觉化再现，拼贴成具有奇幻异域体验的虚拟世界图景。因此，在电子游戏中，神话作为具有民族传统指向的叙事资源和文化象征被重新运用。

【历史英雄、记忆争夺与族群认同——
基于湖南省绥宁县上堡侗寨的调查】

王晴锋②，《广西师范大学学报》2014年第5期

作为上堡侗族的历史英雄与民族符号，"武烈王"李天保渗透在当地的日常实践与神话传说之中。官方话语的暧昧与不自洽性赋予了民间记忆以极大的可塑性及创造性，使得民众对李天保及其武烈王国的集体记忆之建构得以可能。历史记忆的时代错置、选择与重组、结构性失忆等折射出一个同质性社会中个体在理解历史与现状、生活与思维结构之间的微妙差异，它隐含着对民族意识、族群身份的渴望。与逻辑连贯、系统性的官方话语形成鲜明对比的民间记忆作为一种反记忆构成了对支配性话语的挑战，这种巴赫金所说的"异质语"提供了另一种呈现失声的历史与经验的可选择性底层视角。

【互文的魅力：四大民间传说新释】

傅修延③，《江西社会科学》2014年第4期

《白蛇传》《梁山伯与祝英台》《孟姜女哭长城》与《牛郎织女》四大民间传说是一个互为依存的有机序列。故事中行动的主动方均为追求变化的女性，她们或希望获得与男性平等的身份，或努力进入与对方同样的状态，此类"趋同"的愿望不啻是事件演进的驱动器，而对这些追求的反复讲述则构成了叙事语义中的"互文见义"，四大传说的"间性"从中可见一斑。四大传说的相互契合还有如下表现：情节动力均来自女主人公；伦理取位均与正统观念相悖；传说结尾均有一抹亮色；人物身份对应士农工商；故事时间覆盖春夏秋冬。四大民间传说之所以能够成为中国民间故事的代表，全仗成千上万同类故事的"顶托"，其产生乃是无数同类故事自动筛选淘汰的结果。

【写传说——以"接姑姑迎娘娘"传说为
例】

陈泳超④，《民族文学研究》2014年第6期

---

① 包媛媛：北京师范大学文学院博士研究生。
② 王晴锋：中央民族大学世界民族学人类学研究中心讲师。
③ 傅修延：江西师范大学教授。
④ 陈泳超：北京大学中国语言文学系教授。

在山西洪洞县"接姑姑迎娘娘"传说圈内存在着一个写传说的地方生态,写本能被广泛传播的原因,根本在于较为尊重民间原有传说的情节结构和叙述风格。这些内部写本有较为明显的向外扩张的倾向,从地方性知识的传播链来说,正规的乡邦文献常常成为内部写本的终端和外部写本的开端。

【对一个民间神明兴废史的田野知识考古——论民俗精英的动态联合】

陈泳超,《民俗研究》2014 年第 6 期

笔者创设的概念"民俗精英",不同于"地方精英"在一个地方内多项甚至全部事务上都具有深刻的影响力,它专指那些仅限于在特定民俗事项中具有明显的话语权和支配力,并且实际引领着该项民俗的整合与变异走向的个人及其组合。事实上,民俗精英的组合是松散的、非实体的,他们之间既互相联合,又充满纷争。该文详细考察羊獬村一个叫"三公主"神明的兴废历史,用以呈现民俗精英动态平衡的基本特征。

【历史与传说间的文学变奏——伯奇本事及其历史演变考论】

尚永亮[1],《文史哲》2014 年第 4 期

作为后世广为传诵的孝而被弃的典范,伯奇及其本事呈现出令人注目的时段性特点:先秦文献记载阙失,启人疑窦;西汉诸说蜂起,莫衷一是;东汉至晋,既展示出显著的历史化、经学化倾向,又涌动着夹杂想象、虚构的传说暗潮。其间相激相荡,相克相生,几经转化,最后构成以《履霜操》及相关叙述为载体的定型文本。

总而观之,汉代以来围绕伯奇故事所出现的种种记载、议论和创作,与其说在于慎终追远,还原历史,不如说是徘徊在历史与传说之间,遵循有序与无序的发展规则,进行着一种文学的变奏。换言之,伯奇故事在汉晋历史上的每一次大的变动,既受制于历史与传说间的张力,不至于过度远离历史或"观念历史",也追求着精神的自由和心灵的秩序,使其在不断的情节完善中一步步逼近文学的真实。

【华北三皇姑的传说体系与层累生成】

赵倩 岳永逸[2],《民俗研究》2014 年第 6 期

在华北,千年流传的女神三皇姑传说盛行不衰。这位女神的身份,以隋文帝女、南阳公主、千手千眼佛三说最具代表。在碑志等地方文献中,隋文帝女和南阳公主说居于主流;在民众口耳相传的故事中,千手佛的传说流传更广。这揭示出文人士绅重"教化"与民众求"灵验"的迥异心态。近代以来,三皇姑传说被再次整合,南阳公主身份与千手佛故事主体层累、叠加一处。如今,化约、趋同的三皇姑传说是旅游经济驱动和传统文化定性互动的结果。

【古代戏曲对"牛郎织女"与"董永遇仙"传说的不同接受】

伏涤修[3],《戏剧(中央戏剧学院学报)》2014 年第 5 期

"牛郎织女"传说与"董永遇仙"传说的故事类型虽然较为接近,但在戏曲中的接受情况却大不相同。"牛郎织女"戏的内容与"牛郎织女"传说故事较为游

---

[1] 尚永亮:武汉大学文学院教授。

[2] 赵倩:东北财经大学马克思主义学院讲师;岳永逸:北京师范大学民俗文化普查与研究中心副教授。

[3] 伏涤修:淮海工学院文学院教授。

离，除了七夕乞巧仪式剧外，基本没被搬上过舞台。"董永遇仙"戏却是"董永遇仙"传说故事的重要传播链条，同时也颇具舞台影响。"董永遇仙"戏较之"牛郎织女"戏流传更广，这既有政治教化的原因，也和两个传说故事不同的发展轨迹有关，也和"董永遇仙"故事对"牛郎织女"故事的融会、取代有密切的关系。

【卡特里娜飓风传说：有权犯错、幸存者对幸存者的故事讲述和疗伤】

［美］卡尔·林达尔[①]（Carl Lindahl）著，游自荧译，《民间文化论坛》2014 年第 2 期

在卡特里娜飓风之后，媒体传播的传说绝大多数将可怜的新奥尔良人描述成罪犯；报道有失实之处，却被人信以为真，因为它们劝阻了救援者，而讲述者被赋予犯错的权利。相比之下，幸存者的叙述将罪责归咎于政府精英们，将同是幸存者的人描述为英雄，但这种叙述却遭到媒体的排斥，因此就出现了一种分化的叙述社区、叙述内容和叙事接受模式。这篇关于卡特里娜传说的研究论文先考察因对公信力在文化上根深蒂固的双重标准所造成的危害；衍生问题之一就是"大卫效应"，借此将罪责归于最脆弱的幸存者身上。纠正的方法之一就是用局内人的叙述反击媒体传说，正如"在休斯敦幸存卡特里娜和丽塔飓风"（Surviving Katrina and Rita in Houston，简称 SKRH）这一项目所做的，它是世界上第一个由幸存者记录他们自身灾难经历的项目。SKRH 运用"去框架化"和"厨房餐桌"等技巧，根据幸存者自己的个人和文化主张，记录他们自己的故事。幸存者的传说展示了媒体叙述中罕见的深度推理、同情和反省。SKRH 的成功暗示着一种公共健康的新策略，它

是建立在一种假设之上，那就是，对由灾难所造成的创伤最人性的和最有效的回应就是给幸存者必要的资金和支持，让他们记录自己的故事。

【"太平家乐福谣言"的历史根源与文本分析】

施爱东[②]，《民族艺术》2014 年第 1 期

2010 年始，一则关于"失踪孩子在某超市被剃光头"的人贩子谣言在天津辗转两年多，却并没有在天津之外形成较大影响。可是，2012 年底，谣言被改装成"太平家乐福谣言"之后，仅仅三天时间，就从哈尔滨一路南下，席卷全国至少 40 多个城市，得到了超千万次的网络转帖。新谣言中的每一个母题，从人物、场景到行为功能，都寓意着沉重的文化隐喻和深刻的历史记忆。而谣言的结构，却是借用现代新闻导语的笔法，特别为适应微博传播而精确打造。此外，谣言准确地命中了年轻妈妈这一传播群体，选择在"年关将至"的特定时间节点批量推出，体现出谣言制作、散布的专业水准，充分显示出谣言传播已经由口口相传的散打时代进入精心策划、制作和传播的专业时代。网络谣言生产和传播的专业化趋势，正在成为一些网络推手的生意门径。

【末日谣言的蝴蝶效应及其传播动力】

施爱东，《民族艺术》2014 年第 2 期

由电影《2012》引爆的全球末日谣言中，"黑暗三日"是影响最大的。黑暗三日是西方古老的神话母题，它的现代演绎则是蝴蝶效应的典型个案。由中国网民拼凑的谣言网帖，在传播变异中兵分两路，一路走国际路线，风靡亚洲，并成功转化为美国版本；一路在中文网络反复流传，

---

① ［美］卡尔·林达尔（Carl Lindahl）：美国休斯敦大学英语系教授。

② 施爱东：中国社会科学院文学研究所研究员。

经过多次提炼，最终与美国版合流，走下网络，在多地刮起了蜡烛抢购风潮。推动谣言传播的动力因素有多种，但主要有七：借题发挥的宗教领袖及其信众、渴望奇迹的普通网民、求关注的营销微博、末日促销的商家、寻求心理抚慰的大爷大妈、趁火打劫的邪教组织，以及为数众多的戏谑性传播者。末日谣言在中国的影响虽大，但绝大多数传谣者都不是真正的信谣者。谣言的易感人群主要是一批心理弱势群体，谣言的受害者主要是城镇边缘乡村的中老年人，尤其是中老年妇女，以及邪教的下层信众。

【“呼兰大侠”：被谣言神化的变态杀手】

施爱东，《民族艺术》2014年第3期

　　呼兰县1987年曾经发生数起针对警察的凶杀案，由于案件未能侦破，官方没有公开案情，导致信息市场完全被谣言所占领，凶手被传成“呼兰大侠”，甚至连警察内部乃至警官文学也采用这一称谓。各种想象、猜测、分析、印象被当成内幕消息广为传播，由此滋生了各种互相矛盾的说法，这些说法既体现了谣言的无序和多样，又在多样中凸显出主流叙事及其规律。谣言往往以夸张的数据来形容凶案的惨烈、以矛盾的作案风格来塑造凶手的神秘、以社会风气的好转来佐证杀警的“合法性”、以提高受害者官阶的方式来满足谣言家的仇官心理、以警察的谨慎和胆怯来反衬其平日里的威风八面。而谣言一旦进入公共领域，就必须经受社会伦理的考量，谣言要将凶手奉为“大侠”，就必须对受害者进行污名化处理，如此才能弥补谣言的伦理缺陷。

【羌族“毒药猫”故事的文本与情境】

沈德康①，《民族文学研究》2014年第5期；漆凌云摘

　　“毒药猫”故事是羌族口头文学中最

具特色的一类。“毒药猫”故事的独特之处在于：“毒药猫”不仅出现在故事中，在几乎每个村寨也都存在被看作是“毒药猫”的社会成员。“毒药猫”在故事文本与现实情境中共存，这意味着“毒药猫”故事与村寨社会有着非常紧密而特别的关系。在羌族人的观念中，“毒药猫”被视为害人的妖怪、鬼精、恶魔或邪灵。

　　一方面，故事反映了传统村寨的社会本相；另一方面，包含着各种观念的故事反过来又影响了村寨成员的情感、认知与实践。只有充分考虑社会情境，才能对“毒药猫”故事作出恰当的诠释，才能对传统村寨社会之本相具有较为合理的认识。

　　一　“毒药猫”故事的文本结构

　　（一）外部结构：基于内、外情境关系的故事分类

　　就“讲故事”这一“场域”来看，文本（故事）与世界（社会）通过“讲故事”这一活动勾连了起来。在此，故事本事发生的社会背景为故事的“内情境”，故事讲述者所处的社会背景为故事的“外情境”。在“讲故事”这一特殊的“场域”中，故事内、外两种“情境”发生了关联。由于“毒药猫”故事与现实情境关系紧密，因此故事内、外“情境”间的不同关系则恰好为我们对“毒药猫”故事的分类提供了依据。

　　（二）内部结构：从对立、反转到统一的模式化情节

　　“毒药猫”故事尽管数量众多，但是除了角色名称和各种地方化、个人化的细节有差异之外，这些故事大多具有相同的情节模式。首先，包括上文所举的三个故事在内，几乎所有“毒药猫”故事都包含多重的对立，其中“毒药猫”与“非毒药猫”人群是一基本对立项。

---

① 沈德康：四川师范大学文学院博士研究生。

紧接在"对立"之后的是情节的"反转"——戏弄和毒害人的"毒药猫"反而成为被戏弄、被伤害的对象："毒药猫"故事的"模式化情节"指的就是在故事中"毒药猫"与人之间的关系从"对立"到"反转"再到"统一"的过程。

二　"毒药猫"故事的社会情境

（一）性别冲突：从母系制到父系制的历史转折

"毒药猫"故事中存在的对立观念根源于历史进程中的现实冲突。从上文的分析可见，男女之间的性别对立是"毒药猫"故事的主要对立，其实质是父权与母权的对立。父权在村寨社会逐渐取得主导地位的同时，母系制基础上的女权则逐渐受到削弱。女巫不断受到男巫的压制与妖魔化，"新兴"的男巫取得了正统身份，"毒药猫"是被男巫颠覆并妖魔化了的女巫；父权社会的建立不过是母权社会被颠覆、女性被压制的结果。

（二）社群冲突：村寨之间的对立与合作

首先，"毒药猫"作为"外来的本地人"这一身份折射出村寨社会之本相，亦即：相邻村寨的女性相互嫁娶。

其次，村寨之间确实也存在不可调和的利益冲突。羌族村寨所处的自然条件并不优越，资源匮乏，灾害频仍。在此情境下，人们自然把对"外寨"的恐惧投射到"外来者"身上。于是那些从外寨嫁到本寨的女性成为一切不祥事件与异常状况的根源，成为本寨人宣泄负面情绪的替罪羊。

在故事中，"毒药猫"身份的二重性则体现在："外来女性"往往既是害人的"毒药猫"母亲又是协助丈夫制服"毒药猫"母亲的媳妇。因此，"外来女性"不但是与家庭中的男性发生冲突的对立因素，她还起着调和这种对立的功能。

三　结论

在本文，我们首先从故事内、外情境关系的角度把"毒药猫"故事分成三种类型。在对文本内部结构的分析中，我们归纳出"毒药猫"故事从对立到反转最后统一的情节模式，其目的是将文本置于社会情境来揭示其内在的观念结构。文本与情境是互为条件的，皮埃尔·布尔迪厄所谓"本相的外在表征与表征的现实本相"正好道出了文本与情境的这种辩证关系。因而，阅读、分析"毒药猫"故事就是将故事看作是打开与"毒药猫"信仰所关联的那个世界的中介，以此实现文本内、外的视阈融合，最终筹划、开启一个基于"毒药猫"信仰的村寨世界。

【叙事辅助和语言游戏：歌谣在民间故事中的两种功能】

曹成竹[①]，《民族艺术》2014 年第 4 期

歌谣在民间故事中有两种比较突出的功能：一是作为叙事的必要辅助，一是作为纯粹的语言游戏。前者以故事为核心，歌谣所起的作用是修辞性的，有推进情节发展、作为文化中介、促进故事生成等作用，是使得民间故事更加精彩和引人入胜的必要手段；后者以歌谣本身为核心，歌谣所起的作用是文化意义上的，通过语言的自我凸显来促人发笑，营构出民间文化特有的诙谐和狂欢化语境。

【小红帽2.0版——数字人文学的新发展】

[德]利洛·贝格[②]（Lilo Berg）著，彭牧译，《民间文化论坛》2014 年第 5 期

无论研究对象是童话研究、语言学还是考古学，越来越多的人文学者开始转向数字人文学的方法。他从小红帽故事相关研究的新进展切入，系统梳理了数字人文

---

① 曹成竹：山东大学文艺美学研究中心讲师。

② ［德］利洛·贝格（Lilo Berg）：德国自由职业者。

学在德国乃至世界的发展状况，并分析了其所取得的成就和存在的问题。人类学家贾姆希德·德黑兰尼在他的研究中用基于网络的种系发生学的方法研究童话，分析了来自欧洲、非洲和亚洲的 58 个小红帽故事异文。研究的结论是大部分欧洲异文属于一个类型，而非洲异文属于另一个类型，而东亚异文则是这两个类型的结合。这样就不是一个源头，而是多个典型的种系。对童话故事源头系统的发现与现代进化生物学的认识有很多共同之处。直接的家庭谱系树的观点早已被抛弃。古人类学家提出种系发生丛这个概念。文化发展似乎也沿着同样复杂的路径。

【论《五卷书》在泰国的传播及特点】

金 勇[1]，《内蒙古师范大学学报》2014 年第 4 期

梵文版《丹德罗的故事》是著名故事集《五卷书》在南印度的一个重要异文版本，并被翻译成泰米尔语、爪哇语、兰那语、老挝语和泰语等多种语言在南亚、东南亚地区传播。泰文版叫作《娘丹德莱的故事》，是众多翻译传播的版本中差异最大的一个版本。它保留了原故事中连环穿插的框架形式，但是在主干故事、穿插故事的内容和数量上均有较大的改动，增添、删改了很多内容，新插入的故事都是在泰国流传的佛本生故事和本土的民间故事，有浓厚的佛教训谕色彩，有强烈的泰国民间文学特征。

【《镜花缘》佛经母题溯源三题】

王 立[2] 王莉莉，《东南大学学报》2014 年第 5 期

《镜花缘》的"茶虫"毒橄榄，来自佛经的人体中生虫母题，茶酒相提并论，与酒虫有共同性，在互文性之链上将"腹中生虫"母题用到饮茶有害叙述，疗治方式上升到形而上的精神层面，与佛教"不杀生"伦理相承。旅行者误入洞穴误食鲜果，来自佛经与僧传"误食仙果遭祸"叙事，小说强调了误食香果（酒母）的后果。以外来人肉体酿酒，作为骇人听闻的商业创意，是对贪酒贪食者的针砭。"养鸡致富"来自印度民间"一个鸡蛋家当"母题，致富缘由、路径及根本是儒家小康思想的具体化，带有民间狂欢式喜剧色彩。

【故事视角下的古代英雄传奇】

李 琳[3]，《学术研究》2014 年第 2 期

英雄传奇可被视为"故事"而非"小说"，故事类型研究方法对于中国古代英雄传奇研究具有适用性。故事的核心要素，一为叙事性，一为民间性，而叙事作品的民间性则主要是指类型化、模式化。古代英雄传奇模式化的叙述方式以及叙述观念的民间化，正体现了这种故事性特征。英雄故事主要包括"出生""征战""婚姻""死亡"四大核心故事类型，其下可细化为若干情节单元，各故事类型及其异文具有丰富、复杂的文化内涵。转换传统研究视角，从故事角度来看古代英雄传奇，可为古代文学开辟新的研究空间。

【以讹传讹，以俗化雅——从梁灏故事的衍变看古代戏剧题材的世俗化】

欧阳光 何艳君[4]，《文化遗产》2014 年第 1 期

---

① 金勇：北京大学外国语学院副教授。

② 王立：大连大学语言文学研究所特聘教授、东北师范大学博士生导师。

③ 李琳：中国社会科学杂志社编审。

④ 欧阳光：中山大学中国非物质文化遗产研究中心、中山大学中文系教授；何艳君：中山大学中文系博士研究生。

宋代梁灏高年夺魁一事因被编入《三字经》而广为流传，梁灏也因此成为大器晚成的典范。然征之史实发现，此事不过是以讹传讹。今存以梁灏晚年夺魁为题材的戏剧有《不伏老》《题塔记》和《青袍记》等数种。前二者的改编体现了鲜明的文人价值取向和审美趣味。《青袍记》则增添了诸多神异情节，旨在宣扬命定观念，凸显了更为浓厚的世俗化倾向。《青袍记》在民间的盛演影响了梁灏故事的发展方向，使其内涵及审美取向从文人情怀向着民间趣味转化。

【中国现代民间说唱艺术的生存与经营——兼与戏班经营比较】

陈建华　张　岩[①]，《戏曲艺术》2014年第1期

中国说唱艺术是中国文学和各类艺术的母体，直接孕育了小说、戏曲等，并对音乐和舞蹈等产生重大影响，有很高的研究价值。现代的说唱艺术主要与戏曲并存在剧场中：茶馆的说唱表演多旨在收取观演费用，也有以说唱表演为诱饵来收取茶资。游艺厅经营戏曲等多种艺术，说唱艺术是其中的关键。说唱艺术上电台演播，或赚取高额广告费，或利用电台影响来带动剧场的效益。和戏曲相同的是，剧场的说唱表演建立了"名角制"体系，以名角为号召提升剧场效益，名角也因此控制了经济分配。剧场中说唱艺人的收益方式主要有包银、人头份、加钱、赶场等。经励科、剧场中的"票头"、艺人中的"掌穴"和地方势力是剧场经营说唱表演的主要管理者。总体而言，说唱艺术的经营方式与戏班有同有异。

【温州鼓词的现代传承】

包媛媛[②]，《民间文化论坛》2014年第6期

温州鼓词是浙南地区标志性地方口头传统。在当下，温州鼓词形成了"词场鼓词""庙宇鼓词"和"音像鼓词三种传承形式"。"词场鼓词"在非物质文化遗产保护的浪潮之下转换形式，以"社区词场"的形式成为政府文化公益建设的组成部分。"庙宇鼓词"则伴随着民间信仰活动的复兴而兴盛，成为温州鼓词主要的传承形式。"音像鼓词"则是现代电子媒介技术与传统鼓词艺术相结合的产物，成为温州鼓词新的传承形式。温州鼓词的传承现状显示出作为地方文化组成的口头传统具有传承的自足性。社会变迁在压缩口头传统生存空间的同时，也为口头传统的传承提供了新的契机，并成为形塑现代口头传统特征的重要力量。

【建国初的相声艺人改造运动】

祝鹏程[③]，《内蒙古师范大学学报》2014年第3期

建国初的相声艺人改造是中国现代民族国家建设的有机组成，为了将"思想落后"的底边艺人转化为体制化的社会可控力量，塑造符合新社会需要的文艺工作者，国家借助"恩威并施"的方式，通过"文艺工作者"的身份赋予和对越轨艺人的惩戒，既展示了党和国家的绝对权力，也改造了艺人的思想，并通过举办艺人讲习班等方式展开了对旧艺人的改造。经历了改造的艺人内化了国家的戒律，并也动用其江湖生活的经验，发挥自身的主动性，以主动迎合的姿态参与到了改造中，组织了相声改进小组，开展政治学习与业务提高的改进运动，并获得了初步的成功，为国有剧团的成立打下了基础。

---

① 陈建华：泰山学院文学与传媒学院副教授；张岩：许昌学院文学院副教授。
② 包媛媛：北京师范大学文学院博士研究生。
③ 祝鹏程：中国社会科学院文学研究所博士后。

【“西游”宝卷的取材特点及原因探析】

张　灵[1]，《学术界》2014 年第 4 期

《西游记》成书后，对明清及民国间的戏曲和说唱文学影响很大，它们多取材于《大闹天宫》《西天取经》等小说主体情节。但“西游”宝卷则别具一格，其中作为独立宝卷多取材于属于《西游记》次要情节的《唐僧出身》及《刘全进瓜》等故事，而《西游记》主体故事则多以简要的概括，将其嵌入或融注进多类宝卷的叙事语境中，从而使“西游”宝卷在形态上显现出两种不同的特点：一是演绎《西游记》次要情节的单篇独立宝卷，一是概括《西游记》主体情节的简要文字叙述。“西游”宝卷和其他民间说唱文学互为补充，共同为“西游”故事在民间的广泛传播发挥了积极的作用。这种取材特点正是由宝卷神道设教、劝道行善的文体属性所决定的。

【“举谣言”考辨】

陈建群[2]，《国际新闻界》2014 年第 8 期

歌谣传播是汉代舆论传播的重要形式，“举谣言”是歌谣传播的重要渠道。对于“举谣言”含义的理解，历来存在较大的矛盾和分歧。本文通过对“举谣言”各个因素的辨析认为，“举谣言”的基本含义是：每年下半年，州郡派员到所辖区域去考核官员，了解民情、民意。在这个过程中，这些派出人员要收集民间歌谣作为工作的依据。岁末，州郡将所收集整理的包含大量歌谣的材料，汇报给中央政府。这些材料将作为评价奖惩地方官员的重要依据。

【中国现代歌谣研究的分类问题探讨】

刘继辉[3]，《江南大学学报》2014 年第 2 期

歌谣分类一直是现代歌谣研究中悬而未决的问题。早在现代歌谣学诞生之初，学术界就引发了关于歌谣分类问题的讨论。以周作人、顾颉刚、邵纯熙为主的“六分法”“歌者分类法”和“七情”分类法代表了当时的三种分类理念。他们的分类方法为当时歌谣研究带来便利，但同时也引起颇多争议。这些争议促使人们从更客观的角度认识歌谣的分类问题，也为后世歌谣分类体系的建构提供参考依据。

【邛崃《竹麻号子》研究的赋学意义】

王小盾[4]，《四川师范大学学报》2014 年第 3 期

《竹麻号子》是一种造纸劳动号子，保存在四川省邛崃、夹江两县。为协调劳动，采用一领众和的歌唱方式。从其性质来看，可分为三种：一为夹江《竹麻号子》，保持了同造纸劳动的紧密联系，因而表现出腔调丰富、节奏规整、和部词生动活泼的特点；二为邛崃《竹麻号子》，因手工造纸工艺的消失而呈衰变状态，较具舞台化、歌唱化特点；三为由《竹麻号子》艺术团表演、展现在中央电视台“欢乐中国行”舞台的艺术化的《竹麻号子》。若用古代的文体名来做类比，这一现象可反映出从“风”到“赋”的跨越。周代乐官传述民歌有“风”“赋”“诵”三种方式，由“瞽”“瞍”“矇”等具有不同辨音能力的乐官承担。“风”为按民歌曲调原样进行传达，“赋”为用雅言诵的方式来转述民歌，“诵”为离开原来曲调的仪式性诵读。从“风”到“赋”“诵”的转变有其必然性。这不仅因为古代人所采之风要用于仪式和王者听政，故须按仪式规

---

① 张灵：上海师范大学都市文化研究中心讲师。
② 陈建群：天津师范大学新闻传播学院讲师。
③ 刘继辉：西北民族大学文学院博士研究生。
④ 王小盾：温州大学人文学院教授。

范加以改制，须以雅言传述以达上听；而且因为真正的民歌是同民众的劳动和生活紧密联系在一起的，一旦脱离所生存的土壤便不免变质。这一点，是邛崃《竹麻号子》研究对于赋史研究的重要启示。

【葛兰言对中国古代歌谣的异读】

曾文静[①]，《文学教育》2014 年第 1 期

《诗经》是我国的第一部诗歌总集，以文学方式记录着中国古老的风俗习惯和信仰。诗歌源于民间，是情之于动的产物。当诗歌中的情感与时人产生共鸣时，最终上升为集体情感，成为一种情感的表征。葛兰言从"异文化"的视角，将《国风》各诗篇的主题加以概括，提出中国古代歌谣不含任何个人情感，而是一种风俗习惯的表现的论断，形成一种异于中国传统的解读。

【本质主义的汉服言说和建构主义的文化实践——汉服运动的诉求、收获及瓶颈】

周　星[②]，《民俗研究》2014 年第 3 期

自 2003 年作为一项运动兴起以来，汉服运动极大地拓展了传统"中式服装"的内涵和外延，为其进一步发展提供了新的可能性。当前，以互联网为舞台的汉服言说及汉服运动的相关理论，具有追求文化纯粹性之本质主义的特点，但"同袍"们在社会公共空间的户外汉服活动却又具有明显的建构主义特点。因此，要理解汉服和汉服运动，就应该将互联网"上线"状态的讨论和"离线"状态的文化实践结合起来思考。

【三七种植与乡村社会文化——以云南建水宁寨彝族村为个案】

邱运胜[③]，《文化遗产》2014 年第 2 期

三七作为近年进入云南南部山区宁寨彝族村的农作物，它带来的影响渗透到当地乡村社会与文化的多个面向。以三七种植为中心，宁寨村民从原有的亲属制度中再生产出了一种基于姻亲亲属关系的三七地合作经营模式，同时也建立了与村寨外界互动、交往的新的社会关系网络。与三七有关的仪式、歌谣、药膳、行话等文化事象随之被创造或习得。当地人对财富梦想也有了新的诠释。三七种植、交易中存在的风险将可能对农户的生产、生活产生负面影响，这是当下值得关注的问题。

【食在方便——中国西北部关中地区一个村落的面食文化变迁】

赵旭东　王莎莎[④]，《民俗研究》2014 年第 5 期

食物作为人们日常生活必需品，其内涵仅局限于饮食本身，更多的是它在社会中所展现的文化的表达。中国西北部关中地区一个村落面食文化的变迁表明，无论是村民日常食物还是节庆筵席，面食制作技艺开始从手工转向机器，其作为礼物交换也变得更为商品化。女性社会角色地位的变化在这里起到了关键性作用，当她们在家庭中承担一定的经济负担后，便需要尽可能地缩短食物烹制所耗费的时间，因而她们更追求方便的食物。然而，面食的文化意涵并没有因此而消失，人们在追求新的生活方式的同时也造就和转化了传统的新形式，面食的文化象征要素仍然在社会体系中发挥着不可替代的作用。

---

① 曾文静：华中师范大学文学院。

② 周星：日本爱知大学国际中国学研究中心教授。

③ 邱运胜：上海大学社会学院人类学民俗学研究所博士研究生。

④ 赵旭东：中国人民大学人类学研究所教授；王莎莎：中国人民大学人类学研究所博士研究生。

【以发寄魂与身体之孝：红瑶人蓄长发的文化逻辑】

冯智明①，《民俗研究》2014 年第 6 期

作为一种剪而复生、式样多变的身体物质，头发在很多文化中被赋予了复杂的象征意义。蓄长发是红瑶人标志性的身体表征，以其独特的生命观、身体观和"修阴功"的人观为基础。以发寄魂的身体认知和生命理解是红瑶人蓄长发、不随意剪发的思想根源，而洗护头发的时日禁忌和"父母在，不改装"的"身体之孝"则强化和巩固了这一身体习俗。

【晚明造物艺术的经世致用造物观——以《天工开物》为例】

巩天峰②，《民族艺术》2014 年第 4 期

与晚明社会主流文人士大夫多对日常生活中的各类造物艺术进行社会伦理和艺术审美判断的关注不同，还有一类为数不多却对社会造物艺术价值影响不可小觑的文人士大夫群体，他们对社会造物艺术的观察角度和价值判断与前者迥然相异，其特征是本着"效用于日用之间"的经世致用造物观念，以关系民生实用的器物设计造作为要，围绕人们日常的生活、生产需求展开设计、造作，这为我们展现出晚明时期造物艺术观念领域中的另一番景象。

【从成年礼到同辈共同体——上海农村"庆号"习俗的社会学考察】

马流辉③，《民俗研究》2013 年第 5 期

上海农村地区的男性青年在弱冠之年举行"庆号"仪式，实现幼年向成年的身份和角色转换，为个体真正步入社会做准备。"庆号"作为古代冠礼的变异，在长期演进的过程中，所具有的地方性色彩逐渐浓厚，原本个体化的成年礼仪成为一种集体性的共同仪式；起先的象征表意功能不断向组织功能过渡，村庄中一起"庆号"的青年结为"庆号弟兄"，形成同辈共同体。"庆号"习俗的变异深嵌于地方的经济社会结构之中，是适应性变迁的结果。探究上海农村社会性质，有利于我们揭示"庆号"习俗的社会机制。

【"五四"以来汉族成年礼研究述评】

王权 关溪莹④，《民族论坛》2014 年第 5 期

汉族成年礼源于原始社会氏族公社时期的"成丁礼"，又称"成人礼"。在中国古代，作为汉族男子成年礼的冠礼和作为女子成年礼的笄礼备受重视，随着中国社会的变迁与发展，汉族成年礼的内容与形式也发生了重大的变化。通过对"五四"新文化运动以来汉族成年礼文献搜集与整理，把汉族成年礼研究分为发生期（20 世纪 20 年代至 20 世纪 40 年代末）、发展期（新中国成立至 1995 年）与深入期（1996 年至今）三个阶段，汉族成年礼的研究取得了丰硕成果，但同时也提出了更严峻的研究任务。

【男性在哭嫁仪式中的"失语"与"开声"——以鄂东南地区哭嫁仪式为例】

周建新⑤ 王有，《韶关学院学报》2014 年第 1 期

国内外学者对于哭嫁习俗的研究多注意其在不同民族的发展演变过程、形式、唱词以及与地方社会文化环境的关系等，

① 冯智明：广西师范大学文学院副教授。
② 巩天峰：东南大学艺术学博士后。
③ 马流辉：华东理工大学社会学系博士生。
④ 王权：华南农业大学；关溪莹：华南农业大学副教授。
⑤ 周建新：赣南师范学院客家研究中心教授。

强调其所具有的社会功能。这些研究成果的共同特点是集中于对哭嫁歌文本及哭嫁歌演唱者的研究。依托对鄂东南地区哭嫁仪式的田野调查，在前人研究的基础上，对哭嫁仪式中的男性角色予以关注，探讨男性在哭嫁仪式中的参与及其意义。

【农村青年外出务工与婚姻习俗的变迁——
以广西贺州一客家家庭为个案的研究】

肖坤冰　陈信宁[1]，《广西民族研究》2014年第2期

农村青年外出务工是当今中国极为普遍的社会现象，该文以广西贺州一客家家庭为个案，总结了近年来由进城务工所引起的农村婚俗变化的三个特点，即通婚圈的扩大与择偶标准的改变、媒人角色的缺位与父母决定权的弱化、"礼"的简化与"物"的变异，并进一步讨论和反思了这些变迁背后更深层的社会原因及影响。

【《诗经》"析薪"事象民俗蕴意新探】

吕华亮[2]，《民俗研究》2014年第3期

《诗经》言及婚嫁，多以"析薪"起兴。关于"析薪"事象的民俗蕴意，主要有两种说法：马料说和燎炬说。前说似是而非，后说流于皮相。据民俗学材料推断，婚礼"析薪"本应为篝火之用，而篝火起到了驱邪避灾、促进生育的功能。后代因客观条件的改变，婚礼篝火的形式也随之起了变化，出现了燎炬、炉火等替代物。

【南涧彝族婚礼"跳菜"的饮食象征】

秦　莹[3]，《西南边疆民族研究》第15辑，云南大学出版社2014年版

"跳菜"，即"跳着舞上菜"，实为南涧彝族待客的最高礼节。该文以婚礼这一民俗事项为背景，在描述南涧彝族经过求亲、献酒、通信、迎亲、认亲、回门等婚礼仪程的基础上，明确了跳菜是南涧彝族新婚志禧的见证，从静态角度分析了婚礼跳菜中"八大碗"不同菜品的象征意义，并结合跳菜的动态演绎过程对南涧彝族敬厨、上菜、飨宴等宴礼行为进行了象征解读，得出跳菜是南涧彝族饮食娱乐文化的象征这一结论。

【山野奇花的旷世魅力——"撒叶儿嗬"简论】

刘守华[4]，《民俗研究》2014年第1期

列入非物质文化遗产保护首批国家名录的湖北长阳土家族跳丧歌舞"撒叶儿嗬"，是一项以高歌狂舞来送别寿终正寝的老人、把丧事当作喜事来办的奇特民俗。它源于春秋战国时期巴人在征战中流行的"军阵舞"，后融入民间丧事活动而长盛不衰，成为歌乐舞浑然一体、饱含乐观通达人生情趣的民族文化瑰宝。当地以高度的文化自觉和科学的方法对其实行整体活态保护，并吸取其文化元素，改编制作了许多新的歌舞节目，不失为中国非遗保护的成功范例。

【东北丧葬仪礼中的"二人转"】

吕慧敏[5]，《文化遗产》2014年第3期

论文以"通过仪礼"为分析概念，考察东北丧葬仪礼中的"二人转"展演。哭七关和哭十八包在灵棚前——这个神圣的空间中演出，是具有"神圣"意义的二人

---

[1]　肖坤冰：西南民族大学副研究员；陈信宁：西南民族大学。
[2]　吕华亮：淮北师范大学文学院副教授。
[3]　秦莹：云南农业大学科学技术史研究所教授。
[4]　刘守华：华中师范大学文学院教授。
[5]　吕慧敏：广州大学广州发展研究院助理研究员。

转；舞台上演出的二人转则具有极强的现世性、现实性、戏谑性和狂欢性，是"世俗"的二人转。这些表演在丧葬仪礼中发挥不同作用，一方面，帮助死者通过"阈限"到达极乐世界；另一方面，也帮助生者重新建构因死亡时间而被打破的社会秩序。

【仪式象征与社会关系的再生产——以鲁西南丧葬纸扎为例】

荣　新[①]，《民俗研究》2014 年第 3 期

　　纸扎是中国传统丧葬仪式中常见的一种乡民艺术，与礼仪、祭祀活动密切相连。鲁西南地区素来重视丧葬礼仪，仪式中的纸扎品类丰富、制作精美。通过对一场鲁西南乡村三周年仪式的田野调查，将纸扎置于丧葬仪式这一乡民生活场景中进行考察，可以发现纸扎与丧葬礼俗的依存关系，具体而微地呈现纸扎引发的村落中各种社会关系的展演与互动。

【大小传统理论视野下的礼生"叫礼"习俗】

周　波　王霄冰[②]，《文化遗产》2014 年第 5 期

　　儒学作为中国封建王朝的官方意识形态，在两千多年的历史发展中，形成了一套自上而下得以贯彻的祭祀礼仪系统，并通过儒家知识分子的媒介作用而传播到了民间。在河南省南部罗山县至今流传着一种由"礼生"主持丧礼祭祀的习俗，当地人称为"叫礼"或"堂祭"。利用在田野调查中搜集到的资料，可以看出作为大传统的儒学与民间小传统之间的互动和转化关系。礼生"叫礼"一类的带有儒教色彩的民间仪式，一方面如一些学者所言，是"礼教下渗"的结果；另一方面也是包括礼生在内的民众对于大传统的自觉接受和继承。在儒家礼仪文化趋于式微的今天，"叫礼"或曰"堂祭"的这类民间习俗的存在尤显珍贵和重要。

【宗教对魏晋南北朝丧葬的影响】

陈华文[③]，《民俗研究》2014 年第 6 期

　　佛教、道教和儒教的孝道文化，对魏晋南北朝时期的丧葬文化产生了重大影响，反映出死亡文化与追求另一个世界终极目的的信仰文化之间的紧密关系。魏晋南北朝时期的动乱，对于催生宗教信仰影响非常直接，加上西北多种少数民族入主中原带来的宗教文化（尤其是佛教文化），不论在观念还是具体实践上，都深刻影响了当时的丧葬文化。

【庙会、公共性与乡村发展的文化意涵】

李晓斐[④]，《西北民族研究》2014 年第 3 期

　　该文以一个持续不断的乡村庙会实践为例，探讨公共活动对于乡村发展的意义所在。文章首先探讨了不同历史时期路村庙会的内容、地点、组织及其变迁的具体过程；其次从社区内部核心观念的角度讨论了路村庙会实践背后的文化意涵；最后分析了公共活动之于乡村社区发展的文化意义，指出村庄公共活动，特别是公共活动背后核心观念的重建，对于转型期乡村社会发展具有积极意义。

①　荣新：山东工艺美术学院副教授。
②　周波：中山大学中文系博士研究生；王霄冰：中山大学中国非物质文化遗产研究中心、文化遗产传承与数字化保护协同创新中心教授。
③　陈华文：浙江师范大学文化创意与传播学院教授。
④　李晓斐：南京理工大学社会学系讲师。

【非物质文化遗产对妙峰山庙会之影响
——以妙峰山庙会申报非遗前后的活动为中心】

李华伟[①]，《民间文化论坛》2014 年第 6 期

非物质文化遗产申报对妙峰山庙会的重塑有何影响？妙峰山庙会获得国家级非物质文化遗产称号，影响了妙峰山庙会活动及香会组织的定位与称谓。在民俗旅游这一外衣不合身之时，非物质文化遗产这一符号是否会成为妙峰山旅游的"新装"呢？研究发现，为求得生存空间，妙峰山管理处和香会/花会组织一直奉行实用主义策略，采取"打擦边球"的方式，使妙峰山庙会游离于民间信仰与民俗文化之间。实用主义策略的运用集中体现在妙峰山管理处和香会组织对进香团体称谓的反复：从花会到香会，再从香会到花会。申请非遗之前、期间、之后以及奥运会期间，妙峰山管理处和香会/花会组织采取的香会或花会的他称与自称，以及根据具体语境变换香会或花会的他称与自称均属于实用主义策略的巧妙运用。名称的反复变化，也反映着民间信仰本质与定位的非主体性与随意性。

【组织发展的历史境遇及生存逻辑——基于黔中 J 村"老协会"的生命历程考察】

谢小芹[②]，《民俗研究》2014 年第 5 期

村庄治理是不同权力主体在村庄场域中的交互过程。改革开放后，各种民间组织重新兴起，成为村庄治理中的关键力量。J 村个案显示，其"老协会"在 21 世纪前期彰显出独特的自主性和行动力，在村庄治理中发挥着重要的作用；而后其自主性和行动力不断消解，最终被排斥在边缘位置，在村治中处于失语状态。民间组织的衰退并不意味着其可有可无，相反，扶持民间组织，重塑其公共性，是新时期推进社区建设的重要前提。

【明清以至民国时期海洋民间组织的历史演变与当代启示——以海洋渔业生产互助组织为中心的考察】

党晓虹[③]，《农业考古》2014 年第 3 期

明清至民国时期，既是中国国内海洋经济与海洋社会形成、发展的时期，又是中外海洋社会经济大碰撞的时期。这一时期，伴随着国家海洋政策的不断变化，传统海洋管理形式出现较大调整，海洋民间组织作为海洋管理的新生力量开始登上历史舞台，陆续出现"渔民帮会""渔民公所""渔团""渔会"等多种组织形态，并在海洋渔业生产等方面发挥了重要作用。但同时，其自身所具有的封闭性和排外性特点以及来自政府权威的压力和干涉，又极大地限制了这种作用的发挥。

【当前海外华人民间信仰跨地区交往和结盟现象研究】

范正义[④]，《世界宗教文化》2014 年第 1 期

当前，海外华人民间信仰在发展中出现了跨地区交往和结盟的现象。民间信仰在海外传播时已然形成的跨地区的香火网络，为这一现象的出现奠定了基础。当前海外各国特别是东南亚各国华人所面临的文化认同危机，是迫使海外华人民间信仰走向跨地区交往和结盟的促发因素，一些影响较大的宫庙试图通过跨地区的信仰网

---

① 李华伟：中国社会科学院世界宗教研究所助理研究员。
② 谢小芹：中国农业大学人文与发展学院博士研究生。
③ 党晓虹：青岛农业大学人文社会科学院讲师。
④ 范正义：华侨大学宗教文化研究所副教授。

络来构建自身权威的行为，则进一步加快了海外华人民间信仰跨地区交往和结盟的步伐。

【陇南七夕风俗的异域渊源】

刘宗迪　井长海①，《民间文化论坛》2014年第5期

七夕是中国的传统节日，各地的七夕风俗千差万别，陇南西和等县的七夕风俗尤为独特。比较陇南七夕风俗与古代西亚的塔穆兹祭风俗，不难发现两者之间的相似性，这种相似性来自于历史上陇南与中亚的粟特人的文化交流，中古时期因吐谷浑崛起而兴盛一时的丝绸之路青海道即途经此地。陇南七夕风俗的异域文化色彩的揭示，有利于我们认识青海在丝绸之路和中外文化交流上的历史地位。

【中秋月饼考】

黄　涛②　王心愿，《温州大学学报》2014年第2期

关于中秋月饼产生的时间和原因，有多种说法。经过文献考证可知，中国饼食的制作有古远的历史，而月饼的前身是汉代以来的胡饼。关于中秋月饼产生于唐代和宋代的说法都是没有确凿依据的。有充分资料证明，作为中秋节节令食品的月饼正式出现于明代，开始它是拜月的供品，后来才演变为节令食品。

【日本平安时期重阳诗宴的来源及其仪式】

陈　巍③，《文化遗产》2014年第3期

在初唐、盛唐之时，皇帝在重阳节经常带领近臣一起登高赋诗、饮菊酒，这时重阳节活动的中心是登高，而不是宴集。降至中唐，难以再看到皇帝登高的记载。唐德宗时，把九月九日和二月一日、三月三日一起列为官方节日，在曲江赐宴群臣并赋诗，以粉饰天下太平的景象。此后，在日本嵯峨天皇时期，在菅原清公等遣唐人员的帮助下，进行了一系列唐风改革，而重阳诗宴也开始在日本兴起。嵯峨天皇慕唐之心十分炽烈，他开启的重阳诗宴与唐德宗时的重阳诗宴有很大的相似性，所以，嵯峨天皇重阳诗宴的模范很可能是唐朝官方的重阳诗宴。

【泛化的端午节与村民的端午日——以嘉兴海宁长安镇的三个村落为例】

陈志勤④，《文化遗产》2014年第5期

在今天传统节日得到保护受到重视的同时，不能回避的是节日习俗的泛时空化倾向越来越明显，如赛龙舟、吃粽子、插艾蒿、挂菖蒲等已经成为端午习俗的通用符号。但当我们深入到不同的村落、不同的家庭之中，却感受到村民们因地制宜应对环境和气候的朴素心态和实际经验。通过对嘉兴海宁市长安镇三个村落端午习俗的调查，不但发现了粽子文化的多元性，也发现了孩童疾病防疫的祈愿，同时还反映出了具有城乡差异以及贫富有别的现象。而从中所显现出来的端午习俗在村民家庭卫生以及村落整体认同中的地位和意义，更是值得我们探究的问题。这对于在现在的社会中端午习俗被泛时空化、被碎片化进行再构的背景下，重新理解以共同体为主体而存在的民俗文化具有一定的意义。

① 刘宗迪：山东大学儒学高等研究院教授；井长海：潍坊市非物质文化遗产保护中心研究人员。
② 黄涛：温州大学人文学院教授。
③ 陈巍：洛阳师范学院历史文化学院、河洛国际文化研究中心讲师。
④ 陈志勤：上海大学社会学院人类学民俗学研究所副教授。

【甘肃西和与广州珠村两地乞巧文化的比较】

储冬爱①，《文化遗产》2014 年第 6 期

西和是偏居西北的小县，珠村则是华南大都市广州广受关注的"城中村"，两地的乞巧文化同样繁盛，分别成为原生态民俗与都市新民俗的代表。通过节日名谓与时间周期、乞巧仪式与程序、文化内涵与功能、节俗传承与变迁四个方面的比较，我们发现，西和乞巧传统相对稳固清晰，广州则经历了复杂而深刻的变迁；两地对比鲜明，承载了各自的地域文化传统，前者表现为抒情的审美特质，礼仪性突出，后者则表现出强烈的务实风格，更重个性自由，二者都折射出乞巧习俗在当下的传承态势。两地在传承方面可相互借鉴，广州作为中国城市化的先驱，"城中村"乞巧风俗的变迁更具有突出的"标本"意义。

【岭南传统民俗节庆重构对居民地方依恋的影响——以广州珠村乞巧节为例】

陶伟②　陈慧灵　蔡水清，《地理学报》2014 年第 4 期

民俗节庆对居民地方依恋的影响研究为认识居民和地方之间的关系，提供了一个新的视角。国内关于地方依恋的探讨尚处于萌芽阶段，应用研究主要以旅游地和旅游者为对象。乞巧节是岭南传统民俗节庆的重要组成部分，在沉寂淡化半个世纪之后又重新兴起，节日的内容形式功能已被重构。该文从新文化地理学的视角，以珠村居民为研究对象，通过问卷调查、深度访谈并结合因子分析的方法来探究民俗节庆的重构与居民地方依恋之间的关系。结果表明：第一，乞巧节对珠村世居居民、新移居居民、租房于珠村的居民这三种不同身份居民心理形成过程中的情感、认知和意向都产生了重要作用，乞巧节使居民们更好地融合到了珠村社区；第二，重构后的乞巧节在改善原住居民精神生活、优化珠村村落风貌、提升珠村族群的凝聚力、增强文化自豪感、保护乞巧文化及推动珠村的发展等方面产生了重要的影响和作用；第三，重构后的传统民俗节庆生产了新的文化记忆，其如何被居民内化吸收、如何被整合进原生态的乞巧文化中，都有待探索。该研究对丰富地方依恋在微观空间层面的理论和实证研究有着重要意义。

【从本真性视阈看甘肃西和乞巧节的传承与展演】

韩雷③　刘宪，《温州大学学报》2014 年第 2 期

传统乞巧节是作为甘肃西和民众生活此在而被传承或展演的，是以织女神为崇拜对象的女性节日，乞巧节的本真性要素获得了应有的尊重和保护。本真性要素无疑是非物质文化遗产的灵魂。而成功申遗后的乞巧节，其本真性要素却被有意无意地忽略了，在乞巧节期间以有悖自然传承和民众意愿的"精致化""碎片化"的官方操控方式进行展演；其存在本身亦渐趋碎片化。

【革命与节日——抗战时期山西革命根据地的节日文化建设】

韩晓莉④，《中共党史研究》2014 年第 4 期

节日文化建设作为根据地文化建设的重要组成部分，从各抗日根据地建立之初，就受到了共产党和根据地政府的重视。通过改造传统节日、引入和创造新节日，根

---

① 储冬爱：华南理工大学新闻与传播学院教授。
② 陶伟：华南师范大学地理科学学院教授。
③ 韩雷：温州大学人文学院副教授。
④ 韩晓莉：首都师范大学历史学院博士后。

据地政府将抗战与生产的革命主题融入节日生活中，不仅密切了根据地的党群关系、政群关系，而且使政治以潜移默化的方式为民众所理解和接受，推动了根据地社会动员工作的开展。该文以抗战时期山西革命根据地的节日文化为考察对象，探讨了共产党对根据地节日文化的改造和建设过程，以及在这一过程中政府与基层社会之间的互动关系。

【国家节日的仪式在场及规约——延安新秧歌运动的文化阐释】

李 静①，《青海师范大学学报》2014年第1期

在传统民间文化与现代政治文化中，庆典或节日仪式作为一种文化表演，是基于一定文化传统对一系列具有象征意义的符号加以程式化的表述性行为。但相对而言，前者具有一种阈限期娱神亦娱人的释放或调整功能，后者则强调特定话语场域政治目标指向中的节制与规范。延安时期的新秧歌运动已经明显地表现出这一特点。伴随新生共和国的建立，陕北秧歌从农村而及城市、从西北边地而及全国的政治文化中心，逐渐成为代表共和国政治文化的红色仪典。新秧歌的这一发展轨迹及其作为国家仪式在一系列革命节日中的在场与规约，不仅凸显了其在国家政治文化和民众节日生活中的特殊地位，也深刻地反映了权威政治话语的力量和上层文化对民间文化的影响，以及特定政党意识形态的文化建构理想。

【印象"泼水节"：交织于国家、地方、民间仪式中的少数民族节庆旅游】

李 靖②，《民俗研究》2014年第1期

在云南西双版纳景洪市傣历新年节的旅游化过程中，地方政府和地方宗教上层人士都致力于这一节庆空间的话语的塑建，其参与和界定直接影响到节庆空间的表述，使其呈现出多元复杂性。这一案例表明，国内民族节庆的研究在突出官方性运作的基础上，应把研究视角从节庆旅游空间的单向权力结构分析转向对权力的流动和对权力利用的创造性的考察，分析角色的具体多元性、角色本身的行动话语以及他们之间的互动所上演的"戏剧"。

【侗族节日设置的层次类型及特点分析——以黎平黄岗侗族为例】

罗康智③，《长江师范学院学报》2014年第5期

节日的内容错综复杂，在其间祭祀先祖（神灵）、生产活动、禳解祸福和择偶性活动等往往交织在一起，如果以节日活动的内容为标准去加以归类，很难揭示出节日与节日之间的内在逻辑联系，也很难探寻节日设置的文化属性。这里通过对黄岗侗族节日的调查，其节日的设置都是以特定的时空场域为转移，在节日与节日之间、节日与所属的民族之间存在着极为严格的层次性差异，不同层次类型的节日，其涉及的时空场域亦具有很大的差异。

【我国传统节日文化的生产性保护路径研究】

潘文焰 仲富兰④，《文化遗产》2014年第1期

该研究从民俗文化的视阈出发，基于

节日整体依存的载体（文化生态）、节日内容的表现客体（节日习俗）、节日活动的行为主体（民俗大众）和节日运作的组织介体（各社会机构）四个维度构建了节日民俗系统，深入分析了我国传统节日生存困境的根源。同时基于非物质文化遗产的"生产性保护"视角，构建了传统节日文化的传承与保护系统，分别从节日传承与保护的识别系统与实体系统出发，根据时间和空间两个维度，具体提出了传统节日文化的保护路径策略。

【11 月 11 日：从文化建构到商业收编——对光棍节和"网购狂欢节"的分析】

王　璐①，《青年研究》2014 年第 3 期

　　商业对于青年亚文化的全面收编使"网购狂欢节"逐步取代"光棍节"成为 11 月 11 日的符号意指，而节日本身的特殊性、文化内核的一致性、群体的相似性和媒介的共通性，为电子商务收编光棍节创造了绝佳条件。文章以淘宝为例，具体分析商业对于光棍节这一青年亚文化的"收编"过程。

【革命化春节：政治视野下的春节习俗变革——以上海为中心的研究】

忻　平　赵凤欣②，《中共党史研究》2014 年第 8 期

　　革命化春节是 20 世纪六七十年代，在移风易俗的口号下，政府推行的一场深刻的民俗变革。通过一系列宣传和行政手段，政府一方面破除传统的春节习俗，另一方面又按照国家意识形态塑造出许多新俗。国家政权主导下的这次习俗变革对破除旧俗、陋俗，塑造革命理念起到了一定的作用，但忽视了民俗变革的基本规律，影响了民众春节期间的生活。革命化春节的发生和发展过程深刻揭示出国家权力与民俗变革之间的关系。

【"圣诞"在中国：一个名称背后的社会文化迁移】

张博锋③，《文化遗产》2014 年第 1 期

　　名词称谓是话语表达的基本元素，其具体蕴含的内容随着时代的变迁而有所不同。一个具体名词称谓的演变往往也就是社会文化历史的轨迹。作为中国本土固有词汇的"圣诞"，在遭遇异质文明冲击的裂变时代到来之后，其原有的多重内涵出现了断裂与延续并存的局面。西方的"洋圣诞"在中国日渐生根成长，而在世变中延续的圣人信仰则在整体上显现出不同程度的式微。这个传统词汇内涵的演变，在一定程度上折射出了近代中国社会文化迁移的某些特质。

【端午节和"宇宙药"】

周　星④，《节日研究》第九辑（《中国节日志》首发式纪念专辑），泰山出版社 2014 年版

　　端午作为祛疫襄灾、驱恶辟邪的节日，其种种药俗包括其间人们采取的各种仪式性的行为与活动，目的都是为了去除毒气污秽的传染，在一切层面和从所有侧面确保个人、家庭和社区环境的净化，从而实现人们追求平安、和谐和健康的心愿。虽然对采药、制药、用药以及用"药"和"药气"辟邪、洗药浴、吃药膳、喝端午茶等端午药俗、药事是分别展开描述的，但它们彼此间的关联应是非常密切的，更宜于被视为是一组或一群具有整体性的文化事象。在端午的种种药俗中，既有通过

　　①　王璐：华东师范大学社会发展学院。
　　②　忻平：上海大学文学院教授；赵凤欣：上海大学文学院硕士研究生。
　　③　张博锋：华中师范大学中国近代史研究所博士研究生。
　　④　周星：日本爱知大学国际中国学研究中心教授。

入药的各种食物、饮料等来调理身心的内容，更有通过一系列象征性的净化仪式来应对因自然节令变化所滋生之危险的内容。由于在此一"天时"关节点上的药俗、药事、养生和防疫活动等被认为效益最佳，所以我们说，端午节蕴含着民众对于天时和人事、自然和文化、身体和精神之融和、顺应和相互调适的探求。

【多学科视域下传统节日的研究和思考】

朱志刚[①]，《江西行政学院学报》2014 年第 3 期

传统节日作为一个民族的重要文化基因之一，承载了一个民族的历史记忆和文化认同。目前中外学术界关于传统节日的研究，主要存在三种研究方法和路径：历史学的、民俗学的和人类学的。通过对这三种研究范式的总结和反思，认为对传统节日的研究应当采取一种整体性"深描"式的民族志研究方法，借以突破过去种种循环式的研究路径，提出对传统节日的研究所要表达的不仅仅应当是一个"社会中的节日"，还更应该是呈现出一个处于变迁之中的"节日中的社会"。

【时空观念与宋代天象岁时赋】

于雯霞[②]，山东大学 2014 年博士学位论文

中国有悠久的文明。"观象授时"源出上古，奠定了早期人文制度，蕴含着丰富的文化基因。天文观念是中国古代人文思想的基础，几乎伴随了整个华夏文明的兴起与发展。它在阴阳五行哲学的影响下，紧密结合了对这个宇宙时空的物理特性和变化规律的观察，是一个上至天、下至地、旁通四时、出入六合、汇总三才的思想体系。不但切实影响了古代人文制度的建立，还是一切天人学说的基础。在历代的不断

发展和丰富下，天学囊括着阴阳律历、三统五行、三才之道、天人感应等学说，作用于效法天常的社会制度、敬天事人的人文制度、奉时尊礼的国家制度，是中国古代文化的精华。天象、岁时是古代天学的两个范畴。"天象"关注于空间，泛指宇体形态、宇空事物和天空中出现的自然现象；"岁时"代表了天体运动下时间概念的生起以及四时周流，它们共同组成了人类生活的时空大环境。

宋代天人之学发达，时空意识强烈，宋人对宇宙演化和天人关系作了理性的思考，对宇宙时空的形态和规律进行了大胆的探索与设计。"观乎天文以察时变，观乎人文以化成天下"，宋代天象岁时赋渊深典则，是建立在传统天文观念的基础上，结合了经学和宋代学术研究的产物。在宇宙时空联系人类社会、自然界变迁影响国家命运、时空变化中体验生命意义等方面，宋赋都进行了深沉的思索，进行了生动的表现，有极高的思想艺术价值。同时，它又饱受自然、社会、历史、政治、思想文化、风俗和赋体流变的复杂影响，呈现着有宋一代的学术品格和人文风范。从流传下的赋作来看，主要包括：描写天文形态、宇体结构、天体星象、气象气候以及天文观测仪器等的天象赋，和描写天文历律、四时变化、节气月令等的岁时赋。有鉴于以上，该文写作并不是一篇单纯围绕文学研究开展的文学学科论文，而是融合多学科，着眼于文学现象背后的文化运作和哲学思维能力。它将时空观贯穿于文学现象分析，探讨其在宋代天象岁时赋中的折光。论文以古代的时空观念为经，天文与人文的有机联系为纬，穿插宋代学术，进行文史哲综合分析，展示宋代天象岁时赋的思想内涵。

① 朱志刚：广东外语外贸大学中国语言文化学院讲师。
② 于雯霞：山东大学文学与新闻传播学院博士研究生。

【遗产旅游：民俗学的视角与实践】

杨利慧①，《民俗研究》2014 年第 1 期

　　一个不可否认的社会事实是：旅游已然成为今天大众日常生活的必需内容。作为一种流行的旅游类型，遗产旅游（heritage tourism）主要是指将"遗产"——值得珍视的、具有选择性的过去——作为消费品的旅游形式。世界旅游组织（UNWTO）对"遗产旅游"的界定是"深度接触其他国家或地区自然景观、人类遗产、艺术、哲学以及习俗等方面的旅游。"尽管研究者们对遗产的范畴以及遗产旅游的界定众说不一，但是一个公认的事实是"遗产"包容广泛，可以包括不可移动物质遗产（例如古建筑、河流、自然景观等）、可移动物质遗产（例如博物馆中的展品、档案馆中的文件等）以及非物质遗产（比如价值观、习俗、礼仪、生活方式、节庆和文化艺术活动等）。与民俗学界熟悉的"民俗旅游"（folklore tourism）或者"民族风情旅游"（ethnic tourism）相比，遗产旅游包容的范畴显然更加广泛。

　　遗产旅游的研究早在 20 世纪六七十年代即已开始，如今已成为诸多学科共同关注的热点话题之一。活跃在这一领域里的先行者主要包括了地理学者、经济学者、管理学者、社会学者以及人类学者等，民俗学者的身影稍晚才出现在这个舞台上——本学科长期形成的"向后看"、关注文化遗留物的传统无疑是阻碍民俗学者投身现代生活的关键。但是社会的迅猛发展不容忽视。当民俗学者日益发现曾经熟悉的村落里的民歌民谣、民族服饰甚至宗教舞蹈，越来越多地跨出村寨的边界，出现在繁华都市的艺术舞台、旅游景点和商业广告中的时候，民俗学界兴起了一场有关民俗本质以及民俗学学科范畴的大讨论。欧洲民俗学界有关"民俗主义"（folklorismus/folklorism）的探讨、美国民俗学界有关"伪民俗"（fakelore）的论争、中国民俗学界对包括民俗主义在内的一系列西方理论的译介和讨论等，都促使本学科的从业者逐渐拓宽视野、开放胸襟，以积极的态度关注身边急剧变化的当代社会——民俗学出现了从"向后看"到"朝向当下"的转向。对于遗产旅游，民俗学者也很快参与到众多学科的讨论和研究中去，并且取得了骄人的成绩，他们的成果不仅进一步推动了民俗学向当下的转向，而且也对其他相关学科做出了贡献。

　　中国民俗学自 20 世纪 90 年代中后期以来逐渐出现了"朝向当下"的转向，文献考据和文本溯源式的研究逐渐为对当下的民间传统进行田野调查和研究的民族志所取代，但是，无疑，这一转向尚需要大量深入思考和实践来进一步切实向前推进。

　　在我看来，无论研究的具体对象是什么，民俗学的研究具有如下特点：第一，它将"民俗"——日常生活中那些具有传承性的生活文化，而并非全部的日常生活——在生活中的生存和变迁状态置于研究的中心位置；第二，具有移情地理解民俗主体（或者说"传承人"）的主位（emic）视角；第三，运用民族志方法，对民俗生存和变迁的语境及具体过程进行参与观察和深度描写，并对相关的社会关系和话语做出细致分析；第四，从本学科得以安身立命的一些基本概念和理论视角出发进行研究，这些概念和视角包括文本、语境、传承、传统、集体、文类、表演，等等；第五，管窥见豹，由案例的考察引申至对民俗学的一些基本学科问题的关切和探索。上述特点构成了民俗学参与现实社会建设以及跨学科讨论的基础，也是其优势之所在。确立了这样的学科意识和自信心，并认真加以实践，那么无论我们研究的对象是村落里的秧歌小戏还是

---

　　①　杨利慧：北京师范大学文学院教授。

都市舞台上的校园民谣，是旅游景点的导游还是《魔兽世界》的玩家……不管作为对象的风筝飞到哪里，我们手中都会把握住民俗学这根线，而我们的研究也将成为连接昨天和明天的重要桥梁。

【人际交往模式的改变与社会组织的重构
——现代旅游的民俗学研究】

于凤贵[①]，山东大学 2014 年博士学位论文；程　鹏摘

在当代社会，旅游已逐渐成为人类最重要的社会活动之一，其所产生的时代影响力已不仅仅局限于经济产业领域，创设新的人际交往模式、启动社会组织的再建构，成为旅游影响社会整体生态的主要内涵。因此，针对旅游的旅游文化研究已成为当代学术的显学。旅游经济学、旅游社会学、旅游人类学与民俗旅游学是当前旅游研究的主体学科，但不同学科研究都有各自的不足。旅游经济学、旅游社会学失于学术研究的化约化、集权化，而旅游社会学、旅游人类学则倾向于认为旅游本身乃是"社会不同人群的互动建构"，体现了学术进路的深化。但在面对现代旅游所形成的复杂人际关系时，旅游社会学与旅游人类学却无法提供合适的、对当下旅游关系缔结契约的建构资源。因此，亟须发展出超越传统旅游经济学、地理学以及旅游人类学与旅游社会学的研究视角，以对旅游交往中"约定俗成"关系的深入研究为核心，建构旅游学与民俗学相交融的"旅游民俗学"。这样一方面实现对现代旅游之人际交往属性的确认，为旅游交往提供合适的契约结构；另一方面推动传统民俗学与时俱进、学科拓展。为实现上述研究目的，中西旅游发展史考察、旅游活动的深度阐释、旅游交往关系的模式建构与典型旅游个案解读是四个主要的研究主题。

人类旅游活动存在古代与现代的差别，不管是在中国还是西方，古代旅游的社会特征是作为"神圣旅程"而引导人们通过旅游实现人格的升华与信仰的皈依。要之，现代旅游影响力的核心和内在逻辑，在于通过旅游创设全新的交际交往模式（"旅缘"）来引导人们实现最终认同，在此意义上，旅游本身是一种包含公共交往理性的现代仪式，这是旅游民俗学研究的最终指向。

作者根据刘铁梁先生的基本观点，大致描述旅游民俗学的基本轮廓如下：

第一，旅游民俗学的概念：旅游民俗学是以民俗学的视角，把现代旅游休闲作为民俗事象，对其发生、发展、原因及规律，基本事象分类及特点、人文意义及社会意义等进行分析、抽象、综合、概括的专门学科。

第二，旅游民俗学的理论工具及研究方法：旅游民俗学研究离不开民俗研究一般的理论工具和研究方法，但其更偏重于运用现代民俗学理念，把旅游休闲当作"正在进行着的历史"，是在"门前寻找陌生"。

第三，旅游民俗学的学术宗旨，是寻找旅游休闲生活的基本范式。旅游民俗学与旅游社会学、旅游文化学一样，会关注各类旅游休闲事象的基本特点、运行规律及相关方的关系，但更要关注广大游客、各地游客和各类游客的特性与共性，更要关注游客、旅游组织者、供给者和旅游目的地居民在旅游过程中的生活或文化的变化及形成的新的范式。

第四，旅游民俗学的价值指向，是探索社会意义、文化意义和终极的人文关怀。旅游民俗学与社会关系，人类文化学一样，会关注旅游休闲的社会意义、文化意义，但更为关注的还是人生意义，即对人的价值，并会探讨如何不断提升旅游休闲对当代人放松心情、健康身心、提高素质、追逐梦想、提高幸福指数的实际功效。

---

① 于凤贵：山东大学儒学高等研究院博士研究生。

第七篇

优秀学术随笔

守望"望得见山、看得见水、记得住乡愁"的古村落

罗 杨

一句"记得住乡愁",一下子拨动了多少人的心弦,深情的话语,就像是一种时光流转的不舍眷恋,这是一种岁月沧桑的文化积淀,一种洞穿繁华回归故土的质朴灿烂。在广袤的中华大地上和青山绿水间,散落着数以万计的村落,描绘出一幅"桑叶隐村户,芦花映钓船"的农耕文明的美妙画卷。斗转星移,岁月沧桑,很多具有悠久历史的古村落在时代流转中巨变,农耕渔猎在瞬间被工业生产取代,特别是在我国加快城镇化发展速度的当代,每天平均将近三百个自然村落消失在城镇化建设的推土机轰鸣声中。蓦然间,我们发现那里是我们民族出发的诞生地,那里是我们美好的精神家园。作为文化工作者,我们有责任守望养育我们的故乡。有缘于此,中国民间文艺家协会近期分赴各地调研普查村落当代生存现状,力求找到久违的"乡愁",探寻一条古村落保护与发展的两全良策,在文化产业商品化狂潮的袭击下多一些理性的思考,以使那些具有深厚人文蕴含的村落不致成为美丽的传说。

魂系廊桥的古老技艺

置身泰顺的崇山峻岭清波碧水之间,满目郁郁葱葱层林尽染会有方向的迷失感。此时那一座座跨水而建、隔山而连的迷人廊桥会指引给你前行的路,走上廊桥一股回归心灵家园的快感还会油然而生。空气的清爽、山峦的叠翠、溪流的清澈、田园的风光陪伴着道不尽的古老传说使廊桥显得扑朔迷离愈发迷人。作为世界桥梁建筑形式的"活化石",廊桥曾是先民们赶路歇脚、遮风避雨、聚会纳凉以及文娱生活的好去处,至今这些基本功能仍发挥着作用,仍然承担着人们休息、社交、祈福、祭拜、观光的功能。曾几何时,廊桥在高速发展的社会中仿佛将逐渐退出了以往的历史地位,与之相生相伴的巧夺天工的营造技术也面临失传的境地。2009 年,中国民间文艺家协会发现并命名泰顺为"中国廊桥之乡",同年"中国木拱桥传统营造技艺(泰顺)"入选联合国急需保护的非物质文化遗产名录。目前,泰顺境内保存完好的古代木拱廊桥达 33 座,其中在世界桥梁史上有重要地位的木拱廊桥就有 6 座,分别为泗溪姐妹桥、三魁薛宅桥、仙稔仙居桥、筱村文兴桥、洲岭三条桥,是全国保存最好、数量最多的地方。

泰顺素有"廊桥博物馆"之称,廊桥为泰顺连接起一连串的完整的民间文化脉络,构建起一方泰顺乡土文化的空间。也正是廊桥与泰顺如此贴切和完美的结合,又在泰顺构成了一幅古今风情的人文画卷。今天,泰顺政府出台了一系列历史文化保护和利用的方案规划。以廊桥为地域文化标志并带动了药发木偶、提线木偶以及特色浓郁的碇步龙、龙凤狮子灯和吊九楼,风味独特的元宵百家宴、二月二拦街福、畲族三月三风情节、六月六禳神节、七夕

乞巧节等民间文化遗产交相辉映，使历史遗迹与民俗风情相得益彰，自然山水与人文遗产和谐共舞。廊桥作为一种文化遗产，不是孤立产生也不能孤立存在。廊桥是集山、水、屋、桥于一体，是在泰顺特有的地理环境和错综复杂的族群结构以及民俗风情背景中造就出的历史文化产物，处处蕴含着"天人合一"的理念和"和谐共生"的传统，时时慰藉着精神家园的心灵。每一座廊桥都拥有美妙的传说，每座廊桥都镌刻着泰顺人民生生不息的文脉，使廊桥成为一种文化，一种情感，一种民族精神的传承。

两个碗窑村的不同生存模式

中国是陶瓷的故乡，因此在许多地方都有曾经以烧制陶瓷而名的碗窑村。说来也巧，我刚刚在温州考察了苍南的碗窑村，几天后来到云南临沧市又撞见了这里的碗窑村，进而发现仅云南以"碗窑""瓦窑"为名的村寨简直是星罗棋布，数不胜数。那么，这些因窑而建的村落今天还安然无恙吗？因窑而居的村民今天的生产生活还好吗？窑，这个生产生活的核心是否还能维系着这些村落的兴衰？

苍南碗窑村很小，很僻静。小小碗窑村在温州的地图上近乎于找不到，就连许多温州人都不知道这个村落的存在。村中仅数十户人家，村子背山临水，每户人家的房前屋后都有山泉绕过，恬淡秀美，宛如人间仙境，村落中至今仍保留着300多间清初样式的古建筑。村子最北端有一栋类似明末闽南民居的建筑，据说是碗窑年纪最大的房子。这老态龙钟的木结构房屋，至今仍有人居住。碗窑村周边有气势磅礴的三折瀑布，吊脚楼更具畲乡风格，顺坡拾级而筑，宛如一座古朴的山城。这里曾是清代浙南地区烧制民用青花瓷的主要基地。始建于明洪武年间。融民居、古陶瓷生产线、古庙古戏台于一体，至今仍完整保留着商品经济萌芽时期以手工业工场为中心的古老村落形态，是一活生生的历史博物馆，堪称人文景观之一绝。碗窑即俗称的龙窑，依坡而筑，每条窑有八九格，故名阶级窑。古代工匠充分利用水力建成八级水碓，计有46个捣臼的半自动生产流水线。

物换星移，世事变迁。如今的碗窑村已不做碗了，只有老戏台还在无声地矗立着。村中制碗手艺仅存的一家，还保留着古老的制碗作坊，其生意完全在于旅游，游客花上十元钱则可以亲手用泥坯做一次碗，感受一次与泥土亲近的陶醉。

得益于文物专家的关注，苍南碗窑村如今已是全国重点文物单位，并按照文物单位管理的规范，有保护范围，有保护标志，有记录档案和保管机构。相信，古老的传统风貌将会得以完整长效地传承下去。但我又在担心，这样一个因窑而建、因窑而兴、以窑为魂的古村，如果抽掉了过去赖以生存的"魂"，那么它还能"活"下去吗？或者说它还是过去的活法吗？当然碗窑村的人是不愿丢掉"魂"的，他们在朱氏故宅里建起了碗窑博物馆向客人们展示碗窑村的历史文化。曾经在现代化浪潮中因窑而衰的古村又重新因窑而盛，不过，现在的兴盛不是重拾过去土陶的生产而是发展旅游，如果用专业术语诠释的话可以叫作——现在的碗窑村不是制窑，而是传播文化。所以我们应该把苍南碗窑村的这种保护形式叫作博物馆模式吧。

与苍南不同，临沧碗窑村则是另一番景象。这个从清代开始的以烧窑为生的村落，至今仍然窑火兴旺。目前，村中共存有龙窑11条，除了个别属于自己家的，大部分龙窑都是村中制作土陶的村民共用共护，此外尚有大小手工陶作坊108间。上了岁数的窑工们大多沿袭传统的方法烧制陶制品，传承着祖辈们的手艺，坚守着手工的方法。甚至在他们的脑子里不把自己看成民间艺人，站在窑口的罗师傅笑呵呵地对我说："我这是什么艺人啊，就是一门维持生计的活，你把我看成是个陶工我就很高兴了。"与此同时，受旅游介入以及年青一代对外来文化的接受，现在这里也开始生产加工旅游商品，除满足当地需求外，还销往云南各州市以及上海、广州、香港和日本、韩国、缅甸、泰国及至美国市场，每年给碗窑村带来近四百万元的产值。尽管如此，原本占村中90%的烧陶人在近几年已减少至仅占30%。在一些农户家中我们已看到他们安装了电烧炉。与苍南最大的不同是，这里的制陶生产虽然还在传承，但村容风貌已大为改观，有钱的人家已拆掉了旧房屋盖起了新房，古老的民居已基本上荡然无存。而让人担忧的可能是科技的发展会让接受土陶的群体在不断地减少，再过几年这些带着泥土气息的坛坛罐罐会难以寻觅。

如果说苍南碗窑村是形在神离，那么临沧碗窑村是魂在形变。我突发奇想，如果把这两个碗窑村搬到一起就好了。

原始部落的时代切换

冒着忽紧忽慢的淋漓山雨，经过一个多小时的山路，我们来到了山峦环抱古木成荫的翁丁古寨。这里居住着在此生活了四千多年的佤族人民，他们传承着佤族独有的文化和习俗。"翁丁"是云雾缭绕之意。这里被外界认为保存了原始的佤族民居建筑和完整的佤族风俗，也是尚存最完整的原始群居村落，有"中国最后一个原始部落"和"佤族历史文化的自然博物馆"之美誉。

急速发展的现代化社会几乎难以留下交通和信息阻隔的角落。在走进寨主家里促膝探寻后我们仿佛找到了一点线索。佤族在古语当中意为"住在山上的人"，翁丁佤族地居偏远闭塞，新中国成立前一直处于原始社会的刀耕火种阶段，新中国成立后一夜之间跨入到现代社会，但思想观念风俗习惯是难以一夜改变的。寨中至今留有很多原始社会的印记。寨子里有党组织有村委会，佤族人民热爱党热爱新中国，那首在20世纪唱红祖国大地的《阿佤人民唱新歌》反映出了佤族人民的真情心声。然而寨子中今天仍保留着父系氏族时期的头人制，寨主全盘管理寨中的民俗事务，另外还有居于"精神领袖"地位的"魔巴"（相当于先知和祭司）。魔巴的产生是众人的公认，既要知识丰富还要品德高尚，不能在人品方面有污点。寨中家家户户从来都不安锁，质朴纯洁的人际社会，一方面是乡土熟人社会的特点，一方面就是乡规民约的道德约束力吧。但是这些古老的风尚只保留在出生在那个年代的人身上，再后来出生的一代新人则对质朴的风俗有着他们自己的理解。

独具魅力的木鼓古往今来一直被佤族人民作为灵物崇拜，被认为可通天的神器，佤族人以特有的方式敲击木鼓从而既可以通神灵，又可以驱邪魔、降吉祥。因此敲木鼓既神圣又神秘，千百年来传承着不许女人敲木鼓的习俗。进入市场经济后，木鼓经过改制，已成为一种能被外界和时尚接受和喜爱的佤族表演乐器，甚至佤族人组成了新的女子木鼓演出团队，登上了今天的文艺舞台，让木鼓有了一种新生命。如今，木鼓已被列为国家非遗名录。我想，如果要从非遗的视角探求木鼓，恐怕一定要走进翁丁的古寨才能揭示那些隐藏在木鼓深处的核心精神价值，而不能在城市的舞台中去观赏那些近乎时尚的优美形式。

前些年在翁丁刚一打开旅游寨门的时候，寨子里出现了很多奇怪现象，原本宁静的寨子有多位年轻人不明猝死。在传统观念和信仰的影响下，全寨的人按照祖传的规矩围绕着寨中的古树像古人们一样举行镖牛、镖猪祭祀神灵、送鬼等祷告仪式。风波过后寨子恢复了往日的平静。在过去，有大事明细要镖牛，人们会在家里的墙壁上挂牛头。从而也就把含有巨大原始力量和幻想杰作的文化符号转变成了一种形式上的审美观赏对象，而前者的指向是心灵，后者的指向是观感。现在也一样，有大事，经过看卦，卦说要镖牛祭祀神灵、送鬼的话，就镖。祭祀神灵的话，牛头放神林里；送鬼的话，牛头送鬼林（墓地方向）；如果是祭祀祖先，牛头放家里。学者李泽厚在研究远古艺术时曾发现："牛头作为巫术宗教仪典的主要标志，被高高挂在树梢，对该氏族部落具有极为重要的神圣意义和保护功能。它实际是原始祭祀礼仪的符号标记，这符号在幻想中含有巨大的原始力量。"按照佤族的习俗，过去在翁丁牛头是挂在神林、鬼林或家里，不可随意见树就挂。现在为了开发旅游，迎合观光者的喜好，在寨子里的路边树上整整齐齐一排排地都挂上了牛头。今天翁丁的旅游越来越火，翁丁人已适应了旅游的喧嚣，寨子也和谐兴旺。我在想，虽然寨中的年轻人已掌握了计算机，每天都有来自世界各地的参观者，然而是什么力量让他们坚守着这些古老的文化，是什么精神使他们传承着祖先的信仰，又是什么信念使他们有了如此的凝聚力？也许这些都是民间文化研究者的重要课题。

为了保护翁丁古寨的风貌同时也改善群众的生活，政府想了很多办法，现在已在寨外不远处规划并建设了新的居住地，是一幢幢具有现代生活设施的砖混结构新居。现在大部分向往当代生活的年轻人已在新村生活，而一些老人已习惯了竹楼的传统生活方式，同时，他们还相信祖宅有着神灵的护佑。县里的同志告诉我们，以后翁丁的保护模式将变为晚上村民到新村居住，白天到古寨"上班"的方式。我想这会不会是一条保护与发展的两全之策呢？

走进翁丁的印象就是处处有文化，哪怕是一棵树，一块石头，如果你去寻根溯源的话都能挖出一个神奇的传说。我想，对于一个地方文化的保护，既要看到它的文脉，也要看到它的人脉；既要看到它的物质表象，又要看到它的精神内涵。对于民间文化来说，特别是不能忽视某些宗教信仰及宗族文化因素在其中发挥的重要作用，有时这些恰恰是一个民族旺盛生命力、感召力、凝聚力和使之世代延续和谐共生的精神支柱和心灵寄托。

因此，对古村落的保护除了对具有传统风貌的古民居等物质载体实施全面保护外，还要对其精神内核和文化内涵进行挖掘整理和保护，才能使古村落客观全面真实完整地保护下来并传承下去。也就是说，要让那些美好的古村落，既要"望得见山，看得见水，记得住乡愁"，还要"留得住文化"。

（原载《中国艺术报》
2014 年 1 月 17 日第 S04 版）

中国社会的乡愁传统与现实问题

耿　波

在 2013 年 12 月召开的中央城镇化工作会议上，提出城镇建设"要体现尊重自然、顺应自然、天人合一的理念，依托现有山水脉络等独特风光，让城市融入大自然，让居民望得见山、看得见水、记得住乡愁"。这段表述与传统的官方语体颇有差异，感性而诗意。此表述一出台即引起诸多观察人士的关注，时间过去月余，尽管多方关注却并未引起有深度的讨论，特别是对文件中提出"乡愁"的政策深意未见有价值的解读，令人遗憾。

中国乡愁传统可上溯至《诗经》，通过《诗经》中两首广为人知的诗歌的对比，可准确说明"乡愁"体验发生的微妙性。一首是《小雅·采薇》，经学家孔颖达说这是一篇文王"遣戍役"之作。这篇演说成功地运用"乡愁"来激励士兵，且看这首诗是怎么唤起人们的乡愁体验的。

全诗前三节是"遣戍役之辞"，就是鼓励兵士们离家去战争。第四节说："彼尔维何，维常之华。彼路斯何？君子之车。"这是一个转折。前三节是对一般兵士的激励之辞，第四节则开始描述比普通士兵较高的将帅行止，渲染了将帅的煊赫。第五节则进一步渲染，"驾彼四牡，四牡骙骙。君子所依，小人所腓。"第六节则说："昔我往矣，杨柳依依。今我来思，雨雪霏霏。行道迟迟，载渴载饥。我心伤悲，莫知我哀。"这段描述乡愁的著名文字其实点出了"乡愁"体验的先觉前提，即唯有在他乡获得成功之后，才有此闲心来弄愁吟赏。因此，"乡愁"体验并非消极体验，而是对离家游子在他乡有所成就的奖勉。

《诗经》另有一首诗歌则说明了离家之后、恓惶归来其实并无"乡愁"可言，这首诗是《豳风·东山》。《东山》篇反映的是周公东征。全诗四节，每节开头都是以"我徂东山，慆慆不归。我来自东，零雨其蒙"起兴，这里的归来之"我"应是一般兵士，而且去时是平头百姓，回来也是恓惶落魄，因此，在他眼里的故乡就不再是可以吟赏的对象，而是无比凄惨："果臝之实，亦施于宇；伊威在室，蟏蛸在户；町疃鹿场，熠燿宵行。"《东山》比之《采薇》，一"悲"一"愁"泾渭分明，盖因去家归来之人是否在家乡之外获得稳定之立身的资本有别。

上述解读局限于《诗经》，且仅采其中两诗，以之论中国乡愁传统似乎不够全面，却别具启发意义，以此深入考察中国乡愁传统，可发现：在中国社会传统中，"乡愁"体验实质是离开本乡本土的离家者在家乡之外获取了安身资本，从新的社会身份认同回望自己与家乡的"距离"，离家者既无可奈何地承认了这种"距离"，又因自身已获新的安身之所因而对这种"距离"产生了艺术性的赏玩，两种体验杂糅即是"乡愁"的况味。没有获取在家乡外安身的资本，"距离"彼岸的故乡于他而言只有"乡悲"而无"乡愁"。

在中国乡愁传统中，"乡愁"的书写，绝少见于以乡民主体为创作者的民间文学艺术中，相反，绝大多数的"乡愁"吟唱出现在以士人为创作主体的精英作品中。这些士人群体通常是生于乡土社会、壮年游宦他乡，在游宦任上他们对故乡的回顾与书写，构成了中国乡愁书写的主要内容。

改革开放以来，中国农民的离乡历程已经历三个阶段：第一个阶段，20世纪80年代初，开始有进城务工人员出现；第二个阶段，90年代初叶，进城务工人员大量涌现；第三个阶段，21世纪以来，新生代农民工渐成农村去家离乡的人群主体。自20世纪80年代初至今，中国农村的去家离乡群体主要是以这些进城务工人员为主，他们离开了自己的家乡，拼搏在城市，但城乡二元体制注定他们无法获取在城市立身的资本，因此，不管他们在城市如何付出，农村始终是他们的宿命，本乡本土于他们而言乃是"乡悲"的对象，其实并无"乡愁"可言。

为何新型城镇化建设要让人"记得住乡愁"？笔者认为，原因在于正在展开的新型城镇化建设将在未来创建不一样的中国农民去乡模式。新型城镇化建设目标在于打破传统的城乡二元结构，通过深入的地权改革与社会保障体系建设，引导中国"农民"向"市民"转变，最终使中国农民在地权流转中虽然去家离土，但在合法权益获得保障的前提下，仍能获得稳定的立身资本与身份认同。其间，地权流转将导致越来越多的农民搬迁进城或在地城镇化。毫无疑问，离土的农民如何延续其在土地上生长并传承千百年的乡土传统将是关键。

（原载《中国文化报》
2014年2月18日第3版）

民俗文化遗产亟待修复与维护

乌丙安

半个多世纪以来，我国的文化遗产，无论是物质的还是非物质的，几乎无一幸免地遭遇了不同程度的破坏，文物建筑被毁灭消失，民间艺术、民间工艺陷入人亡歌息、人亡艺绝的惨境。迅猛异常的大规模现代化建设，毫不留情地对城镇乡村进行了摧枯拉朽式改造，也再一次摧毁着物质的和非物质的文化遗产，使它们难以存留、传承，许多鲜活的优秀遗产濒临灭绝的境地，致使先后有两代人或多或少地失去了对传统文化记忆的传承。

在此背景下，对遭到破坏而濒危的民俗文化遗产实行修复和维护成为当务之急。对民俗文化遗产进行文化修复和维护的目标很多，我认为，其中最主要的是以下五个目标。

文化素材传承出现了丢失或遗忘，必须积极寻找原有的元素和可复原的种种素材。例如，许多古老剧种、传统曲目、民族史诗，在那些特殊的年代里因为被迫停止了传习而迅速失传，因此利用一切可能的手段，在现存老一代传承人中唤醒传统文化记忆进行抢救势在必行。近几年来，这种找回失去的文化素材的深入调查研究已经取得了积极的成果，可以预见，在依法、科学保护的推动下，非物质文化遗产逐步融入现代生活的精神家园将是大有希望的。

文化蒙蔽所施加的各种误导，必须尽快纠正错误。特别是千百年来传承下来的民间信仰习俗的表现形态及其深厚的文化内涵，都被不加区别地判定为封建迷信，

这些在修复中都必须给予科学论证，还原其历史的本来面貌。例如传统的舞龙舞狮对龙狮的吉祥崇拜，对传统傩舞、傩戏、傩祭中的祀典仪式和民间传统节日民俗、庙会民俗中表现出的美好祈愿等民间俗信，都要与所谓"迷信"活动严格区分开来予以肯定，使被毁弃的珍贵遗产重新展现原有的风采。

文化萎缩造成的知识缺失，必须导入相关的认知。在中国，现当代对于传统文化，特别是对传统民间文化遗产的认知严重缺失。在特定的历史背景下，民间文化长期以来被排挤到边缘地位，甚至遭到贬斥或者歧视，这是极不公平、极不科学、十分陈腐的文化观念，亟待反思与纠正，从而使萎缩了的民族民间文化精粹得到完美的传承和充分的弘扬。与此同时，把所有和非遗保护相关的人文学科的研究发展繁荣起来，发挥其积极有效的文化功能。

文化替代造成的不协调、不适应或错位，应当作出合理的复原、调整或选择。在文化变迁的过程中，文化替代几乎是不可避免的，但是这种替代是否符合文化规律，是否能得到民众的文化认同？对那些人为的强行替代的不适应的文化元素或文化素材，应当鼓励和支持民众及其文化传承人，以文化主人翁的自觉意识予以合乎情理的修复改正。特别是对那些动用替代手段对文化遗产造成歪曲破坏后果的做法，更应该认真严肃地彻底改正过来。非遗保护应当懂得文化遗产的原真性就在于它的

文化元素的不可替代性。至于那些企图用伪民俗假冒非物质文化遗产的行为，不仅与文化替代无关，而且是对非遗保护的恶意破坏。

文化抗阻形成的若干文化冲撞后果，应当坚持以科学态度给予化解。要敢于坚持正义，维护民众合法保护遗产的正当权益，这一点是依法保护中最为关键的维护措施。每当民间文化遗产遭遇强制性压制时，民众在逆来顺受的被压抑状态下所蕴藏着的抗阻心理，是文化接受心理中的正常情态，但是每当有了解除这种外在压力的机遇时，文化遗产的保护就应当因势利导，化解当初的压力，支持并肯定民间文化遗产持有者原来的文化抗阻心态，维护当事人的合法权益，鼓励并多方支持传承人群体解放思想，无所顾忌地维护并修复自己拥有的非物质文化遗产。只有这样，非遗保护才能大踏步走上良性发展的轨道。

以上诸多因素都应该列入维护和修复的目标。这种维护和修复，正是《非物质文化遗产保护公约》中有关"保护"遗产工作的重要内容。那么，对非遗的维护和修复关键在于谁来主导？谁是主体？由谁来做？依法实施这项工程自然还是政府主导，社区民众是主体，政府要解放思想放手发动群众，其主力只能是代表性传承人及其群体来做，辅之以谙熟各项文化遗产的各文化专业工作者和专家队伍，进行科学修复与维护，只有这样，才有可能使非遗重新回归并融入日常生活。而那些不加任何修复与维护，残缺不全的遗产碎片或似是而非的伪民俗、假手艺，都不可能被民众群体所接受或认同。

努力修复传统文化的传承机制、传播机制，让文化生态整体保护与非物质文化遗产的"活态"保护相结合，逐渐从各式各样不定期的非遗活态展演或定点博览，陆陆续续都能够达到自然而然地回归民间，融入既传统又现代化的日常生活，这才是真正救活了遗产，给予他们以新的生命。事实证明，中国优秀的文化遗产，在历史上为中华民族的振兴和壮大发挥了巨大作用，并为现代人留下了很多宝贵财富。这些文化传统正是当代文化走向大繁荣的根脉，只有根深才能叶茂。

（原载《中国文化报》2014 年
11 月 7 日第 7 版）

共同的文化记忆和历史遗产

——关注地域民俗圈非遗项目的联动综合保护

陈勤建

当前，我国的非物质文化遗产是从现行国家行政体制的层级范围——乡镇、县区、省市、全国，逐级调研、上报、认定、保护、实施的。但实际上，一些非物质文化遗产的存在及发展并不受制于这类行政建制的束缚，却受制于同一地域民俗圈的影响和制约。

所谓民俗圈，是我国 20 世纪 80 年代提出的一个学术术语——类同民族学的文化圈，指的是具有相同民俗类型和展演特色的文化空间范围。它与有特定生态环境的地域连在一起，构成地域民俗圈。国际民俗学的学识中，民俗是相对于表层文化的地质文化，一种地方性的知识智慧的宝库，其间孕育了众多极为珍贵的非物质文化遗产。

散发着水乡泥土芳香的吴歌，主要流传在长三角的汾湖地区——浙江嘉善、江苏吴江及上海青浦的二省一市的交汇处。这一地区的田歌、叙事山歌，在学界被认为统属于吴歌的范畴，而吴歌本身并不是某个行政区域的专利品，它是长三角地区稻作鱼米之乡的民众共同创作的心歌，是他们共同的文化记忆和历史遗产。吴江和嘉善虽然分属江苏、浙江两个不同的行政省区，但在生态生产环境上却是相邻而居、相伴而作，吴歌中的代表作——民间叙事山歌《五姑娘》在苏州市吴江芦墟和浙江嘉善都被广泛传唱。

类似的事例比比皆是。一些流传深广、影响颇大的非物质文化遗产，如梁祝传说、白蛇传传说、田螺姑娘传说、江南丝竹、蚕桑习俗，乃至昆曲、越剧、顾绣、苏绣等，严格地讲，都是你中有我，我中有你，成为长三角地区非物质文化遗产的一大特色。正因为有这样的基础，所以，在 20 世纪八九十年代，长三角地区曾对一些非物质文化遗产的主要类型，像民间文学、民间音乐、民间曲艺等进行过共同的收集整理、探讨研究、协同保护，客观上对当地的非物质文化遗产进行了初步的挖掘研究和保护，为长三角非物质文化遗产的保护工作打下了良好的基础。

民间文艺界以江浙沪二省一市的吴语协作区为纽带，组织三地专家学者和民间文学工作者在共同调查研究基础上轮流做东，先后召开了 10 多次吴歌、白蛇传说、梁祝传说、孟姜女传说等各式研讨会，发表了相关论文数百篇，出版了多种学术专集和专著。可以说，今天的吴歌、白蛇传传说、梁祝传说及江浙两地民间文学类的国家级、省市级非物质文化遗产之所以能很快地脱颖而出，与当年三地对这些遗产的共同关注和学术资料积累是密不可分的。

吴歌的申报虽然是某一级政府，但是吴歌的生成及活动范围本身却不隶属于某一个行政机构，而是一个地域民众共有的民俗财富。所以，吴歌的整体性保护应置于地域民俗地质文化框架下，一视同仁，共同发展。因此，长三角地区同一民俗圈的文化遗产同源共生的特点，为吴歌的保护工作带来了巨大的挑战。出于一地文化建设以及政绩、经济利益的考量，各地从吴歌申报国家级非遗名录及代表性传承人的评审等各个环节，出现了互相争雄、互不相让的尴尬场景。而且，同一行政区域内的乡镇又往往有多家竞相申报，并纷纷要求以各地行政区划地名称来命名。如此，妨碍了吴歌固有的自然和谐状态，也割裂了它本真的完整性和特有的文化力量，阻碍了非遗保护工作的正常进行和健康发展。类似的状况在全国各地非遗保护工作中普遍存在，应该引起我们极大的关注，并采取相应的必要措施加以改进。

对于长三角地区的非物质文化遗产而言，有许多同一个民俗圈文化的共同遗产，需要长三角地区的共同保护。我们可以在吸取吴语协作区经验的基础上，采取一些切实有效的措施，牵手共进。首先，要保护好地域民俗圈——非物质文化遗产赖以生存发展的文化生态场及其展演的独特语境。没有了汾湖的水系和稻田劳作，田歌就失去了它生存的基础。我们要根据当地特有的民俗传统，打破现有行政区域的界线，设置相应的共同保护区，使某些非物质文化遗产得到完整的保护，而不至于成为单一地区文化遗产的碎片。其次，由江浙沪两省一市文化部门和非遗保护中心牵头，成立共生性非物质文化遗产保护协作区非实体的协调组织，进行联合调查、研究，共同申报和保护。在此保护平台基础上，建设非物质文化遗产文化生态区和可供表演和展示的固定舞台。再次，要注意"活态"保护。非物质文化遗产大多与民俗生活紧密相连，有的就是现实的民俗生活流中的一部分，不可能不动，因此，要将其放置在民俗生活的长河流淌中加以保存和保护。

（原载《中国文化报》2013 年
1 月 28 日第 7 版）

非物质文化遗产经典的"味道"

林继富

非遗是近10年出现的名词和学术术语，但是非遗作为"文化"与人类的文化同步而生、同步发展。在历史上，非遗是文化经典的对象，也构成文学经典的一部分。当下非遗仍然可以成为经典，并且通过公众、文化人、政府的多方合力，以及学校教育等多种路径得以实现。

非遗是经典文化吗

非遗是经典文化吗？依据普遍化原则，非遗不是经典文化，它属于大众文化，体现的是民众的生活传统和文化传统，但是也绝非传统意义上的"草根文化"或"媚俗文化"。

至于非遗是否是经典，在很大程度上得益于"圣贤们"将其树为经典，这种现象在古代十分突出，由此在20世纪早期，顾颉刚对于历史上惯以"圣贤文化"为经典的做法提出了诘难："我们要打破以贵族为中心的历史，打破以圣贤文化为固定生活方式的历史，而要揭发全民族的历史。"在他看来，"民众文化"应该得到重视，"民众文化"与"圣贤文化"同等重要，从而为以"民众文化"为核心的"非物质文化"的经典化开辟了道路。

在笔者看来，尽管不是所有的非遗都属于经典文化，但是历史上许多的"非物质文化"曾经被视为"经典"系列而不断得到传承，像《诗经》中的民间歌谣、民间风俗，《山海经》中的神话故事，这些在中国文学界被视为经典来看待。当然这种被文字记录下来的经典，既是"非物质文化"的经典，也是文人文学、文化的经典。

除此之外，历史上的"非物质文化"还在不断滋润经典文化的诞生，或者成为经典文化、经典文学诞生的温床。像《楚辞》里记录的以楚国为中心的神话、传说及其风俗等。尽管这种催生文人文学经典中的非遗不是完整的，是有选择性的，却记录了我国非遗发展的基本轨迹而显得弥足珍贵。

非遗的经典化与其他文化的经典化是有明显区别的。非遗的经典化还是带有通俗文化的味道，仍然与其他民间文化一道共同构成生活文化的有机部分，它并不是"悬置"起来说教式的经典，而是"接地气"充满活力的经典。

当下非遗还有经典吗

近30年来，中国社会经历了前所未有的工业化、城市化，民众的生活受到了工业文明的冲击，瓦解了人们对文化经典的认同，这在一定程度上也动摇了民众对非物质文化遗产的接受和理解，人们会询问：当下非物质文化遗产还有经典吗？

笔者以为，经典依然存在。当下的非遗经典是由历史造就并传承下来的，与历史是传续关系。作为非遗来说，目前正是塑造和建立非遗经典的时刻，也是最佳的时刻。大量的传统文化流传下来，尽管经历着从农业文明走向工业文明的发展，但是这种发展和进步并不是"断崖式"的或"跃进式"的，而是接续式的，也就是说，工业文明的到来并不意味着与传统文化割裂而另起炉灶。

当下的非遗是历史传承的，同时每一个非遗门类的经典化又都具有不同的特点，但是这些经典表达了共同性问题：它能够反映一个时代民众的生活风貌及其文化生存状态，能够穿透人类地域的个性而具有跨国界、跨民族的张扬与肯定。非遗的经典化具有自己的文化语法，比如民间故事讲述、民间歌谣演唱等就应该具有地方风味，就应该具有地方的人文情怀等。

非遗的经典性总是与时代性结合在一起的，它总是一定的历史语境和文化语境的产物，它的接受和传承，也是在一定的历史语境和文化语境中实现的。非遗的经典永远处于一个被解读、被释放的过程，永远处在传承、重构的过程之中，这才是非遗经典的"味道"。

非遗经典化的有效路径

当代非物质文化遗产的经典化在一定程度上被《中华人民共和国非物质文化遗产法》所肯定，比如入选国家级非遗名录的项目是体现中华民族优秀传统文化，具有重大历史、文学、艺术、科学价值的遗产。在笔者看来，非遗名录形成过程在一定程度上是非物质文化遗产经典化的体现和走向经典化道路的体现。

首先，无论是国家级、省级，还是市县级非遗名录，均是从传承在民间社会众多的非遗中挑选出来的代表性项目，挑选过程中专家的评审本身就是对遗产价值的肯定，也是经典化的重要步骤。其次，被评审的非遗项目需要对公众予以公示，这

个过程便是接受社会监督，实质上是这些非遗得到民众的认同和接受的过程。再到最后名录的最终公布，则是从政府层面和制度层面实现非遗的经典化。这条经典化路径是政府、学者和民众共同协商行走的。

此外，当代非物质文化的经典化路径与传统非物质文化经典化具有相似之处——将非物质文化遗产纳入学校教育之中。从目前我国的中小学教材来看，小学课本里面就收录了大量的神话、民间故事，这些神话、寓言故事开启着小学生的心智，传递着中华民族始祖创造文化的伟力；在大学课堂上，专业性较强的舞蹈学院、音乐学院等开设的民间舞蹈和民间音乐课程，均将大量的非遗纳入其中。

传承人进校园讲授非遗内容，也成为非遗进校园的重要方式。比如2013年"文化遗产日"期间，中央民族大学民俗学专业在文化部的支持下，邀请了青海、内蒙古等地民间文学类的代表性传承人到校现场表演。这些传承人从他们祖辈生活的原野走进高校的教育殿堂，不仅展现了非遗的价值和魅力，也带来了非遗经典化的有效力量。在校园中，非遗被收入、被讲解、被接受、被传承、被传播均是使非遗成为经典的畅达道路。

非遗经典不是远离"普通人"的经典，其经典化是历史发展的结果，也是现实传承、保护的要求；非遗经典具有典范意义，具有超越时间和空间的力量，并且在历史性和现实性之间建立了一种独特的张力关系，既是过去文明的见证，又对后来的时代发挥着持续的影响。

（原载《中国文化报》2014年8月18日第8版）

文化生态保护区的创新意义及价值

陈华文

多种文化个体或文化存在，会构成一个可以被揭示或解读的文化生态链，每一种文化的传承，本质上都离不开另一种文化的存续，一些文化的消失，必然会带来另一些文化的消失、弱化或改变。因此，通过文化生态保护区的整体性、相关性文化的保护，保证文化生态保护区文化传承的可持续和完整性，从而使区域内的文化形态，尤其是以非物质文化遗产为代表的文化形态得到全面、完整、可解读的保护，在此基础上，达到文化多样性的保存。

我国的文化生态保护区是基于文化形态鲜明这一基本前提而设立的。在《文化部关于加强国家级文化生态保护区建设的指导意见》（以下简称《指导意见》）中指出："国家级文化生态保护区是指以保护非物质文化遗产为核心，对历史文化积淀丰厚、存续状态良好，具有重要价值和鲜明特色的文化形态进行整体性保护，并经文化部批准设立的特定区域。"这里的文化形态就是指在一定区域内存在的一种具有独特发生发展历史、与自然生态环境等紧密相连，拥有可以被概括或提炼的文化特质或特色的文化形式。

理论上说，大的文化形态可以被称之为文明形态，这就是汤因比的文化形态学中之不同文明，如中华文明、印度文明等；小的文化形态是各种可以被明显概括或提炼的文化丛及在区域范围内的集中表达。"文化丛"，指的是因功能上相互联系而纽结为一体的若干个文化特质。它们与人们特定的社会生活有关，既包括物质层面，也包括非物质层面。比如海洋（岛）文化中的"鱼文化丛"：生产技术上有织渔网、造渔船、知渔汛、下网捕鱼，储藏与加工方法有冰鱼、干制鱼、煮制鱼等，最后销售至鱼厂和鱼行；渔民吃的是腌鱼、醉鱼、糟鱼，住的是渔舍，其中有补网间、盐仓、腌鱼场、渔具房等；信仰方面有鱼崇拜、潮汐崇拜、龙和海龙王崇拜、海洋祭祀等。由"鱼"这一关键词可以引出大量与之相关的文化特质，它们在结构与功能上共同形成了一个个"鱼文化丛"。当然，这些文化丛的发生和存续，也是与自然生态环境等紧密相关的。相同文化丛之特质文化在一个区域普遍存在，就可以被划定为文化区或文化圈。这种区域，在生产、生活等文化，诸如劳动方式、劳动工具、劳动技艺等方面，以及与之相关的人与人之间的关系、居住方式、饮食方式、衣饰方式、语言、信仰等方面都有着相同或相似的内容和形式，它们共同认同这些文化形态并成为他们传承和继续创造、改造这些文化的动力，成为他们凝聚共识、形成共同价值观念的依托。因此，我们总称这些为区域内的文化形态。

文化形态的独特性或鲜明特色，指的是相关区域内存在的文化丛之特质，与其他文化形态区域存在着巨大或明显的差异，在学术界的研究中，这种区域都是客观存在并且被普通民众所认同的，如徽州文化、闽南文化、海洋（岛）文化等。它们之间在本质上存在巨大的差异，如语言、生产、生活、历史传统、各种技艺及其传承、风俗习惯等方面，其中，一些具有特色的非物质文化遗产代表性项目尤其具有不同的表达方式或个性特色。因此，我们通过保护这些特色鲜明的文化形态，就可以达到保护或保存文化多样性的目的。

从我国的历史发展进程来看，一方面，汉族的发展融入了周边不同地区的多样文化，另一方面，少数民族的发展在保持自己传统的基础上又不断地吸收不同民族的文化，形成并强化着自己个性化、特色鲜明的文化形态。于是出现了中原、齐鲁、吴越、巴蜀、三晋、荆楚、岭南七大文化区和丰富多样的民族文化，它导致了民族文化及其内部之间的差异和多样性的存在。根本原因既有历史的，也有自然环境和其他文化碰撞等，其中，历史传统和自然环境相结合而使区域内的文化形态特色不仅鲜明，而且相对固化是最为突出的。因此，保护并传承不同区域内具有差异性、个性化和特色鲜明的文化形态，尤其是通过整体保护建立文化生态保护区的方式存续这些文化形态，就成为 21 世纪以来中国非物质文化遗产保护的一种创造。

文化生态保护区的模式之所以是中国的一种创造，在于这种模式将非物质文化遗产与其他文化形态，主要是文化遗产、各种资源、区域内的文化共识和认同，也包括人们得以创造、形成、存续非物质文化遗产的自然环境等，进行关联性文化与自然环境等整体的、全面的保护。这种保护的目的是非物质文化遗产与其存续相关联的其他文化形态和自然环境的无缝对接，保存并维护、修复受到当下技术文化、观念文化等冲击而不断弱化的非物质文化遗产，"维护文化生态系统的平衡与完整"。

《指导意见》中强调，"在文化生态保护区的建设工作中，应坚持以保护非物质文化遗产为核心的原则，坚持人文环境与自然环境协调、维护文化生态平衡的整体性保护原则，坚持尊重人民群众的文化主体地位的原则，坚持以人为本、活态传承的原则，坚持文化与经济社会协调发展的原则，坚持保护优先、开发服从保护的原则，坚持政府主导、社会参与的原则。"突出的是相关文化形态与保护主体之间的关系，明确了政府主导的保护方式和协调发展、保护优先的理念。然而，我们知道，不同的生态保护区拥有不同特色的文化形态和多样性的文化，而文化生态保护区中的多样性文化，常常是互相关联、互相依存的。一种文化形式往往依存于另一种文化形式而存在，这是文化存续的规律，像瓷器烧制技艺的艺人依存于瓷土的生产、瓷窑的生产、各种工具等，而制作的瓷器产品则依存于通畅的销售渠道和从事销售的人员，销售依存于店铺，店铺依存于东家，东家依存于木匠、泥瓦匠建造的房屋，房屋出租或出售依存于中介，中介依存于政府的许可……一样，多种文化个体或文化存在，会构成一个可以被揭示或解读的文化生态链，每一种文化的传承，本质上都离不开另一种文化的存续，一些文化的消失，必然会带来另一些文化的消失、弱化或改变。因此，我们通过文化生态保护区的整体性、相关性文化的保护，保证文化生态保护区文化传承的可持续和完整性，从而使区域内的文化形态，尤其是以非物质文化遗产为代表的文化形态得到全面、完整、可解读的保护，在此基础上，达到文化多样性的保存。

从这个意义上说，文化生态保护区是一种集文化价值观、文化主体认同、文化多样形式的存续、文化影响力、文化历史、文化创造与传承的多种因素，包括人文、自然环境等于一体的保护模式，它从根本上改变了就非物质文化遗产保护非物质文化遗产的保护模式，对于整体且完整地、可持续且可解读地保护与传承非物质文化遗产，保护和传承优秀的民族的文化遗产与传统，具有开创性的意义和价值。

（原载《中国文化报》2014 年
12 月 26 日第 7 版）

非遗保护：民众参与至关重要

徐艺乙

随着中国改革开放的深入和社会经济文化的发展，许多地方已经自然而然地、或是主动或是被动地开始了城镇化的进程。城镇化进程中的非物质文化遗产保护，成为当下保护工作所面临的重要问题。

大众的居住环境改变了，人们的生活方式改变了。然而，人民群众对待传统文化的态度并没有根本变化，在各级政府文化主管部门的支持下，在遵循保护原则的前提下，进行科学保护手段的创新，使得各地的非物质文化遗产得到了有效保护。同时，由于在积极保护非物质文化遗产的过程中，人民群众的文化自觉不断增强，文化素养不断提高，为进一步推进非物质文化遗产保护奠定了良好的基础和氛围。

武汉市汉阳区的江欣苑社区是个新兴的社区。在武汉市新一轮的规划建设中，沿江聚居的渔民不再打鱼了，在实现产业转型的同时，几个渔村合并成立了新的社区。这个社区拥有一个国家级非物质文化遗产项目——高龙，社区的党委和管理部门非常重视这个项目的保护。经过多方努力，社区利用原本可以用于商业服务的1万多平方米的门面房，组建了"武汉高龙博物馆""武汉高龙制作传承培训部""武汉高龙生产制作部""武汉高龙表演培训部"等，还组建了10多支高龙舞龙队，老中青传承人多达300余人，长年开展活动，使"高龙"这一非物质文化遗产项目得到了很好的保护和传承。2012年起，又以国家级项目"高龙"的保护为基础，将武汉及周边地区的几十个非物质文化遗产

项目引进社区，为传承人提供优惠条件，建设"非物质文化遗产项目传承园"，吸引了众多社区居民和其他地方的兴趣爱好者前来拜师学艺，为社区民众的文化生活带来了勃勃生机，风气为之一新。

与之不同的是上海市徐汇区的枫林街道，这是一个以高科技和医学生物学为特色的街道，辖区的建筑和道路有着浓郁的现代化气息，却拥有一个国家级非物质文化遗产项目"海派剪纸"。街道为了这个项目专门建了一个展览厅，并以此为阵地来举办各种与保护非物质文化遗产有关的活动。这个街道的年度可支配收入很高，但用度也很大，可是在保护非物质文化遗产方面则舍得用钱，请专家、搞活动、出画册，都是由街道出面张罗。街道居民的科学文化素养较好，非物质文化遗产的宣传和传承活动在这里一直受到欢迎，许多有着高科技背景或海外留学背景的人都能够积极地参与这些活动。不同主题的非物质文化遗产活动，丰富了枫林街道居民的文化生活。

这样的社区和街道，在全国还有多处，而且数量还在不断增加。据调查，现今生活在城市里的人们，无论是祖辈生长在城市中的居民，还是"城镇化"之后的新居民，都对非物质文化遗产有着深厚的感情，他们依托着老祖宗留下的知识，冷静而又智慧地对传统文化实施科学保护，又以不同的方式对其价值和意义进行宣传和弘扬。这种人民群众自发、自主参与，政府因势利导的保护案例和经验，值得重视，需认

真总结，应在有条件的地方予以推广。

以人的活动为主要传承途径，是非物质文化遗产自身的基本特征。社区和街道民众的积极参与，是非物质文化遗产传承发展的可靠的动力来源。江欣苑和枫林街道的经验告诉我们，在代表性传承人的示范和指导下的民众参与，才是非物质文化遗产能否得到真正保护的关键；而代表性传承人和民众的传承行为的耦合和同一，则是检验非物质文化遗产保护质量的重要指标。其实，作为历史的产物，中国的非物质文化遗产有其自身的发展规律，在其形成发展的过程中，能够自然地应对各种社会条件的变化，成就了多种多样的存在形式。在漫长的历史岁月里，这些非物质文化遗产与各民族群众朝夕相伴，在创造和丰富社会生活的同时，也塑造了中华民族的民族性格和民族精神，非物质文化遗产与民众生活的血肉联系，决定了民众参与所具有的历史和逻辑的合理性。在当代，民众积极参与保护非物质文化遗产，弘扬优秀的民族文化传统，恢复与重建具有丰富价值内涵的生活方式，应当是实现中国梦的文化力量的重要组成部分。

（原载《中国文化报》2014 年
7 月 28 日第 8 版）

给予民间文学应有的发展空间

万建中

80 年前，钟敬文先生在《民间文艺学的建设》一文中，首次提出了"民间文艺学"的学科名称，指出民间文艺学的学科内容，"就是关于民间文学的一般特点、起源、发展以及功能等重要方面的叙述与说明"。简言之，民间文艺学是一门研究民间文学的学科，在现行学科目录中，该学科就被称为民间文学。

在民间文学下面，还有神话学、史诗学、传说学、故事学、歌谣学、谚语学、谜语学以及民间戏曲、民间说唱、民间语言等，它们是民间文学这个大系统中的组成部分，同时本身又是一个个相对独立的、完整的门类。民间文学的研究对象是一个区域内广大民众群体创作和传播口头文学的活动，它是以口头表演的方式存在的，为一个表演的过程。口头文学属于民众自己的知识，是民众自己叙述的知识，是民众对于自己的思想、观念和感情的展演。

在高校开展民间文学教育，可以让大学生接受民族文化传统的熏陶，是思想政治教育和爱国主义教育的有机组成部分。在经济大潮汹涌的社会环境中，这种教育显得尤为重要。民间文学方面的课程可以弥补大学生在基层文化知识方面的缺失，让学生系统了解中国民间文化传统，优化知识结构，有利于民族民间文化传统的传承。56 个民族极为丰厚的民间文学资源和遗产有助于激发年轻人的民族自豪感和自信心。

当前民间文学学科发展已取得了一定的成效。但高校民间文学学科点的不足，学界对民间文学学科认识的偏差，尤其是学科体制将这一学科排斥于学科目录之外，严重制约了这一学科的继续发展。

中国民间文学（含民俗学）学科原本在中国语言文学门类之下，是一个独立的二级学科，与中国古代文学、中国现当代文学等并列，设置于中文系。在现代文艺类的体系中，民间文学与作家文学、外国文学并列，这三种文学形态在精神特质上也各有特点和功用，互有不可替代的价值。

1997 年学科目录调整，民俗学（含中国民间文学）归入一级学科社会学，与二级学科社会学、人口学、人类学并列。教育部 2012 年版的"学科目录"中，民间文学的学科归属仍然处于一种尴尬的境地，依旧为法学类"社会学"属下的二级学科"民俗学（含中国民间文学）"，没有获得一块真正属于自己的园地。

民间文学在国家学科体制中的位置发生陡然的变化，从文学门类二级学科降为法学门类三级学科，被作为民俗学的一部分放置在社会学之下，学科的独立性丧失，学科发展愈发艰难。为适应学科目录的变化，有少数几所高校把民俗学（含中国民间文学）专业从中文系调入社会学系（院），而社会学又不能接纳民俗学（含中国民间文学），民俗学发展空间不仅没有扩大，反而急剧萎缩。这甚至意味着在未来 10 年内，与这一学科命运休戚相关的从业者及学人将继续遭遇那些由于学科分类有失科学而带来的问题，承受那些因学科身份认同困扰导致的压力与忧虑。民间文学学科延续着十分尴尬的处境，陷入极大的发展危机当中。

文学属于人文科学，社会学属于社会科学，两大学科在研究对象、研究目的和研究方法方面均存在很大不同，将中国民间文学置于社会学之下，有悖于民间文学的学科性质。另一方面，中国文学似乎有自己完整的理论体系和课程体系，不需要民间文学的参与。于是，民间文学学科被边缘化。

在国务院学位办的学科分类中，民俗学（含中国民间文学）被归为社会学，和中国语言文学不在同一系统。民间文学专业的学科在中文系通常被视为特殊专业而被"特殊"对待。以北京师范大学文学院为例，为便于录取时各专业之间生源可以互相调剂，研究生入学考试一般基础课试卷是通用的，唯独民俗学（含中国民间文学）是单独进行的。其他专业研究生选修课程，专业之间互选的情况非常普遍，民间文学专业研究生则很少选修其他专业课程，所开课程一般也是"自产自销"。教学方面如此，科研方面同样难以摆脱孤立的命运，民间文学的教师很难进入中国语言文学学科梯队中，共同做某一课题。在申报课题时，民间文学专业的教师常因不能确定所报课题应该归属哪个学科而左右为难。

在教育体制内，民间文学学科没有获得应有的位置，导致民间文学学科点的建设严重滞后。如今，只有北京师范大学、中央民族大学、中山大学、山东大学、华东师大和华中师大等少数高校能够培养民俗学（包括民间文学）博士，能够招收民间文学专业硕士的高校同样为数不多，屈指可数。高学历的民俗学人才匮乏，具备增设民俗学学科点条件的高校几乎阙如。许多高校民俗学硕士学科点的教师不是"科班"出身，他们原本是从事其他学科研究与教学的，由于热爱民俗学才转行的。全国大部分省份没有民俗学学科点，这种情况同与民俗学关系密切的社会学和人类学相比，形成鲜明的对照。就所有文科的二级学科而言，这种情况恐怕也是绝无仅有的。

要让民间文学摆脱当前的困境，可以采取两种调整方式：一是将民间文学重新纳入中国语言文学门类，理由如下：1. 中国民间文学一直是在中国语言文学大的学科框架下发展起来的，如今，90%以上的民俗学学科仍在中文系或人文学院。2. 中国民间文学属于人文科学，与中国语言文学有直接的关联性。3. 在中国，民俗学学科实际上是在中国民间文学学科的基础上发展起来的，在相当长的时间里，民俗学学者主要在研究民间文学。

另一可行的而又有广阔前途的措施，就是建立和发展民间艺术学。民间艺术学应该成为一级学科，与已是一级学科的艺术学相对应。民间艺术的种类非常丰富，由民间文学（童谣与童话、传说、神话、寓言故事、谚语与谜语等），民间音乐（歌谣、舞蹈、乐曲、民间小戏、民间说唱、杂技等）和民间美术（绘画、建筑、手工、刺绣、剪纸、泥塑、陶器、中国结等）三大类组成，承载着中华民族特有的文化特色和审美观，传递着民族的思想情感与艺术情趣，体现了人类最基本的生活观念和精神品质，具有审美、教育、认识、娱乐等多方面的功能，是中华民族深厚的传统文化很重要的一部分，其中蕴藏着丰富的中华民族优秀的文化因子。民间文学可以作为其中一个相对独立的二级学科，在民间艺术学的学科框架中获得应有的地位和发展空间。民间文学的发展完全不必与民俗学捆绑在一起。民俗学可以继续留在社会学，民间文学则进入民间艺术学科体系之中，寻求更加广阔的发展前程。

（原载《光明日报》2014年12月9日第12版）

30 年坚守，为学科建设"爬坡"

郝苏民

在一度贫瘠、落后，而文化蕴藏却丰富多彩的中国大西北，我们，一个不完全凭旨趣却有共识的追梦共同体，从20世纪80年代初开始，乘党的十一届三中全会东风，自愿聚集在时代机遇的起跑线上，沿袭蜘蛛结网、风雨不息和接力坚守的方式，与时间赛跑：30年来，有人届于志趣欣然加盟或另选追逐空间；也有新人接棒，以高学历低调式、甘坐冷板凳磨砺修炼为追求，终成行进式队伍的领头中坚。换了的是一个个面孔，留下的是与时俱进路上共梦者的薪火传递。于是，矢志不渝者便同舟共济以智为尊，崇尚为人治学不以职务分上下，从而和谐、互助、共容，视此为漫漫人生历程的一种相依共进。

这个学术取向的组合是文化多元，长梦相濡享五彩缤纷；成员必含老中青，但以青年为核心，不以"老大"管束，而用学术民主统领。团队是大爱的集体，鼓励各有专长绝活，团队荣誉须共享，长幼互爱唯求真理，排斥门户，但怀乡情，视野含天下，实干为追梦。民族学、社会学、人类学、民俗学是学科建设的轴心，要不断开拓，凭个人出精品，目的只为中华民族伟大复兴；中国学派的特色理性早日显世，你我他须奋进。因为：成员拿手的"武艺"，团队长盛不衰，才能实现共同节日的狂欢永生……

为响应各民族当家做主、一律平等的政策，适应民族工作需要，培养民族干部、专业人才成为一切的首要，民族高校的创办应运而生。西北民族学院（西北民族大学前身）就是在当时背景下成立的第一所民族院校。"文革"前26年的办学是强调族群性，也突出了区域性。无疑，以中国民族学、社会学学派理论培养的学生为主体的高教体系，应视为入轨的运转。否则，新中国成立初期百废待兴，足可用原有大学，无必要创建新校。当时习仲勋、彭德怀等党政军负责领导到校给师生作报告时，往往要讲到。有人问西北民族学院是什么样性质的学校呀？我们说，西北民院就是：西北的——民族的——学院！这里强调的是"民族"！1984年，西北民族大学（原西北民族学院）创办建校史上首个"西北民族研究所"。成立"西北民族研究所"，让我们领悟到：民族型高校（非民族地区高校）的所谓"特色"，主要在于社会科学和人文学科建设上的体现。

民族学院类型高校群的产生，确系教育史上最崭新灿烂的一页。"崭新"所指是出自马列主义毛泽东思想对国内族群文化的历史性认同和科学解读，以及从科学视角上全新完整揭示和建构社会各层次和国家高层次的文化—社会关系；推进各民族及其地区的开发与发展，在教育学科上填补旧中国高校整体体系上的"空白"。但其他高校中的理工科教育（自然科学）体系，就本体功能着眼，无论是对世界各国、地区，还是对我国民族学院"特色"而言，都无二致，因此有必要建立所谓"民族化学""民族数学"之类，以区别民院与普通高校的不可替代性吗？

然而，西北民族学院从成立伊始的

1950 年直至 1984 年，都未曾有过科学意义上的民族学理论研究和文化意义上的特色专业建制与教学队伍，充其量，是作为政治学延伸的"民族政策与民族问题"课程。学科建设上这种"空缺"，责任并不在学院本身与奉命办学者个人，它与当时人类学、民族学、社会学等学科的境遇一致。随着党的十一届三中全会之后拨乱反正思想路线的贯彻执行，民族学者受到极大鼓舞，而 1984 年西北民族学院西北民族研究所的创办，也是本院学人学术心愿的首次圆梦！须知，这已是学校成立近 25 年之后的事了。

"文革"对社会主义建设的破坏性，必然带来教育发展的曲折性。希冀创建社会学、民族学的敢想者们也出现了认识分歧，历史转折关头老校如何"新生"？民族学院型高校不可替代的特点究竟何在？该急速补缺、扩建哪些必有的学科？哪些专业由普通高校去办会更有利？……这些本为领导和热爱民族教育的教职员工所关心、关注的事项，却因权益作祟等原因而纠缠不前；其时"年年五月换领导"的不得已，也让"行家"们陷入一筹莫展的困境！

后来事实证明，有了"民族研究所"，不等于就能健康地开展"民族""研究"（不同道难以同行）！经过彷徨，几经"阵痛"，终于在 1998 年 10 月，借全国教育界连续改革热潮启动和校方领导的支持，西北民族研究所的"自觉者"们，不得不另起炉灶，重开人类学、民族学、民俗学的学科建设。

人类学、民俗学学科建设的开启，为西北民族大学填补了旷日持久的学科空白；也在西北民族学院首次推出系所合一的教学实体，把科研直接引入课堂教学。不久，在费孝通教授力荐下，我们又与北京大学合作，在西北重镇举办第六届中国社会学人类学高研班。

1990 年，我们曾首获民间文艺学（含民俗学）硕士学位授予权，次年即招生。再加上人类学、社会学教学点的逐步开拓，打通了三门学科的交叉；确定了重视田野作业、打好基础建设的发展思路（聘请当年有"魁阁"经历的西北唯一前辈学人谷苞为"田野"主讲）；来自各专业本科的新生入学，必经"始业课"的专业启蒙，作为学前"补课"；同时，强调母语优长、汉文共用的同时，学好外语；导师尊重研究生旨趣和特长为其确定专业研究方向。至 2014 年 6 月，共招收了 10 多个民族的研究生 157 名，已获得学位者 150 人。毕业者中近三分之二成为民俗学、民族学、社会学考博生源，他们分散于包括香港中文大学、北京大学、北京师范大学、中央民族大学、中国人民大学、中山大学、复旦大学、南开大学等多所名牌大学攻读博士学位或作博士后，其中有的已成长为名校硕士生、博士生导师。从 2004 年，又开始招收少数民族民间文（艺）学博士生，至 2014 年已有 23 人获博士学位。这一显著成绩是西北民族大学创办以来其他院系、专业未曾有过的。更重要的是，在培养人、训练队伍的同时，积累了百万字的高水准的田野民俗志资料。

这个系（所）乘全国形势好转带来的时运，进一步发展为"社会人类学·民俗学学院"直至"民族学与社会学学院"。民俗学的整体学科建设、发展路子是：跨相近学科优势，既交叉渗透互促发展，又各自保持学科独立，为培养复合型人才和"多元一体"的学术视野提供空间，以适应转型期人才市场多样需求。我们的《西北民族研究》成为 CSSCI 刊物，获得学界广泛认同，也成为这三个学科硕士生、博士生和专业教师们喜爱的一块交流平台；正借"国家社科基金资助期刊"之机，努力办成"文化走出去"的学术品牌。

2014 年 11 月 2 日，欣逢费先生诞辰

104 年华诞，我们专业历届的部分同窗、导师、曾帮助过我们的各校先生友好们，顺着晚年费孝通先生推动中国民族学、人类学发展的思路，研讨民俗学、人类学和社会学学科建设。我们在西北兰州的大聚会，成为一次十分宝贵而又令人难以忘怀的活动！此时，令人鼓舞的是，我们大家在时代的潮流中，曾愉快地在一起团结奋进，我们珍惜这一切，流金岁月，长歌当哭，永远铭记我们心灵深处难舍的学术友谊。我们感谢时代！感谢前辈们！

（原载《中国社会科学报》2014 年 10 月 24 日第 B02 版）

激活民间叙事的文化基因

林继富

随着社会变迁和现代生活方式的改变，与许多民间文学类非物质文化遗产项目一样，都镇湾故事也遭受了来自外来文化的巨大冲击，以前讲故事所依托的集体劳动环境逐渐消失。人们结婚、打喜、祝寿等庆祝场合被乐队等新形式占据了主体地位；农村电视普及，爱看电视的人越来越多……喜欢讲故事、听故事的人越来越少，会讲故事的人年龄越来越大，搜集、整理、传承这些优秀的民间故事成为当务之急。

2008年，都镇湾故事入选国家级非遗名录，目前有孙家香和李国新两人被命名为国家级代表性传承人。笔者从1997年进入都镇湾进行民间故事及其讲述人追踪调查，十几年来一直没有中断，并且为当地政府湖北长阳土家族自治县提出了一系列保护措施和建议。近年来当地保护工作的不断推进，在目前看来已经取得了较为明显的成效。

第一，挖掘、收集、整理传承人的故事。都镇湾人讲故事有着久远的传统，人人爱讲故事、爱听故事，每个讲述人都仿佛一个故事资源库。尽管在20世纪80年代以来的民间文学"三套集成"和非物质文化遗产保护过程中采集了不少的都镇湾故事，但是这还远远没有穷尽都镇湾人的故事，因此进一步挖掘、收集、整理都镇湾故事，摸清都镇湾故事传承人的分布、传承及其生活等现状，不断充实非物质文化遗产项目资源数据库成为当务之急。目前，湖北长阳土家族自治县已录制完成《土家族女民间故事家孙家香》等专题片，出版了《孙家香故事集》。除孙家香故事外，在都镇湾地区目前共收集到民间故事1065个，了解到会讲50个以上故事的人达500多人。

第二，利用现代传播媒体，扩大民间故事传承人的影响力。民间故事传承人的生活一般都比较贫困，为了提升他们的影响力，利用现代传播媒介就成为必须。从2008年起，长阳电视台开办了《长阳故事》栏目，每周播出两期故事节目。2010年，电视台又开展了"千人进银屏，寻找故事王"的活动，在全县范围内兴起了讲故事的热潮。此外，都镇湾镇文化广播电视服务中心也积极配合，先后组织了30多名民间艺人和学生，分别于庄溪小学和文广中心录制了3期民间故事节目，播出后受到了广大观众的好评。为推动故事的传承，在2011年至2013年的全县宣传工作会上，长阳县委、县政府还对年度"十佳故事能手"进行了表彰。

第三，故事传承的关键在有人传承，传承的基础是让青少年了解都镇湾故事的魅力。目前当地政府在都镇湾中小学积极推行"传统文化进校园，民间艺人上讲台"的活动，国家级代表性传承人李国新、省级代表性传承人刘泽刚和县级代表性传承人谢邦中等被都镇湾镇人民政府聘为庄溪小学、都镇湾中心学校民间文化进校园兼职教师，实现了学校教育与民间故事传承的结合，建立了民间故事传承人的代际培养机制。2012年，都镇湾小学、县非遗保护中心联合编印了共6册《我们在故事中成长》系列校本教材。

第四，通过举办故事大赛和开设"故事讲堂"，为传承人搭建交流平台。现代农村人的文化生活松散，过去走家串户式的故事讲述鲜有存在，为了让当代的故事传承人能够在一起切磋故事讲述技巧，交流故事讲述心得，以政府为主导举办民间故事大赛就成了一种新的交流模式。近年来，都镇湾镇委、镇政府依照传承、保护与开发并重的原则，成立了故事传讲协会，并坚持每年举办民间故事擂台赛。由镇政府机关、全体镇直单位和各行政村选派选手参加预赛，取前 15 名进入决赛。自 2010 年 5 月 5 日长阳都镇湾镇首届故事擂台赛正式打响以来，已连续举办 4 届。通过擂台赛选出的故事能手还被推荐参加宜昌市文联、市文化局举办的故事演讲大赛，并取得了不错的成绩。此外，当地政府还在故事传承人集中地刘为芬家开设了"都镇湾故事讲堂"等。这些故事讲述平台都为讲述人的培养与成长提供了良好的社会土壤。

第五，建立民间故事传承基地，为民间故事传承人的讲述活动提供保障。庄溪小学是该县的故事传承基地，自 2010 年以来，庄溪小学每年 6 月 1 日都会举办以"我们在故事中成长"为主题的民间故事节。全校 400 多名师生与民间艺人一起欢聚一堂，展出故事展板、故事书法、故事绘画并演出一台故事节目。学生充分发挥聪明才智，将民间流传的都镇湾故事编排成故事剧和故事小品，既具有教育意义，又具有欣赏价值，更有利于都镇湾故事的传承与发展。庄溪小学还定期举办"都镇湾故事回访"活动，请来传承人与学生一起回味过去，展望未来，分享故事。如今，"都镇湾故事回访"活动已成为学生们最喜爱的活动之一。

保护是为了发展，为了传承。长阳土家族自治县和都镇湾政府所采取的保护方法不是将民间叙事尘封起来，不是把传承人供养起来，而是以能动的方式，让传承人在社会的文化潮流中享受传承民间叙事带来的乐趣，享受传承民间故事带来的利益，这样才能够调动传承人的积极性，才能够将博物馆式的保护引向生活化、社会化的保护，才能够激活民间叙事的文化基因，使之不断创新而得以世代流传。

（原载《中国文化报》2014 年
2 月 21 日第 7 版）

当代荷马　不朽传奇

——追忆《玛纳斯》演唱大师居素普·玛玛依

郎　樱

居素普·玛玛依是世界上唯一能演唱八部《玛纳斯》的演唱大师，被国内外史诗专家誉为"当代的荷马"。他创造出自己的演唱变体，这变体是世界上独一无二的不朽之作，柯尔克孜的族群记忆和符号在他那里得以传唱延伸、顽强生存。

2014年6月1日，居素普·玛玛依老人不幸仙逝，享年97岁。他是国内外享有崇高威望的大师，他为传承、弘扬与保存《玛纳斯》史诗立下了伟大功勋。他的去世，是国内外史诗界巨大的损失。他的去世，使柯尔克孜民族失去一位伟人、一位民族英雄，使我国失去国宝、失去一位伟大的史诗演唱大师、一位成就卓著的民间文艺家。

柯尔克孜族英雄史诗《玛纳斯》规模宏伟、篇幅浩瀚、气势磅礴、享誉国内外。它是口头传承的"活态"史诗。千百年来，通过一代代史诗歌手的传唱，史诗《玛纳斯》流传至今。

能够完整演唱整部史诗的歌手，称为《玛纳斯》演唱大师。进入20世纪，我国柯尔克孜广大地区，只发现了四位《玛纳斯》演唱大师，其中三位于60年代以前陆续离世。居素普·玛玛依是跨越两个世纪的伟大歌手，是世界上唯一能完整演唱八部《玛纳斯》的演唱大师。

更令人震惊的是，除《玛纳斯》之外，居素普·玛玛依还演唱了十一部史诗与英雄叙事诗。其中1993年由新疆人民出版社出版的1.4万行的《七个可汗》是一部哈萨克史诗。此书的出版在新疆引起巨大轰动，哈萨克人民衷心感谢居素普·玛玛依为他们保存了失传的英雄史诗。他们以哈萨克人最高的礼俗——赠马、赠袍，向史诗演唱大师表示尊敬与崇拜之情。

居素普·玛玛依具有超凡的记忆力，高超的口头演述史诗的技巧，他演唱的《玛纳斯》记录文本出版后，引起国内外的高度关注。民间文艺学泰斗钟敬文对居素普·玛玛依有高度的评价，说他是"当代的荷马"，是中国的"国宝"。

居素普·玛玛依1918年4月18日出生于新疆西南边疆阿合奇县的哈拉布拉克乡米尔凯奇村阿特加依洛牧场。该牧场位于距县城很遥远的深山之中。20世纪60年代，从那里去县城，骑马需两三天时间。过去的年代，阿合奇县城地处偏僻，交通不便，较少受现代文明的冲击与影响，因此，柯尔克孜民族传统文化保存得较为完整。阿合奇县的《玛纳斯》演唱有悠久的传统，演唱活动一直十分活跃。逢喜庆节日民众聚会之时，到处都可以听到演唱《玛纳斯》的歌声。经常举行《玛纳斯》演唱比赛，从傍晚唱到日出，一连可以唱五六个通宵。悠久的《玛纳斯》演唱传统和活跃的《玛纳斯》演唱语境，培养造就了一批批《玛纳斯》演唱艺人。这里是史诗《玛纳斯》重要的流传地域，也是出史诗演唱大师的宝地。20世纪，新疆发现的四位《玛纳斯》演唱大师中，有三位出自阿合奇县。居素普·玛玛依是其中最伟大的《玛纳斯》演唱大师。

居素普·玛玛依生长在一个典型的民间文艺之家中，父亲酷爱《玛纳斯》，母亲和姐姐是当地有名的民歌手。家庭对于居素普·玛玛依成为史诗演唱大师有潜移默化的影响。然而，在这个家庭中，对居素普·玛玛依一生影响最大的人是长他26岁的长兄巴勒拜。巴勒拜是一位柯尔克孜民族民间文学的搜集家，他经常随着驼队在丝绸之路上云游，足迹遍及中亚各地。每到一处，他都要去寻访故事家、歌手，记录他们讲述的故事和演唱的叙事诗。巴勒拜最大的功绩是记录了阿合奇县史诗演唱大师居素甫阿洪与额不拉音演唱、讲述的《玛纳斯》，并将其进行艺术加工，使之成为完整的八部《玛纳斯》唱本。

他把自己搜集整理的《玛纳斯》资料交给年幼的弟弟。居素普·玛玛依从八岁开始就在其兄巴勒拜的指教下学唱《玛纳斯》。到了十六岁，居素普·玛玛依仅用了八年时间便把巴勒拜记录整理的20多万行的八部《玛纳斯》全部背诵下来。玛纳斯子孙八代的业绩，上百个人物，几十个大大小小的事件，在他的头脑里梳理得清清楚楚。

但是，他父亲说，《玛纳斯》是神圣的，四十岁以后才能演唱。由于有这一禁忌，居素普·玛玛依一直没有在公开场合上演唱过。1961年进行的《玛纳斯》的普查中，居素普·玛玛依被发现。那年他43岁，半天劳动，半天演唱，7个月演唱了五部《玛纳斯》史诗。为了让他集中精力演唱史诗，他被接到克孜勒苏柯尔克孜自治州首府阿图什的《玛纳斯》工作组。玉赛音阿吉回忆说："居素普·玛玛依当时正是年富力强、充满激情之时，只要让他唱，他就会滔滔不绝地演唱起来，一唱就是连续三四个小时，做记录的人手麻写不下去，他却依然充满激情，不知道累。"负责这项工作的刘发俊说："居素普·玛玛依每天要唱8至12小时，做记录的同志手麻了，可以替换另一个人，但歌手是不可替换的。"

正如一位熟悉他的柯尔克孜人士所说：居素普·玛玛依在1961年到1964年之间，不仅仅是简单地进行演唱，而是像柯尔克孜谚语所说的"鸡做梦想的都是小米"那样，每时每刻都不忘与玛纳斯奇们切磋演唱史诗的技巧，交流演唱的经验，并虚心听取广大听众和其他玛纳斯奇的意见，接受他们的检验，不断改进和完善演唱方法，使自己演唱的《玛纳斯》更加成熟完美，符合生活的逻辑。居素普·玛玛依的八部《玛纳斯》唱本，经过居素普·玛玛依的润色加工，融进他的智慧和才能，是一部具有独特艺术魅力和鲜明特色的居素普·玛玛依的《玛纳斯》。

吉尔吉斯斯坦20世纪的《玛纳斯》演唱大师最多演唱三部《玛纳斯》，即演唱玛纳斯及其子孙三代的英雄事迹。而居素普·玛玛依能完整地演唱八部史诗《玛纳斯》，描写了玛纳斯家族八代英雄前赴后继与外来侵略者、各种邪恶势力进行斗争的事迹。八部史诗均以主人公的名字命名，每部都可以单独演唱。由于各部之间均为父子关系，人物与事件亦相互勾连，形成完整的史诗。这种谱系式史诗发展结构，在世界上是罕见的。

由于居素普·玛玛依在保存《玛纳斯》方面做出了卓著的成就，他多次受到表彰。获得各种奖项与多种荣誉称号。1980年，他被选为新疆维吾尔自治区文联副主席；1990年，新疆维吾尔自治区人民政府特别授予他"高级研究员"职称；1995年，由于贡献突出，他获得国务院特殊贡献津贴；同年，新疆维吾尔自治区人民政府向他颁发了"为新疆四十年建设做出贡献"奖章；2000年，他荣获中国民间文艺山花奖·成就奖；2001 年，阿合奇县为居素普·玛玛依立了铜像，并举行了隆重的铜像揭幕仪式；2007 年，他荣获文化部颁发的国家级"优秀传承人"称号，中国民间文艺家协会颁发的"杰出优秀传承人"称号；2007 年，在中国社会科学院民族文学研究所、新疆民间文艺家协会与克孜勒苏柯尔克孜自治州文联联合主办的优秀玛纳斯奇的表彰会上，居素普·玛玛依荣获特等奖；2012 年，中国文联、中国民协又向他颁发了"山花奖·终身成就奖"。

居素普·玛玛依的成就在国际学术界也引起极大的关注。吉尔吉斯斯坦著名作家青吉斯·艾特马托夫对居素普·玛玛依予以极高的评价，说他是"整个柯尔克孜民族文化传统的代表"。1995 年，在吉尔吉斯斯坦首都比什凯克举行的《玛纳斯》千年国际学术研讨会的开幕式上，吉尔吉斯共和国总统亲自向居素普·玛玛依颁发了金质奖章，表彰他为弘扬柯尔克孜民族文化所立下的不朽功绩。1997 年，吉尔吉斯共和国总统特使在乌鲁木齐授予居素普·玛玛依"吉尔吉斯斯坦人民演员"勋章与证书。2007 年，居素普·玛玛依 90 寿辰之际，吉尔吉斯斯坦又授予他金质奖章。吉尔吉斯斯坦民众誉称居素普·玛玛依为"《玛纳斯》之父"。居素普·玛玛依成为国内外柯尔克孜民族引以为自豪的民族英雄。

（原载《中国艺术报》2014 年 6 月 16 日第 9 版）

民族历史在歌声中存续

李采月

3 年走访拍摄，9 个少数民族、11 部长篇叙事诗，采集内容包括彝族创世史诗《梅葛》、彝族的撒尼语叙事长诗《阿诗玛》、阿昌族的创世史诗《遮帕麻和遮咪麻》……"云南民族传唱艺术"项目，以现代音像技术记录下这些歌声中的传奇，让历经世事流转的民族历史在现代时空里绵延不息。

民族传唱保护迫在眉睫

云南是全国民族种类最多的省份，少数民族人口比例超过 30%，创造了红土高原上珍贵的民族文化财富。他们在独特的山地农耕、宗教神话等文化生态中，孕育了一些优秀动人的神话史诗和民歌，并通过歌谣演唱流传下来。

然而，如此珍贵的口头传唱艺术，其采集整理的过程却困难重重。"云南地形复杂，交通不便，很多偏远山区行车困难。比如红河哈尼族所处的哀牢山区，就是罕有人至的地方。而正是在这些地方，朴实原初的古老歌曲流传得最为完整。"云南民族文化音像出版社有限责任公司总经理谢朝红说。

唱诗继承关系薄弱甚至断裂、传唱人高龄化是摆在云南少数民族歌谣保护工作面前的另一座大山。据拍摄团队负责人介绍，在这些演唱者中，超过 70 岁的老人占了绝大多数，其中 75 岁以上高龄的就有 7 位。"彝族叙事诗《阿诗玛》的传承人毕华玉在我们拍摄完成不久之后便与世长辞。"谢朝红惋惜地说："他是毕摩第六代传人，为梳理和传播彝族的语言文化做出了很大的贡献。"

越艰难，越要投入更多的努力去发现和保护。这些形式优美多样、内容丰富变幻的诗歌艺术，只有用音韵唱段表现出来才有了特别的动人之处。谢朝红回忆，在采集德昂族诗歌《达古达楞格莱标》的时候，一位老人实在没办法开口唱歌，在众人无助之际，有人提议换个环境。于是摄制组将行动不便的老人背到村头的一棵大树下。"说来也怪，"谢朝红说："到了室外，面对大自然的开阔宁静，老人竟然开始平缓地唱了起来。这首诗讲述的是茶叶为万物之祖、日月星辰皆为茶精幻化而成的创世故事，在那样的环境下，听着这样生动大气的神话史诗，真的太美妙了。"

歌谣中的文化密码

诗歌是储存在民族文化里的基因，口头传唱的神话史诗更是生动鲜活的民族之源。口头歌谣的传唱不仅关乎传统文化的传承，更是走近一个民族、解读民族文化精神内核的重要途径。

红河州哈尼族民间歌谣《四季生产调》是一部完整的哈尼生产生活教科书：它不仅完整再现了族人劳动生产程序和风俗画面，而且传授系统的梯田农耕技术和独特的生活习俗。"哈尼族没有文字，所以它的文化往往是靠记忆的方式流传下来，诗歌就是记忆的最好方式，因为有韵律，所以就用背诵的方式一代一代地流传下来。"云南省社会科学院民族学研究所所长王清华如是说。

《遮帕麻和遮咪麻》是阿昌族的创世神话史诗，在艺术构思、形象塑造、比喻运用等方面都带着浓浓诗意，2006 年被国务院列入第一批国家级非物质文化遗产名录。据传，该诗的传承人曹明宽得师父阴传。在师父归天后他大病一场，而后通得要领，获得认可。谢朝红说："当时去到曹家请他唱诗，老先生先要祭拜先祖，然后才开始唱。"

保护需要多措并举

目前，我国在非物质文化遗产保护工作上获得了很大的成就，很多濒临消失的文化遗产得以发掘和保护，国家更是设立多个专项基金来扶持这些项目，"云南民族传唱艺术"便是在"国家民族文字出版基金"的支持下摄制完成的。"我们现在也准备做英文版的国际推广，并面对东南亚、南亚开展云南民族民间文化特别是传唱艺术的宣传。"谢朝红说。

她在提到彝族史诗《梅葛》时说："这个老太太（指传承人郭有珍）的学生非常年轻，二十多岁甚至更小的孩子都跟着学。"据了解，楚雄彝族自治州姚安县马游坪梅葛希望小学以保护和传承梅葛文化为己任，小学课间操也是用《梅葛》为乐曲。"这是文化传承做得很好的地区，此外哈尼族的《生产四季调》和《哈尼哈巴》也传唱得较好，还设立了专门的传习所。"谢朝红补充说。

传统文化保护的本质要义，在于维持和强化其内在精神，增进其可持续发展能力。中国社会科学院文学研究所研究员贺学君认为，非物质文化遗产蕴含着生命的全部秘密，在保护的过程中，不仅要保护与其休戚相关的生态环境，也要保护其所依托的文化整体，更要通过教育，提高整个民族的保护意识。

（原载《光明日报》2014 年
7 月 19 日第 9 版）

"口头传统"理论方法开辟东巴文献整理新路径

杨杰宏

当下从"民间文学"到"口头传统"的概念转换意味着范式的转换，口头传统理论方法论为我国民族口头传统文献的整理提供了理论支撑。影像、录音、图片、民族志文本与口头传统文献整理相结合的操作方法，强调演述语境、文本的真实性与完整性，从而为民族口头传统文献的整理开辟新的路径。

以"文学为取向"的文献整理倾向于文学审美创编

以"历史主义为取向"的东巴文献整理是在历史学、民族学、人类学的学科维度中展开的。东巴文献的搜集一开始与近代以来的全球化命运联系在一起。19世纪中叶，为了适应西方殖民主义扩张的需要，大量的西方传教士、探险家、人类学学者奔赴第三世界国家进行调查、搜集工作。深藏于喜马拉雅山脉的东巴文献因其特有的"象形文字""原始宗教""苯教文化因子"等文化特征引起了西方学者的关注。据英国纳西学家杰克逊统计，世界各地公私收藏的东巴经有2.18万多册，中国国内收藏约有1.3万册。其中美籍奥地利学者洛克一人所购就达7118册。改革开放以后，国内单位和个人收集了3500多册，流入西方国家2000余册。从东巴文献的译注种类、数量、规模而言，以《纳西东巴古籍译注全集》百卷本成果最为突出，影响

也最大，可以说在百余年的东巴文化研究史上具有里程碑式的意义。

相形之下，以"文学为取向"的东巴经文献政治化、格式化特点比前者更为突出。具体来说，以"文学为取向"的东巴文献翻译、整理主要分为两个时期：20世纪50—60年代、80—90年代。

1958年以来，云南民族民间文学调查队曾两度对东巴经文在内的纳西族民间文学进行了大规模的搜集、翻译和整理。《纳西族文学史》（初稿）的出版使纳西族文学在国内外民族文学之林中获得了相应的提升，在研究纳西族文学史中也具有开创之功。第二阶段以1991年出版的《纳西族文学史》为代表。此书中的东巴文学在整个纳西族文学史体例中占了主体地位，把东巴文学置于纳西族的历史发展背景中，与东巴文学的母体——东巴、东巴教、东巴文、东巴经予以有机联系、分析。第一次提出了"东巴文学"的概念，与民间文学、作家文学相并立，使东巴文学从原来民间文学的附庸身份中独立了出来。

在以"文学创作"为维度的文本制作过程中，东巴经典只是起到参考作用，不仅对原文语言、情节进行符合文学审美要求的创编，甚至主题也发生较大改变。

现有文献整理存在语境缺失

纳西东巴文献整理以1999年出版的《纳西东巴古籍译注全集》（以下简称为

《全集》）为主，这一集 20 年之功的皇皇巨著影响深远、意义重大，但仍存在以下几个不足。

第一，全集不全。在具体的文本制作中出现了"全集不全""经典缺失"的问题。如《全集》中仅收录了丽江市古城区、玉龙县境内的东巴古籍，而东巴文化生态保存较好的迪庆、宁蒗、四川木里等地的东巴经书付之阙如，同时丽江以外的国内外收藏的大量东巴经书也没有得到收录整理。

第二，不同异文本的缺失。变异性是民间文学、口头传统的主要特征，同一口头传统文本，在不同地区、不同时期、不同传承人中存在着较大的异文性，而这恰好是构成一个族群内部文化多样性的表征，遗憾的是在这些成果中往往以一地、一人的"代表作"取代了其他异文本。如纳西族的《创世纪》《黑白之战》《鲁般鲁饶》，羌族的《羌戈大战》《斗安珠与木姐珠》，彝族的《勒俄特依》《梅葛》《查姆》，苗族的《亚鲁王》等经典名篇的异文本在上述整理本中存在不同程度的缺失。

第三，语音失真。主要指在制作文本时没有根据不同演述人及文本来源地的方言音系进行记录、译注，大多采取了统一的以一个方言为音乐标准，导致了音系失真的问题。如《纳西东巴古籍译注全集》以大研镇土语音系为标准，而《全集》中的东巴经书大多来自大研镇以外的宝山、鲁甸、塔城、鸣音等地。大研镇土语只有一套浊辅音，而宝山、鲁甸、塔城等地的土语则分为纯浊音和鼻冠音两套。各种经典读音中纳西语各种方言音韵在一些研究中几乎都被抛弃殆尽。

第四，语境缺失。民族文献大多源于口头传统，而口头传统往往在传统民俗活动的演述中得以传承，有着突出的文化语境与演述场域。但在现有的整理文本中，对文本演述的仪式类型、演述场域、演述者、受众者、版本背景等内容无从得知，如《全集》对所选经书的著述者、出处、搜集者、版本特征没有予以说明。喻遂生认为："每本经书前，应详细记录版本学特征，如纸张、开本、色彩、装订、抄写人（若有的话，下同）、抄写时间、流传地区、入藏时间、现藏地点等，这对于研究东巴经的流传、发展、断代和分域比较是至关重要的。而这些特征有的从《全集》中看不出来，有的靠读者自己去钩稽。"由此也带来了诸多对文本释读的误区及障碍，也损害了文本的真实性与完整性。

"影音图文"数据库是指对口头传统的录音、影像、图片、资料文本按照数据结构来组织、存储和管理数据的档案仓库。该数据库建设分为三个具体步骤：田野调查与搜集、对调查与搜集材料进行分类整理、归档入库。可以看出，在数据库建设的流程中，田野调查与搜集是第一个环节，也是决定数据库质量的关键因素。田野点、田野报告人、调查方式、调查方案、调查者自身能力及团队协作决定着田野工作的质量。

笔者认为，东巴文献的整理可以通过对调查期间获得的第一手影音图文资料，在进行文献整理时，在遵循了《纳西东巴古籍译注全集》所采用的东巴文、国际音标、汉字直译、意译的"四对照"基础上，加入了字释、五线谱、版本说明、演述语境、影音图文附件等五个方面内容，从而使东巴文献的真实性与完整性得到了有效保留。这种多种手段相互对照的东巴经文译注、整理方式保留了口头传统、演述语境、民族志文本的特征；同时，东巴文化的口头性与书面性双重特征也得到了完整体现。从中可以对经文的吟唱、内容、音韵有较为全面的深层解读，同时借助影音图文的文件的演述语境还原，达成了静态的书面文本与动态的影音文本的多重互证功能。影音图文构成了译注、整理经文的底本。五线谱、国际音标注音、直译皆源于影像、录音与现场口头记录文本，从而最大限度地保证了口头传统文献的真实性与完整性。尹虎彬在《口头传统视野下的中国史诗研究》中提出："利用口头资料，汲取当代语言学、人类学和民俗学的营养，克服教条主义的做法，不照搬外国理论，我们的研究不是为了某种现成的理论提供证据。从中国的材料出发，解决中国的问题。目的在于争取在田野作业的操作程序、材料的搜集整理、编目和归档，学术研究的概念运用和问题意识上与国际通行法则接轨，研究要面向世界，面向21世纪。"这应是东巴文献整理及研究的必由之路，也是新时代赋予的学术使命。

（原载《中国社会科学报》2014年7月11日第 A05 版）

"立夏祭冰神"与民间剪纸的祭祀功能

乔晓光

河北省邢台市东部乡村的彩色套贴剪纸，这些剪纸形式独特，常用于一年中乡村各类信仰习俗活动，表现出与其他地区不同的剪纸使用功能。

河北邢台东部乡村村社传统中多神的民俗信仰行为，方言称之为"花花好"。"花花好"在当地方言中有"掺合好"的意思，表示"啥都有了"。"花花好"对道、佛及相关的地方诸神都信，但不归某一宗教。"花花好"以乡村中老年妇女为信仰主体，男性很少参与，年轻女性也很少参与。当地人又称"花花好"为"善男信女好""老妈妈好"。"花花好"的信仰行为主要包括念经、行好、做功等方式，多为中老年妇女自发组织的村社民俗信仰祭祀活动。

河北邢台东部乡村"花花好"民俗信仰活动中，妇女们把制作敬神用的剪纸称为"做功"，会"做功"的人叫"能人"。"功"是送给神的礼，因此，村社所有民俗信仰活动中，妇女们都会以"做功"的方式，铰制各类彩色套贴剪纸祭祀焚烧。根据村社一年中不同时间的节日祭祀内容，"做功"又分"全功""大、小功"和"一坛功"，各"功"之间剪纸的类型繁简有别。

邢台市东部乡村是东汉太平道的发源地，也是民间宗教信仰活动丰富活跃的地区。我们在调查过程中，发现了该地区和二十四节气相关的重要而又规模大、时段长的祭祀活动——"春分打醮"与"立夏祭冰神"，这两个祭祀活动在文化空间及民众参与方面表现出共同的特点，即都是以剪纸作为祭祀文化空间实现的重要手段；剪纸制作群体的乡村妇女是活动的重要参与群体；剪纸的制作及焚烧是人与神灵沟通敬祭的重要方式。作为民间剪纸还原的生活事实，我们对这两个与二十四节气相关的重要民俗活动进行了追踪式调查。"立夏祭冰神"的个案调查即是初期成果之一。

"立夏祭冰神"活动，时辰不是固定的，以每年具体的立夏之日为祭日（公历5月6日前后），主祭以108位龙王为主的诸神，祈求诸神免除冰雹灾害。当地俗谚说，"雹打一条线，旧道年年串"，意思是说，冰雹的线路经常是固定的，因而受灾的区域也是固定的。在调查中我们发现，有"立夏祭冰神"习俗传统的村庄分布与冰雹线是基本对位的。每年5—6月间，正是当地主要农作物冬小麦和春播棉的重要生长期，这时发生的冰灾会使全年收成损失严重。在以农业种植为主要生存来源的年代，这是无法弥补的灾害，会使生活无法维持。

邢台市后张范村专为"立夏祭冰神"成立的村社组织"龙神会"，体现了村民在认同维系村社独有的信仰传统方面的群体心理需求。同时，后张范村村社道教信仰传统、"花花好"多神信仰传统，也成为祭冰习俗维系传承的情感内驱力，使村社延续了本土的文化信仰和对自然的敬畏感。祭冰与现实生存的相关性、祭冰和保丰收的直接关联，这些都成为村民传承信仰习俗的最切身的动因。

"立夏祭冰神"的重要场所——祭祀神棚——其中的神像布置及敬神的各类伞、旗、幡等剪纸的"功",都是由"花花好"的妇女们完成。"做功"的剪纸不仅成为信仰祭祀空间的代表象征,同时,也是村社每个家庭与神沟通、敬祭、实现吉祥心理的重要渠道和手段。

在"立夏祭冰神"习俗中,"做功"的剪纸主要有以下几个类型。

香伞:香伞又称"宝伞"和"花伞",为圆形,以竹篾做骨架,裱糊彩纸,以纸扎的彩花和剪纸的花草纹样装饰。香伞多为老年妇女中的能手所为。一般香伞为一对,悬挂于祭祀神棚中,成为敬神的重要象征。

神楼:神楼是安放神位用的彩色纸扎,"立夏祭冰神"用的神楼里安放的是108位龙王。神楼摆在祭冰活动的家庙正屋里的主神位置。神楼制作也是比较复杂的纸扎手艺,包括扎神楼架、裱糊神楼、贴制彩色剪纸、扎纸花,以及做神帘和房脊兽等。

通天旗、通天宝、宝号:这三种类型剪纸,是邢台东部乡村民俗使用比较普遍的剪纸类型,其主要功能是"花花好"妇女以剪纸"做功"的方式敬神。一般做此功的多为岁数大、已有子孙的中老年妇女,她们"做功"为求平和,求家里好。这三类剪纸在民俗活动中悬挂在祭祀神棚中,也是构成祭祀信仰空间的重要象征。祭祀活动结束时,焚烧剪纸以示送神。

一坛功:敬祭时烧"一坛功",是河北邢台东部乡村"花花好"的妇女们平时信仰祭祀活动常用的剪纸敬神方式。"一坛功"是一组剪纸,其中包括:一对旗、伞一把、抄子一个、花一束、幡两个、灯

笼两个、扇子一把。这些剪纸通常由几个妇女共同制作,完成后插在纸做的香炉或装满粮食的斗中,祭祀活动后,焚烧送神。

后张范村"立夏祭冰神"习俗之源头已不可考,据当地人推算,约有二百年以上的历史。"文革"时,后张范村的"祭冰"习俗并没有中断,当时,村里的男人已无人敢去组织正式的祭祀活动,但村上"花花好"的老年妇女不怕被抓,她们偷着组织一些热心的妇女在家里做个"小功",偷着念经、做面鸡、面鱼、面猪,在院里偷着完成祭冰神的仪式。20世纪80年代初恢复的传统祭祀活动,如果没有妇女的积极参与是无法顺利圆满地完成的。"花花好"的妇女们,也正是在这样一种社会因素的变化状况下,进入祭祀活动的主体。实际情况是,主持重要祭祀仪式活动的主体仍是男性,但"花花好"的妇女们被允许进入祭祀神棚,并可在神棚中参与整个仪式。

以村社为依托的"立夏祭冰神"习俗,使我们看到了村社文化蕴含的深厚文化根基和民众对文化信仰需求的热情。此个案为我们提供了一个集自然、农业、节日、信仰、艺术以及村社组织与村民参与等多因素共生互存的"活态文化"形态。我们从中不仅可以观察、发现民间艺术在乡村生活中的文化存在,也可以从中感悟到村社文化在当下文化传承中的作用及存在的问题。农村活态的村社文化传统中,还有很多本源的东西我们没有发现,这不仅是中华民族几千年农耕文明遗存在乡村中的文化遗产,也是本土文化精神传承发展的重要组成部分。

(原载《中国人民报》2014年
8月19日第8版)

被"承包"的庙宇

王加华

20世纪90年代中后期，在中国出现了一个引人注意的现象，即越来越多的庙宇，尤其是那些位于旅游景区内的庙宇被私人承包而成为谋取经济利益的"摇钱树"。这一情形，正如《中国新闻周刊》（2012年1月9日）的一篇文章中所指出的那样："承包寺庙，已成为一些旅游景区真实的现象。出资人与寺庙管理者——政府职能部门或村委会签订合同后，前者拥有规定期限内的寺庙管理经营权，向后者缴纳一定的承包费用，再通过香火等收入赚取利润。""这是一门新的生意，不要技术，不需厂房，打的是庙宇的主意，靠他人的虔诚和信仰攫取暴利。"

如今，一些处于非旅游景区内的庙宇也出现了被个人承包的现象，如山东省潍坊市寒亭区名为禹王台的民间庙宇，就被一个来自东北的道士所承包。与此同时，随着作为"一门生意"的庙宇承包经济效益日渐明显，亦出现了由私人出资兴建庙宇的现象。如在浙江温州，一些人就主动出资兴建庙宇，然后再通过信众捐赠或打醮等仪式活动获取资财，很多庙宇借此"年收入"据说可达数百万元。

一些承包人承包庙宇的目的并非如其所宣扬的那样"在于复兴传统、造福民众"，其最主要的目的是赚取经济利益。而其"创造利润"的方式：一是收取门票，如山东潍坊禹王台庙，每年庙会期间前来参加的人数将近10万人，仅门票即可收入不菲；二是通过收取香火钱或雇佣一些所谓的"大师"为游客、香客解签占卜或做法事等赚取利益，如在昆明宜良岩泉寺，"大师"为游客攘灾解厄的香价少说也要一两百元一炷，更有上万元的天价香；三是收取捐款或募捐，如同样是在山东潍坊禹王台，在庙宇建设过程中，光收取地方企业的捐款就少则几万元，多则几十万元，而实际的建设用款却远用不了这么多。此外，随着一些寺观庙宇吸金能力的提升，如今还出现了寺庙"被上市"的现象，大搞"股份制""中外合资""分红提成"等经营管理模式，承包人更是赚得盆满钵满。

而随着庙宇被承包并置于个人控制之下，传统信仰活动开始表现出一种"被私有化"的倾向。诚然，作为一种精神意识活动，信仰本身并没有"公有化"或"私有化"之说。而就某一单体的信仰场所而言，却完全有可能出现被"私有化"的情形，从而使"神圣空间"与附着于此的神灵表现出一种"被私有化"倾向。这里的"私有化"主要是就所有权或占有权而非"使用权"角度而言的。而这种所有权与使用权的分离，又会在一定程度上使人人可自由支配、精神层面上的神灵崇拜意识亦出现某种"被私有化"的感觉。虽然意识层面上信众仍具有崇信神灵的自由，这一神灵也仍然被大家所"共享"，但由于神灵所在空间的被私有，于是本该自由、自主的信仰似乎也被别人控制了，由此"我们的"信仰变成了"他的"信仰。

就传统中国而言，虽不能完全排除庙宇由某个人所拥有或占有的情况存在，但像当前这种庙宇"被私有化"的情形却很是少见。一个庙宇，我们可以根据其辐射范围之不同而划分为不同层级，如全国性、地区性、社区性等，由此导致地域影响与信众群体范围的不同。从管理角度而言，这些庙宇可能会有专门机构或群体予以组织与运作，但却很难说其就归这些机构或群体所拥有，因此也很难对其所有权或占有权进行明确界定。不过虽然如此，却至少可以肯定其绝非"私有"。从使用权角度来说，过去这些庙宇也是完全向公众开放的。因此，可以说传统时期的庙宇所有权（或占有权）与使用权是大体一致的，至少不会完全分离。

新中国成立以后，随着越来越多名山大川被收归国有或集体所有，进景区要先收取门票，这使得景点内庙宇的所有权与使用权开始逐步分离。虽大部分庙宇的实际所有权仍在国家或集体手中，但承包者却获得了完全的经营管理权或短暂的占有权，如禹王台庙，其承包者可自主改变庙宇格局、采用自己的经营方式等，这种情形对民间信仰的影响力也是不能忽视或小视的。

当前庙宇承包或兴建热的兴起，与"经济利益至上"观念的影响有极大关系，是"文化搭台，经济唱戏"模式在信仰领域的延续。在今天的中国，大多数的名山大川、寺观庙宇、名人故居等被商业化与产业化，成为地方政府推动本地经济发展的重要举措之一。而对像庙宇这些与民间信仰相关的宗教场所而言，限于地点及其所进行活动的性质，政府机构往往无法公开"经营"，于是便转为个人承包，这样一来，政府既不用承担直接责任，又能获得数目不菲的承包费。如昆明宜良岩泉寺，虽仅为国家AAA级景区，一年承包费竟高达720万元。而从承包者角度来说，

通过缴纳承包费而获得经营自主权，亦能获得滚滚财源。

其实，对于这种"宗教搭台，经济唱戏"的做法，中央政府早有关注。1994年，当时的国家宗教事务局就发布了《关于制止乱建佛道教寺观的通知》，要求各级党政领导不能以任何理由支持、参与乱建庙宇活动，不得以任何形式搞"租赁承包"等。2012年10月，国家宗教事务局等10部门又联合下发文件，要求严格制止当前寺庙宫观"被承包""被上市"的现象，严禁地方党政部门和领导借发展文化、发展地方经济的名义以此敛财。不过鉴于当前寺庙宫观的强大"吸金"能力，这些通知要求能否真正发挥效力还需拭目以待。

此外，庙宇承包热潮也与当下的信仰大环境有一定关系，这在民间信仰领域体现得更为明显。长期以来，民间信仰一直是我国民众中极为流行的神灵信仰方式。20世纪初，在"民主""科学"思潮影响下，民间信仰开始被冠以"迷信""愚昧"等各种称呼。新中国成立后，民间信仰更是受到主流意识形态的压制，大量寺庙宫观被拆毁、各种宗教信仰活动被禁止、大量神职人员被打压，从而导致了民众生活中民间信仰的"被排除"与缺失。80年代后，随着信仰大环境的逐渐宽松，民众的神灵信仰情结又被激发出来。但由于原有信仰场所等的大量拆除，于是出现了宗教"服务市场"与民众信仰需求间的矛盾，从而很大程度上导致了当下这种乱建庙宇及庙宇承包等现象的出现，现有"宗教产品与服务"的价格也随之提升。然而值得注意的是，当前的庙宇承包热潮若进一步发展下去将极有可能反过来造成民间信仰在民众生活中的进一步缺失。如在禹王台庙，由于门票的收取及承包人对原有庙宇建筑与神灵格局的极大改变，一定程度上阻碍和削减了当地民众对地方神灵的

祭拜活动与心理认同，长此以往，必将对民众信仰活动造成一定的冲击。因此，对于当前庙宇承包的热潮，不是单单发布禁令就能解决问题的，可能还需要多方面的综合考虑。

（原载《中国文化报》2014 年 3 月 7 日第 7 版）

福字是最深切的春节符号

冯骥才

每年最冷的日子里，当那种用墨笔写在菱形的红纸上的大大小小的福字愈来愈多地映入眼帘，不用问，自然是春节来了。福字带来的是人们心中熟稔的年的信息和气息，唤起我们特有的年的情感，也一年一度彰显出年的深意。

福字在民间可不是一般的字，这一个字——意含深远。

它包含的很多很多，几乎囊括了一切好事。既是丰衣足食、富贵兴旺，又是健康平安、和谐美满，更是国泰民安、天下太平。可是生活永远不会十全十美，也不会事事如愿，此中有机遇也有意外，乃至旦夕祸福，这便加重了人们心中对福字的心理依赖。福是好事情，也是好运气。再没有一个字能像福字纠结着中国人对幸福生活强烈的渴望与心怀的梦想。它是广大民间最理想化的一个汉字。平时，人们把这些美好的期望揣在心里，待到新的一年——新的一轮空白的日子来临的时候，禁不住把心中这些期待一股脑儿掏出来，化为一个福字，端端正正、浓笔重墨写在大红纸上，贴在门板、照壁和屋里屋外最显眼的地方。这叫我们知道，人们年时最重要的不是吃喝穿戴，而是对生活的盛情与企盼。

节日是人们的精神生活。

关于贴福字的起源传说很多，但我相信的还是民俗学的原理，它是数千年来代代相传、约定俗成、集体认同的结果，它作为一种心灵方式，深切和无形地潜藏在所有中国人的血液里，每到春节，不用招呼，一定出现。它不是谁强加的，谁也不可能改变它，谁也不会拒绝它。于是，福字包括贴福字的民俗就成了我们一种根性的文化。

近年来，不断有人想设计春节符号。显然，持这种好心的人还不明白，节日的符号更是要约定俗成的。它原本就在节日里。比如西方圣诞节的圣诞树，万圣节的南瓜灯，中国春节的福字，端午的龙舟，中秋的玉兔，元宵的灯笼，等等，早已经是人们喜闻乐见、深具节日内涵的象征性的符号。节日的符号不是谁设计的，是从节日生活及其需要自然而然地产生出来的。只要人们需要它，它就不会消失，还会不断被创造。记得多年前中央电视台一位记者在天津天后宫前年货市场上采访我，他想了解此地老百姓怎么过年。我顺手从一个剪纸摊上拿一个小福字给他看，这福字比大拇指指甲大一点儿。这记者问我这么小的福字贴在哪儿，我说贴在电脑上。平日电脑屏幕是黑的，过年时将这小福字往上一贴，年意顿时来了。这种微型的福字先前是没有的，但人们对它的再创造还是缘自节日的情感，顺由着传统。

再有，民俗都是可参与的，就像写在红纸上的这个福字，真、草、隶、篆怎么好看怎么写，任由人们表达着各自的心愿。因为福字是自己写给自己的，是一种自我的慰藉，自我的支持与勉励，也为了把自己这种生活的兴致传递给别人。

中国人对生活是敬畏的，对福字更是郑重不阿。我曾写过一篇文章《大门上的福字不宜倒贴》，是讲中国人对生活的态度。还有一个小故事，我小时候见一位长者写福字，他写好了看了看，摇摇头不大满意，但他并不像写一般字——写坏了就把纸扯掉，而是好好地压在一摞纸下边。他说福字是不能撕掉的。这种对生活的敬重与虔诚、对文化的虔诚，一直记在我心里。这是多美的生活情感，多美的民俗，多美的文化方式与心灵方式。中华民族不就凭着这种执著不灭的生活精神与追求，在东方大地上生生不息了五千年吗？

别小看这小小的红纸上简简单单一个墨写的福字，它竟然包含着我们民族生活情感与追求的全部和极致。它称得上我们一种深切的春节符号。因而，每每春节到来，不论陕北的山村还是江南水乡，不论声光化电的都会还是地远人稀的边城，大大小小耀眼的福字随处可见。一年一度，它总是伴随着繁纷的雪花，光鲜地来到人间，来到我们的生活和生活的希望里。

（原载《中国艺术报》2014 年
1 月 29 日第 1 版）

法律要为年俗留下空间

支振锋

春节来临，烟花爆竹的话题重新被捡起，是禁是放，各有说辞。在近日陆续召开的各地两会上，一些地方的人大代表建议，应该以立法的方式禁止中心城区燃放烟花，以缓解日益严峻的空气污染。还有人建议，至少应该严格行政审批，对烟花爆竹的运输、燃放等行为进行控制。

事实上，近些年来，这一话题几乎每年都会引发激烈争议。从立法和执法的角度对燃放行为进行规范，固然是法治思维与法治方式的体现，同时也要看到，对于"爆竹声中辞旧岁"的传统风俗，还需要通过文化创新的方式来改造，以适应现代社会的生活方式。正如孟德斯鸠所说："要改变风俗和习惯，不应当用法律，否则便是粗暴。"

传统农业社会，燃放烟花爆竹寄托了人们"辟邪"、行好运的心愿，也给孩子们添了乐子，给大人带来了喜气儿。但在现代高密度生活的大都市，情况显然不同：一方面，人们已经不堪喧嚣，他们更希望已经浑浊的城市空气能够清爽一些，繁忙工作之后的假日能够安静一些；而另一方面，物质生活的逐渐丰裕，使人们对"年味儿"有了更高的文化期待，甚至赋予其文明传承与传统复兴的意义。"过年"成了现代生活中的文化乡愁，是个体的情结，是民族的时序密码。一串小小的爆竹，是禁是放，也因而承载了传统与现代、文化与文明的价值评判，变得沉甸甸起来。

在"春节"的文化转型中，能不能找到一种方式，让大家各得其所？让这一传统节日既有持敬守静的"敬"，红红火火的"喜"，家人友人的"亲"，又不至于太"俗"太"闹"，贪"吃"爱"礼"，偶尔还有一个"赌"字？更为关键的是，传统的春节习俗，过于重视血亲小圈子，而相对不够重视开放的公共领域生活；固然不乏爱心，却也仍然有待培育公益心。能否在重建春节习俗的过程中，同时加强文化认同和公共意识？比如，在一些国家民俗中，通过特定的仪式和形式，体现出社区和团体的存在，通过不限于家庭亲人的群体活动，构建出丰富的公共生活领域，在更大的程度上培养对社会、国家、民族的归属、认同与公益心。

因此，立法者和执法者应该有更大的文化关怀，通过具体的技术手段，既维护现代社会中人们的法定权利，又为传统文化留下生长的空间，使之成为促进民族认同和强化共同体意识的重要节点。比如，能否通过科技手段，降低烟花爆竹的污染、噪音和火灾隐患？舞狮舞龙扭秧歌，是否通过居民自治和民主协商的方式选择时间和地点，既保留年味又培养自治意识？社会组织能否行动起来，举办一些体现组织性、开放性和集体性的节庆活动？等等。

自省促进文化创新。这些看似是小事，却有助于形成开放的公共生活领域，帮助国家将社会"编织"起来，有助于在复杂、分化的转型社会中增强归属、凝聚共识、增加认同，更好地在继承中发展，在传承中创新，从而体现传统民俗"正风俗、伤人心"之教化正俗的美意。因此，尽管我们的民俗已经有着极为充实的形态，但完全还可以运用法治的手段和法治的方式，进行更丰富美好的文化创新，从而成为中国梦清雅却丰富的底色。

（原载《人民日报》2014 年 1 月 29 日第 5 版）

七夕：一种积淀着民俗文化历史的符号

陈华文

在中国节俗文化中，七夕是一个非常独特且具有地方性特色的节日，它不仅历史非常古老，而且在传承过程中，与各种文化相互交错，在不同的历史时期，突出自己的时代特征的同时，还表现出鲜明的汉民族农耕文化传统和对性别文化的认同和确认。在南北朝之后，七夕由农耕和祭祀型节日，逐渐演化为以女性为主角，以乞巧等为主题的乞巧节或女儿节，成为中国历史上唯一的女性节日。

在汉民族众多的节日中，七夕独具异彩，其中尤以妇女乞巧为盛，故又有乞巧节或女儿节之称。从其源起、传承、变异和衰落的整体演变轨迹中，我们可以发现七夕的递变历经了极其复杂的过程，它从最初功利性强烈的节日类型，如时季性、农事性、祈丰祭星的事项异化分离，逐渐转变为娱乐性突出的节日类型，尤其是牛郎织女神话给它带来了凄美的节日效应，这是其他节日所少有的。今天，只要我们历史地、客观地考察七夕节俗的源起、发展、嬗变和衰落的真实的传承路线，就可反观渗透其中的深层的古老的文化意蕴和传统因袭的观念意识。七夕，作为一种民俗文化的符号，积淀着汉民族深沉的精神内核。

牛郎织女节日神话传说的产生，有着深广的社会根源和基础，渗透了关于男耕女织的理想社会观念。牛郎织女是农耕社会的典型代表人物，而织女的心灵手巧又符合经典农业文化对妇女自身的要求，它与封建社会对妇女的伦理规范相一致，深为人们所接受，牛郎织女的神话因而成了七夕节俗里的传统象征符号。

牛郎织女神话的产生有一个过程，最初的织女、牵牛只是两个星座的名称，后来演化为主宰农作物的星神。《史记·天官书》："织女，天女之孙也。"星神也有人间一样的血缘关系。至汉末古诗《迢迢牵牛星》终于进一步人格化、人情化，产生了两星相恋的爱情故事，善良的人们不满于结局的凄凉，编织了喜鹊搭桥的情节，《岁华纪丽》引《风俗通》："织女七夕当渡河，使鹊为桥，相传七日鹊首无故皆髡，因以梁渡织女故也。"可见经代代传承，牛郎织女的神话渐渐完整成熟，从而家喻户晓、老幼皆知。

牛郎织女的神话积淀了汉民族的价值观念、道德伦理观念以及对妇女心灵手巧特殊地位认同的观念。首先，牛郎织女正是男耕女织的农业社会的代表人物，在道德伦理上初步体现了对自由恋爱、破除等级门户束缚的向往，同时也深刻揭露了由于长期的封建统治所造成的根深蒂固的礼教约束。天河的不可逾越，正是礼俗势力顽固性的体现。而最终的一年一度的七夕相会，与其说是人们善良美好意愿的表达，不如说体现了这种善良美好的理想不能实现的悲凉的失落感。

自始至终，七夕的牛郎织女传说带给人们的是既喜又悲的心理感受，既有今夕团聚的欢快，又有相聚不易散则易的惆怅、失落。这种甜蜜的忧伤气氛充溢着七夕节，人们既能感受到难得一聚的惊喜，又能体验到人生缺多圆少的永恒的悲凉，从中顿悟生命中许多哲理的悲剧性的亘古之谜。由于这种既喜又悲心理体验的强烈性，从而产生了为永恒团聚而祈求的美好愿望。

七夕乞巧事象的产生，有着两条传承线路的发展轨迹：其一，七夕节原先的时季性的农事祈丰行为进一步发展，由祈星求丰逐渐衍化为乞求智巧；其二，由于牛郎织女神话的深入人心，节日传说中的织女形象令广大妇女又怜惜又敬慕。这种对织女的既敬又怜的情感，转化为对织女心灵手巧的仰慕，于是，由牛郎织女节日传说的一再促进，七夕节终于衍变出乞巧的事象，并经历代相承，成为七夕特定的唯一主题，使得七夕的文化意蕴发生了一次嬗变，终而成为乞巧节、妇女节或女儿节。

乞巧事象的产生有其深厚的社会根源。在长期的男权主义封建社会里，妇女应该心灵手巧的观念，既符合统治阶级的利益和男人的意愿，又是妇女们自身的美德规范之一，所以，乞巧的活动在封建社会里极其流行，盛况空前。

据《开元天宝遗事》记载，唐明皇杨贵妃每年到七月七日夜都在清华宫设宴，这个时候宫女一律手捧瓜果酒馔站在院子里，向牵牛星织女星求巧，同时，每个人各自去捉蜘蛛关在小盒子里，到天亮的时候打开盒盖观察蜘蛛网的稀密程度，把它作为是否得巧的征候：蜘蛛网密的得巧多，稀的得巧少。民间群起效仿，成为习俗。当时皇宫中用锦缎结成高达百尺，上面可以站数十人的楼殿，上面陈列瓜果酒菜，设立坐具来祭祀牵牛、织女二星。嫔妃们各自拿九孔针、五色线对着月亮穿针，穿过了就是得巧的征候。而南唐后主李煜更是别出心裁，每到七夕求巧，一定命令百工用红白丝绸竖起月宫天河的形状，等晚上求巧结束了，才把它收起来。至宋时，富贵人家大多在庭院中扎起彩楼，叫做乞巧楼。铺陈磨喝乐、花瓜、酒菜、笔砚、针线，或者儿童写的诗，女郎呈上她们的巧手制作，点上香祭拜，称之为乞巧。妇女对着月亮穿针，或者捉小蜘蛛放在盒子里，第二天观察盒子里的蜘蛛网，如果蛛网圆正，就说她得巧了。明清时一如往时，可见乞巧在历史上曾经风靡一时。

乞巧的具体细节，如果加以仔细考察，还有许多繁琐细致的讲究之处，如何判定已乞得巧？《荆楚岁时记》："有喜子（蜘蛛）网于瓜上则以为符应。"也有的捉来小蜘蛛放于盒内，次日清旦观看织网之况，蛛丝越密得巧越多。"对月穿针"是另一种扣人心弦的方法，所穿的针用金银铜铁特制而成，有五孔、七孔和九孔针，能将线飞速穿过去的为得巧。正如唐朝诗人祖咏《七夕》所写："对月穿针易，临风整线难，不知谁得巧，明旦试试看。"还有的地区则端一盆水，放在太阳或月亮之下，投针在水中，看针浮水面时盆底的影子。如《帝京景物略》所载："有成云物、花头、鸟兽影者，有成鞋及剪刀、水茄影者，谓乞得巧。"这些乞巧里的细微的节俗规范，说明乞巧事象不但在历史上流传久远，而且流传地区也极广。

乞巧是我国妇女心灵手巧的写照，也是妇女们在长期压抑的专制之下，要求提高自身价值的变异形式，而这种乞巧的变异形式，却依然走不出妇女自我束缚的怪圈。随着社会的进步和妇女对自身价值的再认识，心灵手巧不再是妇女的唯一美德标准，当妇女们自我个性意识觉醒时，乞巧的事象也就渐渐淡化，以至在现代生活中，七夕的乞巧成为名存实亡的遗迹，如清末余杭女子陈炜卿在《七夕诗》里写的："梧桐金井露华秋，瓜果聊以节物酬。却语庭中小儿女，人间何事可干求？"代表女性的某种觉醒和对乞巧的冷淡态度。这是社会发展的必然结果。

随着七夕乞巧事象的逐渐衰亡,七夕作为妇女的节日也就走到了历史的尽头而成为过迹了。七夕节发展到今日,人们除了只是想起牛郎织女七夕相会之外,它最初曾有的文化意义终于全部失却,于是,七夕节也就变得几乎与平日无异。

七夕作为一种民俗事象,它的产生、发展以及渐衰的传承演变有着多种因素。七夕,从最初始的时季性的原委和农事为本的祭祀仪式的选择,以及这种星辰崇拜的世俗化、人情化,到产生关于牛郎织女的优美凄凉的神话,并转化为乞巧乞智求祈女性各种人生美好愿望,它们都不是无源之水,而是历史的必然。

（原载《中国艺术报》2014 年
8 月 22 日第 S04 版）

55.1%受访者建议重拾传统节日文化内涵

王品芝

圣诞节又至，城市的各个角落都弥漫着浓浓的节日氛围，开始了一场以年轻人和孩子为主体的集体狂欢。回想不久前的万圣节，一些中小学甚至幼儿园的孩子都手提南瓜灯，尽情上演一幕幕"变装秀"。这让我们反思：我们民族的传统节日怎样吸引年轻人和孩子们？

中国青年报社会调查中心通过民意中国网和手机腾讯网对 18 377 人进行的一项调查显示，55.1% 的受访者认为应重拾传统节日文化内涵，58.6% 的受访者看好元宵节逛灯会、猜灯谜会让孩子觉得好玩，38.6% 的受访者看好除夕包饺子、放鞭炮、压岁，37.2% 的受访者看好重阳节爬山、野营、赏菊。

受访者中，"00 后"占 4.0%，"90 后"占 40.6%，"80 后"占 38.0%，"70 后"占 9.5%，"60 后及以上"占 7.9%。

为什么过"洋节"的孩子越来越多？

人们常过哪些"洋节"？调查中，58.6% 的受访者表示常过父亲节，53.9% 的受访者选择母亲节，47.6% 的受访者认为是西方情人节。其他节日还有：圣诞节（24.2%）、复活节（22.0%）、愚人节（13.1%）、万圣节（9.8%）、感恩节（6.8%）等。

在广东东莞从事媒体工作的孙娜（化名）告诉记者，她周围很多人过圣诞节，尤其是家里有小孩的。"圣诞老人在圣诞节给小朋友送礼物，这是一个孩子最美好的盼望。所以我从孩子 3 岁开始，就会充当圣诞老人的角色，偷偷准备礼物放在袜子里，所以我女儿快 8 岁了还相信真的有圣诞老人。圣诞节又到了，我这个圣诞老人又要出动啦。"

"洋节"也受到很多年轻人的喜爱。在重庆某广告公司工作的耿佳佳在万圣节出去玩时，发现"满大街都在过节，我们吃完饭后根本打不到车回家。西方节日重社交性，给年轻人提供了一个出去疯玩的机会"。

北京师范大学民俗学与文化人类学研究所教授杨利慧认为，全球化背景下，大家过节的形式越来越丰富，可选择的资源越来越多，这是一个好现象。我们的传统节日注重传统文化，讲究家庭、自然节气，西方节日有很多戏谑的成分，给个体的空间比较大，可以互相取长补短。比如西方的父亲节、母亲节，就给了我们更多的情感表达空间。

为什么会有越来越多小孩子开始过"洋节"？调查显示，58.4% 的受访者认为是由于商家造势促销，45.5% 的受访者表示是学校幼儿园搞活动，19.6% 的受访者认为是受媒体宣传影响，15.5% 的受访者觉得是因为孩子好奇，觉得好玩。

孙娜说，现在很多学校组织小朋友过"洋节"，在这些活动中孩子们可以尝试自己去要糖果，自己设计服装，自己装扮圣诞树，满足了他们好玩甚至恶作剧的心理。"虽然'洋节'很大程度上是商家在起推动作用，但是这种让孩子高度参与的节日形式，我们家长也非常喜欢。"

北京某高校教师杜俊强认为，户际交流有利于孩子成长。但是我国节日多是以祖先崇拜、农耕节气为核心，户际交流较弱。而有些"洋节"基于宗教内容，包含社区间的交流因素，可以鼓励孩子进行人际交往。比如万圣节时孩子能体验邻里间的友好开放氛围。

辽宁师范大学学前教育与特殊教育系主任邹晓燕认为，一方面小孩子对好玩的事情会产生好奇，"洋节"化妆、游戏等形式浪漫有趣，符合孩子的心理特点，另一方面现在的孩子压力大，缺乏娱乐活动，过"洋节"可以找借口玩，因此普遍都感兴趣。

哪些传统节日会让孩子觉得好玩？

怎样才能让传统节日好玩起来？55.1%的受访者认为应重拾传统节日文化内涵，37.7%的受访者建议增强节日的娱乐氛围，20.0%的受访者认为社区应该多组织传统节日活动，15.5%的受访者提出要注重节日活动对青少年的熏陶与感染，13.5%的受访者建议卡通影视剧等多表现传统节日过法。

杨利慧认为，过去我们传统节日的狂欢氛围并不亚于现在的"洋节"。我们在春节、元宵节舞龙舞狮、逛庙会，都很有趣，但现在我们去逛庙会，就是买一些小商品，没什么新鲜感。如何像西方节日一样，保持文化上的新鲜感，社区在这方面还有很大的作为空间。

孙娜则感觉，我们正在丢失传统。过年的时候拿红包、放鞭炮，孩子们都喜欢。但是现在红包成了孩子们攀比的工具，受空气污染影响，也不能放鞭炮了。"中秋节，我们这里会让孩子们'游灯笼'，就是提着灯笼到处逛。我们小时候是自己到每家每户去讨蜡烛，很好玩。但是现在这些都没有了，大家不再准备蜡烛，家长也会担心孩子的安全。"

对于一个节日，受访者最看重什么？61.5%的受访者首选全家团聚，57.4%的受访者看重传统传承。接下来是：假期（24.2%）、文化内涵（18.5%）、热闹欢乐（14.0%）、轻松有趣（6.9%）、娱乐性强（6.6%）、参与度高（4.6%）等。

孙娜说，作为家长，虽然不介意孩子过"洋节"，但还是更希望她喜欢过传统节日，懂得传统文化。但是如果孩子不能真正感受其中的意义和快乐，她就不是发自内心喜欢这个节日。

邹晓燕认为，对于孩子们来说，节日内容充实、欢乐，参与过程好玩，才能留下深刻印象。我们的节日都是在吃，在吃的同时，如果给孩子讲一讲节日的内涵，做一些有趣的游戏，让他们体会到过节的感觉，孩子们才会想要过这个节日。

受访者看好哪些传统节日会让孩子们感觉好玩？调查中，58.6%的受访者看好元宵节逛灯会、猜灯谜，38.6%的受访者看好除夕包饺子、放鞭炮、压岁，37.2%的受访者看好重阳节爬山、野营、赏菊，27.4%的受访者认为是中秋节拜月、作诗、吃月饼，23.0%的受访者看好端午节赛龙舟、包粽子。

（原载《中国青年报》2014年12月25日第7版）

城镇化进程中的传统村落保护与改善民生

潘鲁生

传统村落是农村文化的重要载体，是国民的集体乡愁。三十多年城市的快速发展，有很多惨痛的经验和教训，近10年间90万个自然村消失，农村文化生态遭到致命破坏，村民失去了固有的传统和家乡的归属。绝不能在新一轮的城镇化建设中悲剧重演。所以，城镇化进程中，要守住农村的文化底线，从根本上说，传统村落保护是一个文化战略问题。

传统村落保护问题，有个很重要的背景，就是"城镇化"。"城镇化"涉及数以亿计人口的生产、生活的变迁发展，包括产业结构调整、劳动力资源迁移、公共服务体系建设、民生需求完善和乡土文化转型等。要"以人为核心"，就要从经济、政治、文化、社会、生态文明"五位一体"的全局来看待，要作为民生工程并关注农村文化建设，涵养文化水土，修复文化生态，保护传统村落，留住乡愁，建设有情感、有文化、有田园的城镇，提升生活质量，让人们有家园的归属感、家族的荣誉感、家庭的幸福感，愿意衣锦还乡。把传统村落保护与建设这看似矛盾的因素转化成为发展的机遇。

传统村落的文化生态保护，是农村文化建设的重要基础

目前，我国传统村落保护经历了几个发展阶段，从专家学者呼吁保护到政府与村民开始自觉保护，从物质文化遗产保护拓展到非物质文化遗产保护，从文化遗产保护到改善民生的整体保护，现在看来，这是历史发展的必然选择，也是社会达成一致共识的过程。当前对传统村落的保护要提升到"文化生态保护"的高度来认识，提升到保护文化生态的综合层面和战略高度。具体的任务包括修复农村文化生态系统，促进农村文化资源的转化发展，发展传统手工艺的生产力，实施传统村落整体性综合保护措施，实现农村文化的良性有续发展。

关注文化生态，要对空壳空巢的村落进行内容补济，发掘盘活农村文化资源，激活农村文化的活力，提振农村文化面貌，既要促进传统文化再生，恢复乡规民约，也要鼓励精英文化知识等回归乡村。具体而言，民俗活动是一种文化凝聚力，传统村落保护要有生活内容，要有传承人。在一些传统村落，可以自发恢复一些地方性民俗礼节活动，自愿举行宗亲祭祀活动，鼓励恢复本地优秀的乡约民规。专家学者可以组织志愿者，帮助开展乡村口述史整理，修家谱、族谱，留存村落记忆，增强传统村落的凝聚力。同时，以村民为主体的乡村游可适度发展，要有特色，要有文化保护意识。可以适度开展传统村落宣传，增强村民的文化优越感，让他们享受传统村落保护的红利，增收致富。要使传统村落作为文化旅游的源泉，促进村民生产和生活的良性发展，不能使传统村落沦为旅游增收的工具而破坏传统村落保护的初衷。对于舍大义逐小利、杀鸡取卵式的旅游开发，必须叫停。

传统村落要传承传统生产方式，创新农村手艺产品

一些传统村落手工艺资源非常丰富，而且富有特色，可以因地制宜发展农村手工艺，鼓励村民从事传统手工艺劳作，以家庭作坊为主体，前店后坊，成立农村手艺合作社，加强高校和专业设计机构的教育科研协作，帮助村民增收致富。在手工艺资源特别充分、而且手工艺形式适宜的村落，可以完善手工艺循环经济模式，实施手工艺品牌战略，形成既保护了文化遗产又使村民致富的发展特色。

从我们近十年在山东开展"手艺农村"课题的跟踪调研来看，传统手工艺发展得好，村民安居乐业，让传统村落焕发新的生机。一些在城市打工的村民也回乡利用当地手工艺创业，发展农村文化产业，对传统村落的自觉保护意识不断增强。比如山东潍坊杨家埠村，有600年历史的年画和风筝制作技艺，现在风筝年画年产2300万张、风筝260万只，收入1.16亿元、利税1000多万元。每一户手艺农户的收入超过10万元的44户，其中过百万元的13户。传统村落、传统手艺成为生产生活的文化财富。

传统手工艺发展得好，有助于提高农村生活的幸福指数。例如山东临沂郯城红花乡，承传祖辈的编织工艺，形成了中国生产销售"中国结"的最大生产基地和销售网络。村里大多数老人和妇女是生产制作者，男劳力和回乡大学生是市场推售者，各有分工。红花乡的不少村子里堂前屋后，大家做着手艺活儿，话着家常事，看着孩子，养着家禽，其乐融融，是一种当代的田园生活景观。像这样发展传统村落手工艺，村民回乡有了职业、有了作坊、有了市场，村民增收致富有了实惠，同时也使一些农民工返乡，有了家庭的团聚、有了家乡的归属感，生产生活有了属于自己的空间。目前，红花乡全乡镇有1万多农民从事生产，红花乡镇生产"中国结"占全国总产量的60%，占全国总产值的60%，提高了当地农民的致富能力，提升了村民的幸福指数。

少数民族地区的传统村落要实施"文化扶贫"，开展公平贸易

我国现存传统村落有相当比例分布在少数民族地区，有近四成传统村落分布在云、贵等西南地区。结合全国政协组织对乌蒙山片区、西南少数民族地区的传统村落的调研来看，少数民族地区的传统村落手工艺资源丰富，如苗绣、苗银、彝族漆器、黎族织锦等都工艺精湛极富民族文化特色，但由于交通相对闭塞，信息不够发达，民族地区的传统手艺资源没能很好地推广和应用并与现代生活方式相融合。就此，政府可出台和实施"文化扶贫"的帮扶计划，结合不同民族的工艺资源，为村民的传统手艺量身定制帮扶措施，做到精准化扶贫，帮扶手艺人，使他们靠手艺脱贫致富，让民族地区的传统手艺成为村民致富的一条路子。

少数民族地区的传统村落保护与传统手工艺保护，是相辅相成的，应该综合考虑。具体而言，让传统村落通过村民的手艺走出贫困，重要的是还要为手艺人建立公平贸易渠道，建议设立"国家扶贫公平贸易机构"，给民族地区的手艺人开个直通车，提供公平贸易信息，引导公平贸易发展，为相对闭塞贫困地区的手工艺生产者直接寻找市场和消费者，减少贸易中间环节，提高村民的收入。特别是在一些手工艺资源和生产基础较好的传统村落，要通过成立村民手工艺生产组织，加入国际公平贸易，享受公平贸易中的生产者与消费者直接交易、长期交易、最低收购价等优惠，同时，借助相关的发展基金改善传

统村落的生产生活环境。

同时，还要加强民族地区的手艺人培训，可以鼓励公益机构办学助教，培养农村传统技艺人才。目前，贵州已有公益性的盛华职业技术学院为保护和发展贵州少数民族特有的刺绣蜡染、造纸纺织、古法制陶等民间工艺，专门开设了民族工艺设计制作专业，免费招录贵州贫困少数民族孩子学习相关课程。也有慈善机构开展职业培训，培训苗绣艺人，举办主题展览，并帮助产品直销。有关苗绣技法传承、苗绣与当代服饰结合的展览等也纳入了公益纪录片、公益宣传等视野。这也是动员吸收社会力量来发展民族地区传统村落的特色手工艺。

传统村落保护要尊重村民权益，改善民生需求

传统村落保护是个系统工程，要统筹好政府、专家与村民的关系，本着政府主导、专家参与、村民受益的原则，重视村民的意愿和选择，修复传统村落的文化生态，留住村民，留住文化，避免村落空心化。

在村民层面，"以人为核心"的城镇化，要保护传统村落，就要设身处地考虑传统村落里世代生活的村民的权益和愿望，从保护村民的根本利益出发，将传统村落的保护与建设，列入改善民生工程，使他们成为传统村落保护的首要受益者和责任人。

在政府层面，一方面，要加强传统村落的基础设施建设，加大公共设施投入，改善他们的生活条件，使村民享受到现代生活方式，政府财政应支持私有民居的维修维护和基础设施建设，改善传统村落的生活条件和硬件设施。另一方面，要切实考虑村民的发展愿望，包括居住生活、劳动就业以及教育培训等发展机会，创造条件安居乐业，实现可以持续发展。

在专家层面，民俗学、建筑学、社会学等多方面专家要站在村民的立场上，从村民的角度、利益、权益等方面来出发解决保护与发展问题。关键不是冻结标本，而是盘活资源、修复文化生态，从固态保护到活态保护，从保护村落物质文化、非物质文化到保护村落村民的整体利益，从文化生态保护的整体保护来综合考虑。

传统村落保护要因地制宜，实现"一地一规划""一村一方案"

传统村落保护要讲规范，专家要在具体的规划和引导上发挥指导作用，实现"一地一规划""一村一方案"。如福建省编制了相应的技术指南和发展导则，对历史建筑、道路工程、垃圾治理、生活能源、安全防灾、绿化树种等做出了符合当地实际的科学指导，为社会各方面的保护工作提供参照，很有借鉴价值。举例来说，福建客家传统村落，建筑布局与水系网络交织，相关保护工作必须深入研究村落与自然生态的有机联系，不能用简单的机械技术，实施线性规划、道路硬化等硬性发展。

传统村落保护要因地制宜，具体还要结合当地的实际情况，会同经济学、社会学、建筑学、民俗学、工艺美术等专家全面论证。协调好现代化的生活设施与传统民居构造和形态之间的关系，研究和论证好经济生产发展与地方特色传统文化发展之间的关系，建立传统村落的文化基因库和数据库，并研究和推动资源的再生发展，使保护工作因地制宜、科学规范、切实可行。

建议政府出台"我国传统村落保护与发展条例"

传统村落保护要讲规章和法制，建议

政府出台"我国传统村落保护与发展条例"。

首先是解决传统村落的认定、评估和保护的原则问题，划定保护红线。进而是明确传统村落保护的实施机构和主体责任，确立科学、系统的传统村落保护措施，并明确传统村落保护应承担的法律责任，避免挂着保护的牌子，却长期处于缺乏监管与维护的状态。由专门机构负责古村落保护的规划、管理、实施、协调、修缮、审定等工作，由政府相关部门对本行政区传统村落保护发展进行监督管理。同时要上升到维护文化安全的高度，充分考虑人居环境、建筑风貌、民俗风情等特色，改变目前文化与审美缺失的问题，避免追求眼前利益而破坏性开发。从整体上使传统村落保护有法可依，规范传统村落的保护发展秩序，将传统村落保护纳入制度轨道。

总之，对传统村落的保护问题上，政府、专家、村民的角色与立场很重要，要立足国情，实事求是，从城镇化建设的发展全局来衡量，必须站在农村土地改革、农村文化建设和传统文化生态保护的宏观角度来思考，制定科学、实际、符合村民意愿的政策与措施，建立传统村落保护条例，从中华民族永续发展的文化战略意义上，在有法可依的基础上，把传统村落保护与发展落到实处。

（原载《中国艺术报》2014年12月22日第3版）

萨满教与中国古代的"萨满式文明"

色 音

关于"萨满"一词的来源和本义,学术界有两种解释。

第一种是归于通古斯语族、蒙古族以及突厥语系的说法。学术界认为,其他民族对"萨满"有不同的称呼,而只有通古斯语族的人一直称之为 Saman。在西伯利亚地区的雅库特、布里亚特人中,也用"萨满"一词,但还有"孛额""巫都干"等称呼。有关萨满教产生的各种传说和故事的共同母题最早几乎都产生于西伯利亚和通古斯语系的民族中。经过调查,学者找到了属于乌拉尔·阿尔泰语系宗教体系的因素。R. 费思认为,"萨满"是北亚的精灵统御者。秋浦主编的《萨满教研究》一书指出:"萨满教一词来源于通古斯语,意为激动、不安和疯狂的人。……阿尔泰语系满—通古斯语族的满族、鄂温克族、鄂伦春族、赫哲族和锡伯族,都称他们的巫师为萨满。"此外,任继愈主编的《宗教词典》也指出"萨满"一词为满—通古斯语族语言,原意为"因兴奋而狂舞的人",后为萨满教巫师的通称。

另一种观点于 1820 年由雷缪塞提出并认为,"萨满"一词来自巴厘语 Samana 或梵文中的 Sramana,被译成中文"沙门"。梵语 Sramana 意为"乞丐之僧";巴厘语 Samana 是梵语 Sramana 的转写。继之,克拉普罗特假设,西伯利亚从印度与佛教中接纳了"萨满"一词;希罗科戈罗夫(即史禄国)支持这种假设。基于吐鲁番和敦煌文物的发现及考证,他认为上述假设比较可信。佛教很可能不依靠外力而进入中亚细亚和中国,Sramana 是特别宗派的僧侣,而 Saman 则是其中某一支派的成员。因此,这两个词应具有共同的梵语词源。语言学家鲍培教授认为,Sramana 可能通过中亚细亚到达满洲通古斯地区,演变成 Samana。这就等于是说,"萨满"一词在传播中直接越过整个蒙古地区而未留下丝毫痕迹。但由于上述说法的立论不足,早已为许多学者所否定。

"萨满"的发现与萨满教的定义之争

17 世纪后半叶至 19 世纪初,随着地理上的重大发现,在欧洲兴起了旅行和探险热。西伯利亚的神秘宗教——萨满教成为探险者关注的焦点。当时俄国、北欧诸国、荷兰、德国乃至美国的旅行家、学者和探险家都到通古斯人居住的地方进行各种类型的考察活动。在撰写旅行记和学术报告时,由于和欧洲人所信奉的宗教信仰不同,从欧洲人固有的宗教词汇中找不出恰当的词汇来表达通古斯人的宗教形态,所以他们只好借用当地人的"萨满"称谓,将通古斯人的宗教信仰称为 Shaman-ism(即萨满教或萨满主义)。这样,通古斯语的"萨满"成为世界上通用的学术用语。随着探险考察地域的进一步扩大,越来越多的人发现学术上称之为"萨满教"的宗教现象在世界各地普遍存在,而并非通古斯人所特有的信仰。于是,他们将其他地区发现的一些类似的宗教信仰也用

"萨满教"这一术语来表达。

在上述背景下，为了避免概念术语的混用，学术界展开了有关萨满教定义的争论，出现了广义萨满教和狭义萨满教之分。狭义的定义指以西伯利亚为中心的东北亚地区各民族的民间信仰，特别以通古斯民族中所流传的民间信仰为典型。广义的定义则指东从西白令海峡，西至斯堪的纳维亚半岛以及包括北美、澳大利亚、北极爱斯基摩人在内的所有原始巫术。目前，国际范围内通用的萨满教概念是指广义上的萨满文化现象，而非专指通古斯人的萨满教。

"萨满式文明"是中国古代文明最主要的特征之一

除儒家、道教文明外，还有一种中国"萨满式文明"的观点是由美国哈佛大学教授张光直最早提出的。在《考古学专题六讲》中，他提出："萨满式的文明是中国古代文明最主要的一个特征。"这一观点在中国考古学界和历史学界具有"名人效应"，20世纪80年代中后期在中国大陆考古学界、历史学界兴起的"萨满教文化热"即为受其影响的结果。在这一观点的影响下，一些研究重新审视中国的宗教。

例如，日本学者福永光司就这样定义道教："道教是以中国古代以来萨满式的咒术信仰为基础，重叠复合地采入了儒家的神道与祭祀的思想与仪礼、老庄道家的'玄'与'真'的形而上学、佛教的业报轮回与解脱以及济度众生的伦理与仪式等等，在隋唐时代大致完成了作为宗教的教团组织、仪式方法、神学思想，以与'永恒的道'合为一体为终极理想的中国民族（汉族）自己的传统宗教。"此外，学者们的研究表明，萨满"登天入地进行宇宙飞行"的观念和中国古代的"巫觋通天"观念一脉相承，"巫觋通天"观念和萨满"通天"观念是基于相同思维模式上的同一种观念形态，二者之间没有本质的差别。由此我们可以基本断定，中国史前文明的根基或许就是自然崇拜和多神信仰为特征的萨满教信仰，也就是说，中国人的原生宗教实际上就是国际人类学上统称为 Shamanism 的宗教现象。在国外，有的学者甚至将这一观点引申到对整个世界文明史的研究中，提出了"整个世界古代文明就是一种萨满式文明"的观点。

（原载《中国社会科学报》2014年4月30日第A08版）

释比进城：灾后羌族传统文化变迁新现象

杨杰宏

传统的释比作为羌族民间祭司，其活动范围以自己生存的村落社区为主，这与释比文化传统密切相关：一是与传承方式相关，释比传承方式主要有家庭传承、村寨传承，二者都是血亲传承；二是与民间传统习惯法相关，每个村落、家族都有沿袭而成的主事释比，每个释比从事法事活动都有严格的"领地"范畴与边界，不能随意篡改；三是释比本身不脱离生产，从家庭经济而言，从事释比活动只能说是业余活动，甚至有时会与农事相冲突。这三个因素决定了释比本身的守土性、民间性、宗教性、传统性等特点。另外，传统释比所从事的法事活动大多是"义务劳动"，没有具体的报酬规定，属于民间传统习俗活动。这种传统内在性在很大程度上规定了"释比不进城"的制约因素。

释比生存境遇的变迁

"5·12"汶川地震后，灾后羌族文化的命运引起了国内外的极大关注，国家也予以了极大的支持，羌历年、羌笛、羌绣、羊皮鼓舞、瓦尔俄足节、《禹的传说》《羌戈大战》等相继进入国家级非物质文化遗产名录，国家、省、州、县级的羌族"非遗"传承人体系基本形成，碉楼、莎朗、羌绣、多声部民歌《尼萨》成为羌族文化名片。羌族的口头传统在灾后重建中得到了有效保护与传承，同时，羌族民众的民族文化认同、国家认同也得到深化，文化自觉、文化自信成为羌族文化重建的关键动力。

灾后释比的生存境遇较以往呈现诸多变迁和改善，集中体现在：一部分释比秉承传统生活方式，依托村落社区，从事耕作劳务，只在民俗活动时举行传统的释比仪式；一部分释比搬到城镇中，基本脱离耕作生产，以做法事、参加文化展演为生；另有部分释比则在农忙时回家帮忙，农闲时进城谋生，类似于"宗教打工"，但这部分数量不多，且居所、时间不定，未形成主流。

总之，释比进城是灾后羌族传统文化变迁的一个新现象。释比进城分两种情况，一是凭自身能力在城镇中立足，二是通过演艺公司、地方文化部门在城镇中生活。从调查情况来看，茂县的国家级"非遗"传承人肖永庆、省级"非遗"传承人余有陈、州级"非遗"传承人杨德芝属于前者，而理县的州级"非遗"传承人王小刚、王小勇属于后者。

82岁的肖永庆，茂县沟口乡人，于2009年被评为国家级"非遗"项目羌历年传承人，"5·12"汶川地震后迁到县城居住。在笔者问及他到城里的原因时，老人说主要是在县城里生活更方便些。当然，这也不是唯一原因，在调查中我们还了解到，他被评为国家级传承人后，请他做法事的人增多，尤其是县城及周边的人居多。这样住到城里后，既方便了生活起居，同时增加了收入。另外，国家每年给予一万多元的传承补助，老人基本上过着衣食无忧的日子。63岁的余有陈，茂县黑虎乡小河坝村人，是四川省羌历年"非遗"传承人，他也认为住在城里生活起居更方便些。在访谈中他多次强调自己是个农民释比，而不是"舞台释比"或"表演释比"。

与上述两个释比传承人相比，理县休溪村释比王小刚、王小勇兄弟二人进城的方式是通过官方途径实现的。二人在外出打工中，从景区的民族文化展演中进而反思到自己民族的文化命运，激发了学习传承羌族传统文化的决心，便主动向邻村老年释比周润清学习开坛经，现已基本掌握了法事仪式程序及主要经典，成为周边有名的最年轻的释比。灾后，羌族传统文化的抢救与传承成为国内外关注的焦点，二人由此进入县文化局工作，客观上也激发了周边年轻人传承传统文化的积极性。

文化调适使释比传承获得新途径

释比传承人在灾后境遇中出现了村寨传承与城镇传承两种情况，从当下研究情况来看，诸多观点对村寨传承予以肯定，而对城镇传承多持否定态度，认为这种离开村寨语境的传承会导致传统的变异，甚至有商业化之虞。笔者认为，释比进城与城镇传承既是传统文化的合理性发展，也是新时期的传统创新，其间蕴含着巨大的传统可持续发展的内趋力。英国历史学家霍布斯鲍姆提出"传统的创造"理论，认为许多今天所谓的"传统"是在一定的历史时期被创造、制定或自然形成的，并非是千古不变或先民千年遵从的。法国社会学家皮埃尔·布迪厄也提出文化"再造"理论。释比文化之所以能够顽强保存到现在，关键因素在于它自身的合理化改造与创新，释比文化中融入了大量的儒释道为主体的汉文化因子，这种文化调适不仅实现了自身文化内部的再平衡，同时获得了更为广阔的生存空间。

当下羌族地区经历着城镇化、工业化的过程，植根于农耕社会的释比文化面临严峻的转型危机，通过国家、政府部门、学者、村民等多元力量的有效合作而进行的村寨传承，对延缓传承危机无疑是有效的。但与这种"保护"意味浓厚的传承相比，城镇传承更有创新性与生命力，更能适应新的生存环境，并根据新情况对传统释比文化进行合理化改造，从而使这一古老传统得以再生。

现代化进程的加速加剧了人与自然、人与社会之间的紧张关系，也带来了人自身的内心世界的压力。当下农村人口向城镇迁移呈现加快趋势，其中西部民族地区青年通过读书、打工、工作等形式大量流向东、中部城镇地区，其携带的文化基因、价值观念与城市文化存在着诸多不适。从这个意义上看，在城镇进行传统传承的释比，实质上承担了协调社会紧张关系、促进社区和谐稳定的文化功能，由此也为传统文化再生创造了新的途径与土壤。

（原载《中国社会科学报》2014年4月9日第 B05 版）

第八篇

学人评介

刘策奇：中国民俗学开倡时代的致力者

散　木

民俗学家钟敬文先生说："刘策奇这样绝早地死去，在中国民俗学的工程上，是一种可惜的损失！"

1927年国民党实行"清共"之后，有一位曾与鲁迅、顾颉刚等学者有过接触的青年倒在了血泊中，使中国失去了一位很有潜质的民俗学家。这位青年就是刘策奇。

一　受益于"五四"新文化运动的影响，开展歌谣等民俗的搜集、整理和研究

1923年至1925年，刘策奇在象县第一小学当教员，而象县是壮、汉、瑶等多民族的杂居地，素称"山歌之乡"，在长期的生产生活中，各族文化相互影响，形成了绚丽多彩、富有地方特色的民间歌谣艺术，这激发了刘策奇业余开始从事民俗学的研究工作。刘策奇从事包括歌谣在内的民俗研究，是直接受益于"五四"新文化运动的影响，他在教学之余，除了自己专心致志地开展搜集、整理和研究，还关注着国内有关的研究动态，并与北京大学研究所国学门歌谣研究会建立了密切的联系，并被该会吸收为通讯会员。在1918年至1919年，《北京大学日刊》刊载了刘策奇收集编订的《歌谣选》148则，此后他还在北京大学出版的《歌谣周刊》《国学周刊》以及《莽原》等报刊上发表了许多歌谣，逐渐成为中国民俗学界颇有名气的人物，从而受到周作人、顾颉刚、钟敬文等民俗学者的赞赏。当时钟敬文还在中山大学《民俗周刊》撰文，赞扬刘策奇"对于民俗学的工作是特别热情与努力的人"，并称之为"中国民俗学开倡时代的致力者"。

那时刘策奇还与鲁迅有过接触，并在鲁迅主编的刊物《莽原》上发表过文章，即杂文《一本通书看到老》，这篇杂文反映了他当时的思想状况。刘策奇还在文章中批评了一些"大人物"的守旧言论，得到鲁迅的激赏。此后，鲁迅便和他通信，共同探讨有关学术方面的问题，并对他的研究工作予以指导。

二　利用歌谣这一通俗形式进行反帝反封建的宣传，组织发动农民运动

随着对民俗研究工作的深入，刘策奇认真研究现实社会，逐渐对时局时事关注起来。他在工作时，经常深入瑶寨访贫问苦，由此开始认识到当时的中国社会是一个黑暗腐败的"污浊世界"，只有"洗荡这污浊世界"，即铲除了列强和军阀，人民才能安居乐业，各得其所。因此，刘策奇在从事教学和民俗研究的同时，也开始投身到反帝反封建的革命活动之中。

参加革命之后，刘策奇得以利用歌谣这一通俗形式进行反帝反封建的宣传，如在"五卅"运动前后，他创作的《填恨海》《工人谣》等，揭露了帝国主义侵吞国土、屠杀同胞、强行签订不平等条约、欲灭亡中国的"虎狼心"，有力地控诉了

列强侵华的罪行，很快在全县各地传唱，激发了各界民众对帝国主义的义愤。

刘策奇不仅热忱宣传革命，还实际参与当地的革命活动。期间，他与象县的青年教师郑晴山一起，发起组织了"象州革命青年社"。这个组织经常在群众赶圩时通过宣传演讲、组织游行示威、张贴标语、演话剧等方式进行革命宣传。此外，他们还开设有"民众讲堂""民众夜校"，组织群众学习。1927年1月，刘策奇还带领许多学员深入郊区农村进行宣传，组织发动农民运动。1927年"四·一二"反革命政变后，刘策奇已奉命调入广东省农民部工作。但由于叛徒的出卖，他两度被捕，于12月17日被杀害。

三 "刘策奇这样绝早地死去，在中国民俗学的工程上，是一种可惜的损失"

刘策奇遇害的消息很快在民俗学界传了开来。顾颉刚先生在日记中写道："港报载梧州枪毙共产党十数人，刘策奇君居首，谓其春间在梧州主张打破旧道德、非薄孝悌，一般人敢怒而不敢言。今闻其死，莫不称快。又谓其临死口唱共产歌。刘君于民间文艺甚有贡献，予甚惜之。"

大革命失败后，国民党血腥"清共"，十分凶残，顾颉刚先生日记中的三言两语，将之反映得淋漓尽致，而共产党员表现出来的慷慨就义的大无畏精神，也通过顾颉刚日记的三言两语得以反映出来。

1928年4月6日，民俗学家、北京大学教授钟敬文先生在《民俗》第六期发表了《纪念早死的民俗学致力者——白启明先生与刘策奇先生》一文，对刘策奇的遇害也深表痛惜和怀念，他说："刘策奇这样绝早地死去，在中国民俗学的工程上，是一种可惜的损失！"

（原载《北京日报》2014年2月10日第15版）

袁家骅："歌"以记言 "研"以致用

王 振

1945 年一个夏日的夜晚，从云南路南和弥勒两县交界的大山深处彝族阿细人聚居地，传出了阵阵洪亮的弦乐声。这声音惊醒了刚刚到当地进行阿细语调查的一位学者——时任西南联大教授的袁家骅。此次他受路南县政府委托为该县编修县志而进行调查，首次接触到了少数民族语言。

调查的第一个夜晚，袁家骅便深深感受到了彝族对弦乐、歌舞的热爱，并对"阿细劳动人民的风俗起了深深的憧憬和爱意"。而他真正想调查的，正是当地的长篇民歌——"阿细先鸡"。

"先鸡"可译为民歌或故事，是阿细人的文化遗产。当地年轻人毕荣亮是少有的能唱全部先鸡的人。在接下来的半个月里，袁家骅在这位歌者的配合下，将歌词逐字逐句地用国际音标记录了下来。这位颇具悟性的歌者，在袁家骅的指导下，也学着用符号记录自己语言的语音和语法。初稿写就，袁家骅专门拿给毕荣亮审阅，并强调"歌中每字每句的音和义都是发言人和记音人共同商得的结果"。这种歌者与学者之间的并肩作战、默契配合是十分可贵的。

袁家骅此行一共调查了 3 首民歌：长歌——阿细的先鸡；悲歌——阳间一度相爱、阴间三度相爱；捐税歌。这 3 首民歌是袁家骅研究阿细语的主要语料。他根据歌者的演唱，记录语音，整理出了阿细语的声母、韵母、声调系统；根据歌词，归纳了阿细语的词性、词序、修辞和格律等，总结了歌词中涉及的 3000 多个词语，并将歌中每词逐一对译为汉语，与之前光未然先生译的《阿细的先鸡》进行对照。以上便构成了《阿细民歌及其语言》一书的主要内容。

除了阿细语，袁家骅还研究了窝尼（哈尼）语。他搜集了 1400 多个词语、17 篇故事，发表了《窝尼语音系》和《窝尼语初探》两篇文章。《窝尼语音系》的开篇是"绪论：窝尼民族"，其中简要介绍了他调查的基本经过及窝尼（哈尼）族的服饰、信仰、婚姻习俗及当地的村寨分布情况，这与对阿细先鸡的调查一样，都体现出一位语言研究者对民俗文化的关心。

语言学家调查歌谣是有先例的，如罗常培先生在 1943 年调查茶山语时，也根据发音人的演唱，记录了《茶山歌》，不过这是在"把他们的语言记录到相当程度时"才进行的工作，此时的民歌与语言更像两个独立的东西，而袁家骅则将两者合而为一。通过民歌研究语言，可谓袁家骅先生从事少数民族语言研究的一大特点，也是一种尝试乃至创举。时隔 40 年，著名少数民族语言学家马学良先生在 1985 年举办的中国民俗学会首届学术年会上强调，"语言是调查研究各民族口头传承的重要手段"，人才的培养"尤其要补上语言科学这门课"。袁家骅先生作为一位语言学家，调查民歌这种民族口头传承文化，并以之作为研究语言的材料，其实可以算是率先用行动阐述了马学良先生的这一论断。

现代人强调"学以致用"，袁家骅则可谓"研"以致用。他从事少数民族语言研究的目的之一就是"用"，主要体现为语言文化教育的应用价值。新中国成立前，他在调查阿细语时，便有了为该民族创制文字的念头并付诸实践，在《阿细民歌及其语言》中有"文字草案"一节，内容即为用拉丁字母为阿细语创造的一套拼音文字，"是阿细人民普及教育和发展文化的初步工作"。新中国成立后，袁家骅受国家派遣，承担了壮语文字创制工作，并在北京大学办了语言专修科，培养相关人才。之后，他在壮区进行了大量语言调查，把握了广西壮语方言分布状况，实地观察当地扫盲教育、小学教育中存在的问题，思考壮语文字的创制途径和原则。因此，有人评价说，袁家骅先生的贡献不仅包括学术著述，"更多地应当是他在壮文的创制"、教学及人才培养等方面。

袁家骅之所以有能力从事少数民族语言调查研究和拼音文字创制工作，这与其学科背景密切相关。他曾在英国学习历史语言学、比较语言学，有着高超的听音、记音能力。而这一学科背景，也促使他用比较的眼光来观察和研究语言。尤其是新中国成立后的壮语研究，他十分注重微观和宏观比较。《壮语/r/的方音对应》一文，通过对壮语 51 个方言点的调查，构拟了壮语声母 r 在不同地区的 11 个方音对应公式，这是壮语内部微观比较的案例；而《汉壮语的体词向心结构》则比较分析了汉语、壮语中的体词组合，是汉壮语外部宏观比较的案例，也是中国语言类型学研究的先驱之作。

可以说，袁家骅具有强烈的比较研究意识，他不是仅停留在少数民族语言内部方言比较上，还特别关心汉语与少数民族语言之间的比较，且认为内部比较是外部比较的基础。他撰写《汉壮语的体词向心结构》的目的就是"为同类的汉藏语系诸语言和方言的描写语法进行沟通，希望将来能有助于在同系属的姐妹语言之间开展历史比较研究"。在《汉语方言概要》一书中他指出，少数民族语言研究可以先"建立一个语言或语支的方言体系，按部就班地进行各语族的内部比较研究，然后才有可能开展汉藏语系的大规模比较研究"。

虽然研究涉及少数民族语言、汉语方言等不同领域，但是袁家骅的著述并不多。根据《袁家骅文选》中所附《袁家骅先生语言学著作目录》，他共有专著 2 部、论文 13 篇、译著 1 部。这些著述的内容，从阿细语研究到窝尼语、壮语、汉语方言，再到壮语内部方言比较、汉壮语比较、汉藏语比较乃至汉语英语比较，似乎都是围绕"语言"和"比较"两个关键词铺开的。语言学家石安石先生称："袁老的成果见诸出版物的不多，他不轻易下笔，更不轻易发表。"正是这种勤奋、踏实、严谨的工作态度，让袁家骅的每一篇作品都能代表甚至开启一个新的领域，传递一种新的思路和视角，能够经受住时间的考验，在语言学殿堂中熠熠生辉。

穿越近 70 年的岁月，我们仿佛又回到了袁家骅首次接触少数民族语言的年代，回到路南县阿细人生活的大山深处，仿佛又听到了阿细青年男女对唱先鸡时动听、深情而质朴的歌声："我一路上有阻拦，虽然不肯让开，我便拐弯抹角，走到这里来，跟你来玩儿，想跟你成一家，一家成得了吗……"

（原载《中国民族报》2014 年 3 月 28 日第 7 版）

贾芝：百岁老人的拓荒之路

金茂年

2014 年，贾芝的《拓荒半壁江山》荣获第九届中国文联文艺评论著作奖。他以 101 岁高龄成为该奖项最年长的获奖者。他也是中国文联最年长的荣誉委员、中国民间文艺家协会名誉主席和中国社会科学院荣誉学部委员。他以自己的行动兑现了他"生命不息、奉献不止"的诺言。

半个世纪前，面对中国文学史历来缺席少数民族文学的现状，贾芝奋力疾呼"少数民族文学是中国文学的半壁江山"，为此他践行 60 余年。1950 年在周扬同志直接领导下，他参与创办中国民间文艺研究会，努力开发各民族的民间文学艺术，先后创刊《民间文艺集刊》《民间文学》《民间文学论坛》《民族文学研究》；编辑出版《中国民间文学丛书》；组织编写中国各少数民族文学史和文学概况；1959 年在《格萨尔》工作座谈会上首先提出"抢救"的口号，以三大史诗为龙头在全国范围内开展轰轰烈烈的各民族、各地区的民间文学普查搜集工作；1982 年提出编纂《中国民间故事集成》《中国歌谣集成》《中国谚语集成》，1984 年正式签署文件，并任"三套集成"副总主编、《中国歌谣集成》主编，25 年间领导组织全国几十万人的队伍对民间文学进行地毯式的普查，并亲自审稿逾亿字，2009 年 30 个省市自治区卷本全部出版。

贾芝自称草根学者，一生致力于三个对接。

第一，学者与民众的对接：贾芝说，民间文学是民众的文学，研究民间文学就得做到与民众对接。不是仅仅把他们当成研究对象，而是成为他们中的一员，与他们融为一体完成心与心的交流。只有这样，我们采录的作品才能保持原生态，这样升华出的理论才具有指导实践的价值。他的朋友遍布全国 31 个省市自治区，有故事家、歌手、工艺家，也有农民、牧民、工人、干部。

安徽民间歌手姜秀珍曾在第三次文代会上演唱，得到周总理鼓励。"文化大革命"中她被打成"黑线人物"。1979 年贾芝主持召开的"少数民族民间歌手、民间诗人座谈会"邀请她参加，并为她和众多歌手平了反。贾芝同时为姜秀珍出书奔走，为她的《一个女歌手的歌》作序。至此，他们成了师生也成了朋友。

1978 年，柯尔克孜族著名民间歌手、《玛纳斯》演唱大师居素普·玛玛依将柯族乡亲要求恢复柯文的意见书交给贾芝，贾芝设法递交中央，问题很快得到解决。柯族人民像过节一样高兴。从此，无论在北京还是新疆，居素普·玛玛依一见到贾芝就热情拥抱，他们成了心贴心的朋友。通过他，贾芝与柯族人民的心也相通了。

在河北耿村，贾芝更是有一群农民故事家的朋友，他多次深入他们中间，在田间、炕头听故事、聊家常。至今，老乡还常常说起、问起贾芝夫妇。

第二，书斋与田野的对接：贾芝秉承延安文艺座谈会讲话的精神，坚持为人民服务、为社会主义服务，"取之于民、用之于民"，完全不同于某些西方学者的纯理论研究。他几十年来深入民间，活跃在田野上。他的论文不是书斋里的苦思冥想，大多是在回答解决民众实践问题时成篇的。他说民间文学是草根文学，是鲜活的文学，研究活的文学就不能离开它生长的土地和环境。

1980年10月，贾芝乘改革开放之春风，用了50天的时间，深入广西柳州、柳城、金秀大瑶山、融水大苗山、三江侗族自治县；云南楚雄、保山、大理、德宏、瑞丽等地的20余个县乡讲学、调查、采风。金秀的原始森林、融水的竹筏子、三江侗族的风雨桥、畹町桥头的边防站、瑞丽江边的竹楼，处处留有他的足迹。

年过七旬，他还坚持每年出行，且大多为偏僻山寨、边关小镇。1981年到内蒙古赛罕塔拉、满都拉图考察那达慕，1982年到新疆尼勒克露宿卡以切下草场的哈萨克毡房，1983年到甘肃、青海的莲花山康乐县、和政县和临夏"花儿会"采风，1984年到贵州黔西南布依族苗族自治州，1999年赴甘肃泾川县王母娘娘瑶池，2000年到台湾与排湾族村民交流，2002年（90岁）一年间就到广西宜州、上海、江苏常熟白茆乡、苏州吴县、湖北宜都青林寺谜语村五地考察，2004年92岁的贾芝还到河北赵县下乡考察"二月二"庙会文化。

近年，他年迈体弱不能出远门了，就在家接待客人，与各地朋友通信，书斋和田野的对话还在继续。

第三，民族与世界的对接：长期的闭关锁国，让世界很难了解中国，对中国的民族民间文学更是知之甚少，因此有"中国无史诗""中国无神话"的谬论。贾芝深感中国民间文学必须走向世界，他为之呼吁奔走，1982年离休后他先后出访芬兰、冰岛、挪威、瑞典、丹麦、英国、俄罗斯、加拿大、美国、匈牙利、奥地利、印度、德国、法国等十几个国家，在国际讲坛上不失时机地宣传中国、介绍中国，多次在国际讲坛为中国赢得荣誉。

1985年2月，贾芝到芬兰参加史诗《卡勒瓦拉》150周年纪念活动，他的论文《史诗在中国》介绍了中国30多个民族的史诗，以众多鲜活的实例推翻了"中国无史诗"论。第二天《赫尔辛基报》用整版篇幅介绍中国史诗，还刊登了贾芝的大幅头像。会议期间，芬兰总统毛诺·科伊维斯托接见了他，他获得《卡勒瓦拉》银质奖。"中国是一个史诗的宝库""史诗在中国还活着"这些令人振奋的消息在各国代表中传递着。学术上的交流与沟通，像一股热流穿过不同国籍学者的心，实现了民族与世界的对接。

1996年4月，在完全没有经费支持的情况下，贾芝经过三年的努力在中国成功举办了一次国际民间叙事文学学会的学术研讨会。来自五大洲的24个国家和中国包括台湾地区在内的15个省市自治区的代表，冲破语言障碍进行广泛深入的交流。实现了国际民间叙事文学学会"今后不再以欧洲为中心，要向发展中国家转移"的决策，学会主席雷蒙德（挪威）说，这是一次空前的盛会，将成为世界民俗学研究整合发展的新的里程碑。

贾芝一贯认为文艺理论只有深入民间、植根生活，才具有鲜活的生命力，既不能完全套用西方的理论体系，也不能关在书斋里苦思冥想，而是要走中国特色的社会主义文艺道路。多年来无数先行者在践行，虽然走得艰难，也没有惊天动地，但那是自己的路，是实现中国梦的必由之路。他深信：我国多民族的文化艺术一定会而且已经在世界文坛绽放异彩、独领风骚。

（原载《中国艺术报》2014年10月29日第8版）

张振犁：中原神话研究的拓荒人

杨旭东　吴效群　梅东伟

在田野中发现和研究神话是一种"文献的回流"，是在田野中检视文献记载的内容，中原活态神话的发现为神话研究提供了新的研究方法和思路，并为日后逐渐形成的中原神话学派打下了坚实的基础。

河南大学文学院教授张振犁，是新中国第一代民俗学的研究生，师从著名民俗学家钟敬文。60多年来，他始终在民俗学的园地里辛勤耕耘，为中国的民俗学研究做出了卓越的贡献。

一　创立中原神话学派，开辟了中国古典神话研究的新天地

提及神话研究，已90岁高龄的张振犁先生依然兴致盎然，滔滔不绝。他常说："中原神话的发现不是偶然的，绝不能忽视时代的背景……"在他看来，中原神话的发现首先要得益于时代。1978年，在钟敬文、顾颉刚、白寿彝、容肇祖等倡议下，中国民俗学学科得以重建。正是在这样的大背景下，他得以重拾自己钟爱的民俗学研究事业，重新走上民俗学的讲坛，走进民俗学的田野。其次是得益于钟敬文先生的启发。据张振犁先生回忆，早年他在牡丹江参加一次学术会议时，在钟先生的书桌上发现了一个研究提纲，其中专门提到了对中国神话的研究设想，这激发了他的灵感和兴趣。之后，他便结合自己前期的积累和发现，开始了在神话学领域的研究。最后，也是最重要的一点，强烈的民族感情是张振犁先生进行神话研究的内在动力。

在与国外学者交流时，张振犁先生深为国内神话研究在国际上没有一席之地而不安，这也促使他在神话学领域进行更深层次的探索。

张振犁先生对中原神话的发现和研究无疑具有开创性的意义，钟敬文先生曾认为中原神话的发现及一些研究论断的提出"推翻了过去中国神话贫乏、仅有断简残章的片面结论，大大丰富了中国和世界神话学"。1983年，在北京召开的中国民间文艺研究会第二次学术年会上，张振犁先生宣读了其最新的研究成果《中原古典神话流变论考》，在学界引起了强烈反响，也正是这篇论文奠定了中原神话研究在中国民俗学研究中的地位。在这之前，中国的神话研究普遍采用传统的文献研究方法，少有人关注仍然存活在人们口头上的活态的神话。张振犁认为，在田野中发现和研究神话是一种"文献的回流"，是在田野中检视文献记载的内容，中原活态神话的发现为神话研究提供了新的研究方法和思路，并为日后逐渐形成的中原神话学派打下了坚实的基础。正如有学者指出的那样，中原神话学派"采用将古代文献与田野作业相结合的研究方法，突破了传统的考据、义理、辞章这种狭隘的治学方式，将整个社会活生生的生活事项作为一部大书，从民间文化、民间生活、民间社会的角度来研究神话"。中原神话学派对于推动中国民俗学学科建设和民俗学理论与方法的提升都具有积极意义。

二 发掘中原神话资源，为地方发展提供了一个文化宝库

河南地处中原，为华夏文明的重要发祥地，其文化资源的丰富与厚重自不待言。民俗文化是华夏文化的重要组成部分，在丰富多彩的民俗文化事项当中，神话无疑是其中最有分量，也是最能为"华夏文明发祥地"作注脚的文化要素之一。这是因为，人类文明的发展进程之所以能够追溯到上古时期，一个重要的原因就是可以从这些富有想象力的神话中寻踪民族历史的记忆。中原神话的发现，不仅为中原文化增加了一份厚重，而且让中原文化在整个华夏文明进程中的地位得到了再次确认。单从国家级非物质文化遗产名录中就可发现，以神话名义进入名录的有三项，其中桐柏、泌阳的盘古神话和济源的邵原神话群两项都在河南，此外还有淮阳的伏羲女娲神话、新密的黄帝神话、西华的女娲神话……丰富的神话资源吸引了国内外学者的目光，不少学者专门以中原神话为对象进行调查研究。

从20世纪80年代开始，张振犁和他的学生们长期深入农村地区，发掘、搜集、整理了大量鲜活的神话资料，被学界称为"中原神话群"。这些"神话群"成为中国民俗文化资源一座取之不尽的"金矿"，不仅为学术界提供了研究的资料和方向，而且成为地方文化建设过程中可以利用的宝贵文化资源。随着学界的关注和国家非物质文化遗产保护的开展，中原神话已经成为中原文化对外宣传和交流的一张亮丽名片。

三 致力于教学研究，培养优秀的民俗学人才

作为神话学家的张振犁先生，也是一位传道授业的"师者"，从他的身上，我们可以充分感受到其为人师表的风范。他要求自己的学生"毕业后要做到两点，一是要坚持做自己的专业，二是要有一个好的人品"。这种风范可能源自他的老师钟敬文先生。忆及自己的老师，张振犁先生总会满怀深情地说："跟着钟先生一辈子都是幸福的，他的学问、为人都让我非常敬佩。"钟敬文先生成了他一辈子学习的榜样，他一方面继续辛勤地采集、研究神话，甚至在84岁高龄时，还与自己的学生一起到河南登封三皇寨考察；另一方面，他始终要求学生必须进行田野作业，注重在学生中发现和培养民俗学研究的新生力量。河南大学党委书记关爱和教授回忆起跟随张先生上课时的情景，笑称：当年自己交的作业由于没有进行田野调查，期末被张先生打了一个较低的分数。据了解，从1980年张振犁先生在河南大学中文系开设民间文学课程起，先后培养了一大批热爱民俗学研究的专业人才，其中孟宪明、程健君、高有鹏、吴效群等人如今都成为活跃在民俗学领域的知名学者，除了他们之外，还有不少张先生的再传弟子，分布在全国各地，传播着中原神话研究的种子。

多年来，张振犁先生和他的弟子们笔耕不辍，出版了《中国古典神话流变论考》《中原神话研究》《东方文明的曙光——中原神话论》等多部有关神话研究的著作，推动中国神话研究不断走向深入。纵观整个民俗学学科发展史，我们不难发现，由于神话研究的丰厚成果，不仅令神话学已成为一门独具特色的学科，而且也使得整个中国民俗学为其他学科所瞩目。

如今，张振犁先生已进入耄耋之年，但他对神话的那份执著和热爱依然不减当年，还在关心着他交付出版社的书稿进展情况。在当今社会，文化认同显得比以

往任何时候都更加重要，神话作为一个民族形成发展的源头活水，必将大放异彩。张振犁先生和他的弟子们所开创的中原神话研究，也一定可以演绎出时代的"新神话"。

（原载《中国社会科学报》2014 年8 月 20 日第 B05 版）

李福清：与中亚回族语言文化的情缘

海 峰

李福清（1932—2012），原名鲍里斯·里沃维奇·里甫金，俄罗斯科学院院士，世界著名汉学家，在中国民间文学、中国古典小说、中国民间年画、中俄文化交流史等研究领域成就卓著。2003年，李福清获得中国政府颁发的"中国语言文化友谊奖"。2010年，获"中国语言文化贡献奖"。代表作有《万里长城的传说与中国民间文学的体裁问题》《中国的讲史演义与民间文学传统——论三国故事的各种口头和书面异体》《从神话到章回小说——中国文学中人物形象的演变》《中国神话故事论集》《中亚文化交流史》《东方中世纪文学的方法》《中国戏剧理论》等，用俄、中、日、韩、英、德、越等语言发表作品200余种。此外，他还翻译了冯骥才的《高女人和她的矮丈夫》等多部中国小说。

在李福清先生生前的学术活动中，他常提到"中亚回族"，提到中亚一个美丽的汉语地名"米粮川"，这是中亚回族的一个聚居乡镇，也是当年他开始接触汉语言的地方。20世纪50年代，还是年轻大学生的李福清带着对汉语言文化的热爱，来到中亚回族聚居区，开始了他和中亚回族语言文化一生的情缘。

一 一生情缘始于美丽的米粮川

中亚回族是中国西北回族的后裔，在李福清来到米粮川时，这里浓浓的西北回族风情，亲切幽默的西北方言都深深地吸引着他。那时，这里的人们使用俄语远不

像今天这样普遍，多数依然操用着原汁原味的中国陕甘方言，但在俄语和中亚各突厥民族语言的包围之中，已有了一些变化。这并没有影响李福清想深入了解中国语言文化的强烈愿望，他和这里的人同吃、同住、同劳动。人们亲切地称他为莫斯科来的"男学生"，将他们祖祖辈辈传承下来的丰富有趣的民间故事毫无保留地讲给他听。而他也像游进了汉语言文化博大的海洋，怀着极大的兴趣学习他在圣彼得堡永远也无法接触到的语言和文化知识。

就是在这一语言实践过程中，李福清先生开始了对中亚回族民间故事的收集、整理工作。他第一次听到各种各样的中国民间传说、故事和民歌，如姜太公卖面、程咬金卖抬把子、孟姜女哭长城、三旗王韩信、梁山伯与祝英台等。在1953—1956年间，还是学生的李福清和其他研究人员一起记录了大量的民间故事，并潜心研究，完成《东干民间故事传说集》，并作为苏联科学院文学研究所出版的系列丛书《东方民族的民间故事和神话传说》中的一本，于1977年在莫斯科出版。李福清为每一篇故事传说写了详细的附言，并将其中的故事与相关的文学作品（小说、戏曲）作了比较研究。如《白袍薛仁贵》与平话《薛仁贵征辽事略》、章回小说《薛仁贵征东》及薛仁贵戏比较，探讨它们之间的相互关系，发现一些故事情节由平话演变为小说，从小说演变为说书，又从专业的说书返回到民间流行的故事这样一个有趣的循环发展过程；他还探讨了很多民间传说

关键情节如"张羽煮海""吸血妖怪"的母题在其他民族的出现、传播和变体的情况。

二　倾心《东干民间故事传说集》汉语转写

《东干民间故事传说集》出版后，引起了学界的极大兴趣并获得了很高的评价。李福清先生后来回忆，他自己想购买一部分送人都未能如愿。但他一直觉得这本书还没有彻底完成，一是当时因为篇幅所限，有一部分故事没有收录进去，像他最为看重的《毛大夫看病》，还有他们收集到的俄罗斯学者茨布兹金在 1909 年采录的东干民间故事等；二是由于出版的原因，虽然有一部分故事由李福清先生和东干学者用东干文出了一个小册子，名字叫《东干民间故事》，但当时没有能够用汉语出版，这使他觉得非常遗憾。

因为当时条件所限，李福清先生最初是使用斯拉夫字母的东干文记录这些民间故事的，他也尝试着用汉语转写其中一些较为短小的故事，但囿于各种原因，一直没有正式做转写这项工作。将这些故事原汁原味地介绍给广大的中国学者是他最大的愿望。在兰州大学常文昌教授的介绍下，我有缘与李福清先生结识并有后来的合作。2005 年末，在他的帮助下，我来到莫斯科国立人文大学访学，有了更多与他接触、学习的机会。当他将多年珍藏的故事记录稿交给我时，作为后辈，我心里有些惴惴不安，不知能否完成东干语故事转写汉语的任务。在莫斯科学习的日子里，университет 地铁站成了我们经常交接资料的地方。在他无微不至的关怀和对我完全信任的情况下，我很快在莫斯科完成了这些手稿的初步转写任务。看着一沓沓发黄的、经历了近 50 年岁月的手稿，再看着电脑中近 30 万的文字，心中对他当年在较为困难的情况下记录这份文化遗产充满敬仰。

2011 年 10 月，在李福清先生的精心审阅下，通过徐华龙先生的鼎力帮助，《东干民间故事传说集》中文版由上海文艺出版社出版。书中包括了李福清、哈桑诺夫先生联合撰写的关于"东干民间故事的艺术世界"的长序，78 个东干民间故事，还包括直译词语的详解、注释，缩略词解释，尤其是李福清先生所做的东干故事的寻根溯源及题材分析，有着极高的文献和理论价值。他将东干故事情节与汉族、蒙古、朝鲜、苗族等其他民族的故事集相比较，条分缕析，旁征博引，对中国民间故事的源流及传播研究有着巨大的参考价值。这部书还将部分原稿遗失的未收录故事的题材内容做了简介，同时附录了故事讲述人的基本情况，图书编目，故事中的人物、事物及主题索引等很有价值的研究参考资料。

该书所包含的民间故事大多是之前国内已出版民间故事集中所未曾记录的，许多是西北地区已经失传的作品，这些故事对研究民间文学具有重要的价值。

更值得一提的是，该书的出版是李福清先生为东干语留下的极为珍贵的语言材料。他认为只有用西北方言原原本本地记录出版，这些故事的价值才能够被完整地体现出来。在转写过程中，我深深地感受到他的认真和严谨。他所记录的故事内容非常流畅，在还原为东干语的过程中，很少有语焉不详或无法转写的地方。笔者在被故事吸引的同时，深切体会到他收集整理过程中所倾注的心血和精力。

三　孜孜不倦　功绩永留民间

我曾经有机会登门拜访过李福清先生的家，他的书房使我震撼，四壁皆是书，有很多中文书籍，且很有年头，还有从中国民间收集来的剪纸、刺绣等各种民间艺术作品。驻足期间，我可以深刻感受到他对中国传统文化的挚爱。我无法想象他是如何将这么多宝贵的资料一点点收集起来的，只是曾听他轻描淡写地说：每次回国，因为顾虑行李超重，手臂上提的书几乎要压断胳膊了。那时他已经是 70 多岁的老人了。

在和李福清先生接触的过程中，经常会听到他笑呵呵地说起"浪亲亲是个由头，浪娃在后头（明里是看亲戚，暗里是会姑娘）"、"吃饱了，喝饱了，像富汉一样了"这些有趣的回族民间谚语，而像他常常提及的"四个最香""四个最臭"的民间杂话至今还流传在西北地区回族民间。从他的语言里，可以深深地感受到中亚回族语言文化对他的影响，以及他对中亚回族民间传说故事的珍爱。和他接触过的中亚回族学者伊马佐夫先生就曾经说："李福清先生是俄罗斯学者中对中亚回族文化最为关注的学者，他的研究成就也是中亚回族文化研究的宝贵精神财富，更是对这些财富的深度挖掘和重视，因此我们对他的学问极为尊敬和景仰。"

李福清先生对中国民间文学的研究始于他对中亚民间故事的研究，也成就了他从这里出发探索整个中国民间故事这一更为博大的领域和空间。这是他钟爱的一片领域，也是他为中亚回族留下的一部分宝贵精神遗产。正是他的研究，使得中亚回族这样一个人数不多的群体，能够以自己丰富的民间文化遗产与其他民族比肩而立。这是中亚回族的骄傲，也是中华民族的骄傲。

（原载《中国社会科学报》
2014 年 2 月 17 日）

刘锡诚："边缘人"心境与"农民"本色

李修建

刘锡诚，1935 年出生，山东昌乐人，1957 年毕业于北京大学俄罗斯语言文学系，先后就职于中国民间文艺研究会、新华社、中国作家协会、中国文联等单位，现任文化部国家非物质文化遗产保护工作专家委员会委员、中国民间文艺家协会民间文化抢救工程专家委员会委员。代表作有《原始艺术与民间文化》《中国原始艺术》《象征——对一种民间文化模式的考察》《20 世纪中国民间文学学术史》《民间文学：理论与方法》《非物质文化遗产：理论与实践》《民间文学的整体研究》等。

刘锡诚先生治学 60 余年，称得上学界的"老人"了。年龄老，资历老，却从不以"老人"自居，更不倚老卖老，而是勤恳一如"小学生"，读书写作，不知倦怠。数十年下来，在文学评论、民俗学、民间文学史、原始艺术、非物质文化遗产等领域，做出了诸多开创性的研究，成就斐然，足为学人典范。

作为后生小辈，我与刘锡诚先生交往不多。鉴于刘先生的学术成就，我就职的中国艺术研究院艺术人类学研究所在 2011 年聘他为客座研究员。虽说是"同事"，却没有真正共过事，加之研究领域有别，对他的著作也阅读不够。饶是如此，我对这位山东老乡和学界前辈，一直怀着深深的敬意。

闲门掩薜萝，边缘垒书城

1935 年，刘锡诚出生于山东昌乐县的一个农民家庭。他在 1953 年考取了北京大学，这在当地应该是个颇为轰动的事件，因为在他之前，昌乐县似乎无人上过北京大学。他学的是当时热门的俄罗斯语言文学。做毕业论文时，他得到时任俄文系主任、翻译家曹靖华先生的指导，以民间文学为题目，自此与民间文学研究结下不解之缘。

大学毕业之后，经曹靖华先生推荐，刘锡诚进入中国民间文艺研究会工作，负责对民间文学进行搜集、整理、编辑和研究。"文革"以后，他又在新华社、《人民文学》《文艺报》等机构担任编辑和记者。在八年时间里，他活跃于文艺第一线，成为一名出色的文学评论家。他见证了新时期文学风云之变幻，所著《在文坛边缘上》和《文坛旧事》两书，便记录了他所见闻的文坛往事，为当代文学史提供了重要资料。1983 年，他又调回中国民间文艺研究会，担任领导职务，其间主持了中芬民间文学联合考察、"中国民间文学三套集成"的全国普查和编纂等，这些工作堪称中国民间文学研究史上的重要事件。

1990 年，55 岁的刘锡诚开始心无旁骛地投入学术研究，以超乎寻常的勤奋和毅力，敏力以求，矻矻不倦，迄今出版专著 20 余部，主编著作 100 多部，发表论文千余篇，在学界产生了重大影响。

回顾刘锡诚先生的治学历程，无论他就读的高校、他工作的单位、他接触到的人和事，还是他的学术成果及学术影响，全都称得上主流。而他却以"边缘人"自况，个中原因，除了他从事过多种职业，中年以后弃政从文，始专心治学，有别于自始至终从事研究的学界中人，更重要的是，"边缘人"的身份传达了他的治学立场。

在 1998 年创作的一篇名为《边缘人》的随笔中，刘锡诚写道："真正的文人多自谦，戒浮躁，胸怀平常之心，甘为边缘人。粗茶淡饭，布衣裘褐，倒可以冷眼洞察社会，静观人生百态，写出多少能够传世的作品来。"大隐之人，能够隐居闹市，是因"心远地自偏"。一个身处中心的"边缘人"，自是心境清远，不为凡俗所累。"闲门掩薜萝，边缘垒书城"，乃是他的自画像。以此心境，处事，能够淡泊；治学，必然投入。刘锡诚之治学，正如王子猷的爱竹，"何可一日无此君"，生命与学问，浑然交融。

"边缘人"刘锡诚没有读研究生，不受师承与门派所囿，对于各种学术流派和观点，可以兼收并蓄，化为我有。他的民间文学研究以苏联文艺学为理论基础，思想上却颇为开放，反对偏于一端，主张采取跨学科的研究，对于西方社会学、人类学、宗教学等学科皆有吸收。他在 20 世纪 80 年代初就指出，民间文学既是一种文学，又是一种文化现象，应当采取整体研究。这种观点在当时颇为前沿，如今已被广为接受。

"边缘人"刘锡诚"旁观者清"，以其冷眼与热心，更加以深厚的学养和宽阔的视域，敏锐地捕捉学术的缺漏，言他人所未言、所欲言。在这方面，他的中国原始艺术研究以及象征研究堪称典范。在他之前，国内已有数本以"中国原始艺术"为名的著作，却无人像他那样深入实地，他结合田野考察与考古资料，综合运用多种研究方法，写成《中国原始艺术》一书。这部著作受到学界好评，有学者评价其"全面勾画出中国原始艺术的重要形态和类型源流。不失为在蛮荒高原上的一次攀

登"。在象征研究方面，他出版了《中国象征词典》《象征——对一种文化模式的考察》等著作，对于国内相关研究实有引领之功。

"边缘人"不受学术政治的牵累，不会阿从时流，不作台阁文章，坚持"独立之思想，自由之精神"。在 2010 年召开的中国艺术人类学学术研讨会上，刘锡诚作主题发言，对当前非遗保护中出现的诸多问题直言不讳，大胆批评。此种治学立场，显示了一位真正的知识人的担当意识。

悠游乡土间，乐在其中

刘锡诚出身农村，虽然自 18 岁进入中国最高学府，便成为一个"城里人"，他却始终以"农民"自命，念兹在兹。他的治学精神，确也体现了中国农民的优良品性。

农民在土里刨食，靠土地为生，对土地充满感情。刘锡诚选择民间文学、民俗学为一生致力方向，与他的乡土情怀息息相关。他悠游其间，甘于寂寞，不以为苦，乐在其中。

刘锡诚先生有一段话颇为感人，他说："我常以在田地里耕耘的农民自况，不管天气多么热，不管日头多么毒，在没有干到地头之前，总是弯着腰挥汗如雨地劳作，直到了地头，才肯直起腰来，这时孤独的心绪一扫而光，顿时从心底里迸发出来的是一种胜利者的豪情。我的一生就像是一个永远在劳作中的农民，靠毅力、靠勤奋支持着我的理想，靠汗水浇灌着我的土地。"农民日出而作，日没而息，尚有闲时。刘锡诚却在永远劳作，他逐日耕耘在学术的田地里，不知倦怠。因此之故，他的地里结满硕果，令人惊叹。

20 世纪 90 年代，刘锡诚以六年时间完成了《中国原始艺术》。2003 年，他又发愿写作《20 世纪中国民间文学学术史》，历时三年，完成这部篇幅近百万字的皇皇

巨著。这部书可谓积其毕生功力，他在大学时代即留心收集民间文学史料，自身又作为民间文学史的亲历者，掌握大量一手资料和学术信息，加之他宏阔的学术视野和深厚的理论积淀，使这部书极具学术价值，除提供了大量难得的学术史材料，更厘清了民间文学史上的诸多重要问题，受到学界高度肯定，成为相关领域的必读参考书，也成为刘锡诚的代表作。写作此书时，他已70高龄，若非他"农民"般的勤劳和毅力，实不能为。

农民是朴实的。他们脚踏实地，讷于言语，表里一致，不张扬，不夸饰。刘锡诚治学体现出了鲜明的风格，不虚张声势，不妄下断语，论从史出，实实在在。他用资料说话，这些资料，能一手得来的，他绝不转引。虽已高年，仍骑着自行车风尘仆仆地去国家图书馆查阅资料。他的田野考察足迹，更是遍布全国。正因此，他作为国家非物质文化遗产保护工作专家委员会委员，对各地的非遗状况常常如数家珍。

刘锡诚的为文风格亦与他的农民本色不无相关。他是一位作家，发表了大量散文作品。他的笔端总是充满感情，对乡土的眷恋，对师友的感恩，对后学晚辈的关爱，对不平之事的激愤，发而为文，感动人心。他的文风，朴实而生动，有一说一，娓娓道来，如话家常，简洁练达，不作渲染，不加藻饰，而是铿锵有力，透出铮铮之气。

如今，城镇化进程势不可挡，人们纷纷涌向都市，与土地相依为命的农民日见其少，有着"边缘人"心境和"农民"精神的人似乎亦是越来越少。唯其如此，经霜弥茂的刘锡诚更显出了可贵，而在他身上所凝聚的价值，也绝不仅限于学术研究。

（原载《中国社会科学报》2014年4月1日）

郝苏民：带着气场的巴克西

朝戈金

在郝苏民先生面前，我是后学，常常尊称他郝"巴克西"（蒙古语"老师"之意）。不记得彼此见面有多少次了，大多是在学术场合。郝先生无论走到哪里都带着"气场"。近几年，有些花白但浓密的胡须，更衬出他的炯炯双瞳，一派凛然丈夫气概。

郝巴克西现在是西北民族大学的资深教授，《西北民族研究》学刊的主编，民间文化研究圈子里的人，人前背后都被称为"西北王"。他谈锋机敏，为人和蔼，课堂内外循循善诱，给人一介书生的强烈印象。其实他早年的经历却堪称跌宕起伏。不过，今天的郝巴克西，就是这么一路风雨走来的。我斗胆猜测，正是曾经领受到的精神上的苦难和排斥、身体上苦重活计的磨砺，才让我们今天的郝巴克西，不仅有强健的体魄，还有处世不惊的历练气概和超乎寻常的强韧性格。与底层民众的朝夕相处，强化了他对民众文化的热情和体悟。所以，身为大学者的郝巴克西，还有一份亲近民间、关怀民众的深厚情怀。

郝先生出身回族，早年研习蒙古语，在八思巴文之外，对喀尔喀方言和托忒方言都有心得。后来被安排到藏人中接受再教育，趁便学了藏文。这些民族语文的修养，成为他生活转机的由头，也是他学问大厦的坚强支柱。郝巴克西在内心深处，似乎更接近于另一种学者。他对河西走廊和北亚草原历史文化和社会风俗等的了解，与他长期在民众中生活分不开。民间的智慧、草根的情怀，成为构成郝巴克西学术

谱系底色的重要元素。他后来在教学中、在学术研究中、在文化活动中，都不断倡导、呼吁关注和研究那些往往被主流学术所长期忽视的族群文化。人文学术，若是离开了人、离开了对人的精神世界和情感世界的关怀，则研究所得也往往是苍白的、贫血的、缺少冲击力的。反过来说，那些关注生命、关注精神和情感、关注当下境遇和今后走势的人文学术，往往更显现出了力量和存在的价值。郝巴克西关于人口较少民族语言文化调查研究的项目，关于非物质文化遗产抢救、保护和研究工作的专业意见和许多学术性表述，就是我特别钦佩的有生命质量的、对国家和民族有裨益的学术。

郝巴克西是著名民俗学专家，所以文化部成立"非物质文化遗产保护工作专家委员会"之初便聘请他为委员。我国的非遗工作从一开始便遇到诸多挑战，而且每一宗挑战都难以应付。如何看待和评价民间信仰活动，就是对专家组成员学养、智慧和经验的很大考验。郝巴克西，以我所知，在提供专业意见上贡献良多。另外，在关于少数民族非物质文化遗产保护方面，郝巴克西也提出过许多很重要的建议，并带队到农牧区进行科学的田野调查工作、形成系列学术成果，为文化政策制定，为地方的文化建设事业，为区域文化的专题研究，都做出了重大的贡献，乃至成为某些专题研究的示范性成果。

郝巴克西在规划学科格局、推动学术建设方面所做出的努力和花费的心血，令许

多同行钦佩和景仰。《西北民族研究》是人类学、民族学和民俗学方面最有影响的学刊之一，且影响日隆，就与郝苏民这位德高望重的主编的声望和他颇有远见的办刊理念大有关系。西北族群交错，文化交叠，而学术研究整体则略显不足。郝苏民率先在西北民族大学开创民族学和民俗学学科点，教授硕士和博士，培养专业人员，这对于形成合理学科布局，对于推动西北地区学术建设，意义尤为深远。

（原载《中国社会科学报》
2014 年 10 月 24 日第 B02 版）

刘守华：六十载倾情于中国故事学研究

肖远平　　孙正国

回顾中国故事学的六十年，我们发现具有学科意识与开拓精神的学者，他们的学术历程，远远超越学术个体的意义，而与学术共同体的思想历程互为表里，并在学科生长的历史节点上，都留下属于他们的学术领地！刘守华先生是老一辈学者的代表，他从事民间文学研究六十载，尤其在中国故事学领域成就卓著。

笔者有幸师从刘先生，其为学与为人并重的治学情怀，让我们真切地明白了学术品格与人格的内在联系。细读刘先生的研究论著及学界评述，结合我们聆听先生多年教诲的心得，尝试对其治学方法作出讨论。

一　历史追踪的"执著式"治学方法

刘先生善于以历史追踪的大视野和敏锐的学术眼光，乐而忘倦地持续关注学术研究的新进展，阶段性地深入参与相关讨论。同时，以论证的深刻与新材料的发掘为亮点，历经数十年而不辍，执著研究，较有代表性的是刘先生对《黑暗传》近30年持续追踪的经典个案研究。

1983年11月2日，刘先生收到神农架文化干部胡崇峻寄来的《神农架民间歌谣集》一书，觉得收录的长篇历史神话叙事诗《黑暗传》非常奇特。他以此为基础，于1984年5月撰写了《鄂西古神话的新发现——神农架神话历史叙事山歌〈黑暗传〉初评》，这篇论文对《黑暗传》作

出的重要论断，成为学界密切关注《黑暗传》的焦点问题："过去人们认为在汉族地区已经没有远古神话，更没有神话史诗在民间口头流传，神农架《黑暗传》的发现，便填补了这一空白。"1987年，刘先生结合新的研究成果，在《湖北日报》发表文章，认为其神话传说部分可以视为汉民族的神话史诗或广义神话史诗。

20世纪90年代，刘先生从民间文学资料学的角度，继续关注并鼓励胡崇峻做好《黑暗传》的手抄本和资料本的收集与整理工作。2001年，刘先生为了回应《黑暗传》在海内外的热烈反响，撰写长文《〈黑暗传〉追踪》刊发在台湾《汉学研究》第19辑第1期，为《黑暗传》的学术史提供了清晰的逻辑线索。2002年，刘先生将胡崇峻历时二十年费尽心力收集与整理的《黑暗传》，推荐给长江文艺出版社正式出版。刘先生撰写序文，并作文《汉族史诗〈黑暗传〉发现始末》。刘先生认为，《黑暗传》的整理本是胡崇峻按照袁珂先生和自己关于慎重整理的要求完稿的，和原来那些杂乱唱本相比，内容更丰富完整，文词更优美，可读性更强，但深入的学术研究还是应以原始资料文本为据。

2010年，刘先生针对国家非物质文化遗产代表作名录评审《黑暗传》的问题，找到了明代通俗本子的新史料，发表《我与〈黑暗传〉》一文，进一步阐述其学术价值。2012年，刘先生又收集到敦煌写本《天地开辟以来帝王纪》，将其与《黑暗传》进行比较，完成《再论〈黑暗传〉》

一文，认为早在唐代就有以记述民间神话传说为主又夹杂了一些佛教知识、显得比较浅显通俗、具有启蒙读物性质的抄本在民间广泛流传，这个写本和现今流传的《黑暗传》唱本叙说中国历史的整体结构和叙说方式十分契合，可以明确其源流关系。

从 1983 年接触《黑暗传》，到 2012 年发现敦煌写本，近三十年来，刘先生既是首倡《黑暗传》作为汉族神话叙事诗价值的重要学者，也是执着坚持《黑暗传》研究、持续参与学术讨论的权威学者。

二　以本土材料为核心的"原创式"治学方法

刘先生多次强调治学必须坚持本土经验的学术意义。他坚持以本土材料为核心，运用比较文学的方法，发现新材料，进而创作出具有原创性的学术成果。

20 世纪 80 年代以来的中国民间文艺学，受西方文化人类学、社会学和民族学的影响，学者们大量借鉴和运用西方的理论与材料，在中国民间文艺学的相关领域中形成了西学热潮。刘先生积极关注这些理论，但始终坚持以本土材料为出发点，坚守本土学术理念，完成了许多因新材料的发现而具原创性的学术成果，创建了以中国故事史料为核心的中国故事学学科。

1979 年，刘先生以本土材料为核心，相继发表民间童话比较研究的系列文章。1985 年，其《中国民间童话概说》由四川民族出版社出版，该书系统论述中国各民族童话的范围和分类，探讨了童话艺术特征。此后的十余年中，刘先生立足于中国本土材料的发掘与发现，运用比较文学的方法，撰写了数十篇关于中国故事与欧洲、亚洲国家民间故事比较的论文，并于 1995 年出版了 40 多万字的学术著作《比较故事学》，开创了中国比较故事学这一新领域。这一成果，集中体现了其坚持以本土材料为核心的研究思路，学界认为"在其独创性的连续性上，回答了欧亚大陆约 75 组同类故事的影响关系问题，认为故事最初形态——影响研究中的原型研究有两种：现存原型和构拟原型，着力阐发了母题类型比较的方法，进行故事母题、主题比较时，充分吸取比较文学中主题学的成果与方法，使之更具有理论的深度"，从而为该学科的建立打下了更为坚实的基础。

1999 年，刘先生又出版了《中国民间故事史》一书，他凝聚学术智慧与本土材料的力量，辛勤泛读 100 多种古籍，从超出几倍乃至几十倍的典籍中，精选出 300 多篇故事文本，加以重点引录评述。在书中，他以现代民间文艺学锐利的科学眼光与分析力，对各个重要故事文本，做了切实的校勘、评释，且各联系有关史实文献及文化背景，剖析其重要的文化内涵、美学特征、所属故事类型，并探求其来龙去脉，取得了大量的创造性成果。学界认为其首创了具有鲜明学术个性与民族特征的学科体系。

三　广泛开展学术交流的"对话式"治学方法

刘先生多次讲到，他的学术成长，与学界众多的专家学者的扶持与指导密不可分。这些扶持与指导，一方面是他精当的学术成果为学界所关注，另一方面是其广泛开展学术交流的"对话式"治学方法的一种体现。前者是刘先生学术精进的客观反映，后者则是其博采众长、广开视野的主观诉求。

20 世纪 80 年代以来，学术界对刘先生故事学成就的评论文章逾百篇，可直观地见出刘先生学术交流的广泛性与开放性，体现了其同行相长、谦虚求教的学术理念。

他治学沉稳、雄健，在勤勉向上的学风里面，蕴含了他乐学求学的谦谨品格。他得到了季羡林、钟敬文、贾芝、姜彬等学术大家的教诲与勉励，也与国内学界的一批知名学者积极对话，还经常与学生们讨论自己的论文成果与新思考。

刘先生不仅注重国内学术交流，也积极与国外学者展开学术交流，这种学术交流的开阔视野与博大胸襟，成为先生巨大的学术动力与资源，也使其成为中国故事学领域学术交汇的神经中枢，催发了几代学人经由自己的学术互动而形成的良性学术交流机制，追求学术自身的意义，引导创建了中国故事学学科。

学者是一种力量，他们发现真理，创建学科，延续学术的生命力。学者更是治学方法的创立者，在其优秀的学术成果中，后学们才得以在研究中寻找到面向真理、走向真理的可靠路径。这些在刘守华先生的治学中有着深刻的体现。

（原载《中国社会科学报》2014 年
6 月 16 日第 B03 版）

赵宗福：对花儿学研究的贡献

曹　强

自 20 世纪 20 年代以来，学者们不断搜集、整理和研究花儿，形成了花儿的研究史和接受史。花儿学研究，不仅要关注花儿文本，而且还要关注"文化语境对花儿编唱和传承的意义"①，还需要关注花儿的接受史。研究花儿接受史，有利于发现花儿学研究的得失，总结花儿学研究的不足；有益于拓宽花儿研究的领域。探讨学者对花儿学研究的贡献；有助于花儿学的健康发展，促进非物质文化开发与保护。因此，梳理学者对花儿学研究的贡献具有重要的意义。

乔建中先生曾撰文《"花儿"研究第一书——张亚雄和他的〈花儿集〉》，探讨了张亚雄先生对花儿学研究的贡献。文末，乔先生呼吁："为了使我们的学术建设在 21 世纪更加健康、完善，我们应该对 20 世纪逐步繁荣的各类人文学科的发展历程进行全面而深入的清理，公允地对待各个历史时期的每一部著述和每一位学人，把一部部真实全面的 20 世纪学术史留给后人。"② 乔先生所言确矣！近来，常读到一些所谓的新作，将赵宗福先生的研究成果变相抄袭，变换语词，变为他们的成果，混淆视听。这是对赵先生的不公！这里，笔者不揣浅陋，探讨赵先生对花儿学研究的贡献，希望学界和学者尊重他人的学术成果，铭记赵先生对花儿学研究的贡献。

不妥之处，尚乞赵先生和学界方家哂正。

赵宗福先生系青海省湟中县人，民俗学博士、教授、享受国务院政府特殊津贴专家。现兼任日本爱知大学客座研究员、中国民俗学会副会长、中国少数民族文学学会副理事长、中国民俗学会神话与西王母文化专业委员会主任、青海省非物质文化遗产保护专家委员会副主任、青海民间文艺家协会主席、青海省昆仑文化研究会会长等职。赵先生长期从事民俗学、民间文艺学以及古典诗歌的研究与教学，在中国古典神话、民间文学、西部诗歌史、青海文化史等方面均有建树。先后出版《花儿通论》《青海花儿大典》《昆仑神话》《江河源头的民俗与旅游》《青海民俗志》《历代咏青诗选》《历代咏藏诗选》《青海历史人物传》《西北文学文献丛书》等著作，在《文艺研究》《民间文学论坛》《民俗研究》《民俗与曲艺》等权威核心期刊发表论文近百篇，曾荣获国家级和省部级奖励多项。据我们初步整理，赵先生对花儿学研究的贡献主要表现在以下几个方面：

一　提升了花儿学研究的高度，确立了花儿学研究的体例

1989 年，赵先生的《花儿通论》由青

---

① 赵宗福：《西北花儿的研究保护与学界的学术责任》，《民间文化论坛》2007 年第 3 期。

② 乔建中：《土地与歌——传统音乐文化及其地理历史背景研究》（修订版），上海音乐学院出版社 2009 年版，第 134 页。

海人民出版社出版，该书自出版以来，广受学界赞誉，被诸多海内外知名大学采用为研究生或本科生教材。全书分为上下两编，上编讨论了什么是花儿、花儿的源流、花儿歌词的格律、花儿的社会内容、花儿的音乐艺术和花儿会等，下编探讨了花儿演唱与歌唱家及歌手、花儿的整理研究和花儿的革新与发展等。全书结构严谨，内容丰富，观点新颖，材料翔实。首次深入探讨花儿歌词的格律、花儿的音乐艺术和花儿会等，第一次大篇幅关注花儿歌手研究和花儿的整理研究等。诚如孟维先生在该书序中言："（《花儿通论》）通贯花儿产生、发展、演变和研究的全部历史，尽可能地集以往研究成果之大成，第一次从对花儿的局部介绍进入整体性研究，由单纯的民歌描述进入文化认识，将花儿研究推向一个新高度。"① 《花儿通论》为花儿研究提供了样板或范式，确立了花儿学研究的体例，其后研究花儿的著作，大都沿袭赵先生所开创的花儿研究体例。例如，被誉为"花儿研究史上新的里程碑"之《河州花儿研究》②，从宏观角度看，著作中讨论了花儿的渊源和流布、花儿的内容、花儿的艺术表现、花儿的语言特点、花儿的唱词格律、花儿的曲调特点、花儿的演唱、花儿的会场与歌手及花儿的搜集、研究和创作等，著作的内容安排体式，习用了赵先生《花儿通论》中开创的体例；以微观角度审之，《河州花儿研究》中的术语、分析问题的方法等同样沿用了赵先生《花儿通论》中的术语和方法等。又如，郭正清先生之《河州花儿》③ 和武宇林先生的

《中国花儿通论》④ 等著作在章节设立及主要问题阐释方面，亦习用赵先生所开创的体例。由此可见，赵先生的《花儿通论》"是整个花儿研究的新起点"，⑤ 其后的许多研究花儿的著作，大都沿着赵先生开创的道路不断前进和拓展。这种筚路蓝缕之功，学界应当铭记。

二　确定了花儿起源的时代及传唱的民族

关于花儿的起源时间问题，学界见仁见智，有原始说、《诗经》说、北朝说、唐代说、宋代说、元代说、明代说和清代说等八种。赵先生从人口迁徙、行政区划和语言现象等方面，展开论证，"逐一摈除不合实际的其他诸说，而只是取明代说加以确认。这种确认，不是人云亦云的附和，而是以确凿的事实为据的"。⑥ 赵先生同时翻检了大量古籍和地方志书，苍天不负有心人，终于找到了明代万历年间地方官员高洪在今天民和写下的《古鄯行吟》："青柳垂丝夹野塘，农夫村女锄田忙。轻便一挥芳径去，漫闻花儿断续长。"诗中明确提到了"花儿"一词，这为花儿"明代说"提供了强有力的证据。然而，今天许多学者言花儿起源于明代，几乎都举这首诗为证，但很少有人指出此诗为赵先生检得，好像是自己的研究发现。这是一种掠他人之美。花儿研究不能无视学术规范，掠人之美。否则，就是对赵先生劳动成果的不敬，就是对赵先生的不公！

① 赵宗福：《花儿通论》，青海人民出版社 1989 年版，第 3 页。
② 王沛：《河州花儿研究》，兰州大学出版社 1992 年版。
③ 郭正清：《河州花儿》，甘肃人民出版社 2007 年版。
④ 武宇林：《中国花儿通论》，宁夏人民出版社 2008 年版。
⑤ 赵宗福：《花儿通论》，青海人民出版社 1989 年版，第 5 页。
⑥ 同上书，第 3 页。

关于传唱花儿的民族，赵先生曾于1989年在其著作中指出："花儿是产生和流行于甘肃、青海、宁夏以及新疆等四省（区）部分地区的一种以情歌为主的山歌，是这些地区的汉、回、土、撒拉、东乡、保安等民族以及部分裕固族和藏族群众用汉语歌唱的一种口头文学艺术形式。"① 赵先生对花儿的界定，为后来许多花儿著作和文章习用。致使学界普遍认为，花儿是汉、回、藏、土、东乡、保安、撒拉和裕固等八个民族用汉语演唱的一种民歌。近年来，赵先生进行了大量的田野调查，结合自己广博的学识，深入研究后发现："花儿还较广泛地流行在青海东部的蒙古族中间，歌唱的人口大约有二三万之多，而且传承的历史还很悠久。"② 也就是说，不仅仅是汉、回、藏、土、东乡、保安、撒拉及裕固等八个民族歌唱花儿，蒙古族同样歌唱花儿，而且有几百年的演唱历史。赵先生修正了花儿的定义，丰富了花儿学研究的成果，将花儿学研究推向了一个新的高度。

三 拓宽了花儿研究的领域，构建了花儿学的学科体系

以前学者研究花儿，大都局限于歌手演唱的书面文本，或谈其思想内容，或论其艺术特色，或探其修辞手法等，最终导致花儿研究裹足不前。赵先生批评了脱离

文化语境实际的臆想创作，认为其"成了应景媚势的文字游戏"③。因此，赵先生不仅探讨花儿文本相关问题，而且还将花儿置于传承语境的视域下，研究花儿的文化形态，把握花儿文化传承的环境与机制。④ 同时，赵先生还关注花儿歌手研究，在其《花儿通论》中专设"花儿演唱与歌唱家、歌手"一章，专门讨论演唱家和歌手对花儿生成和传播的影响，指出文化语境对花儿编唱的价值。赵先生首先认识到花儿歌手对花儿生成和传承的价值，并做了专章探讨，这拓宽了花儿研究的领域，并对后来的学者启发极大。例如，张君仁先生以西北"花儿王"朱仲禄先生为研究对象，出版了《花儿王朱仲禄——人类学情境中的民间歌手》⑤ 一书。张晓农先生指出："随着老歌手的相继去世，不少优美动听的民歌也随之而去。一个民间艺人的消失，往往就是一个民族博物馆的消失。"⑥ 薛正昌先生研究了宁夏籍花儿歌手马生林及其演唱的花儿，并指出学界和政府应当关注这些花儿的领军人物，这些花儿的领军人物对花儿保护和传承具有重要价值。⑦ 近年来，学界研究和保护花儿传承人的呼声越来越高，已经引起了政府和有识之士的重视。这一切说明，赵先生当时的研究思路是非常正确的，可谓远见卓识。

此外，赵先生在其《花儿通论》中还设专章讨论花儿的整理研究。这一点迄今尚未引起学界的足够重视。实际上，花儿

---

① 赵宗福：《花儿通论》，青海人民出版社 1989 年版，第 24 页。

② 赵宗福：《西北花儿的研究保护与学界的学术责任》，《民间文化论坛》2007 年第 3 期。

③ 同上。

④ 赵宗福：《西北花儿的文化形态与文化传承——以青海花儿为例》，《西北民族研究》2011 年第 1 期。

⑤ 张君仁：《花儿王朱仲禄——人类学情境中的民间歌手》，敦煌文艺出版社 2004 年版。

⑥ 张晓农：《原生态民歌与民族文化生态保护》，《光明日报》2005 年 9 月 9 日。

⑦ 薛正昌：《黄土地上的"花儿王"——马生林花儿及宁夏花儿保护》，《宁夏社会科学》2008 年第 3 期。

的整理研究，是研究花儿的接受史，对花儿的传承具有重要的意义。梳理花儿的整理研究成果，就会发现其中存在诸多问题，影响或制约着花儿的传播，若不加以检讨和审视，任其以讹传讹，将会误导后来的学者。研读赵先生的《花儿通论》，其研究问题思路极大地启发了我们，我们按照赵先生的思路，关注花儿的整理研究，发现了不少问题，发表了几篇文章，具体可参阅拙文。① 我们深信，沿着这条道路继续开掘，我们一定还会有许多新的发现，这些发现必将会对花儿学的传承做出一些贡献。而这一切成果的取得，都源于赵先生的研究理念。

综上可见，赵先生拓宽了花儿学研究的领域，构建了花儿学的学科体系。

四 丰富了花儿研究的史料

研究花儿，材料非常关键。伴随着经济的发展，许多年轻人忙于赚钱，不再热衷于花儿的传唱，花儿面临后继无人的窘境。这给花儿田野调查带来了极大的挑战。研究者有时满怀信心去调查，结果可能会空手而归。同时，梳理花儿研究的成果与不足，有助于下一时期更好的研究，避免学界再走弯路。有鉴于此，赵宗福先生组织青海省的学者，共同编写了洋洋 60 余万字的《青海花儿大典》②，为学界奉上了精美的文化大餐。著中共分七编，全方位、多角度、综合性地总结了青海花儿研究取得的成绩，将花儿学术研究推向新的阶段。而这一切工作非一朝一夕所能完成，其中倾注着编著者大量的心血。《青海花儿大典》中搜集到大量花儿歌词，并对其中的方言土语作了详细的注解。尽管其中个别注释或方言本字有误，但这些"错误"的注释或本字，可以为我们提供有价值的语音信息，可以据此探讨青海方言的语音发展史，对方言学具有重要的意义。另外，著作中还对一些民俗事象详细注释，部分民俗事象可能已经消失或正处于消失阶段，作者的注释有益于学人了解这些民俗，对民俗学和民俗传播学具有非常重要的价值。据此可见，赵先生主编的《青海花儿大典》为花儿学研究提供了珍贵的史料，丰富了花儿学研究的内容。必将有益于花儿的传承和发展。

五 指出了学界抢救和保护花儿的使命

非物质文化遗产保护的使命不仅仅在于抢救和保护，更重要的在于如何传承。赵先生意识到花儿保护和传承的意义，专门撰文指出花儿的研究保护和学界的责任。③ 赵先生通过青海省各地花儿会个性差异的比较、蒙古族是否演唱花儿等指出了当前花儿学研究存在的普遍问题，即花儿研究者或自身的学术修养不高，或坐在安乐椅上著书立说，未能真正深入到花儿存活的民间现实中去调查研究，或只是笼统地谈其共性，很少认真思考其个性差异等。诚如赵先生所言："研究同一类型的非物质文化遗产时，必须放弃那种不分对象大而空的笼统概括，而要做大量艰苦细致的工作，重在把握其文化的个性。这一

---

① 曹强：《试论"花儿"的错误接受》，《民族文学研究》2011 年第 6 期；《"花儿"歌词注释存在的问题》，《青海民族大学学报》2012 年第 1 期；《基于问题意识的"花儿"语言研究》，《青海民族研究》2010 年第 2 期。

② 吉狄马加、赵宗福主编：《青海花儿大典》，青海人民出版社 2009 年版。

③ 赵宗福：《西北花儿的研究保护与学界的学术责任》，《民间文化论坛》2007 年第 3 期。

非常吃力的苦活，恰恰就是专业学者的学术任务。"① 关于花儿保护和传承存在问题，学界大都归咎于政府不重视或花儿传承后继乏人等，赵先生第一次诚恳地指出专业学者存在的问题，认为专业学者在非科学的理念指导下进行遗产的抢救保护，"其非科学性结果也就难免了"②。此乃真知灼见！这些见识关乎花儿学未来发展的方向。

花儿研究，学界的责任重大，专业学者需要正视自身存在的问题。真是如赵先生这般有识之士的警示，使花儿学者不能满足于已有的成绩，认识到花儿学研究存在的问题，方能知耻而后勇，弥补其不足。这对花儿学研究和整个学术研究都非常有益。

综上所述，研究花儿的接受史，不能不研究赵宗福先生对花儿学的贡献，整理和研究赵宗福先生对花儿学的贡献不仅是将真实的学术史留给后代，更是提醒后人牢记赵先生对花儿学的繁荣和学科体系构建做出的贡献。

（原载《青海民族研究》
2012 年第 4 期）

---

① 赵宗福：《西北花儿的研究保护与学界的学术责任》，《民间文化论坛》2007 年第 3 期。

② 同上。

苏独玉：一个美国人的三十载"花儿"梦

周一青

"高高山上红日头，红呀日头晒得莲花抬不起头……"昨天，当宁夏著名花儿歌手唐祥在北方民族大学举办的"中美花儿研究座谈会"上吼起花儿时，听众里一位黄头发、蓝眼睛的外国女士听得陶醉不已。

这个外国人就是来自美国印第安纳大学、民俗学与音乐人类学系的博士生导师 Sue Tuohy。"我的中文名字叫苏独玉。"她笑着向记者介绍自己，一口流利的中国话。

实际上，最初苏独玉是学习音乐，后来因为对人类活动十分感兴趣，开始从事人类学的研究，并在那个时候开始学汉语。"我的汉语名字就是那时我的一个中国学生给起的，很特别，我很喜欢。"苏独玉说。

与花儿的初次接触，则是在 1983 年。当时，苏独玉为了寻找博士论文的研究方向而第一次来到中国，到南开大学留学，又来到西北，经一位从事花儿研究的学者建议，选择了花儿作为研究的方向，并在他的指导下，开始调研甘肃和青海的花儿会。

回忆起第一次参加花儿会，苏独玉感到恍若昨天。"在甘肃康乐县莲花山花儿会上，我听了原生态的花儿，太美了。尤其是到了晚上，到处有人在唱花儿，那种感觉，真的如同徜徉在花儿的海洋。"苏独玉说着，打开了随身电脑，30 年前莲花山花儿会的照片闪现出来。

就此，从与"花儿"的邂逅，到对"花儿"的痴迷，苏独玉用 30 年时光来打磨这段缘。

20 世纪 80 年代中国开放程度并不高，苏独玉想要以一个美国人的身份去研究中国大西北的"花儿"，并不容易。但她还是凭着一腔热情感染了很多人："难得一个外国人能够对中国民族的东西这么着迷！"从甘肃、青海到宁夏，苏独玉多次来到中国，去参加民间花儿会，和花儿歌手交流，去进行田野调查，而柯杨、巍泉鸣等研究花儿的学者也给了这个外国友人很多帮助。1988 年，她的英文专著《中国传统文化的纵想：论花儿、花儿会和花儿的学术研究》完成。90 年代后，随着中国改革开放程度的加深，让她的研究活动能更深入地开展，随后又有《想象中国的传统：花儿民歌、花儿会与花儿艺术为个案》等论著相继问世。

此次，苏独玉应北方民族大学"花儿"研究学者武宇林博士的邀请来到宁夏，就是想圆了解宁夏花儿之梦，她说："我第一次来银川是 30 年前，但没有听到花儿。近年来，我在美国上网搜索花儿，基本上出来的是宁夏花儿的视频，也知道了宁夏的一些花儿名人。"如今，花儿已经成为她生命中不可或缺的一部分，无论是回族花儿、藏族花儿还是汉族花儿，在她的耳中，都如同天籁。

"我 1984 年研究花儿的时候，很多人叫它'野草'，认为它不登大雅之堂，还有说花儿快要消失了。但你看，现在花儿不仅还在，还登上了莫斯科的音乐殿堂，并成了人类非物质文化遗产代表作名录中国申报的项目，这说明它不是'野草'，而是在中国大地上盛开的一朵最美丽的文化之花。"苏独玉说着花儿，

眼中放出了光彩。

（原载《宁夏日报》2014年
10月10日）

第九篇

学术活动纪要

【《民间文化论坛》编委会成立暨第一次座谈会在北京举行】

2014 年 1 月 3 日，中国民协《民间文化论坛》编辑部编辑委员会成立，并召开第一次全体会议。来自全国各地的民间文化研究方面的学者、专家、编辑家 30 余人到会并发言。

出席此次座谈会的有中国民协分党组书记、驻会副主席罗杨，中国民协分党组成员、副秘书长张志学、吕军、周燕屏，知名学者陶立璠、刘锡诚、叶舒宪、潘鲁生、万建中、巴莫、王霄冰、叶涛、朱恒夫、刘晔原、吕微、孙正国、吴效群、杨利慧、陈志勤、陈连山、陈泳超、林继富、施爱东、高丙中、萧放、黄涛等。

会上，周燕屏宣布对参会人员的聘任：除 30 位编辑委员会成员之外，特聘请安德明为《民间文化论坛》主编，续聘刘锡诚、陶立璠为《民间文化论坛》特约主编。罗杨发表讲话并宣读冯骥才主席的贺信，并为各位编委颁发聘书。

到会专家赞同成立编辑委员会。发动业内专家，群策群力，可以形成自己的专家队伍，确保杂志的发稿质量。至于如何坚守目前的"综合"杂志特色，又能有所侧重，有所强调，各位专家展开了激烈的辩论。大家一致认为，"民间文学""民俗学研究""民间艺术学研究"是杂志生存和发展的三大基石。

刘锡诚表示："今天是《民间文化论坛》成立 32 年来，历史上第一个编委会。这个编委会虽然比较大，但是很好，一大批年轻学者被认可加入进来，希望大家共同发挥智慧把这个刊物办好。"

创刊于 1982 年的《民间文化论坛》杂志是中国民间文化研究方面唯一的综合性学术期刊。三十年风风雨雨，一路走来，对民间文化研究、发展和传承做出了应有的贡献。

随着社会转型，国内外民间文化研究方面也出现了很多新变化，如何提高杂志办刊水准，如何应对市场变化，如何在尽快提高影响力方面取得突破，是中国民协分党组和编辑部所有同仁共同的焦虑。为此，中国民协分党组研究决定，聘请中国社会科学院研究员、知名民俗学者安德明为杂志主编，希望在他的主持下，进行包括编辑流程、分工、定位、选稿标准，以及制度建设和日常管理等一系列的改革，从 2014 年第一期开始，推出"升级版"的《民间文化论坛》。

（供稿：刘加民）

【第四届海峡两岸民间文化论坛暨中国地域民俗文化研究中心成立大会在牡丹江召开】

2014 年 1 月 11 日至 15 日，由中国民俗学会、学苑出版社、牡丹江市文化广电新闻出版局共同主办的"第四届海峡两岸民间文化论坛暨中国地域民俗文化研究中心成立大会"在黑龙江省牡丹江市召开。

"海峡两岸民间文化论坛"是中国民俗学会与学苑出版社以及台湾相关学术机构共同打造的学术交流平台，是两岸民间文化研究领域最高层次的学术论坛。该论坛已经举办过三届，前三届的研讨主题分别是民间文化理论、民间信仰、民间工艺，前两届主办地点均为北京，第三届举办地点是在台湾的金门县与台南市。如今，经过海峡两岸学者的共同努力，"海峡两岸民间文化论坛"已经成为展示两岸民间文化研究成果、交流两岸民间文化学术思想的重要平台，对于拓宽两岸民间文化研究领域的交流，尤其是促进两岸民俗学、民间文学学科的建设起到了积极的促进作用，形成了两岸学界在民间文化研究领域最高层次的对话机制。

1 月 12 日上午，大会开幕式在牡丹江市世茂假日酒店举行。中国民俗学会会长、中国社会科学院民族文学研究所所长朝戈金，中国民俗学会荣誉会长、中国社会科学院荣誉学部委员刘魁立，文化部原巡视员、国家非物质文化遗产保护工作专家委员会副主任周小璞，中国民俗学会副会长、华东师范大学终身教授陈勤建，中国民俗学会副会长兼秘书长、中国社会科学院世界宗教研究所研究员叶涛等出席了开幕式。来自台湾的著名学者、清华大学荣誉教授王秋桂，成功大学人文社会科学院中心副主任、教授陈益源，台湾大学台湾文学研究所所长、教授洪淑苓，政治大学中文系教授高莉芬，台湾师范大学中文系主任、教授钟宗宪，中正大学国文系副教授杨玉君等也出席了开幕式。牡丹江市委常委、宣传部部长闫岩，牡丹江市人民政府副市长张海华，牡丹江市人大常委会原副主任姚寿鹏，以及牡丹江市市委、市政府职能部门的负责同志也出席了开幕式。

开幕式由中国民俗学会副会长兼秘书长叶涛主持，中国民俗学会会长朝戈金致开幕词。朝戈金会长在开幕词中对前三届海峡两岸民间文化论坛予以回顾，并指出大陆与台湾的学术发展背景、研究方法、学术成果等都有很强的互补性，通过两岸学者的充分交流、加强沟通，今后两岸在民间文化领域开展联合考察、共同研究新课题的合作前景将十分乐观。朝戈金会长还特别指出，"海峡两岸民间文化论坛"能够顺利举办并坚持至今，离不开学苑出版社的鼎力相助。近20年来，学苑出版社积极致力于民俗学、民间文化领域优秀读物的出版，为此，该社与海峡两岸以及世界各国相关学科的学者建立了密切的联系，中国民俗学会也与学苑出版社在多个领域展开了良好的合作。

牡丹江市委常委、宣传部部长闫岩在大会致辞中说，牡丹江民俗文化资源丰富，非物质文化遗产列入省级目录数量居全省各地市之首。近年来，牡丹江民俗文化资源的保护、传承和开发取得了长足进步，

在学术研究方面，出版了《牡丹江地域文化专辑》《宁古塔历史文化丛书》《满族通史》等专著；在资源保护方面，在全省率先成立非遗保护中心，普查、梳理非遗项目300余个，朝鲜族花甲礼成为国家级非物质文化遗产，渤海国上京龙泉府遗址考古公园被列入国家考古遗址公园；在开发利用方面，推进了瀑布村朝鲜族民俗旅游开发、渤海民族刺绣产品生产等文化旅游产业，满族祭祀、朝鲜族流头节、北山庙会民俗文化周等特色活动给牡丹江增添了许多人文景致，2013年牡丹江承办了首届黑龙江省非物质文化遗产博览会。本次"海峡两岸民间文化论坛"能够在牡丹江举办，并且将中国地域民俗文化研究中心设在牡丹江，有利于提高牡丹江民俗文化学术研究水平和扩大城市影响力，充分体现了中国民俗学会对牡丹江民俗文化保护传承的肯定和信任。

台湾成功大学人文社会科学中心副主任陈益源教授在致辞中强调了海峡两岸民间文化论坛的重要性，并希望下届论坛能够在台湾举办。

近年来，中国民俗学会充分发挥全国性学术组织的优势，在加强民俗学的学科建设、扩大民俗学的社会影响方面做了许多努力。其中，与地方政府或者研究机构共建"研究基地"或"研究中心"，就是学术研究服务地方社会的良好举措。

在开幕式，中国民俗学会副会长陈勤建宣布了关于成立"中国地域民俗文化研究中心"的决定。中国地域民俗文化研究中心是中国民俗学会下属的二级学术研究机构，在组织机构建设和管理方面，接受学会的领导和监督。根据学会章程规定，下属二级研究机构的领导人员组成采用任命制，由学会秘书处进行协调安排，向学会常务理事会报备。中国民俗学会决定任命郭崇林、刁丽伟为中国地域民俗文化研究中心主任，李春园、肖远平、张从军、

黄涛、林晓平、刘伟波、黄德烈、王增伟、杨秀为副主任，刘伟波兼任秘书长，聘请刘魁立、姚寿鹏为中国地域民俗文化研究中心名誉主任。研究中心秘书处设在黑龙江省牡丹江市海东青文化传播发展有限公司。与会领导刘魁立、周小璞、张海华、姚寿鹏为中国地域民俗文化研究中心揭牌。

王秋桂、郭崇林、刁丽伟主持了学术研讨活动。刘魁立（《非遗保护与传承——文化领域的历史性实践》），陈勤建（《地域民俗遗产和文化旅游》），洪淑苓（《民俗节庆与地方文化——以台南七夕节日活动为例》），钟宗宪（《台湾中秋节俗对于传统文化的继承与发展》），杨秀（《区域经济影响下的节日文化：以桐乡清明节为例》），宋颖（《景颇族〈目瑙斋瓦〉文化记忆与"目瑙纵歌"节的现代建构》），郭崇林（《区域民俗文化的历史特征及跨世纪转型——基于黑龙江流域民俗文化的思考》），刁丽伟（《萨满与萨满文化》），谢景田（《从参与"非遗"保护工程的实践中认知萨满文化的价值和意义》），陈益源（《越南的福建会馆与福建义山》），高莉芬（《汉画西王母图像类型分析及象征考察》），肖远平（《文化调适与民俗变迁——基于麻山苗族民俗转型的实证研究》），顾春军（《"冥婚"流变考论》），张勃（《北京地方志与民俗研究》），张朝敏（《地域民俗文化的开发与应用——以〈白鹿原〉为例》），张从军（《〈暴风骤雨〉与山东民俗》），杨玉君（《民间年画中的钟馗形象》），叶涛（《东岳泰山信仰在台湾的传播与变异》），吕韶钧（《舞龙习俗的地域性、民族性特征与文化认同》），颜翩翩（《大甲地区武术传习者的文化实践》），汤立许（《对一项非遗的田野考察与分析——以湖北武穴岳家拳为例》），唐仲山（《青海藏传佛教民俗文化圈的基本特征》），陈学军（《赫哲族民间传统工艺品开发对策刍议》），赵月梅（《杜尔伯特蒙古族传统游戏的变迁研究——以黑龙江省杜尔伯特蒙古族自治县布村为个案》），吴小丽（《云南白族的宗教信仰特点——以云南喜州镇为例》），黄志强（《开滦音乐：中国工业民俗典型的表现形式》），李丹、徐月强（《地域文化助推新型城镇化建设浅析》），杨英（《两岸"花"汇——南京绒花、台湾缠花之比较研究》），姜波（《消亡或重生——传统村落民居修复技艺传承的再思考》）等学者在研讨中发表了各自的学术成果。

与会学者还来到著名的冰雪之乡——中国雪乡，体验冰雪文化，领略大自然的壮观与美妙。

（供稿：中国民俗学会秘书处）

【东亚俗文学与民俗文化比较研究国际学术讨论会在温州大学召开】

2014 年 2 月 12 日至 15 日，由温州大学人文学院、温州大学中国及周边俗文学研究中心联合承办的东亚俗文学与民俗文化比较研究国际学术讨论会隆重召开，来自中国社会科学院、中国艺术研究院、北京大学、北京师范大学、中国人民大学、中央民族学院、上海大学、内蒙古师范大学、台湾成功大学等高校和科研机构，以及韩国、越南、日本的学者共计 58 名参加了此次盛会。

此次会议正值春节刚过的假日期间，春寒料峭，间有细雨蒙蒙，而会议氛围温暖而热烈。会议期间，东亚诸国学者欢聚一堂，就东亚各国的俗文学与民俗文化的历史、现状、发展前景、国际传播与交融等问题进行了深入的研讨和友好的交流，并举行了温州大学"浙江省非物质文化遗产研究基地""浙江省非物质文化遗产传承教学基地"的揭牌仪式。

13 日上午举行了开幕式和大会主题发言。开幕式由温州大学人文学院副院长孙良好教授主持，赵敏副校长与蔡贻象院长分别代表会议主办方和承办方致欢迎辞，中国社会科学院荣誉院士、中国民俗学会荣誉会长、国家非物质文化遗产保护专家委员会副主任刘魁立研究员代表来宾发言，温州大学特聘教授王小盾对大会的举办宗旨做了说明，韩国高丽大学民族文化研究院院长崔溶澈教授代表韩国学者发言，越南汉喃研究院图书馆副馆长黄芳梅研究员代表越南学者发言，广西文史馆研究员、山水画家林之源先生向会议承办方赠送了长达十几米的《云林钟秀图》。主题发言部分由中国社会科学院世界宗教研究所研究员、中国民俗学会副会长兼秘书长叶涛主持，韩国汉阳大学教授吴秀卿与中央民族大学教授、亚细亚民间叙事文学学会会长林继富做学术评议；八位学者做了学术演讲：江西师范大学原党委书记、校长傅修延教授作了题为《四大民间传说新释：一个有机的序列》的发言，王小盾教授作了题为《东亚俗文学的共通性》的发言，并介绍了韩国全弘哲教授的论文《中国及周边的说唱》、日本荒见泰史教授的论文《9、10世纪中国斋会的隆盛与十王信仰》；韩国禹春姬教授与崔溶澈教授的发言题为《中韩春节和元宵节的岁时风俗》，越南社会科学研究中心汉喃研究院教授、世界汉学学会越南汉学分会会长丁克顺的发言题为《在越南的城隍信仰与村落城隍事迹文版化过程》，台湾成功大学教授、国际亚细亚民俗学会副会长陈益源的发言题为《越南古学院所藏中国汉籍的来源与去向》，北京师范大学教授、国际亚细亚民俗学会中国分会会长萧放的发言题为《18至19世纪中韩"岁时记"及岁时民俗比较》，北京大学教授陈岗龙的发言题为《论蒙古族民间口头流传的目连救母故事》。

13日下午举行了分组研讨和学术讨论闭幕式。全体代表分为三个小组展开学术研讨，其话题分别为俗文学与民间文学、非物质文化遗产与区域文化、少数民族文化与民间信仰。闭幕式由温州大学民俗学学科带头人、中国及周边俗文学研究中心现代俗文学研究所所长黄涛教授主持，温州大学社会学民俗学研究所所长邱国珍教授作了既有学术深度又热情洋溢的闭幕词。

14日上午在温州大学人文学院举行的两个基地的揭牌仪式由孙良好副院长主持，刘魁立研究员与浙江省文化厅原副厅长、浙江省民俗文化促进会副会长连晓鸣为两个基地揭牌，文化部正局级巡视员、文化部非物质文化遗产司原副司长、国家非物质文化遗产保护工作专家委员会秘书长屈盛瑞致辞，蔡贻象院长做答谢辞。

会议期间还组织了丰富多彩的学术考察活动。12日报到当晚就奔赴温州市泽雅镇周岙村参加"百家宴"并观看挑灯习俗，13日晚上考察了乐清市北白象镇的首饰龙巡游习俗；14日上午来温州大学参观了温州民俗博物馆和发绣馆，并到南白象镇考察了塘河文化展示馆、白云观、斗姆宫、白象塔、太阴宫、聚贤庙，下午参观了温州非物质文化遗产展示馆。

14日是中、韩、越三国共有的传统佳节元宵节，又是青年人热衷的"情人节"，晚宴时，来自内蒙古师范大学的敖其教授与曾在内蒙古插队多年的连晓鸣先生带头引吭高歌，二人的精彩表演将晚宴变为东亚多国多民族学者自发进行的节日联欢。侗族的刘芝凤教授随后演唱，越南学者高声歌唱"越南—中国山连山水连水"，韩国的三位教授也起身载歌载舞。晚宴充溢着热闹祥和的节日氛围。

（供稿：黄　涛）

【中国口头文学遗产数字化工程（一期）成果演示会在北京举行】

2014年2月28日，由中国民间文艺家协会主办的"中国口头文学遗产数字化工程（一期）成果演示会"在北京中国文联举行。中国民协分党组书记、驻会副主席罗杨主持会议，中国文联党组副书记、副主席李屹致辞，中国文联副主席、中国民协主席、中国口头文学遗产数字化工程工作指导委员会主任冯骥才，中国民协副主席、数据库专家叶舒宪，中国民协数据库专家刘锡诚、刘晔原发言，民间文艺界专家学者一百余人出席。

据了解，中国口头文学遗产数字化工程（一期）中建成的数据库，是迄今为止人类最大的口头文学遗产数据库，是一个蕴含民间灵气、智慧和大美的民族民间文学宝库和矿藏。中国口头文学遗产数字化工程，是近百年来几代民间文艺工作者田野普查的结晶。中国民协自成立以来，高度重视对各民族口头文学遗产的调查、搜集、整理和研究工作，六十年间，先后组织了200万人次在全国2800多个县进行口头文学的普查、搜集、记录工作，并积累了近百年的成果，获得了巨量的民间文学原始资料。这些资料大部分为手抄本、油印本、铅印本，都是原始记录，附有讲述人情况（身份、年龄、性别等）、记录人与记录情况（记录人身份，记录时间、地点等），符合记录民间文学的国际惯例，具有高度的科学性，加上总量巨大，古今中外绝无仅有，是一项功在当代、利在千秋的文化伟业。

中国民协分党组书记、驻会副主席罗杨向与会者介绍：中国口头文学遗产数字化工程，是传统民间文化向当代科学技术成就转换的新成果，鉴于这批记录文本无比珍贵的价值，中国民协于2010年12月在冯骥才主席的倡议下启动了中国口头文学遗产数字化工程，并得到文化部、中国文联的大力支持，中国民协数字化工作组与专家学者多方紧密合作，历经三年艰辛，圆满完成中国口头文学遗产数字化工程（第一期）预定目标：1. 录入中国口头文学遗产资料4905本，8.878亿字，形成TIF、PDF、TXT三种数据格式，文字差错率低于万分之一；2. 制作了检索发布系统软件；3. 对神话、传说、民间故事、民间歌谣、史诗、民间长诗、谚语、谜语、歇后语、民间说唱、民间小戏等11类口头文学作品进行了一级分类，计神话8085篇，传说111 666篇，民间故事160 373篇，民间歌谣272 917篇，史诗1424篇，民间长诗2248篇，谚语518 660条，谜语21 331条，歇后语64 555条，民间小戏850篇，民间说唱2891篇，总计1 165 000篇（条）；4. 用Flash动画形式概括中国民间文艺工作者百年来对口头文学遗产挖掘、整理的历程；5. 完成了数据库文档多种形式的备份；6. 按照国家图书馆标准对4905册资料进行了分类整理；7. 对数字化工程一期建设过程的资料进行了整理归档。这是迄今为止人类最大的口头文学遗产数据库，也是借助当代高科技手段构建的民间文化长城。

冯骥才认为，中国口头文学遗产数字化工程，是堪与《四库全书》媲美的当代最宏伟的中华文明集成工程。在收书品种与总字数上，它已远远超越《四库全书》，"是一项具有历史和时代双重意义的、超大规模的文化工程，堪称中华民族最大的文学数据库。可以说，现在我们已拥有一座文学大山——屹立在世界东方的巍巍的文学大山"。

会上，中国文联和中国民协领导为在数字化工程建设中做出突出贡献的专家学者、工作人员颁发了"中国口头文学遗产数字化工程贡献奖"奖牌、证书，与会嘉宾观看了数据库效果演示并进行了现场体验。

（供稿：刘 洋）

【刘锡诚先生从事民间文艺60年研讨会在京召开】

2014年3月8日，由中国艺术研究院艺术人类学研究所和中国艺术人类学学会主办，外语教学与研究出版社支持的"刘锡诚先生从事民间文艺研究 60 年研讨会"在中国艺术研究院召开。

本次研讨会汇聚了来自民间文化、民俗学、艺术人类学等领域的众多知名学者。中国社会科学院荣誉学部委员刘魁立、郎樱，中国社会科学院民族文学研究所所长朝戈金、副所长汤晓青，中央民族大学原副校长梁庭望，中国民间文艺家协会原书记处书记贺嘉、分党组书记罗杨，中国艺术报社社长兼总编辑向云驹，北京舞蹈学院副院长邓佑玲，中国社会科学院研究员祁连休、色音、吕微、安德明，北京大学中文系教授陈连山、陈泳超，北京师范大学文学院教授万建中、杨利慧，中国民间文艺家协会侯仰军、刘晓路，中央民族大学教授陶立璠、邢莉，中国传媒大学教授刘晔原，学苑出版社编辑刘涟，外语教学与研究出版社编辑付帅，《中国社会科学报》编辑项江涛，《民间文化论坛》编辑刘勍，连同中国艺术研究院艺术人类学研究所研究人员李宏复、杨秀、李修建、关祎、汪欣、侯百川等，近 40 位专家学者悉数到场。会议由中国艺术人类学研究所所长、中国艺术人类学学会会长方李莉主持。

刘锡诚，1935 年出生，山东昌乐人，1957 年毕业于北京大学俄罗斯语言文学系，先后就职于中国民间文艺研究会、新华社、中国作家协会、中国文联等单位，现为中国艺术研究院艺术人类学研究所客座研究员。刘锡诚早年活跃于文艺阵线，是一位卓越的文艺评论家和散文家。1990 年以后专心治学，以其深厚的理论积淀、开阔的学术视野和严谨的治学态度，致力于民间文学、民俗学、原始艺术、非物质文化遗产等领域的研究，老而弥笃，孜孜不倦，迄今出版专著 20 余部，主编著作 100 多部，发表论文上千篇，取得了惊人的学术成就，在学界产生了重大影响，是国内民间文艺研究领域泰斗级的学者。

研讨会开幕式由北京舞蹈学院副院长、中国艺术人类学学会会长邓佑玲主持。中国艺术研究院艺术人类学研究所所长方李莉代表艺术人类学研究所，中国社会科学院荣誉学部委员刘魁立，中央民族大学原副校长梁庭望，中国社会科学院民族学与人类学研究所、中国艺术人类学学会副会长色音代表中国艺术人类学学会，分别发表讲话。

与会学者围绕刘锡诚的学术历程、学术著述、理论观点和治学精神等方面展开探讨。与会学者指出，刘锡诚的学术经历贯穿民间文艺学发展史，他始终紧跟时代前沿，旁涉多个领域，强调跨学科的整体研究，其研究体现出了相当的广度和深度；与会学者对于刘锡诚的学术成就给予高度评价，尤其是他耗时 6 年完成的《中国原始艺术》以及在 70 多岁高龄出版的近百万字的《20 世纪中国民间文学学术史》，认为二书填补了学术研究的空白，具有重大的学术价值；与会学者对刘锡诚的治学精神表达了由衷的敬意，他以"边缘人"自况，淡泊名利，专注科研，勤奋异常，笔耕不辍，同时又颇具担当意识，热切关注社会发展和学科进程。除了刘锡诚的学术成就，学者们对他宽厚朴实、蔼然谦逊、关怀后学、奖掖后进的高尚品德也敬仰赞叹不已。大家一致认为，刘锡诚先生的为学为人，足为学界楷模，世人风范。

研讨会后，大家齐唱《生日歌》，庆贺刘锡诚先生 80 岁寿辰，祝愿刘先生身体健康，学术之树常青。

（供稿：李修建）

【田野中国·乡规民约与乡土社区建设论坛在济南举行】

2014 年 3 月 15 日至 16 日，由国务院参事室国学中心、文化部民族民间文艺发展中心、山东大学文化遗产研究院及山东省民俗学会共同主办的"田野中国·乡规民约与乡土社区建设论坛"在济南举行。

"千百年来，作为传统村落约定俗成的'民间法'，乡规民约与国家法律体系相配合，成为乡民遵守的法则。如今，作为地方自治经验重要资源的乡规民约遭遇困境。如何认识乡规民约的现代性价值，使之为当代乡土社区建设服务，关乎我国乡土传统的延续，这在当代新型城镇化建设中显得尤为迫切。"山东省政协常委、文史资料委员会主任刘德龙表示。

从已有的历史文献及目前发现的大量乡规民约碑刻可以发现，中国古代尤其是宋代以后，乡规民约的制定、推行规范着乡村社会。山东大学文化遗产研究院副院长张士闪认为，在传统中国社会中，以乡规民约为代表的民间法和国家法在各自领域中根据不同的规则、运行方式调节维护着社会秩序，共同规范着乡民的行为方式，调节着乡民之间以及乡民和基层组织之间的关系。

南开大学中国社会史研究中心主任常建华表示，对于中国传统乡村社会而言，乡规民约既是自治的规章，需要借助国家权威以取得合法性，同时又不能脱离国家对基层社会的管理，从政府批准乡规民约能够反映出乡村社会与国家的相辅相成关系以及共同治理的实践。

今天，在一些乡村社会，乡规民约的约束力正在逐渐弱化。中国人民大学人类学研究所所长赵旭东从法律人类学角度分析认为，乡规民约具有习惯法属性，但只有经过长期实践的乡规民约才能真正发挥作用。现代乡村社会这种实践的消失是乡规民约失去其约束力的原因所在。在倡导法治社会建设的同时，我们不应忽略乡规民约在现代基层自治中营造、凝聚社会正能量的作用。

与会学者表示，扬弃、发掘传统乡规民约的现代价值，涉及现代社会中如何重建"地方性"的问题。中国传媒大学副教授耿波认为，与传统村落社会通过乡规民约所形成的社区相比，现代社区失去了"宗法传统"的地方认同，但通过重新整合人与人之间的活动与交往，强化在日常生活的地点性演练，则有助于重塑地方感。

"以乡规民约为代表的民俗文化在当代社会的治理制度、知识体系、生活实践和精神世界中其实可以有更大作为。"张士闪表示，未来借助国家的制度化设计和信息化技术，乡规民约将有益于新型城镇化建设。

与会学者认为，乡规民约的完善应与当前社会主义核心价值观的培育相结合。常建华认为，现今的乡规民约应与社会主义核心价值观一致，与国家法规保持一致，并针对乡村社区具体问题进行细化制定。

（供稿：张清俐）

【2014全国古村落工作经验交流会暨第四届中国古村落保护与发展研讨会在佛山举行】

2014年3月24日至25日，为探讨数字化时代的古村落保护和保存，中国民协、广东省文联、广东省民协在广东佛山联合举办"2014全国古村落工作经验交流会暨第四届中国古村落保护与发展研讨会"，深入交流数字技术手段在海量的古村落信息整理中的应用。

罗杨、刘华、曹利祥、陈春声等共同启动了"基于大数据架构的中国古村落文化保护与传承云服务平台建设"课题研究。

据介绍，该研究项目由华南理工大学出版社有限公司牵头，广东省民协、大连理工大学系统工程研究所等合作建设，以广东200多个古村落为示范，首次提出古村落文化资源数字化处理模式，针对传统文字、图片、音频、视频资源数字化处理的难题，采用基于云技术环境的大众知识生产的思想，利用现代信息技术，对古村落文化大数据进行挖掘整理，并提供相关知识服务，包括资源整理、标注、检索、分类、构建知识图谱以及资料深度关联分析等，这一平台未来还将向公众开放。

郭崇慧、赵琛、陈春声、党安荣、叶涛等分别在研讨会上作主题发言。

本次会议地点为拥有"中国历史文化名村""广东十大最美古村落""翰林村"等美誉的佛山南海松塘村的区氏宗祠和孔圣庙，与会学者充分肯定了松塘村的保护做法，希望为全国古村落保护提供参考和借鉴。

（供稿：张志勇）

【中国民俗学会调研组在嘉兴调研端午、清明节俗文化】

2014年4月1日至4日，由中国民俗学会副会长兼秘书长、中国社会科学院研究员叶涛等11名专家学者组成的北京调研组一行，来到桐乡市洲泉镇清河村开展该市清明习俗调研工作，调研组分别对桐乡市省级非遗项目"双庙渚蚕花水会"及清河村的清明传统祭祀、饮食等民俗进行走访调研。

4月1日上午，调研组与嘉兴当地领导、专家围绕端午文化等非物质文化遗产如何与旅游目的地建设紧密结合，端午文化等非物质文化遗产如何转化为生产力、推动文化产业快速发展，政府如何在推动端午文化融入旅游、文化产业发展中有所作为等主题进行了深入的座谈讨论。

4月2日，调研组走进清河村，首先观看了村妇们为过节而准备的清明饮食习俗——"做清明园子""裹粽子"制作"芽麦塌饼"，好客的主人拿出做好的成品供专家们品尝，吃起又甜又软又糯的"芽麦塌饼"，聊起有关"清明"的家常。而家里的男主人们则担负着另一项使命：庄严、隆重的祭祀。满桌的祭品、高大的红烛、三烛香冒着缕缕香烟，神圣肃静。这一切

使我们真正体会到了"清明大如年"的浓厚风味。

随后，专家一行还来到"双庙渚蚕花水会"的举办地进行考察，并对该市的相关保护工作给予了充分的肯定。历来的庙会都在陆地上举行，而桐乡市的"双庙渚蚕花庙会"却在水上举行，人称为"蚕花水会"。水会以祭祀蚕神为主题，极具水乡、蚕乡特色，成为该市独特的民间文化艺术资源，与南浔（轧蚕花）、余杭（手工剥丝绵）、新市（扫蚕花地）一起，构成了杭、嘉、湖三地交汇地带的一条全国独具特色的蚕桑丝织文化走廊。目前，该市已经连续举办9届"双庙渚蚕花水会"，参与人数达100多万。目前，桐乡市正着力打造"双庙渚蚕花水会"文化品牌。早在2009年，桐乡市洲泉镇被浙江省文化厅命名为省（双庙渚水上蚕花胜会）生态保护区。同年，洲泉镇以"双庙渚蚕花水会"被命名为浙江省市民间艺术之乡。

（供稿：冯　宇）

【首届中日民俗学高层论坛在贵州民族大学举行】

2014年4月19日至22日，由中国民俗学会主办、日本民俗学会协办、贵州民族大学承办的首届中日民俗学高层论坛举行，此次论坛的主题是"民俗的未来——探求多样化的研究视角和方法"。据悉，中国民俗学会与日本民俗学会于2011年10月签署了合作协议书，从制度层面上使两国民俗学界的交流得到保障。中日民俗学高层论坛也将成为中日两国民俗学领域最高层次的交流平台。

开幕式于19日上午在贵州民族大学第一会议室举行，日本民俗学会代表团成员，中国民俗学会代表团成员，校长张学立、副校长肖远平出席开幕式。贵州民族大学有关部门及学院负责人、教授代表列席开幕式。开幕式由肖远平副校长主持。

张学立校长首先致欢迎辞。他对日本民俗学会代表团和中国民俗学会代表团的各位专家表示欢迎，并介绍了贵州民族大学的基本情况及贵州民族大学在少数民族教育方面的贡献与现状。他表示，此次论坛在贵州民族大学召开，是对民俗学学科建设的极大鼓舞，是对贵州民族大学坚持特色办学、实现科学发展的有力促进。

随后，中国民俗学会会长、中国社会科学院民族文学研究所所长、研究员朝戈金先生发言。他首先对日本民俗学会代表团及来自各地的知名学者表示诚挚的欢迎，并感谢了贵州民族大学为此次论坛的精心组织、策划与准备。金先生表示，日本民俗学研究的成就与学识一直都是我们学习的榜样，在为期三天的论坛中，希望大家在贵州这片山清水秀、人文气息浓厚的大地上相互学习，相互探讨。

日本民俗学会原会长、国立历史民俗博物馆名誉教授福田亚细男先生表示，现在的民俗学研究多以各自的研究为基础，这样发展难免会遇到瓶颈，参照其他国家民俗学的研究是突破这个瓶颈和外延的重要手段。他强调，下一步，我们要充分利用此次难得的大平台，相互检讨，相互促进，相互发展。

最后，与会人员在贵州民族大学办公楼前合影留念。

开幕式结束后，学术交流会分别于当日上午和下午进行，共有19位中日民俗学代表发言。

中国民俗学会荣誉会长刘魁立先生首先以我国三个古典小故事作为开头，讲述了生态文明建设与非物质文化遗产保护在现代社会中发挥的作用和民俗学的研究方向。

接着，福田亚细男先生以日本著名民俗学家柳田国男为脉络，指出柳田国男时代对朝鲜和中国台湾的民俗研究是殖民主义的民俗研究，对周圈论、重出立证法等作了客观的评述，并进一步提出有关民俗学科研究方法论的思考。

日本民俗学会常务理事、神奈川大学外国语学部教授小雄诚教授以日本冲绳的民俗学研究为例，讲述了冲绳民俗文化与中国民俗文化的相似性，提出民俗文化应采取多元化的研究方法。中国民俗协会会长朝戈金先生则从民俗文化的传承着手，指出口头传统是人类表达文化之根，并进一步提出"口头诗学"对研究民俗学及传承民俗文化重大的作用。

日本民俗学会常务理事、东京大学东洋文化研究所教授菅丰先生首先发表了演讲，从民俗学的研究对象和方法的变化中剖析了现代社会与田野调查的内在关系，进一步延伸到了民族志的阐释。

"民俗去哪儿了？"中国民俗学会副会长、华东师范大学终身教授陈勤建先生一脸无奈地问道。陈教授指出，现代化的脚步走得太快，在民俗学的各方面的认识都不深，在学科性质上，民俗学就存在着位置摆放的牵强性。贵州民族大学文学院院长汪文学教授也进行了发言，他从黑神的范围传播、原型、崇拜黑神的原因等方面阐述了黑神崇拜与黔中文化品格的关系、内涵及意义。

19日中午的交流会间隙，中日民俗学会代表团朝戈金先生、福田亚细男先生等一行人，在副校长肖远平的带领下，参观了民族文化展示厅和美术学院师生作品展。代表团一行大力称赞了贵州民族大学在挖掘、整理、保护、传承和弘扬优秀民族民间文化方面所作出的重大贡献。

（供稿：贵州民族大学）

【中国民俗文化产业发展研究中心揭牌】

2014年5月18日，由中国民间文艺家协会批准成立的中国民俗文化产业发展研究中心在北京师范大学文学院揭牌。中心着眼于对民俗文化用品及相关衍生产品的市场发展、市场布局进行关注和研究。

中国民间文艺家协会副主席罗杨说，中国民协成立 60 多年来，一直致力于组织全国性的民间文化系列活动，但与有效组织实施对全国性的民间文学、民间艺术、民俗文化领域的抢救、保护、调查、研究工作成果相比，对民俗文化产业的研究相对还是一个薄弱环节。

"尤其是在当今把文化事业和文化产业相互促进协调发展的时期，文化产业的后发之势将更加凸显。"罗杨说。

据介绍，中国民俗文化产业发展研究中心由北京师范大学、北京大学、中央民族大学、中国社科院等机构的专家学者和社会有识之士发起，着力于民俗文化产业的探索、思考、研讨、实践和理论总结，为民俗文化的学术研究建设提供基础性的调查成果和专业服务，并为我国民俗文化产业发展建立可以依托的数据资料库。

罗杨说，中心旨在探索适合中国民俗文化产业发展的途径和方法，进行相关的追踪和研究，并在对中国民俗文化产业发展趋势、产业规模、产业分布等研究上，重点建立数据库，制订民俗文化产业分类目录，形成并发布中国民俗文化产业发展年度报告。

（供稿：白　瀛　徐　硙）

【纪念"中国民间文学三套集成"启动 30 周年】

2014 年 5 月 28 日是"中国民间文学三套集成"启动 30 周年纪念日，为此，中国民协召开座谈会纪念这一跨世纪的文化工程。刘锡诚、贺嘉、李耀宗、陶立璠、陈子艾、赵书、万建中、安德明、刘晓路、朱芹勤等各集成卷本负责人和工作人员以及对三套集成做过相关研究的专家学者出席座谈会，畅谈三套集成在中国文化史上的意义、对于学科建设的意义以及编纂三套集成过程中的重要事件和深刻记忆。

三套集成包括《中国民间故事集成》《中国歌谣集成》和《中国谚语集成》，其搜集整理工作始于 1984 年。1984 年 5 月 28 日，由文化部、国家民委和中国民研会（中国民协前身）联合签发了《关于编辑出版〈中国民间故事集成〉、〈中国歌谣集成〉、〈中国谚语集成〉的通知》（文民字 [84] 808 号），简称"808 号文件"，该文件和同时发出的《关于编辑出版民间文学三套"集成"的意见》、1985 年 11 月中宣部《转发民研会〈关于编辑出版中国民间文学集成第二次工作会议纪要〉的通知》（中宣办发文 [1985] 1 号）以及 1986 年 5 月第三次集成工作会议制定的《中国民间文学三套集成编纂总方案》，成为三套集成工作的总的指导性文件。中国民协是搜集整理、编辑出版工作中的主力军，为此投入了巨大的劳动，付出了无数的心血。2009 年三套集成的省卷本部分全部出齐，省卷本 90 卷（计 1.2 亿字），地县卷本（内部出版）4000 多卷，总字数逾 40 亿。它是在全国范围内进行普查、广泛搜集的基础上，按照"科学性、全面性、代表性"原则编选出来的，是具有高度文学价值和科学价值的中国各地区、各民族民间故事、歌谣、谚语优秀作品的总集。从开始搜集整理到省卷本出版完成历时 25 年，这 25 年的艰难跋涉、砥砺前行，造就了中国民间文学的辉煌巨作，其学术价值和历史地位，值得所有民间文学爱好者、研究者永久铭记。

"三套集成工作是具有重大意义、彰显民族辉煌的事件。"中国民协分党组书记、驻会副主席罗杨在致辞中说，三套集成中倾注着民间文艺工作者的汗水、情感、智慧，彰显着他们的文化自觉，也表现着他们对民族民间文化的热爱，他们的功绩值得铭记。

"三套集成是前无古人的中国民间文学总汇，其编撰工作是中国民协 60 年来工作中的大事，是中国文化史上的创举，这种工作在将来很难再有，意义重大，30 周年纪念会议非常有必要，很有价值。"中国文联研究员刘锡诚在谈到三套集成的价值时这样说。在三套集成工作的组织、启动阶段，刘锡诚对普查、采录、编纂工作的指导思想和编纂原则作了学术层面的思考，他对三套集成的性质给出了明确的定位："三套集成不是一部文艺读物，不是一部适合思想教育要求的读物，而是一部具有高度文学欣赏价值，又具有高度的学术研究价值的民间文学总集。"今天呈现在世人眼前的三套集成，是对这一定位的完美诠释。

"三套集成不仅是艺术的、情感的、鉴赏和审美的，也是历史的、社会的、民族的和传统的，研究作家文学的方法、视角、观点及理论等均可纳入文艺学学科，而对民间文学的研究则是民间文艺学难以单独胜任的。尽管三套集成属于纯文学的范畴，但其毕竟来源于民间的社会生活，本身的特质远远超越了文学本身，为各种人文社会科学的研究提供了可能。"北京师范大学民俗学与文化人类学研究所所长、教授万建中曾经撰文从学术研究角度深刻解读三套集成的意义。民间文学三套集成为开创中国民间文学研究的新局面奠定了坚实的基础，可以说现在已进入了研究民间文学条件最好的时期，他认为将三套集成编纂工作过程的口述史等衍生课题纳入学术话语系统之中乃当务之急。

中央民族大学教授李耀宗是《中国谚语集成》的副主编，他在会上掩饰不住激动的心情，作诗一首："千古长存价值观，无余一览铸民间。江山代有奇书显，最是斯成绝后前。"他认为，《中国谚语集成》既唤醒了亿万民众对谚语瑰宝的自觉珍视，更积累了自觉地大规模抢救性保护此类文化的成套经验。他更惊喜地看到，"谚语保护"势头并未就此止步：2010 年岁末，

中国民协接踵上马更为声势浩大的"中国口头文学遗产数字化工程"，其中"谚"库工程，立足全国集成普查所有县卷本等，更是广集个人藏谚。"民协此库，规模之巨、内容之丰、检索之便、功效之奇，皆堪称人类民间语言'总汇'之最！"

中国民协分党组成员、副秘书长张志学在总结时表示，"三套集成"是一座民族文化长城，是社会主义核心价值观的根脉，这次 30 周年纪念会探讨和再认识了它无可比拟的价值，了解了它对于中国文化史和民间文学学科的作用，未来中国民协还将继续努力，启用更加多元化的方式来有效地利用和保护这座文化长城。

（供稿：刘　洋）

【2014 端午民俗文化的当代传承学术研讨会在嘉兴举行】

2014 年 6 月 2 日，农历甲午之年的端午节，由中国民俗学会、中共嘉兴市委宣传部、中国端午文化研究基地、嘉兴市文学艺术界联合会、嘉兴市文化广电新闻出版局共同主办的"2014 端午民俗文化的当代传承学术研讨会"在浙江省嘉兴市召开。来自海峡两岸以及韩国、新加坡等多个国家和地区的四十余位专家学者出席了研讨会。

近年来，端午节等中国传统节日越来越受到政府、学界和民众的广泛关注。中国民俗学会充分发挥全国性学术组织的优势，在民俗文化理论与地方节庆实践结合方面做出了积极的努力。自 2009 年始，中国民俗学会与中共嘉兴市委宣传部、嘉兴市文学艺术界联合会等部门合作，成功举办了"2009 中国民俗文化当代传承浙江论坛（嘉兴）""2010 中国端午习俗国际学术研讨会（嘉兴）"和"2011 端午习俗国际学术研讨会（嘉兴）"等三届学术论坛，部分成果并已结集出版。为进一步深入推进中国端午民俗文化研究，促进端午民俗

文化的当代传承，将浙江省嘉兴市打造成为全国端午民俗文化的重要传承基地，第四届端午民俗文化学术研讨会又一次将端午文化的研究推向学术盛会。

"2014 端午民俗文化的当代传承学术研讨会"开幕式在嘉兴市梅洲酒店举行，嘉兴市文化广电新闻出版局局长、市文联主席金琴龙主持开幕式。中国民俗学会会长、中国社会科学院民族文学研究所所长朝戈金、联合国教科文组织北京代表处文化遗产保护专员杜晓帆、中共嘉兴市委常委、宣传部长陈越强先后在开幕式上致辞。在简短的开幕式之后，中国民俗学会副会长、华东师范大学终身教授陈勤建和上海财经大学管理学院教授全华分别作了题为《端午民俗意蕴原型当今的存续和创意》《民俗节事旅游问题研究》的主题报告。

本届研讨会，在前期成果的基础上，结合和借鉴海内外相关节庆实践的对策与经验，从民俗学、旅游学、历史学、文学、社会学等多学科角度切入，重点围绕"传统节日的当代传承""传统节日保护与政府职能""传统节日与旅游资源的开发利用""节日与非物质文化遗产"等议题展开集中讨论，探讨传统节俗与新兴节会的融合模式，为传统文化在当代社会的复兴与传承，提供了重要的理论支撑与资料参考。

会议期间，与会专家还实地考察了南湖区凤桥镇端午民俗活动、月河街粽子博物馆及桐乡民俗文化活动。

（供稿：毕传龙）

【"留住乡愁——中国传统村落立档调查"项目在京启动】

2014 年 6 月 10 日，"留住乡愁——中国传统村落立档调查"项目在京启动。该项目由住建部特别委托，中国民间文艺家协会、中国摄影家协会、中国文学艺术基金会共同组织实施。

在启动仪式上，中国民间文艺家协会主席、项目发起人冯骥才表示，此次调查就是要盘清传统村落的文化家底，为传统村落建立档案。将有超过万名民间文化学者、摄影家拿起笔，背起相机，携手完成这一浩大工程。

一 何处是故乡？传统村落飞速消失

村落是我们最古老的家园。我国历史悠久，民族众多，地域多样，文化多元，传统村落因此千姿百态，风俗习惯也自成一格。"中华文明的大树最绵长的根在村落里，我们难以计数的物质的、非物质的文化遗产在村落里，少数民族的文化基本上都在村落里。中华民族文化的基因、根性和多样性在村落里。"冯骥才说。

然而，随着城镇化加速推进，传统村落正在迅速消失。据国家统计数据显示，2000 年，我国有 360 万个自然村，到 2010 年，自然村减少到 270 万个。这意味着，10 年里有 90 万个村子消失了，一天之内就有近 300 个自然村消失，其中有不少传统村落。

湖南大学中国村落文化研究中心在田野调查中发现，在长江、黄河流域，颇具历史、民族、地域文化和建筑艺术研究价值的传统村落，2004 年总数为 9707 个，到 2010 年锐减至 5709 个，平均每年递减 7.3%，每天消亡 1.6 个。

南宋爱国将领岳飞的《满江红·登黄鹤楼有感》有云："兵安在，膏锋锷。民安在，填沟壑。叹江山如故，千村寥落。"假如岳飞"穿越"到今天，他一定会惊讶于现代文明对于传统村落的破坏力。

"遍布中华大地的村落一直没有科学、完整、详备的档案，致使在近十年中消失的近百万个村落中，究竟哪些村落具有重要价值，或者说究竟我们失去了哪些具有重要价值的村落，无从得知，无人能说。"冯骥才对此忧心忡忡。

二　各界参与，投身事关自己文明家园兴亡的义举

冯骥才是中国传统村落立档调查项目的发起者。12 年前，他倡导并领衔了中国民间文化遗产抢救工程。目前，列入我国各级政府保护范畴的"非遗"已经超过万项，基本摸清了"非遗"的家底。

"比起 12 年前，我们有了更强有力的支持。这包括国家的高度文化自觉和明确的思想，政府相关部门的鼎力相助，中国文联各部门的坚强后盾，更有社会各界的热心参与。"冯骥才说。

为了对传统村落进行切实有效的保护，2012 年，国家启动了"中国传统村落"保护项目，由住建部、文化部、文物局和财政部联合实施，对中国传统村落进行系统调研和保护。目前，经国务院新闻办发布，已有 1561 个村落被列入"中国传统村落名录"。传统村落，成为我国物质和非物质文化遗产之外的另一类非常重要的文化遗产。

当前，各地传统村落保护情况差异较大，部分村落保护情况较好，部分自然消亡的趋势加快，还有一些面临着开发式破坏，亟待加强保护。考虑到上述情况，财政部会同其他三部局，初步确定了 3 年投入 100 多亿元的总体安排，2014 年将先启动约 650 个村落的保护工作。

此次启动的中国传统村落立档调查项目得到了社会各界的积极响应。"未来几年，将有超过万名民间文化学者和摄影家，拿起笔，背起相机，携手走进祖国的山水深处、田野腹地，不计报酬地参与立档调查工作。这些天，已有许多志愿者与项目组联系，踊跃地要求加入这一行动中来。"冯骥才说。他相信，行动全面展开后，一定会有越来越多的志愿者投身到这个事关自己文明家园兴亡的义举中来。

文化部副部长、国家文物局局长励小捷指出，文化遗产保护是公益事业，要秉承政府主导、社会参与的原则。近年来，国家对传统村落保护力度日益加强。但在社会参与方面，目前还处在探索阶段，虽然有了一些成功的案例，但像中国传统村落立档调查项目这样大规模、有众多文化人士自愿参与的，实属首次。

"这体现了高度的文化自觉和文化的根性回归。"励小捷说。

三　拒绝错误信息，留存一份独一无二的家园档案

这次田野调查工作将在全国各地同时进行。冯骥才介绍，中国民间文艺家协会的学者将与中国摄影家协会的摄影家联合组成众多调查小组，入村进乡，进行田野调查与图文记录。他们一方面为列入"中国传统村落名录"的传统村落建立档案；一方面去发现尚未列入名录的、有重要历史文化价值的村落，向相关部门提供信息。

此次调查建档，不只是传统意义上的文本档案，还特别重视图像。"摄影的记录性、直观性和见证性，将使传统村落档案更加全面、具象、客观、确凿。"冯骥才说，中国民间文艺家协会、中国摄影家协会专设了工作机构，负责组织、协调和推动相关工作。此外，项目组还成立了专家委员会，保证工作的科学性。

为确保立档调查工作的有序与最终成果的科学完整，中国传统村落与发展研究中心制订了《中国传统村落立档调查田野手册》，作为调查工作的指南和工具，统一标准、规范和要求。配合项目的中国传统村落网（www.chuantongcunluo.com）也同期上线。该网站汇集了我国传统村落的相关资料、村落保护与发展的学术文章等，还开辟了立档调查专栏，及时公布立档调查工作的信息和进度。志愿者们可以通过该网站上传调查资料，真正实现对传统村落文化保护的全民参与。而这一浩大工程的成果，将呈现为《中国传统村落图典》、中国传统村落数据库。

"科学性、严谨性、精确性、规范化和有序地进行，是我们始终坚持不懈的。我们不能让任何错误信息进入档案和数据库。对此，我们已经做了充分准备。"冯骥才说："可以确信，我们将完成的这样一份文明家园的图文档案，是世界上任何一个国家都没有的。"

（供稿：牛　锐）

【城镇化进程中的非物质文化遗产保护论坛在京召开】

2014 年 6 月 17 日至 18 日，由文化部主办，文化部非物质文化遗产司和中国非物质文化遗产保护中心承办的"城镇化进程中的非物质文化遗产保护论坛"，在中国艺术研究院举办。

文化部副部长项兆伦，中国艺术研究院院长、中国非物质文化遗产保护中心主任王文章，文化部非物质文化遗产司司长马文辉及副司长马盛德、王福州，文化部非物质文化遗产司副巡视员张兵，中国艺术研究院副院长、研究生院院长吕品田，中国艺术研究院副院长牛根富，中国非物质文化遗产保护中心常务副主任罗微，全国政协教科文卫体委员会办公室副巡视员刘静，联合国教科文组织亚太地区非物质文化遗产国际培训中心主任许蓉，中国艺术研究院中国非物质文化遗产数字化保护中心主任丁岩，非物质文化遗产领域的知名专家，国家级非物质文化遗产项目传承人以及项目保护单位代表、新农村建设社区代表 40 余人参加了论坛。18 日上午，项兆伦副部长到会并发表讲话。论坛分别由马文辉司长、王福州副司长、吕品田副院长主持。

城镇化是实现我国社会全面协调可持续发展的重要战略，是中央制定的经济工作重点之一，也是中国未来几十年的社会发展目标。但是，在我国工业化快速发展和由此带动的城镇化进程明显加快，社会取得全面协调发展的同时，我们也应该清醒地认识到，在新的形势下，要保护与传承我国以传统农业文明为基础孕育的非物质文化遗产，将面临新的挑战。

改革开放以来，我国的城镇化进程明显加快。产业结构调整和农村大量剩余劳动力进城务工，使城乡差异越来越小。随着信息时代的高速发展，传统生活方式受到巨大影响。这些转变，有利于生产力的大幅度提高，有利于劳动者收入增长，有利于人们改善生活水平。另一方面，随着城乡传统聚落空间的变革，藉此形成的文化空间及文化形态也面临不断调适的境况。联合国教科文组织在提出并倡导非物质文化遗产保护之始，也深刻地认识到受到文化单一化、武装冲突、旅游业、工业化、农业人口外流、移民和环境恶化的威胁，主要依靠心传口授的非物质文化遗产正面临消失的危险。新问题、新困难的不断出现，对非物质文化遗产保护提出了更高的要求。特别是伴随着我国城镇化建设进程的不断推进，非物质文化遗产保护和传承进入到了一个关键时期。然而，非物质文化遗产保护与城镇化建设并不是不可协调的，有挑战，也有机遇。我们也要基于非物质文化遗产"在适应周围环境，以及与自然和历史的互动中被不断再创造"的活态流变属性，探索出符合非物质文化遗产自身规律的各种保护实践方法，更好地实现城镇化进程与非物质文化遗产保护协调发展。因此，在城镇化的时代背景下举办这次论坛，具有重要意义，对今后我们在城镇化进程中深入开展非物质文化遗产保护工作将起到推进作用。

本次论坛采用主旨演讲和集体讨论相结合的形式进行。与会专家将围绕"城镇化进程中的非物质文化遗产保护"这一主题进行深入、广泛的讨论。通过研讨，大家进一步加深了对城镇化进程中加强非物质文化遗产保护工作重要性和紧迫性的认识，就其中存在的突出问题进行深度分析，并针对各地、各遗产项目的具体情况提出不同的解决方案和政策建议。论坛还请保护成果突出的项目保护单位代表、新农村建设社区代表介绍保护经验，以期对今后的保护工作产生借鉴意义。论坛还就《文化部关于加强城镇化进程中非物质文化遗产保护的指导意见（提纲）》展开讨论。

作为 2014 年"文化遗产日"系列活动之一，并围绕"非遗保护与城镇化同行"这一主题，此次论坛对城镇化进程中推进我国非物质文化遗产保护和传承工作起到积极作用。与会专家表示，在城镇化建设的新形势下，只要大家能够根据实际情况，充分发挥优长，积极开展工作，不断提升我国非物质文化遗产保护的水平，不断提高我们的遗产保护能力，我国的非物质文化遗产保护事业就一定能够与城镇化建设同步发展和持续健康发展。

（供稿：唐红丽）

【民间文学与非物质文化遗产学术研讨会在华中师范大学举行】

2014 年 6 月 21 日至 22 日，"民间文学与非物质文化遗产学术研讨会"在华中师范大学举行。来自全国的民俗文化研究专家围绕非遗的保护与文化传承这一主题，共同总结人类非物质文化遗产保护和开发的经验，讨论我国"非遗保护与城镇化同行"问题，探索非遗教育与人才培养方式。

"保护非物质文化遗产，并不是让那些传承人到舞台上唱唱歌、跳跳舞，而应该让非遗真正地回归民间，回归到民众的日常生活之中。"文化部国家非物质文化遗产专家委员会副主任乌丙安在研讨会上大声疾呼。因为种种原因，中国对非遗的保护开始得较晚。近年来，在大力推进城镇化的进程中，部分传统村落的文化根基渐渐流失，甚至消亡。乌丙安痛心地说，

尽管《非物质文化遗产法》已出台三年，但我国非遗保护的情况仍然不容乐观。他提出，要在"抢救第一"的方针指导下，一方面大力修补城市社区民众主体失去的文化记忆，通过多媒体手段大力普及非遗知识；另一方面还要大力修复濒临失传的表演技艺、手工技艺等城市文化技艺，建立优惠准入机制。大力倡导将文化生态整体保护与非物质文化遗产的"活"态保护相结合，让传统文化传统机制、传播机制的修复，逐渐从非遗展演转入正常的百姓生活。乌丙安特别强调，在城市非遗保护中，对于传统节日、庙会活动等文化空间类型非遗项目的文化修复是重中之重。一定要让节日、庙会回归民间民办，取代一节两制官方打造节会的做法。

华中师范大学副校长黄永林介绍了华中师范大学在民俗文化、民间文化和非物质文化遗产教学和研究方面，所具有独特的学术资源与优势。2006 年，学校以民间文学教研室为依托，整合优势学科资源，成立了非物质文化遗产研究中心，有力地推动了学校文化遗产保护的科学研究、人才培养和服务地方的工作。

据了解，华中师大非物质文化遗产研究中心主任刘守华是我国知名民俗学家，从事民间文学研究六十载，在中国故事学领域成就卓著，创建了中国故事学学科，发表论文 300 余篇，出版学术论著 10 余种。鉴于他为中国民间文艺事业做出的杰出贡献，中国民间文艺家协会授予他"山花奖"民间文艺学术成就奖。此次研讨会上，刘守华教授对自己主持编撰的《中国民间文艺学年鉴》十年研究史进行了回顾。

（供稿：夏　静　张　晶）

【第九届民间文化青年论坛奖评奖结果公布】

2014 年 6 月 26 日，"第九届民间文化

青年论坛奖"评审委员会秘书处对参评论文进行匿名化处理后，本次评奖活动召集人张勃研究员组织评审委员会评审，九位评委按百分制分别为29篇论文评分，并推荐获奖征文。经过会评，最终确定6篇论文获得"第九届民间文化青年论坛奖"，1篇论文获得"第九届民间文化青年论坛特别评审奖"。

2014年6月20日至25日对获奖人和获奖征文进行了公示，未见异议。特将"第九届民间文化青年论坛奖"评选结果公布如下：

"第九届民间文化青年论坛奖" 获奖名单

1. 董德英（北京师范大学文学院2012级博士研究生）：《宋代人的风俗观与移风易俗实践》

2. 张多（北京师范大学文学院博士候选人）：《口承神话的叙述体系、叙事指向和传承场域——以哈尼族鱼创世神话为中心》

3. 顾春军（南京师范大学博士研究生珠海城市职业技术学院讲师）：《"冥婚"流变考论》

4. 林海聪（中山大学中文系2013级博士研究生）：《分餐与共食——关于中国近代以来的汉族饮食风俗变革考论》

5. 史献浩（苏州大学历史系2012级硕士研究生）：《存古：民初顾颉刚"保存唐塑"之倡导及其回应——兼论其对当代文化遗产保护工作的启示》

6. 张自永（赣南师范学院2011级硕士研究生）：《〈十送红军〉的文野之辨——兼论民歌的界定标准》

"第九届民间文化青年论坛特别评审奖" 获奖名单

李昕升（南京农业大学中华农业文明研究院2012级博士生）：《再谈〈金瓶梅〉、〈红楼梦〉之瓜子考》

第九届民间文化青年论坛奖颁奖仪式在民间文化青年论坛第二季首届年会（北京，2014年7月5—6日）上举行。6名"第九届民间文化青年论坛奖"获得者每人将获得1500元奖金。

（供稿：第九届民间文化青年论坛奖评审委员会）

【中国少数民族民俗艺术亮相美国史密森民俗节】

2014年6月25日至7月6日，由中国对外文化交流协会、美国史密森学会主办，中国对外文化集团公司、美国史密森民俗与文化遗产中心承办的2014年史密森民俗节"中国：传统与生活的艺术"主题活动，在美国华盛顿国家大草坪举行。这是我国首次以国家名义、主宾国身份和主题活动的规格参加史密森民俗节，也是我国近年来举办的规模最大、级别最高的民俗艺术对外交流活动。

主办方从数百个项目中，严格挑选了来自北京、内蒙古、贵州、甘肃、青海等15个省（市、自治区）的8项舞台表演节目、16种民间手工艺项目参加活动。其中，有多项少数民族民俗艺术项目，包括蒙古族音乐、贵州地扪侗族大歌、西北花儿、羌族民歌和刺绣、苗族歌舞和蜡染、朝鲜族拼布、满族"靺鞨绣"等。

此次活动通过彰显中国文化元素的展区布置和广场公共展演的方式，向美国民众和来自世界各地的游客立体真实地展示了中国传统民俗生活的样态、风格、情趣与美感，让更多的人认识了中国文化。同时，也为中国民间艺术家走向世界搭建了良好的平台。

据了解，史密森民俗节创办于1967年，每年一届，年均观众超过100万人次，是华盛顿地区规模最大的年度文化活动，也是享誉全球的民俗文化盛会。7月11日至 13 日，本次中国主题活动还将在加拿大多伦多港前艺术中心举办的加拿大中国节上再次亮相。

（供稿：刘　军　王锦强）

【民间文化青年论坛 2014 年会在京召开】

2014 年 7 月 5 日至 6 日，由北京联合大学北京学研究基地和《民间文化论坛》编辑部联合主办的"中国人的风俗观和移风易俗实践——民间文化青年论坛 2014 年会"在北京联合大学召开。本次会议也是民间文化青年论坛第二季的首届年会。会议由北京联合大学北京学研究基地张勃研究员主持，中国民俗学会会长、中国社会科学院民族文学研究所所长朝戈金研究员和北京联合大学北京学研究基地主任、应用文理学院院长张宝秀教授在开幕式上致辞。民间文化青年论坛八个发起人中的两位——中国社会科学院文学所吕微研究员，中国民俗学会常务理事、北京师范大学文学院萧放教授也出席了开幕式。

本次会议吸引了来自北京大学、北京师范大学、中国社会科学院、中国友谊促进会、北京市社会科学院、北京体育大学、北京联合大学、北京宇航系统研究所、南开大学、山东大学、山东艺术学院、中山大学、华东师范大学、辽宁大学、河南大学、东莞理工学院、云南民族大学、广东警官学院、赣南师范学院、江西省社会科学院、佛山市博物馆以及中国文化报、中国社会科学报、中国社会科学出版社、气象出版社、中国农业科学技术出版社等近 30 个单位的 40 余名专家学者和近百名青年学子前来参会。

开幕式上还举行了"第九届民间文化青年论坛奖"颁奖仪式。

会议研讨分为主题报告和分组讨论两个部分。主题报告部分由北京联合大学原校长、北京学研究基地首席专家张妙弟教授主持，北京师范大学文学院博士生候选人张多、山东大学民俗学研究所副教授王加华、

中国社会科学院文学所研究员吕微分别作了题为《作为意识形态的风俗观——以中国共产党"移风易俗"的历史实践为中心》《"土"义变迁考》《康德对迷信的批判与中国现代的移风易俗》的主题发言，中国民俗学会常务理事、北京师范大学文学院教授进行了精彩的点评。在分组讨论部分，两个小组共进行了 5 场讨论。第一组三场共有 11 人进行报告，围绕着风俗观与移风易俗问题进行集中讨论，分别由中国友谊促进会社会问题研究中心赵志研究员、《民间文化论坛》冯莉副主编、北京联合大学应用文理学院李扬博士主持，中国民俗学会副会长兼秘书长、中国社会科学院世界宗教研究所研究员叶涛、山东大学民俗学研究所副教授王加华、中山大学中文系博士林海聪分别进行点评。第二组两场共有 9 人进行报告，分别由北京市社会科学院助理研究员景俊美博士、北京体育大学吕韶钧教授主持，中国社会科学院民族文学研究所王宪昭研究员、华东师范大学民俗学研究所王均霞博士进行了点评。

会议闭幕式由《民间文化论坛》副主编冯莉主持，中国艺术研究院人类学所杨秀副研究员和南开大学中国社会史研究中心张传勇副教授分别对两个小组的讨论进行总结。在"专家寄语"环节，吕微研究员与张妙弟教授、张传勇副教授围绕着文化生态、风俗观问题展开了精彩的学术对话。张勃研究员对大会做了总结。

本次会议共收到论文 50 余篇，部分成果将由中国社会科学出版社结集出版。

（供稿：王　鑫）

【第二届海上风都市民俗学研究生论坛在华东师范大学举办】

2014 年 7 月 19 日，由华东师范大学研究生院主办，该校民俗学研究所承办的"第二届海上风都市民俗学论坛"在上海召开。本届论坛以"民俗资源与都市文化

发展"为主题，来自全国 20 多所高校共 30 余名研究生代表和 10 余名专家教授一起展开了富有成效的学术讨论。华东师范大学社会发展学院院长吴瑞君教授、副院长田兆元教授出席开幕式并致辞。

吴瑞君在开幕致辞中对此次研究生论坛的成功举办作了高度评价与赞扬，同时对研究生院的大力支持表示衷心的感谢。她指出，研究生论坛是一个公共平台，研究生们要更积极地参与这样的活动，在学术争鸣中提升自己，开阔学术研究的视野，提升学术实践能力。田兆元副院长在致辞中回顾了华东师范大学民俗学学科的发展史，早在大夏大学时期，谢六逸、吴泽霖、陈国钧、张少微等教授就将西南民俗研究从印象之学拓展到学术之学，到新中国成立之后，罗永麟教授的创建、20 世纪八九十年代陈勤建教授的传承，最后到今天社会发展学院民俗学队伍的强大实力，都说明华东师大民俗学学科的巨大影响，青年一代要利用好这一学科优势，发挥民俗学在社会建设和国家都市化进程中的引领作用。

开幕式后，中国民俗学会副会长、我校对外汉语学院教授陈勤建，上海社会科学院文学研究所研究员蔡丰明，《文化遗产》编辑部主任蒋明智教授，华东师范大学传播学院刘秀梅教授，民俗学研究所安检教授和唐忠毛副教授分别就"新型城镇化进程中的都市民俗学""中国非物质文化遗产的图谱研究""问题意识与时代思潮：都市民俗学的展望""民俗学精神传播的物化形态与可持续发展""新疆汉族民俗文化研究""佛教民俗化与市民生活的公共空间"等话题作了主题发言。

本次论坛共遴选出优秀论文 20 余篇并为其颁发了奖项，为了让同学们更加深入地交流和讨论，本届论坛采取了分专场研讨的形式，研讨会分为民俗变迁、民俗资源、民间信仰、民俗传承、民间文学与都市民俗学六个专场。期间，来自华中师范

大学、上海大学、辽宁大学、山东大学、山西大学、浙江师范大学、北京联合大学、西南民族大学、云南大学、西藏民族学院、长江大学、华东师范大学等高校 30 多位博士、硕士研究生作了发言，上海社会科学院毕旭玲、河南社会科学院杨旭东、湖北民族学院柳倩月等老师对论坛发言作了评议。学术沙龙议程中，在华中师范大学非遗研究中心的孙正国教授的主持下，同学们就"媒介与民俗"的话题展开了激烈讨论。

据悉，在华东师范大学研究生院的大力支持下，民俗学研究所积极开展各项学术活动，搭建跨区域跨学校的学术交流与合作平台，不断开拓民俗学学术研究的新领域、新视野，为培养社会需求的民俗学研究生人才而努力。

（供稿：唐红丽）

【"2014 年 '民俗传统与当代社会——中美民俗研究的对话与交流' 研究生暑期学校"在华东师范大学举办】

2014 年 7 月 21 日至 27 日，由华东师范大学研究生院和华东师范大学民俗学研究所主办的"2014 年 '民俗传统与当代社会——中美民俗研究的对话与交流' 研究生暑期学校"在华东师范大学闵行校区成功举办。本期研究生暑校旨在：（1）推进中美民俗学研究的对话与交流，搭建国际学术交流与合作的平台，营造良好的学术氛围与学术共同体；（2）拓展民俗学专业研究生的国际学术视野，培养其关注当下的意识与能力，为民俗学学科的发展积蓄力量。经本届暑校学术委员会审核推荐，从全国各高校 90 多名申请人中共甄选出 50 余名同学作为本期暑校学员参与授课。

进入 21 世纪以来，中美民俗学的交流日益频繁。美国民俗学的相关理论，如表演理论、口头程式理论等被译介到国内并对中国民俗学研究产生了深远影响。同时，近些年来，随着非物质文化遗产运动的不

断深化，中美两国民俗学界在立足于各自非物质文化遗产保护实践的基础上，在非物质文化遗产保护方面展开了诸多对话与探索。基于此，本课程围绕"民俗传统与当代社会——中美民俗学的对话与交流"这一主题，邀请中美民俗学者对共同感兴趣的相关话题展开对话与讨论，以期进一步推进中美民俗学学术研究的对话与交流。更期待通过这次暑期班，使民俗学及相关学科的研究生能对中美民俗学研究中的相关议题有整体的认识，并掌握相关的理论与方法；拓展学生的国际学术视野，培养其与学者进行平等学术对话的意识与能力，也即培养学生的研究者意识与能力。本期暑校的相关议题如下：（1）民俗学的历史、理论与方法；（2）民俗学的学科属性及其社会应用；（3）民俗学与非物质文化遗产保护；（4）中美民俗学研究的个案研究实践。此外，还将安排为期一天的田野调查实践活动，调查由中美两国师生共同完成。

本期暑校由 5 位学者共同授课，其中有来自美国俄亥俄州立大学东亚语言文学系系主任马克·本德尔（Mark Bender）教授和美国威涞大学副教授张举文博士，华中师范大学文学院教授陈建宪、北京师范大学文学院民俗学与文化人类学研究所副教授彭牧博士，以及华东师范大学社会发展学院副院长、民俗学研究所所长田兆元教授。结业式上，西南联大的硕士生俞雨田、华中师范大学的高艳芳博士、华东师范大学的博士生程鹏、山东大学的任志强博士代表学员汇报了学习心得。

（供稿：华东师范大学
民俗学研究所）

【"《江格尔》与世界史诗"国际研讨会在新疆召开】

2014 年 7 月 16 日至 17 日，由中国社会科学院民族文学研究所和新疆和布克赛尔蒙古自治县人民政府联合主办、由国际史诗学会和中国《江格尔》研究会协办的"《江格尔》与世界史诗"国际研讨会在新疆和布克赛尔蒙古自治县召开。

来自中国、蒙古国、俄罗斯、美国以及韩国等国家的 30 多位学者出席了本次会议。会议收到学术论文 30 余篇，内容涉及《江格尔》口头传统的保护、《江格尔》史诗历史文化内涵、国际《江格尔》研究发展趋势、艺人研究、对于《江格尔》研究的反思、《江格尔》的诗歌艺术、《江格尔》的地方传统以及《江格尔》资料信息等诸多问题，基本上反映了当下国际《江格尔》研究所关注的主要问题。

《江格尔》产生于中国新疆卫拉特民间，流传于中国、蒙古国和俄罗斯三国蒙古族聚居区。《江格尔》与《格萨尔》《玛纳斯》一同被誉为中国三大史诗，并于 2006 年进入中国首批非物质文化遗产名录。目前，《江格尔》口头传统的研究与保护工作进入一个新的历史时期，需要包括中、蒙、俄三国在内的国际社会的通力合作。本次会议就是在这样的背景下召开的。

本次会议的举办地和布克赛尔蒙古自治县被誉为《江格尔》的故乡，历史上是著名江格尔奇辈出的地方，当今著名的江格尔奇加·朱乃也出自和布克赛尔。而和布克赛尔蒙古自治县党委和政府也与时俱进，一直重视《江格尔》史诗传统的保护工作，积极引导和支持江格尔奇的培养，重视与国内一流科研机构的合作，于 2006 年与中国社会科学院民族文学研究所联合建立"中国社会科学院民族文学研究所和布克赛尔《江格尔》口头传统研究基地"，同年承办过第二届新疆《江格尔》国际学术研讨会。县政府还斥巨资兴建了集保护、展示、宣传《江格尔》文化于一身的江格尔宫，在本次会议期间举行了开宫典礼。

可以说，本次会议不仅是国际《江格尔》研究的一次盛会，也是向国际社会展示我国地方政府在保护人类非物质文化遗产方面所取得成就的一次盛会，对于推动国际《江格尔》研究深入发展、对于促进我国少数民族地区非物质文化遗产保护工作，都将产生重要的作用。

（供稿：斯钦巴图）

【2014 昆仑文化与丝绸之路经济带国际学术论坛在格尔木召开】

2014 年 8 月 10 日，由青海省社会科学院和青海省委宣传部、中国民俗学会、格尔木市委市政府、青海省民俗学会共同主办的"2014 昆仑文化与丝绸之路经济带国际学术论坛"在中国盐湖城——格尔木隆重举行。来自海峡两岸及美国、德国、英国、法国、韩国、乌兹别克斯坦、吉尔吉斯斯坦、哈萨克斯坦、苏丹等 10 多个国家国和地区在昆仑文化和丝绸之路研究领域有代表性的专家学者和专业人士 100 余人相约盐湖城、欢聚格尔木。论坛采取事先发布会议主题，会上先做主旨报告和分组报告，再展开提问、讨论和点评的方式，使得主题既突出又紧扣现实，论证既热烈又不乏深度，促进了不同学术观点得以交锋、交流和交融。

省委常委、省委宣传部部长吉狄马加，副省长、海西州委书记辛国斌，省政协副主席马志伟，海西州委常委、格尔木市委书记李国忠，格尔木市委副书记、市长王勇，中国民俗学会副秘书长郑土有等领导和学者出席了开幕式。论坛开幕式由青海社科院党组书记、院长、中国民俗学会副会长赵宗福主持，青海省社会科学院党组成员、副院长淡小宁、孙发平、苏海红参加了会议。

论坛开幕式上，吉狄马加、李国忠和郑土有分别进行了精彩的致辞。吉狄马加认为，以"昆仑文化与丝绸之路经济带建设"为研讨主题，既是应时而生，也是一个命题作文。意图是促使昆仑文化融入丝绸之路经济带建设当中，使昆仑文化更加

走近世界，走向未来。通过来自海内外学者的学术研讨，将有效推动不同学科和团队加大对昆仑文化和丝绸之路的研究、传播和利用。之后进行的主旨报告会，法国国家科学研究院东亚文化研究中心主任雷米·马修，台湾静宜大学专任教授鲁瑞菁，四川大学教授张泽洪，格尔木市委副书记、市长王勇，吉尔吉斯斯坦国家战略研究所所长莫姆诺夫·纳得勒玛玛特分别作了主旨报告。分组交流会上，42 位提交了论文的专家学者分别围绕"昆仑文化与文化建设""丝绸之路经济带建设""文化产业与经济社会发展"等主题展开了多视角、多层面的切磋探讨和互动交流，提出了学术创见和对策建议。

本次国际论坛，以"昆仑文化与丝绸之路经济带建设"为学术平台，对昆仑神话、昆仑文化和丝绸之路等方面进行了历史学、民俗学、经济学、人类学、社会学等多学科交叉层面的考证和研讨，代表了该领域的学术水平和最新观点，取得了丰硕的成果，达到了"聚焦前沿、学术争鸣、扩大影响"的预期目的。

（供稿：杜青华）

【2014 年名师（井冈学者）引领民俗学学科骨干教师高级研修班在赣南师范学院开班】

2014 年 8 月 16 日，由教育部全国高校网络培训中心、江西省教育厅和我校联合主办的 2014 年名师（井冈学者）引领民俗学学科骨干教师高级研修班开班。这是赣南师范学院首次承办全国性骨干教师的培训任务。中国民俗学会会长、中国社会科学院学部委员、民族文学研究所所长朝戈金，中国民俗学会副会长、华中师范大学副校长黄永林，江西省高校师资培训中心主任宋友荔，江西省政府"井冈学者"特聘教授、北京师范大学文学院博士生导师万建中，日本神奈川大学教授广田

律子，学校党委书记孙弘安，党委委员、副校长胡龙华以及 100 余名学员参加开班仪式。开班仪式由胡龙华主持。

会上，孙弘安代表学校致欢迎辞。孙弘安首先代表学校对高级研修班的胜利举办表示祝贺，对国内外知名民俗学专家、学者来校授课和指导表示欢迎，并简要介绍了赣南的民俗风情以及学校在学科建设和教学科研等方面的情况。他说，学校将以举办这次研修班为动力，进一步凝练研究特色，加强学术交流与合作，为民俗学学科建设和人才培养做出新的贡献。

朝戈金代表中国民俗学会致开幕辞。朝戈金在讲话中结合自身的成长经历，充分肯定了研修班对于培养骨干教师、促进民俗学学科建设的意义和价值；对我校致力于中国民俗学课程教育、科研团队和骨干教师培养的做法和成绩给予了充分肯定。他表示，此次研修班的召开，必将对全国高校民俗学的学科发展起到积极的促进作用。

宋友荔和万建中分别代表江西省高校师资培训中心和"井冈学者"引领项目负责人发言。他们在发言中对我校领导高度重视，相关职能部门全力配合，认真做好研修班各项工作；对国内外专家学者大力支持，不辞辛苦来赣授课；对全国各高校青年教师踊跃报名参加研修表示衷心的感谢，并希望青年教师珍惜这次难得的学习机会，认真听课，广泛交流，学有所成，为中国民俗学的发展做出应有的贡献。

开班仪式结束后，黄永林、朝戈金两位教授先后作了题为《民间文学田野作业的规则与方法》《史诗的田野作业》的学术报告。两位专家的报告分别从各自的研究领域出发，深入浅出地阐述了民间文学和史诗田野作业的理念、规则和方法，受到与会学员的高度赞扬。

本次研修班为期八天，采取了专题讲座、高层论坛与实地田野作业相结合的方式进行。研修班的师资结构和课程内容展现了民俗学田野作业的前沿发展趋势和最新研究成果。13 个专题讲座分别由中国社会科学院世界宗教研究所研究员叶涛、清华大学建筑学院与人居环境研究中心教授党安荣、北京大学社会学系教授高丙中、北京师范大学文学院教授刘铁梁、辽宁大学文化传播学院教授江帆、江西省社科院首席研究员余悦等国内外知名学者主讲。

专题讲座结束后，全体学员前往中国民俗学会与我校共建的民俗学田野调查实践基地白鹭古村开展相关的田野作业，并形成调查报告。本次高级研修班共录取正式学员 86 名，分别来自天津大学、内蒙古大学、河南大学、四川大学、山西大学、南昌大学等省内外 44 所高校。

（供稿：赣南师范学院
党委宣传部）

【亚细亚民间叙事文学学会第十三届国际学术研讨会在日本举行】

2014 年 8 月 22 日至 24 日，亚细亚民间叙事文学学会第十三届国际学术研讨会在日本冈山市举行，参加会议的中日韩代表 51 人，由 10 人在大会上发表主题演讲，这次会议的主题是"家庭中两代人的故事"。参加会议的中国代表 5 人：刘魁立，林继富、高木立子、康丽和毕雪飞。刘魁立先生作为特邀评论人出席会议，其他四位中国学者均在大会上作了主题发表：林继富《孙家香讲述的两代人故事及其媳妇形象研究》、高木立子《试论中国仙妻故事中的家庭干涉问题》、康丽《中国巧女故事中的民间女性观念研究》、毕雪飞《中日弃老故事比较研究》。会议紧张、热烈，成效极高。

24 日上午的理事会决定 2016 年 8 月，亚细亚民间叙事文学第十四届国际学术会议在中国举行，会议的主题为"奇异的诞生"故事。

（供稿：林继富）

【民俗学：学科属性与研究范式研讨会在河南大学举行】

2014年8月23日至24日，"民俗学：学科属性与研究范式研讨会"在河南大学举行，此次会议由中国民俗学会和河南大学联合主办，来自文化部、中国社会科学院、北京大学、中山大学、北京师范大学等科研院所和中国社会科学出版社、《中国社会科学报》等新闻出版单位的60余位专家学者参加了会议。河南大学副校长邢勇出席研讨会开幕式并讲话。

邢勇在讲话中对河南大学的办学历史进行了简要介绍，感谢学术界对河南大学民俗学学科发展的支持，并以风趣幽默的话语解读了自己对民俗和民俗学的理解，引来了与会学者的阵阵掌声。

中国民俗学会会长，中国社会科学院少数民族研究所所长、学部委员朝戈金研究员简要回顾了近年来民俗学研究取得的成绩，指出了当前民俗学学科属性和学科范式等方面研究中存在的一些问题和不足，希望与会代表畅所欲言，为民俗学的发展做出应有的贡献。

河南大学文学院院长李伟昉教授在致辞中简要回顾了文学院近百年的办学历程，介绍了20世纪初以来江绍原、张振犁等学者在文学院开展民俗学、民间文学的教学和研究的情况，并希望学术界能够一如既往地支持河南大学该学科的发展。

在为期两天的研讨中，与会学者围绕"民俗学理论""民俗学学科属性""民俗学学科范式转换""中原神话与民间信仰"等议题展开了热烈而坦诚的交流，大家对民俗学的学科属性与学术范式更加清晰。与会学者一致认为，此次会议的召开将会对民俗学学科的发展产生积极影响。

（供稿：采 薇）

【中国民俗学会中国香文化研究中心在北京成立】

2014年8月27日，中国民俗学会中国香文化研究中心成立大会在北京中国棋院会议室隆重举行。

中国香文化历史悠久，中国用香品香的习俗源远流长。研究表明，中国香文化肇始于上古时代，滋长于秦汉两朝，完备于隋唐五代，鼎盛于宋元明清。当今的中国，国运昌盛，人心向善，人民的物质生活极大丰富，精神生活需求向高雅健康发展，正是恢复传承优秀传统文化的大好时机。香文化作为中华传统文化的组成部分，亟待广大有识之士与专家学者的共同挖掘、整理和复兴。

中国香文化研究中心是中国民俗学会下属的二级专业研究机构，是由中国民俗学会与北京隆和昌商务有限责任公司共建的中国香文化领域的研究机构。中国民俗学会希望能够通过中国香文化研究中心的设立，在研究中国香文化发展史、挖掘传统经典香方、传承用香品香传统习俗、普及香文化知识、提升广大民众生活水平等方面做出应有的贡献。

中国民俗学会会长朝戈金在成立大会致辞中指出，中国民俗学会作为国家级群众性学术团体，近些年来努力拓展研究领域，积极促进专业研究方向的高水平提升。其中，创建具有特色的二级学术研究机构，就是学会近年来积极倡导、着力发展的一项工作。2013年以来，中国民俗学会与相关部门合作，分别成立了中国民俗文化产业研究中心、中国地域民俗文化研究中心、中国少数民族民俗研究中心等。由中国民俗学会与北京隆和昌商务有限责任公司共建的中国香文化研究中心，必将成为中国民俗学界和中国香文化研究领域内一个十分重要的研究机构。

中国民俗学会副会长贺学君宣读了《中国民俗学会关于成立"中国香文化研

究中心"的决定》。中国民俗学会下属的二级专业研究机构，其领导成员采用任命制，孙亮被任命为中国香文化研究中心主任，李春园、王晓婉、陈鳌被任命为副主任。学会聘请刘魁立为中国香文化研究中心荣誉主任，聘请朝戈金、张晓武、陈云君、石德义、孙山、李旭、王鹏、刘岩、吴清为中心顾问。

在成立大会上，中国民俗学会会长朝戈金和北京隆和昌商务有限责任公司董事长孙亮签署了《中国民俗学会中国香文化研究中心共建协议书》，中国民俗学会荣誉会长刘魁立向中心主任孙亮颁授中心名牌，国家非物质文化遗产保护工作专家委员会副主任周小璞等向中心主任、副主任颁发聘书。

成立大会仪式结束后，著名香文化研究专家石德义先生、日本志野流香道次家元蜂谷宗苾先生，分别就中国香文化的历史和日本香道的发展作了专题讲座。

中国民俗学会副会长兼秘书长叶涛主持了成立大会，中国香文化研究中心主任孙亮主持了专题讲座。刘魁立、朝戈金、周小璞、贺学君、孙亮、石德义、孙山、李旭、王鹏、施爱东、李春园、杨秀等民俗学界与香文化研究和香产业领域的五十余位专家学者出席了大会。柬埔寨王国驻中国大使馆副大使兼公使衔参赞努齐望先生、老挝驻中国大使馆一等秘书达拉萨克·拉沙翁先生、德国法兰克福茶艺中心主任盖哈德先生等到会祝贺。

（供稿：李春园）

【"民族梦·中国梦——中华'春节符号'专家媒体高端对话"在京召开】

2014年8月31日，由中华"春节符号"全球征集活动组委会主办的"民族梦·中国梦——中华'春节符号'专家媒体高端对话"在北京隆重举行。出席此次活动的有来自海内外嘉宾近300人，媒体专家会聚一堂，共话中华传统文化，畅谈中华"春节符号"。

中华"春节符号"全球征集活动组委会名誉主席、第十届全国人大常委会副委员长、中国关心下一代工作委员会主任顾秀莲在致辞中强调：2014年2月份，习近平总书记在中央政治局第十三次集体学习时作了重要讲话，强调"培育和弘扬社会主义核心价值观必须立足中华优秀传统文化"，"博大精深的中华优秀传统文化是我们在世界文化激荡中站稳脚跟的根基"，将弘扬优秀传统文化提升到培育社会主义核心价值观的战略高度，为我们指明了前进的方向。传统节日作为传统文化的重要组成部分，应当在凝聚情感、引领思想方面发挥应有的作用。在这一过程中，春节作为传统节日的重要代表，应当放在首要位置。

组委会执行主席、中国对外文化交流协会副会长董俊新在致辞中表示：中华传统文化是中国的宝贵财富，作为能集中反映中华传统文化的中国传统节日，梳理和整理好，对于弘扬中华传统文化意义非凡。当初决定把"春节符号"作为一项工作来开展时，就是应广大海外华人华侨的要求。对于"每逢佳节倍思亲"的他们而言，春节是最大的寄托。

组委会执行副主席、中国广播电影电视报刊协会会长梁刚建在致辞中说，春节蕴含着中华文化的智慧和结晶，凝聚了中国人的情感寄托和追求，更反映了全球华人同根同源的文化传承。"春节符号"的征集活动，就是借用春节全民参与的特性，大力弘扬春节所凝结的优秀文化传统，努力营造家庭和睦、社会安定、民族团结、国家祥和的积极氛围，树立以中国现代文化为特征、承载民族梦想的新民俗，推动中华文化历久弥新、不断发展壮大，共同实现中国梦的重要举措。

对话环节，分为媒体与民俗文化专家

对话、媒体与设计专家对话、媒体与社会各界代表对话三个部分。

从现场获悉，来自新华社、中央电视台、中国新闻社、中国文化报等国内媒体，以及纽约在线（美国）、七天传媒（加拿大）、欧洲新桥网（德国）、北美宏星卫视等海外华文媒体，共计50余家。媒体记者与来自海内外的民俗学者、海峡两岸暨香港、澳门的设计专家以及来自解放军、地方政府、高等院校、相关企业和社区的代表，就中华"春节符号"全球征集活动的意义、春节的重要地位及节庆习俗的流变、"春节符号"设计理念、"春节符号"与百姓日常生活等问题进行了积极交流和热烈讨论。大家各抒己见，精彩纷呈。

该项活动专家委员会副主席、联合国教科文组织驻华代表处文化遗产保护专员杜晓帆在首轮对话中表示：节日是生活中值得纪念的重要日子，是世界人民为适应生产生活的需要而共同创造的一种民俗文化，是世界民俗文化的重要组成部分。因此，弘扬春节文化，不仅仅对于华人具有深远的历史意义，而且对于维护人类文化多样性，加强不同民族间的交流和理解，促进人类的和平具有重要作用和意义。

专家委员会副主席、国家非物质文化遗产评审委员会副主任、中国社会科学院荣誉学部委员刘魁立饱含激情地说：节日，对于包括我们自己在内的所有人来说，是提升美好道德情操和培育丰富情感的熔炉，是民族历史与文化传统的积淀、存续和发扬，是民族性格、民族文化的集中展现，是文化认同、民族认同、国家认同的重要标志……春节，是我们生活中最大最美好的最有意趣的文化空间，应该有一个集中体现和表征它丰富内涵的符号。

会场上，在央视长啸的主持下，专家委员会副主席、著名人文科学学者教授李汉秋，专家委员会委员、国际亚细亚民俗学会会长、国家非遗专家委员会委员陶立璠，专家委员会委员、中共中央党校教授叶笃初，组委会常务副秘书长、北京师范大学教授萧放等知名专家，还有来自港澳台的创意设计知名人士，如林磐耸、冯文伟、韩秉华等都充分发表了自己的深刻见解。新华社音视频部主任、中国政法大学新闻与传播学院院长陆小华以及海外华文媒体《七天传媒》（加拿大）副总编杨志宏对此项活动的价值意义谈出了深刻感悟，对征集活动的宣传推广给予中肯建议，同时表达了自己的愿景。

（供稿：朱万明）

【中国牛郎织女传说研究中心换届会议在山东沂源召开】

2014年9月5日，中国牛郎织女传说研究中心换届会议暨非遗背景下民间传说的保护与传承座谈会在山东省沂源县召开。中国社会科学院学部委员、中国民俗学会会长朝戈金，中国民俗学会副会长、山东省政协文史委主任刘德龙，中国民俗学会副会长兼秘书长、中国社会科学院研究员叶涛，沂源县人民政府副县长李玲出席了会议。

中国民俗学会中国牛郎织女传说研究中心成立于2008年3月，自成立以来，在中国民俗学会和沂源县委、县政府的领导下，研究中心组织全国的专家编纂出版了五卷本《中国牛郎织女传说》，并对沂源县牛郎织女传说进行了全面调研，成功申报了国家级非物质文化遗产名录。同时，研究中心在保护和传承我国非物质文化遗产，宣传地方文化，开发利用民俗文化资源等方面也做了大量工作，得到了学术界的肯定和地方政府的赞赏。

刘德龙副会长主持了换届会议，朝戈金会长代表中国民俗学会致辞。朝戈金会长对中心成立以来所做出的成绩给予充分肯定，并希望中心在今后的学术调研和服务地方社会方面做出更大贡献。李玲副县长代表沂源县委县政府对中国民俗学会将研究中心设立在沂源县表示感谢，对中国民俗学界专家学者给予沂源县牛郎织女传说的关注表示感谢。沂源县文化局局长张寿玉就沂源县非物质文化遗产保护、特别是牛郎织女传说的保护与传承方面所做的工作进行了汇报。

作为中国民俗学会下属的二级学术研究机构，中国牛郎织女传说研究中心的领导成员采用任命制。中国民俗学会决定任命叶涛、李玲共同担任研究中心主任，聘请张寿玉担任研究中心办公室主任。

为了进一步加强调查和研究力量，发挥研究中心在全国的引领地位，中国民俗学会决定聘请中国社会科学院施爱东、北京大学陈泳超、台湾大学洪淑苓、山东大学刘宗迪、山东工艺美术学院张从军、台湾彰化师范大学丘慧莹、浙江农林大学毕雪飞、山东建筑大学姜波、山西大学郭俊红、山东大学威海分校赵珊珊为中国牛郎织女传说研究中心研究员。朝戈金会长为新上任的研究中心主任和新聘请的研究员颁发了聘书。

换届会议结束后，与会学者与沂源县政府和职能部门的领导同志举行了座谈会，就沂源县牛郎织女传说的保护与传承等问题进行了交流。

在沂源期间，中国民俗学会的领导和与会学者还参观了牛郎织女民俗展览馆、牛郎庙、织女洞、沂源县博物馆等与牛郎织女传说相关的文化景点。

（供稿：郭俊红）

【首届民族文学研究博士后论坛在中国社会科学院召开】

2014年9月18日至19日，"首届民族文学博士后论坛"在中国社会科学院召开。本次论坛得到了主办方中国社会科学院、全国博士后管理委员会和中国博士后科学基金会，承办方中国社会科学院博士后管理委员会和中国社会科学院民族文学研究所的大力支持。在开幕式上中国社会科学院人事教育局局长张冠梓作了关于全院博士后工作的重要讲话；中国社会科学院民族文学研究所党委书记兼副所长、博士生导师朝克做了会议致辞；中国社会科学院博士后管理委员会处长李晓琳、中国社会科学院博士后管理委员会副处长王宇也参加了开幕式。中国社会科学院民族文学研究所副所长尹虎彬主持了开幕式。

本次论坛共收到论文39篇，有29位学者作为正式代表参加此次论坛并发言。这29位与会代表来自中国社会科学院、北京大学、北京师范大学、中央民族大学、南开大学、中山大学、辽宁大学、甘肃省社会科学院、华东师范大学、华中师范大学、陕西师范大学、广西师范大学、河南师范大学、三峡大学等14个高校和科研机构，来自汉族、藏族、满族、达斡尔族、傣族、回族、蒙古族、土家族、瑶族9个民族。其中博士后研究人员12人、博士研究生12人、青年教师和学者5人。论坛也是青年研究工作者对学科对象、研究方法、研究角度多样性认识的一个平台。这对于促进青年研究工作者对学科整体性的认识和建构是有好处的。

本次论坛还特别邀请了论坛评议人，他们是保证论坛工作顺利开展和研讨效能实现的重要组成部分。论坛评议人需要提前审阅需要评议的与会代表的论文，评议报告在论坛举办时讲演。论坛中每一场次的时间大致在100—120分钟，与会代表发言完毕后，设置了15—20分钟左右的评议人评议时间。这段时间里，他们主要对本场3—5篇发言人的文章进行评议，主要工作是指出文章存在的问题并提出进一步研究的建议。论坛发言人全部发言完毕，分组评议人评议完毕后，由总评议人发表意见。评议工作是与会代表非常关注的重要环节，有创见、有思想，认真负责、公允严谨是评议人的邀请原则和评议原则，这对论坛形成好的交流、学习氛围至关重要。评议人吕微、杨利慧、巴莫曲布嫫、户晓辉、施爱东、王杰文、孙正国诸位老师的评议有见地、很严谨，与会代表普遍感到受益匪浅。与会代表的准备工作做得严肃认真，有的文章是国家级课题的阶段性成果，有的文章是博士论文的精髓部分，有的文章是多年跟踪调查的报告，能够显示出作者的研究能力。参加论坛的年轻人乐于交流分享，论坛气氛自由活跃。

本次论坛以"当代社会口头传统的再认识"为主题，立足于民间文学研究的基本理论问题，试图在宏观上把握中国民间文学研究的新趋向，促进民族文学、民间文学等相关学科博士后和青年研究者之间的交流互动。与会代表们围绕论坛主题，纷纷做出精彩的学术演讲，而各位评议人的深度点评，更是将本次论坛的学术讨论推向新的高度。

评议人户晓辉将这四篇论文归纳为"文体的实践问题"。这四篇文章有理论性总论，也有个案性分论，不论他们研究的体裁是传说还是史诗，都涉及实践的研究。正是因为聚焦于实践和使用问题，我们才能把"民众"摆在一个主体的位置上。

18日上午，阿地里·居玛吐尔地研究员主持了本届论坛的第一场发言。本场共有5位与会代表发表演讲，分别是华中师范大学孙正国教授的《口头叙事媒介：口头传统再认识的关键点》、三峡大学丁晓辉博士后的《"民族志式的描述"与"立体描写"——邓迪斯与段宝林之必然巧合》、中国社会科学院文学研究所祝鹏程博士后的《"民族艺术"的历史建构——以三篇现代相声文献为个案》、北京大学博士后颜水生的《价值判断背景的口头传统与文学史学结合》、北京师范大学文学院博士研究生王旭的《表演语境中文类的互动

与传统化实践——以蒙汉民歌漫瀚调为例》。五篇文章或多或少都关涉对当代口头传统研究相关理论的反思，孙正国着力于口头媒介之于多媒体时代的生存性思考。丁晓辉分析了邓迪斯"民族志式的描述"与段宝林的"立体描写"，在民间文学研究的人类学转向下的多重契合及其深层次原因。祝鹏程"以小见大"，选取三个个案，精巧论述了作为一种现代性建构的"民族艺术"与现代民族国家建构之间的密切关联和互动发展。颜水生关注口头文学传统进入现当代文学史书写过程中，遭遇的价值立场预设困境。王旭则是通过"文类"概念的定义和发展，探索"漫瀚调"表演中的文类的传统化问题。

本场评议人施爱东研究员精当地将本场发言分类概括为："两对师兄妹和一个电灯泡"，通过师兄妹间的参照互比，在选题、论述、语言和对论文的整体把控能力等方面，犀利地指出了5位发言人文章的优点和不足之处。

18日下午，论坛第二场发言的议题主要集中在神话和史诗研究方面。在俄日航旦研究员的主持下，中国社会科学院民族文学研究所的刘潋博士后的发言《美索不达米亚洪水神话口头——书面的转化与版本、异文辨析》，针对国内学界在使用国外古代神话文本时盲目使用、不加求证的现象，阐述文本内部因素和外部因素对美索不达米亚洪水神话造成的影响，提醒我们在使用上古文献这类"有限度的"文本时应更加审慎。北京大学外国语学院博士研究生张文奕《花开彼岸——从伊朗史诗〈列王纪〉看马萨格泰人的地理坐标》一文，从"鲁斯塔姆闯七关"故事入手，分析"马赞得朗"并非传统上认为的中亚马赞得朗地区，而是近东的吕底亚地区。进而根据希罗多德《历史》中的记载，得出居鲁士大帝并非终结于里海而是命丧中非乍得湖。南开大学文学院博士研究生刘镁

硒的《口头传统的延续与流传——〈天问〉的创世神话结构与南方史诗的比较研究》，从古典文献学角度剖析《天问》，认为《天问》是经屈原整理的口承神话知识汇编，而《天问》最初的口头传统背景则在民间口承的《黑暗传》中得到某种呈现，深入剖析口承传统有助于我们解决古代文献中的问题。北京师范大学文学院博士研究生张多在《神话传统的传承机制与多元呈现——基于哈尼族"哈巴"中鱼创世神话的讨论》发言中，细述"哈巴"传统中鱼创世神话的多维传承，指出多维度的综合研究是民间文学研究的深化方向。辽宁大学历史学院的张岩副教授的《神话意识与中国现代文学的文化品格》，着眼于中国现代作家在创作中的强烈神话意识，阐述这种神话意识的生成，及其外化而生的独特审美诉求和文化品格。

第二场评议人杨利慧教授首先肯定了本场 5 位发言人的论文的价值与意义，随后针对大家的不足之处给予了细腻的点评，提出非常有建设性的改善建议。

18 日第三场的主持人和评议人分别由祝鹏程和中国社会科学院文学研究所户晓辉研究员担任。4 位发言人的主题基本围绕"传说"展开，有河南师范大学教师任志强的《中国都市传说研究：理论与实践》、华东师范大学民俗学博士研究生程鹏的《旅游领域中的当代传说研究——以两则"尽头"传说为例》、华中师范大学国家文化产业研究中心博士研究生蒋海军的《崀山传说的非物质文化遗产保护与文化旅游开发》、中国社会科学院民族文学所博士研究生阿婧斯的《关于〈江格尔〉真实性问题研究——以伊犁昭苏县格登村为例》。任志强回顾了我国"都市传说"（Urban Legend）理论的引进及本土研究历程，认为在中国这一领域远未得到应有的重视，主张对我国都市传说研究现状和西方都市传说理论进行双重反思。程鹏通过

两则"尽头"传说，解析旅游活动促生的当代传说，提出此类传说中景观叙事的重要性，以及景观叙事和口头叙事间互相支撑的结合形式。蒋海军的文章从物质文化遗产保护和旅游开发的角度，论及如何在旅游资源产业化中保护、利用和发展崀山传说。虽然阿婧斯的研究对象是《江格尔》史诗，但她关注的是《江格尔》在蒙古族人眼中的真实性问题，挖掘真实性表象之下掩埋的文本神圣性和超自然神力，以及植根民众意识之中的超文学实际功能是导致信实与否的深层原因。

在中国社会科学院民族文学研究所助理研究员意娜的主持下，本届论坛正式进入 19 日的首场讨论。李丽丹、侯姝慧和谭璐三位发言人，先后就口承故事和民间文学方法论问题发表演讲。中央民族大学博士后李丽丹首先带来题为《朝格日布之"汉族故事"研究——以〈王外外的故事〉为个案的分析》的演讲。《王外外的故事》是蒙古族故事家朝格日布讲述的汉族文化背景故事中的代表作。它的故事情节取材于明代"三言"故事，并采纳了部分明清小说常见母题。对二者间的互文性展开研究，有助于我们解决明清短篇小说向多民族民间叙事的传播途径和故事生成机制等问题。中国社会科学院民族文学研究所博士后侯姝慧的《1980 年代口承故事的书写变革及其文化功能——以 1980 年至 1989 年〈故事会〉等刊物为例》，梳理了 10 年间《故事会》刊发口承故事和相关理论研究情况，探索口承故事书写变革的趋势下口承故事的书面转化、新故事文体特征的形成及其文化功能的实现。华中师范大学的博士研究生谭璐，她的题目是《民间文学方法论的形态学提炼：从外部视角到四种研究方式》。她以"内""外"视角为区分，观照民间文学学术史，指出以外部视角为主导的研究取向是我国民间文学研究界的现状，这就更需要我们反观历史，夯

实民间文学自身的理论基础。

中国社会科学院民族文学研究所的巴莫曲布嫫研究员点评了本场论文，认为三篇文章虽然差异甚大，但都探讨了民间文学的基本问题。李丽丹的选题由于语言问题会比较冒险。侯姝慧的统计学方式值得肯定，建议重点考察办刊人和办刊队伍对刊物发展的促进作用。谭璐并不一定要将内外二元视角截然对立，可以去寻找能够契合的视角。

第二场的讨论由中国社会科学院民族文学研究所助理研究员黄群主持，中国传媒大学王杰文教授评议。中国社会科学院民族文学研究所博士后姚慧的发言题目是《藏族〈格萨尔〉神授艺人史诗音乐"创编"的神圣性——由斯塔多吉的采访个案想到的》，通过对神授艺人的采访追问神授艺人史诗音乐思维的特殊性以及重复的意义，揭示出音乐可能是一种神的想象形式。重复演述与表演的心理功能，在史诗音乐得到了最直接地承载和表现。中国社会科学院民族文学研究所的助理研究员屈永仙，在她的《试谈傣—泰民族诗歌传承人"章哈"的发展脉络——基于2012年跨境民族田野调查的材料》一文中，带着疑问进入田野，在田野中发现处在巫师和职业歌手"章哈"之间的过渡阶段的另一种"章哈"——"巫章哈"，并在田野中印证"章哈"和"巫章哈"口头传承方式上的异同。来自甘肃省社会科学院文化研究所的戚晓萍以《"二郎山花儿"传承现状调查报告》为题，分享了她对"二郎山花儿"的传承现状的调查成果，她区分了多种场域下"二郎山花儿"的传承和传承内容，并反思"二郎山花儿"传承保护工作中的实际问题。

王杰文教授总结以上三位的发言，认为她们都围绕"民族口头传统艺术"展开独立思考，体现出强烈的问题意识。同时也就三位论文中的弊病提出了参考意见。

19日下午第三场发言由民族文学研究所博士后姚慧主持，华中师范大学的孙正国教授评议。本场的四篇文章：中央民族大学博士后高云球的《满族神话视野下的知识生产与理论建构》、中国社会科学院民族文学研究所吴刚助理研究员的《对达斡尔族口头传统〈奇三告状〉〈战罗刹〉的考察》、中山大学博士研究生梁爽的《从民间叙事看辽宁锡伯族的历史记忆与族群认同》、华中师范大学博士后崔磊的《内外界阈口头遗产保护传承的价值评定和分形性征——以非物质文化遗产"畲族小说歌"为例》，基本聚焦在东北地区口头传统问题研究与族群认同方面。高云球追溯满族神话的源流和叙事形式，构建满族神话表征下的族群知识谱系，力图在历史碎片中还原出满族神话的乌托邦式族群文化内涵。吴刚辨析达斡尔族口头传统与创编者之间的复杂关联，关注其中的文类交织、创编者身份确认、文本定位等问题，摸索传统维系、文化传播意识与个人创编驱动力的关系。梁爽根据锡伯族喜利妈妈传说和《黄柯氏神医传奇》两个个案，探讨锡伯族的历史记忆与族群认同的关系，分析族群认同的语境中，知识分子是如何借助传说构建锡伯族共同体的。崔磊介绍了非物质文化遗产"畲族小说歌"的基本概况，探查地方政府在保护非物质遗产方面的正负价值和政府介入"畲族小说歌"保护利用中的一般规律和特点。

孙正国教授认为这一组文章的共同特点是对族群口头传统的发掘与再造，前三篇分别展示了在族群传统中的现代观照，现代人类学和文化理论的观照。强调学术研究当审慎对待理论视角与材料之间的关系。

本届博士后论坛的最后一场讨论，在四位发言人的陈述中展开。本场的主持人和评议人分别是中国社会科学院民族文学所的尹虎彬研究员和纳钦研究员。民族文学研究所王尧博士后在她的《口头叙事与地方性神灵的成神模式——以山西洪洞地区的通天二郎信仰为对象》一文中以田野为基础，解析洪洞地区通天二郎的成神模式，探讨了描述成神过程的口头叙事是如何促进信仰发生并完成建构的。广西师范大学漓江学院赵巧艳副教授的《侗族传统民居上梁仪式的田野民俗志》展示了她在侗族民居上梁仪式中获得的详细田野资料和思考，向大家系统呈现了侗族传统民居上梁仪式完整场景。青海民族大学文学院赵艳副教授的《时间中绵延的言语——青海土族口头传统中的历史记忆》，就土族族源的历史记忆、土族民间信仰、土族婚嫁习俗三个方面进行了论述。土族的口头传统是土族人传统文化的象征，有利于形成民族的文化认同感和凝聚力。中国社会科学院民族文学研究所博士研究生潘琼阁的文章《在真实与虚构之间——从海登·怀特历史诗学看民间历史叙事》，探讨了海登·怀特历史诗学之于民间历史叙事的适用性，从民间历史叙事的真实与虚构和编撰的本真性层面挖掘怀特的理论对民间历史叙事研究的积极作用。

纳钦研究员对本场发言做总结性点评。认为做学术一定要深入浅出，要合理运用国外的相关理论，深化我们的研究。在赞赏诸位发言人论文优点的基础上，也提出了中肯的改进意见。

四场发言结束后，本届论坛迎来尾声，由中国社会科学院文学研究所吕微研究员担纲总评议人，为首届民族文学博士后论坛做出精彩总结。吕微研究员为引出本次论坛发言的分类与评议，首先阐释了亚里士多德与康德的认识论。他说到人是媒介性的存在，正因为内心有"他者"存在，人类才不孤独。一篇好的论文，首先要具备清晰的问题意识，然后到田野中去论证这个问题，最终形成一个概念。人是理性的动物，如果我们按照理性的法则分类这

两天的发言，是完全成立的。康德区分了理性的三种使用，即语境中的认识、经验型的实践和先验型的实践，经验型实践是语境中的实践，先验型实践是脱语境的实践。基于理性的三种使用方式，这两天近30篇会议发言，有的属于语境下的认识论范畴，有的属于康德所谓的经验性实践性研究。但是最后一类脱语境实践研究基本没有。因此希望我们年轻的民俗学者们把自由意志放入实践当中的脱语境实践研究，这是我们民俗学今后发展的方向，也需要你们参与这一实践，促进这一实践。

最后，阿地里·居玛吐尔地研究员主持了本届论坛的闭幕式，与会代表们纷纷发言，倾诉自己几天来的参会感想，表达对主办方、承办方和评议老师们的感谢。两天时间，一场思维的盛筵，采撷无数新思。至此，首届民族文学研究博士后论坛圆满闭幕！

（供稿：刘　潋）

【青海·湟源西王母文化论坛在青海举办】

2014年9月26日，由中国民俗学会主办，青海省民俗学会、青海省昆仑文化研究会、中共湟源县委等组织和部门共同承办的"青海·湟源西王母文化论坛"在湟源县顺利举办。来自海峡两岸有关部委、学术机构、民间团体等单位和组织共20余位专家学者，以及湟源县各有关职能部门和各界代表共200余人参加了论坛。中国民俗学会副会长、青海省民俗学会会长赵宗福教授主持论坛，并作了点评和总结。

论坛上，文化部民间文艺发展中心主任李松先生、中国民俗学会副会长兼秘书长叶涛教授、青海省民俗学会会长赵宗福教授、台湾成功大学中文系主任高莉芬教授、台湾胜安宫主任委员吴东明先生、青海省民俗学会副会长米海萍教授等多位专家学者，先后围绕昆仑文化、民间文化保护与传承、西王母信仰、青海昆仑与神话

昆仑、台湾西王母信仰发展、西王母信仰与地方文化建设等主题作了专题演讲。

总结中，赵宗福教授从五个方面充分肯定了本届论坛所取得的成效：一是专家学者大力支持，高度重视，所作报告思路广泛，视野开阔，具有很强的学术性；二是报告主题立足现实，通古论今，对文化社会建设具有重要现实意义；三是发言人所述视角独到，观点鲜明，对昆仑文化研究具有很好的启发作用；四是专家学者来自海峡两岸，从不同视角切入展开谈论对文化共识的形成发挥了推动作用；五是领导重视，会场有序，体现了较好的组织水平。同时，赵宗福教授对论坛顺利开展辛勤付出的工作人员表示了由衷的感谢。

（供稿：李卫青）

【首届《玛纳斯》国际演唱会暨保护论坛在新疆举行】

2014年9月26日，由新疆维吾尔自治区文联主办、自治区民间文艺家协会承办的"首届《玛纳斯》国际演唱会暨保护论坛"以及中国柯尔克孜第二届民间长诗传承人培训班在乌鲁木齐举行。

《玛纳斯》是世界上最长的史诗之一，被誉为东方的"伊犁亚特"，它不仅是一部杰出的民间文学作品，而且有很高的学术价值和认识价值，是研究古代柯尔克孜族社会历史、民族交往、道德观念、风俗习惯、民族文化等问题的一部百科全书，同希腊史诗和印度史诗一样，《玛纳斯》是世界文化宝库中一颗璀璨的明珠，是柯尔克孜人民对人类文明的一个重要贡献。

新疆各民族共同创造的优秀传统文化，不仅是中华文化宝库的一部分，也是世界人民所共享的珍贵文化遗产。柯尔克孜史诗《玛纳斯》，就是这样的文化珍宝之一。新中国成立以来，在中国共产党领导下和党的民族政策指引下，新疆各民族传统文化得到充分尊重和积极保护。特别是改革

开放以来，国家和自治区实施了非物质文化遗产保护工程，使各民族的优秀传统文化得到进一步有效保护和传承发展。2009年，经中国政府申报，《玛纳斯》被联合国教科文组织宣布列入"人类非物质文化遗产代表作名录"，这更加激发了新疆各级政府、文化部门、柯尔克孜民众和各民族专家、学者，对保护、传承、发展好《玛纳斯》这一优秀文化遗产的重视、热情、责任心与使命感，采取进一步积极行动，做了大量卓有成效的工作，取得了显著成效。《玛纳斯》申遗成功后的4年里，在文化部、财政部的大力支持下，已经投入《玛纳斯》专项保护经费共计1031万元，主要用于支持相关保护单位开展田野调查，出版居素甫·玛玛依演唱的8部《玛纳斯》的汉译本，出版多位玛纳斯奇演唱的不同异文，举办多期玛纳斯奇培训班，邀请著名玛纳斯奇参加中外非遗展示活动，拍摄《大玛纳斯奇》专题影片，举办由乡村到城市、到自治区、到国际等不同层次的《玛纳斯》演唱活动和国内、国际学术交流活动，采取多种方式加强对史诗《玛纳斯》的国内外宣传等。使保护《玛纳斯》的工作得到进一步加强，传承《玛纳斯》的活动得到进一步扩大，中国《玛纳斯》的国际影响力和认知度进一步扩展和加深。

这次活动主题鲜明，内容丰富，形式多样，尤其是采取了民间演唱与专业研究相结合，国内保护与国际交流相结合，集中展示与集中培训相结合，是一次务实的活动，将取得实实在在的成果，产生广泛而深远的影响，将对中国新疆的《玛纳斯》保护、传承工作发挥显著的推动作用。

（供稿：金 浩）

【中国民俗学会第八届代表大会暨2014年会在昆明召开】

2014年10月10日至15日，中国民俗

学会第八届代表大会暨 2014 年年会在云南省昆明市召开，来自全国各地的 260 余名代表出席了这次大会。作为中国民俗学会和美国民俗学会的交流项目内容，来自美国民俗学会的 6 位学者专程前来春城参加了会议的部分活动。

10 月 11 日上午，中国民俗学会第八届代表大会暨 2014 年年会开幕式在云南大学科学馆大会议室召开，叶涛主持了开幕式，陈勤建致开幕词。

陈勤建在开幕词中指出，中国民俗学会自 2010 年召开第七届代表大会以来，在组织学术活动、培养青年学术人才、参与社会文化建设、进行国际学术交流等领域做了大量卓有成效的工作，在我国人文社会科学领域取得了有目共睹的成就，这些成绩的取得是学会两千余名会员共同努力的结果。即将召开的学会第八届代表大会，是在学会发展壮大过程中召开的一次重要会议，这次会议将总结过去四年中学会所做的工作，对学会未来的发展提出期望。

云南大学校长林文勋教授在开幕式上致辞。林校长对本次大会在云南大学召开表示热烈祝贺，对于来自全国各地的民俗学者表示热烈欢迎。在致辞中，林校长介绍了云南大学的历史，特别是介绍了云南大学在民俗学、民间文学和少数民族语言文学研究领域的历史与现状。林校长指出，这次会议能够选择在云南大学召开，对于云大民俗学等学科的发展是一次很好的机遇，希望学术界关注并支持云大民俗学等学科的发展。

中国民俗学会第七届理事会会长朝戈金因病未能到会，叶涛在开幕式上宣读了朝戈金会长的书面致辞。朝戈金会长指出，"社会生活在飞速发展，民俗学共同体自身也在发生着深刻的变化，民俗学学科以及民俗学者的自我意识都在不断加强，对学科存在价值的认识也在日渐深化，特别是与其他学科的对话也在更广阔的幅度上

展开。当下，民俗学学科既面临挑战，也面临新的发展机遇。""我们理应对学会的未来充满信心，我们也有理由相信学会的明天会更好。因为我们的学会有一大批真正关心、热爱和支持学会的会员，他们的强烈意愿和集体的意志凝铸成学会的进取精神。众志成城，在充分协商并形成广泛共识的基础上，学会的航船将再次起锚，开始新的航程。"

开幕式上还举行了"中国民俗学会生命树奖"和"中国民俗学奖·青年学术奖（2014 年度）"的颁奖仪式。

"中国民俗学会生命树奖"是中国民俗学会为志愿者团队设立的奖项。中国民俗学会自 2008 年底开始招募志愿者，六年来，志愿者团队在中国民俗学网网站的管理与维护、参与中国民俗学会秘书处的工作、协助一年一度的年会会务工作等方面都做出了无私的奉献。2014 年度的"中国民俗学会生命树奖"是学会首次颁发该奖项，共有 12 名志愿者获得奖励，他们是：苏长鸿（华东师范大学硕士研究生）、周波（中山大学博士研究生）、王学义（山东省邹城文化局工作人员）、彭佳琪（浙江省工艺美术研究所有限公司员工）、张多（北京师范大学博士研究生）、高健（云南大学博士研究生）、林海聪（中山大学博士研究生）、胡玉福（上海大学硕士研究生）、张志娟（北京大学博士研究生）、王娜（山东省威海市群众艺术馆馆员）、黄雯（中央民族大学博士研究生）、邵凤丽（辽宁大学讲师）。此外，本次年会共有 13 位团队志愿者的论文入选，获得参会资格；他们在本会常务理事何彬的慷慨资助下前往昆明与会，并参与会务工作和分组讨论。

"中国民俗学奖"是中国民俗学会设立的最高学术奖项。"中国民俗学奖·青年学术奖"专项奖励 45 岁以下青年学者的学术成果，每年奖励一项成果。2014 年

度的"中国民俗学奖·青年学术奖"是学会首次评选并颁发该奖项。经过中国民俗学会第七届常务理事会常务理事推荐并投票评选,陈岗龙的《蟒古思故事论》获得"中国民俗学奖·青年学术奖(2014年度)"。中国民俗学会荣誉会长乌丙安向首届"中国民俗学奖·青年学术奖"的获得者北京大学陈岗龙教授颁发了证书和奖金。本届"中国民俗学奖·青年学术奖"的奖金由学会下属二级研究机构——中国香文化研究中心提供。

开幕式后,举行了中国民俗学会第七届理事会会议,陈勤建主持了会议。这次会议通过了由叶涛代表第七届理事会作学会工作报告,由施爱东作修改章程报告的议案。接下来进入第八届代表大会大会报告阶段,赵宗福主持了大会报告。叶涛代表第七届理事会作《中国民俗学会第七届理事会工作报告》,施爱东作《关于修改〈中国民俗学会章程〉的报告》。叶涛在报告中全面回顾了自2010年11月中国民俗学会第七届代表大会以来学会所开展的工作。报告分为八个部分:(一)认真遵守国家社团管理的各项规定,规范会员管理,加强学会管理机构的建设,增强学会活力。(二)健全年会制度,积极组织学术活动。(三)发挥民俗学学科优势,积极参与国际与国家的非物质文化遗产保护工作。(四)加强国际学术交流,建立制度化交流机制。(五)中国民俗学网网站建设。(六)学会的财务工作。(七)本届工作中存在的不足。(八)对未来的期望。施爱东在报告中说明了修改学会章程的基本原则,并就修改的内容进行了详细介绍。

刘德龙主持了10月11日下午的大会讨论。与会会员代表就叶涛所作的《中国民俗学会第七届理事会工作报告》、施爱东所作的《关于修改〈中国民俗学会章程〉的报告》进行讨论,并就两个报告中的有关内容提出了许多建设性的意见和建

议。在自由讨论环节,与会代表们先后发言,表达了对一些条款的看法。最后经过与会会员代表的表决,通过了上述两个报告。

刘德龙主持了大会讨论之后的中国民俗学会第八届理事会理事选举。与会理事经过表决先通过了选举原则和程序,又经过投票选举,产生了本届理事会。共有170名会员当选为中国民俗学会第八届理事会理事。

刘铁梁主持了中国民俗学会第八届理事会第一次会议。经过投票选举,共有54名理事当选为中国民俗学会第八届理事会常务理事,名单如下:安德明、敖其、巴莫曲布嫫、朝戈金、陈岗龙、陈华文、陈连山、陈勤建、陈泳超、刁统菊、董晓萍、董秀团、段友文、高丙中、郭崇林、何彬、黄涛、黄景春、黄永林、江帆、康丽、李刚、李彩萍、林继富、林晓平、刘德龙、刘德增、刘铁梁、刘晓春、刘晓峰、尚洁、孙义杰、施爱东、田兆元、万建中、吴效群、萧放、肖远平、谢沫华、徐艺乙、杨秀、杨利慧、叶涛、尹虎彬、余悦、袁学骏、张勃、张朝敏、张士闪、赵德利、赵世瑜、赵宗福、郑土有、朱刚。

巴莫曲布嫫主持了中国民俗学会第八届常务理事会第一次会议。会议经讨论表决通过了"不预设会长和副会长候选人,由常务理事会无记名投票摸底产生会长候选人,由常务理事无记名投票选举会长和副会长"的选举办法和程序。经过投票选举,朝戈金当选为会长,巴莫曲布嫫、叶涛、赵宗福、陈勤建、刘德龙、刘铁梁、董晓萍、施爱东、安德明、刘晓春、郑土有、黄永林、萧放、陈泳超、江帆、尹虎彬、万建中、刘晓峰当选为副会长。

10月12日全天,会议在云南大会科学馆继续进行。与会代表分为六个分会场发表论文,围绕中国民俗学的学科建设与理论研究、民俗学方法与方法论反思、中

国民俗学学科史研究、中国高校民俗学教材建设及教学体系与人才培养、外国民俗学学科建设与人才培养、民俗学与社会发展、民俗学与非物质文化遗产保护、民俗文物与民俗博物馆、传统节日与新兴节会调查与研究、传统礼仪的当代传承与应用研究、中国当代民间信仰的调查与研究、民间文学理论研究、区域民俗事象的调查与研究、区域民俗史与民俗学史研究、中国少数民族民俗调查与研究，以及民俗学、民间文学学科建设与应用研究领域的其他相关议题进行学术研讨。分组讨论中共有240余名学者发表了220余篇论文。

10月11日至12日，来自美国民俗学会的苏独玉博士（印第安纳大学的中国花儿研究专家）列席了大会开幕式，并参加了分组讨论。10月12日晚，美国学者在云南大学至公堂进行了专场表演，比尔·艾伟（美国民俗学会前任会长）、威廉·李·埃利斯（圣迈克尔大学的音乐助理教授，研究领域是美国民间音乐和传统音乐，是一位屡获殊荣的作家和音乐家）、拉里·纳格（一位屡获殊荣的作家、音乐史学家、纪录片导演、教育家和音乐家）、霍华德·萨克斯（凯尼恩大学社会学教授）及朱迪斯·罗斯·萨克斯（凯尼恩大学美国研究项目的附属学者，研究方向包括物质文化和美国音乐史）等5位学者为中国学者表演了20世纪二十至五六十年代美国最具代表性的乡村民谣，他们的精彩表演和专业解说赢得了中国同行的热烈掌声；中国民俗学会朱刚博士担任现场翻译。10月14日，5位美国学者还在云南民族博物馆为当地中小学生做了专场表演。

会议期间，与会代表参观了云南民族博物馆。10月13日至15日，部分与会学者还参加了在云南的学术考察活动。这次大会得到了云南大学、云南民族博物馆和中国鲁锦博物馆的大力支持。

（供稿：中国民俗学会秘书处）

【中国民俗学会第八届代表大会暨2014年会综述】

2014年10月召开的中国民俗学会第八届代表大会暨2014年年会，是中国民俗学在新的形势下召开的一次重要会议。开幕式上，第七届理事会对学会与学科发展作了回顾。第八届代表大会选举产生了中国民俗学会新一届理事会。年会分组进行学术研讨，共有240余名学者发表了220余篇论文。这些论文反映了中国民俗学当下研究的动态和未来趋势，学术讨论更是精彩纷呈。与会学者亲身实践、积极倡导，为学科发展勾勒出一幅奋进的蓝图。由于年会论文涉及民俗学研究的各个领域，以下将就本次学术研讨中反映出的前沿趋势问题，被多数学者关注的主要焦点问题，选取代表性观点进行综述。另外还将对本次代表大会反映的学科建设和学会组织建设情况作一概述。

一　理论与方法：中国民俗学的新时代

作为一个成熟学科，中国民俗学即将迎来它的第一个百年。学会会员并未忘记从学理基础上寻找学科发展的根源和根据，继续钻研学科基础理论与研究方法。

民俗学学科诞生于18—19世纪的欧洲，且与西方学术思想史的整体转型密切相关。因此，重新审视民俗学学科与西方哲学根基的关系，重新钩沉民俗学学术史的细节，是近年来中国民俗学者较为关注的话题。本次年会周福岩的《日常此在的民俗视域——海德格尔的"在之中"理论及其他》一文，深入解析了海德格尔"在之中"理论。周福岩认为海德格尔存在性的"我们关系"即是生活世界、习俗、语言本身，"是那些诉诸各种抽象的目的或价值合理性的人类关系的根本和归宿"。海德格尔研究人与社会的"日常生活的有限历史文化情境"的认知向度对理解处在现代西方哲学思潮中的民俗研究有许多启示。郝晓源《出版、刊物与学会：汤姆斯的学术之路》一文，详细钩沉了"FOLK-LORE"的发明者汤姆斯（William John Thoms）的学术轨迹。日本是中西民俗学的桥梁，王京的《柳田国男1917年的中国之旅与其影响》从日本民俗学之父柳田国男谈起，探讨了"中国对于这位日本民俗学奠基人的意义"。

中国民俗学的发展不但深受西学影响，更深深烙印着中国自身的传统和发展轨辙。中国民俗学研究需要对自身不同时期的学术史做出更为细致和全面的考察，更要对当下和未来的学术走向做出清晰的判断。高丙中《中国民俗学的新时代》一文指出："民俗复兴是中国过去三十多年的文化大事件，普通公民有机会在自己的生活中恢复传统民俗的活力，这与五四运动以来不得不放弃民俗的趋势大为不同。"他认为经过20世纪90年代以来的转型，中国民俗学完成了理论转向和方法更新，与所处社会建立了新的积极关系，已然"发展成为一门关于公民日常生活文化研究的学科"，因此当下公民日常生活的研究和民俗学对"非遗"的参与是值得学界重点关注的方面。张志娟《福建协和大学之民俗研究》一文详细钩沉了一个以往被忽视的学术史角落，展现了协大中西学者在民俗研究上的互动。林海聪《从地方拯救民族——中国早期民俗学史的再解读》重新审视了学科初期"民众"的发现、"新国学"的建立和地方文化对民族文化的建构，认为中国民俗学的发生是多学科参与的，客观上一直被现代学术作为资料性和工具性学问加以利用。另外，王焰安《〈民俗学志〉：民俗学出版史上弥足珍贵的期刊》、刘薇《西南联大的民俗研究》等论文都从细节上观照了中国民俗学的建构史。

民俗学通过自身学术建设提炼的理论、范式，最终要落实在实践层面的方法论上。

方法论的探讨也是本次研讨会学者们关注的话题。张士闪《困境与突破：当代中国民俗学田野研究反思》一文，对民俗学田野作业存在的泛化问题提出看法，指出突围之路在于"解蔽"与"敞显"。他认为民俗学的田野方法应从"人与自然之间长时段的相互塑造关系理解民俗"，关注礼俗互动的文化政治结构和田野人际互动。吴效群《民俗的三种属性及民俗学的三个研究方向》一文认为"民俗具有的知识特性、所蕴含的文化特质和通则特性、审美特性"，可衍生出三个研究方向：知识论方向、社会科学取向和审美方向的民俗学。黄静华《个体的民俗故事：民俗写作的一种可能性路径？》从"写民俗"的角度指出，指向俗民生活实践的民俗研究应以对民俗过程性、感受性、自由性的呈现和理解为目标，倡导一种对行为、知识和观念的写作指向，寻求互动写作所能凝铸的交流质感。

与会学者对于民俗学理论与方法的探讨，反映出中国民俗学者在近百年积淀的基础上，延续自20世纪90年代以来的学术转向，进一步探索学科发展道路的努力。可以看出，进入21世纪的第二个十年，中国民俗学已经进入一个新的发展阶段。虽然与会学者数量有限，但是提出的观点能够反映出当前学界普遍关心的问题，具有重要的意义。

二　城镇化与中国城乡民俗的调查研究

目前正是中国社会文化发展处于剧烈变化的时期，中国民俗学也不断调整自己的学术定位，力图使学术研究与社会变迁的节奏相协调，能对社会发展起到积极的影响。中国民俗学会本次年会确实也体现出了这种学术追求。城镇化的快速推进是目前中国社会最显著的时代特征，这种不可逆的发展导致了民俗变迁程度急剧加速、社会结构调整空前剧烈。作为一个事实上的民俗文化大国，中国社会文化转型使得乡村和城市都面临传统与发展的抉择、传承和变化的阵痛以及情感和价值的迷惘。本次年会，城乡民俗变迁背景下的民俗研究被明确提出来。

与过去强调"抢救""保护"的民俗研究不同，许多与会者意识到民俗学不仅仅是一个"向后看"的学科，它应当参与到社会发展和文化转型中，主动发出自己的声音。对"传统"的理解、对"村落"的挽救、对"乡愁"的向往都应当在城镇化的现实中重新审视。刘铁梁《在城镇化过程中理解民俗传统的新变》系统论述了在城镇化过程中进行民俗学研究的重要性，指出"城乡发展中的民俗传统"不能一味区分"新"与"旧"，而应当在民俗主体的身份认同中理解。民俗学者应在"田野"中与每一位行动者真诚对话，正是民俗的感性价值，才使得人与人之间能够相互理解、产生共鸣。我们正在处于社会文化和价值观的冲突之中。尹虎彬《民俗学的传统节日研究——关于河北乡村的元宵灯节》也认为："中国三十多年的社会转型，期间充满了社会理想和价值观的冲突，这成为阶层分化、新旧矛盾、代际鸿沟的交汇点。"

"乡愁"作为中国城镇化运动中一个极具生活理想与人文关怀的概念，被赋予了 2010 年代中国社会文化整合、弥合与修复的新内涵。民俗学者在数十年城乡田野调查的基础上，已将"乡愁"概念内涵的家园意识内化为中国当代民俗学的学术话语和价值追求。在城镇化背景下重新阐释和建构民俗学的"乡愁"理论显得别具价值。安德明《对象化的乡愁：中国传统民俗志中的"家乡"观念与表达策略》在"家乡民俗学"的学术积累基础上，旗帜鲜明地将"乡愁"表达与"家乡"观念概括为中国民俗学和民俗志书写的标志特征。他认为当下民俗志书写应当向历史上的民俗志书写汲取营养。刘铁梁也认为，"乡愁"概念蕴含着将民俗事象对象化的内在逻辑，一方面研究民俗文化还应从事象本身出发，另一方面也要在民俗主体的生活实践中感受其观念、理想和情感。郭海红《日本城市化与乡愁能动性考察——兼顾城市观与故乡观》发现，乡愁情绪在日本城镇化过程中发挥了特有的隐性能动性作用，与成功重构乡土文化的行为活动有着密切的关联性。她认为日本"城乡连续体"认知论奠定了日本民众"村落民的心意"之故乡观。乡愁在应对文化保护与发展关系、促进保护政策出台、文化记忆的传承与维护、新社区建设中发挥了能动作用。

城镇化进程中的城乡民俗研究离不开对具体区域、个案的深入田野作业，只有在调查的基础上才能描述、书写、把握城乡民俗变迁的具体面目。徐赣丽《公共空间与民俗生活——侗族村寨文化内在逻辑关系的呈现》正是在个案调查基础上思考的城乡民俗变迁的范例。她通过对一个侗族社区的空间观察，提炼出侗寨"公共空间"的文化特质，认为这种空间文化是侗族社区生活文化的重要依托。徐赣丽指出现代新农村和城市住宅往往缺少中心性和公共空间，缺乏居民社交平台。新建社区缺乏公共空间会导致社区生活缺乏向心力，人们不易形成共同归属感和心理认同，这将使社会失去共同的行为规范和道德准则。耿羽、王会《土地开发型村庄的休闲性质——"公共性"的衰退》则探讨了城镇化背景下乡村休闲的问题。土地开发导致村庄休闲性质从"公共性"向"私人性"转变，但同时土地开发也可重塑新的村庄"公共性"，但当前基层政府大多回避重塑问题。张勃《再次命名与传统节日的现代转换——基于重阳节当代变迁的思考》通过重阳节被建构为老年节，从当代节日变迁的视角观照民俗变迁，认为对传统节日的"再次命名"是一种文化唤醒机制和文化转换机制，是激活传统的重要方式。李高《城镇化进程中的"香头"权威与社区秩序——基于上海郊区县民间信仰的实证研究》则从民间信仰的侧面关照了城镇化问题。

与会学者对城镇化进程中城乡民俗变迁的高度关注，反映出中国民俗学力图在现实发展问题上发出声音，希望民俗学独有的理论阐释力和观察视角能够对迅速变化的日常生活、社会文化和民众观念做出判断，进而为中国社会的持续发展贡献力量。

三 民间文学研究的新动向

民间文学研究是中国民俗学的起点，也是积淀最为深厚的领域。面对厚重的研究史，民间文学研究向前推进的难度很大。20世纪90年代后期，中国民俗学掀起了"从文本到语境"的学术转向，这个过程中民间文学研究的转向最为显著。对"口头传统""表演理论""民族志诗学"等的借鉴使中国民间文学研究进入一个相对快速的发展阶段。当前，过去20年语境转向和理论借鉴的"红利"衰退式微，中国民间文学研究必须对刚刚过去的范式运用和转换做出反思，并寻找新的学术增长点，扎实推进调查与研究。

在反思以往研究范式方面，康丽《民间文艺学经典研究范式的当代适用性思考——以形态结构与文本观念研究为例》颇具代表性。康丽认为，作为经典研究范式的形态结构研究与文本观念研究随着民间文学研究向日常生活实践方向转换，经典范式的当代适用性开始影响学者的方法选择。她认为形态结构研究是同构文本的集群构成与传统稳定性的体现。文本观念研究存在历时认知与共时结构统合的可能。民间文艺学应关注在充斥着变异的传承中保有文本集群的传统属性与聚合边界。将两种经典范式结合有助于揭示叙事结构与

文化义存的互动规律，为在语境视野下的变异研究夯实根基。

口头传统与书面传统是民间文学媒介研究的重要问题。中国是一个书面传统与口头传统双重丰厚的国家，整合以往的研究积淀，探索口头与书面的互动成为中国民间文学重要的研究方向。冯文开《在口头传统与书写传统之间——以刘禹锡的〈竹枝词九首〉为探讨对象》选取了一个对民间文学来说"陌生"的文本，在中国古代文学书写传统的表面之下，挖掘口头传统对文人书写的渗透机制。竹枝词进入书写传统的现象证明口头传统与书写传统可以共存，也说明民间文学研究不应忽视媒介多样性和复杂性。朱刚《"山花体"之再反思：从民族志诗学的角度来看》则借助民族志诗学视角，重新审视了白族白曲口头性与书面性的互动，认为口头与书面二者的相互影响和互动关系是所有口头传统研究中必要的反思维度。

神话学是民间文学研究中一个特殊的方向，其自身早已形成一个独立的世界性研究体系。在中国神话研究的实践中，古史与文献是一个不可回避的问题。将厚重的文献积累、丰富的文物资源、扎实的田野调查与新兴的神话主义现象结合起来研究，是当前中国神话研究的趋势。本次年会陈连山的《论"神圣叙事"的概念》一文重新审视了"神圣叙事"概念与神话学研究的关系，在与会学者中引起较大反响。陈连山拓展了杨利慧对神话"神圣性"的批评，认为古史叙事是中国传统语境中的神圣叙事。与之相呼应，李道和《扶桑、桃都神话通解》依据文献考据，阐释了作为神圣叙事的扶桑树、大桃树象征日始和岁始的神圣时刻。他还发现扶桑、桃都神话在类似上述"神圣叙事"的逻辑下变异为仙话。苏永前《中国上古神话体系重建：方法与反思——以茅盾为例》则回顾了将文献神话碎片黏合的历史，并从希腊

"神话"的原点出发反思中国上古神话体系的建构。刘文江《谣言、神话及其背后的世界观》从民俗学谣言研究的视角出发，探讨了神话与谣言的关系，对神圣叙事的跨文类表现做出了阐释。

神话研究除了对基于文献的传统研究范式的反思，继续推进朝向当下的口承神话研究也是一项重要工作。吴新锋《神圣与世俗之间的多元文化图景——新疆阜康天池西王母神话传说田野调查初步分析》在田野基础上，对阜康天池西王母神话的当下存在做了民族志阐述。同样以田野为基础的，还有张多《口承神话的叙述体系、叙事指向和传承场域——以哈尼族鱼创世神话为中心》，该文探讨了哈尼族现代口承神话存在形态、传承方式与族群迁徙之间的互动关系。高健《少数民族神话的当代变迁：以拉祜族"牡帕密帕"和佤族"司岗里"为例》则考察了少数民族神话叙事在当下电子传媒、非遗、旅游、民族文化背景下的变迁。

在民间故事、民间传说、民间歌谣、史诗几个方面，与会学者均有高质量论文贡献。这几个领域的研究大体上延续了各自领域一贯的特点，如万建中《西部民族歌唱传统的分类何以可能》、陈岗龙《灰姑娘的两次婚姻——卡尔梅克和卫拉特蒙古灰姑娘故事研究》、董秀团《印度佛教对白族民间故事的影响》、祝秀丽《20世纪包公民间传说的采录与研究史略》等。另外，也有一些值得关注的学术方向被提出，如薛洁、朱命爱、尚青云《新疆兵团军垦民间文学成因探析》、杨杰宏《民俗学研究范式的转换与南方史诗类型研究》、宋红娟《歌谣与情感——从情感人类学看西和的乞巧歌》、张琼洁《超越民俗学的故事研究数据与分析》、鞠熙《死而得道的神女——中法同型宗教故事中的身体、超越与家庭观念》、王明月《IT笑话叙事中的"程序猿"》等。

民间文学作为民众审美意识形态的集中反映，在人文社会科学领域占有重要地位。总的来说，中国民间文艺与中国民俗是一体多面的关系，正是在民俗学的学科架构下，中国民间文学研究得以不断汲取营养、推陈出新。本次年会反映出中国民间文学研究将朝向多元化、多样化、个体化、互文性、整体性、审美性、新媒介的方向向前推进。

四　非物质文化遗产研究的推进与反思

"非物质文遗产"是21世纪初中国民俗学的重大热点问题，也是在延续"三套集成"工作的基础上，民俗学主动参与社会文化建设的重要事件。从建立概念体系、推进联合国框架下的保护工作到建立研究方向、推动"国际—国家—地方"多层面的联动实践，中国民俗学者在"非遗"工作中可谓不遗余力、成绩斐然。当前，非物质文化遗产不仅成为国际合作的重点领域，更成为中国国家政治的重要策略，已经建立起一套集政策、立法、机构、财政、科研、产业为一体的长效机制。民俗学在新的形势下，如何继续参与并反思"非遗"工作，成为与会学者关注的焦点。

从2000年至2014年，中国民俗学始终致力于非物质文化遗产的理论研究，至今已经有一定程度的理论提炼，并且将"非遗"保护工作中的基本问题意识与民俗学学科自身的问题联系起来思考。巴莫曲布嫫《参与路径与能力建设：中国民俗学会与非物质文化遗产保护（2003—2014）》回顾了自加入UNESCO"非遗公约"以来，中国民俗学会参与"非遗"保护的轨迹，尤其是学会成为UNESCO"非遗"咨询机构后全面参与国际"非遗"合作的成绩。蔡磊《非物质文化遗产保护理论体系探究》则从价值论、本体论、保护论三个层面，梳理并归纳了"非遗"的理论体系，其中民俗主义、本真性、文化多样性、文化生态论等正是与国际民俗学学科近五十年发展的问题意识演变紧密相关的。黄龙光《美国公众民俗学对中国非遗保护的启示》则从美国公共民俗学（Public Folklore）的视角反观中国"非遗"保护。他结合自己参与2014年史密森民俗生活节的实际经验，回顾美国民俗学文化实践的历程，提出民俗传统现代性适应的多种可能。尤其值得注意的是，黄龙光在周星等前人研究基础上，明确提出要反思和检讨学科在"非遗"保护中的"所为"与"所不为"。他强调民俗学者应扎实推进民俗本体研究，文献与调查并用，加强国际对话和交流。在参与"非遗"实践时，民俗学者应把握好作为文化协调人的中立角色，与民间社会文化传承人协作促进民族文化良性传承。林继富《非物质文化遗产"经典化"的基本类型》特别立足于民间文学类"非遗"，讨论并反思了"非遗"与建构主义经典化的关系。

反思民俗学参与"非遗"保护除了学理上的论证，离不开对"非遗"概念下所对接的内容本身的深入、具体研究。江帆《非物质文化遗产保护视域下的"传承人"概念及其拓展》反思了以往概念的适用性，提出应该结合新近的田野发现，对"传承人"等理论概念进行多样、深入的阐释。高荷红《非物质文化遗产下的国家级传承人——以满族说部传承人富育光为例》显然是建立在多年田野作业的基础上的思考，通过对"非遗"头衔之下的"传承人"与满族说部本身的传承者之间的差异分析，反思"非遗"对传承行为的影响。黄涛《论非物质文化遗产的保护主体》则深入探讨了"非遗"的"保护主体"，认为"非遗"根本上是民众生活的一部分，其传承与展演须遵照民众固有传统。"非遗"保护的主体应该是以社区民众（包括传承人）为主的社会各方，而政府是起组织、推动作用的关键力量。朱以

青《传统技艺的生产保护与生活传承》着重探讨了手工技艺类"非遗"的生产性保护问题，认为手工艺保护的最佳方式是在生产中传承其核心技艺和核心价值，在与民众生活紧密相连的过程中持久传承。

本次年会一个显著特点就是，学者们普遍反思了民俗学参与"非物质文化遗产"运动，提出应该以更谨慎的态度参与"非遗"。民俗学要通过自身理论和学术驾驭"非遗"，而不能盲目进入"非遗"研究和实践。在这一方面，中国民俗学会作为事实上的"非遗"科研重镇，更应当谨慎处理学科发展与"非遗"实践的关系。

五　物质民俗与作为民俗志的图像

物质民俗是中国民俗学研究的薄弱环节，尽管多年来不断有学者在这一领域发出声音，但总的来说没有形成稳定的研究领域和研究范式。对图像文本的关注，在民俗学领域始于神话学研究和民间美术研究。图像与文献、口头传统、民俗生活具有同等重要的呈现、表达价值，长期以来，这一点却没有得到应有的重视。本次年会，关于对物质民俗、技术民俗、图像民俗志的关注出现了可喜的进展

广义的物质民俗研究包括对技术、图像、器具、服饰、建筑、工艺、民俗实物、民俗产品等的研究，是民俗学一个重要的组成部分。实际上，在上述各个具体事象上一直都有优秀研究成果出现，但缺乏将其统摄概括并进行理论提炼的研究。本次年会依然没能实现体系性的理论提炼，但是一些论文已经反映出较明确的问题意识和理论追求。刘晓春《从"日常用品"到"民间工艺"——论日常用品的"民艺化"》讨论了生活中日常器物被建构为"工艺品"的过程，将其概括为"民艺化"。他认为随着手工技艺的人际传承链条断裂，失活并日渐稀缺的手工技艺及其制品脱离了日常生活的实用功能，使用价值与交换价值弱化，成为具有符号价值的

商品。这种消费品指向生活品位、格调和权力，具有区分社会阶层的能力。在工业产品垄断日常生活领域的社会，手工技艺及其制品成为具有历史感、本真性、唯一性的"灵晕"产物，日益为人膜拜。胡玉福《技术变革对民间艺术的影响——挂门钱：从手工生产到机器生产》从山东郯城挂门钱工艺的具体调查入手，深入探讨了民众对机械美感与手工技艺的观念变化，指出从手工到机械的技术选择是民众生活自然变化的结果，因此不应一味将机器生产与手工工艺对立。

图像与声音作为与书写同等重要的媒介，是民俗学研究不可忽视的信息源。以往的民俗研究多关注考古文物图像的佐证功能，关注口头生理声音的文本机制，但是忽略了作为一种民俗志记录手段的图像文本，忽视了非口头物理声音的民俗学内涵。雷天来《另一种"文本"：图像民俗志——北宋风俗画〈金明池争标图〉的民俗解读》明确将图像作为民俗志记录来看待。从北宋风俗画的个案可以看出，中国拥有数量巨大的图像民俗志资源，是中国民俗研究不可忽视的资料。程宜《广彩〈扒龙舟〉及相关习俗》则将广彩瓷器的图像作为文本加以分析，显示出生活器物图像在阐释特定时空民俗生活上的巨大潜力。刘德增《板樏、座次与合餐——秦汉坐席、座次与分餐纠正》将考古图像与文献相结合，生动呈现了民俗史上的生活场景和民俗细节。杜鲜《南诏头囊考》充分利用"南诏图传"进行族群服饰的研究，大大弥补了文献缺乏条件下的南诏服饰民俗史研究。焦虎三《羌族服饰发展概要》则利用"职贡图"进行古代羌人服饰的研究。在声音方面，刘晓峰《镜听：声音背后的宇宙模式——从〈宇津保物语〉的东亚底色谈起》立足于中日古琴文化的交往来探讨声音与民俗的关系，将琴音、镜听、宇宙观、民俗、小说的研究熔于一炉，较

为新颖。

物质民俗是一个视域宽广的领域，中国民俗学应当意识到中国物质民俗文化的丰富性，进一步整合研究力量，提炼理论方法，展开国际学术对话，以形成真正意义上的研究领域。本次年会发言的学者为下一步推进物质民俗研究提供了很好的探索。

（供稿：张　多）

【陈岗龙教授荣获"2014 年度中国民俗学奖·青年学术奖"】

2014 年 10 月 10 日至 15 日，中国民俗学会第八届代表大会暨 2014 年年会开幕式上举行了"中国民俗学奖·青年学术奖（2014 年度）"颁奖仪式。

"中国民俗学奖"是中国民俗学会设立的最高学术奖项。"中国民俗学奖·青年学术奖"专项奖励 45 岁以下青年学者的学术成果，每年奖励一项成果。2014 年度的"中国民俗学奖·青年学术奖"是学会首次评选并颁发该奖项。经过中国民俗学会第七届常务理事会常务理事推荐并投票评选，陈岗龙的《蟒古思故事论》获得"中国民俗学奖·青年学术奖（2014 年度）"。中国民俗学会荣誉会长乌丙安向首届"中国民俗学奖·青年学术奖"的获得者北京大学陈岗龙教授颁发了证书和奖金。本届"中国民俗学奖·青年学术奖"的奖金由学会下属二级研究机构——中国香文化研究中心提供。

《蟒古思故事论》是系统研究内蒙古东部地区民间流传的说唱文学——蟒古思故事的学术专著。蟒古思故事是在蒙古族游牧文化、汉族农耕文化和藏传佛教文化相交融的特殊历史文化背景下形成的一种独特的民间说唱文学。在蒙古英雄史诗传统的基础上，蟒古思故事集英雄史诗、本子故事（蒙古族民间艺人根据中原汉语历史章回小说蒙古文译本改编的说唱文学）

和佛教神话传说为一体，形成了其丰富多彩的文学和文化内涵。虽然国内外蒙古英雄史诗的研究已经取得了举世瞩目的成绩，但是因为蟒古思故事的边缘文化特征，至今还没有全面系统研究蟒古思故事的学术著作出现。该书是作者长期潜心研究蟒古思故事文本文献和多次实际的民俗学田野调查的基础上写成的一部比较全面系统研究蟒古思故事的学术专著。全书共九章，概括介绍了蟒古思故事的演唱民俗和蟒古思故事说唱艺人及其演唱的蟒古思故事基本内容，评述了蟒古思故事的搜集整理与科学研究的情况，从实证研究的角度详细考论了蟒古思故事的来源和形成过程，分别论述了蒙古英雄史诗、本子故事和佛教神话传说在蟒古思故事形成过程中的重要作用。并从神话学的角度分析比较了蟒古思故事"天神下凡人间降魔除妖"的神话主题和叙事结构，对蟒古思故事和《格斯尔》史诗、印度大史诗《罗摩衍那》进行了影响比较。该书资料丰富，完全是蒙古语第一手资料，其中通过民俗学田野调查获得的资料都是第一次公布，具有重要的资料价值；研究视野宽阔，将蟒古思故事放在蒙古游牧文化、汉族农耕文化和藏传佛教文化相交融的社会文化变迁的历史背景下研究，拓宽了探索的领域；研究方法多样，运用史诗学、神话学和民俗学等多学科交叉研究的手段，对蟒古思故事进行了多角度的比较研究。

《蟒古思故事论》的出版在蒙古英雄史诗的研究中具有重要的学术价值。在蒙古英雄史诗的地理分布中，卫拉特蒙古和卡尔梅克的英雄史诗因其鸿篇巨著《江格尔》受到特别关注，得到比较充分的研究，布里亚特和喀尔喀蒙古史诗的研究也有多部著作问世，唯独东蒙古的蟒古思故事的研究一直非常薄弱，该书填补了这个学术空白。在蒙古英雄史诗的发展阶段的研究中，蟒古思故事被学界称作变异史诗和模仿史诗，但是至今没有人充分探究蟒古思故事的这个史诗形态。该书系统研究了作为蒙古英雄史诗晚期形态和变异状态中的蟒古思故事，对蒙古英雄史诗发展规律的理论探讨具有重要的学术参考价值。

（供稿：中国民俗学会秘书处）

【2014年度"中国民俗学会生命树奖"奖励12位青年志愿者】

2014年10月10日至15日，中国民俗学会第八届代表大会暨2014年年会开幕式上举行了"中国民俗学会生命树奖"颁奖仪式。

"中国民俗学会生命树奖"是中国民俗学会为志愿者团队设立的奖项。中国民俗学会自2008年底开始招募志愿者，6年来，志愿者团队在中国民俗学网的管理与维护、参与中国民俗学会秘书处的工作、协助一年一度的年会会务工作等方面都做出了无私的奉献，体现出青年学人积极向上的学术精神。

2014年度的"中国民俗学会生命树奖"是学会首次颁发该奖项，共有12位志愿者获得奖励。他们是：高健（云南大学博士研究生）、胡玉福（上海大学硕士研究生）、黄雯（中央民族大学博士研究生）、林海聪（中山大学博士研究生）、彭佳琪（浙江省工艺美术研究所有限公司员工）、邵凤丽（辽宁大学讲师）、苏长鸿（华东师范大学硕士研究生）、王娜（山东省威海市群众艺术馆馆员）、王学义（山东省邹城文化局工作人员）、张多（北京师范大学博士研究生）、张志娟（北京大学博士研究生）和周波（中山大学博士研究生）。

此外，本次年会共有13位团队志愿者的论文入选，获得参会资格；他们在本会常务理事何彬的慷慨资助下前往昆明与会，并参与会务工作和分组讨论。

（供稿：中国民俗学会秘书处）

【中国宝卷国际研讨会暨中国俗文学学会 2014 年会召开】

2014 年 10 月 18 日至 19 日，由中国俗文学学会、扬州大学文学院主办，扬州大学中国俗文学研究中心承办的"中国宝卷国际研讨会暨中国俗文学学会 2014 年会"在扬州大学文学院召开。参加此次会议的有来自美、日、韩、俄以及中国香港、台湾、大陆的共 35 位专家学者，大会发表论文 32 篇。

会议开幕式上，扬州大学人文社科处处长秦兴方致欢迎辞，中国俗文学学会副会长、研究员吕微介绍学会近年俗文学研究的进展。中国社会科学院荣誉学部委员、研究员马西沙和扬州大学中国俗文学研究中心名誉主任、研究员车锡伦分别做了专题报告。马西沙结合宝卷与民间宗教研究的关系，介绍了《中华珍本宝卷》的编纂和出版情况。车锡伦围绕《中国民间宝卷文献集成》的编辑，介绍了建立"中国民间宝卷文献数据库"的研究和实践。开幕式由扬州大学文学院党委书记胡学春主持。出席开幕式的还有中国俗文学学会秘书长、北京大学教授陈泳超，商务印书馆文津文化有限责任公司总编辑丁波等。

本次会议共分三场讨论，美国哈佛大学费正清东亚研究中心主任、荷兰皇家艺术和科学院院士伊维德提供的论文，回顾和总结了 20 世纪以来英语区及其他学者研究和翻译中国宝卷的文献。扬州大学在读博士陈安梅《中国宝卷在日本》、台湾彰化大学副教授丘慧莹《台湾宝卷研究综述》、北京大学在读博士生袁博《新世纪以来故事宝卷研究综述》、山西大学副教授尚丽新《北方民间宝卷研究中的问题和展望》等论文，提供了海内外宝卷研究的全面资讯。

复旦大学文史哲研究院俄籍青年学者白若思介绍了俄国圣彼得堡冬宫博物馆收藏的明代宝卷孤本，具有极高的文献价值。

日本东北大学东北亚研究中心教授矶部彰的论文阐述了明代教派宝卷的文学故事与清代故事宝卷的关系。韩国西江大学研究员许允贞研究了《刘香宝卷》及评话、传奇等同类作品中的女性意识。台湾大学台文所暨中文系合聘教授洪淑苓公布了台大总图书馆藏"台湾善书大全资料库"中的民间宝卷收藏。香港青年学者曹晔从传播学的角度考察了晚明高僧湛然圆澄在民国时期佛教宝卷中的形象塑造过程。北京大学蒙古族学者陈岗龙教授的论文侧重对《葵花宝卷》与相关题材戏曲、说唱，以及蒙古文小说《娜仁格日勒仙女传》进行交叉比较研究，揭示了二者在跨文化、跨民族传播上的独特文学价值。复旦大学教授郑土有关于上海商榻地区宣卷活动调查，提出了当代民间宣卷活动发展的困境。其他各位代表在小组讨论中也各抒己见、畅所欲言，切磋交流、砥砺学问，使会议讨论迭出高潮。

讨论会结束后，商务印书馆丁波主持了由车锡伦任主编、钱铁民任分卷主编的《中国民间宝卷文献集成·江苏无锡卷》（2014 年 10 月出版，影印精装 15 册）出版发布会。中国俗文学学会副会长、中国社会科学院文学所研究员吕微就"集成"的编纂、出版指出，30 多年来车锡伦先生除了给学界贡献了里程碑式《中国宝卷总目》《中国宝卷研究》专著，而且不懈地致力于中国宝卷资料的公开化（打破宝卷收藏单位对资料的垄断）、宝卷出版的科学化（出版影印本）、宝卷著录的规范化。《集成》"总序"就"宗教宝卷"和"民间宝卷"的历史分期说，为宝卷研究朝向民众当下民间宣卷活动的信仰实践，提供了重要的学理依据。扬州大学俗文学研究中心副主任王定勇就"集成"的编辑体例与编辑计划作了补充说明。

在"闭幕式"上，车锡伦做大会学术总结。会议结束后，与会者参观了由无锡市张敏伟灵山宣卷班做的佛事宣卷。

本次国际研讨会的主办方和承办方，按照中央关于召开各类会议的要求，在各方面的支持和配合下，采取系列措施，使会议成为一次务实、精练、高效的学术会议。会议综合报道的海内外中国宝卷研究信息量特别大，为推动宝卷研究提供了全面的资讯；与会代表发表的多篇论文对宝卷文本的研究和田野调查提出新的见解，拓展了宝卷研究的领域；会议参会者有十多位青年学者，也有来自基层的宣卷人和文化干部，对促进中国宝卷研究和发掘、保护各地"非遗"宣卷和宝卷具有重大意义。

据悉，扬州大学中国俗文学研究中心将准备开设"中国宝卷研究"进修班，并建立民间宣卷和宝卷研究、调查基地，为中国宝卷研究培养生力军和后进人才。会议主办方并将筹资出版这次会议的论文集。

（供稿：王定勇）

【柯尔克孜族百科全书《玛纳斯》综合研究史诗歌手研讨会综述】

2014 年 10 月 26—27 日，国家社科基金重大招标项目"柯尔克孜族百科全书《玛纳斯》综合研究史诗歌手研讨会"在北京召开。来自中国社会科学院、中央民族大学、黑龙江民委民族研究所、陕西外国语大学、山东大学、新疆师范大学、塔里木农垦大学、喀什师范学院等研究机构和大专院校的相关学者，新疆维吾尔自治区各级政府《玛纳斯》保护中心及学术部门的各民族学者、研究生等 30 余人参加了本次研讨会，包括柯尔克孜族、回族、汉族等多个民族的老中青学者。会议共收到论文 30 篇。会议由中国社会科学院民族文学研究所"柯尔克孜族百科全书《玛纳斯》综合研究"课题组承办。

《玛纳斯》史诗歌手研究是《玛纳斯》综合研究重大项目的子课题之一，是这个项目非常重要的组成部分，也是具挑战性和突破性很强的研究方向。尤其是随着居素普·玛玛依等三位国家级《玛纳斯》传承人在一年内相继去世，更是凸显了这一研究领域的紧迫性和重要性。多年来，我国学者在这一领域虽然有不同程度的研究，但是这种集中讨论和研究还是第一次。在这次会上，各位学者在玛纳斯奇的史诗演唱技艺、演唱中对于传统的继承与创新、玛纳斯奇的身份认同、玛纳斯奇的史诗梦授说、玛纳斯奇的史诗学习经历、重要玛纳斯奇的身份资料新发现等方面都有很多具有突破性的研究成果出现，大大推进了我国《玛纳斯》史诗歌手研究。

中国社会科学院民族文学研究所研究员、中国社会科学院荣誉学部委员郎樱的《歌手的追踪调查与歌手文档建立——田野工作思考》从若干个方面对口头传统，尤其是口头史诗的田野调查工作的基本准则进行了总结。她指出，口头史诗的田野调查首先要坚持深入最基层的社区村落，进入歌手家中进行家访，一定要在自然的状态下，在歌手自己的生活氛围中进行演唱。要用摄像、录音、照片等多种形式进行资料搜集。其次，田野工作中，作为他者的研究学者们要坚持做到虚心、热情、平等地对待采访对象。无论被采访对象是长者，同辈还是年轻人都要对他们亲近，取得采访对象的信任。最后，田野调查工作要坚持长年持久地进行，对于歌手要进行追踪采访，而且要建立详细的档案。追踪调查需要长时间反复进行。歌手档案的建立包括歌手的基础资料和采访手记、采访录等三个部分组成。基础资料包括以下几个方面：第一是歌手照片；第二是歌手基本信息：歌手的姓名、出生年代、居住地、受教育程度、语言、职业（牧民、农民）、所属部落；第三是采访时间、采访地点（随行者、姓名、性别、职业、职称、出生年月、工作单位）；第四是歌手

（生平、学唱史诗经历、出师年月、传承范围、传承谱系）；第五是歌手的重要活动和获奖情况；第六是歌手的家庭情况：父母，配偶名字、年龄，孩子名字，年岁；第七是歌手演唱的曲目以及其他技能。她通过介绍自己多年来的《玛纳斯》史诗田野调查经验，指出对一位玛纳斯奇的长年追踪调查在史诗歌手研究中的示范性作用及其对学科建设的重要意义。

中央民族大学教授胡振华以《学习〈玛纳斯〉的经过及体会》为题，通过回顾自己参与《玛纳斯》史诗搜集、翻译的亲身经历和体验，展示了《玛纳斯》史诗的工作历史。论文主要包括三个方面的内容：第一是沉痛悼念我国《玛纳斯》演唱大师居素普·玛玛依；第二是他本人学习史诗《玛纳斯》的经过及体会；第三是正确解释《玛纳斯》中的民族名"克塔依"与地名"别依京"等，给与会人员提供了非常有价值的信息。

其他论文均围绕新疆各地的《玛纳斯》传统歌手进行广泛研究，有很多新视角、新资料、新发现。在对我国国宝级《玛纳斯》演唱大师居素普·玛玛依的研究方面，来自新疆语委会的马克来克·玉尔拜《居素普·玛玛依唱本民间传播与流传》，来自中央民族大学托汗·依萨克的《揭示居素普·玛玛依传播及保护〈玛纳斯〉口头传统研究中的若干问题》，来自黑龙江民委民族研究所吴占柱的《居素普·玛玛依与黑龙江柯尔克孜族》，来自新疆乌恰县《玛纳斯》保护中心托合托奴尔·阿玛特的《居素普·玛玛依的生平及当代玛纳斯奇》，来自新疆克孜勒苏第三中学艾克巴尔·买买特的《荷马与居素普·玛玛依》，《居素普·玛玛依学唱〈玛纳斯〉及其演唱的其他民间长诗之路》等论文从不同的侧面探讨和展示了著名玛纳斯奇居素普·玛玛依演唱《玛纳斯》史诗的多重内涵和丰富的传统性特征。

此外，20 世纪上半叶的乌恰县著名玛纳斯奇艾什玛特·满别特居素普，及乌恰县的国家级《玛纳斯》传承人萨尔特阿洪·卡德尔的研究也是有所拓展，发表了很多新资料。

本次会上，很多以前并没有引起学者们关注的很有特点的歌手也得到了学者们的调查和初步研究。比如，20 世纪 60 年代初第一次被《玛纳斯》调查组发现，当时其唱本第一次得到搜集并被翻译成汉文和维吾尔文发表过的玛纳斯奇铁米尔·图尔都满别特、生活在帕米尔高原塔什库尔干县的玛纳斯奇萨特瓦勒德·阿玛特、阿合奇县萨帕尔巴依乡的文盲玛纳斯奇满别特阿散·卡帕尔、阿图什哈拉峻乡的玛纳斯奇阿克坎别克·努热昆、阿克陶县玛纳斯奇居素扑·坎杰等几位玛纳斯奇都是第一次进入学者的视野，不仅给会议提供了新资料，拓展了我国玛纳斯奇的研究内容，而且大大丰富了我国玛纳斯奇（玛纳斯歌手）的类型，拓展了今后的研究内容。

新疆克孜勒苏柯尔克孜自治州文联主席朱玛克·卡德尔先生的《关于玛纳斯奇的保护与传承》、新疆克孜勒苏柯尔克孜自治州《玛纳斯》保护中心主任阿满图尔·阿布德拉素尔的《玛纳斯奇及其演唱技能研究》、新疆维吾尔自治区党校托合提汗·斯玛依的《从哲学视角探析玛纳斯》、陕西外国语大学梁真惠女士的《从影像文化志看活态史诗口头表演特征的翻译——以〈玛纳斯〉的英译为例》、塔里木农垦大学薛剑莉的《非遗时代〈玛纳斯〉史诗歌手村落变迁与身份重构》、新疆克孜勒苏柯尔克孜自治州非遗保护中扎依尔·朱玛西的《〈玛纳斯〉史诗与玛纳斯奇》、新疆北部特克斯县高级中学的托合托孙·阿散别克的《原始文本的承载者》、喀什师范学院萨依普别克·阿勒的《保护演唱〈玛纳斯〉的传统性》、新疆阿合奇县《玛纳斯》保护中心 阿勒·苏云的

《阿合奇县玛纳斯奇的梦授调查与采访》、山东大学研究生对些汗·巴依江的《科普恰克玛纳斯奇们与他们的演唱》等都各自从不同的视角讨论关于玛纳斯奇很多令人感兴趣的问题。

尤其值得高兴的是，通过这次会议，我们发现我国的《玛纳斯》研究队伍不断壮大，年青学人开始走向前台，研究视野不断开拓，研究水平不断提高，研究题目开始逐步多元化、专业化。

中央民族大学的胡振华先生在评议中认为，这次会议对于《玛纳斯》史诗研究具有里程碑的意义，必将对今后的研究起到巨大的促进作用。学者们呼吁，在当前形势下，保护玛纳斯奇、加快对玛纳斯奇的研究迫在眉睫，过去长期以来，关于《玛纳斯》的研究主要集中在文本研究。随着时间的推移，许多优秀的玛纳斯奇逐渐年迈、相继离世，加强"玛纳斯奇"研究的重要性与紧迫性日益凸显。

玛纳斯奇被柯尔克孜人视为"最崇高的职业"，它承担着丰富发展群体文化、净化群体灵魂、弘扬群体精神的重要使命。玛纳斯奇是《玛纳斯》保护与传承的关键环节。然而，随着柯尔克孜人传统生产生活方式和思想观念的巨大变化，村落变迁与身份重构不可避免地对玛纳斯奇造成一些消极影响。如何在口头传承的变异性与传统的稳定性之间寻找平衡，给《玛纳斯》保护与传承工作提出了挑战。我国需尽快建立健全玛纳斯奇文字档案，将玛纳斯奇的姓名、职业、出生、家庭情况、教育程度、学唱玛纳斯的经历、师传谱系、出师年龄、演唱经历和特点、带徒情况、培训情况、获奖情况等都详细记录。要落实和加强对玛纳斯奇的生活补助费发放，免除他们的后顾之忧。应积极为玛纳斯奇提供用武之地，创造更多交流机会，并形成激励机制。此外，还要鼓励玛纳斯奇带徒，加强对玛纳斯奇学徒的培训培养。为

了保持活形态和多样化，应鼓励玛纳斯奇学唱各种《玛纳斯》异文，鼓励他们现场发挥。可喜的是，根据新疆克孜勒苏柯尔克孜自治州文联主席朱玛克·卡德尔的介绍，近年来我国各级政府部门对于《玛纳斯》的保护非常重视，克孜勒苏柯尔克孜自治州已经起草了《玛纳斯保护条例》提交地方人大进行审议，地方政府部门连续多年举办的《玛纳斯》国际旅游节扩大了史诗的宣传，《玛纳斯》进校园极大地提高了史诗在少年儿童中的普及。

总之，本次会议上参会专家学者们就重大项目之史诗歌手研究专题进行了广泛的探讨。会议上交流、宣读的论文中有很多新资料、新见解、新观点和新视角，对于《玛纳斯》史诗，尤其是史诗歌手研究具有很高的学术价值，必将极大地推动今后的专题研究。

（供稿：阿地里·居玛吐尔地）

【"民族学、人类学、社会学、民俗学"学科建设圆桌恳谈会在兰州举行】

2014 年 11 月 1 日，"民族学、人类学、社会学、民俗学"学科建设圆桌恳谈会在兰州举行，会议由西北民族大学学科办主办，《西北民族研究》编辑部、西北民族非物质文化遗产保护研究中心等单位承办。

2005 年，中国社会学、人类学的奠基人费孝通先生在病榻上提出："人文学家要有一个荣幸……站在传统的根基上，发展我们的新文化，让我们民族文化的根成长起来，同时，把中国丰富的人文资源发展出来、开辟出来，贡献给全世界……"这被学术界称为世纪学术之梦，也被视为社会学、民族学、人类学、民俗学学科发展之梦。11 月 1—2 日，适逢费孝通先生诞辰 104 周年之际，"民族学、人类学、社会学、民俗学"学科建设圆桌恳谈会在兰州举行，来自文化部、中国社会科学院、

北京大学、北京师范大学、中央民族大学、西北民族大学等机构的80余位民族学、人类学、社会学、民俗学方面的专家学者聚集一堂，共同总结民族学、人类学、社会学、民俗学学科发展的经验，谋划四学科协同发展及建立中国学派等学术理论和现实问题。

一　初步建立起了各自的学科体系

中国社会学、民族学、人类学、民俗学发展经历了一个曲折的发展过程。西北民族大学教授郝苏民指出，社会学、民族学、人类学、民俗学被认为是关于人及人的生存和社会发展的学问，对推动社会和族群发展起着关键作用，在马克思主义指导下的此四学科的学科建设是从党的十一届三中全会拨乱反正之后才真正开始的，费孝通先生提出的重构学科思想为社会学、民族学、人类学等一批人文学科发展带来了新的生机。

"改革开放30多年，是中国社会学、民族学、人类学、民俗学取得了长足发展的黄金时期，并初步建立起了各自的学科体系。"中国社会科学院民族文学研究所所长、学部委员朝戈金表示，社会学、民族学、人类学、民俗学紧密观照社会以及人的发展，具有鲜明的时代性和现实性，其社会价值和应用价值很强，为社会发展、民族和谐、文化繁荣扮演着重要角色。这也是此四门学科在我国得以快速发展的关键。据了解，目前，社会学专业基本上在全国各高校均有设置和开设，民族学、人类学、民俗学学科或研究方向在部分综合院校和民族院校都有开设，同时学术成果也灿如星辰。

30年取得了丰硕成就的同时，也遇到一些"学科尴尬"，北京师范大学教授万建中认为，原有的学科目录划分标准已不能适应新的学科发展需要，处在社会学下的二级学科人类学、民俗学受到一定制约，提议将其提升到一级学科。这一看法得到

多数与会专家的认可。

二　打通学科壁垒 加强学科合作

社会学、民族学、人类学、民俗学协同发展成了与会专家讨论的焦点。中央民族大学教授杨圣敏指出，社会学、民族学、人类学、民俗学四学科其研究对象相近、研究方向相向、研究方法相同，是一群孪生姊妹，淡化学科边界，开展交叉研究，推动"学科合作"，应成为未来该四学科建设的方向。对该四学科均有研究实践的郝苏民教授认为，四学科应在横向上"相互打通"，包容互鉴，从而促进学术研究的深度和广度，有利于构建"社会学、民族学、人类学、民俗学"共同发展繁荣的学术格局。

中国社会科学院世界宗教研究所研究员、中国民俗学会秘书长叶涛在接受记者采访时表示，社会学、民族学、人类学、民俗学的学科发展要坚持理论导向和问题并重，兼容并包，在实践中开拓和充实理论研究。北京师范大学教授萧放建议，建立"社会学、民族学、人类学、民俗学"学科联盟，共同推动该四学科的协同发展和协同研究。

三　建立"中国学派"是当务之急

对于"民族学、人类学、社会学、民俗学"未来的发展，与会专家指出，建立四学科的"中国学派"是当务之急。杨圣敏表示，学科理论是工具，而解决问题是目标，"民族学、人类学、社会学、民俗学"的理论是舶来品，中国的学者应结合中国的国情、民情积极开展理论研究和应用研究，建立属于中国自己的"民族学、人类学、社会学、民俗学"学术理论体系，为党和政府提供符合中国实际的理论支持。

朝戈金说，中国处在社会转型和文化大发展的关键时期，各类社会问题频发，需要理论界对社会问题、民族问题、文化发展问题作出回答，这是中国学者应该担

负的理论自觉，也是实现费孝通先生毕生学术之梦的责任所在。

（供稿：朱 羿）

【"岭格萨尔的多种面孔——纪念石泰安"学术研讨会侧记】

2014 年 10 月 27 日至 28 日，由法国高级研究实践学院与法兰西公学院、亚洲东方文明研究中心联合主办的格萨尔学术会议在法国巴黎召开。来自法国、英国、芬兰、奥地利、加拿大、澳大利亚、美国、荷兰等十余个国家和印控克什米尔地区的 40 多位学者出席了会议。我国有 4 位史诗学者与会并发表学术论文，其中包括中国社会科学院民族文学研究所的诺布旺丹和杨恩洪、青海省文联格萨尔研究所的角巴东主，以及西北民族大学格萨尔研究院的王国明。

本次会议以"岭格萨尔的多种面孔——纪念石泰安"为主题。石泰安（Rolf Alfred Stein 1911—1999）是广为人知的欧洲学术大家、法国藏学界的泰斗和国际著名史诗格萨尔研究专家。会议开幕式上首先由安尼·玛丽·布隆多（Anne-Marie Blondeau）女士作石泰安教授生平与研究成果的主题报告。布隆多是石泰安教授的学生和接班人，她自 1975—1998 年接替石泰安主持法国高级研究实践学院藏学研究项目。这场主题演讲使与会者对于这位藏学领域的先驱者有了更全面的了解。石泰安毕生致力于藏学诸多领域的研究，以其深厚的语文学功底而著称。他的史诗格萨尔研究著述已经成为该领域的一座丰碑，虽说是其早期的成果，但至今对于史诗学界和藏学界依然具有重要的参考价值。

尽管此次会议规模不大，但规格之高、学术质量之精专，在国际格萨尔学术史上也实属少见，几乎国外最主要的格萨尔研究专家皆悉数到场。两位主持人分别是法国高级研究实践学院宗教研究部主任、兼

亚洲东方文明研究中心藏学研究项目主任马修·凯普斯坦（Matthew Kapstein）和国际藏学会前任主席（2006—2013）、曾任牛津大学西藏与喜马拉雅研究讲师（2000—2010）、现任法国高级研究实践学院历史与哲学部主任的查理斯·瑞博（Charles Ramble）。此外，著名的格萨尔音乐研究专家、法国科学研究中心前任首席研究员、87 岁高龄的玛尔利·艾尔费（Marelli Helffer）女士，曾任国际藏学会主席（1995—2000）的藏族本教研究专家卡尔梅·桑木旦（Karme Samten），曾在英国卡第夫大学领导身体、健康与宗教研究团队、两次参加我国举办的国际格萨尔学术会、在研究藏族社会人类学与宗教、历史及文明进程方面卓有成就的藏学家杰费尔·塞缪（Geoffrey Samuel），以及曾长期在石泰安教授身边工作的汉学家郭丽英女士等专家学者都出席了会议。

会议期间，各国学者分别就各自目前正在进行的研究专题展开讨论。值得注意的是，在格萨尔与苯教、格萨尔人物、书面文本与口头传统的关系、史诗演述人等传统研究领域之外，各国学者还拓展出了一些新的领域，特别是出现了一些过去尚未涉足的研究方向，如格萨尔史诗在当代文学创作中的运用、格萨尔史诗中的藏医学研究、仪式研究，以及由宗教僧人建立的运用格萨尔精神与仪式进行修行和培训的中心及其运作，等等。

此次会议的研讨范围涉及格萨尔研究的相关领域，其深度和广度则是我们事先没有预计到的，这里例举二三。印度克什米尔研究院院长斯蒂克·瓦义德（Siddiq Wahid）带来了我们不甚了解的拉达克格萨尔流传状况，播放了该地区史诗演述人的访谈，以及民间婚礼仪式上格萨尔史诗的运用案例。据悉，他目前正在从事"一个下拉达克版本的翻译工作"（与一位美国女学者合作），该版本以 1904 年弗兰克

所搜集的一位16岁女孩演述的口头史诗为基础。澳大利亚麦克理大学的荣誉副教授伊斯特尔·扎兰德（Estelle Dryland）女士已年届84岁高龄，她根据近年来在巴尔蒂斯坦开展的田野调查，着重讨论了其中的格萨尔流布研究。会上，芬兰电视制作人多纳·克尔曼（Donagh Coleman）还为大家播放了他制作的格萨尔艺人达哇扎巴的纪录片，这是他在自己录制的55小时资料的基础上剪辑而成的。

更让我们眼前一亮的是，这几年国外格萨尔的研究队伍中涌现了一批年轻学者，他们起点之高让人惊叹。其中有来自美国加州大学、加拿大多伦多大学、英国牛津大学、奥地利维也纳大学、法国法兰西公学院、法国尼斯大学等世界诸多学府的年轻学子，他们不仅有扎实的藏语文基础，而且还积累了在藏区进行田野调查的丰富经验。这批学者在不同领域对格萨尔展开研究，成绩可嘉，对我国的年轻学者也形成了一个极大的挑战。

中国学者分别安排在两天发言，诺布旺丹的《从英雄史诗到佛教化叙事》、杨恩洪的《21世纪格萨尔口头传统的延续与发展——基于对年青一代说唱艺人的调研》、角巴东主的《达维—尼尔阿列汗德拉和她的史诗研究——岭格萨尔超人的一生》，以及王国明的《土族史诗与藏族史诗的比较研究》等论文宣读，也引起极大反响。特别值得一提的是，土族学者王国明在会上介绍了土族格赛尔的流传情况，并亲自用藏语和土族语两种语言为与会者演述史诗片段，把传统的土族格赛尔说唱生动地呈现在大家面前，这种在史诗演述传统中形成的文化交融及其双语表达形态，引起了与会者的高度关注。简而言之，主办方对中国学者的研究非常重视，他们认为，此次会议有4位中国学者参与，给会议研讨带来了鲜活的研究案例，为国际学术对话增添了来自史诗本土文化语境中的

声音。

这次格萨尔学术会议是国际藏学界对石泰安教授在史诗研究领域的学术贡献致以的崇高敬意。作为近年来国外首次组织召开的史诗格萨尔专题学术研讨活动，说明格萨尔研究逐渐得到了国际学界的重视，同时也呈现出成果丰硕、人才辈出的崭新气象。研讨活动所取得的成果，无疑对我国的格萨尔研究会起到一种促进与激励的作用。此次会议无论是论文征集、会议组织、语言翻译，还是会务安排都十分缜密、周到，也值得我们学习和借鉴。

（供稿：杨恩洪）

【2014年美国民俗学会年会侧记】

2014年11月5日至8日，中国民俗学会会长朝戈金研究员与部分中青年学者一行9人，应邀赴美参加在新墨西哥州圣达菲市举办的2014年美国民俗学会年会。本届年会是由美国民俗学会主办的第125届年会，参会总人数近700人。除美国民俗学界的学者外，来自中国、印度、日本、芬兰、瑞士、英国、加拿大等国的学者也参加了学术研讨。会议的规模与研讨氛围，犹如民俗学者的盛大"节日"。

本届年会以"十字路口的民俗学"（*Folklore at the Crossroads*）为主题，会议组织形式丰富多样，大体分为学术研讨和社交活动两种形式，本届年会还特别根据会员及与会者的建议，增添了更多社交活动的内容。从主旨报告、小组讨论、钻石会议、高层会谈，到出版物展览、纪录片观摩、接待酒会、学术考察，可谓为与会者提供了学术的"饕餮盛宴"。参会人数如此之众多，活动内容如此之丰富，但会场秩序井然。正式和非正式活动有条不紊地推进，每天的学术研讨分三个时段18个专场在不同会场同步进行，社交活动见缝插针，与会者除了匆忙穿梭于各个分会场外，还有更多的机会在社交活动中切磋学

术，建立起学术联系。

本届年会共有 160 余场专题讨论，围绕"民俗节日"（Folklife Festivals）、"民俗与信仰"（Folklore and Religion）、"开放存取"（Open Access）、"民俗与文献"（Folklore and Literature）、"女性民俗"（Women's Folklore）、"行业知识"（Occupational Lore）、"民间医药与健康"（Folk Medicine and Health）、"档案、博物馆与收藏"（Archives，Museums，Collections）、"民俗与旅游"（Folklore and Tourism）、"田野调查"（Fieldwork）、"民俗与社区参与"（Folklore and Community Engagement）、"民俗与大众文化"（Folklore and Popular Culture）、"民俗与教育"（Folklore and Education）、"仪式与特异质"（Ritual and Identity）、"民间叙事"（Folk Narrative）等诸多议题展开，讨论问题范围之广足以体现美国民俗学研究之当代格局。

在专题讨论中，中国受邀学者朝戈金、安德明、宋俊华、陈熙、乌仁毕力格、张筠等人围绕"中国民俗研究与非遗工作"议题组成专题讨论小组，于当地时间 11 月 8 日 10：15—12：15 做了会议发表。小组讨论由美国民俗学会执行理事长罗仪德（Timothy Lloyd）担任主持。到会参与听会与研讨的中外学者近 40 余人，包括国内民俗学界大都比较熟悉的比尔·艾伟（Bill Ivey）、马克·本德尔（Mark Bender）、苏独玉（Sue Tuohy）、张举文等几位学者。

朝戈金介绍了他近期所从事的科研工作和中国社会科学院民族文学研究所的情况。他认为，基于中国丰富的口头传统的资料储量与研究现状，口头诗学是一个非常重要的研究方向。民族文学研究所自 1980 年成立，拥有来自全国十余个少数民族及汉族的近 50 名科研人员，承担了多个国家重大课题和院级重点课题，包括中国少数民族口头传统的采录整理、网站与档案库建设等工作。安德明介绍了中国社会

科学院文学研究所民间文学研究室的研究领域与现状，以及他个人的研究方向。他的研究除了涉猎民间文学的多个文类外，还主要关注了中国西北地区民间信仰的重建问题。宋俊华介绍了中山大学非物质文化遗产保护中心的工作。该中心出版《中国非物质文化遗产保护发展报告（2013）》一书，总结了 2013 年中国非遗保护工作在非遗立法、非遗名录调整和非遗数字化保护等方面呈现出的新特点和新趋势。书中还指出，就存在的问题而言，非遗法的实施细则有望推进，非遗公众参与机制有待完善。乌仁毕力格介绍了内蒙古师范大学民间文化研究中心的工作。该中心主要关注内蒙古自治区非物质文化遗产的保护与研究工作，致力于蒙古民歌及其他文类的采录整理，已建立起数量可观的资料库。张筠介绍了她个人关于青海河湟地区方言的研究，以及青海省社会科学院对果洛藏族自治州德昂洒智藏文书法的非遗调查项目进展，提及当地建立培训班培训艺人的情况。陈熙介绍了她在中山大学所从事的与非遗保护相关的工作，她主要参与撰写了多期关于中国非遗保护发展的报告。

在讨论环节，多位学者与小组成员就口头传统与物质文化、非遗与政府（民间医药的分类、传统节日进入国家法定假日体系）、非遗与学者（非遗保护专家委员会、博硕论文选题）、非遗保护工作的公众参与（内蒙古民间赛马非遗项目的社区参与）、非遗教育（高校专业设置、非遗专业学生就业所发挥的社会功能）、非遗与旅游开发、非遗与博物馆（公共博物馆与私人博物馆）、非遗与知识产权等多个话题深入交换了意见。

此次参加美国民俗学会年会，让我们不仅亲身体验了美国民俗学年会浓厚的学术氛围，而且对美国民俗学会组织年会的形式也有了一定了解；不仅认识到美国同行关注的最新问题与研究现状，还与诸多

学者建立了新的学术联系。总之，参与国际学术活动，不论是对于拓展个人学术视野，还是对于加深中外民俗学界的学术往来都是有着积极作用的。

（供稿：毕传龙）

【"学人对话：史诗与我们"学术圆桌会议在京举行】

2014 年 11 月 10 日至 11 日，中国社会科学院民族文学研究所"中国史诗学"重点学科项目组在北京会议中心召开"学人对话：史诗与我们"学术圆桌会议，来自北京大学、中央民族大学、新疆文联和中国社会科学院民族文学研究所的 18 位史诗学者围绕"回顾'中国史诗学'学科建设历程""学科建设中的重要问题和理论前瞻""资料搜集、田野研究与数字化建档"三个议题进行了深入的讨论。

"中国史诗学"重点学科负责人、中国社会科学院民族文学研究所所长朝戈金研究员首先说明了召开此次会议的宗旨，进而对比了中国史诗学的发展现状与国际史诗学的新进展，强调年轻学者将新元素纳入到传统史诗学研究中的重要意义，鼓励中青年史诗学者在立足探寻本土史诗传统的同时要主动打开视野，积极参与国际史诗学术界的理论对话。

中国社会科学院民族文学研究所郎樱和杨恩洪两位研究员多年来分别从事《玛纳斯》和《格萨尔》的研究，她们立足于各自几十年来的田野跟踪调查结果对当下的史诗传承现状作出了分析，两位老专家一致认为，近年来国家级传承人的相继去世给史诗的代际传承带来不可估量的影响；与此同时，年青一代歌手的涌现则带来了新的契机；史诗学者应更多地着力于对年青一代传承人的调研。巴莫曲布嫫研究员从联合国教科文组织的《保护非物质文化遗产公约》出发，结合我国非物质文化遗产保护实践，讨论了"传承人和实践者"

的概念及其界定，为探讨史诗传统与传承人研究现状提供了新的理论支持。

此次圆桌会议在主题发言中始终穿插着即时讨论，形式活泼。几代史诗学者结合个人研究方向畅所欲言，集思广益，不但归总了《格萨（斯）尔》《玛纳斯》《江格尔》三大史诗研究的前沿性成果，还从史诗与音乐、史诗与建筑、史诗与政治等角度，为史诗学研究增添了若干新的维度。话题的多样性和对话的开放性，则将这次会议逐步引向深入。从史诗叙事结构与命名方式到史诗与神话的跨文类问题，从南方史诗的类型学研究，到满—通古斯语族的史诗群集现象，学者们的讨论不乏争鸣和思辨，尤其是在史诗学的文类、术语及知识体系的建构上，既有学术史的反思，也有新观点的提出。此外，年轻学者们还就东西方史诗研究与中国史诗研究格局的比较、西方古典学界的史诗研究新成果和新方法、人类语言学家戴尔·海默斯的"言说模型"与史诗田野研究的工作模型，以及民族音乐学方法论与史诗演述传统的切适性等问题展开了讨论。田野研究一直是 21 世纪以来中国史诗学建设的重中之重，而关注传承人群体、重视本土受众和不同的实践者对维系史诗演述传统及其存续力的作用，也是学者们日渐深化的共识。

讨论结束后，巴莫曲布嫫研究员和中研网总工程师李刚为与会学者演示了一年多来集全所史诗学者之力而得以推进的"中国史诗学百年回顾展"及其他几个数字化建档项目的进展情况，并就史诗资源的数字化归集、数据化集成和网络化发布等问题征询了参会学者的意见与建议。此外，每位参会学者在会前或会后都提交了"中国史诗学专家调查问卷"，积极为中国史诗学的学科建设建言献策。

这次圆桌会议是中国史诗学界的几代学者的真诚对话。对于学科建设来说，学术传统的代际传承同样有着不可或缺的作用。学者们纷纷表示，希望"学人对话：史诗与我们"成为"中国史诗学"重点学科定期召开的学术活动，适时集合中国史诗研究界的中坚学术力量，探讨史诗研究的现状、存在的问题及解决方案，在深层次的对话中进一步提升"中国史诗学"的学科能力建设，切实推进中国民间文学和民俗学的学理研究，巩固口头传统领域的专门人才培养和梯队建设。

（供稿：项江涛　高荷红）

【第六期"IEL 国际史诗学与口头传统讲习班"在京开讲】

2014 年 11 月 12 日至 13 日，由中国社会科学院文哲学部主办、中国社会科学院民族文学研究所及口头传统研究中心承办的第六期"IEL 国际史诗学与口头传统讲习班"在北京开讲。此次讲习班聚焦于"史诗传承的多样性与跨学科研究"，在跨文化的视野下探讨史诗传承的多面相和文化间性，进而反思国内外学界的跨学科研究策略。

芬兰土尔库大学教授帕卡·哈卡米斯和中国社会科学院民族文学研究所所长朝戈金分别作了题为"劳里·航柯在史诗研究中的创新"和"诗学谱系中的口头诗学"的主旨讲座。劳里·航柯为中国学界熟知的民俗学者，著述极丰，其理论影响甚广，但介绍多为碎片化，帕卡·哈卡米斯将航柯史诗研究中的创新之处系统地总结出来，其中"文本化过程""大脑文本""传统"等关键词启发很大。朝戈金系统梳理了"口头诗学"专属的术语体系和理论方法论，以口传史诗的文本研究为主线，从学术史的角度讨论口头诗学的演成、发展及其理论模型。

此次讲习班中有五位中国学者，其中"70 后"三位，他们各有专长。中国社会科学院民族文学研究所的黄群博士后所作讲座为"'古今之争'中的荷马问题——

以维柯为中心"，通过考察维柯如何借荷马问题为论争提供解决之道，如何调和古今双方的分歧，乃至如何开启荷马问题的现代性等，对于我们重新思考当代中国自身文化传统中的"古今之争"和"中西之争"、民族史诗传统的现代处境问题皆有着紧迫而重要的启示意义。姚慧博士后所作讲座为"《格萨（斯）尔》史诗的音乐范式分析：以扎巴老人、琶杰和王永福的说唱样本为个案"，她以所档案库音频资料为分析样本，基于曲式结构和类型化的曲调特征，提出由"史诗音乐范式""传统曲库""范型部件"和"具体曲调"组成的概念体系。北京大学教授陈岗龙主要运用普罗普的魔法故事形态学理论探讨蒙古史诗《锡林嘎拉珠巴图尔》，结合 17 世纪喀尔喀蒙古接受藏传佛教初期的萨满教与佛教的斗争来阐释被誉为"狂怒英雄"的史诗主人公锡林嘎拉珠巴图尔所具有的萨满英雄性格。

另一名中国学者阿地里·居玛吐尔地通过回顾和审视我国半个多世纪以来的《玛纳斯》研究，梳理其史诗文本、歌手研究、《玛纳斯》学与相关理论探讨、国内外学者的代表性论著等学术史内容。

在过去 5 年间，"IEL 讲习班"课程主题涵盖"理论、方法论和学术史""文化多样性及研究范式的转换""口头文类与跨文类""创编、记忆和传播""文本与语境""传承人与社区""田野研究和数字化建档"，以及"口头传统与 IT 技术和互联网"等诸多研究领域，且涉及中外古今数十种语言传统的个案研究。

此次讲座来自 4 个国家多个学术传统中的主讲人，带来的是史诗学、口头诗学、民俗学、叙述学、宗教文献学、民族音乐学、古典诗学及文化遗产研究等多重维度的思考和见解。其中，既有学术史的钩沉，也有方法论的创新，既有文本考释的理趣，也有田野个案的音声。

美国俄亥俄州立大学教授马克·班德尔在"举证策略：彝族和苗族史诗中的民间物质文化和环境意象"的讲座中，以彝族和苗族的史诗为例，运用相关民俗理论，讨论史诗中与物质文化相关的事项、意象的名称、术语、图像等内容；荷兰莱顿大学教授奥奈·恩格尔霍芬的"阐释旗鱼足迹：叙事拓扑和叙事物"，讲述了西南马鲁古群岛统治区和图图阿拉两地流传的旗鱼故事，虽然传播途径、传播群体、语言的不同，但仍保留了基本一致的故事传统，并提出"叙事知识管理"这一概念。

"IEL 国际史诗学与口头传统讲习班"意在深入探究不同文化语境中的口头传统，进一步推进多学科之间高水平的学术对话，在国际合作中搭建保护人类非物质文化遗产的对话平台。自开办以来，参与人数逐年增加，2009 年第一期讲习班学员有 40 余名，2014 年已有近百名学员报名。

此次讲习班不仅吸引了来自国内外的学员，还有很多年轻学人、外地学者参与。他们认真聆听讲座，积极参与讨论。为了让学员能够透彻领悟主讲内容，组委会专门于 12 日晚安排了近 2 小时的工作坊（Workshop），20 多名学员和主讲人展开了面对面的交流。

（供稿：高荷红）

【"中国社会科学论坛（2014 年·文学）：现代社会中的史诗传统"在京举行】

2014 年 11 月 14 日至 15 日，"中国社会科学论坛（2014 年·文学）：现代社会中的史诗传统"在京举行，会议由中国社会科学院主办，中国社会科学院民族文学研究所、国际史诗研究学会承办。

德国波恩大学教授卡尔·赖希尔，芬兰文学学会民俗档案馆馆长、赫尔辛基大学民俗学教授劳里·哈维拉提，中国社会科学院民族文学研究所所长朝戈金分别作了题为《人亡歌息之后：口头史诗的未来》《现代欧洲社会的史诗传统》《佛教对口头叙事的影响：以蒙藏史诗〈格萨（斯）尔王传〉为例》的主旨报告。

"21 世纪伊始，许多口头史诗传统走向了终结，其中就包括生活在中亚和西伯利亚地区的突厥语民族的史诗。"卡尔·赖希尔说。

卡尔·赖希尔认为，要想使传统得以延续，最重要的是要有保护传统文化的决心，不是像以前那样将其束之高阁、放在博物馆里，而是要让它融入人们的生活当中，只靠民俗学家研究口头传统是不够的。口头传统的传承人必须对他们的文化遗产抱有兴趣，意识到自身不仅有责任保护它，还有责任积极发扬它。

劳里·哈维拉提认为，任何民族或族群的文化都是众多元素构成的实体，受到不同时代的历史、理想、政治、经济条件的制约。建立于口头传统之上的文化，其类目和特质异常丰富，易使其成员产生认同感和依附性。在欧洲，利用史诗的政治和民族性来强化文化和民族认同的情况在很大程度上因主流"社会—文化"环境之差异而呈现出不同的特点。现代欧洲的民族意识被唤醒时，文化热潮渐次波及艺术、知识以及社会事务领域。很多时候，文化潮流的涌动常常会导致政治的觉醒或者意识形态之间的冲突，而史诗往往会沦为神话般的意识形态工具。

朝戈金说，藏族和蒙古族人民都有英雄史诗《格萨（斯）尔王传》，同时又都信奉佛教，在这两个民族中，佛教的传入和传播在多方面对史诗《格萨（斯）尔王传》产生了深远的影响。我们可以通过以下三方面考察佛教对藏族和蒙古族史诗叙事的影响：一是在史诗故事结构、时空观和世界图景上反映的宗教观；二是直接同佛教相关的史诗人物形象；三是史诗的功能与佛教教化功能的重叠等。

来自中国、美国、荷兰、芬兰、伊朗、

德国、英国、亚美尼亚等国家的专家学者在为期两天的会议中，深入探讨了欧亚史诗的多样性、史诗研究的前沿理论问题、中国"三大史诗"及苗族和维吾尔族史诗传统的当下存续状态等。

一些京内外学者旁听了会议，并积极参与了讨论。

（供稿：王春燕）

【2014 中国民俗文化产业现状与前瞻研讨会在南京召开】

2014 年 11 月 22 日，为进一步弘扬中国民俗文化产业，推动中国民俗文化产业进一步发展，和加强各地区民俗文化产业之间的交流与合作，"中国民俗文化产业现状与前瞻研讨会"在江苏南京召开。

本次研讨会由中国民俗学会中国民俗文化产业研究中心与江苏南京博物院联合举办。出席本次研讨会的领导有：中国民俗学会名誉会长刘魁立、中国民俗学会副会长刘德龙、中国民俗学会副会长陈勤建、中国民俗学会副会长黄永林、中国民俗学会副会长叶涛等。会议由中国民俗学会副会长、中国民俗文化产业研究中心主任刘德龙和南京博物院常务副院长黄鲁闽共同主持开幕式，中国民俗学会名誉会长刘魁立致辞。

本次会议达成以下意向：出版《中国民俗文化产业发展报告》、评选全国"十大民俗文化节庆""十佳民俗文化园区""十大民宿酒店"以及特邀研究员名称确立等事项。

本次研讨会发表的论文，涉及中国民俗文化产业的各个方面，这些论文基于与会专家学者们多年的研究调查以及丰富的工作总结，从民俗学、人类学、社会学等多方面视野对中国民俗文化产业现状及未来进行了深入的剖析，为今后推进中国民俗文化产业发展奠定了一定的基础。

会议期间，参会专家与学者们专程到江苏南京博物院进行参观，对南京博物院非遗馆进行重点考察，在南博老茶馆专家和学者们还欣赏了江苏昆曲、评弹以及由福客民俗文化体验馆特邀演出的秦腔、华阴老腔、木偶戏等传统民俗节目。

（供稿：中国民俗文化
产业研究中心）

【中国民俗学会将全面参与联合国非遗评审工作】

2014 年 11 月 28 日，在法国巴黎召开的联合国教科文组织保护非物质文化遗产政府间委员会第九次会议上，中国民俗学会竞选成功，进入保护非物质文化遗产政府间委员会新成立的"审查机构"，将在 2015—2017 年间全面参与人类非物质文化遗产代表作名录、急需保护的非物质文化遗产名录、优秀实践名册及国际援助四类申报项目的评审工作。

据介绍，目前获得《保护非物质文化遗产公约》（以下简称《公约》）缔约国大会认证的非政府组织共有 178 家，来自全球各地，并不局限于缔约国。此次成功当选"审查机构"成员，说明中国民俗学会作为国家一级学会将在国际层面的非物质文化遗产保护工作中发挥更加重要的作用。中国民俗学会会长、中国社会科学院民族文学研究所所长朝戈金表示，中国民俗学会将全面参与和配合教科文组织非遗申报"审查机构"的工作，为所有缔约国和《公约》的利益秉公行事。中国民俗学会当选"审查机构"成员，也是提升本会履约能力、加强团队建设和促进人才培养的一个难得机会。我们将用好教科文组织和政府间委员会提供的这一平台，一如既往地加强自身能力建设，适时启动相关准备工作。

据了解，在以往的评审工作中，政府间委员会设有两个专门机构，一为附属机构，负责评审申报人类非物质文化遗产代表作名录项目；二为咨询机构，负责评审申报急需保护的非物质文化遗产名录、优秀实践名册项目及 2.5 万美元以上的国际援助申请。

（供稿：项江涛　玟　愫）

【首届民间信仰研究高端论坛综述】

2014 年 11 月 28 日至 12 月 1 日，由中国社会科学院世界宗教研究所、中国宗教学会主办的"首届民间信仰研究高端论坛"在北京隆重召开。来自中国社会科学院、中国藏学研究中心、北京大学、中国人民大学、中央民族大学、北京师范大学、复旦大学、华东师范大学、上海大学、中山大学、台湾成功大学、台湾慈济大学、华侨大学、青海师范大学、青岛大学、赣南师范学院、温州大学、福建工程学院、青海省社会科学院等高校和科研单位的专家学者，以及国家宗教事务局职能部门的有关领导共 40 余人参加了本次论坛。

11 月 29 日会议开幕式由中国社会科学院世界宗教研究所叶涛研究员主持，全国人大常委、世界宗教研究所所长、中国宗教学会会长卓新平，中国社会科学院世界宗教研究所党委书记曹中建，国家宗教事务局四司司长戴晨京，国家宗教事务局宗教研究中心副主任加润国等领导出席开幕式并致辞。开幕式后，中国社会科学院荣誉学部委员、国家非物质文化遗产保护工作专家委员会副主任刘魁立研究员，中国社会科学院世界宗教研究所原副所长、中国宗教学会副会长兼秘书长金泽研究员，中央民族大学藏学研究院院长才让太教授，国家宗教事务局宗教研究中心副主任加润国，中国社会科学院世界宗教研究所邱永辉研究员等五位学者，分别从民间信仰类非物质文化遗产项目的保护问题、民间信仰研究继续在两个维度上拓展、苯教研究与西藏的历史和现状、民间信仰的认定和治理以及中国民间信仰的国际视角等方面作了主题报告。

本次会议紧紧围绕"中国民间信仰的当代处境与发展前瞻"这个主题，根据与会专家学者提交论文的内容分为"民间信仰的管理""少数民族地区民间信仰发展状况""民间信仰与制度化宗教的互动""民间信仰的反思与调整""民间信仰的新发展"以及"东南地区和海外民间信仰发展现状"等六个研讨专题。在为期两天的会议中，与会专家学者通过从理论到实践、整体到个案等方面的交流和探讨，对民间信仰在当代中国的发展有了更全面深入的认识，从而为民间信仰的管理和研究提供了新的视角和思路。

一　民间信仰的管理

北京师范大学的彭牧作了题为《迷信、理性与民间宗教实践：美国民俗学的视角》的报告，她通过梳理美国民间信仰的研究发展历程指出，美国民俗学的民间宗教研究是在逐渐微观化的研究取向中，发现了民众信仰的复杂性和动态性，也即信的过程与实践，其关注的宗教实践基本上是个人层面的。中国社会科学院世界宗教研究所叶涛的《近代民间信仰的污名化过程》从民间信仰的定义、近代以来的中国民间信仰、改革开放以来的民间信仰以及民间信仰的现状四个方面阐释了民间信仰近代以来的发展历程，对于如何看待中国民间信仰的现状提供了新的视角。中国人民大学吴真的《从封建迷信到非物质文化遗产：当代民间信仰的合法化历程》通过对历史上民间俗神正名化途径的回顾，指出"非物质文化遗产"是民间信仰百年以来获得的最为正统的合法身份，这种正名化正是民间信仰的内在发展动力。中国社会科学院世界宗教研究所曾传辉的《从民间信仰的特征看管理》回顾了民间信仰的宗教属性问题，并指出民间信仰在化解当前信仰危机方面的作用，藉此有关部门应妥善管理，尽量保持其民间性。中国社会科学院世界宗教研究所陈进国的《民间信仰事务管理模式的探索与反思——以福建省为例》，通过梳理福建省及各地的管理经验指出管理当局应本着务实和谨慎的原则，坚持文化自觉，提升文化自信，改进管理方式，鼓励民间庙宇走自治化的道路，从而减轻社会治理的成本。

二　少数民族地区民间信仰发展状况

中国藏学研究中心的陈立健作了题为《甘川藏族交界地区的民间苯教信仰》的发言，他通过梳理川西及阿坝周边地区的苯教和民间信仰的研究成果，指出苯教虽然已经高度佛教化但在当地民间仍有深厚的社会基础和较大影响，对于净化社会起着一定的作用。中国藏学研究中心德吉卓玛的《个体、世家、社群——民间载体的觉域教法信仰与实践》以藏传佛教八支派中唯一由女性创始的觉域派为例，指出以个体、世家以及民间社群为载体的奉持、传承是当下觉域教法在藏区民间流传的基本形态，虽然传承样态不尽相同，但都能延续其法脉。中国社会科学院世界宗教研究所尕藏加的《藏区民间信仰与生态环境——以神山信仰与生态保护为例》通过对藏区神山信仰的介绍，指出神山信仰不仅在人与自然之间建立了一种有章可循的秩序，而且同生物界也构筑了一种平等、和睦的关系，它符合当今社会生态文明的理念。青海师范大学李姝睿的《那家错哇的娘娘与龙王》以那家错哇当地土族人民的娘娘信仰与龙王信仰为个案，介绍了青海民族地区一隅的独特民间信仰。中央民族大学林继富的《西藏农耕信仰习俗的现代传承》通过对西藏农耕信仰习俗特点及发展历程的详细介绍，认为农业现代化已经严重冲击了西藏传统的农耕信仰，但是传统的信仰性的农耕习俗仍然得以保留。中国社会科学院民族所色音的《中国萨满信仰的现状与发展态势》通过对中国萨满教的历史及发展现状的介绍，指出萨满教

作为一种很有民族特色的信仰民俗现象，要一分为二地看待，它的精华部分应当在非物质文化遗产中被列为民俗项获得保护。

三　民间信仰与制度化宗教的互动

台湾慈济大学的林美容作了题为《民间信仰与民间佛教的交融与互异——闽台田野的交互观看》的发言，她认为民间信仰与佛教两者通过民间佛教才有了关联，通过对闽台斋教的田野调查，她指出台湾斋教正走向空门化而福建斋教文化仍有持续发光发热的未来。复旦大学郑土有的《民间信仰与道教关系问题的疑虑与思考》从民间信仰的尴尬身份历史谈起，提出了将民间信仰归入道教从而整合为"大道教"的可能性思考，并从为民间信仰正名的角度提出了"民俗宗教"的概念，呼吁成立"中国民俗宗教协会"。中国社会科学院世界宗教研究所王潇楠的《从冲突到和谐：基督教与民间信仰的关系》以北京地区的基督教发展现状为例，详尽列举了本地基督信仰中民间信仰成分的存在，指出中国基督教与民间信仰有着千丝万缕的联系。青岛大学马光亭的《耶稣叫魂歌：时间的分别与融汇——以苏北依村为个案》通过对苏北依村的田野调查，指出当地基督徒受中国传统文化的影响在时间体系上仍以中国的农历为主，而当地民间信仰则服膺于传统时间和地方文化，彼此用各自的知识体系来解构对方的同时又不自觉地相互融汇。青海省社会科学院鄂崇荣的《青海多民族民间信仰互动与共享略述》从研究民间信仰的当下意义出发，重点阐述了青海多民族民间信仰的特征及其互动特色，从而得出在多元文化交融的青海，民间信仰成为各民族、多群体和谐共存的润滑剂，这为探讨多元文化如何在多样性中寻求统一性，在差异性中找到共同性，提供了一幅可参考的缩微图。

四　民间信仰的反思与调整

中山大学王霄冰作了题为《中国民间

信仰的现代性转换与后现代性反思》的发言，她提出了如何对待民间信仰以及民间信仰当何去何从这两个问题，她从政府管理机构、学术界和普通群众三个层面出发，通过研究得出应当让民间信仰在公共知识中"名副其实"，在人民当下的现实生活中"归其本位"。中国社会科学院文学研究所安德明的《地方神：中国民间神灵信仰的核心》通过以甘肃天水、河北沧县以及西方国家的某些地方性神灵为例，指出人们对同自身关系较密切的诸神所做的地方化处理是为了更顺利地达到目的的愿望，而就此构建起的地方神网络则是民众对于自然、社会和宇宙逻辑的自我理解。北京大学陈泳超的《非遗思潮下民间信仰的自我调整——以洪洞县"接姑姑迎娘娘"庙会活动为例》通过对洪洞县庙会活动的个案调查，指出在"民俗精英"的作用下传统庙会活动得以进入非遗名录，从而实现合法化发展，但是"民俗精英"的组合是松散且非实体的，他们相互之间的联合和纷争都对民间信仰的发展产生很大影响。中国社会科学院民族文学研究所王尧的《凡人成神类地方性神灵信仰的发生机制》举例说明凡人成神的四个条件"凡人成神的传说结构、引发成神联想的元素、灵异事件——传说演述的特殊语境及巫性演述人"。福建工程学院庄恒恺的《探寻民间信仰研究的中国范式》主要梳理了汪毅夫教授闽台民间信仰研究的特色及成果，指出汪教授的"双翼结构"理论以及他对制度化宗教与世俗化的民间信仰两者关系的阐释有助于理解中国的民间信仰，而他研究民间信仰的多学科融合的方法更是值得后生学习借鉴。

五　民间信仰的新发展

复旦大学的郁喆隽作了题为《上海地区迎神赛会的历史与现状》的发言，他通过历史文献的方法梳理了民国时期上海地区迎神赛会的状况，勾陈出迎神赛会零星

恢复的现状，由此引发对政府管理、国家基层建设以及宗教自由等问题的思考。北京师范大学岳永逸的《教育、文化与福利：从庙产兴学到兴老》从"改、破、建、立"四个视角讨论了民国到当代对庙产的不同处理方式：民国的"改"以教育的名义兼并庙产，而"破"则以革命的名义对庙产造成极大毁坏，发展至今却又以两可的文化资本与遗产的名义再度"建"，最后"立"则是让庙成为老人的俱乐部。最终，得出的结论是无论从哪个角度出发，庙宇的兴衰都是承载历史事实的最重要的记忆场。上海大学黄景春的《走进道观的毛泽东——以浦东圣堂道院毛泽东祭拜仪式为例》先对毛泽东生前死后被神化情况的进行简单介绍，后以圣堂道院毛泽东诞辰祭拜为个案，指出这种祭拜的实质是精神和金钱的多重目的，但是神化和崇拜毛泽东这个民间行为是源于中国历来的帝王、英雄崇拜情结。中国社会科学院世界宗教研究系杨志超的《从解放军庙看当代英烈崇拜》以泉州惠安县崇武镇的解放军庙为个案，阐述了解放军成神并被建庙奉祀的过程，并分析了中国传统文化中英烈崇拜的根源及其现世人文动机和社会功能，而该庙的发展历程是对中国民间信仰功利性特征的有力驳斥。中国社会科学院世界宗教研究所李华伟的《申报非物质文化遗产对妙峰山庙会的影响》以北京的妙峰山庙会为个案，详细描述了妙峰山在成为非物质文化遗产后的让渡于实用主义和金钱利益的现实状况，虽然妙峰山庙会得到了合法性的外衣，但是它内在留存的民间信仰的内核还有多少令人深思。

六　东南地区和海外民间信仰的发展现状

台湾成功大学的陈益源作了题为《越南的天后信仰》的发言，他介绍了作为世界非物质文化遗产的"妈祖信俗"随着福建人传播到越南的路径以及天后宫在越南

的分布情况，探讨了天后信仰在越南民间发挥的社会功能，分析了不同宫庙发展的兴衰之道。华侨大学陈景熙的《海外华人民间信仰的本土化现象——以泰、马潮州族群的城隍崇拜为案例》以个案的方式介绍了泰国的德教会秀骷法会上的北榄城隍公崇拜法会以及马来西亚柔佛古庙的速报爷崇拜，通过这些个案提示大家对于海外华人社会和侨乡民间信仰的研究需要在具体的时空背景下进行。华东师范大学田兆元的《东海海岛民间信仰谱系研究与东海国家战略思想》通过对东海海岛民间信仰谱系的划分，以及对琉球等地的调查，指出琉球群岛在信仰体系上与东海沿岸民间信仰同出一系，然而我们却疏于与其建立信仰间的联系，作为记忆场的东亚，应当淡化政治关系，强化信仰关系，实现共同文明的延续。温州大学林亦修的《温州民间信仰现状报告》介绍了温州民间信仰基本状况、政府对民间信仰事务的管理、非遗和学术活动对民间信仰的影响、民众信仰消费动态，指出温州地区民间信仰的村庙机制正在被瓦解，它在当地的担当力日趋微弱，倡导启用"神明信仰"的概念来代替民间信仰。赣南师范学院林晓平的《关于民间信仰当代功能的思考——以客家地区为考察重点》全面介绍了赣南客家民间信仰的历史与现状，并对民间信仰的历史价值与当代功能予以正面论述。中国社会科学院世界宗教研究系肖健美的《民间信仰宫庙的发展探究——以泉州通淮关岳庙为例》以对泉州通淮关岳庙的田野调查为基础，介绍了该庙的历史沿革、发展现状、善世构建以及海外交流情况，她指出该庙在发展过程中所建构的社会资本，不仅为其获得了存在的合理性也为其进一步发展争取了合法性，但是这个社会资本网络在扩张过程中也有弊端，该庙如何实现良性发展、政府部门如何有效管理还有待研究。

11月30日下午，在中国社会科学院世界宗教研究所叶涛研究员的主持下，世界宗教研究所当代宗教研究室主任陈进国副研究员作了精彩总结，并希望能在大家的共同努力下每两年召开一次民间信仰研究论坛。

本次论坛是中国社会科学院世界宗教研究所和中国宗教学会首次举办关于民间信仰主题的研讨活动，论坛研讨的成果对于深化中国民间信仰的调查与研究、对于全方位探讨当代中国民间信仰的地位与管理将起到积极的促进作用。

（供稿：肖健美）

【2014中国少数民族民俗研究高层论坛在 新疆举行】

2014年12月4日至7日，为进一步弘扬中国少数民族民俗文化，推动中国少数民族民俗的深入调查与研究，提高中国少数民族民俗研究人才培养与科研队伍的水平，加强各民族学者和各地学术机构及科研院所之间的交流与合作，"2014中国少数民族民俗研究高层论坛"在西北边陲的喀什噶尔召开。

本次论坛由喀什师范学院、新疆大学民俗文化研究中心、中国民俗学会中国少数民族民俗研究中心联合主办。喀什师范学院科研处处长姑丽娜尔·吾甫力教授主持了开幕式，喀什师范学院院长艾尔肯·吾买尔致欢迎词，中国民俗学会副会长、青海省社会科学院院长赵宗福代表中国民俗学会致辞，新疆大学人文学院副院长阿布都许库尔·莫拉克教授、中国民俗学会中国少数民族民俗研究中心主任敖其教授也在开幕式上致辞。中国民俗学会副会长、中国社会科学院世界宗教研究所研究员叶涛出席了会议。

本次会议的主题是"中国北方诸民族民俗文化研究（东北、华北、西北）"。来自北京、吉林、内蒙古、甘肃、青海、新疆等地区的高校、科研机构、民俗学会的汉族、维吾尔族、蒙古族、藏族、满族、回族、哈萨克族、土族、达斡尔族等 9 个民族的 36 名学者和博士生、硕士生参加了会议，共宣读论文 18 篇。论坛分为四个单元进行发表、评议和讨论。会议发言和讨论主要围绕民间信仰、民间工艺与生活民俗、社会民俗、民间文学与口头传统等几个议题展开。

一　民间信仰

本次发表的论文中，涉及民间信仰的论文有热依拉·达吾提教授的《维吾尔族麻扎变迁研究——以伊玛木阿斯木麻扎为例》、鄂崇荣研究员的《青海多民族民间信仰与历史记忆》、地木拉提·奥迈尔教授的《突厥语民族民间信仰——萨满教》、阿地力·阿帕尔副教授的《维吾尔族的鬼信仰研究》和金蕊博士的《结构与功能：穆斯林斋戒意义解读——以新疆昌吉二六工村回族斋戒为例》。这些论文基于丰富翔实的田野调查资料和历史文献资料，从民俗学、人类学、社会学、民族学等跨学科的视野对北方诸民族的民间信仰进行了深入的研究，为今后推进不同宗教信仰及其民众实践的存在样态打下了坚实的基础。

二　民间工艺与生活民俗

岗措副教授的《藏族妇女服饰中"邦典"的象征意义——以卫藏地区的习俗为例》、艾山江·阿不力孜副教授的《维吾尔妇女头巾：从民俗的视角到文化人类学的考察》、施立学教授的《满族与朝鲜族刺绣文化之比较》、古力加娜提·艾乃吐拉副教授的《民间手工技艺的传承研究——摇床制造艺术为例》，以及葛小冲副编审的《藏族饮食文化中的教育传承——以藏历十二月二十九日的"古突"为例》等论文，从多学科的不同视角，对北方民族的民间工艺和生活民俗的关系提供了较为深入的田野调查资料和理论阐释，为非物质文化遗产的保护与传承提供了鲜

活的实践案例。

三　社会民俗

阿布力米提·麦麦提教授的《试论维吾尔族取名习俗及其历史文化内涵》、沙吾提·帕万副教授的《从巴扎到小区：喀什老城社区共同体的转型》和双金副教授的《蒙古族传统葬俗的几点思考》等论文，则从民俗学、历史学、社会学等不同视角对北方民族的社会民俗进行了详尽的文献搜集、深入的田野调查及文化阐释研究。学者们对传统文化在当下的传承及其走向进行了讨论，从学理阐发到实践意义，皆具有一定的借鉴价值。

四　民间文学与口头传统

以下论文从口头传统研究的理论和方法论出发，基于北方若干少数民族的民间文学田野调研和学术史资料，针对当下民间文学研究领域中亟待解决的突出问题展开讨论，包括乌斯曼·斯马义教授的《维吾尔民间文学的搜集整理和研究概况》，牙森江·买提尼牙孜·提克副教授的《试探故事的歌手"达斯坦奇"》及万玛项欠教授的《社会转型期藏族口头传承及文化空间变迁调研》。

五　综合研究

赵宗福教授的《南京竹枝巷移民后裔视觉中的河湟蕃人》，从民族学的视野看民间传说故事的记忆和流变，揭示"南京竹子巷"是青海汉族族源的记忆符号，它承载着丰富的文化内涵，超越了汉族本源的自身意义，起到了汉民族的向心力和民族精神塑造的作用。敖其教授、沙金博士生的《草原文化在中华文化中的地位作用》，在翔实的田野资料基础上，进一步阐释草原文化既是中华文化的主源之一，又是中华文化的重要组成部分，它在整个中华文化的形成、发展进程中发挥了重要的作用。可以说，草原文化同黄河文化、长江文化交相辉映、汇聚融合，共同造就了博大精深、源远流长的中华文化。

围绕上述问题热依拉·达吾提教授、岗措教授、迪里木拉提教授、鄂崇荣研究员进行了精彩的点评的同时学者们也展开了热烈的讨论。

通过本次高层论坛的学术研讨，参会学者们达成了以下几个方面的基本共识：

1. 在少数民族民俗文化的汉文书写方面存在着诸多问题，涉及人名、专名、文类、民俗生活事象和传统知识等方面的概念、术语和专用语汇的使用和表述；应倡导在尊重不同少数民族语言表述规律和文化表达形式的基础上进行准确书写；与此同时，建议学会和中心组织学术力量，通过多方面的协作攻关申报"共同研究"的国家级课题，完成具有科学依据的实证性调研报告，提交政府相关部门，以尽早建立对少数民族民俗文化和生活世界进行准确书写的学术表述规范。

2. 进一步加强北方少数民族民间信仰和宗教仪式的比较研究，为民间信仰类非物质文化遗产的活态传承和保护实践提供更可靠的学理依据，引导民众遵循自身的传统，并使传统文化更好地为我国社会主义文化大繁荣、大发展服务。

3. 进一步深化北方少数民族民俗和民间文学的比较研究，为进一步探索民俗生活的实践意义和民间文学的口头传承，创造更大的学术空间。

4. 在民俗文化面临着急速变迁的社会转型时期，如何更好地保护和传承民俗和民间文学类非物质文化遗产也是迫在眉睫的问题；但在保护过程中如何处理好民族文化传统与当下实践的关系，值得学界和非遗保护专业机构进一步探讨。

会议期间，与会学者还专程到克州阿克陶县皮拉力乡阿克土村，在维吾尔村民家中欣赏了96岁达斯坦传承人卡德尔·麦合素提等表演的《艾力甫与赛乃姆》等传统曲目。此外，学者们还考察了喀什大巴扎、高台民居传统建筑等喀什地区特有的地方民俗传统。

（供稿：金　蕊）

【山东省民俗学会召开"中华传统文化传承与民俗生活实践"学术研讨会】

2014年12月5日至7日，由山东省民俗学会主办，济南教师之家宾馆承办的"中华传统文化传承与民俗生活实践"学术研讨会在山东济南召开，来自山东省内十七地市的130余名代表和多名特邀专家、媒体代表出席了大会。本届年会的学术研讨主题为"中华传统文化传承与民俗生活实践"，议题旨在挖掘和勾勒更多齐鲁民俗文化资源的现实图景，关注当下城镇化进程中出现的种种问题，反思民俗文化在生活实践中的重要性及现实问题。中国民俗学会副会长、中国社会科学院文学研究所研究员安德明，中国传统村落保护与发展中心秘书长、天津大学教授马知遥应邀出席了大会。

12月6日上午，大会开幕式在教师之家宾馆召开，中国民俗学会副会长、山东省民俗学会会长、山东省政协文史委主任刘德龙向与会代表致欢迎辞，山东省民俗学会副会长、齐鲁师范学院副校长刘德增主持了开幕式。山东省民俗学会副会长张士闪、郭永军、于凤贵、由少平、张从军、马新、王丕琢、李丕宇、陈国忠列席了大会。与会代表一致通过了由张士闪任山东省民俗学会第六届理事会常务副会长，朱振华任山东省民俗学会第六届理事会秘书长的动议。

（供稿：汪林林　厉彦萍）

【文化部命名442个"中国民间文化艺术之乡"】

在2014年12月19日至20日举办的"2014年首届中国文化馆年会"上，文化部正式公布了442个2014—2016年度"中国民间文化艺术之乡"名单，文化部副部长杨志今等向部分代表颁发了标牌。年会期间还组织 2014—2016 年度"中国民间文化艺术之乡"中的 26 个农民画之乡举办了"五色土的浪漫——中国农民画精品展"和"扎根沃土 腾飞世界——中国农民画发展论坛"。

"中国民间文化艺术之乡"是 1987 年文化部设立的文化品牌项目，命名周期为 3 年。2014 年，文化部组织开展了 2014—2016 年度"中国民间文化艺术之乡"评审命名工作，经过专家严格评审，全国共有 442 个县（县级市、区）、乡镇（街道）被命名为 2014—2016 年度"中国民间文化艺术之乡"。此次命名的"中国民间文化艺术之乡"涉及特色民间文化资源或艺术形式 550 种，涵盖表演艺术、造型艺术、手工技艺、民俗活动等艺术门类，集中展示了我国民间文化艺术蓬勃发展的现状。

本届评审命名工作突出"以评促建"导向，健全评审指标体系，重点考察发展规划、保障措施、社会效益与经济效益等指标；在评审命名工作方案和命名办法中，明确要求"中国民间文化艺术之乡"应广泛开展以繁荣当地民间文化艺术为主题的传播交流、普及推广活动，组织开展丰富多彩的群众文化活动，不断增强"中国民间文化艺术之乡"的吸引力和影响力。

为推动"中国民间文化艺术之乡"后续建设，进一步扩大"中国民间文化艺术之乡"品牌的社会影响力，文化部将在评审命名工作结束后分专题、分门类举办一系列交流展示活动。此次举办的中国农民画精品展和中国农民画发展论坛，便是首次推出的两项主题活动。中国农民画精品展汇集了 26 个农民画之乡的近 200 幅精品佳作。中国农民画发展论坛邀请农民画研究专家、农民画家以及农民画之乡的政府负责人等近百人参会，深入探讨农民画创作的艺术理论、发展路径与规律，充分交流"中国民间文化艺术之乡"建设经验。最后，论坛一致通过旨在推动中国农民画繁荣发展的《宁波共识》。

（供稿：刘 婵）

【2014 年度甘肃省民俗学及民间文艺活动信息】

1. 甘肃省非物质文化遗产保护协会成立

2014 年 1 月，甘肃省非物质文化遗产保护协会在兰州正式成立。共有 80 名会员分别当选协会理事、常务理事。理事、常务理事主要由相关领域专家学者、全省各市州文化局长、文化馆长、非遗中心负责人、国家级、省级非遗项目代表性传承人构成。王兰玲当选会长，马自祥、于吉凯、陈化平、杨兴武等 8 人当选副会长。

2. 中央文史馆调研"花儿"

2014 年 6 月 12 日至 13 日，国务院参事室、中央文史馆领导、专家方宁、舒乙、杨天石、耿识博等人前往甘肃省临夏回族自治州，对"花儿"艺术进行调研和采风，并在调查结束之后和当地传承人、文化工作者座谈。这同时也是"中华文化四海行——走进甘肃"大型活动的一个组成部分。

3. "花儿"歌手参加史密森民俗艺术节

2014 年 6 月 25 日至 7 月 7 日，甘肃省临夏回族自治州民间花儿歌手孔维芳参加了在美国首都华盛顿市举办的"2014 年史密森民俗艺术节"，本届艺术节中国以主宾国身份参加，来自北京、内蒙古、贵州、甘肃、青海等 15 个省（市、自治区）的 8 项舞台表演节目、16 种民间手工艺项目参加活动。孔维芳在艺术节上演唱了《梧桐令》《尕马儿令》《水红花令》等花儿代表性曲目，同时还演唱了《相思病》《红樱桃》等民间小调。之后又在 7 月 11 日至 13 日，转至加拿大多伦多，参加了由当地中国领馆举办的"加拿大中国文化节"。

4. 甘肃七项非遗项目入选第四批国家级非遗名录

2014 年 7 月，文化部公布第四批国家级非物质文化遗产代表性项目名录和扩展名录，其中甘肃省申报项目中有七项入选，分别是：永靖古建筑修复技艺；永靖生铁铸造技艺；张家川县"花儿"；通渭皮影戏（影子腔）；定西剪纸；天水丝毯织造技艺；岷县"青苗会"。

5. 第六届中国（陇南）乞巧女儿节与妇女发展国际论坛在京召开

2014 年 8 月 1 日，由中国文化部非物质文化遗产司、中国民间文艺家协会、中国甘肃省委宣传部、甘肃省文学艺术界联合会、甘肃省妇女联合会、甘肃省民间文艺家协会、中共陇南市委、陇南市人民政府主办；中共西和县委、西和县人民政府、向世界说明中国文化交流活动组委会承办的第六届中国（陇南）乞巧女儿节与妇女发展国际论坛开幕式暨研讨会、颁奖仪式及闭幕式在北京举行。

6. 甘肃省平凉市泾川县继续举办"华夏母亲·西王母公祭大典"

2014 年 8 月 13 日上午，第二届华夏母亲·西王母公祭大典在泾川县举行，拉开了海峡两岸西王母故里民俗文化交流活动的序幕。甘肃省委统战部部长冉万祥、中国国民党荣誉副主席蒋孝严以及台湾嘉宾、泾川各界群众近千人参加了公祭活动。公祭大典上，两岸同胞共祭华夏母亲。冉万祥、蒋孝严向西王母塑像敬献了花篮。交流活动期间，在王母宫景区陆续举行祝寿法会、民俗小吃展销、文艺节目展演等活动；在大云寺举行佛教民俗文化、书画艺术交流活动等。

7. 首届"甘肃省文化集市"成功举办

2014 年 9 月，首届"甘肃省文化集市"在定西市陇西县成功举办。"文化集市"是甘肃省 2014 年提出的文化产业发展的一项举措，即以原有"农家书屋"为平台，集中或分散展示销售甘肃省传统民间、民俗手工艺品。本届在定西举行的"文化集市"，借助在陇西县举办的第三届世界李氏文化旅游节暨 2014 年全球李氏恳亲大会平台，集中展销来自全省 14 个市州的 150 多家"文化集市"和来自省内外的 260 多家参展商的民间工艺美术品，许多为列入国家级、省级非遗名录中的项目，包括定西剪纸、岷县洮砚、马家窑复制彩陶等，买卖双方为基层民间手工技艺传承者和当地群众。组织者希望本着"繁荣经济、共享文化"的原则，为甘肃省在市场经济条件下非遗的保护与传承找到一条新的路径。

8. 甘肃省平凉市利用民俗艺术促进少数民族特色村寨保护工作

平凉市崆峒区大寨乡赵塬村是当地的一座纯回族村寨，也是"5·12"地震的重灾村，2014 年被列入国家民委"少数民族特色村寨保护与发展项目"。在实施重建与保护工作中，村里邀请当地文艺和民俗专才，进村讲习阿文和汉字书法、民间剪纸等，促进了村寨的乡土文化和民族文化的建设工作。

9. 甘肃省文县被命名为"中国白马人民俗文化之乡"

2014 年 10 月，中国民协组织专家组，就甘肃省陇南市文县提出的命名本县为"中国白马人民俗文化之乡"的申请进行了实地考察。会议组成员由中国民协顾问杨继国、中央民族大学教授陶立璠、中国社会科学院研究员孟慧英与户晓辉、中国民协副秘书长吕军等组成。专家组通过观看专题片、阅读申报材料、听取汇报、召开座谈会、实地考察及访谈传承人等形式，达成一致意见，认为文县符合"中国白马人民俗文化之乡"的命名条件。建议中国民协命名文县为"中国白马人民俗文化之乡"。

10. 西北民族大学召开"民族学·人类学·社会学·民俗学学科建设圆桌恳谈会"

2014年10月31日至11月1日，由西北民族大学学科办主办，《西北民族研究》编辑部、西北民族非物质文化遗产保护研究中心等单位承办的"民族学·人类学·社会学·民俗学学科建设圆桌恳谈会"在兰州召开。文化部非物质文化遗产司副司长马盛德研究员、中国社会科学院少数民族文学研究所所长朝戈金研究员、世界宗教研究所叶涛研究员、中央民族大学杨圣敏教授、丁宏教授、王建民教授，北京大学王铭铭教授、高丙中教授、陈岗龙教授，北京师范大学萧放教授、万建中教授，中山大学周大鸣教授、陈志明教授，华东师范大学陈勤建教授，内蒙古师范大学敖其教授等近50位专家学者出席会议。民族学、人类学、社会学、民俗学协同发展成为会议研讨的重点问题。与会者一致认为我国当前学科分类太细、彼此隔膜所形成的研究不利于深入的现实状况，赞同或强调相近学科交叉的综合研究，主张淡化学科界限；理论研究与应用研究并举，而又侧重应用研究，介入实践探讨，既关注一般人类社会发展规律的总结，也重视区域性民族志资料的记录、积累，这不仅可以提高学科地位，也可以为学科理论创新做出贡献。

11. 甘肃省民协组织学习习近平总书记在《文艺工作座谈会上的重要讲话》

2014年11月7日，甘肃省民间文艺家协会组织民间文艺工作者、民间文学和民俗学研究学者20余人，在甘肃省文联对习近平总书记《在文艺工作座谈会上的重要讲话》精神进行了学习和讨论。省民协名誉主席柯杨、主席马自祥等专家作了发言，内容涉及民间文艺在当今社会传承与发展、民间文艺与市场经济、民间文艺和社会主义核心价值观的关系等问题，取得了很好的效果。

（供稿：刘文江）

索　引